Eastern Cape

Northern Cape
(mit Abstecher Namibia)

Free State
(mit Abstecher Namibia)

KwaZulu-Natal

North West

Gauteng

Mpumalanga
(mit Abstecher Swaziland)

Limpopo

südafrika

Christine Philipp

E-Mail-Adresse des Verlags:
verlag@rkh-reisefuehrer.de

www.reise-know-how.de

- Ergänzungen nach Redaktionsschluss
- kostenlose Zusatzinfos und Downloads
- das komplette Verlagsprogramm
- aktuelle Erscheinungstermine
- Newsletter abonnieren

Direkt einkaufen im Verlagsshop mit Sonderangeboten

südafrika

Christine Philipp

Impressum

Christine Philipp
Beiträge: Helmut Hermann

Südafrika

erschienen im
REISE KNOW-HOW Verlag

ISBN 978-3-89662-610-3

© Helmut Hermann
Untere Mühle
D - 71706 Markgröningen

2000 · 2002 · 2003 · 2004 · 2006 · 2008 · 2009 · 2011
9. aktualisierte Auflage 2014

Alle Rechte vorbehalten

– Printed in Germany –

www.reise-know-how.de

eMail-Adresse des Verlags:
verlag@rkh-reisefuehrer.de

Gestaltung und Herstellung
Inhalt: Bettina Romanjuk
Umschlag: Carsten Blind
Karten: Helmut Hermann
Druck: mediaprint, Paderborn
Fotos: siehe Anhang

Dieses Buch ist erhältlich in jeder Buchhandlung in
Deutschland, Österreich, Schweiz, Niederlande und Belgien.
Bitte informieren Sie Ihren Buchhändler über
folgende Bezugsadressen:

D: PROLIT GmbH, Postfach 9, 35461 Fernwald, www.prolit.de
        (sowie alle Barsortimente)
CH: AVA-Verlagsauslieferung AG, Postfach 27, 8910 Affoltern, www.ava.ch
A: Mohr Morawa Buchvertrieb GmbH,
        Sulzengasse 2, 1230 Wien, www.mohrmorawa.at
NL, B: Willems Adventure, www.willemsadventure.nl

Wer im Buchhandel trotzdem kein Glück hat, bekommt
unsere Bücher auch über unsere Büchershops im Internet (s.o.).

Wir freuen uns über Kritik, Kommentare und Verbesserungsvorschläge.
Alle Informationen und Daten in diesem Buch sind mit größter Sorgfalt
gesammelt und vom Lektorat des Verlags gewissenhaft bearbeitet und
überprüft worden. Da inhaltliche und sachliche Fehler nicht ausgeschlossen
werden können, erklärt der Verlag, dass alle Angaben im Sinne der Produkt-
haftung ohne Garantie erfolgen und dass Verlag wie Autor keinerlei Verantwortung
und Haftung für inhaltliche und sachliche Fehler übernehmen. Die Nennung
von Firmen und ihren Produkten und ihre Reihenfolge sind als Beispiel ohne
Wertung gegenüber anderen anzusehen. Qualitätsangaben sind subjektive
Einschätzungen der Autoren.

Welcome to South Africa

Südafrika ist ein ideales Reiseland. Es bietet nahezu alles, was sich Individual- und Pauschaltouristen, Naturfreunde und Aktivurlauber nur wünschen können.

Damit Ihre Reise ein unvergessliches Erlebnis wird und Sie aus diesem Südafrika-Reiseführer den größtmöglichen Nutzen ziehen, vorab ein paar Worte zum Aufbau und zur Konzeption des Buchs. Er wendet sich in erster Linie an aktiv Reisende, die das Land auf eigene Faust kennenlernen wollen, egal ob mit dem Mietwagen, als Wanderer oder Mountainbiker, Motorradfahrer oder Bus-/Bahnreisender.

Der **Teil I, Reisevorbereitungen,** informiert Sie über alles, was vor Ihrer Abreise nach Südafrika wichtig ist: Routenplanung, Reisebudget, Ausrüstung, Geld und Papiere, Gesundheitsvorsorge, Informationsstellen u.v.a. mehr.

Im **Teil II, Unterwegs in Südafrika,** steht eine Vielzahl reisepraktischer Informationen: Reisen durchs Land mit Mietwagen, Linienbussen, Flugzeug und Bahn; Unterkünfte, Freizeittipps und Sportmöglichkeiten, Essen und Trinken sowie Südafrika-Stichworte von A–Z.

Der **Teil III, Land und Leute,** beschäftigt sich mit der Geschichte und den Menschen Südafrikas, ihren Kulturen und Traditionen, mit der abwechslungsreichen Landesnatur und der Vielfalt der Pflanzen- und Tierwelt. Dazu gibt es einen informativen farbigen Tierteil.

Mit dem **Teil IV, Reiseteil,** beginnt das Reisen durch Südafrika (mit Abstechern nach Lesotho, Swaziland und Namibia). **Die Beschreibung der Städte und Reiserouten beginnt im Westen mit Kapstadt in der Provinz Western Cape und setzt sich nach Osten fort** (Eastern Cape, Northern Cape, Free State etc.). Touristische Besonderheiten sind mit dem Zusatz **„Der besondere Tipp:"** gekennzeichnet, **Abstecher** von der Hauptroute durch Pfeil (➔) und Haken (✔), **empfohlene Unterkünfte** und **Restaurants** durch Sternchen (*).

Durch die **seitlichen Griffmarken** gelangen Sie schnell zu jeder Provinz, ein Blick oben auf die **Kopfzeile** sagt Ihnen in welcher Stadt oder Region Sie sich gerade befinden und links bzw. rechts daneben **steht im Bund die Seitenzahl der zum Text passenden Karte.**

Auf den nächsten Seiten finden Sie eine alphabetische **Schnellübersicht der wichtigsten touristischen Ziele** Südafrikas mit Kartenseiten, im Anhang das **Glossar** mit nützlichen Begriffen, eine **Km-Entfernungstabelle** zwischen wichtigen Städten und das **Sachwort- und Ortsregister.**

Ein kleiner Tipp zur Orientierung unterwegs in Südafrika: Dort steht die Sonne um die Mittagszeit im Norden statt im Süden!

Letzter Hinweis: Nach wie vor kommt es zu Namensänderungen von Orten und Straßen. Südafrikas Hauptstadt **Pretoria** wurde 2005 durch den Stadtrat in **Tshwane** umbenannt, doch ist der Beschluss immer noch nicht rechtskräftig. **Makhado** dagegen wurde wieder in **Louis Trichardt** rückbenannt. Durban erhielt zahlreiche Straßenumbenennungen.

Autorin und Verlag wünschen eine interessante Reise und unvergesslich schöne Südafrika-Eindrücke!

Christine Philipp

Was gibt es Neues in Südafrika?

Seit dem 11. November 2011 zählt der **Tafelberg** zu den **Neuen Sieben Weltwundern** der **Natur.**

Nicht mehr ganz neu, aber immer noch relativ unbekannt ist der **Freedom Park** vor den Toren **Pretorias.** Unbedingt einen Besuch wert!

Nach dem **Outeniqua Choo-Tjoe** und dem **Banana Express** hat nun leider auch der **Apple Express** in Port Elizabeth seinen Verkehr bis auf weiteres eingestellt.

Das **Ndebele Museumsdorf Botshabelo** bei Middelburg ist wahrscheinlich für immer geschlossen. Der Grund: Land Claims (Landforderungen), unter anderem durch den stellvertretenden Verteidigungsminister Thabang Makwetla, haben zu einem Verfall der Einrichtungen geführt. Eine sehr gute Alternative ist ein Besuch des **Ndebele Cultural Villlage** von **Mapoch,** 40 km westlich von Pretoria. Sehr authentisch.

In Durban wurden zahlreiche Straßen umbenannt, was manchmal zu Verwirrung auf den Stadtplänen sorgt, die oft den Neuerungen noch nicht angepasst sind. In Pretoria stehen die Namensänderungen der Straßen zur Zeit vor Gericht. Eine endgültige Entscheidung wurde noch nicht getroffen.

Makhado wurde zu **Louis Trichardt** rückbenannt. Die Hauptstadt der Provinz Mpumalanga, ehemals **Nelspruit,** heißt nun **Mbombela.**

Südafrika gehört nun über zehn Jahre zu den Ländern mit **„Blue Flag" Stränden** – die meisten davon rund um Kapstadt und entlang des Indischen Ozeans. Kriterien sind hohe Wasserqualität, Sicherheit, Service und Umweltfreudllichkeit. Aktuelle Informationen unter www.blueflag.org.

In Graaff-Reinet erfahren Hobbyköche in der **From the Veld to the Fork Cooking School** alles über die Küche der Karoo. Sicherlich auch ein kulinarisches Highlight ist ein Besuch eines **Kochkurses** der Spitzenklasse in **Paarl.**

Mit der Schließung des altehrwürdigen **King Edward Hotels** in **Port Elizabeth** geht wieder ein Stück Kolonialgeschichte verloren.

Die legendäre **Straßenbahn** von **Kimberley** verkehrt zur Zeit wegen Restaurationsarbeiten nicht.

Die **Wilderei** nimmt in Südafrika immer dramatischere Formen an. Wurden 2010 noch 333 **Nashörner** illegal erlegt, so waren es 2012 bereits 668. Für 2013 und 2014 werden noch höhere Zahlen angenommen. Vorwiegend werden die Hörner auf dem asiatischen Markt verkauft.

Internationale Kritik erntet das **neue Mediengesetz,** das 2013 vom Parlament verabschiedet wurde. Wer als „geheim" eingestuftes Material weitergibt oder verwendet, wird mit einer Haftstrafe bis zu 25 Jahren bestraft. Korruptionsaffären von ANC-Politikern wurden bislang weitgehend durch „zugespieltes" Material aufgedeckt.

Inhaltsverzeichnis

Die wichtigsten Städte und Orte von A – Z

Stadt / Ort / NP	Seite	Karte	Karte Umgeb.	Provinz und Karte	
Ai-Ais/Richtersveld NP/Transfr. P.	430	432	426	Northern Cape	396
Addo Elephant N.P.	339	344	340	Eastern Cape	318
Augrabies Falls N.P.	418			Northern Cape	396
Barberton	670	671		Mpumalanga	663
Bloemfontein	447	448		Free State	442
Blyde River Canyon N.R.	684	678		Mpumalanga	663
Bontebok N.P.	290	292		Western Cape	170
Calvinia	435	436		Northern Cape	396
Cango Caves	274	292		Western Cape	170
Cape Peninsula	206	205		Western Cape	170
Cape Town	172	176/77		Western Cape	170
Drakensberge	590	591		KwaZulu-Natal	488
Durban	491	492/94		KwaZulu-Natal	488
Durban Nordküste	524	526		KwaZulu-Natal	488
Durban Südküste	512	512		KwaZulu-Natal	488
East London (Buffalo City)	366	368		Eastern Cape	318
Elephant Coast / Maputaland	565	543		KwaZulu-Natal	488
Ezulwini Valley (Swaziland)	731	731			722
Fish River Canyon (Namibia)	423	424			423
Franschhoek	224	225	220	Western Cape	170
Garden Route	291	292/93		Western Cape	170
George	299	300		Western Cape	170
Graaff-Reinet	351	352		Eastern Cape	318
Grahamstown	356	358		Eastern Cape	318
Graskop	681	682	678	Mpumalanga	663
Hartbeespoort-Damm	609	611		North West	608
Hermanus	279	281	276	Western Cape	170
Hluhluwe-Imfolozi Park	548	543		KwaZulu-Natal	488
iSimangaliso Park (St Lucia Pk)	542	543		KwaZulu-Natal	488
Ithala Game Reserve	563		526	KwaZulu-Natal	488
Jeffrey's Bay	327	328	293	Eastern Cape	318
Johannesburg	639	643/45	640	Gauteng	627
Karoo National Park	262			Western Cape	170
Kgalagadi Transfrontier Park	410	411		Northern Cape	396
Kimberley	395	400		Eastern Cape	318
Knysna	307	307/09	292	Western Cape	170
Krügerpark Gesamt	690	691		Mpumalanga	663
Krügerpark Süden	697	698	691	Mpumalanga	663
Krügerpark Zentral	700	702	691	Mpumalanga	663
Krügerpark Norden	703	704	691	Mpumalanga	663
Mahikeng/Mmabatho	619	620		North West	608
Magaliesberg	610	611		North West	608
Matjiesfontein	260	292		Western Cape	170
Mbabane (Swaziland)	733	733			722

Stadt / Ort / NP	Seite	Karte	Karte Umgeb.	Provinz und Karte	
Mokala National Park	403			Northern Cape	396
Mossel Bay	294	295	292	Western Cape	170
Mountain Zebra N.P.	349			Western Cape	170
Namaqualand N.P.	434	426		Northern Cape	396
Nelspruit	668	669	678	Mpumalanga	663
Oudtshoorn	270	271	292	Western Cape	170
Paarl	252	253	238	Western Cape	170
Panorama Route	677	678		Mpumalanga	663
Pietermaritzburg (Msunduzi)	574	576	591	KwaZulu-Natal	488
Pietersburg (Polokwane)	744	745		Limpopo	736
Pilanesberg N.P.	615			North West	608
Pilgrim's Rest	688		678	Mpumalanga	663
Plettenberg Bay	313	312	293	Western Cape	170
Port Elizabeth	330	332/35	293	Eastern Cape	318
Pretoria/Tshwane	628	629	634/640	Gauteng	627
Richards Bay	538	539	543	KwaZulu-Natal	488
Richtersveld-Park	430	432	426	Northern Cape	396
Royal Natal National Park	603	604	591	KwaZulu-Natal	488
Shakaland	534	526		KwaZulu-Natal	488
Somerset West	220		234	Western Cape	170
Stellenbosch	228	229	234	Western Cape	170
Sun City	614			North West	608
Swellendam	287	288	292	Western Cape	170
Tsitsikamma	319	320	293	Eastern Cape	318
Tzaneen	752		753	Limpopo	736
Upington	408	408		Northern Cape	396
Weinland	233	234		Western Cape	170
West Coast	237	238		Western Cape	170
Wild Coast	382	383		Eastern Cape	318
Wilderness	302	292		Western Cape	170
Worcester	258	259	238	Western Cape	170

Provinzen/Nachbarländer/andere Karten: Seitenzahlen und Karten

Eastern Cape	317	318
Free State	441	442
Gauteng	627	627
KwaZulu-Natal	487	488
Mpumalanga	661	663
North West	607	608
Northern Cape	395	396
Limpopo Province	735	736
Western Cape	170	170
Lesotho		472
Swaziland		722

TEIL I: REISEVORBEREITUNGEN

☐ Exkurs

Südafrika – pauschal oder
„auf eigene Faust"? 20
Allein oder in Gesellschaft
unterwegs 21
Reiseplanung 22
Anreise / Flüge 22
Versicherungen 23
Wahl des Fahrzeugs 24
Öffentliche Verkehrsmittel 27
Wann in Südafrika wohin? 27
Routenplanung –
3 Tourenvorschläge 29
Zeitplanung und Reisebudget 30
Südafrika preiswert / Studenten /
Backpacker 31
Geld und Papiere 33
Ausrüstung 34
Gesundheitsvorsorge /
Reiseapotheke / Krankheiten 35
Die wichtigsten Informationsstellen 37
Südafrika im Internet 38

Raus aus dem Auto – rein ins
Abenteuer 56
Alles zum Thema Wandern und
Trekking 56
Bergsteigen und Klettern 58
Kanutrips und River-Rafting 58
Tauchen und Schnorcheln 59
Surfen, Windsurfen und Segeln 61
Weitere Sportarten: Tennis /
Radfahren/Mountainbiking /
Reiten / Angeln 62
Golf 64
Außergewöhnliche Zugfahrten 64
Fahrten mit der Dampflokomotive . 65
Südafrika von oben:
Heißluftballonfahrten / Rundflüge /
Drachenfliegen u.a. 66
Kreative Ferien: Malkurse /
Sprachreisen / Schüleraustausch 67
Jagd und Hege 67
Südafrika-Reisetipps von A–Z 68

TEIL II:
UNTERWEGS IN SÜDAFRIKA

Adressen der wichtigsten Fluglinien
nach und in Südafrika 39
Eisenbahn 40
Linienbusse 40
Baz Bus 42
Als Selbstfahrer unterwegs 43
Wichtige Verkehrsregeln 44
Schwierige Strecken und Pannen /
Sicherheit 44
Die schönsten Strecken für
Geländewagen.. 46
Übernachtung / Hotels, Pensionen . 47
Camping.. 48
Hotelketten / Bed & Breakfast 48
Self catering Accommodation /
Unterkünfte in Nationalparks 49
Essen und Trinken 50
Einkaufen 54

TEIL III: LAND UND LEUTE

Südafrika – ein Land stellt sich vor .. 72
Die Provinzen 72
Topographie 73
Klima 74
Nationale Symbole 75
Die Bevölkerung Südafrikas 76
San, Khoikhoi 77
Nguni-Gruppen: Zulu 78
Xhosa / Swazi / Ndebele 79
Andere Stämme: Sotho /
Shangaan/Tsonga / Venda 80
Europäische Einwanderer: Nieder-
länder / Franzosen / Engländer /
Deutsche 83
Afrikaaner 84
Asiaten/Immigranten: Coloureds u.
Kap-Malaien / Inder / Chinesen 85
Religionsgemeinschaften 86
Geschichtliche Eckdaten 89
Von der Urzeit zur Gegenwart 93

Der Beginn der Kolonisation	95
Der große Trek	99
Der Große Burenkrieg	105
Die Südafrikanische Union	106
Die Ära der Apartheid	108
Der African National Congress (ANC)	112
Ein neuer Anfang	113
□ *Nelson Mandela – Symbol für die Freiheit*	113
Südafrikas Gegenwartsprobleme	114
Wirtschaft	116
Umwelt	117
Kunst und Kultur: Literatur	118
Musik	119
□ *Zwei südafrikanische Stimmen: Letta Mbulu und Miriam Makeba*	120
Darstellende Künste: Tanz / Theater / Nachtleben / Architektur / Kunstszene	124
Sport	127
Pflanzenwelt	128
Vegetationszonen	130
Tierwelt	133

TEIL IV: REISETEIL

1. Western Cape

Einführung	169
Veranstaltungs- und Festivalkalender Kapstadt und Umgebung	171
Kapstadt	172
Unterwegs in Kapstadt	174
Stadtrundgang durch die historische Innenstadt	175
□ *Art déco in Kapstadt*	182
Victoria & Alfred Waterfront	183
Table Mountain (Tafelberg)	186
Kapstadts Townships	187
Freizeittipps	188
Mobil in Kapstadt	189
Restaurants in Kapstadt	194
Kapstadt von A–Z	198
Unterkünfte in Kapstadt	201
□ *Flughafen Kapstadt*	200

Die schönsten Touren rund um Kapstadt

Unterwegs auf der Kap-Halbinsel / Table Mountain National Park	206
Kap-Halbinsel, Atlantikseite: Hout Bay / Noordhoek / Kommetjie	211
Zum Kap der Guten Hoffnung	211
□ *Fynbos / Tierwelt*	214
False Bay: Simon's Town / Fish Hoek / Kalk Bay / St James / Muizenberg	216

Die Vier-Pässe-Tour durch das Weinland

Somerset West	221
Sir Lowry's Pass / Grabouw / Hottentots Holland N.R. / Villiersdorp	222
□ *Hottentots-Holland N.R.*	223
Franschhoek	224
Stellenbosch	228
Stellenbosch Weinstraße	233

Von Kapstadt auf der Küstenstraße R 27 am Atlantik entlang bis Velddrif

Darling	237
Yzerfontein	237
West Coast National Park / Langebaan	240
West Coast Peninsula: Saldanha / Vredenburg / Paternoster / Velddrif-Laaiplek	242

Von Kapstadt auf der N 7 der direkte Weg in den Norden

Malmesbury / Swartland Weinstraße / Tulbagh	243
Moorreesburg	245
Piketberg / Citrusdal / Unterwegs in den Cedarbergen	246
Clanwilliam mit Bushman's Kloof Wilderness Reserve und Oudrif Farm	248
□ *Rooibos – mehr als nur ein Tee*	249
Karukareb W.R. / Lambert's Bay	250
West Coast Spring Flowers / Vredendal / Strandfontein / Vanrhynsdorp	251

Von Kapstadt entlang der N 1 durch das Boland und die Große Karoo

Paarl 252
Wellington / Ceres 255
Kagga Kamma / Goudini Spa 257
Rawsonville / Worcester / 258
Matjiesfontein / Laingsburg 260
Prince Albert / Swartberg Pass /
Beaufort West / Karoo National Park 261

Route 1 von Kapstadt zur Garden Route: Auf der R 60/R 62 nach George

Robertson 263
McGregor 265
☐ *Route 62* 266
Montagu 266
Barrydale / Ladismith 268
Aardvaark N.R. / Seweweekspoot /
Gamkapoort Dam / 268
Calitzdorp / Oudtshoorn 269
Cango Caves 274
De Rust u. Meiringspoort /
Montagu Pass 274

Route 2 von Kapstadt zur Garden Route: Über die N 2 / R 44 / N 2

Strand 275
Gordon's Bay / Betty's Bay 276
Kleinmond 277
Kogelberg Biosphere Reserve 278
Caledon / Genadendal / Greyton 278
Hermanus 279
Gansbaai 283
Pearly Beach / Elim 283
Bredasdorp / Cape Agulhas
National Park 285
Waenhuiskrans (Arniston) /
De Hoop Nature Reserve 286
Swellendam 287
Bontebok National Park 290

Die Garden Route von Heidelberg nach Plettenberg Bay

Heidelberg 291
Witsand / Riversdale 291
Stilbaai / Albertinia 293

Gouritsmond / Mossel Bay 294
Hartenbos/ Little- und Great Brak
River / Pacaltsdorp / 298
George 299
Seven Passes Road 302
Wilderness 302
Garden Route National Park/
Wilderness Section 304
Sedgefield 305
Knysna 306
Plettenberg Bay 312
Plettenberg Bay Game Reserve 315
Monkeyland / Elephant Sanctuary /
Birds of Eden / Tenikwa 315
Nature's Valley 316

2. Eastern Cape

Einführung 317

Die westliche Region der Eastern Cape Province

Tsitsikamma bis Port Elizabeth /
Tsitsikamma Section des Garden
Route N.P. 319
Wandertrails und Restcamps im
Tsitsikamma 322
Nature's Valley Rest Camp /
Storms River Village 323
Storms River Mouth Rest Camp /
Big Tree / Ratel Forest Trail 325
Humansdorp / St Francis Bay 326
Jeffrey's Bay 327
Port Elizabeth 330
Uitenhage / Shamwari Game Reserve 338
Addo Elephant National Park 339
☐ *Elephants never forget – Elefanten
vergessen niemals / Hapoor* 342
Somerset East 347
Cradock 348
Mountain Zebra National Park /
Middelburg 348
Nieu-Bethesda / Graaff-Reinet 350
Camdeboo National Park 353
Aberdeen / Baviaanskloof 355
Grahamstown 356

Great Fish River Reserve /
King William's Town 360
Bisho / Berlin / Sunshine Coast:
Kenton-on-Sea und Bushmans River 363
Port Alfred 364
Bathurst / Kap River N.R. 365
Buffalo City (East London) 366
Ausflüge in die Umgebung:
Bridle Drift Dam / Kei Mouth / Haga-
Haga u.a. 370
Stutterheim / Cathcart 372
☐ Ciskei / Queenstown 373
Sterkstroom / Hogsback 375
Alice / Fort Beaufort 377
Adelaide / Bedford / Tsolwana Game
Reserve / Katberg 377
Tarkastad / Burgersdorp 377

**Der Nordosten der Eastern Cape
Province**
Aliwal North / Lady Grey /
Barkly East 378
☐ Die Drakensberge der
   Eastern Cape Province 380
Rhodes 381
Maclear / Elliot 381

Transkei und Wild Coast
Transkei 383
Die Wild Coast entlang der N 2 384
☐ Das Volk der Xhosa 385
Butterworth / Kentani (Centane) 387
Dutywa / Gatyana / Qora Mouth /
Dwesa Nature Reserve 388
Cwebe N.R. / Umtata 389
Coffee Bay 390
☐ Die Küste des Grauens 391
Hole-in-the-Wall / Hluleka N.R. 392
Umngazi River Mouth / Silaka N.R. /
Port St Johns 393
Mkambati Nature Reserve 394

3. Northern Cape mit Abstecher Namibia und Botswana

Einführung 395
Kimberley 395
☐ Cecil Rhodes 398
Mokala National Park............................ 403
Barkly West / Groenwaters Resort /
Danielskuil / Wonderwerk Cave 404
Kuruman 405
Sishen und Kathu / Campbell /
Griquatown 406
Witsand und die donnernden
Dünen / Upington 407
☐ Die Kalahari in Südafrika 410

Kgalagadi Transfrontier Park
(Südafrika und Botswana) 410
Kanoneiland (Cannon Island) /
Keimoes / Kakamas 417
Augrabies Falls National Park 418
Pofadder 420
☐ San – eins mit der Natur /
   Pella 421
Vioolsdrif / Noordoewer....................... 422
☐ Der Orange River 422
Fish River Canyon (Namibia) /
Ai-Ais 423
☐ Namaqualand – Wüste,
   Diamanten und Kupfer 425
Springbok 425
Steinkopf / Port Nolloth /
Alexander Bay 425
Kuboes / Richtersveld Park (Ai-
Ais/Richtersveld Transfrontier P. 430
Kamieskroon 433
Namaqua National Park 434
Skilpad Wild Flower Reserve /
Garies.. 434

**Von Upington auf der R 27
Richtung Süden**
Kenhardt / Verneuk Pan /
Brandvlei / Calvinia 435
Tankwa Karoo National Park /
Niewoudtville 437

Im Südosten der Northern Cape Province

Prieska / Hopetown / Carnavon 438
De Aar / Colesberg / Hanover 439

4. Free State mit Abstecher Lesotho

Einführung 441

Im Nordwesten des Free State

Sasolburg 442
Parys / Vredefort 443
Viljoenskroon / Bothaville /
Hoopstad / Sandveld Nature
Reserve 444
Auf der N 1 über Bloemfontein nach Süden
Kroonstad / Willem Pretorius
Game Reserve 445
Virginia / Winburg 446
Erfenis Dam Nature Reserve /
Theunissen / Brandfort 446
Bloemfontein 447
Maria Moroka National Park 453
Trompsburg / Philippolis 453
Springfontein / Gariep Dam / 454
Bethulie / Tussen-die-Riviere
Nature Reserve 455
Soetdoring N.R. / Dealesville /
Boshof / Jagersfontein 456
Fauresmith / Koffiefontein 457

Von Norden auf der N 3 über Harrismith nach Süden

Vaal Dam / Deneysville /
Jim Fouché / Oranjeville 458
Villiers / Harrismith 458
Mount Everest Game Reserve /
Sterkfontein Dam / Qwaqwa District 459
Phuthaditjhaba u. Witsieshoek /
Witsieshoek Mnt. Resort /
Van Reenen 460
☐ *Der Qwaqwa District* 460

Von Bloemfontein auf der N 6 Richtung Buffalo City (East London)

Smithfield / Rouxville 461

Durch den Norden: Auf der R 34 von Ost nach West

Memel / Seekoeivlei N.R. / Vrede 462
☐ *Canna Circle* 463
Frankfort / Heilbron / Edenville 463
Odendaalsrus / Allanridge / Welkom 464

Von Harrismith entlang der westlichen Lesotho-Grenze nach Zastron

Kestell 466
Golden Gate Highlands National Park 466
Qwaqwa National Park 468
Clarens 468
Bethlehem 469
Senekal / Marquard / Fouriesburg ... 470

Abstecher Lesotho: Butha-Buthe – Maseru – Malealea-Lodge – Wepener (F.S.)

Lesotho 472
Butha-Buthe 476
Tsehlanyane N.P. / Leribe (Hlotse) /
Teya-Teyaneng 476
Maseru 477
Thaba Bosiu 479
Basotho Pony Trekking Centre /
Semonkong Lodge 480
Morija / Malealea-Lodge 480
Mafeteng / Ficksburg (Free State) 483
☐ *Über Stock und Stein – zu Pferd
durch Schluchten und auf Berge* 481
Clocolan / Ladybrand 484
Wepener 486
Zastron 486

5. KwaZulu-Natal

Einführung 487
Nationalparks in KZN 490
Durban / eThekwini 491
☐ *Mahatma Gandhi* 496

Naturparadiese im Großraum Durban 501
Ausflüge rund um Durban / Nature
Reserves 507

Die South Coast
Amanzimtoti 511
Umkomaas (eMkhomazi) 513
Empisini Nature Reserve /
Scottburgh 514
Vernon Crookes Nature Reserve /
Pennington 515
Hibberdene Umzumbe 515
Umtentweni / Port Shepstone 516
Oribi Gorge Nature Reserve 517
Mbumbazi N.R. / Shelly Beach /
St Michael's on Sea / Uvongo 519
Margate 520
Ramsgate / Southbroom 521
Marina Beach / San Lameer /
Trafalgar Mar. Rs. / Munster /
Glenmore Beach 522
Port Edward / Umtamvuna N.R. 523
Wildcoast Sun Resort and Casino 524

North Coast
Umhlanga Rocks 524
Dolphin Coast : Umdloti/Tongaat
Beach / Ballito/Willard Beach /
Shaka's Rock 528
Salt Rock 528
Harold Johnson Nature Reserve /
Fort Pearson 529
Hazelmere Nature Reserve / Tongaat
(oThongathi) / Stanger (KwaDukuza) 530
Shaka Zulu – Held und Despot 530
□ *Geschichte des Natur- und*
   Tierschutzes in KwaZulu-Natal 533

Das südliche Zululand
Amatikulu Nature Reserve / Eshowe 532
Shakaland 535
Kwabhekithunga/Stewarts Farm 535
Simunye / KwaBulawayo: Shakas
Umuzi / Mtunzini 536
Umlalazi Nature Reserve /
Empangeni 537
Thula Thula 538

Enseleni Nature Reserve /
Richards Bay 538

Das zentrale Zululand
Ulundi/oLunid und eMakhosini
Ophathe Heritage Park 540
Babanango Nature Reserve 542

iSimangaliso Wetland Park
Maphelane Nature Reserve /
St Lucia / St Lucia Estuary 542
Eastern Shores Game Reserve und
Mfabeni, Mission Rocks 545
Cape Vidal / Charters Creek................. 546
False Bay Park / Sodwana Bay 547

Hluhluwe und Hluhluwe-Imfolozi Park
Hluhluwe 548
Zulu Nyala Game Reserve / Emdoneni
Lodge u. Game Farm / DumaZulu ... 549
Hluhluwe-Imfolozi Park 550
Ubizane Wildlife Reserve 552

Das nördliche Zululand, Elephant Coast und Maputaland
Phinda Private Game Reserve 553
Abu Madi Game Reserve / Mkuze 553
□ *Straßenblockade / Mkhuze Game*
   Reserve 554
Nordnatal und Battlefields
Ntshinwayo (Chelmsford) Dam
Nature Reserve / Newcastle 556
Utrecht 558
Abstecher zu historischen
Schlachtfeldern / Dundee) 558
Schlachtfelder: Rorke's Drift /
Isandlwana / Blood River..................... 560
Vryheid 561
Thangami Mineral Spa u. G.R. /
Ntendeka Wilderness Area (Ngome
Forest) 562
Paulpietersburg /
Ithala Game Reserve 563
Elephant Coast und Maputaland . 565
Lake Sibaya 566

Mabibi / Thonga Beach Lodge /
Rocktail Bay 566
Kosi Bay Nature Reserve 567
Pongola / Mkuze Falls Private
Game Reserve / Jozini 568
Pongolapoort Biosphere Reserve 569
Border Cave 571
Ndumo Game Reserve 571
Tembe Elephant Park 572
Futi-Royal Tembe Park /
KwaNgwanase (Manguzi) 573

Natal Midlands
Pietermaritzburg /
Msunduzi Municipality 574

**Abstecher von Pietermaritzburg
in den Süden**
Richmond / Ixopo 580
Kokstad / Mount Currie
Nature Reserve 581
Qacha's Nek / Sehlabathebe
National Park (Lesotho) 582

**Von Pietermaritzburg auf der N 3
Richtung Norden**
Howick / 583
Midmar Public Resort Nature
Reserve / Umgeni Valley N.R. 584
Nottingham Road / Mooi River /
Estcourt 585
Wagendrift Public Resort N.R. /
Albert Falls N.R. / 586
Ecabazini Cultural Homestead /
Wartburg / Blinkwater N.R. /
Greytown 587
Mhlopeni N.R. / Thukela Biosphere
Reserve / 588
Zingela Safari & River Company /
Weenen / Weenen N.R. 589
Colenso / Ladysmith 589
**uKhahlamba-Drakensberg Park –
Die Drakensberge von
KwaZulu-Natal**
Einführung 590
Coleford Nature Reserve /
Underberg 592

Garden Castle / Himeville 593
Cobham / Sani Pass 594
Giants's Cup Hiking Trail /
Abstecher n. Lesotho: Sani Top 595
Vergelegen / Lotheni / Mkhomazi ... 596
Kamberg / Giant's Castle 597
Injisuthi 619
□ *Die Felsbilder der San /
Monk's Cowl* 599
Cathedral Peak / Didima 601
Winterton 601
Spioenkop Dam Nature Reserve /
Bergville 602
Royal Natal National Park 603

6. North West

Einführung 607
Hartbeespoort-Staudamm und
Feriengebiet 609
Brits / Borakalalo National Park 610
Wander- und Freizeitparadies
Magaliesberg 610
Rustenburg 613
Kgaswane Mountain Reserve 614
Sun City und **Lost City** 614
Pilanesberg National Park 615
□ *Das Volk der Tswana /
Marico-District* 617
Zeerust / Madikwe Game Reserve ... 618
Mahikeng 518
□ *Bophuthatswana /
Mmabatho* 621
Botsalano Game Reserve 622

Auf der N 14 nach Westen
Lichtenburg 622
Barberspan Nature Reserve /
Vryburg / Taung 623
Potchefstroom 624
Klerksdorp 625
Wolmaransstad / Bloemhof /
Christiana.. 626

7. Gauteng

Einführung 627
Pretoria/Tshwane 628
Die schönsten Ausflüge in die
Umgebung 634
☐ *Zur Geschichte und Kunst der*
    Süd-Ndebele 636
Johannesburg 641
Ausflüge in die Umgebung 650
Sterkfontein Caves 651
Soweto 658
Krugersdorp / Roodepoort 659
Magaliesburg 660

8. Mpumalanga – Krügerpark mit Abstecher Swaziland

Einführung 661

**Auf der N 4 nach Osten über
Mbombela bis Komatipoort**
Middelburg 662
Loskop Dam Nature Reserve 664
eMakhazeni / Emgwenya/Waterval-
Boven und Waterval-Onder 665
Elandskrans H.T. / Montrose Falls /
Sudwala Caves / Crystal-Höhlentour 666
Makobulaan Nature Reserve /
Kaapsehoop 667
Mbombela/Nelspruit 668
Barberton 670
White River 673
Hazyview 674
Malelane und Marloth Park 675
Thanda Nani Game Lodge /
Komatipoort 676

Die Panorama Route
Dullstroom / Mashishing/
Lydenburg 677
Long Tom Pass / Sabie 679
Mac Mac Pools und Mac Mac Falls ... 681
Graskop 681

Blyde River Canyon Nature Reserve
R 534 / God's Window 684
Lisbon Falls / Berlin Falls / Bourke's
Luck Potholes 685
☐ *Für ausdauernde Wanderer:*
    Blyderivierspoort Hiking Trail 685
Blyderivierspoort Hiking Trail /
World's End / Three Rondavels /
Blyderiv. Dam 686
Echo Caves / Ohrigstad 687
Robber's Pass / Mount Sheba N.R. /
Pilgrim's Rest 687
**The Great Limpopo
Transfrontier Park** 689

Kruger National Park
Überblick 690
☐ *Culling – Regulierung der*
    Tierpopulation 694
Die schönsten Stellen im Süden 697
☐ *Ranger Wolhuters Kampf*
    mit dem Löwen 700
Der zentrale Krügerpark 700
Der einsame Norden 703
Wilderness Trails 707
Der Krügerpark von A–Z 706
☐ *Nationalpark-Problematik* 708
Private Wildparks am Krügerpark /
Sabi Sand G.R. 716

Highveld
Badplaas / Songimvelo Nature
Reserve 718
Chrissiemeer / Ermelo / Piet Retief /
Wakkerstroom 719

Swaziland
Einführung 720
Informationen Swaziland 723
Die schönsten Transitwege durch
Swaziland 724
Mlawula Nature Reserve 724
Hlane Royal National Park 725
Phophonyane Nature Reserve /
Pigg's Peak / Malolotja Nature
Reserve 725

Nisela Safaris / Big Bend /
Mkhaya Game Reserve 727
Manzini 728
□ *Auf Safari in Mkhaya* 729
Summerfield Botanical Garden
Resort / Mlilwane Wildlife
Sanctuary 730
Ezulwini Valley 731
Mbabane 733

9. Limpopo Province
Einführung 735

Auf der N 1 in Richtung Norden
Bela-Bela (Warmbath) /
Bonwa Phala 737
Mabalingwe G.R. / Mabula G.R. /
Modimolle (Nylstroom) 738

Die Waterberg-Region
Nylsvlei N.R. / Geologie, Fauna und
Flora 739
Vaalwater / Kololo Game Reserve 740
Kololo G.R. / Welgevonden G.R. /
Lapalala Wilderness 740
Lephalale (Ellisras) / Thabazimbi /
Marakele National Park 741

Auf der N 1 weiter Richtung Norden
Mookgophong (Naboomspruit) 742
Mokopane (Potgietersrus) 743
Percy Fyfe Nature Reserve /
Eersteling Mine 744
Polokwane (Pietersburg) 744
Ben Lavin Nature Reserve 746
Louis Trichardt 747
Abstecher von Louis Trichardt:
Lesheba Wilderness / Langjan N.R. /
Alldays 748
Musina (Messina) 749
Mapungubwe National Park.............. 749

**Tzaneen-Region und nördliche
Transvaal-Drakensberge**
□ *Lebowa und Gazankulu* 751
Zion City Moria / Wolkberg
Wilderness Area / Haenertsburg 751
Magoebaskloof 752
Tzaneen 753
Modjadjikloof/Duiwelskloof 754
Hans Merensky Nature Reserve /
Gravelotte / Phalaborwa 754

**Marulaneng (Hoedspruit) –
Klaserie – Blyde River Canyon N.R.
(Lowveld Section)**
Marulaneng (Hoedspruit) 757
Moholoholo Wildlife Rehabilitation
Centre 758
An den Krügerpark grenzende
Wildparks: Karongwe / Balule /
Klaserie / Manyeleti 759
Thornybush / Kapama Game Reserve /
Timbavati Private Game Reserve 760
Blyde River Canyon Nature Reserve –
Lowveld Section 761
Im Land der VhaVenda 761
Mphephu 761
Thohoyandou
□ *VhaVenda – die Geschichte eines
Volkes* 762
Thathe Vondo Forest 763
Venda – ein Land voller
Geheimnisse 763
□ *Die Handwerkskunst in Venda* 764
Lake Funduzi / Nwanedi Provincial
Park / Sagole 764
Tshipise / Honnet Nature Reserve ... 765

ANHANG
Autorin, Fotos, Abkürzungen,
Verkehrsbegriffe 766
Glossar, geographische Begriffe 767
Entfernungstabelle 769
Register 770

TEIL I: REISEVORBEREITUNGEN

Südafrika – pauschal oder auf „eigene Faust"?

Das Schöne an Südafrika ist, dass man die Wahl hat zwischen Gruppenreisen, dem Abenteuer auf eigene Faust oder einer Mischung aus Individualtourismus, „gewürzt" mit organisierten Ausflügen.

Organisierte Pauschalreisen

Die Reisen der Touristikveranstalter dauern meist zwischen zwei und vier Wochen. Der Vorteil dieser Reisen besteht darin, dass Fahrzeuge, Übernachtungen und Ausflüge bereits organisiert sind und die Betreuung durch deutschsprachige Reiseleiter erfolgt. Man kann zwischen zwei Arten der Pauschalreisen unterscheiden. Die **„klassische"** wandelt auf bewährten Routen, die **„alternative"** bietet abseits der Hauptstrecken „Abenteuer" von A wie „Angeln" bis Z wie „Zelttouren". Dazu zählen auch Reiterferien, Wildwasserfahrten auf dem Orange River, Kamel-Safaris und Golfurlaub.

Südafrikanische Reiseveranstalter in den einzelnen Regionen sind im Informationsteil der jeweiligen Reiseziele aufgeführt.

Tour-Anbieter

Eine Liste der wichtigsten Anbieter gibt es bei **South African Tourism** (Satour; Adresse s.u., „Die wichtigsten Informationsstellen"). Die „Arbeitsgemeinschaft südliches und östliches Afrika e.V.", **ASA**, bietet mit www.asa-africa.com ein gutes Internetportal mit vielen Reiseveranstaltern.

ADAC Reisen (nur für Mitglieder), Am Westpark 8, 81373 München, Tel. 089-27276300, www.adacreisen.de

Afrika und mehr ..., Am Taubenfelde 24, 30159 Hannover, Tel. 0511-1693040, www.afrikaundmehr.de

AST, African Special Tours, 61118 Bad Vilbel, Gronauer Weg 31, Tel. 06101-499000, www.ast-reisen.de

Cruising Reise GmbH, Hauptstr. 28, 30974 Wennigsen, Tel. 05103-700014, www.cruising-reise.de

Diamir Erlenisreisen GmbH, Loschwitzer Straße 58, Tel. 0351-312077, www.diamir.de

DSAR, Deutsch-Südafrikanischer Reisedienst GmbH, Sandkaule 5–7, 53111 Bonn, Tel. 0228-652929, www.dsar.de

Impala Tours GmbH, Götzenstr. 8–10, 65760 Eschborn, Tel. 06196-41586, www.impala-tours.de

Jacana Tours, Willibaldstr. 27, 80689 München, Tel. 089-5808041, www.jacana.de

Karawane Reisen, Schorndorfer Str. 149, 71638 Ludwigsburg, Tel. 07141-284830, www.karawane.de

Lernidee Reisen, Dudenstr. 78, 10965 Berlin, Tel. 030-786000-0, www.lernidee-reisen.de

Studiosus Reisen, Riesstr. 25, 80992 München, Tel. 089-500600, www.studiosus.com

Traveldesign, Brunnwiese 17, 83278 Traunstein, Tel. 0861-165906, www.traveldesign.de. Sorgfältig geplante und durchgeführte Natur-Erlebnisreisen

TourConsult International GmbH, Nördl. Hauptstr. 1–3, 83700 Rottach-Eggern, Tel. 08022-705190, www.tourconsult.de

Windrose Fernreisen GmbH, Neue Grünstr. 28, 10179 Berlin, Tel. 030-2017210, www.windrose.de

Wikinger Reisen, Tel. 02331-9046, Kölner Str. 20, 58135 Hagen, www.wikinger-reisen.de.

Schweiz
Rotunda Tours PRZ AG, CH-8010 Zürich, Geroldstr. 20, Tel. +41(0)44-3864666, www.rotunda.ch.

Österreich
Ruefa Reisen, 1070 Wien, Mariahilferstr. 120, Tel. 01-525550, www.ruefa.at.

Flugsafaris
FLY South – African Adventures, Dirk Caspers, www.flysouth.de, flysouth@global.co.za; alles, was mit Fliegen und Reisen in Südafrika zu tun hat.

Alleine oder in Gesellschaft unterwegs

Individualreise

Südafrika kann problemlos individuell bereist und die Reise von zu Hause aus geplant werden. Das Buch enthält alle Informationen für das Mieten eines Autos und der Buchung von Hotels und Unterkünften in National- und Privatparks.

Individuelle Tour mit organisierten Ausflügen

Dabei hat man die individuelle Freiheit der Zielfestlegung, bucht aber bei einem Veranstalter einen bestimmten Reiseabschnitt, z.B. eine Kanutour, Walk-Safari oder einen Reitausflug. Grundsätzlich gilt: *Je kürzer die Urlaubszeit, desto größer wird die Not-wendigkeit einer gründlichen Urlaubsplanung,* sprich Vorreservierung.

Mit Kindern nach SA

Südafrika bietet Kindern mehr Abwechslung als manche europäische Reiseländer. In vielen Ferienresorts gibt es Babysitter stundenweise, halb- oder ganztags. Allerdings haben einige Parks, Ferienresorts und Hotels eine Altersuntergrenze für Kinder. *Es ist nicht ratsam, mit Säuglingen oder Kleinkindern in malariagefährdete Regionen zu fahren!* Will ein Elternteil allein mit einem Kind reisen, muss es eine genehmigende Bestätigung des anderen Elternteils mit sich führen, dass die Reise erlaubt ist. Der Kinderausweis muss zwei freie Seiten und ein Photo enthalten.

Tipp: Für die ganze Familie bieten immer mehr Lodges auf speziellen Safaris Gelegenheit zum Spurenlesen und „Überlebenstraining" in der Natur. Abends gibt es Geschichten am Lagerfeuer. Infos u.a. bei Tuningi Safari Lodge (www.tuningi. com).

Alleine reisen?

Generell ja. Meist ist es jedoch eine Frage des Reisebudgets, besonders wenn man sich ein Auto mieten möchte. Auch das Buchen von geführten Trekking-Touren ist schwierig, es sei denn, man kann sich einer bereits bestehenden Gruppe anschließen. Die Mindestteilnehmerzahl liegt meist bei drei Personen (Ausnahme zwei Personen). Prinzipiell dürfen die **anmeldepflichtigen Wanderwege** Südafrikas schon aus Sicherheitsgründen **nicht alleine** begangen werden.

Reisepartnersuche

Es gibt etliche Reisepartnervermittlungen, bei denen man nachfragen kann, z.B. *Deutsche Zentrale für Globetrotter e.V.,* ww.dzg.com. Eine gute Web-Adresse ist außerdem www.reise-forum.weltreiseforum.de.

Senioren unterwegs

Selbst rüstigen Senioren sind in Südafrika manchmal Grenzen gesetzt. Wer z.B. Wildwasserfahrten plant oder tauchen möchte, sollte sich erkundigen, ob ein Gesundheitszeugnis verlangt wird. Bei der Anmietung von Wohnmobilen und

Allradfahrzeugen ist das Höchstalter in der Regel 70 Jahre. Senioren sollten bei der Wahl ihrer Tour die jeweiligen Klimaverhältnisse berücksichtigen. Feucht-heißes Klima, wie z.b. an der Küste nordöstlich von Durban, kann zu einer starken Herz- und Kreislaufbelastung führen. **Eintrittspreise** für Senioren sind oft **ermäßigt**.

Reiseplanung

Anreise

Flüge

Buchen Sie einen **Übernachtflug**. Eine Ankunft in Südafrika am späten Abend ist nicht ratsam. Viele Fluggesellschaften bieten **Gabelflüge** an (z.B. Ankunft Johannesburg, Abflug Kapstadt). Studenten und Senioren sollten sich nach günstigen Angeboten erkundigen.

Lufthansa

Die Deutsche Lufthansa fliegt täglich nach Johannesburg und – außer am Freitag und am Sonntag – weiter nach Kapstadt. Abflug 22 Uhr in Frankfurt, Ankunft gegen 11 Uhr in Johannesburg (online-Reservierung: www.lufthansa.de). Es gibt auch Direktflüge von München aus.

South African Airways (SAA)
www.flysaa.com

Südafrikas nationale Airline, **South African Airways (SAA)** ist mit über 45 Nonstop-Routen und lückenlosem Zubringerservice Marktführer bei Flügen von Europa ins südliche Afrika. Zum Drehkreuz Johannesburg gibt es zahlreiche Nonstop-Übernachtflüge von **Frankfurt** (tägl. um 20.45 Uhr, zusätzlich Mi, Fr u. So 19.30 Uhr), ab **München** tägl. um 21 Uhr, Zubringerflüge von Frankfurt. **Rückflüge** gleichfalls über Nacht, von Johannesburg nach Frankfurt um 20.05 Uhr, nach München 21.10 Uhr (Zeiten können sich ändern). Flugzeit Deutschland – Südafrika ±12 Stunden. Angebote innerhalb Südafrikas beachten (billige „off-season"-Preise, Tel. 069-29980320 oder 01805-211200), da in Verbindung mit einem internationalen Ticket sehr günstige Inlandstickets erhältlich sind, z.B. zwei

Inlandsflüge gegen geringen Aufpreis. Anschluss innerhalb Afrikas, z.B. nach Mauritius, zu den Victoria-Fällen oder nach Nairobi. Auch hier gibt es ein spezielles Ticket, den sog. „Africa Air Pass" (www.airtimetable.com/airpass_africa. htm). Interessant ist auch das Mietwagenangebot in Verbindung mit einem SAA-Flug. SAA-Reise-Informationen auf www.saa-tours.de.

Swiss

(via Zürich): Abflug von Berlin, Bremen, Dresden, Düsseldorf, Frankfurt, Hamburg, Hannover, Köln, Leipzig, München, Nürnberg und Stuttgart nach Johannesburg und Kapstadt (Kapstadt ab 900 €). Keine Unterbrechungsoption (www.swiss.com).

Iberia

bedient die Strecke Madrid–Johannesburg mit Zubringerflügen (ab 700 €, www.iberia.de). Destination Port Elizabeth möglich.

British Airways

Abflug Berlin, Bremen, Düsseldorf, Frankfurt, Hamburg, Hannover, Köln/Bonn, München und Stuttgart via London (Nachtflug) fliegt Durban, Johannesburg, Kapstadt und Port Elizabeth an (Kapstadt ab 750 €; www.british-airways.com.

KLM

Die Niederländische Airline fliegt via Amsterdam ab 800 € nach Kapstadt. Internet-Information und Online-Buchung: www.klm.nl.

AirBerlin

fliegt z.T. sehr günstig, z.B. von München, Düsseldorf, Frankfurt und Berlin nach Kapstadt. Hin Do und So, Nachtflug. Rück Fr und Mo, Tagflug. Frühes Buchen bringt große Vergünstigung.

LTU

(www.ltu.de) fliegt ab 750 € von Düsseldorf, München, Brüssel (alle Sa hin, So retour) und Zürich nach Kapstadt (Gültigkeit der Tickets 7, 14, 21 und 28 Tage). Zur Beachtung: Es ist ein Übertagflug, der um 00.45 Uhr in Kapstadt landet! Sehr ungünstig für alle, die nicht abgeholt werden.

andere Airlines

Emirates, www.emirates.com, liegt im Preis ab 655 €. Frühzeitiges Buchen ist sinnvoll, Flüge tgl. ab München (Zubringer z.B. ab Berlin, Frankfurt, Düsseldorf). Etihad Airways, www.etihad airways.com, fliegt über Abu Dhabi nach Kapstadt und Johannesburg. Air Dubai fliegt über

Dubai ab 650 € (z.B. ab München). TAP Air Portugal fliegt ab 600 € via Brüssel, Zürich, Lissabon nach Johannesburg. Auch Air France (via Paris nach Kapstadt) ist ab 750 € ein interessanter Anbieter. Air Namibia bedient die Strecke nach Johannesburg über Windhoek ab 750 €.

Internet-Flugbuchungen

Immer mehr gehen dazu über, sich Fluginformationen aus dem Internet zu holen und auf den Homepages von virtuellen Reisebüros oder bei Fluggesellschaften online zu buchen. Informieren kann man sich z.B. bei

Online-Reisebüros/Reiseportale:
www.traveloverland.de, www.avigo.de, www.expedia.de, www.ebookers.de, www.travelchannel.de, www.opodo.de, www.travelscout24.de, www.start.de, www.travel24.com, u.a.

Last-Minute-Flugreisen,
z.B. www.ltur.de, www.lastminute.com

Touristikkonzernen und **Charterfluggesellschaften**, wie z.B. www.ltu.de oder www.thomascook.de

Spezielle **Websites für Flüge**, wie www.flug.de, www.tiss.com, www.fly.de, www.airres.com. Über www.focus.de gelangt man zu „Schnäppchenflüge".

Günstige Spezialtarife offerieren auch Südafrika-Touranbieter/Reiseveranstalter, wie z.B. **DSAR** (www.dsar.de).

Eine Liste weiterer Fluglinien, die nach Südafrika fliegen oder innerhalb des Landes verkehren, finden Sie im Teil II – „Unterwegs in Südafrika".

Mitnahme von Sportgeräten

LTU verlangt z.B. für Räder 35 €, während Lufthansa zwischen 30–60 € kassiert. Surfbretter bei LTU 35 €, bei Lufthansa 40–80 €. Dafür transportiert letztere Tauchgepäck im Rahmen des Freigepäcks kostenlos (LTU 35 €), ebenso Golfausrüstungen (LTU 35 €).

Anreise mit dem Schiff

Mitfahrgelegenheiten auf Frachtschiffen, die in der Regel von Antwerpen aus ablegen und Kapstadt, Durban und Port Elizabeth ansteuern. *Frachtschiff-Touristik*, Mühlenstr. 2, 24376 Kappeln, Tel. 04642-96550, www.zylmann.de (z.B.

Antwerpen – Kapstadt, 19 Tage in Doppelkabine ca. 1600 €).

Mitnahme des eigenen Fahrzeugs

Eine Passage im Container z.B. nach Kapstadt dauert zwischen 3–5 Wochen und schlägt für einen kleinen Geländewagen mit ca. 1700 € zu Buche. Auskunft über Deugro, Internationale Transporte, Bei dem neuen Kran 2, 20457 Hamburg, Tel. 040-376007-0, www.deugro.com). In Kapstadt organisiert den Fahrzeugtransport die Firma *Project Freight CC,* Unit 13, Central Park, Beaconvale, Tel. 021-92911700, www.projectfreight.com.

Fahrzeug im Flugzeug

Die Kosten für den Transport per Luftfracht sind schier unbezahlbar (ca. 8500 € für die einfache Strecke). Nur für Motorradfahrer könnte das eventuell interessant sein (etwa 1650 € für Hin- und Rücktransport). Nähere Auskünfte erhält man bei den Frachtabteilungen der Fluggesellschaften.

Versicherungen

Reiserücktrittsversicherung

Mit den Reiseunterlagen erhält man meist auch ein Formular für eine Reiserücktrittsversicherung zugeschickt. Versichert ist man damit gegen Stornogebühren, die bis zum gesamten Reisebetrag gehen können, wenn man kurz vor der Reise zurücktreten möchte (als Rücktrittsgründe werden jedoch nur schwerwiegende Argumente wie Todesfall in der Familie, eigene schwere Erkrankung oder Erkrankung eines Familienmitgliedes akzeptiert!).

Auslands-Krankenversicherung

Deutsche Krankenkassen werden nicht anerkannt (manche Privatkassen übernehmen jedoch auftretende Kosten). Bei Abschluss einer Reisekrankenversicherung ist es wichtig, dass sie einen Vollschutz ohne Summenbegrenzung enthält. Wer die Reisekosten mit Kreditkarte bezahlt, ist unter Umständen dadurch bereits versichert. Bei Zahnersatz wird meist nur eine Notversorgung und ein Provisorium bezahlt. Eine Rückholversicherung sollte miteingeschlossen sein.

Bei Auslandsaufenthalt über 90 Tage ist für Kinder und Männer die DVK günstig (www.dkv.com). Für Frauen die Würzburger Versicherung (www.wuerzburger.com). Für 7,50 Euro im Jahr (als Zusatzversicherung) ist man bei der DEVK bei Auslandsreisen bis zu 42 Tagen Privatpatient (www.devk.de).

Reisegepäckversicherung

Bei Fotoapparaten und Camcordern gibt es meist Einschränkungen und man muss sich an eine genau festgeschriebene Prozedur halten wie Kaufbelege vorweisen, Gehäusenummern angeben, polizeiliches Protokoll des Diebstahls vorlegen. Diebstahl bzw. der Verlust muss sofort der Versicherung gemeldet werden.

Versicherungsgesellschaften

ELVIA Reiseversicherungsgesellschaft, Ludmillastr. 26, 81536 München, www.elvia.de. *Europäische Reiseversicherung,* Vogelweidestr. 5, 81677 München, www.reiseversicherung.com. *Hanse Merkur Reiseversicherung,* Neue Rabenstr. 28, 20352 Hamburg, www.hansemerkur.de. Für Foto- und Filmapparate: Niederlassungen des *Gerling-Konzerns* (ca. 7 % des Neuwertes, Versicherung gegen fast alle Gefahren, Diebstahl, Transportwagnis etc.).

Wahl des Fahrzeugs

Wichtige Preisinformation

Es ist sinnvoll, einen **Preisvergleich** anzustellen. Vielfach sind die saisonalen Preislisten durch Tagespreise ersetzt worden. Wer z.B. statt am 31. Oktober erst am 1. November nach Südafrika einreist, muss u.U. bis zum doppelten Mietpreis bezahlen. Erkundigen Sie sich vor allem bei lokalen Vermietern!

Pkw

Für eine gewöhnliche Rundreise und die meisten National- und Privatparks ist ein Pkw vollkommen ausreichend (bis drei Personen; zwei Erwachsene und zwei Kinder geht zur Not auch). Wer zu viert oder zu fünft fährt, sollte sich z.B. einen VW-Microbus mieten. Ein Wagen mit **Klimaanlage** ist auf Südafrikas heißen, langen Straßen kein unnötiger Luxus!

Man kann nach Botswana, Lesotho, Moçambique, Namibia und Swaziland reisen, wenn das Fahrzeug vom Vermieter dafür freigeschrieben wurde. Nicht erlaubt ist in der Regel eine Fahrt nach Angola, Malawi und Zambia.

☐ **Autos sind in Südafrika extrem diebstahlgefährdet,** deshalb den Wagen und den Kofferraum immer abschließen und in Städten zum Parken möglichst bewachte Parkplätze anfahren! (s.S. 45, „Sicherheit").

Auto mieten

Manchmal ist es besser, von Deutschland aus einen Pkw zu mieten **(möglichst immer direkt beim Anbieter!),** und es gibt viele Angebote, in denen Flug und Mietwagen kombiniert sind. Als sehr zuverlässig – doch nicht am günstigsten – hat sich die Autoanmietung über den ADAC herausgestellt, der in Südafrika mit Avis zusammenarbeitet. Prospekte sind bei **ADAC Reisen** (nur für Mitglieder, www. adac.de), Am Westpark 8, 81373 München, Tel. 089-27276300 und 040-480 0240, erhältlich. In den Leistungen sind Haftpflicht- und Vollkaskoversicherung, unbegrenzte Freikilometer und die kostenlose Mitgliedschaft im Südafrikanischen **Automobilclub (AA)** eingeschlossen (es gibt Ausnahmen bei einzelnen Fahrzeugtypen). In einigen Fällen ist eine Einwegmiete ohne Aufpreis möglich, z.B. von Johannesburg nach Kapstadt (nach George und nach Port Elizabeth wird ein Zuschlag fällig). **Preisgünstige Mietwagen bekommt man auch in Verbindung mit einem Flugticket der South African Airlines** (und gleichzeitig im Preis erheblich herabgesetzte Übernachtungsquartiere, z.B. im Krügerpark); Näheres darüber in SAA-Tour-Katalog. Der Reiseveran-

Wahl des Fahrzeugs

stalter **Karawane Reisen,** www.karawa ne.de, bietet günstige Fahrzeuge der südafrikanischen Vertragspartner *Sani Rentals, Hertz, Maui, Avis, Europcar* (z.T. mit Handy), *Campers Corner* und *Nature Trekking.*

Die größten Autovermieter in Südafrika sind: **Avis,** Tel. 0809-413333 oder Tel. 0800-034444, www.avis.com. – **Budget,** www.budget.com, Tel. 0800-016622. – **Imperial/Europcar,** Tel. 0800-0110157, www.europcar.co.za; www.imperial.co.za. Diese drei sind an den meisten Flughäfen mit Filialen vertreten (Telefonnummern im Reiseteil).

Preisgünstige Anbieter: **Around About Cars,** Bloem St 20, Kapstadt, Tel. 086-04224022, www.aroundaboutcars.com. Nach Angeboten fragen. – **Comet Car Rental,** 7B Meadowdale Park, Evendale Rd, Johannesburg, Tel. 011-4530188, www.cometcar.co.za; neue und gut erhaltene gebrauchte Autos. – **Europcar,** Kempton Park, Tel. 011-3969000, www.europ car.co.za. – **Indula Safaris & Tours,** Pretoria/Tshwane, Lyttelton, Tel. 012-6642092, www.indula.co.za. – **Sani Rentals,** Springs, Tel. 011-3622111, www.sanirentals.co.za.

Günstige **Online-Angebote** findet man auf www.hostels.co.za. Ein empfehlenswerter deutscher Anbieter in Windhoek, Kapstadt und Jo'burg ist **AfriCamper,** www.africamper.com; Dirk Schäfer, Trade Link Park, Unit 10, Potgieter St, Somerset West, Tel. +27-21-8545627.

Sehr interessant sind, vor allem für **Langzeitmieter,** die Angebote von **Drive Africa** (s.u.). Empfehlenswert ist die Firma **Car Rental South Africa,** Tel. 021-5538000, www.car-rentalsouth-africa.co.za, die ab R200/Tag Fahrzeuge anbietet. Wer mit einem „Käfer" reisen möchte, sollte bei www.kaeferhire.net reinschauen.

Autokauf u. Mietkauf

Ein Auto in gutem Zustand zu günstigen Konditionen zu kaufen ist relativ schwierig, da sowohl Neu- als auch Gebrauchtfahrzeuge teuer sind (gebrauchter Pkw um R25.000; 4x4 ab R75.000). Gut beraten ist, wer das Kaufobjekt bei der Automobile Association of SA (AA) oder einer Werkstatt checken lässt. Viele Gebrauchtwagenhändler findet man an der Voortrekker Road in Kapstadts Vorort Belville.

Zunächst benötigt man eine TÜV-Bescheinigung (Roadworthy), die man beim Verkehrsverein oder einer staatlich anerkannten Prüfstelle erhält. Innerhalb von 21 Tagen muss das Fahrzeug umgemeldet werden. Dazu benötigt man: ursprüngliche Zulassungspapiere, Bestätigung, dass das Auto bezahlt ist, TÜV-Bescheinigung, Kaufvertrag, Reisepass und eine lokale Adresse für die Anmeldung. Es besteht keine Versicherungspflicht (daher fahren ca. 70% ohne Versicherung)! Ratsam ist aber der Abschluss einer Vollkaskoversicherung oder einer Haftpflichtversicherung (balance of third party = Haftpflicht, Feuer, Diebstahl).

Ein zuverlässiger Autohändler ist **Vehicle Traders,** 235 Main Road, Strand 7140, Tel. 021-8530844, www.vehicletraders.co.za, bei dem man mit einem sogenannten „buy-back-contract" gebrauchte Autos kaufen kann und der die Formalitäten problemlos erledigt und Versicherungen vermittelt.

Bei einem längeren Aufenthalt (ab 8 Wochen) kann der Mietkauf bis zu 60% billiger sein als eine konventionelle Wagenmiete) lohnt es, sich in Angebot von **Drive Africa,** Tel. 0027-21-4471144, www.driveafrica.co.za machen zu lassen (in Deutsch möglich). Weiterhin besteht eine Rückkauf-Garantie. Zahlung bar, Kreditkarte (am einfachsten) oder internationaler Banktransfer und bankgarantiertem Scheck. Die Fahrzeuge (sämtliche im AA, somit profitiert man von einem 24-h-Service) werden mit allen Papieren ausgeliefert, sind TÜV-geprüft und gewartet. Zudem ist eine Monatsgarantie auf mechanische Schäden inklusive. Eine Versicherung ist im Vertrag eingeschlossen (auch Fahrer unter 23 Jahren können versichert werden), und es besteht überdies keine Kilometerbegrenzung.

Fahrzeugangebot: Pkw, Geländewagen, Camper, Bushcamper, Wohnmobile, Kombis, kleine VW-Busse und Motorräder. Für Studenten oder Praktikanten können preiswerte Golfs oder ähnliche Pkw besorgt werden. Auslieferung erfolgt überall in Südafrika, auch in Namibia, Botswana und anderen Staaten im südlichen Afrika.

Campmobil und Allradfahrzeuge

Für diejenigen, die Reisen in die unberührte Natur Südafrikas lieben, ist ein **Campmobil** die richtige Wahl. Allerdings sind die Preise ganz schön saftig: 100–130 € pro Tag muss man kalkulieren. Für Einwegmieten fallen zwischen R1200 (innerhalb Südafrikas) und R2000 (zwischen Südafrika, Namibia, Botswana und z.T. Zimbabwe) an. Campingausstattung wird vor Ort abgerechnet. Relativ günstig bekommt man über TUI Camper von MAUI (z.B. Spirit 3 TS mit Nasszelle ab 70 €/Tag). Auf teure Zusatzversicherungen sollte man verzichten, da alle Teile, die wirklich kaputtgehen können (Reifen, Fenster) nicht versichert werden. Preisgünstig für Langzeitmieter sind Fahrzeuge von **Drive Africa** (s. „Mietkauf"). Sehr empfehlenswert: **Bobo Campers,** Kempton Park (Jo'burg), www.bobocampers.com.

Wer sich dem Abenteuer verschrieben und südafrikanische Reiseziele ausgesucht hat, die nur ein **Allradfahrzeug** bewältigt, muss mit einem Tagespreis von 140 bis 180 € rechnen. Auch hier hat sich eine Anmietung über ADAC Reisen bewährt (Am Westpark 8, 81373 München, Tel. 089-27276300), in Zusammenarbeit in Südafrika mit dem Vermieter Britz, www.britz.co.za, Johannesburg, Tel. 011-3961860.

In Südafrika können Sie sich bei folgenden Adressen erkundigen:

Britz 4x4 Rentals, Johannesburg/Kempton Park, Tel. 011-3961860, www.britz.co.za. – **Maui Rentals,** Kempton Park, Tel. 011-3961445, www.maui-rentals.com. – **AfriCamper,** www.africamper.com, Dirk Schäfer, Trade Link Park, Unit 10, Potgieter St, Somerset West, Tel. +27-21-8545627, Fax +27-21-8548167.

Zur Beachtung: Bei Wohnmobilen und Allradfahrzeugen ist die Haftpflichtversicherung mit einem hohen Selbstkostenanteil verbunden, er liegt zwischen R11.000–23.000! Vom Versicherungsschutz ausgenommen sind Reifen, Windschutzscheibe, Unterboden und Dachaufbau sowie Kosten bei einem Wasserschaden. **Es ist sinnvoll, eine Zusatzversicherung abzuschließen.**

Zusatzversicherungen

Zur Reduzierung des Selbstkostenanteils kann man zusätzlich eine **CDW-Versicherung** (Collision Damage Waiver = Teilkasko-Versicherung) abschließen, die etwa R40 pro Tag kostet. Die Reduzierung ist drastisch (manchmal bis auf 10% der sonstigen Selbstbeteiligung), gilt aber nicht für Dachaufbau, Unterboden, Wasserschaden, Reifen und Windschutzscheibe. Vollkasko (inklusive Diebstahl) ist man mit einer **CDW/TLW-Insurance** versichert.

Motorrad

Wer auf zwei Rädern reisen möchte, muss seine Route genau planen! **Die meisten National- und auch private Parks sind für Motorradfahrer gesperrt.** Keine Schikane, sondern eine berechtigte Vorsichtsmaßnahme (besonders wenn es Löwen gibt). Am besten eine Kombi-Tour mit Motorrad und Auto planen.

Von Deutschland aus bieten *MHS Motorradtouren,* Donnersbergerstr. 32, 80634 München (Tel. 089-1684888, 3998306, www.motorrad.reisen.de) organisierte Motorradtouren und Mietmotorräder an. Ab Deutschland kostet z.B. Kapstadt–Windhoek (15 Tage inkl. Flug) 4500 €, Beifahrer zahlen ca. 4000 €. MHS-Motorradtouren arbeitet in Südafrika mit *Le Cap Motor Cycle Hire* zusammen (43 New Church Street, Cape Town 8001, Tel. 021-4230823, www.le cap.co.za). Die Maschinen sind in einem Top-Zustand. Mindestalter des Mieters: 21 Jahre. Der Führerschein muss mind. 2 Jahre alt sein. Nationaler und Internationaler Führerschein werden verlangt sowie eine Kaution von R1000. So kostet z.B. eine Kawasaki KLR oder Suzuki DR650 45 €/Tag (4–7 Miettage), eine BMW R 1100GS 85 €/Tag (4–7 Miettage). Im Mietpreis sind 200 km bzw. 300 km, Versicherungen und Steuern enthalten.

In Südafrika gibt es gleichfalls Anbieter: **Cape Bike Travel,** Jörg Vogel, Tel. 084-6064449, www.btravel.co.za. Ein Tipp für jene, die von Durban aus starten wollen, ist **Alfie Cox,** Umlaas Rd, Cato Ridge (40 km Richtung Johannesburg an der N 3), Tel. 031-7821779, www.alfiecox. co.za (m. Anfahrtskizze). Eine KTM 640 kostet R650/Tag, ist super gewartet und voll tourentauglich. Gepflegte Harleys: **Harley-Davidson Cape Town,** Tel. 021-4462999, 9 Somerset Rd, www.harley-davidson-capetown.com. Alle Maschinen vom Feinsten.

Zur Beachtung: Das Mindestalter für das Mieten von Autos, Campmobilen und Motorrädern beträgt meistens 25 Jahre (Ausnahmen s.o.).

Öffentliche Verkehrsmittel

Die Busstationen der **Überlandbusse** liegen oft Kilometer vom Stadtzentrum entfernt (beim Fahrscheinkauf fragen, wo der Busterminal liegt). Oft holen Mitarbeiter von Backpackerunterkünften einen vom Bus ab. Vorher abklären.

Es gibt zwei Arten von **Eisenbahnen:** Luxuszüge, die sicherlich das Reisebudget eines Travellers übersteigen, und die sogenannten „Name Trains", die letzten Überbleibsel des zusammengestrichenen Eisenbahnnetzes.

Die schwarze Bevölkerung benutzt überwiegend sog. **Minibustaxis.** Diese verkehren auch auf Strecken, die die großen Busse nicht befahren. Sie sind sehr billig. Allerdings sollten Touristen daran denken, dass die Mitnahme von Gepäck (große Rucksäcke!) nicht gerne gesehen wird bzw. die Mitnahme ausschließen. Es gibt keine Möglichkeit, das Gepäck auf dem Dach zu verstauen. In Städten sollte man aus Sicherheitsgründen ohnehin auf die Benutzung von Minibustaxis verzichten.

Anmerkung: Die schönsten Gebiete Südafrikas, die Naturschutzgebiete, kann man nicht mit öffentlichen Verkehrsmitteln bereisen!

Per Anhalter

Wer es per Autostopp versucht, sollte sich auf lange Wartezeiten einrichten. Es gibt Berichte von Leuten, die problemlos per Anhalter durch Südafrika reisen. Dennoch ist – besonders aus Sicherheitsgründen – vom Trampen abzuraten.

Wann in Südafrika wohin?

Optimale Reisezeit

Südafrika kann zu jeder Jahreszeit besucht werden. Die beste Reisezeit wird in den einzelnen Kapiteln genauer beschrieben. Hier nur eine grobe Orientierung: *Johannesburg, Pretoria/Tshwane* und der *Free State* können *ganzjährig* bereist werden, für die *Küstenregion um Durban* empfehlen sich *Juni bis August,* die *Kapregion* lädt besonders in den trockenen und sonnigen Monaten *Oktober bis März* ein.

Regenzeiten

In Kapstadt und Umgebung regnet es vorwiegend in den Wintermonaten der Südhalbkugel (April–September). Entlang der Garden Route fällt das ganze Jahr über Regen (meist nachts), in den übrigen Gebieten in den Monaten November bis März. Die Regenfälle sind kurz, aber manchmal recht heftig, besonders in den Regionen KwaZulu-Natal und im Lowveld inklusive Krügerpark.

Dezember und Januar

Hauptferienzeit und touristische Hochsaison. Die Strände sind voll, ebenso Hotels und Restaurants. Flüge, Autos und Campmobile rechtzeitig buchen.

Februar, März, April

Sehr angenehme Reisemonate. Es fällt wenig Regen an der Küste, die Tage sind lang und warm. In den Osterferien reisen die Menschen besonders an die Küstengebiete und in die östlichen Landesteile Südafrikas.

Mai und Juni

Im Herbst kühlt es merklich ab, besonders nachts. Da Nebensaison ist, bieten viele Hotels und Autovermieter günstige Tarife an.

Juli, August, September

In den Wintermonaten kann es zu Schneefällen auf den Bergen der Kapregion und auf den Drakensbergen kommen. Die Tage sind wolkenlos und klar, die Nächte sehr kühl. Wärmere Tage gibt es in dieser Zeit in Mpumalanga.

Oktober und November

Frühlingsanfang mit blühenden Wiesen und Bäumen. Es wird überall deutlich wärmer.

Achtung, Schulferien!

Die meisten Südafrikaner machen Ferien im eigenen Land. Familien richten sich nach den Schulferien. Die Weihnachtsferien dauern von Anfang Dezember bis Mitte Januar, die Osterferien liegen in den zwei Wochen vor Ostern (oder Ostern in der Mitte) und die Winterferien beginnen Mitte oder Ende Juni und enden vier Wochen später. Frühlingsferien: Meist letzte September- und Anfang Oktoberwoche.

Da wird es voll und teuer ...

In allen Landesteilen ist der inländische Tourismus in den Weihnachts- und Osterferien am aktivsten. In den großen Winterferien im Juli erfreut sich vor allem KwaZulu-Natal des größten Zustroms, und auch der Krügerpark ist oft ausgebucht. In Restaurants sind Reservierungen erforderlich. Auch zur Schonung des Reisebudgets sollte man die Ferienzeiten meiden, denn Preise klettern mancherorts astronomisch in die Höhe.

Feiertage

Südafrika hat 14 nationale Feiertage. Fällt einer auf einen Sonntag, ist der darauffolgende Montag ein Public holiday.

01. Januar: Neujahrstag
21. März: Tag der Menschenrechte
Karfreitag
Ostermontag: Familientag
27. April: Freiheitstag
16. Juni: Tag der Jugend
09. August: Nationaler Frauentag
24. September: Heritage Day
16. Dezember: Tag der Versöhnung
25. Dezember: Weihnachtsfeiertag
26. Dezember: Tag des Guten Willens
01. Mai: Tag der Arbeit

Reservierungen

Generell ist es ratsam, **Unterkünfte in National- und Privatparks** von Europa aus zu buchen und sich auch **rückbestätigen** zu lassen. Das gleiche gilt für **reservierungspflichtige Wanderwege** (die Kapazitäten sind mancherorts sehr beschränkt). Während der Weihnachts- und Osterferien ist es unabdinglich, langfristig vorzubuchen. Im Juli und der September-Ferienwoche ist es ratsam, Unterkünfte im *Krügerpark*, in den *Parks von KwaZulu-Natal* und im Kgalagadi Transfrontier Park im Voraus zu bestellen. Bei Absagen kann man sein Glück natürlich auch noch von unterwegs versuchen und von Stornierungen profitieren.

Am sichersten ist eine **Buchung per Internet. Telefonische** Anmeldung ist unproblematisch, sollte aber schriftlich bestätigt werden. Auch per **Fax** kann man vieles bequem und günstig reservieren.

Routenplanung

Folgende drei Touren dienen als Beispiele dafür, was man in 10 Tagen, in *knapp drei Wochen* und in *vier Wochen* als Selbstfahrer mit einem Pkw gut bewältigen kann. Zugrunde liegt eine Reise mit Übernachtungen in Hotels, Gästehäusern, Hütte und Zelt.

Routenplanung

Tour 1: In 18 Tagen von Kapstadt nach Durban

1. Tag: Ankunft in Kapstadt, Übernahme des Wagens und Fahrt zum Kap der Guten Hoffnung. Übernachtung in einem Cottage in Kleinmond.

2. Tag: Über Swellendam in den Bontebok N.P. Zelt- oder Chaletübernachtung.

3. Tag: Morgenwanderung. Über Riversdale und Mossel Bay, dann ins Landesinnere. Besuch der Cango Caves. Übernachtung in Oudtshoorn auf einer Gästefarm.

4. Tag: Besuch einer Straußenfarm. Über George in die Wilderness Section des Garden Route National Parks. Nachmittagswanderung. Übernachtung in einem Cottage.

5. Tag: Weiterfahrt über Knysna nach Tsitsikamma. Strandspaziergang.

6. Tag: Morgenwanderung. Weiterfahrt über Jeffrey's Bay nach Port Elizabeth. Übernachtung im Gästehaus.

7. Tag: Stadtrundgang und Besuch des Museumskomplexes.

8. Tag: Kurze Fahrt zum Addo Elephant Park. Fahrt durch den Park und Wanderung am Nachmittag. Übernachtung auf dem Zeltplatz oder in Chalets.

9. Tag: Morgenrundfahrt. Mittags Weiterfahrt zum Mountain Zebra National Park. Abendrundfahrt. Übernachtung im Zelt oder Cottage.

10. Tag: Morgenwanderung. Fahrt über Middelburg, Colesberg und Bethulie zum Tussen-die-Riviere Nature Reserve. Übernachtung in einem Steinhaus.

11. Tag: Rundfahrt durch den Park. Fahrt über Wepener und Grenzübertritt nach Lesotho. Fahrt über Mafeteng zur Malealea Lodge. Übernachtung in einer Basotho-Hütte.

12. Tag: Ponytrekking ins Hochland von Lesotho. Übernachtung in traditioneller Hütte.

13. Tag: Morgenwanderung; Ponytrekking zurück zur Malealea Lodge. Übernachtung.

14. Tag: Fahrt über Maseru Richtung Bethlehem und weiter in den Royal Natal National Park. Übernachtung auf dem Rugged Glen Zeltplatz oder Cottage (Tendele Camp).

15. Tag: Ganztägige Wanderung auf dem Gorge Trail.

16. Tag: Über Estcourt zum Giant's Castle. Nachmittagswanderung. Übernachtung in großer Hütte.

17. Tag: Morgenwanderung. Weiterfahrt nach Durban. Einkaufsbummel. Übernachtung in einem Gästehaus.

18. Tag: Durban-Stadtrundgang und Strandspaziergang.

Tour 2: In 10 Tagen von Durban via Swaziland nach Johannesburg

1. Tag: Abfahrt von Durban. Besuch des Natal Sharks Board. Weiterfahrt zur Holland Anthurium Farm bei Umhlali. Übernachtung in Gästehaus.

2. Tag: Spaziergang durch die Blumenfarm. Weiterfahrt zum Hluhluwe-Imfolozi Game Reserve. Nachmittagstour durch das Reservat. Übernachtung in einer Hütte.

3. Tag: Morgenwanderung um 5.30 Uhr mit einem Ranger. Anschließend wieder Fahrt durch das Naturschutzgebiet. Weiterfahrt zum Mkhuze Game Reserve. Nachtpirschfahrt mit Ranger. Übernachtung in Hütte.

4. Tag: Tagesfahrt durch den Park. Abendspaziergang im Camp.

5. Tag: Weiterfahrt über Golela und Grenzübertritt nach Swaziland. Abholung durch einen Ranger und Jeep-Fahrt ins Mkhaya Game Reserve, Vormittagstour. Nachmittags Wanderung. Übernachtung im Safarizelt.

6. Tag: 1. Tour bei Sonnenaufgang, 2. am Vormittag im Park mit Spaziergängen. Nachmittagsfahrt.

7. Tag: Morgenausfahrt. Mittags Weiterfahrt zum Mlilwane Nature Reserve. Rundwanderung am Nachmittag. Übernachtung in Hütte.

8. Tag: Halbtagesausritt mit einheimischem Führer. Nachmittags Fahrt durchs Reservat.

9. Tag: Weiterfahrt über Mbabane und Grenzübertritt nach Südafrika. Übernachtung in Barberton.

10. Tag: Besichtigung des Städtchens und Weiterfahrt nach Johannesburg.

Tour 3: In 4 Wochen durch den Norden und Westen von Johannesburg nach Kapstadt

1. Tag: Abfahrt vom Johannesburg Internat. Airport, Fahrt über Middelburg und Mbombela (Nelspruit) zum Parkeingang Malelane im Krügerpark. Übernachtung im Malelane-Camp.

2. Tag: Ganztagestour durch den Park zum Lower Sabie Camp. Zelt oder Bungalow.

3. Tag: Ganztagestour bis zum Satara Camp. Abendausfahrt. Zelt oder Bungalow.

4. Tag: Halbtagestour zum Olifants Camp. Weiter über den Parkausgang Phalaborwa Richtung Blyde River Canyon. Übernachtung in Gästehaus auf kleiner Farm.

5. Tag: Vormittags Wanderung mit Ranger durch ein Naturschutzgebiet. Nachmittags Ausflug zum Blyde River Staudamm und Wanderung an Ufer entlang.

6. Tag: Fahrt zu den Aussichtspunkten am Blyde River Canyon, zu den „Potholes" und zu „God's Window". Zwischenstopp in Graskop. Weiterfahrt nach White River. Übernachtung im Hotel.

7. Tag: Besuch einer Orangenlikör-Kelterei. Fahrt zur Sudwala-Tropfsteinhöhle und Besichtigung. Über Johannesburg weiter nach Bela-Bela (Warmbath). Übernachtung in Hotel.

8. Tag: Weiterfahrt über Modimolle in die Waterberg-Region auf die Triple-B-Ranch. Nachmittags Halbtageswanderung. Übernachtung im Farmhaus.

9. Tag: Morgens Ausritt (optional). Über Thabazimbi in das Ben Alberts Nature Reserve. Rundfahrt. Weiter in den Pilanesberg National Park. Übernachtung in einfachem Bungalow.

10. Tag: Ganztagestour durch den Pilanesberg Park. Abendrundfahrt.

11. Tag: Ausfahrt über Sun City. Besichtigung. Weiterfahrt nach Kimberley. Übernachtung in Hotel.

12. Tag: Besuch des Blue Hole und des Minenmuseums. Weiterfahrt zu den Roaring Sands. Übernachtung in kleiner Hütte oder Zelt.

13. Tag: Halbtageswanderung. Weiterfahrt über Upington zum Augrabies Falls National Park. Übernachtung im Zelt oder Chalet.

14. Tag: Besichtigung d. Wasserfälle. Halbtageswanderung. Rangergeführte Nachtfahrt.

15. Tag: Anfahrt zum Kgalagadi Transfrontier Park. Kurze Orientierungsfahrt. Übernachtung im Twee Rivieren Camp.

16. Tag: Ganztagestour durch den Nationalpark. Übernachtung in Hütte in Nossob.

17. Tag: Ganztagestour durch den Park. Übernachtung in Hütte in Mata-Mata.

18. Tag: Rückfahrt nach Upington. Übernachtung in Hütte im Ferienresort.

19. Tag: Stadtbummel Upington und Rundfahrt in die nähere Umgebung.

20. Tag: Weiterfahrt. Besichtigung von Kanoneiland und Keimoes. Wanderung durch den

Kokerboom Forest bei Kenhardt. Übernachtung in historischem Haus in Calvinia.

21. Tag: Weiterfahrt über Clanwilliam. Besichtigung eines Weingutes. Übernachtung in den Cedarbergen. Zeltplatz oder Cottage.

22. Tag: Ganztageswanderung durch die Cedarberge.

23. Tag: Nach Langebaan. Nachmittags Ausflug in den West Coast N.P. Hausboot

24. Tag: Vormittags Wanderung. Nachmittags Besuch !Khwa ttu San Dorf mit Übernachtung.

25. Tag: Weiterfahrt über Paarl, Franschhoek u. Stellenbosch n. Kapstadt. Hotel-Übernachtung.

26. Tag: Ausflug auf den Tafelberg und Stadtrundgang.

27. Tag: Ausflug zum Bloubergstrand. Stadtbummel.

28. Tag: Fahrt zum Flughafen. Autoabgabe. Abflug.

Zeitplanung und Reisebudget

Sinnvolle Zeitplanung

Ein Südafrika-Urlaub unter 2 Wochen macht wenig Sinn, da bereits die Anreise im Flugzeug 12 Stunden dauert. Für Selbstfahrer sind *tägliche* Etappen um die 250 km das *Maximum*, um noch genügend Zeit für kleine Wanderungen, Besichtigungen und eine ausgedehnte Mittagspause zu haben. Nicht berücksichtigt sind witterungsabhängige Verzögerungen wie überflutete Straßen. Auf Schotterstraßen kommt man wesentlich langsamer voran als auf Asphalt, auf regennassen Sandpisten schafft man gerade einmal 5–10 km in der Stunde.

Auch wer 4 oder 5 Wochen zur Verfügung hat sollte entweder den Südosten mit dem Nordosten verbinden oder den Südwesten mit dem Nordwesten. Wer z.B. von Durban aus in die Drakensberge fährt und weiter in den Krügerpark, sollte einen Abstecher nach Kapstadt unbedingt mit dem Flugzeug arrangieren und sich dort wieder ein Auto mieten. Das Buchen eines **Gabelflugs** ist ohnehin sehr sinnvoll. Beispiel: Landung in Kapstadt und Abflug in Durban oder Johannesburg.

Reisebudget allgemein

Südafrika ist kein Billigreiseland. Die touristische Infrastruktur ist auf die ökonomischen Verhältnisse der weißen Mittelklasse ausgerichtet, man stellt sich jedoch zunehmend auch auf bewusst sparsam reisende **Rucksacktouristen** ein.

In der Kategorie **Urlaub mit Zelt** hat man keine Schwierigkeiten preiswert durchs Land zu kommen. Wer länger unterwegs ist und seine Unterkünfte nicht vorausgebucht hat, ist deshalb mit einem kleinen Zelt gut beraten.

Die meisten Reisenden werden jedoch versuchen, in Hotels, Gästehäusern und in den festen Unterkünften der Naturschutzgebiete unterzukommen. In vielen Nationalparks sind die kleineren Hütten so günstig, dass sich ab 2 Personen das Aufschlagen eines Zeltes kaum lohnt (nähere Infos zu den Unterkünften im Teil II, „Unterwegs in Südafrika").

Hohes Reisebudget

Wer sich in Resorts der Luxusklasse einquartiert, hat meist alle Kosten wie Pirschfahrten, Walksafaris, Halbpension und Übernachtung inklusive (ab R2000 pro Tag und Person). Allradfahrzeuge oder Campmobile inklusive aller nötigen Versicherungen für 1–2 Personen können so zu Buche schlagen, dass selbst bei bescheidener Unterkunft ein hohes Reisebudget kalkuliert werden muss.

Mittleres Reisebudget

Am besten für ein mittleres Reisebudget ist eine Mischung aus Übernachtung auf Gästefarmen, B&Bs oder einem Chalet in den Nationalparks und Übernachtung im Zelt oder kleineren Hütten. Hin und wieder selber kochen schont gleichfalls die Reisekasse. Kalkulation für 2 Personen: Auto R650 plus Übernachtung im Gästehaus R600 plus Verpflegung etc. R400 plus sonstige Kosten R200 = R1850 = R925 pro Person pro Tag.

Knappes Reisebudget

Am günstigsten – von Fahrten mit öffentlichen Verkehrsmitteln abgesehen – ist das Anmieten eines Pkw der kleinsten Klasse zusammen mit anderen Personen und die Übernachtung im Zelt oder in kleinen Hütten in den Restcamps der Nationalparks oder auf öffentlichen Campingplätzen. Wer selber kocht oder Fastfood isst, reist äußerst günstig. Kalkulation für 2 Personen: Auto R400 plus Übernachtung im Zelt R100 plus Verpflegung etc. R300 plus sonstige Kosten R200 = R1000 = R500 p.P. pro Tag.

Geld und Papiere

Zahlungsmittel

Am sichersten reist man mit **Kreditkarten** und der **BankCard** mit dem **Maestro-Logo.** Mit der Maestro-Card sind am Geldautomat (**ATM** = Automatic Teller Machine) Abhebungen möglich, **und zwar für erheblich geringere Gebühren als mit Kreditkarten.** Am verbreitetsten sind **MasterCard** und **VISA**, *Diners* und *American Express* weniger. An ATMs mit VISA-Logo funktioniert auch die „Spar Card 3000 plus" der **Postbank,** die ersten zehn Auslandsabhebungen pro Jahr sind gebührenfrei. Größte Banken sind die **ABSA, Standard Bank, First Rand** und **Nedbank.** SPAR-Läden verfügen über Geldautomaten. Geheimzahl parat haben.

Je nach Bank kann man bis zu maximal 3500 Rand ziehen, z.B. bei der ABSA („Withdrawal" wählen, dann „Credit"). An den Mini-ATMs an den Tankstellen erhält man nur max. 1000 Rand. Das heimatliche Konto wird pro Abbuchung mit etwa 4,50 € belastet.

Kreditkarten

Verlorene oder gestohlene Kredit- bzw. Bankkarten müssen sofort gesperrt werden, diesbezügliche Telefonnummern Ihrer Kartenorganisation mitführen, oder nachsehen, z.B. bei www.mastercard.com oder bei www.visa.de. Zwei deutsche Telefonnummern des zentralen **Sperr-Annahmedienstes** für nahezu alle Karten rund um die Uhr ist **0049-1805-021021**

(minimal gebührenpflichtig, per Sprachcomputer; Sie benötigen Ihre Kontonummer und die Bankleitzahl) und **0049-116116.** Siehe auch **www.kartensicherheit.de.**
ACHTUNG! In Südafrika werden beim Bezahlen oft **vielfach Kreditkarten kopiert! Karte nicht aus den Augen lassen!**

Reiseschecks

werden nur in größeren Banken oder Hotels umgewechselt. Man kann sich in Südafrika auch *Reiseschecks in Rand* besorgen, die fast überall eingetauscht wer-

Südafrika preiswert – Spar-Tipps für Schüler, Studenten und Backpacker

In die Übernachtungskategorie Budget fallen die **Jugendherbergen** bzw. Hostels, die aber keiner Altersbeschränkung unterliegen. Mitgliedsausweise und Infos bei: **Hostels Association of South Africa** (South African Youth Hostels), 3rd Floor, St Georges House , 73 St Georges Mall, Cape Town 8001, Tel. 021-4242511, www. hisa.org.za. Die Mitgliedschaft im internationalen Jugendherbergsverband wird anerkannt. Der Übernachtungspreis liegt um R40–70 pro Nacht. Schlafsack muss mitgebracht werden. Hier oft günstige Campingmöglichkeiten im Garten.

Die **Backpacker-Unterkünfte** (Infos: www.backpacking.co.za) **fallen im Buch unter die Kategorie Budget.** Günstige Reisen stehen im Büchlein Coast to Coast (www.coastingafrica.com), das in vielen Herbergen ausliegt. Recht interessant sind auch die Angebote von **Backpacker Tourism Southern Africa** (BTSA) auf www.btsa.co.za. Weitere Preiswert-Reisen-Portale sind **www.alternativeroute.net** und **www.southafricabackpackers.com.**

Wer sich kein Fahrzeug mieten möchte, braucht nicht mehr auf die meisten Parks zu verzichten (in die es keine öffentlichen Busverbindungen gibt). Empfehlenswerte Budget-Tourenanbieter: ***The Whichway Adventure Company,** Somerset West, Tel. 021-8547400, www.whichway.com. Safaris und Rundreisen im ganzen südlichen Afrika zu bestem Preis-/Leistungsverhältnis. – **The Bundu Bus Tours & Safari,** 1093 Oulap Street, Wilgeheuwel 1736, Tel. 011-6750767, www.bundusafaris.co.za. Der bekannteste Veranstalter mit Touren zum Krügerpark, Swaziland und KwaZulu-Natal. – **Livingstone Trails,** Randhart 1457, Tel./Fax 011-8672586, www.livingstonetrails.co.za. Camping-Touren durch Krügerpark. Online bucht man günstig und auch kurzfristig bei **www.ecoafrica.com.**

Eine tolle Art Land und Leute kennenzulernen ist das Arbeiten auf **Öko-Farmen** gegen **Kost und Logis** bei WWOOF (World-Wide Opportunities on Organic Farms, www.wwoof.org).

Die günstigsten Buslinien und Veranstalter sind:

Baz Bus (s.S. 42) und **Translux** (s.S. 42). Interessant sind die Angebote von **Green Elephant Backpackers,** Tel. 021-4486359.

Hilfreich sind die Leute vom **Ashanti Lodge mit Travel Centre,** 11 Hof Street, Gardens, Tel. 021-4244016, www. ashanti.co.za. Beratung und Buchung für Busse, Auto und Flugtickets. Interessante Touren (z.B. 19 Tage Kapstadt, Namibia bis Victoria Falls ab R8000); preiswerte Zimmer.

Sehr empfehlenswert sind die **Baz Bus Cape Peninsula Tours,** 8 Rosedene Road, Sea Point, Tel. 021-4392323, www.bazbus.com (Kap-Halbinsel, Hout Bay, Seal Island etc.).

Daytrippers (8 Pine Way, Pinelands, Tel./Fax 021-8079522, www.daytrippers. co.za) bieten sehr gute Bustouren mit Wander- und Fahrradexkursionen (z.B. Cedarberge oder Kaphalbinsel, Walsichtung).

Bokbus (20 Houghton Road, Camps Bay, Tel. 082-3201979, www.bokbus.com) bietet eine Garden Route Tour 5 Tage ab R5700.

Wer die Townships rund um Port Elizabeth erkunden will, sollte sich an **Calabash Tours,** Tel./Fax 041-5856162, www.calabashtours.co.za, wenden.

Günstige Autos bei **Around About Cars:** 2nd Floor Coen Steyler Garage (gegenüber dem Eingang V&A Waterfront an der N 1), Kapstadt, Tel. 021-4192727, www.aroundaboutcars.com; ein Opel Corsa kostet z.B. ab R200/Tag. Sonderangebote.

den. Die meisten **Rennies Travel Agencies** im Land wechseln Reiseschecks ohne Gebühren. Ansonsten sind die Umtauschgebühren für Reiseschecks sehr hoch (bis 7%). Auch Abhebung vom **Postsparbuch** ist möglich.

Euro-Noten bzw. Bargeld

sollte man als Reserve mitführen. Bei Bargeldumtausch wird meist eine Gebühr von 1,5%, mindestens aber 15–25 Rand, abgezogen. Bei der Einreise kann es zu einer Kontrolle der Geldmittel kommen. Entsprechende Angaben müssen auf den Einreiseformularen gemacht werden.

Aktueller Rand-Kurs bei www.reise bank.de und anderen Bank-Websites. Bei Drucklegung:

1 € = ca. 13 Rand · 1 Rand = ca. 0,08 €

Dokumente/Einreise

Deutsche, Schweizer und Österreicher brauchen einen **Reisepass,** der noch **mindestens 30 Tage ab Abreise Gültigkeit** hat. Die Aufenthaltsdauer im Land darf 3 Monate nicht überschreiten. Wer einen längeren Aufenthalt plant und die Bürokratie umgehen will, reist kurz nach Namibia, Lesotho und Swaziland aus und wieder nach Südafrika ein.

Im Pass müssen zwei freie Seiten für die Eintragungen für die südafrikanischen Behörden sein (gilt auch für Kinderausweise). Geht ein Pass verloren oder wird gestohlen, so muss man dies bei der Polizei melden, um überhaupt einen Ersatzpass zu bekommen. Die Verlustmeldung muss zusammen mit dem Ersatzdokument bei der Ausreise vorgezeigt werden.

Für Fahrten mit einem Mietfahrzeug wird **neben dem nationalen Führerschein** auch ein **Internationaler Führerschein** verlangt.

Wer aus infektionsgefährdeten Gebieten einreist, benötigt einen **Impfpass** und die entsprechenden Impfungen. Wer aus Europa einreist, braucht keinen Impfpass, eine Mitnahme ist aber sinnvoll. Eingetragen sein sollten alle neueren Impfungen, z.B. Auffrischung der Tetanus-Impfung etc.

Ausrüstung

Gepäck

Durch 20 kg Freigepäck ist der persönlichen Ausrüstung bereits eine Grenze gesetzt. Wer viel Übergepäck mitzunehmen gedenkt, sollte sich bei seiner Fluggesellschaft vorab nach dem günstigsten Transporttarif (z.B. als unbegleitetes Reisegepäck) erkundigen. Als optimales Reisegepäck hat sich ein großer, stabiler Kofferrucksack bewährt, zum Transport in einen großen, wasserdichten Beutel gesteckt. Außerdem kann man den Beutel gut für Exkursionen, wie z.B. beim Kanu- oder Wildwasserfahren gebrauchen.

Handy

Es ist ratsam, sein eigenes Handy mitzunehmen. SIM-Karten für eine eigene Nummer sowie Prepaid-Karten kann man fast überall kaufen.

Bekleidung

Die einen reisen bei hochsommerlichen Temperaturen an den Strand, die anderen gehen zum Eisklettern in die Drakensberge, und manche machen beides. Denn wenn der Sani Pass wegen Schneefall gesperrt ist, bedeutet dies noch lange nicht, dass man in Kosi Bay nicht Schwimmen kann. In wüstenhaften Regionen müssen Sie sich auf einen hohen Temperaturunterschied zwischen Tag und Nacht einstellen.

Leichter als Baumwollkleidung und schneller trocknend ist Fleece und Funktionswäsche. Auf Campingplätzen und in den meisten National-

parks und Naturschutzgebieten trägt man tagsüber und abends Freizeitkleidung. Für abendliche Restaurantbesuche oder kulturelle Veranstaltungen sollte man eine „bessere Garnitur" dabeihaben. Zum Wandern gehören lange Hosen, feste Stiefel, Regensachen, Hut und Sonnenbrille mit ins Gepäck.

Zeltausrüstung

Zeltreisende benötigen eine große Reisetasche in der Zelt, Schlafsack, Liegematte und ein kompakter kleiner Kocher mit Grundgeschirr wie Topf, Pfanne und Teller Platz finden. Ein Moskitonetz sollte bereits Bestandteil des Zeltes sein. An den meisten Campingplätzen sind Grillstellen vorhanden, nur an den Rosten mangelt es häufig (kleiner aufklappbarer Rost ist sinnvoll). Plastikbecher sind geeigneter als Gläser.

Foto und Film

Eine normale Fotoausrüstung kann aus einer Spiegelreflexkamera mit einem Vario-Zoom bestehen. Diese Art von Objektiv deckt vom Weitwinkel bis Tele alle Brennweiten ab. Natürlich stehen in Südafrika Tieraufnahmen an erster Stelle. Am besten geeignet ist dafür ein Teleobjektiv mit einer Brennweite zwischen 200 und 300 mm oder ein Spiegelteleobjektiv mit noch höherer Brennweite. Allerdings sollte man auch fürs Auto ein Stativ dabei haben (nützlich ist ein Einbeinstativ), um verwackelte Aufnahmen zu vermeiden. Für Landschaftsfotografie ist ein Weitwinkelobjektiv zwischen 24 mm und 35 mm Brennweite geeignet. Gut bewährt hat sich ein Polfilter für kräftigere Farben. Mit einem Farbverlaufs-Filter kann man auch bei bedecktem Himmel die Rottöne der afrikanischen Landschaft einfangen. Auch an Nahlinsen oder an ein Makroobjektiv für Aufnahmen, z.B. von Pflanzen oder Insekten, sollte gedacht werden.

Digitalfotografen können ihre Aufnahmen unterwegs auf CD brennen lassen oder von Internetcafés versenden.

❑ Viele gute Tipps zum Thema Fotografieren auf Reisen finden Sie in den Bändchen **„Reisefotografie"** von Helmut Hermann im Verlag Reise Know-How, Reihe Praxis.

Sonstige Ausrüstung

Nie verkehrt sind ein Taschen-Kombimesser und ein kleiner Kompass. Ebenso ins Gepäck gehört ein Fernglas und eine Taschenlampe. Brillenträger sollten eine Ersatzbrille dabei haben (Brillenaufbewahrung in festem Behälter). Als wirksamer Schutz gegen die Entwendung von Bargeld haben sich Geldgürtel erwiesen.

Zollbestimmung

Zollfrei eingeführt werden dürfen Fotoapparate, Camcorder und Ferngläser. Laptops oder Notebooks sollten bei der Zollkontrolle angezeigt werden. Zusätzlich erlaubt: 20 Zigarren, 250 g Tabak, 200 Zigaretten, 1 l hochprozentiger Alkohol, 2 l Wein und 250 ml Eau de Toilette, 50 ml Parfüm.Das Mitführen von Waren bis zu einem Wert von R3000 ist gestattet.

Verboten ist die Einfuhr von automatischen Waffen, Drogen und pornographischen Magazinen oder Videofilmen. Jagdwaffen, Tiere und Pflanzen müssen angemeldet werden. Bei Rückreise in EU-Länder sind pro Person zollfrei u.a. 2 l Wein u. 2 l Schaumwein sowie Mitbringsel im Wert von 430 € (D u. A) oder 200 sFR. Details s. www.zoll.de.

Gesundheitsvorsorge, Reiseapotheke, Krankheiten

Die hygienischen Verhältnisse in Südafrika haben hohes Niveau. Auch die medizinische Versorgung gilt für afrikanische Verhältnisse als vorbildlich.

Drei gute Internetadressen: **www.fit-for-travel.de** (Uni München), **www.crm.de** (Zentrum für Reisemedizin), **www.tropenmedizin.de** (Tropenärzte Freiburg).

Kleine Reiseapotheke

Das Apothekennetz ist sehr gut, deshalb ist es nicht nötig, eine umfangreiche Reiseapotheke mitzunehmen. Bei Wanderungen oder Reisen in entlegene Regionen sollte folgendes im Gepäck zu haben: Schmerztabletten, ein Mittel gegen Durchfall, Pflaster, Mittel für Wunddesinfektion, Sonnenbrandcreme, Insekten- und Sonnenschutzmittel evtl. Wasserentkeimungstabletten und persönliche Medikamente.

Impfungen

Impfungen sind für Südafrika nicht vorgeschrieben, außer man reist aus einem Gelbfiebergebiet ein. Dies trifft neuerdings alle (Durch-)Reisende aus Zambia. Ohne Impfnachweis erfolgt sofortige Quarantäne. Auskunft erteilen Tropeninstitute und -ärzte, oder in Südafrika BA Travel Clinic, Tel. 0027-22-8073132. Auffrischungs-Impfungen gegen **Wundstarrkrampf** und **Kinderlähmung** sind empfehlenswert. Das Mitführen eines Impfpasses ist sinnvoll.

Krankenhäuser, Apotheken

Krankenhäuser tragen in Südafrika die Bezeichnung Hospital, die Notaufnahme heißt Emergency. Notrufnummern für das nächste Krankenhaus: 011-402-5000 in Johannesburg 031-305-5000 in Durban und 021-418-5000 in Kapstadt. Aber auch über den Polizeinotruf, Tel. 10111 (in Städten) oder unter 1023 in ländlichen Gebieten.

Apotheken heißen Chemist oder Pharmacy. Notfall-Apotheken sind in allen größeren Städten rund um die Uhr geöffnet.

Gesundheitstipps

Kein rohes Obst oder Gemüse verzehren, wenn man hygienische Bedenken hat (z.B. bei Waren die auf dem Boden liegen) Um gerade in heißen Gegenden vorzubeugen ist es sinnvoll, vor dem Essen nicht zu trinken! Flüssigkeit verdünnt die Magensäure und schadet somit unserem sichersten Schutz gegen Bakterien und Keime aller Art.

Ärzte

Ärzte findet man im Telefonbuch unter Medical. Die allgemeine Bezeichnung für Arzt ist doctor, für Zahnarzt dentist.

Einige medizinische Begriffe auf Englisch: **A**llergie – allergy; **B**iss – bite; **D**urchfall – diarrhea; **E**rkältung – cold; **F**ieber – fever; **G**rippe – flu; **H**autprobleme – skin problems; **H**erzanfall – heart attack; **H**erzschmerzen – heartache; **H**itzschlag – heat stroke; **H**usten – cough; **L**eberleiden – hepatic disease; **M**agenbeschwerden – indigestion; **M**agenschmerzen – stomachache; **M**uskelkrämpfe – muscle cramps; **N**ierenleiden – kidney trouble; **K**nochenbruch – fracture; **K**olik – colic; **K**opfschmerzen – headache; **O**hnmacht – swoon; **O**hrenschmerzen – earache; **R**ückenschmerzen – backache; **S**chnitt – cut; **V**erstauchung – sprain; **V**erstopfung – constipation; **W**unde – wound; **Z**ahnschmerzen – toothache; **Z**errung – strain; **Z**uckerkrankheit – diabetes.

Malaria

Südafrikas Malaria-Gebiete sind der Krügerpark und das umliegende Gebiet des östlichen Transvaal, die Feuchtgebiete von KwaZulu-Natal (insbesondere hier die Region St Lucia und Sodwana Bay) und Teile der nördlichen Kapregion.

Erreger sind Plasmodien, die die weibliche Anopheles-Stechmücke durch einen Stich eines infizierten Menschen aufnimmt und durch einen Stich auf einen Gesunden überträgt. Ihre Hauptaktivität entwickeln die Mücken in den Sommermonaten. Sie lieben die Nähe von Wasser und windstille Nächte. Bei der Reiseplanung muss unbedingt darauf geachtet werden, ob man in gefährdete Regionen kommt. Tropeninstitute und -ärzte geben Auskunft, welches Malariamittel das aktuellste für Südafrika ist. Man erhält die Mittel auch in Südafrika in Apotheken und im Krügerpark vor Ort. Doch beginnt eine Vorsorge schon zwei Wochen im Voraus und dauert noch über den Urlaub hinaus. Eine Prophylaxe ist zwar eine richtige Entscheidung – nur ist sie in manchen Fällen wirkungslos und man wird dennoch infiziert. Warum? Die Erreger sind gegen einige Malariamittel bereits resistent. Zur Beachtung: Die Liste der Nebenwirkungen ist lang. Schwangeren Frauen ist von einer Einnahme von Malariamitteln und der Reise in gefährdete Gebiete unbedingt abzuraten! Als relativ nebenwirksamkeitsarm gilt das Mittel *Malarone*. Es ist gegen *Rezept*, ebenso wie *Lariam*, in südafrikanischen Apotheken kostengünstiger erhältlich.

Symptome: Typische Anzeichen sind periodische Fieberschübe und Schüttelfrost. Im Anfangsstadium kommt es zu Kopf- und Gliederschmerzen, Müdigkeit, zu Erbrechen und in manchen Fällen auch zu Durchfällen.

Prophylaxe: Am angriffslustigsten ist das Anopheles-Weibchen bei Einbruch der Dämmerung (Hauptziel ihrer Attacken sind oft die Fußknöchel). Lange Hosen tragen, Insektenschutzmittel auf alle freien Körperteile verteilen (auch auf die Socken). Chemische Mittel wie *Autan* und *Off, Mylol* und *MozziGuard* sind immer noch am effektivsten. Zelte müssen unbedingt mit Moskitonetzen ausgestattet sein. Hält man sich in geschlossenen Räumen auf, haben sich *mosquito coils* bewährt.

Bilharziose

Diese Wurmkrankheit, die Blase und Darm befällt, ist weiter verbreitet als bekannt. Infizieren kann man sich beim Baden oder Waten durch flaches, stehendes oder nur schwach bewegtes Süßwasser. Winzige Larven dringen durch die Haut ein. Sie können aber auch durch infiziertes Trinkwasser in den menschlichen Organismus gelangen.

Symptome: Symptomatisch ist ein Juckreiz an den Stellen, an denen die Larven durch die Haut gedrungen sind. Oftmals entstehen auch brennende Bläschen. Nach 2–7 Wochen treten Fieber und grippeähnliche Zustände auf. Blut in Urin und Stuhl sind die Hauptcharakteristika, begleitet von Schmerzen beim Wasserlassen.

Prophylaxe: Baden in flachen und stehenden Gewässern vermeiden. Vor dem Baden bei Einheimischen oder Rangern erkundigen, ob die Gewässer sicher sind.

Zecken

Zecken *(ticks)* verursachen kleinere lokale Entzündungen an der Einstichstelle bis hin zu Übelkeit und Lähmungserscheinungen. Recht verbreitet ist das *Zeckenfieber* (Tickbite fever), verursacht durch Bisse der Lederzecke *Ornithodorus*. Oft wird man erst durch Fieber, Kopf- und Gliederschmerzen auf die Erkrankung aufmerksam. Erstes Anzeichen ist eine kreisförmige Rötung um die Zeckenbissstelle.

Behandlung: Die Zecke muss sofort entfernt werden: So nah wie möglich an der Haut mit einer Pinzette oder mit den Fingernägeln unter die Zecke fassen, sie vorsichtig lockern und drehend herausziehen. Sie möglichst nicht zerdrücken.

Prophylaxe: Zecken halten sich im Gras, an Sträuchern und Büschen auf, von wo man sie beim Vorübergehen abstreift. Lange Hosen und knöchelhohe Schuhe tragen. Als sehr effektiv hat sich das Mittel *Bayticol* erwiesen. Regelmäßig Füße und Körper auf Zecken absuchen.

Tuberkulose

Geht Hand in Hand mit schlechten hygienischen Verhältnissen, da sie durch Tröpfchen- und Staubinfektion übertragen wird. Die Ansteckungsgefahr ist für Touristen insgesamt gering.

Prophylaxe: Einhaltung hygienischer Maßnahmen, kein Umgang mit infizierten Personen und das Abkochen von Vollmilch unbekannter Herkunft wird geraten.

Schlangenbisse

Obwohl es in Südafrika eine ganze Reihe giftiger Schlangen (poisonous snakes) gibt, ist die Chance, einer zu begegnen, äußerst gering. Sie machen sich meist lautlos davon. Bis auf eine Ausnahme: die **Puffotter.** Es kann passieren, dass man auf sie tritt (oder zumindest knapp daneben). Die meisten schweren Unfälle mit Schlangen in Südafrika gehen auf ihr Konto.

Erste Hilfe: Eine enge Bandage oberhalb des Bissrandes anlegen; den Gebissenen möglichst ruhigstellen, damit das Gift sich nicht über den Blutkreislauf im Körper verteilt; Hilfe holen; möglichst eine genaue Beschreibung der Schlange abgeben. Man sollte auf keinen Fall das gebissene Körperteil abschnüren, die Wunde aussaugen, einschneiden, ausbrennen oder Anti-Serum verabreichen (außer in extremen Notsituationen).

Prophylaxe: Schauen, wohin man tritt. Vorsicht beim Sammeln von Feuerholz, beim Aufheben von Steinen oder anderer Dinge vom Boden. Lange, weite und feste Hosen und knöchelhohe Wanderstiefel tragen.

AIDS

Wütet auf dem afrikanischen Kontinent erbarmungslos. In manchen Regionen, wie Teilen von KwaZulu-Natal, sollen bereits über 50 % der Bevölkerung infiziert sein. Gab es beispielsweise in Dundee (30.000 Ew.) noch vor einigen Jahren drei Bestattungsunternehmen, so sind es heute 13 – alle vollbeschäftigt! Nach wie vor gilt als wirksamster Schutz der Geschlechtsverkehr in fester Partnerschaft oder die Benutzung von Kondomen.

Die wichtigsten Informationsstellen

Diplomatische Vertretungen von Südafrika

Deutschland: Botschaft der Republik Südafrika, Tiergartenstr. 18, 10785 Berlin, Tel. 030-220730, Fax 22073208, www.suedafrika.org. Generalkonsulat in München, Sendlinger-Tor-Platz 5, 80336 München, Tel. 089-2311630, Fax 23116363.
Österreich: Botschaft der Republik Südafrika, Sandgasse 33, 1190 Wien, Tel. 01-326493, www.dirco.gov.za/vienna, www.saembvie.at.
Schweiz: Botschaft der Republik Südafrika, Alpenstraße 29, 3006 Bern, Tel. 031-3501313, www.southafrica.ch, consular@southafrica.ch. Generalkonsulat in Genf, 65 Rue du Rhône, 1204 Genf, Tel. 022-8495454.

Auskunftsstellen

South African Tourism (Satour): Friedensstraße 6–10, Postfach 101940, 60311 Frankfurt/Main, Tel. 069-9291290 (Hotline Tel. 01805-7222255), Fax 069-280950, www.southafrica.net. Hier kann man sich u.a. das umfassende Unterkunftsverzeichnis „Hospitality in South Africa" zusenden lassen. – **South African Tourism Österreich,** Stefan-Zweig-Platz 11, 1070 Wien, Tel. 01-47045110. South African **Tourism Schweiz,** Markus Digele, Seestraße 42, 8802 Kilchberg, Zürich, Tel. 01-7151069.

Publikationen u.a.

Der jährliche **„Afrika-Kalender"** (Verlag Brandes & Apsel, Frankfurt) listet zahllose Afrika-Adressen mit ihren Internet-Adressen. In dem Magazin **Süd-Afrika** (Latka-Verlag, Berlin, www.suedafrika.de) erscheinen regelmäßig Reiseberichte über das südliche Afrika.

Wer sich über Austauschprogramme oder Au-pair-Aufenthalte erkundigen möchte wende sich an: *SADK*, Südafrikanisch-Deutsche Kulturstiftung, Die Wilgers, Pretoria/Tshwane 0041, Tel. 012-8071280, www.sadk.org.za. Auch Vermittlung von Brieffreundschaften.

Südafrika im Internet

Tourismus

AA Automobile Association of South Africa: www.aasa.co.za; www.aatravel.co.za (mit aktuellen Unterkunftsinformationen)
Computicket: www.computicket.com; online-Buchung von kulturellen Veranstaltungen. Auch Bus- und Flugtickets.
Museen: www.museumsonline.co.za

Offizielle Reservierungsbüros und Parkinformation:
South African National Parks:
www.sanparks.org

KwaZulu Natal
Tourismus: www.zulu.org.za
Wildlife: www.kznwildlife.com

South African Tourism (Satour); die offizielle Homepage des südafrikanischen Fremdverkehrsamtes ist www.southafrica.net
Weitere: www.routes.co.za ist ein sehr gutes Travel-Info-Portal mit zahllosen Orten, Sehenswürdigkeiten, Karten, Toll-Roads, Panorama-Strecken usw.
Online Travel Guide (auch dt.):
www.southafrica-travel.net
Zugauskunft:
Spoornet, www.spoornet.co.za.

News

Business Day: www.bday.co.za
Daily Dispatch: www.dispatch.co.za
Aktuelle Neuigkeiten:
www.news24.co.za
Südafrikanische Zeitungen bei
www.southafrica-travel.net/news

Diverses

Wetterinformation:
www.weathersa.co.za
Neueste politische Informationen:
www.parliament.gov.za
Aktueller Geldumtausch-Kurs:
www.reisebank.de u.a.
Länderinformation, Reisewarnungen:
www.auswaertiges-amt.de
Gesundheitsinformation:
www.travelclinic.co.za; www.crm.de
Übernachtungen:
www.suedafrikaperfekt.de

TEIL II: UNTERWEGS IN SÜDAFRIKA

Die wichtigsten Fluglinien nach und in Südafrika

Adressen

Air Botswana, Tel. 011-3903070
www.airbotswana.co.bw
Air France, Tel. 011-77001601
www.airfrance.com.
Air Madagascar, Tel. 011-3941997
www.airmadagascar.com
Air Malawi, OR Tambo International
Tel. 011-3901211, www.airmalawi.com
Air Mauritius, Tel. 011-2627100
www.airmauritius.com
Air Namibia, OR Tambo International
Tel. 011-9785055, www.airnamibia.com.na
Deutschland: 06172-40660
Namibia: 061-229630
Air Zimbabwe, Johannesburg 2000
Tel. 011-3311541
American Airlines, www.aa.com
British Airways, Tel. 011-3879000
www.britishairways.com
Comair, Tel. 011-9210111, www.comair.co.za
Iberia, www.iberia.com
KLM, www.klm.com
Lufthansa, Johannesburg 2000
Tel. 011-4844711, *Deutschland:* Tel. 0180-3803803 – *Österreich:* 01-5991199 – *Schweiz:* 01-2867000; www.lufthansa.com
Royal Swazi Air, Finance House, Bruma Office Park, Johannesburg 2198, Tel. 011-6167323, www.royal-swazi.com
S.A. Express, Johannesburg International Airport 1627, Tel. 011-9785569
South African Airways SAA, Johannesburg 2000, Tel. 011-9785161, www.flysaa.com.
Deutschland: Bleichstr. 60–62, 60313 Frankfurt/Main, Tel. 069-2998030 – Goethestr. 74, 80336 München, Tel. 089-539436 – *Österreich:* Opernring 1/R, 1010 Wien, Tel. 01-5871585 – *Schweiz:* Talakker 21, 8001 Zürich, Tel. 01-2115130.

South African Express (www.flysax.com), Johannesburg International Airport 7525, Tel. 011-9785413.
Swiss, Tel. 011-7787000, 191 Jan Smuts Ave, Parktown, www.swiss.com
Air Zimbabwe, www.airzimbabwe.aero.

Südafrikanische Airlines/Inlandsflüge

Die **South African Airways (SAA;** www.flysaa.com) belegt die Spitzenposition. Die Fluggesellschaft verbindet alle größeren Orte des Landes miteinander und fliegt wichtige Destinationen innerhalb Afrikas an.

Die **Comair** bedient vor allem die Strecke Johannesburg – Skukuza/Krügerpark. Weitere Flugziele: Manzini (Swaziland), Harare (Zimbabwe), Gaborone (Botswana), Kapstadt, Richards Bay und Durban (Tel. 021-9369000). – Die Online-Airline **Kulula.com** (www.kulula.com) ist ein Billigableger der *Comair,* Drehkreuz ist Johannesburg: Flüge nach Kapstadt (ca. R1030), Durban, Port Elizabeth sowie von P.E. und Kapstadt nach Durban. Für R150 gibt es Airport-Abhol-/Bringservice. Günstige Mietwagen. – **South African Express (SAX)** fliegt Marulaneng, Kimberley, Upington und die wichtigsten Städte am Indischen Ozean an (Tel. 021-9361111; Buchung über SAA). – Weitere Inland-Airlines von SAA sind South African Airlink (www.flyairlink.com) und **Mango** (www.flymango.com). Zwischen Durban, Johannesburg, Cape Town, Port Elizabeth, East London und George verkehrt **1time** (www.1time.co.za).

Spar-Tipp: Es lohnt, bei allen Flugbuchungen im Land sich nach günstigen Flügen (Wochenende oder spät abends) zu erkundigen! Tickets sind in Südafrika deutlich preiswerter, besonders wenn sie mindestens zwei Wochen vor Flugbeginn gekauft werden (Buchung über eMail oder Fax bei südafrikanischen Reisebüros). Preisvergleiche unter www.cheapfares.com und www.swoodoo.com.

Rückbestätigung

Wer Rückbestätigung versäumt, riskiert, dass er bei Überbuchung der Fluglinien aus der Passagierliste gestrichen wird.

Der Satz für die Rückbuchung lautet: **„I like to reconfirm my flight number** (Nummer des Fluges auf dem Ticket) on the (Datum) of (Monat). My name is (Familienname und Vorname)".** Viele Hotels, Gästehäuser und Reiseveranstalter übernehmen die Rückbestätigung. Rückbestätigungen früher als eine Woche vor Abflug sind in der Regel sinnlos. Verlangen Sie eine Rückbestätigungsnummer.

Eisenbahn

Neben den „Klassikern" (s.S. 64, **„Außergewöhnliche Zugfahrten")** haben sich einige Hauptstrecken gehalten. Die Tarife gibt es in drei Klassen. Am angenehmsten und sichersten reist man in der Tourist- und noch besser in der Premier Class. Langstreckenzüge haben Schlaf- und Liegewagen. Wer ein Bett benutzen möchte, muss das beim Fahrscheinkauf angeben und einen Aufpreis bezahlen. Im Allgemeinen sind die Züge mit Restaurants ausgestattet, ein Imbiss wird am Sitzplatz verkauft. Über Langstreckenzüge informiert **Shosholoza Meyl Trains,** Tel. 011-7744555, www.shosholozameyl.co.za.

Zugauskunft

Johannesburg: Tel. 011-4887111
Pretoria/Tshwane: Tel. 012-3152401
Bloemfontein: Tel. 051-4082941
Kapstadt: Tel. 021-4053871
Buffalo City/East London: Tel. 043-7002719
Durban: Tel. 031-3617621
Kimberley: Tel. 053-8382060
Nelspruit: Tel. 013-2882203
Port Elizabeth: Tel. 041-5072400.

Die wichtigsten Zugverbindungen

Nachfolgend die Hauptzüge mit Fahrzeiten und -preisen (ca.) für die Premier/Tourist Class für die gesamte Strecke, die Abfahrts- und Ankunftszeiten sowie Abfahrtstage (in Klammern jeweilige Abfahrtszeiten für die umgekehrte Richtung). Da die Angaben sich ändern können dienen sie nur der Orientierung, vor Ticketkauf bei der o.g. Webseite verifizieren.

Johannesburg–Durban via New Castle und Pietermaritzburg. R290/130. Abfahrt Mo, Mi, Fr und So 18.30 Uhr, Ankunft 7.10 Uhr (retour Mo, Mi, Fr und So 19.15 Uhr, 7.45 Uhr).

Johannesburg–Buffalo City (East London) via Bloemfontein u. Queenstown. R390/240. Abfahrt Mi, Fr und So 14.20 Uhr, Ankunft 10.20 Uhr (retour Mi, Fr und So 14.15 Uhr, 10.50 Uhr).

Johannesburg–Port Elizabeth via Bloemfontein u. Cradock. R420/250. Abfahrt Fr und So 13.15 Uhr, Ankunft 9.15 Uhr (retour Fr und So 15 Uhr,11.35 Uhr).

Johannesburg–Kapstadt via Kimberley und Worcester. R560/340 Abfahrt Mi/Fr/So 12.30 Uhr, Ankunft 15.30 Uhr (retour Mi/Fr/So 10 Uhr, 12.15 Uhr).

Metro Trains

Metro-Zugverbindungen gibt es von **Kapstadt** nach Stellenbosch oder Paarl oder an die False Bay nach Simon's Town. In **Johannesburg** pendelt der GAUTRAIN (ab R115/Ticket; Parkhäuser an den Stationen) zwischen dem Airport O.R. Tambo International und dem Stadtteil Sandton. Weitere Verbindungen bis Pretoria, aktueller Stand der Dinge auf www.gautrain.co.za.

Linienbusse

Linienbusse verbinden die wichtigsten Orte Südafrikas. Gepäck ist auf zwei Stücke beschränkt (zusammen max. 30 kg, jedes weitere Stück – nur wenn Platz vorhanden – ca. R40 Aufpreis). Fahrradmitnahme ist nicht gestattet. Die Fahrscheine müssen im Voraus an den Verkaufsstellen besorgt werden. 30 Minuten vor Abfahrt sollte man sich am Bus einfinden. 5 Minuten vor Abfahrt werden die noch nicht besetzten Plätze an Stand-by-Passagiere vergeben.

Greyhound

Die **Greyhound Cityliner** sind luxuriös ausgestattete, moderne Busse mit verstellbaren Sitzen, eigener Luftregulierung und Toilette an Bord. Verpflegung wird im Bus verkauft. Günstig ist der **Travelpass,** der innerhalb bestimmter Zeitspannen benutzt werden kann (7 Vouchers R2376/30 Tage; 15 Vouchers R4224/30 Tage; 30 Vouchers R8580/60 Tage).

Linienbusse   **41**

Greyhound-Hauptstrecken

Pretoria via Johannesburg – Vereeniging – Vanderbijlpark – **Potchefstrom** – Kroonstad – Klerksdorp – Wolmaransstad – **Welkom** – **Bloemfontein** – **Kimberley** – Colesberg – Britstown – Hanover – Richmond – Beaufort West – Laingsburg – **Worcester** – **Paarl** – Bellville – **Kapstadt.** Fahrzeit (Fz) 18 h, ab R650.

Pretoria via **Johannesburg** – Vereeniging – Springs – Evander – Standerton – Volksrust – **Newcastle** – Swinburne – Fort Mistake – **Ladysmith** – **Estcourt** – Mooi River – **Pietermaritzburg** – **Durban.** Fz 10 h, ab R450.

Pretoria via **Johannesburg** – Vereeniging – Vanderbijlpark – Kroonstad – **Welkom** – **Bloemfontein** – **Aliwal North** – Queenstown – **King William's Town** – **Grahamstown** – **Port Elizabeth.** Fz 17,5 h, ab R600.

Johannesburg via **Pretoria** – Witbank – **Middelburg** – eMakhazeni – Mbombela/**Nelspruit.** Fz 4,75 h, ab R300.

Johannesburg via Potchefstroom – Klerksdorp – Wolmaransstad – Bloemhof – Christiana – Warrenton – **Kimberley.** Fz 9 h, ab R450.

Durban via **Pietermaritzburg** – Swinburne – **Bethlehem** – Senekal – **Bloemfontein** – Colesberg – **Beaufort West** – Lainsburg – **Worcester** – **Paarl** – Bellville – **Cape Town.** Fz 18,75 h, ab R690.

Durban via Amanzimtoti – Scottburgh – Hibberdene – **Port Shepstone** – Kokstad – Umtata – Butterworth – **Buffalo City** (East London) – **King William's Town** – **Grahamstown** – **Port Elizabeth.** Fz 14,25 h, ab R550.

Durban via **Pietermaritzburg** – **Estcourt** – Swinburne – **Bethlehem** – Senekal – **Welkom** – **Bloemfontein.** Fz 9,25 h, ab R450.

Greyhound-Information und Buchung

Greyhound Johannesburg, 40 Lepus Road, Crown Mines Ext. 8, Johannesburg 2092, Tel. 011-6081662 oder 2498900. – **Greyhound Cape Town,** 1 Adderley Street, Cape Town 8001, Tel. 021-4184310. – **Computicket Port Elizabeth,** Greenacres Centre, Cape Road, Newton Park, Port Elizabeth 6001, Tel. 041-3630576.

Verkauf auch an vielen weiteren Reisebüros und bei **Computicket.** Dort gibt es einen aktuellen Fahrplan mit Abfahrtszeiten und Tarifen auch www.greyhound.co.za.

Intercape

Intercape Intercity-Busse sind moderne Reisebusse, oft zweistöckig (gute Panoramasicht). Eine Buchung des Fahrscheins muss 72 Stunden im Voraus erfolgen. Das Mitführen von Plastiktüten und Alkohol im Bus ist untersagt.

Intercape-Strecken

Kapstadt via Bellville – **Paarl** – **Worcester** – **Matjiesfontein** – Laingsburg – Beaufort West – Three Sisters – Richmond – Britstown – **Hanover** – **Colesberg** – **Hopetown** – **Kimberley** – Bloemfontein – Wolmaransstad – Kroonstad – Klerksdorp – Potchefstroom – Johannesburg – **Pretoria/Tshwane.** Fahrzeit 17,25 h, ca. R650.

Kapstadt via **Malmesbury** – Moorreesburg – Piketberg – **Citrusdal** – **Clanwilliam** – Klawer – **Vanrhynsdorp** – Niewoudtville – **Calvinia** – Brandvlei – Kenhardt – **Keimoes** – **Upington.** Fz 10,5 h, ca. R460.

Upington via Ariamsvlei – Karasberg – **Grünau** – **Keetmanshoop** – **Mariental** – Rehoboth – **Windhoek.** Fz 10,5 h, ca. R540.

Upington via Olifantshoek – Kathu – **Kuruman** – Vryburg – Delareyville – Ottosdal – Klerksdorp – **Potchefstroom** – **Johannesburg** – **Pretoria/Tshwane.** Fz 8,5 h, ca. R630.

Port Elizabeth via Alexandria – Kenton-on-Sea – **Port Alfred** – Fish River Sun – **Buffalo City** bzw. East London (Flughafen – Bahnhof – Orient Theatre). Fz 4 h, ca. R290.

Kapstadt via Malmesbury – Moorreesburg – Piketberg – **Citrusdal** – **Clanwilliam** – Klawer – **Vanrhynsdorp** – Nuwerus – Bitterfontein – **Garies** – Kamieskroon – **Springbok** – Steinkopf – **Noordoewer** – **Grünau** – **Keetmanshoop** – Mariental – Rehoboth – **Windhoek.** Fz 16 h, ca. R800.

Kapstadt via Flughafen – Strand – **Caledon** – Riviersonderend – **Swellendam** – **Heidelberg** – **Riversdale** – Albertinia – **Mossel Bay** – **George** – Flar Rock – Sedgefield – **Knysna** – **Plettenberg Bay** – **Storms River** – **Jeffrey's Bay** – **Port Elizabeth.** Fz 10 h, ca. R390.

Intercape-Information und Buchung

Intercape 24-Stunden-Information: Tel. 086-1287287, www.intercape.co.za. Intercape *Cape Town,* Tel. 021-3864400. Intercape *Johannesburg,* Tel. 011-3335231.

Intercape *Bloemfontein*, Tel. 051-4471575.
Intercape *Durban*, Tel. 031-3072115.
Intercape *Upington*, Tel. 054-3326091.
Intercape *Windhoek*, Tel. 061-227847.
Intercape *Port Elizabeth*, Tel. 041-5860055.
Verkauf in allen Computicket-Filialen.

Translux / CitytoCity

Translux hat moderne Reisebusse, ebenfalls oft in Doppeldecker-Version. Die Busse haben Klimaanlagen, das Rauchen ist nicht gestattet. Diese Buslinie gilt als preisgünstig (nach dem *Travel Pass* fragen). CitytoCity-Busse sind oft günstiger.

Translux-Strecken

Pretoria via **Johannesburg** – **Harrismith** – **Pietermaritzburg**. Fz 7–9 h; ab R400.

Pretoria via **Johannesburg** – Kroonstad – Welkom – **Bloemfontein**. Fz 7 h, R370.

Pretoria via **Johannesburg** – Kroonstad – **Bloemfontein** – Beaufort West – Worcester – **Kapstadt**. Fz 18 h, R650.

Pretoria via **Johannesburg** – Harrismith – Montrose – **Pietermaritzburg** – **Durban**. Fz 8,5 h, ab R250.

Johannesburg via **Pretoria** – **Polokwane** (Pietersburg) – **Louis Trichardt** – **Musina** (Messina) – Breitbridge – **Harare**. Fz 21 h (17 h Direktbus, Abfahrt Jhb 22 Uhr), R600.

Pretoria via **Johannesburg** – **Bloemfontein** – **Kimberley** – Beaufort West – **Oudtshoorn** – **Mossel Bay** – **George** – **Knysna**. Fahrzeit 16,5 h, ca. R750.

Kapstadt via **Paarl** – Beaufort West – **Bloemfontein** – **Bethlehem** – Harrismith – **Pietermaritzburg** – **Durban**. Fahrzeit 20 h, ab R600.

Kapstadt via **Swellendam** – **Mossel Bay** – **George** – **Knysna** – Plettenberg Bay – Humansdorp – **Port Elizabeth**. Fahrzeit 10 h, R550.

Kapstadt via **Stellenbosch** – **Paarl** – Robertson – Montagu – **Oudtshoorn** – Humansdorp – **Port Elizabeth**. Fahrzeit 11,5 h, R550.

Durban via Port Shepstone – Kokstad – Umtata – **Buffalo City** (East London) – **Grahamstown** – **Port Elizabeth**. Fahrzeit 13,5 h, ab R700.

Information

Translux Johannesburg: Tel. 011-7743333.
Translux *Cape Town*, Tel. 021-4493333.
Translux *Pretoria/Tshwane*, Tel. 012-3344800.
Translux *Durban*, Tel. 031-3088111.
Translux *Buffalo City* (East London), Tel. 0431-7001999.
Translux *Port Elizabeth*, Tel. 041-3921333.
Translux *Bloemfontein*, Tel. 051-4084888.
Aktuelle Abfahrtszeiten und Fahrpreise bei www.translux.co.za.

Transtate

Besonders nützlich ist **Transtate,** wenn man in die Gebiete der **ehemaligen Homelands** und in die ehemals „selbstverwalteten" Gebiete möchte. Es gibt keine zentrale Buchungsstelle (Infos bei den Touristen-Informationen). Transtate-Busse werden bis heute fast ausschließlich von Schwarzen genutzt, weiße Südafrikaner haben oftmals keinen Schimmer bezüglich der Existenz dieser Buslinie. Folgende Ziele werden u.a. angefahren:

Transtate-Strecken

Johannesburg – **Swaziland** via Mbabane – Manzini – Hlathikulu. Fahrzeit etwa 10,5 h, ca. R200.

Jo'burg via **Zastron** – Aliwal North – **Queenstown**. Fahrzeit 12 h, ca. R110.

Johannesburg via Piet Retief – Pongola – **Mkuze** – **Hluhluwe** – **Mtubatuba**. Fahrzeit 11 h, ca. R250.

Johannesburg via Harrismith – **Underberg** – **Matatiele**. Fahrzeit 10,5 h, ca. R80.

Durban via Pietermaritzburg – **Bethlehem** – **Ficksburg** – **Ladybrand** – **Maseru**. Fahrzeit 14 h, ca. R280.

Durban via Stanger (KwaDukuza) – **Eshowe** – Melmoth – Ulundi – Nongoma – **Mtubatuba**. Fahrzeit 9,5 h, ca. R150.

*Baz Bus

☐ Der Baz Bus ist ideal für Rucksackreisende und Leute mit schmalem Geldbeutel. Er hat allerdings einen eingeschränkten Fahrplan. Man fährt zu einem festen Tarif von Hostel zu Hostel oder zu anderen billigen Unterkünften, derzeit sind es etwa 190 Stück. Da er sehr beliebt ist, muss sowohl der Bus als auch die Übernachtung vorausgebucht werden! Der *Travel Pass* ist 7 Tage (R1400), 14 Tage (R2300) oder 21-Tage (R2800) gültig.

Baz Bus, Centurion Building/Ecke 275 Main Road und Frere Road, Sea Point, Kapstadt; Tel. 021-4392323, www.bazbus.co.za, dt. Webseite: **www.bazbus.de;** german@bazbus.de. Information über Abfahrtszeiten und Haltestellen oder Unterlagen vorab bestellen! Weitere Angebote beachten (z.B. Walking Safaris).

Baz-Strecken

Kapstadt via Swaziland und Zululand nach **Johannesburg – Pretoria/Tshwane.** Einfache Fahrt ca. R3100 retour ca. R4600 (4x wöchentlich, ohne Zeitlimit).

Kapstadt nach **Durban.** Einfache Fahrt R2600, retour R3800 (ohne Zeitlimit).

Kapstadt nach **Port Elizabeth.** Einfache Fahrt R1350, retour R1900.

Interessante Paketpreise, z. B. 4 Tage Krügerpark Safaritour ab R7400.

Minibustaxi

Hauptvorteil einer Fahrt im Minibustaxi ist, dass es an Orte fährt, die ansonsten nicht erreichbar sind.

Die Minibustaxis entstanden aus der Notwendigkeit, dass die schwarze Bevölkerung von den oft weit entlegenen Townships zu ihren Arbeitsplätzen in die Fabriken der Städte gelangen konnte. Daran hat sich bis heute nichts geändert. Bei einigen Taxis gilt, dass erst losgefahren wird, wenn alle Sitze belegt sind, es wird nicht gepfercht. Großes Reisegepäck wird kaum Platz im Fahrgastinnenraum finden (notfalls muss man für einen weiteren Platz bezahlen). Das Fahrziel ist oft nicht ersichtlich. Einige Taxis klappern nur kurze Strecken ab, andere legen längere zurück oder pendeln zwischen Großstädten. Dann sollte man sich überlegen, ob man nicht lieber mit dem Linienbus oder einem Zug fährt (die Kosten für die 3. Zugklasse belaufen sich in etwa auf das gleiche).

Minibustaxis werden herangewunken. Fahrgeld möglichst in Kleingeld parat haben. Bevor man zusteigt, sollte man sich bei den anderen Wartenden nach dem üblichen Tarif erkundigen. Bezahlt wird während der Fahrt an den Kondukteur in der ersten Reihe. Will man aussteigen, ruft man laut „thank you".

Als Selbstfahrer unterwegs

Fahrzeugübernahme

Die großen Autovermietungen haben Schalter an jedem größeren Flughafen. **Mindestalter für Vermietung ist 21 Jahre.** Kreditkarte ist obligatorisch.

Besonders beachten

Das Auto sollte vor der Fahrt kontrolliert werden z.B. auf Existenz und Zustand **(Luftdruck!)** des **Reserverades** und des Bordwerkzeugs. Zu einer korrekten Ausstattung eines Fahrzeugs gehören ein Wagenheber, Radkreuz und ein Verbandskasten. Ein Abschleppseil ist ratsam. Begibt man sich in Gebiete, in denen man mit sehr schlechten Straßenverhältnissen rechnen muss, sollte man ein zweites Ersatzrad dabei haben. Reserve-Kanister für Treibstoff und Wasser (Kühler!) sind wichtig. Bei Campmobilen sofort die Funktion der Betten, der Küche, der Toilette etc. prüfen.

Finden sich im Handschuhfach alle wichtigen Papiere wie Bedienungsanleitung, Rufnummern des Autovermieters, Notrufnummern und Pannenhilfen?

Tankstellen

Die Tankstellendichte in Großstädten, größeren Orten und an den meisten Hauptverbindungsstraßen ist gut. Fast alle haben Toiletten und man kann etwas zu essen kaufen. Größere haben 24 Stunden geöffnet, die übliche Öffnungszeit ist von 6–18 Uhr. In ländlichen Gebieten sind Tankstellen sonntags geschlossen. Selbstbedienung ist nicht üblich! Wenn doch, so erkennt man das an großen „Self Service"-Schildern. **Benzin muss bar bezahlt werden,** nur ganz wenige Tankstellen akzeptieren die gängigen Kreditkarten!

Straßen

Die **Nationalstraßen,** die Hauptverkehrsadern des Landes, erkennt man an dem Buchstaben **„N" (National)** mit einer zugeordneten Nummer, z.B. **N 1.** Einige Abschnitte der Nationalstraßen sind **gebührenpflichtig** und werden als „Toll Route" mit einem „T" in gelben Kreis angezeigt. **www.routes.co.za** listet alle Toll Roads, Toll Plazas und Toll-Ramps auf). Ein **„A"** in einem gelben Kreis bezeichnet eine **Alternativroute** zur Mautstrecke. Größere Nebenstraßen tragen ein **„R" (Regional).** Landstraßen, **District Roads (DR),** häufig Schotterpisten, tragen ein „D" oder „S" und eine dazugehörige dreistellige Nummer. Schnellstraßen in Stadtbereichen werden mit **„M" (Metro o. Motorway)** klassifiziert. Sie besitzen gleichfalls Nummern und werden oft mit Richtungsweisern versehen: S, W, N, E – Süden, Westen, Norden, Osten.

„Parkwächter" und Autowäscher

Man muss damit rechnen, dass beim Abstellen des Autos oft selbsternannte „Parkwächter" Gebühren kassieren. Die allermeisten haben dazu keine Befugnis, geschweige den Sie! Dennoch erscheint es sinnvoll, einen kleinen Obulus zu bezahlen. Ebenso werden häufig Autos während der eigenen Abwesenheit gewaschen. Es liegt im persönlichen Ermessen, darauf mit einer Bezahlung zu reagieren.

Wichtige Verkehrsregeln

Achtung Linksverkehr!

In Südafrika herrscht Linksverkehr. Die Ausfahrten von den Schnellstraßen sind links. Besonders aufpassen muss man **beim Losfahren,** bei **Ein- und Ausfahrten** und **beim Abbiegen,** damit man da nicht unbewusst nach rechts steuert! Auf Landstraßen zu fahren ist einfacher. Aber alle Autovermietungen liegen in der Regel mitten in der Stadt oder am Flughafen mit Schnellstraßenverbindung. Auch als Fußgänger muss man sich umstellen, weil man beim Überqueren einer Straße zur Beobachtung herannahender Autos den Kopf nun zuerst **nach rechts und in der Straßenmitte nach links** wenden muss! Wichtiger Hinweis: Es ist allgemein üblich, auf Schnell- und Landstraßen auf den linken Seitenstreifen rauszufahren, um andere – trotz Gegenverkehr – überholen zu lassen. Als Dank dafür schaltet der Überholende kurz die Warnblinkanlage ein, der Überholte meldet sich evtl. mit einem kurzen Aufblinken der Lichthupe.

☐ Die Höchstgeschwindigkeit beträgt, wenn nicht anders ausgeschildert, auf **Schnellstraßen 120 km/h,** auf **Landstraßen 100 km/h** und in **Ortschaften 60 km/h.** Unbedingt einhalten, **sonst wird es teuer!**

☐ Ein **Halteverbotsschild** erkennt man an einem durchgestrichenen **„S",** ein **Parkverbotsschild** an einem durchgestrichenen **„P".** An folgenden markierten Zonen darf man weder halten noch parken: **„B"** bedeutet „Halten **nur für Busse** erlaubt", **„L"** grenzt eine **Ladezone** ab.

☐ Ein **Stoppschild,** das mit **4-way** gekennzeichnet ist, besagt, dass keine der (vier) Straßen Vorfahrt hat! Dasjenige Fahrzeug darf als erstes fahren, das die Kreuzung als erstes erreicht hat. Dann geht es der Reihe nach weiter. Vorsicht: Ist das Stoppschild nicht mit dem Zusatz 4-way versehen, **muss man auf jeden Fall anhalten und warten. Linksabbiegen** ist trotz roter Ampel an vielen Kreuzungen erlaubt.

☐ **„Robot"** ist eine Verkehrsampel.

Schwierige Strecken und Pannen

Fahren auf Dirt Roads

Die ideale Geschwindigkeit liegt zwischen 60 und 100 km/h, je nach Fahrzeugtyp. Fährt man zu langsam, wird man zu sehr durchgeschüttelt, fährt man zu schnell, verliert man leicht die Kontrolle. Hohe Schleudergefahr! Kommt es dazu, darf nicht abrupt auf die Bremse gestiegen werden!

Spurrinnen: Sofern es die Bodenfreiheit erlaubt, sollte man in den Spuren fahren. Am besten man legt beide Hände unverkrampft ans Lenkrad und versucht nicht gegenzulenken.

Sand auf der Fahrbahn: Auf einigen Strecken muss man mit Sandwehen auf der Piste rechnen. Vorausschauend fahren und notfalls anhalten, um die Tiefe des Sandes zu kontrollieren, dann u.U. mit Schwung hindurchfahren. Sollte man steckenbleiben – sofort vom Gas gehen. Die Räder, soweit es geht, vom Sand befreien und versuchen, eine griffige Fläche, z.b. eine Automatte, unterzulegen. Mit wenig Gas anfahren.

Reifenpannen: Obwohl Schotterstraßen selten befahren werden, sollte man zur eigenen Sicherheit das Fahrzeug so weit wie möglich links an die Straße abstellen und mit einem Warndreieck auf sich aufmerksam machen. Dann den Reifen wechseln.

Kühlerschaden: In diesem Fall unbedingt den Motor abkühlen lassen, bevor der Deckel für das Kühlwasser geöffnet wird. Es besteht sonst erhebliche Verbrühungsgefahr!

Sicherheit

Verkehr

Leider bietet die Verkehrsstatistik Südafrikas traurige Zahlen: Über 16.000 Verkehrstote sind alljährlich zu beklagen. Verantwortlich für diese hohe Rate ist zu schnelles Fahren und Überholen an unübersichtlichen Stellen. An zweiter Stelle folgt Alkohol am Steuer. Besonders gefährdete Zeiten sind der Freitag- und der Samstagabend. Häufig befinden sich Personen und Tiere auf der Fahrbahn, selbst auf Autoschnellstraßen!

Sicherheit an erster Stelle

Besorgniserregend ansteigend ist die Zahl der Überfälle auf „offener Strecke": Ziel ist der Diebstahl der Autos oder des Inhalts. Nur in den wenigsten Fällen hat man es auf die Personen abgesehen. Allerdings kann es in gefährlichen Regionen auch zur Beschießung der Autos oder zu Steinwürfen kommen. Wichtig: **Auf keinen Fall nachts fahren!**

Grundregeln in ernsten Situationen

Die Grundregeln der Sicherheit sollte man sich einprägen:

1. Bei Schwierigkeiten mit dem Auto ist es ratsam noch den nächsten **Ort oder die nächste Tankstelle zu erreichen.** Unnötiges Anhalten am Straßenrand ist zu vermeiden (generell bezieht sich das auf Straßen, z.B. um Großstädte, auf abgelegene Routen u. Nebenstraßen).

2. Bei einer Fahrzeugpanne **versuchen, das nächste Auto sofort anzuhalten.** Es gibt so gut wie keine Berichte darüber, dass Überfälle auf mehr als ein Fahrzeug verübt werden.

3. Wird man von einem anderen Fahrzeug von der Straße auf den Seitenstreifen abgedrängt in den 1. Gang schalten. Um anzugreifen, müssen die Überfallenden aus ihrem Fahrzeug heraus. Diese Situation nutzen und sofort anfahren, wenn die anderen ihren Wagen verlassen.

4. **Im Wagen befindet man sich immer in größerer Sicherheit als außerhalb.** Türen verriegeln und Fenster nur einen Spaltbreit öffnen, wenn jemand Auskunft will. In Südafrika sind Feuerwaffen sehr teuer – Messerattacken kann man so entgehen.

5. Kommt es zu einem Überfall, alle **Anweisungen des Angreifers befolgen.** Heldentum wird nicht belohnt. Arme über den Kopf halten, wenn man das Fahrzeug verlässt. Sofort niederknien und den Kopf unter den Armen verbergen. Keine Bewegung machen.

6. Hat man einen Unfall beobachtet, muss Erste Hilfe geleistet werden. Erscheint ein Unfallort suspekt, ohne anzuhalten zur nächsten Polizeistation, Tankstelle oder zum nächsten Haus fahren um Hilfe zu holen.

7. Ist man **selbst in einen Unfall verwickelt** nicht weiterfahren, selbst in gefährlichen Regionen. Es sei denn, man sieht das eigene Leben dadurch in Gefahr.

Dann unverzüglich zur nächsten Polizeistation oder dem nächsten Telefon fahren, um den Unfall zu melden. Unfallflucht wird in Südafrika streng geahndet!

8. Bei **Straßensperren** durch Polizei und Militär muss unverzüglich angehalten werden. Woran erkennt man eine „echte" Straßensperre? Aufgestellte Straßenschilder, die weithin sichtbar sind, warnen Autofahrer, dass sich vor Ihnen eine Straßensperre befindet. Und deutlich als Polizeiwagen zu identifizierende Fahrzeuge stoppen Autofahrer mit blinkenden Lichtern.

Verkehrskontrolle

Häufig gibt es **Radarkontrollen!** Die hohen Geldbußen sind meist sofort zu zahlen. Fühlt man sich ungerecht behandelt, kann man durchaus mit den Polizisten verhandeln.

Notfall

Ausländischen Besuchern bietet Automobile *Association of South Africa* (AA, www.aa.co.za), ein Verein wie bei uns der ADAC, die Mitgliedschaft an. In Automietverträgen, wie z.B. beim ADAC, ist eine Mitgliedschaft in der südafrikanischen Organisation bereits inbegriffen.

Der AA bietet einen 24-Stunden-Service. Die kostenlose **Notrufnummer** ist Tel. **0800-010101.** In den meisten Fällen wird auch ohne Mitgliedschaft mit Rat geholfen. Sollte man selber Mitglied im ADAC oder einem anderen internationalen Automobilclub sein, Mitgliedsausweis mitnehmen. Dies berechtigt zur Nutzung vieler Serviceleistungen.

Die schönsten Strecken für Geländewagen

Strecken, Info, Übernachtung

Geländewagenfahrten sind in Südafrika beliebt, da sie meist sehr hohe Anforderungen stellen oder durch besonders reizvolle Gegend führen. Zu den anspruchsvollsten Strekken gehören z.B. jene durch den **Ai-Ais/Richtersveld National Park** (s. dort). Wer sich schon im Northern Cape befindet, sollte auch gleich noch einen Abstecher ins **Goegap Nature Reserve** (s. dort) machen.

Boegoeberg (bei Clanwilliam), Tel./Fax 027-4822933 (Sybrie de Beer), www.boegoeberg4x4.co.za. Bergstraße mit herrlichen Ausblicken. Camping und Cottage.

Bonniedale Attaquaskloof, (60 km von Mossel Bay); Tel. 044-6953175, www.bonniedale.com. Fahrt durch Bergfynbos und renosterveld. Cottage und Gästehaus.

Ferndale (Cathcart 24 km), Tel. 045-8431741, fern@eci.co.za. Am Rande des Baviaanskloof Nature Reserve führt der Weg zum höchsten Punkt in der abwechslungsreichen Landschaft. Camping und Chalet.

Didibeng Mountain Park (Fouriesburg 10 km), Tel./Fax 058-2230067, meiringlt@telkomsa.net. Die schönste Strecke im Free State. Mountain Camping und Steinhäuser im Meiringskloof Nature Reserve.

Rebellie Game Farm (bei Clarens), Tel. 082-3050548, www.rebellie.co.za. Zählt zu den Top-Ten der 4x4-Destinationen mit Ausblick auf spektakuläre Bergszenerie an der Grenze zu Lesotho. Anspruchsvoll. Verschiedene Unterkünfte. Verpflegung kann vereinbart werden.

Berakah (Parys 14 km), www.berakah.co.za. Mitten in der Hügellandschaft des Vredefort Dome, der zum Weltkulturerbe deklariert wurde. Fantastisches, geologisches Erlebnis mit Savanne, Bushveld, Flussdurchquerung und Berglandschaft. Camping und Bungalows.

Mateke (Thabazimbi 60 km), Tel. 012-6621140, www.anvieventures.co.za. Steile Fahrt durch Berglandschaft. Unberührte Bushveld-Landschaft. Pirschfahrt.

Dakar off-Road Trax (bei Nelspruit), www.dakar4x4.co.za. Training im eigenen oder gemieteten Fahrzeug.

Übernachtung

Es ist üblich, die Zimmer und die sanitären Einrichtungen vor dem Einchecken anzuschauen (**Tipp:** fragen Sie vor allem nach, ob das Bad mit einer **Dusche** – shower – ausgestattet ist; oft gibt es nämlich nur eine Badewanne!). An Wochenenden nach Bar- oder Diskothekenbetrieb im Hotel erkundigen. Die Südafrikaner feiern laut bis in die frühen Morgenstunden. Mit der Einhaltung gesetzlicher Sperrstunden darf nicht überall gerechnet werden.

Gute Informationen zu ausgewählten Übernachtungsmöglichkeiten auf www.aaholidays.co.za.

Übernachtungsauktion

Manchmal kann man ein richtiges Schnäppchen machen: bei www.bid2stay.co.za kann man Hotelzimmer im Internet ersteigern. Unkomplizierte Anleitung (engl.).

> **Die Unterkünfte *in diesem Buch* sind nach Preislage und Ausstattung** in 5 Kategorien eingeteilt: **Luxus, Comfort, Touristic, Budget** und **Camping** Ein vorangestelltes ***Sternchen = Empfehlung.**

Hotels, Pensionen

Beim Vergleich der einzelnen Kategorien muss man die im Preis enthaltenen Leistungen berücksichtigen. Sind freie Pirschfahrten, geführte Wanderungen und Frühstück/Abendessen oder andere Leistungen inklusive, ist eine höhere Kategorie u.U. einer niedrigeren preislich gleichwertig.

Die Preise für eine Übernachtung (Ü) sind in diesem Buch fast durchweg pro Person (p.P.) im Zimmer angegeben, wie es in Südafrika üblich ist. Die Preisangabe für ein **Doppelzimmer ("DZ")** gilt für **zwei** Personen. Ist das **Frühstück** mit im Preis eingeschlossen, was in Südafrika gleichfalls die Regel ist, lesen Sie **"DZ/F"** oder **"Ü/F p.P."** Alle Preise gelten auch durchweg für die **Hauptsaison von Oktober bis April.**

Kategorien in diesem Buch:

Luxus

An der Spitze der Unterkunftsmöglichkeiten stehen die Luxushotels und Nobelresorts. Ihre Preise beginnen in diesem Buch **ab R850 pro Person,** nach oben ohne Limit (R1200 und höher sind keine Seltenheit). In dieser Kategorie kann man das Beste erwarten, was Südafrika anzubieten hat.

Comfort

In der Comfort-Kategorie bewegen sich die **Preise pro Person zwischen R500–850.** Hier finden sich sowohl gute Hotels als auch sehr komfortable Wild- und Gästefarmen. Bei solchen tungspreisen kann man mit gutem Service, komfortabler Unterbringung und moderner Ausstattung rechnen. Viele Luxushotels bieten diese Kategorie in der Vor- und Nachsaison an.

Touristic

Wer **pro Person** für eine Übernachtung **zwischen R300–500 hinlegt,** erhält meist einen ausgezeichneten Gegenwert. Viele noble Gästehäuser und gute Stadthotels fallen in diese Kategorie. Wer zu zweit R600 für ein Doppelzimmer zahlt, kann bereits mit sehr hohem Komfort rechnen.

Budget

In der Budget-Klasse sind durchaus nicht nur die "billigen" Herbergen zu finden, auch schöne Gästefarmen und private Bed&Breakfast-Unterkünfte. Stadthotels in dieser Preisklasse sind dagegen mit

Vorsicht zu genießen. Die Preise bewegen sich **bis R300 p.P.**
Unter diese Kategorie fallen auch **Jugendherbergen, Hostels und Backpackerunterkünfte** (s. „Südafrika preiswert").

Camping

Die Campingplätze Südafrikas haben einen hohen Standard. Die privaten sind meist in einem besseren Zustand als öffentliche bzw. städtische (Municipal Campsite), wobei letztere manchmal sogar kostenlos benutzt werden können.

Es kann vorkommen, dass ein öffentlicher Campingplatz nicht besetzt oder bewacht ist. Entweder man erkundigt sich bei einem Nachbarn, wo man zahlt oder wartet, dass jemand vorbeikommt. Wenn nicht, dann ist das auch in Ordnung. Infos bei www.trekkersclub.co.za und www.sa caravanparks.co.za.

Auf vielen Campgrounds gibt es auch die Möglichkeit, eine Hütte oder ein Chalet zu mieten. Eine Gelegenheit auszuweichen, wenn das Wetter schlecht ist oder man wieder mal in einem Bett schlafen möchte. Wer Ausrüstung (Zelt, 4x4-Equipment, Safari- u. Wanderausstattung) braucht/mieten möchte, wende sich an **Camping for Africa,** Tel. 011-7284207, www.campingafrica.com.

Hotelketten

Die *größte Hotelkette* Südafrikas ist **Protea** mit über 50 Hotels im ganzen Land. Die Hotels haben meist 3–4 Sterne und finden sich hier im Buch in den Kategorien „Touristic" bis „Comfort". Darunter gibt es sehr schöne Landhotels. Zentrale Reservierung: Tel. 021-4305000, Tel. 0861-119000, www.proteahotels.com.

Zu der Kette der **Tsogo Sun** gehören u. a. die **Southern Sun Hotels,** die **Garden**

Court Hotels und die **StayEasy Hotels.** Zentrale Reservierung und Information: Tel. 011-4619744, www.tsogosunhotels.com.
Town Lodge und **City Lodge** sind 1–2 Sterne Hotels, die ein sehr gutes Preis-/Leistungsverhältnis bieten und besonders von südafrikanischen Geschäftsleuten geschätzt werden. Sie haben Telefon- und Faxservice, prompte Kleiderreinigung und einen Swimmingpool. Infos bei www.citylodge.co.za.

Portfolio

Die Marketingfirma **Portfolio** wählt schöne, empfehlenswerte Unterkünfte in Südafrika aus und stellt sie in Broschüren und im Internet in Wort und Bild vor.

Informationen und Reservierungs-Center: Tel. 021-6894020 (von D, CH und NL kostenlose Tel.-Nr. 00800-25665555), www.portfoliocollection.com. Weitere Broschüren sind *Country Places, City* and *Safari Collection, The Retreats Collection* und *The Bed and Breakfast Collection.*

GHASA

The **Guest House Association of Southern Africa** wurde als Verein von Gästehausbesitzern gegründet. Nur Häuser mit hohem Standard werden aufgenommen, wer sich in ein GHASA-Haus einquartiert, kann mit dem Besten eines südafrikanisches Gästehauses rechnen. Eine komplette Mahlzeit am Tag muss im Angebot sein. Außerdem muss sich jemand hauptberuflich dem Wohl der Gäste widmen. Informationen bei: The Secretary, GHASA, Tel. 021-7620880, www.ghasa.co.za.

Bed & Breakfast

Achtung: **viele B&B verlangen Barzahlung,** verfügen über keine Kredikarten-Maschine!
Portfolio: Hier sind über 300 private Häuser gelistet, die alle Zimmer mit integriertem Bad/WC haben, Details s.o.
BedandBreakfast.com vermittelt ausgesuchte Privatzimmer und Farmaufenthalte. Information: www.bedandbreakfast.com.

Übernachtungsmöglichkeiten

Underberg Hideaways, 27 Ashby Road, Pietermaritzburg 3201, Tel./Fax 033-3431217, www.hideaways.co.za. Auskunft über B&B und Farmaufenthalte in der Provinz KwaZulu-Natal.

Wir empfehlen unseren REISE KNOW-HOW **Übernachtungsführer Südafrika** von Bettina Romanjuk. Auf über 250 Seiten werden mit Fotos, Preisen und Infos mehr als 300 Bed& Breakfasts, Guesthouses, Lodges, Hotels, Self catering- und Budget-Unterkünfte in allen Provinzen Südafrikas vorgestellt und beschrieben – es ist der einzige Südafrika-führer in deutscher Sprache. Zusätzlich gibt es noch ein Kapitel über Weingüter am Kap und viele Restaurant-Empfehlungen. Damit haben Reisende die Möglichkeit, sich noch gezielter vorzubereiten und die für ihre Belange passenden Unterkünften auszuwählen und zu reservieren. Die ideale Ergänzung zu einem herkömmlichen Südafrika-Reiseführer.

Self catering Accommodation

Self catering („**SC**") Accommodation ist eine **Unterkunft mit Selbstversorgung.** Darunter fallen *Chalets, Bungalows* und *Rondavels* in Ferienresorts und in National- oder anderen Naturparks sowie **Ferienwohnungen** auf Farmen oder in Appartementhäusern an der Küste. Küche mit Geschirr, Besteck und Töpfen.

Unterkünfte in Nationalparks

Die Übernachtungsmöglichkeiten in den durch die **South African National Parks** verwalteten Nationalparks sind in folgende Kategorien unterteilt:

Kategorien

6-Bed Cottage: Haus mit 6 Betten in 2 Schlafzimmern, Bad mit Toilette und eine voll eingerichtete Küche mit Kühlschrank, manchmal auch Klimaanlage. – **6-Bed Hut:** eine Hütte mit 6 Betten in 2 Schlafzimmern, Badezimmer mit Toilette, Kühlschrank. Benutzung der allgemeinen Küche. – **5-Bed Cottage:** Haus mit 5 Betten in 2 Schlafzimmern, Bad/WC und eingerichteter Küche. – **4-Bed Cottage:** Haus mit einem Schlafzimmer und einem Wohnzimmer mit je 2 Schlafstellen. Bad/WC, eingerichtete Küche mit Kühlschrank, manchmal Klimaanlage. – **4-Bed Hut:** Hütte mit einem Schlafzimmer (2 Betten) und einem Wohnzimmer (2 Betten). Bad/WC, eingerichtete Küche mit Kühlschrank. – **Safari Tents:** Safarizelte unterschiedlicher Ausstattung auf fest installierten Plattformen, mit/ohne Kühlschrank, elektrisches Licht, Kochgelegenheit, WC/Dusche. – **3-Bed Hut:** Hütte mit einem Schlafzimmer (3 Betten), Dusche/WC. Kochgelegenheit mit Kühlschrank und Küchenutensilien. – **2-Bed Hut:** Hütte mit 2 Betten, Kochgelegenheit, Kühlschrank u. Küchenutensilien. Dusche/WC. – **2/3-Bed Hut:** Hütte mit 2–3 Betten. Ein Raum. Dusche/WC. Kleiner Kühlschrank. Zentrale Kochgelegenheit. – **2/3/5/6-Bed Hut:** Hütte mit 2–6 Betten. Waschbecken. Zentrale sanitäre Anlagen und Küche.

In einigen Nationalparks gibt es noch andere Übernachtungsvarianten. Sie sind im Buch an betreffender Stelle und in den Informationsblättern der einzelnen Parks aufgelistet.

Information, Reservierungsbüros

South African National Parks, Pretria/Tshwane, Tel. 012-4289111, Fax 343 0905 (Mo–Fr 8–15.45 Uhr), www.san parks.org. **Die ein Jahr gültige, personengebundene WILD Card lohnt sich beim Besuch mehrerer Nationalparks bzw. Reserves und Resorts (auch in Swaziland) unbedingt!** Nähere Infos bei www.wildcard.co.za. Sie kostet derzeit für 80 Parks R1400/p.P., R2330/2 Personen und R2785/Familie mit bis zu 5 Kindern. Man kann sie auch direkt in den Parks kaufen.

☐ Die **Nationalparks** und Naturschutzgebiete von **KwaZulu-Natal** haben **andere Übernachtungskategorien** und müssen über **KZN Wildlife,** Tel. 033-8451000/2, Fax 8451001, www.kznwildlife.com reserviert werden! Hier gilt auch die Wild Card!

Essen und Trinken

Restaurants

Südafrika bietet dem Besucher vielfältige Esskulturen: europäisch (britisch, französisch, niederländisch und deutsch), schwarzafrikanisch, indisch, malaiisch, chinesisch usf. Westliche Küche ist in der Regel wesentlich teurer als (fern-)östliche. Reist man zur Hauptsaison oder während der südafrikanischen Ferien: Tisch reservieren. Das **Wine Magazine** veröffentlicht jährlich die käufliche Broschüre *Top 100 Restaurants* mit ausführlichen Beschreibungen. Bei www.eatout.co.za und www.restaurants.co.za kann man sich vorab ebenfalls gut informieren.

Besonders zu beachten ist, dass zwei Restaurant-Typen existieren: **„fully licensed"** haben eine Ausschankgenehmigung für Alkohol, **„unlicensed" Restaurants** dürfen nur Soft drinks wie Cola, Säfte und Wasser servieren (meist darf man aber Getränke wie Bier oder Wein selbst mitbringen).

Spezialitäten des Landes

Zu den beliebten Gerichten weißer Südafrikaner burischer Abstammung gehören deftige Eintöpfe, die Mais, Kürbis, Süßkartoffeln oder Gemüse zur Grundlage haben. In speziellen dreibeinigen Töpfen für das Grillfeuer wird **Potjiekos,** der beliebte Eintopf mit Fleisch und Kartoffeln, gekocht. Früher, zu Zeiten der Pioniere, wurde alles hineingeworfen, was dem Jäger vor die Flinte kam: Hase, Buschschwein, Eland und Strauß. Heute verwendet man meist Rindfleisch.

Eine Frage der Ehre eines jeden Metzgers ist die **Boerewors,** eine sehr lange, spezielle Bratwurst aus grobem Schweine- oder Rinderklein von solider Herzhaftigkeit, abgeschmeckt mit geheimnisvollen Gewürzen und zu einer Schnecke aufgerollt auf den Grill. Zentraler Brauch der Afrikaaner ist das **Braai,** das Grillen von Wurst und Fleisch, manchmal auch Fisch. Beliebt sind neben riesigen Steaks **Lambtjops,** Lammkoteletts. Dazu gereicht werden Brot, Salat und **Mielie Pap,** der traditionelle Maisbrei. Manchmal gibt es auch **Groente** (Afrikaanerwort für Gemüse).

Probieren sollte man unbedingt **Biltong,** luftgetrocknete Fleischstreifen, die Tradition geht auf die Voortrekker zurück. Neben dem weit verbreiteten Rindfleisch wird auch Strauß, Oryx und Impala verarbeitet. Wer seinen Lieben zu Hause Biltong mitbringen möchte, sollte es sich luftdicht verpacken lassen.

Die **Süßspeisen** der Afrikaaner sind besonders „lekker". Hinter unübersetzbaren Worten wie **Melktart** oder **Koeksisters** verbergen sich eine Zimttorte mit Milch/Eierfüllung und in Sirup getunktes Fettgebäck. Zum Kuchenbacken sehr geeignet sind die **Gooseberries,** kleine gelbe

Beeren, die auch zu Konfitüren verarbeitet werden.

Die Engländer haben ebenfalls ihre kulinarische Spuren hinterlassen. Zum Frühstück gibt es **English Breakfast** (Roastbeef und Meatpies). **Leg of Lamb** mit **Mint Sauce** (Lammkeule mit Pfefferminzsauce) ist nicht nur eine englische Spezialität, sie ist auch ungewöhnlich köstlich. Eine Tradition ist der **Fünf-Uhr-Tee** mit **Scones** und leckeren Sandwiches, und wer mit einem Engländer einen sundowner trinkt, liegt mit einem **Cane with Bitter Lemon** (Zuckerrohrschnaps mit Bitterlemon) genau richtig.

Aus Malaysia und Indien haben Sklaven und Vertragsarbeiter ihre speziellen Gewürze und scharfen Saucen mitgebracht, die man heute in Nationalspeisen wie **Bobotie,** einem raffinierten malaiischen Currygericht mit Lammhackfleisch, Früchten und Chutney, herausschmecken kann. Auch das bekannte **Sosatie,** marinierte Curryfleischspieße aus Schweine- oder Hammelfleisch, die bei einem guten Braai nicht fehlen dürfen, stammen aus Fernost. Jede Hausfrau hat ihr eigenes Rezept für **Bredie,** ein Ragout aus Fleisch, Zwiebeln und viel Gemüse. Ebenfalls der asiatischen Küche entstammt **Samoosas,** kleine Teigtaschen, gefüllt mit Fleisch- oder Gemüsecurry. Chakalaka ist original südafrikanischen Ursprungs, nämlich eine Gewürzmischung, erfunden in Jo'burg. Zu Rucola sagt man in Südafrika „rocket".

Wer auf der Speisekarte **Waterblommetjie Bredie** entdeckt, sollte neugierig genug sein und das Spezialragout mit Stielen und Blüten einer Pflanze bestellen, die in Sumpfgebieten der Kapregion vorkommt. Auch bei **Pampoenkoekies,** Kürbispuffer, sollte man zuschlagen. Eine Delikatesse sind **Patty Pans,** süße Kürbisse, oft mit Zimt und Zucker und viel Orangeat zusammen gekocht. **Geelrys,** mit Kurkuma gewürzter und gelbgefärbter Reis, hat seinen Weg von Indien nach Südafrika gefunden. Vielfach werden Rosinen und gekochte Eier zugegeben.

An der Küste wird **Fisch** immer fangfrisch verkauft. Kosten Sie einmal Abalonen in Seetangmantel! Sehr empfehlenswert ist frischer **Crayfish** (Felslanguste). Das Mekka für Austern-Liebhaber **(Oyster)** ist Knysna. Wer etwas fetteren Fisch mag, sollte **Snoek** versuchen, eine herzhafte und delikate Barrakuda-Art. Schmackhaft ist auch **Hake.** Geangelter oder allgemein fangfrischer Fisch wird als **Linfish** bezeichnet. Und wer kein Fisch-Fan ist, sollte unbedingt einmal einen **Kingklip** oder **Blue Nose** probieren – vielleicht wird er es anschließend.

Tipps fürs Braai

Besorgen Sie sich neben einer Kühlbox auch eine Rolle Alufolie in starker Qualität. Zum Grillen eignet sich hervorragend Seezungenfilet, Straußensteaks (in Rotwein einlegen!), Hähnchen, Lammkoteletts, Rinderfilet- oder Steaks.

Fisch

Einkauf: 4 Seezungenfilets, Fischgewürz (gibt es fertig zu kaufen, es reicht aber auch Salz und Pfeffer), Butter, Reis (wenn möglich eine Packung mit passender Soße für Fischgerichte, in größerem Supermarkt erhältlich).

Zubereitung: Seezungenfilets auf beiden Seiten würzen, auf Alufolie legen und mit je drei Butterflöckchen versehen. Fische einzeln verpacken und auf den Rost legen. Auf beiden Seiten ca. 15 Minuten grillen. Reis nach Angabe zubereiten.

Strauß

Einkauf: 6 kleine Filetstücke Strauß, trockener Rotwein, Salat (gibt es oft bereits portioniert im Supermarkt), Salatsoße und Feta-Käse.

Zubereitung: Filetstücke mindestens 3 Stunden in Rotwein einlegen. Dazu nimmt man am besten einen Topf, den man dann am Rand des Feuers hinstellt und in dem das Fleisch im Sud etwas vorköchelt. Fleisch herausnehmen und 5 Minuten auf jeder Seite grillen (10 Minuten, wenn es nicht etwas vorgekocht wurde), dabei öfters wenden. Salat mit Soße und Feta-Käse zubereiten.

Schweinekotelett

Einkauf: 2 Schweinekoteletts, 1 große Zwiebel, 4 große Kartoffeln, 1 Avocado, 1 Knoblauchzehe, 1 Joghurt, Alleswürzer (oder Salz und Pfeffer).

Zubereitung: Kotelets würzen, Zwiebelringe schneiden und unten und oben auf die Kotelets legen, die einzeln verpackt werden. 20 Minuten auf jeder Seite grillen. Inzwischen die Avocado aus der Schale lösen und mit der Gabel zu einem Mus zerdrücken. Joghurt, feinst geschnittenen Knoblauch und etwas Alleswürzer zugeben und gut vermischen. Kartoffeln in Alufolie wickeln und in die Glut legen. Sie brauchen (mittelgroß) ca. 30 Minuten. Dazu das Avocadomus essen.

Hähnchen

Einkauf: 4 Hähnchenteile (Brust und Flügel), durchwachsener Speck in Scheiben, Nudeln mit Käsesoße (gibt es zusammen in einer Packung, darauf achten, ob noch Butter oder Milch dazugegeben werden muss). Alternativ kurze Maccaroni und extra Käsesoße kaufen.

Zubereitung: Hähnchenteile mit Speckscheiben umwickeln und einzeln in Alufolie verpacken. Auf jeder Seite 20 Minuten grillen. Nudeln und Soße nach Anweisung kochen.

Rindersteaks

Einkauf: 2 große Rindersteaks, 4 Kartoffeln, 2 Maiskolben, Butter, Alleswürzer.

Zubereitung: Rindersteaks würzen und einzeln verpacken. Von jeder Seite 20 Minuten grillen, anschließend auswickeln und noch je 5 Minuten von jeder Seite grillen. Die Kartoffeln in Alufolie wickeln und für ca. 30 Minuten in die Glut legen. Maiskolben in Salzwasser ca. 20–30 Minuten kochen (je nach Größe) oder in Alu eingewickelt auf dem Rost 30 Minuten grillen. Mit Butter bestrichen abknabbern.

Fast food

Beliebt sind asiatische Take-aways, die Chinesisches oder Indisches zum Mitnehmen anbieten. Empfehlenswert sind die Imbisse, die kleinen Lebensmittel-Läden auf dem Land angeschlossen sind.

Vegetarisch

In größeren Städten und Restaurants nehmen die Bemühungen zu, auch vegetarische Menüs auf der Speisekarte zu haben. Sehr gute Chancen für fleischlose Kost hat man in indischen oder in chinesischen Restaurants.

Ausgehen

Bars und Pubs

Den Männern mag es egal sein – oder eine Warnung: Bars sind nur für Männer! Mit dem kleinen Zusatz *Ladies' Bar* dürfen auch Frauen manch heilige Trinkhalle betreten. Doch um einem Irrtum vorzubeugen: Zu letzteren haben auch Männer Zutritt. Touristen werden nicht so sehr mit dem Thema „wer darf wo rein, oder auch nicht" konfrontiert, denn die meisten Hotelbars sind mittlerweile zu Ladies' Bars umfunktioniert worden. Pubs haben von 10 Uhr bis Mitternacht geöffnet. An Sonntagen muss man damit rechnen, dass Alkohol nur in Verbindung mit einem Essen serviert wird.

Kleiner Knigge

Am Eingang eines Restaurants hängt oft das Schild: *„Wait to be seated".* Dies ist eine Aufforderung zu warten, bis eine Bedienung einen Platz zuweist. Ist die Bestellung aufgegeben und will man zusätzlich noch etwas essen oder am Schluss die Rechnung, reicht es normalerweise, Sichtkontakt zur Bedienung aufzunehmen. Mit den Worten „the bill/the check, please" erhält man die Rechnung.

Trinkgeld

Trinkgeld heißt *tip.* In Restaurants gibt man 10–15% des Rechnungsbetrags, wobei es sich so verhält, dass viele Bedie-

Essen und Trinken **53**

nungen ihre Hauptvergütung aus Trinkgeldern beziehen (auch bei Bezahlung mit Kreditkarte daran denken). Ferner bekommen Taxifahrer, Tour-Guides, Kofferträger und Caddies auf dem Golfplatz ein Trinkgeld. An Tankstellen ist der Service im Preis inklusive – dennoch freuen sich die Angestellten über eine Aufmerksamkeit.

Getränke

Bier

Bier entstammt in Südafrika meist deutscher Braukunst, wobei einige Sorten auch auf englische Tradition zurückgehen. Bier vom Fass gibt es selten, wenn ja, bekommt man es im Glas zu 0,25 l oder 0,5 l. Üblich sind Flaschengrößen mit 0,75 l. Die großen Biernamen sind: Castle, Amstel, Carlsberg, Mitchell's, Windhouk Lager und Black Label. Die meisten Sorten gibt es auch in der „lite"-Version, d.h. mit weniger Alkohol. Übrigens: *South African Breweries* (SAB) ist der viertgrößte Bierproduzent der Welt mit einem Gesamtumsatz von über 36 Millionen Hektoliter pro Jahr.

Kauf von Spirituosen

Alkoholische Getränke – auch Bier – kauft man in eigens dafür lizenzierten Läden, in den **Bottle-** oder **Liquor Stores** (afrikaans Drankwinkel). Vergitterte Fenster und ein bewaffneter Wächter vor der Tür sind keine Seltenheit. **Sonntags haben sie geschlossen!** (auch Supermärkte haben Weinabteilungen, sonntags werden sie abgesperrt). Landestypische Cremeliköre sind **Caperam Velvet** und **Amarula** (gewonnen aus der Marula-Frucht). Sehr empfehlenswert ist auch der bekannte Likör *Van der Hum*, der mit der Schale von Tangerinen abgeschmeckt wird. Die **Weinbrände** Südafrikas werden

in kupfernen Destillierapparaten hergestellt und enthalten ein Minimum von 25% eines mindestens drei Jahre alten sogenannten „Rabatt-Brandys". Weinbrand-Liköre müssen fünf Jahre reifen. *Savanna Dry* ist eine Cider-Marke (Cidre, leicht alkoholisch).

Wein

Südafrikanische Weine gehören zu den Spitzenerzeugnissen ihrer Art auf der Welt. Kaum anderswo gibt es ein so breites Spektrum an Reb- bzw. Weinsorten in einem doch verhältnismäßig kleinen Anbaugebiet (Kapregion). Für die Qualität der Weine spricht allein schon die Tatsache, dass der Qualitätsunterschied zwischen den Landweinen und den absoluten Spitzenprodukten ungewöhnlich gering ist, da wirklich nur die besten Lagen zu Wein verarbeitet werden. Der Rest, rund 50% der jährlichen Ernte, wird zu Weinbrand oder ähnlichem verarbeitet.

75% des produzierten Weines sind **Weißweine,** die bei den Südafrikanern auf dem ersten Rang stehen. Die beliebteste Weißweinsorte ist *Chenin Blanc,* gefolgt von *Chardonnay* und *Sauvignon Blanc, Riesling, Colombar* und *Gewürztraminer.*

Bei den klassischen **Rotweinen** führt unangefochten der *Cabernet Sauvignon,* der in über 100 Varianten produziert wird. Aber auch der *Pinot Noir,* vielfach mit der Hermitage-Rebe zum *Pinotage* gekreuzt, gewinnt an Bedeutung. Besonders kräftige Rotweine ergeben *Shiraz-Trauben.* Südafrikanische **Roséweine** gibt es in halbtrockener und trockener Variante.

Schaumweine gewinnt man meist aus Chenin-Blanc-Trauben. Zunehmend wird nach der „Méthode Champagnoise" produziert, um die Lücke zum französischen Champagner zu schließen.

Wer sich literarisch informieren möchte, sollte sich **„John Platter's South**

African Wine Guide" besorgen, der alljährlich aktualisiert wird und den besten Überblick über südafrikanische Weine bietet.

Soft drinks

Liebhaber von exotischen Säften können sich in Südafrika über ein reiches Sortiment freuen. In den Regalen der meisten Supermärkte oder Tante-Emma-Läden bekommt man u.a. Mango-, Lichee-, Papaya-, Trauben-, Pfirsich-, Ananas-, Grapefruit- und Orangensaft (gut schmecken z.B. *Appletizer* und *Grapetizer*).

Einkaufen

Öffnungszeiten

Generell sind die Geschäfte Mo–Fr 8.30–17 Uhr und Sa 8.30–13 Uhr geöffnet. Große Einkaufszentren haben erweiterte Öffnungszeiten und manche auch sonntags geöffnet. In touristischen Zentren haben einige Geschäfte durchgehend von Montag bis Sonntag geöffnet.

Selbstverpflegung

Selbstverpflegung („Self catering"/„SC") ist auf den großen Reiserouten kein Problem. Ein wichtiges Requisit darf dabei in Südafrika in keinem Auto fehlen: Die **Kühlbox** (cool box). Bei der Auswahl der Größe sollte man daran denken, dass das Eis allein schon viel Platz benötigt. Eis gibt es fast an jeder Tankstelle, im Supermarkt oder in Bottle Stores. Noch ein Tipp: Guter südafrikanischer Wein wird auch in 2 bis 5 Liter-Behältern angeboten. Er lässt sich einfach transportieren und wieder verschließen.

Supermärkte und Läden

Die wichtigsten heißen *Checkers* (auch sonntags geöffnet), *O.K. Bazaar, 7 Eleven, Pick 'n Pay* (preiswert), *Shoprite* und *Spar*.

Woolworth ist etwas teurer, *Dions* bietet neben Haushaltswaren auch Campingartikel und Sportequipment. Bei der Kette *CNA* gibt es Filme, Zeitungen Bücher etc.

Schilder an den Straßen wie *Farm Stall, Road Stall, Padstal* oder *Blaastal* oder einfach nur *Stal* bezeichnen kleine Läden, meist in ländlichen Regionen, die entweder Gemüse oder Farmwaren wie Fleisch und Eier führen. Ein *Winkel* entspricht dem englischen Shop und der deutschen Bezeichnung für Laden, nicht spezifizierend, was er führt.

Cafés

Sogenannte Cafés sind die südafrikanische Variante unserer Tante-Emma-Läden, gut sortiert mit oft längeren Öffnungszeiten. Oftmals gibt es in den Cafés auch einen Imbissstand und Zeitungen.

Souvenirs/Kunsthandwerk

Wer sich die große Palette südafrikanischer Souvenirs anschauen möchte geht in einen *Curio Shop,* Andenken- oder „Kuriositätengeschäfte", die es in größeren Orten, in Hotels und in vielen Nationalparks und Naturreservaten gibt. Das *Kunsthandwerk* ist breit gefächert und regional sehr unterschiedlich. Typisch südafrikanisch sind Produkte aus *Straußenleder,* auch Straußenfedern und -eier sind als Souvenirs sehr beliebt. Von den schwarzen Kunsthandwerkern werden vor allem *Perlenarbeiten* hergestellt sowie Wandteppiche, Schnitzereien, Tonwaren und Schmuck aus Kupfer und Messing. Zur sog. *Township-Kunst* zählt man alles, was aus Draht gebastelt wurde: Autos, Windmühlen, Fahrräder etc. Afrikanische Masken stammen meist aus Zentralafrika, da es diesbezüglich so gut wie keine Tradition in Südafrika gibt. Insgesamt sind Souvenirs, die man an der Straße und auf Märkten kauft, günstiger, da man preislich verhandeln kann.

Einkaufen

☐ Zur Beachtung: **Elfenbein** kann u.U. ganz legal gekauft werden. Deutschland gehört zu den Staaten, die das Washingtoner Artenschutzabkommen unterzeichnet haben (Südafrika auch). Deshalb ist es **strafbar,** Elfenbein nach Deutschland bzw. in die EU einzuführen, selbst wenn man die Stücke offiziell erworben hat. Selbstverständlich gilt dies auch für Nashorn-Produkte.

Zu begehrten Souvenirs zählen übrigens auch die wunderschönen *Briefmarken* Südafrikas. Viele Tier- und Pflanzenmotive werden als Sondermarken in den Hauptpostämtern verkauft. Philatelisten können sich auch an das amtliche Briefmarkenbüro in Pretoria/Tshwane, Ecke Vermeulen/Bosman Street wenden.

Antiquitäten

Begehrte Waren sind *kapholländische Möbel* oder antiker Schmuck. Als Rarität gilt das Tafelsilber der 1820er Siedler. Daneben kann man in Läden und auf Flohmärkten alte Bücher, Münzen, Landkarten, Banknoten u.v.a.m. kaufen.

Gold und Edelsteine

Der legendäre **Krugerrand** zählt zu den bekanntesten Pretiosen des Landes. Er gilt heute noch als eine Art Währung und unterliegt strengen Ausfuhrbestimmungen, die man sicherhaltshalber vor Ort erfragt. Gold und Krugerrand sollten Sie nur in offiziellen Geschäften kaufen.

Das gleiche gilt für den Erwerb von **Diamanten,** die ohne offizielles Zertifikat über Herkunftsort, Wert und Bezeichnung nicht erworben werden dürfen. Seriöse Händler findet man in allen Großstädten. Ein guter Tipp ist *Shaw Diamonds* in Johannesburg (4. Floor, West Wing 27 Ridge Road Parktown, Tel. 011-4841560), wo offizielle Großhändler Diamanten zu günstigen Konditionen verkaufen. Ebenfalls in Johannesburg finden Sie die *Wesselton Diamond Cutting Co.* (5. Floor, 216 Fox Street, Tel. 011-3347073). Zum Verkauf stehen Exemplare zwischen R200–R10.000. In Kapstadt kann sich beim *Juwelier Uwe*

Koetter (12. Floor, 101 St George's Mall, Tel. 021-4245335 oder Shop 14, V&A Arcade, Waterfront) sogar auf deutsch zum Thema Gold und Diamanten beraten lassen. In Port Elizabeth ist *Ritter's Jewellers,* 66 Main Street, Mutual Building, Tel. 041-5857994, eine gute Adresse für den Kauf von Schmuck und Diamanten. Grundsätzlich sollten Sie immer darauf bestehen, dass einem gekauften Diamanten ein *Diamond Certificate des Jewellery Council of South Africa* beiliegt.

Erstaunlicherweise wird sehr viel **Schmuck** Südafrikas im Ausland hergestellt. Beim Erwerb von Goldketten und Ringen ist auf den Goldgehalt zu achten, da viele Waren nur 9 Karat besitzen (reines Gold = 24 Karat). Für *Edelsteinsammler* steht die ganze Welt der Steine offen. Schöne Souvenirs sind kleine, beschriftete Steinsammlungen aus Minen des südlichen Afrikas. Zu den schönsten Steinen zählen *Amethyste* und **Rosenquarz** aus der Region um Upington und aus Namibia, *Jade* aus Botswana und dem Transvaal (Mpumalanga), *Tigeraugen* in Rot, Gold, Blau und in Multicolor von den Ufern des Orange River und *Aventurin,* der am Limpopo River gefunden wird. Aus Baberton stammt der älteste Stein der Welt, der *Verdit,* aus dem gerne Tierfiguren geschnitzt werden.

Kleidung

Von normaler Kleidung einmal abgesehen, lohnt es besonders, sich in Südafrika mit Wander-, Trekking- und Safarikleidung auszustatten. Dazu zählen auch *Schuhe* in sehr guter Qualität zu günstigen Preisen. Große Namen für Outdoor-Bekleidung sind *Rocky Shoes & Clothing* (Händlerangaben unter Tel. 031-7004630) und Gordon Footware, mit Läden in Rosebank, 169 Oxford Road; in Midrand, Boulders Centre oder Pretoria/Tshwane, Ecke Burnett/Hilda Street. Wärmeres, wie Polartec-Jacken, fabriziert die Firma Capestorm in Kapstadt, 37 Buitenkant Street, Verkaufsraum in Suite 201 (Tel./Fax 021-4612446; www.capestorm.co.za).

VAT (Mehrwertsteuer)

Die **Mehrwertsteuer VAT,** *Value Added Tax,* beträgt in Südafrika derzeit **14 Prozent.** Ausländische Touristen haben bei Ausfuhr von Waren grundsätzlich Anspruch auf Rückerstattung der Mehrwertsteuer, sie bekommen die in Südafrika bezahlten 14% VAT in ihrer Landeswährung oder in Rand zurückerstattet. Doch nur für Güter, die tatsächlich ausgeführt werden, also Bücher, Kleidungsstücke, Schmuck, Diamanten, Kunsthandwerk usw., jedoch nicht für Restaurant-, Hotel- oder Mietwagenrechnungen. Die gekauften Waren müssen bei der Ausreise am Flughafen vorzeigbar sein. Zurückerstattet wird ab 250 Rand in Summe aller Einzelrechnungen. Der Höchstbetrag liegt bei R3000 (in Ausnahmefällen unter Vorlage des VAT-Formulars VAT 263 ist eine Erstattung bis R10.000 möglich).

Auf einer steuerlich korrekten Rechnung muss „Tax Invoice" stehen, die Warenbeschreibung, ihr Preis zuzüglich des Mehrwertsteuerbetrags, Name und die Adresse des Ladens oder Verkäufers mit zehnstelliger VAT-Registrierungsnummer (beginnt mit einer „4") sowie die Rechnungsnummer und das Datum. Bei einem Warenwert über 1000 Rand müssen Name und Adresse des Käufers auf der Rechnung erscheinen. VAT-Büros gibt es an den internationalen Flughäfen in Durban, Johannesburg und Kapstadt.

Vor dem Einchecken am Flughafen geht man mit seinen Waren und den Rechnungen zum ausgeschilderten VAT- bzw. *Tax Refund Office.* Siehe auch **www.taxrefunds.co.za.** Rechtzeitig da sein, da oft lange Schlangen.

Kann z.B. in Kapstadt aber auch vorab in der dortigen V&A Waterfront erledigt werden.

Weitere Zollstellen sind die Häfen von Kapstadt, Durban, Port Elizabeth und Buffalo City (East London). Dazu kommen noch die Flugplätze Lanseria und Grand Central in Johannesburg und der Grenzübergang Beitbridge (Zimbabwe).

Raus aus dem Auto – rein ins Abenteuer

Diese allgemeine Übersicht soll Ihnen einen kleinen Vorgeschmack auf die zahlreichen Möglichkeiten geben, die sich am Wegesrand der großen Autorouten auftun.

Safaris

Safaris gehören zu den Höhepunkten einer Südafrikareise. Viele Reiseanbieter haben sie im Programm. Wer ein eigenes Auto hat, kann dieses Abenteuer selbst gestalten. In den Büros der Nationalparks und Naturschutzgebiete erhält man ausführliche Informationen, Straßenkarten und meist eine Liste der heimischen Tiere. Die Ranger haben die besten Tipps, wann man wo sein sollte. Wer nicht auf eigene Faust mit dem Auto fahren möchte, kann vielerorts Tagestouren mit ausgebildeten Rangern buchen (Pirschfahrten). Zumindest eine **Nachtsafari mit Suchscheinwerfern** sollte man sich nicht entgehen lassen.

Walk-Safaris

Viele Nationalparks und Naturschutzgebiete bieten geführte Wanderungen an. Sog. **Gamewalks** oder **Walk Safaris** werden von mindestens einem Führer begleitet. Hierfür muss man safarimäßig gerüstet sein (Bush Casuals): Lange Hosen, Sonnenschutz auf dem Kopf, feste, knöchelhohe Stiefel, kleiner Rucksack mit Wasserflasche. Nur ja keine bunten Sachen anziehen und auf Parfüm oder Aftershave verzichten. Ganz Mutige können auch eine Nacht in einem offenen Buschcamp verbringen.

Veranstalter

Ipiti Safaris, Tel. 011-8023029, www.ipiti.co.za Wildnis-Wanderungen und Pferdesafaris. – *Drifters,* Tel. 011-8881160, www.drifters.co.za, sind Spezialisten für Überland-Safaris. Aus dem Angebot: fünf oder sechs Tage in Mpumalanga oder im Zululand.

Wandern und Trekking

Karten-Tipp: Sehr gut sind die Karten von „**The Map**". Viele kostenlose Wanderkarten-Downloads auf **www.themaps. co.za.**

National Hiking Way System

Erst 1968 wurden mit dem legendären *Otter Trail* im Tsitsikamma Coastal National Park die Einrichtung staatlich kontrollierter und gepflegter Wanderwege ins Leben gerufen, die **NHW Trails.** Heute gibt es über 400 Wanderwege. Ihre Markierungen: Weiße aufgemalte Fußabdrücke auf Felsen, Steinen, Bäumen oder Zäunen. Gelbe Fußspuren führen zu den Hauptrouten, blaue Farbe weist auf eine Wasserstelle hin. Für alle Wege, die zu diesem System gehören, erhält man nach Bezahlung einer Wegbenutzungs-Gebühr gutes Kartenmaterial im Maßstab 1:50.000.

Die Strecken dürfen nur in einer festgelegten Richtung durchwandert werden. Nur in Ausnahmefällen wird eine Sondergenehmigung erteilt. Der Wanderer muss sich selbst darum bemühen, vom Endpunkt wieder abgeholt zu werden. Autos dürfen über Nacht nur auf den vorgesehenen Parkplätzen abgestellt werden. Lebensmittel, Wasser, Schlafsack etc. hat man selbst mitzubringen. Es ist nur erlaubt, in den vorausgebuchten Übernachtungsstellen zu schlafen. Meist findet man dort Feuerholz, Kochgelegenheiten, Regenwasser und Latrinen. Die Hütten müssen vor dem Verlassen geputzt werden. Hauptregel: *Nichts hinterlassen als die eigenen Fußspuren, nichts mitnehmen außer Fotos!*

Reservierung

Auf vielen Routen ist ein Gruppenminimum von 3 Personen erforderlich. Die Behörde behält sich vor, kleinere Gruppen zusammenzustellen. Mit Kindern nach dem Mindestalter erkundigen! Info: www.sanparks.org.

Andere Wanderwege

Es gibt noch etwa 1000 weitere Wanderrouten, die den Provinzen, Gemeinden oder auch privaten Personen oder Organisationen unterstellt sind (z.B. Wege durch Farmland, private Wildreservate etc.). Man sollte auf einer genauen Karte bestehen. Die Markierungen lassen oft zu wünschen übrig – das kann zu problematischen Situationen führen. Plötzlicher Wetterumschwung und Orientierungslosigkeit in unbekannter Wildnis zählen zu den Hauptgefahren – und Hilfe ist nicht zu erwarten. Einen Kompass mitzuführen ist unerlässlich.

Bevor man losgeht

Selbst in einfacherem Gelände ist von Turnschuhen abzuraten. Die bieten den Füßen nicht genügend Schutz, z.B. vor Abknicken oder scharfen Felsen. Schwere Bergschuhe sind aber meist nicht erforderlich. Sog. Trekking-Schuhe (trekking boots) sind geeigneter, sie haben ausreichendes Profil und sind bis zu einem gewissen Grad wasserabweisend (water resistant). Für den Fall, dass man sich Blasen (blisters) läuft, sollte man noch ein paar leichte Trekking-Sandalen mitnehmen. Das Tragen von langen, weiten Hosen ist ratsam. Sinnvoll ist eine Kopfbedeckung mit Sicherungsschnur. Regenschutz ist zu jeder Jahreszeit zu empfehlen und ein Beckengurt die Minimalanforderung an einen Rucksack.

Die ideale Gruppenstärke sind vier Personen. Sollte jemand verletzt sein, so können zwei Hilfe holen. Ein kurzer Check der mitgeführten Dinge ist ratsam: Taschenmesser, Dosenöffner, zeug, Notfallapotheke und Taschenlampen (Reservebatterien) dabei? Was ist mit Besteck oder einem Greifer für den heißen Topf über dem Feuer? Wichtig ist, dass jeder genügend Wasser mitnimmt und auch ausreichend Proviant besitzt. Nüsse, Rosinen und z.B. Dextroenergen sind gute Energiequellen für unvorhergesehene Eventualitäten.

Aufbruch

Auch wenn das Wanderziel nicht sehr weit erscheint, sollte man so früh wie möglich aufbrechen. Zum einen kann man mehr Pausen einlegen (z.B. zum Baden oder Picknick), zum anderen kann man auch durch schlechtes Wetter erschwerte Passagen ohne Hektik bewältigen. Auch Tiere sind morgens besser zu beobachten. Bei Tageswanderungen erreicht man sein Auto noch vor Einbruch der Dunkelheit. Außerdem daran denken: In der Winterzeit steht auch in Südafrika weniger Tageslicht zur Verfügung, und oftmals gibt es in den Sommermonaten – besonders am Nachmittag – die heftigsten Gewitter!

Besondere Ratschläge

Bei Wetterumschwung, bei Verletzungen, wenn ein Mitglied der Gruppe den Strapazen nicht gewachsen ist oder bei Orientierungsschwierigkeiten hilft nur noch eins: Umkehren! Dies ist keine Frage einer demokratischen Abstimmung, der Schwächste und der Gruppenleiter bestimmen darüber! Trifft man auf einen Fluss mit Hochwasser: Bleiben, wo man ist und Lager aufschlagen. Die meisten Flüsse Südafrikas und Namibias schwellen in kürzester Zeit heftig an – und auch wieder ab.

Bewährt haben sich auch Elektrolytpräparate in Tablettenform, die den natürlichen Salzhaushalt nach übermäßigem Schwitzen (oder auch Durchfällen) wieder ausgleichen. Vor Beginn der Wanderung unbedingt fragen, wo man den Wasservorrat aufstocken kann. Kein Wasser aus stehenden oder nur schwach fließenden Gewässern entnehmen! Wasserentkeimungstabletten (z.B. Micropur) trotzdem dem wasser zugeben.

Naturschutz

Feuer ist nur an den ausdrücklich genehmigten Stellen erlaubt. Es ist vor dem Schlafengehen und vor dem Verlassen der Stellen zu löschen. In Naturschutzgebieten ist das Sammeln von Pflanzen grundsätzlich verboten. Dies gilt auch für abgestorbene oder heruntergefallene Pflanzenteile, die Teil des Ökosystems sind und als Behausung für Lebewesen dienen.

Der Abfall muss wieder mitgenommen werden. Eine Tüte im Rucksack ist sinnvoll. Auf keinen Fall Abfall vergraben! Auch Zigarettenstummel wieder mitnehmen. An die Tiere denken, wenn man Dosen oder Flaschen öffnet. Tausende von Tieren verenden weltweit nur deshalb, weil sie in unseren Müll treten und sich verletzen.

Veranstalter

Jacana, Tel. 012-3463550, www.jacanacollection.co.za. Die Veranstalter bieten 30 verschiedene Wanderwege (1 bis 5 Tage) an, die man auf eigene Faust begehen kann.

Bergsteigen und Klettern

Für Bergsteiger, Kletterer und Freeclimber sind Reservierungen oftmals notwendig.

Topgebiete

Bei Kapstadt zählt die Bergkette *Zwölf Apostel* mit über 100 Berg- und Wanderrouten zu den Hits. 50 km nordwestlich von Kapstadt bietet *Paarl Rocks,* ein großes Granitgebiet, 37 Routen mit unterschiedlichen Schwierigkeitsgraden. Die *Cedarberge* bei Citrusdal gelten selbst bei erfahrenen Bergsteigern noch als richtiges Abenteuer. Wer an der Garden Route klettern will, sollte sich über die Strecken des *Montagu-Gebirgszugs* erkundigen. Das *Monteseelgebiet* in KwaZulu-Natal (auf halber Strecke zwischen Durban und Pietermaritzburg, N 3/Ausfahrt Hammersdale) lädt auf etwa 300 Routen (Schwierigkeitsgrad 8–28) ein (ausführliche Informationen mit den wichtigsten Routenbeschreibungen auf www.mountain.org.za). Dreitausender finden Bergsteiger und Kletterer in den *Drakensbergen*. Wer von Johannesburg aus seine Routen plant, findet schöne Touren in den *Magaliesbergen*.

Information

Die beste Adresse für Bergsteiger und Freeclimber ist der *Mountain Club of South Africa,* 97 Hatfield Rd, Cape Town, www.mcsa.org.za. Tel. 021-4653412.

Der nützlichste (englische) Kletterführer für das Kapgebiet ist Cape Rock – *Southern African Rockseries* (in Deutschland zu beziehen bei Schrieb, Karten und Reiseführer, Schwieberdinger Str. 102, 71706 Markgröningen, Tel./Fax 07145-26078.

Kanutrips und River-Rafting

Hier steht der *Orange River* am höchsten im Kurs. Es gibt unzählige Organisationen, die mehrtägige Ausflüge anbieten. Die schönste Strecke liegt an der Grenze zu Namibia und führt durch den grenzüberschreitenden *Ai-Ais/Richtersveld Transfron-*

tier Park. Schon die Anreise im Gelände-wagen durch die Wüste ist ein Genuss. Die Flusstour selber führt an grünen Uferbänken entlang durch leuchtend rote Felsformationen. Geschlafen wird am Ufer in kleinen Camps unter afrikanischem Himmel. Im feuchten südafrikanischen Winter ist man auf dem *Doring River* in den Cedarbergen unterwegs. Da heißt es allerdings, sich warm anzuziehen. Auch der *Tugela River* in KwaZulu-Natal und der *Breede River* nördlich von Kapstadt sind gute Tipps. Beide Flüsse sind nur in der Regenzeit zwischen November und März zu befahren. Wer auf eigene Faust einen Fluss erkunden will und noch nicht sehr viel Erfahrung besitzt, probiert am besten in Port Alfred den *Kowie* oder *Bushmans River Trail* aus.

Begleitete Touren

Felix Unite River Adventures, Tel. 011-4633167 oder Tel. 021-6836433, www.felixunite.co.za. Mehrtägige Ausflüge. Eine 4-Tages-Tour auf dem Orange River kostet ungefähr R3175 pro Person, zwei Tage auf dem Breede River etwa R1500 p.P. – *The River Rafters,* Tel. 021-7125094, www.riverrafters.co.za, z.B. 3 Tage Orange River R2470, 2 Tage Doring River R1450. – *Out of Africa Safaris,* www.outofafricasafaris.de. 5 oder 7 Tage Orange River ab 375 Euro.

Tauchen und Schnorcheln

Keine Frage: Südafrikas bunte Tier- und Pflanzenwelt hört nicht am Saum der gro-ßen Ozeane auf. Ganz im Gegenteil: Fast 3000 km Küstenstrecke bieten an vielen Stellen den Einstieg in die Unterwas-serwelt.

Atlantik

Zieht Euch warm an! Die Wassertempera-tur an der Westküste und rund um die Kaphalbinsel beträgt durchschnittlich nur 15 °C. Ohne Nass- oder Trockenanzüge braucht man erst gar nicht daran zu den-ken, ins Wasser zu gehen. Doch hat man den ersten Kälteschock überwunden, wartet das Gebiet mit Leckerbissen auf: Unzählige Schiffe sind der rauhen See zum Opfer gefallen – so manche Schatz-truhe wird noch bis heute vermisst. Hart- und Weichkorallen, Kelpwälder und Höhlen machen den Reiz dieser Unter-wasserlandschaften aus. Von Sea Point bis Hout Bay reihen sich elf bekannte Tauch-spots aneinander. Die eindrucksvollsten sind *Coral Gardens,* das Wrack der *Maori, Duiker Island* (mit Seehund-Garantie) und *Vulkan Rock* mit seiner Farbenpracht. Beste Tauchzeit ist hier von Dezember bis Mai – was die Sicht anbelangt. Die Wasse-temperaturen sind in den Wintermonaten wärmer.

Kaphalbinsel

An der Ostseite der Kaphalbinsel sind die Wetterverhältnisse nicht mehr so rauh. Wrackliebhaber besuchen die *Lusitania* an der Südspitze der Halbinsel. Die ge-samte False Bay eignet sich für Tauchausflüge und ist bekannt für große Schwärme von Gelbschwanzfischen. Ein beliebter Punkt ist Castle Rock in einem Unterwasser-Naturschutzgebiet. Beste Tauchzeit: Dezember bis Mai.

Garden Route

Nun wird es etwas wärmer. Man kann mit Wassertemperaturen von 16 bis 22 °C rechnen. In der schönen Korallenland-schaft leben subtropische Riffische und 800 Tropenarten. Empfehlenswert sind Tauchplätze bei Knysna, Plettenberg Bay und im Tsitsikamma Coastal National Park. Auch Port Elizabeth wartet mit inter-essanten Tauchplätzen auf. In der ruhi-geren Bucht kann man auch bei ungüns-tigen Wetterverhältnissen tauchen. Beste Zeit: Dezember bis Mai.

KwaZulu-Natal

Die Wassertemperaturen klettern an der Küste von KwaZulu-Natal bis auf 28 °C. Der besondere Tipp: Aliwal Shoal südlich von Durban. Diese versteinerte Sandbank beherbergt rund 1100 Fischarten und ist eine Traumwelt an Hart- und Weichkorallen. Im August treffen sich hier Sandtiger-Haie zur Paarung. Wer Meeresschildkröten, Rochen und Fledermausfische sehen möchte, fährt noch weiter nördlich in den St Lucia Marine Park oder zur Sodwana Bay. In dieser Küstenregion kann man das ganze Jahr über tauchen. Bester Platz ist hier Rocktail Bay.

Haie

Haie sind in den Gewässern des Indischen Ozeans häufig anzutreffen. Aber nur selten wurde über schwere Haiattacken auf Taucher berichtet. Und in fast allen Fällen waren die Attackierten selber schuld. Besonders Harpunentaucher müssen damit rechnen, dass sich eine ganze Reihe von Haien ihnen nähert, darunter der Weiße Hai, Schwarzspitzen-Riffhaie, Tigerhaie und Hammerhaie. Ziel der Angriffe ist die erlegte Beute. Dem Weißen Hai wird nachgesagt, dass er sich oftmals nur neugierig Tauchern nähert. Dennoch gehört er zu den „gefährlichen Fünf": Weißer Hai, Sandtiger, Gemeiner Grundhai, Weißspitzen-Hochseehai und Tigerhai. Hält man gebührenden Abstand und respektiert man das Revier, so bleibt man in der Regel ungeschoren. Doch auch die an sich friedlichen Riesen-Ammenhaie haben schon Taucher angegriffen, die diese am Grund aufgestöbert hatten. Auf Weißspitzen-Riffhaie, Makohaie und Blauhaie treffen nur Offshore-Taucher in tieferen Gewässern und selten in Küstennähe.

Tauchen im Hai-Käfig

Wollen Sie einem Weißen Hai einmal in die Augen und in den Rachen blicken? Am Kap ermöglicht das Abtauchen in Hai-Käfigen einen direkten Kontakt – Nervekitzel wird garantiert. Zu buchen ist dieser „Horrortrip" beim The White Shark Research Institute bei Kapstadt, Tel. 021-5529794, www.whiteshark.co.za.

Am interessantesten ist die 7-tägige Expedition, die Haikäfig-Tauchen und Tauchen mit Pinguinen in Kelpwäldern anbietet. Ratsam ist es, sich mindestens 3 Monate im Voraus anzumelden, da die Plätze äußerst begrenzt sind. Infos auf www.sharkbookings.com.

Schnorcheln

Aufgrund der Wassertemperaturen kommen ganzjährig nur die Küstengebiete nördlich von Durban in Frage. Von September bis April kann man sein Schnorchelglück ab Port Elizabeth versuchen. Auch wenn das Wasser vielerorts erfrischend kühl ist, sollte man unbedingt immer mit T-Shirt schnorcheln. Sonnenbrandgefahr!

Delphine und Wale

Das Vergnügen mit Delphinen zu tauchen ist einzigartig. In Sodwana Bay werden solche Ausflüge ganzjährig angeboten. Walbeobachtung (whale-watching) ist nur vom Boot aus erlaubt und saisonabhängig.

Information

Das ausführlichste Buch über Tauchplätze im südlichen Afrika und die Angabe der Clubs in Südafrika findet man in Al J. Venters „Where to dive in Southern Africa and off the Island", erschienen bei Ashanti Publishing. Lesenswert sind auch die beiden Unterwassermagazine South African Diving Magazine und Divestyle.

Tauchschulen und -veranstalter
African Dive Adventures, Tel. 082-4567885, www.afridive.com. Shelly Beach Small Craft Harbour. – *Ocean Divers International,* Tel. 041-5831790, www.odipe.co.za (Port Elizabeth). – *Sodwana Bay Lodge Dive School,* Leisure Lodges, Tel. 031-3045977, www.sodwanabaylodge.com. – *Wilderness Safaris,* www.wilderness-safaris.com. Tauchen in Rocktail Bay.

Surfen, Windsurfen und Segeln

Surfen

Südafrika gilt als eines der Surfparadiese dieser Erde. Man muss nicht unbedingt sein eigenes Brett mitbringen, um es in den Wellen richtig krachen zu lassen. Pointbreak, Reefbreak, Beachbreak – für Normalsterbliche Worte ohne gewichtigen Inhalt – lassen abends die Augen der Surfer glänzen, wenn sie sich in den Strandcafés treffen, um die Abenteuer des Tages zu besprechen. Von September bis Mai sorgen Passatwinde dafür, die Wellen und die Herzen der Surfer höher schlagen zu lassen. Infos (mit Webcam) auf www.surf-forecast.com.

Kapregion

Rund um Kapstadt bis hoch nach Yzerfontein herrschen bei Südostwind ideale Surfbedingungen. Ein Wermutstropfen ist, dass man ab und zu bei Temperaturen um 8 °C in die Fluten des Atlantik muss. Da sind ein dicker Neoprenanzug und Füßlinge angesagt. Bloubergstrand, Melkbos, Kommetjie, Scarborough, Misty Cliffs und Witsands sind die beliebtesten Surfreviere. Platboom, am südlichsten Zipfel in einem Naturreservat gelegen, gilt als Geheimtipp.

Indischer Ozean

Plettenberg Bay steht besonders bei denjenigen hoch im Kurs, die etwas länger im Wasser bleiben wollen. Auch sind die Wellen nicht mehr so gnadenlos wie in der Kapregion. In der *Jeffrey's Bay* weiter östlich sieht es schon wieder anders aus: Von Oktober bis Januar türmen sich dort Wellen bis zu 6 m auf. Gute Surfbedingungen finden sich noch in der Sylvic Bay bei Port Elizabeth und am Nahoon Point bei Buffalo City (East London). Schlusslicht – allerdings nicht was Wind und Wellen anbelangt – ist das Gebiet rund um Durban.

International Gunston 500: Jedes Jahr im Juli wird dieser legendäre Surf-Wettbewerb mit internationalen Größen in Durban ausgetragen.

Windsurfen

Diese Sportart ist immer noch im Aufwind. Die Bedingungen für Windsurfer sind in Südafrika ideal: Viel Wasser, viel Wind, viel Sonne. Zwei Arten sind zu unterscheiden: Zum einen das Windsurfen entlang der Küstenlinie, zum anderen das Vergnügen auf den Inlandseen, besonders auf den großen Stauseen. Leider kann man nicht überall Bretter mieten.

Haigefahr

Viele Angriffe von Haien finden auf Surfer und Schwimmer statt. Für den Weißen Hai sieht ein Surfer von unten aus wie seine Lieblingsnahrung, die Robben. Meistens enden die Attacken mit einem „Probebiss". Und obwohl der Weiße Hai aufgrund seiner gewaltigen Größe (bis zu 6 m) durchaus einen Menschen verschlingen könnte, sind Berichte darüber sehr selten. Es ist von äußerster Wichtigkeit, sich vor Ort über die Bedingungen zu erkundigen und bei Badeverbot keinesfalls ins Wasser zu gehen.

Baywatch

Es ist zwar nicht David Hasselhoff, der täglich von seinem Turm Ausschau hält, aber die braungebrannten freiwilligen Mitglieder der South African Life Saving Association könnten durchaus die Vorbilder von Baywatch sein. Sie patrouillieren an den wichtigsten und belebtesten Stränden und retten Jahr für Jahr Hunderte aus den Fluten.

Information
Ausführliche Informationen zu Windsurfing-Spots auf www.windsurfingholidays.net. Tipps erhält man auch im südafrikanischen Surf-Magazin *Freewind*.

Segeln

3000 km Küstenlinie locken verständlicherweise passionierte Segler zu einem Törn. Das Kap der Guten Hoffnung wird auch gerne das „Kap der Stürme" genannt. Hier fordern stürmische Winde neben ausreichender Erfahrung von der Mannschaft auch Mut und Abenteuerlust. Wer abseits der Küstenlinie segeln möchte, benötigt die Mitgliedschaft in einem Yachtclub. Jollensegler findet man nahezu auf jedem größeren Stausee. Am beliebtesten ist hier der Vaal Dam, der immerhin mit 700 km Küste aufwarten kann.

Information
South African Sailing, www.sailing.org.za.
Ocean Sailing Academy, 38 Fenton Road, Durban, Tel. 031-3015726, www.oceansailing.co.za.

Weitere Sportarten

Tennis

Tennis ist ein Breitensport – zumindest unter der weißen Bevölkerung. In vielen Clubs ist es Gästen gestattet zu spielen. Auch viele Hotels der gehobenen Preisklasse haben Tennisplätze. Information: *Tennis South Africa,* www.tennissa.co.za.

Radfahren und Mountain Biking

Besonders auf größeren Straßen braucht man ein intaktes Nervenkostüm, will man das Land per Pedal besichtigen. Es gibt keine Fahrradwege, und etliche Autofahrer pflegen die gesamte Fahrbahnbreite für sich allein zu beanspruchen. Bei der Auswahl der Route sollte man sich vergewissern, dass alle Straßen auch für Fahrräder zugänglich sind: Die Nationalparks und einige andere Reservate sind nämlich für Radler gesperrt. Die beliebteste Tour ist die *Garden Route*. Aber auch das Weinland der Kapregion lockt mit geschwungenen Wegen. Die Hauspiste unterhalb des Tafelberges in Kapstadt gilt bei den Südafrikanern als Geheimtipp; ebenso die Mountainbike-Route über Mikes Pass in den Drakensbergen. Ebenfalls ein guter Tipp ist die *Harkerville Cycle Route* (Start zwischen Knysna und Plettenberg Bay) durch landschaftlich abwechslungsreiche Gegend (Permit erhältlich bei Garden of Eden, Tel. 044-5327793, oder über die Harkervill Forest Station, Tel. 044-5327770, www.sanparks.org.

Wer ein eigenes Mountainbike dabei hat, kann z.B. in Kamieskroon oder im Goegap Nature Reserve Routen befahren. Gute Kondition verlangt eine Fahrt über den Franschhoek-Pass oder die kurvenreiche und zum Teil steile Strecke rund um Wellington. Die Strecke von Kleinmond nach Gordon's Bay ist landschaftlich sehr schön. Hier muss man allerdings mit starken Winden rechnen. Apropos Wind: Im südafrikanischen Winter ist die Hauptwind-

Weitere Sportarten

richtung von West nach Ost. Daher ist es in dieser Zeit sinnvoller, von Kapstadt nach Port Elizabeth zu fahren und nicht entgegengesetzt. Mit Ersatzteilen sollte man sich selbst ausrüsten und sie bereits aus Europa mitnehmen, da sie vor Ort schwer erhältlich sind.

Information
The Pedal Power Foundation of South Africa, Tel. 021-964044, www.pedalpower.org.za, organisiert Fahrradtouren und hilft weiter, wenn es darum geht, ein Fahrrad zu mieten und eine individuelle Route auszuarbeiten.

Veranstalter
Outeniqua Adventure Tours, Tel. 044-8711470, www.outeniquatours.co.za. Spezialisten für außergewöhnliche Cycling Safaris. – *African Bikers,* www.africanbikers.com), bieten neben klassischen Routen (Garden Route und Krügerpark – Kapstadt) auch ungewöhnliche Mountainbike-Touren an. – *Downhill Adventures* in Kapstadt, Shop 10, Overbeek Building, Ecke Kloof/Orange St, Tel. 021-4220388, www.downhilladventures.com, vermietet Räder und bietet Touren an.

Reiten

Im *Kapland* führen die Reitwege durch die saftigen Hügel des Weinanbaugebietes, das Gebiet der Drakensberge bietet eine grandiose Landschaft, der *Glenwoods Magaliesberg Mountain Trail* verspricht unvergessliche Tage. Beliebtes Ziel für Ponytrekking ist *Lesotho.* Man kann sowohl Tagesausflüge als auch mehrtägige Ausritte buchen. In den kleinen Camps kommt richtige Lagerfeuerromantik auf.

Information
South African National Equestrian Federation, Tel. 011-7064508; www.horsesport.org.za.

Organisierte Ausritte

KZN Wildlife, Tel. 033-8451000/2, Fax 8451001, www.kznwildlife.com, Tel. 033-8451000/2. Ausritte in den Nationalparks der Drakensberge. – **Malealea Pony Trekking Lesotho,* Tel./Fax 051-4366766 oder Tel. 082-5524215, www.malealea.com. – **Sengani Horse Safaris,* Mtontwane Game Ranch (14 km von Colenso Richtung Weenen), Tel. 036-3521595, www.senganihorse-trails.com. Hoch zu Ross zu Giraffen, baden mit dem Pferd im Stausee. Auch Ausritte für Anfänger. – Reitabenteuer im Krügerpark,

den Kaapsehoop Mountains zu Wildpferden und Big 5 bieten *Vula Tours,* www.vulatours.co.za. – In München ist ein Veranstalter www.reit-safari.de, Executive Travel Selzer, Tel. 089-89069966.

Angeln

Die Südafrikaner sind begeisterte Angler, die Zahl der Aktiven wird auf etwa 750.000 geschätzt. Kein Wunder bei über 250 verschiedenen Süßwasserfischen und über 1500 Meeresarten.

Forellenangeln (trout fishing) ist äußerst beliebt. Man muss sich bei der zuständigen Behörde einen Angelschein ausstellen lassen, der aber nur regionale Gültigkeit besitzt. Zu den beliebtesten Forellengebieten zählt der Osten des Transvaals (Pilgrim's Rest, Sabie, Lydenburg) oder die Flüsse am Fuße der Drakensberge. Schonzeit für Forellen sind die Monate Juni, Juli und August. Weitere beliebte Süßwasserfische sind Yellowfish, Barben und Karpfen.

Eine Erlaubnis zum Fischen im Meer ist dagegen (meist) nicht notwendig. Allerdings gelten hier Regelungen was z.B. die Größe der Fische anbelangt. Die nötigen Auskünfte darüber erhält man vor Ort. Die beste Jahreszeit am Indischen Ozean ist Juni bis November, rund ums Kap ganzjährig.

Brandungsangler fangen u.a. Meerbrassen, Stachelmakrelen und Adlerfische. In wärmeren Gefilden beißen Barrakudas, Schwarze Marlins, Bonitos und Yellowtails. Zu den größten gefangenen Fischen zählt ein Weißer Hai mit einem Gewicht von 430 kg (!), ein Blauflossenthun (382 kg) und ein Gestreifter Marlin (91,2 kg). *Felsangeln* (rock angling) ist ein Sport für Geübte, da man sich oft auf schlüpfrigen Felsen bis vor an die tosende Brandung wagen muss.

Einige nützliche Angel-Worte: *fishbone* – Gräte; *fishhook* – Angelhaken; *fishingline* – Angelschnur; *fishingrod* – Angelrute; *fishingtackle* – Angelgerät.

Information
Unter folgenden Websites finden sich nützliche Informationen:
www.sealine.co.za (Lizenzen)
www.sa-venues.com/south-africa-fishing-lodges.htm

Golf

Wer jeden Tag auf einem anderen Platz Golf spielen möchte, muss mit einer Urlaubsdauer von mehr als 400 Tagen rechnen … 1882 wurde in Wynberg am Kap der erste Golfplatz angelegt – natürlich von Engländern. Acht Jahre später wurde in Johannesburg der legendäre Royal Johannesburg Golf Club gegründet. Von da an ging es mit dem Sport rapide bergauf. Und so vielfältig die Landschaften Südafrikas sind, so vielgestaltig sind auch die Golfplätze. Eines ist ihnen allen gemeinsam: Sie sind sehr gepflegt und liegen landschaftlich reizvoll. Ob man nun am Wild Coast Course am Meer in den Dünen spielt oder lieber die schattigeren Plätze am Kap bevorzugt – hier kommt jeder bestimmt auf seine Kosten. Der Zugang zu den Clubs ist meist recht einfach. Selten fragt man nach dem Handicap oder einem Mitgliedsausweis (die exklusivsten Clubs sind da die Ausnahme, hier benötigt man manchmal die Empfehlung eines südafrikanischen Mitglieds). Die Greenfees sind mehr als moderat. Sie liegen zwischen R75–500.

If you pay you can play

Es ist durchaus üblich, bei einem Golfclub einfach mal vorbeizuschauen oder anzurufen und zu fragen, ob man heute spielen kann oder nicht. Nur am Mittwoch und am Samstag kann es manchmal eng werden, da werden öfter Clubturniere ausgetragen. Die nötige Ausrüstung gibt es in den meisten Pro-Shops zu mieten. Anders als bei uns ist allerdings, dass man üblicherweise von einem Caddy begleitet wird. Er bekommt zwischen R45–60 pro Runde. Man sollte sich vorher diskret erkundigen, was üblich ist.

„Anstandsregeln"

Was die Kleidung anbelangt, so liebt man es eher konservativ. Männer und Frauen werden bevorzugt in längerer Beinbekleidung gesehen. Wer spielt, muss Zeit mitbringen. Nach den ersten 9 Löchern (oder der Hälfte des Courses) ist es üblich, auf einen kleinen Drink ins Clubhaus zu. Nach einer Viertelstunde geht es weiter – so bleibt die Reihenfolge der Spieler auf dem Platz grundsätzlich die gleiche.

Interessante Plätze

Wo auf der Welt gibt es einen Golfplatz, in dem an Wasserstellen vor Flusspferden und Krokodilen gewarnt wird? In Phalaborwa, an der Grenze zum Krügerpark! Der Hans Merensky Golf Club ist weit über die Grenzen Südafrikas bei Golfspielern berühmt. Nicht nur, weil hie und da ein Warzenschwein über den Platz läuft, auch die außergewöhnliche Lage in der afrikanischen Wildnis ist einzigartig. Wer in Durban den Schläger schwingen möchte, sollte den Durban Country Club besuchen. Aber Achtung: Hier wird der Ball nicht nur vom Caddy, sondern auch von ein paar frechen Affen aufgesammelt.

Der Wild Coast Country Club am Mzamba Strand in Port Edward, in einer außergewöhnlichen Dünenlandschaft am Indischen Ozean gelegen, zählt zu seinen Glanzstükken. Natur pur wird hier nur von dem Lift unterbrochen, der einen über eine Düne zum 13. Loch bringt. Die Caddies sind hier ausnahmslos Xhosafrauen. Der Alexander Golf Club in Buffalo City ist ein Platz, den Freunde der langen Schläge bevorzugen. Ein Fluss durchquert den Platz und kreuzt den Weg der Bälle gleich an vier Löchern. An der Garden Route überblickt man im Knysna Golf Club die tolle Lagune. Sehr exklusiv ist der von Gary Player entworfene Fancourt Country Club in George. Und wie könnte es anders sein: Im Stellenbosch Golf Club spielt man auf einem Platz umrahmt von Weingärten. Unbedingt vorbeischauen sollte man in Wynberg im Royal Cape Golf Club, der Wiege des südafrikanischen Golfsports.

Information

The South African Golf Union, Tel. 021-4617585, www.saga.co.za. Auch gut: www.suedafrikagolf.de. Nützliche Literatur: Top Sport Guide to Golf Courses in Southern Africa, in Südafrika im Buchhandel erhältlich.

Außergewöhnliche Zugfahrten

Blue Train

Der **Blue Train** gehört zu den legendären Zügen, die weit über die Grenzen Südafrikas bekannt sind. Seinen Namen verbindet man mit Luxus und Reisen im alten Kolonialstil. Nostalgie im tiefblauen, rollenden 5-Sterne-Zug, Dinner bei Kerzenlicht mit hervorragender Küche und gaumenschmeichelnden Spitzenweinen.

Zugreisen

Die berühmteste Strecke verläuft zwischen **Pretoria und Kapstadt.** Wer eine Hin- und Rückreise bucht (vier Tage, 2 Nächte), erlebt einen Halt in *Matjiesfontein,* einem „lebenden Museum", und auf der Gegenstrecke einen Zwischenstopp in Kimberley mit einem Besuch des *„Big Hole".* Die landschaftlich reizvollste Strecke über die Bergwelt der Kapregion und über den Hex River Pass sieht man bei Tageslicht. Die einfache Fahrt inklusive Mahlzeiten kostet im Deluxe-Abteil mit Dusche/WC R16155, im Luxury-Abteil mit Bad/WC R16505 (bei Belegung mit 2 Personen).

Information
Blue Train, Tel. 012-3348459, www.bluetrain. co.za. Buchungen mit Übernachtung sollten bereits ein Jahr im Voraus getätigt werden, auch über größere Reisebüros möglich.

Rovos Rail.za

Rovos Rail, das bedeutet einmalige Ausflüge mit echten Oldtimer-Dampflokomotiven, wie z.B. der Lok „Bianca Nr. 2702", die heute ihren Dienst blankpoliert als *„Pride of Africa"* versieht. Je nach Strecke werden die liebevoll restaurierten Wagen, die innen holzgetäfelt und mit feinen Stoffen dekoriert sind, von Dampf-, Elektro- oder Diesellokomotiven gezogen. Rovos Rail ist eine nostalgische Luxusherberge auf Rädern mit extravaganten Suiten, die besonders durch ihre geräumigen Aussichtswagen und ihren Speisewagen brilliert, in dem internationale Köche Feinstes servieren.

Information
Rovos Rail, Tel. 012-3236052, www.rovos.com.
Pretoria – Kapstadt: 2 Tage/eine Übernachtung: Pullman R13.600, De Luxe R20.500, Royal Suite R27.200. – **Pretoria – Victoria Falls:** 3 Tage/2 Nächte. Pullman R15.600, De Luxe R23.400, Royal Suite R31.200. – **Pretoria – Durban** (mit Game Drive): 3 Tage/2 Nächte. Pullman R13.600, De Luxe R20.500, Royal Suite R27.200. – **Cape to Cairo:** Pullman US$ 48.500, De Luxe US$ 52.000, Royal Suite US$ 56.000.

Shongololo Safari-Zug

Dieser rollende Hotelzug gehört nicht zu den historischen Zügen oder in die Luxusklasse. Klassische Strecken: **Good Hope,** von Kapstadt nach Durban (16 Tage ab R40.000) und **Southern Cross** von Durban über Swaziland und retour (17 Tage ab R48.548). Fährt auch von Durban nach Dar-es-Salaam (Tanzania) via Victoria Falls sowie von Kapstadt nach Tsumeb (Namibia).

Information
Shongololo Safari Hotel, 10 Amelia St, Dunvegan, Edenvale 1610, Tel. 011-4533821, www. shongololo.com.

Fahrten mit der Dampflokomotive

Im südlichen Afrika war die Dampflokomotive für lange Zeit das Symbol für Fortschritt und Aufbruch. Doch mit der Einführung der elektrischen Eisenbahnen wurden die meisten Dampflokomotiven verschrottet. Zum Glück gab und gibt es immer weitblickende Menschen, die dieses Kulturgut erhalten haben und erkannten, dass eine Fahrt mit einer Dampflokomotive ein ganz anderes Erlebnis ist wie mit einem modernen Zug. Zur Zeit sind die bekanntesten Strecken eingestellt.

Dias Express

Der *Dias Express* verkehrt in Port Elizabeth zwischen dem Campanile und dem King's Beach, mit einem kurzen Stopp in einem kleinen Eisenbahnmuseum.

Apple Express

Der *Apple Express* ist, wie der Name schon andeutet, apfelgrün lackiert. Die Schmalspur-Dampflok verkehrte seit 1906 zwischen Port Elizabeth und Thornhill, dem Zentrum für Obstanbau. Die Strecke

führte durch Wald- und Berglandschaft und über die Van Staden's River Bridge, die mit 125 m höchste Eisenbahnbrücke für Schmalspurloks auf der Welt.
Zur Beachtung: Die Bahn verkehrt bis auf weiteres nicht.

Südafrika von oben

Heißluftballonfahrten und Rundflüge

Die schönsten Fluggebiete liegen rund um Kapstadt, aber auch die Region Johannesburg mit einem Flug zu den nahegelegenen Magaliesbergen ist sehr reizvoll. Man sollte aber mindestens eine Woche im Voraus buchen, da die Plätze sehr rar sind (in der Hauptsaison mindestens zwei Monate Vorausbuchung).

Ein besonderes Schmankerl ist der zwanzigminütige **Rundflug mit einer JU 52** über Johannesburg. Auskünfte bei *South African Historic Flights*, www.historicflight.co.za.

Veranstalter
*Bill Harrop's Balloon Safaris, Tel. 011-7053201/2, www.balloon.co.za/Balloon. Ausflüge von einem Vormittag bis zu 7 Tagen in der Region Johannesburg, Magaliesberge. Ballon für 18 Passagiere. Renoviertes Farm- und Gästehaus für „Vielfahrer". – *Wineland Ballooning,* Tel. 021-8633192, www.balloninfo.de. Ballonfahrten über die Weinregion bei Paarl.

Drachenfliegen, Gleitschirmsegeln und Fallschirmspringen

Südafrika ist ideal für Drachenflieger (Paraglider) und Gleitschirmsegler (Hang glider). Über die Hälfte der Drachenflugrekorde wurden in Südafrika aufgestellt. Zum Fliegen benötigt man allerdings eine südafrikanische Lizenz und eine temporäre Mitgliedschaft im Aero Club of South Africa. Leider werden nur an wenigen Stellen Drachen und Gleitschirme verliehen. Als Topgebiet für Drachenflieger gilt nicht etwa der Tafelberg (gefährliche Thermik!), sondern der benachbarte *Lion's Head* und der *Sir Lowry's Pass* in den Hottentots Mountains. Auch die *Drakensberge* stehen hoch im Kurs. Generell kann man sagen, dass rund ums Kap nur die Sommermonate in Frage kommen.

Was kann das noch übertreffen? Ein Fallschirmsprung aus den Wolken mit Sicht auf den Tafelberg, das Weinland und False Bay. Und wer sich alleine nicht traut, kann einen Tandemsprung über die Kaphalbinsel buchen. Bevorzugte Monate für diesen Sport sind Dezember und Januar.

Information
The Aero Club of South Africa (www.aeroclub.org.za) und *The Hang Gliding and Paragliding Association of South Africa,* Tel. 011-8050366, www.sahpa.co.za. – *Cape Albatross Hanggliding Club,* Tel. 021-7900296, www.hanggliding.co.za. – *The Cape Aero Club,* Cape Town International Airport. Tel. 021-9340234, www.capetownflyingclub.co.za).

Kurse und organisierte Touren bieten: *Cape Wild Sky Paragliding,* Tel. 082-3953298, www.wildsky.co.za (KwaZulu-Natal). *Western Province Sport Parachuting,* Tel. 021-5092665, www.skydive.co.za. – *Swissboogie Parapro SA,* Postfach 12, CH-2604 La Heutte, Schweiz (Tel. 0041-32961961, www.swissboogie.ch). Veranstalter von jährlichen Sprüngen aus Großraumflugzeugen, Freifall-Schule und Expeditionen in den afrikanischen Busch.

Flugzeugcharter

Für diejenigen, die sich ein eigenes Flugzeug chartern wollen, sind die Preise sensationell günstig. Ein Flugzeug Typ C172 ist ab R600/Stunde, eine C-206 ab R1400/Stunde inklusive Treibstoff, Öl, Vollkaskoversicherung und Maintenance-Service erhältlich.

Information
The Aero Club of South Africa, Tel. 011-8050366, www.aeroclub.org.za. – *Inter-Air,* Johannesburg International Airport, Kempton Park 1627 (Tel. 011-6591574, www.interair.co.za. – *Kwena Air,* Tel. 011-8034921, www.kwena-air.afriline.net.

Microlight

Fliegen lernen? Sehr günstige Optionen bei *Sky Riders,* Tel. 083-4007622, www.skyriders.co.za.

Bungee Jumping

Ultimativ ist ein Sprung von der Bloukrans-Brücke am Tsitsikamma Park: 214 m tief, der weltweit tiefste Bungee-Sprung! Infos auf www.faceadrenalin.com und www.tsitsikamma.org.za.

Kreative Ferien

Malkurse

Villiersdorp Painting Courses werden von Dale und Janny Elliot veranstaltet. Es finden regelmäßige Kurse in Aquarell- und Ölfarbentechnik statt. 3 Tage für etwa R880, exklusive Übernachtung und Abendessen. *Painting Holidays,* Villiersdorp, 80 Main St, Tel. 028-8402927, www.daleelliott.co.za.

Sprachreisen

Englisch lernen in Kombination mit Safaris, Weinprobe und Kanufahrten bietet in Kapstadt die *Cape Town School of English,* bei der man sogar mit einem internationalen Zertifikat abschließen kann. Die Unterbringung erfolgt bei südafrikanischen Gastfamilien. *Cape Town School of English,* 66 Main Road, Cape of Good Hope Building, Claremont 7700, Cape Town (Tel. 021-6744117, www.ctenglish.co.za).

Schüleraustausch

AFS Interkulturelle Begegnungen e.V., Postfach 500142, 22765 Hamburg, Tel. 040-3992220, www.afs.de, bieten Schüleraustausch auch in Südafrika an. Kosten für ein Jahresprogramm 7850 Euro (Reisekosten, Schule etc. inkl.).

Jagd und Hege

Es gibt über 50 Arten jagbaren Wildes, das in sogenannten Wildschutzgebieten lebt. Unter Wildschutzgebiete sind sowohl die staatlichen Nationalparks, die regionalen Naturschutzgebiete als auch die zunehmende Zahl von privaten Wildreservaten zu verstehen, alles Gebiete, die eingezäunt sind.

Jagdsaison ist ganzjährig, beliebteste Zeit ist zwischen März und November. Jagdwaffen können eingeführt werden. Man benötigt dazu aber einen Waffenschein und eine besondere Einfuhrgenehmigung.

Ranger-Training

Für manche wird ein Traum wahr: Einmal als Ranger unterwegs zu sein. Im Zuge des aufkommenden ökologischen Bewusstseins gibt es nun auch Lehrgänge für Laien, die einmal in das Leben eines Rangers hineinschnuppern möchten. Mit erfahrenen Wildhütern streift man in der afrikanischen Wildnis herum und lernt die Fährten der wichtigsten Tiere Südafrikas zu lesen und zu deuten. Abends gibt es Lagerfeuerromantik. Die beste Empfehlung: Moholoholo (s.a. Reiseteil).

Information
Moholoholo, Tel. 015-7955236, www.moholoholo.co.za. – *Wilderness Leadership School,* Tel. 031-4628642, www.wildernesstrails.org.za.

Reisetipps von A–Z

Banken

Das Bankennetz, verbunden mit Geldautomaten, ist sehr dicht. Die vier Großbanken sind **ABSA, Standard Bank, First Rand** und **Ned Bank**. Alle größeren Banken wechseln ausländische Währungen und Reiseschecks. Öffnungszeiten in Großstädten: Mo–Fr 9–15.30 Uhr, Sa 8.30–11 Uhr. In ländlichen Regionen haben die Banken meist Mo–Fr 9–12.45 und 14–15.30 Uhr geöffnet. *Zur Beachtung:* Lange Warteschlangen an den Schaltern besonders freitags!

Büchertipps

Einen guten Einstieg in den Themenkreis Südafrika bietet das Sympathie Magazin Nr. 31 *Südafrika verstehen,* das vom Studienkreis für Tourismus und Entwicklung e.V. in 82541 Ammerland, Kapellenweg 3, herausgegeben wurde. Ein Muss für politisch Interessierte ist das Buch *Der lange Weg zur Freiheit,* das *Nelson Mandela* als Autobiographie geschrieben hat.

Naturbücher: Das beste Buch zur Vogelbestimmung stammt von Kenneth Newman und heißt *Newman's Birds of Southern Africa.* Die Vogelwelt ist nach Lebensräumen sortiert und ermöglicht ein schnelles Auffinden. Gut ist auch, dass es ein Namensregister in Englisch, Afrikaans und Deutsch im Anhang gibt. – Ein gutes Standardwerk zur Bestimmung von Säugetieren ist das Buch von Chris und Tilde Stuart *Field Guide Mammals of Southern Africa,* das bei Struik erschienen ist. Auf mehr als 500 Fotografien sind die Tiere zur leichten Identifizierung abgebildet. Ein ausführlicher Textteil informiert über die wichtigsten Merkmale.

Wer ein wenig **Afrikaans lernen** möchte, erwirbt den Reise Know-How Kauderwelschband **Afrikaans,** für Zulu den Kauderwelsch **Zulu** oder auch **Xhosa.** Der **„Sprachführer Südafrika 3 in 1"** enthält alle drei Sprachen.

Computicket

Computicket verkauft **Eintrittskarten** für kulturelle Veranstaltungen wie Konzerte, Opern, Kino, Sport-Events, auch oft **Bus- oder Zugfahrkarten** und man kann Reservierungen für private Wildschutzgebiete, Unterkünfte oder Safaris tätigen.

Fernsehen, Radio

Die großen staatlichen Sender heißen *SABC Television* und *SABC Radio.* Im 1. Fernsehprogramm wird vorwiegend in Englisch oder Afrikaans gesendet. Das 2. und 3. Programm bietet Sendungen in den einzelnen schwarzafrikanischen Sprachen an. Im privaten Sender *M-Net* werden Spielfilme und jede Menge Sport gezeigt.

Es gibt eine zunehmende Zahl an privaten kleinen Radiostationen, die lokal begrenzt senden. Hier kann man Tipps für örtliche Veranstaltungen erhalten. Man bekommt auch den Sender BBC World Service auf UKW und Mittelwelle.

Fotografieren

Grundsätzlich dürfen keine militärischen Anlagen, Gefängnisse oder Polizeistationen fotografiert werden. In Nachbarländern wie z.B. Lesotho gilt ein erweitertes Fotografierverbot.

Informationen

Die touristischen Informationsstellen heißen in Südafrika **Publicity Association** (afrikaans **Inligting**), kenntlich durch das bekannte „i"-Schild.

Internet

Neben Internet-Cafés gibt es in vielen **Postämtern** und bei **PostNet** gleichfalls Internet-Möglichkeiten (auch Faxversand).

Kartenmaterial

Gesamtkarte: **Reise Know-How Südafrika** (1:1,7 Mio., im Register sind die im Buch vorkommenden Orte rot markiert. Bewährt für Autofahrer: Road Atlas South Africa (MapStudio) und Road Atlas of South Africa (New Holland). Gut ist auch die Karte Globetrotter Travel Map South Africa mit Innenstadtplänen der wichtigsten Städte. Von MapStudio gibt es Detailkarten für die Garden Route, Cape Region, Drakensberge, KwaZulu-Natal, von New Holland für den Krüger-Nationalpark.

Sehr gut sind die Regionen- und Wanderkarten von **„The Map"** im Maßstab 1:200.000. Sortiment und viele Downloads auf www.themaps.co.za.

Beratung und Verkauf von Südafrika-Karten: **Fa. Schrieb,** Karten & Reiseführer, Schwieberdinger Str. 102, 71706 Markgröningen (Tel./Fax 07145-26078), karten.schrieb@t-online.de.

Maßeinheiten

In Südafrika wird das metrische System benutzt. Temperaturen werden in Celsius angegeben.

Nachbarländer

Vorbemerkung: Die Einreise mit Mietfahrzeugen von Südafrika aus ist nach Angola, Malawi und Zambia nicht gestattet. Für Botswana, Namibia, Moçambique und Zimbabwe muss die Ausreise beim Buchen des Mietfahrzeuges unbedingt angegeben werden und entsprechende Papiere mitgeführt werden.

Botswana: Botschaft: 149 Ave. de Tervuren, 1150 Brüssel (Tel. 0032-2-7352070, Fax 735 6318). Honorarkonsulat Hamburg: Berzeliusstr. 45, 22113 Hamburg (Tel. 040-7326191, Fax 040-7328506). Honorarkonsulat Düsseldorf: Kieselei 42, 40883 Ratingen (Tel. 02102-896434). Allgemeine Info: www.botswanatourism.co.bw. Klima: Die Sommermonate zwischen November und April sind heiß und meist feucht, Regenzeit ist Oktober–März. Besser reist man in den trockenen Wintermonaten Mai–Oktober.

Lesotho: www.visitlesotho.travel – hier findet man alle interessanten Infos zur Einreise und den Attraktionen.

Namibia: Namibia Verkehrsbüro, Schillerstr. 42–44, 60313 Frankfurt/M. (Tel. 069-1337360, www.namibiatourism.com.na). Klima: Namibia hat ein meist trockenes Klima, die Sommermonate sind mit Temperaturen über 35 °C heiß, im Winter liegt der Tagesdurchschnitt bei 25 °C. Nächte können sehr kalt werden. Ein guter Reiseführer ist „Namibia" von Reise Know-How.

Moçambique: Alle Reisenden brauchen ein gültiges – und teures! – Visum (derzeit ca. 60 €). Konsulat in SA: Johannesburg, 252 Jeppe St, Tel. 011-3361819, Fax 3369921. Allgemeine Geschäftszeiten in Moçambique: werktags 8–12.30 u. 14–17.30 Uhr, Banken Mo–Fr 8–11 Uhr. Die Botschaft ist in Berlin, Honorarkonsulate gibt es in Hamburg, München und Stuttgart. Impfbestimmungen beachten! Autovermietung am Flughafen Maputo. Einreise mit dem Mietwagen aus SA vorher abklären! Allgemeine Informationen auf www.mozambiquetourism.co.za.

Swaziland: Botschaft: 71 Rue Joseph II, BTE 8, 1040 Brüssel (Tel. 0032-2-2300044, Fax 230 5089). Honorarkonsulat Düsseldorf, Worringer Straße 59, 40211 Düsseldorf, Tel. 0211-350866, Fax 73351. Weitere Infos siehe Reiseteil. meine Informationen auf www.thekingdomofswaziland.com.

Zimbabwe: Botschaft: Villichgasse 7, 53117 Bonn (Tel. 0228-356071, Fax 356309). Zimbabwe Tourist Office, An der Hauptwache 7, 60313 Frankfurt/M. (Tel. 069-9207479). Klima: Tagestemperaturen 20–25 °C. In den Monaten November bis April ist es sehr heiß und feucht, Regenzeit Oktober–März, Hauptreisezeit zwischen Mai und August. Allgemeine Informationen auf www.aitbase.co.zw/zta. Es ist angeraten, sich vor Einreise beim Auswärtigen Amt (www.auswaertiges-amt.de) über die aktuelle politische und Gefahrenlage zu informieren!

Navi-Geräte

Es ist sinnvoll, bei Mietwagen auch ein Navigationssystem mit anzumieten. Eine gute GPS-Software findet man bei www.tracks4africa.ch. Es gibt für Smartphones auch gute Info- und Navigations-Apps.

Notruf

Die **Polizei** erreicht man (nur vom Festnetz!) in den Großstädten unter der **Not-**

rufnummer 10111. Mit dem Handy: 112 und 082-911. Ambulance: 082-911-10177. AA-Pannendienst: 0800-10101.

Post / PostNet

Briefe und Ansichtskarten per Luftpost nach Europa brauchen zwischen 5 und 7 Tagen. Pakete und Päckchen per Luftpost 1 bis 2 Wochen. Sie sind im Gegensatz zu Sendungen auf dem Landweg/Seeweg sehr teuer. Letztere können aber bis zu 3 Monate unterwegs sein. Eine Urlaubspostkarte nach Europa kostet R3,65, ein Brief R4,25 (unbedingt *Air Mail* draufschreiben). Die Schalterstunden der Post sind Mo–Fr 8.30–16.30 Uhr und Sa 8–12 Uhr. Post kann man sich auch postlagernd schicken lassen (general delivery), ans Hauptpostamt einer Stadt. Beim Briefverkehr nach/in Südafrika immer die *Post Office Box* (P.O.Box) angeben – sofern vorhanden –, nicht die Straßenadresse des Empfängers! Von Postämtern **und von PostNet** kann man außerdem Faxe versenden und ins Internet gehen. Wertbriefe und -pakete gleichfalls über PostNet, Filialen in allen größeren Orten, Informationen auf www. postnet.co.za.

Rauchen

Das Rauchen in öffentlichen Gebäuden und Plätzen ist grundsätzlich verboten! Verstöße werden mit empfindlichen Strafen geahndet. In Büros, Geschäften und Restaurants gibt es ausgewiesene Raucherzonen.

Sicherheit

Zu den lokalen Sicherheitsverhältnissen wird in den jeweiligen Kapiteln Stellung genommen. Hier einige Grundregeln, die vor allem für Großstädte und ihr Einzugsgebiet gelten.
☐ Nachts niemals zu Fuß unterwegs sein, auch Autofahrten möglichst vermeiden.

☐ Schmuck, Kameras und andere Wertgegenstände sollten bei einem Spaziergang nicht zu sehen sein.
☐ Wer überfallen wird, sollte etwas Geld greifbar haben und es dem Angreifer kommentarlos übergeben.
☐ Wer einsame Strecken fahren möchte, sollte sich bei den zuständigen Polizeibehörden nach dem Sicherheitsrisiko erkundigen.
☐ Vorsicht ist geboten, wenn Gruppen von Jugendlichen auf einen zukommen. Wenn möglich in das nächstbeste Geschäft einbiegen und warten, bis sie vorübergegangen sind.
☐ Keine Wertgegenstände in Hotelzimmern aufbewahren. In fast allen Unterkünften gibt es sogenannte Safety Boxes, in die man Ticket, Geld, Pass etc. hineintun und abgeben kann.
☐ Ein Spaziergang auf eigene Faust durch Townships, selbst tagsüber, ist unvernünftig.

Strom

Die Spannung beträgt 220/250 Volt bei 50 Hertz. Für elektrische Geräte mit deutschen **Schuko**steckern braucht man spezielle Adapter, da die südafrikanischen Steckdosen für drei Stifte ausgelegt sind. **Adapter** erhält man in Elektrogeschäften, großen Supermärkten oder evtl. an der Rezeption von Hotels (oder in Geschäften dt. Airports). Geräte mit flachen Euro-Steckern, wie sie Rasierer oder Lockenstäbe haben, passen.

Telefonieren

Nach Südafrika muss man von Deutschland, der Schweiz und Österreich aus die internationale Vorwahl 0027 vorwählen, dann die Vorwahl für den Ort (z.B. 21 für Kapstadt) und anschließend die Telefonnummer des Teilnehmers. **Von Südafrika** nach Deutschland **0049** vorwählen (für die Schweiz 0041, Österreich 0043), dann

Reisetipps von A–Z

die Ortsvorwahl ohne die „0" (z.B. 89 für München), und danach die Nummer des Teilnehmers. (Anrufe nach 18 oder 19 Uhr sind relativ preiswert).

Beim kostenlosen **Internet-Telefonieren** ist **Skype** die beste Alternative. Details auf www.skype.com.

Südafrika hat ein Zehn-Nummern-Wahlsystem. **Bei Telefonaten innerhalb Südafrikas muss also grundsätzlich die Ortsvorwahl** (z.B. 021 für Kapstadt) vorgewählt werden! Den TALK-Knopf drücken, sobald sich der Gesprächspartner gemeldet hat. **Kostenlos** ist der Anruf einer Nummer mit den Vorziffern **0800.**

Südafrikanische Telefonkarten gibt es in verschiedenen Werten, erhältlich z.B. bei Kiosken, ansonsten kann man natürlich auch Münzgeld benützen. Mit der **World-Call-Card** kann man praktisch von jedem Telefon aus anrufen (auch vom Hotel aus, einfach kostenlose 0800-Hotline wählen). Wesentlich teurer sind Telefonate von Hotels aus, besonders internationale Verbindungen. Die nationale und internationale **Auskunft** erreicht man unter Tel. 1023.

Funktelefone heißen in Südafrika *Cellular (Cell) Phone* oder *Mobile Phone*. Manche SA-Autovermieter stellen beim Mieten eines Wagens eines zur Verfügung. Fragen Sie Ihren Mobilfunk-Provider, ob Sie Ihr eigenes Handy in Südafrika einsetzen können und welche Gebühren anfallen. Das D1- und D2-Netz arbeitet fast flächendeckend. Bei Mitnahme des eigenen Handys lässt man den Chip zu Hause und kauft sich in Südafrika eine nationale SIM-Card.

Südafrika verfügt derzeit über drei landesweite Funknetze: **Vodacom** (www.rentafone.net), **MTN** (www.mtn.co.za) u. **Cell C** (www.cellc.co.za). Ein Inlandsgespräch kostet etwa R3 pro Minute, ein Auslandsgespräch R15. Prepaid-Cards gibt es in jedem Supermarkt wie SPAR, Woolworth oder Pickn 'n Pay, bei PostNet und an vielen Tankstellen.

Cell Phone

Cell Phones zu **kaufen** gibt es bereits ab ca. R300 plus „Air time"-Guthaben (100 Rand reichen lange). Beim Kauf muss der Pass vorgelegt werden, Name und Handy-Nummer werden registiert (RICA-Gesetz). Am besten gleich noch im Ankunfts-Flughafen machen oder später z.B. in einem Vodacom-Shop. Man kann sich auf Airports auch eines **mieten** (www.rentafone.net), dabei ist Kaution zu leisten und es muss eine Versicherung abgeschlossen werden.

Zeitungen

Jede Großstadt hat eine oder mehrere eigene Tageszeitungen. Internationale und nationale Zeitschriften und Magazine erhält man an den Flughäfen oder Zeitschriftenhändlern, wie z.B. CNA, die überall im Land Filialen haben. Deutsche Zeitungen erhält man nur über deutsche Buchhandlungen, z.B. bei Naumann in Kapstadt (Johannesburg: Lohmüller, CrestaCenter; Pretoria-Waterkloof: Eulenspiegel). Das interessanteste Magazin für Reisen im südlichen Afrika ist **Getaway,** überall im Zeitschriftenhandel erhältlich. Südafrikanische Zeitungen im Internet lesen: www.southafrica-travel.net.

Zeitunterschied

Im europäischen Sommer haben wir mit Südafrika Zeitgleichheit, im Winter dagegen ist es in Südafrika eine Stunde später (Berlin 12 Uhr, Kapstadt 13 Uhr).

TEIL III: LAND UND LEUTE

Südafrika – ein Land stellt sich vor

„Südafrika ist Afrika für Anfänger", hört man oft scherzhaft. Und das ist bestimmt nicht abwertend, im Gegenteil: Wo sonst kann man in Afrika so problemlos reisen, besteht die Verbindung von sehr guter touristischer Infrastruktur mit unberührter Wildnis und relativ hoher politischer Stabilität? Südafrika ist ein Land mit langer, turbulenter Geschichte, die es jetzt aufzuarbeiten gilt. Es liegen durchaus Steine auf dem Weg – Massenarbeitslosigkeit, Armut und Kriminalität. Die Schwarzen werden lernen, dass das neu entdeckte Selbstbewusstsein nicht gleichzusetzen ist mit Arroganz oder Herrendenken, und die Weißen werden lernen, dass Respekt allen Menschen gegenüber letztendlich auch dem eigenen Frieden dient. Doch der Besucher dieses schönen Landes wird bald merken, dass die Bewohner Südafrikas in den meisten Fällen gar nicht dieses „Schwarz-Weiß-Denken" besitzen, sondern dass freundliche Menschen dabei sind, ihr Leben zu meistern.

„One world in one country" – „Die ganze Welt in einem Land", so hieß früher der Werbeslogan, um Touristen ins Land zu locken. Der Akzent wurde nun in Richtung „Rainbow-Nation" – „Regenbogen-Nation" verschoben, um zu verdeutlichen, dass nun nicht mehr ausschließlich Naturschönheiten und die Tierwelt im Mittelpunkt einer Reise stehen sollen, sondern auch das Kennenlernen der Menschen des Landes und ihre Kulturen.

Lage

Südafrika ist das südlichste Land des afrikanischen Kontinents. Es liegt zwischen 22 und 35 Grad südlicher Breite und ist umgeben vom Indischen Ozean im Süden und im Osten und vom Atlantik im Westen. Es grenzt an Swaziland und Moçambique im Nordosten und an Zimbabwe, Botswana und Namibia im Norden. Das Königreich Lesotho wird vollständig von Südafrika eingeschlossen. Staatsfläche 1.221.040 qkm (3,5 mal so groß wie Deutschland). Vom südlichsten Zipfel, dem *Cape Agulhas* bis zum nördlichsten Teil, dem *Limpopo River*, sind es nahezu 2000 km, vom *Namaqualand* an der Westküste bis zur *Nordküste Natals* 1500 km.

Die Provinzen

Einstige Provinzen

Vor 1994 gab es in Südafrika 4 Provinzen: Natal, Orange Free State (OFS), Transvaal und Kapprovinz. Daneben gab es noch 4, zumindest auf dem Papier, unabhängige Homelands: *Ciskei, Bophuthatswana, Transkei* und *Venda* und sechs „selbstverwaltete" Gebiete: *Gazankulu, KaNgwane, KwaNdebele, KwaZulu, Lebowa* und *Qwaqwa*. Das neue Südafrika präsentiert sich nun mit 9 Provinzen (s. vordere Klappenkarte):

Gauteng

Gauteng, die kleinste Provinz, ist nichtsdestotrotz die reichste und auch die am dichtesten besiedelte. Sie umfasst das Gebiet Johannesburg, Pretoria/Tshwane und Vereeniging mit Umland. Früher wur-

Die Provinzen 73

de die Region auch oft PWV-Region genannt (Pretoria, Witwatersrand, Vereeniging). Die **Hauptstadt** ist **Johannesburg**. Provinz-Einwohnerzahl: 10.500.000.

Mpumalanga

Das frühere „selbstverwaltete" Gebiet Ka-Ngwane und der östliche Transvaal sowie der südliche Teil des Krügerparks. Hauptstadt **Mbombela/Nelspruit**. Provinz-Einwohnerzahl: 3.600.000.

Limpopo Province

Die Limpopo Province, zuvor „Northern Province", umfasste in der Zeit der Apartheid den ehemaligen Nordtransvaal, die „selbstverwalteten" Gebiete Gazankulu, KwaNdebele, Lebowa, das Homeland Venda und den nördlichen Teil des Krügerparks. Hauptstadt **Polokwane** (früher Pietersburg). Provinz-Einwohnerzahl: 5.274.000.

North West

Das Hauptgebiet des ehemaligen Homelands Bophuthatswana und Teile des früheren westlichen Transvaal und der nordöstlichen Kapprovinz. Hauptstadt **keng**. Provinz-Einwohnerzahl: 3.330.000.

Western Cape

Die südwestliche Kapregion mit Kapstadt im Westen, Plettenberg Bay im Osten, Kliprand im Norden. Hauptstadt **Cape Town**. Provinz-Einwohnerzahl 5.300.000.

Eastern Cape

Eastern Cape liegt zwischen Western Cape und KwaZulu-Natal. Die ehemaligen Homelands Transkei und Ciskei gehören in diesen Regierungsbezirk. Hauptstadt **Bisho**. Provinz-Einwohnerzahl: 6.600.000.

Northern Cape

Wird im Norden von Namibia, Botswana und der Provinz North West begrenzt, im Osten vom Free State und dem Eastern Cape und im Süden vom Western Cape. Hauptstadt **Kimberley**. Provinz-Einwohnerzahl: 1.100.000.

KwaZulu-Natal

KwaZulu-Natal vereinigt Natal mit dem ehemalige Homeland KwaZulu. Hauptstadt: **Pietermaritzburg** (Msunduzi). Provinz-Einwohnerzahl: 10.300.000.

Free State

Diese Provinz blieb nahezu unverändert. Nur ein kleiner Teil von Bophuthatswana, geographisch inmitten in dieser Provinz, wurde eingegliedert. Ebenso ist das ehemals „selbstverwaltete" Qwaqwa von der Landkarte verschwunden. Hauptstadt **Bloemfontein**. Provinz-Einwohnerzahl: 2.800.000.

Topographie

Südafrika wird gerne mit einer großen, umgestülpten Untertasse verglichen, um die Hauptcharakteristika der Landschaften zu verdeutlichen: den Küstengürtel, die große Randstufe und das Hochplateau.

Küstengürtel

Der Küstengürtel gliedert sich in drei Hauptzonen. Im Osten an der Küste des Indischen Ozeans ist er flach und subtropisch feucht. Die südwestliche Kapzone ist gebirgig mit gemäßigtem Klima. Der westliche Küstengürtel ist flach, trocken und heiß.

Great Escarpment

Die „Große Randstufe" (od. Bruchstufe), die den flachen Küstenstreifen vom zentralen Hochland trennt, umfasst halbkreisförmig das Hochplateau. Die Gebirgskette beginnt im Nordosten mit den **Transvaal Drakensbergen** (höchste Erhebung: Mount Anderson, 2316 m) und geht südwärts in die Drakensberge von Natal über. Drei mächtige Berge überragen die gewaltige Gebirgslandschaft, die an manchen Stellen bis zu 2000 m fast senkrecht in die Ebene abfällt: *Mount-aux-Sources* (3299 m), *Champagne Castle* (3376 m) und Giant's Castle (3313 m). 250 km dieser Kette können nur durch den steilen *Sani Pass* überquert werden. Wellenförmig reihen sich südwestwärts die *Stromberge*, der *Suurberg* und die *Sneeuberge* an. Weiter westlich wird die Randstufe für 80 km unterbrochen. Durch diese „Lücke" führen heute die Hauptverbindungrouten von Kapstadt in den Nordosten nach Johannesburg und Pretoria/Tshwane. Die *Nuweveldberge* sind wieder 1800 m hoch. In nördlicher Richtung schließen sich die *Roggeveldberge* und die *Kamiesberge* an. Die große Randstufe Südafrikas endet im Mündungsgebiet des Orange River.

Hochplateau

Das Hochplateau Südafrikas bildet den südlichsten Ausläufer des großen afrikanischen Plateaus, das sich in nördlicher Richtung bis in die Sahara erstreckt. Es besteht aus zwei Hauptregionen: dem *Kalahari-Becken* und dem umliegenden *Hochveld*. Das Kalahari-Becken im Norden Südafrikas, eine ausgesprochene Wüstenregion, liegt zwischen 650 m und 1200 m über dem Meeresspiegel. Der tiefste Teil des Hochlands (900 m) liegt in der nordwestlichen Kapprovinz, der höchste, mit zum Teil über 2500 m Höhe, im Gebiet des Königreichs Lesotho. Der Rest hat eine durchschnittliche Höhe von 1200 m.

Zu ihm zählen das *Bushveld* im Norden, das große *Highveld*, die *Upper Karoo* im Südwesten und das *Bushmanland* an der Grenze zu Namibia.

Klima

So vielfältig wie die Landschaften sind auch die klimatischen Verhältnisse Südafrikas. Höhenlage, Winde und die Einflüse des *Agulhas Stroms* auf der Seite des Indischen Ozeans und des Benguela Stroms an der Westküste spielen eine Rolle.

Obwohl Südafrika mit besonders vielen Sonnenstunden im Jahr aufwarten kann, sind Tage mit extremer Hitze eher selten. Die Küstenregionen erfahren einen Temperaturausgleich durch die beiden großen Meeresströmungen. Und da fast die Hälfte des Landes durchschnittlich 1200 m hoch liegt, herrscht vorwiegend gemäßigtes Klima. Bis auf den äußersten Südwesten wird das Land durch Südostpassat-winde beeinflusst. Sie bringen 80 % der Niederschläge. Trotzdem gehört Südafrika zu den eher trockenen Regionen der Erde. Weltweit liegt die durchschnittliche Niederschlagsmenge bei etwa 850 mm, hier nur ungefähr bei 460 mm. Kein Wunder, dass nur ein Drittel des Bodens für Landwirtschaft geeignet ist. Die reichsten Niederschläge verzeichnet das Hochveld mit 380–760 mm pro Jahr. An der Westküste werden nur 50 mm verzeichnet.

Kapstadt und Umgebung erfreut sich eines mediterranen Klimas mit Winterregen in den Monaten Mai bis August. Die Julitemperaturen liegen bei 12 °C, die Januartemperaturen bei durchschnittlich 21 °C. Die südliche Kapregion mit der **Garden Route** und die Küste von **KwaZulu-Natal** warten das ganze Jahr über mit Regenschauern auf, die in den Sommermonaten sintflutartigen Charakter annehmen können. Die Julitemperaturen in Durban liegen bei 17 °C, im Januar klettert das Quecksilber auf durchschnittlich 24 °C. Auf dem Hochplateau des Landes kommt es im Sommer vermehrt zu heftigen Gewittern. Insgesamt ist das Hochveld kühler. Die Januartemperaturen liegen in Johannesburg und **Pretoria/ Tshwane** bei 19 °C, die Julitemperaturen bei nur 9 °C.

Nationale Symbole

Flagge und Wappen

Südafrikas neue **Nationalflagge** zeigt seit 1994 ein von weißen und gelben Streifen gesäumtes liegendes grünes „Y", umrahmt von roten, blauen und schwarzen Flächen (s. vord. Klappenkarte). Die 6 Farben repräsentieren die politischen Parteien des Landes (grün und gelb sind z.B. die Farben des ANC). Seit 2000 gibt es ein neues **Staatswappen,** bestehend aus einer aufgehenden Sonne, einem Sekretärsvogel, der Nationalpflanze Protea, zwei Khoisan in einem Schild, die sich als Zeichen der Einheit die Hände reichen. Speer und „Knobkierie" (Schlagstock) symbolisieren liegend den Frieden, vier Elefantenzähne Weisheit und zwei Weizenähren Fruchtbarkeit. Die Inschrift *!ke:/xarra//ke* bedeutet aus dem Khoisan übersetzt soviel wie „unterschiedliche Menschen verbrüdern sich". Das internationale Kfz- (und www-) Kürzel von Südafrika ist **ZA** (Zuid-Afrika).

Nationalhymne

Die Nationalhymne Südafrikas ist ein Spiegelbild der Nation. Sie setzt sich aus den drei traditionellen Liedern **Nkosi sikelel' iAfrika** – im Original ein Xhosa-Lied –, dem *Die Stem van Suid-Afrika* und der englischen Version des gleichen Liedes mit dem Titel *The Call of South Africa* zusammen. Nkosi Sikelel' iAfrika wurde 1897 von *Enoch Sontonga,* einem Lehrer einer methodistischen Schule in Johannesburg, verfasst. Es ist eine typisches Xhosa-Weise, traurig, wie die meisten Lieder der Schwarzen dieser Zeit. 1899 wurde das Lied erstmals bei einer Priesterweihe öffentlich gesungen. Es wurde in ganz Afrika bekannt, und als man 1912 den ANC gründete, traditioneller Abschluss für jedes ANC-Treffen.

1923 nahm Solomon Plaatje, Gründungsmitglied des ANC und in seiner Zeit ein bekannter Musiker, Nkosi sikelel' iAfrika in London auf Platte auf. 1927 fügte der Xhosa-Dichter *Samuel Mqhayi* weitere Verse hinzu. Eine Sotho-Version, von Moses Mphahlele 1942 in seine Muttersprache übertragen, folgte.

Der eigentliche Durchbruch erfolgte dann durch den *The Rev J.L. Dube's Ohlange Zulu Choir* aus Johannesburg. Danach wurde das Lied nicht nur in den Kirchen, sondern auch zu politischen Anlässen gesungen. Es gab übrigens keine „Standard-Versionen", der Text wurde immer den gegebenen Umständen angepasst.

Nur bei Großveranstaltungen pflegte man zuerst den originalen Xhosa-Text zu singen, gefolgt von der Zulu- und Sotho-Version. Für die nächsten Jahrzehnte war Nkosi sikelel' iAfrika der Hoffnungsträger der Schwarzen und so machtvoll, dass die Apartheid-Regierung es im Rundfunk verbot. Nach der Aufhebung der Rassendiskriminierung wurde zunächst beschlossen, sowohl dieses Lied als auch Die Stem van Suid-Afrika, das heroische Burenlied (Komponist M.L. de Villiers, Text von C.J. Langenhoven) zu zwei gleichwertigen Nationalhymnen zu ernennen. 1996 einigte man sich aber auf eine Hymne, auf die Kombination von Nkosi sikelel' iAfrika und Die Stem/The Call of South Africa.

Text der Nationalhymne

(Xhosa)
Nkosi sikelel' iAfrika
Maluphakanyisw' uphondo lwayo,
Yizwa imithandazo yethu,
Nkosi sikelela, thina lusapho lwayo

(Afrikaans)
Uit die blou van onse hemel,
Uit die diepte van ons see,
Oor ons ewige gebergtes,
Waar die kranse antwoord gee

(Englisch)
Sounds the call to come together,
And united we shall stand,
Let us live and strive for freedom,
In South Africa our land

(Sotho)
Morena boloka setjhaba sa heso,
O fedise dintwa la matshwenyeho,
O se boloke, O se boloke setjhaba sa heso,
Setjhaba sa South Afrika – South Afrika

(deutsche Übersetzung)
Herr, segne Afrika,
hör den Ruf unseres Horns,
erhöre unsere Bitten,
und segne uns.

Segne unsere Häuptlinge,
lass sie ihren Schöpfer nie vergessen,
den sie fürchten und verehren sollen,
schütze Südafrika.

Aus dem Blau unseres Himmels,
aus der Tiefe unserer Meere,
über unsere ewigen Berge,
wo die Felsen Antwort geben.

Ertönt die Stimme, die uns zusammenruft,
und vereint werden wir zusammenstehen,
lasst uns für die Freiheit leben und nach ihr
streben, In unserem Land, Südafrika.

Die Bevölkerung Südafrikas

„Gottes Regenbogenkinder" nennt Erzbischof Desmond Tutu gerne die Bevölkerung seines Landes und das ist wahrlich eine treffende Bezeichnung für die Rassenvielfalt an der Südspitze Afrikas. In keinem anderen afrikanischen Staat findet man ein so breites multiethnisches Spektrum, die Südafrikaner haben schwarzafrikanische, holländische, britische, deutsche, französische, malaiische oder indische Vorfahren, um nur die wichtigsten zu nennen.

Volksgruppen

Bei der letzten amtlichen Schätzung von 2010 wurde die Bevölkerungszahl Südafrikas mit 50 Millionen Einwohnern angegeben (41 Ew./qkm). 79,4 % gehören den schwarzen Volksgruppen an, 9,2 % sind Nachfahren von weißen Siedlern, 8,8 % Coloureds (farbige Bevölkerung) und etwa 2,6 % entstammen asiatischer/indischer Herkunft. Die jährliche Zuwachsrate der schwarzen Bevölkerung ist derzeit wegen Aids negativ, liegt bei ungefähr –0,3 %. Von der Gesamtbevölkerung lebt 58 % in den Städten. Die Lebenserwatung der Männer und Frauen liegt bei 43 Jahren – durch die hohen AIDS-Raten derzeit sinkend.

Sprachen

Es gibt **11 offizielle Sprachen,** und zwar *Afrikaans* (15,1 %), Englisch (9,1 %), isiNdebele (1,5 %), Sepedi (9,8 %), siSwati (2,6 %), SeSotho (6,9 %), Xitsonga (4,2 %), Setswana (7,2 %), Tshivenda (1,7 %), isiXhosa (17,5 %) und isiZulu (22,4 %). Als Amtsprache hat sich Englisch in allen Provinzen etabliert. Die lokalen Autoritäten sind verpflichtet, ihre Amtsgeschäfte so zu führen, dass sie sprachlich von der Mehrheit der lokalen Bevölkerung verstanden werden. Die Realität sieht aber anders aus: Politiker sprechen vorwiegend Englisch, was dazu führt, dass laut einer Umfrage aus dem Jahr 2000 etwa 30% der Bevölkerung ihre Politiker gar nicht, und 19% fast nicht versteht!

Die Verfassung sieht auch vor, dass die Sprachen der Khoi, der Nama und der San berücksichtigt werden und verpflichtet sich zudem, andere Sprachen wie Deutsch, Griechisch, Gujarati, Hindi, Portugiesisch, Tamil, Telugu, Urdu und religiöse Sprachen wie das Hebräische oder das Sanskrit zu respektieren und zu fördern. Eine neue „Sprache", Tsotsitaal auch „Isicamtho" genannt, wird zwar offiziell nirgends aufgeführt, aber immerhin von mehr Jugendlichen gesprochen als Xhosa. Es ist ein Slang aus den Townships und entlehnt seinen Namen von den „Tsotsis" (Gangstern).

Afrikanische Völker

In Einwanderungswellen wurde das südliche Afrika von schwarzen Stämmen besiedelt, die in dem großen Land nur auf Kleinverbände der ersten Einwohner, der **Buschmänner (San)** trafen. Ab dem 16. Jh. gab es die wohl größte Zuwanderung durch fünf Gruppen, die aus dem Gebiet Zentralafrikas nach Süden zogen: **Shona/ Venda, Nguni-Stämme, Sotho, Tsonga/ Shangaan** und **Ovambo/Hereros.** Letztere ließen sich im Gebiet des heutigen Namibia nieder, einige Sotho-Gruppen blieben in Botswana und Lesotho, die Shona zogen in das Gebiet des heutigen Zimbabwe und Teile der Tsongas besiedelten Moçambique. Die anderen beendeten ihre Wanderung im heutigen Südafrika.

Die mit etwa 50 % größte Hauptgruppe der bantusprachigen Völker Südafrikas stellen die **Nguni** dar, die sich in die vier Hauptstämme **Zulu, Xhosa, Swazi** und **Ndebele** aufteilen. Die zweite Hauptgruppe mit einem Bevölkerungsanteil von etwa 35 % sind die **Sotho,** kulturell untergliedert in die drei Gruppen *Süd-Sotho, Nord-Sotho* und *Tswana.*

San

Die **Ureinwohner Südafrikas** sind die San, auch **Buschmänner** genannt. Sie gelten als älteste Nachfahren des sog. *Homo sapiens,* des „denkenden Menschen". Früher waren die San reine Nomaden, die den Tieren und Pflanzen je nach Jahreszeiten folgten. Das südliche Afrika stand ihnen quasi als „Garten Eden" zur Verfügung bis zu jenem Zeitpunkt, als sie von den **Khoikhoi** zum ersten Mal bedrängt wurden (ca. Christi Geburt). Später folgten Vertreibungen und Dezimierung durch die Nguni-Stämme wie Zulu und Xhosa und auch durch europäische Einwanderer. Sie konnten überleben, weil sie sich in die unwirtlichen Regionen der Kalahari zurückzogen und dort eine erstaunliche Überlebenstechnik entwickelt haben. Über das frühere Leben der San geben vor allem ihre **Felsmalereien** Aufschluss, von denen die älteste mehr als 26.000 Jahre alt ist. Man findet sie vor allem in den Drakensbergen, den Cedar- und den Soutpansbergen. Die San glauben an Gott als allmächtiges Wesen, Schöpfer der Welt, Ursprung aller Dinge. Man kann sich mit ihm durch tranceartige Gesänge und Tänze verbinden. Sich selbst sehen sie als Teil der Natur, nicht als ihr Beherrscher. Besonders auffallend ist ihre Sprache, die mit Klick- und Schnalzlauten durchsetzt ist (zur Darstellung im Schreibgebrauch mit einem !-Zeichen versehen).

Khoikhoi

Das Volk der Khoikhoi, der „Männer der Männer", war der erste Stamm, auf den die Weißen bei ihrer Landung in der Tafelbucht 1652 trafen. Ihren ungewöhnlichen (heute verpönten) Namen „Hottentotten" erhielten sie von den Niederländern wohl auf Grund der für sie unaussprechlichen Klick- und Schnalzlaute. Diese hatten die Khoikhoi von den San adaptiert, denen sie vor rund 2000 Jahren begegnet waren und mit denen sie sich zum Teil vermischten. Die zahlenmäßig kleine Volksgruppe (rund 60.000 Menschen) war vor rund 1500 Jahren im nördlichen Teil des heutigen Botswana ansässig. Sie zog mit ihren Rinder- und Schafherden Richtung Süden und ließ sich am Kap mit seinem guten Weideland nieder. Grasland war Allgemeingut.

Unverständlich erschien ihnen, dass man ihnen verbieten wollte, 1665 am neu errichteten Fort in Kapstadt einige Hütten zu bauen. Der Begriff „Landkauf" war ihnen völlig fremd. Man kann heute davon ausgehen, dass *Jan van Riebeeck* dies wusste, sich das Land aneignete und die Khoikhoi anschließend verjagte. Zwei Pockenepidemien in den Jahren 1713 und 1755 löschte das Volk nahezu aus. Die Nachfahren der Khoikhoi wurden Landarbeiter, die meisten mischten sich mit den Einwanderern und bilden die Vorfahren der sogenannten **Coloureds,** der farbigen Bevölkerung am Kap. Sie haben ihre kulturelle Identität weitgehend verloren und sprechen heute Afrikaans. Eine Gruppe, die *Griquas,* siedelte in der Nähe von Kimberley und zog anschließend in die Gegend des heutigen Griquastad. Die einzig authentische Khoikhoi-Gruppe sind die **Nama** an der Westküste im Namaqualand und in Namibia.

Nguni-Gruppen

Zulu

Die Zulu, das „Volk des Himmels", kam mit der bedeutendsten Einwanderungswelle im 16. Jahrhundert ins südliche Afrika. Nach den Schöpfungs- und Glaubensmythen der Zulu ist *Unkulunkulu,* der „Allmächtige", der Schöpfer des Universums und die höchste Wesenseinheit. Die meisten Zulu glauben an die Unvergänglichkeit der Seele. Der physische Körper ist nur ein zeitlich begrenzter Aufenthaltsort, den die Seele wieder verlässt, um auf einer anderen, spirituellen Ebene weiter zu existieren. Symbolisch wird diese Denkweise dadurch unterstrichen, dass bei Begräbnissen die Toten ihr gesamtes Hab und Gut mit auf die „Reise" nehmen. Ein Verstorbener wird zur wichtigen Person im Leben der Zurückgebliebenen. Zulu verehren ihre Vorfahren und sehen in ihnen Mittler zwischen Gott und den Menschen. Zwischen Lebenden und Verstobenen dagegen vermitteln bis heute Wahrsager, Magier, Priester und Medizinmänner und -frauen, die alle eine zentrale Rolle im Leben der Zulu spielen. Bei einem **Sangoma** erhält man geistige Hilfe von den Ahnen, ein **Inyanga** befreit mit Heilkräutern von körperlichen Leiden.

Früher gab es klare soziale Hierarchien. Oberhaupt der Zulu-Nation, politisch und spirituell, war der König. Um ihn scharte sich der Rat der Häuptlinge, die die einzelnen Landesteile regierten. Heute gibt es mit **König Goodwill Zwelethini** zwar auch noch einen König, seine wichtige Rolle hat er jedoch längst verloren. Durch die Industrialisierung, die Apartheid und die Landflucht sind alte Familienstrukturen und Dorfgemeinschaften weitgehend auseinandergebrochen. Längst leben die meisten nicht mehr im *umuzi,* dem traditionellen, von einem Pfahlzaun umgebenen runden Wohnort der Zulu mit Hütten aus langen Ruten bedeckt mit geflochtenem Gras. Heute bevorzugt man Steinbauten mit Wellblechdächern.

Berühmt wurden die Zulu durch ihren legendären **Häuptling Shaka,** der ein genialer Kriegsherr war und oft als „Napoleon Afrikas" bezeichnet wurde. Er führte seine Impis, seine Krieger, ab 1818 von einem Sieg zum anderen und unterwarf kompromisslos andere Stämme. In nur 12

Die Bevölkerung Südafrikas

Jahren blutiger Herrschaft schuf er die Zulu-Nation (s.S. 530).

Die Zulu sind heute mit etwa **11 Millionen Menschen** die bevölkerungsstärkste Nguni-Gruppe in Südafrika. Ihr bekanntester Führer ist **Mangosuthu Buthelezi,** Führer der **Inkatha Freedom Party** und schärfster schwarzer Gegenspieler des ANC im südafrikanischen Parlament.

Xhosa

Das Volk der Xhosa trat ins Rampenlicht internationaler Aufmerksamkeit durch seinen berühmtesten Angehörigen **Nelson Mandela,** der als Ururenkel von König Ngubenengcuku 1918 in Umtata geboren wurde. Jener war vor dem Eindringen der Weißen der Herrscher **über die** Thembu, dem größten Stamm unter den Xhosas in der Transkei.

Ursprünglich stammen die Xhosa, wie die anderen bantusprachigen Stämme Südafrikas, aus dem Seengebiet Zentralafrikas. Sie wanderten am weitesten in Richtung Süden. Auf ihrem Weg an den Indischen Ozean trafen sie auf San- und Khoisan-Gruppen, die sie entweder vertrieben, vernichteten oder eingliederten. Indiz dafür sind die übernommenen Klick- und Schnalzlaute sowie einige Rituale der San.

Im 17. Jahrhundert begegneten die Xhosa am Great Fish River das erste Mal weißen Männern. Schicksalschwer für das Volk war 1856 eine Prophezeiung aus den eigenen Reihen: Man müsse das eigene Vieh töten und die Ernte verbrennen, um die weißen Eindringlinge zu vertreiben. Die Folge war eine große Hungersnot und Zehntausende von Toten und eine gravierende Zäsur mit Nachwirkungen bis heute.

In der sozialen Struktur des Volkes gab es einen sogenannten **Inkosi,** einen Oberhäuptling, der über alle Stämme regierte, die eigene Häuptlinge hatten. Das Land der Xhosa war Allgemeinbesitz, Privateigentum im engeren Sinne gab es nicht.

Religion und Tradition stand auch bei den Xhosas im Mittelpunkt des Lebens. Sie hießen das **„rote Volk",** da sie ihre Kleidung häufig in dieser Farbe oder in Ockertönen färbten. Wer durch die ehemalige Transkei fährt, sieht Frauen mit lehmfarbenen Gesichtern unter großen Turbanen, die typischen langen Pfeifen rauchend. Die Initiationsriten bei der Einführung der Jugendlichen in den Kreis der Männer werden vielfach noch ausgeführt. Sie dauern 3 Monate, bei der sie nicht von Frauen gesehen werden dürfen. Nach der Beschneidung werden sie mit weißem Lehm bemalt. Die Initiationszeit endet, indem die Farbe, die das Kindesalter symbolisiert, abgewaschen wird. Junge Mädchen ziehen sich während ihrer ersten Menstruation in dunkle Hütten zurück, während die Frauen des Dorfes Geschenke für sie sammeln. Bis zu ihrer Heirat tragen sie kurze Röckchen und die Brüste sind unbedeckt, nach der Hochzeit lange Röcke und Brustbekleidung. Spezielle Perlenketten verbinden sie symbolisch mit ihren Vorfahren.

Auch wenn sich das traditionelle Leben der Xhosa, ähnlich wie das der Zulu, durch die äußeren Umstände stark verändert hat, eines ist noch fest im Volk verankert: Der Glauben an ein Leben nach dem Tod, an eine beseelte Natur im guten wie im bösen Sinne und die Verehrung der Ahnen, die sie mit dem höchsten Wesen verbindet, genannt *uDali* oder *Tixo*. Eine große Rolle spielen die *Igqirha*, die Geistheiler, die u.a. dafür zuständig sind, die Menschen vor der ständig gefürchteten Hexengefahr zu schützen. Wie groß der Aberglauben noch heute ist, zeigt sich mancherorts an dem Ritual, Kindern das oberste Fingerglied des Mittelfingers der linken Hand abzuschneiden, um es vor Unglück zu schützen.

Die Bevölkerung Südafrikas

Swazi

Schon im 15. Jahrhundert gelangten die Swazi in das Gebiet von Maputo, der Hauptstadt des heutigen Moçambique. In den folgenden 200 Jahren bewegten sie sich in Richtung Südwesten und gründeten durch lockeren Zusammenschluss der verstreuten Gruppen und Familienverbände die Nation der Swazi. Obwohl ihr Gebiet 1889 zunächst durch die Buren besetzt und 1903 dem britischen Empire einverleibt wurde, gab es keine kriegerischen Auseinandersetzungen zwischen Swazi und Weißen.

Heute leben etwa eine Million Swazi im 1968 selbständig gewordenen **Swaziland,** 1,4 Mio. auch in der südafrikanischen Provinz Mpumalanga. Ihre Sprache SiSwati gehört zu den offiziellen Amtssprachen der südafrikanischen Republik.

Traditionell haben die Swazis, die das Königreich bewohnen, ihre kulturelle Identität am besten bewahren können. Ihr Staatsoberhaupt ist der König, *Ngwenyama,* der „Löwe", ein absoluter Herrscher, der an der Seite seiner Mutter, der *Ndlovukazi,* der „Elefantin", regiert. Sie ist die Stellvertreterin des Königs und das spirituelle Oberhaupt der Nation.

Auch bei den Swazi spielt die Ahnenverehrung eine zentrale Rolle, wobei auch die Ehrfurcht vor alten Menschen im Vordergrund steht. *Mkhulumnchanti* nennen die Swazis den allmächtigen Schöpfer. Wahrsager, *Sangomas* und *Inyangas* sind nach wie vor die Hauptratgeber der Bevölkerung bei allen Sorgen des Lebens. Der König lässt sich von seinen Haus-Astrologen beraten.

Traditionelle Kleidung ist bei den Swazi an der Tagesordnung (nicht nur zu festlichen Anlässen) und gehört zum nationalen Verständnis, ebenso wie das Entrichten der *lobola,* des Brautpreises, ein definitives Muss bei einer Heirat.

Ndebele

Das Volk der Ndebele lebt seit einigen Jahrhunderten in der heutigen Provinz Mpumalanga, vorwiegend in den Regionen um *Pretoria/Tshwane* und *Middelburg.* Es wurde besonders durch die farbenprächtigen Kunstwerke der Ndebele-Frauen bekannt (unter anderem durch die Bemalung eines BMW im Ndebele-Stil durch *Prinzessin Helen Sibidi,* den man allerdings nicht in Südafrika, sondern im Münchener BMW-Museum bewundern kann). Auf zwei Gebieten ist der Kunststil der Ndebele-Frauen einzigartig: Bei der Bemalung der Ndebele-Häuser mit buntgeometrischen Mustern und bei der Herstellung fantasievoller Kleidung und außerordentlich schönen Schmucks. Dazu zählen nicht nur mit Perlen besetzte Gewänder, sondern auch ideenreiche Perlengeschmeide und formvollendete Kupfer- und Messingringe für Arme, Beine und Hals.

In drei touristischen Zentren ist Ndebele-Kunst zu besichtigen: im **Loopspruit Ndebele Dorf** bei Bronkhorstspruit, im **Ndebele-Kunsthandwerkszentrum** 12 km nördlich von Hammanskraal und im **Ndebele Cultural Village Mapoch** (40 km westlich von Pretoria), www.ndebele-village.co.za.

Andere Stämme

Sotho

Als Sotho-Sprachgruppe werden die Süd-Sotho, die Nord-Sotho und die Tswana zusammengefasst. Sie machen etwa 35 % der südafrikanischen schwarzen Bevölkerung aus. Sotho-Stämme wanderten, ebenfalls aus dem zentralafrikanischen Raum kommend, bereits im 14. und 15. Jahrhundert in ihren heutigen Lebensraum.

Süd-Sotho: Die früheren Siedlungs- und Weidegebiete der Süd-Sotho wurden ihnen vom Zulukönig Shaka entrissen. Sie flohen in das bergige Gebiet des heutigen Lesotho und schlossen sich unter ihrem **König Moshoeshoe** zu einer neuen Nation zusammen. Heute werden sie als **Basotho** bezeichnet und bilden das Volk des Königreichs Lesotho, das vom südafrikanischen Territorium umschlossen ist. Ihre Sprache ist *SeSotho*, in Südafrikas Verfassung eine der Amtssprachen. Die Süd-Sotho unterscheiden sich kulturell von den benachbarten Nguni-Völkern. Die Familienstruktur ist nicht rein patriarchalisch, Frauen haben eine bedeutend einflussreichere Stellung. Sie ehren zwar auch die Ahnen, messen ihnen aber im täglichen Leben nicht so viel Bedeutung bei. Signifikante Erkennungsmerkmale ihrer Kleidung sind spitze Flechthüte und bunte Decken.

Nord-Sotho: Die Nord-Sotho, anderer Name **Pedi,** sind ein lockerer Zusammenschluss verschiedener Gruppen und Klans. Sie bewohnen das frühere Homeland *Lebowa*. Lebensgrundlage ist Ackerbau, Viehzucht spielt eine untergeordnete Rolle. Die Sprache *Sesotho sa Leboa* ist eine der südafrikanischen Amtssprachen.

Tswana: Die Volksgruppe der Tswana ist eng mit den Nord-Sotho verwandt. Der Hauptteil siedelt im angrenzenden Botswana. In Südafrika waren die Tswana in der Apartheidszeit auf das zerstückelte Homeland Bophuthatswana verteilt, dessen Gebiet den Provinzen Northern Cape und North West eingegliedert wurde. Auch Setswana ist eine Amtssprache der südafrikanischen Republik.

Shangaan/Tsonga

Die Shangaan gehören zur Gruppe der Tsonga, die heute vorwiegend in Moçambique ansässig sind. Wie die Sotho flohen auch sie vor den Kriegern Shakas und ließen sich im Gebiet des früheren Homelands Gazankulu nieder, das heute zur Limpopo Province (ehem. Northern Prov.) gehört und an den Krügerpark grenzt.

Die Shangaan wohnen mehr in Einzelgehöften als in Dörfern. Sie betreiben vorwiegend Landwirtschaft und Handel und in geringem Umfang auch Viehhaltung. Außerdem sind sie hervorragende Fischer. Ihre Sprache *Xitsonga*, noch von ungefähr 760.000 Menschen gesprochen, ist ebenfalls eine der Amtssprachen Südafrikas.

Venda

Die Venda, früher bekannt für ihr Geschick bei der technischen Bearbeitung von Kupfer- und Eisen, leben im Gebiet des ehemaligen Homelands Venda, das heute zur Limpopo Province gehört. Es sind etwa 620.000 Menschen, die Tshivenda, ebenfalls eine Amtssprache der neuen Republik, sprechen.

Sprachforscher und Ethnologen haben herausgefunden, dass die Venda mit den Shona Zimbabwes verwandt sind. Unklar ist noch, ob sich die Venda mit arabischen Händlern vermischt haben, da sie recht ausgeprägte arabische Gesichtszüge tragen und sich dadurch deutlich von den Shona unterscheiden.

In den ländlichen Regionen haben sich noch viele Traditionen erhalten. Das größte Heiligtum der Venda ist der *Fundudzi-See,* Sitz der Geister, Ahnen und der Fruchtbarkeitsgöttin, alljährlich geehrt mit dem Domba, dem heiligen **Schlangentanz.** Zu den wichtigen Venda-Persönlichkeiten der neuen Republik zählt **Cyril Ramaphosa,** der maßgeblich an der neuen Verfassung mitgearbeitet hat. Ende 2012 wurde er zum Vize-Präsidenten des ANC gewählt.

Europäische Einwanderer

Die Einwanderer aus Europa kamen ab dem 17. Jh. in mehreren Schüben. Die Beweggründe waren unterschiedlich: die einen waren Abenteurer und Glücksritter, die anderen Geschäftsleute, Bauern und Handwerker. Die einen kamen freiwillig, andere suchten einen Zufluchtsort, um ihre Religion leben zu können, manche auch ein Versteck.

Niederländer

Die Kolonisation Südafrikas durch die Holländer bzw. Niederländer war zunächst eine eher private denn staatliche Angelegenheit. So standen die ersten niederländischen Einwanderer im Dienst der „Verenigde Oost-Indische Compagnie", der Vereinigten Ostindien-Kompanie (1602–1798), deren Hauptaugenmerk am Kap auf der Wahrung privater Handelsinteressen lag (1652 Gründung einer Versorgungsstation am Kap der Guten Hoffnung für ihre Handelsschiffe von Europa nach Südostasien). **Jan van Riebeeck** und seine Mannen können als erste offizielle Siedler angesehen werden. Zunächst galt es, die neue Siedlung zu schützen und Nahrung aufzutreiben. Man handelte mit den *Khoikhoi,* und einige der Kolonisten machten sich als Bauern und Handwerker selbständig und zogen etappenweise weiter ins Landesinnere. Die niederländischen Einwanderer gingen allmählich im Volk der Afrikaaner auf (s.u.), sie konnten und wollten an ihrer ursprünglichen Identität nicht festhalten. **Afrikaaner** deutscher oder französischer Abstammung dagegen bewahrten sich eigenständige Traditionen aus dem Mutterland teils bis heute.

Franzosen

Ab dem Jahre 1688 flüchteten **Hugenotten**, französische Kalvinisten bzw. Protestanten auch nach Südafrika, um ihrer religiösen Verfolgung zu entkommen. Sie siedelten sich hauptsächlich in der Region des heutigen *Franschhoek* („Franzoseneck") an und widmeten sich intensiv dem Weinbau. Viele alte Weingüter tragen noch Namen wie Dieu Donné oder Clos Cabrière, Erinnerung an die eingewanderten Vorväter. Selbst wenn sich die französische Sprache verflüchtigt hat: Nachnamen wie Le Roux oder Du Toit, Marais oder De Villiers begegnen einem in ganz Südafrika.

Engländer

Das Jahr 1795 gilt als das Anfangsjahr der englischen Intervention in Südafrika, die allerdings nicht nur die schwarze Bevölkerung, sondern mittlerweile auch 20.000 Europäer und 25.000 Sklaven betraf. Sechs Jahre nach dem Wiener Kongress 1814, auf dem die englische Kolonisation abgesegnet wurde, landeten die legendären **1820er-Siedler** in der Algoa-Bucht am Indischen Ozean in der Nähe des heutigen Port Elizabeth.

Mit Schwierigkeiten mit den Bewohnern hatte die englische Regierung gerechnet, doch dass sie dann ausgerechnet mit den *Buren* so viel Ärger bekommen würde, war anfänglich nicht abzusehen. Das Leben am Kap war stillgestanden, man las die Bibel, lebte bescheiden in streng calvinistischem Sinn und sah die Ausbeutung von Sklaven als von Gott gegebene Tatsache. Dann betraten plötzlich die Engländer die Bühne, aufgeklärt, modern, hungrig nach Macht, Land und Besitz. Sie zwängten den Buren ihr Rechtssystem auf, führten die Religionsfreiheit ein und schafften die Sklaverei ab. Zwei berühmte Kontrahenten stehen symbolisch für ihr jeweiliges Volk: **Paul Kruger,** bescheidener Burenpräsident, der Anstand, Gottestreue und Bescheidenheit predigte und auch selbst vor-

Die Bevölkerung Südafrikas

lebte, und **Cecil Rhodes,** der herrschsüchtige, imperiale Engländer, der ganz Afrika in die Tasche stekken wollte (sein Traum: eine englische Kolonie von Kapstadt bis Kairo).

In den sogenannten **Burenkriegen** schrieben die Engländer grausame Seiten in das britische Geschichtsbuch. Es schien unerklärlich, wie diese lächerlich bewaffneten und zahlenmäßig unterlegenen Bauern das britische Heer nicht nur in Atem halten, sondern sogar einige beachtliche Siege erringen konnten. Die britische Reaktion war grausam: Frauen und Kinder der Buren sperrte man in *Concentration Camps* und ließ Tausende verhungern. In eroberten Gebieten tötete man das Vieh und verbrannte die Ernten. Diese Methode verhalf letztendlich der englischen Armee zum Sieg und ab 1912 zur Vorherrschaft in Südafrika.

Die Engländer waren vor allem an der Ausbeutung von Bodenschätzen, am Aufbau einer Industrie und am Handel interessiert, weniger an Landwirtschaft. Großen Einfluss hatten sie auf die Architektur. Wunderschöne Häuser aus der viktorianischen und edwardianischen Zeit erinnern daran. Was wäre das Weinland am Kap ohne die herrlichen Landhäuser? Viele der sogenannten „Country Places" und Bed& Breakfast-Unterkünfte haben englische Tradition und ein gepflegtes und gediegenes Ambiente. Auch im Sport stehen britische Traditionen ganz oben: Cricket, Rugby, Tennis, Golf und Pferderennen.

Deutsche

Nicht wenige Deutsche standen ebenfalls von Anfang an in den Diensten der Ostindien-Kompanie. Jan van Riebeeck umgab sich mit Männern wie Wilhelm Müller aus Frankfurt am Main und dem Danziger *Paulus Petkau*. Der Sachse *Zacharias Wagner,* der sich später Wagenaar nannte, wurde sogar als sein Nachfolger

zum Gouverneur bestimmt. In den ersten 150 Jahren wanderten über 14.000 Deutsche in die Kapregion ein. *Johannes Hüsing* ging in die Annalen als erster Millionär am Kap ein. Problematisch war das Missverhältnis zwischen der Zahl deutscher Männer und Frauen. So erklären sich die häufigen Heiraten von deutschen Männern mit holländischen oder französischen Frauen.

Eine Welle von 2000 **deutschen Soldaten** schwappte **1857** ins Land. Sie hatten als Legionäre für die Briten im Krimkrieg gedient und nun zur „Belohnung" Land von den Engländern in der östlichen Kap-Region bekommen, allerdings mit dem Hintergedanken, das Gebiet nun besser gegen die Xhosa verteidigen zu können. Mit ihnen kamen jedoch nur 320 deutsche Frauen. Um das Missverhältnis abzubauen, „organisierte" die englische Verwaltung irische Frauen. Auch die 2000 Einwanderer der Jahre 1858 und 1859 heirateten vorwiegend englischsprachige Frauen. Zwei große Einwanderungsschübe deutscher Siedler gab es nochmals 1877 und 1882, ebenfalls von den Engländern initiiert.

Die Deutschen leisteten in vielerlei Hinsicht Pionierarbeit im Land. So wurde die **erste Missionsstation Südafrikas** 1737 von der deutschen Herrnhuter Missionsgesellschaft gegründet. Namen wie Wuppertal, Lüneburg, Hanover, Heidelberg und Frankfort sind gleichfalls deutsche Gründungen. Große deutsche Namen aus der südafrikanischen Geschichte sind **Johann Franz Drege,** der legendäre Botaniker, der ab 1826 über 200.000 Pflanzen der Kapregion sammelte und bestimmte, oder der Forscher **Karl Mauch** (1837–1875), der in Expeditionen das südliche Afrika erkundete (und dabei die Zimbabwe-Ruinen wiederentdeckte), und natürlich auch **Hans Merensky,** der bedeutende Vorkommen an Edelmetall und Diamanten fand. Südafrikas mächtigste

Familie, die **Oppenheimer,** durch ihr riesiges Diamanten- und Goldimperium weltweit bekannt, stammt aus Hessen-Nassau. Auch deutsches Industrie-Kapital wurde schon früh in Südafrika investiert. Namen wie Mercedes-Benz, BMW, Siemens, Hoechst, Bayer, Bosch und BASF sind nur einige der vielen Firmen, die in Südafrika Werke und Niederlassungen gründeten.

Jüdische Einwanderer

Die erste jüdische Gemeinde wurde 1841 in Kapstadt gegründet, später folgten Gemeinden in Port Elizabeth (1862) und Johannesburg (1887). Die jüdische Bevölkerung lebt – meist englischsprachig –, voll integriert im weißen Kulturbereich. Sie sind hervorragende Geschäftsleute und in der Wirtschaft prominent vertreten. Zu den geschichtlich bedeutenden Persönlichkeiten zählt der litauische Geschäftsmann **Sammy Marks,** der als Berater Paul Krugers tätig war und als einziger Jude Mitglied im Parlament des unabhängigen Burenstaates von Transvaal. **Alfred Beit** aus Hamburg erwirtschaftete als Bankier ein Vermögen und vermachte es 1906 dem Staat. Ihm zu Ehren wurde die Beit Bridge über den Limpopo River zwischen Südafrika und Zimbabwe benannt. Der Engländer **Barney Barnato** machte Millionen in der Gold- und Diamantenindustrie. Bekanntester Vertreter dieser Branche ist jedoch **Ernest Oppenheimer** aus Friedberg in Hessen, der 1917 die *Anglo American Corporation* gründete, den mächtigsten Konzern des Landes. Sein Sohn **Harry Oppenheimer** überflügelte ihn noch und fügte dem Imperium die weltberühmte Diamantenfirma *de Beers* zu. Harrys Sohn und sein Enkel, beide mit Namen Nicholas, führen heute die Geschäfte. Auch die größte Hotelkette des Landes, Sun International, befindet sich in jüdischer Hand. Ihr Besitzer *Sol*

Kerzner war der Gründer und Finanzier von *Sun City* und *Lost City*.

Afrikaaner

Als Geburtsstunde des Afrikaanertums gilt die Ankunft **Jan van Riebeecks 1652,** der von der niederländischen Ostindien-Handelskompanie den Auftrag erhalten hatte, am Kap eine Station zur Versorgung ihrer Schiffe aufzubauen.

Afrikaans

Aus dem Alt-Holländischen entwickelte sich allmählich das Kapholländische, viele Worte aus anderen Sprachen integrierend. Mit dem wachsenden Bewusstsein, eine eigene Nation geworden zu sein, nannten sich die **Boeren** (Buren, Bauern) schließlich **Afrikaaner** *(Afrikaners, Africanders)* und ihre Sprache **Afrikaans.** Als 1814 die Engländer das Kap annektierten, hatte sich das afrikaanse Nationalgefühl und die Sprache längst verfestigt. Afrikaans ist somit die jüngste der germanischen Sprachen. Seit 1876 existiert sie auch als Schriftsprache. Aber erst 1925 wurde Afrikaans neben Englisch als zweite Amtssprache im Land anerkannt. Und das, obwohl sich ab etwa 1900 die meisten Weißen (mit Ausnahme der englischsprachigen Bewohner) als Afrikaaner verstanden.

Heute sprechen etwa 6,5 Millionen Menschen Afrikaans als Erstsprache, 12 Millionen beherrschen es als Zweitsprache, bedeutend mehr also, als die, die Englisch zur Zweitsprache haben. Afrikaans ist damit die wichtigste Landessprache Südafrikas.

Burischer Freiheitsdrang

Der ausgeprägte Nationalismus des heutigen Afrikaanertums wurzelt in der eigenen Geschichte mit ihren schwierigen

Die Bevölkerung Südafrikas

Situationen, Kriegen und Entbehrungen, denen die Volksseele nur mittels eines strengen, calvinistisch geprägten Glaubens, Durchhaltevermögens und einem äußerst starken Freiheitsdrang begegnen konnte. Der **Große Trek** (bei dem sich 6000 *Trekboeren* ins Landesinnere aufmachten, s.S. 99) galt zunächst nur der Erlangung persönlicher Freiheit vor den Engländern und erst in zweiter Linie der Eroberung des Landes. Diese folgte zwangsläufig. Es gab Kriege und Auseinandersetzungen an allen Fronten: Mit den Khoikhoi, Zulu, Xhosa, Ndebele. Wilde Tiere, Dürre, Überflutungen und Krankheten zeichneten und prägten die Menschen, die mit Gewehren bewaffnet und der Bibel in der Hand auf der Suche nach dem „gelobten Land" waren.

Zu den bedeutendsten Afrikaanern zählen die Trekführer **Piet Retief,** der Burenpräsident **Paul Kruger** (dem Südafrika die Einrichtung seines größten Naturschutzgebiets verdankt), der Chirurg **Christiaan Barnard** (1967 erste Herzverpflanzung der Welt) und **Frederik Willem de Klerk,** der 1990 als Staatspräsident Nelson Mandela aus dem Gefängnis entließ und mit ihm gemeinsam begann, das neue Südafrika aufzubauen.

Asiaten / Immigranten

Coloureds und Kap-Malaien

Die Farbigen Südafrikas inklusive der Kap-Malaien werden als **Coloureds** bezeichnet. Sie sind Nachfahren der Sklaven und Kontraktarbeiter, die sich mit europäischen Einwanderern und Schwarzen am Kap vermischt haben. Sie bilden kein homogenes Volk, sondern sind eine Volksgruppe, die man auch zu Apartheidzeiten gesondert behandelt hat.

Schon im Jahre 1655 brauchte man für die Versorgungsstation am Kap Arbeitskräfte. Die Khoikhoi hatten sich als nicht sonderlich kooperativ erwiesen und so holte man Sklaven aus Angola, Guinea, Madagaskar, West- und Ostafrika und von den südostasiatischen Kolonien der Niederlande (besonders aus Java und Bali). Die Ostindien-Kompanie richtete um 1670 ein eigenes Sklavenquartier in Kapstadt ein, das sich zu einem regelrechten Freudenhaus für Kap-Farmer und Seeleute entwickelte. Drei Viertel der von schwarzen Frauen geborenen Kinder hatten weiße Väter (1793 lebten mehr Sklaven als „Herren" in der Kapregion).

Die meisten Coloureds Südafrikas sind Christen und besitzen einen überwiegend westlichen Lebensstil. Zwei Gruppen jedoch, die **Griqua** und die **Kap-Malaien,** haben eigenständige Kulturen entwickelt. Die Kap-Malaien verblieben an der Südspitze Afrikas, während die Griquas zunächst in der Nähe von Kimberley und später im Gebiet rund um Griquatown siedelten. Die Kap-Malaien sind praktizierende Muslime, in ihren Wohngebieten stehen viele Moscheen (interessanterweise sind die ersten Bücher in Afrikaans religiöse Texte der Kap-Malaien in arabischer Schrift). Sie bleiben vorwiegend unter sich.

Inder

Der Hauptzuzug der Inder spielte sich in den Jahren zwischen 1860 und 1911 ab. Sie kamen als Kontraktarbeiter mit befristeten Arbeitsverträgen und kostenlosen Schiffspassagen für Hin- und Rückreise vom damals Britisch-Indien ins Land. Nach Ablauf der Vertragsarbeit auf den Zuckerrohrplantagen in Natal blieben jedoch die meisten. Einige kamen auch als Händler.

70 % der indischen Bevölkerung sind Hindus und pflegen das Kastenwesen, 20 % sind Muslime. Ihnen gemeinsam ist, dass sie sich kulturell von allen anderen

Volksgruppen absondern und ihre Traditionen pflegen, selten außerhalb ihrer Gruppe heiraten, in eigenen Vierteln wohnen und in eigenen Geschäften einkaufen. Der Handel ist nach wie vor ihre Stärke und ihre Domäne, aber auch als EDV-Spezialisten und Ärzte sind sie sehr angesehen.

Der Führer der indischen Unabhängigkeitsbewegung, **Mahatma Gandhi,** wirkte von 1893–1914 in Südafrika als Rechtsanwalt und entwickelte dort im Kampf um die politischen Rechte der indischen Einwanderer seine Methode des gewaltlosen Widerstands.

Durban ist die Stadt mit dem weltweit größten Anteil an Indern außerhalb Indiens, mit der größten Moschee im südlichen Afrika, großen hinduistischen Tempeln und dem beliebten Indian Market. Beigesteuert haben die Inder auch ihre köstliche Küche.

Chinesen

Zwischen 1904 und 1906 wuchs der Bedarf an Arbeitskräften so gewaltig, dass man über 63.000 chinesische Arbeiter verpflichtete, um vorwiegend in den Goldminen am Witwatersrand zu arbeiten. Die meisten kehrten Südafrika 1907 wieder den Rücken, doch einige blieben im Lande. Der heutige chinesische Bevölkerungsanteil wird mit etwa 13.000 Personen angegeben, die meist noch ihre Muttersprache beherrschen aber in der Regel sowohl Englisch als auch Afrikaans sprechen.

Illegale Einwanderer und Flüchtlinge

Obwohl ein Elektrozaun mit 3500 Volt an der Grenze zu Moçambique vor unkontrollierter Grenzüberschreitung schützen soll, werden alljährlich im östlichen Transvaal immer noch Tausende illegale Einwanderer. Wenngleich keine konkreten Daten vorliegen, rechnen die Behörden

mit über sechs Millionen Flüchtlingen und Illegalen im Land. Bürgerkriege, Trockenheit, Armut und Arbeitslosigkeit in den Nachbarländern lassen immer mehr Menschen nach Südafrika abwandern. Hier reihen sie sich in das große Heer der Arbeitssuchenden ein und ein Konfliktherd baut sich auf.

Religionsgemeinschaften

Christliche Gemeinden

Südafrikas Kirchen- und Glaubensvielfalt ist verwirrend. Die größte Religionsgruppe bilden die christlichen Gemeinden (Niederländisch-Reformierte Kirche, Katholiken, Methodisten, Presbyterianer und Baptisten). Lutherische Gemeinden gibt es seit 1870 in Südafrika. Andere Glaubensgemeinschaften sind die *Gereformeerde Kerk,* die *Nederduits Hervormde Kerk,* die Full Gospel Church, die Apostolische Kirche, die Heilsarmee, die Neuapostolische Kirche und die Protestantische Pfingstkirche. Die mitgliedsstärkste Kirchengemeinde hat die Zion Christian Church.

Reformierte Kirchen

Die reformierte Kirche hat die längste Geschichte christlicher Kirchen in Südafrika. Sie kam mit den calvinistischen Siedlern ins Land, die sich am Kap niederließen. 1655 wurde die erste Kirchengemeinde der **Niederländisch-Reformierten Kirche** (Dutch Reformed Church) von den Niederländern gegründet. Man verspürte keinen Drang zur Missionsarbeit, sah in den Schwarzen ohnehin keine gleichwertigen Menschen, geschweige denn Gemeindemitglieder. So wurde erst 1826 mit der Missionsarbeit begonnen. Die Niederländisch-Reformierte Kirche ist die mitgliedsstärkste unter den reformierten Kirchen, daneben gibt es noch kleinere Absplitterungen.

Englische Kirchen

Alle großen Kirchen Englands sind „mit eingewandert". Die größte ist die **Anglikanische Kirche,** seit 1759 im Land vertreten. Der Friedensnobelpreisträger Erzbischof *Desmond Tutu* ist ihr bekanntester Vertreter. Als zweitgrößte hat sich die seit 1897 tätige *Presbyterianische Kirche* etabliert.

Lutheraner

Ausgangsort für die lutherische Kirchenbewegung ist Genadendaal bei Kapstadt, das 1737 von Georg Schmidt aus Deutschland als Missionsstation gegründet wurde. So findet man auch heute noch rund um Kapstadt die meisten Mitglieder der relativ klein gebliebenen lutherischen Kirchen.

Römisch-Katholische Kirche

Dias und Vasco da Gama waren die ersten Katholiken, die südafrikanischen Boden betreten haben. Dennoch kam es erst 1806 zu Gemeindegründungen, da sich die konservative Niederländisch-Reformierte Kirche zunächst strikt gegen „Religionsfreiheit" aussprach. Die Römisch-Katholische Kirche entwickelte sich zur christlichen Kirche der schwarzen Bevölkerung, da sie sich gegen die Apartheidpolitik aussprach.

Schwarze christliche Gemeinden

Es gibt geschätzt mindestens 4000 unabhängigen christlichen Kirchen, zu denen sich etwa ein Viertel der schwarzen Südafrikaner bekennt. Die Trennung von den offiziellen, von Weißen geführten Gemeinden erfolgte 1883 mit der Abspaltung einer kleinen Gemeinde unter *Nehemiah Tile,* der sich von den Methodisten distanzierte und die Nationale *Thembu-Kirche* ins Leben rief. Auch die *Londoner Missionsgesellschaft* verlor 1885 ihre schwarzen Schäflein, die sich in der einhei-misch-unabhängigen *Kongregationalistischen Kirche* neu sammelten. Großen Widerhall unter der schwarzen Gemeinschaft fand die *Äthiopische Kirche,* die von Mangena Maake Mokone 1892 von den Methodisten getrennt wurde.

Die *Christliche Katholische Apostolische Kirche von Zion,* ein Ableger einer amerikanischen Pfingstkirche, setzte ab 1910 bedeutende Akzente in der religiösen Entwicklung der schwarzafrikanischen Kirchen. Durch Ganztaufen und Heilrituale mittels Gebete kam man der religiösen Vorstellung der Schwarzen sehr entgegen, die sich freudig auch dem Tabak-, Alkohol- und Medikamentenverbot unterwarfen. Die **Zion Christian Church** mit Hauptsitz in Zion City Moria ist heute die größte der sogenannten „unabhängigen" Kirchen. Eine weitere bedeutende Kirche ist die *Nazareth Baptist Church* in Ekuphakameni in KwaZulu-Natal, die vom selbst ernannten Propheten Isaiah Shembe 1911 aus der Taufe gehoben wurde. Ihre Anhängerschaft besteht vorwiegend aus Zulu. Immer mehr Gemeinden versammeln sich um sogenannte „charismatische" Führer, die zwar den christlichen Glauben vertreten und die Bibel als Heilige Schrift verwenden, aber ihren Gemeinden einen eigenen Stempel aufdrücken.

Judentum

1841 wurde die jüdische Gemeinde von 17 Kolonisten gegründet. Ihre erste Synagoge wurde 1863 errichtet, dem ersten Jahr, in dem man den Juden die Ausübung ihrer Religion offiziell zugestand. Heute gibt es etwa 120.000 Mitglieder jüdischen Glaubens, hauptsächlich Orthodoxe. Juden waren nie missionarisch tätig. Viele Juden sind in den letzten Jahren nach Israel ausgewandert und nun stehen Synagogen leer oder werden zu anderen Zwecken verwendet, wie etwa Museen.

Hinduismus

Etwa 65 % der Bevölkerung indischer Abstammung sind Hindus. Mit etwa 650.000 Mitgliedern spielt diese Religion eine bedeutende Rolle. Ihr Hauptzentrum liegt in und um Durban. Die religiöse Struktur unter der indischen Bevölkerung entspricht in etwa der im heutigen Indien. Es gibt das typische Kastenwesen, eine Mischung mit anderen Kulturen gab es fast nie. Die Hindus leben aus religiöser Sicht abgeschottet von ihren südafrikanischen Mitbürgern. Sie haben die niedrigste Scheidungsrate und in ihren Wohnvierteln die wenigsten Verbrechen.

Islam

Die größte Moschee in der südlichen Hemisphäre findet sich in Durban. Ungefähr 400.000 Muslime leben allein im Gebiet von Natal. Eine weitere bedeutende Gemeinschaft lebt in und um Kapstadt. Der Islam kam zusammen mit den Kap-Malaien nach Südafrika, aber auch unter indischen Kontraktarbeitern waren Muslime. Für die religiöse Erziehung unterhält man Koranschulen.

Afrikanische Religionen

Traditionelle afrikanische Religionen haben in den schwarzen christlichen Gemeinden großen Einfluss. Vor der Kolonisierung lebten die Stämme mit ihren Naturreligionen. Gott wurde als höchstes Wesen verehrt, als Schöpfer des Himmels und der Erde. Nur die Ahnen, die bereits in seinem Reich lebten, konnten von ihm Rat und Tat erwirken. Um sie anzurufen und gesonnen zu stimmen, vollzog man Opferrituale, um anschließend die Bitten vorzutragen. Der Priester war meist gleichzeitig Oberhaupt der Familie oder des Stammes und Fürbitter für alle Notlagen, Medizinmann, Regenmacher und Exorzist in einer Person. Das Wissen wurde von Mund zu Mund weitergegeben. Nur anhand der Symbolik kann man einiges aus alten Tagen noch heute verstehen. Grundsymbol ist der Kreis. Er bedeutet Anfang und Ende, Wiederkehr und die Verbundenheit aller Dinge des Universums miteinander.

Noch heute findet man das Kreissymbol in den runden Hütten und bei der kreisförmigen Anordnung der Gebäude und Ställe eines umuzi. Die Verehrung der Natur, die Kenntnis von Heilpflanzen und der guten und bösen Kräfte, die Stellung des Menschen inmitten des ganzen Gefüges treten wieder in den Vordergrund. Vielfach ist dies aber auch verbunden mit einem Aberglauben, der sich vor allem an die Angst des Menschen richtet, die Macht der Dämonen betont und „Magier" hervorbringt, die sich als alleinige Heilsbringer darstellen.

Grundstock für ein erfülltes Leben im traditionellen Sinn ist die Einhaltung von Ritualen, die den Menschen von Geburt bis zum Totenbett begleiten. So gibt es für jeden Lebensabschnitt religiöse Handlungen, die meist die Gemeinschaft für das Individuum tätigt. Selbst bei Menschen, die sich z.B. zum katholischen Glauben bekennen, gibt es oft parallel zu den christlichen Zeremonien (wie z.B. Taufe) ein traditionelles afrikanisches Ritual.

Geschichtliche Eckdaten

Frühes Holozän

Bis vor ca. 2000 Jahren bevölkern Gruppen von Steinzeit-Khoisan das südliche Afrika.

15. Jh.

Verschiedene schwarze Völker wandern ein.

1488

Der Portugiese Dias umsegelt im Januar das Kap der Guten Hoffnung.

1652

Die niederländische Ostindien-Kompanie schickt *Jan van Riebeeck* (1619–1677) als Kommandeur ihrer Schiffsversorgungsstation ans Kap. Am 6. April wird die niederländische Fahne gehisst und Kapstadt gegründet.

1657

Die erste weiße Bauernfarm: Rondebosch.

1658

Etwa 400 Sklaven werden aus Westafrika „importiert".

1659

Kelterung des ersten Weines am Kap.

1679

Simon van der Stel wird Gouverneur, er gründet Stellenbosch.

1688

Die ersten Hugenotten treffen ein.

1779

Die bewaffneten Auseinandersetzungen zwischen Trekburen und Xhosa am Great Fish River beginnen.

1795

England besetzt die Kapregion.

1803

Rückgabe der Kapregion an die Niederlande.

1814

Die Niederlande treten das Kap an England ab.

1815

Shaka wird König der Zulu.

1818–1828

Shaka erobert große Landstriche und unterwirft und vertreibt andere Stämme. Zeit der *Difaqane* (Massenfluchten).

1820

Englische Siedler landen in der Algoa-Bucht.

1824

Erste kleine Niederlassungen weißer Siedler und Abenteurer in Port Natal (Durban).

1828

Shaka Zulu stirbt, *Dingane* übernimmt die Herrschaft.

1834

Die Sklaverei wird abgeschafft.

1836

Die **Voortrekker** brechen auf zum **Großen Trek** ins Landesinnere.

1837

Die Voortrekker besiegen die Matabele.

1838

Schlacht am Blood River zwischen Voortrekkern und den Kriegern Dinganes, Gründung der Republik Natal.

1843

Natal wird britische Kolonie.

1845

Natal trennt sich von der Kapkolonie und wird britische Kronkolonie.

1848

Das Gebiet zwischen dem Orange und dem Vaal River kommt zum britischen Hoheitsgebiet.

1852

England akzeptiert die Unabhängigkeit Transvaals. Bildung der **Zuid-Afrikaansche Republiek.**

1854

England erkennt die Gründung des Oranjefreistaats an.

1856

Natal wird eigenständige Kolonie.

1860

Indische Arbeitskräfte für die Zuckerrohrplantagen treffen ein. Eröffnung der 1. Bahnstrecke.

1867

Erster Diamantenfund bei Hopetown.

1869

Diamantenfunde bei Kimberley.

1870

Die Briten annektieren die Diamantenminen.

Geschichtliche Eckdaten

1871
Goldfunde bei Eersteling, 1873 bei Lydenburg.

1877
Die Briten annektieren Transvaal.

1879
Die Briten besetzen Zululand.

1880–1881
1. Burenkrieg

1881
Der Transvaal ist wieder unabhängig.

1883
Paul Kruger wird Präsident von Transvaal

1886
Große Goldfunde am Witwatersrand. Gründung von Johannesburg.

1890
C. Rhodes wird Premierminister der Kapkolonie.

1893
Natal erhält Selbständigkeit.

1896
Rhodes tritt nach dem misslungenen Sturz der Regierung der Republik Transvaal zurück.

1899–1902
2. Burenkrieg: Die Republiken Oranjefreistaat und Transvaal gegen England.

1902
Transvaal und Oranjefreistaat kommen zur britischen Kolonie.

1904
Tod von Paul Kruger. Chinesische Arbeiter verpflichten sich auf die Goldfelder.

1910
Kapprovinz, Transvaal, Oranje Free State und Natal vereinigen sich zur **Südafrikanischen Union.**

1912
Gründung des South African National Congress (SANC), ab 1923 **ANC.**

1913
Beschränkung des Landeigentums für Schwarze per Gesetz. Streiks und Ausschreitungen der Arbeiter am Witwatersrand.

1914
Südafrika tritt auf Seiten der Alliierten in den 1. Weltkrieg ein. Gründung der Nationalen Partei.

1920
Über 70.000 Arbeiter streiken für höhere Löhne. Der Eingeborenenkongress im Transvaal protestiert gegen das Tragen von Pässen.

1921
Die Südafrikanische Kommunistische Partei (KPSA, SAKP) wird von weißen Sozialisten gegründet.

1923
Gründung des *South African Indian Congress.*

1924
General Hertzog der Nationalen Partei wird Premierminister.

1925
Afrikaans wird neben Englisch offizielle Amtssprache.

1927
In 26 Städten wird die schwarze und farbige Bevölkerung zwangsausgesiedelt.

1930
Weißen Frauen wird das Wahlrecht zuerkannt.

1936
Farbige verlieren ihr Wahlrecht am Kap. Das Treuhand- und Landesgesetz legt den Landbesitzanteil für Schwarze auf 13 % der gesamten Landesfläche fest (später 20 %).

1939
Südafrika tritt auf Seiten der Alliierten in den 2. Weltkrieg ein.

1943
Die Jugendliga des ANC wird gegründet.

ab 1948
Die Nationale Partei gewinnt die Wahlen. Beginn der Apartheid-Politik.

1959
Gründung des Panafrikanischen Kongresses (PAC). Beginn der Homeland-Politik.

1960
In Sharpeville erschießt die Polizei bei einer Demonstration gegen die Passgesetze 69 Menschen.

1961
Südafrika verlässt den Commonwealth und wird eigenständige Republik.

1962
Nelson Mandela wird verhaftet.

Geschichtliche Eckdaten

1963
Verabschiedung des Gesetzes zur 90-Tage-Inhaftierung ohne Verurteilung.

1964
Nelson Mandela wird wegen Hochverrats zu lebenslanger Haft verurteilt.

1966
Premierminister Verwoerd wird im Parlament ermordet.

1967
Der südafrikanische Arzt Christiaan Barnard führt im Groote-Schuur-Krankenhaus die erste erfolgreiche Herztransplantation durch.

1976
Schülerunruhen in Soweto nach Einführung des Afrikaans als Unterrichtssprache. Südafrika führt Krieg gegen Angola.

1977
UN-Sicherheitsrat verhängt Waffen-Embargo gegen Südafrika.

1983
Verabschiedung der neuen südafrikanischen Verfassung, Einrichtung des Dreikammerparlaments für Weiße, Farbige und Inder, Gründung der Vereinigten Demokratischen Front (UDF).

1984
Gründung der Nationalen Bergarbeitergewerkschaft (NUM).

1985
Nach Unruhen und Protesten wird über 36 Bezirke der Ausnahmezustand verhängt.

1986
Beschluss über die Aufhebung wichtiger Apartheid-Gesetze: Schwarze erhalten wieder Grundeigentumsrechte in städtischen Gebieten, Mischehen sind erlaubt, Passgesetze und Zuzugskontrollen werden abgeschafft.

1989
Frederik de Klerk wird Vorsitzender der Nationalen Partei und spricht sich für eine Aufhebung der Rassentrennung aus. Pieter W. Botha tritt zurück, de Klerk wird Staatspräsident.

1990
De Klerk gibt wichtige politische Schritte bekannt: Das Verbot gegen alle Parteien, darunter ANC, PAC und SAKP wird aufgehoben. **Nelson Mandela** wird am 11. Februar **nach 27 Jahren aus der Haft entlassen,** der landesweite Aus-

nahmezustand aufgehoben. Gründung der **Inkatha Freedom Party (IFP)** unter dem Chiefminister von KwaZulu, Mangosuthu **Buthelezi.**
Am 19. Juni hebt das Parlament das Gesetz über getrennte Einrichtungen in allen öffentlichen Bereichen auf. Bündnis zwischen ANC, SAKP und der Gewerkschaftsorganisation COSATU. Die Regierung und das Bündnis verhandeln über den friedlichen Weg der Machtübernahme. Die EG-Staaten heben das Investitionsverbot auf.

1991
Die letzten Apartheid-Gesetze werden abgeschafft: Gesetz über getrennte Wohngebiete, Landgesetze (Group Areas Act und Land Acts), Gesetz über die Registrierung der Bevölkerung (Population Registration Act). EG-Ministerrat hebt alle Sanktionen gegen Südafrika auf. Südafrika darf sich wieder an internationalen Sportveranstaltungen beteiligen.
Nelson **Mandela** wird zum Präsidenten des ANC gewählt, Walter Sisulu zum Vizepräsidenten, Cyril **Ramaphosa** wird Generalsekretär. Schwere Zusammenstöße zwischen ANC und Mitgliedern der Zulu-Organisation Inkatha. 24 südafrikanische Parteien und Organisationen unterzeichnen ein Friedensabkommen und gründen den CODESA ("Konvent für ein demokratisches Südafrika") der den Aufbau einer Mehrparteiendemokratie unterstützen soll.

1992
Massaker von Boipatong, bei dem 39 Menschen bei Auseinandersetzungen zwischen ANC und Inkatha ums Leben kommen. Bei weiteren Unruhen sterben in der Ciskei 28 Menschen. Nach einer Sondersitzung der Regierung wird eine Verfassungsänderung beschlossen, nach der auch schwarze Südafrikaner als Minister ins Kabinett berufen werden können. Das Nationale Wirtschaftsforum aus Gewerkschaften, Privatwirtschaft und Regierung wird gebildet.

1993
Die Regierung legt ihren Vorschlag für eine zukünftige Charta der Grundrechte als Verhandlungsgrundlage vor. 26 Parteien und Organisationen beteiligen sich an den Beratungen. Mandela und de Klerk erhalten für ihre politische Arbeit den Friedensnobelpreis.

1994
Im April finden **die ersten freien Parlamentswahlen** statt. Stärkste Partei ist der ANC mit 62,7 % und 252 Sitzen. Die Nationale Partei de Klerks erhält 20,4 % und 82 Sitze, die Inkatha-

Freiheitspartei 10,5 % und 43 Sitze. Am 10. Mai wird Nelson Mandela als Staatspräsident der Republik Südafrika vereidigt. *Frederik de Klerk* und *Thabo Mbeki* als Vizepräsidenten.

1996

Mit großer Mehrheit wird am 8. Mai die neue südafrikanische Verfassung verabschiedet. Die Inkatha Freedom Party boykottiert die Wahlen. Es kommt wiederholt zu blutigen Auseinandersetzungen in KwaZulu-Natal.

1997

Thabo Mbeki wird zum neuen Präsidenten des ANC gewählt. Die National Partei geht in die Opposition, Frederik de Klerk gibt seinen Vizepräsidentenposten ab und zieht sich aus der Politik zurück.

1998

Gegen den Widerstand von Regierung und Opposition veröffentlicht die Wahrheits- und Versöhnungskommission unter Desmond Tutu ihre Ergebnisse.

1999

Erste Neuwahlen nach der neuen Verfassung. Stimmenstärkste Partei ist der ANC, der künftig allein die Regierung stellt. Thabo Mbeki neuer Regierungschef.

2004

Bei den Parlamentswahlen erzielt der ANC unter Thabo Mbeki eine Zweidrittel-Mehrheit. Am 27. April feiert Südafrika den **10. Jahrestag der politischen Wende** mit einem großen Fest. Große Begeisterung im Mai, als die FIFA Südafrika zum Austragungsland der **Fußball-WM 2010** wählt.

2005

Mit Phumzile Mlambo-Ngcuka wird zum ersten Mal eine Frau Vize-Präsidentin.

2006

Die deutschstämmige und politisch kampfeslustige **Helen Zille** – einer ihrer Vorfahren ist der unvergessene Berliner Maler Heinrich Zille – wird Bürgermeisterin von Kapstadt, **2007** Vorsitzende der *Democratic Alliance.*

2007

Der WM-Slogan vorgestellt: *„Ke nako. Celebrate Africa's humanity* – Es ist an der Zeit, Afrikas Menschlichkeit zu feiern". Dezember: Jacob Zuma wird – statt Mbeki – neuer ANC-Vorsitzender.

2008

Die südafrikanische Wirtschaft erlebt eine Abschwächung. September: **Thabo Mbeki** tritt zurück, neuer Staatspräsident wird **Kgalema Mothlanthe.** Dezember: ANC-Dissidenten gründen unter Moshua Lekota die neue Partei Cope – „Congress of the People".

2009

Jacob Zuma wird neuer Staatspräsident. Bürgermeister von Kapstadt wird **Dan Plato.** Helen Zille wird Premierministerin der Western Cape Province.

2010

Fußball-Weltmeisterschaft in Südafrika. Zuma entlässt 7 Minister.

2011

Im Januar starke Überschwemmungen. In 7 der 9 Provinzen wird der Notstand ausgerufen. **Patricia de Lille** wird Bürgermeisterin von Kapstadt.

2012

Während eines Streiks werden im August **34 Minenarbeiter** von der Polizei **erschossen.** Der Konzern **Anglo-American** entlässt im Oktober 12.000 Arbeiter. Sie hatten eine deutliche Lohnerhöhung auf 1400 Euro im Monat verlangt und gestreikt. Nach Einigung mit der Gewerkschaft werden sie wieder eingestellt. Die Chefin von Anglo American, **Cynthia Carroll,** tritt zurück. Bereits im Februar hatte die Firma **Impala Platinum** 17.000 Arbeiter entlassen – sie allerdings nach Wochen auch wieder eingestellt.

Jacob Zuma bleibt Parteivorsitzender des ANC. Er heiratet im April zum sechsten Mal. Sein privates Anwesen wird größtenteils auf Staatskosten ausgebaut. **Helen Zille** bezichtigt ihn der Korruption.

2013

Anglo American will 14.000 Arbeiter seiner 57.000 Arbeiter entlassen – 13.000 allein in Rustenburg, dem Schauplatz des Streiks 2012. **Harmony Gold** droht 6000 Arbeitern der Kusasalethu Mine mit Entlassung. Tausende von **Farmarbeitern streiken** in der Western Cape Province. Ihr Lohn wird von R70 auf R105 erhöht – das sind ca. 9 Euro am Tag.

Die Chefin von Anglo American tritt zurück.

2014

Wahl in Südafrika. Es wird ein erneuter Sieg des ANC unter Jacob Zuma erwartet.

Von der Urzeit zur Gegenwart

In grauer Vorzeit

Südafrika ist bezüglich des evolutionären Werdegangs der Menschheit eine wahre Fundgrube mit Spuren bis zurück zu den Anfängen. Bis 1924 richtete sich das Hauptaugenmerk der Prähistoriker auf Asien, als Professor *Raymond Dart* die Weltöffentlichkeit mit einer Neuigkeit überraschte. Ihm war nämlich ein großer Kalksteinbrocken zugesandt worden, den Arbeiter im Steinbruch von Buxton in der Nähe von **Taung** gefunden hatten. Dart legte den Schädel eines sechsjährigen Kindes frei, das erste Beweisstück für die älteste Menschheitsspezies die jemals gefunden wurde. Der Schädel wies sowohl die Züge eines Affen, als auch die eines Menschen auf und man nannte das über 3 Millionen Jahre alte Fossil **Australopithecus africanus** („Südaffe"), eine Gattung, die sich vorwiegend von Wurzeln und Insekten ernährte.

An noch weiteren südafrikanischen Fossilienfundstätten fand man die Überreste von Homoniden: in *Kroomdraai, Swartkrans, Sterkfontein, Makapansgat* und *Drimolen* bei Sterkfontein (Karte s.S. 611), Fundort des *Australophithecus robustus*). In den **Sterkfontein Caves** gelang Dr. Robert Broom 1947 der bedeutendste Fund: Es war der 2,7 Millionen Jahre alte Schädel eines erwachsenen **Plesianthropus transvaalensins,** der als sogenannte **Mrs. Ples** weltweit für Aufsehen sorgte. Eigentlich müsste das Individuum *Mr. Ples* heißen, denn 2004 stellte sich bei einer Rekonstruktion heraus, dass das in der Nähe gefundene Skelett männlich war und höchstwahrscheinlich zum Schädel gehört.

Broom fand 1949 weitere Bruchstücke eines Homoniden in Swartkrans (gleich in der Nähe von Sterkfontein), doch dieses Mal entdeckte er auch Steinwerkzeuge, die später eindeutig der Spezies **Homo habilis,** dem ersten werkzeugmachenden Menschen, zugeordnet werden konnte (der *Homo habilis* gilt als das fehlende Bindeglied zwischen den affenähnlichen Homoniden und der Menschheit im heutigen Sinne). Noch im gleichen Jahr fand Broom den ersten **Homo erectus,** den aufrechtstehenden Menschen, der als direkter Vorfahr des Homo sapiens gilt. Der Homo erectus verfügte bereits über weiterentwickelte Werkzeuge und Faustkeile. Swartkrans ist eine der wenigen Stellen auf der Welt, an dem der Gebrauch von **kontrolliertem Feuer** auf mehr als eine Million Jahre zurückverfolgt werden kann.

Die Entdeckung des Homo sapiens

In Höhlen am Klasies River in der Eastern Cape Province und in der Border-Höhle in KwaZulu-Natal wurden Skelettreste von Menschen gefunden, die über 100.000 Jahre alt sind. Sollte die Datierung stimmen, so sind das die **ältesten Fundstücke** auf der Welt, die es von der heutigen Menschengattung gibt. Das würde bedeuten, dass der **Homo sapiens** bereits 60.000 Jahre im südlichen Afrika lebte, bevor er nach Europa oder Asien gelangte.

Der erste Homo sapiens lebte als Sammler und Jäger, seine Waffen waren bereits deutlich entwickelt, er jagte mit Pfeil und Bogen. Seine wahrscheinlichen Nachfahren im südlichen Afrika, die Buschmänner (San), hinterließen der Nachwelt unschätzbare Zeugnisse aus der Steinzeit: Felsmalereien und -ritzungen, die größte Sammlung dieser Art auf der Welt. Man findet die meisten „Galerien" in den Drakensbergen KwaZulu-Natals und in der Bergregion am Kap, aber auch verstreut über das ganze Landesinnere.

Einer der größten Fundorte mit 3600

Einzelbildern, **Driekopseiland,** liegt in der Nähe von Kimberley am Riet River. Die meisten Abbildungen beschäftigen sich mit Jagdszenen und dem Verhältnis zwischen Tier und Mensch. Aber auch besondere Ereignisse und das Eindringen anderer Volksstämme sind dokumentiert. Am wichtigsten erscheint jedoch die Tatsache, dass in diesen alten Bildern die spirituelle Welt der San verewigt wurde, ihre Beziehung zu den Mächten der Natur, die sich in Symbolen widerspiegeln. Nicht nur Felswände und -überhänge dienten als Medium, auch lose Felsbrocken mit Ritzungen wurden gefunden, z.B. ein großer Stein in der **Wonderwerk Cave** in der Nähe von Kuruman, dessen Gravierungen mehr als 12.000 Jahre alt sind. In der Boomplaas-Höhle bei Oudtshoorn lag ein Stein, der vor etwa 6400 Jahren bemalt wurde, in den Lasies River-Höhlen gleich drei Exemplare, der älteste davon wurde vor 3900 Jahren von den San bearbeitet.

Die Zuwanderung schwarzer Stämme

Bis heute sind sich die Wissenschaftler nicht darüber einig, ob die **Khoikhoi** wie die Bantu-Stämme aus dem zentralafrikanischen Raum eingewandert sind, oder ob sie sich aus den Urmenschen parallel mit den San im südlichen Afrika entwickelt haben. Für letzteres spräche der kleinwüchsige Körperbau und die gelblich-braune Haut (beide Völker wurden wegen der ähnlichen Sprache ethnologisch unter dem Oberbegriff **„Khoisan"** zusammengefasst).

Die Khoikhoi waren ein nomadisches Hirtenvolk, das in weit verstreuten Einzelverbänden umherzog. Das älteste Vorkommen von Schafen entdeckte man in der **Spoegrivier-Höhle,** eine Heimstatt der Khoikhoi vor etwa 2100 Jahren im heutigen Namaqualand.

Archäologische Funde erhärten die These, dass es bereits 300 n.Chr. (Frühe Eisenzeit) kleine Bauernsiedlungen im nördlichen und östlichen Teil Südafrikas gab. Die **ersten bantusprachigen Stämme** kamen etwa **ab 600 n.Chr.** entlang der Ostküste bis in die Region des heutigen Buffalo City (East London). Sie verdrängten die Vorbevölkerung oder vermischten sich mit ihnen, lebten in größeren Dorfgemeinschaften, bauten Getreide an und hielten Vieh. Sie kannten bereits die Töpferkunst und verarbeiteten Eisen. Ihre ältesten Kunstwerke sind die **Lydenburg Heads,** sieben aus Ton gebrannte Köpfe mit schönen Verzierungen aus der Zeit um 500 n.Chr.

Lange bevor die Europäer Afrika betraten, kannte man im südlichen Afrika die Metallverarbeitung. In Phalaborwa wurden vom 8. bis zum 18. Jahrhundert Kupfer- und Eisenminen betrieben. Im Mittelpunkt des Handels stand zwischen 1050 und 1200 n.Chr. **Mapunguwe** in der Nähe von Musina am Limpopo River. Hier fand man besonders schöne Metallarbeiten, besonders aus Gold, kunstvolle Schnitzereien, Perlenarbeiten, aber auch chinesisches Porzellan und Schriften in arabischer Sprache, was auf einen Handel mit Ostafrika hindeutet. Historisch bedeutungsvoll sind auch die kürzlich entdeckten Steinmauern einer alten Siedlung in **Thulamela** im Krügerpark, die dem Tourismus zugänglich gemacht werden sollen.

Als im 15. Jh. die ersten Weißen das Land betraten, verteilten sich die afrikanischen Völker etwa folgendermaßen: Ab dem 14. Jahrhundert zogen bantusprachige Stämme, die bis dato vorwiegend im Norden und Osten ansässig waren, in die Regionen des westlichen Transvaal und des Free State. Tswanas und Sothos siedelten sich in der Region des heutigen Rustenburg an. Die Nguni-Völker zogen in den nördlichen und östlichen Teil der

Kap-Region, Xhosa bewohnten das Gebiet der Transkei, Zulu die Küste und die Küstennähe der heutigen Provinz Kwa Zulu-Natal.

Gegen Mitte des 16. Jahrhunderts kam es zum **ersten Zusammentreffen** in der Delagoa-Bucht (heute Baia de Maputo, Moçambique) **mit portugiesischen Seefahrern.** Erste schriftliche Aufzeichnungen über die Lebensweise der Nguni-Stämme stammen von ihnen und von Berichten der zahlreichen Schiffbrüchigen, die an der Ostküste strandeten. Anfang des 17. Jahrhunderts schlossen sich die schwarzen Stämme in der südlichen Region zu größeren Gruppen zusammen, Ende des 18. Jh. auch die Stämme in Natal.

Es folgte die große Zeit der Zulu unter **König Shaka.** Durch geschicktes politisches Taktieren, vor allem aber durch blanke Gewalt, schloss er das Zulu-Reich zu einem Imperium zusammen, das sich vom Pongola River im Norden bis zum Tugela River Süden und vom Buffalo River im Westen bis an die Küste des Indischen Ozeans erstreckte. Dies führte zu einer großen Vernichtung anderer Stämme und zu einer Massenflucht, die als **Difaqane** (oder auch „Mfecane"), als „erzwungene Wanderung" in die Geschichte einging. Von 1817 bis 1847 kam es zu Wanderungen der Natal-Ngunis (über 3000 km). Sie gründeten neue Siedlungen im Matabeleland (heute in Zimbabwe), im Gazaland von Moçambique und erreichten den Malawi-See und die Victoria-Fälle.

Die Zeit der Portugiesen

Im 15. Jahrhundert stand Europa im Zeichen der Expansion und der Seefahrt. Ein eigener Weg nach Indien sollte gefunden werden, um den arabischen Handel mit Gewürzen und Seide zu umgehen und profitabler an der Quelle selbst schöpfen zu können. **Bartolomeu Dias** segelte mit zwei Karavellen und einem Proviantschiff die Westküste Afrikas entlang und ging Weihnachten 1487 in einer Bucht südlich von Lüderitz (Namibia) an Land. Im Januar 1488 umsegelte er als erster das *Cabo da Boa Esperança* – **Kap der Guten Hoffnung** (zuerst „Kap der Stürme" genannt), legte an der Mündung des Gourits River und in der Mossel Bay an und kam noch bis zur Bahia da Lagoa (Algoa Bay, östl. von Port Elizabeth).

Vasco da Gama segelte im Juli 1497 von Lissabon los und legte nach Umrundung des Kaps am 22. November in Mossel Bay an. Am 25. Dezember wurde weiter östlich das Land der *Pondos* erreicht, das er wegen des Weihnachtfests **Terra do Natal** taufte. Er segelte weiter bis nach Malindi (Kenya) und dann nach Osten nach Indien, wo er im Mai 1498 in Calicut eintraf.

Damit war das Gewürzmonopol der Araber gebrochen. Am südlichen Afrika hatten die Portugiesen wenig Interesse, da die Küstengewässer tückisch waren und die Khoikhoi sie bei ihren Landgängen angriffen. So errichteten sie nur Stützpunkte in Moçambique. Wichtig für die seefahrerische Vorrangstellung Portugals im damaligen Europa war es, den Seeweg nach Indien als Staatsgeheimnis zu hüten und so legte sich für die nächsten 150 Jahre ein Schleier über das südliche Afrika.

Der Beginn der Kolonisation

Der Niederländer **Jan van Riebeeck** war ein ehrgeiziger junger Mann, der durch die **Verenigde Oost-Indische Compagnie** (VOC) 1640 nach Jakarta kam und dort die Handelsinteressen der Gesellschaft vertrat. Auf der Rückfahrt 1648 legte man am Kap der Guten Hoffnung an um Frischwasser und Schiffbrüchige der Nieuw-Haerlem aufzunehmen. Zwei Jahre später schlug die VOC vor, eine ständige

Siedlung am Kap aufzubauen und übertrug van Riebeeck diese Aufgabe. Mit etwa 90 Niederländern, Deutschen und ein paar anderen Europäern, darunter auch Frauen und Kinder, legte er ab.

Die Gründung von Kapstadt

Am 6. April 1652 landete van Riebeeck in der Tafelbucht. Am Kap lebten nur wenige Menschen. Die San, scheue Jäger, bekamen die Weißen nur selten zu Gesicht, die Khoikhoi aber waren wegen ihrer Schafe und Rinder für die Neuankömmlinge äußerst interessant.

Das Kap der Guten Hoffnung lag auf der Hälfte der langen Seereise nach Ostasien. Die Schiffsmannschaften, die anlegten, litten an Skorbut, mehr als die Hälfte jeder Mannschaft starb an den Strapazen der langen Reise. Dies sollte durch die Anlage von Gärten verhindert werden, die die Seeleute mit Gemüse und Früchten versorgen konnten. Die Lage war ideal: Vom Tafelberg sprudelte frisches Quellwasser, das Klima war mild, das Meer bot üppige Fischschwärme und die Khoikhoi verkauften willig ihr Vieh.

Die VOC gab van Riebeeck die Order, den Khoikhoi gegenüber freundlich zu sein, da sie einen ruhigen und sicheren Stützpunkt wollte. Eine Kolonisierung der Region war nicht geplant. Doch die Situation geriet außer Kontrolle. Die schwarzen Viehzüchter erhöhten bei jeder Lieferung ihre Preise und die Gärten konnten den einlaufenden Schiffen gerade das Nötigste liefern. 1657 unterbreitete van Riebeeck der Gesellschaft den Vorschlag, neun Angestellten Land zu verschaffen und sie selbständig als Bauern arbeiten zu lassen. So begannen die ersten *„Vryburghers"*, freie Bürger, die Felder zu bestellen.

Der Schiffsverkehr nahm zu, die Nachfrage an Fleisch und Gemüse stieg. Man beschloss, mit Einverständnis der VOC,

sich größere Ländereien der Khoikhoi anzueignen. 1659 setzten sich die Khoikhoi unter ihrem Anführer Doman zur Wehr und überfielen die Farmen der Vryburghers. Doch letztendlich scheiterten sie an den Gewehren der Europäer.

In den folgenden Jahrzehnten waren die Khoikhoi immer stärker gezwungen, Arbeit bei den Weißen anzunehmen. Andere zogen sich ins Landesinnere zurück. Letztendlich jedoch vermischten sich die Khoikhoi mit den Europäern und ihre eigenständige Kultur verschwand fast vollständig. Sie findet nur noch Widerhall bei den Nama und in den Traditionen der Farbigen, die aus der Vermischung hervorgingen.

An Arbeitskräften bestand in Kapstadt ständiger Mangel (im Bau war auch das *Fort Goode Hoop*). Van Riebeeck forderte Sklaven an und bekam sie auch. In einem neuen Siedlungsprogramm brachte die VOC weitere weiße Siedler ans Kap. Die Grundlage für eine weitere Kolonisierung Südafrikas war damit geschaffen. Nach 10 Jahren verließ van Riebeeck 1662 das Kap, um für die Kompanie nach Malacca zu gehen. Er starb 1677 auf Java.

Um das Jahr **1800** lebten bereits **26.000 Sklaven** im Land. Die meisten Bauern hatten 5 Sklaven, nur wenige 50 oder mehr. Sklaven galten nicht als menschliche Wesen, wenige konnten sich freikaufen, und das auch nur, wenn sie von ihren Herren die Erlaubnis erhielten, als Handwerker tätig zu werden. Die einzigen freien Nichtweißen waren die Khoisan, die auch Sklaven besitzen und Sklavenhandel treiben durften. Ihnen war es theoretisch auch gestattet, sich eine weiße Frau zu nehmen. Dies war jedoch Illusion, da akute Frauenknappheit herrschte. So waren es die weißen Männer, die sich schwarze Frauen nahmen oder als Konkubinen hielten. Die Abkömmlinge dieser Verbindungen wurden *basters* genannt.

Der Beginn der Kolonisation

In Frankreich nahm unterdessen die religiöse Verfolgung der **Hugenotten** zu, so dass sich viele zuerst in die Niederlande ab 1688 ans Kap retteten. Ihr weiterer Zuzug wurde jedoch aufgrund der immer noch schwierigen ökonomischen Situation im Land später unterbunden.

Ein neues Bewusstsein entsteht

Recht und Ordnung war Ermessenssache der Ostindien-Handelsgesellschaft, ein Umstand, der vielen Siedlern Unbehagen verursachte. Im 18. Jahrhundert konnte man am Kap drei soziale Gruppen unterscheiden: Zum einen die weltoffenen und gewandten Händler in Kapstadt, dann die Bauern und zuletzt die Viehzüchter, aus denen später die **„Trekboeren"**, die „Zugbauern", hervorgingen.

Für die VOC wurde die Verwaltung der Siedlung immer problematischer. Plötzlich ertönte von allen Seiten der Ruf nach „Freiheit". Doch Freiheit von wem? Die Niederlande waren noch immer die Schutzmacht des Kaps, das befestigte Fort diente als Bollwerk gegen andere europäische Mächte. Mischehen, vor kurzem noch eine unumgängliche Notwendigkeit, wurden verachtet. Die Weißen heirateten nur noch untereinander und die mächtigen „Familienklans" der Afrikaner waren im Entstehen – und mit ihnen ein neues Selbstbewusstsein. Die Anordnungen aus den Niederlanden wurden nur noch halbherzig befolgt, und obwohl die meisten Vryburgher immer noch Angestellte der VOC waren und auch wieder nach Hause beordert werden konnten, widersetzten sie sich zunehmend. Sie nahmen es eher in Kauf, sich ins Landesinnere zurückzuziehen, als wieder in eine Heimat zurückzukehren, die ihnen längst fremd geworden war. Im Gegenteil, sie fühlten sich als Herren des Landes und glaubten bereits nach zwei Generationen, den Boden und die Sklaven schon immer

besessen zu haben – historisch gesehen nicht richtig, zumal man damit die Existenz der Khoisan-Gruppen am Kap leugnete und Tatsachen negierte wie z.B. die Berichte von schiffbrüchigen Portugiesen, die bereits 1552 Kontakte mit den Xhosas an der Küste hatten. Sie und andere Nguni-Völker, wie Zulu und Swazi und auch Sotho-Gruppen und Venda bevölkerten bereits seit Jahrhunderten das südliche Afrika. In ihrer kleinen Welt lebten sie in dem engen Gefüge ihres vorwiegend calvinistischen Glaubens und seiner Moralvorstellungen. Und während in Europa die Zeit der Aufklärung begann, die Wissenschaft zum Gegenpol der kirchlichen Doktrin wurde und die Industrialisierung einsetzte, verharrte man am Kap in einer anderen Welt und entwickelte eine Denkweise, die die Afrikaaner zum „auserwählten Volk Gottes" erhob, das nicht nur das Recht, sondern auch die Pflicht hatte, sich das Land und die dort lebenden Menschen untertan zu machen.

Als die Engländer ans Kap kamen, hatte sich bereits eine eigene ethnische Identität und bestimmte Lebensweise entwickelt.

Die englische Flagge wird gehisst

Am 5. August 1795 betraten erstmals englische Truppen mit 1600 Mann unter Admiral George Elphinstone in der Nähe des heutigen Muizenberg südafrikanisches Territorium. Die damalige Kapgarnison, bestehend aus 900 Soldaten und wehrfähigen Siedlern, konnte zunächst Paroli bieten. Doch das änderte sich, als weitere 5000 englische Soldaten eintrafen. Am 16. September ergab sich die Kapgarnison.

Die ersten englischen Versuche angelsächsisches Recht einzuführen scheiterten ebenso wie die Grenzgebiete unter Kontrolle zu bringen, da die burischen Siedler nicht kooperierten und die Briten in Kämpfe mit den Xhosas verwickelt wur-

Der Beginn der Kolonisation

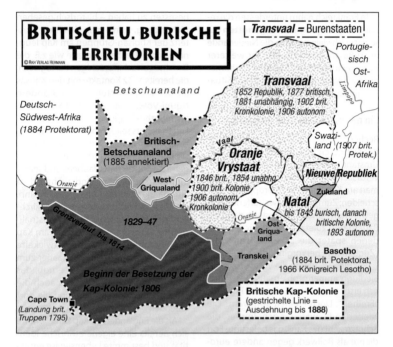

den. 1803 gab Großbritannien das Gebiet im Frieden von Amiens an die Batavische Republik, wie sich die Niederlande 1795–1806 nannten, zurück. Doch nur drei Jahre später kehrten die Briten mit 6700 Mann zurück und 1807 übernahm der Earl von Caledon den Posten des ersten britischen Zivilgouverneurs. In Kapstadt wurde der erste Bürger-Senat eingerichtet.

1809 erließen die Engländer ein folgenschweres Gesetz, von dem sie sich Sympathie bei den Buren erhofften: Sie bestimmten, dass zukünftig jeder Khoikhoi unter Androhung von Strafe einen Pass bei sich tragen müsse, in dem sein Wohn- und Arbeitsplatz eingetragen war. So konnten sich die Khoikhoi nicht mehr von den Ländereien ihrer Herren wegbewegen. Die Buren waren hocherfreut über diese Anordnung. Auch begrüßten sie es, dass die Briten Truppen gegen die Xhosa ausschickten, die in ständigem Grenzkrieg mit den burischen Siedlern lagen, und diese ins Landesinnere vertrieben. Der Nachfolger Caledons, Sir John Cradock, versuchte, die angespannte Lage in den Grenzregionen durch verstärkte Besiedlung unter Kontrolle zu bringen. Als Garnisonsorte wurden Grahamstown und Cradock gegründet.

1815, nach dem Sieg über Napoleon, kaufte die Englische Krone für sechs Millionen Pfund Sterling das Kapland endgültig den Niederländern ab. In diesem Jahr sollte etwas geschehen, was die Geschicke Südafrikas in eine neue Richtung lenkte und das Verhältnis von Buren und Briten bis auf den heutigen Tag prägt. Die Geschichte handelt von einem Richter, der im Land herumreiste um Recht zu sprechen. Er war Afrikaaner, stand in englischen Diensten und hatte einen einfachen Fall, in dem ein Khoikhoi seinen Arbeitgeber, einen gewissen *Freek Bezuidenhout,* beschuldigte, ihn misshandelt zu haben. Bezuidenhout ignorierte die Vorladungen des Gerichts und wurde wegen Missachtung desselben zu einem Monat Gefängnis verurteilt. Die Buren waren empört. Bezuidenhout versuchte, sich der Verhaftung zu entziehen und wurde auf der Flucht erschossen. Zuviel der Einmischung, dachten sich 60 Bauern und ergriffen die Waffen gegen die Engländer. Erfolglos. Fünf von ihnen wurden wegen Hochverrats zum Tod durch den Strick verurteilt. Sie sollten die ersten „Helden" im Befreiungskampf gegen die Briten werden.

Die napoleonischen Kriege hatten Großbritannien finanziell geschwächt, so dass die Regierung beschloss, ausgediente Soldaten und Arbeitslose ans Kap zu schicken, damit diese die Verteidigung des Stützpunktes garantierten und die Siedlungspolitik vorantrieben. Englisch wurde Haupt- und Gerichtssprache. Die legendären **1820er-Siedler** kamen ins Land, insgesamt 4500 Männer, Frauen und Kinder. Sklavenhaltung (1807 im englischen Recht abgeschafft) wurde verboten, englische Missionare prangerten die Behandlung der Schwarzen durch die Buren an. Sie predigten, dass vor Gott alle Menschen gleich seien. 1828 wurde die Pass-Verordnung für die Khoikhoi und die Farbigen wieder aufgehoben. Damit standen die Schwarzen und Farbigen auch den englischen Siedlern als Arbeitskräfte zur Verfügung. 1833 wurde gar ein Gesetz erlassen, dass die Farmer anwies, in einem Zeitraum zwischen vier und sechs Jahren alle Sklaven freizulassen. Damit war die Kluft zwischen Buren und Engländern nun endgültig. In den Jahren zwischen 1837 und 1851 kamen weitere 9000 Briten ins Land und erhielten in den Grenz-

gebieten Land. Zahllose scheiterten: an Entbehrungen, Auseinandersetzungen mit den Schwarzen, Krankheiten, Hitze und Dürre. Viele zogen es vor, in Nähe der Garnisonsorte zu siedeln, und so entwickelten sich Städte.

Der große Trek

Ab 1834 nahm die Aversion der Buren gegenüber den Engländern ein Maß an, das die Buren veranlasste, zivilen Ungehorsam durch Wegzug zu demonstrieren. Sie packten ihre Habseligkeiten auf Planwagen, spannten Ochsen davor und zogen aus, das „gelobte Land" zu suchen. Ihre Sklaven und Hausangestellten nahmen sie mit auf den beschwerlichen Weg, den vor ihnen nur Abenteurer, Großwildjäger und ein paar Missionare eingeschlagen hatten. Die mitgeführten Gewehre galten allen, die sich ihnen in den Weg stellen sollten, und die Bibel, oft ihr einziges Buch, motivierte sie jeden Tag neu. „Denn du bist ein heilig Volk dem Herrn Deinem Gott. Dich hat der Herr, Dein Gott, erwählet zum Volk des Eigentums aus allen Völkern, die auf Erden sind … " (5. Buch Moses, lutherische Übersetzung). Kein Wunder, dass der große Trek in afrikaanscher Anschauung gern mit dem Auszug der Israeliten aus Ägypten verglichen wird.

1837 brachen 6000 Afrikaaner zum großen Trek ins Landesinnere auf und bis 1854 wuchs die Zahl auf über 15.000 an. Viele von ihnen verließen ganz einfach ihre Häuser, andere wieder verkauften sie zu Schleuderpreisen. Sie selbst nannten sich **Trekboeren** oder **Voortrekker,** Pioniere oder Wegbereiter. Sie zogen bis in die entlegensten Winkel des Landes. Denn eins waren sie schon lange nicht mehr: Gemüse- und Getreideproduzenten. Sie hatten sich auf Rinder- und Schafzucht spezialisiert. Jetzt waren sie „rich-

Der große Trek

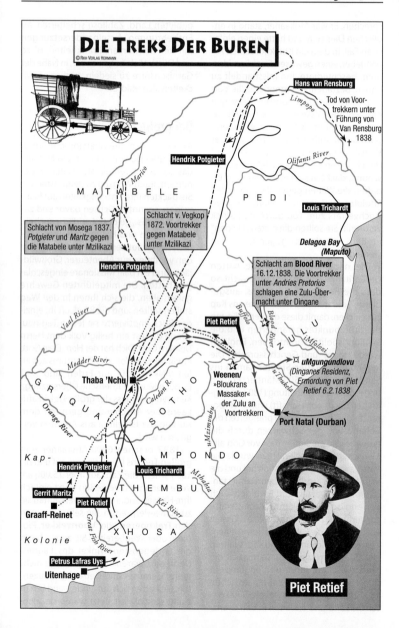

tige" Afrika(a)ner auf der Suche nach Weidegründen für ihre Tiere. Dabei standen ihnen die schwarzen Stämme im Weg. Dass sie keineswegs die braven, moralgetreuen Bauern waren belegen Schriften aus dieser Zeit. So waren in John Barrows Buch *Reisebericht aus dem südafrikanischen Hinterland* aus dem Jahre 1801 die Buren „inhumane, unsensible Menschen, die, nachdem sie erkannt hatten, dass sie von keiner Regierung und Autorität mehr erreicht würden, sich in einer barbarischen Art und Weise gegenüber armen und elenden Menschen wie etwa den Khoisan ausließen".

Einer der ersten Treks stand unter der Leitung von **Piet Uys,** der seine Informationen über die weiten Graslandschaften des **Highveld** von Großwildjägern bekommen hatte. Er startete von Uitenhage aus, überquerte den Great Fish River und den Orange River. Unter sehr großen Strapazen und Entbehrungen umgingen sie die Drakensberge in nordöstlicher Richtung. Der längste Trek in der burischen Geschichte unter den Führern **Louis Trichardt** und **Hans van Rensburg** setzte sich 1835 in Bewegung und erreichte den Norden Transvaals. Van Rensburgs Gruppe trennte sich vom Haupttrek und überquerte den Limpopo, wo 1838 alle Mitglieder den Tod fanden. Der Trek von Louis Trichardt wandte sich von den Soutpansbergen wieder Richtung Süden, überquerte den Olifants River und erreichte den Indischen Ozean bei der Delagoa-Bucht. Dort starben viele an Malaria, darunter auch Trichardt und seine Frau. **Andries Potgieter** zog mit seinem Trupp zunächst bis zum heutigen Thaba 'Nchu und verweilte dort kurz unter Duldung des dort ansässigen Barolong-Stammes. Auch er überquerte den Limpopo River und gelangte in das Gebiet des heutigen Zimbabwe. Schließlich ließ er sich mit seiner Mannschaft 1838 in der Nähe des heutigen Potchefstroom nieder.

Piet Retief und sein Trek in den Tod

Als **Piet Retief,** ein Afrikaaner hugenottischer Abstammung, sich zusammen mit seiner Familie den Voortrekkern in der großen Wagenstadt in Winburg anschloss, war er bereits 57 Jahre alt. Er hatte ein bewegtes Leben hinter sich, verdiente sein Geld als Vieh- und Lebensmittelhändler, als Pferdezüchter und Bauunternehmer. Er übernahm einen Bauauftrag der Regierung und scheiterte an der Einhaltung der festgesetzten Termine, was zu einer hohen Geldstrafe führte, die ihn an den Rand des Ruins brachte. Sein Versagen führte er auf äußere Umstände zurück, denen er und die burische Gemeinschaft ausgesetzt war. Er hielt große Reden, avancierte zum Feldkommandanten der Bürgerwehr und verfasste einen Artikel, in dem er sich öffentlich darüber beschwerte, dass die Kolonie „von der Plage der herumstreunenden Landstreicher" bedroht war, dass die Buren „durch die Freisetzung der Sklaven ungeheure Verluste zu beklagen haben" und dass die „Kaffer" (er meinte die Xhosa) ungestraft plündern durften.

Ein großer Teil der Trekker in Winburg wollte Richtung Norden, andere schlossen sich der Meinung Retiefs an, nach Natal zu ziehen. Und so machte sich diese Gruppe auf den Weg über die Drakensberge ins Land der Zulu. Man hatte Retief gewarnt: Er unterschätze die Zulu und ihre Schlagkraft, und die Briten errichteten in Port Natal bereits einen zweiten Stützpunkt in der Kolonie.

Mühsam zogen die Ochsen die schweren Wagen über die Pässe der Berge. Piet Retief machte sich mit 71 Afrikaanern und 30 Farbigen als Vorhut auf den Weg, um mit den Engländern und den Zulu zu verhandeln. Die Gespräche mit ersteren verliefen erstaunlich erfolgreich. Sein Gesprächspartner bei den Zulu war **König Dingane,** der Nachfolger Shakas. Man traf sich am 6.2.1838 im königlichen *umuzi* **umGungundlovu** und handelte die Gebietsabtretung aus, die ein walisischer Missionar zu Papier brachte. Daraufhin wurde tagelang gefeiert.

Doch die Buren machten zwei entscheidende Fehler: Zum einen hatten die nachkommenden Trekker bereits begonnen, sich im Land der Zulu niederzulassen und zum anderen erzählte Retief dem König, dass andere Trekker erfolgreich die Ndebele im Norden des Landes besiegt hätten. Dem König wurde plötzlich klar, dass mit einer Ansiedelung der Voortrekker seine Macht in den Grundfesten erschüttert würde. So beschloss er, die Feier zwar abzuschließen, aber danach Retief und seine Männer zu töten. Anschließend griffen die Zulu die Lager der Siedler an und töteten weitere 500 Voortrekker, unter ihnen viele Frauen und Kinder. Sie erbeuteten 25.000 Stück Vieh.

Versuchte Unabhängigkeit

Damit schien für den Zulukönig die Sache erledigt. Er hatte jedoch nicht mit der Hartnäckigkeit der Buren gerechnet, die von ihren Landsleuten und den Briten in Port Natal Hilfe anforderten. Doch die Zulu-Krieger schlugen alle Angriffe zurück.

Am 16. Dezember **1838** wendete sich das Blatt. Nach einem heiligen Schwur der Buren, im Fall eines Sieges eine große Kirche zu errichten und Gott für alle Zeit zu danken, siegten sie unter ihrem Führer **Andries Pretorius** in der Schlacht am **Blood River.** 3000 Zulu starben, aber kein einziger Afrikaaner (s.S. 561).

Geschichtlich war dies zwar ein erstaunlicher, aber kein endgültiger Sieg für die Afrikaaner. Als sie 1842 die **„Unabhängige Republik von Natalia"** ausriefen, rückten die Engländer an. Sie wollten die Unabhängigkeit der Buren nicht dulden. Zwei Jahre kämpften Buren und Bri-

ten gegeneinander, 1845 wurde die Buren-Republik wieder aufgelöst. Doch damit war der Konflikt nicht zu Ende. Britisches Recht sollte nun auch in Natal herrschen, hauptsächlich ging es um die Durchsetzung des Verbots der Sklavenhaltung und um die Abgabe von Steuern. Und so machten sich die Siedler erneut auf den Weg, dieses Mal Richtung Norden. Dort trafen sie jene Buren, die sie einst in Winburg verlassen hatten.

Mittlerweile versuchten Voortrekker entlang des Orange River ebenfalls eine unabhängige Republik zu gründen, sie proklamierten den **Oranje Vrystaat.** Auch hier intervenierten die Briten unter Sir Harry Smith und trieben die Buren 1848 weiter in den Norden, hinein in die ebenfalls junge burische **Republik von Transvaal.** Die britische Armee war militärisch so überlegen, dass sich die Buren auf Dauer ihr nicht widersetzen konnten.

Die Briten hatten jedoch zu diesem Zeitpunkt kein Interesse an landwirtschaftlichen Gebieten und entließen beide Republiken 1852 bzw. 1854 in die Unabhängigkeit. So blieb das Gebiet zwischen Orange River und Limpopo River weiter eine Region mit Sklavenhaltung.

In der Kap-Kolonie und in Natal sah es rechtlich für die Nichtweißen zunächst besser aus: 1836 durften auch Schwarze für die Ratsversammlung in Dörfern und städtischen Gemeinden kandidieren. Doch das Wahlrecht wurde immer stärker beschnitten, da die Weißen befürchteten, die Schwarzen und Farbigen würden in den gesetzgebenden Gremien zu stark vertreten sein.

Diamantenfieber

Mit der ländlichen Idylle am Orange und Vaal River hatte es abrupt ein Ende, als man 1867 die ersten Edelsteine im Norden der Kap-Kolonie fand und 1870 in der Nähe von Kimberley das größte Diamantenvorkommen der Welt entdeckte. Glücksritter und Abenteurer aus aller Herren Länder, besonders aus England und Schottland, kamen ans Kap. In Kapstadt schlossen viele Geschäfte, Bauern verließen ihre Äcker, um dem glitzernden Traum vom schnellen Reichtum zu folgen. Die rapide wachsende Siedlung um das **„Big Hole"**, das größte von Menschenhand je geschaffene Loch, überflügelte bald Kapstadt und entwickelte sich zur größten Stadt der Kolonie. Die Fundstätten lagen in einer brisanten Zone: Sowohl die burischen Republiken Transvaal und Oranje Vrystaat beanspruchten das Gebiet als auch die ortsansässigen Griquas. Nicht zuletzt entdeckte auch Queen Victoria ihr Herz für diese Region, deklarierte kurzerhand die Griquas zu Untertanen, und erklärte, da nun die „englische" Bevölkerung überwog, die Region zu einem Teil der Kap-Kolonie. Die Buren mussten sich fügen – und schäumten vor Wut.

Die Diamantensuche nahm dann geregelte Formen an. Tausende kleiner Claims wurden größer werdenden Konsortien einverleibt und schließlich durch **Cecil Rhodes** 1888 zu den **De Beers Consolidated Mines** vereinigt, dem größten Diamantenmonopol der Welt. Den Schwarzen, die ebenfalls auf der Suche nach dem großen Glück nach Kimberley gekommen waren, wurden die Schürflizenzen verwehrt. Der Diamantenschmuggel aus den Minen wurde unerträglich. Trotz massiver Kontrollen der Arbeiter verlor man Werte in Millionenhöhe. Schließlich gab man den Schwarzen nur noch Arbeit, wenn sie sich verpflichteten, in den fabrikeigenen Unterkünften zu wohnen, in denen Frauen nicht erlaubt waren. Der Grundstein für die südafrikanische Industrie war gelegt und die Farbe der zukünftigen Industriearbeiter bestimmt.

Die schwarze Gegenwehr

1876 kam es zur ersten bewaffneten Auseinandersetzung zwischen Weißen und Schwarzen. Viele Schwarze, die auf den Farmen der Transvaaler Buren arbeiteten, sahen eine Chance fortzugehen und eigene kleine Farmen zu gründen. Im Transvaal konnten sie jedoch kein Land pachten. Also zogen sie Richtung Osten und begaben sich unter den Schutz des Königs der Pedi, der ihnen gerne Land abtrat und versprach sie zu schützen. Das musste er auch ein wenig später, als sich ein militärisches Kommando aus dem Transvaal anschickte, „entlaufene" Schwarze zurückzuholen, ohne die die Farmen nicht bewirtschaftet werden konnten. Die blutige Auseinandersetzung brachte der Transvaaler Republik keinen Erfolg. Aber auch die Herrschaft des Pedi-Königs endete bald danach mit der Besetzung seines Landes durch die Engländer. Desgleichen wurden die Xhosa durch die englischen Kolonialtruppen besiegt, die Transkei und die Ciskei gingen in britischen Besitz über.

Mittlerweile waren die englischen Siedler in Natal und die Buren im Süden des Transvaal ängstlich geworden. Der **Zulukönig Cetshwayo** hatte sein Volk wieder zu einer schlagkräftigen Nation vereint. So erklärten die Engländer 1879 den Zulu den Krieg. Doch die Briten hatten sich verrechnet: Sie mussten zunächst die schwersten Niederlagen britischer Kolonialgeschichte einstecken! Bekannt ist die **Schlacht von Isandlwana,** wo bei einem Zuluangriff etwa 1300 britische Soldaten ums Leben kamen. Erst Lord Frederick Chelmsford gelang es, Cetshwayo entscheidend zu schlagen und ihn gefangen zu nehmen. Das Zulureich wurde in 13 Distrikte aufgeteilt und 1887 zur britischen Kronkolonie erklärt.

Andere schwarze Staaten, wie etwa das Königreich der Swazi, hielten sich aus den Konflikten heraus, bis sich abzeichnete, dass die Engländer siegen würden. Nun unterwarfen sie sich freiwillig dem englischen Protektorat. Auch die Tswanas büßten ihr Land an Großbritannien ein. Damit hatten die schwarzen Völker auch ihre Unabhängigkeit verloren, ihr Land wurde zu „Reservaten" erklärt und die britische Obrigkeit behielt sich vor, wohlgesonnene Häuptlinge einzusetzen.

1. Burenkrieg und Goldrausch

Cecil Rhodes hatte dem britischen Imperium mittlerweile Betschuanaland (Botswana), das Matabele- und Maschonaland (Rhodesien, heute Zimbabwe) und das Barotseland (Sambia) verschafft. Der Transvaal war eine Enklave inmitten englischen Kolonialbesitzes und so war es 1877 ein Leichtes, diese Republik zu annektieren, zudem sich 8000 Transvaaler freiwillig unter englischen Schutz stellten. Der Rest der Nation, die sich nun *Zuid-Afrikaansche Republiek* nannte, sah drei Jahre zähneknirschend zu, bis sie 1880 den Briten den Krieg erklärte. Die englischen Truppen mussten bei den Schlachten von Laingsnek, Skuinshoogte und bei **Majuba Hill** so schwere Verluste einstecken, dass sie 1881 den Buren ihre Unabhängigkeit, allerdings unter Oberhoheit der englischen Krone, zurückgaben.

Bereits 1850 wusste man von **Goldvorkommen am Witwatersrand** etwa 50 km südlich von Pretoria. Doch man maß ihnen keine Bedeutung bei, war doch der Goldgehalt des Gesteines so gering, dass sich ein Abbau nicht zu lohnen schien. Das änderte sich 1886 mit der Entdeckung großer Goldadern. Die Zuid-Afrikaansche Republiek, seit 1882 von **Paul Kruger** regiert, geriet in den Mittelpunkt des Interesses. Ein Goldrausch ohnegleichen verwandelte die Region in kürzester Zeit zum Treffpunkt für Goldsucher aus aller Welt. Ursprünglich stand man den *Uitlanders* (Ausländern) positiv gegenüber, nahm der Staat durch sie doch jede Menge Steuern ein. Doch viele waren Briten, die zusammen mit den anderen Glücksrittern anfingen, Bürgerrechte und soziale Gleichstellung mit den Buren einzufordern. Ihr Anteil an der Bevölkerung war bis 1895 auf über 30 Prozent angewachsen. In der neu entstandenen Stadt **Johannesburg** nahmen sie sogar Rang 1 vor den Afrikaanern ein.

Kruger, zeitlebens ein bescheidener Mann, der den gierigen Goldsuchern sehr skeptisch gegenüberstand, war dennoch bereit, durch hohe Zölle und Steuern von ihnen zu profitieren. Die Engländer, besonders die Händler am Kap, ärgerte dagegen die Schmälerung ihres Profits. Auch konnten sie sich nicht damit abfinden, dass Kruger eine neue Bahnlinie nicht nach Kapstadt, sondern zum näher gelegenen Lourenço Marques im portugiesischen Moçambique plante. Wichtige Güter wie Dynamit, Alkohol, Wasser und Eisenbahnschienen erhob er zu Monopolen, die er an Afrikaaner übertrug. 1886 erwirtschaftete der kleine Burenstaat 4 Millionen Pfund Staatseinnahmen – ein Dorn im Auge der Briten. Als ganz besonderer Gegner Paul Krugers entwickelte sich Cecil Rhodes, seit einiger Zeit Premierminister am Kap. Ihn, der den Besitz des britischen Imperiums von Kapstadt bis nach Ägypten ausdehnen wollte, ärgerte die kleine burische Republik, die 1890 auch noch die „Frechheit" besaß, britischen Einwohnern erst dann das Wahlrecht einzuräumen, wenn sie bereits 14 Jahre im Land waren. 1896 stiftete er einen Freund, Dr. L.S. Jameson dazu an, in Rhodesien eine Privatarmee von 500 Mann aufzustellen, nach Pretoria zu reiten und die Regierung Kruger zu stürzen. Der in die Geschichte als **Jameson-Raid** (Überfall) eingegangene Plan scheiterte kläglich und endete damit, dass Rhodes in Ungnade fiel und abdankte.

Der Große Burenkrieg

Der nächste Gouverneur am Kap, Sir Alfred Milner, war gleichzeitig britischer Hochkommisar für die afrikaanschen Republiken. Er konfrontierte Kruger mit nachdrücklichen Forderungen über die Wahlrechte der britischen Einwohner. Kruger war in der Zwickmühle. Im eigenen Lager fand er in diesem Punkt keine Zustimmung, zum anderen erkannte er deutlich, dass es den Engländern nicht um das Wahlrecht, sondern um das Gold ging und man nur einen Vorwand suchte, um endlich einmarschieren zu können. Aber auch Milner saß in der Klemme: Kruger war gerade von einer Deutschlandreise zurückgekehrt und vom deutschen Kaiser mit allen Ehren eines Staatsmannes empfangen worden. Der Engländer konnte sich nicht sicher sein, ob die europäischen Gegner des britischen Imperiums sich nicht auch in afrikanische Konflikte einmischen würden. Auch wusste er um die Zusammenarbeit Krugers mit der Regierung des Oranje Freistaates. Letztendlich überzeugte ihn die Macht des Goldes. Englands Wirtschaft lag am Boden, und die Besitzer der Minengesellschaften am Witwatersrand versprachen, im Falle einer Regierungsübernahme durch die Engländer, dem Staat Gold zu Festpreisen zu überlassen. Das war das Stichwort. Milner bekam ab 1899 eine Armee von insgesamt über 450.000 Soldaten geschickt! Das entsprach der Bevölkerung der Afrikaaner. Doch Kruger reagierte nicht etwa mit Kapitulation, im Gegenteil. Obwohl als Sieger England von vornherein festzustehen schien, traten ihnen die Buren mit nur 35.000 Mann entgegen und brachten den englischen Angreifern eine Niederlage nach der anderen bei.

Im November 1899 wandten die Buren mit dem Bau von Schützengräben eine neue Kampftechnik an und gewannen in der **Schlacht vom Modder River** mit 3000 Mann gegen 8000 Briten, bei nur 80 Mann eigenen Verlusten, während die andere Seite über 500 Tote zu beklagen hatte. Im Dezember ging die „Schwarze Woche" der Engländer in die Kriegsgeschichte ein. Zur Schützengrabentaktik setzten die Buren zusätzlich auf Tarnkleidung. Bei Colenso und bei Stormberg wurden die Briten geschlagen. Doch auf Dauer konnten die Afrikaaner ihre Stellungen nicht halten, besetzte Städte wurden nach und nach von englischen Truppen zurückerobert. Nach Ladysmith, Kimberley und Mafeking musste am 5. Juni 1900 Pretoria, die Hauptstadt der Buren-Republik, aufgegeben werden. Die Zuid-Afrikaansche Republiek und der Oranje Vrystaat wurden annektiert, Paul Kruger ging ins Exil. Aus Angst vor den einmarschierenden Truppen waren die meisten Menschen aus Johannesburg geflohen, auch in Kimberley wurde die Diamantensuche zeitweilig eingestellt. Obwohl die Briten als Sieger hervorgegangen waren, war der Krieg noch lange nicht zu Ende. Angesichts der massiven gegnerischen Überlegenheit hatten sich die Buren schon früh für eine Guerillataktik entschlossen. Kleinere Verbände unterbrachen wichtige britische Nachschublinien und griffen kleine Garnisonsorte erfolgreich an, Burenführer wie *Louis Botha, Jan Smuts, Christiaan de Wet* und *Ben Viljoen* wurden der Schrecken des englischen Militärs.

Das Grauen herrscht

Ende 1900 wurde Lord Kitchener britischer Oberbefehlshaber. Kitchener war gnadenlos. Um die Bewegungsfreiheit der Guerilla einzuschränken, ließ er Stacheldrahtzäune auf einer Länge von mehr als 6000 km ziehen. Er gab Befehl, den Buren ihre Lebensgrundlage zu entziehen: 30.000 Farmen wurden niedergebrannt, Dörfer zerstört, die Ernte vernichtet. Kinder, Frauen, Alte und die schwarzen Bediensteten der Bauern steckte man in eigens errichtete Lager in der Nähe von Militärstützpunkten, in **Concentration Camps.** Die Zustände dort waren furchtbar. Hunger und Epidemien forderten zahllose Opfer. Auf internationale Anfragen antwortete der britische Staatssekretär für die Kolonien, Joseph Chamberlain, die Konzentrationslager dienten nur dem Schutz von Afrikaanerinnen und ihrer Kinder, die offensichtlich von ihren Männern und Vätern im Stich gelassen wurden …

Die Taktik der Engländer ging auf. Die Buren wurden endgültig besiegt. In den Konzentrationslagern waren 28.000 Afrikaaner und 14.000 Schwarze gestorben und auf den Schlachtfeldern 7000 Buren und 5774 englische Soldaten verblutet. Überdies, so wird geschätzt, wurden etwa 20.000 Schwarze zusammen mit Briten gefangengenommen und von Buren getötet.

Am 31. Mai 1902 wurde der **Friedensvertrag von Vereeniging** unterzeichnet. Milner bestand darauf, beide Burenrepubliken aufzulösen. Die Buren wurden britische Untertanen. Dennoch konnten einige günstige Bedingungen aushandeln, darunter die Verwendung ihrer eigenen Sprache und die Verweigerung des Wahlrechts für die schwarze Bevölkerung. Dieser Kompromiss ermöglichte dann die Bildung der Südafrikanischen Union. Er war aber auch ein Verrat der Briten an den Schwarzen Südafrikas, der schrittweise zur Politik der Apartheid und zu späteren Rassenauseinandersetzungen führte.

Die Südafrikanische Union

Südafrika wurde in vier unabhängig voneinander verwaltete Gebiete aufgeteilt: **Cape Province, Transvaal, Oranje Free State** und **Natal.** Sir Alfred Milner, der sich selbst gerne als „reinrassiger britischer Patriot" bezeichnete (obwohl gebürtiger Deutscher), blieb der eigentliche Regent und hatte ehrgeizige Pläne, die Afrikaaner endgültig unter Kontrolle zu bringen. Mit der Vergabe von Land an ehemalige englische Soldaten und neuen Einwanderern aus Großbritannien wollte er das Zahlenverhältnis zwischen Buren und Engländern ausgleichen oder es gleich zu Gunsten der Engländer verändern. Auch Afrikaans sollte aus dem öffentlichem Leben und aus den Schulen verschwinden.

In Großbritannien wurde 1905 Sir Henry Campbell-Bannerman britischer Premierminister. **Jan Smuts,** Abgänger der Cambridge Universität, burischer Rechtsanwalt und bedeutender Kriegsheld, reiste nach London, um mit Parlamentariern und Campbell-Bannerman zu konferieren. Und obwohl auch König Edward VII. prinzipiell gegen eine Lockerung der südafrikanischen Verhältnisse war, wurden dem Transvaal 1906 und dem Oranje Vrystaat 1907 wieder Parlamente zugestanden, die in den anderen zwei Provinzen Natal und der Kapprovinz ohnehin bereits bestanden.

General Louis Botha und Jan Smuts übernahmen die Führung der burischen Bewegung, um sich mit der Siegermacht zu arrangieren. Tatsächlich stellte London Millionen von Pfund zur Verfügung, um die Wirtschaft, vor allem im Transvaal und im Oranje Freistaat, wieder auf die Beine zu bringen. Beide trieben auch den Plan voran, die vier Provinzen zu vereinen. Dazu mussten sie allerdings erst ihre afrikaanschen Landsleute überzeugen. Die Goldminenbesitzer und Großfarmer auf burischer Seite waren dem Vorhaben gegenüber nicht abgeneigt, zumal sie ein großes Interesse an politischer Stabilität hatten.

Drei Jahre dauerten die Gespräche, dann, am **31. Mai 1910,** schlossen sich die vier Provinzen zur **Union von Süd-**

afrika als Dominion des britischen Commonwealth zusammen. **Louis Botha** wurde erster Premierminister, **Jan Smuts** Stellvertreter und Verteidigungsminister und 1919 sein Nachfolger. **Kapstadt** wurde Regierungssitz der **Legislative, Pretoria** der **Exekutive** und **Bloemfontein** Sitz der **Jurisdiktion.** Doch Schwarze und Nichtweiße besaßen auch in der Union kein Wahlrecht. Gegen das Meldegesetz im Transvaal hatte schon ab 1906 besonders die indische Bevölkerung protestiert (mit Gandhi), *1923 wurde der South African Indian Congress* gegründet. Die Gründung des **South African Native National Congress** erfolgte 1912, aus dem 1923 der African National Congress **(ANC)** hervorging. Er verhielt sich jedoch bis in die späten 50er Jahre sehr passiv und fand unter der schwarzen Bevölkerung keinen rechten Rückhalt.

Gründung der National Partei

Der dritte bedeutende Kriegsgeneral der Buren, **J.B.M. Hertzog,** wurde 1910 **Minister für Angelegenheiten der Eingeborenen.** Er setzte durch, dass die Schwarzen die Gebiete der Weißen nur mit einer Arbeitserlaubnis betreten durften. Auch das zweite Rassengesetz, der **Natives Land Act,** trägt Hertzogs Handschrift: 1913 wurden 92,7 % des Landes zum Gebiet für Weiße, die restlichen 7,3 % für Schwarze vorgesehen. So gab es für 1,3 Millionen Weiße (21 %) und Farbige (9 %), die noch Land kaufen durften, den Riesenanteil, der Rest blieb für 4 Millionen Schwarze.

1912 machte Hertzog wieder Stimmung gegen die Engländer. Er musste sich aus der Regierung verabschieden. Vielen Afrikaanern war die Verbrüderung mit den Engländern mehr als suspekt. Und so fand die Gründung der **National Partei** im Oranje Freistaat 1914 durch Hertzog Unterstützung bei den konservativen Buren. Der Burengeneral wollte Afrikaans zur zweiten amtlichen Regierungssprache machen, Afrikaaner-Kinder sollten es als Pflichtfach in der Schule lernen. Was Botha und Smuts zu vereinen suchten, trachtete Hertzog wieder zu trennen. Seine Botschaft an das Volk hieß: Lasst uns getrennte Wege gehen. Das war eine taktische kluge Aussage beiden Seiten gegenüber. Die Briten konnten darin keinen Angriff auf ihre Position entnehmen, die Buren fühlten sich mehr und mehr als gleichberechtigte Partner. Dennoch war Hertzog unzufrieden mit der Entwicklung. Die meisten Weißen wollten nicht über Politik nachdenken, so lange die Profite aus Minen und Großgrundbesitz stimmten. Doch das sollte sich schlagartig mit dem Eintritt Südafrikas in den 1. Weltkrieg ändern.

Südafrika im 1. und 2. Weltkrieg

Im September 1914 begann der 1. Weltkrieg. Botha und Smuts boten den Briten an, an ihrer Seite zu kämpfen (Eroberung von Deutsch-Südwestafrika 1914/15). Auch Hertzog wurde aufgefordert sich anzuschließen. Er hielt sich und seine Partei zwar aus den nachfolgenden Konflikten heraus, machte jedoch keinen Hehl aus seiner Antipathie gegen die Regierungsentscheidung: Viele Afrikaaner wollten nicht für den Feind im eigenen Land in Europa sterben. Konservative Buren griffen zu den Waffen. Im *Oranje Vrystaat* rebellierten 7000 Mann, in Transvaal 3000. Doch gegen die Unions-Armee mit über 40.000 Soldaten konnten sie nicht bestehen. Einige der Anführer wurden wegen Hochverrats gehängt.

Nach dem Krieg machte sich Arbeitslosigkeit breit. Als auch noch der Goldpreis fiel, schickten sich die (meist britischen) Minenbosse an, die teuren weißen Arbeitskräfte durch Schwarze zu ersetzen. Die Schicht der **poor whites,** der verarmten Weißen, entstand. 1919, nach Bothas Tod, übernahm Smuts die Regierung und hatte gleich massive Probleme: 2000 weiße Bergleute sahen ihre Arbeitsplätze in Gefahr und riefen zu einem Streik auf. Marodierend zogen sie durch die Straßen und forderten die Absetzung der Regierung und einen Präsidenten, der sich eindeutig zu den Afrikaanern bekannte. Smuts ließ die Armee aufmarschieren und beendete die mittlerweile bürgerkriegsähnlichen Zustände in Johannesburg mit einem Luftangriff auf das Hauptquartier der Streikenden. Es gab über 200 Tote. Die weiße Bergarbeitergewerkschaft wandte sich an Hertzog und bat um Hilfe. Diese sagte er ihnen gerne zu. Als Dank wurde **Hertzog** mit Unterstützung der weißen Arbeiterschaft und der Labour-Party **1924 Premierminister** (bis 1939). 1925 führte er Afrikaans als zweite Amtssprache ein und hob damit das Selbstwertgefühl der Buren. Das war nötig, denn inzwischen waren mehr als 20 % der Afrikaaner in die Schicht der poor whites abgerutscht, bettelnde oder nach Arbeit suchende Afrikaaner. Jetzt galt es, für sie Arbeitsplätze zu schaffen.

In den Minengesellschaften wurden die Rassengegensätze weiter verschärft. Nur noch Weiße erhielten qualifizierte Arbeitsplätze, genannt *Job-Reservation*. Hertzog ging sogar so weit, Firmen Steuererleichterungen zu gewähren, wenn sie nur weiße Arbeitskräfte einstellten. So gelang, die Arbeitslosigkeit innerhalb der weißen Arbeiterschaft gegen Null zu drücken. 1936 wurde das Kap-Wahlrecht abgeschafft, bei dem noch Schwarze und Farbige wählen durften. Künftig durften die Schwarzen nur noch insgesamt sieben parlamentarische Vertreter und Senatoren bestimmen.

Im **2. Weltkrieg** stand Südafrika wieder auf alliierter Seite, doch war die Entscheidung im Parlament für eine Kriegsteilnahme knapp. Hertzog war dagegen und verlor seinen Posten als Premierminister an Jan Smuts.

Die Ära der Apartheid

Als die Nationale Partei 1934 mit der oppositionellen Südafrikanischen Partei zur **United Party** fusionierte, spaltete sich der radikale Flügel ab und ging unter DF Malan als *Purified National Party* („gereinigte" N.P.) in Opposition. Sie erlangte 1948 die Regierungsgewalt (Malan Ministerpräsident 1948–54) und begann die durch strikte Rassentrennung gekennzeichnete Politik der **Apartheid** (afrikaans, „Gesondertheit"). In der Folge wurden alle Weißen zu einer einheitlichen „Nation" erhoben, die Schwarzen wurden in zehn verschiedene „Bantunationen" (nach Sprache und vorkolonialer Geschichte) unterteilt und jede bekam ein Bantuheimatland (Homeland) zugeteilt. Die Mischlinge und Asiaten (Inder) wurden zu je einer weiteren „Nation" ohne eigenes Gebiet erklärt. Malan wollte den englischen Einfluss im Land so weit wie möglich unterbinden, stoppte die Einwanderung aus Großbritannien. Mitglied in der Regierung wurde man unter Malan nur, wenn man auch dem Geheimbund „Afrikaner Broederbond" angehörte.

Die wichtigsten Apartheids-Gesetze

Ab 1949 verabschiedete die National Party eine ganze Gesetzesserie. So verbat man im *Mixed Marriages Act* nun auch Mischehen zwischen Weißen, Asiaten und Farbigen, im *Immorality Act* stellte man sexuelle Beziehungen zwischen Personen unterschiedlicher Rassen unter Strafe. 1950 ernannte Malan einen neuen Minister für Angelegenheiten der Eingeborenen, **H.F. Verwoerd**. Dieser bestimmte fortan das Geschick von über 70% der Bevölkerung, er schuf die **„große Apartheid"**.

Apartheid 109

Es folgte der *Population Registration Act,* demzufolge jede Person von Amts wegen einer Rasse (Weiße, Schwarze, Farbige oder Asiaten) zugeordnet wurde. Daraus ergab sich der *Group Areas Act,* durch den jede Rasse ein bestimmtes Wohngebiet zugewiesen bekam (Townships). Das führte zu großen Schwierigkeiten, besonders für Farbige und Asiaten. So mussten Eheleute feststellen, dass sie von Amts wegen gar nicht verheiratet sein durften, und manche Familien, deren Mitglieder willkürlich und unterschiedlich der einen oder anderen Rasse zugehörig eingestuft wurden, durften plötzlich nicht mehr zusammen wohnen. 1951 trat der *Bantustan Authorities Act* in Kraft. Dieses Gesetz kam den Stammeshäuptlingen gelegen, hatten sie doch durch die Abwanderung ihrer Leute in die Städte an Einfluss verloren, die alten Traditionen schienen in Gefahr.

Mit dem *Bantu Education Act* im Jahr 1955 wollte man die Ausbildung der schwarzen Kinder und Jugendlichen steuern. Von nun an sollten sie nur noch in ihrer eigenen Muttersprache unterrichtet werden. Eine höhere Schulbildung war von vornherein ausgeschlossen, da es weder Physik-, Mathematik- oder Chemiebücher etwa in der Sprache der Zulu oder Xhosas gab.

Malans Nachfolger, **J.G. Strijdom,** entzog 1956 den Indern das Wahlrecht. Er ließ traditionelle Wohngebiete der Schwarzen und Inder, wie Sophiatown in Johannesburg und den District Six in Kapstadt, niederreißen. Beim *State Aided Institutions Act* und beim *State Amenities Act* wurde Schwarzen der Zugang zu den meisten Universitäten verwehrt, an den Eingängen von Restaurants hingen Schilder „Whites only", an Bushaltestellen gab es extra Bänke für Weiße und Schwarze, öffentliche Toiletten hatten zwei separate Eingänge, Strände wurden geteilt usw. usf.

Homeland-Politik

Nach Strijdoms Tod 1958 wurde Verwoerd Premierminister. 1955 gab es 260 schwarze Reservate, verstreut über das ganze Land. Diese sollten nun zu übersichtlichen, ethnischen Gebieten zusammengefasst werden.

Zur Durchführung der räumlichen Segregation wurden folgende zehn Bantu-Heimatländer **(Homelands)** geschaffen (in Klammer die Jahreszahl der „Unabhängigkeit"): **Gazankulu, KwaNdebele, Kwa Ngwane, KwaZulu, Lebowa, Qwaqwa, Transkei** (1976), **Bophuthatswana** (1977), **Venda** (1979) und **Ciskei** (1981).

Rechtlich gesehen hatte man die Schwarzen ganz einfach aus Südafrika aus- und in die Homelands eingebürgert, womit ein für alle Mal das Problem des Wahl-, des Aufenthalts- und des Besitzrechts geklärt werden sollte. Nur waren die meisten Schwarzen bereits urbanisiert und hatten ihre neue „Heimat" noch nie im Leben gesehen, geschweige denn kannten sie die Stammesführer, zu deren Wahl sie nun berechtigt waren. Dass diese Politik überhaupt aufgehen konnte, lag an der inneren Zerstrittenheit der schwarzen Völker.

Internationale Ächtung

1960 kam es zu ersten großen Protesten innerhalb der schwarzen Bevölkerung. Der **Panafrikanische Congress (PAC),** eine Abspaltung vom ANC, hatte den 21. März 1960 zum Anti-Passtag erklärt und die schwarze Bevölkerung aufgefordert, sich ohne Pässe auf den Polizeistationen einzufinden und sich verhaften zu lassen. 5000 Menschen fanden sich in Sharpeville, dem Township von Vereeniging, auf dem Polizeirevier ein. So viele konnten unmöglich verhaftet werden. Eine kleine Rangelei löste dann ein Blutbad aus, bei dem die Polizisten wahllos in die Menge schossen – 69 Tote und 180 Verwundete

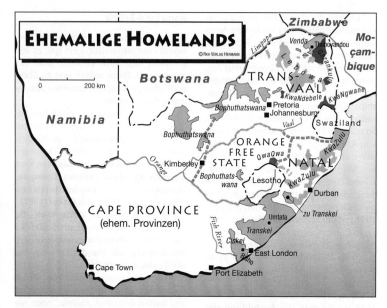

wurden gezählt, die meisten hatten Schusswunden im Rücken. Überall im Land kam es zu Protesten und Streiks. Die internationale Finanzwelt zeigte sich beunruhigt, Investitionen wurden gestoppt, die südafrikanischen Immobilienpreise fielen in den Keller, der Rand und die Aktienkurse ebenfalls. Verwoerd reagierte mit Härte. ANC und PAC wurden verboten, 18.000 Menschen verhaftet, Notstandsgesetze verabschiedet. **1961** trat die Südafrikanische Republik aus dem **Commonwealth aus.**

Verwoerd setzte John Vorster als Justizminister ein. Vorster, Mitglied im reaktionären Geheimbund „Afrikaner Broederbond", versprach, hart gegen Subversion und Unruhen durchzugreifen. Der ANC mit seinem militärischen Flügel **Umkonto me Sizwe** war überall im Land aktiv geworden. 1964 ließ Vorster in einer Großaktion die meisten Umkonto-Führer verhafteten, darunter auch **Nelson Mandela** und **Walter Sisulu,** die dann im Rivonia-Prozess zu lebenslangen Haftstrafen verurteilt wurden.

1966 wurde Verwoerd im Parlament von einem geistesgestörten Weißen ermordet und **John Vorster** Premierminister.

Außenpolitisch hatte sich Südafrika völlig ins Abseits manövriert. Internationale Boykott-Maßnahmen waren das Resultat.

„Schwarzes Bewusstsein"

Unter den städtischen Schwarzafrikanern sammelte sich neuer Widerstand in der Bewegung **Black Conscious,** „Schwarzes Bewusstsein". Einer der Anführer war *Steve Biko,* ein Medizinstudent. Als 1975 die Regierung die „Bantu-Erziehung" einführen wollte (Mathematik und Sozialkunde sollte fortan in Afrikaans gelehrt werden), setzten sich Schüler und Studenten zur Wehr. Die Unruhen, die im Juni

1976 unter der Jugend in Soweto ausbrachen, wurden blutig niedergeschlagen (mindestens 250 Tote), im ganzen Land noch viele mehr und über 2000 Verletzte.

Vorsters Nachfolger wurde 1979 der ehemalige Verteidigungsminister **Pieter Willem Botha.**

Gesinnungswandel ...

Etliche ausländische Firmen waren dazu übergegangen, den schwarzen Arbeitern dieselben Löhne wie den weißen zu bezahlen. Man überlegte, schwarze Gewerkschaften wieder zuzulassen und ihnen ein Streikrecht einzuräumen. Man konnte die schwarzen Arbeiter in den Industriezentren nicht mehr vom Wohlstand des Landes ausschließen. In den Townships durften die Schwarzen wieder Häuser erwerben.

... doch nicht immer zum Guten

Durch die politischen Lockerungen konnte sich eine Widerstandsbewegung formieren, in der fast alle oppositionellen Kräfte zu finden waren: Die United Democratic Front (UDF). Als **P.W. Botha** beschloss, Indern und Farbigen eigene Kammern im Parlament einzurichten, spaltete sich die von der Nationalen Partei die *Konservative Partei* ab. Andere, noch rechtsextremere Gruppierungen, wie die *Afrikaner Weerstandsbeweging* (AWB) verlangte gar einen eigenen Afrikaner-Staat. Bei der Wahl 1984 gingen zwar nur 25 % der Inder zur Urne, dennoch mussten sich weiße Parlamentarier zum ersten Mal mit Farbigen und Indern an einen Tisch setzen.

Die UDF hatte aufgerufen, die Ratswahlen in den Townships zu boykottieren. Weniger als 2 % der Township-Bewohner gingen wählen. Am 3. September 1984 wurde der neugewählte Bürgermeister von Sharpeville von aufgebrachten Schwarzen ermordet. Plötzlich entstand eine **Gewaltwelle von Schwarzen gegen Schwarze.**

Eine dritte Kraft trat auf den Plan. Viele Schwarze der Black Conscious-Bewegung wurden infolge einer Amnestie Bothas aus dem Gefängnis entlassen. Einige von ihnen gründeten die **Azanian People's Organization** (AZAPO), in der im Gegensatz zur UDF nur Schwarze, Inder und Farbige Mitglieder werden konnten.

Bothas „Reformen" waren gescheitert und Südafrika lag wirtschaftlich am Boden. Es gab nur noch einen Mann, der als gemeinsamer Nenner dem Land Frieden bringen konnte: **Nelson Mandela,** der seit 24 Jahren im Gefängnis saß. Durch seine Freilassung versprach sich Botha Ruhe im Land, knüpfte daran allerdings die Bedingung, dass Mandela der Gewalt entsagt. Mandelas Antwort: *„Was für eine Freiheit bietet man mir an, wenn ich eine Erlaubnis einholen muss, um in einem städtischen Wohngebiet leben zu können. Was für eine Freiheit bietet man mir an, wenn selbst meine südafrikanische Staatsbürgerschaft nicht anerkannt wird? Nur freie Menschen können verhandeln. Gefangene können keine Verträge abschließen. Ich kann und werde keine Zusagen machen, solange ich und ihr, das Volk, nicht frei seid. Eure und meine Freiheit sind nicht voneinander zu trennen. Ich werde zurückkehren."*

Ende 1989 trat Botha zurück und übergab die Regierungsgeschäfte an den liberalen **Frederik Willem de Klerk.** Im **Juni 1991** wurden von der Regierung die **Apartheid-Gesetze abgeschafft,** gebilligt im März 1992 von der weißen Minderheit durch eine Volksabstimmung (mit 68,7 %). Der Weg zu den ersten freien Wahlen des Landes am **27. April 1994,** war nun endgültig frei.

Der African National Congress (ANC)

Gründungsjahre

Am 8. Januar 1912 trafen sich in Bloemfontein Häuptlinge, Volks- und Kirchenvertreter und gründeten den *South African Native National Congress* (SANNC), 1923 in **African National Congress (ANC)** umbenannt. Zielsetzung war, die Volksstämme Südafrikas zusammenzuschließen und für die Rechte und die Freiheit der Schwarzen zu kämpfen. Doch erst ab 1940 gewann der ANC politische Bedeutung und entwickelte ab den 50er Jahren zu einer Massenorganisation.

1944 wurde die *African National Congress Youth League* (ANC-Jugendliga) gegründet. Zu den Gründungsmitgliedern gehörten **Nelson Mandela, Walter Sisulu** und **Oliver Tambo.** Ihr Ziel war, Südafrika vom Apartheid-Regime zu befreien. 1955 wurde zusammen mit anderen Organisationen die **Freedom Charter** auf den Weg gebracht mit der Forderung des allgemeinen Wahlrechts und Grundrechte für alle.

Bewaffneter Widerstand

Der ANC betonte immer wieder seine antirassistische Einstellung, die jedoch in den eigenen Reihen auf Widerstand stieß. 1959 spaltete sich der militante **Pan-Africanist Congress** (PAC) vom ANC ab.

1961 beschloss der ANC, seinen Kampf gegen das Apartheid-Regime bewaffnet und aus dem Untergrund fortzusetzen. **Umkhonto we Sizwe** (abgekürzt **MK**) „Speer der Nation", der militante Flügel des ANC, wurde aktiv. Die Todesstrafe für Sabotage wurde eingeführt.

1963 gelang es der Polizei, das geheime Hauptquartier der MK auszunehmen und die Anführer zu verhaften. Im **Rivonia-Prozess** wurden MK-Mitglieder des Hochverrats angeklagt und zu lebenslangen Haftstrafen verurteilt.

Umfassender Widerstand

1972 wurden ANC und PAC bei der UN als Beobachter zugelassen. Ab 1976 begann der Widerstand, alle Bereiche der Gesellschaft, Schulen, Universitäten, Arbeitsplätze und Gewerkschaften zu erfassen.

Freiheitliche Organisationen und Bewegungen gründeten zusammen 1980 die **United Democratic Front** (UDF) und die Gewerkschaften vereinigten sich zum **Congress of South African Trade Unions** (Cosatu), der 1987 den größten Streik organisierte, den das Land jemals erlebt hatte (allein in den Minen traten 300.000 Bergarbeiter in den Aufstand). Von 1985 bis 1986 herrschte Kriegszustand in den Townships. Die Situation eskalierte so, dass der **nationale Ausnahmezustand** über das Land verhängt wurde.

Der immer stärker werdende internationale Druck zwang die weiße Regierung, im Februar **1990** das Verbot des ANC und anderer Organisationen aufzuheben. **Nelson Mandela** wurde aus dem Gefängnis entlassen. Der ANC begann sich neu zu organisieren. Auf seinem ersten freien Kongress 1991 wurde Nelson Mandela zu seinem Präsidenten gewählt. Er übernahm das Amt von **Oliver Tambo,** der diesen Posten von 1969 bis 1991 innehatte. Im April 1994 fanden die historischen ersten freien Wahlen in Südafrika statt. Der **ANC gewann** mit großer Mehrheit. Er konnte 62,6 % der über 22 Millionen Stimmen auf sich vereinen.

Nelson Mandela – Symbol für die Freiheit

Kein anderer hat die Südafrikaner so bewegt wie Nelson Mandela. Für die einen war er Staatsfeind Nummer 1, für die anderen klang sein Name nach Freiheit, nach Abschaffung der Apartheid, nach Frieden und schwarzem Selbstbewusstsein. Was für ein Mensch steckt hinter diesen Erwartungen?

Nelson Rolihlahla Mandela wurde am 18. Juli 1918 in einem kleinen Dorf in der Nähe von Umtata geboren. Sein Vater war der wichtigste Berater der „Paramount Chiefs", die dem Tembuland vorstanden. Nach dessen Tod nahmen sich die Chiefs seiner an, um ihn auf seine spätere Beratertätigkeit vorzubereiten. Der junge Rolihlahla entschied sich jedoch Rechtsanwalt zu werden. Bereits 1942 schloss er sich dem African National Congress (**ANC**) an. Zusammen mit William Nkomo, Walter Sisulu, Oliver Tambo und Ashby Mda wollte er den ANC in eine schlagkräftige Massenorganisation umwandeln. Im September 1944 gründeten sie die **African National Congress Youth League** (ANCYL), deren Vorsitz 1947 Mandela übernahm. 1950 wurde er in den Vorstand des ANC gewählt.

Ab 1952 forcierte der ANC Kampagnen und rief verstärkt zu zivilem Ungehorsam auf. Nelson Mandela wurde verhaftet, jedoch vom Gericht mit der Begründung wieder freigelassen, er habe die Bevölkerung immer nur zum friedlichen Widerstand angehalten. In dieser Zeit eröffnete Mandela mit Oliver Tambo die erste schwarze Anwaltskanzlei des Landes in Johannesburg und wurde stellvertretender Vorsitzender des ANC. Was Apartheid bedeutet, erfuhr Mandela täglich in seiner Kanzlei. Er gründete mit anderen Führungspersönlichkeiten **Umkhonto we Sizwe,** den bewaffneten Flügel des ANC.

1962, Mandela war Kommandant der neuen Kampftruppe, verließ er das Land und versuchte in verschiedenen afrikanischen Staaten um Sympathien zu werben. Kurz nach seiner Rückkehr nach Südafrika jedoch wurde er verhaftet und wegen Landfriedensbruch und Hochverrat angeklagt. Er verteidigte sich selbst, beschuldigte das Gericht der Voreingenommenheit und wehrte sich dagegen, sich Gesetzen zu unterwerfen, an deren Schaffung keine schwarzen Personen beteiligt waren: „Ich verabscheue Rassismus, weil ich ihn als barbarisch betrachte, egal, ob er von einem Schwarzen oder Weißen bekundet wird." Mandela wurde zu fünf Jahren Gefängnis verurteilt.

Währenddessen begann der berühmte **Prozess von Rivonia,** bei dem er nochmals angeklagt wurde. Seine letzten Worte im Schlussplädoyer: „Ich habe gegen die Vorherrschaft der Weißen gekämpft, ich habe gegen die Vorherrschaft der Schwarzen gekämpft. Ich habe das Ideal gehegt von einer demokratischen und freien Gesellschaft, in der alle Menschen in Harmonie und den gleichen Möglichkeiten zusammenleben können. Es ist ein Ideal, für das ich lebe und das ich hoffentlich auch erreichen werde. Aber wenn es sein muss, würde ich für dieses Ideal auch mein Leben geben." Das Urteil lautete auf „lebenslänglich" auf der Gefängnisinsel Robben Island vor Kapstadt.

Während seiner Haft trat die Regierung öfter an ihn heran und versprach seine Freilassung, wenn er kooperieren würde. Er lehnte alle Angebote ab. „Gefangene können keine Verträge schließen," sagte er, „nur freie Menschen können verhandeln."

Am 11. Februar 1990 wurde Nelson Mandela auf Anweisung von Staatspräsident Frederik de Klerk aus der Haft entlassen. Er ist 73 Jahre alt, als er 1991 auf der ersten freien Versammlung des ANC zum Präsidenten gewählt wird. 1993 bekommt er zusammen mit de Klerk den Friedensnobelpreis verliehen. Er nimmt ihn im Namen aller Südafrikaner an.

Am 10. Mai 1994 wird Nelson Mandela als Staatspräsident von Südafrika vereidigt. Das Amt übt er bis zu den Wahlen 1999 aus.

Aktuelle Politik

Am **8. Mai 1996** wurde eine neue **süd-afrikanische Verfassung** von 421 Parlamentsabgeordneten verabschiedet (Zwei-drittelmehrheit).

Südafrikas Legislative besteht nun aus zwei Kammern: der Nationalversammlung (National Assembly) und dem Provinzrat (National Council of Provinces), der sich aus 90 Mitgliedern (10 pro Provinz) zusammensetzt).

Die **„Wahrheits- und Versöhnungs-kommission",** nach den ersten Wahlen ins Leben gerufen, beendete im Herbst 1998 unter Vorsitz von Desmond Tutu ihre Arbeit und veröffentlichte gegen massiven Widerstand von Seiten des ANC und der Opposition ihren Bericht. Darin werden unaufgeklärte Morde, Verschleppungen und Folter, die seitens der alten Regierung, aber auch der Widerstandskämpfer begangen oder vertuscht worden waren, angeprangert.

2009 traten 26 Parteien zur **Wahl** an – 13 von ihnen gelang der Sprung ins Parlament. Der **ANC** unter dem umstritten-nen Populisten **Jacob Zuma** verliert knapp 4%, kommt aber immer noch auf 66%. Die zweitstärkste Partei, die **Democratic Alliance** (DA) unter **Helen Zille** gewinnt knapp 17% der Wählerstimmen.

Die aus Protest gegen Zuma gegründete neue Partei *Congress of the People* **(COPE)** unter *Mosiuoa Lekota* erzielt auf Anhieb 7,5%. Die *Inkatha Freedom Party* des *Zulu-Führers Mangosuthu Buthelezi* fällt auf 4,5% ab. Andere Parteien erreichen jeweils nur unter 1%.

2014 wird bei Neuwahlen erneut mit einem Sieg des ANC gerechnet. Spitzenkandidat ist Jacob Zuma – trotz Korruptionsvorwürfen und Kritik an seiner Misswirtschaft. Helen Zille, Premierministerin der Western Cape Province und Vorsitzende der Demokratischen Allianz, rech-

net mit einem Regierungswechsel erst bei den Wahlen 2019.

Aktuelles im Web auf www.gov.za und www.polity.org.za.

Südafrikas Gegenwartsprobleme

In keinem Land der Welt ist der Einkommensunterschied zwischen Weißen und Schwanzen so groß wie in Südafrika. Die meisten Menschen leben in Elendsvierteln, jede zweite Familie hat weniger als 1,5 Euro am Tag zur Verfügung. Brennendstes Gegenwartsproblem ist die **Arbeitslosigkeit,** die realistisch zwischen 35 und 40 Prozent liegt. Zwar gibt es **infrastrukturelle Verbesserungen,** wie neue Wasserleitungen, Stromversorgung der unterentwickelten Gebiete und Bau von zusätzlich etwa 1 Million neuer kleiner Häuser, es fehlen aber noch etwa 4 Mio. weitere Häuser, immer noch hausen Hunderttausende in Wellblechhütten ohne sanitäre Anlagen. Johannesburg, Kapstadt und andere Großstädte ächzen unter dem unkontrollierten Zuzug aus ländlichen Gebieten. Die Inflationsrate betrug 2013 ca. 6 Prozent.

Die Bewältigung des Themas **Überbevölkerung** wird auf lange Sicht im Vordergrund bleiben. 1988 schätzte man die ländliche Bevölkerung auf etwa 18 Millionen, 2013 wird sich diese Zahl auf 36 Millionen verdoppelt haben. So ist die **Landreform** eines der heikelsten politischen Probleme. Südafrikas Regierung hat sich zum Ziel gesetzt, bis zum Jahr 2015 rund 30% der Farmlands in schwarzen Besitz zu überführen. Seit der Wende wurden über **1300 weiße Farmer ermordet,** der Ruf nach **Landbesetzungen** ist unüberhörbar (durch die Vorgänge in Zimbabwe noch angeheizt). 2008 wird die „Poor People's Alliance" gegründet. Ihr

Slogan lautet: „Kein Land! Kein Haus! Keine Wahlstimme!" Nach wie vor fluten massenhaft **illegale Einwanderer** und Wirtschaftsflüchtlinge aus Südafrikas Nachbarländern ins Land, selbst aus Nigeria.

Die Lage auf dem **Arbeitsmarkt** ist sehr brisant. Nach den gewalttätigen Streiks in den Minen 2012 drohen Großkonzerne nun mit **Massenentlassungen.** Vor allem die Region um Rustenburg ist betroffen. Auch der Farmverband Agri SA kündigte 2013 nach Lohnerhöhungen Entlassungen an. Insgesamt gibt es in Südafrika etwa 650.000 **Farmarbeiter,** die mit 9 Euro oder weniger am Tag entlohnt werden.

Aids ist eines der Kernprobleme Südafrikas. Etwa 35% der Bevölkerung sind mit dem HIV-Virus infiziert, vor allem in KwaZulu-Natal. Allein in dieser Provinz wurden im Jahr 2013 900.000 Aids-Waisen geschätzt. Die Vereinten Nationen stuften aufgrund dieser Pandemie und der damit verbundenen sinkenden Lebenserwartung Südafrika auf Rang 94 (von 162 Ländern) im „Index menschlicher Entwicklung" ein.

Die Eindämmung der **Kriminalität** ist ein zentrales Thema. Zwar ist die Zahl der Straftaten deutlich rückgängig, aber die brutalen Verbrechen wie Mord, schwerer Raub und Vergewaltigung sind erschreckend hoch. Laut Statistik hat Südafrika weltweit die höchste Verbrechensrate. Erschwerend hinzu kommt die **Korruption** auch innerhalb der Polizei.

Auch unter ANC-Herrschaft gibt es keinen Durchbruch in der **Bildungspolitik:** Wegen Überschuldung und sinkender Studentenzahlen droht die Schließung von Universitäten. Immer noch fehlen, besonders in ländlichen Gebieten, Schulen und Lehrmittel. Schätzungsweise gehen fast eine halbe Million Kinder, trotz neunjähriger Schulpflicht, nicht zur Schule. Zu den Gründen zählen Geldmangel, Desinteresse der Eltern und der Bedarf an Kinderarbeit, wie Viehhüten, Wasser- und Brennholzbeschaffung. Auf dem Land schätzt man die Analphabetenrate auf 40–70 % der erwachsenen Bevölkerung.

Die Probleme der Frauen

Die Diskriminierung der Frauen Südafrikas zieht sich durch alle Hautfarben. Die schwarzen Frauen sind davon am stärksten betroffen, zeigt sich der südafrikanische Mann aufgrund seiner Arbeitssituation und Isolation als nicht besonders bindungsfreundlich – 62 % der schwarzen Mütter sind alleinerziehend. **Vergewaltigung** ist ein zentrales Problem. Etwa 30 % der südafrikanischen Männer gab an, mindestens einmal eine Frau vergewaltigt zu haben. Statistisch gesehen wird jede zweite Südafrikanerin einmal in ihrem Leben vergewaltigt!

In der **Familienplanung** stehen die Frauen unter zwei Einflüssen: Unter der Kirche, die gegen Verhütungsmittel predigt, und der traditionellen afrikanischen Erziehung, die Verhütungsmittel als schwarze Magie der Weißen gegenüber den Schwarzen ächtet. Über 85% der Frauen in städtischen Gebieten nehmen Verhütungsmittel, aber weniger als 50 % der Frauen auf dem Land; dort sind sechs Kinder pro Frau heute die Regel. 42–52 % der Geburten sind nach Angabe der Frauen unerwünscht.

Wirtschaft

Auch wenn Südafrika reich an Gold, Diamanten und Bodenschätzen ist, trügt der Schein. Die Minen des Landes sind zwar Stütze der Wirtschaft, die Erlöse machen aber nur 12 % des Bruttosozialproduktes aus. Nur noch jede zweite Goldmine arbeitet mit Gewinn, Südafrikas Anteil am Weltmarkt sinkt ständig. Hauptträger der Wirtschaft ist die verarbeitende Industrie, aber auch der Banken- und Dienstleistungssektor spielt eine entscheidende Rolle. Das Bruttoinlandsprodukt lag 2012 bei 390,9 Milliarden Dollar, 31 % aus der Industrie, 66 % aus dem Dienstleistungssektor (7 % aus Tourismus). Im Vergleich mit anderen afrikanischen Staaten verfügt Südafrika jedoch über eine hervorragende Infrastruktur. Auch die moderne Telekommunikation ist auf hohem Niveau.

Rohstoffe

Südafrika besitzt die größten Gold-, Platin-, Mangan-, Vanadium- und Aluminium-Silikatvorkommen der Welt. Eine besondere Rolle spielt das Gold, das den Löwenanteil des Exports ausmacht. Weitere wichtige Rohstoffe sind Diamanten, Chrom, Kohle, Antimon, Vermiculit, Kalkstein, Asbest, Blei, Zink, Uran, Kupfer, Nickel, Zinn, Kaolin, Zirkon, Silber und Phosphat. Vor der Mossel Bay wurden größere Öl- und Gasvorkommen entdeckt, deren ganze Ausbeutung allerdings noch in Frage steht.

Industrie

Der **Bergbau** ist mit 500.000 Arbeitsplätzen immer noch eine Hauptstütze der Wirtschaft, besonders die Goldgewinnung. Die Förderung wird jedoch immer kostenaufwendiger, da es nur in sehr geringer Konzentration im Gestein vorhanden ist und die Schichten sehr tief liegen (um Johannesburg). Zu den wichtigen Industriezweigen zählen Kraftfahrzeug-, Eisen- und Stahlindustrie (Maschinenbau), Erdölraffinerien, Düngemittelfabriken, Textilherstellung, chemische Industrie, Nahrungsmittelverarbeitung, Papier und Papierprodukte, Tabak und Gummiwaren. Es gibt 700 Rüstungsbetriebe.

Import und Export

Die wichtigsten Außenhandelspartner für den Import sind Deutschland, Japan, Großbritannien, USA und Italien. Eingeführt werden Maschinen, chemische Produkte, High-Tech-Produkte wie Präzisionsmaschinen und elektrische Ausrüstungen, Papier, Textilien und Kunststoffe.

Exportiert wird nach Italien, Japan, USA, Deutschland, Großbritannien und Hongkong, vor allem Gold, Perlen und Münzen, Mineralien und Metalle, chemische Erzeugnisse, Baumaterialien, Nahrungsmittel und Wein, Wolle, Edel- und Halbedelsteine.

Deutsch-Südafrikanische Wirtschaftsbeziehungen

Südafrika ist das einzige afrikanische Land, zu dem Deutschland nennenswerte wirtschaftliche Beziehungen unterhält. Allen voran investieren die Automobilhersteller seit Jahrzehnten, besonders BMW und DaimlerChrysler. Mehr als 450 deutsche Unternehmen beschäftigen über 60.000 Arbeitskräfte, von denen die meisten äußerst zufrieden mit ihren Arbeitgebern sind. Denn diese gelten als besonders großzügig, vor allem, was die Förderung der Ausbildung der schwarzen Arbeitnehmer anbelangt. Auch die Gesundheitsversorgung in den Betrieben ist meist vorbildlich.

Als Technologie- und Wissenschaftsstandort steht Südafrika mittlerweile hoch im Kurs. So erklären sich die über 40 deutsch-südafrikanischen Forschungsprojekte und fast 60 Kooperationen zwischen Hochschulen beider Länder. Die deutschen Schulen engagieren sich besonders in den Townships.

Landwirtschaft

Der Anteil der Landwirtschaft am Bruttoinlandsprodukt beträgt rund 3 %. Etwa 1,1 Mio. Menschen (12 %) sind in ihr beschäftigt. Nur 13,5 % der Fläche Südafrikas eignet sich für Landwirtschaft und gerade einmal 3 % kann als sehr fruchtbar bezeichnet werden. Trotzdem steht Südafrika weltweit an 3. Stelle der Agrarexporteure. 60 % wird als Weideland genutzt (vorwiegend für Rinder). Mit der Milchwirtschaft stehen Schafzucht, Woll- und Fleischproduktion an erster Stelle. Angebaut wird Mais (25 %), Weizen, Gerste, Tabak, Gemüse, Sorghum, Baumwolle, Erdnüsse und in den wärmeren Regionen Zukkerrohr. Obst und Wein werden besonders in der Western Cape Province produziert. 710 Millionen Liter Wein werden jährlich auf 425 Gütern produziert.

Tourismus

Der Tourismus nimmt einen immer wichtigeren Stellenwert in Südafrikas Wirtschaft ein. Etwa 65 % der ausländischen Besucher kommen aus Europa, die meisten aus Großbritannien und Deutschland.

Über den Begriff **„Öko-Tourismus"** (ecotourism) stolpert man in Südafrika in jeder möglichen (und häufig auch sehr unmöglichen) Verbindung. Viele Veranstalter heften sich den Begriff auf ihre Fahnen – doch nur wenige halten ihm stand. Ökotouristisch ausgerichtete Einrichtungen sind die **Nationalparks** des Landes, viele der auf Provinzebene verwalteten **Naturreservate** und auch die meisten **privaten Wildschutzgebiete.**

Umwelt

Energie

Nur 72 % der Bevölkerung haben bislang Zugang zu Elektrizität. Vielfach wurden wegen der fehlenden Zahlungsmoral sogenannte „Prepaid-Stromzähler" eingebaut. Südafrika ist zwar mit der staatlichen Energiegesellschaft **Eskom** der größte Energielieferant Afrikas, doch die Energieressourcen Öl und Kohle haben ihr absehbares Limit. Die großen Goldminen verbrauchen etwa soviel Strom wie eine Großstadt. Da Südafrika fast kaum Ölvorkommen besitzt, gehen zukünftige Überlegungen in Richtung Wind-, Wasser-, Bio- und besonders in Solarenergie. Doch die Entwicklung steckt noch in den Kinderschuhen. 83 % der wirtschaftlich genutzten Energie stammt von der einheimischen Kohle, die auch exportiert wird.

Die Rolle der Bäume

Besonders für die ländlichen Gebiete Südafrikas sind Bäume überaus wichtig. Sie sind Brennholzlieferanten, bieten Schutz vor Winderosion und Austrocknung des Bodens, geben den Menschen Früchte, Nüsse und traditionelle Medizin. Sie sind Baumaterial, dienen als Tierfutter und beherbergen Insekten, Honigbienen und Vögel. 17 Millionen Menschen müssen täglich mit Feuerholz versorgt werden. Unkontrollierbares Abholzen ist die folgenschwere Konsequenz. Hand in Hand mit der wachsenden Bevölkerungszahl nimmt der Verbrauch täglich zu. Um eine Ladung Holz zu sammeln, benötigen die Frauen auf dem Land zwischen vier und fünf Stunden (2–3 Ladungen braucht eine Familie pro Woche). Die Holzverfeuerung ist nicht unproblematisch. Akute Atemwegsinfektionen rangieren nach gastrointestinalen Krankheiten auf Platz 2 der häufigsten Todesursachen in Südafrika.

Wasser

Die Wasserversorgung ist Hauptprobleme Südafrikas. Nur auf 45 % des Landes regnet es mehr als 500 mm (Untergrenze für effektiven Getreideanbau). Der **Orange River** ist die Lebens- und Wasserader des Landes. Er fließt auf 1860 km von Lesotho zum Atlantischen Ozean. Mit dem gewaltigen *Lesotho Highlands Water Project* ist die Versorgung langfristig sichergestellt. Das *Tugela-Vaal-Wassersystem* stellt die Hauptversorgung für die Provinz Gauteng sicher, das *Usutu-Vaal-System* versorgt Mpumalanga, und das Wasser des Berg River ist für die Western Cape Province wichtig. Es gibt etwa 450 große Staudämme im Land. Die drei größten sind der Gariep-, der Vanderkloof- und der *Sterkfontein-Staudamm.*

Ähnlich wie das Sammeln von Feuerholz ist in ländlichen Gebieten die Wasserbeschaffung zeit- und arbeitsaufwendig: Frauen und Kinder mit wiegendem Schritt und großen Gefäßen auf dem Kopf – für die Touristen ein verlockendes Fotomotiv, für die Menschen täglicher Überlebenskampf.

Kunst und Kultur

Literatur

Die frühesten Werke über Südafrika waren Geschichtsbücher, die auf Erzählungen der Seefahrer beruhten, die das Kap der guten Hoffnung umsegelten. Es folgten die Reiseberichte und Tagebuchaufzeichnungen der ersten Siedler und Abenteurer. In den ersten Jahrzehnten des 19. Jahrhunderts entwickelte sich Hand in Hand mit der Kolonisierung durch die Briten und die Entstehung einer eigenständigen Presse auch eine südafrikanische Literatur. Zu den ersten Werken gehören die Berichte der Missionare, die die

Erzählungen und Legenden der Zulu, Xhosa, Tswana und Sotho zu Papier brachten.

Zu den ersten bedeutenden **weißen Schriftstellern** gehören der Romantiker **Thomas Pringle** (1789–1834) und sein Zeitgenosse **Geddes Bain** (1797–1864), der vor allem Satiren und deftige Volkslieder verfasste. **Olive Schreiner** (1855–1920) zählt zu den brillantesten Schriftstellerinnen Südafrikas. Berühmt wurde sie mit *The Story of an African Farm,* 1883 veröffentlicht. Schreiner, Tochter eines deutschen Missionars, schilderte in bislang unbekannter Weise das harte Leben in der Karoo und nahm kein Blatt vor den Mund bezüglich der Machenschaften des Staates und der Kirche.

Ganz anders die Abenteuerromane, von denen *King Solomon's Mines* von **H. Rider Haggart** (1856–1925) zu den bekanntesten zählt. Hauptfigur war der legendäre Abenteurer Allan Quatermain. Ein Meister der Kurzgeschichten war **Herman Charles Bosman,** der mit seinen ländlichen Betrachtungen in *Mafeking Road* ein wichtiges Stück Südafrika aus den Jahren 1930–1940 eingefangen hat. **Nadine Gordimer,** die 1953 ihren ersten Roman *The Lying Days* veröffentlichte, erhielt **1991** den **Nobelpreis für Literatur.** Sie zählt zu den schärfsten Beobachterinnen ihres Landes und pflegt ihre Erfahrungen sprachlich hervorragend umzusetzen. Zu ihren international anerkannten Romanen gehört auch *Burgers Tochter,* ein sozialkritisches Sittengemälde. *Niemand der mit mir geht* ist ihr aktuellster Roman, der sich kritisch mit der Zeit nach der Apartheid auseinandersetzt.

Mit dem Roman *Leben und Zeit des Michael K.* errang **J.M. Coetzee** literarischen Ruhm. 2003 erhielt er den **Nobelpreis,** 2009 erschien sein letzter Roman Summertime. International geachtet ist auch **Breyten Breytenbach** (geb. 1939), von dem *Augenblicke im Paradies* und

Erinnerung an Schnee und Staub ins Deutsche übersetzt worden sind. Ebenfalls in deutscher Sprache erhältlich sind einige Werke von **André Brink** *(Die Nilpferdpeitsche und Blick ins Dunkel).* **Ivan Vladislavic** wurde 1957 in Pretoria geboren. Er veröffentlichte 1993 seinen ersten Roman *The Folly.* Ins Deutsche übersetzt wurde sein Buch *Die Terminalbar und andere endgültige Geschichten.* Reisenotizen, in denen die Stimmung des Landes geschildert wird. Zu den Dichtern und Schriftstellern, die hauptsächlich in **Afrikaans** schrieben, gehören der Naturkundler **Eugène N. Marais** (1871–1936) und **C. Louis Leipoldt** (1880–1947).

Ein früher Vertreter der nichtweißen südafrikanischen Schriftsteller ist **S.T. Plaatje** (1876–1932), der in seinem Roman *Mhudi* Südafrika der Welt aus einem anderen Blickwinkel präsentierte. Glanzleistungen in der Rubrik Kurzgeschichten vollbrachte die Schriftstellerin **Bessie Head** (1937–1986), die Erfahrungen ihres Leben und Überlieferungen in Geschichten kleidete *(Tales of Tenderness and Power, Die Schatzsammlerin).* Der bekannteste Visionär auf dem Gebiet der Apartheid war **Alan Paton,** der in *Cry, the Beloved Country* bereits 1948 die zwischenmenschlichen Folgen einer Rassentrennung beschrieb. **Credo Vusamazulu Mutwa,** Jahrgang 1921, ist nicht nur Schriftsteller, sondern auch einer der bedeutendsten spirituellen Führer im Land. Seine bekanntesten Werke *Indaba my Children und Africa is my Witness* gehören bis heute zu den Bestsellern heimischer Literatur.

Als Kritiker Mandelas, dessen Aufruf zur Gewalt er verurteilte, wurden in Soweto Mordanschläge auf ihn verübt. Er lebt heute in der Nähe von Mahikeng. **Richard Rive** ist vor allem durch scharfsinnige Kurzgeschichten und drei Romane berühmt geworden. Sein Meisterwerk, *Buckingham Palast,* feinfühlig, kritisch und humorvoll, schildert das Leben der Farbigen im Kapstadt in den 50er Jahren des 20. Jh. Er wurde 1989 ermordet. Posthum erschien der Roman *Emergency Continued.*

Lange Zeit beherrschte ein Buch die Bestsellerlisten: *Long Walk to Freedom,* die Autobiographie **Nelson Mandelas.** Empfehlenswert für politisch interessierte Leser ist von **Allister Sparks** *The Mind of South Africa.*

In dem Erstlingswerk von **Mark Behr,** *The Smell of Apple,* wird das Leben eines weißen Jungen erzählt, der zwischen 1960 und 1970 durch das Apartheid-System ideologisch geprägt wurde. Ebenfalls ganz oben auf der Liste guter Bücher aus neuester Zeit steht der Roman von **Mike Nicol,** *Horseman,* in dem der Schriftsteller historische Begebenheiten neu durchdenkt. Wer einen Blick in die Werke von zeitgenössischen südafrikanischen Poeten werfen möchte, sollte www.uct.ac.za/projects/poetry/poetry.htm besuchen. Eine gute Auswahl an Romanen entdeckt man auf www.afrikaroman.de.

Wer sich für **Krimis** interessiert, sollte Bücher von **Deon Meyer** lesen.

Musik

Kaum ein anderes Land hat ein so breites Musikspektrum wie Südafrika: die altüberlieferten Stammesgesänge der Schwarzen, Volksweisen der Afrikaaner, die religiösen Lieder der asiatischen Bevölkerung, die modernen Richtungen Rock, Pop und Jazz mit ihren landestypischen Färbungen sowie klassische europäische Musik. Mehr auf www.music.org.za.

Afrikanische Klänge

Die traditionelle **afrikanische Musik** ist der Herzschlag des Kontinents, getragen von Rhythmen und erdnahen Klängen. Schwarze Musik wird nicht einfach gespielt, schwarze Musik wird erlebt. Das Schlagen der **Trommeln** und der Gesang des einzelnen vereinigt sich zu einer Klangwoge, die die Körper und Seele erfasst.

Zur ältesten Musik zählt die der *San*, die mit einfachen **Bogeninstrumenten** seltsame Klänge erzeugen. Ebenfalls sehr alt ist die **Rohrflötenmusik** der **Venda.** Doch das wesentliche Musikinstrument aller afrikanischen Völker ist die **Trommel.** Trommeln haben magischen, ja manchmal sogar heiligen Charakter. Sie rufen, sie verbinden, sie beschwören und sie beschützen die Menschen. Wenig bekannt ist, dass die Trommeln im südlichen Afrika zwar von den Männern des Dorfes hergestellt, aber fast ausschließlich von den Frauen geschlagen wurden. Traditionelle Trommeln sind die *ingqingqo* der **Xhosas**, getrocknete Ochsenhäute, fest an Holzpfosten verspannt, oder die ingingu der **Zulu,** Tierhäute, die man über Kalebassen spannte.

Ein spezieller Musikstil, besonders bei den Zulu gepflegt, ist **Mbube;** die Inhalte oft politischer und sozialkritischer Natur.

Ein schönes Beispiel dafür sind die Lieder *Ngiyabazi* und *Homeless* von **Ladysmith Black Mambazo,** die im **Isicathamiya,** einem Chorgesang für Männer, dargeboten werden (mehr darüber auf www.mambazo.com). Die **Kwela-Musik,** in England in den 50er Jahre als „Pennywhistle Music" in den Hitparaden, wurde von den Straßenkindern in den 40er Jahren entwikkelt. Sie geht wahrscheinlich auf Hirtenjungen zurück, die auf Pfeifen aus Riedgras spielten, wenn sie tagelang allein bei den Herden waren.

Zu den afrikanischen Traditionen gehört **a capella,** im Chor ohne instrumentale Begleitung zu singen. Diese Chorlieder werden bei der (Feld-)Arbeit, bei Hochzeiten, Beerdigungen, Initiationsriten und anderen Festen vorgetragen. Eines der schönsten Lieder ist das bekannte **Tshotholoza.** Es entstand wohl unter Gleisbauarbeitern. Sowohl das Wort als auch der Rhythmus erinnern an das stampfende Geräusch eines fahrenden Zuges.

Zwei südafrikanische Stimmen: Letta Mbulu und Miriam Makeba

Eine Ausnahmekünstlerin ist **Letta Mbulu,** die mit dem Album *Not Yet Uhuru* den internationalen Durchbruch schaffte. Sie schreibt: „All die Jahre, die ich im Exil (26 Jahre) verbrachte, träumte ich von dem Tag, an dem ich nach Südafrika, meiner Heimat, meinen Wurzeln zurückkehren würde, um Musik mit all unseren heimatverbundenen Musikern, Sängern und Toningenieuren zu machen …"

„Mama Afrika" genannt wird **Miriam Makeba,** die 1967 mit ihrem Lied *Pata Pata* eine internationale Karriere begann. 30 Jahre lang war sie gezwungen im Exil zu leben. Ihre Lieder sind oft melancholisch, strahlen aber immer Zuversicht aus. Eines wohl ihrer bekanntesten ist der **Click Song,** der aus dem Repertoire der legendären *Manhattans* stammt, der Gruppe, mit der sie ihre ersten Erfolge im Ausland feierte. Er wird gerne bei Hochzeiten zu Ehren der jungen Ehefrau gesungen und stammt ursprünglich aus der Tradition der Xhosa. M. Makeba starb 2008 in Italien.

„The Lion Sleeps Tonight"

Der südafrikanische Hit **The Lion Sleeps Tonight** („uyimbube", „uyimbube" …) gehört zu den zehn erfolgreichsten aller Zeiten. Bis zu zwanzig Millionen US-Dollar soll der Song weltweit eingespielt haben. Doch sein Komponist, der *Zulu Solomon Linda,* der ihn 1939 aufgenommen hatte, starb bettelarm in Soweto bei Johannesburg. Auf Zulu hieß das Lied „mbube" (Löwe). Vom afrikanischen Original verkaufen sich in den 1940ern immerhin 100.000 Exemplare. 1952 brachten „The Weavers" mit dem US-Folksänger Pete Seger und 1959 das Kingston-Trio ihre Bearbeitungen heraus („Wimoweh"). Mit der romantischen Version der „Tokens" schnellte der „schlafende Löwe" 1961 an die Spitze der US-Charts und trat danach seinen Siegeszug um die Welt an. Auch Miriam Makeba (1932–2008) nahm es auf. Dann begann ein langer juristischer Streit über die Urheberrechte. Solomon Lindas drei Töchter, die heute in Soweto leben, bekamen nur einmal ein paar tausend Dollar von Pete Seger …

Gruppen, Musicals und Bands

„Das Licht, die Linien, die Farben Afrikas und der afrikanischen Landschaft und der Klang der Vögel und der Insekten sind völlig verschieden von denen Europas. Die Musik nährt sich aus diesen Elementen", sagt **Kevin Volans,** der für das Kronos Quartet das Lied *White Man Sleeps* bearbeitet hat, eine ungewöhnliche Interpretation mit drei Violinen und einem Cello.

Wer sich auf die Suche nach altem Liedgut mit frischen Texten aus Südafrika macht, sollte sich die Stücke der Gruppe **Amampondo** anhören. Rund um die Welt ging das Musical **Sarafina,** die musikalische Verarbeitung der Schüler-Revolte 1976 in Soweto, das im Juni 1987 im Market Theatre von Johannesburg uraufgeführt wurde. Autor und Regisseur ist

Mbongeni Ngema. Sein Weg führte ihn 1979 nach Soweto, wo er zum Theater ging. Das Stück *Woza Albert!,* das er mit Percy Mtwa und Barney Simon inszenierte, wurde ein großer Erfolg in den USA. Seine Tätigkeit führte ihn mit **Hugh Masekela** zusammen. Hugh Masekela gilt als einer der bedeutendsten südafrikanischen Musiker. Er arbeitete mit *Harry Belafonte* und mit *Miriam Makeba* zusammen, die er später heiratete. 1986 gründete er in Botswana die „Botswana International School of Music", die afrikanische und internationale Musiker ausbildet. Zusammen mit anderen Künstlern war er an der legendären „Graceland-Tour" von *Paul Simon* beteiligt. Das Titellied seines Albums „Tomorrow", *„Bring Him Back Home",* das er mit seiner Band **Kalahari** spielt, gehört zu den international bekanntesten Songs des Künstlers. Für seine Lieder in Sarafina wurde er 1988 für den Tony Award nominiert. Die Lieder in dem Musical haben ihren Ursprung in der **Mbaqanga**-Tradition, einer Mischung aus Rock, Jazz, Gospel, Rythm and Blues. Mbaqanga ist zwar im eigentlichen Sinne der Oberbegriff der schwarzen Musik des Landes, meist aber eine schwungvolle Tanzmusik. Hugh Masekela sagte einmal darüber: „Mbaqanga ist unsere Art, uns singend aus der Brutalität zu befreien."

Jazz-Szene und Township-Jive

Die Wurzeln dieser Musikrichtung liegen in Südafrika in der sogenannten **„Marabi-Music",** bei der ein Solosänger, meist begleitet von Akkordeon, Orgel oder Gitarre und improvisierten Rhythmusinstrumenten, in oft monoton wirkendem Singsang aus zwei bis drei Akkorden das Leben in den Townships wiedergibt. Stundenlange Sessions in kleinen Bars und am Straßenrand waren früher beliebter Zeitvertreib in der sonst düsteren Atmosphäre der Slums und Arbeitersiedlungen. Doch entwickelte sich ein eigener Stil. Neue Instrumente kamen hinzu, der afrikanische Chor hielt Einzug und oft wurden aus den Straßenmusikanten richtige Big-Bands. In den früheren Jahren gab es wenig gemischte Gruppen. Die weißen Musiker trauten sich nicht in die Townships, und Bierhallen waren wirklich keine sicheren Aufenthaltsorte. Auf der anderen Seite war den schwarzen Musikern der Zutritt zu den meisten „Jazz-Clubs" verwehrt. Viele talentierte Schwarze verließen das Land, darunter *Hugh Masekela* und *Abdullah Ibrahim*, die in New York berühmt wurden, ebenso *Miriam Makeba* und *Jonas Gwangwa.* Die gesamte Chris *McGregor's Blue Notes Band* entschwand nach England und nahm dort eine Spitzenstellung unter den Jazz-Musikern ein.

Der Großmeister des südafrikanischen Jazz ist **Abdullah Ibrahim,** aber auch Gruppen wie die *African Jazz Pioneers* bewegen sich mittlerweile ebenso erfolgreich auf internationalen wie auf heimischen Bühnen.

Typische Vertreter des **Township-Jive** sind die *Soul Brothers,* seit mehr als 25 Jahren auf internationalen Bühnen. Lieder von ihnen wie *Utshwala* oder *Gjjimane Masotsha* von *Vusi Mahlasela* sind hervorragende Beispiele dieser Musik. Der Township-Jive entstand, wie die Marabi-Musik, in den 50er Jahren als musikalische Reaktion auf die sozialen Umstände in den Townships und Bergarbeitersiedlungen. Obwohl die Texte oftmals sozialkritisch sind, weisen sie doch Schwung auf und bringen eine unbesiegbare Lebensfreude zum Ausdruck. *Sipho „Hotsticks" Mabuse* bekam seinen Spitznamen als herausragender Schlagzeuger der Jive-Szene. Er ist aber ein Multitalent, das singt, komponiert und weitere Instrumente spielt.

Die bekanntesten Vertreter des **Cape Jazz,** der südasiatische und südamerikanische Strömungen vereint, sind die Gruppen *Oswietie* und *Pacific Express.* Doch die Zeiten haben sich geändert. Von wenigen Ausnahmen abgesehen ist es stiller geworden. Zwar gibt es mittlerweile Initiativen wie die *Gauteng Jazz Academy,* die sich besonders den unterprivilegierten Talenten annimmt, aber es fehlt die Spontaneität der früheren Jahre, die Clubtreffen, die Straßenfeste und nachbarschaftlichen Aktivitäten. Glücklicherweise werden jedoch alte Jazzer und junge Talente im Land gefördert und es lohnt, in einem Musikladen neueste Produktionen anzuhören.

Neue Klänge

Lesego Rampolokeng, Jahrgang 1965, ist Dichter, Autor, Sänger und Performance-Künstler, der Lyrik, Sozialkritik und Musik in Sprechgesängen verbindet, mit denen er provozieren und gleichzeitig die Wunden seines Landes heilen will. Er ist der bedeutendste *Rapper* der Nation, bei der Jugend sehr beliebt, den Älteren eher unangenehm, da er auch nach den freien Wahlen seinen kritischen Kurs beibehielt und sich gegen die Verherrlichung von Menschen wie etwa Nelson Mandela wendet.

Einer der beliebtesten weißen Musiker ist **Johnny Clegg,** der mit seiner Gruppe *Savuka* unermüdlich für ein Miteinander von Schwarz und Weiß eingetreten ist. Sein Lied *Asimbonanga Mandela ("Wir haben Mandela lange nicht gesehen"),* erhielt große Anerkennung.

Sehr erfolgreich mit ihrer Mischung aus Hip Hop, Mbaqanga verziert mit Zulu-, Venda- und englischer Lyrik sind die *Dalom Kids.* Ihr Album *Hamba* ist sehr empfehlenswert. Auch *Bushrock* (erschienen 1997) von *Anton Goosen* war sehr verkaufskräftig. Selbst in Europa bekannt sind die Hits von *Watershed* (Indigo Girl) und *Angélique Kidjo* (CD-Tipp: Keep on Moving).

Mzansi Music – Young Urban South Africa (herausgegeben von Jay Rutledge, bei Trikont erschienen), ist ein bemerkenswerter Musik-Querschnitt der „jungen Wilden" aus Johannesburg und Soweto. **Kwaito** heißt das Zauberwort, die wichtigste neue Musikrichtung in Südafrika nach dem Gospel. Bester Township-Jive zum Abtanzen. Zu hören sind südafrikanische Stars wie Bongomuffins, Zola und Skwatta Kamp.

Wer aktuelles zum Thema Rockmusik in SA erfahren möchte besucht www.sarockdigest.com.

Nachtleben

Am Nachtleben Südafrikas merkt man noch deutlich den tiefen Graben, der durch die Gesellschaft geht. Es gibt wenige Treffpunkte, an denen sich Schwarze, Farbige, Inder und Weiße gleichzeitig einfinden. In den **Nachtclubs** von Johannesburg, Durban und Kapstadt mag man vielleicht (besonders bei den Jugendlichen) ein gemischteres Publikum antreffen, aber meist hat ein Club entweder weiße oder schwarze Klientel. In den Townships ist der Besucher durchweg von schwarzer Hautfarbe.

Wenn es derzeit nicht zu gefährlich wäre, könnte man **Johannesburgs** Stadtteil **Yeoville** als gute Adresse für abendliche Clubbesuche empfehlen. Hier zeigt sich das Publikum weltoffen. In **Kapstadt** ist die Szene etwas gelassener. Ob man Hip-hop-Sessions, Rythm-and-Blues oder fetzigen Jazz sucht, man findet immer den passenden Club. **Durban** ist die Hochburg der südafrikanischen Musikszene. Nirgendwo im Land ist das Angebot an Live-Musik größer.

Ganz „in" sind wieder **Shebeens,** Trinkhallen, die bis vor kurzem noch eine sehr zentrale Rolle im sozialen Leben der Townships gespielt haben. In den Shebeens trafen sich die Schwarzen in ihrer Freizeit, um Bier zu trinken, Musik zu machen oder zu diskutieren. Shebeens waren eine Art Informationsbörse – und der Polizei ein Dorn im Auge. Permanente Razzien, Beschlagnahmung der Getränke und Verhaftung der Gäste waren an der Tagesordnung. Heute etablieren sie sich wieder, meist in den Vorstädten, in denen sich die besserverdienenden Schwarzen niederlassen. Das alte „Flair" werden sie nicht mehr haben.

Klassik

Orchestern wie das *Cape Symphony Orchestra* und das *Cape Philharmonic Orchestra* (beide: www.cpa.org.za) spielen auf Weltklasse-Niveau. Auch das *KwaZulu-Natal Philharmonic Orchestra* (www.kznpo.co.za) hat einen interessanten Spielplan.

Gefeierte Sängerinnen an der Wiener Staatsoper waren *Emma Renzi* und *Mimi Coertse*. Künstler wie *Elizabeth Connell, Deon van der Walt* und *Marita Napier* begeisterten die Menschen in der Scala, der Metropolitan Opera und in Covent Garden. Zu den jüngsten Talenten zählt der Tenor *Johan Botha*. Der Pianist *Steven De Groote* oder der Klarinettist *Robert Pikkup* können sich mit der internationalen Garde messen.

Das **SA State Theatre in Pretoria** (www.statetheatre.co.za) bietet ein ähnlich buntes Programm wie die **Cape Town Opera** (www.capetownopera.co.za). Unter dem Komponisten *Michael Williams* entstanden Opern, die Elemente der Xhosas und anderer afrikanischer Ethnien mischten. Die **Opera Africa** in Durban (www.operaafrica.co.za) versucht u.a., afrikanische Chöre in klassische Musik einzubinden. Zu weiteren renommierten Komponisten zählen *Stefan Grove* und *Hans Roosenschoon*.

Interessante Wege beschritt *Mzilikazi Khumalo*, der seine Wurzeln in der afrikanisch-klassischen Tradition beschreibt und mit *uShaka Kaenzangakhonaan* ein Meisterwerk aus afrikanischem Chor und klassischem Orchester geschaffen hat.

Nicht zu vergessen die **traditionsreichen Chöre,** von denen die *Soweto Songsters,* der *Kwathema Youth Choir,* die *Bonisudumo Choristers* und die *Imilonji KaNtu Choral Society* weit über die Landesgrenzen hinaus bekannt sind. Wer der südafrikanischen Version der Wiener Sängerknaben lauschen möchte, sollte ein Konzert des *Drakensberg Boys Choir* besuchen.

Darstellende Künste

Tanz

Hätte man alle Volksstämme Südafrikas auf einer Bühne und ihren Tanz in einem Wettbewerb zu benoten, wem sollte man den Vorzug geben? Dem ernsten und wunderschönen indischen Tänzer des *Bharata Natyam,* der Primaballerina im Schwanensee oder den schwarzen Meistern in Gummistiefeln, die mit ihrem Steptanz *Isicathulo* ein Feuerwerk an Dynamik und Lebensfreude aufs Parkett legen?

Zu den bekanntesten schwarzen und traditionellen Tänzen gehört der **Ndhlamu Stamping Dance,** bei den Zulu und den Swazis in früheren Zeiten vor allem als militärische Übung getanzt: Ein stampfender Rhythmus, der im Gleichschritt die volle Disziplin bei den Tänzern voraussetzt. Später wurde der Tanz in den Minen des Witwatersrand populär.

Der *Isicathulo* oder Gumboot Dance entstand in den frühen Jahren des 19. Jahrhunderts unter den Dockarbeitern in Durban: eine Art Steptanz, den sie wohl von europäischen Immigranten her kannten. Nur tanzten sie damals in ihren Arbeitsschuhen, den Gummistiefeln. Denen

allerdings rangen sie alle Möglichkeiten der Lautmalerei ab, während sie in die Hände klatschten. Auch dieser Tanz fand bei den Minenarbeitern großen Zuspruch. Ähnlich wie beim Squaredance der amerikanischen Pioniere folgen die Tänzer den Anweisungen eines Ansagers. Der Isicathulo war beliebter Konkurrenztanz bei den wöchentlichen Wettbewerben der Zulu in den Minen. Begleitet wird er meist von einem einfachen Gitarrenrhythmus.

Das Zentrum für modernen Tanz ist Johannesburg: Ende Februar bis Mitte März wird das alljährliche Tanzfestival *Dance Umbrella* ausgetragen (www.artlink.co.za. Nur die Uraufführungen neuer Choreographien werden akzeptiert.

Neben den klassischen indischen Tanztraditionen hat sich eine neue Richtung entwickelt, besonders in der *Tribhangi Dance Company* (Gauteng). Man versucht die Gemeinsamkeiten des indischen und afrikanischen Tanzes zu finden – nicht deren Unterschied.

Das typisch klassische Ballett findet man vor allem in zwei Häusern: Im *State Theatre* in Pretoria und im *Nico Malan Theatre* in Kapstadt. In Durbans *Playhouse Theatre* (www.playhousecompany.com) erweiterte man das klassische Repertoire um Vorstellungen mit neoklassischem und experimentellem Ballett. Hierzu zählt auch die *Siwela Sonke Dance Company,* mit einer Choreographie, die das multikulturelle Erbe Südafrikas widergibt.

Theater

1976 wurde der Indian Market in Johannesburg zum legendären **Market Theatre** umfunktioniert und bald zum nationalen Monument erklärt. 1995 erhielt es den internationalen *Jujamcyn Theatre Award,* ein begehrter amerikanischer Theaterpreis, der erstmals außerhalb der USA verliehen wurde.

In den Townships und Vorstädten lebte

das **Protesttheater**. Kneipen und Marktplätze waren oftmals die Bühnen. *Gibson Kenle* war der bedeutendste Vertreter des „Township-Theaters". Die meisten wichtigen Autoren zogen es allerdings vor, im Ausland Karriere zu machen. Gelungen ist dies dem Dramatiker *Athol Fugard,* der (mit seinen Co-Autoren *John Kani* und *Winston Ntshona*) erfolgreiche Stücke wie *The Island* und *Banzi is dead* in Amerika aufführte und dafür mehrfach ausgezeichnet wurde. Sehenswert ist auch *Valley Song*. Das Dreigespann *Barney Simon, Percy Mtwa* und allen voran *Mbongeni Ngema* machten mit ihrem Stück *Woza Albert!* Furore. Später folgten Ngemas Kassenschlager *Asinamali* und *Sarafina*. Schwungvolles Protesttheater stammt aus der Feder von *Pieter Dirk Uys*, der mit Stücken wie *God's Forgotten Paradise* oder *Adapt or Di*e mutig vorpreschte.

Wer auf den Spielplänen Stücke von *Paul Slabolepzy* wie *Heel against the Head* oder *Norman Coombes* Stück *Snake in the Garden* entdeckt, kann interessantes Theater erwarten. Mit *Dark Outside,* der dramatischen Erzählung über das Leben des umstrittenen Poeten Roy Campbell, schuf der Bühnenautor *Anthony Akerman* eine historische Lektion. Wer sich überraschen lassen möchte, sollte in Kapstadt das **Baxter Theatre** (www.baxter.co.za) besuchen.

Noch heute unterscheidet man zwischen dem europäisch orientierten und dem „Black-Theatre". Der Autor und Produzent *Duma kaNdlovu* hat das einmal recht treffend umschrieben als er sagte, dass selbst die progressivsten Weißen immer noch von den Schwarzen erwarten, dass „sie sich an die Lebensweise der weißen Leute anpassen". Inwieweit sich Stücke von Autoren wie *Gibson Kente, Maishe Maponya* oder *John Ledwaba* gegen die weiße Konkurrenz durchsetzen, wird sich zeigen.

Architektur

Vor der Kolonisation durch die Weißen war das Land von den Behausungen der schwarzen Völker geprägt. Die San wohnten in Höhlen oder nutzten Felsvorsprünge als Unterkunft, Hirtenvölker bauten z.B. kreisrunde *imizi*, um alles zu integrieren,

was für ihren Lebensunterhalt wichtig war. Die ersten weißen Siedler, die ins Landesinnere zogen, übernahmen Teile der Bauweise der Khoikhoi und errichteten Hartebeeshuise, spitz zulaufende, kleine, mit Riedgras gedeckte Hütten. Das erste architektonische Merkmal des weißen Südafrika war der **kapholländische Stil:** Einfache Steinhäuser, weiß getüncht und mit Riedgras gedeckt. Aus ihnen entwickelte sich der Baustil für den das Weinland heute berühmt ist: Villen und Herrschaftshäuser in strahlendem Weiß mit typischen, ausgeprägten Giebelfassaden vor grüner Landschaft und blauem Himmel. Bestes Buch dazu: *Cape Dutch Houses and other Old Favourites* von Phillida Brooke Simons (Fernwood Press).

Mit den Briten veränderte sich ab 1820 die architektonische Landschaft nachhaltig. Es entstanden steinerne **Festungen** mit ihren typischen Martello-Türmen. Auch bauten die englischen Siedler wesentlich wehrhafter als die Buren. Der **Blockhausbaustil** war besonders in den Kriegsjahren beliebt, einige Exemplare sind heute noch erhalten.

Die kleinen Minenstädte brachten keine ästhetischen Bauwerke hervor, schnell fertigzustellende Nutzbauten aus Eisen und Holz waren gefragt. In den Städten dagegen legte man großen Wert auf prunkvolle Architektur, besonders bei öffentlichen Gebäuden. Der erste ausgebildete Architekt des Landes war übrigens der Franzose **Louis Michel Thibault,** der 1796 im Sold der Ostindien-Kompanie nach Kapstadt kam. Das *Old Supreme Court* in Kapstadt, heute das South African Museum, wurde unter seiner Leitung gebaut. Viele Prunkbauten entstammen englischer Tradition, dem viktorianischen oder edwardianischen Stil. Der wilhelminische Stil entwickelte sich im alten Transvaal und im Orange Free State, *Sytze Wopkes Wierda* war ein Architekt dieses Stils. Eines der schönsten Regierungsgebäude der Welt, die **Union Buildings,** entstanden zwischen 1910 und 1912. Architekten waren der Südafrikaner *Gordon Leigh* und der Engländer *Herbert Baker.* Der aufkeimende Nationalismus brachte eine andere Richtung hervor. Beispiehaft dafür ist der Monumentalbau des **Voortrekker Monuments** von *Gerhard Moerdyk.* An der Universität von Witwatersrand entstand die erste südafrikanische Architekturschule. Man lehnte sich an die **Moderne** von *Le Corbusier* und *Mies van der Rohe* an. Ein gutes Beispiel dafür ist die Reserve Bank in Pretoria. Eine ganze Reihe von bemerkenswerten Gebäuden im **Art-déco-Stil** findet man in Kapstadt. Ab 1943 gesellte sich zur Moderne der Pragmatismus, der den Gebäuden mit seinen Dachgärten und Sonnenfenstern einen subtropischen Anstrich gab, z.B. die Gebäude der Bank of the Netherlands von *Norman Eaton* in Durban und Pretoria. Zu Zeiten internationaler Isolation holten sich viele Architekten nicht nur außerhalb des Landes Anregung. Man besann sich auf eigene Traditionen, die man baulich umsetzte: Das *Parlamentsgebäude* in *Mmabatho* und die *Rand Afrikaans University* von Johannesburg. In der postmodernen Epoche schuf man die Fantasie-Architektur Sun City und Lost City im ehemaligen Homeland Bophuthatswana.

Kunstszene

www.art.co.za und
www.arttimes.co.za

Die ersten Künstler des Landes waren die San mit Felsmalereien und -ritzungen. Jüngere Volksstämme, wie die Nguni-Völker, entwickelten ihre Kunstfertigkeit in anderer Richtung hin zu Perlenarbeiten, Töpferei, Schnitzkunst und Korbflechterei.

Die **Malerei** stand zunächst unter europäischem, vorwiegend **niederländischem Einfluss.** *Thomas Baines* (1820–1875) und *Thomas Bowler* (1812–1869) sind die bekanntesten Vertreter der Epoche im 19. Jahrhundert. Zu den bedeutendsten Malern des frühen 20. Jahrhunderts zählen die **Landschaftsmaler** *Pieter Wenning* (1873–1921) und *Frans Oerder* (1867–1944). Künstler wie *J. H. Pierneef* (1886–1957) und *Hugo Naudé* (1869–1938) lösten sich bereits von der romantischen Landschaftsmalerei. Zeitgenössische Malerinnen wie *Irma Stern* (1904–1966) und *Maggie Laubser* (1886–1973) errangen mit ihren **expressionistischen Werken** internationale Anerkennung. Zu den Postimpressionisten zählen vor allem *Terence MacCaw* (1913–1976), *Alexis Preller* (1911–1975) und *Walter Battiss* (1906–1982), der besonders durch die Übernahme der symbolhaften Darstellung der San bekannt wurde. In den 80er Jahren des 20. Jh. entwickelte sich mit den Künstlern *William Kentridge* (geb. 1955) und *Keith Dietrich* (geb. 1950) eine **sozialkritische Avantgarde,** zu der auch *Penny Siopis* (geb. 1953) zählt.

Mit dem Niederländer *Anton van Wouw* zog 1890 die moderne **Bildhauerei** ans Kap. Weitere große Namen sind *Lippy Lipshitz* (1903–1980) und *Elsa Dziomba* (1902–1970). *Lucas Sithole* (geb. 1903) ist der bedeutendste **Holzbildhauer** des Landes. Einen ganz neuen Stil brachte der Italiener *Edoardo Villa* (geb. 1920) nach Südafrika: Geschweißte Skulpturen. Zu den jüngeren Bildhauern gehören *Neels Coetzee* (geb. 1940), *Guy du Toit* (geb. 1958), *Andries Botha* (geb. 1952), *Fée Halsted Berning* (geb. 1958) und *Bonnie Ntshalintshali* (geb. 1967) mit außergewöhnlichen **Keramikskulpturen.**

Durch das Erziehungs-System in der Apartheid war den meisten nichtweißen Südafrikanern eine künstlerische Ausbildung verschlossen. Es gab zwar Bemühungen, in den 60er

Jahren mit dem *Polly Street Art Centre* oder in den 70er Jahren mit dem *Jubilee Art Centre* in Johannesburg schwarze Nachwuchskünstler zu fördern, doch diese Projekte scheiterten an der Gesetzgebung. Aus einer Missionsschule in Rorke's Drift gingen Künstler wie *Auraria Mbatha* und *Cyprian Shilakoe* hervor.

Es entstand parallel zur „weißen" Kunst die **„Township Art".** Die bekanntesten Vertreter sind *Mslaba Dumile* (geb. 1939) und der schwarze Bildhauer *Sydney Kumalo* (1935–1990). *Leonard Matsoso* (geb. 1949) und *Ezrom Legae* (geb. 1938) verließen ihr Land und fanden im Ausland Anerkennung.

Ein Meilenstein war 1985 die von BMW gesponserte Ausstellung **„Tributaries".** Besonders schwarze Künstler aus ländlichen und vorstädtischen Regionen konnten erstmals Werke ausstellen, so die *Gebrüder Ndou, Jackson Hlungwani* und *Phutuma Seoka.* Dieser Impuls führte auch in anderen Regionen zu kleinen Ausstellungen.

Werke aktueller schwarzafrikanischer Maler können Sie im Internet z.B. unter www.southafricanartists.com betrachten.

Sport

Südafrikaner sind extrem sportbegeistert. An erster Stelle steht König **Fußball,** und das nicht erst seit der WM 2010. Soccer City, das Megastadion in *Soweto,* ist das Ziel zahlloser Fußballfans und Spielort der *Orlando Pirates* und der *Kaizer Chiefs.* Die südafrikanische Fußball-Nationalmannschaft heißt **Bafana Bafana** („die Jungs"). In Zeitungen und im Web kann man sich über die *Premier Soccer League* informieren und evtl. Spiele besuchen.

Nach Fußball folgt **Rugby.** *Ellis Park* in Johannesburg ist das bekannteste und größte Rugbystadion. Die legendären *Golden Lions* sind hier Gastgeber. Die Nationalmannschaft nennt sich *Springbok.*

Ebenfalls beliebt ist **Cricket.** Stadien wie Buffalo Park in Buffalo City oder der bereits 1887 gegründete *Newlands Park* in Kapstadt sind evtl. einen Besuch wert. Spitzenspiele kosten allerdings hohe Eintrittspreise.

Im Gegensatz zu Fußball sind Cricket und Rugby eher „weiße" Sportarten. **Marathonläufe** dagegen verbinden alle Hautfarben. Bei den Massenveranstaltungen, die fast jedes Wochenende irgendwo im Land stattfinden, gehen Tausende von Läufern an den Start. Der bekannteste Marathon mit fast 15.000 Läufern ist der *Comrades-Marathon,* 87,3 km Wegstrecke zwischen Durban und Pietermaritzburg. Auch **Kanu-Marathons** werden ausgetragen. Schwierigster ist der 228 km lange *Berg-River-Marathon* von Paarl nach Velddrif. Aber auch der *Fish-River-Marathon* und der *Orange River-Marathon* sind äußerst anspruchsvoll. Es gibt auch Triathlon- und Iron-Man-Wettbewerbe.

Golf ist Breitensportart. Es herrschen traumhafte Bedingungen in tollen Landschaften. Auch **Tennis** ist Massensport, ebenso Volleyball.

Auf der **Autorennstrecke Kyalami** bei Johannesburg werden Formel-I-Rennen gefahren. Selbst in die Pedale treten muss man auf der **Cape Argus Cycle Tour,** einem Fahrradrennen. Weniger anstrengend ist es, im Gosforth Park Turf Club in Johannesburg einem **Pferderennen** zuzuschauen.

Pflanzenwelt

Protea

Die **Protea** erhielt ihren Namen zu Ehren des Meeresgottes Proteus, der sich der Legende nach in viele Gestalten verwandeln kann. Die Familie der *Proteaceae* umfasst rund 75 Gattungen, die vorwiegend sauren, quarzithaltigen Boden lieben. Die kleinste Vertreterin ist die „Errötende Braut" *(Serruria florida)*, die größte der „Zuckerbusch" *(Protea repens)*. Die **Nadelkissenprotea** *(Leucospermum cordifolium)* ist ein wunderschöner Blütenbaum im Pflanzenparadies der Kapregion. Die Blätter haben einen silbrigen Glanz, die Blütenpracht entfaltet sich von Rot, Orange, Gelb bis zum Weiß. Tipp: Am schönsten fotografiert man eine Nadelkissenprotea mit Morgentau. Eine echte Schönheit ist die **Raketennadelkissen-Protea** *(Leucospermum reflexum)* kurz nach Öffnung der Blütenknospe.

Die **Nationalblume Südafrikas,** die **Königsprotea** *(Protea cynaroides)*, wird im großen Stil exportiert. Die Farbe der Blüte ist Weiß bis Tiefrot, Blütezeit ist von Mai bis Juni (im Dezember gibt es u.U. eine zweite Blüte). Die **Königinprotea** *(Protea magnifica)* blüht als ein bis zu 3 m hoher Busch im bergigen Kapland. Die Blütenköpfe können Durchmesser bis zu 15 cm erreichen. Die Blütendeckblätter sind rot, gelb oder rosa und haben an der Spitze einen weißen, faserigen Flaum, daher auch der Name Haarbüschelprotea. Der Kelch ist gefüllt mit Deckblättern, die voller kleiner weißer oder rosa Härchen sind.

Gelb blüht die **Riemenblättrige Protea** *(Protea lorifolia)*, die man unverwechselbar an ihren bis zu 25 cm langen, dünnen Blütenblättern erkennt, die sich im 1–2 m hohen Busch zeigen.

11 Proteenarten gibt es unter der Gattung der Mimetes. Die **Federflaumprotea** *(Mimetes cucculatus)* ist besonders attraktiv. Sie lockt mit ihren kräftig rot und gelbfarbigen Blütenblättern Nektarvögel an, die für die Bestäubung sorgen.

Aloe

Die Gattung der **Aloe,** die zu den Liliengewächsen gehört, umfasst eine Pflanzenfamilie von mehr als 200 Arten. Sie wächst in Küstentälern, an Berghängen und sogar in Halbwüsten. Ihr größter Vertreter ist die *Aloe dichotomata,* der bekannte **Köcherbaum,** der bis zu 8 m hoch werden kann. Er bevorzugt die Flanken steiniger Hügel und ist an der gräulichen Rinde, die leicht abzuschälen ist, erkennbar. Die bis zu 35 cm langen grünen Blätter haben einen Stich ins bläuliche und werden im Alter gelbbraun. Die Blütenrispe ist gelb und blüht zwischen Juni und Juli. Den afrikaansen Namen **Kokerboom** bekam die Pflanze, weil die Buschleute ihre ausgehöhlten Zweige als Pfeilköcher benutzten. Ebenfalls gelbblühend, aber mit rosettenförmig angeordneten fleischigen Blättern ist die **Echte Aloe** *(Aloe barbadensis)*. Sie wird gerne als Küchenkraut verwendet. Die rotblühende **Bitteraloe** *(Aloe ferox)* wird in der Pharmazie zur Herstellung von Abführmitteln verarbeitet. Der Saft von Aloen ist auch gut gegen Sonnenbrand.

Euphorbia

Die *Euphorbia ingens*, **Kandelabereuphorbie**, ist eine von 250 Pflanzen aus der Wolfsmilch-Familie *Euphorbiaceae*, die in Südafrika vorkommen. Alle Arten sondern einen milchigen, häufig giftigen Saft (Latex) ab. Eine *Euphorbia ingens* kann bis zu 10 m hoch werden. Ihr Saft kann als Kontaktgift zur Erblindung führen. Das Holz ist besonders beim Bootsbau und zur Herstellung von Türen beliebt.

Acacia

Akazien, besonders **Schirmakazien** in der Steppenlandschaft, gehören zum typischen Landschaftsbild Afrikas. 900 verschiedene Arten sind weltweit bekannt, etwa 40 davon in Südafrika. Sie gehören in die Familie der *Leguminosae* mit meist mimosenähnlichen Blüten und auch Dornen.

Akazien haben eine besondere ökologische Bedeutung, da sie Tieren Nahrung, Behausung und Schutz bieten. Selbst in einer **Kameldorn-** oder **Giraffendorn-Akazie** *(Acacia erioloba)*, die man an ihren bis zu 10 cm langen silbriggrauen Dornen erkennt, nisten Vögel. Elefanten und Giraffen können trotz Dornen die Blätter fressen. Bemerkenswert sind die charakteristischen, samtartigen Samenhülsen, die an langen Stielen herunterhängen. Sie werden als Beifutter Kühen gegeben, um die Milchqualität zu steigern. Ritzt man eine solche Akazie an, tritt ein zäher Saft aus, der von den schwarzen Südafrikanern gerne als Bonbon gegessen wird. Ein volksheilkundliches Mittel ist die Rinde, die zur Linderung von Kopfschmerzen verwendet wird.

Goldgelb und duftend blüht der **Zuckerdorn** *(Acacia karroo)* von Oktober bis Januar und lockt vor allem Bienen an. Seine Rinde enthält Tannin, das auch heute noch mancherorts zum Gerben verwendet wird.

Als **„Fieberbaum"** bekannt ist die *Acacia xanthophloea*. Früher dachte man, dass er Malaria verursachen könne. Das war zwar ein Trugschluss, aber ganz so falsch lag man nicht, denn er wächst in malariagefährdeten Gebieten, oft an feuchten Stellen, an denen sich bevorzugt auch Anopheles-Stechmücken aufhalten. Fieberbäume werden bis zu 15 m hoch und sind durch ihren gelbgrünen Stamm unverwechselbar.

Strelitzia

Vier der insgesamt sechs verschiedenen Variationen von **Strelitzien** kommen in Südafrika vor. Ihr Aussehen differiert beträchtlich. Bei uns am bekanntesten ist die **Paradiesvogelblume** *(Strelitzia reginae)*, auch Kranichkopf genannt (engl. crane flower), die mit ihrer exotisch und kunstvollen Blüte vor allem im Osten der Kapregion anzutreffen ist. Auf einem bis zu 2,5 m hohen Stengel ruht ein kahnförmiges Deckblatt, auf dem sich die Kronblätter erheben, die orange, rot und blauviolett werden können. Sie entfalten sich fächerförmig zu einem Aussehen, das an den Anblick eines Kranichs erinnert. Eng verwandt, aber äußerlich völlig unterschiedlich, ist die *Strelitzia nicolai*, die **Wild-Strelitzia**. Sie wird 8–10 m hoch, ihre bananenstaudenähnlichen Blätter bis zu 2 m lang. Die Blüten setzen sich aus variantenreichen Einzelblütenscheiden

zusammen, auf denen weiße Blütenblätter herausragen. Sie wächst in den Küstenwäldern des Indischen Ozeans. Weitere Verwandte, die *Strelitzia alba* im Kapland und die blaublühende *Strelitzia caudata* im Transvaal. Blütezeit ist zwischen Juli und Dezember.

Blumen und Blühendes

Südafrika ist gesegnet mit blühenden Schönheiten. Jeder kennt die prächtigen, langstieligen **Gladiolen** und die duftenden Fresien, aber auch *Ixia, Tritonia* und *Lachenalia* sind hier beheimatet. **Watsonien** *(Watsonia longifolia)*, jene Schwertliliengewächse, die an den 1 m hohen Stengeln bis zu 20 Blütenkelche tragen, erfreuen uns in rosaroter Farbe. Von außergewöhnlicher Schönheit ist die zartrosane *Veltheimia* und die ungewöhnliche weißgrüne *Eucomis*. **Gerberas** *(Gerbaera viridifolia)* kommen mit buntblühenden Strahlenblüten in 70 Variationen vor. Ganze Blütenteppiche bildet die **Mittagsblume** *(Dorotheanthus bellidiformis)*. Sie blüht vorwiegend in lila und rosa. Markantes Zeichen ist der weiße Farbkranz am Blütenboden. Zu den Blütenköniginnen zählen die weiße **Calla,** die **Amaryllis** und der **Rittersporn,** der sich zu ganzen Teppichen ausbreiten kann. Nicht zu vergessen die **Orchideen,** von denen die **Rote Disa** in der Tafelbergregion zu den eindrucksvollsten zählt.

Zu den am schönsten blühenden Bäumen zählen zweifelsfrei die **Jacarandas** *(Jacaranda acutifolia)*, die zu Tausenden in den Städten zu bewundern sind. Sie tauchen im Frühjahr die Straßen in ein lila Blütenmeer. Unbeschreibliche Farbenpracht entfalten **Bougainvilleas** *(Bougainvillea spectabilis)*, die nach ihrem französischen Entdecker Admiral de Bougainville benannt wurden. Man zählt sie zu den „Wunderblumengewächsen", deren eigentliche Blüten aus drei unscheinbaren, kleinen gelben Blütenblättern besteht. Was wir bewundern, sind die farbigen Hochblätter. Mit seinen Blütenglocken verziert der **Rosa Trompetenbaum** *(Podranea ricasoliana)* von August bis Oktober Gärten und Parks. Der **Natal-Flaschenbaum** *(Greyia sutherlandia)* ist auf den Bergflanken des Gebirges vertreten. Die Blüten hängen in tiefroten Trauben herunter. Aus dem weichen Holz werden gerne Figuren und Haushaltsgegenstände geschnitzt.

Der **Korallenbaum** *(Erythrina abyssinica)* entwickelt in der blattlosen Zeit zwischen Juli und November korallenrote Blütenstände. Die Samen beinhalten ein hochwirksames Gift, das, in den Blutkreislauf geführt, zu Lähmungen und zum Tod führen kann. Der tropische **Flammenbaum** *(Delonix regia)* beginnt im April rot zu blühen und entwickelt ab Mai seine gefiederten Blätter. Bei genauer Betrachtung stellt man fest, dass eines der fünf Blütenblätter häufig weiß ist und kleine rote Äderchen aufweist. Flammenbäume und Jacarandas sind sicherlich die schönsten Bäume Afrikas.

Vegetationszonen

Grasland

Weite Teile des zentralen Binnenhochlandes sind von baumlosen, hügeligen

Grasflächen überzogen. Regen fällt vorwiegend im Sommer, im Winter muss mit Frosttagen gerechnet werden. Die **Gräser** im Osten haben die Oberbezeichnung „sauer" oder „purpur", was auf häufigere Regenfälle hinweist (mehr als 650 mm). Hier findet man vorwiegend Bart- und Pfeffergräser. „Süß" oder „weiß" nennt man die Grasarten im Westen (weniger als 650 mm Niederschlag), vorwiegend Feder- und Kruggräser. Die Farbbezeichnungen beziehen sich auf den Flächenschimmer im trockenen Zustand, die Qualitätsbegriffe „süß" und „sauer" auf die Verwertung als Viehfutter.

Wenn Bäume vorkommen, so meist vereinzelte **Schirmakazien, Fieberbäume** oder der **Affendorn** (Acacia galpinii), der bevorzugt an Wasserläufen gedeiht. Der bis zu 20 m hohe Baum hat eine korkartige Rinde, hakenförmige Dornen und bürstenartige Blüten. Affendorn gibt hervorragendes Möbelholz.

Bushveld

Unter dem südafrikanischen Begriff „Bosveld" oder „Bushveld" werden die großen Savannengebiete im Osten, Nordwesten und Norden des Landes bezeichnet. Insgesamt eine Fläche von knapp 960.000 qkm, mit Mischvegetation aus Grasland und Baum- und Strauchbewuchs, der abhängig ist von der Niederschlagsmenge. Es regnet vorwiegend in den Sommermonaten (mehr als 250 mm). Weite Teile des Bushveld brennen alljährlich ab, verwandeln sich aber nach dem ersten Regen unglaublich schnell in satte Grünflächen. Bei den Trockenwäldern des Bushvelds nehmen Akazien eine Vorrangstellung ein.

Eine Zierde der Landschaft ist der **Speckbaum** (Portulacaria afra, Blüte September–November, lila oder dunkelrosa). Die rundlichen Blätter sind essbar. Seinen Namen erhielt der Halbstrauch

Bleiwurz (Plumbago capensis) mit seinen hellblauen Blüten wegen der stark graublau färbenden Eigenschaft seines Wurzelsaftes. Immergrün ist der **Silberbaum** (Leucadendron argenteum), auch Silberprotea genannt (glatte, silbrige Rinde und bis zu 20 cm lange Lanzettenblätter, die ebenfalls blausilbrig glänzen). Er ist entweder männlich oder weiblich und besitzt dann einen konusartigen, grünsilbernen Blütenkopf, aus dem sich Samenkerne entwickeln, die wiederum jeweils vier Federn haben und als Schirme zum Weiterflug dienen.

Die für viele Trockensavannen Afrikas typischste Baumart ist der gewaltige **Baobab** (Adansonia), der **Affenbrotbaum.** Er ist leicht an seinem dicken, tonnenförmigen Stamm zu erkennen, in dem er Wasser speichert. Baobabs können mehrere hundert Jahre alt werden und sind in hohem Alter innen meist hohl. Aus den weißen Blüten entwikkeln sich lange, gurkenähnliche Früchte.

Weitere typische Pflanzen des Bushveld sind **Kandelaber-Euphorbien** und **Baum-Aloen.**

Wald- und Flussgebiet

Im südlichen und östlichen Küstenbereich mit über 1000 mm Niederschlag findet man noch natürliche Waldgebiete mit **Mangrovenhölzern.** Im Landesinneren trifft man auf **Rote Bauhanias** (Bauhania galpinii, Ebenholz), daneben **Milchholz** (Milkwood) und Bananengewächse. In bergigen Regionen wachsen **Steineiben,** Yellowwood. Sie werden bis zu 40 m hoch. **Stinkholz** (Stinkwood) spielt für die Möbelindustrie eine große Rolle. Die Früchte der **Purpurrosine** (Grewia similis, Baum- und Buschform) sind essbar, die Blätter dunkelgrün, die Blüten purpurfarben. Bei der **Wilden Gummifeige** (Ficus polita) weisen einige Unterarten drei Blütensorten auf: weibliche, männliche und Gallblüten, die den Feigengallwespen als Brutstätte dienen, die sie wiederum befruchten. Die Früchte sind essbar, schmecken aber schrecklich bitter. Zu den ältesten Obstlieferanten der Menschheit zählt der **Mangobaum** *(Mangifera indica)*. Die Früchte sind reich an Vitamin A und C und wirken Wunder bei Durst und Hunger. Beim Pflücken aufpassen, da die Stiele ein äußerst gefährliches Gift enthalten, das über die Haut aufgenommen zu bedenklichen Krankheitserscheinungen führen kann! Der **Palmfarn** *(Cycas thouarsi)*, der mit seinen gefiederten Blättern (bis 3 m Länge) bis zu 10 m hoch werden kann, hat orangerote männliche Samenzapfen (Durchmesser 25 cm, Länge 70 cm). Die weiblichen Zapfen haben spiralförmige Schuppen mit kleinen Härchen.

In Wald- und Flussgebieten wachsen **Hibiskusarten. Strelitzien** sind an Wegrändern zu entdecken. **Callas** *(Zantedeschia aethiopica)* rekken ihre 1 m hohen Blütenschäfte in die Höhe und präsentieren eine weiße Blüte, aus der ein gelber Kolben ragt. Zu den Blühpflanzen gehören auch verschiedene **Clivienarten.** Der **Weihnachtsstern** ist ein Scheinblütler im Küstengebiet KwaZulu-Natals. An feuchten Plätzen stehen **Zyperngräser** *(Cyperus papyrus,* Familie der Riedgräser). Die blaue **Tagblume** *(Commelina benghalensis)* hat oberirdisch drei Blütenblätter, unterirdisch geschlossene Blüten – wertvolle Erdfrüchte, von den Zulu als Medizin verwendet.

Eine Besonderheit der tropischen und subtropischen Zone ist die bis 20 m hohe **Kokosnusspalme** *(Cocos nucifera)*. Sie ist der Segen Afrikas, weltweit ernährt sie etwa 1 Milliarde Menschen. Sie blüht das ganze Jahr über und liefert dementsprechend auch das ganze Jahr über Früchte. Verwendet wird schlichtweg alles: Die süßliche Milch und das Fruchtfleisch bieten ausreichende Mineral- und Vitaminversorgung, gut verwertbare Kohlehydrate sowie Rohprotein. Die Nussschalen können verfeuert und das Holz kann im Haushalt verwertet werden.

Mediterrane Vegetation

In der südwestlichen und südlichen Kapregion, der Winterregenzone, herrscht mediterrane Vegetation vor. Berühmt ist der **Kap-Fynbos** („feiner Busch"/„feine Pflanzen"), eines der sechs Pflanzenreiche der Welt, mit 8600 Pflanzenarten, darunter die landestypischen Proteengewächse.

Heidekrautgewächse sind artenreich vertreten. Allein die Familie der Erica stellt 580 Arten im Kapland. Das **Weinfarbige Heidekraut** und die **Durstige Erika** *(Erica sitiens)* sind besonders rund um Stellenbosch zu finden (50 cm hoher Busch, blüht lila mit weißem Blütenabschluss). Die **Dichtblättrige Erika** *(Erica densifolia)* blüht zwischen September und März (schlauchförmige, lange rote Blüten mit gelbem Abschluss). Die **Rothaarige Erika** ist ausgesprochen feuerresistent. Nach einem Brand sprießen sofort neue Triebe aus der Erde (bis zu 1,5 m hoch). Die roten Blüten sitzen büschelartig an ihrem Ende.

Speziell am Kap der guten Hoffnung findet man die schneeweiß oder blaulila blühende **Afrikalilie** *(Agapanthus africanus)*, deren Dolden auf bis zu 70 cm langen glatten Stilen sitzen. Die Orchidee **Rote Disa,** auch „Blume der Götter" genannt, ist die Wappenblume der Kapprovinz. Der **Kap-Enzian** *(Orphium frutescens)* blüht von November bis Januar. Er ist buschig, bis zu 50 cm hoch, hat viele kleine Blätter und rosa- bis lilafarbene Blüten.

Wüste und Halbwüste

Die „klassische" Wüste gibt es nur im schmalen Küstenstreifen entlang der Westküste. Die **Karoo** mit ihrer markanten Vegetation im westlichen Binnenland ist dagegen eine typische Halbwüste. Der Name Karoo leitet sich von dem Khoikhoi-Wort kuru („trocken", „dürr") ab.

Die **Nama-Karoo** auf dem flachen oder leicht hügeligen Hochplateau umfasst ein Gebiet von 540.000 qkm. Es herrscht vorwiegend Sommerregen (100–520 mm), die Temperaturen im Winter können den Nullpunkt erreichen. Strauchwerk dominiert diese Landschaft. Man findet Kamillesträucher, den hohen **Dreidornstrauch** mit weißen Trompetenblüten und Quassiebüsche. Es gibt nur vereinzelt Bäume, schönster Vertreter ist der **Zuckerdorn.** Ansonsten wachsen viele Feder- und Straußgräser.

In der 110.000 qkm großen **Sukkulenten-Karoo** entlang dem Küstengürtel im Norden des Kaplandes herrscht Winterregen (20–290 mm). Hier sieht man **Köcherbäume, Kandelabereuphorbien** und den Blütenbusch *Didelta canosa*, **Pferdebusch** genannt, der von August bis Oktober orangefarben blüht. Bekannt ist die Region für die **Blütenmeere im Frühling,** die von **Mittagsblumen,** den gelbblühenden *Gazanias* und den rosa, roten und weißen Blütenköpfchen der *Lamprathus* gebildet werden. Eine charakteristische Akazienart dieser Region ist die **Kerzenakazie** *(Acacia hebeclada)*, die weiß und gelb als Busch oder als bis zu 7 m hoher Baum blüht. Die **Korallenglocke** *(Cotyledon orbiculata)* gehört zur größten in Südafrika vorkommenden Sukkulentengruppe („Nabelkräuter"). Alle haben eine fünfteilige Röhrenblütenglocke, die sich farblich zwischen Orange und Dunkelpurpur bewegt. Die Blätter sind mit einer Art Wachsschicht überzogen und oft rundlich.

Die **Lebenden Steine** *(Lithops)*, eine besondere Sukkulentenform, unterscheiden sich von dem steinigen Untergrund nur in der Blütezeit.

Tierwelt

Fachausdrücke (engl.)

Browser: Ein Tier, das sich vorwiegend von Blättern ernährt, z.B. Giraffe, Elefant, Spitzmaulnashorn, Kudu, Klippspringer.

Carnivor: Ein Tier, das sich überwiegend von Fleisch ernährt.

Grazer: Ernähren sich vorwiegend von Gras und Wurzeln, z.B. Zebra, Gnu, Büffel, Breitmaulnashorn.

Herbivor: Pflanzenfresser

Omnivor: Allesfresser

Predator: Ein Tier, das andere Tiere jagt und frisst, z.B. Löwe, Leopard, Gepard.

[–] = Weibchen tragen keine Hörner.

Antilopen

Bleichböckchen · Oribi
Ourebia ourebi

Bleichböckchen sind sowohl in den meisten Naturschutzgebieten als auch in freier Wildbahn heimisch. Sie leben im offenen Grasland oder anderen feuchten Regionen. Obwohl sie sich hauptsächlich von Gras ernähren, können sie auch Blätter und Zweige fressen. Sie gehören zu den glücklichen Tieren Afrikas, die von quellen unabhängig sind und genügend Flüssigkeit aus der Nahrung verwerten können.

Bleichböckchen sind braun und haben eine helle Bauchseite. Nur die Männchen tragen spitze, gerade Hörner, die bis zu 10 cm lang werden. Ihre kurzen Schwänze sind buschig und haben eine schwarze Spitze. Man findet sie paarweise oder in kleinen Gruppen. Bei Gefahr laufen sie in ungeheuerlicher Geschwindigkeit los und beginnen mit allen Vieren gleichzeitig in die Luft zu springen um den Angreifer zu verwirren. Gejagt werden sie von allen Raubkatzen, Hyänenhunden, Schakalen, von Adlern und Pythons.

Buntbock · Bontebok
Damalsicus dorcas dorcas

Wer die schönsten Exemplare an **Buntböcken** in Südafrika sehen möchte, sollte unbedingt in den **Bontebok National Park** in der Provinz Western Cape oder in das **De Hoop Nature Reserve** fahren. Im Unterschied zu Blessböcken haben sie ein glänzendes, kastanienrotfarbenes Fell und eine nahezu ungebrochene weiße Partie auf dem Vorderkopf, die oberhalb der Nüstern beginnt und sich bis oberhalb der Augen durchzieht. Das Horn eines Buntbocks kann 43 cm erreichen. Ein Buntbock ist als ausgewachsenes Tier mit etwa 90 cm Schulterhöhe und einem Gewicht von 62 kg etwas kleiner als ein Blessbock. Buntböcke waren früher an Gebiete rund um Bredasdorp und Mossel Bay gebunden, wo sie nahezu ausgerottet wurden. Sie bevorzugen die Ebenen der Kap-Fynbos-Vegetation, brauchen Zugang zum Wasser und lieben kürzeres Gras und schattige Unterstände unter Bäumen.

Blessbock · Blesbok
Damaliscus dorcas phillipsi

Einen **Blessbock** erkennt man, im Gegensatz zum Buntbock, dem er fast zum Verwechseln ähnlich sieht, an seinem rotbraunen Fell, das aber keinerlei Glanz aufweist. Die Blesse im Gesicht ist – durchbrochen von dunklen Partien – weiß. Ein Blessbock hat eine Schulterhöhe von 95 cm und ein Gewicht von 70 kg. Seine Hörner werden im Durchschnitt ungefähr 40 cm lang. Blessböcke sind tagaktive Graser, die sich aber auch bei Bedarf wie Buntböcke von Blättern und Zweigen ernähren können. Wie die Buntböcke stehen sie bei direkter Sonnenbestrahlung mit gesenkten Häuptern da.

Halbmondantilope · Tsessebe
Damaliscus lunatus

Halbmondantilopen erkennt man an ihren halbmondförmig gewachsenen, geriffelten Hörnern und ihrem stark abfallenden Körper sowie dem Buckel nach dem Hals. Das kurze Fell ist rotbraun, Kopf und Oberschenkel sind auffallend dunkler. Bullen erreichen eine Schulterhöhe von 1,20 m und ein Gewicht von etwa 140 kg. Kühe sind etwas kleiner und haben kürzere Hörner.

Halbmondantilopen sind mit einer Laufgeschwindigkeit von 60 km/h äußerst schnelle Tiere. Sind sie erst einmal in Galopp gefallen, können sie kilometerlang laufen. Sie leben in Familienverbänden von etwa zehn Tieren. In starken Dürreperioden schließen sich kleinere Herden zusammen. Geführt werden die einzelnen Herden von territorialen Bullen, die durch Drüsensekrete ihr Gebiet abstecken. Gerne stehen sie auf Termitenhügeln oder anderen Erhebungen, um ihre Anwesenheit zu demonstrieren. Halbmondantilopen bevorzugen offene Ebenen. Das erklärt auch ihre Seltenheit. Sie ernähren sich hauptsächlich von Gras und stehen somit in direkter Konkurrenz zu den großen Viehherden.

Ducker
Kronenducker · Grey oder **Common Duiker** [–]
Sylvicapra grimmia

Einen **Kronenducker** erkennt man an seiner grau-braunen Farbe und dem typischen schwarzen Strich, der von der Nase bis zwischen die Augen führt. Nur die Böcke tragen Hörner, die bis zu 18 cm lang werden können. Die Weibchen sind etwas größer als die Männchen.

Man findet sie bevorzugt in bewaldeten Regionen, vereinzelt aber auch im offenen Grasland. Ihre Nahrungsquelle ist generell Buschzeug, es wurde aber auch schon beobachtet, dass sie sich in Notzeiten an Gras, Insekten und sogar an Perlhühnchen halten. Zu ihren natürlichen Feinden gehören alle Raubkatzen, Schakale, Hyänen, Adler und Pythons.

Normalerweise leben die vorwiegend nachtaktiven Tiere allein. Nur an kühleren oder bewölkten Tagen kann man sie auch tagsüber erspähen. Paarweise treten sie in der Brunftzeit und später mit ihren Jungen auf. Bei Alarm stößt der Kronenducker ein scharfes Schnauben aus. Er steht zunächst wie angewurzelt da, bevor er sich mit hohen Sprüngen aus dem Staub macht und ins Dickicht „abtaucht". Daher der Afrikaans-Name „Duiker", was soviel bedeutet wie „Taucher".

Rotducker · Red Duiker
Cephalophus natalensis

Rotducker findet man in den Naturschutzgebieten des Eastern Transvaal, in Swaziland und in Natal. Sie leben in immergrüner Buschlandschaft und schattigen Wäldern mit dichter, saftiger Vegetation. Vornehmlich ernähren sie sich von Buschzeug, aber auch Wildfrüchte, Beeren und Gras werden von ihnen gefressen. Wie der Name schon sagt, erkennt man den Rotducker an seiner rotbraunen Färbung. Unverwechselbares Merkmal ist ein Haarbüschel zwischen den Hörnern, die beide Geschlechter tragen. Rotducker erreichen eine Schulterhöhe zwischen 40 und 50 cm. Sie leben einzeln, in Paaren oder kleinen Gruppen. Sie sind tag- und nachtaktive Tiere.

Elenantilope · Eland
Taurotragus oryx

Elenantilopen durchstreifen Savannen, die großen afrikanischen Ebenen und offene Waldlandschaft. Selbst in wüstenartigen Gefilden können sie wochenlang ohne Trinkwasser auskommen. Ihre Nahrung besteht aus Buschzeug, Früchten und frischen Gräsern. Mit ihren Hufen graben sie auch nach Knollen.

Bullen erreichen eine Größe zwischen 1,50–1,90 m Schulterhöhe und ein Gewicht von 700 kg. Kühe sind kleiner und wiegen etwa 450 kg. Beide Geschlechter tragen massive Hörner von durchschnittlich 60 cm Länge. Das Fell ist beige-braun und wird mit zunehmendem Alter graubraun. Der Körper ist an den Seiten vertikal gestreift, manchmal nur sehr schwach. Bullen erkennt man an dem großen Hautlappen unterhalb des Halses und einer dunkelbraunen Mähne an Kopf und Nacken.

Elenantilopen sind Herdentiere ohne festgelegte Territorien. Obwohl sie einen behäbigen Eindruck machen, sind sie gute Sprinter und können Sätze bis zu 2 m machen. Sie sind scheu und nicht aggressiv. Zu ihren natürlichen Feinden zählt im ausgewachsenen Alter nur der Löwe, während Kälber auch anderen Raubkatzen zum Opfer fallen. Es gibt heute bereits einige domestizierte Herden. Das Fleisch gilt als besonders gut.

Gnu
Streifengnu · Blue Wildebeest
Connochaetes taurinus

Streifengnus bevorzugen, im Gegensatz zu Weißschwanzgnus, offene Ebenen und Savannen mit kurzen Gräsern.

Bullen erreichen eine Schulterhöhe von 1,40 m und ein Gewicht von 250 kg. Beide Geschlechter tragen Hörner, ihr Fell ist dunkelbraun mit fast schwarzen Streifen, die vornehmlich am Hals vertikal nach unten führen. Sie haben eine dunkle Mähne am Hals und im Gesicht, einen Bart und einen langen schwarzen Schwanz. Streifengnus sind ausgesprochene Herdentiere, die in großen Verbänden oftmals in Begleitung anderer Tiere, wie Zebras, Giraffen und Impalas gesehen werden. Bullen zeigen sich laut und territorial während der Brunftzeit. Ansonsten ziehen die Herden gemeinsam über weite Strecken.

Streifengnus wirken sehr nervös. Bei der geringsten Gefahr stoben sie davon, halten jedoch nach kurzem Sprint an, um sich zu orientieren. Das macht sie sehr berechenbar für Jäger. Sie wirken durch ihr ständiges Schnauben durch die Nüstern sehr aggressiv. Das täuscht, denn in der Regel sind sie nicht angriffslustig. Besonders an Wasserlöchern lauern Hyänen, Raubkatzen und Hyänenhunde.

Weißschwanzgnu · Black Wildebeest
Connochaetes gnou

Wie der deutsche Name andeutet, identifiziert man **Weißschwanzgnus** an ihrem langen hellen Schwanz, der bis zum Boden reicht, und wie die englische Bezeichnung beschreibt, an ihrem dunklen, schwarzbraunen Fell. Zwischen den Vorderbeinen erkennt man deutlich Haarzotteln, die Mähne ist hell am Haaransatz und dunkel an den Spitzen und im Gesicht.

Sie erreichen eine Schulterhöhe von 1,20 m und ein Gewicht bis zu 180 kg. Die Hörner, die seitlich vor den Ohren nach oben schwingen, werden bis zu 52 cm lang. Man hat aber schon Exemplare mit bis zu 70 cm langen Hörnern beobachtet.

Weißschwanzgnus galten als fast ausgerottet. Heute zählt man in Südafrika etwa 3200 Exemplare. Sie leben in der buschigen Karoo- und im offenen Grasland. Bullen haben ein fest umrissenes Gebiet, während Herden aus Kühen und Kälbern sich frei durch markiertes Gelände bewegen können.

Ihren Namen verdanken sie dem nasalen Geräusch, das sich geschnaubt etwa so anhört wie „ge-nu".

Klippspringer · Klippspringer [–]
Oreotragus oreotragus

Klippspringer findet man in felsiger Berglandschaft, obwohl sie zum Fressen durchaus in angrenzendes Grasland abwandern. Sie ernähren sich von Buschzeug und sind relativ unabhängig von Wasser. Man muss sich schon mächtig anstrengen, um sie in ihrem natürlichen Territorium auszumachen. Ihre graubraune Farbe ist eine ideale Tarnung. Häufig sieht man sie wie angewurzelt auf steilen Klippen stehen. Im nächsten Moment springen die Tiere über Felsen und überwinden Steilhänge, die man nicht für möglich gehalten hätte. Sie scheinen auf Zehenspitzen zu stehen. Und tatsächlich sind ihre Hufe speziell felsigem und scharfkantigem Terrain angepasst. Die Größe variiert zwischen 50 cm und 60 cm Schulterhöhe. Die Männchen tragen gerade, spitze Hörner. Klippspringer leben in kleinen Familienverbänden in abgegrenzten Territorien. Am aktivsten sind sie in der Mittagszeit. Zu den Hauptfeinden zählen Leoparden, Felsenpythons und große Adler.

Kudu · Kudu [–]
Tragelaphus strepsiceros

Kudus sind in vielen Naturschutzgebieten des südlichen Afrikas vertreten. Sie lieben bewaldete Savannen oder Hügellandschaften in der Nähe von Wasserstellen. Sie können sich aber durchaus auch trockenen Gebieten anpassen. Ihre Nahrung besteht aus Blättern, Früchten und auch Gras. Besonders lieben sie das junge Grün nach Waldbränden.

Kudus sind große und elegante Tiere. Bullen können eine Schulterhöhe von 1,40 m erreichen bei einem Gewicht von 240 kg.

Kühe sind wesentlich kleiner. Wunderschön sind bei den erwachsenen Männchen die gewendelten hohen Hörner, die bis zu 1,50 m lang werden können. Kudus sind meist graubraun. Weibchen und Kälber sind unscheinbarer gefärbt. Signifikant sind die Längsstreifen über der Rückenpartie und Haarbüschel entlang des Rückens, am Bauch und am Hals.

Nach der Brunftzeit trennen sich Kudus oft in kleinere Herden von Kühen mit Kälbern und Bullen. Ausgewachsene Männchen werden nur von Löwen oder einer Meute Hyänenhunde gejagt. Kühe und Kälber fallen Leoparden und Geparden zum Opfer.

Kuhantilope · Hartebeest

Im südlichen Afrika gibt es zwei Arten von Kuhantilopen: Die **Lichtenstein's Kuhantilope** *(Sigmoceros lichtensteinii)*, die z.B. im Krügerpark vorkommt, und die **Südafrikanische Kuhantilope** *(Red Hartebeest, Alcelaphus buselaphus)*, die man z.B. im mittleren Norden Südafrikas findet. Sie sind sich sehr ähnlich. Beide erreichen eine Schulterhöhe von 1,25 m.

Die Lichtenstein's Kuhantilope ist jedoch im Gegensatz zu ihren Vettern etwas schwerer und behäbiger. Ihr Fell ist gräulich-braun, das der Südafrikanischen Kuhantilope dagegen kräftig rotbraun. Die Hörner beider Gattungen und Geschlechter stehen eng beisammen und werden etwa 50 cm lang. Signifikant für beide Arten ist der abfallende Rücken und der leichte Buckel nach dem Hals.

Kuhantilopen ernähren sich von Gras und leben in offener Savanne und Parklandschaften. Sie bewegen sich in einem festumgrenzten Territorium in kleinen Herden. Nur in Trockenzeiten schließen sie sich in großen Gruppen zusammen und können weit zu neuen Futterplätzen wandern.

Moschusböckchen · Suni [–]
Neotragus moschatus

Die kleinste Antilopenart, die **Moschusböckchen**, oder landläufiger Sunis genannt, wird man nur sehr selten sehen. Ihr Lebensraum ist der undurchdringliche afrikanische Busch oder eine dichte Waldlandschaft entlang von Flussläufen.

Sunis ernähren sich von Ästen, Blättern und Zweigen. Sie beziehen ihren Flüssigkeitsbedarf vorwiegend aus der Nahrung, was sie weitgehend von Wasserquellen unabhängig macht. Sie erreichen eine Schulterhöhe von gerade einmal 33 bis 38 cm und ein Gewicht von etwa 5 kg. Das Fell ist kastanienbraun. Nur die Männchen haben 8 cm lange Hörner. Der Schwanz ist lang und dunkelbraun mit einer weißen Spitze. Er ist unermüdlich in Bewegung. Man trifft Sunis allein, paarweise und selten auch als Kleinfamilie an. Das Territorium wird durch ein stark riechendes Sekret markiert, das aus Drüsen oberhalb der Augen des Bockes stammt. Sunis haben viele Feinde wie Raubkatzen, Schakale, Pythons und Adler.

Nyala · Nyala [–]
Tragelaphus angasii

Nyalas zählen zu den besonders schönen Antilopenarten. Man findet sie fast ausschließlich in trockener Savannenlandschaft und entlang von Wasserläufen. Gewöhnlich sieht man kleine Herden mit etwa 5 Tieren. Obwohl Nyalas hauptsächlich vom späten Nachmittag bis in die frühen Morgenstunden fressen, kann man sie auch tagsüber beobachten. Zu ihren Hauptfeinden zählen Leoparden, Löwen und Hyänenhunde.

Nyala-Männchen erreichen eine Schulterhöhe von 1,10 m mit einem Gewicht von 110 kg. Charakteristische Merkmale sind die vertikalen weißen Streifen im dunkelbraunen Fell und vereinzelte weiße Flecken sowie zwei weiße Streifen im Gesicht. Männchen haben entlang des Rückens einen hellen Fellschopf, orangefarbene Beine und lange Zotteln an Bauch und Hals. Besonders schön sind die bis zu 80 cm langen geschwungenen Hörner, die an den Enden orange-weiß ausgeprägt sind. Weibchen haben ein helleres Fell und ebenfalls weiße Streifen. Sie haben weder eine Zeichnung im Gesicht noch Hörner. Sie sind etwa 15 cm kleiner als ihre männlichen Partner und wiegen nur etwa 60 kg.

Oryx · Gemsbok
Oryx gazella

Der Anblick von **Oryxantilopen** ist immer ein Höhepunkt einer Safari. Es sind stark gebaute Tiere mit einem ausgeprägten Hals und Kopf, der ihre langen, geraden Hörner tragen muss, die durchschnittlich 85 cm lang werden. Als Rekordlänge wurden 122 cm gemessen. Charakteristische Merkmale sind der haselnussbraune Körper, der zum hellen Bauch hin mit einem schwarzen Streifen abgegrenzt wird, der pferdeschwanzähnliche Schwanz, die Beine, die oben schwarz und unten hell mit schwarzen Flecken auf der Vorderseite enden und ganz besonders der Kopf, der maskenartig schwarz-weiß gefärbt ist, wobei die schwarze Farbe besonders auf dem Nasenrücken ausgeprägt ist.

Obwohl die massiven Tiren so imposant wirken, sind sie doch mit die scheuesten im Revier. Sie leben vor allem im Nordosten Südafrikas in den trockenen Zonen, sogar in Dünenlandschaften (Namibia). Obwohl sie hauptsächlich als Graser einzustufen sind, ernähren sie sich auch von Blättern und Zweigen und in Trockenzeiten von Tsamma-Melonen. Ihre Herden mit durchschnittlich 15 Tieren sind hierarchisch strukturiert, sie folgen dem Regen und der danach hervorsprießenden Vegetation. In extremen Trockenzeiten sieht man sie in großen Verbänden.

Pferdeantilope · Roan Antelope
Hippotragus equinus

Man braucht schon etwas Glück, um eine kleine Herde von **Pferdeantilopen** in der Savanne auszumachen, denn sie sind ausgesprochen rar. Pferdeantilopen sind die zweitgrößten Antilopen und erreichen eine Schulterhöhe von 1,40 m und die Bullen ein Gewicht von 250 kg. Sie ernähren sich vorwiegend von Gräsern, hin und wieder knabbern sie an den jungen Sprossen von Büschen. Sie sind von Oberflächenwasser abhängig und meist in der Nähe dessen zu finden. Hauptmerkmal dieser Gattung sind die auffallend großen Ohren und die interessante Zeichnung im Gesicht, die fast wie eine Kriegsbemalung wirkt. Das Fell um die Schnauze ist hell, ebenso zwei Längsstreifen zwischen den Augen. Beide Geschlechter tragen geriffelte, nach hinten gebogene Hörner, die bis zu 75 cm lang werden. Der Rekord lag bei fast einem Meter.

Pferdeantilopen verdanken ihren Namen dem pferdeähnlichen Schnauben, das sie bei Gefahr ausstoßen. Und obwohl sie generell friedliche und defensive Tiere sind, können sie, in Bedrängnis geraten, ordentlich beißen und treten. Und schon mancher Löwe wurde geradezu aufgespießt. Besonders oft fallen kleine Kälber den Raubtieren zum Opfer, da sie von den Antilopenkühen die ersten Wochen versteckt werden und nur zu leicht von den guten Riechern dieser Tiere aufgespürt werden können.

Rappenantilope · Sable Antelope
Hippotragus niger

Rappenantilopen erkennt man leicht an dem dunklen, dichten Fell, dem weißen Bauch, der kontrastreichen Zeichnung im Gesicht und an den säbelförmigen Hörnern, die bis über einen Meter lang werden können. Die Antilope wird bis zu 1,35 m groß und Bullen erreichen ein Gewicht von 250 kg.

Rappenantilopen leben in Herden von 10–40 Tieren. Meist findet man einen stattlichen Bullen, der in der Brunftzeit dominiert. Ansonsten führt die Leitkuh die Herde an. Junge Bullen werden im Alter zwischen zwei und drei Jahren von der Herde getrennt und leben in locke-

ren Verbänden. Die meisten Kälber kommen zwischen Februar und März auf die Welt. In dieser Zeit sind dann sowohl Kälber als auch Kühe leichte Opfer für größere Raubtiere. Allerdings hat ein Löwe gegen einen ausgewachsenen Bullen fast keine Chance. Dem Menschen kann eine Rappenantilope durchaus gefährlich werden. Sie sind recht angriffslustig, wenn sie sich in ihrer „Privatsphäre" gestört fühlen.

Riedbock · Reedbuck [–]
Redunca arundinum

Riedböcke lieben dicht bewachsene Flächen mit Riedgras. Sie sind stark von Trinkwasser abhängig. Ausgewachsene Tiere erreichen eine Schulterhöhe von bis zu 95 cm und ein Gewicht von 70 kg. Die geriffelten Hörner der Männchen können stolze 38 cm lang werden. Der Rekord lag sogar bei knapp 46 cm. Riedböcke leben allein, paarweise oder in kleinen Gruppen bis maximal sechs Tieren. Tagsüber liegen sie im tiefen Riedgras, meist in der Nähe von einem Gewässer. In den Sommermonaten sind sie vorwiegend nachtaktiv. Bei Alarm stoßen sie Pfeifgeräusche aus und hüpfen mit steifen Beinen gerade nach oben. Feinde sind nahezu alle Raubtiere.

Bergriedbock · Mountain Reedbuck
Redunca fulvorufula

Bergriedböcke bevorzugen bergiges Land, in dem sie sich unter Felsen und Klippen in Sicherheit bringen können. Sie sind vorwiegend Graser und lieben nach Buschbränden das frischsprießende Grün. Im Gegensatz zu einigen anderen Antilopenarten sind sie unbedingt auf einen Zugang zu einer Wasserquelle abhängig. Bergriedböcke erreichen eine Schulterhöhe bis zu 70 cm und ein Gewicht von 30 kg. Ihr Fell ist dunkel- oder rotbraun, die Bauchseite hell. Der Schwanz wirkt buschig. Die Hörner der Männchen sind etwa 16 cm lang und leicht nach vorne gebogen. Sie leben in kleinen Familienverbänden mit maximal zehn Tieren in einem sehr großen, markierten Territorium zusammen, das vom Leitbock verteidigt wird. In den Sommermonaten sind die Tiere vorwiegend nachtaktiv, in Trockenzeiten kann man sie auch tagsüber beobachten. Größere Tiere werden von Leoparden und anderen Raubkatzen gejagt, Lämmer auch von Schakalen und Adlern.

Schirrantilope · Bushbuck [–]
Tragelaphus scriptus

Schirrantilopen bevorzugen Wälder und dichte Buschlandschaften mit ausreichender Wasserversorgung. Sie leben einzeln, in Paaren oder in kleinen Familienverbänden. Während der Tageshitze ruhen sie im Dickicht und kommen nur am frühen Morgen, späten Nachmittag und nachts heraus. Die Hauptnahrungsquelle sind Blätter und Äste, aber auch frisches Gras. Die Böcke werden bis zu 80 cm Schulterhöhe groß und haben ein haselnussbraunes Fell. Deutlich erkennbar bei den Männchen sind die weißen Streifen im Gesicht, am Hals und an den Beinen und weiße Flecken im Fell. Die wendelförmig gedrehten Hörner können bis zu 30 cm lang werden. Die Weibchen sind etwas kleiner und heller. Auch sie haben weiße Flecken im Fell. Ihre Sinne sind sehr ausgeprägt. Untereinander verständigen

Tierwelt **141**

sie sich durch Grunzlaute. Nur bei Gefahr wird eine Art Signalbellen ausgestoßen. Als Fluchtweg wird oft das Wasser gewählt, denn Schirrantilopen sind ausgesprochen gute Schwimmer. Ein in die Enge getriebener Bock ist eine ernstzunehmende Gefahr.

Schwarzfersenantilope · Impala [–]
Aepyceros melampus

Schwarzfersenantilopen bevorzugen offenes Buschland und vermeiden Gebiete mit hohem Gras. Sie sind typische Herdentiere, die in Verbänden von 10 bis 50 Tieren auftreten. Es können aber auch Herden von mehreren hundert Exemplaren beobachtet werden. Die tag- und nachtaktiven Tiere ernähren sich sowohl von Gras als auch von Buschzeug und trinken regelmäßig Wasser, sofern dies vorhanden ist.

Schwarzfersenantilopen variieren regional an Gewicht (40–60 kg) und Schulterhöhe (85–95 cm). Die geschwungenen Hörner der Böcke werden ungefähr 50 cm lang. Der Körper ist dreifarbig und geht von einem kräftigen Braun am Rücken in ein helleres Braun an der Seite und an den Beinen in eine Cremefarbe am Bauch über. Am charakteristischsten sind jedoch die schwarzen Haarbüschel oberhalb der Hufe und ein senkrechter schwarzer Fellstreifen an jeder Hinterbacke.

In der Brunftzeit kämpfen die Männchen um Territorien und um einen Harem aus bis zu 30 Weibchen. Die erfolglosen Böcke schließen sich in kleinen „Junggesellenverbänden" zusammen. An natürlichen Feinden mangelt es diesen Antilopen nicht. Neben Löwen, Leoparden, Geparden und Hyänenhunden müssen sie sich bei ihrem täglichen Gang ans Wasser auch vor Krokodilen in acht nehmen.

Springbock · Springbok
Antidorcas marsupialis

Springböcke sind leicht zu erkennen an ihrem dunklen Fellstreifen, der den weißen Bauch vom rotbraunen Deckenfell des Rückens trennt. Sie bevölkern in kleinen Herden trockene Zonen. Sie werden in den kühleren Tageszeiten und in der Nacht aktiv und ernähren sich vorwiegend von Gras und Blättern an Büschen und kleineren Bäumen. Hin und wieder graben sie nach Wurzeln und Knollen.

Springböcke erreichen eine Schulterhöhe von 75 cm und ein Gewicht bis zu 40 kg. Ihre geschwungenen Hörner werden bis zu 35 cm lang. Springbock-Weibchen können in Trockenzeiten die Geburt ihres Jungen bis zu zwei Wochen hinauszögern. Von den Klippspringern abgesehen gehören sie zu jenen Antilopen, die am wenigsten von Wasser abhängig sind. Farmer in Dürre- und Trockengebieten sehen darin die Zukunft, Rinderherden durch Springböcke zu ersetzen. Springbockfarmen gibt es in der Northern Cape Province und im Freestate. Springbockfleisch ist sehr delikat. Auch die damit verbundene Lederproduktion spielt eine wachsende Rolle.

Steinantilope · Steenbok [–]
Raphicerus campestris

Steinantilopen kommen überall im südlichen Afrika recht häufig vor. Sie leben im weiten Grasland, in offener Waldlandschaft und dichtem Busch. Ihre Hauptnahrung besteht aus Blättern und Zweigen, doch graben sie gleichfalls nach Wurzeln und Knollen und fressen auch Gras. Sie trinken Wasser, sofern es welches gibt, ansonsten beziehen sie ihre Flüssigkeit aus der Nahrung.

Steinantilopen erkennt man an der satten Brauntönung ihres Felles und der weißen Einfärbung am Bauch und Innenbeinen. Charakteristisch sind die großen Augen und Ohren, die innen eine interessante Maserung aufweisen. Die geraden Hörner der Böcke können bis zu 11 cm lang werden. Steinantilopen sehen immer frisch gewaschen aus und benehmen sich sehr hygienisch. Für ihre Exkremente graben sie kleine Kuhlen, die sie nach Verrichtung säuberlichst wieder mit Sand bedecken.

Sobald sie sich in Gefahr wähnen, rennen Steinantilopen in hoher Geschwindigkeit davon. Dann stoppen sie, um zu erkunden, ob sie verfolgt werden oder nicht. Ein absehbares Verhalten für den erfahrenen Jäger, das bereits tausenden Exemplaren das Leben gekostet hat.

Steinantilopen sind Einzelgänger und beanspruchen ein Gebiet von 30 Hektar – ganz schön viel Land für so eine kleine Antilope. Nur zur Paarungszeit und nach der Geburt der Lämmer bleiben Paare kurze Zeit beisammen. Gejagt werden sie von Raubkatzen, Schakalen, Adlern und Pythons.

Wasserbock · Waterbuck [–]
Kobus ellipsiprymnus

Wasserböcke machen ihrem Namen alle Ehre und kommen im östlichen Teil Südafrikas in Gegenden vor, die ihnen genügend Trinkwasserversorgung garantieren. Sie meiden dichte Buschlandschaft und bevorzugen offene Savannen und Landschaften mit hohem Gras, das auch ihre Hauptnahrung ist. Nur gelegentlich fressen sie Blätter und Zweige.

Ein Leitbulle beansprucht ein Gebiet von etwa 2 km Durchmesser, in dem er keine Konkurrenz duldet. Fühlt er sich provoziert, greift er auch Menschen an. Man findet kleine Verbände von Kühen und Kälbern und Herden von Männchen, die kein eigenes Gebiet beanspruchen. Das Fell der Wasserböcke ist gräulich braun und länger als bei anderen Antilopenarten. Charakteristisches Merkmal ist ein runder weißer Kreis um den Schwanz herum. Die bis zu 85 cm langen geriffelten Hörner findet man nur bei Bullen. Wasserböcke können bis zu 1,35 m groß werden und ein Gewicht von 250 kg erreichen.

Wasserböcke sind beliebte Beute vor allem bei Löwen und Krokodilen. Kühe und Kälber werden auch von kleineren Raubtieren gejagt. Oftmals retten sich die Tiere erfolgreich ins Wasser, da sie exzellente Schwimmer sind. Vom Mensch hat der Wasserbock nicht viel zu befürchten: Die Natur hat ihn mit einem seltsam ölig schmeckenden Fleisch ausgestattet.

Weitere Säugetiere

Bärenpavian · Chacma Baboon
Papio ursinus

Bärenpaviane gehören zur Familie der Primaten und leben in Gruppenverbänden zwischen 10 und 100 oder mehr Tieren, da ihnen das enge Sozialgefüge Schutz bietet.

Ihr Lebensraum ist fest umrissen, Eindringlinge werden vertrieben. In den einzelnen hierarchisch gegliederten Gruppen findet man verschiedene Männchen, die eine Führungsrolle übernehmen, aber nur einen „Boss", der sich hin und wieder durch einen Kampf mit einem Nebenbuhler durchsetzen muss, der aber nur äußerst selten tödlich endet. Auch unter

Tierwelt 143

den Weibchen herrscht eine feste Rangordnung. Männchen sind mit einem Körpergewicht zwischen 27 und 44 kg etwa doppelt so schwer wie die Weibchen mit 15–18 kg.

Paviane gelten als schlau und intelligent, ihre Bewegungen und Verhaltensweisen haben oft einen menschlichen Anschein. Sie verständigen sich untereinander mit bestimmten Lauten und einer ausgeprägten Körpersprache. Ihre Hauptfeinde sind vor allem Leoparden, aber auch Löwen werden bei der Affenjagd beobachtet. Um sich zu schützen, ziehen sich die Paviane nachts auf hohe Bäume oder in Höhlen zurück, die von anderen Tieren nur schwer zu erreichen sind. Tagsüber leben die Affenfamilien bevorzugt in offener Savannen- oder lichter Waldlandschaft. Ihre Nahrung besteht aus Wurzeln, Früchten, Beeren und Knollen. Auch Insekten, Vogeleier und sogar junge Antilopen stehen auf dem Speiseplan. Ganze Horden fallen auf Campingplätze ein, um sich aus dem Abfall zu bedienen. Sie sind äußerst geschickt und machen auch nicht vor einer verschlossenen Kühlbox Halt. Um ihren natürlichen Lebensraum zu sichern, ist es streng verboten, Paviane zu füttern. Vorsicht: Paviane können ausgesprochen aggressiv reagieren, wenn sie sich in die Ecke gedrängt fühlen!

Büffel, Afrikanischer · African Buffalo
Syncerus caffer

Der **Afrikanische Büffel** zählt zu den gefährlichsten Tieren im südlichen Afrika! Man sollte sich durch sein Aussehen, das an ein großes Rind erinnert, nicht täuschen lassen. Ein Bulle erreicht eine Größe von 1,40 m und ein Gewicht zwischen 600 und 800 kg. Diese Masse, erst einmal in Bewegung gesetzt, kann mit einer Geschwindigkeit von 50 km/h durch die Savanne donnern. Beide Geschlechter erkennt man an ihren massiven Hörnern, die seitlich über den großen Ohren sichelförmig von unten nach oben gebogen sind und bis zu 90 cm lang werden können. Büffel sind Herdentiere, die oft in Verbänden von über 100 Tieren zusammenleben. Sie bevorzugen Graslandschaften und Flusstäler und halten sich gerne nah am Wasser auf. Obwohl es in der Brunftzeit einen Leitbullen gibt, führt während der restlichen Saison eine dominante Kuh das Regiment.

Büffel sind typische Grasfresser, sie bevorzugen die Kühle der Nacht um sich zu stärken. Tagsüber ziehen sie sich gerne unter Bäume in den Schatten zurück. Sie gehören zu den wenigen Tieren, von denen für Menschen eine wirkliche Gefahr ausgeht. Dabei geht es weniger darum, dass sie besonders angriffslustig sind – das ist eher ein Gerücht. Vielmehr sind sie fast nicht mehr zu stoppen, wenn sie erst einmal in Rage geraten sind. Da hilft nur noch die Flucht auf einen Baum oder in ein Fahrzeug, was sie merkwürdigerweise nicht als Bedrohung sehen. Nur sehr erfahrene Jäger wagen es, ein verletztes, rasendes Tier aus nächster Nähe zu schießen. Prinzipiell sollte man in höchster Alarmbereitschaft sein, wenn man zu Fuß auf eine Herde oder einen einzelnen Büffel trifft.

Zu ihren Feinden zählen vor allem Löwen, die in Rudeln jagen. Während ein einzelner Löwe bei einem Angriff Gefahr läuft, selber sein Leben zu verlieren, schafft es ein geschicktes Löwenrudel, die Herde in Panik zu versetzen und einzelne Tiere zu separieren und zu schlagen. An den Wasserstellen lauern Krokodile, die sich meist jüngere oder schwächere Tiere aussuchen. Bedroht sind die Büffel durch Krankheiten, die auch das Vieh heimsucht, wie beispielsweise die Maul- und Klauenseuche, Milzbrand und die verheerende Rinderpest.

Elefant, Afrikanischer · African Elephant
Loxodonta africana

Obwohl der **Elefant** zu den meistgejagten Tieren Afrikas gehört und wegen des Elfenbeins leider auch heute noch illegal getötet wird, können auf dem gesamten Kontinent noch ungefähr 600.000 Exemplare gezählt werden. Das ist zwar verschwindend gering im Gegensatz zu Zahlen aus früheren Zeiten, doch lässt dies auf ein Überleben der Dickhäuter auf unserer Erde hoffen.

Elefanten findet man auf offener Savanne, in nicht zu dichten Wäldern und sogar in bergigen Regionen. Er frisst vegetarisch fast alles, was ihm vor den Rüssel kommt: Gras, Blätter, Äste, Baumrinde, Wurzeln und Früchte. 18 Stunden seines Tages verbringt er damit – je nach Körpergewicht und Alter –, zwischen 150 kg und 300 kg Nahrung zu futtern. Hinzu kommt noch die Aufnahme von durchschnittlich 200 Liter Wasser am Tag. Man findet Elefanten am frühen Morgen und späten Nachmittag an den Wasserstellen. Dort genehmigen sie sich auch oft eine kühlende Dusche oder ein Schlammbad, das gut gegen Parasiten und ein Schutz gegen die Sonneneinstrahlung ist. In Trockenzeiten können sie Wasserlöcher bis zu einer Tiefe von fast zwei Metern graben, die auch anderen Tieren zugute kommen. Ihre Wege zum Wasser sind breit und ausgetreten, in bergiger Landschaft suchen sie sich den leichtesten Weg – ein Grund, warum viele Straßen und Pässe Südafrikas auf alten Elefantenrouten angelegt wurden.

Elefanten sind die größten Landsäugetiere der Welt. Bullen erreichen eine Schulterhöhe zwischen 3,20 m und 4 m und eine Gewicht von 5000–6300 kg. Elefantenkühe sind mit einer Größe zwischen 2,50–3,40 m deutlich kleiner. Charakteristisch sind der lange Rüssel, die riesigen Ohren und die Stoßzähne, die eine Rekordlänge von 3,38 m erreichen können. Die Zähne kommen bei Kämpfen zum Einsatz, aber auch zum Graben und Schaben nach Nahrung. Und von wegen „Elefant im Porzellanladen"! Kaum ein Tier bewegt sich lautloser durch den dichten afrikanischen Busch! Die Sohlen seiner Füße sind mit dicken Polstern versehen, die alle Geräusche, wie z.B. knickende Äste, nahezu verschlucken.

Prinzipiell wäre es falsch zu sagen, dass Elefanten gefährliche Tiere sind. Ranger schlagen dennoch einen Sicherheitsabstand von etwa 50 m vor. Man sollte sich nicht darauf verlassen, dass Elefanten schlecht sehen. Denn dafür riechen und hören sie exzellent und können ihren gewaltigen Körper auf kurze Distanz bis zu

40 km/h beschleunigen. Wenn man im Auto plötzlich von einer Elefantenherde umzingelt ist: Keine Panik. Motor ausmachen, Hand aber am Zündschlüssel belassen. An Wasserlöchern ist generell nicht gut Kirschen essen mit ihnen. Da dulden sie keine Konkurrenz, und so manches Zebra musste diese Erkenntnis mit dem Leben bezahlen. Selbst Löwen entfernen sich schleunigst, wenn sie eine Elefantenherde Richtung Wasser marschieren sehen.

Elefanten können zwischen 60 und 70 Jahre alt werden. Sie haben, vom Menschen abgesehen, keine natürlichen Feinde. Sie sind sehr immun gegen Krankheiten und sterben vorwiegend an Altersschwäche oder verdursten in langen Dürreperioden. Da sie große Pflanzenmengen verschlingen, muss ihre Anzahl in den meisten Parks künstlich reguliert werden. Eine häufig gemachte Fehleinschätzung ist, dass Elefanten wahllos Bäume umreißen, nur um an ein paar Blätter an der Spitze zu kommen. Das ist ein ganz natürlicher Eingriff in die Natur zur Schaffung von Savanne, die anderen Tieren als Lebensraum dient. Nur in heutigen Zeiten, in denen das Land für die Tiere immer enger zusammenrückt, wirkt sich das an manchen Stellen katastrophal aus.

Erdhörnchen · Ground Squirrel
Xerus inauris

Erdhörnchen leben auf dem Boden in oft spärlich bewachsenen Regionen. Sie sind leicht an ihrem haselnussbraunen Körper mit einem weißen Längsstreifen und dem buschigen Schwanz zu identifizieren, der bis zu 25 cm lang werden kann und ihnen auch als Sonnenschutz dient. Man sieht sie auf ihren Hinterbeinen stehend meist in kleinen Gruppen. Sie ernähren sich von Wurzeln, Knollen und Gras, aber auch von Insekten, hier besonders von Termiten.

Erdhörnchen legen geschickte Höhlensysteme mit verschiedenen Ausgängen an, in deren Nähe sich vor allem die Weibchen und die Jungen tagsüber aufhalten.

Erdmännchen · Suricate
Suricata suricatta

Erdmännchen oder **Surikaten** zählen zu den possierlichsten Tieren des südlichen Afrikas, und da tagaktiv, zu den fotogensten.

Mit einem Gewicht um die 750 g und einer Gesamtlänge von etwa 45–55 cm sind sie kleine Tiere, vergleichbar in der Größe mit Fuchsmangusten, mit denen sie manchmal verwechselt werden. Im Unterschied zu ihnen ist ihr Fell gräulichbraun mit dezenten schwarzen Streifen auf der Rückenpartie. Der Schwanz macht fast die Hälfte der Länge des Tieres aus, ist dünn und nur wenig behaart mit einer dunklen Spitze. Er dient als Stütze wenn das Erdmännchen „Männchen" macht.

Surikaten sind gesellige Tiere. Sie leben in Gruppen zwischen 5 und 40 Exemplaren in selbstgegrabenen oder auch von anderen Tieren verlassenen Bauten. Zum Graben benutzen sie ihre Vorderfüße mit den langen Krallen. Sie leben in trockenen Zonen und ernähren sich hauptsächlich von Insekten und Würmern. Bei Gelegenheit schnappen sie sich aber durchaus auch Vögel und kleinere Reptilien.

Gepard · Cheetah
Acinonyx jubatus

Geparden zählen zu den elegantesten Raubkatzen Südafrikas. Ihre langen, schlanken Beine, der stromlinienförmige Oberkörper, der kleine Kopf und der buschige lange Schwanz mit dem weißen Fleck am Ende zählen zu den Hauptcharakteristika dieser Gattung. Die runden Flecken im Fell sind kleiner als bei Leoparden. Wer das Glück hat, einem Geparden direkt ins Gesicht zu sehen, wird eine schwarze Linie erkennen, die von den gelbbraunen Augen zur Oberlippe führt. Geparden erreichen eine höhe von etwa 80 cm und ein Gewicht von 30–50 kg.

Mit bis zu 115 km/h sind Geparden die schnellsten Säugetiere der Erde. Sie bevorzugen offenes, flaches Gelände als Jagdgebiet. Manchmal findet man diese Raubkatzen aber auch in dichtem Gestrüpp oder auf Bäumen.

Ihre bevorzugte Beute sind mittelgroße Antilopenarten, vor allem Impalas. Es werden aber auch Warzenschweine, Stachelschweine, Laufvögel und Hasen verspeist. Entweder versucht der Gepard seine Beute in voller Jagdgeschwindigkeit durch Stöße aus dem Gleichgewicht zu bringen, oder er lässt das andere Tier stolpern, indem er mit seinen Pfoten zwischen die Läufe fährt. Dann wird die Beute am Hals gepackt und stranguliert. Das kann bis zu 25 Minuten dauern. Allerdings ist das Jagdglück eines Geparden nicht besonders groß: Nur 10 % der Versuche sind erfolgreich. Bei 150 erlegten Tieren, die ein Gepard pro Jahr zum Überleben braucht, sind das ganz schön viele Versuche!

Die Hälfte der Geparden lebt in kleinen Gruppen mit bis zu sechs Mitgliedern, der Rest als Einzelgänger. Sie sind zwar reviertreu, verteidigen es aber nicht aktiv. Eine Gepardin bringt nach etwa 95 Tagen 2–6 Junge zur Welt, die zunächst von der Mutter versteckt werden. Sie werden mit geschlossenen Augen geboren, die sie nach zehn Tagen öffnen. Nur 50 % der Jungen überleben; die anderen fallen Raubvögeln und Raubtieren zum Opfer. Aber auch der sogenannte „Katzenschnupfen" fordert viele Opfer.

In freier Wildbahn kann ein Gepard etwa 15 Jahre alt werden. Zu seinen gefährlichsten Feinden zählt der Mensch, der dieses schöne Tier – trotz Artenschutz – bis heute wegen seines kostbaren Fells jagt. Ansonsten droht noch Gefahr von Löwen, Leoparden und großen Hyänen. Es gibt übrigens keinerlei Berichte über Zwischenfälle zwischen Geparden und Menschen, die auf Seiten letzterer tödlich endeten.

Giraffe · Giraffe
Giraffa camelopardalis

Giraffen bevölkerten einst den gesamten afrikanischen Kontinent. Heute ist ihr Bestand alarmierend zusammengeschrumpft. Sie wurden wegen ihres Fleiches und ihrer Haut, aus der man vorwiegend Sandalen und Peitschen herstellte, nahezu ausgerottet. Man findet sie in Südafrika nur noch in Naturschutzgebieten und privaten Wildfarmen. Giraffen leben auf offenen Savannenebenen mit lichtem Akazienbestand.

wischen 15 und 20 Stunden täglich sind sie beim Fressen – ganz im Gegensatz zu etwa 20 Minuten Schlaf pro Tag. Mit ihren bis zu 45 cm langen Zungen rupfen sie Blätter und Äste von verschiedenen Bäumen und Sträuchern. Dabei hinterlassen sie oft künstlerische pyramiden- oder kuppelförmige Pflanzenskulp-

Tierwelt 147

turen. Offensichtlich scheinen sie die langen Dornen der bevorzugten Akazien nicht zu stören. Auch das für den menschlichen Organismus hochtoxische Gift der Tamboti-Bäume ist für sie unwirksam. Giraffen können es über einen längeren Zeitraum ohne Wasser aushalten. Aber wenn sie trinken, nehmen sie bis zu 25 Liter auf. Dabei machen sie eine recht ungelenk wirkende Grätsche am Wasserloch, da es ihre Halsmuskulatur nicht zulässt, den Kopf ganz nach unten zu beugen.

Auffallend in der Statur ist der lange Hals, mit dem sie Nahrung in einer Höhe bis zu fünf Metern erreichen können. Jedoch besitzen sie, wie die meisten Säugetiere auch, nur sieben Halswirbel. Beide Geschlechter haben Hörner. Sieht man nur den Kopf einer Giraffe, kann man an den blanken Hörnern einen Bullen, an dem Haarschopf an der Spitze ein Weibchen erkennen. Mit zunehmendem Alter dunkelt ihr Fell nach. Ältere Bullen sind am dunkelsten. Ausgewachsene Bullen erreichen eine Gesamthöhe von fünf Metern und ein Gewicht von 1200 kg, Kühe werden bis zu 4,40 m groß und wiegen 900 kg.

Giraffen leben in lockeren Verbänden. Es gibt zwar immer ein Leittier bei der Herde, da Bullen aber zum Herumstreifen neigen, wechseln sie sich ab. Auch Kühe können die Führung übernehmen. Giraffen sind nicht streng territorial gebunden. Ist genügend Futter vorhanden, verbleiben sie aber in einem Gebiet, das eine Fläche von bis zu 70 km2 umfasst.

Kälber und Kühe haben nur in den ersten Wochen eine enge Beziehung. Dann kann es schon vorkommen, dass eine Mutter ihr Kleines zwischen den Beinen verbirgt und manchmal erfolgreich einen Angreifer abwehrt. Doch spätestens nach 6 Wochen ist das Kalb auf sich selbst gestellt. Dann gesellt es sich meist zusammen mit anderen Jungtieren zu einem kräftigen Bullen, der die Umgebung besser im Überblick hat und bei Gefahr rechtzeitig warnt.

Erfahrene Tierbeobachter schwören darauf, die beste Chance zu haben, ein größeres Raubtier zu sichten, wenn man eine Weile bei Giraffen verbringt. Bemerkt man, dass die Tiere bewegungslos stehen und gebannt in eine Richtung blicken, kann man sicher sein, dass sich irgendwo eine Raubkatze verbirgt. Giraffen können eine Fluchtgeschwindigkeit von bis zu 48 km/h erreichen.

Löwen haben eine besondere Art entwickelt, Giraffen zu jagen: Ein Rudel treibt die Herde auf unwegsames Gebiet. Dort verlieren die Giraffen leicht die Balance. Sind sie erst einmal gestolpert, haben sie große Schwierigkeiten, schnell aufzustehen, und es ist für die Löwen ein Leichtes, ein gefallenes Tier zu überwältigen. Aber man hat auch schon Löwen beobachtet, die auf den Rücken einer Giraffe sprangen, um sie von dort aus in den Hals zu beißen. Kräftige Giraffenbullen haben aber nichts von Löwen zu befürchten.

Ganz im Gegenteil – mit Huftritten können sie einen Angreifer tödlich verletzen. Fast 50 % der Kälber werden von Löwen gerissen.

Interessant ist die Geschichte des Namens der Giraffe. Früher glaubten die Menschen, dass dieses langbeinige Tier eine Kreuzung zwischen einem Kamel und einem Leopard war (wegen der Fellzeichnung). Daraus entstand die Wortschöpfung „Camelopardalis". Aus dem Arabischen stammt die Bezeichnung „Xirapha", gleichbedeutend mit „einer, der schnell geht".

Hyänen

Braune Hyäne · Brown Hyena
Hyaena brunnea

Braune Hyänen findet man vor allem in den trockenen Savannengebieten Südafrikas. Sie sind ausgesprochen selten geworden. Im Gegensatz zu ihren Artgenossen, den Tüpfelhyänen, ernähren sie sich fast ausschließlich von Aas, manchmal auch von Früchten, Insekten, Vögeln und ihren Eiern. Nur selten gehen sie im Rudel auf Jagd – und dann trauen sie sich nur an kleinere Tiere heran. Braune Hyänen sind vorwiegend nachtaktiv. Man trifft sie meist als Einzelgänger. Sie sind reviertreu und markieren das Gelände mit einem Drüsensekret. Braune Hyänen werden zwischen 70–80 cm groß und wiegen etwa 50 kg. Sie besitzen ein langhaariges dunkelbraunes Fell, das am Hals und an den Schultern deutlich heller ist. Sie haben sehr große, aufgerichtete Ohren. Ihre Vorderbeine sind wesentlich höher als ihre Hinterbeine.

Tüpfelhyäne · Spotted Hyena
Crocuta crocuta

Tüppelhyänen erkennt man, wie der Name bereits andeutet, an ihren schwarzen Tupfen auf braungrauem Fell. Im Ge-

gensatz zur braunen Hyäne hat diese Art kurze Haare. Eine ausgewachsene Tüpfelhyäne kann bis zu 180 cm lang werden und eine Schulterhöhe von 85 cm erreichen, wobei die Schultern merklich höher als das Hinterteil liegen.

Hyänen sind allgemein als Aasfresser bekannt. Weniger bekannt ist die Tatsache, dass sie auch gute Jäger sind. Nur: Wenn es nicht nötig ist, und man sozusagen „etwas abstauben" kann, wenden sie keine Energie für einen eigenen Fang auf. Sind sie auf Beutezug, gehen sie im Rudel vor. Meist lauern sie dann ihren Opfern, gut versteckt im dichten Gras, an Wasserlöchern auf. Auch lieben sie es, andere Tiere anzugreifen, die sich gerade genüsslich in Schlammlöchern suhlen oder im Wasser baden. Auf ihrer Fangliste stehen Gnus, Zebras, Impalas, Wasserböcke und Kudus, die oft von über 40 Hyänen gleichzeitig angegriffen werden. Kleinere Gruppen jagen Strauße, Paviane und kleine Antilopen. Bei Bedarf begnügt man sich aber auch mit Fisch, Krabben oder Schlangen. Ihre Lieblingsjagdzeit ist bei Mondschein oder in den frühen Morgen- und Abendstunden. Mit 50 km/h sind sie keine schnellen, aber sehr ausdauernde Läufer. Hyänen sind auch für den Menschen nicht zu unterschätzen. Obwohl sie in der Regel vor ihm davonlaufen, kam es doch immer wieder zu Zwischenfällen, bei denen Hyänen – meist im Rudel – Menschen angriffen und töteten. Vor allem alte Menschen, aber auch Leute, die in Zelten übernachten, sind gefährdet. Berüchtigt sind Hyänen auch bezüglich Autoreifen. Anscheinend lieben sie die Kautschukmasse.

Wer in einem Restcamp übernachtet und in die Nacht horcht, kann Hyänen gut an ihrem „Lachen" erkennen. In der Regel leben Hyänen in einem Rudel von 10 bis 40 Tieren in einem markierten Territorium von einigen Quadratkilometern. Meist führt ein Weibchen das Rudel an. Sie gelten als intelligente Tiere, die z.B. den Flug der Geier genaustens beobachten und ihnen zum Aas hin folgen.

Tüpfelhyänen neigen dazu, sich im Rudel gemeinsam im Mondschein zu paaren. Der Akt wird von einer gewaltigen Geräuschkulisse untermalt. Die 2–3 Junge werden in verlassenen Höhlen von Ameisenbären zur Welt gebracht und die ersten sechs Wochen verborgen gehalten. Die Lebensspanne beträgt bis zu 20 Jahre – vorausgesetzt, sie werden nicht Opfer von anderen Raubtieren, denen sie gerade die Beute abjagen wollten. Während der weiße Mann Hyänen meist jagte, um das Vieh zu schützen, so wurden sie von den Schwarzen getötet, da man Knochen, Schwanz, Ohren, Genitalien und Lippen für spirituelle und medizinische Rituale verwendete.

Hyänenhund · Wild Dog
Lycaon pictus

Hyänenhunde bevölkerten einst in großen Rudeln die großen Savannengebiete und Halbwüsten Afrikas. Heute ist ihre Art vom Aussterben bedroht.

Wer schon gesehen hat, wie ein Rudel Hyänenhunde ein Opfer jagte und zerfleischte, mag über diesen Anblick entsetzt gewesen sein. Hyänenhunde haben, im Gegensatz zu Löwen oder Leoparden, keine ausgeprägten Reißzähne. So bleibt ihnen nichts anderes übrig, als die Beute zu Fall zu bringen und zu zerfetzen. Untersuchungen haben ergeben, dass das Beutetier dabei oft schneller zu Tode kommt als z.B. durch einen Löwen, der sein Opfer erstickt. Vermutlich stehen die betroffenen Tiere so unter Schock, dass sie kaum noch leiden. Hyänenhunde sind geschickte Strategen. Ein bis zwei Tiere scheuchen das Wild auf, die anderen folgen in einer Linie. Das Wild schlägt meist einen zickzackförmigen Fluchtweg ein, der den Jägern nun erlaubt, durch gerades Laufen in die Bahnen der gejagten Tiere zu kommen. Ein Tier wird von der Herde getrennt und eingekreist – zumindest in 50 % der Fälle, denn so hoch ist ihr Jagdglück bei erwachsenen Antilopen. Oder besser gesagt: Antilopinnen. Denn Hyänenhunde jagen vorwiegend weibliche Tiere und Kälber. Sie lauern auch schon einmal auf den Geburtsvorgang, der ein Weibchen nahezu hilflos macht. Somit dezimieren sie die Anzahl der Antilopen wesentlich mehr als andere Raubtiere. Impalas machen über zwei Drittel ihrer Beute aus, aber auch Gnus, Kudus, Wasserböcke und sogar Zebras werden erlegt. Ein einzelner Hyänenhund muss etwa 50 Tiere pro Jahr erlegen, um seinen Nahrungsbedarf zu decken. Für das Rudel bedeutet das, dass jeden Tag gejagt werden muss.

Hyänenhunde haben ungefähr die Größe eines deutschen Schäferhundes mit einer Schulterhöhe zwischen 65 und 80 cm. Das Gewicht liegt bei etwa 20 bis 30 kg. Das Fell ist hell-, gelb- und dunkelbraun und mit nicht scharf umrissenen Flecken versehen. Signifikant ist der Schwanz mit der weißen Spitze, die großen, runden Ohren und ein schwarzer Streifen, der an der Nase beginnt und zwischen den Ohren endet. Abstehende Haarbüschel entdeckt man im Nacken und am vorderen Hals.

Hyänenhunde leben in Rudeln zwischen 10 und 15 Tieren, doch hat man schon welche mit bis zu 50 Tieren gezählt.

Interessanterweise kommen mehr Männchen als Hündinnen vor. Das mag daran liegen, dass die Weibchen mit Jungen nicht zum Jagen gehen können und von anderen Rudelmitgliedern mitversorgt werden müssen. Hyänenhunde gelten ohnehin als besonders soziale Tiergattung. Es gibt zwar eine Hierarchie unter den Tieren, sie beruht aber kaum auf Aggression untereinander. Bekannt ist das „Begrüßungsritual" zweier Hyänenhunde. Sie stehen dabei parallel nebeneinander auf „Tuchfühlung", haben die Ohren angelegt, die Zähne gefletscht – und dann lecken sie sich freundlich über die Schnauze. Die Sterberate unter den Jungtieren ist enorm hoch. Das liegt weniger an der Gefräßigkeit anderer Raubtiere als an ihrer Tendenz, sich mit tödlichen Krankheiten zu infizieren. Besonders bedroht ist ihre Art durch die Staupe, die sie sich von Haushunden zuziehen können. Da kranke Tiere nicht aus dem Rudel ausgestoßen werden, sondern im Gegenteil gepflegt und ernährt werden, kann die Krankheit oft ein ganzes Rudel auslöschen. Somit gehören die geselligen Tiere zu den artbedrohten Gattungen.

Kap-Fingerotter · Cape Clawless Otter
Aonyx capensis

Kap-Fingerotter kommen, entgegen der Namensgebung, nicht nur am Kap sondern in den meisten Savannengebieten Afrikas vor, vorausgesetzt, sie haben Zugang zum Wasser. Sie fangen Krebse, Frösche, Muscheln und Fische, aber sie können sich auch von Nagetieren, Insekten, Wasservögeln und Geflügel ernähren.

Ein erwachsener Kapotter wird einschließlich Schwanz bis zu 1,60 m lang und wiegt durchschnittlich 10 bis 18 kg. Sein glänzendes Fell ist dunkelbraun. Deutlich sichtbar ist die weiße Halsunterseite. An Land bewegt er sich mit einem

leicht gekrümmten Rücken vorwärts. Kapotter haben kurze Beine und besitzen keine Krallen an den vorderen und nur zwei Nägel an den hinteren Füßen. Sie sind ausgezeichnete Schwimmer, dennoch wird diese Gattung, im Gegensatz zu anderen Ottern, manchmal weitab von Gewässern angetroffen. So können sie ihre Jungen auch im schützenden Dickicht des afrikanischen Busches bekommen.

Zu den natürlichen Hauptfeinden im Wasser zählen die Krokodile, die aber meist bei einem Angriff durch die Geschicklichkeit ihrer Beute den kürzeren ziehen. Zu Lande sind es die größeren Raubtiere, die Kap-Otter auf dem Speiseplan haben.

Klippschliefer · Rock Dassie
Procavia capensis

Klippschliefer, im allgemeinen Sprachgebrauch „Dassies" genannt, leben in bergiger Felslandschaft und auf steinigen Hügeln in trockenen Landesteilen Südafrikas. Ihre Anwesenheit erkennt man an den hellen Urinstreifen, die durch die Sonne kristallisieren und in manchen Regionen als medizinisch wirkendes „Hyracium" verkauft werden.

Die kleinen, putzigen Gesellen werden zwischen 45 und 60 cm lang und wiegen etwa 2,5–4,5 kg. Sie haben ein mittel-

Tierwelt 151

braunes Fell mit einem helleren Bauch, kleine, runde Ohren und ein hamsterförmiges Gesicht. Sie leben in Kolonien von 20–50 Exemplaren. Ihre Nahrung ist rein pflanzlich und besteht aus Blättern, Rinde, Gras und Wildfrüchten. Ihre Wasserversorgung kann notfalls über die Nahrung erfolgen.

Grundsätzlich sind sie eher scheue Tiere, die sich nach schrillen Pfiffen schnell in ihre Behausungen zurückziehen. An manchen Stellen haben sie sich so an den Menschen gewöhnt, dass man sich ihnen auf wenige Meter nähern kann. Dabei haben sie guten Grund vorsichtig zu sein: Leoparden, Luchse, Adler und Pythons lieben Dassies.

Leopard · Leopard
Panthera pardus

Leoparden sind die Meister der Tarnung unter den Raubtieren. Sie sind in Südafrika nicht selten. Doch wegen ihres nächtlichen Jagdverhaltens, ihres Tarnfells und ihren versteckten Schlupfwinkeln ist es eine Seltenheit, sie zu Gesicht zu bekommen. Sie sind sehr anpassungsfähig und können in waldigen Gebieten, Savannen, Steppen, Sumpfland und Bergregionen leben. Bevorzugt leben sie aber in dichter Buschlandschaft.

Ihre Beute rangiert in der Größe zwischen einer Ratte und einem ausgewachsenen Gnu. Aber auch Vögel, Reptilien und Fische werden gefangen. Stachelschweine, Schakale und sogar Geparden zählen gleichfalls zu den Opfern. In ländlichen Gebieten werden auch Haushunde und Katzen gejagt. Leoparden sind exzellente Jäger und lauern im Hinterhalt oder schleichen ihre Beute nahezu lautlos an. Haben sie ihr Opfer gerissen, schleppen sie es zum Schutz vor anderen Raubtieren auf einen Baum. Ein Leopard frisst durchschnittlich 400 kg Fleisch pro Jahr.

Diese faszinierenden Raubkatzen werden 60 bis 80 cm groß (Schulterhöhe) und etwa 60 bis 70 kg schwer. Weibchen sind etwas kleiner und leichter. Wunderschön ist ihr glänzendes Fell mit kleinen, gelbschwarzen Flecken am ganzen Körper. Der lange Schwanz reicht über die Höhe der Hinterbeine und ist am Ende geschwungen. Er dient zur Balance.

Leoparden sind typische territorial gebundene Einzelgänger. Nur die Mütter bleiben ein bis zwei Jahre bei ihren Jungen. Leoparden können ein Alter bis zu 20 Jahren erreichen. Als Jungtiere fallen sie oft anderen Rautieren, aber auch Pythons, zum Opfer. Im erwachsenen Alter gelten vor allem Giftschlangen und Krokodile zu den natürlichen Feinden.

Leoparden sind sehr mutige Tiere, denen man im Busch aus dem Weg gehen sollte. Fühlen sie sich bedroht, zögern sie keinen Moment mit einem Angriff. Allerdings gibt es nur wenige Berichte über ernsthafte Zusammenstöße zwischen Leoparden und Menschen. Das liegt wohl mit daran, dass sie nächtliche Jäger sind und sich am Tage im Dickicht, in Bäumen oder in Felshöhlen aufhalten.

Löffelhund · Bat-eared Fox
Otocyon megalotis

Löffelhunde erkennt man unverwechselbar an ihren überproportional großen Ohren. Sie sehen von der Statur ähnlich wie ein Schakal aus, nur ist ihr Fell silbergrau und buschiger. Ihre Augen sind dunkel umrandet, während das Gesicht eher hell ist. Diese kleinen Raubtiere werden etwa 28 cm lang, bis zu 35 cm groß und wiegen nur zwischen 3–5 kg. Meistens sieht man sie paarweise durchs Gras trollen, obwohl sie vorwiegend nachtaktiv sind. Tagsüber verstecken sie sich meist in Erdbauten, da die Gefahr, Opfer von großen Adlern zu werden, groß ist.

Ihr Lebensraum ist das trockenere

Busch- und Grasland, in waldigen Gebieten kommen sie nie vor. Obwohl sie sich hauptsächlich von Insekten ernähren, jagen sie ab und zu nach kleineren Nagetieren, jungen Vögeln und Echsen. Auch Wildfrüchte und Beeren werden gefressen. Sie wären in ländlichen Gebieten von großem Nutzen, da sie jede Menge Termiten vertilgen. Doch werden sie dort gejagt, obwohl Beweise fehlen, dass sie sich an Federvieh oder Lämmern vergreifen.

Löwe · Lion
Panthera leo

Löwen zählen zu den faszinierendsten Tieren Afrikas. Ihr Anblick ist ein Höhepunkt jeder Safari. Chancen, sie zu sehen, bestehen ganz früh am Morgen oder kurz vor Sonnenuntergang an Wasserlöchern.

Während des Tages halten sich die „Könige der Wildnis" bevorzugt im Schatten auf und können nur schlecht ausgemacht werden. Hauptsächlich in den kühleren Wintermonaten kann man Löwen jedoch auch tagsüber begegnen. Ein ausgewachsener Löwe frisst etwa alle 3–4 Tage. Dabei kann er bis zu 50 kg Fleisch „verputzen", obwohl weit weniger die Regel ist. Bevorzugt gejagt werden Wasserböcke und Zebras, daneben Gnus, Giraffen und Impalas. Aber auch Büffel, Kudus und andere Antilopenarten stehen auf dem Speiseplan. Obwohl Löwen in der Regel nur jagen, wenn sie hungrig sind, lassen sie sich nicht die Chance entgehen, schwache und kranke Tiere zu jeder Zeit zu reißen. Dabei machen sie sogar vor einem ausgewachsenen Nilpferd keinen Halt. Löwen schlagen ihre Beute, indem sie in den meisten Fällen das Tier mit den Pranken an der Nase packen, den Kopf nach unten drücken und durch einen Genickbiss den Kampf beenden. Kleinere Tiere werden durch einen Biss in die Kehle getötet. Interessanterweise sind Löwen in der Regel über längere Distanzen gesehen nicht so schnell wie ihre Beutetiere. Sie überwältigen sie durch List und geschickte Anschleichmanöver.

Meistens jagen sie während der Nacht, wobei weibliche Löwen generell aktiver sind. Sie bringen ihre Beute zur Strecke, indem sie oft im Rudel angreifen. Von einigen Kennern wird behauptet, dass sich die Männchen absichtlich so postieren, dass die gejagten Tiere geradewegs in die andere Richtung laufen und den wartenden Löwinnen praktisch vors Maul getrieben werden. Doch in der Hälfte der Fälle jagen Löwen allein. Man sollte sich auf alle Fälle vor einer Löwenbegegnung in acht nehmen: Sie sind Menschenfresser – wobei Löwinnen generell aggressiver sind als ihre männlichen Artgenossen. Eine Flucht auf einen Baum ist aussichtslos, sie sind die besseren Kletterer! Aber auch für Löwen ist die Jagd nicht problemlos. Häufig werden sie selbst zu Opfern. Büffel, Giraffen, Rappenantilopen, Krokodile, Schlangen und vor allem Stachelschweine setzen sich oft erfolgreich gegen ihre Angreifer zur Wehr.

Löwen sind in der Natur unverwechselbar. Die Farbe ihres Felles reicht von ocker- bis hin zu rotbraun. Die Männchen tragen die berühmte lange Löwenmähne, die mit zunehmendem Alter dunkler wird. Ihre Schulterhöhe beträgt etwa 1 m, das Gewicht differiert zwischen 180–220 kg.

Tierwelt 153

Weibchen sind etwas kleiner und leichter. Sie können kurzfristig eine Höchstgeschwindigkeit von 80 km/h erreichen. Ihr Geruchs-, Hör- und Sehsinn ist ausgesprochen hoch entwickelt. Die Verständigung erfolgt durch lautes Brüllen oder Knurren. Es gibt territorial ansässige Löwen und nomadisierende Exemplare, wobei sich das Verhalten den gegebenen Lebensumständen anpasst. Man kann in der sozialen Hierarchie zwischen Männchen und Weibchen unterscheiden, die untereinander eine Art Rangordnung besitzen. Anführer des Rudels kann sowohl ein Löwe als auch eine Löwin sein. Wurde ein Wild gerissen, so wird sich jedoch immer der mächtigste Löwenmann seine Vorrangstelle beim Fressen sichern – ob er nun an dem Beutezug beteiligt war oder nicht.

Die Begattung erfolgt in einem Zeitraum von 1–3 Tagen. Das Paar verlässt das Rudel und gibt sich ganz der Kopulation hin. Man vereinigt sich zunächst für etwa eine Minute, später kann sich der Geschlechtsakt auf 20 Minuten ausdehnen. Die bislang größte beobachtete Ausdauer zeigte ein Löwenpaar, das sich in 55 Stunden 157 Mal vereinigte!

Löwinnen können das ganze Jahr über trächtig werden; zwischen den Geburten liegen etwa 18 bis maximal 26 Monate. Durchschnittlich bringt eine Löwin 2–3 Junge zur Welt, aber auch 6 Löwenbabies sind nicht selten. Nur die Hälfte der Jungen erreichen das Erwachsenenalter. Dafür gibt es verschiedene Gründe: Zum einen fallen die meisten ihren eigenen Eltern oder anderen Raubtieren zum Opfer, zum anderen werden die Kleinen oft von den Müttern verstoßen und verhungern. Nach der Geburt haben die Jungen zwischen 7–14 Tagen die Augen geschlossen. Sie wiegen 1 bis 2 kg und können noch nicht laufen, bis sie etwa drei Wochen alt sind. Geht die Mutter zum Jagen, werden die Jungen so gut versteckt, dass sie niemand anderes finden kann. Nach sechs Wochen schließt man sich wieder dem Rudel an.

Luchs · Caracal
Felis caracal

Der **Luchs**, genauer gesagt der **Wüstenluchs**, hat seinen Lebensraum im dichten afrikanischen Busch und in offenen Savannen oder trockenen Gebieten mit geringem Bewuchs. Man findet den typische Einzelgänger in felsiger Landschaft, den Regenwäldern bleibt er allerdings fern. Charakteristisch sind seine markanten, großen Ohren, von denen Haarbüschel sichtbar nach oben stehen. Luchse haben eine rötliche Farbe und einen sehr robusten Körperbau, wobei die Hinterbeine etwas länger sind als die vorderen. „Augen haben wie ein Luchs" – in der Tat sind die großen, stechenden, bernsteinfarbigen Augen besonders scharf.

Auch Gehör und Geruchssinn sind hoch entwickelt. Luchse können bis zu 18 kg wiegen und eine durchschnittliche Schulterhöhe von 45 cm erreichen. Sie sind zwar wesentlich kleiner als Löwen, aber in der Wildnis an Gefährlichkeit nicht zu unterschätzen, da sie sehr mutige Tiere sind. Jungtiere fallen oft Adlern, Pythons und anderen Raubtieren zum Opfer. Erwachsene Tiere haben kaum Feinde. In freier Wildbahn in ländlichen Gebieten werden sie oft erlegt, da sie Federvieh und Nutztiere rauben. Ansonsten ernähren sie sich vorwiegend von kleinen Säugetieren, Nagern, Hasen, Klippschliefern, Vögeln und Echsen.

Mangusten
Fuchsmanguste · Yellow Mongoose
Cynictis penicillata

Charakteristisch für die kleine Mangustenart (40–60 cm Länge) ist die rötliche Farbe des Fells (die allerdings auch gräu-

lich sein kann) und der buschige Schwanz mit der weißen Spitze.

Der Lebensraum der Fuchsmanguste ist das kurze Grasland und die halbwüstenartige Buschlandschaft. Obwohl man das tagaktive Tier scheinbar meist alleine antrifft, lebt es doch in einem lockeren Verband mit durchschnittlich 5 bis 10 Tieren. Fuchsmangusten legen sich eigene unterirdische Bauten zu, man findet sie aber auch oft einträchtig mit Erdhörnchen und Surikaten lebend. Jeden Morgen verlassen die Tiere auf festgelegten Pfaden ihren Bau, um auf Futtersuche zu gehen. Ihre Nahrung besteht hauptsächlich aus Insekten und Würmern, sie machen aber auch Jagd auf kleine Nagetiere, Amphibien und Reptilien. Ihre Exkremente werden feinsäuberlich in Latrinen abgelegt, die sich in der Nähe des Baueingangs befinden.

Wassermanguste · Water Mongoose
Atilax paludinosus

Wassermangusten verwechselt man eher mit Ottern als mit anderen Mangustenarten. Mit einer Länge von 80 bis 100 cm, einer Schulterhöhe von 22 cm und einem Gewicht von 2,5–5,5 kg sind sie sehr große Tiere. Ihr Fell ist einfarbig schwarzbraun, der Kopf länglich, das Fell wirkt struppig. Wassermangusten findet man meist entlang fließender Gewässer, Seen oder Dämmen. Sie sind vorwiegend nachtaktiv, man sieht sie aber auch bei Sonnenauf- und -untergang. Wie ihre Vettern haben sie festgelegte Futterwege, meist entlang der Ufer des Gewässers an dem sie leben. Sie können schwimmen und ernähren sich von Krebsen, Fischen, aber auch von Nagetieren, Vögeln und Reptilien. In Küstengebieten fressen sie auch gerne Muscheln, die sie mit den Hinterbeinen gegen Felsen schleudern, um sie zu knacken. Ihre 1–3 Jungen kommen zwischen August und Dezember auf die Welt.

Zebramanguste · Banded Mongoose
Mungos Mungo

Zebramangusten bevorzugen die offene Savanne, doch brauchen sie Anschluss an eine Wasserversorgung. Ihre Nahrung besteht aus Insekten, aber sie jagen auch Nagetiere, Reptilien und Vögel. Nur zur Not geben sie sich mit Früchten und Beeren zufrieden. Zu ihren natürlichen Feinden zählen vor allem Raubvögel und Schakale. Die tagaktiven und geselligen Tiere findet man in Gruppen von etwa 20, manchmal sogar 50 Exemplaren. Man kann des öfteren beobachten, wie sich die ganze Gruppe, Manguste hinter Manguste, wie ein Band durch das Gras schlängelt. Meist sind sie auch nicht zu überhören, da sie untereinander sehr verständigungsfreudig sind.

Zebramangusten werden etwa 50–65 cm lang und wiegen zwischen 1–1,6 kg. Deutlich erkennt man auf dem dunkelgrauen Fell dunkle und helle, senkrechte Streifen. Oftmals findet man ihre Bauten in verlassenen Termitenhügeln.

Zwergmanguste · Dwarf Mongoose
Helogale parvula

Zwergmangusten sind mit einer durchschnittlichen Länge von nur insgesamt 35–40 cm die kleinste Mangustenart. Ihre Schulterhöhe beträgt 7 cm und das

Gewicht zwischen 220–350 g. Sie sind durchgehend braun und haben ein glänzendes Fell.

Sie leben in Gruppen von 10 bis 30 Exemplaren vorwiegend in trockenen Savannengebieten. Sie sind tagaktiv und ernähren sich von Insekten, kleinen Nagetieren, Reptilien, Vögeln und ihren Eiern. Sie scheinen ständig auf Achse zu sein und nach Futter zu suchen. Tatsächlich aber halten sie sich immer in der Nähe eines unterirdischen Unterschlupfes oder eines Termitenhügels auf, in dem sie schnell verschwinden können, wenn Gefahr droht. Die kommt vorwiegend aus der Luft durch Raubvögel. Ansonsten sind Zwergmangusten nicht sehr scheu und beliebte Fotomotive, da sie geduldig posieren.

Nachtäffchen · Bushbaby
Otolemur crassicaudatus

Man muss schon etwas Glück haben, um auf einer Nachtpirschfahrt ein **Nachtäffchen** zu finden. Die nachtaktiven Tiere leben in kleinen Gruppen von 2 bis 8 Tieren. Sie ernähren sich von Wildfrüchten und Insekten, die sie geschickt mit ihren kleinen handähnlichen Pfoten fangen.

Es gibt 6 verschiedene Arten von Nachtäffchen. Der größte, der Galago-Typ, kann bis zu 74 cm groß werden – rechnet man den langen Schwanz dazu –

und bis zu 2 kg wiegen. Die kleinere Sorte von Nachtäffchen (Galago Moholi), wird häufiger angetroffen. Sie wiegen ganze 150 g und werden insgesamt nur 30 und 40 cm groß. Sie sehen aus wie buschige Wollknäuel. Besonders auffallend sind die großen Ohren und aufgerissene, kugelrunde Augen.

Den Namen „Bushbaby" haben sie bekommen, weil sich ihre nächtlichen Rufe wie das Geschrei eines kleinen Babys anhört. Tagsüber verkriechen sie sich in ausgehöhlte Baumstämme oder verstecken sich unter dichtem Laub.

Nashörner
Breitmaulnashorn ·
White oder Square-lipped Rhinoceros
Ceratotherium simum

Breitmaulnashörner lebten einst über ganz Afrika verstreut, bis sie durch Jäger und die Folgen der Bodenkultivierung fast gänzlich ausgerottet waren. Am Anfang des 20. Jahrhunderts gab es überhaupt nur noch 20 Exemplare im Umfolozi Game Reserve. Nach und nach vermehrten sie sich wieder und konnten an andere Parks in Südafrika verteilt werden. So ist es besonders schön, wenn man diesem Tier begegnet, das ohnehin im Aussehen aus einer anderen Zeit zu stammen scheint.

Der ungewöhnliche Name „White Rhino" stammt aus dem Holländischen und hat mit der Farbe des Tieres nichts zu tun. „Wydmond" (sprich: Weidmond) bedeutet „Breitmaul" und wurde nur unkorrekt übersetzt.

Breitmaulnashörner können eine Schulterhöhe von 1,80 m erreichen. Bullen wiegen zwischen 2000 kg und 2300 kg, Kühe zwischen 1400 kg und 1600 kg. Charakteristisch sind ihre zwei Hörner auf der Nase, wobei das vordere, größere zwischen 60 cm und 90 cm lang ist, aber eine Rekordlänge von bis zu 1,58 m erreichen kann. Die Hörner sind Hautauswüchse und bestehen aus fest verbundenem, steifem Haar. Sie dienen den Tieren als Waffe. Bullen kämpfen oft heftig um ihre Vorherrschaft in der Gruppe. Beim Kampf abgebrochene Hörner können nachwachsen.

Breitmaulnashörner leben in feuchten Graslandschaften und leicht bewaldeten Savannen in kleinen Gruppen zusammen. Kühe haben eine innige Verbindung zu ihren Kälbern, die immer vor ihnen laufen. Am besten findet man die Tiere während der Nacht oder am frühen Morgen an den Wasserlöchern. Tagsüber halten sie sich gerne unter Bäumen im Schatten auf.

Im Gegensatz zu den Spitzmaulnashörnern sind Breitmaulnashörner Grasfresser. Deutlich erkennt man das breite Maul und den langen Kopf, der meist nach unten gehalten getragen wird.

Breitmaulnashörner können bis zu 50 Jahre alt werden. Sie gelten in der Regel nicht als besonders aggressiv. Sollten sie allerdings in Rage geraten, ist Vorsicht angesagt. Weglaufen nützt nichts, die plump wirkenden Tiere sind recht behende auf den Beinen und können eine Spitzengeschwindigkeit von 40 km/h erreichen. Am besten bringt man sich vor ihnen hinter einem Baum in Sicherheit. Ihr Sehvermögen ist im Gegensatz zu ihrem Geruchs- und Gehörsinn nicht sehr ausgeprägt. Außer dem Menschen hat ein gesundes Nashorn keine natürlichen Feinde.

Leider werden die majestätischen Tiere immer noch wegen ihrer Hörner von Wilderern getötet. Vor allem impotente Männer aus Fernost versprechen sich (vergeblich!) von dem Horn, das meist zu Pulver verarbeitet und mit Wasser eingenommen wird, eine aphrodisierende Wirkung.

Spitzmaulnashorn ·
Black oder Hook-lipped Rhinoceros
Diceros bicornis

Spitzmaulnashörner haben in der Tat ein deutlich „spitzeres" Maul als ihre breitmauligen Artgenossen. Man trifft sie in der Regel alleine an – mit Ausnahme von Kleinfamilien, die sich für kurze Zeit zusammenschließen. Spitzmaulnashörner sind in der Wahl ihrer Heimat nicht so abhängig wie Breitmaulnashörner. Man findet sie sowohl in der Savanne als auch im Busch oder in bewaldeten Bergregionen. Sie ernähren sich von Blättern und Ästen von Bäumen und Sträuchern. Selbst der Tamboti-Baum und die Kandelaber-Euphorbia, beide für den Menschen giftig, stehen auf der Speisekarte. Sie lieben Schlammbäder. Der trockene Schlamm schützt sie vor Insekten und Zecken und vor zu starker Sonnenstrahlung. Man kann sie täglich an Wasserlöchern beobachten. Obwohl sie die Nacht zum Trinken vorziehen, findet man sie hier auch am frühen Morgen und späten Nachmittag.

Spitzmaulnashörner werden bis zu 1,6 m (Schulterhöhe) groß und erreichen ein Gewicht zwischen 800 kg und 1100 kg. Im Gegensatz zu den Breitmaulnashörnern haben sie keinen Buckel am Rücken. Wenn sie marschieren, tragen sie ihren Kopf hoch. Sie gelten als aggressiver als ihre Artgenossen und erreichen eine Laufgeschwindigkeit von bis zu 40 km/h. Wie beim Breitmaulnashorn sollte man sich am besten hinter einem Baum verstecken, da sie sehr schlecht sehen. Geruchssinn und Gehör sind aber sehr gut.

Bullen kämpfen zwar nicht um ein Territorium, aber heftig um ein Weibchen, das in der Regel recht uninteressiert dem Geschehen beiwohnt. Im Gegensatz zum Breitmaulnashorn laufen ihre Kleinen den Müttern hinterher. Beide haben eine in-

Tierwelt

nige Verbindung, die bis zur Geschlechtsreife anhält. Den englischen Namen „Black Rhino" haben die Tiere wahrscheinlich nicht ihrer Farbe wegen, sondern dem Umstand zu verdanken, dass man sie erstmals am Black Umfolozi River (Natal) gesichtet hat.

Nilpferd · Hippopotamus
Hippopotamus amphibius

Nilpferde, in der Umgangssprache einfach „Hippos" genannt, lebten früher in nahezu allen Gewässern Afrikas. Heute ist ihre Population größtenteils auf die Naturschutzgebiete beschränkt, obwohl es hin und wieder Hinweise dafür gibt, dass ihre Anwesenheit in freier Wildbahn, speziell an Staudämmen, wieder zunimmt.

Das ist nicht unproblematisch. Nilpferde gelten als die gefährlichsten Säugetiere Afrikas! Es wird angenommen, dass die meisten Menschen, die durch Wildtiere in Afrika ums Leben kommen, durch Nilpferde getötet werden. Deshalb sei jedem ans Herz gelegt, eine Begegnung mit einem Nilpferd zu vermeiden! Nilpferde sind angriffslustig – auch wenn sie nicht provoziert werden. Am gefährlichsten sind sie, wenn sie vom nächtlichen Grasen zurückkommen und zwischen sich und dem Wasser jemanden entdecken, der sie bedrohen könnte. Am gefährdetsten sind Frauen und Kinder, die morgens Wasser aus dem Fluss oder See schöpfen müssen. Extrem wird die Situation, wenn man zwischen ein Weibchen und sein Junges gerät. Als Rettung hilft nur der Sprung auf einen Baum. Weglaufen nützt nichts – ein Nilpferd ist bis zu 30 km/h schnell. Auch Lagerfeuer haben Nilpferde noch nicht von einem Angriff abgehalten. Nilpferde verbringen die meiste Zeit des Tages im Wasser oder, wenn es bewölkt oder kühler ist, auf Sandbänken. Die Anatomie ihres Kopfes ist so angelegt, dass Augen,

Ohren und Nüstern aus dem Wasser ragen. Bis zu 12 Minuten können die Tiere unter Wasser verbringen, doch der Schnitt liegt bei 5 bis 6 Minuten.

Bullen erreichen eine Schulterhöhe von 1,50 m und ein Gewicht von 1500 kg, Kühe sind etwas kleiner und leichter. Gewaltig sind ihre mächtigen Hauer aus Elfenbein. Der längste gemessene war 122 cm lang! Was sie an ihren Genossen anrichten können, zeigen die großen Narben, die man an fast jedem Bullen deutlich sehen kann. Im Umgang mit ihren Rivalen sind Bullen nicht zimperlich. Auseinandersetzungen enden oft mit dem Tod.

Normalerweise leben Nilpferde in Herden zwischen 10–30 Tieren. Das Wasserterritorium eines Leitbullen ist zwischen 3 und 8 km lang und wird lautstark durch Grunzen und erbitterten Kampf verteidigt. Das dauernde Gegähne der Bullen ist ein Akt der Aggression – man zeigt einem Eindringling die Größe der Zähne und wo's lang geht.

Nilpferde ernähren sich fast ausschließlich von Gras, das sie mit ihren Lippen abzupfen. Hin und wieder fallen sie auch auf kultivierte Felder ein. Bis zu 30 km legt ein Nilpferd in der Nacht zurück, um sein Futter zu suchen. Dabei vertilgt es bis zu 130 kg! Hin und wieder, an bedeckten Tagen, kann man Nilpferde auch in der Nähe des Gewässers grasen sehen. Ohne direkte Sonnenbestrahlung kann ein Tier mehrere Tage ohne Wasser auskommen.

Das anscheinend so dicke Fell ist äußerst empfindlich für UV-Strahlung. Kurzfristig kann sich das Tier mit einer feuchtigkeitsspendenden Körperflüssigkeit schützen, die fast wie Blut aussehend ausgeschwitzt wird. Hippos wurden früher wegen ihres Fleisches, der bis zu 50 mm dicken Fettschicht, des guten Leders und des Elfenbeins gejagt. Heute sind die natürlichen Feinde Löwen und Krokodile, die sich allerdings nur mit Jungtieren anlegen. Ein Nilpferd kann bis zu 50 Jahre alt werden.

Schakale
Schabrakenschakal · Black-backed Jackal
Canis mesomelas

Der **Schabrakenschakal** ist im südlichen Afrika weitverbreitet. Er gilt nicht nur in Sagen und Legenden des Landes als besonders listig und schlau. Nein, er ist es wirklich. Anders hätte er die letzten hundert Jahre in ländlichen Gebieten, trotz erbarmungsloser Ausrottungsversuche und Hetzjagden, nicht überleben können.

Seine Heimat ist die lichtbewaldete Savanne, man findet ihn aber auch in anderen Regionen, denn er ist ausgesprochen anpassungsfähig. In erster Linie Aasfresser, folgt er den Spuren jagender Löwen oder anderer Raubtiere. Bei Bedarf jedoch erbeutet er selbst kleinere Säugetiere, Reptilien oder Vögel. In größter Not begnügt er sich mit Eiern, Früchten und Insekten.

Schabrakenschakale sind unverwechselbar. Man erkennt sie an ihrem rötlichen Fell und der grauweißen Decke. Bauch, Hals und Beininnenseiten sind weiß. Die großen Ohren stehen stets aufrecht. Der Schwanz ist buschig und schwarz auslaufend. Schakale dieser Art können 6–9 kg wiegen und eine Schulterhöhe von 40 cm erreichen. Die aktive Zeit liegt nach Sonnenuntergang, und es ist ein Erlebnis, ihr wolfsähnliches Heulen in einer afrikanischen Nacht zu erleben. Dennoch kann man sie häufig auch tagsüber beobachten. Sie haben ein festes Revier, das sie jedoch nicht verteidigen. Ein Wurf umfasst 6–9 Junge, die in Höhlen oder Felsmulden zur Welt kommen. In Naturschutzgebieten zählen Adler, Pythons und große Raubtiere, besonders bei den Jungtieren, zu den natürlichen Feinden. Erwachsene Schabrakenschakale werden hin und wieder von Löwen getötet, wenn sie allzu gierig über deren Beute herfallen.

Streifenschakal · Side-striped Jackal
Canis adustus

Streifenschakale unterscheiden sich äußerlich von Schabrakenschakalen hauptsächlich durch ihr dunkelbraunes Fell, das keine hellen Partien an Hals und Bauch aufweist. Man erkennt sie an den langen, typischen Seitenstreifen entlang ihres Rückens. Sie sind nicht so einfach auszumachen wie ihre Artgenossen, denn sie bevorzugen den dichteren Busch als ihren Lebensraum. Dort jagen sie kleine Säugetiere, Reptilien und Laufvögel oder ernähren sich bei Bedarf von Eiern, Insekten, Früchten oder Aas. Sie leben fast ausschließlich als Einzelgänger. Durch ihre Nachtaktivität bekommt man sie nur recht selten zu Gesicht.

Serval · Serval
Felis serval

Servals findet man gewöhnlich in dichter Vegetation in der Nähe von fließenden Gewässern. Ihre Nahrung besteht aus Nagetieren und Vögeln, aber auch kleine Antilopenarten und Jungtiere können dieser geschmeidigen Katze zum Opfer fallen. Ein Serval zeichnet sich durch ein schwarzgeflecktes, gelbbraunes Fell und große, abgerundete Ohren aus, die auf der Rückseite eine markante schwarz-weiß-braune Zeichnung aufweisen. Der Schwanz ist schwarz gebändert und hat einen Fleck als Abschluss. Servals werden 96 bis 120 cm lang und erreichen eine Schulterhöhe von etwa 60 cm. Sie werden 8 bis 10 kg schwer.

Sie sind typische Einzelgänger, die sich nur zur Paarungszeit zusammenfinden. Da sie nächtliche Jäger sind, wird man sie eher selten sehen. Sie pirschen sich leise an ihre Beute an oder lauern ihr auf. Tagsüber verbergen sie sich im Dickicht. In freier Wildbahn sind sie nahezu ausgerottet, da sie unter den Farmern den Ruf von Geflügeldieben haben. Ihre Feinde in Naturschutzgebieten sind, vor allem in jungen Jahren, Adler, Pythons, Schakale und Hyänen. Überstehen sie alle Gefahren, können sie bis zu 12 Jahre alt werden.

Stachelschwein · Porcupine
Hystrix africaeaustralis

Das **Stachelschwein** ist das größte Nagetier im südlichen Afrika. Lange, schwarz-weiß gebänderte Stacheln zieren Kopf und Rücken des Tieres, das bis zu 100 cm lang und 24 kg schwer werden kann. Ausgestattet sind Stachelschweine mit langen Krallen an den Füßen, die sie zum Graben benutzen.

Stachelschweine findet man in Halbwüsten bis hin zu Feuchtgebieten. Wichtig ist, dass sie ausreichend Schlupfwinkel unter Felsvorsprüngen, in Höhlen oder Steinhafen finden. Sie sind reine Vegetarier, die sich an Beeren, Früchten, Wurzeln, Knollen und Baumrinde halten, wobei letzteres zu großen Flurschäden führen kann. Farmer mögen sie nicht, da sie gerne über Kartoffel-, Melonen- und Maisfelder herfallen. Deshalb werden sie auch oft gejagt.

Ihr Fleisch gilt als Delikatesse. Falsch ist, dass Stachelschweine ihre Stacheln auf ihre Feinde abschießen können. Die Tiere werfen sie von Zeit zu Zeit ab, um sich quasi ein neues Stachelkleid zuzulegen. Richtig ist, dass sich diese Stacheln tief in das Fleisch eines Angreifers bohren können, was häufig zum Tod von Hyänen, Leoparden und Löwen führt. Die Stacheln verursachen starke Entzündungen im Maul und führen zu Schwellungen und manchmal zum Tod durch Verhungern, da das verletzte Tier nicht mehr fressen kann.

Warzenschwein · Warthog
Phacochoerus aethiopicus

Warzenschweine findet man in den meisten Savannenregionen Afrikas. Sie ernähren sich vorwiegend von Gras, Wildfrüchten und Baumrinden. Sehr kurios sieht es aus, wenn sie auf die Vorderfüße knien, um so besser fressen zu können. Ihr Aussehen ist unverwechselbar:

Kennzeichnend sind die langen weißen Hauer, die bis zu 60 cm lang werden können, die Warzen im Gesicht und das struppige, graubraune Fell. Mit den kräftigen Hauern können Wurzeln und Knollen ausgegraben werden, während die kleineren unteren Zähne der Verteidigung dienen. Ein Ranger nannte sie einmal treffend „radio-controlled pigs", weil sie im Laufen ihren Schwanz wie eine Antenne steil nach oben aufrichten. Mit besonderer Vorliebe wälzen sie sich in Schlammlöchern. So können sie sich von Parasiten befreien und gleichzeitig durch die Schlammschicht vor der starken Sonneneinstrahlung schützen.

Warzenschweine leben in einer kleinen Familie aus Eber, Sau und Ferkeln zusammen. Sie haben eine Lebenserwartung von etwa 12 Jahren, wenn sie nicht vorher Raubtieren wie Löwen, Leoparden, Hyänen oder einer Horde Hyänenhunden zum Opfer gefallen sind. Ihr Sehsinn ist nicht besonders ausgeprägt, dafür riechen und hören sie außergewöhnlich gut. Warzenschweine sehen aggressiv aus, sind in freier Wildbahn aber eher scheu und verschwinden beim ersten Anzeichen einer Gefahr. Männchen wiegen zwischen 80 und 90 kg, Weibchen 50 bis 70 kg. Sie können eine Fluchtgeschwindigkeit von bis zu 55 km/h erreichen.

Mittlerweile findet man Warzenschweine auf vielen Campingplätzen, besonders in Nationalparks. Die Tiere, die oftmals von uneinsichtigen Besuchern gefüttert werden, scheinen zahm zu sein. Doch wurden schon etliche Menschen, besonders Kinder, erheblich verletzt.

Zebras

Steppenzebra · Burchell's Zebra
Equus burchellii

Steppenzebras lieben weites, offenes Gelände mit kurzen Gräsern, die ihre Hauptnahrung darstellen, obwohl sie hin und wieder auch Blätter fressen. Sie sind extrem vom Wasser abhängig und entfernen sich nie sehr weit von verfügbaren Reservoirs, aus denen sie bis zu 14 Liter pro Tag trinken.

Am häufigsten findet man sie an Wasserlöchern zwischen 9 und 12 Uhr. Im Gegensatz zu anderen Grasern reißen sie ihre Nahrung nicht mit der Zunge, sondern beißen sie mit ihren Vorderzähnen ab. Somit „ernten" sie Grasflächen wesentlich effektiver ab als manch andere Tiere.

Zebras erreichen eine durchschnittliche Schulterhöhe zwischen 1,25 m und 1,45 m. Ihr Gewicht differiert je nach Geschlecht zwischen 270 kg und 380 kg, wobei die Stuten kräftiger sind als die Hengste. Zebras sind unverwechselbar. Man erkennt sie deutlich an ihren schwarzen und weißen Streifen, wobei Steppenzebras sogenannte braune „Schatten" haben.

Charakteristisch ist die ebenfalls gestreifte kräftige Mähne und der lange Schwanz. Doch man darf sich nicht täuschen lassen: Kein Tier gleicht dem anderen. Steppenzebras scheinen nie zur Ruhe zu kommen. Unaufhörlich streifen sie herum. Sie leben in kleineren Familienverbänden. Man sieht sie oft zusammen mit Gnus, Impalas, Wasserböcken und Kudus. Die unterschiedlichen Rassen nutzen jeweils den besten Sinn der anderen zum rechtzeitigen Entdecken von Raubtieren. Besonders Löwen haben es auf Zebras abgesehen. Etwa 90 % aller gerissenen Tiere fallen ihnen zum Opfer. Andere Raubtiere wie Hyänenhunde, Leoparden, Geparden und Hyänen wagen sich nur an Jungtiere und kranke Zebras heran.

Bergzebra · Cape Mountain Zebra
Equus zebra zebra

Hartmann's Mountain Zebra
Equus zebra hartmannae

Das **Bergzebra** findet man in Südafrika nur im Mountain Zebra National Park und in abgelegenen Gebieten der Kapprovinz. Hartmann's Bergzebras leben in kleinen Gebieten von Namibia und Angola. Beide unterscheiden sich nur unwesentlich, vor allem durch die Größe. Hartmann's Bergzebras sind etwa 20 cm größer als die Bergzebras und wiegen dementsprechend mehr.

Hauptmerkmal sind ihre schwarzen

Tierwelt   **161**

und weißen Streifen am ganzen Körper. Im Gegensatz zum Steppenzebra findet man zwischen den Streifen keine braunen „Schatten". Charakteristisch ist auch der deutlich sichtbare Hautlappen am Hals. Beide Gattungen bewohnen vornehmlich bergige Landschaften mit angrenzendem Flachland. Man findet sie in losen Verbänden mit bis zu 40 Tieren.

Zibetkatze · African Civet
Civettictis civetta

Zibetkatzen lieben warme, trockene Buschgebiete in der Nähe von Wasser. Man erkennt sie an dem langgestreckten Körper (1,20 bis 1,40 m) und dem langhaarigen, gräulichen Fell. Auf dem Körper sind Flecken, an den Beinen dunkle Querstreifen zu sehen. Ein schwarzer Streifen führt vom Kopf über den Rücken bis hinunter zum langen Schwanz, der schwarzweiß endet. Unverwechselbar ist der Gang: Zibetkatzen machen dabei einen „Katzenbuckel" und halten den Kopf nach unten gebeugt. Im Vergleich zu Ginsterkatzen, mit denen sie oft verwechselt werden, sind sie wesentlich größer, Schwanz und Ohren sind kleiner und man sieht im Gesicht eine Art dunkle Maske über den Augen.

Zibetkatzen jagen kleine Säugetiere und junge Antilopen. In ländlichen Gebieten stehlen sie Federvieh und fressen auch mal eine Hauskatze. Sie sind nachtaktive Einzelgänger, die sich in Notzeiten auch mit Wildfrüchten und Beeren zufrieden geben.

Delphine, Wale und Robben

Wer in Strandnähe die Meeresoberfläche beobachtet, hat oft das Glück, eine ganze Schule von **Tümmlern** zu entdecken. Häufig findet man diese Gattung der Delphine im Bereich um Durban, wo auch die meisten **Schwarzdelphine** angetroffen

werden. Zu weiteren Arten in südafrikanischem Gewässer zählen Rundkopfdelphin, Südlicher Glattdelphin, Chinesischer Weißer Delphin, Blauweißer Delphin und der Heavyside-Delphin, den man an seinem weißen Fleckenmuster an der Unterseite erkennen kann.

37 verschiedene **Walarten** können vor der Küste Südafrikas beobachtet werden. 1973 wurde der Walfang endgültig eingestellt. Gejagt wurden vor allem der **Südliche Glattwal** (Southern Right Whale), der zu den Bartenwalen zählt, der **Pottwal,** Zwergglattwal, Finnwal, Seiwal, Zwergwal, **Buckelwal** und der Gigant der **Meere, der mächtige** Blauwal. Die beste Zeit zur **Walbeobachtung** liegt zwischen Juli und November. Im gesamten Küstenstreifen zwischen False Bay und Plettenberg Bay können die Tiere gesichtet werden, die größten Chancen hat man in **Hermanus.**

Die Südafrikanische Pelzrobbe ist im Küstenbereich des Kaplandes angesiedelt. Pelzrobben können bis zu 2 m lang werden. Sie kommen mit einem schwarzen Fell auf die Welt, das sich im Laufe des Lebens in Olivgrün und später in Silbergrau verwandelt. Weltweite Proteste gibt es immer wieder gegen das alljährliche Abschlachten dieser Tiere (ca. 30.000 pro Jahr!). Dabei wird von den Erschlagenen nicht etwa das Fell sondern nur die Genitalien verwendet, die zur Herstellung von Aphrodisiaka nach Fernost exportiert werden. Die gute Nachricht ist, dass sich ihre Population bei ca. 1,2 Millionen Exemplaren eingependelt hat. Argumente der fischverarbeitenden Industrie, die Robben seien ein Grund für den zahlenmäßigen Rückgang der Küstenfische, wurden durch wissenschaftliche Studien widerlegt.

Südafrikas bunte Vogelwelt

Für Vogelkundler ist Südafrika ein **besonderes Paradies.** Die Artenvielfalt reicht von den mächtigen **Adlern** und laufstarken **Sekretärsvögeln** bis hin zu seltenen Vögeln, wie z.B. den bedrohten **Rosenseeschwalben, Hottentotten-Laufhühnchen** und den seltenen **Natal-Nachtschwalben.** Beliebtes Fotomotiv sind die **Gelbschnabelmadenhacker** mit ihren gelbroten Schnäbeln, die häufig auf dem Rücken von Büffeln, Nashörnern und Vieh sitzen, um sie von Parasiten wie Flöhen und Zecken zu befreien. Außerdem dienen sie diesen Tieren als Alarmposten, denn mit ihrem lauten und heiseren „Kuss-Kuss"-Ruf kündigen sie nahende Raubtiere an.

Jede Vogelgattung bevorzugt einen bestimmten Lebensraum, ein Problem, das dazu führt, dass durch Land- und Plantagenwirtschaft, Kahlschlag und ständig wachsende Städte einige Vogelarten Südafrikas, wie der **Schmutzgeier** oder der **Scherenschnabel,** vertrieben wurden und auch in anderen Teilen des südlichen Afrikas vom Aussterben bedroht sind.

Lebensräume

Im Bereich von **Salzpfannen**, oft das einzige Oberflächengewässer in einem großen Umkreis, findet man eine große Artenvielfalt von Vögeln, die ans Wasser gebunden sind wie Enten, **Ibisse,** Reiher, Blesshühner, Teichhühner, Regenpfeifer, Schnepfen und andere Watvögel und natürlich oft **Flamingos.** Aber auch **Turakos,** Webervögel, Turteltauben und andere Vögel kommen vorbei um zu baden oder zu trinken.

Im Bereich der **Gezeiten-Mündungen** von Flüssen mit ihren Sandbänken, Lagunen und Schlammlöchern findet man ebenfalls viele Watvögel, aber auch **Pelikane** und Austernfischer. Versteckt im **Busch** der **Küstenregionen** leben Vögel wie Tamburintauben, **Erzkuckuck,** Natalröteln, Rudds Feinsänger und der seltene **Grüne Tropfenastrild,** der trotz seines merkwürdigen Namens ein hübscher kleiner Vogel ist, den man an seinem olivgrünen Körper mit dem schwarz-weiß gesprenkelten Bauch erkennen kann.

In den **Mangrovengebieten** verstecken sich neben Watvögeln der wunderschöne türkis-graue **Mangroveneisvogel,** den man am ehesten durch seinen roten Schnabel erspäht; vor allem findet man hier die Brutkolonien der Seevögel.

In **Dünenwäldern,** die sich entlang von Lagunen erstrecken, leben in den Baumkronen Vogelschönheiten wie **Knysna Louries,** die mit ihrem roten Bauch und grünen Gefieder unverwechselbaren **Narina-Trogons,** der grün-gelbe **Smaragdkuckuck** und die musikalischen Halsbandfeinsänger. Im unteren Geäst halten sich **Sternrötel,** Kap-Grünbülbüls und Fleckengrunddrosseln auf. Die Lagunen selbst werden von Kormoranen, Eisvögeln, Fischadlern und Möwen besucht.

Im **Bushveld,** einer Landschaft mit Bäumen, die kaum höher als zehn Meter

Südafrikas Vogelwelt

werden und vereinzelt stehen, leben zahlreiche Baum- und Bodenbewohner. Hier findet man erstaunlicherweise die meisten Eisvogelarten, die sich hauptsächlich von Insekten ernähren. Auch **Nashornvögel,** jene unverwechselbare Spezies mit ihren gebogenen Schnäbeln, auf denen manchmal ein „Horn" zu finden ist, bevorzugen dieses Terrain. Eine besonders kurios aussehende Art ist der **Hornrabe,** ein schwarzer Nashornvogel mit roter Augenumrandung und Kehlsack. Er wird etwa 90 cm groß und lebt in Gruppen von vier bis zehn Exemplaren. Auf der Nahrungssuche geht er meist langsam und schwerfällig wirkend umher, kann sich aber bei Gefahr fliegend auf Äste retten.

Der **Gaukler** (Bateleur), einer der schönsten Adler, bietet einen wunderbaren Anblick, wenn er in nicht allzu großer Höhe über die Buschsavanne kreist. Er gehört zur Unterart der Schlangenadler, die sich durch ungefiederte Beine, flauschige lose Kopffedern und gelbe Augen von anderen Arten unterscheiden. Den Gaukler erkennt man an seinem schwarzen Gefieder, braunschwarzen Flügeln und typisch rotem Schnabel und roten Beinen.

Im **Thornveld** dagegen, einer Landschaft mit kleinwüchsigen Akazien und meist sandigem Boden, ist die Auswahl der Avifauna schon geringer. **Kalahariheckensänger,** Weißkehrötel, **Rostkehleremonelas,** oft in Gruppen bis zu fünf Exemplaren, Rotbauchwürger, die ihrem Namen Ehre machen und rotgefiederte **Amarante** haben hier ihren Lebensraum. Einige dieser Arten findet man auch im **Dickicht,** neben Buntfinken und Senegaltschagras.

In der **Fynbos-Landschaft** am Kap leben endemische Arten wie Rotbrustbuschsänger, **Kaphonigfresser** (zu erkennen an den langen Schwanzfedern), der gelbe Kapkanarienvogel oder den **Goldbrustnektarvogel,** deren Männchen irisierend in der Sonne schillern.

Im **bergigen Grasland** der Drakensberge gibt es **Frankoline,** Stahlschwalben, **Malachitnektarvögel** und **Erdspechte,** ungewöhnliche kleine, am Bauch schwach rötliche Vögel, die sich nie auf Bäumen aufhalten und von Ameisen ernähren. Besonders sollte man hier nach den Knarr- und den Riesentrappen Ausschau halten.

Im **Bergland** selbst sind **Adler,** Habichte, Bussarde und **Geier** zuhause. Vom Aussterben bedroht ist der Bart- oder **Lämmergeier.** Er kann vielfach nur durch Zufütterung überleben. Der Lämmergeier hat die Angewohnheit, seine Beute aus luftiger Höhe auf den Boden fallen zu lassen, um dann an das Knochenmark der aufgesplitterten Knochen zu kommen.

In den steinigen Flächen der **Karoo** leben Trappen, Lerchen und andere Singvögel sowie viele Raubvögel. Auch Südafrikas Symbolvogel, der **Paradieskranich** (Blue Crane), kommt mit dieser Landschaft gut zurecht, obwohl er sich auch in hügeliger Graslandschaft, auf Farmland oder an Seeufern heimisch fühlt. Er ist nomadisch, lebt in Paaren oder Gruppen, die bis zu 500 Vögel umfassen können. Er ist neugierig und nicht besonders schüchtern. Dies kann man an einigen Plätzen erleben, an denen er durchaus Kinder und ängstliche Erwachsene mit aufgestellten Flügeln und zischendem Geräusch in die Flucht schlagen kann.

In der **Halbwüstenlandschaft** der Kalahari gibt es noch eine erstaunliche Bandbreite an Arten, darunter Bülbüle, Krähen, Rennvögel, Würger, **Korhane, Singhabichte** und **Maricoschnäpper**.

Amphibien und Reptilien

Zu der Gattung der Echsen gehören die kleinen **Geckos**, die überall im Land, besonders nach Einbruch der Dämmerung, an Zimmer- und Hauswänden anzutreffen sind. Sehr schöne Echsen sind die **Blaukehlagame,** die man auf Baumstämmen deutlich an ihrem blauen Kopf und am gelbblau zulaufenden Schwanz erkennen kann. Die größten Echsen des Landes sind **Nilwarane** (Nile Monitor), die sich in Wassernähe aufhalten. Sie sind gute Jäger und ernähren sich von Fischen, Schalentieren, Vögeln und ihren Eiern. Der **Weißkehl-** oder **Kapwaran** (Rock Monitor, s. Foto) ist ein kräftiges Tier und in trockenen Steppen Afrikas beheimatet. Er ernährt sich von Vögeln, Säugetieren, Echsen und Aas.

Von Südafrikas **Schildkröten** leben 12 Arten auf dem Land. Zu ihnen gehören

die Papageienschnabel-Schildkröte und die kleinste **Landschildkröte** der Erde, die im ausgewachsenen Zustand nur 10 cm groß wird. Alle zählen zu den bedrohten Tierarten. Das gilt auch für die fünf Arten der **Süßwasserschildkröten,** die sogenannten Halswenderschildkröten, die sich fleischfressend ernähren. Mit gleichfalls fünf Arten sind die **Meeresschildkröten** vertreten. Die Lederschildkröte, die ein Gewicht bis zu 700 kg erreichen kann, ist die bekannteste Spezies dieser Art. Sie legt ihre Eier oberhalb der Gezeitenzone in ein Loch, das sie anschließend mit ihrem Urin „zubetoniert", um Eiräuber am Plündern des Geleges zu hindern.

Es gibt 90 verschiedene Arten und Unterarten von **Frosch-** und etliche **Krötenarten** in Südafrika. Besonders erwähnenswert: Der „Marmorierte Ferkelfrosch" und der „Schnarchende Pfützenfrosch", der tatsächlich Schnarchtöne von sich gibt. Nicht zu überhören ist der afrikanische Ochsenfrosch, der eher ruft als klassisch quakt. Eine Besonderheit stellen die Lilien- und Riedfrösche dar, die sich farblich ihrer Umgebung anpassen können. Die sogenannten „Rain Frogs", die sich nach Regenfällen zu Wort melden, sind Kurzkopffrösche, deren Leben sich außerhalb des Wassers abspielt. Sie legen unterirdische Legehöhlen an, in denen sich kleine Frösche entwickeln, die dann aus den Eiern schlüpfen. Der Adonis unter

Amphibien und Reptilien

den Fröschen ist der **Rotgebänderte Wendehalsfrosch** mit seinem schwarzen Körper und den knallorangenen Steifen an der Seite. Vorsicht ist geboten: Er ist giftig. Kaum zu entdecken ist der „Capensis microbatrachella", ein Frosch im Kapland, der gerade einmal 1 cm groß wird. Man erkennt ihn an seinem gelben Rückenstreifen.

Ganz besondere Tiere sind die unverwechselbaren **Chamäleons,** die Meister der Anpassung, die mit zwei Gattungen vertreten sind: eine Art ist lebendgebärend, die andere eierlegend.

Über **130 Schlangenarten** sind in Südafrika spezifiziert. Darunter 34 giftige, 14 können durch Bisse den Tod verursachen.

Afrikanische Felsenpythons lieben das Wasser, können aber auch geschickt auf Bäume kriechen. Sie haben unterschiedliche, meist hellbraune Färbungen und dunkelbraune Flecken mit schwarzem Rand. Sie sind mit 3,5–4,5 m Länge die größten Schlangen Afrikas. Man hat schon 6 m lange Exemplare gefunden! Bei einem Gewicht von 60 kg können sie auch mit Impalas fertig werden. Zunächst schlagen sie ihre massiven, spitzen, aber ungiftigen Zähne in das Opfer und umschlingen es dann, bis es tot ist. Felsenphytons greifen im allgemeinen Menschen nicht an – aber wie immer sollte man sich auf so eine Aussage nicht verlassen.

Baumschlangen findet man nur in waldigen Gebieten. Ihre Nahrung besteht aus Baumechsen und Chamäleons, aus Vögeln, Mäusen und Fröschen. Sie haben verschiedene Phasen, in denen sie ihre Farbe wechseln. Mal findet man sie hellbraun gefärbt, dann wieder grün. Ihre Länge beträgt durchschnittlich 1,40 bis 1,50 m. **Das Gift einer Baumschlange ist hochtoxisch!** Es wirkt zunächst blutzersetzend, später nervenzerstörend. Trotzdem sterben relativ wenig Menschen an einem Biss, da diese Schlange sehr friedlich ist und nur im äußersten Notfall zubeißt.

Puffottern sind der Schrecken aller Wanderer in Südafrika, **hochgiftig** und zu allem Unglück die verbreitetsten Schlangen Afrikas. Sie liegen tagsüber gern zusammengerollt auf ausgetretenen Wegen. Viele Menschen werden gebissen, nachdem sie aus Versehen auf eine Puffotter getreten sind! **Deswegen gilt bei allen Wanderungen höchste Vorsicht und die Regel, während des Laufens nie den Blick vom Untergrund zu nehmen und feste, knöchelhohe Schuhe zu tragen!** Über 70% aller Schlangenbisse im südlichen Afrika gehen auf ihr Konto! Ihr Gift ist blutzersetzend, wirkt aber relativ langsam, so dass gute Hoffnung auf Rettung besteht. Ihren Namen verdankt die Puffotter dem Umstand, dass sie sich mit Luft aufpumpt und als Warnsignal laute Atemstöße von sich gibt – oder besser gesagt „auspufft" – wenn sie angegriffen wird. Puffottern sind relativ dicke Schlangen. Sie haben bei einer Länge von 90 cm einen Umfang von ca. 20 cm. Ihr Körper ist gelb-, hell- bis olivbraun mit dunkelbraunen oder schwarzen Streifen oder Bändern und Flecken. Interessant ist das Brutverhalten: Die Eier werden vollständig in der Schlange entwickelt, so dass es zum Ausschlüpfen im Mutterleib oder unmittelbar nach Ablegen der Eier kommt. Kleine Puffottern sind 15 bis 20 cm groß und von Geburt an giftig. Zu den Feinden der Puffottern zählt vor allem der Mensch. Aber auch Mangusten, Raubvögel und kleinere Fleischfresser können ihnen gefährlich werden.

Schwarze Mambas findet man in Südafrika vor allem in Natal, dem Lowveld und im nördlichen und östlichen Transvaal in einer Höhe von 900 bis 1200 m. Schwarze Mambas bevorzugen, im Gegensatz zu den Grünen Mambas, die auf Bäumen des Regenwaldes leben, trockenere Gebiete und offenes Buschland. Sie leben in verlassenen Termitenhügeln oder in Bauten von anderen Tieren, in Erdlöchern, unter Felsvorsprüngen oder in alten Baumstümpfen. Sie teilen ihr Zuhause gerne mit anderen ihrer Art. Obwohl diese Schlange vorwiegend auf dem Boden lebt, sollte man sie auch auf Bäumen oder großen Sträuchern suchen. Schwarze Mambas hauen ihre Giftzähne in ihre Opfer, lassen sie aber gleich wieder los. Ihr Gift wirkt nervenzersetzend, was zu Lähmungen führt und Herzstillstand zur Folge haben kann.

Wenn ein Biss einer Schwarzen Mamba direkt in eine Vene erfolgt, tritt der Tod oft binnen weniger Minuten ein. Hoffnung auf Rettung besteht, wenn in einen Muskel gebissen wurde. Grundsätzlich suchen Schwarze Mambas keinen Konflikt mit dem Menschen, stellen sich aber prompt der Gefahr, ohne den Versuch zu machen, zu fliehen. Dann stoßen sie ohne Warnung zu. Es sind immens schnelle Schlangen, die nahezu jedes Terrain problemlos überwinden können. Schwarze Mambas sind selten schwarz, eher graugrün oder olivgrün der dunklen Nuance. Ihre Haut weist dunkle Flecken auf. Was wirklich schwarz ist, ist die Innenseite des Mauls, was sehr ungewöhnlich für Schlangen ist. Schwarze Mambas können 1,75 bis 2,40 m lang werden, manchmal über 3,50 m. Frisch geschlüpfte Jungtiere haben bereits eine Länge von 35 bis 70 cm und können kurze Zeit später erfolgreich auf Jagd gehen. Zu den natürlichen Feinden zählen Raubvögel und Mangusten.

Die etwa einen Meter langen **Speikobras** findet man in der Nähe von Gewässern in Savannenlandschaften. Sie bevorzugen alte Termitenhügel oder Baumstümpfe als Unterkunft und ernähren sich von Vögeln und ihren Eiern, von kleinen Reptilien und Säugetieren. Eine Speikobra identifiziert man an ihrem grünbraunen oder dunkelbraunen Körper mit einem wesentlich helleren Bauch. Richtet sie sich auf, erkennt man, sofern man noch die Nerven dazu hat, schwarze Streifen am Hals. Fälschlicherweise wird oft angenommen, dass die Speikobra ihr hochtoxisches Zellgift nur spucken kann, wenn sie sich aufgerichtet hat. Speikobras können es äußerst akurat auch von Bodenlage aus plazieren. Aus zwei Kanälen spritzt das Gift zielgenau aus einer Entfernung von 2–4 m in die Augen des Opfers. Dieser Vorgang kann mehrmals wiederholt werden und wird von einem zischenden Geräusch begleitet. Das Gift in den Augen kann zu dauernder Erblindung führen, wenn es nicht sofort ausgewaschen wird. Wer mit dem Gift einer Speikobra in Berührung gekommen ist muss sich unverzüglich in ärztliche Behandlung begeben. Sie sind sehr angriffslustig und setzen sich sofort zur Wehr, wenn sie sich bedroht fühlen. Dabei können sie sich fast zu zwei Drittel ihrer Länge aufrichten und ihren Kopf aufblasen. Als nachtaktive Tiere sind sie nur sehr selten zu sehen.

Auch **Uräusschlangen** zählen zu den hochgiftigen Kobraarten und erreichen eine Länge von 1,20 bis 1,80 m. Die Grundfarbe variiert zwischen gelb- bis grau- und dunkelbraun. Die Haut ist mit breiten schwarzen Bändern verziert. Uräusschlangen können sich bis zu 60 cm aufrichten und ihren Kopf fächerartig aufblasen. Ihr Gift wirkt schnell und ist neurotoxisch, das heißt, es wirkt auf die Nervenbahnen. Nach einem Biss ist sofortige medizinische Versorgung notwendig. Uräusschlangen sind zwar vorwiegend nachtaktiv, aber auch tagsüber unterwegs. Man findet sie in trockenen Savannengebieten. Uräusschlangen ernähren sich vorwiegend von Vögeln und ihren Eiern, von kleinen Säugetieren und Fröschen. Die außerordentlich schnellen Tiere gelten als besonders intelligent. Meist gehen sie einer Auseinander-

Amphibien und Reptilien
167

setzung mit einem Menschen aus dem Weg. Zu ihren natürlichen Feinden zählen Raubvögel, Raubkatzen und Mangusten.

Krokodil · Nile Crocodile
Crocodylus niloticus

Krokodile leben in vielen tropischen und subtropischen Regionen Südafrikas, in Fluss- und Seengebieten und an Dämmen. Sie ernähren sich von Fischen, Fröschen, Wasservögeln und Säugetieren. Da ein ausgewachsenes Krokodil durchaus Löwen, Zebras und Giraffen angreift, lässt sich daraus die **Lebensgefahr für den Menschen** ableiten. Große Krokodile mit einer Länge von etwa 4 m brauchen alle 2–3 Wochen einen Beutefang, kleinere Exemplare von 1,50 m fressen einmal wöchentlich. Krokodile kauen ihre Nahrung nicht, sondern schlucken sie ganz hinunter. Nur große Beutetiere werden in Stücke gerissen. Krokodile können blitzschnell springen und ihre Beute ins Wasser zerren und ertränken. Obwohl ihre Hauptjagdzeit bei Dämmerung oder in der Nacht liegt, sind sie zu jeder Tageszeit gefährlich. Das größte in Südafrika gesehene Tier war 5,5 m lang und wog 1000 kg.

Die Körpertemperatur der Krokodile ist wetterabhängig. An heißen Tagen liegt sie bei etwa 38 °C, an kalten Tagen bei 5 °C. Um die Temperatur zu regeln, sieht man Krokodile oft mit aufgerissenem Maul daliegen. Eine besondere Membrane im Maul nimmt die Wärme der Sonne auf und verteilt sie über den Blutkreislauf im gesamten Körper. Bei zu starker Sonnenbestrahlung legt das Krokodil sein aufgerissenes Maul in den Schatten und führt so eine Kühlung herbei. Auch das Wasser wirkt als natürliche Wärmeregulierung.

Das Gehirn eines Krokodils ist nur so groß wie ein Daumen. Trotzdem gelten diese Tiere als die intelligentesten unter den Reptilien. Ihre Stärke liegt in den gut entwickelten Sinnen und vor allem in ihrem Instinkt. Sie können sich veränderten Umständen sehr schnell anpassen. Ein Pluspunkt, der ihnen die letzten 60 Millionen Jahre ein Überleben garantierte. Die Farbe ihrer Haut variiert zwischen gelblich bis hin zu olivfarben und dunkelgrau mit schwarzen Flecken am Rücken. Die gelb-grünen Augen haben senkrechte Pupillen. Im Maul finden sich 70–75 Zähne, die lebenslang ausfallen und wieder ersetzt werden. Krokodile leben gesellig in großen Gruppen. Männchen haben ein fest umrissenes Revier, während Weibchen sich zwischen Paarungsgebieten und Brutstätten hin- und herbewegen.

Bis zu 90 Eier werden meist im Oktober in eine Kuhle gelegt, die das Krokodil 30 cm tief mit den Hinterbeinen gegraben hat, bevor wieder Erde oder Sand darüber kommt. Obwohl das Weibchen ihr Gelege bewacht, wird es oft von Hyänen, Pavianen, Ottern und Mangusten ausgeräubert, während es auf Jagd ist. Nach 90 Tagen schlupfen die Kleinen mit schirpenden Geräuschen – ein Zeichen für die Mutter, sie auszugraben. Dann werden die Jungen im Maul der Mutter ins Wasser transportiert. Ein Krokodilbaby ist etwa 30 cm lang und wiegt 100 g. Kleine Krokodile sind beliebte Beute von Marabus, Leguanen, Reihern, Ginsterkatzen, Ottern, Sumpfschildkröten und Wassermangusten. Für die Wissenschaft zählen Krokodile zu den wichtigsten Tieren zur Aufrechterhaltung der natürlichen Balance – nicht nur in den Gewässern: Ihre Eier und Jungtiere selbst stellen eine wichtige Nahrungsgrundlage für viele andere Tiere dar. Ferner säubern sie die Gewässer von Aas und verhindern so Fäulnisbildung. Durch ihren gezielten Fang regulieren sie die Artenvielfalt unter den Fischen, die wiederum wichtig ist, um die Milliarden von abgelegten Moskitoeier zu dezimieren. Begegnen Sie ihnen also mit dem größten Abstand, aber dem gebührenden Respekt.

Insekten und Spinnen

Für Freunde des Mikrokosmos lohnt es sich, für die Kamera ein Makroobjektiv oder Nahlinsen mitzunehmen. In Südafrika wurden etwa 50.000 Insekten spezifiziert. Besonders attraktiv sind die Schmetterlinge, die allein schon mit 800 Arten vertreten sind. Rosenkäfer gibt es in 200 Varianten. Fotogene Insekten sind die gut getarnten Gottesanbeterinnen, Heuschrecken, die in bunten Variationen vorkommen, schillernde Blatthornkäfer oder die dungrollenden Pillendreher.

Echte Raritäten sind die „Velvet Worms", primitive Gliederfüßler, die der Evolution der vergangenen 400 Mio. Jahre scheinbar unberücksichtigt entgangen sind, oder die seltenen, flügellosen Colophon-

käfer. Ohnehin wird man mit vielen Insekten Bekanntschaft machen, sobald man abends auf der Veranda das Licht anmacht.

Unter den zahlreichen Spinnenarten ist nur die Schwarze Witwe (Button Spider) mit ihrem Nervengift dem Menschen wirklich gefährlich. Zu den größten Vertretern der Spinnen zählen die wirklich erschreckend großen Pavianspinnen, die aber harmloser sind als sie aussehen. Viele Spinnen kommen nachts heraus und jagen, andere spinnen wunderschöne Netze, die besonders mit Morgentau wie kleine Kunstwerke aussehen.

TEIL IV: REISETEIL

1 Western Cape mit Garden Route

Einführung

Die **Western Cape Province** besticht durch ihre landschaftliche Schönheit, das angenehme Klima und die vielen Freizeitmöglichkeiten. Herzstück der Provinz ist die Mutterstadt **Kapstadt** mit unübertroffener Lage zwischen Tafelberg und dem Atlantischen Ozean. Faszinierend ist eine Fahrt über die **Kap-Halbinsel** zum legendären **Kap der Guten Hoffnung.** Eine der beliebtesten und landschaftlich schönsten Strecken, die **Four Passes Route** (230 km) beginnt in Kapstadt und erklimmt die Pässe *Helshoogte, Franschhoek, Viljoen's* und *Sir Lowry's Pass.*

Die westliche Region der Cape Province umfasst die **Westküste**, die Wandergebiete der **Cedarberge,** die Täler des **Olifant** und **Breede River,** das **Swartland** und die weltberühmten **Weingebiete.**

Durch die südliche Region schlängelt sich an der Küste entlang die landschaftlich herrliche **Garden Route,** die in die Eastern Cape Province hineinführt. Im Landesinneren verzaubern die **Kleine Karoo** und das **Kannaland** mit den einzigartigen **Cango Caves** und mit dem Zentrum der Straußenfarmen, **Oudtshoorn.** Die **Große Karoo** bietet viele Naturschutzgebiete und das Bilderbuch-Städtchen **Matjiesfontein.**

Klima

Kapstadt und Umgebung: In Kapstadt, auf der Kaphalbinsel und im Weingebiet herrscht ein mildes Mittelmeer-Klima. Die Sommertage sind meist wolkenlos und trocken. Die Temperaturen warm bis heiß, aber selten unerträglich. Der Wind weht überwiegend aus Südosten und kann manchmal auch Stärken annehmen, die einige Aktivitäten einschränken (trotzdem wird er von den Kapbewohnern liebevoll „Cape Doctor" genannt, sorgt er doch für gute Luft). Im feuchten, kühleren Winter grünt und blüht es, der Wind weht dann aus Nordwest. Es kommt aber häufig zu wärmeren und sonnigen Perioden. Die **beste Reisezeit** ist **September** und **März bis Juni.**

Garden Route und Little Karoo: Regenfälle überwiegend nachts in den Sommermonaten. Die Little Karoo ist heiß und trocken. Die Tagesdurchschnittstemperaturen betragen um das Cape Agulhas im Sommer 24 °C, im Winter 15 °C. In Oudtshoorn im Winter durchschnittlich 28 °C, im Sommer 17 °C.

Weltkulturerbe „Cape Flora"

Seit 2004 steht die **Cape Floral Region** auf der Liste des Weltkulturerbes der Unesco. Die bislang acht Schutzgebiete,

170   Western Cape Province

Festivalkalender Kapstadt und Umgebung 171

wie z.B. Cederberge, **Table Mountain National Park** (www.tmnp.co.za) oder Baviaanskloof westlich von Port Elizabeth, liegen zwischen Atlantik und Indischem Ozean. Sie umfassen 553.000 ha, nur 0,5% der Gesamtfläche Afrikas, doch hier findet man 20% der Flora-Arten des Kontinents.

Veranstaltungs- und Festivalkalender Kapstadt und Umgebung

Für **Kapstadt** finden Sie **Feste, Festivals** und **Events** mit genauen Daten auf **www.capetownevents.co.za.**

Januar

Ein Hauptfestival ist der **Cape Minstrel Carnival,** auch **Coon Carnival** genannt. Er beginnt am 2. Januar mit einer Parade der „Minstrels" von der Wale Street bis zum Bo-Kaap. In den Stadien von Green Point und Athlone werden Tanz- und Singwettbewerbe ausgetragen. Am 3. Januar gibt es eine Parade vom Stadtzentrum bis zum Green Point Stadium, an den folgenden drei Samstagen Großveranstaltungen in beiden Stadien. – Das wichtigste und mondänste **Pferderennen**, das **J&B Met,** beginnt um 10 Uhr am letzten Samstag des Monats auf dem **Kenilworth Race Course,** Rosmead Ave. – Beim **Up the Creek Music Festival,** am Ufer des **Breede River,** gibt es viel Live-Musik.

März

Der **Community Chest Carnival** in **Maynardville** findet am letzten Februar- oder ersten Märzwochenende statt. Viel Musik, internationales Essen. – Am ersten Sonntag begeben sich Zehntausende Radfahrer auf die 105 km lange **Argus/Pick 'n Pay Cycle Tour** (www.cycletour.co.za), dann sind die Straßen Richtung Kap gesperrt. – Recht deftig ist das **Caledon Beer and Bread Festival** am 2. Wochenende. Bier, Essen, Unterhaltung. – Die **University of Cape Town Rag Procession,** eine Wohltätigkeitsparade in der Innenstadt mit viel Musik und schönen Kostümen, findet am 3. Märzsamstag statt. – **Cape Town International Jazz Festival,** Teil des größten niederländischen Jazz-Festivals. Auf der Bühne des *International Convention Centre*, Mitte März (www.spafrika.com).

April

Das **Cape Town International Film Festival** zeigt nationale und internationale Filme im Labia Cinema, dem Baxter Theatre und UCT Adult Education Campus. Infos über die Tagespresse oder Computicket. – Am 1. Wochenende findet in **Paarl** das *Nouveau Wine* **Festival** statt. Weinprobe, Musik und Fischspezialitäten, Eintritt R50. – Beim **Two Oceans Marathon** gehen 8000 Läufer am Osterwochenende auf die 56 km (alternativ 21,1 km) lange Strecke. Anmeldung über www.twooceansmarathon.org.za.

Mai

Verkaufsausstellung **Design Indaba Expo** im International Convention Centre (Inneneinrichtung, Haushaltswaren, Kleidung). Termin über Presse oder Info-Zentrum, dort kann man auch Infos über die **Cape Hunting and Safari Expo** erhalten (nicht nur für Jäger interessant).

Juni

Das **Worcester Wineland Festival** bietet neben der traditionellen Wein- und Brandyprobe und gutem Essen auch eine Pferdeschau.

Juli

Am 1. Wochenende im Juli ist das **Berg River Marathon** auf einer Strecke zwischen Paarl und Port Owen

August

Anfang des Monats erfreut sich die **Cape Town Fashion Week** im International Convention Centre großer Beliebtheit. Infos unter www. afi.za.com

September

Stellenbosch Cultural Festival, mit gepflegter Kammermusik, Kunst und Kunsthandwerk. – Bei **Saldanha** das **Festival of the Sea** in der ersten Septemberwoche. Fischspezialitäten, afrikanischer Chorgesang, kleine Kunsthandwerksausstellung, Schönheitswettbewerb. – **Paarl Sparkling Wine Day** am ersten September-Samstag: in einigen Weinkellereien Sekt mit gutem Essen zum Verkosten. – **Whale Festival** in **Hermanus,** Aktionswoche mit Musik, Kabarett und Theater, Sportveranstaltungen, Kindervergnügen und einem Kunstmarkt. Infos bei Cape Town Tourism unter Tel. 021-4264260/4876800 oder www.whalefestival.co.za.

Oktober

Um den 14. Okt. **The Simon van der Stel Festival** mit Kostümball; Unterhaltung, Kunsthandwerk und Verkaufsstände, Infos Tel. 021-8833584.

November

Ende November bis Ende März gibt es im **Oude Libertas Amphitheater** bei Stellenbosch außergewöhnliche Musik- und Tanzdarbietungen. Programme und Karten bei Computicket, Infos Tel. 021-8097473. Auch die Tagespresse informiert.

Dezember

Cape Town Tourism und die Tagespresse informiert, wann genau **Art in the Avenue,** eine Ausstellung lokaler Künstler in der Government Avenue, stattfindet (www.whatsonincapetown. com). – Weihnachtliche Lieder, Carols by Candlelight, werden an der **Waterfront,** im **Kirstenbosch Botanical Garden** und auf der **Vergelegen Wine Farm,** Somerset West, vorgetragen. Infos in der Tagespresse, im Web oder bei Cape Town Tourism. – Von Dezember bis Ende März finden im Botanischen Garten jeden Sonntagabend (wetterabhängig) die **Kirstenbosch Sommer Sunset Concert**s statt. Man sollte sich Sitzkissen oder Matten und ein Picknick mitbringen. Infos auf www.sanbi. org.

Cape Town/Kapstadt

Im Hintergrund erheben sich die steilen Wände des Tafelberges, davor erstreckt sich das tiefblaue Meer bis an den Horizont und dazwischen eingebettet die Mutterstadt Südafrikas: **Cape Town, eine der schönstgelegenen Städte der Welt.** Die südlichste Großstadt Afrikas ist geprägt von einer bunten Mischung aus altkapholländischer Architektur, edwardianischen und viktorianischen Gebäuden, Art déco in der Innenstadt und den Kopfsteinpflasterstraßen des **Bo-Kaap-Viertels** mit seinen Moscheen und Minaretten. Einige Straßenblocks weiter ragen links und rechts der Heerengracht Wolkenkratzer empor, aus orientalisch wirkenden Gefilden gelangt man direkt in das pulsierende Herz der modernen Handelsmetropole. Wenn der *Cape doctor,* der unbändige Wind vom Meer durch die Straßen Kapstadts braust, fegt er Abgase, Staub und Dreck aus den Straßen und verhilft der Stadt auch im Sommer zu einer frischen, gesunden Luft.

Kapstadt hat ein **besonderes Flair,** die Stadt bietet mehr als gutes Essen und Wein: Tagsüber sicher genug, kann man die Innenstadt zu Fuß durchstreifen, Museen, Galerien und historische Bauwerke besichtigen und in den vielen Restaurants oder Straßencafés eine Pause einlegen. Das Angebot der Geschäfte lässt keine Wünsche offen. Abends bummelt man durch die **A&V Waterfront,** besucht eine Vorstellung oder hat sein Picknick eingepackt, um einem Freiluftkonzert im **Kirstenbosch Botanical Garden** zu lauschen.

Wer nicht auf dem **Tafelberg** war, hat die Stadt nur halb besucht! Wackere können hochwandern, bequemer geht es mit der Seilbahn. Oben einen Sonnenuntergang zu erleben und das allmähliche Aufglühen der Lichter der Stadt unter einem

Karte S. 176/177, 190, 192, Klappe hinten **Cape Town** **173**

zu beobachten ist unvergesslich. Ein unbedingtes Muss ist eine Fahrt zum **Kap der Guten Hoffnung.**

Die *Capetonians* sind weltoffen und unternehmungslustig, wollen sich nicht mit den „Gauties", den ihnen etwas kleinkariert erscheinenden Einwohnern Gautengs, vergleichen lassen, die in den Ferienzeiten die Straßen und Strände überfluten. In keiner anderen Stadt des Landes könnte in der Hochsaison im Dezember der *Gay Pride March* stattfinden, die bunte Parade der Homosexuellen mitten durch die Innenstadt.

Es gibt aber auch eine andere Seite Kapstadts: die der Armut und der Unterprivilegierten. Das Kapstadt der Sehenswürdigkeiten, der Restaurants, Bars und Geschäftsviertel – Waterfront, City Centre, Sea Point, Green Point – ist das Kapstadt der Weißen, das Kapstadt der Nichtweißen heißt *Guguletu, Crossroads, Nyanga, Cape Flats* und *Khayelitsha,* Townships östlich und südöstlich der Stadt, in die sich kaum je ein Besucher verirrt. Insgesamt leben 3,5 Millionen Menschen im Großraum Kapstadt, ein Drittel davon in Khayelitsha und Mitchells Plain.

2006 wird die deutschstämmige *Helen Zille* zu Kapstadts Bürgermeisterin gewählt, 2008 mit dem internationalen Titel „Bürgermeisterin der Welt" ausgezeichnet. Dan Plato (Democratic Alliance DA) löste sie 2009 im Amt ab. 2012 wird *Patricia de Lille* seine Nachfolgerin.

Geschichte

Kapstadt wurde 1652 durch Jan van Riebeeck gegründet und ist somit ein Jahr älter als New York. Was mit einer Gruppe von 80 Männern begann, entwickelte sich zu einer Stadt mit über einer Million Einwohnern. Zwischen Januar und Juni ist Kapstadt **Regierungssitz,** im Wechsel mit Tshwane, dem früheren Pretoria. Die größte Veränderung erfuhr das Stadtbild nach 1930 mit dem Bau des neuen Hafens, den man fast einen Kilometer ins Meer hinaus baute. Straßennamen wie *Strand Street* und *Waterkant Street* markieren den früheren Küstenverlauf. 1966 wurde *District Six,* ein Stadtteil östlich des Castle of Good Hope, plattgewalzt und völlig unpassend in Zonnebloem (Sonnenblume) umgetauft. Die Menschen wurden in die *Cape Flats* zwangsumgesiedelt. Das bis dato lebhafteste Viertel Kapstadts gab es nicht mehr.

Orientierung

Hauptorientierungshilfe ist der Tafelberg. Im Norden befindet sich das Stadtzentrum und im Nordwesten die Victoria & Alfred Waterfront, westl. davon Green Point. Von dort führt die M 6 die atlantische Küste hinunter zum Kap der Guten Hoffnung. Südöstlich, links und rechts der N 2, liegen die Cape Flats, die Townships und die Industriegebiete. Weiter außerhalb im Osten liegen die Vororte Goodwood, Parow und Bellville, südlich Rosebank, Rondebosch, Claremont und Constantia.

Das Stadtzentrum liegt in einem natürlichen Amphitheater, gebildet aus dem Signal Hill im Westen, dem Lion's Head, dem Tafelberg und dem sich anschließenden Devil's Peak.

Drei große Verkehrsadern gehen von Cape Town aus: Die **N 7** führt nach Norden, parallel zur atlantischen Küste bis Namibia. Die **N1** ist die Hauptverbindung zwischen **Kapstadt, Johannesburg** und **Pretoria/Tshwane,** aber auch Zubringer zu wichtigen Weingebieten. Die **N2,** die Hauptküstenstraße am Indischen Ozean entlang, ist aus dem Zentrum Kapstadts zunächst Flughafenzubringer und Verbindungsstraße zu den Townships Nyanga, Guguletu und Crossroads. Später wird sie zur sogenannten **Garden Route,** die das Kap mit Port Shepstone verbindet. In den **Süden** zur Kaphalbinsel führen die **M 6, M 3, M 4** und **M 5,** wobei die M 4 bis hinunter zum Cape of Good Hope Nature Reserve führt.

Straßenkarten sind über den Automobile Club AA, die Touristeninformation und auch in Buchläden zu bekommen.

174   Cape Town

Karte S. 176/177, 190, 192, Klappe hinten

Für touristische Infos ist **Cape Town Tourism** zuständig (s. Kapstadt A–Z bei „Information").

Unterwegs in Kapstadt

Straßenverkehr

In Kapstadt herrscht, besonders zur „Rush hour", dichter Verkehr. Im Stadtverkehr mit **erhöhter Aufmerksamkeit** fahren, da Fahrspuren oft ohne zu blinken gewechselt werden. Im Stadtbereich und an den Ausfallstraßen gibt es viele Radarkontrollen. Verlassen Sie sich als Fußgänger nicht darauf, dass Autos an Zebrastreifen anhalten.

Parken

In der Innenstadt stehen meist gebührenpflichtige Parkhäuser und -flächen und zur Verfügung (Tipp: Parkgarage vom Westin Grand Cape Town Arabella Quays-Komplex, von da 10 Min. in die City). Viele Parkplätze an der V&A Waterfront und Parkhäuser direkt am Haupteingang. Falschparken wird geahndet. Weitere Park-Tipps s.S. 189.

Sightseeing-Tour mit Doppeldecker-Bus

Die beste Art, Innenstadt und Umgebung kennenzulernen, ist mit den roten „Hop on - Hop off"-Doppeldeckerbussen (s.a. deren Werbeflyer).

Die Busse zirkulieren in kurzen Abständen, an gekennzeichneten Haltestellen kann man zu- oder aussteigen bzw. seine Tour unterbrechen und z.B. zu Fuß zur nächsten Haltestelle gehen. Die **Red City Tour** (18 Stopps, alle 15–20 Minuten, R150) passiert u.a. die Waterfront, St George's Cathedral, Jewish Museum, District Six, Gold Museum und die Tafelberg-Seilbahnstation, von dort über Camps Bay, Sea Point zur Waterfront (Zustieg am Two Oceans Aquarium). Die **Blue Mini Peninsula Tour** (15 Stopps, alle

25 Minuten) passiert u.a. die Kirstenbosch Botanical Gardens, **Hout Bay,** Camps Bay, Clifton, Sea Point und Waterfront. Erläuterungen unterwegs mittels Kopfhörer, auch in Deutsch. Keine Vorbuchung nötig. Alle Details auf www.citysightseeing.co.za.

Taxis

Es gibt wenig feste Taxistände (nur in der Adderley Street, in der Gegend ums Postamt, Darling Street und Waterfront). Ansonsten telefonieren und gleich nach dem Preis erkundigen. Trinkgeld etwa 10 % des Fahrpreises. Im Wagen auf gut sichtbares Taxometer und eine deutlich erkennbare, zugeteilte Nummer der Stadtverwaltung achten. *Bantry Taxis,* Tel. 082-7701000; *Marine Taxis,* Tel. 021-4340430; Sea Point Taxis, Tel. 021-4344444 (preisgünstig!). *Unicab Radio Taxis,* Tel. 021-4481720.

Rikkis

Bei einer Fahrt mit **Rikkis** (Urban Safaris) sitzt man in einem offenen Wagen mit 9 Plätzen, gezogen von einem Motorroller (kurze Strecken ab R10). An folgenden Straßen kann man sich per Handzeichen bemerkbar machen und zusteigen: An allen Hauptstraßen der Innenstadt, in der Orange-, Kloof- und Adderley Street, vor dem Golden Acre und der Hauptpost. Auch für Ausflüge mietbar. Funk-Rikkis (Taxis) Tel. 021-8526641, www.rikkis.co.za.

Zu Fuß

Am besten erkundet man die **Innenstadt** zu Fuß. Tagsüber ist das kein Problem (Wertsachen zu Hause lassen), abends bzw. nachts aber keine längeren Spaziergänge als bis zum geparkten Auto machen. Die **V&A Waterfront** ist Tag und Nacht sehr sicher.

Sicherheit

Keine Wertsachen und wichtige Papiere beim Stadtbummel mitnehmen. Autotüren auch bei Tag verriegelt halten, nachts nicht mehr unterwegs sein, speziell nicht zu Fuß oder mit öffentlichen Verkehrsmitteln. Das abgeschlossene Gebiet um die Victoria & Alfred Waterfront ist abends sicher – nicht aber der Gang dahin. Lieber auch eine kurze Strecke mit dem Auto oder Taxi fahren. Das Umland, speziell die Cape Flats, sind Armutsgebiete! Die Polizei rät, die N 2 nicht nachts zu befahren! Hilfe bei der **Touristenpolizei,** Tulbagh Square, Tel. 021-4182853.

Sehenswertes

Strände, Tafelberg, Museen, Galerien und historische Gebäude liegen alle nur einen Katzensprung voneinander entfernt und lassen sich miteinander kombinieren. Die folgenden Stadtbesichtigungen können zu Fuß unternommen werden.

Stadtrundgang durch die historische Innenstadt

Bevor Sie sich auf den Weg machen, denken Sie bitte daran, Ihre Wertsachen möglichst im Hotel zu lassen und Ihre Kamera sicher am Körper zu tragen. Die Polizeipräsenz in der Innenstadt ist beruhigend groß, die Überfälle, vor allem tagsüber, sind drastisch zurückgegangen. Es ist generell nicht unsicher, die Innenstadt zu Fuß zu erkunden.

„Footsteps to Freedom" City Walk

Dieser interessante Weg führt zu den wichtigsten Stationen, um die Stadt und ihre Entwicklung kennenzulernen. Ideal, um sowohl die europäischen als auch die afrikanischen Wurzeln zu erspüren. Dauer 3 Stunden, zu buchen im *Cape Town Tourism Centre.*

Der klassische Rundgang in Eigenregie beginnt gleichfalls am **Cape Town Tourism Centre,** Ecke Burg/Castle Street. Hier gibt es einen Stadtplan und sehr gutes Informationsmaterial. Gehen Sie los auf der Burg Street in Richtung Meer zur *Strand Street,* links um die Ecke gelangen Sie zum *Koopmans de Wet House.*

Koopmans de Wet House

35 Strand Street, Di–Do 10–17 Uhr (Karfreitag u. Weihnachten geschl., Tel. 481 3935). – Das Haus entstand 1701 und ist ein klassisches Beispiel für die Stadthaus-Architektur des frühen 18. Jahrhunderts. Es gehörte Marie Koopmans de Wet, einer lebenslustigen und wohlhabenden Dame. Die Zimmer mit ihrem originalen Mobiliar sind sehenswert. – Zwei Straßen weiter östlich liegt das *Gold of Africa Museum.*

Gold of Africa Museum

96 Strand St, Mo–Sa 9.30–17 Uhr, Tel. 021-4051540, www.goldofafrica.com. – Untergebracht im historischen *Martin Melck House* präsentiert es eindrucksvoll die Geschichte des Goldes in Afrika. Dazu gehören herrliche Artefakte und eine Präsentation von Goldschmiedekunst. Geführte Museums-Touren dauern etwa eine Stunde, ab 2 Personen. Emfehlenswert ist auch die Pangolin Night Tour (18–20 Uhr) und die Lion Walking Tour (führt durch das historische Kapstadt):

Eine besondere Attraktion ist das Gold-Restaurant (Tel. 021-4214653, www.goldrestaurant.co.za), das neben einer gelungenen Mischung aus afrikanischer und kapmalaiischer Küche auch kulturelles Programm bietet.

Adderley Street

Nun vorgehen bis zur *Adderley Street.* Sie ist das alte Herzstück der Stadt, die kommerzielle und kulturelle Schlagader, die

176 Cape Town   Karte S. 176/177, 190, 192, Klappe hinten

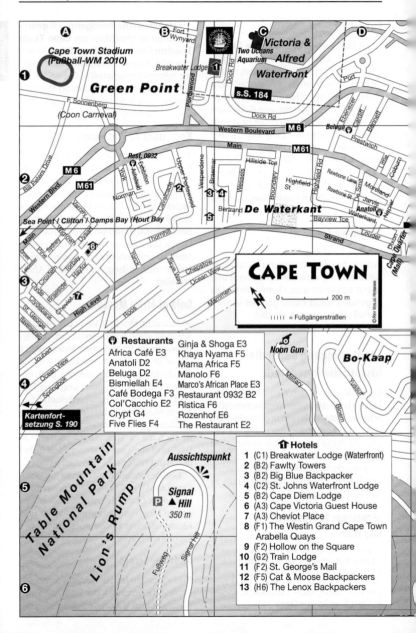

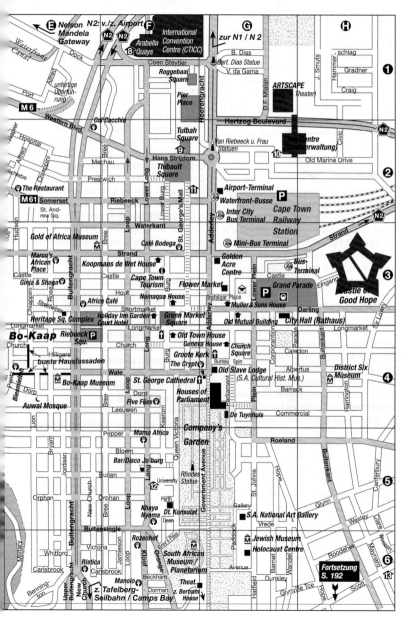

178 Cape Town Karte S. 176/177, 190, 192, Klappe hinten

früher in ganzer Länge – an Amsterdam erinnernd – „Heerengracht" genannt wurde. Der obere Teil wurde 1849 zu Ehren von *Sir Charles Adderley* umbenannt, einem britischen Parlamentarier, der verhinderte, dass Kapstadt in eine Sträflingskolonie umgewandelt wurde. Über der Adderley liegt linker Hand **Cape Town Station,** der Hauptbahnhof mit Busterminal. Weitergehend gelangen Sie zum *Castle of Good Hope.*

Castle of Good Hope

Zwischen Darling und Strand Street, tgl. 9–16 Uhr (geschl. Weihnachten, Neujahr, Tel. 021-7871249, www.castleofgoodhope.co.za); geführte Touren Mo–Sa um 11, 12 und 14 Uhr. Beim Bezahlen des Eintritts von R30 bekommt man eine erklärende Broschüre, mit der man sich auch ohne Führung gut zurechtfindet.

Das Castle ist das **älteste Gebäude Südafrikas.** Baubeginn 1666, Fertigstellung 1679. Es war zunächst Hauptquartier der Ostindien-Kompanie, später diente es als Residenz des Gouverneurs und als militärische Festung. 1695 wurde es erweitert, eine neue Steinmauer eingezogen, Quartiere für Soldaten eingerichtet und der *De Kat Balkon* angebaut. Auch unter englischer Flagge war es Hauptquartier der Regierung und Sitz des Gouverneurs. Kleinere Räume wurden um 1830 zur großen Bankett-Halle umgebaut. 1917 übergaben die Engländer das Gebäude an die südafrikanische Regierung. Es beherbergt eine der größten Galerien der Stadt, die **Good Hope Gallery,** ein **Militär-Museum** und die **William Fehr Collection,** eine Sammlung von historischen Bildern, Keramiken, Möbeln und Haushaltsgegenständen aus dem 17. bis 19. Jahrhundert.

Schlendert man über den großen Platz der **Grand Parade** – mittwochs und samstags mit buntem Flohmarkt –, steht man vor der beeindruckenden *City Hall.*

City Hall

Darling Street, Tel. 021-4002230. – Das imposante **Rathaus** der Stadt stammt aus dem Jahr 1905. Die Architektur ist eine gelungene Mischung aus italienischer Renaissance und britischem Kolonialstil mit reich verzierter Stirnseite. Der Turm von 1923 in der Mitte trägt 39 Glocken. Vom Balkon aus hielt Nelson Mandela nach seiner Freilassung seine erste öffentliche Rede. Das *Cape Town Symphony Orchestra* hat hier seinen Hauptsitz (am Donnerstag Abend und an manchen Sonntagen gibt es Konzerte, Tel. 021-4621250), Außerdem ist hier Kapstadts große **Stadtbibliothek** untergebracht.

Über die *Longmarket Street* erreicht man die *Adderley Street,* in die man links einbiegt.

Groote Kerk

Geöffnet tgl. 10.30–12 und 14–15 Uhr. – Die Kirche, die durch die Betonklötze links und rechts etwas verloren wirkt, wurde 1841 in ihrer heutigen Form fertiggestellt, der Glockenturm bereits 1701 errichtet. Die sehenswerte Kanzel stammt vom Bildhauer Anton Anreith, die Außenfassade von Hermann Schutte, einem Schüler des Architekten Thibault.

Durch die Bureau und Spin Street und über den *Church Square* können Sie von hier östlich zum sehr sehenswerten *District Six Museum* gehen (s.S. 182).

Nach der Bureau Street liegt links das stattliche Gebäude der *Old Slave Lodge,* in dem das *South African Cultural History* Museum untergebracht ist. Das *Courtyard Café* lädt zu einer Pause ein.

Old Slave Lodge / South African Cultural History Museum

49 Adderley Street, Mo–Sa 10–16.30 Uhr (So, Karfreitag u. Weihnachten geschlossen, www.iziko.org.za). – Das alte Gebäu-

de diente der Ostindien-Kompanie um 1679 als Sklavenunterkunft, dann wurde es erstes Freudenhaus der Stadt, später Oberster Gerichtshof und Postamt. Thema des Museums ist vorwiegend die Geschichte der Sklaverei am Kap. Ein Teil der Ausstellung beschäftigt sich mit der Entwicklung der südafrikanischen Währung und Post. Zu den interessanten Exponaten gehören sogenannte „Poststeine", unter die die Seeleute früher Briefe legten, in der Hoffnung, dass sie von anderen in die Heimat befördert wurden. Weiter zu sehen ist eine bunte Mischung aus Einrichtungsgegenständen, Spielzeug, Waffen und archäologischen Funden. Im Hof findet man übrigens die rekonstruierten Grabsteine von Jan van Riebeeck (gest. 1677) und seiner Frau Maria, die von Jakarta im heutigen Indonesien hierher überführt wurden. – Schräg gegenüber der Old Slave Lodge ragt die *St George's Anglican Church* auf.

St George's Anglican Cathedral

Diese Kirche in der Wale Street ist die Mutterkirche der Anglikaner und Sitz des Erbischofs von Kapstadt (gegenwärtig Erzbischof Tutu). In den Jahren der Apartheid diente sie oft als Zufluchtsort für Regimekritiker. Sie wurde von Sir Herbert Baker im gotischen Stil aus Tafelberg-Sandstein erbaut, den Grundstein legte 1901 der spätere König von England, George V. Beachtenswert im Kircheninnern ist das große Bleiglasfenster an der Nordseite, auf dem Heilige und Persönlichkeiten der anglikanischen Kirche dargestellt sind. Jeden letzten Sonntag im Monat finden um 11 Uhr liturgische Messen statt. Über Kirchenkonzerte informiert die Tagespresse oder Cape Town Tourism.

Hinter der Kirche liegt die *National Library of South Africa,* gegenüber einer der schönsten Gebäudekomplexe der Stadt, das *Parlament.*

Houses of Parliament

Parliament Street. – In der Zeit zwischen Juli und Dezember können Besucher Mo-Do jeweils um 11 Uhr und 14 Uhr (Fr um 11 Uhr) an einer einstündigen Führung teilnehmen (nur per Vorausbuchung möglich, (Tel. 021-4038618). Während der Sitzungszeit Januar bis Juni gibt es Karten für die Besuchergalerie (gegen Vorlage des Reisepasses, Vorausbuchung), um den Debatten (Mo 14.30 Uhr und Fr 10 Uhr) der Parlamentarier beiwohnen zu können. Angeschlossen ist das **Tuynhuis,** die Residenz des Staatspräsidenten (Parliament Street).

Setzen Sie Ihren Weg fort in die *Parklandschaft von* Company's Gardens, der geteilt wird von der *Government Avenue.*

Company's Gardens

In dieser herrlichen Stadtoase ließ van Riebeeck einen Gemüsegarten anlegen, um die vorbeifahrenden Schiffsmannschaften zu versorgen. Später wurden die Gärten von Sir Herbert Baker umgestaltet. Verweilen Sie an den kleinen Teichen und wandeln Sie zwischen den Rosengärten (der botanische Teil ist tgl. von 9.30–16 Uhr geöffnet). In der Mitte, bei der Statue von *Cecil Rhodes* (1912), liegt das *Garden's Restaurant,* bestens geeignet für eine weitere Verschnaufpause (tgl. 7.30–17.30 Uhr).

Am oberen Ende des Parks liegt das *South African Museum.*

South African Museum / Planetarium

25 Queen Victoria Street, www.iziko.org.za, tgl. 10–17 Uhr (geschlossen Weihnachten u. Karfreitag). In den Ferienzeiten Sonderveranstaltungen. Sehr interessant und groß, man benötigt viel Zeit.

Das Museum behandelt die Themen Naturkunde und Menschheitsgeschichte Afrikas. Zu sehen sind ethnische Gruppen

180   Cape Town

in Lebensgröße, Werkzeuge aus der Steinzeit, Felsmalereien der San u.a. mehr. Außerdem Druckmaschinen, Lehrgarten und **Whale Well,** eine Meeresausstellung über vier Stockwerke mit drei lebensgroßen Walskeletten und Walgesängen. Angeschlossen ist das Planetarium. Östlich des Parks liegen *Nationalgalerie* und *Jewish*- und *Holocaust Museum.*

Tipp: South African National Gallery

Tgl. 10–17 Uhr (geschlossen an Weihnachten, Karfreitag, 1. Mai, www.iziko.org.za). – Diese Galerie gilt als beste Kunstsammlung des Landes! Umfangreiche Ausstellung verschiedener Kunstrichtungen: von Kolonisation bis zur zeitgenössischen Kunst, schwarzafrikanische Kunst und Kunsthandwerk, Fotoausstellung über das Leben in den Townships. Die Galeriezeitschrift Bonani (erhältlich im Gallery Shop) informiert über Sonderausstellungen, Führungen, Workshops und Konzerte. Gemütliches Café mit kleinen Mahlzeiten, Kaffee und Kuchen, im Nebengebäude kostenloses Parken.

Jewish Museum

84 Hatfield Street, So–Do 10–17 Uhr, Fr 10–14 Uhr, Tel. 021-4651546, www.sajewishmuseum.co.za. – Gegen Ende des 19. Jahrhunderts kam es zur fluchtartigen Auswanderung von europäischen und russischen Juden nach Südafrika. Das jüdische Museum, heute Teil der ältesten Synagoge aus dem Jahr 1863, zeigt historische und zeremonielle Gegenstände, die einen guten Einblick in das Leben der jüdischen Gemeinschaft in kultureller, kommerzieller und sozialer Hinsicht vermitteln. Gutes Museumscafé mit (koscheren) Snacks.

Holocaust Museum

88 Hatfield Street, im 1. Stock des Albow Centre, So–Do 10–17 Uhr, Fr 10–14 Uhr, freier Eintritt (Ausweispflicht). – Zur Erinnerung an den Holocaust in Europa und als Beitrag gegen Rassismus und Diskriminierung in Südafrika. Das einzige Zentrum dieser Art in Afrika. Am oberen Ende der Government Avenue liegt rechts das *Bertram House.*

Bertram House

Ecke Government/Orange Street, tgl. 10–17 Uhr (Weihnachten und Karfreitag geschl., Tel. 021-4813940, www.iziko.org.za). – Ein elegantes rotes Backsteinhaus im späten georgianischen Kap-Stil, das letzte seiner Art in der Stadt, das die Architektur des frühen 19. Jahrhunderts widerspiegelt. Im Haus die *Anna Libberdale Collection,* eine Sammlung aus Keramiken, Möbeln, Silberwaren und Kunst. Es finden ab und zu Konzerte statt.

Monkey Biz

Eine Initiative ausschließlich für wohltätige Zwecke von Barbara Jackson, Shirley Fintz und Mathapelo Ngaka hat in kürzester Zeit 450 Arbeitsplätze für Frauen in den umliegenden Townships geschaffen. Vorwiegend aus Perlen werden kleine Kunstwerke, wie Puppen, Bilder und Tiere hergestellt, jedes ein Unikat. In der Rose St 43 ist der Verkaufsladen von **Monkey Biz** zu finden (Mo–Fr 9–17 Uhr, Sa 9–13 Uhr. Online-Shop: www.monkeybiz.co.za).

Bo-Kaap-Viertel

Nächstes Ziel ist das **Bo-Kaap-Viertel.** Man spaziert dorthin am besten über die **Long Street,** eine der schönsten und buntesten Straßen der Stadt, wo man unterwegs in Antiquitätengeschäften, Second-Hand-Buchläden oder Boutiquen stöbern kann. In der **Wale Street** biegt man nach links ab und überquert die Buitengracht. Nun befindet man sich im Kap-

Malayen-Viertel, das sich bis zur hügeligen Landschaft des *Signal Hill* erstreckt.

Bo-Kaap („über Kapstadt") ist das traditionelle Stadtviertel der islamischen Gemeinde und eines der ältesten Kapstadts. Hier findet man die größte Anzahl an historischen Gebäuden der Zeit vor 1840. Es gibt kopfsteingepflasterte Straßen, flankiert von kleinen, buntgestrichenen Wohnhäusern und weißen Moscheen. Still ist es auf einem der ältesten Friedhöfe der Stadt, wo viele Sklaven aus Südostasien (Java) liegen. Die Geschichte des Bo-Kaap beginnt im Jahr 1780. Richtig zum Leben erwachte das Viertel im Dezember 1838 mit der Aufhebung der Sklaverei. Malaien islamischen Glaubens suchten Arbeit bei den hier ansässigen weißen Handwerkern und bauten ihre Häuser unterhalb des Signal Hill.

Die Kap-Malaien haben viel zur Kultur der Stadt und des Kap beigetragen. Viele der wundervollen kapholländischen Gebäude wurden mit Hilfe ihrer Arbeitskraft errichtet, talentierte Künstler gingen aus ihnen hervor. Spezialitäten wie *Sosaties* und *Bredies* entstammen gleichfalls der malaiischen Küche. Das Bo-Kaap entging 1934 den Bulldozern der Regierung, die Menschen in dem Distrikt wurden zwar enteignet, aber nicht vertrieben. Dadurch hat dieses Viertel nichts von seinem Zauber eingebüßt.

Bo-Kaap-Museum

In der **Wale Street** 71 kann man sich im Bo-Kaap-Museum näher informieren (Mo–Sa 10–17 Uhr, www.iziko.org.za, Tel. 021-4813939, Stadtteilführungen). Das Haus zeigt in seinen Räumen, wie die Menschen hier früher wohnten.

Vor dem Ausgang nach rechts gehend gelangt man durch eine kleine Gasse in die *Dorp Street* und zur **Auwal Mosque,** älteste Moschee des Landes, erbaut 1793. Haus Nr. 79 ist das älteste Gebäude des Viertels.

Hungrig? Gehen Sie die Wale Street weiter hoch, an der Ecke Pentz Street liegt das *Biesmiellah Restaurant* mit kapmalaiischen Gerichten (Sosaties und Bredies),

und auch indischer Küche (Mo–Sa 12–15 Uhr und 18–23 Uhr, Tel. 021-4230850). Exotische Gewürze und Kräuter gibt es im traditionellen *Atlas Trading,* 94 Upper Wale Street. Der Rückweg über die Long- oder Shortmarket Street (besuchen Sie in der Shortmarket No. 77 „Streetwires, s.S. 197) führt zum **Greenmarket Square.**

Greenmarket Square

Dies ist der zweitälteste Platz der Stadt. Er wurde 1710 als Marktplatz konzipiert, auf dem auch politische Proklamationen verkündet wurden, wie 1834 die Aufhebung der Sklaverei. Heute ist er zugestellt mit zahllosen Ständen, bei den Straßenhändlern können Sie alles nur Erdenkliche kaufen, und es ist immer was los.

Gesäumt wird der Platz von Gebäuden in interessanter Architektur, die dem Greenmarket Square seinen typischen Charakter verleihen. Schön ist z.B. das Garden Court Hotel (Art-déco), das Namaqua House (Ecke Burg Street) oder The Old Town House.

Old Town House

Greenmarket Square, Mo–Sa 9–16 Uhr (Weihnachten, Neujahr u. Karfreitag geschl.). – Das Haus von 1751 diente einst als Rathaus. Beachtenswert der Kreis am Eingang, von dem aus alle Entfernungen von und nach Kapstadt gemessen werden. Das Innere wurde 1916 im Stil eines holländischen Gildenhauses umgestaltet. Zu sehen ist die **Michaelis Collection,** eine Kunstsammlung mit alten flämischen Meistern wie Frans Hals und Jan Stehen, außerdem Kupferstiche von Rembrandt. Aufführung von Kammerkonzerten. Gegenüber liegt die

Metropolitan Methodist Church

Sie stammt aus dem Jahr 1876 und ist das zweitälteste Gebäude am Greenmarket

Cape Town

Karte S. 176/177, 190, 192, Klappe hinten

Art déco in Kapstadt

Hinweis: Die Cape Art Déco Society hat einen Plan erarbeitet, der alle Art Déco-Gebäude in der Innenstadt verzeichnet und in der Touristen-Information ausliegt.

Das **General Post Office** in der Darling Street wurde zwischen 1938–1940 aus Granitblöcken vom Kap und aus dem Transvaal errichtet. Auf der anderen Straßenseite fällt das **Old Mutual Building** ins Auge, einst das höchste Bauwerk der Stadt, das im krisengeschüttelten Baujahr 1930 Stabilität und Zuversicht ausstrahlen sollte. Die prismenartigen Fensterkonstruktionen strecken das Bauwerk zusätzlich. Am 1. Stockwerk spiegelt ein Fries die Geschichte Südafrikas wider. An den Hausecken sind Skulpturen von großen Tier- und Menschenköpfen angebracht. Eingang und Schalterhalle wurden mit Chrom und Marmor ausgestattet. Auch Kaufhäuser wie der **OK Bazaar** Ecke Darling/Plein Street und in der Plein Street die Gebäude von **Ackermans** und **Cuthberts** zählen zu diesem Baustil. Und auch am **Ottawa House,** etwas weiter die Straße hinunter, erkennt man noch Anzeichen von Art déco.

Über die Spin Street und den **Church Square** erreicht man die Parliament Street mit dem **Geneva House.** Von der gegenüberliegenden Straßenseite sieht man das geometrische Muster der Stuckdekoration.

Das Vorzeigestück der Stadt steht in der Longmarket Street 104, das Haus von **J. Muller & Sons.** Die einzigartige Frontseite aus Stein und Chrom wurde dem ehemals viktorianischen Haus von 1912 erst später angefügt, macht aber dem Art déco alle Ehre.

Rechts in die *Burg Street* und Richtung Greenmarket Square trifft man auf eine ganze Zahl kommerzieller Art-déco-Gebäude. Das **Garden Court Hotel** wurde in zwei Bauabschnitten als ehemaliges Shell Oil Company House zwischen 1929 und 1941 errichtet (typische Muschel an der Stirnseite!). In der Burg Street 36 findet man das **Namaqua House,** eines der Gebäude, die dem Greenmarket Square seinen typischen Charakter verleihen. Wo die Shortmarket Street in den Greenmarket Square einmündet, stehen das **Market House** (1932) mit stilisierten Proteen und das **Protea Assurance Building** (1930).

Square. Die Kirche wurde im gotischen Stil erbaut, verziert mit zahlreichen Grotesken (Rankenornamente). Die imposanten Säulen des Portals sind im Marmorstil bemalt.

St George's Mall

Gehen Sie zum Abschluss weiter durch die interessante Long Street, oder, vielleicht der bessere Tipp, durch die **Fußgängerzone der St George's Mall,** in der zwischen Verkaufsständen und Cafés Musikgruppen spielen (Gumboot- und Mrimba-Tanzvorführungen).

Weitere Museen und Kunstgalerien

In allen Touristeninformationen liegt die **Arts & Crafts Map** aus, in der alle aktuellen interessanten Kunstausstellungen und Galerien und auch einige Museen verzeichnet sind. Der Museumsverband von Kapstadt nennt sich **iziko,** aktuelle Informationen auf www.museumson line.co.za.

Tipp: District Six Museum

Buitenkant Street 25A, in einer ehemaligen Methodistenkirche, die in den 1980er

Jahren Treffpunkt von Apartheid-Gegnern war; Mo 9–13.30, Di–Sa 9–16 Uhr, Tel. 021-4618745, www.districtsix.co.za, Eintritt. Historisch bedeutsam ist das Museum wegen seiner Fotosammlung und Geschichtsaufarbeitung über den District Six, der 1966 dem Erdboden gleichgemacht wurde. Mehr als 60.000 Menschen wurden damals aus ihren Häusern vertrieben, soziale Gemeinschaften auseinandergerissen. Ehemalige District-Six-Bewohner leiten das Museum. Beachtenswert ist das dort erhältliche Buch „House in Tyne Street" (Linda Fortune, Mitarbeiterin) und der Fotobildband „The Spirit of District Six (Cloete Breytenbach). Das Museum wurde um ein weiteres Gebäude in der Buitenkant Street 15 (The Homecoming Centre) erweitert.

Tipp: Mayibuye Centre

Modderdam Road, University of the Western Cape, Bellville, Tel. 021-9592939, www.mayibuye.org, Mo–Fr 10–16 Uhr, nach Voranmeldung. Das Mayibuye Centre beleuchtet die Geschichte und Kultur in Südafrika besonders unter dem Aspekt der Apartheid, des Widerstandes und des sozialen Lebens. Ständig wechselnde Sonderausstellungen, interessante Publikationen.

SUCT Irma Stern Museum

Im Vorort Rosebank, Cecil Road, Tel. 021-6855686, www.irmastern.co.za, findet man das UCT Irma Stern Museum. Irma Stern gilt als herausragende, international anerkannte Künstlerin, deren Werke in ihrem ehemaligen Wohnhaus The Firs der Öffentlichkeit zugänglich gemacht wurden. Überdies ist das Gebäude eine wahre Fundgrube an wertvollen Einrichtungsgegenständen. Di–Fr 10–17 Uhr, Sa bis 14 Uhr.

Victoria & Alfred (V&A) Waterfront

Die **V&A Waterfront** hat sich vor allem wegen der spektakulären Lage und auch als sichere Fußgängerzone einen Namen gemacht. Man erreicht sie von der Touristeninformation zu Fuß via Adderley Street über Heerengracht, Coen Steytler Street und Dock Road oder mit Bussen, z.B. alle 15 Min. von der Adderley Street (s. Stadtplan, „Waterfront-Busse") oder mit dem eigenen Wagen (es gibt ausreichend Parkplätze, z.T. gebührenfrei). Wenn Sie das WM-2010-Stadion (s.u.) besichtigen wollen, können Sie das zu Fuß von der Waterfront aus tun oder bereits auf dem Weg zur Waterfront.

Die Waterfront liegt an den beiden ältesten Hafenbecken, die mit dem Tafelberg im Hintergrund eine pittoreske Kulisse für dieses gelungene Gemisch aus Touristenattraktionen, Geschäften, Restaurants, Kunstmärkten, Kinos und Theater bilden. 1860 ließ Prinz Alfred, der Zweitgeborene von Königin Victoria, die beiden nach ihnen benannten Becken bauen und zusammen mit dem 1944 eröffneten Duncan Dock bildeten sie das Zentrum des Fischhandels und kleinerer Werften.

1990 erkannte man die touristischen Möglichkeiten, und heute ist die Waterfront nach dem Tafelberg die zweite Groß-Attraktion Kapstadts (über 1,5 Mio. Besucher monatlich). 2001 wurden neue bzw. renovierte Altgebäude beim **Clock Tower** integriert (Clock Tower Precinct).

Dort befindet sich auch die große, **zentrale Touristeninformation** (Tel. 021-405 4500, **www.cape-town.org,** tägl. 9–21 Uhr) mit Unmengen von Broschüren zu allen Teilen Südafrikas. Geldautomaten und Internetservice.

Lassen Sie sich einen **Waterfront-3-D-Übersichtsplan** geben, den es aber auch bei in den weiteren Infostellen der Waterfront gibt. Aktuelle Informationen und Veranstaltungen auf www.waterfront.co.za.

Sehenswert

Aus dem großen Angebot einige Highlights: Sehr sehenswert ist das **Two Oceans Aquarium** an der Dock Road (9.30–18 Uhr, Eintritt R106, Karten bis 17 Uhr, www.aquarium.co.za), eine beeindruckende Unterwasserwelt des Atlantischen und Indischen Ozeans mit 300 verschiedenen Fischarten, Pinguinen, Robben, Schildkröten etc. Besonders beeindruckt der riesige Haitank mit gewaltigen Exemplaren, zwischen denen manchmal Taucher herumschwimmen ... Tauchgänge sind buchbar für ca. R400 (max. 3 Taucher und ein Guide). Vor dem Aquarium fahren die Sightseeing Doppeldecker-Busse ab.

Beliebte Fotomotive am **Nobel Square** sind die Bronzestatuen der südafrikanischen **Friedensnobelpreisträger** Albert *Lithuli* (1960), Desmond *Tutu* (1984) F.W. *de Klerk* und Nelson *Mandela* (beide 1993).

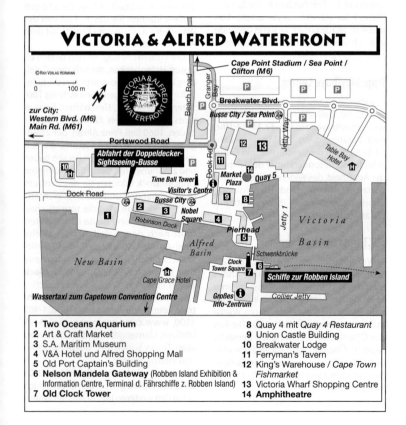

1 **Two Oceans Aquarium**
2 **Art & Craft Market**
3 **S.A. Maritim Museum**
4 **V&A Hotel und Alfred Shopping Mall**
5 **Old Port Captain's Building**
6 **Nelson Mandela Gateway** (Robben Island Exhibition & Information Centre, Terminal d. Fährschiffe z. Robben Island)
7 **Old Clock Tower**
8 **Quay 4 mit** *Quay 4 Restaurant*
9 **Union Castle Building**
10 **Breakwater Lodge**
11 **Ferryman's Tavern**
12 **King's Warehouse** / *Cape Town Fishmarket*
13 **Victoria Wharf Shopping Centre**
14 **Amphitheatre**

Das **Maritime Centre** besitzt die weltweit größte Sammlung an Modellschiffen (tgl. 10–17 Uhr). Historische Gebäude sind der **Old Clock Tower** von 1882, früher das Quartier des Hafenmeisters (im unteren Stockwerk befindet eine Gezeitenanzeige) und das **Old Port Captain's Building** von 1904 auf der anderen Seite der Schwenkbrücke.

Ein guter Tipp ist der Besuch von *The kraal gallery and tapestry weavers*. Man schaut Frauen zu, wie sie wunderbare Wandteppiche weben. Direkt daneben *Mitchell's Micro Brewery* mit süffigem Bier!

WM 2010-Stadion

Nordwestlich der Waterfront liegt das **Cape Town Stadium.** Das optisch sehr ansprechende, 50 m hohe und 290 m lange Bauwerk nach Entwürfen und Design der deutschen Architektensozietät gmp bot zur WM 2010 68.000 Plätze (heute 55.000) und ist Kapstadts neues, unübersehbares Wahrzeichen. Einstündige **Besichtigungstour** Mo–Fr um 10 u. 14 Uhr, Sa 10 u. 12 Uhr, R100. Buchungen unter lana@greenpointstadiumvc.co.za oder direkt im Visitor Centre des Stadions, Vlei Rd, Tel. 021-4307300.

Robben Island (World Heritage Site)

Beim Clock Tower befindet sich das **Nelson Mandela Gateway,** ein modernes Terminal, von dem aus die Boote zur Robben Island starten. Neben dem Ticketschalter findet der Besucher den Robben Island Shop und eine permanente Ausstellung mit eindrucksvollen Fotografien von der Gefängnisinsel. Die Insel stand früher jahrelang mit ihrem berühmtesten Häftling **Nelson Mandela** in den Schlagzeilen. Auf der Insel macht man mit einem Kleinbus eine Rundfahrt, durchs Gefängnis führen ehemalige Gefangene, die ergreifend von ihrer Leidenszeit erzählen.

Boote fahren täglich um 9, 10, 11, 12, 13 und 14 Uhr, Fahrzeit ca. 30 Minuten. Eine normale Tour dauert 3,5 h und kostet R200 (Erw.), Kinder die Hälfte. Die Karte gilt für die Rückfahrt 3 Std. später, wer länger bleiben will, muss das unbedingt anmelden. **Vorausbuchung in der Hochsaison ist immer nötig – manchmal auf zwei Wochen ausgebucht!** Tel. 021-4134200, rimbookings@robben-island.org.za. (Anmerkung: Allgemeine Robben-Island-Ausflugsboote umfahren die Insel nur, dürfen nicht anlanden!). Infos im Web: www.freedom.co.za und www.robben-island.org.za.

Einst diente sie Jan van Riebeeck als Weideland für Schafe und Rinder, kurzfristig auch als Leprakolonie. Bereits Ende des 17. Jahrhunderts wurden die ersten Gefangenen hierher verbannt. Flora und Fauna sind noch erstaunlich intakt (u.a. eine Kolonie von Brillenpinguinen, nach Dassen Island die zweitgrößte des Landes), seit 1997 ist die Insel Naturschutzgebiet.

Weitere Waterfront-Highlights

Zu den beliebtesten Hafenrundfahrten zählt die Fahrt auf der Alwyn Vincent, einem Dampfschlepper (R45 p.P., Tel. 021-4485612). Es lohnt auch, die Fahrt bei Sonnenuntergang zu unternehmen.

Musikdarbietungen und andere Open-air-Vorführungen werden im **Amphitheatre** dargeboten.

Beim Two Oceans Aquarium haben die roten Doppeldecker-Sightseeing-Busse von **Topless Tours** (s.S. 174) einen Ticket-Schalter und Zustieg für ihre Stadtrundfahrten.

Kapstadts erstes **Wassertaxi** verkehrt auf dem Waterfront Canal zwischen dem Hotel Westin Grand Cape Town Arabella Quays am Cape Town Convention Centre (CTICC, www.cticc.co.za) und dem Cape Grace Hotel an der V&A Waterfront.

Table Mountain (Tafelberg)

Erstmals erklomm im Jahr 1503 der Portugiese Antonio de Saldanha, der sich nach einem Navigationsfehler einen besseren Überblick verschaffen wollte, Kapstadts Hausberg. Nach dem tafelflachen Berg benannte dann Joris van Spilbergen den Ankerplatz „Tafelbucht". Topographisch hat sich seitdem nichts geändert.

Ein Naturparadies

Der Tafelberg ist einer der zentralen Punkte des **Table Mountain National Park.** Er besteht aus Sandstein und ist 1086 m hoch. Sein flacher Rücken misst von einem Ende zum anderen nahezu 3 km. Die Flora des Tafelberges gehört zum einzigartigen *„Fynbos-Königreich der Pflanzen",* das mit 1470 Arten vertreten ist, darunter allein 100 verschiedene **Iris-Arten,** 500 **Erika-Gewächse,** zahlreiche **Proteen-Arten** und seltene Pflanzen wie **Silberbaum** (Silver Tree) oder die wilde Orchidee Disa Uniflora, die von wunderschönen Schmetterlingen bestäubt wird.

An Tieren leben am Tafelberg die possierlichen Klippschliefer (Rock Dassies), Felsenadler, Paviane und Antilopen, aber auch Kobras und Puffottern! Nachts kommen Wüstenluchse, Ginsterkatzen und Stachelschweine aus ihren Verstecken.

Die Seilbahn

Jährlich „gondeln" über 500.000 Menschen mit der Drahtseilbahn auf den Tafelberg. Man erreicht die Talstation (Tel: 021-424 8181, Taste 3 drücken für Wetterbericht) von der City über die New Church-/Kloof Nek Road oder von Camps Bay über die Kloof Rd. In der Hauptsaison kommt es immer wieder zu Verkehrsstaus, schon weit vor der Talstation. An der Kasse meist langes Anstehen – Online-Buchung ist ratsam und günstiger. Auch die Wartezeiten bei der Runterfahrt kurz nach Sonnenuntergang sind lang. Wer vorhat auf dem Berg bis zum Abend zu bleiben sollte unbedingt eine Jacke mitnehmen, da oben oft ein eiskalter Wind weht. Eine Gondel fasst max. 65 Personen, sie benötigt etwa vier Minuten für die Auffahrt (10 m/sec), und dabei dreht sie sich um die eigene Achse – 360-Grad-Blick auf Kapstadt und den Tafelberg.

Fahrpreise: Erwachsene R205 retour, Kinder ermäßigt. Zugang für Rollstuhlfahrer möglich. Online-Buchung auf www.tablemountain.net.

Die Bergstation besitzt einen Curio Shop (Postkarten mit eigenen „Tafelberg-Briefmarken") und ein Restaurant (auch vegetarische Gerichte).

Fahrbetrieb

Bergfahrt: **Mai–Januar** ab 8.30 Uhr; **Februar–April** 8 Uhr. Letzte Talfahrt: 1. Dez. bis 31. Jan. 22 Uhr; 1. Feb.–30. April 21 Uhr, 1. Mai bis 10. September 18 Uhr, 15. September bis 30. Oktober 19.30 Uhr, 1. November bis 30. November 21 Uhr (letzte Auffahrt jeweils eine Stunde früher). *Achtung:* **In der Hochsaison steht man bis zu zwei Stunden an der Kasse!** Rechtzeitig da sein, dann bekommt man auch noch einen passablen Parkplatz. Aktuelle Internet-Infos, **ob gerade schlechtes Wetter ist** (Wettervorhersage für drei Tage) **und deshalb die Cableway nicht fährt, erfährt man auf www.tablemountain.net.**

Aussichten

Auf den neu angelegten Wanderpfaden kann man schön herumspazieren und die Aussichten genießen. Nach Süden zu erstreckt sich die Kap-Halbinsel, am südöstlichen Rand liegt die False Bay und nach Norden verläuft das Küstenband des Atlantiks (*mit Robben Island* und *Dassen Island).* An klaren Tagen kann man im

Westen über die Cape Flats bis zu den Hottentots Holland Mountains sehen.

Ein Weg führt zum höchsten Punkt, zum *Maclear's Beacon* (2,5 km). Überreste von Reservoirs erinnern an die Rolle des Plateaus zur Trinkwasser-versorgung (Schlüssel für das kleine Wasserwerks-museum am Woodhead Damm beim Sicherheitsdienst).

In den warmen Sommermonaten ziehen sich langsam Wolken über dem Tafelberg zusammen. Durch den starken Wind klettert die mit Feuchtigkeit beladene Luft am Berg hinauf und legt sich abgekühlt als **„Tablecloth"** – „Tischtuch", über den Berg. Vom Berg fallen die Wolken in weißen Fingern ab und verflüchtigen sich in der Wärme, bevor sie den Grund erreichen. Wer vorab sehen möchte, wie das Wetter am Tafelberg ist, besucht www.tafelberg-live.de.

Zu Fuß hinauf

Fünf ausgeschilderte Wanderwege führen auf Kapstadts Tafelberg. *Der Mountain Club of South Africa*, in der 97 Hatfield Street, Tel. 021-465 3412, (www.mcsa.org.za), schlägt geeignete Touren vor, Cape Town Tourism verkauft Wanderkarten, die Seilbahnstation bietet auf www. tablemountain.co.za Wetterauskünfte. Generell braucht man eine sehr gute Kondition für den Aufstieg und genügend Wasser. Empfehlenswertes Buch: *Latest Walks in the Cape Peninsula* von Jose Burman, Human and Rousseau Publishing. Zu den beliebtesten Wanderungen gehören der 11 km lange *Castle Grootkop Trail* und der gleichlange *Smuts Track* via Skeleton Gorge, der am Kirstenbosch Botanical Garden beginnt (nur für geübte Kletterer empfehlenswert!). Die *Table Mountain Climb Company*, 606 Heerengracht Centre, Foreshore, Tel. 021-4192667, bietet interessante Wanderungen an.

Kapstadts Townships

Die Townships und Wohngebiete rund um Kapstadt, in denen vorwiegend schwarze und farbige Bevölkerung lebt, heißen **Athlone, Guguletu, Nyanga, Langa, Crossroads** und **Khayelitsha.** Hinter der Eintönigkeit der Häuser, dem Elend der Wellblechbehausungen, den Müllkippen direkt vor den Türen, den staubigen Straßen und der Trostlosigkeit verbirgt sich jene Kraft, die es letztendlich geschafft hat, die Apartheid zu stürzen. Immer noch mangelt es an ausreichender Versorgung mit Elektrizität und Wasser, an sanitären Einrichtungen und Abwasser- und Müllbeseitigung. Die meisten Häuser wurden auf 99 Jahre vermietet, erst seit 1984 besteht die Möglichkeit des Ankaufs. Um den Kern der Townships sammeln sich die Landflüchtigen in Papphäusern, die nach jedem Regen davongeschwemmt werden, und leben von dem Abfall, den die etwas weniger Armen wegschmeißen.

Das älteste Township (seit 1922) heißt *Langa* – „Sonne" – von der Bevölkerung so benannt nach einem bedeutenden Häuptling und Widerstandskämpfer (der „weiße" Name war West London). Es wurde für 850 Menschen 12 km südöstlich des Stadtkerns angelegt; 1989 lebten knapp 17.000 Menschen dort, heute sind es schätzungsweise 80.000. Die Namensgebung des Townships *Guguletu* – „Unser Stolz" ist für uns sicher nur schwer nachvollziehbar. Nicht zu übersehen von der Straße zum Flughafen sind die Elendsviertel von **Crossroads**, das genauso aus den Nähten platzt wie das größte Township **Khayelitsha,** das einst für 30.000 Menschen konzipiert wurde und längst die eine Million-Marke überschritten hat! Wer einmal spüren möchte, wie es sich in einem Township lebt, sollte sich in **Vicky's B&B,** Khayelitsha, Tel. 083-2252986, www.vickys-bed-and-breakfast.com, einquartieren. Die Zimmer wurden absichtlich im ursprünglichen Zustand belassen. In **Mitchell's Plain** leben die Farbigen. 1947 gegründet, zählt es mit 250.000 Einwohnern zu den größten Siedlungen am Kap. *Mnandi*, der Hauptstrand, liegt verhältnismäßig windgeschützt. Es gibt Umkleidemöglichkeiten und sanitäre Einrichtungen. *Monwabisi*, 1 km von Swartklip entfernt, hat eines der größten Gezeitenbecken der Region (Rasenflächen u. Grillstellen).

Touren

Alleine sollte man sich in kein Township begeben! Liziwe's Guest House in Guguletu bietet neben Übernachtung auch Townshiptouren an, Tel. 021-633 7406. – Empfehlenswert im Township Langa bei **Nomase's Self Catering Accommodation,** 35 Sandile Extensions Langa, Tel. 021-6943904 o. 083-4828377, www.nomase.co.za; 2 liebevoll eingerichtete Zimmer im Einfamilienhaus. – Interessant ist eine Fahrradtour von **AWOL Tours** durch die Masiphumele Gemeinde, die zwischen Kommetjie und Noordhoek liegt. Info unter www.awoltours.co.za.

Buchtipps: Der Traum vom Regenbogen. Nach der Apartheid: Südafrikas Jugend zwischen Wut und Hoffnung (Chubb, K./van Dijk, Rowohlt TB 1999). – Das Erbe der Apartheid, Pumla Gobodo-Madikizela (mit einem Vorwort von Nelson Mandela), Budrich Verlag.

Freizeittipps für Kapstadt und Umgebung

Bootsausflüge

Waterfront Charters, Old Port Captain's Building, Pierhead (Tel. 021-4180134, www.waterfrontboats.co.za) bieten halbstündige Hafenrundfahrten zu den internationalen Docks an, Sunset Champagne Cruise (1,5 h). und 3stündige Fahrten nach Robben Island. Sehr beliebt sind auch die Sunset Cruises und Lunch und Dinner Touren von *Tigger2Charters,* www.tiggertoo.co.za, die ebenfalls von der Waterfron aus starten.

Fußballspiel

ansehen ist möglich im WM-Stadion 2010.

Gleitschirmsegeln

Unter http://bestflyingsites.com findet man die besten Abflugstellen rund um Kapstadt.

Golf

20 Minuten vom Stadtzentrum liegen der *Mowbray Golf Club,* Raapenberg Rd, Mowbray (www.mowbraygolfclub.co.za) und der *Royal Cape Golf Club,* 174 Ottery Rd, Wynberg (www.royalecapegolf.co.za). Beide gehören zu den ältesten Clubs des Landes und sind Austragungsorte vieler Meisterschaften. – Wunderbare Ausblicke über die Tafelbucht bietet der *Milnerton Golf Club,* Woodbridge Island, Milnerton (www.milnertongolf.co.za).

Hochseefischen

Infos über die besten Fischgründe für Gelbfisch, Thunfisch (longfin tuna) oder den begehrten Broadbill-Schwertfisch bei *Deep Sea Angling Association,* www.sadsaa.com. Charter u.a. bei *Big Blue Fishing Charters,* www.bigbluefishingcharters.com.

Reiten

An den Stränden von Kommetjie und Noordhoek bieten Horse Trail Safaris, Indicator Lodge, Skaapskraal Road, Ottery, zweistündige Ausritte an. – *Sleepy Hollow Horse Riding,* Sleepy Hollow Lane, Noordhoek, Tel. 021-7892341, macht Tagesausritte, Sonnenuntergang- und Mondscheinritte (2 h, ab R400, sleepyhollowhorseriding.co.za).

Helicopter- und Rundflüge

Ein großes Angebot an Helicopter-Rundflügen über Kapstadt und Umgebung findet man auf www.cape-town-helicopter-tours.com. – *Blue Sky,* über Andreas Strutzberg, www.bluesky-

Karte S. 205 u. Klappe hinten   **Cape Town**   **189**

bb.co.za; Hubschrauber-Rundflüge (1 u. 1,5 Std.) ins Weingebiet zu drei Gütern mit Winetasting/Lunch, auch Cape of Good Hope und Wunschtouren. – Scenic flights mit Hubschraubern und Kleinflugzeugen über Kapstadt und weitere Umgebung bietet *Civair*, www.civair.co.za; u.a. von der Waterfront über die Kaphalbinsel und ins Weinland.

Segeltouren
Ein guter Tipp ist ein Segeltörn auf der Spirit of Victoria, www.waterfrontboats.co.za.

Surfen
Aktuelle Informationen über Surfbedingungen: Tel. 021-7888218 oder kurz nach 7 Uhr auf Radio Good Hope. Beliebteste Strände: Big Bay/Bloubergstrand, Noordhoek, Kalk Bay, Long Beach, Kommetjie und Muizenberg. Folgende Geschäfte vermieten Bretter: *The Corner Shop*, 143 Main Road, Muizenberg, Tel. 021-7881191; *Fish Hoek Sport*, Recreation Road, Fish Hoek, Tel. 021-7822123; *Suntrax Sail, Surf and Street,* 7 Bree St, City Centre, Tel. 021-4193772; *Side Surf Shop,* Shop 578, Tyger Valley Centre, Tel. 021-948 9565; *Surf Centre*, Ecke Loop/Hout St, Tel. 021-4237853 (auch gute Second-Hand Bretter).

Tauchen
Table Bay Diving, www.tablebaydiving.com. – *Dive Action*, 22. Carlisle St, Paarden Eiland, Tel. 021-5110800, www.diveaction.co.za; Kurse und Haitauchen.

Themenpark Ratanga Junction
Mehr als 30 Attraktionen bietet der Themenpark **Ratanga Junction.** *Cobra, Tarantula, Monkey Falls* und *Crocodile Gorge* heißen einige der Hauptattraktionen, bei denen man wirklich Nerven braucht. Doch auch für kleinere Kinder und sanftere Gemüter gibt es genügend zu unternehmen: Stuntshows, 3D-Kino, Puppentheater und mehr. Öffnungszeiten: Mi–Fr und sonn- und feiertags 10–17 Uhr, Sa 10–18 Uhr. *Anfahrt:* 8 km N 1 Richtung Bellville, Ausfahrt 10. An der Ampel links in die Sable Road und dann rechts Rantanga Rd und rechts Century City.

Whale-Watching
Dyer Island Cruises in Gansbaai (s. dort) sind Experten in Sachen „Whale Watching (www.dyer-island-cruises.co.za).

Mobil in Kapstadt
Autovermietung

Durch die große Konkurrenz kann man besonders außerhalb der Ferienzeiten gute Preise aushandeln (darauf achten, dass in der Grundmiete auch tägliche Freikilometer und Versicherungen drin sind). Preis schriftlich bestätigen lassen. Kostenloser Zubringerdienst meist nur im Stadtgebiet.

   Adelphi Rent a Car, 94 Main Rd, Sea Point, Tel. 021-4396144, www.adelphi.co.za; neue Autos, freier Zubringerdienst. **TIPP: Atlantic Car Hire,** 20 Boston Circle, Chilwan's Building, Airport Industria North (beim Flughafen), Tel. 021-9344600, www.atlanticcarhire.co.za. Bewährt, sehr verlässlich, Abholung/Übergabe am Airport, null Wartezeit. **Avis,** Tel. 021-934 0330; auch Vermietung v. Geländewagen, Chauffeurdienste möglich. **Budget,** Tel. 021-9340216 oder Tel. 0800-016622; sehr gutes Service/Preis-Verhältnis. **Carisma Car Hire,** www.carisma.co.za. Sehr günstige Preise besonders im südafrikanischen Winter. **Europcar,** www.europcar.com. Große Auswahl. **Maui,** Tel. 021-982 5107, www.maui.co.za; Campingbusse mit 3 und 5 Betten, Geländewagen.

Parken

Die **Parkmöglichkeiten** in der Innenstadt sind beschränkt und durch Parkwächter und Automaten geregelt. Im Westin Grand Cape Town Arabella Quays **Hotelkomplex** zwischen Hafen und Innenstadt gibt es **eine gute bewachte Parkgarage.** Gut parken kann man u.a. auch im Parkhaus in der Strand Street (Waterfront-Haupteingang) und in der Waterfront Clocktower-Tiefgarage.

Fahrrad-/Rollerblade-Vermietung

Rent'n Ride, Fahrrad- und Inline-Skate-Vermietung, 1 Park Road, Mouille Point,

Western Cape

190 Cape Town — Karte S. 176/177 u. Klappe hinten

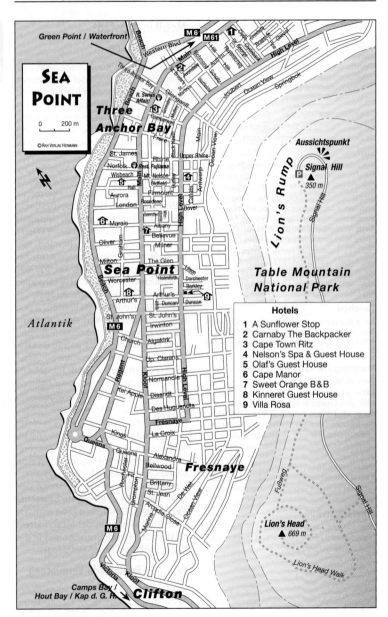

Tel. 021-4341122; Fahrräder mit Zubehör und Rollerblades, Kaution erforderlich. **Cape Town Cycle Hire,** www.capetown cyclehire.co.za; Fahrradvermietung. Lieferung ans Hotel.

Motorradvermietung

African Outdoors, Tel. 021-5568365, 33 Mansell Rd, www.absoluttours.com. Alle Maschinen vom Feinsten (BMW, KTM, Harley Davidson). – **Le Cap Motorcycle Hire,** B9 Edgemead Business Park, Link Way, Tel. 072-2590009, www.lecap.co.za; Motorradvermietung inklusive Ausrüstung, Mindestalter 23 Jahre. Nach Bed& Bike-Angeboten fragen.

Öffentliche Verkehrsmittel

Für **Busse** und **Metro** ist die preisgünstige, 7 Tage gültige *Cape Town Card* sinnvoll (im Touristenzentrum in der Adderley Street, Fahrplan mitnehmen). **Businformation** bei Golden Arrow, Tel. 080121 2111, **Metroinformation** unter Tel. 021-4052991. Die großen Busstationen befinden sich außerhalb des *Golden Acre* (Einkaufszentrum) in der *Adderley St* und an der *Grand Parade.*

Die **Waterfront Busse** (MyCiTi) verkehren tgl. 4–ca. 21.30 Uhr. Route: Waterfront – Adderley Street (Touristeninformation) – City Centre (alle 20 Minuten) bis zum Airport und verschiedene andere Routen (www.capetown.gov.za). Beide starten am Victoria-Wharf-Einkaufszentrum und kosten etwa R6.

Züge verbinden das Zentrum mit den Vororten (Hauptbahnhof liegt zentral in der Adderley Street). Fahrpläne und -karten im Hauptbahnhof oder den Stationen. Zur Not verkaufen auch Schaffner gegen einen geringen Aufpreis Karten. Info unter www.capemetrorail.co.za. Es gibt zwei große Strecken: **Cape Town – Bellville – Wellington – Stellenbosch – Strand** und **Cape Town – Simon's Town** (von ca. 5–

22.30 Uhr, spätestens alle halbe Stunde). **Nicht nach Einbruch der Dunkelheit in der 2. oder 3. Klasse fahren!** Zug-Auskünfte unter 0800-656463. *Weitere wichtige Infos über Bus- und Bahnverbindungen siehe Teil II, „Unterwegs in Südafrika".*

Buslinien: Greyhound, Tel. 021-418 4310; **Intercape Mainliner,** Tel. 021-934 4400 oder 9348380; **Transcity** und **Translux,** Tel. 021-4053333.

Ausgehen in Kapstadt

Kneipen, Bars und Diskotheken

Ambassador Salt Bar, Victoria Road, Bantry Bay, Tel. 021-4396170, tgl. 10–24 Uhr; Meerblick. – **Asoka Bar,** 68 Kloof St, Tel. 021-4220909; Restaurant und Cocktailbar; jüngeres Publikum. – **Bronx,** Ecke Somerset/Napier Rd, Green Point; heißester Tipp für Schwule, ab Mitternacht geht's richtig los, tgl. geöffnet. – ***Café de Sud,** 107 Loop St, Tel. 021-4220500; „cross-cultural Bohemian spot". – **Crowbar,** 42 Waterkant St, City Centre, Tel. 021-4193660; buntes Publikum, ausgefallene, kleinere Gerichte, Mo–Sa 11–1 Uhr. – **Ferryman's Tavern,** East Pier Road, neben der Mitchell's Brauerei, Waterfront, Tel. 021-4197748; frisches Bier, gutes Essen in gemütlicher Atmosphäre, Mo–Sa 11–23, So 12–22.30 Uhr. – **Forester's Arms,** Newlands Avenue, Newlands, Tel. 021-6895949, Mo–Sa 10–23.30 Uhr; viele Studenten. – Insider schwören derzeit auf einen Besuch im **Club 31,** 31st Floor im ABSA Centre, 2 Riebeeck St, Tel. 021-4210581, www.thirtyone.co.za Frauen ab 21, Männer ab 23, Gästeliste schließt um 23.30 Uhr); gediegene Clubathmosphäre bei Mainstream-Music. – Das **Kennedy's,** 251 Long St, Tel. 021-4241212, www.ken nedys.co.za (bewachter Parkplatz), ist eine echte Jazzkneipe mit Cigar-Lounge und Restaurant (Mo–Sa ab 12 Uhr). – Als ech-

192 Cape Town — Karte S. 176/177 u. Klappe hinten

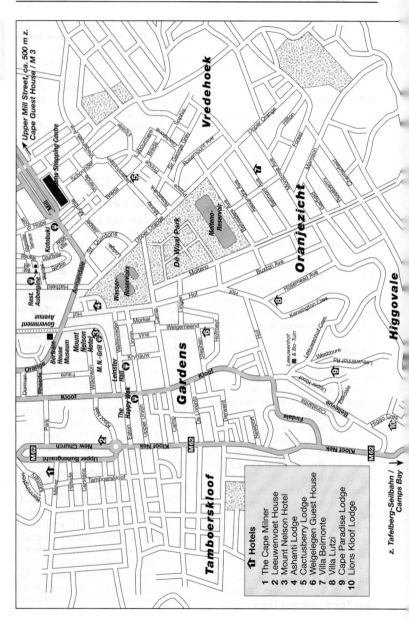

ter **Geheimtipp** gilt immer noch das **Jo'burg,** 218 Long St, Tel. 021-4220142, mit seinen Samtsofas. Hier ist immer was los (tgl. 17 Uhr bis spät). Wer Hunger hat, kann bis Mitternacht nebenan in die Tapas-Bar Diabolo, Long St 224B, gehen. – Kapstadts ältester Pub (1808) ist die **Perseverance Tavern,** 83 Buitenkant St, City Centre, Tel. 021-4611981, Mo–Sa 12–22 Uhr; gute Hausmannskost, Biergarten. – Einer der lebhaftesten Plätze, an denen man entweder draußen oder drinnen sitzt, ist das ***Quay Four,** *V&A Waterfront.* Hier sitzt man Schulter an Schulter mit den Capetonians, trinkt sein Bier, hört Musik und philosophiert über das Leben. Wer ein bisschen Geld hat, sollte sich das Restaurant im ersten Stock nicht entgehen lassen. Reservierung sinnvoll, tgl. geöffnet. – **Rick's Café Americain,** 196-198 Loop Street, City Centre, Tel. 021-422 2378, Mo–Sa 11–2 Uhr (nachts); im Trend und gut besucht. – **Rock Spider's Opera Café,** Main Road, Green Point, Tel. 021-4397392; origineller Pub mit buntem Publikum. – Im **Rhodes House,** 60 Queen Victoria Street, Tel. 021-4248844, www. rhodeshouse.co.za, wird von jüngerem Publikum ausgiebig Party gefeiert (Fr–Sa 22 Uhr bis spät, Parkwächter). – Am Dunkley Square in Gardens (14 Wandel St) treffen sich Nachtschwärmer im ***Roxy's,** denn hier gibt es die besten Cocktails und weit bis nach Mitternacht etwas zu essen.

Es ist ratsam **nicht ohne Begleitung in die Townships** und ihre Tavernen und Shebeens zu **gehen!** Infos z. B. unter gulethu-capetown.co.za.

Jazzclubs

Afrikas größtes Jazzfestival, das fünftägige **Cape Town International Jazz Festival,** bildet im Februar den alljährlichen Auftakt für Jazz-Enthusiasten. Unterm Jahr trifft sich die Szene in Clubs. – Im **Blue**

Note, Club Galaxy, Cine 400 Building, College Road, Rylands, Tel. 021-6379027 (Di–Sa ab 20.30 Uhr geöffnet), treffen sich bevorzugt die Cape-Jazzer. Besonders am Sonntagabend fahren die Musiker im **Club Montreal,** Ecke York/Third Avenue, Sherwood Park (Tel. 021-6910402), zur Höchstform auf. Geöffnet Fr–So ab 20 Uhr. Gute Parkmöglichkeiten. – Ein Tipp ist ein Besuch im **Green Dolphin,** Victoria and Alfred Arcade, V&A Waterfront, Tel. 021-4217471 (tgl. 12–24 Uhr, Jazz ab 20.30 Uhr). Man sollte sich für R25 einen Sitzplatz mit Sicht auf die Band sichern.

Rock und Folk

Vor dem **Café Comic Club,** Loop Street, City Centre, Tel. 021-4191123, muss man zwar immer anstehen, dafür geht dann aber auch drinnen die Post ab (tgl. ab 21 Uhr bis Sonnenaufgang). – Im **Crowded House,** 26 Main Road, Rondebosch, Tel. 021-6867000 (Di–Sa 20–3 Uhr), hört das vorwiegend studentische Publikum die ganze Musikpalette von Pop bis Techno.– **Deco Dance Nightclub,** Fr–Sa 9–4 Uhr (ab 22 Jahren),120B Main Road, Sea Point, www.decodance.co.za. – ***The Purple Turtle,** Ecke Shortmarket/Long Street, City Centre, Tel. 021-4262277 (Mo–Sa 10–2 Uhr, So 16–1 Uhr) ist Kneipe, Restaurant, Kunstgalerie und Musikbühne in einem.

Im **Barleycorn Music Club,** The Brooksider, 11 Lansdowne Rd, Claremont, werden sich Folk-Freunde wie zu Hause fühlen. Montagabend ab 21 Uhr läuft das beste Programm.

Pink Map

An vielen Informationsstellen finden Homosexuelle die kostenlose „Pink Map", Kapstadts Infoplan zu Unterkünften, Geschäften, Pubs, Clubs und Wellness Centern für Schwule und Lesben; s.a. www. gapleisure.com.

Cape Town

Theater, Musik, Tanz

Wer Aufführungen südafrikanischer Autoren sehen möchte, sollte Ausschau halten nach Stücken von *Pieter Dirk Uys* (www.evita.co.za, *Robert Kirby* und *Mark Banks*. Fast immer empfehlenswert sind Stücke von *Athol Fugard* und *Sue Pam-Grant*, beide wurden mit vielen, z.T. internationalen, Auszeichnungen dekoriert. Die beiden südafrikanischen Musical-Spezialisten heißen *Taliep Petersen* und *David Kramer*. Zu den großartigsten afrikanischen **Tanzensembles** aus Kapstadt gehören die **Amabutho Warriors** und die **Manyanani Dance Group.**

Das **Artscape Theatre,** DF Malan Street, Foreshore, City Centre, Tel. 021-4109800, www.artscape.co.za, gilt als Haupttheater der Stadt.

In der imposanten **City Hall,** Darling St, City Centre, Tel. 021-4002230, werden verschiedene Konzerte im Monat aufgeführt. Tageszeitungen und Cape Town Tourism informieren über die aktuellen Spielpläne.

Der **Baxter Theatre Complex,** Main Road, Rondebosch, Tel. 021-6857880 (www.baxter.co.za), beherbergt drei Bühnen. Daneben gibt es ständig kleinere Kunstausstellungen. Angeschlossen ist ein Restaurant, eine Bar und zwei Kinos.

Das **Dock Road Theatre,** Dock Road, Pierhead, V&A Waterfront, Tel. 021-419 5522, ist in Südafrikas erstem Elektrizitätswerk aus dem Jahr 1882 untergebracht. Hier werden vorwiegend Musicals und populäre Theaterstücke gezeigt.

The **Arts Association of Bellville,** The Library Centre, Carel van Aswegen Street, Bellville, Tel. 021-4447230, veranstaltet jeden letzten Sonntag im Monat um 20.15 Uhr Musikkonzerte.

Kirstenbosch Botanical Garden, Rhodes Drive, Newlands, ist Schauplatz für *The Appletiser Summer Sunset Concerts* (Dez–März, So 17.30 Uhr, www.kirstenbosch.co.za).

Restaurants

Exklusiv

*Aubergine, 39 Barnet St, Tel. 021-465 4909, www.aubergine.co.za; geschmackvoll und exklusiv, Küchenchef Harald Bresselschmidt. Lunch Mi–Fr 12–14 Uhr, Dinner Mo–Sa 19–22 Uhr. – ***Buitenverwachting,** Klein Constantia Road, Constantia, Tel. 021-7945190; inmitten von Weingärten, eines der Spitzenrestaurants des Kontinents, uneingeschränkt empfehlenswert, Di–Fr 12–15 Uhr, Di–Sa 19–22 Uhr. – **Constantia Uitsig,** Spaanschemat River Road, Constantia, Tel. 021-7944480; mediterrane und französische Küche in elegantem Herrenhaus, tgl. 12–14.30 und ab 19 Uhr. – **Leinster Hall,** 7 Weltevreden St, Gardens, Tel. 021-424 1836, www.leinsterhall.com, Di–Sa 19–22.30 Uhr; im Sommer ist das hervorragende Menü auf der Gartenterrasse besonders empfehlenswert. – Mount Nelson Grill, **Mount Nelson Hotel,** 76 Orange Street, Gardens, Tel. 021-4381000; viele Capetonians, die mit Springbock in Wacholderrahm, Riesenshrimps und Beluga-Kaviar feiern, tgl. 19–24 Uhr, So–Di Pianobegleitung, Mi–Sa spielt eine Tanzkapelle. – ***Rozenhof,** 18 Kloof St, Gardens, Tel. 021-4241968; Treffpunkt für Politiker und Medienstars, südafrikanische Küche und exklusive Fischgerichte bei klassischer Musik, Mo–Fr 12.30–15.30, Mo–Sa 19–23 Uhr.

Gute Küche

*Africa Café, am Heritage Square, 108 Shortmarket St, Tel. 021-4220221; authentische afrikanische Küche. Mo–Sa 6.30–23 Uhr. Reservierung sinnvoll, www.africacafe.co.za. – **Barristers,** Ecke Main/Kildare St, Newlands Village, Tel. 021-6717907, www.barristersgrill.co.za; Mo–Fr 12–24, Sa 18.30–24 Uhr; beste Steaks und Spareribs der Stadt. – ***Belthazar,**

Victoria Basin, Waterfront, Tel. 021-4213753, www.belthazar.co.za; Restaurant und Weinbar. Als bestes Steakhaus Kapstadts ausgezeichnet. Längste Weinkarte der Welt. – *Beluga,* The Foundry, Prestwich St, Green Point, Tel. 021-418 2948; www.beluga.co.za; in aufwendig renovierter ehemaliger Fabrik- und Dockanlage, Restaurant, Bar, Café, offene Küche, Terrasse, internationale Gerichte, auch Snacks. – **Cape Town Fish Market,** Shop 159, Keerom Warehouse, Victoria Wharf, V&A Waterfront, Tel. 021-4185977, tgl. 11–23 Uhr; super frischer Fisch, Highlights sind Hummer, Riesengarnelen und Sushi. – **Col'Cacchio,** Seef House, 42 Hans Strijdom Avenue, Foreshore, Tel. 021-419 4848, Mo–Fr 12–14.30 Uhr, tgl. 18.30–23 Uhr; ultimatives Pizzaerlebnis der Stadt; kein Alkoholausschank. – *Five Flies Restaurant and Bars,* 16 Keerom St, Tel. 021-4244442; geselliger Gourmet-Treffpunkt, exquisite Küche (Lunch Mo–Fr ab 12 Uhr; Dinner tgl. ab 19 Uhr). – *Ginja & Shoga,* 121 Castle St, Tel. 021-4262368; zwei Trend-Restaurants unter einem Dach im Bo-Kaap-District, internationale Gerichte. – **The Bungalow Restaurant,** 3 Victoria Rd, Clifton, Tel. 021-4382018, www.thebungalow.co.za, tgl. ab 12 Uhr; illustres Publikum aus gebräunten Surfboys und Späthippies bei Sonnenuntergang an Steintischen. – **Khaya-Nyama,** 267 Long St, Tel. 021-4242917, tgl. 17–24 Uhr; afrikanisches Ambiente, Wildgerichte wie z.B. Bushman Eland Steak und Warthog Ribs. – Ein **Tipp** ist *Mama Africa Restaurant,* 178 Long St, City Centre, Tel. 021-426 1017, Mo–Sa 12–15 und 19–23 Uhr, Bar bis 4 Uhr früh; südafrikanische und kapmalaiische Küche (Geduld mitbringen), urige Kneipenstimmung, samstags Live-Musik und volles Haus. – *Marco's African Place,* 15 Rose Lane, Bo Kaap, Tel. 021-4235412, tgl. Spezialitäten aus ganz Afrika, oft mit Livemusik, gemischtes Publikum, prima Stimmung. – **On The Rocks,**

45 Stadler Rd, Bloubergstrand, Di–Fr und So 12–14 Uhr, Di–So 19–22 Uhr; unter der Woche empfehlenswert, mit schönem Blick auf Tafelberg und Bucht. – *Posticino,* Main Rd, Sea Point, Tel. 021-439 4014, www.posticino.co.za (Res. dringend empfohlen!) und **Posticino Express,** Shortmarket St, Greenmarket, Tel. 021-4246850. Die Küche der Besitzer Enrico und Gioachino ist immer noch ein Geheimtipp. – *Quay Four,* Tel. 021-419 2008, V&A Waterfront, im 1. Stock; Spitzenklasse in punkto Gerichte, Atmosphäre u. günstiger Lage; frischer Fisch, Zubereitung raffiniert, sehr gute Weine. – *Café Manhattan,* 247 Main Rd, Sea Point, Tel. 021-4399666, www.manhattan.co.za; hervorragendes Essen zu moderaten Preisen. – **The Gardener's Cottage,** Montebello Centre, 31 Newlands Ave, Tel. 021-6893158, Di–Fr 8–16.30 Uhr, Sa/So 8.30–16.30 Uhr; beschaulich, Tische im Freien unter Campherbäumen, gesundes, abwechslungsreiches Essen wie Spinat-Panzerotti oder Hühnersalat, kein Alkohol. – **Panama Jack's Tavern,** Duncan Rd, Quay 500 (Small Craft Harbour, Nähe Royal Cape Yacht Club), Cape Town Docks, Tel. 021-4481080, www.panamajacks.net; Geheimtipp für die besten Langusten, tgl. 12–14.30 (außer Sa) und 18.30–22.30 Uhr.

Mal anders Tee trinken?
Tipp: **High Tea** im **Mount Nelson Hotel,** Orange Street, Gardens; für R165 ein umwerfendes „Tea-Time-Büfett" mit Kuchen, geräuchertem Forellenfillet und anderen Spezialitäten; tgl. 14.30–17.30 Uhr.

Günstig

Afrikwizee@The Gin Mill, 17 Lower Main Road, Observatory, Tel. 021-448 0487; Gerichte aus dem südlichen und zentralen Afrika, auch vegetarisch, zu-

196   Cape Town

Karte S. 176/177 u. Klappe hinten

sätzlich nette Bar mit guten Cocktails. – **Café Bodega,** Pichel Parkade, Strand St, City Centre, Tel. 021-4191708, Mo–Fr 7–17.30, Sa 7–1 Uhr; gutes Frühstück, deutsche Küche mit Bratwurst und Gulasch. – **Don Pedro's,** 113 Roodebloem Road, Woodstock, www.donpedros.co.zatgl. 19–2 Uhr; jüngere Leute, frischer Fisch und Pizza. – **Grill & Butcher,** 1 Beach Boulevard, Table View, Tel. 021-5571004; sehr gutes Steakhouse und einheimische Küche. – **Kuzma's,** 91 Main Road, Rondebosch, Tel. 021-6893762, Mo–Sa 8.30–4.45, So 8.30–16 u. 18–3.45 Uhr; Hamburger für Nachtschwärmer. – **Caffé San Marco,** 128 Victoria Wharf, V&A Waterfront, Tel. 021-4185434, So–Do 8–24, Fr/Sa 8–1 Uhr; guter Platz, um Leute zu beobachten. – **The Crypt,** St George's Cathedral, 1 Wale St, City Centre, Mo–Fr 7.30–16 Uhr; der Tipp schlechthin, in der Krypta der St George's Kathedrale (1834), Frühstück den ganzen Tag, gute Hausmannskost zu unschlagbaren Preisen. – **0932,** 79 Main Road, Miller's Point Exhibition Building, Green Point, Tel. 021-4396306; belgische Küche, lecker und günstig.

Township-Restaurants und Shebeens

Thuthuka Café in *Guguletu,* Tel. 082-9795831; mal *umfino* probieren, Wildgemüsetopf. – **Masande Xhosa Restaurant** in *Crossroads,* Tel. 021–3611840, hier *umngqhusho* probieren. – Wer *Langa* besucht, sollte den Guide nach der **Eziko Catering School** fragen, die auch Essen serviert. Auch das Shebeen **Tiger's Place** ist einen Besuch wert. – Die beiden besten Shebeens in *Khayelitsha* sind **Tryfina's** und **Bong's Place.**

Vegetarisch

Little Bombay, 245 Main Road, Three Anchor Bay, Tel. 021-4399041; bester vegetarischer Inder, sonntags reichhaltiges Büfett für etwa R70. – Beste vegetarische Restaurantempfehlungen unter www.capetwonmagazine.com.

Aus aller Welt

Anatoli, 24 Napier St, De Waterkant, Tee. 021-4192501, www.anatoli.co.za; türkisch, viel Knoblauch, originell in einem alten Warenhaus aus dem Jahr 1904. – ***Myoga,** Vineyard Hotel, Colington Road, Newlands, Tel. 021-6831520; hervorragende internationale Küche – „east meets west", wunderschöner Garten, Di–Fr 11.30–15, Di–Sa 19–22.30 Uhr. – **Kotobuki,** Avalon Hotel, 3 Mill St, Gardens, Tel. 021-4623675; bester (und teuerster) Japaner, Di–Fr und So 12–14 und Di–So 19–22.30 Uhr.

Späte Küchen

24-Stunden-Service bieten die **Fontana Roastery** auf der Long Street und Saul's in der Main Street in Sea Point.

Einkaufen

Geschäftszeiten Mo–Fr 8.30–17 Uhr und Sa 8.30–13 Uhr (manche Supermärkte haben länger und auch sonntags geöffnet), in der V&A Waterfront tgl. 9–21 Uhr, Craft Market 9.30–18 Uhr.

Einkaufszentren / Malls

Touristen der **V&A Waterfront** schätzen die große Auswahl des dortigen großen **Victoria Wharf Shopping Centre.** – **Cape Quarter Lifestyle Shopping & Restaurant,** 72 Waterkant St, www.capequarter.co.za. – Exklusiv ist **The Foundry,** Green Point (hinter dem Victoria Junction Hotel), ein in ehemaligen Fabrik- und Dockanlagen integrierter Komplex mit Gastronomie und Geschäften. – City: **Golden Acre,** Adderley/Strand Street, besitzt sehr viele Läden, Restaurants und Cafés; die schwarzen Fliesen auf dem Boden zeigen den ungefähren Küstenverlauf vor 1935. – Das **Tyger Valley Shopping Centre,** Bellville, im Nordosten Kapstadts, bietet 200 Geschäfte, Kinos, Restaurants, Cafés und ausreichende Parkplätze. – Gleichfalls in der Nähe, an der N 1, Exit 10, befindet sich **Century**

City mit dem riesigen ***Canal Walk Shopping Center.** Hier kann man gut und gerne einen ganzen Tag verbringen: 400 Shops, 40 Restaurants und Cafés, In- und Outdoor-Entertainment, Touristeninformationen, 11.000 Parkplätze, Shuttle-Abholbusse von diversen Hotels in der City, Tel. 021-5552172, www.canalwalk.co.za, Mo–Fr 10–21, Sa 9–21, So 10–18 Uhr. – **Constantia Village Shopping Centre,** Spaanschemat River Road; angenehmes Einkaufen, zwischen Läden Straßenstände mit frischen landwirtschaftlichen Produkten. – Im **Stadtteil Claremont** gibt es 3 Einkaufszentren: *The Atrium, The Link* und *Cavendish Square.* – **Access Park,** Myhof St, Kenilworth, Fabrikware günstig. Großer Obst- und Gemüsemarkt.

Antiquitäten

Collector's Corner, 73 Burg St, City Centre, antike Haushaltsgegenstände und Krimskrams. *Klooftique,* 87 Kloof St, Gardens, Art déco.

Audio / Video/Foto

Audiolens, 144 Victoria Wharf, *V&A Waterfront;* Ferngläser, Video- und Fotoausrüstungen. *Camera Repair Centre,* 2 Wheel Mecca Bld., 112 Voortrekker Rd, Salt River, Kamerareparatur.

Auktionen

Beste Auktionsadresse Ashbey's, 43 Church St, City Centre; Antiquitäten, Nachlässe und gut erhaltene Second-Hand-Ware. Besichtigung der Ware Mo–Di 8.30–16.45, Mi 8.30–15.45, Sa 8.30–11.45 Uhr, Versteigerungen Do 9.30–13.30 Uhr.

Bücher, Karten und Zeitschriften

Buch- und Kunsthandlung Naumann, 17 Burg Street; intern. Bücher, gutes Kartenmaterial. – *Central News Agency,* Golden Acre, Adderley Street. – *Clarke's Bookshop,* 211 Long St. – *Exclusive Books,* Constantia Village Shopping Centre und Lower Mall, Cavendish Square, Claremont; Riesenauswahl, auch intern. Abteilung. – *ID Booksellers,* 122 Longmarket St, deutsche Bücher und Magazine. – *Paperbacks* (8–21 Uhr), Picbel Parkade Building, Strand St, Garden Centre, Mill Street und 204 Main Road, Sea Point.

Campingausstatter

Camp & Climb, 42 Marine Drive Service Rd, Camping-, Wander- und Kletterausrüstung.

Delikatessen

Waterfront Farmstal, Shop 66, King's Warehouse, Victoria Wharf; Obst und Gemüse in bester Qualität und Auswahl.

Diamanten und Juweliere

*Prins & Prins, 66 Loop St, Huguenot House, www.prinsandprins.co.za, Tel. 021-4221090. Stilvoll in historischem Ambiente untergebracht, finden Besucher ausgewählten Schmuck und Steine. – *Cape Diamond Exchange,* Stuttaford Town Square, Ecke Shortmarket/St George's Mall, Tel. 021-4246125. Kostenlose Ausstellung und Beratung über Erwerb von Diamanten, international gültige Zertifikate. – *Waterfront Diamond,* Suite 305, Victoria Wharf Offices, Tel. 021-4185944; Werkstatt und Ausstellungsraum. – *Köhler Master Goldsmith & Jeweller,* 64 St George's Mall; exklusive Schmuckstücke. – *Tanur Jewellery Company,* Shop 47, Golden Acre Shopping Centre; ausgefallener Schmuck. – *Urry Diamonds,* 80 St George's Street Mall; alteingesessener Familienbetrieb. – *Uwe Koetter Jewellers,* 101 St, George's Mall und V&A Waterfront, Tel. 021-4245335 ; außergewöhnliche Designs.

Flohmärkte

Es gibt vier große Flohmärkte: **Green Point** (So), **Greenmarket Square** (Mo–Sa), **Grand Parade** (Mi und Sa) und **V&A Waterfront** (Sa/So).

Kunst und Design

AVA, 35 Church St; bunte Mischung aus kontemporärer Kunst. – ***Clementina Ceramics,** The Old Biscuit Mill, 375 Albert Rd, Woodstock, Shop 101/b, Tel. 082-9250871. Arbeiten der vielseitigen südafrikanischen Künstlerin Clementina van der Walt; wechselnde Ausstellungen. – **Bead Centre of Africa,** 207 Long St; einzigartige Sammlung rund um Perlenschmuck. – **The Cape Gallery,** 60 Church St; Kapkunst vom Feinsten in historischem Haus. – **Carrol Boyes** ist bekannt für besonders schön gestaltetes Tafelbesteck und ausgefallene Tisch-Accessoires. 43 Rose St, Kapstadt, www.carrolboyes.co.za (auch online-shopping).

„**Township**"- oder „**Wire Art**" wird aus Draht und Blechabfällen gefertigt, phantasie- und kunstvolle Kreationen und Nachbildungen von Gebrauchsgegenständen. Es gibt sie in vielen Läden, besten Überblick direkt beim Hersteller-Projekt **Streetwires,** 77 Shortmarket Street (Bo-Kaap, zw. Buitengracht und Rose Street), Mo–Fr 8.30–17 Uhr, Sa bis 13 Uhr, ww.streetwires.co.za.

Die **Arts & Crafts Map** gibt es kostenlos in der Touristeninformation.

Kunstgalerien

The Art Szene, 74 Regent Road, Sea Point. *The Cape Gallery*, 60 Church St. *Die Kunskamer*, Saambou Building, 14 Burg St. *The Yellow Door*, Gardens Shopping Centre, Mill St.

Naturkost

Nature's Best, 66 Main Road, Sea Point; Nüsse, getrocknete Früchte, Naturkost. *Natural Remedies Centre*, Pearce Road, Claremont; natürliche Heilmittel wie Bachblüten, Aromatherapie-Öle, Kräuter und Kristalle. *Vitamin Express*, King's Warehouse, V&A Waterfront; Auswahl an Ölen, Kräutern, Tees, Naturheilmittel.

Optiker

Stal Plein Optical Centre, 36 Plein St; Reparaturen und Brillenanfertigung, deutschsprachig.

Souvenirs

African Image, 52 Burg St, City Centre; Souvenirs, Perlenarbeiten, ethnisches Kunsthandwerk. – **African Souvenir & Assegai Curios,** Greenmarket Square; Souvenirs. –**Indaba,** 1 Harbour Café Annexe, *V&A Waterfront;* geschmackvolle Souvenirs. – **Kottlers Gifts & Curios,** 106 Adderley St; Standard-Mitbringsel. – **Out of Africa,** Shop 125, Victoria Wharf, *V&A Waterfront;* ausgewählte Kunst und Antiquitäten. – **The Collector,** 59 Church St; lokale und westafrikanische Kunst.

Sportgeschäfte

Replay Sports, 44 Main Road, Claremont; neu und gebraucht, Vermietung. *Logan's Sportsman's Warehouse*, 34 Klipfontein Road, Rondebosch. *The Pro Shop*, 19 Loop St; für Golfspieler. *Total Sports*, Waterfront, Shop 127; Schuhe, Kleidung.

Weinhandlungen

Vaughan Johnson's Wine Shop, Dock Road, *V&A Waterfront*, Tel. 021-4192121; tägliche Weinprobe, Export, Führungen zu Weingütern.

Kapstadt von A–Z

Information Kapstadt

Cape Town Tourism, The Pinnacle, Ecke Burg-/Castle Street, Tel. 021-4264260 u. 4876800, Fax 4264266, www.capetown.travel, ; Mo–Fr 8–18, Sa 8.30–13, So 9–13 Uhr. Stadtpläne, Infomaterial, Tourbuchung, Internetcafé.

Hier befindet sich auch die Buchungszentrale von South African National Parks (SANP), Tel. 021-4876817, www.sanparks.org

Von hieraus fahren stündlich (ab 8.45 Uhr) **Busse** von City Sightseeing **bis Green Bay über Tafelberg** (bis ca. 17.30 Uhr). – **Cape Town Tourism, Waterfront Visitor's Centre** (beim Clock Tower), Tel. 021-4054500, www.capetown.travel, tägl. 9–21 Uhr). – **Satour,** Tourist Rendezvous Centre, 3 Adderley St, Tel. 021-216274; Mo–Do 8–16.30, Fr 8–16, Sa 10–12.30 Uhr, Infos aus ganz Südafrika abrufbar. – **Western Cape Tourism Board,** am Flughafen, Tel. 021-4183716, www.thewesterncape.co.za, Straßen- und Telefonkarten, 9–16 Uhr. – **Cape Winelands,** Tel. 021-888 5102, www.winelands.co.za, **Cape Overberg,** Tel. 028-2141466 www.overberg.co.za, **Cape Garden Route,** Tel. 044-873 6314 www.gardenroute.co.za, Cape West Coast, Tel. 022-4338505, www.capewestcoast.org.

☐ **Aktuellste Informationen im Internet** auf www.capetown.gov.za (allgemeine Information der Stadtverwaltung); www.capetown.travel; (Cape Town Tourism, sehr gut, viele Links zu touristischen Informationen); www.kapstadt.

Karte S. 176/177 u. Klappe hinten   **Cape Town**   **199**

co.za (z.B. Unterkünfte). Deutsche Websites: www.kapstadt.de, www.kapstadt.net, www.kapstadt-forum.de. Interessant ist außerdem noch: mothercity.co.za; capeinfo.com bietet einen aktuellen Veranstaltungskalender.

Ebenfalls sehr ausführliche Information über aktuelle **Veranstaltungen** erhält man bei www.capeevents.com.

Automobilclub AA, Pannenhilfe

Kostenlose Nummer: Tel. 0800-010101. AA-Büros in: 7 Martin Hammerschlag Way, Foreshore; oder Shop 5, Parkade Mall, Waterkant St; Tyger Valley Shopping Centre, Willie van Schoor Avenue, Bellville, Tel. 021-9492203; Garlicks Store, Cavendish Square, Claremont, Tel. 021-6831410.

Apotheken

Cape Town Station Pharmacy, Tel. 021-4194784, am Hauptbahnhof. Waterfront Pharmacy, Spätdienst (bis 23 Uhr), Tel. 021-4341685.

Babysitter

Rent-a-Student, 7 Murray House, 25 Hout St, City Centre. Studenten, stunden- oder tageweise. *Supersitters*, 30 Avenue De Longueville, Fresnay, Tel. 021-4394985, ab 2 Stunden, auch deutschsprachig.

Computicket

Buchungen für Theater, Kino und kulturelle Veranstaltungen, Mo–Fr 9–17, Sa 9–13 oder 16 Uhr, Tel. 021-9188950, www.computicket.com. Schalter: Cape Sun Hotel, Sun Gallery. Gardens, Garden Centre, Mill St. Golden Acre, Adderley St, Piazza Level. Victoria Wharf, *V&A Waterfront.* Rondebosch, Main St, Baxter Theater Complex. Tokai, Blue Route Centre, Hyperama. Fish Hoek, Main Road. Wynberg, Maynard Mall. Tyger Valley Centre; Milnerton Centre Point; Green Point, Satbel Centre in der Somerset Road. Sea Point: Adelphi Centre. Camps Bay, Theatre on the Bay.

Geldwechsel, Banken und Kreditkarten

Rennies (Mo–Fr 8.30–17, Sa 9–12 Uhr), 2 St George's Street, Tel. 021-4181206; 101 St George's Street; V&A Waterfront (tgl.), Tel. 021-4183744 und Adelphi Centre Sea Point, Tel. 021-4397529. Gebührenfreie Auszahlung von Reiseschecks. – **American Express Travel,** 42 Hans Strydom Ave, Foreshore, Tel. 021-4089700. – **Trustbank,** Internationaler Flughafen (Mo–Fr 9–15.30 Uhr, Sa 8.30–10.30 Uhr und bei internationalen Ankünften), Tel. 021-9340223; V&A Waterfront (Mo–Fr 8.30–15.30 Uhr, Sa 8–11 Uhr).

Bei gestohlener Kreditkarte: *American Express,* Tel. 021-4089700 oder gebührenfrei unter Tel. 0809534300. *Diners Club,* Tel. 021-6867880 (Mo–Fr) oder Tel. 011-335151; *VISA und Mastercard,* Tel. 0800-020600 (gebührenfrei).

Gepäckaufbewahrung

Gepäckbüro im Hauptbahnhof, Tel. 021-405 2611, Mo 7.30–19 Uhr, Di–Do 7.30–16 Uhr, Fr 7.30–18 Uhr, Sa/So 6-14.30 Uhr. Schließfächer für R20

Internet-Cafés

The Virtual Turtle Internet Cafe, Ecke Shortmarket/Long Street am Greenmarket Square (1. Stock), Tel. 082-8806335, virtual@turtle.co.za, geöffnet 9–19 Uhr; beste Adresse für temporäre eMail-Adresse. – **IJunction Internet Cafe,** 12A Marine Circle, Table View, Tel. 021-5579402, james@ijunction.co.za, Mo–Sa 10–21 Uhr; kompletter Internet-Service mit privatem eMail-Zugang. Coole, freundliche Leute. – **The Shack,** 45b de Villiers St, Tel. 021-4619535. Gute Bewertung.

Konsulate

Deutsche Botschaft und Konsulat: 74 Queen Victoria St, St Martini, Gardens, Tel. 021-4242410, Fax 021-4249403. – *Österreichisches Konsulat:* 662 Hertzog Boulevard, Tel. 021-4211440, Fax 021-4253489. – *Schweizer Konsulat:* 1 Thibault Square, Tel. 021-4183665, Fax 021-4183689.

Krankenhäuser

Christiaan Barnard Memorial Hospital, Longmarket St, Tel. 021-4806111 oder 0801-222222, 24-Stunden-Notdienst. Groote Schuur Hospital, Tel. 021-4049111.

Notrufnummern

Touristenhilfe: Tel. 021-4181852. *Ambulanz:* Tel. 10177. *Polizei und Rettungsdienst:* Tel. 10111. *Feuerwehr:* Tel. 5351100. *Vergiftungen:* Tel. 6895227 (Rotes Kreuz Hospital). *Zahnarzt:* Tel. 4613634 und 4612924.

Polizei

Hauptwache am Caledon Square, Buitenkant St, Tel. 021-4617282.

200　　**Cape Town**　　　　　　　　　　　　　Karte S. 176/177 u. Klappe hinten

Flughafen Kapstadt

Der **Cape Town International Airport (CTIA),** Tel. 021-9371200, www.capetown-airport.com, ist der zweitgrößte südafrikanische und drittgrößte Flughafen Afrikas. Das Ankunftsterminal für Inlands- (Domestic) und das für Auslandsflüge (International) sind mit dem *Central Terminal Building* verbunden.

Der Flughafen liegt 22 km östlich des Stadtzentrums und ist über die N 2 in ca. 25 Minuten erreichbar. In den Hauptverkehrszeiten mit der oft doppelten Zeit rechnen!

Anfahrt/Parken: 1600 beschattete Parkplätze („Shade Parking 1", „Shade Parking 2") gibt es direkt gegenüber des Flughafenhauptgebäudes, 2000 weitere in den Parkhochhäusern **„Parkade 1"** und „P. 2". Zur Parkade 1 nach links den **„Drop and Go"**-Pfeilen folgen, die Straße wird zur Hochstraße, Einfahrt dann rechter Hand.

Arrival: Ground floor. Abflug: Second floor. Airline Offices: First floor. VAT-Refund: Ground floor International Departures, Tel. 021-9348675. Gepäckaufbewahrung 6–22 Uhr.

Transfermöglichkeiten

24-Stunden-Service vom/zum Airport-Busterminal in der Adderley Street (s. Karte Cape Town). **Airport Shuttle online** nach und rund um Kapstadt auf www.airportshuttle.co.za. Rikki Taxi fährt von der Innenstadt aus (vorher reservieren, Tel. 0861-745547).

International Terminal: **Randy's Tour,** Tel. 021-9348367, www.randystours.com. **Anwar's Tourist Services,** Tel. 021-6920951, www.anwartravel.com. Domestic Terminal: **Centurion Tours,** Tel. 021-9348281, www.centuriontours.co.za. **City Hopper,** Tel. 021-9344440, www.citihopper.co.za. – **Taxis** sind sehr teuer, keine Preisregulierung. Nur Touch Down Taxis sind offiziell, Tel. 021-9194659 (ca. R12/km).

Autovermietung: *Avis,* Tel. 021-9340330; Budget, Tel. 021-9343180; *Europcar,* Tel. 021-7541000. Informationsbüros innerhalb des International und Domestic Airports, Mietstationen (dort auch Abgabe) außerhalb der Terminals direkt gegenüber.

Airlines

Air Namibia, Tel. 011-3902876
British Airways, Tel. 0860-43-5922 oder 021-9362592
Lufthansa, Tel. 021-4153550
South African Airways SAA, Tel. 021-9361111

Postamt

Hauptpostamt: Parliament/Ecke Darling Street, Tel. 021-4615710, gebührenfrei Tel. 0800-114488. Mo–Fr 8–16.30, Sa 8–12 Uhr, postlagernde Sendungen.

Radiosender

KFM (94,5 FM), Musiksender. *Radio Good Hope FM* (94-97 FM), Musik für Jüngere. Englischsprachig: *SAfm* auf 104–107 FM.

Tageszeitungen

Die *Cape Times* erscheint morgens; Am Freitag ausführliches Unterhaltungsprogramm. *Argus* ist die Nachmittags-Zeitung mit Infos über lokale Attraktionen und Unterhaltungsprogramm. Online: www.iol.co.za/capetimes

Telefon

Die **Vorwahl von Kapstadt** innerhalb Südafrikas ist **021** (auch bei Ortsgesprächen!), von

Karte S. 176/177 u. Klappe hinten **Cape Town** **201**

Europa aus 002721. 0800-Nummern sind gebührenfrei. Inlands-Auskunft: 1023, Auslands-Auskunft 0903. Grüne öffentliche Telefone nur für Telefonkarten (im Postamt oder in der Touristeninformation erhältlich; blaue Telefone nehmen Münzgeld. Telefon und Fax u.a. im Hauptpostamt, Parliament Street (Münztelefone sind zugänglich Mo–Sa 8–21.45, Fr und So 9.30–20.30 Uhr).

Die Funktelefonmiete ist verhältnismäßig günstig, z.B. bei Cellucity, Shop 6193, Victoria Wharf, V&A Waterfront, Tel. 021-4011300.

Tourveranstalter / -anbieter

Africa Travel Centre, Ecke Military/New Church Street, Tel. 021-4234530, www.backpackers. co.za; Truck-Expeditionen, Safaris, BMW Bike Safaris, Tour Kapstadt–Kairo oder Kapstadt–London (31,5 Wochen). – **Felix Unite,** 100 Caprocorn Drive, Muizenberg, www.felixunite. com; Kanufahrten auf dem Orange, Tugela, Breede und Vaal River, Cunene Safari Expedition, 10 Tage Abenteuer durch Namibia.

Wale

Informationen über Walsichtungen in Hermanus unter Tel. 028-3122629.

Wetter

Für alle südafrikanischen Städte und Regionen: www.weathersa.co.za.

Unterkunft

Kapstadt zentral

(Stadtzentrum, V&A Waterfront, Greenpoint, Sea Point; Unterkünfte mit einem Sternchen * = empfehlenswert.

Zur Beachtung: Die Preise der einzelnen Kategorien liegen etwa 30 Prozent höher als im übrigen Land).

Luxus

The Westin Grand Cape Town Arabella Quays, V&A Waterfront, Tel. 021-4129999, www.westincapetown.com. Ein 5-Sterne-Prachtbau aus Marmor, Spiegeln und gläsernen Liften. Je höher die Zimmer gelegen, desto besser die Aussicht. Restaurant, Bar, Pool, Sauna. DZ/F ab R2540.

Mount Nelson Hotel, 76 Orange St, Tel. 021-4381000, www.mountnelson.co.za. 226 Zimmer, Luxushotel seit 1899. Hatte bereits

Rudyard Kipling, Agatha Christie und den Prinz v. Wales als Gäste. DZ/F R3855–R14060.

*The Cape Milner, 2A Milner Rd, Tamboerskloof, Tel. 021-4261101, www.capemilner.com. Einst erstes Farmhaus der Region von 1710, schönes Hotel mit 66 Zimmern, zentrale Lage.

Victoria & Alfred Hotel, V&A Waterfront, Tel. 021-4196677, www.newmarkhotels.com. Elegant, in viktorianischem Warenhaus von 1904, direkt am Wasser, gutes Restaurant. DZ/F ab R1900.

Comfort

*Cape Diem, 11 Vesperdene Rd (in Gehentfernung zur Waterfront), Tel. 021-4398170, www.capediemlodge.com. Kleinere 5-Sterne-Lifestyle-Lodge mit 6 großzügigen Zimmern und Wohlfühl-Bädern. Luxuriöses Ambiente mit allen Annehmlichkeiten, Pool.

Cape Manor, 1 Marais Rd, Sea Point, Tel. 021-4303400, www.capemanor.co.za. 88 Zimmer in einem 3-Sterne-Hotel mit gutem Preis-/Leistungsverhältnis. Nahe dem Strand und der Promenade.

*Cape Victoria Guesthouse, Ecke Wigtown Torbay Rd, Greenpoint, Tel./Fax 021-4397721, www.capevictoria.co.za. Im englischen Stil geführtes Gästehaus mit „gigantischem Frühstück", laut einer Leserin. DZ/F ab R400 p.P.

St Georges Hotel, 101 St Georges Mall, Tel. 021-4190811, www.hotelonstgeorges. co.za. Modernes Hotel mit 139 Zimmern im Herzen Kapstadts. DZ/F ab R1050.

Leeuwenvoet House, 93 New Church St, Tamboerskloof, Tel. 021-4241133, www.leeuwenvoet.co.za. Viktorianische Residenz am Fuße des Lion's Head, großzügige Zimmer, gutes Frühstück.

Olaf's Guest House, 24 Wisbeach Rd, Sea Point, Tel. 021-4398943, www.olafs.co.za. Komfortabel, ruhige Lage, deutschsprachig. DZ/F ab R1290.

Park Inn, Greenmarket Square, Tel. 021-4232040, www.parkinn-capetown.com. Gute Lage, DZ/F ab R700.

Hollow on the Square, 9 Ryk Tulbagh Square, Heerengracht (nahe der V&A Waterfront), Tel. 021-4217580, www.seasonsinafrica.com. Restaurant, Pool. DZ auf Anfrage.

Villa Belmonte, 33 Belmont Avenue, Oranjezicht, Tel. 021-4621576, www.villabelmontehotel.co.za. 8 individuelle Zimmer in Villa mit wunderschöner Aussicht, Kinder ab 8 Jahren.

Western Cape

202   Cape Town

Welgelegen Guest House, 6 Stephen Rd, Gardens, Tel. 021-4262373, www.welgelegen. co.za. 16 luxuriöse Zimmer in viktorianischem Herrenhaus, sehr zentral, Pool.

Touristic

Cape Town Ritz, Main Rd, Sea Point, Tel. 021-4396010, www.africanskyhotels.com. Elegantes Hotel.

*Cheviot Place, 18 Cheviot Place, Green Point, Tel. 021-4393741, www.cheviotplace. co.za. Ruhig und zentral gelegen, sehr freundlich, dt.-sprachig. DZ ab R850.

Garden Court Eastern Boulevard, Ecke Melbourne/Coronation Rd, Tel. 021-4484123, www.tsogosunhotels.com. DZ ab R450.

Graeme, 107 Main Rd, Greenpoint, Tel. 021-4349282, www.hotelgraeme.co.za. Nettes Designerhotel, 10 Min. von der Waterfront. DZ ab R500 p.P.

Kinneret Guest House, 11 Arthurs Rd, Sea Point, Tel. 021-4399237, www.kinneret.co.za. Gästehaus im viktorianischen Stil, Preise a.A.

Nelson's Spa und Guesthouse, 209 High Level/Ecke Mount Nelson Steps, Sea Point, Tel./Fax 021-4332602, www.nelsons.co.za. Mit angeschlossenem Wellness-Bereich. DZ/F a.A.

*Sweet Orange B&B, 1 Bellevue Rd, Sea Point, Tel. 4345255, sweetestguesthouses. com. Komfortabel mit kleinem Pool. Sehr gutes, deutsches Frühstück R50 p.P.).

Protea Breakwater Lodge, V&A Waterfront, Portswood Rd, Tel. 021-4061911 oder Tel. 0800-233255 (gebührenfrei), www.bwl.co.za. 300 Zimmer, nüchtern, wenige Minuten zur Waterfront, diente 1859–1911 als Gefängnis, Restaurant. DZ ab R885.

*Villa Lutzi, 6 Rosmead Ave, Oranjezicht, Tel. 021-4234614, www.villalutzi.com. Deutschsprachig geführtes Haus, 11 geräumige Zimmer, bezaubernde Gartenlage. Preise a.A.

Villa Rosa, 277 High Level Rd, Sea Point, Tel. 021-4342768, www.villa-rosa.com. Zwei Ferienwohnungen und 6 DZ in einem 100 Jahre alten, viktorianischen Herrenhaus, zentral. DZ ab R400 p.P.

Budget

*Cat and Moose Backpackers, 305 Long St, Tel./Fax 021-4237638, www.catandmoose. co.za. Kapstadts zentrale empfehlenswerte Backpackerunterkunft in einem historischen

Haus aus dem Jahr 1792. Dorms (R120) und DZ (R350).

Unterkünfte in Kapstadts Umgebung

(Bantry Bay, Bellville, Bergvliet, Bloubergrant, Bloubergstrand, Constantia, Kenilworth, Melkbosstrand, Milnerton, Mowbray, Observatory, Oranjezicht, Parow, Rosebank, Table View, Tokai, Wynberg).

Zur Beachtung: Die Preise der einzelnen Kategorien liegen etwa 30 Prozent höher als im übrigen Land!

Luxus

Constantia Uitsig, Spaanschemat River Rd, Tel. 021-7946500, www.constantia-uitsig. co.za. Luxuriös, historisches Weingut, Pool, Restaurant. DZ/F ab R900 p.P.

Dolphin Beach Hotel, Marine Drive, Bloubergstrand, Tel./Fax. 021-5565065, www.visitdolphinbeach.com. 32 luxuriöse Appartements und Cabanas, Blick auf Meer und Tafelberg, Selbstversorgung.

Ellerman House, 180 Kloof Rd, Bantry Bay, Tel. 021-4303200, www.ellerman.co.za (m. Anfahrtskizze). Historisches Hotel in Traumlage. Hier steigen Stars wie Elton John ab. DZ/F ab R7000.

*Les Cascades, 48 De Wet Rd, Bantry Bay (zwischen Sea Point und Clifton Bay), Tel. 021-4345209, www.lescascades.co.za (m. Lageskizze). Zwei wunderschöne Villen mit 10 Zimmern und Overflow-Pools. Grandiose Aussicht auf Atlantik und Bantry Bay. DZ/F ab R1500.

The Palm House, Oxford Rd, Wynberg, Kenilworth, Tel. 021-7615009, www.palm house.co.za. Elegantes Herrschaftshaus in Parkanlage. DZ ab R3000.

*The Cellars Hohenort, Hohenort Avenue, Tel. 021-7942137, www.cellars-hohenort.com. Top-Hotel, 30 individuell eingerichtete Zimmer, eigener Weinberg und Garten, bekannt für exzellente Küche, Kinder ab 12 Jahren. DZ/F ab R3000.

Comfort

*Acorn House, 1 Montrose Ave, Oranjezicht, Tel. 021-4611782, www.acornhouse.co.za. (m. Anfahrtskizze). Romantisches Gästehaus, Beate & Bernd sind sehr nette Gastgeber und kennen sich bestens aus in puncto Weingüter und Restaurants.

Karte S. 176/177 u. Klappe hinten **Cape Town** **203**

Western Cape

Cactusberry Lodge, 30 Breda St, Oranjezicht, Tel. 021-4619787, www.cactusberrrylodge. com. Zimmer in harmonischen Farben und exklusivem Design, Parken im Hof. DZ/F ab R900.

*Cape Paradise, 48 Leeuwenhof Rd, Higgovale, Tel. 021-4246571, www.capeparadise. co.za. Zentral gelegen, schöne Themenzimmer, Garten/Pool.

Cotswold House, 6 Cotswold Drive, Milnerton, Tel. 021-5513637, cotswold.co.za. Exklusives kapholländisches Gästehaus, Nichtraucher, Kinder ab 14.

Glen Avon Lodge, 1 Strawberry Lane, Constantia, Tel. 021-7941418, www.glenavon. co.za. Kapholländisches Haus mit 9 geschmackvoll eingerichteten Zimmern, ausgezeichnete Küche. DZ ab R700 p.P.

*Lézard Bleu, 30 Upper Orange St, Oranjezicht, Tel. 021-4614601, www.lezardbleu.co. za. Supernettes Gästehaus, dt. Besitzer, leckeres Frühstücksbüfett, schöne Zimmer, Pool.

The Stables, Chantecler Lane (Abzweigung von der Willow Road), Constantia, Tel. 021-7943653, www.constantiastables.co.za. 3 Zimmer in ehemaligem Pferdestall und Cottages.

Western Cape Southern Wood, 19 Bordeaux Ave, Constantia, Tel. 021-7943208. 5 DZ in gemütlichem Landhaus in Garten.

Touristic

*Alina's House, 11 Clifford Ave, Vredehoek, Tel./Fax. 021-4612418, www.capestay.co.za/ alinas-haus. Am Fuß des Tafelberges gelegene Ferienwohnung mit Gartenbenutzung und Pool. Sicheres Parken, nette, hilfsbereite Gastgeber. DZ ab R450 p.P.

Appleforth, 11 Kamfer Rd, Wynberg, Tel. 021-7621047. Riedgedecktes Gästehaus mit geschmackvoller Ferienwohnung. Preise a.A.

*Elements, 49 Sandpiper Crescent, Table View, Tel. 021-5578847, www.elements-capetown.com. Eingerichtet in den Farben der vier Elemente. Für Sportfreunde (Rad, Kite, Surf und Adventure) und solche Leute, die gerne in der Hängematte liegen. Supernette Besitzer. Wunderschöner Garten mit Pool. DZ R500, Frühstück extra.

Green Valley House, 30 Hohenort Ave, Constantia, Tel./ Fax. 021-7943788. Cottages in Garten, keine Kinder unter 16, Pool, Selbstversorgung, Frühstück möglich (R75). Ab R350 p.P.

Koornhoop Manor House, 24 London Rd, Observatory, Tel./Fax 021-4480595, www. koornhoop.co.za. 9 DZ in Herrenhaus aus dem Jahr 1884, Garten, Kinder willkommen. DZ ab R360 p.P.

*Lions Kloof Lodge, 26 Higgo Crescent, Tel. 021-4265515, Higgovale, www.lionskloof. co.za (m. Anfahrtskizze). Geschmackvoll afrikanischer Stil, freundliche Gastlichkeit am Fuße des Tafelberges. Pool.

Sunset Lodge, 41 Gull Rd, Bloubergstrand, Tel. 021-5541818, www.sunsetlodge.co.za. Sehr schöne DZ mit großem Garten, Kinder willkommen. DZ/F ab R1200.

Camping

Hardekraaltjie Caravan Park, Zufahrt über N 1-Abfahrt Nr. 20 in Bellville, 100 Plätze, ordentliche sanitäre Anlagen.

Ou Skip Holiday Resort, Zufahrt über R 27, Ausfahrt Melkbosstrand, Tel. 021-5332058, www.ouskip.co.za. Schöne Chalets und Camping in schöner Lage. Pool, Shop. Restaurant.

Kapstadt günstig: Für Schüler, Studenten, Backpacker

*Ashanti Lodge, 11 Hof St, Gardens, Tel. 021-4238721, ashanti.co.za. Großes, schönes Hostel, zentral gelegen, Pool, Café, Restaurant, Internet, Campen in Ecke des kleinen Gartens, Parken auf Straße. DZ ab R500

*A Sunflower Stop, 179 Main Rd in Green Point (2 km zur V&A Waterfront), Tel. 021-4346535, www.sunflowerstop.co.za. Mehrbett- u. DZ, gemütlich, freundlich, Pool im Garten, Billard, Kaminfeuer, Mahlzeiten, kostenloser Abholservice. DZ ab R400.

*Big Blue Backpacker, 7 Versperdene Rd, Green Point, Tel. 021-4390807, www.bigblue. za.net. Sehr nahe an der V&A Waterfront, günstig, freundlich, sauber. DZ ab R150 p.P.

Carnaby The Backpacker, 219 Main Rd, Three Anchor Bay, Tel. 086-1101168, www.backpackafrica.com. Zentrale Lage, sehr gemütlich (sommers Pool, winters Kaminfeuer), sehr beliebt, Mehrbett-, Dorm (R60) und DZ (R185 p.P.).

Fawlty Towers, Upper Portswood Rd, Green Point, Tel. 021-4397671, www.fawltytowers. co.za. Günstige Ferienapartments für 3–4 Personen, auch Mehrbett- und DZ, Pool. DZ ab R350.

Lighthouse Farm Lodge, Oude Molen Eco Village, Alexandra Rd, Mowbray, direkt am Bahnhof Pinelands, also weit außerhalb, Tel. 021-4479165. Backpackerlodge, Mehrbett- und DZ. Für Camper mit einem Kfz ungeeignet. DZ ab R200.

Bestens für Motorisierte geeignet ist: **Salty Crax Backpackers,** Table View, 20 Briza Rd, Tel. 021-5569369, www.saltycrax.com. Schnelle Anfahrt aus der City über R27 Rtg. Milnerton, in Table View von R27 links ab in Blaauwberg Rd, nä. Ampel rechts in Popham Rd, dritte links in Briza Rd. Auch gut für Surfer, wenige Min. zum Strand. Sicheres Parken im Hof, Zelten in kleinem Garten. Pool, Bar, ruhiges Ambiente, saubere Zimmer, Gemeinschafts-Küche, DZ R500, Dorm R160 p.P.

The Lenox Backpackers, 2 Mill St, Gardens, Tel. 021-4653118, www.kapstadt.co.za. Freie Abholung vom Flughafen. Dorm R150, EZ R350, DZ R520.

Train Lodge, Monument Station, Old Marine Drive, Tel. 021-4184890, www.trainlodge.co.za. 2- und 4-Bett-Zimmer in originalen Zugschlafwagen (eng!), Restaurant, Bar, Internet-Café, Reisebüro, stdl. Shuttle nach Camps Bay, freundlich. Preise a.A.

YMCA, Burnham Rd, Observatory, Tel. 021-4476217, www.ymcacapetown.org.za. Für beide Geschlechter, Buchung sinnvoll, keine Kreditkarten, Monats-/Tagesmiete inklusive Mahlzeiten. Auch zuständig für Camping Hout Bay.

Die schönsten Touren rund um Kapstadt

Atlantikküste nördlich von Kapstadt

Milnerton

Milnerton erreicht man von der Stadtmitte nach 14 km auf der N 1. Der 10 km lange Strand (Anfahrt über den Marine Drive) ist ideal für lange Spaziergänge mit Blick auf den Tafelberg. In der Lagune kann man meist noch Windsurfen, wenn es an anderen Stellen zu sehr bläst.

Bloubergstrand

Der Bloubergstrand bietet einzigartige Aussichten auf Stadt und Tafelberg, ein beliebtes Fotomotiv. Die Big Bay gilt als Surf-Paradies. Familien zieht es zum Sonnenbaden in die Little Bay. Einige nette Cafés und Restaurants haben Blicke auf Strand und Meer. Besonders zu empfehlen: Pizzeria ***Primi Piatti,** 14 Beach Boulevard, Tel. 021-5579770, mit Panoramafenstern und herrlichem Blick, besonders bei Sonnenuntergang.

Table View

Auch Table View verspricht bei gutem Wetter einen eindrucksvollen Blick auf den Tafelberg und Robben Island. Wunderbar sind die Spaziergänge auf dem weißen Sand der Dünen, vorausgesetzt der Wind spielt mit.

Karte S. 205 **Kaphalbinsel** 205

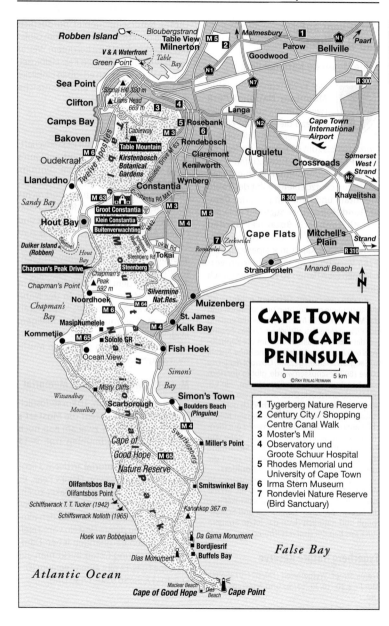

1 Tygerberg Nature Reserve
2 Century City / Shopping Centre Canal Walk
3 Moster's Mil
4 Observatory und Groote Schuur Hospital
5 Rhodes Memorial und University of Cape Town
6 Irma Stern Museum
7 Rondevlei Nature Reserve (Bird Sanctuary)

Unterwegs auf der Kap-Halbinsel

Table Mountain National Park

Der 1998 gegründete **Table Mountain National Park** (www.tmnp.co.za) umfasst nahezu die gesamte Naturregion der Kaphalbinsel vom Signal Hill bis zum 60 km weit entfernten **Cape Point** am südlichsten Zipfel.

Zu den weltberühmten Bestandteilen des Naturschutzgebietes zählt der **Table Mountain** und natürlich auch das **Cape of Good Hope**. Aber auch die Anlagen des **Kirstenbosch Botanical Garden** (www.sanbi.org) gehören zu den Höhepunkten des Kap-Nationalparks, in dem 2285 verschiedene Pflanzenarten vorkommen (von denen 90 sogar endemisch sind).

Zu den geschützen Gebieten gehört auch die Küstenlinie mit Buchten und Stränden und das Meer. Von 2008 Meeresspezies, die entlang der Küstenzone des südlichen Afrikas gezählt werden, kommen allein rund um die Kaphalbinsel 660 Arten vor. Auch wird eine hohe Anzahl an Seegrasvarianten gezählt. Obwohl der letzte Löwe 1802 geschossen wurde, gibt es dennoch eine beachtliche Zahl an Säugetieren, wie z.B. Buntbock, Greisbock, Otter und Pavian. Zu den schönsten Vogelarten zählt sicherlich der Kap-Honigfresser (Cape Sugarbird), dessen Männchen am besonders langen Schwanz gut identifizierbar ist und sich gerne in der Nähe von Proteen aufhält. Besuchen Sie das **Silvermine Nature Reserve** und verpassen Sie nicht die lustigen Pinguine am Strand von **Boulders.**

Die landschaftlich schönsten Fahrstrecken sind der **Chapman's Peak Drive,** die Straße zwischen Simon's Town und Smitswinkel Bay, die Strecke zwischen Kommetjie und Scarborough und natürlich dann das letzte Straßenstück ans Kap der Guten Hoffnung.

Tygerberg Nature Reserve

Totius Street, Welgemoed (Tel. 021-9135695), Mo–Fr 8.30–16.30, Sa/So und feiertags 9–18 Uhr.

Dieses Naturschutzgebiet nordöstlich außerhalb von Kapstadt bietet vom Gipfel des Tygerbergs (415 m) bei gutem Wetter einen Rundblick über die Kap-Halbinsel. Schöne Wanderungen erlauben Einblicke in die heimische Flora und artenreiche Vogelwelt.

Signal Hill

Die Straße zum **Signal Hill** ist landschaftlich beeindruckend, sie führt am Lion's Head vorbei. Anfahrt aus dem Zentrum: Buitengracht Street – Kloofnek Road bis zur gleichnamigen Kreuzung. Dort rechts ab in die Signal Hill Road. Rechter Hand ein spektakulärer Ausblick auf Stadt und Hafen. Abends Volksfeststimmung zum Sonnenuntergang. Das Lichtermeer der abendlichen Stadt ist sehenswert (Sundowner und Picknick mitbringen!). Der Parkplatz auf dem Signal Hill liegt 350 m über dem Meeresspiegel. In der Nähe steht ein beeindruckendes Kuppelgrab (Karamat) eines muslimischen Heiligen. Insgesamt findet man 25 Karamats rund um Kapstadt, die von gläubigen Muslimen aufgesucht werden.

Mostert's Mill und Rhodes Memorial

Im Vorort **Rondebosch,** 10 km südöstlich des Stadtzentrums, steht die **Mostert's Mill** (1786), eine der zwei am Kap noch existierenden Windmühlen (tgl. 9–15 Uhr).

Das **Rhodes Memorial** an der M 3 liegt malerisch am Hang von Devil's Peak, es wurde 1912 von Sir Herbert Baker zu Ehren des früheren Premierministers Cecil Rhodes errichtet. Als Material für den tempelartigen Bau diente Gestein vom Tafelberg. Auf den Berghängen leben Damhirsche, Richtung Osten blickt man auf die Cape Flats. Es gibt einen Teeraum (Di–Fr 9.30–17, Sa/So 9.30–17.30 Uhr).

*Chapman's Peak Drive

Besonderer Tipp! Der auf 600 m Höhe führende **Chapman's Peak Drive** zählt **zu den landschaftlich schönsten Küstenstraßen der Welt!** Die Straße windet sich auf 9 km mit 114 Kurven zwischen **Hout Bay** und **Noordhoek** durch massive Felslandschaften (Mautgebühr R33, Motorrad R22). Jeder Aussichtspunkt erlaubt atemberaubende Blicke. Wenn man von Nordhoek kommt, liegen die Parkbuchten auf der „richtigen" Seite. Empfehlenswert ist die dreistündige Wanderung auf dem **Chapman's Peak Walk** (6,5 km) mit unvergesslicher Weitsicht. Infos auf www.chapmanspeakdrive.co.za.

Wenn Sie in Hout Bay sind, unternehmen Sie unbedingt die Bootsfahrt zur **Robbenkolonie auf Duiker Island** (Tausende Tiere und ein Wrack). Ständig Abfahrten vom Hafen.

Constantia Wine Route

Constantia gehört zu den ersten Weinanbaugebieten Südafrikas und die *Constantia Wine Route* führt zu den traditionsreichen Weingütern und Restaurants **Groot Constantia, Buitenverwachting, Klein Constantia, Constantia Uitsig** und **Steenberg** (bis auf Groot Constantia sind die Weingüter Samstag-Nachmittag und Sonntags geschlossen, Informationen auf www.constantiawineroute.co.za).

Informativ ist der Besuch des **Groot Constantia Manor House and Wine Museum** auf dem Groot Constantia Estate (Tel. 7945067, tgl. 10–17 Uhr, Sa freier Eintritt, www.grootconstantia.co.za). Das Manor House ist exemplarisch für kaphölländische Architektur, eingerichtet mit stilvollem Mobiliar aus dem 17. und 18. Jh. Wertvoll ist die Sammlung chinesischen, japanischen und Delfter Porzellans. Das **Weinmuseum** präsentiert u.a. auch Ausgrabungsstücke wie Trinkgefäße um 500 v.Chr. Weinprobe möglich (Tel. 021-7955140, Buchung sinnvoll). Schöner Craft Market. Traditionell ist das **Jonkershuis Restaurant,** Tel. 021-794 6255. Erfrischend modern wirkt das **Simon's Restaurant,** Tel. 021-7941143.

Das Gut **Buitenverwachting** (gegr. 1773) serviert in seinem preisgekrönten Restaurant (Klein Constantia Road, Res.-Tel. 7945190, Lunch Di–Fr, Dinner Di–Sa) Kudu oder Springbock mit köstlichen Saucen. Dazu gute Weine aus ökologischer Anbau. Das *Cafe Petite* ist eine preisgünstigere Mittagessenvariante (Novem-

Blick vom Chapman's Peak Drive auf Hout Bay. Links der Sporn des Sentinel

ber bis Mitte April Di–Sa 10.30–16.30 Uhr). Ein guter Tipp ist das Picknick im Garten unter alten Eichen (Picknick-Basket- und Weinverkauf). In **Klein Constantia** steht das weißgetünchte Herrenhaus des Guts Mo–Fr 9–17 und Sa 9–13 Uhr ebenfalls zur Weinprobe und zum Verkauf offen (Tel. 021-7945188).

Das Gut **Constantia Uitsig**, Spanschemaat Road, besitzt neben zwei exklusiven Restaurants (*Constantia Uitsig Restaurant*, Tel. 021-7944480 und *La Colombe Restaurant*, Tel. 021-7942390, www.constantia-uitsig.com) auch ein luxuriöses Landhotel (*Constantia Uitsig Country Hotel*, Tel. 021-7946500, www.constantia-uitsig.com). Neu ist das *Spanschemaat River Café*. Im kleinen Lokal mit Garten werden frische Gerichte und auch Kuchen serviert. Eine gute Alternative an Wochenenden.

Das **Steenberg Estate** ist das älteste Weingut auf der Kaphalbinsel (1682). Die erste Besitzerin, Catharina Ras, stammte aus Lübeck und nannte das Gut zunächst Swaaneweide, vielleicht weil tatsächlich Schwäne zu dem kleinen Weiher auf der Farm kamen. Es beherbergt ein 5-Sterne-Hotel (Tel. 021-7132222, www.steenbergvineyards.co.za), ein Spa, einen großen Golfplatz und *Catharina's Restaurant* (Tel. 021-7132211, Reservierung sinnvoll; mehrere internationale Auzeichnungen), das im alten Herrschaftshaus aus dem Jahr 1682 untergebracht ist. Weinprobe nach Vereinbarung.

Anfahrt Weinroute: Über Eastern Boulevard und M 3 Richtung Süden.

*Kirstenbosch National Botanical Garden

An den Osthängen des Tafelbergs liegen die weltberühmten Anlagen des ältesten und größten Botanischen Gartens Südafrikas. Er wurde bereits 1895 gegründet, als Cecil Rhodes die Farm Kirstenbosch aufkaufte, um das Tafelberggebiet unter Naturschutz zu stellen. Aus dieser Zeit stammen noch viele der Feigen- und Campherbäume. Insgesamt sieht man etwa 6000 verschiedene Pflanzenarten auf 528 Hektar Land, das von wunderschönen kleinen Wegen durchzogen ist, die grandiose Ausblicke gewähren. Die Gärten, mit ihren Proteen, Palmfarnen, Erikagewächsen und blühenden Büschen und Bäumen sind zu jeder Jahreszeit sehenswert. Interessant sind der Duft- und

Weingut Groot Constantia

der Blindengarten. Wer zwischen Dezember und März die Kaphalbinsel besucht, sollte sich unbedingt nach den Sommerkonzerten erkundigen, die man, bei einem Picknick auf der Wiese sitzend, genießen kann.
Kirstenbosch Botanical Garden, Rhodes Drive, Newlands, Tel. 021-7998783 u. 7614916 www.sanbi.org, tgl. 8–19 Uhr (Sept–März) und 8–18 Uhr (April–Aug). Am Informationszentrum (8–16 Uhr) erhält man eine detaillierte Karte und gegen geringe Gebühr einen Club-Car (Wege auch für Rollstuhlfahrer). Geführte Touren. Internetsäule in der Vorhalle. Das *Silver Tree Deli* ist von 8.30–18 Uhr, das Silver Tree Restaurant von 8.30–23 Uhr geöffnet.

Observatory

Im Vorort Observatory, 5 km außerhalb, steht das South **African Astronomical Observatory,** die Sternwarte (Liesbeeck Parkway, Tel. 021-4470025, www.saao.ac.za; 8–16.30 Uhr; Führungen u.a. jeden 2. und 4. Samstag im Monat bei klarem Himmel um 20 Uhr). Am Liesbeeck River führt ein schöner Spazierweg durch das Raapenberg Reserve, gut für Vogelbeobachtung.

Wynberg

Wynberg, 18 km südlich des Stadtzentrums, wurde von Jan van Riebeeck als Weingut *Bosch Heuwel* gegründet. Heute ist es der größte Vorort von Kapstadt mit dem Viertel *Little Chelsea* (oder Old Wynberg), in dem viele restaurierte Gebäude stehen. Shakespeare-Aufführungen unter freiem Himmel sind die Spezialitäten der Maynard *Open-Air Performances,* Wynberg Park, Wynberg (Tel. 4215470, von Ende Januar bis Ende Februar). Picknick kann mitgebracht werden, Sitzkissen sind ratsam. – Der **Park to Park Walk** ist eine Mischung von historischem und botanischem Spaziergang. Er beginnt im Wynberg Park und führt zum Maynardsville Park.

Silvermine Nature Reserve

Dieses kleine Naturparadies liegt am Ou Kaapse Weg hinter dem kleinen Weinort Tokai, mit Blick auf die False Bay. Zahlreiche Wanderungen durch die Fynbos-Landschaft und gemütlichen Picknickplätzen (tgl. im Sommer 7–18 Uhr, im Winter 8–17 Uhr).

Kap-Halbinsel, Atlantikseite
Sea Point

Kaum schließen die Diskotheken und Nachtklubs in **Sea Point** ihre Pforten, öffnen die Cafés und Läden ihre Türen. Die Uferpromenade ist ideal für einen gemütlichen Bummel. Internetzugang hat man bei *Fusion,* 52 Regent Road, Tel. 021-4341081. Die Strände von Sea Point heißen *Rocklands, Saunder's Rock, Sunset Pool, Milton Pool* und *Graaff's Rock,* allesamt leicht zugänglich und mit Gezeitenbecken. Graaff's Pool ist ein Nudistenstrand und ausschließlich für Männer.

Clifton

Auf der Küstenstraße Richtung Camps Bay passiert man die Strände von Clifton, die von 1 bis 4 durchnummeriert und durch steile Treppen zu erreichen sind. Strand 4 gehört den Familien, Strand 3 den Körperbetonten, Strand 2 dem Jungvolk und Strand 1 den Trendsettern. Moses Beach, einen Strand weiter, dann all denjenigen, die sich an den vier anderen deplaziert vorkommen. Im Ort Restaurants, Geschäfte und Unterkünfte. Parken ist ein Problem (vor 10 Uhr dort sein!).

Camps Bay

Über die Victoria Road Richtung Llandudno erreicht man den palmengesäumten Strand von Camps Bay. Hier versammeln sich die Massen, um den Tafelberg und die **Twelve Apostles** („Zwölf Apostel") zu bewundern, den 12kuppigen Küstenbergzug. Der Strand ist prima, an der Promenade gibt es einige hübsche Straßencafés und Läden. Surfer verziehen sich lieber an den sich anschließenden Glen Beach. Schnell füllen sich morgens die wenigen Parkplätze, rechtzeitig da sein! Sehenswert ist die *Bellsfontein Karamat*, die Grabstätte des Heiligen Nureelmobeen. Im *Theatre On The Bay* gibt es ein ständig wechselndes Programm (Musicals, Dramen und Komödien. Link Street, Beachfront, Tel. 021-4383301).

Das *Blues* bietet im großzügig gestalteten Restaurant mit Blick aufs Meer gute Küche (9 The Promenade, Victoria Road, Tel. 021-4382040, tgl. 12–24 Uhr). **Tipp:** Das Steakhaus **Cattle Baron,** Ecke Camps Bay Drive/Rottindean Street, Tel. 021-4383714, bietet neben saftigen Steaks auch Fischgerichte und Vegetarisches.

Unterkunft Camps Bay

Luxus
*Camps Bay Villa, 48 Francolin Rd, Tel. 021-4381144, www.campsbayvilla.co.za. Exklusive Villa mit 3 Zimmern, Selbstverpflegung oder Mahlzeiten auf Wunsch, wunderbare Lage. Villa oder Penthouse ab R7500 pro Nacht.

Comfort
*Fullham Lodge, Fullham Rd, Tel. 021-438 1293, www.fullhamlodge.com (m. Anfahrtskizze). Traumhaft schöne Feriensuiten, Ü/F und SC. DZ ab R800 p.P.

Touristic
Dunlyn Guest Suite, 51 Camps Bay Drive, Tel. 021-4384102. Nur ein DZ, häufig ausgebucht, da besonders schön gelegen.

Budget Stan's Halt Youth Hostel, The Glen, Camps Bay 8001, Tel. 021- 4389037. 30 Betten, Verpflegung möglich. In den ehemaligen Stallungen des Roundhouse.

Bakoven

Bakoven ist ein kleiner schöner Strand mit Blick auf die Bergwelt und den Sonnenuntergang. Kein Kiosk.

Unterkunft (Comfort):
Ocean View House, 33 Victoria Rd, Tel. 021-4381982, www.oceanview-house.com. Ein Haus in Traumlage, tropischer Garten.

Die „Zwölf Apostel" überragen Camps Bay

Oudekraal

Oudekraal zieht Familien an, da es sanitäre Anlagen und Grillplätze gibt. Ein Felsbecken mit eiskaltem Wasser erfrischt. Taucher erkunden das nahe Schiffswrack. Geringer Eintritt, das Gelände schließt um 18 Uhr. Ein „Late Night Tikket" gilt bis 23 Uhr.

Llandudno

Llandudno besitzt große Granitfelsen mit kleinen Nischen, in denen man sich ungestört bräunen kann. Bei Surfern sehr beliebt, bei Schwimmern weniger. Picknick mitnehmen, es gibt keine Geschäfte in unmittelbarer Nähe.

Sandy Bay

Sandy Bay ist der heimliche Nudistenstrand Kapstadts mit weißem Sand und herrlich kaltem Wasser. Weder sanitäre Anlagen noch Kiosk. Es gibt einen Naturpfad (20–30 Minuten).

Hout Bay

20 km südlich von Kapstadt liegt der farbenprächtige kleine Fischerhafen **Hout Bay** mit langen Stränden. Zu Pionierzeiten gab es im Hinterland große Wälder (Hout = Holz), heute jedoch weitgehend abgeholzt.

Was tun?

Hauptattraktion ist die Bootsfahrt zur **Robbenkolonie auf Duiker Island.** Auf den dortigen Felsklippen drängen sich Tausende von Tieren. Ständig Abfahrten vom Hafen mit diversen Anbietern (auch noch andere Bootstouren). **Mariner's Wharf,** um den alten Fischmarkt, ist gleichfalls sehenswert. Im **Ye Olde Artifact Cove and Shipwreck Shop,** Mariner's Wharf, findet man evtl. ein schönes Stück eines versunkenen Schiffes. Bei **Dinner at Mandela's** geht es abends musikalisch zu, bei einem wunderbaren Dinner (www.din neratmandelas.co.za).

Touristeninformation: St Andrew's Rd, www.houtbay.org, Tel. 021-7901264, Mo–Fr 9–17 Uhr u. Sa 9.30–13 Uhr.

Das **Hout Bay Museum,** St Andrew's Road (Di–Fr 8.30–16.30 Uhr) gibt Einblicke in die kulturgeschichtliche Entwicklung der Region. Im kleinen *Veldkos-Garden* nebenan findet man essbare Wildpflanzen. – Im **World of Birds,** dem größten Vogelpark Afrikas, leben 3000 Vögel (450 Spezies) in 100 begehbaren Avarien (Valley Road, Tel. 7902730, tgl. 9–17 Uhr, www.worldofbirds.org.za). – **Internetzugang** hat man im *Hout Bay Internet Café,* Main Stream Shopping Centre, Princess Avenue, Tel. 021-7906258.

Restaurants

Das **Seafood Bistro,** direkt am Hafen, reklamiert für sich die „besten Fish 'n Chips" in Afrika … Abends geht man zu **Dirty Dick's,** Harbour Road, Tel. 021-7905609 (am Wochenende gute Musik bis 2 Uhr morgens) oder isst die hervorragenden Calamares im **Chapman's Peak Hotel.** Das bei Einheimischen besonders beliebte ***Dunes,** Beach Crescent, Hout Bay Beach, Tel. 7901876, tgl. 12–17 u. 19–22.30 Uhr, ist ein Strandlokal mit Bar und Speisekarte zwischen Pasta, Meeresfrüchten und Haselnusscrèpes.

Unterkunft

Luxus

Hout Bay Manor, off Main Road, Tel. 021-7900116, www.houtbaymanor.co.za. 21 luxuriöse Zimmer in einem Landhaus, sehr gediegen und charmant, Fahrradvermietung, Kinder willkommen. DZ/F ab R3000.

212   Kaphalbinsel   Karte S. 205

Comfort

*Amblewood Guest House, 43 Skaife St, Tel. 021-7901570, www.amblewood.co.za. Romantisches, mit Antiquitäten ausgestattetes Haus. Pool. DZ/F ab R650 p.P.

*Thulani River Lodge, 14 Riverside Terrace (Main Rd M63 Rtg. Constantia, nach 1,1 km ab dem Kreisverkehr links rein, dann gleich rechts, nach zwei Kurven rechter Hand), www.thulani.de, Tel. 021-7907662. Weitläufige 4-Sterne Gartenanlage inmitten wundervoller Natur, Fluss und Pool, 5 diverse, komfortable Zimmer mit Flair und Stil, alle mit Terrasse oder Balkon. Gastgeber Claudia & Hartmut, exzellentes Essen (Claudia ist Köchin), gesichertes Parken, Airport-Transfers. DZ/F ab R450 p.P.

Blackwood Log Cabin, 3 Blackwood Close, Tel. 021-7978574, www.blackwoodlogcabin.com. Ruhig gelegen, 3 Zimmer oder 4-Bett Cottage und 6-Bett Log Cabin (Selbstversorgung), wunderschöner Garten, kinderfreundlich. DZ ab R600.

*Dreamhouse, 53 Mount Rhodes Drive, Tel. 021-7901773, www.dreamhouse.de (mit Anfahrtskizze). Oberhalb der Bucht fantastisch gelegenes Haus mit geschmackvollen, großen Zimmern. Sehr nette Gastgeberin (deutschsprachig). DZ ab R450 p.P.

Touristic

Forest Lodge, 7 Timberlost Lane, Hout Bay, Tel. 021-7904706, www.capetown-direct.com. Heimelige Cottages in super Lage mit Selbstversorgung, schattiger Garten, Kinder willkommen. Ab R600/4 Personen/Cottage.

*Froggs Leap, 1 Baviaans Close, Tel./Fax 021-7902590, www.froggsleap.co.za (m. Anfahrtskizze). 5 Zimmer in Landhaus im karibischen Stil, nett, zurückgezogen, Pool. Größte Froschsammlung der südlichen Hemisphäre (keiner lebend).

Sorgh Vliet Lodge, 3060 Valley Rd, Hout Bay, Tel. 021-7902767, www.sorghvlietlodge.com. Englisches Landhaus, 3 Zimmer, keine Kinder, Pool, Ausritte. DZ ab R300 p.P.

Budget

Flora Bay Resort, Chapman's Peak Drive, Tel./Fax 021-7901650, www.florabayresort.co.za. Schöne Chalets mit Meerblick. Ideal für Familien.

Noordhoek

Noordhoek ist ein kleiner Ort mit 8 km langem Strand (eher für Wanderungen und zum Reiten als zum Schwimmen). Surfer haben gute Bedingungen. Am südlichen Teil des Strandes lief die *Kakapo*, ein Dampfschiff, im 19. Jahrhundert auf Grund (dreiviertelstündiger Fußmarsch). Im *Red Herring* in der Beach Road kann man essen, in der Nähe liegt das *Chapman's Bay Trading Centre* mit Kunsthandwerk. Das Noordhoek Village beherbergt in seinen weißen Häuschen Restaurants, Delikatessengeschäfte und interessante (auch afrikanische) Shops (tgl. geöffnet, Ecke Main Road/Village Lane). Touristische Informationen bietet die Website www.noordhoektourism.co.za.

Masiphumelele

Wer Südafrika wirklich kennenlernen möchte, sollte das eine oder andere Township auf der Reise besuchen. **Nomthunzi Township Tours** von Charlotte Swartbooi (Tel. 083-9825692, nomthunzie@webmail.co.za) führt bei einem Spaziergang die Gäste durch Masiphumelele und vermittelt Eindrücke über das Leben der Menschen dort, über ihre Projekte, Träume und die Wirklichkeit. Ganz hautnah erlebt man das Township bei einer Übernachtung bei **Zukie's B&B,** Zukhanye Mpofu-Ndyalvan, 1648 Motupeng Road, Tel. 021-7857667 oder 084-459 0354, zukie@itnet.co.za. Zukie ist eine ausgezeichnete Köchin!

Unterkunft

Comfort

Afton Grove Guest House, Main Rd (M 6), Tel. 021-7852992, www.afton.co.za. Schöne Gartenlage mit Pool. Cottages ab R600 p.P.

Touristic

Goose Green Lodge, Briony Close, Tel./Fax 7892933, www.goosegreen.co.za. 6 Zimmer in schönem Kap-Farmhaus und SC Cottages, Kinder willkommen. DZ/F ab R350 p.P.

Camping

Chapman's Peak Caravan Farm, Main Road, Noordhoek, Tel. 021-7891225. www.capestay. co.za/chapmans-peak. 30 Min. vom Stadtzentrum entfernt, ideale Lage zum Strand und zum Silvermine Nature Reserve, günstig, Stellplätze mit Elektrizität, Reitmöglichkeit.

Kommetjie

Bei **Kommetjie** („kleines Becken") hat man eine Bucht in ein (mittlerweile sehr heruntergekommenes) Gezeitenbecken umgebaut. Surfer bevorzugen den südlichen Teil an der breiten Flussmündung des Schuster's River, erst bei Scarborough kann man baden. Schöne Strandwanderung nach Noordhoek und Spaziergang zum Leuchtturm. Aus Sicherheitsgründen nie alleine gehen!

Ein Spaß für die ganze Familie ist ein Besuch auf der **Imhoff Farm** (M64, Kommetjie Road, www.imhofffarm.co.za, Di–So 10–17 Uhr), auf der man Esel reiten und Farmtiere streicheln kann. Bekannt auch für den guten Käse und die Art& Craft Shops.

Wenn man dem Schild zum **Slangkoppunt Lighthouse* folgt erreicht man Südafrikas höchsten gußeisernen Leuchturm, den man besichtigen kann (Mai–Sept Mo–Fr 10–15 Uhr, Okt–Apr. tgl. 10–15 Uhr).

Restaurant-Tipp:

Cape Farm House, Junction M65/66, 3 km von Scarborough. Sehr idyllisch, gutes Essen.

Unterkunft

Comfort

Kommetjie Cottages, www.kommetjiecottages.co.za, schöne Cottages.

Budget

Bay Cottage, Benning Drive, Tel. 021-783 2255. 4 DZ, Blick auf Bucht und Berge.

Camping

Imhoff Park, Tel. 021-7831634, www.imhoff. co.za. 1 km außerhalb am Strand, Grasboden, Zelten eher schwierig. Mietcaravans. Auch Chalets mit wunderbarer Aussicht. Ab R180.

Zum Kap der Guten Hoffnung

Anfahrt

Von Kapstadt über M 6 und Chapman's Peak Drive, weiter über den M 65 (Kommetjie). Für die Rückfahrt M 4/M 3 nehmen. Zeitbedarf ein ganzer Tag, da man bei Hin- und Rückfahrt interessante Orte streift.

Information

Bereits in *Buffelsfontein* gibt es ein Info-Zentrum. Dort kann man Übernachtungen im Park buchen. Es fahren keine öffentlichen Verkehrsmittel ins Naturschutzgebiet. Es werden aber Tagestouren von Kapstadt aus angeboten. Gut ist die Cape Point Tour von *Day Trippers* (Tel. 021-511 4766, www.daytrippers.co.za), inklusive Besuch der Pinguine am Boulders Beach, Seal Island, kleiner Fahrradtour, Picknick und interessanten Stopps. Die *Friends of the Cape of Good Hope* bieten jeden 3. Sonntag im Monat geführte Wanderungen an. Eine 2-Tages-Wanderung veranstaltet die Parkverwaltung.

Wanderung von Kapstadt zum Kap

Eine siebentägige Wanderung auf schönen, aussichtsreichen Wegen führt jeden Samstag von Kapstadt zum Kap der Guten Hoffnung. Um Mahlzeiten, Übernachtung u. Gepäck kümmert sich der Veranstalter. SANParks hat eigene Unterkünfte dafür geschaffen. Infos: www.safari afrika.de.

214   Kap der Guten Hoffnung   Karte S. 205

Cape of Good Hope Nature Reserve, Tel. 021-7801100, www.capepoint.co.za; Eintritt (geöffnet Okt–März 6–18 Uhr, Ausfahrt 19 Uhr; Apr–Sept 7–17 Uhr, Ausfahrt 18 Uhr). Ein Restaurant liegt 7 km hinter dem Parkeingang, ein Restaurant und Kiosk mit Snacks am Cape Point (mit Curio Shop).

Cape Point Ostrich Farm

Sun Valley, Tel. 021-7809294, www.capepointostrichfarm.com. Eine echte Alternative für alle, die gerne eine Straußenfarm besuchen wollen und nicht nach Oudtshoorn kommen. Führungen durch

Fynbos

Das Naturschutzgebiet der Kaphalbinsel ist bekannt für seine Fynbos-Vegetation, dem „Königlichen Blumenreich des Kaps". **Fynbos** (sprich: Feinbosch, „feiner Busch/ „feine Pflanzen"), den Begriff prägten die frühen niederländischen Siedler) sind feinblättrige Gewächse und Pflanzenarten, die ihre Blattgröße verkleinert haben, um den Wasserverlust zu minimieren. Das befähigt sie, in trockenen und unwirtlichen Gebieten zu überleben. 1036 Pflanzenarten sind in dem relativ kleinen Gebiet zu finden, die weltweit höchste Konzentration. Diese Vielfalt lässt auf einen fantasievollen Anpassungsprozeß der Urpflanzen schließen. Ein kleines Museum, 7,2 km hinter dem Parkeingang, zeigt eine Ausstellung über Flora und Fauna.

Die drei charakteristischen Pflanzengattungen sind *Erikas, Proteen* und *Restios,* Riedgrasgewächse. Bei genauer Betrachtung erkennt man viele unserer Garten- und Balkonpflanzen wieder wie Fresien, Geranien, Lilien und Iris. Zu den Überlebenskünsten der Pflanzen zählen u.a. die Elaiosome, ölige Essenzen an den Rispen vieler Fynbos-Pflanzen, ein Leckerbissen für bestimmte Ameisen, die die Samen sammeln und sie in ihre Bauten bringen. Da sie nur das Öl verspeisen, bauen sie praktisch die Samen wieder an. Eine Erika-Art bildet zusammen mit einem Pilz eine Symbiose: Der Pilz wächst am Wurzelstock der Pflanze, der dafür für sie wichtige Nährstoffe freisetzt. Am schönsten zeigt sich der Fynbos im Frühling, wenn Tausende von Blütenköpfchen die Landschaft in bunte Teppiche verwandeln. Fynbos ist in Südafrika ein nationales Gut.

Tierwelt

Zu den großen Säugetieren gehören die Buntböcke, die majestätischen Elenantilopen, Bergzebras, Kuhantilopen und kleinere Antilopen wie Greis- und Rehböckchen. In den Felsen leben Klippschliefer (Rock Dassies). Bereits 1679 kann man von Klipspringern am Kap lesen, 1930 wird der letzte abgeschossen. Glücklicherweise entschied man sich 1999 wieder neunzehn, aus anderen Restbeständen der Kapregion, auszuwildern. Von den 250 Vogelarten ist der Strauß der größte Vertreter. In den Proteenfeldern sieht man Honigfresser und Nektarvögel. Daneben gibt es jede Menge Echsen, Schildkröten, Schlangen und Frösche.

Die **Kap-Paviane** nähern sich manchmal recht frech den Besuchern. Es ist streng untersagt, die Affen zu füttern.

Tipp: Wer Interessantes über Paviane erfahren möchte, sollte eine Exkursion mit „Walk with Baboons" machen, die durch Bergfynbos zu den letzten freilebenden Kap-Pavianen führt. Es ist einizgartig, das soziale Leben aus nächster Nähe zu beobachten. Tel. 021-7832630, www.baboonmatters.org.za.

die Straußenzucht, Qualitätslederwaren, Eierladen. Hier gibt es zudem den südlichsten Biergarten Afrikas in einer gemütlichen Scheune und ein gutes Restaurant, 9.30–17.30 Uhr geöffnet.

Anfahrt über M65, dann Richtung Kap der Guten Hoffnung.

Cape of Good Hope Nature Reserve

Das Cape of Good Hope Nature Reserve umfasst die Südspitze der Kaphalbinsel (7750 ha) und ist eines der Kerngebiete des **Table Mountain National Park.** Eine der schönsten Regionen Südafrikas, wo sich landschaftliche Schönheit und Meer miteinander verbinden. Es wird von Straßen durchzogen, die durch die vielfältige Fynbos-Landschaft zu sehenswerten Punkten und hinunter an die wilde Küste führen. Man kann zahlreiche Freizeitaktivitäten wie Wandern, Schwimmen und Surfen betreiben. Ein Braai am *Bordjiesrif* oder in der *Buffels Bay* ist ein Erlebnis. Mit Glück sieht man im Winter vom Ufer aus Wale im Meer.

Auch zu Fuß läßt sich das Reservat erkunden. Der **Cape Point Hiking Trail** führt meist in Küstennähe zu den schönsten Punkten. Eine Download-Wanderkarte findet man auf www.themaps.co.za. Der ***Hoerikwaggo Trail** verbindet auf 100 km Kapstadt mit dem Cape Point. Er kann ganz oder in einzelnen Sektionen gegangen werden und bietet gute Unterkünfte. Weitere Einzelheiten und Tarife auf www.sanparks.org.

Parkeingang

Kurz hinter dem Parkeingang überblickt man vom Aussichtspunkt **Smitswinkel Bay** die False Bay. Ein Spazierweg berührt verschiedene Punkte auf den Klippen. Das kleine Resort **Bordjiesrif,** 6,5 km hinter dem Eingang, verlangt in der Hochsaison extra Eintritt (Picknick und Schwimmen im Gezeitenbecken). Bei stürmischem Wetter lohnt die Fahrt zu den Black Rocks (nicht so windig). An der Straße beginnt der **Kanonkop Trail,** ein zweistündiger Rundwanderweg zu einem kleinen Hügel mit einer alten Kanone, die früher abgefeuert wurde, wenn sich Simon's Town ein Schiff näherte. Von hier aus hat man eine gute Aussicht auf den Atlantischen und Indischen Ozean. Auch **Buffels Bay** hat eine Freizeitanlage am Meer (Eintritt in der Hochsaison), ideal für ein Picknick, baden möglich.

Auf dem Parkplatz vom **Cape Point** ist immer Hochbetrieb. Vorsicht vor den Pavianen, Autotüren und -fenster immer geschlossen halten! Auf dem Platz befindet sich hinten das *Two Oceans-Restaurant* sowie die Station der Standseilbahn *Flying Dutchman* (Funicular) die einen in drei Minuten bergauf bringt (einfach 21 Rand; nach dem Ausgang gibt es eine Internet-Station).

Wandern Sie hoch und besuchen Sie auch die anderen kleinen Aussichtspunkte, das ist unvergesslich. Die Sicht vom alten Leuchtturm, erbaut 1860 und 250 Meter über dem Meer, ist fantastisch. Bei klarem Wetter kann man den 65 Kilometer entfernten und 1399 Meter hohen Simonsberg oberhalb von Stellenbosch erkennen. Wenn sich südwärts Nebelfelder erstrecken ist dies das Resultat des Aufeinandertreffens des kalten **Benguela-Stroms** mit antarktischem Wasser und dem **Agulhas-Strom,** der von Osten warmes Wasser heranführt. Da der alte Leuchtturm zu oft von diesem dichten Nebel verhüllt war, begann man 1914 mit dem Bau des heutigen, der nur 87 m über dem Meeresspiegel liegt. Etwa 24.000 Schiffen weist er alljährlich den Weg ums fast immer stürmische Felsenkap am Ende Afrikas.

Das **Kap der Guten Hoffnung** liegt unten auf Meereshöhe und ist der südwestlichste Punkt des afrikanischen Kontinents (nicht der südlichste, das ist Kap Agulhas, s.S. 285).

Bartolomeu Dias taufte Südafrikas berühmteste Landspitze nach der Umsegelung im Januar 1488 „Kap der Stürme", später wurde es in *Cabo da Boa Esperança* (Kap der Guten Hoffnung) umbenannt, weil die portugiesischen Seefahrer guter Hoffnung sein konnten, dahinter noch viele reiche Länder entdecken zu können.

Vom Maclear Peak (steiler, aber sicherer Weg) hat man gleichfalls einen guten Blick auf das Cape.

Auf der Rückfahrt ist evtl. ein Abstecher nach **Olifantsbos** lohnenswert (Achtung, häufig liegen Puffottern eingerollt neben der Straße!). Links an der T-Junction kommt man in ein Gebiet mit **Buntböcken** und Pavianherden. In der Olifantsbos Bucht beginnt der S**hipwreck Trail** zu den Wracks der Schiffe Thomas T. Tucker und Nolloth (1,5–2 h).

Schiffswracks

Der äußerst stürmische Wind am Kap mit großen, heimtückischen Riffen und Felsen war für zahlreiche Schiffe todbringend. 1680 sank der legendäre **Flying Dutchman**, der „Fliegende Holländer", dessen Kapitän Hendrik van der Dekken sich geschworen hatte, das Kap unter allen Umständen zu umsegeln. Sein Schiff versank bei stürmischer See mit Mann und Maus, doch immer wieder gab es Berichte von geisterhaften Begegnungen, darunter eine von König George V., die er 1881 in ein Logbuch eintragen ließ.

Unter den 23 aufgelisteten Wracks ist z.B. *L'Alouette*, ein französisches Schiff, das 1817 bei dichtem Nebel den Albatros-Felsen rammte und mit Schmuck, Musketen, Schwertern und mathematischen Instrumenten unterging. Auch die *SS Albatross*, die dem Felsen seinen Namen verlieh, krachte 1863 dagegen, 1976 die *Star of Africa*. Der Dampfer *SS Umhlali* (3388 t), schlug 1909 auf den Felsen auf und wurde bei Olifantsbos Point an Land gespült. Fünf Wracks ragen aus dem Wasser: *Thomas T. Tucker* am Olifants Point, *Nolloth* bei Duikersklip, *Phyllisia* bei Hoek van Bobbejaan, *Shir Yib* am Dias Beach und *Tania* in der Buffels Bay.

Unterkunft

Man kann das **Olifantsbos Guest House** (R2640 für 6 Personen, sechs weitere für je R314 im Anbau) und zwei **Family Cottages** (R850 für 4 Personen, jede weitere R200, max.6 Pers.), mieten. Über www.sanparks.org.

False Bay

False Bay, die „falsche Bucht", bekam ihren Namen wegen eines häufigen Navigationsfehlers in alter Seefahrerzeit: Anstatt erst am Kap der Guten Hoffnung auf Nordkurs zu gehen drehten die Seeleute bereits am östlichen Ende des Cape Hangklip ab und landeten über kurz oder lang bei Muizenberg. Die False Bay war bei den Reichen sehr beliebt, sie stellten hier ihre Sommerhäuser hin. Heute erfreut die Küste, dank der schönen Strände, die Touristen. Infos über die *False Bay Whale Route* mit den besten Walsichtungsplätzen unter Tel. 021-7881898. *Tourist Information Muizenberg*, The Pavilion, Beach Road, Tel. 021- 7886176.

Das *Black Marlin, Miller's Point*, 3 km vor Simon's Town, ist das bekannteste **Fischlokal** auf dem Weg vom/zum Kap (Tel. 021-7861621, tgl. 12–15 Uhr, Fr/Sa 19–22 Uhr im Winter und Mo–Sa im Sommer).

Simon's Town

Der kleine Hafen **Simon's Town,** von 1814–1957 Sitz der südatlantischen Flotte Südafrikas, ist ein beschaulicher Ferienort. Entlang der Hauptstraße St George's Street stehen über zwanzig prachtvoll restaurierte Gebäude aus viktorianischer Zeit.

Pinguin-Kolonie

Hauptattraktion des Orts ist die **Pinguin-Kolonie** am **Boulders-** bzw. **Foxy Beach.** Relativ windgeschützt zwischen Granitblöcken, Auswaschungen und kleinen Höhlen, leben direkt am Strand Hunderte von Tieren, von erhöhten Plattformen und Holzstegen kann man sie bestens beobachten und fotografieren. Zum Parken noch vor der Stadt nach rechts in die *Bellevue Road* abbiegen, von Norden kommend nach links in die schmale *Seaforth*

Karte S. 205 | **Kaphalbinsel** 217

Road einfahren. Eintritt R45, geöffnet tgl. 8–17 Uhr, am Wochenende ist es zu voll. Am Strand südlich von Foxy Beach darf geschwommen werden (und auch der Strand nördlich ist *Recreational Area*). Lecker und günstig isst man im *Penguin Point Café.*

Auf der Hauptstraße weiterfahrend liegt rechts, 2 Church Street, das **Stem Pastorie Museum.** In dem Pfarrhaus komponierte 1921 Pastor de Villiers die frühere afrikaansche Nationalhymne (Mo–Sa 9.30–16.30 Uhr).

Bald danach kommt wieder rechts das **Warrior Toy Museum,** in dem sich große und kleine Kinder in einer Spielzeugwelt aus Modellautos, Puppen, Eisenbahnen und Booten wiederfinden (Sa–Do 10–16 Uhr, Tel. 021-7861395).

Ein paar Schritte weiter, auf dem **Jubilee Square,** gibt es ein paar Parkplätze und Sie können den in Bronze gegossenen Hund *Able Seaman Just Nuisance* sehen, der im 2. Weltkrieg offizielles Mitglied der Royal Navy war. Am Platz ist auch die **Publicity Association** und die **Quayside Lodge** (www.quayside.co.za) mit Restaurant *Bertha's* und schönem Hafenblick. Das *Bon Appétit,* ein gutes Restaurant mit französischer Küche, liegt vom Jubilee Square ca. 200 m weiter, linke Seite Nr. 90, Tel. 021-7862412. Am Hafen zu empfehlen sind das *Harbour View Restaurant* (Seafood, Pasta, Pancakes) und das *Quarterdeck* mit schöner Atmosphäre. Ein paar Schritte vom Hafen entfernt stehen im **Bronze Age Sculpture Garden** interessante, zeitgenössische Bronze-Skulpturen.

Am Ortsausgang befindet sich rechts an der Court Road das **Simon's Town Museum,** das in der Old Residency aus dem Jahr 1772 untergebracht ist (Mo–Fr 9–16, Sa 10–13 Uhr, So 11–15 Uhr, Tel. 021-7863046).

Information Simon's Town

Simon's Town Publicity Association, St George's Street/Jubilee Square, Tel. 021-7865798, Mo–Fr 9–16 Uhr, Sa 9–13; Mai–August 9–13 Uhr. Infos auch am Simon's Town Museum.

Unterkunft

Comfort

Boulders Beach Guest House, 4 Boulders Place, Tel. 021-7861758, www.bouldersbeach. com. Am Boulders Coastal Park gelegen, Tauchen und Ausflüge können arrangiert werden. 12 DZ ab R700 p.P.

*Lord Nelson Inn, 58 St George's Street, Simon's Town, Tel. 021-7861386, www.lord nelsoninn.co.za. 10 Zi. in alt-englischem Stil, gemütlicher Pub.

Touristic

Bayview B&B, 12 Harrington Rd, Seaforth, Simon's Town, Tel./Fax. 021-7863387. 2 Zimmer mit schönem Blick über die False Bay.

Budget

*Topsail House, St George's Street, Tel. 021-7865537, www.topsailhouse.co.za. Mehrbett- und DZ in renovierten Schulhaus. Self-catering-Chalet R800, DZ R500.

Camping

Oatlands Holiday Village, Froggy Pond, Simon's Town, Tel. 021-7861410, www.oat lands.co.za. Schöne Stellplätze, Ferienchalets. Chalets 2–8 Pers. ab R500. – Eine etwas günstigere Alternative ist der **Miller's Point Caravan Park** an der Coastal Road, Tel./Fax. 021-7861142. Sehr sauber, teils mit Meerblick.

Fish Hoek

Das geschäftige Fish Hoek geht nahezu übergangslos in das benachbarte Kalk Bay über, nur besitzt es eine breitere Hauptstraße mit noch mehr Geschäften. Der Wohlstand am Kap spiegelt sich in den Häusern wider, die idyllisch an den Hängen liegen. Es hat schöne Strände und ist vor allem bei Seglern, Surfern und Schwimmern beliebt (z.T. Umkleidekabinen und Duschen). Lohnend ist ein Spaziergang entlang des *Jaeger Walk,* der

Western Cape

großen Promenade, mit seinen Restaurants und Cafés. Zu den beliebtesten Wanderungen zählt der Weg in das Fish Hoek Valley, in dem die **Peer's Cave** liegt, in der Bertie Peers und sein Vater 1927 12.000 Jahre alte Begräbnisstätten aus der Steinzeit fanden.

Übrigens: Fish Hoek ist „trocken", d.h., es gibt keine Liquor-Shops. Die Tourist Information hat die Tel.-Nr. 021-7823991.

Unterkunft

Comfort
A Whale of a Time, 11 Echo Rd, Fish Hoek, Tel./Fax 021-7825040, www.awhaleofatime.co.za. Apartments und Cottage mit Blick über die False Bay. Unit (4 Pers.) ab R2400.

Budget
The Budget 60's, Second Crescent, Tel. 021-7825626, www.lin.co.za/budget60s. Mit gut eingerichteter Küche. Ruhige Wohnlage. Ab R200 p.P.

Camping
Fish Hoek Caravan Park, Tel. 021-7825503. Direkt am Meer, 31 Stellplätze.

Kalk Bay

Früher wurden hier in speziellen Öfen Muschelschalen verbrannt und daraus Kalk gewonnen – daher der Name. Heute ist Kalk Bay ein beliebter Badeort mit Gezeitenbecken und optimalen Surfbedingungen. Im Hafen kann man frischen Fisch kaufen oder sich von den Fischern zum Fang mitnehmen lassen. Es geht um 3 Uhr früh los (ab R100). Ausflugsboote starten zur Seal Island, mit Hunderten von Robben und Seevögeln (bei Captain Rob's Tours, Tel. 021-7885261).

Tipp: Abends am Pier entlangschlendern und den (Hobby-) Anglern zusehen, die bei Sonnenuntergang aufgereiht ihre Leinen ins Wasser werfen. Anschließend ins Live Bait Restaurant (Di–So, auch Sushi), direkt am Hafen. Urig ist es im Kalky's bei Fish'n Chips.

Kalk Bay hat ein gutes Ladensortiment, darunter Antiquitätengeschäfte und Gallerien. Sehenswert sind das A.R.T. Café, die Color Gallery und die Art Garage.

Restaurants

Das **Café Matisse,** 76 Main Road, Tel. 021-7881123, Mi–Mo 9.30–23 Uhr, bietet Frühstück, Pizza und kleine Mahlzeiten in entspannter Atmosphäre. – Ein guter Tipp für Fischgerichte ist **Brass Bell,** Main Rd am Bahnhof, Tel. 021-7885455 (tgl. 12.30–15 Uhr u. 18.30–22.30 Uhr). Die Kneipe nebenan ist gemütlich. – ***Cape to Cuba** und die Bar **Che** sind ein guter Tipp für Junge und Junggebliebene. Fast schon ein Muss ist ein Besuch im **Harbour House Restaurant,** wie der Name schon sagt, direkt am Hafen, mit hervorragender Küche. – **Theresa's Restaurant,** 11 Palmer Rd, Tel. 021-7888051, Di–Fr u. So 8.30–16 Uhr, Sa 8.30–14 u. Mi–Sa 19–22.30 Uhr. Künstlertreff mit herzhafter Küche.

Unterkunft

Touristic
Tranquility Guest House, 25 Peak Road, Tel. 021-7822060, www.tranquil.co.za. Sehr schönes 4-Sterne-Gästehaus, in Richtung Sun Valley (M65), links ganz oben am Hang, tolle Aussicht. Sehr nette, hilfsbereite Gastgeber Ron & Gill Taskes, super Frühstück! DZ/F ab R750 p.P.

Castle Hill, 37 Gatesville Road, Kalk Bay,

Tel. 021-7882554, www.innatcastlehill.co.za.
6 Zimmer in elegantem Haus aus der edwardianischen Epoche, Blick auf Bucht und Berge, Kinder ab 12 Jahren. DZ/F ab R450 p.P.
Chartfield House, 30 Gatesville Road, Tel. 021-7883793, www.chartfield.co.za. Historisches Gebäude mit schönen Ausblicken. Mit etwas Glück sieht man Wale in der False Bay.
*Kalk Bay Guest House, 32 Gatesville Rd, Tel. 021-7884452, www.kalkbayguesthouse.co.za. Kleine und feine Lodge. DZ ab R250 p.P.

St James

Im noch nicht überlaufenen St James, 6 km südlich Muizenberg, hat der Strand natürliche Felsbecken und windgeschützte Fleckchen. Restaurants und kleine Geschäfte sind vorhanden.

Ein schönes Fotomotiv sind die historischen, bunt gestrichenen Holzbadehäuschen am St James Strand (Höhe Bahnhof).

Muizenberg

Die schönste Fahrt von Kalk Bay nach Muizenberg führt über den **Boyes Drive,** hoch über der Bucht mit schönen Ausblicken (ausgeschildert). Muizenberg selbst ist für seinen schönen Strand und die Surfmöglichkeiten bekannt. Im **Rhodes Cottage,** Main Road (Di–So 10–13 und 14–17 Uhr) verstarb der ehemalige Premierminister des Kaplandes Cecil Rhodes im Jahr 1902. Ausgestellt sind persönliche Gegenstände.

Das **Natale Labia Museum,** 192 Main Road, Tel. 021-7884106 (Di–So 10–17 Uhr), befindet sich im ehemaligen Herrschaftshaus von Prinz Natale und Prinzessin Ida Labia. Das Gebäude (1929), auch als *Fort* bekannt, enthält eine Reihe von wertvoll ausgestatteten Räumen, in denen auch wechselnde Kunstausstellungen und Konzerte stattfinden (am 4. Sonntag im Monat Kammerkonzert). Angeschlossen ist ein kleines Café (geöffnet 9.30–16.30 Uhr). Schöne Strände mit Toiletten, Umkleidekabinen und

Snack Bars sind *Strandfontein Beach* und *Mnandi.*

Restaurants

*Fogeys Railway House, Muizenberg Station Building, 177 Main Rd, Tel. 021-7883252, Di–So 12 Uhr bis spät, vorwiegend mediterrane Küche, auch vegetarisch, normale Preise, schöner Meerblick. Freitags Dinner Dancing, So-Abend Büfett mit Livemusik. – **Gaylords,** 65 Main Rd, Tel. 7885470, Mi–Mo. Das beste indische Restaurant im Umkreis, hervorragende Currys, vegetarische Küche, Lammspezialitäten. – Vom Restaurant ***Olive Station,** 165 Main Road, Tel. 021-7883264, überblickt man die Surfer's Corner. Tolle Spezialitäten, schönes Unterhaltungsprogramm wie Bauchtanz und Lesungen.

Unterkunft

Touristic
Sonstraal Guesthouse, 6 Axminster Rd, Muizenberg, Tel./Fax 021-7881611, www.sonstraalguesthouse.com. Stilvoll, Selbstversorgung möglich, Kinder in Cottage willkommen. DZ ab R275 p.P.

Budget
Bailey's Surf Shack, 11 Maynard Road, Muizenberg 7951, Tel./Fax. 021-788231 (50 Betten, Preise a.A). Mit dem Zug über Muizenberg Station erreichbar, Abzweigung von der Beach Road.

Camping
Zandvlei Caravan Park, Ecke Windermere/ The Road, Muizenberg, Tel. 021-7885215. An der Sandvlei Lagune, schöne Plätze mit Elektrizität, zivile Preise.

Rondevlei Nature Reserve und Bird Sanctuary

Perth Road, Grassy Park, Tel. 7062404 (für Führungen), tgl. 8–17 Uhr. – In diesem wichtigen Feuchtgebiet an Seen gibt es annähernd 200 verschiedene Vogelarten. Man kann sie von Aussichtspunkten und durch ein Teleobjektiv von einem Aussichtsturm aus beobachten. Angeboten werden Bootsfahrten und zu sehen sind zudem Nilpferde.

Die Vier-Pässe-Tour durch das Weinland

Ausgangspunkt ist Somerset West an der N 2. Der Routenverlauf geht hinter Grabouw weiter auf der R 321, auf der R 45 nach Franschhoek, an der Abzweigung Groot Drakenstein über die R 310 nach Stellenbosch und zurück zum Ausgangspunkt Somerset West. Entfernung ca. 160 km (plus je 50 km nach Kapstadt hin und zurück).

Somerset West

Somerset West (61.000 Ew.), ein beschaulicher Ort am Fuße der *Hottentot Holland Mountains*, ist Ausgangspunkt für Südafrikas berühmte **Garden Route** und Tor zum **Weinland** des Kaps. Schöne Strände liegen nur 10–15 Minuten weit entfernt. Der Ort ist ideal für Exkursionen in die nähere Umgebung und für zahlreiche Wanderwege.

Geschichte

1638 wurde der Landstrich den ersten „Vryburghers" übergeben, die sich entlang des fruchtbaren Lourens River niederließen. Um 1700 erwarb der damalige Gouverneur des Kaps, *Willem Adriaan van der Stel,* die **Farm Vergelegen,** heute nordöstlich am Stadtrand von Somerset West. Sie wurde als **Weingut** angelegt und restauriert (s.S. 236). 1817 wurde die erste Kirche errichtet und Lord Charles Somerset erlaubte den Bauern, eine kleine

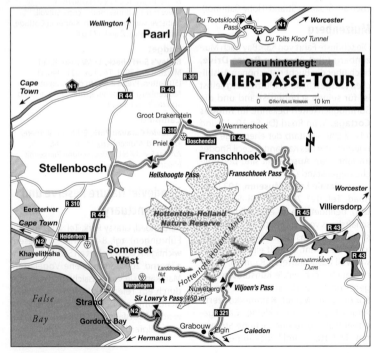

Siedlung anzulegen, die sie ihm zu Ehren Somerset nannten (der Zusatz „West" soll sie von Somerset East nördli. von Port Elizabeth unterscheiden).

Morgenster (Morgenstern) ist das zweite bedeutende Weingut, ebenfalls Teil des alten van-Stel-Besitzes. Am Fuß des Helderberg, gleich neben Vergelegen, bietet es nicht nur eine schöne Aussicht, auch die Gebäude sind liebevoll restauriert. Giulio Bertrand, der Besitzer des Guts, ist besonders stolz auf seinen Bordeaux. Weinproben und -verkauf im modernen Trakt Mo–Fr 10–17 Uhr, Tel. 021-8521738. Gute Olivenprodukte.

Sehenswert

Das bedeutendste Festival ist der Strawberry Christmas Lights Carnival im Dezember. Der **Country Craft Market** findet von September bis Mai jeden letzten Samstag des Monats an der Main Street statt.

Mit dem **Erinvale Golf Club** hat *Gary Player* einen der schönsten Plätze des Landes inmitten einer spektakulären Bergkulisse entworfen (9 oder 18 Loch, Anmeldung Tel. 021-8471144.

Auf der **Helderberg Farm** (mit Übernachtungsmöglichkeit, Teegarten), Anfahrt über die Main Rd/R 44 und Klein Helderberg Rd (3,7 km, Tel. 021-8554308, www.helderbergplaas.co.za) gibt es 5 Wanderwege durch reizvolle Fynbos-Landschaft.

In der Stadt gibt es viele gute Restaurants, einige an der Main Street. Auf der R 44 Richtung Stellenbosch findet man drei Lokale mit ausgezeichneter Küche: **Zandberg,** Raithby Road (Abzweigung von der R 44), **Zum Bacchus** und **96 Winery Road,** alle sehr empfehlenswert.

Wunderschön gelegen ist das Weingut **Avontuur Winery** (R 44, Tel. 021-855 3450, Mo–Fr 9–16.30, Sa 9–12.30 Uhr). Weinproben und -verkauf. **De Helder-** **berg Co-op,** Firgrove (R 44), Tel. 021-842 2370, ist die älteste Weinkooperative Südafrikas. Zur Weinprobe gibt es kleine Mahlzeiten (Mo–Sa, Vorbestellung sinnvoll).

Helderberg Nature Reserve

Dieses 245 ha große Naturschutzgebiet wurde 1960 gegründet und geht von 80 m ü.d.M bis hinauf auf 1003 m. Die Flora besteht vorwiegend aus Fynbos-Gewächsen, aber auch aus Silberbäumen *(Leucadendron)* in der *Silverboomkloof* im Nordwesten. Die Vogelwelt ist in fünf verschiedenen Öko-Zonen des Reservats mit 169 Arten vertreten, auch kleinere Antilopenarten, Schildkröten und Schlangen leben hier. Über die **Wanderungen** erkundige man sich im Informationszentrum (lohnenswert ist die dicht bewaldete *Disa Gorge* im nordöstlichen Teil des Reserves).

Information Somerset West

Somerset West Tourist Information, 11 Victoria St, Tel. 021-8514022, Fax 8516207. 24-Stunden-Pannenhilfe: Leons Panelbeaters, Lower Lourens St, Tel. 021-8515819. **Hinweis:** Straßennamen stehen in Somerset West an der Bordsteinkante.

Unterkunft

Comfort

Somerset Lodge, 200 Main Rd, Tel. 021-851 7853, www.somersetlodge.co.za. 12 Zimmer in Garten, familiär, Hausmannskost, kinderfreundlich. DZ ab R1050.

The Country Guesthouse, 96 Winery Rd, Tel. 021-8422945, www.zandberg.co.za. Cottages, Ü/F oder Selbstversorgung, Gartenlage. DZ ab R1100.

Touristic

Remus House B&B, 18 Remus St, Rome Glen (von der N2 die Ausfahrt „Victoria Street" n. Norden nehmen, an der 3. Ampelkreuzung rechts in die A. Pretorius St, die den Main Rd zur Bzweni Ave wird, am STOP links in Via Appia – r. in Romulus – dann 2. Str. li.), Tel./Fax 021-8519938, www.remushouse.co.za.

Gepflegte Gastlichkeit, dt.-spr. (Fam. Dietrich), drei schöne DZ, Frühstück reichhaltig. DZ/F R900.

*Somer Place B&B, 14 Freesia Ave (R44/ Kreuzung Main Rd, diese östl., 2. Ampel rechts in Pintall Way, gleich li. – rechts in West Rd – li. in Freesia), Tel. 021-8517992, www.somer place.com. Nettes B&B mit 7 Zi., hilfsbereite Gastgeber Armin & Barbara, Pool, Garten, ruhige Lage. Ab DZ R720.

Mountain View Holiday Home, 10 Steynsrust Rd, Tel./Fax 021-8552435. Ü/F oder SC. Preise a.A.

Somerton Manor Guest House, 13 Somerset St, Tel. 021-8514682, www.somerton.co.za. 12 exklusive Zimmer, Pool. DZ ab R450 p.P.

Budget

Lloyd's Lodge Guest House, 12 Smuts Ave, Tel. 021-8522736 Ferienhäuschen mit Selbstversorgung. Ab R250 p.P.

Sir Lowry's Pass

Als die ersten niederländischen Siedler an der Küste entlang Richtung Osten nach neuem Land suchten, benutzten sie Pfade, die vor ihnen bereits von den Buschmännern und Khoikhoi (Hottentotten) jenseits der *Hottentots Holland Mountains* benutzt wurden (aber, um genau zu sein, alle folgten den Spuren der Tiere …). So hieß auch der heutige **Sir Lowry's Pass** südöstl. der gleichnamigen Ortschaft einst „Weg der Elenantilope". Zu Fuß oder zu Pferd war die Bezwingung des Passes kein Problem, für Ochsenkarren war die Steigung jedoch zu steil. 1828 veranlasste Major Charles Michell, ein Beamter der Kapkolonie, den Bau einer richtigen Passstraße, die nach dem Gouverneur Sir Lowry Cole benannt wurde. Alte Wagenspuren, die sich in den Fels hineingeschliffen haben, sind von der Passhöhe aus (450 m) in einem halbstündigen Fußmarsch zu erreichen.

Grabouw

Der kleine Ort im Elgin-Tal zwischen den Hottentots Holland Mountains und der Groenland-Bergkette ist das Herzstück eines fruchtbaren Tales. Fast zwei Drittel des Apfelexports Südafrikas werden hier angebaut sowie Nektarinen, Pflaumen und Birnen. Sehenswert ist der **Apple Museum Complex** in historischen Gebäuden in Elgin am Ufer des Palmiet River (Verkauf von Obst an Bauernständen). Infos über Farmbesichtigungen: Grabouw Publicity Association, Tel. 021-8592507.

Unterkunft (Comfort)

*Houw Hoek Inn, zwischen Grabouw und Bot River, Tel. 028-2849646, www.houwhoekinn.co.za. Historisches Haus von 1834 mit 50 Zimmern, Abendessen bei Kerzenschein, Sa Tanz (Dinner/B&B/Tanz special R750), Biergarten. DZ ab R600 p.P.

Viljoen's Pass

Bereits im frühen 19. Jahrhundert ermöglichte dieser Pass die Groenland Mountains, entlang der Schlucht des Palmiet River, zu überqueren. Von der Passhöhe aus hat man einen weiten, schönen Blick auf das Riviersonderend-Tal.

Theewaterskloof Dam

Der imposante Theewaterskloof Dam ist der siebtgrößte Stausee Südafrikas (Stauung des Riviersonderend). In Trockenperioden wird das Wasser durch einen Tunnel in das benachbarte Franschhoek-Tal geleitet. Beliebt für Wassersport und ein Vogelparadies.

→ **Abstecher**

Villiersdorp

Villiersdorp, 1843 gegründet, ist das Zentrum der Obstverarbeitung der Region. Besuchenswert ist das stadthistorische **Dagbreek Museum** (mit Restaurant, Mittagessen – traditionelle „Boerekos" – und Nachmittagstee). Die Tourist Information (Kelkiewyn, Main Road, Tel. 028-8400082, www.villiersdorptourism.co.za), hat einen

Hottentots Holland Nature Reserve

Dieses Naturreservat (42.000 ha) liegt inmitten der wilden und zerklüfteten Landschaft der *Hottentots Holland Mountains* und dient zum Schutz der einzigartigen **Fynbos-Vegetation** des Kaplandes. Mehr als 1300 Pflanzenarten wurden registriert, einige davon sind sehr selten oder endemisch. Die **Fauna** präsentiert sich mit Klippspringern, Duckern, Reh- und Greisböckchen. Leoparden durchstreifen gleichfalls die Bergwelt. Unter den 100 Vogelarten gibt es auffallend viele **Raubvögel** wie Felsenadler und Bussarde. Der Sommer ist meist mild und trocken, die Winter regenreich und ungemütlich. Das ganze Jahr ist mit starken Winden zu rechnen. Da es keinerlei Fahrwege gibt, sind nur Wanderungen möglich (Anmeldung bei Übernachtungen schriftlich, sonst beim diensthabenden Ranger).

Anfahrt: Von Grabouw aus über Elgin auf der R 321 nach Nuweberg am Viljoen's Pass (Parkeingang).

Wandern: Tageswanderungen: *Palmiet Blind Trail*, 6 km (2 h), einfach. – *Groenland Mountain Trail*, 22 km (7 h), recht einfach, beste Wahl. – *Boegoe Kloof Trail*, 24 km (8 h), einfach bis mittelschwer.

Wanderungen durch Schluchten: *Riviersonderend Trail*, Rundwanderweg, 15 km (6 h). – *Suicide Gorge Trail*, 17 km (5 h), Rundwanderung. (Beide Wanderungen sind **sehr anstrengend!** Der örtliche Führer beschreibt letztere so: *„...es sind mehrere Sprünge aus einer Höhe zwischen 7 und 13 m in Wasserbecken nötig ... ziehen Sie wasserfeste Kleidung und Schuhe mit gutem Profil an ... nehmen Sie Kleidung zum Wechseln mit ... verpacken Sie Ihre Ausrüstung wasserfest ... einmal gestartet, gibt es kein zurück mehr!!").*

Wanderungen mit Übernachtung: *Nuweberg zur Landdroskop Hut*, 12 km (3–4 h), äußerst anstrengend. – Nuweberg zur Boesmanskloof Hut, zwei Routen, 14 km (2–3 h) und 18 km (4 h), einfach. Schwieriger ist die Weiterwanderung zur Landdroskop Hut (17,5 km, 5–6 h).

Reservierungen: Hottentots Holland Nature Reserve, Tel. 021-4830190; www.capenature.co.za.

Stadtplan und die Beschreibung der *Akkedis Art Route* (letzter Sonntag im Monat). Besonders lohnenswert ist ein Besuch des **Villiersdorp Wildflower Garden and Nature Reserve.** Von dem sehr schön angelegten Garten (viele Kräuter) führt eine 2-stündige Wanderung hinein in das Naturschutzgebiet, das in die Hängen der Aasvo'l Mountains gebettet und besonders für seine Proteen und artenreiche Fynbos bekannt ist.

Unterkunft

Touristic/Budget

De Villiers Country Lodge, 13 Victoria St, Tel. 083-3121476 www.devillierscountrylodge.

co.za. 5 gemütliche DZ, Gartenlage, gute Küche. Dinner+Ü/F auf Anfrage.

Ding-Dong-Del Guest House, 5 Caledon St, Tel. 028-8401594. Ferienwohnung für Familien, Garten. Auch Ü/F.

Camping

Villiersdorp Caravan Park, Ham St, Tel. 028-8402141; auch Chalets mit Selbstversorgung.

✔ **Abstecher**

Franschhoek Pass

Von einigen alten Elefanten-Trampelpfaden abgesehen, die die Buschmänner und erste weiße Abenteurer benutzten, lag das Tal des heutigen Franschhoek bis

1817 in völliger Abgeschiedenheit. Dann wurde eine erste Passstraße angelegt, die allerdings von Regenfluten wieder weggespült wurde. 1825 wurde die heutige Straße gebaut, zu der auch die Joubertsgat Bridge gehört, eine schöne Steinbrcke, gleichzeitig die dienstälteste des Landes. Eine besondere Empfehlung verdient das **Restaurant *Haute Cabrière,** von dem man in einen in den Fels gehauenen Weinkeller schauen kann. Fantastische Küche. Tel. 021-8763688 (Reservierung notwendig).

Der besondere Tipp: Franschhoek

Franschhoek bedeutet „Ecke der Franzosen". Die Besiedlung des Ortes geht auf das Jahr 1688 zurück, als der Kapgouverneur Simon van der Stel 200 hugenottischen Familien, die vor religiöser Verfolgung aus Frankreich geflohen waren, das fruchtbare Land übereignete. Sie brachten Reben und Fachkenntnis im Weinanbau mit. Die Region produziert heute **Weine der Weltspitzenklasse.** Über die Geschichte der Hugenotten informiert das **Huguenot Memorial Museum** (Mo–Sa 9–17, So 14–17 Uhr; Literatur auch in deutsch), daneben – unübersehbar – das **Huguenot Monument.** Das zweite Museumsgebäude befindet sich auf der anderen Straßenseite (mit Khoisan-Ausstellung und Laden).

Weingüter

20 Wine Estates, vom kleinen Familienbetrieb bis zum hochtechnisierten Großgut, produzieren Weißweine (Sauvignon Blanc, Chardonnay, Semillon und Chenin Blanc) und Rotweine (Shiraz, Pinot Noir, Merlot, Cabernet Sauvignon). Außerdem Sekt und Portwein. Nähere Informationen auf www.franschhoek.org.za. Die meisten

Weingüter verlangen eine *Tasting-Fee* (R10–20). Kostenlose Weinprobe tgl. 10–17 Uhr (Sa/So bis 16 Uhr) derzeit noch in einem der vier Weingüter von **Graham Beck** (weitere zwei in Robertson und eines in Stellenbosch). Genaue Infos und Anfahrtsskizzen auf www.grahambeckwines.co.za. Hier gibt es einen fantastischen „Champagner", den schon N. Mandela und B. Obama bestellten!

Auf **Bellingham,** Tel. 021-8741011, www.bellinghamwines.com, wurden ab 1693 Südafrikas erste Shiraz-, Premier-Grand-Crû- und Rosé-Weine produziert. Weinproben (bislang kostenlos) und Verkauf: Nov–Apr Mo–Fr von 9–17 Uhr, Sa 10–12.30 Uhr. Mai–Okt Mo–Fr 9–16 Uhr, Dez–Jan kleine Gerichte. Spaziergänge durch das Gut sind möglich.

***Cabrière Estate,** Tel. 021-8762630, www.cabriere.co.za, ist ein besonderer Ort. Nicht nur, dass der Besitzer, Achim van Arnim, jeden Samstag um 11 Uhr bei der persönlichen Führung Sektflaschen mit dem Schwert köpft, nein, seine Schaumweine haben wirklich die Qualität von Champagner. Probieren und sich überzeugen lassen!

La Motte, Tel. 021-8763114, www.lamotte.com, an den Hängen der Wemmershoek Berge, stammt aus dem Jahr 1752 und hat ideale Boden- und Klimaverhältnisse. Es gehört zu den führenden Gütern am Kap. Weinprobe und Verkauf: Mo–Fr 9–15 Uhr, Sa 9–12 Uhr.

Der Weinkeller von **Mont Rochelle,** Tel. 021-8763000, ist über 150 Jahre alt, die Besitzer Graham und Lyn de Villiers gehören zur 8. Generation hugenottischer Abstammung. Besuch Di–Sa 11–16 Uhr, Picknick möglich.

Wer nach Stellenbosch weiterfährt, sollte das auf dem Weg gelegene und vielbesuchte ***Boschendal** (www.boschendal.co.za) nicht versäumen, das älteste Weingut (1685). Das gewaltige Herrenhaus im kapholländischen Stil ist mit

Karte S. 225 **Franschhoek** 225

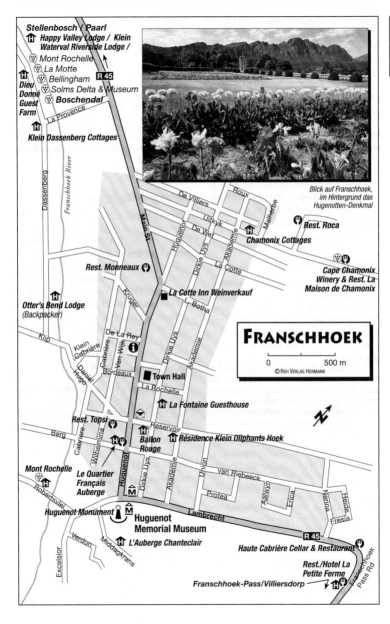

Blick auf Franschhoek, im Hintergrund das Hugenotten-Denkmal

226   Franschhoek

Karte S. 225

wertvollen Antiquitäten aus dem 17. und 18. Jh. eingerichtet und mit Porzellan der Ming-Dynastie dekoriert. Das Erklärungs-Faltblatt zum Haus und den Räumen gibt es auch in Deutsch.

Vor dem Gut kann man auf dem Rasen unter mächtigen Bäumen picknicken (Korb beim dortigen Kiosk erhältlich, Buchung sinnvoll, Nov–Apr). Nach dem Toreingang befindet sich links, in einer ehemaligen Sklavenunterkunft, das nette Le Café (kleine Gerichte). Für das exzellente Restaurant ist eine Vorbuchung erforderlich (Tel. 021-8704000, Kleiderordnung). Weinproben finden statt Mo–Fr 8.30–16.30 Uhr, am Sa 8.30–12.30 Uhr (Nov–Apr bis 16.30 Uhr) und am So (Nov–April) von 10–15 Uhr.

Gaumenfreuden

Franschhoek gilt zu Recht als die heimliche kulinarische Hauptstadt des Landes. Deshalb kann man bei der Wahl eines Restaurants eigentlich nichts falsch machen – gut und oft traumhaft gelegen sind sie alle. Und am besten reserviert man vor!

La Maison de Chamonix, Uitkyk St, Tel. 021-8762393 (Di–Sa 12.30–15 Uhr und 19–23 Uhr, So 12.30–15.30 Uhr Büfett) bietet das Beste der französischen Küche und Wein vom eigenen Gut. – **La Petite Ferme,** Franschhoek Pass Road, Tel. 021-8763016, lapetite@iafrica.com (tgl. 12–16.30 Uhr), ist ein Obst- und Weingut und bietet in seinem hervorragenden Restaurant lokale Spezialitäten und frische Forellen (auch Gästehäuschen, Pool). – **Le Quartier Français,** 16 Huguenot Road, Tel. 021-8762151 (tgl. 12.30–13.45 Uhr und Mo–Sa 19.30–20.45 Uhr) gilt als beste kapmalaiische und provenzalische Küche des Landes. Sehr nobel. Es gibt auch eine Bar und einen netten Außenbereich mit hervorragenden Snacks. – Nebenan bei **Brinjals** gibt es Delikatessen, auch zum Mitnehmen (12–21 Uhr). – Das **Monneaux,** Main Road, Tel. 021-8763386, zählt zu den Spitzenlokalen moderner Kochkunst. Reservierung sinnvoll. – Gourmets freuen sich über das neue ***Roca Restaurant,** Uitkyk St, in herrlicher Hanglage. Gepflegte Atmosphäre, abwechslungsreiche

Küche zu bezahlbaren Preisen, Mikrobrauerei (www.rocarestaurant.com, Tel. 021-8763384; Mo–Sa 10–22 Uhr, So 11–16 Uhr; im Winter Mo geschl.) – ***Topsi & Company,** Tel. 021-876 2952, liegt versetzt hinter der Hauptstraße (hinter Spar) und ist ein nett eingerichtetes Lokal mit offener Küche und gutem Essen (wie wäre es mit Rote-Beete-Eis?). Reservierung erforderlich. Wein mitbringen.

Frisch gebackenen Kuchen, Salate, Fisch und Schlemmereien gibt es in **Pippin Farm Stal,** Huguenot St. Wer dazu noch eine Flasche Wein braucht, sollte sich im **La Cotte Inn Wine Sales,** 31 Main Road – nach einer kleinen Kostprobe – eine aussuchen.

Kunst und Handwerk

Wer die Hauptstraße entlang bummelt, kommt an den besten Geschäften und Galerien vorbei. Empfehlenswert: **Franschhoek Live Craft Centre,** 68 Huguenot St (gegenüber der Information). Viele Künstler trifft man auf dem **Arts & Craft Drive,** der lokale Talente vorstellt, Tel. 021-876 2960. Wer die Wahl hat, hat die Qual: Die **African Art Gallery,** 46 Huguenot Rd, ist mit afrikanischer Kunst und Souvenirs bestens ausgestattet.

Museum van de Caab

Einen Ausflug wert ist das **Museum van de Caab** auf dem Weingut Solms-Delta. Sehr anschaulich wird die Geschichte der Delta-Farm aufgezeigt – typisch für viele im Drakenstein Valley. An der R45 Richtung Norden, rechter Hand, www.solms-delta.co.za.

Information Franschhoek

Franschhoek Wine Valley and Tourist Information, 70 Huguenot Road, Franschhoek 7690, Tel. 021-8763603, Fax 8762524, www.franschhoek.org.za, Mo–Fr 9–18, Sa 10–17, So 10–16 Uhr. Infos über die lokale Weinroute, Wanderkarten für die Region, Erlaubnis für das **Mont Rochelle Nature Reserve.** Angeschlossen ist das Vigneron Office (Winzer-Büro, Tel. 021-8763061, vormittags besetzt!). Fahrradmietung (4 Std. R50, Anmeldung erforderlich). Übersichtliche Schautafeln über freie Zimmer.

Unterkunft

Luxus

*L'Auberge Chanteclair, Middagkrans Rd, Tel. 021-8763685, www.chanteclair.co.za. Romantik pur, Pool. DZ/F ab R1100 p.P.

Mont Rochelle Hotel & Mountain Vineyards, Dassenberg Road, Tel. 021-8762770, www.montrochelle.co.za. Luxushotel mit 16 individuell eingerichteten Zimmern und 6 Suiten. Top-Restaurant. Weinprobe. DZ ab R3500.

*Le Quartier Français, 16 Huguenot Road, Tel. 021-8762151, www.lqf.co.za. Nobelhotel der Sonderklasse. DZ ab R2100 p.P.

Dieu Donné Guest Farm, nordwestl. außerhalb, über R45/La Provence Rd, Tel. 021-876 2131, www.dieudonne.co.za. Kleine, stilvoll eingerichtete Gästehäuser und B&B-Cottages in freier Natur (s. Anzeige hinten). DZ/F ab R1000.

Comfort

*Klein Waterval Riverside Lodge, 10 Min. auf der R 45 Richtung Paarl, Tel. 021-8741711, www.kleinwaterval.co.za. Komfortable Zimmer in entspannter Landgut-Atmosphäre. Schwimmen, Wandern, Forellenangeln, Reiten. DZ/F ab R1000 p.P.

La Fontaine Guest House, 21 Dirkie Uys St, Tel./www.lafontainefranschhoek.co.za. Zimmer mit attraktivem Bergblick. DZ ab R650 p.P.

Le Ballon Rouge, 7 Reservoir St, Tel. 021-876 2651, www.ballon-rouge.co.za. 7 DZ und eine Suite in elegantem Haus. DZ ab R450 p.P.

*Résidence Klein Oliphants Hoek, 14 Akademie St, Tel./Fax 021-8762566, www.kleinoliphantshoek.co.za. Eine herzliche Atmosphäre, hoher Komfort. DZ/F ab R600 p.P.

*Rose Cottages, Verdun Rd, Tel. 021-876 3425, www.rosecottages.co.za. Das Motto: „Inspiriert durch die Liebe zu Essen, Wein, Reisen und Natur" besagt schon alles.

Touristic

Chamonix Cottages, Uitkyk St, Tel. 021-876 8400, www.chamonix.co.za. Häuschen und Ferienwohnungen auf Weingut. Ab R500 p.P.

Happy Valley Lodge, Happy Valley Road, 6 km außerhalb Richtung Stellenbosch, Tel. 021-8762490. Zwei schön gelegene Häuschen am Flussufer, Pool. DZ ab R500 p.P.

Klein Dassenberg Cottages, La Provence Rd, Tel. 021-8762107, www.kleindassenberg.co.za. Vier Häuschen (das „Slave Cottage" ist – nomen est omen – klein u. dunkel), Selbstversorgung, super Lage. Ü/F ab R650 für 2 Personen.

Stonehedge Mountain Cottages, Tel. 021-8763760, www.stonehedgecottages.co.za. Ab R300 p.P. Unterhalb des Franschhoek Peak, absolut ruhig.

Budget

Otter's Bend Lodge, Dassenberg Road, Tel. 021-8763200, www.ottersbendlodge.co.za. Franschhoeks einziger Backpacker ist herrlich gelegen, unterhalb von Mont Rochelle an einem kleinen Fluss. DZ ab R 400.

Helshoogte Pass

Die R 310 mit dem Helshoogte Pass – „Höllen-Anhöhe" – ist die Verbindungsstraße von der R 45 von Franschhoek über einen Sattel zwischen dem **Simonsberg** und den **Jonkershoek Bergen** nach Stellenbosch.

Unterkunft an der R310

Le Pommier Country Lodge, auf dem Helshoogte-Pass-Anstieg rechts (R 310), Tel. 021-8851269, www.lepommier.co.za. Lodge auf einer Farm aus dem Jahr 1692; stilvolle altenglische Zimmer, Pool, Restaurant gleich vor der Lodge. DZ/F ab R1500.

Besonders sehenswert: Stellenbosch

Stellenbosch (107.000 Einw., davon über 22.000 Studenten) ist die zweitälteste Stadt Südafrikas und man sollte sich Zeit nehmen, durch den **geschichtsträchtigen Stadtkern** bummeln, die altehrwürdigen **Eichen** bewundern, eine Fahrt zu den umliegenden **Weingütern** unternehmen und in einem der hervorragenden Restaurants speisen. Viele historische Gebäude wurden als Hotels und Pensionen umfunktioniert, so dass eine Übernachtung einem Museumsbesuch gleicht. Im **Oude Libertas Centre** finden Freiluft-Aufführungen statt (Theater, Opern und Ballett).Es gibt tägliche **Stadtführungen** vom Informationszentrum aus. Besonders empfehlenswert ist die ***Townshiptour,** die sowohl durch das historische Stellenbosch als auch nach Kayamandi führt. Hier gibt es selbstgebrautes Bier in einem Shebeen, eine Musikvorführung und man kommt mit lokalen Künstlern in Kontakt. Dazu gibt es jede Menge Geschichten und Informationen (Halb- und Ganztagstouren. Auskunft bei der Touristeninformation).

Geschichte

Simon van der Stel, 1679 Gouverneur in Kapstadt, schlug eines Tages seine Zelte am Ufer des *Eerste River* auf und entschloss sich spontan, in dem fruchtbaren Tal eine zweite Niederlassung zu gründen, die *Stel-en-bosch,* „Wald von Stel", heißen sollte. 1685 errichtete man eine Kirche und ein Gerichtsgebäude, die 1710 einer Feuersbrunst zum Opfer fielen, aber bald wieder aufgebaut wurden. Trotz zahlreicher Veränderungen im Laufe der Zeit gibt es heute noch einen nahezu historischen Stadtkern der Jahre 1775 bis 1820.

Stellenbosch ist auch eine bedeutende **Universitätsstadt** (Spötter sagen, sie sei das „Harvard des Afrikaanertums", einige frühere Apartheid-Politiker studierten hier). Die Universität ist in wunderbaren historischen Gebäuden untergebracht, der Komplex erstreckt sich zwischen Victoria und Merriman Street ab Ryneveld Street. Zu seinen Einrichtungen gehört auch das **Sasol Art Museum** im *Eben Donges Centre* (Ryneveld Street) mit seiner permanenten Kunstausstellung.

Das wichtigste Fest des Jahres ist das **Stellenbosch Festival** im September mit Kammermusik. Das **Simon van der Stel Festival** Mitte Oktober feiert den Geburtstag des Stadtgründers mit Rahmenprogramm statt.

Sehenswertes

Historischer Stadtkern

(Hinweis: **Straßennamen** stehen an den Straßenecken unten an den Gehwegrändern). Das Dorp bzw. Village Museum, Ryneveld Street 37 (Erfurthuis), ist das Stadtmuseum und umfasst diverse Gebäude aus verschiedenen Epochen, die restauriert, möbliert und dem Publikum zugänglich gemacht wurden: Das **Schreuder House** (1709) ist das älteste restaurierte Gebäude Südafrikas. Das **Bletterman House** (1780) wurde als Wohnhaus wieder instand gesetzt. Im **Grosvenor House** über die Drostdy Street findet man eine besonders interessante Möblierung aus den Jahren 1800–1820. Das Berg House ist ein beispielhaftes Stadthaus eines begüterten Bürgers um 1850.

Braak

Am **Braak,** dem Stadtplatz, steht an der Südseite die **Rhenish Church,** die Rhenische Kirche, die 1832 als Missionsstation für Sklaven und Farbige eingerichtet wurde (östlich nebenan ein kleiner Straßen-

Karte S. 229 **Stellenbosch** 229

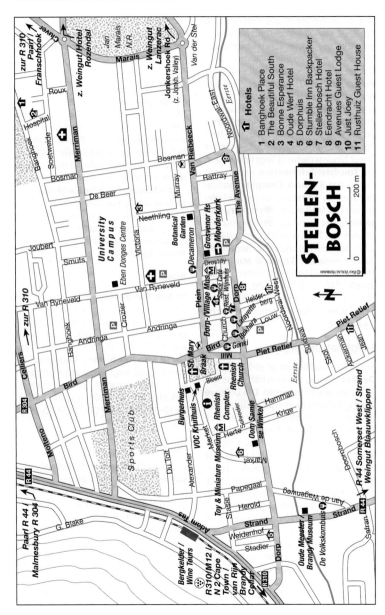

markt). Im Westen findet man das VOC Kruithuis, ein 1777 errichtetes Munitionsmagazin (der Glockenturm wurde später angebaut, mit kleinem Militärmuseum). Das im kapholländischen Stil errichtete **Burgerhuis** (1797) war früher Pfarrhaus, heute dient es der „Gesellschaft historischer Häuser Südafrikas" als Hauptsitz. Am nördlichen Ende steht die **St Mary's on the Braak Church** aus dem Jahr 1852 mit schönem Glockenturm. Die Market Street hinuntergehend liegt linker Hand die **Touristeninformation** und unweit davon der **Rhenish Complex,** ausgezeichnet als *bestrestaurierter Gebäudekomplex Südafrikas.* Die **Missionary Parsonage,** das Pfarrhaus der Rheinischen Mission von 1815, wurde im kapholländischen Stil errichtet und beherbergt heute das sehenswerte **Toy and Miniature Museum** (Market Street, hinter Tourist Bureau. Mo–Sa 9.30–17 Uhr, So 14–17 Uhr. Mai–Sept sonntags geschlossen). Das *Leipoldt House* besitzt bereits englische Stilelemente.

Kerkstraat/Church St

Am Anfang der Kerkstraat sieht man das **De Wet House,** ein Geschäftshaus mit viktorianischen Elementen. **Die D'Ouwe Werf** gilt als älteste Herberge Südafrikas, die auch heute noch gut betuchte Gäste aufnimmt. Das **Devonshire House** (1850) liegt zwar an der ältesten Kreuzung der Stadt (Kerk/Ryneveld Street), gehört aber in die Epoche englischer Bauweise. Überquert man am Ende der Kerk Straat die Drostdy Street erreicht man die **Moederkerk.** Die „Mutterkirche" war nicht mit Glück gesegnet: 1710 brannte sie ab, ab 1717 ging immer wieder das Geld für einen Neubau aus und schließlich fertig, war sie zu klein. 1863 verlieh der deutsche Architekt *Carl Otto Hager* der Kirche mehr Raum und ihr heutiges neogotisches Aussehen. Eine kleine Pause wert ist das

Spice Café mit großem Garten hinter dem Haus. Ausgezeichnetes Essen und leckerer Cappuccino (34 Church Street, Tel. 021-8838480).

Dorpstraat

Die **Dorpstraat** gehört zum historischen Stadtkern mit Gebäuden im kapholländischen, viktorianischen und georgianischen Baustil. Folgt man ihr stadteinwärts, befindet sich links **Oom Samie se Winkel,** ein von Touristen vielbesuchter, überladener Kramladen aus viktorianischer Zeit.

   Weitere historische Gebäude sind: *Stellenbosch Gymnasium* (Dorpstraat 120–122), *La Gratitude* (Dorpstraat 95) und *Voorgelegen* (Dorpstraat 116). Leztere ist das besterhaltene Gebäude aus georgianischer Epoche.

Brandy

Im **Van Ryn Brandy Cellar** (über R 310) gibt es Führungen durch die Kellerei (Brandyherstellung, Laden). Besichtigungen Mo–Fr 10, 11.30 und 15 Uhr, Sa 10 und 11.30 Uhr; Tel. 021-8813875. – Das **Oude Meester Brandy Museum,** Old Strand Road, zeigt eine Ausstellung antiker Destillierapparate, Gläser und Karaffen. Mo–Fr 9–12.45 Uhr und 14–17 Uhr, Sa 10–13 und 14–17 Uhr; So 14.30–17.30 Uhr.

Naturerlebnis

Erholsam ist ein Besuch des **Botanischen Gartens** der Universität an der Neethling Street. Zu sehen sind Palmfarne, Sukkulenten, Bonsaibäumchen und Orchideen. Der **Vineyard Hinking Trail** führt vom Oude Libertas Amphitheater auf den Grat des **Papegaai Berges** und dann hinunter durch die Weingärten einiger bedeutender Güter (Wanderabschnitte von 12, 16 und 24 km möglich, Auskunft/Erlaubnis erteilt das Tourist Bureau). Der **Eerste Ri-**

Karte S. 229 | **Stellenbosch** 231

ver Trail folgt dem schattigen Flussufer ab dem Volkskombuis Restaurant. Besonders schön ist ein Besuch im ***Jonkershoek Nature Reserve,** das 10 km vom Lanzerac Hotel entfernt östl. außerhalb an der Jonkershoek Straße liegt (tgl. 7–17 Uhr). Dort gibt es zahlreiche Wanderwege (Anfragen unter www.capenature.co.za) und eine 12 km lange Autoroute.

Freizeittipps

Ausritt mit Weinprobe: Bei *Amoi Horse Trails,* Tel. 082-6505794 (romantisch sind auch die Ritte dem Sonnenuntergang entgegen, oder das Champagner-Picknick für Frühaufsteher).

Wer sich die Gegend von oben betrachten möchte, hat die Wahl zwischen **Helikopterflügen** (Court Helicopters, Tel. 083-2507522; Civair Helicopters, Tel. 083-6539744), **Heißluftballonfahrten** (Winelands Ballooning, www.balloninfo.de) und **Fallschirmspringen** (Skydive Cape Town, www.skydivecapetown.za.net, auch Tandemsprünge möglich, ca. R1500). **Mountainbike-Touren** führen in die Umgebung oder durch das *Jonkershoek Nature Reserve* (Fahrradvermietung bei Stumble Inn, 12 Market St, Tel./Fax 021-8874049, oder bei Village Cycles, Tel. 021-8838593).

Die beiden landschaftlich wunderschön gelegenen **Golfplätze** gehören dem *Stellenbosch Golf Club* (10 km südwestlich an der R 44, Tel. 021-8800103; 18-Loch-Platz) und dem *Devon Valley Country Club* (9 km nordwestl. an der R 304, Tel. 021-8822080). Gäste willkommen.

Stellenbosch von A–Z

Information Stellenbosch

Stellenbosch Tourist Bureau, 36 Market St, Tel. 021-8833584, Fax 021-8829550, www.stellenbosch.travel. Mo–Fr 8–18, Sa 9–17, So 10–16 Uhr (im Winter tgl. kürzer geöffnet). Zimmernachweis (fragen Sie auch nach *Ilitha Homestays,* nach privaten Unterkünften), kleiner Stadtplan für Rundgang. Unter derselben Adresse ist auch das **Wine Route Office,** Tel. 021-8864310, www.wineroute.co.za. Weintouren in deutscher Sprache mit Gudrun Grünewald von Happyholiday, Tel. 082-6993098, www.happyholiday.co.za.

Internet: www.stellenboschdestinations.co.za • u.a. – Internet-Café: Java Café, Ecke Church/Andringa St.

Autovermietung

Avis, Tel. 021-8870492; Budget, Tel. 021-887 6935; *Imperial,* Tel. 021-8838140.

Bahn

Gute Bahn-/Metroverbindungen mit Kapstadt (Fz 1 h, 1. Klasse!). In Stellenbosch kann man entweder ein Fahrrad mieten oder zu Fuß gehen. Der Bahnhof, Tel. 021-8081111, liegt recht zentral an der R 310. Von hier aus kann man mit der Stadtbesichtigung beginnen (oder mit Weinprobe in der Bergkelder).

Computicket

Computicket reserviert alle Karten für kulturelle Veranstaltungen: Trust Bank Centre, Andringa Street.

Einkaufen

Haupteinkaufstraße für Kunstgewerbe ist die **Church Street.** In der *Johan Coetzee Art Gallery* (Ecke Ryneveld Street, Mo–Fr 9–17 Uhr) finden sich Originalgemälde bedeutender südafrikanischer Künstler. Unweit bieten *Local Works* und *The Cameo* (beide Mo–Fr 9–17 Uhr, Sa 9–13 Uhr) lokales Kunsthandwerk an. *Träumerei Arts & Gift Shop* in der Andringa St (tgl. geöffnet) besitzt eine ausgesuchte Kollektion afrikanischen Kunsthandwerks. Im Xhosa-Township Kayamandi ist das *iTrust Centre* (Ecke Masitandane/Hani St, Mo–Fr 9–16.30 Uhr) mit seinem Kunstgewerbe einen Besuch wert. Hier gibt es auch einen kleinen Coffee Shop mit Buchungsmöglichkeit einer Township-Tour.

Geld

Thomas Cook, Town Centre, Tel. 021-8865259, Mo–Fr 8.30–17 Uhr, Sa 8.30–12 Uhr. *American Express,* Bird St (gegenüber St Mary Church), Tel. 021-8870818, Mo–Fr 8.30–17 Uhr, Sa 9–12 Uhr.

Notrufnummern

Ambulanz: Tel. 10177 oder 021-8833444; Apotheke: Tel. 021-8866172/8865996; Krankenhaus: Tel. 021-8870310; **Polizei:** Tel. 10111.

Post

Hauptpost Ecke Plein/Bird Street, Mo–Fr 8.30–16.30 Uhr, Sa 8–12 Uhr, telefonische Auskünfte unter Tel. 1023 kostenlos; Telegrammversand Tel. 1028, Poste Restante möglich.

Reiseinformation

Rennies Travel, Ecke Bird/Kerk Street, De Wet Centre, 1. Stock, Tel. 021-8865259, Touren-Infos. *Rikki's,* Tel. 021-8872203, Weintouren in jeder Preisklasse, Taxiservice. *South African Airways,* Tel. 021-4031111. *Comair,* Tel. 021-9343401.

232 Stellenbosch

Karte S. 229

Restaurants und Pubs

Es gibt zahllose Restaurants und Cafés. Hier nur eine kleine Auswahl:

Genki, De Wet Centre Courtyard, Ecke Bird/Church St, Tel. 021-8875699, ist eine prima Sushi- und Tapas-Bar. Klein, aber fein. – **Café Lafayette,** 1 Andringa St (Ecke Dorp); Light Lunches mit französ. Touch (Baguettes), hervorragende internationale Gerichte. – **Bukhara,** Ecke Dorp/Bird Street, Tel. 021-8829133, bietet nordindische Spezialitäten, wie Butter-Hühnchen und Tandoori-Lammkotelett. Vegetarische Gerichte. – ***De Volkskombuis,** Old Strand Road, Tel. 021-8872121 (tgl. 12–14, Mo–Sa 19–22 Uhr); mit die beste Küche der Stadt, exzellente Wildgerichte, auch Steaks und Fisch. – **D'Ouwe Werf,** 30 Church St, Tel. 021-8874608 (Lunch 11–18 Uhr, Dinner ab 18 Uhr); vom Ochsenschwanz über Meeresfrüchte und Pasteten, vor allem südafrikanische Gerichte. – **Vinkel en Koljander,** Lanzerac Hotel, Jonkershoek Road (ca. 3 km östl. außerhalb), Tel. 021-8871132 (tgl. 10–17 Uhr); gepflegtes Mittagessen, Lamm oder Fisch. – Nicht nur Pizzen, sondern sehr gute italienische Gerichte und Seafood tischt das **Decameron** auf, 50 Plein St. – **Rustic Café** und **Gallery Coffee Shop,** Croizer St, haben bis spät in die Nacht geöffnet. – **Legends Restaurant & Pub,** Ecke Bird/Du Toit Street; Studentenkneipe, preiswerte Gerichte, manchmal legt ein Discjockey Platten auf. – **Upstairs,** Bird St, gute Musik, manchmal sogar live. – Empfohlen wird das ***Wijnhuis,** Dorpsmeet Centra, Ecke Andringa/Church St, Tel.887 5844. Gehobene Küche und riesige Auswahl an Weinen. Tische im 1. Stock mit Aussicht vorbestellen. – Deutsche Rucksacktouristen treffen sich im **De Kelder,** 63 Dorp St.

Unterkunft

Unterkünfte außerhalb in Richtung Helshoogte-Pass s.o, „Helshoogte Pass".

Luxus

Dorpshuis, Ecke Weidenhof/Dorp Street, Tel. 021-8839881, www.proteahotels.com. Antik möbliert, 18 Zimmer. DZ ab R1350.

Eendracht Hotel, 161 Dorp St, Tel. 021-8838843, www.eendracht-hotel.com. 11 Zimmer in Stadthaus, Pool, Kinder willkommen. DZ/F ab R625 p.P.

Comfort

Bonne Esperance Guest Lodge, 17 Van Riebeeck St, Tel. 021-8870225, www.bonne esperance.com. 15 Zimmer in Prachtvilla. DZ ab R475 p.P.

Oude Werf Hotel, 30 Church St, Tel. 021-8874608, www.oudewerfhotel.co.za. 25 DZ in ältester Herberge des Landes, luxuriös, gemütlich. DZ ab R750 p.P.

Rusthuiz Guest House, 13 Piet Retief St, Tel. 021-8866948, www.rusthuiz.co.za. 5 geräumige Zimmer bieten beste Erholung. Schwimmbad, Bar mit offenem Kamin, Konferenzräume. Tennis, Squash, Reiten, Golf, Heißluftballonfahrten und Hubschrauberausflüge können organisiert werden. DZ ab R1500.

Stellenbosch Hotel, Ecke Dorp/Andringa Street, Tel. 021-8873644, www.stellenbosch-hotel.co.za. 20 DZ in historischem Gebäude (1743), keineswegs altmodisch, Hotelrestaurant, kinderfreundlich. DZ/F R1400.

5 Seasons Guesthouse, 60 Van der Stel St (aus dem Zentrum die Van Riebeeck östl. bis Kreisverkehr, dort 2. Ausfahrt links nehmen, Van der Stel St, fast am Ende, rechts), Tel./Fax 021-8866159, www.5-seasons.de. Elegant eingerichtetes Gästehaus von Ralf & Simone, 8 geräumige Suiten mit separatem Eingang, Balkon oder Terrasse, 1 Fam.-Zimmer, 1 Cottage, Pool u.a. Annehmlichkeiten. DZ/F ab R1200.

Touristic

Avenues Guest Lodge, 32 The Avenue, Tel. 021-8871843, avenuesguestlodge.com. 8 DZ in historischem Gebäude. DZ ab R375 p.P.

Just Joey, 13 Noordwal, Tel. 021-8871799, www.justjoey.co.za. Zartrosa Gästehaus am Eerste River, schöner Garten, in dem man frühstücken sollte. DZ ab R400 p.P.

***The Beautiful South,** 4 Hospital St, Tel./Fax 021-8838171, www.thebeautifulsouthgues-thouse.com. Ruhig gelegenes Gästehaus, gutes Frühstück, individuell gestaltete Zimmer, schöner Pool, hilfsbereite, dt.-spr. Gastgeber Katarina & Peter Stigsson.

Budget

***Banghoek Place,** 193 Banghoek Rd, Tel. 021-8870048, www.banghoek.co.za, gute, saubere Zimmer, große Küche. Dorm R150, DZ R450.

Stumble Inn Backpackers Lodge, 12 Market St, Tel./Fax 021-8874049, www.stumbleinn

backpackers.co.za. Nicht gerade ansprechend, laute Bar-Musik, Parken unbewacht vor der Tür. Fahrradvermietung, Township-, Umgebungs- und Wineland-Touren (sehr gut, vier Güter mit Proben R350), Vorausbuchung sinnvoll. DZ ab R330, Dormbett R110, Camping im Garten möglich.

Camping

Mountain Breeze Caravan Park, Tel./Fax 021-8800200. Auf der R44 ca. 7 km Richtung Somerset West. Schattig, kein Gras, sehr sauber, Laundromat. Die beste Wahl in unmittelbarer Nähe von Stellenbosch. Zufahrt über kleine Schotterstraße.

Unterkünfte Außerhalb

Luxus

Lanzerac Manor & Winery, Lanzerac Road, ca. 3 km außerhalb (Anfahrt über die Van Riebeeck nach Osten), Tel. 021-8871132, www.lanzerac.co.za. In historischem Landsitz auf Weingut. Restaurant, Bar, Pool. Hervorragende Küche. DZ/F ab R1800 p.P.

Comfort

Auberge Rozendal, Jonkershoek Valley, Tel. 021-8092600, www.rozendal.co.za. Anfahrt aus der Stadt: Merriman Ave – geradeaus durch 4 Ampelanlagen zu einem großen Kreisverkehr – weitere 1,7 km (Beschilderung „Jonkershoek") – links rein in die Omega Street (Name am Bordstein), bis zu deren Ende) Eine schöne Four-Star Wein- und organische Farm mit separat liegenden Gästehäuschen, Restaurant in einem historischen Manor, hervorragende Küche und Weine, angenehmes Ambiente in ländlicher Ruhe bei Jörg & Karin. DZ R1350, EZ R895.

Kleinbosch Lodge, ca. 6 km südlich, über die R44/Strand Rd (kurz vor der Annandale Rd, rechts), www.kleinbosch-lodge.co.za, Tel. 021-8800830. Kapholländisches Landhaus-Anwesen, 4 luxuriöse Zimmer, super Frühstücksbüfett, Pool, dt.-südafrikanische Gastfreundschaft bei Hans J. Kast. Preise a.A.

Nassau Guest Farm, 8 km westl. außerhalb, nach dem Abzweig Stellenboschkloof, Bonniemile M 12, Tel. 021-8813818. DZ ab R550 p.P. 4 elegante DZ, Gastgeber besitzt eine Oldtimersammlung.

Touristic

*Rosenview Guest House, 7 km südl. an der R 44, der Strand Road, Tel. 021-8553613, www.rosenview.com. Geräumige Zimmer auf kleinem Weingut in schöner Umgebung, Pool. DZ/F R850.

Budget

Brandwacht Country Lodge, Strand Road (ca. 2,5 km südlich, über die R 44), Tel./Fax 021-8866739. Übernachten auf einem Weingut, 3 Fremdenzimmer. DZ ab R250 p.P.

Das besondere Erlebnis: Stellenbosch Weinstraße

1971 riefen drei clevere Stellenboscher Winzer die **erste südafrikanische Weinstraße** ins Leben und heute sind der **Stellenbosch Wine Route** 23 private Weingüter und 5 Kooperativen angeschlossen (www.wineroute.co.za). Alle Weingüter sind sehenswert und bieten sowohl Weinproben als auch -verkauf. Verbinden Sie einen Besuch mit einem Mittagessen (doch leider bieten nicht alle Weingüter ein solches an). Interessant sind die Kellerei-Führungen.

Bergkelder

Der Keller im Papegaaiberg ist wirklich sehenswert! Mit Diaschau (kl. Gebühr), 20 verschiedene Weine zum Kosten, Kellereibesichtigung. Touren Mo–Fr 10, 11 u. 15 Uhr, Sa 10, 11 u. 12 Uhr (unbedingt vorausbuchen unter Tel. 021-8098582). Weinprobe u. -verkauf Mo–17 Uhr, Sa 9–15 Uhr.

Blaauwklippen

Zählt zu den bedeutendsten Gütern (Tel. 021-8800133, www.blaauwklippen.com). Lage: 4 km südl. außerhalb über die Strand Road/R 44. Das Gutshaus ist aus dem Jahr 1789. 15 verschiedene Rebsorten werden angebaut. Weinproben Mo–Sa 9–17 Uhr, So 9–16 Uhr, auch

234 Stellenbosch Wine Route

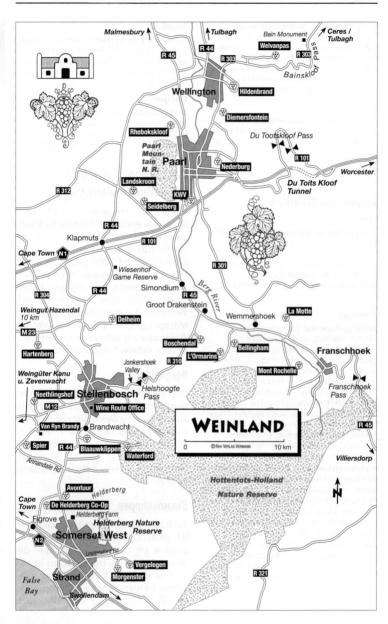

Karte S. 234 **Stellenbosch Wine Route** 235

Verkauf. Mo–Sa Frühstück 9–11 Uhr, Mittagessen 12–15 Uhr. Im Delikatessenladen sollten Sie eine Weinwurst probieren (Mo–Sa 9–17, So 9–16 Uhr). Kutschenfahrt auf Anfrage (Okt–Apr, wetterabhängig). Kellereibesichtigung Mo–Do 11 und 15 Uhr, Fr 11 Uhr (nur bei Voranmeldung).

Delheim

an den Hängen des Simonsbergs ist ein Ausflug wert (die R 44 in nördlicher Richtung; Koelenhof 7605, Tel. 021-8884600, www.delheim.com). Sehr interessant ist der Weinberg mit Rebstöcken aus aller Welt. Genießen Sie den Prestigewein „Spatzendreck" im Kellerlokal bei einem „Vintner's Platter" aus Käse, Salat, Pasteten und frischem Brot, in den kälteren Monaten schmeckt auch eine „Country Soup". Das Gartenlokal hat eine gute Speisekarte (9.30–15.30 Uhr). Weinverkauf und -probe: tgl. 9–17 Uhr. Kellereiführungen tgl. 10.30 und 14.30 Uhr (auf Wunsch auch auf Deutsch). Das Weingut schließt samstags um 15 Uhr, März–Okt ist sonntags geschlossen.

Hartenberg

Auf Hartenberg aus dem Jahr 1692 (Koelenhof, Tel. 021-8652541, www.hartenbergestate.com) werden seit Gründung des Weingutes 1978 12 verschiedene Rebsorten angebaut. Probieren Sie den weißen Chatillon, den roten Zinfandel oder Shiraz oder einen der hauseigenen Weine, die nur hier erhältlich sind. Vinters Lunch 12–14 Uhr (außer So). Weinprobe und -verkauf Mo–Fr 9–17 Uhr, Sa 9–15 Uhr.

*Hazendal

Der Russe Mark Voloshin erwarb 1994 das alte Weingut Hazendal, das bis in das Jahr 1699 zurückgeht. Er hat es liebevoll restauriert und zu einem Mekka nicht nur für

Weinkenner, sondern auch mit seinem exzellenten Restaurant für Gourmets gemacht (tgl. 9–11 u. 12–14.30 Uhr geöffnet für Frühstück, Lunch und Picknick). Der Wein wird von einer Frau gekeltert: Ronell Wild erhielt 1999 die Auszeichnung „Wine Maker of the Year". Verkostet werden Cabernet Sauvignon, Chardonney, Chenin Blanc, Blanc de Noir. Weinproben Mo–Fr 8.30–16.30 Uhr; Sa 9–15 Uhr; So 9–15 Uhr. Motto ist das hauseigene *Marvol Museums:* East meets West. Russische zeitgenössische Kunst ist zu sehen, sowie eine private Kollektion der berühmten Fabergé-Eier (Mo–Fr 9–16 Uhr, Sa/So 9–15 Uhr).

Anfahrt: Hazendal (www.hazendal.co.za) erreicht man von Stellenbosch aus über die R 304 (Koelenhof Rd) Richtung N 1. An der Ampel rechts auf die M 23 Richtung Cape Town. Hazendal liegt nach 10 km rechter Hand.

*Kanu

Der Name stammt von dem mystischen Vogel Kanu, der, so die Legende, alle mit Glück bei der Ernte segnet, die unter seinen Schatten fallen. Auffallend sind die fantasievollen Etiketten der Kanuweine. Auf dem Gut gibt es auch eine sehenswerte Kunstausstellung. Kanu, Tel. 021-8813808, www.kanu.co.za. Weinprobe und -verkauf Mo–Fr 10–16.30 Uhr, Sa (Okt–März) 9–13 Uhr. Gute Käsetheke.

Neethlingshof

Der Neethlingshof (Tel. 021-8838988, www.neethlingshof.co.za) produziert seit 1692 Weine, seit 1989 unter deutscher Leitung. Gruppen sollten die **Weingartentour** mit „Braai" buchen: Mo–So 11 Uhr und 12 Uhr, von Okt–Apr auch 13 Uhr. Gepflegt speist man im *Lord Neethling* (Di–So 10.30–15.30 Uhr und 19–22.30 Uhr) oder im *Palm Terrace Restaurant* (Vorbestellung! Tel. 021-8838966). Weinverkauf und -probe: Mo–Fr 9–17, Sa/So 10–16 Uhr.

Western Cape

236 Stellenbosch Wine Route

Karte S. 234

*Spier

Die Originalfarm geht bis ins Jahr 1692 zurück und wurde später von dem Deutschen Hans Hattingh nach seiner Heimatstadt „Speyer" benannt. 1993 wurde sie von Dick Enthoven gekauft, der eine neue Ära einläutete. Er begann ein sozial ausgerichtetes Programm für die schwarzen Arbeiter und Angestellten, das gute Fortbildung und ein Schulprojekt umfasst. Der Weinanbau geschieht nach umweltverträglichen Standards. Spier ist riesengroß und bietet alles „unter einem Dach".

Die Weinkeller sind Mo–Fr 9–17 Uhr geöffnet. Das *Wein Centre* bietet Weine von über 200 Weingütern an. Weinproben finden in einem kapholländischen Haus aus dem Jahr 1750 statt, tgl. 10–16 Uhr.

Beliebt ist der Besuch im **Cheetah Outreach Programme,** in denen Geparden hautnah erlebt werden können. Täglich um 16 Uhr gibt es bei den Eagle Encounters eine **Greifvogelschau.** Schön ist es, durch die Parklandschaft zu reiten oder im *Zalze Winelands Golf Estate* den Schläger zu schwingen. Es gibt verschiedene Restaurants. Das *Jonkershuis* bietet kapmalayische Küche, das **Taphuis Grill & Riverside Pub** liegt am Ufer eines kleinen Flüsschens und ist ideal für kleine Snacks und Fischgerichte mit schöner Aussicht. Das **Figaros** ist tgl. geöffnet mit wechselnder Speisekarte. Das **Moyo at Spier** bietet ein besonderes Ambiente: In Beduinenzelten speist man unter dem Sternenhimmel unvergleichlich schön und gut. Oft mit Unterhaltungsprogramm (Reservierung unter Tel. 021-8091133, www.moyo.co.za).

Im **Village at Spier,** einer Hotelanlage im Bo-Kaap-Stil, kann man ab R1400 im DZ hervorragend übernachten. Informationen unter Tel. 021-8091127 und www.spier.co.za.

*Vergelegen

Eine paradiesische Gartenlandschaft umgibt dieses ehrwürdige Weingut. Mächtige, 300 Jahre alte Campher-Bäume beschatten das stattliche Herrenhaus, das zu besichtigen ist. André van Rensburg ist der Kellermeister vieler preisgekrönter

Tropfen. Öffnungszeiten und Weinproben tägl. 9.30–16 Uhr, Cellar Tours tgl. 10.15 (nicht Mai–Okt.), 11.30 und 15 Uhr. Anmeldung unter Tel. 021-8472122, www. vergelegen.co.za. Lunches, Tee und Kaffee im Lady Phillips-Restaurant oder im hübschen „Rose Terrace" am Rosengarten, Nov–Apr 10–16 Uhr. Tipp: von Nov–Apr Picknick von 12 bis 14 Uhr unter den fünf riesigen Campher-Bäumen aus China (angepflanzt um 1700). Korb-Reservierung Tel. 021-8471346. Außerdem Kräutergarten und Souvenir-/Weinladen (Bezug der Vergelegen-Tropfen auch in Deutschland möglich). Anfahrt von Somerset West: im Zentrum in die Lourensford Road. Nach 4 km rechts.

*Waterford

Zitrusbäume und Lavendel geleiten uns zu dem wohl **schönsten Weingut** der Region: Waterford (1998). Es ist einem italienischen Kastell nachempfunden und ganz aus Naturstein gebaut. Den Mittelpunkt des Innenhofes ziert ein Brunnen. Idylle pur. Unter Ahornbäumen genießt man die vielfach ausgezeichneten Rotweine. Tel. 021-8800496, www. waterfordwines.com. Mo–Fr 9–17 Uhr, Sa 10–13 Uhr Weinprobe.

Zevenwacht

Dieses Gut (Kuils River 7580, Tel. 021-9035123, www.zevenwacht.co.za) ist mit seiner unvergleichlichen Lage mit Blick auf den Tafelberg, die Table Bay und die False Bay einen Besuch wert. Das Restaurant ist im Gutshaus (Mittag- und Abendessen), Tee im Garten, Picknickmöglichkeit (Picknickkorb einen Tag vorher bestellen). Im Winter im Weinkeller heiße Suppe am offenen Kamin. Wunderschöne Spaziergänge, sicherer Kinderspielplatz. Wein- und Käseprobe. Das Gut ist Mo–Fr 8–17 Uhr, Sa/So 9.30–17 Uhr geöffnet. Übernachtung sehr empfehlenswert.

Von Kapstadt auf der Küstenstraße R 27 am Atlantik entlang nach Norden bis Velddrif

Der landschaftlich schönste Teil der atlantischen Küste endet am **Melkbosstrand** mit Blick auf die Tafelbucht und auf den Tafelberg. Eine „Perle" der R 27 ist zwar noch der **West Coast National Park** und das kleine Städtchen **Langebaan**, ab da wird es aber eher trist und uninteressant.

Information
West Coast Tourism, Moorreesburg, Tel. 022-4338505, www.capewestcoast.org

→ **Abstecher**

Darling (R 315 Ost)

Im kleinen Städtchen **Darling** (8000 Ew., 2000 davon unter 18 Jahren) ist Hauptsaison im Frühling, wenn sich die **Blütenpracht des Sandveld** aus bunten Daisies (Sammelname für Gänseblümchen- bzw. Margaritenarten), Gladiolen und Ixien aus dem kargen Boden reckt.

Der **Nature Garden** liegt am Südeingang des Ortes. Alljährlich findet in der 3. Septemberwoche das **Orchideen- und Wildblumen-Festival** statt. Zu den schönsten Naturreservaten der Umgebung zählt das **Tienie Versfeld Wild Flower Reserve** im Norden des Ortes, ganzjährig geöffnet. Auf der Farm **Oudepost** ist die größte Orchideenzucht des Landes! Weiter sehenswert: **Museum/Galerie**, Pastorie Street, zugleich Touristeninformation (Tel. 022-4923361, Fax 4923217). Mo–Fr 9–13 und 14–6, So 11.15–13 und 14–16.30 Uhr. Restauranttipp: Das

Bistro 7, 7 Main Rd, Tel. 022-4923626 (Di geschl.), verwöhnt in rustikalem Ambiente mit hervorragender südafrikanischer Küche.

Information
über die Darling Wine Route auf www.darlingwinetourism.co.za, allgemeine Infos auf www.darlingtourism.co.za

Unterkunft

Comfort
Burgherspost Cottages, Anfahrt über R315 (Skizze unter www.burgherspost.co.za), Tel. 022-4922830, 2 schöne Cottages für Selbstversorger. Weintour und privates Reservat

Touristic
Darling Lodge Guest House, 22 Pastorie St, Tel. 022-4923062, www.darlinglodge.co.za; Gästehaus aus dem 19. Jh., stilvolle Zimmer, Garten. DZ ab R400.

Trinity Guest Lodge, 19 Long St, Tel. 022-4923430, www.trinitylodge.co.za. Einfach, 10 Zimmer, mit Restaurant. DZ/F ab R350 p.P.

✔ **Abstecher**

→ **Abstecher**

Yzerfontein (R 315 West)

In **Yzerfontein** brechen die Atlantikwellen äußerst hart, eine Herausforderung an Surf-Spezialisten. Es gibt lange Strände, einen kleinen Fischerhafen, und das **Strandkombuis** hinter dem Camping-Platz ist das beste Fischrestaurant weit und breit. Auch im **Beaches** kann man auf einer Veranda direkt am Strand Meeresfrüchte genießen.

Im Frühjahr blüht das Sandveld. Vom Ufer aus sieht man zur gleichen Zeit Wale. Am Strand entlang führt der 2 km lange *Yzerfontein Trail*. In der Nähe liegen die beiden Wanderwege *Blombos Trail* (3 km) und *Sandveld Trail* (8 km) auf einer privaten Farm (Old Donkergat Road, Tel. 022 45-589). Sie führen durch verschiedene Vegetationsformen wie Sandveld und

Von Kapstadt auf der Küstenstraße R27 am Atlantik entlang

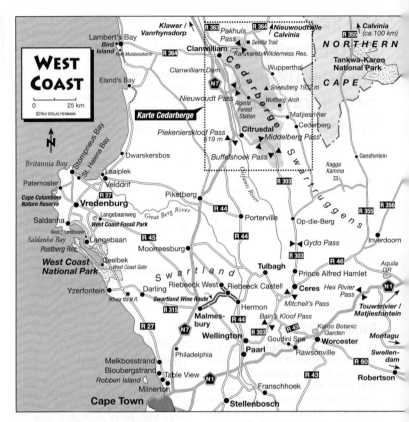

Salzpfannen bis nahe an die Küste. Zu sehen sind Buntböcke, Strauße und kleinere Antilopen. Infos unter Tel. 022-4512366 und auf tourismcapetown.co.za.

!Khwa ttu

Bei !Khwa ttu dreht sich alles um die Kultur der San, die über 40.000 Jahre alt ist. Das Projekt wird von den San selbst verwaltet. Mit Traktoren geht es in das **Nature Reserve** auf Tier- und Pflanzenpirsch. Dann geht es zu Fuß weiter auf Spurensuche. Abschluss ist der Besuch eines nachgebauten **San-Dorfes**. Geöffnet Di-So 9-17 Uhr. Restaurant und Craft Shop. Führungen um 10 und 14 Uhr, R240 p.P. Möglichkeit der Übernachtung im Gästehaus (R880), im Bush Cottage (R770) oder im Safarizelt (R500). Anfahrt über R27, südlich Yzerfontein, www.khwattu.org.

Unterkunft

Touristic
Emmaus on Sea, 30 Versveld Steet, Tel./Fax 022-4512650, 6 Zimmer, Meerblick, schöner Strand, Kinder willkommen, behindertengerecht, Pub (das Bier muss man allerdings

selbst mitbringen). DZ/F ab R350 p.P.
*Harbour View, 8 Arum Crescent, Tel./Fax 022-4512631, www.harbourviewsc.co.za. 6 schicke Gästezimmer (Selbstversorger), alle mit Blick über Bucht und Hafen, ab R900/DZ.
*Kaijaiki Country Inn, 36 Park Rd (am Ortseingang rechter Hand), Tel./Fax 022-4512858, www.kaijaiki.co.za. Offener Kamin in 4 schönen Zimmern, urgemütlich mit guter Küche. Preise a.A.

Camping
Yzerfontein Caravan Park, Dolfyn St (direkt am Strand), Tel./Fax 022-4512211. Stellplätze (keine Zelte!) und Bungalows.

✔ **Abstecher**

West Coast National Park

Der West Coast National Park zählt mit 256 Vogelarten zu den **bedeutendsten Vogelschutzgebieten der Welt.** Die **Langebaan Lagune** ist bekannt für ihre Artenvielfalt an Wat- und Seevögeln. Im Sommer bevölkern viele Zugvögel die Region. In den Ried- und Marschlandschaften kann man die Vogelwelt am besten frühmorgens beobachten.

Vom Süden auf der R 27 kommend fährt man am **West Coast Gate** in den Park ein (R20 p.P., Lageplan und Infos). Nach etwa 5 km eine Gabelung: nach links führt eine schöne Strecke nach Norden zur **Postberg Section,** die sich über das Gebiet von drei Farmen erstreckt (nur in der Blühsaison August und September von 9–17 Uhr geöffnet). *Oude Post* ist eine der ältesten Farmen, *Nieuwland* und *Kreeftebaai* dienten ab 1838 als Winterweideplätze. Ab 1966 wurde die Farmwirtschaft zunehmend unrentabel und man stockte den Tierbestand mit Wild auf, das Gebiet wurde schließlich dem Nationalpark eingegliedert. Am späten Nachmittag ist das Spiel des Lichts mit der Landschaft und dem türkisfarbenen Meer am schönsten. Man sieht Buntböcke, Gnus und Springböcke.

Nach rechts fahrend erreicht man bald das **Geelbek Visitor's Centre** in einem historischen Gutshaus; Informationszentrum, Teegarten (10–15.45 Uhr, kleine Gerichte), Umweltschutzzentrum mit Veranstaltungen, Übernachtungsmöglichkeit. Das **Geelbek-Restaurant** bietet eine gute Speisekarte (www.geelbek.co.za). Auf der Weiterfahrt wird nach etwa 10 Kilometer das nördliche **Langebaan Gate** erreicht.

Inseln

Schaapen ist eine kleine Brutinsel, auf der die seltenen *Albinokaninchen* leben, die sich unter den Steinen verstecken. Sie haben sich ihrer Umwelt angepasst und können sich von Kelpgras ernähren, das im Wasser rund um die Insel wächst. Auf der Insel **Malgas** brüten zehntausende **Kap-Tölpel,** dort leben auch Kormorane, Pinguine und Seehunde. Insel-Bootstouren werden morgens und abends ab Saldanha angeboten.

Guter Tipp: Strandveld Educational Trail
Der **Strandveld Educational Trail** geht über 2 Tage (14 km und 16 km Wanderung, 3 Übernachtungen) und ist für maximal 30 Personen ausgelegt. Er führt durch Sandveld, Dünen und Strandlandschaft. Eine Broschüre informiert über Vegetation und Ökologie. Lunchpakete werden gestellt, Rucksack und Wasserflasche sind erforderlich. Unterkunft in Geelbek.

Information West Coast N.P.
West Coast National Park, Main St (am Ende des Strandes in einer Sackgasse), Tel. 022-7722114, Fax 7722607. Mo–Fr 7.30–13 u. 13.30–16.30 Uhr. Parktore schließen im Sommer um 20 Uhr, im Winter um 19.30 Uhr. Eintritt pro Person/Tag: R96. An einem Tag lässt sich herrlich der **Steenbok Trail** begehen. Für Mountainbiker ist der *Cycling Route Trail* ab dem Langebaan Gate ein echtes landschaftliches Highlight!

Unterkunft

In Geelbek und auf der Strecke zur Postberg Section: **Joanne's Beach Farm** (Cottage R1500/4 Pers.
Abrahamskraal Cottage R1100/4 Pers.).

Langebaan

Langebaan ist ein ruhiger Ferienort, der nur in der Saison aus seinem Schlaf erwacht. Früher herrschte hier reger Betrieb, doch mit dem Schließen der Bahnstation verschwand der Ort aus dem Bewusstsein vieler südafrikanischer Urlauber. Übernachtungsgäste kommen vorwiegend wegen dem West Coast National Park, der guten Luft und den idealen Windsurfbedingungen. Es gibt etwa 30 Unterkünfte und viele private. Das Information Centre ist gut organisiert und hilfreich.

Information Langebaan

Langebaan Information Centre, Bree St (Abzw. Oostewal), Tel. 022-7721515, capewestcoastpeninsula.co.za/langebaan, Mo–Fri 9–17, Sa 9–14 Uhr.

Windsurfen

Gut drauf sind die Leute vom *Cape Sports Centre,* 98 Main St, Tel. 022-7722506. Die Surfschule liegt an einem schönen Sandstrand mit einer Lagune und optimalen Surfbedingungen. Neueste Surf-Modelle, Vermittelung von günstigen Unterkünften.

Tipp: West Coast Fossil Park

Einen Ausflug wert ist der relativ unbekannte **West Coast Fossil Park** (17 km nach Nordosten zur R 45, Langebaanweg; geöffnet tgl., Führungen tgl. ab 10–15 Uhr jede volle Stunde, Eintritt R10, Tel. 022-7661606, www.fossil park.org.za). Zu sehen sind bedeutende fossile Knochen, darunter die eines urzeitlichen Bären, Agriotherium africanum. Dieser Fund war sensationell, da man bislang südlich der Sahara diese Tierart nicht vermutete. Weitere interessante Funde sind die Überreste von löwengroßen Säbelzahnkatzen, kurzhälsigen Giraffen, dreizehigen Pferden und zwei ausgestorbenen Elefantenarten.

Restaurants

Das originellste „Lokal" ist ***Die Strandloper,** neptun-dekorierte Open-air-Hütten am Strand um eine große Grillstelle, auf der mittags ab 12 und abends ab 18 Uhr jede Menge Fisch und anderes Meeresgetier brutzelt und köchelt (Muscheln, Crayfish, auch z.B. Waterblommetjie Bredie). Setmenue, 8 Gänge vom Grill. Sehr beliebt bei Gruppen. Vorher anmelden unter Tel. 022-7722490, Cell 083-2277195, R250 p.P., Wein selber mitbringen. Romantisch (und kühl) am Abend bei Kerzenschein und Gitarrenmusik. Mo–Mi u. Sa/So. Weiteres u. Aktuelles auf www. strandloper.com. Anfahrt: Von der R 27 (Oostewal) beim Schild „Club Mykonos Casino" in die Olafsson abbiegen, 2. links, 300 Meter. – **Oliphantskop Farm Inn** (tgl. ab 10 Uhr, Tel. 022-7722326). Vorzügliche Muscheln in Knoblauch, ebenso die Fisch- und Fleisch-Kombimenüs, Biergarten. – **La Taverna,** Madriko Centre, 1 Bree St (Di–Do 10–14.30 Uhr und ab 18 Uhr, Fr/Sa 10–23, So 9.30–21 Uhr; Tel. 022-7722870). Der österreichische Besitzer zaubert eine Mischung aus Eisbein, Nasi Goreng, Pasta, Apfelstrudel und Wildgerichten auf die Speisekarte. – Bei **Pearly's,** hinter Bree Street am Strand, trifft man sich zu einem Sundowner auf der Terrasse, gutes Essen (Tel. 022-7722734). – Pizza Café, Oostewal St, günstig (Tel. 022-7721278).

Unterkunft

Hinweis: Ohne Vorankündigung besser nicht am Sonntagabend ankommen, viele Zimmer werden nicht vermietet, da erst am Montagmorgen geputzt wird.

Comfort

The Farmhouse Hotel, 5 Egret St, Tel. 022-7722062, www.thefarmhouselangebaan.co.za. Etwas überteuert, aber fantastisch gelegen, sehr exklusive Zimmer, gutes Restaurant, gemütliche Bar, Kinder ab 12. DZ ab R750 p.P. Für Traveller auch günstige Zimmer ab R300 p.P.

Touristic

Der ***Club Mykonos,** Lientjiesklip Rd, Tel. 0800-226770 oder Tel. 022-7077000, www.club mykonos.co.za. Eine Art griechische Kunststadt nördlich des Orts. Zimmer mit Meerblick, div. Freizeitaktivitäten; gut für Familien.

Karte S. 238 **West Coast Peninsula** **241**

Falcons Rest, 21a Zeeland St, Tel./Fax 022-7721112, www.falconsrest.co.za. 10 gemütliche Zimmer, schöner Ausblick. DZ/F ab R600.

Friday Island, Main St, Tel. 022-7722506, www.fridayisland.co.za. Neu, sehr nette Leute, Pub. Windsurfer u. Mountainbiker finden schnell Anschluss, Vermietung von Brettern und Bikes.

Croeso Guesthouse, 133 Sleigh St, Tel. 022-7721725, www.croesoaccommodation.co.za. Liz & Ron bieten 3 großzügige Units mit Bad/Kitchenette in ruhiger Gartenlage. DZ R500.

Günstig auch im **Seawinds** bei Johann & Mia, Paradise St 102 (den Oostewal Rtg. Norden, am Ortsausgang rechts rein), Tel. 022-7721612.

Oliphantskop Farm, Tel./Fax 022-7722326, www.oliphantskop.co.za. 10 Zimmer in schönem Gebäude mit Rieddach, Ausritte an den Strand. DZ/F ab R520.

Camping

Das städtische Ferienresort, Tel. 022-7722115, liegt nördlich am Meer. Ferienhäuser, Stellplätze für Wohnmobile und Zelte.

West Coast Peninsula

Die Orte **Saldanha, Vredenburg** und **St Helena Bay** werden als Verwaltungsbezirk West Coast Peninsula zusammengefasst.

Information & Service

West Coast Publicity Association, Oorlogsvlei (einem historischen Haus), Tel. 022-7142088, www.capewestcoast.org. Auskunft im Frühjahr über aktuelle Blühregionen. 24-Stunden-Tankstelle in Saldanha, 35 Main Road, und in Vredenburg, 87 Main Road.

Auskunft über Busverbindungen in Vredenburg: Tel. 022-71327200.

Saldanha und Vredenburg

Saldanha besitzt den tiefsten Naturhafen Südafrikas, wo vor allem Eisenerz, das per Güterzug aus dem 860 km weit entfernten Sishen (bei Kuruman) hierher transportiert wird, zur Verschiffung gelangt. Daneben steht die größte Fischfabrik des

Landes. In der Bucht gibt es etliche Wassersportmöglichkeiten (guter Neopren-Anzug notwendig, da kaltes Wasser).

Im Norden liegt an der Küste das **SAS Saldanha Nature Reserve** in einem militärischen Gelände (bei gehisster, roter Flagge nicht betreten!), ansonsten tgl. geöffnet. Mit vier Wanderwegen zwischen 4–14,5 km (Tel. 022-7142211). Die Vogelkolonie auf **Bird Island** ist per Boot erreichbar, mit Schaafsna Charters, Tel. 022-7144235.

In der ersten Septemberwoche findet das **Festival of the Sea** statt: Neben kulinarischen Fischgerichten jede Menge Folklore. Unterm Jahr kann man sich in punkto frischem Fisch dem **Meresteijn Seafood Restaurant,** Main Road, anvertrauen (Tel. 022-7143345; die angenehmste Art, den Hafen zu besuchen). Aber auch das ***Mermaid's,** Main Street, ist empfehlenswert (Tel. 022-7144416). Das Familienrestaurant **Sundowner Restaurant** bietet eine bunte Palette aus Burger, Pizza, Pasta, Steaks und Fisch (Tel. 022-7143290).

Vredenburg ist eher trostlos, nur der schöne **Golfplatz,** Hopefield Road, hebt sich ab. 10 km außerhalb Richtung Hopefield (R 45) liegt das **Windstone Horseriding Centre,** von dem aus man wunderbar zu Pferd die Westküste erkunden kann (auch Backpackerunterkunft, Mehrbett- und DZ, Camping, Tel./Fax 022-7661645, www.windstone.co.za).

St Helena Bay, am südlichen Ende der gleichnamigen Bucht, ist ein ruhiger, kleiner Ort mit malerischem Hafen und schönen Muscheln am Strand. Von hier lohnt ein Ausflug nach **Britannia Bay,** benannt nach dem Schiff, das dort 1826 strandete. Es wartet ein schöner, fast unberührter Strand mit Delphinen. Übernachtungsmöglichkeit: *Boulevard Travellodge Caravan Park* am Strand.

Western Cape

242   West Coast Peninsula

Karte S. 238

Unterkunft

Comfort

Oranjevlei Guest Farm, Tel. 022-7142261.
Gästefarm mit antiker Einrichtung, Essen vom
Grill im Farmpub, Kutschenfahrten, Wander-
wege, kinderfreundlich.

Touristic

Jane's Guest House, 8 Beach Rd, Saldanha
Bay, Tel. 022-7143605, www.janesgues-
thouse.co.za. Am Strand, 5 Zimmer, Garten.

Budget/Camping

Saldanha Holiday Resort, Tel. 022-7142247,
www.saldanhabay.co.za. Ab R180. Chalets
und Camping.

Saldanha Bay Caravan Park (zwei Plätze),
Site mit Strom, kein Schatten, in Ferienzeiten
voll, gute Sanitäranlagen, direkter Zugang
zum Strand.

Paternoster

Paternoster liegt 29 km nördlich von Saldanha und besitzt einen malerischen Naturhafen. Gegen 13 Uhr wird der Fang ein-
gebracht. Während der Langusten-Saison
(Nov–Apr) werden die Tiere in großen
Körben ausgeladen und sortiert. Unbedingt lohnenswert ist ein kulinarischer
Besuch im **Vissermans Kombuis Seafood Restaurant,** Tel. 022-7522096
(Fischgerichte und südafrikanische Spezialitäten). Ebenso gut ist das Restaurant
im Paternoster Hotel. Langusten vorbestellen!

Weitere Infos auf www.paternoster.
org.za u. www.capewestcoast.org.

Am Ortsrand liegt das **Cape Columbine Nature Reserve** mit einer Mischung
aus Küsten-Fynbos und Karoo-Sukkulen-
ten (Hauptblüte Aug/Sep), viele Vögel
(Heilige Ibisse, Kormorane, Strandläufer).
Im Frühjahr ziehen **Wale** vorüber. Das Naturschutzgebiet hat einen bemannten
Leuchtturm. Einfacher Campingplatz.

Unterkunft

Paternoster Hotel, direkt am Beach, Tel. 022-
7522703, www.paternosterhotel.co.za.
Gemütliche Zimmer, auch welche mit
Meerblick. DZ/F ab R320 p.P.

Paternoster Seaside Cottages, Tel. 022-
7522044, sehr schön gelegen. Buchung unter
www.seasidecottages.co.za.

*Mosselbank B&B, 1 Trappiesklip St, Tel. 022-
7522632. Sehr geschmackvoll eingerichtete
Zimmer mit eigenem Kamin. Selbstversorgung möglich, 100 m zum Strand.

*The Beach Camp, im Columbine Nature
Reserve, Tel. 082-9262267, www.beachcamp.
co.za (Zelt ab R250p.P./Hütte ab R350 p.P.
Super Tipp! Zelt- und Hüttenübernachtung.
Ein echtes Erlebnis! Keine Elektrizität. Urig.
Unbedingt Paella probieren.

Velddrif-Laaiplek

Velddrif liegt 2 km vor der Mündung des
Great Berg River in den Atlantik. Die
Fischfabrik sorgt für permanent üble Ge-
rüche. Es gibt Bootstouren den Fluss hinauf, bei denen man *Pelikane* und *Flamingos* beobachten kann (Infos Tourist Bureau, Voortrekker Street, Tel. 022-783
1821). An der Carinus-Brücke endet im Juli
der *Berg River Kanu-Marathon*. Einen Besuch wert ist die **West Coast Gallery,** ein
ehemaliger Kirchenbau, in der lokale
Künstler ihre Werke ausgestellt haben
und allerlei Antikes und Trödel erhältlich
ist. Außerdem werden sehr gute Lunch-
gerichte serviert (auf der Hauptstraße
über den Fluss und die STOP-Ampel, dann
rechts rein).

Die beste Adresse für fangfrischen
Fisch ist das **Eigebraai Restaurant** im
Laaiplek Hotel (www.eigevis.com). Im
Boardwalk Bistro gibt es Fischgerichte
und Steaks mit Blick aufs Meer (Tel. 082-
7021693). Kleinere Gerichte wie Pizza,
Pasta, Kaffee und Kuchen im **Flamingo,**
Voortrekker Street. Selbstversorger kau-
fen bei Eigevis in der De Villiers Street
Fischspezialitäten oder in der *Weltevrede
Butchery* „Boerewors" und Grillfleisch.

Weiterfahrt: Die Strecke entlang der Küste ist bis auf kurze Abschnitte südlich von Eland's Bay und Lambert's Bay asphaltiert und gut befahrbar.

Unterkunft

*Hausboote auf dem Berg River, Tel. 022-7830854. Für Selbstfahrer, Selbstversorgung. Spaß für die ganze Familie oder romantische Zweisamkeit.

Riviera Hotel, Voortrekker St, Tel. 022-783 1137, www.places.co.za. Gutes Restaurant mit Fischspezialitäten. DZ ab R450 p.P.

Eland's Bay

Die **Eland's Bay** ist bei **Surfern** wegen bester Bedingungen besonders bekannt. Vogelbeobachter gehen ins Feuchtgebiet des **Verlorenvlei.** Felsmalereien wurden in den **Eland's Bay Höhlen** gefunden.

Unterkunft

Draaihoek Lodge & Restaurant, an der R27, 20 km südl. von Eland's Bay, Tel. 022-952-1170, www.draaihoek.com. Lodge mit 11 schönen Zimmern, gelegen in einem privaten Naturreservat; Gourmet-Speisen, beheizter Pool, Ruhe, Blick auf den Atlantikstrand, Tiere. DZ/F R750–1150.

Touristic

Verlorenvlei Country Inn, Tel. 022-9721724; in historischem Gebäude, Kinder ab 15 Jahren.

Caravan Park, Tel. 022-9721745; sehr einfach, am Strand.

Von Kapstadt auf der N 7 der direkte Weg in den Norden

West Coast Ostrich Farm

Die **Cape Town Ostrich Ranch** in **Table-view,** Tel./Fax 021-9721955, Abzweigung Van Schoordrift Road, ab N 7 2,5 km, bietet kompetente Führung und interessante Details über Straußenzucht. Neben gewöhnlichen Straußen gibt es Zwerg- und Albinostrauße. Tgl. 9–17 Uhr jede halbe Stunde Führungen, hervorragendes Restaurant mit Straußenspezialitäten.

Malmesbury

Malmesbury liegt im Herzen des **Swartland** inmitten einer riesigen Getreideanbau-Region. Es besitzt ein kleines **Stadtmuseum** (Mo–Fr 8–13 Uhr) und das **Cartwright's Museum** (Mo–Fr 8–17 Uhr). Am Ortsrand findet man das **Kalbaskraal Nature Reserve,** das zwei interessante Wanderwege durchziehen. 8 km außerhalb, an der R 315 Richtung Darling, kann eine Angorahasen-Farm besucht werden. Die *Bread-and-Wine-Cycling-Tour* durch die Weizenfelder und Weingärten des Umlandes beginnt und endet in Malmesbury (Infos unter Tel. 022-4871133, www.malmesburytourism.co.za).

Unterkunft:

Almond Bridge Country House B&B, 5 Smuts St, Tel. 022-4823590, www.almond bridge.co.za. Angenehmes Haus, ab R200 p.P.

Camping Malmesbury Caravan Park, Tel. 022-4823266. Stellplätze und Chalets.

Swartland-Weinstraße

Die **Swartland-Weinstraße** umfasst die Orte Malmesbury, Moorreesburg, Piketberg, Porterville, Riebeeck-West, Rie-

244   Tullbagh   Karte S. 238

beeck-Casteel, Aurora, Hermon Eendekuil und Philadelphia. Informationen unter Tel. 021-8726528 oder www.swartland-wineroute.co.za. In Malmesbury kann man den **Swartland Winery** besuchen, Weine probieren und kaufen (Mo–Sa).

→ **Abstecher**

Der besondere Tipp: Tullbagh

Über die R 44/46 erreicht man in einem schönen Tal den Ort **Tullbagh,** landschaftlich reizvoll von drei Bergketten umrahmt. Seine Gründung geht auf das Jahr 1699 zurück. Die besterhaltenen und restaurierten historischen Gebäude laden zu einem Bummel vor allem durch die **Church Street** ein. Das **Oude Kerk Volksmuseum,** Church Street (Mo–Fr 9–17 Uhr, Sa 10–16 Uhr, So 11–16 Uhr) ist im ältesten Kirchengebäude Südafrikas untergebracht, das noch im originalen Kreuzstil erhalten ist. Zu dem Museum gehören drei weitere Gebäude mit wertvollem Mobiliar, Porzellan und Glaswaren. Eine Ausstellung behandelt das Erdbeben von 1969, das erhebliche Schäden anrichtete.

Heute enwickelt sich der Ort zu einem idyllischen Heiratsparadies, aber auch viele Künstler haben sich hier angesiedelt. Kunstinteressierte besuchen **Marmalade Angel** in der Buitekant Street. Hier gibt es auch schöne Souveniers.

Restaurants
Zu den besten Restaurants der Region zählt das **Paddagang Winehouse** in der Church Street 23, Tel. 023-2300242 (tgl. geöffnet für Frühstück und Mittagessen, Mi und Fr auch Abendessen) mit guter südafrikanischer Küche („Waterblommetjie Bredie" probieren!). Das ***Readers,** 12 Church Street, Tel. 023-2300087, ist ein echter Geheimtipp. Probieren Sie die Forelle, den „Lamb Strudel" oder die Kapspezialität *Bobotie.* Kleiner Souvenirladen.

Tulbagh-Weinstraße

Wer nicht so viel Zeit mitbringt, sollte sich unbedingt die folgenden zwei Weingüter anschauen: **Twee Jonge Gezellen** (Tel. 023-2300680, www.houseofkrone.co.za) bietet eine eindrucksvolle Führung durch die „Champagner-Produktion", in der der hervorragende „Krone Borealis Brut" hergestellt wird. Im weiteren Angebot herrliche Weißweine, auch leichte Dry-off-Weine. Die Trauben werden in diesem alten Familienbetrieb nur nachts und in den frühen Morgenstunden gepflückt. Das hat in der heißen Erntezeit zwischen Ende Februar und Ende März nicht nur für die Arbeiter Vorteile, durch die nächtliche Feuchtigkeit soll auch die Traubenqualität gewinnen. (Mo–Fr 9–16 Uhr, Sa 10–14 Uhr, Kellerführung nur nach Anfrage.

Die Weine des Gutes **Drostdy** (Winterhoekpad, Tel. 023-2300203, www.drostdyhof.co.za, Mo–Fr 10–17 Uhr, Sa 10–14 Uhr) werden in einem besonderen Keller, der *Oude Drostdy,* verkostet, ein Meisterwerk des bekannten südafrikanischen Architekten Louis Thibault. Man steigt hinab in ein Gewölbe, das einst als Gefängnis und später als Sklavenunterkunft diente. Dort werden die hervorragenden Weine bei schummrigem Kerzenlicht kredenzt. Das ganze Gebäude ist heute als Museum konzipiert und kann besichtigt werden (Eintritt).

Information
Tulbagh Valley Publicity Association, 4 Church St, Tel. 023-2301348, www.tulbaghtourism.co.za. Infos über Reiten, Wander- und Fahrradtouren, nach Blühgebieten (Apr–Okt) fragen. – Information über alle Güter auf www.tulbaghwineroute.com.

Unterkunft
Comfort
*Manley Wine Lodge, Ruimte Farm, Tel./Fax 023-2300582, www.manleywinelodge.co.za. Landsitz mit 7 Gästezimmern und 2 Cottages in Bilderbuchlandschaft, Pool. DZ ab R800 p.P.

Touristic

De Oude Herberg, 6 Church St, Tel. 023-230 0260; www.deoudeherberg.co.za. 4 Zimmer, gemütlich, Restaurant, Kinder ab 12. DZ/F ab R400 p.P.

***Isle of Sky Farms,** am Ortsrand, Tel. 023-2300545, www.isleofskyfarms.com. Wunderschöner Platz, auch traumhafte Cottages.

Von Tulbagh kann man über die R 44 und Porterville zur N 7 zurückfahren oder auf der Strecke nach Westen abzweigen nach Moorreesburg.

✔ **Abstecher**

Moorreesburg

Moorreesburg an der N 7 wurde 1879 im Weizenanbaugebiet des Swartlandes gegründet. Das originelle **Wheat Industry Museum** beschäftigt sich mit Weizenanbau und -verarbeitung. In der High School gibt es die sehenswerte Kunstkollektion der **Dirkie Uys Gallery.**

Übernachtung

***Samoa Hotel** (Touristic), Royal St, Tel. 022-4331201, www.samoahotel.co.za, keine Kinder unter 14), Central Street, empfehlenswert, auch gute südafrikanische Küche.

Piketberg

Piketberg liegt an den Hängen des gleichnamigen Berges, der seinen Namen von den Spießen (engl. pike) herleitet, die die Soldaten als Schutz gegen die Khoikhoi postiert hatten. Wahrzeichen der Stadt ist die neugotische Kirche von 1880, sehenswert das **Piketberg Museum,** 10 Kerkstraat (geöffnet 9–14 Uhr).

Es gibt drei Proteenfarmen und eine Tafeltrauben-Farm. Informationen zur Besichtigung im *Piketberg Information Centre,* Church Street, Tel. 022-9132063, www.piketbergtourism.co.za.

Unterkunft

Stilvoll viktorianisch ab R400 p.P oder Chalet R400 im ***Dunn's Castle Guest House,** Tel./Fax 022-9132470, www.dunnscastle.co.za; gutes Abendessen (Vorbestellung), Kinder ab 16.

Citrusdal

Citrusdal östl. der N 7 ist Zitrusfrüchte-Zentrum. Die Good Hope Citrus Co-Op kann unter der Woche besichtigt werden. Der **älteste Orangenbaum** des Landes (etwa 250 Jahre alt, Nationalmonument) steht auf der Groot Hexrivier Farm. In Citrusdal beginnt die **Olifants-River-Weinstraße** mit sechs Wein-Kooperativen und dem **Weingut Vredendal,** Tel. 027-2131080.

Empfehlenswerte Weinprobe: ***Cape Rock Wines,** Tel. 027-2132567 (Zufahrt hinter Vredendal auf der R362; nach tel. Anmeldung). Hier gibt es mehr als nur gute Weine und Käse: Natur pur mit schöner Landschaft und seltenen Vögeln. Idyllische Picknicks unter schattigen Bäumen. – ***Klawer Co-Op,** Tel. 027-2161530, www.klawerwine.co.za, Mo–Fr 8–17, Sa 9–13 Uhr. – Im Jahr 2001 wurde ***Stellar Winery** gegründet, die sehr erfolgreich auf organischen Weinanbau setzt (Fairtrade-Siegel; www.stellarorganics.com). An der N7/Trawal, Mo–Fr 8–17 Uhr.

The Baths

18 Kilometer südlich entspringt eine radioaktive, warme Quelle in einer Schlucht. Übernachtung und Spa: **The Baths,** Tel. 022-9213609, www.thebaths.co.za. Chalets, Camping.

Information Citrusdal

Citrusdal Tourist Information, 39 Voortrekker Street, Tel. 022-9213210, www.citrusdal.info. Zimmernachweis, Souvenirs, Kräuter, selbstgebackenen Kuchen und kleinere Gerichte. Busverbindungen von Translux und Intercape.

Western Cape

246 Cederberge

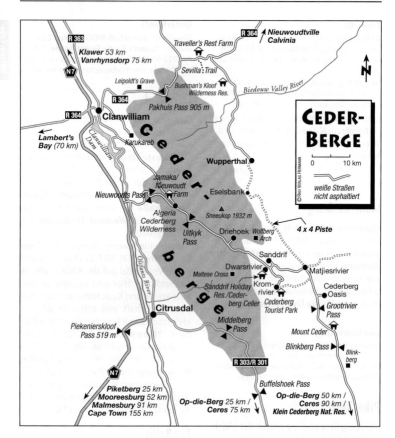

Unterkunft

Touristic
*Citrusdal Country Lodge, 66 Voortrekker Rd, Tel. 022-9212221, www.citrusdallodge.co.za. 35 Zimmer, Pool, Restaurant, Ladies Bar. DZ/F ab R500.

Budget
Suikerbossie, 16 km Richtung Ceres (Schotterpiste), Tel. 022-9213537 www.budget-getaway.co.za. Gelegen am Fuß der Cedarberge in Koue Bokkeveld; gemütlich, rustikal.

Unterwegs in den Cedarbergen

Die **Cedarberge** verlaufen östlich der N 7 zwischen Citrusdal und Clanwilliam. Ob Bergsteiger, Wanderer, Naturfreunde oder Felsmalerei-Begeisterte – alle gehen sie gerne in diese traumhafte Wildnis, keine 200 km von Kapstadt entfernt. Der Name der Bergkette stammt von den **Clanwilliam-Zedern,** die an den Hängen in einer Höhe zwischen 1000–1400 m wachsen und fast schon ausgerottet waren.

Einen unwiderstehlichen Reiz üben Wasserfälle und klare Bergflüsse aus, das warme Licht der oft rötlich leuchtenden Hänge oder grandiose Felsformationen, wie z.B. das 20 m hohe *Malteser-Kreuz*, der *Wolfberg Crack*, eine 30 m tiefe Spalte oder der *Wolfberg Arch*, ein natürlicher Felsbogen. Die Luft ist so klar, dass sie beim Wandern die Lungen zu reinigen scheint, ja, eigentlich atmet man hier ohnehin tiefer durch, wenn man aus der Höhe in die Wildnislandschaft blickt.

Die höchsten Berge sind **Tafelberg** (1971 m) und **Sneeuberg** (1932 m) nordöstlich Richtung von Citrusdal. Oft sind sie im Winter mit Schnee bedeckt, was der rotgrünen Landschaft einen schönen Tupfer aufsetzt.

Landkarte: Sehr gut für das Gebiet ist die Cederberg-Karte von „The Map", www.themaps.co.za.

Wandern

Die Gesamtlänge der **Wanderwege,** die die Bergwelt durchziehen, beträgt **254 km.** Beliebt im Süden (Permit Dwarsrivier): *Wolfberg Cracks* (ca. 3 Stunden); *Wolfberg Cracks und Arch* (18 km, 8 Std., anstrengend); *Maltese Cross* (ca. 4 Std.). Zentrale Cederberg (Permit Algeria): *Eikeboom zur Sneeuberg Hut* (8 km, 2–3 Std., plus eine Std. zum Maltese Cross); *Algeria nach Uitkyk* (18 km, 6–8 Std., anstrengend); *Waterfall Walk* (3 Std., anstrengend). Im Norden (Permit Kliphuis): *Pakhuis Pass nach Kliphuis* (6 km, 2–3 Std.); *Heuningsvlei Jeep Track* (12 km, 3–4 Std.); **Sevilla Trail** (2–3 Std. Permit Travellers Rest, Tel. 027-4821824; interessante Buschmann-Zeichnungen). Wem das mit den „Permits" zu kompliziert erscheint, braucht dennoch nicht auf das Wandern verzichten. Auch am Rande der Cederberge findet man herrliche Felsformationen, so z.B. auf dem Weg nach Kagga Kamma einen Felsen, der wie eine Nähmaschine aussieht und deshalb von den Einheimischen „Singer" genannt wird.

Cederberg Cellar

Auf eine Weinprobe braucht niemand in der Abgeschiedenheit zu verzichten: Südafrikas höchstgelegenes Weingut,

Cederberg Private Cellar, bietet preisgekrönte Tropfen! Seit 1894 in Familienbesitz.

Unterkunft

Sanddrif Holiday Resort direkt am Dwars River. Cottages (R400) und Camping (R100). Informationen unter Tel. 027-4822827 und 48228225 sowie auf www.cederbergwine. com (mit Anfahrtinfo).

Leoparden

Kaum jemandem ist es vergönnt, heute noch einen frei jagenden Leoparden in den Cedarbergen zu sehen. Quinton Martins hat sich mit seinem **The Cape Leopard Trust** eine ungewöhnliche Lebensaufgabe geschaffen. Er untersucht mit seinem Projekt, was genau für eine Rolle diese Spezies für das Ecosystem spielt. www.capeleopard.org.za.

Anfahrt

Das Gebiet ist als **Cedarberg Wilderness Area** ausgewiesen und **man benötigt dazu eine Erlaubnis.** Von der **N 7** biegt man 27 km nördlich von Citrusdal östlich ab, überquert den Olifants River und fährt auf guter Schotterstraße den *Nieuwoudt Pass* hinauf. Endstation für Autos ist an der *Algeria Forest Station* (www.cederberg.com; es gibt nach Clanwilliam über den *Ou Kaapse Weg* eine Weiterfahrtalternative, doch schlechter Straßenzustand). An der Forststation gibt es einen wunderschönen **Campingplatz** (kein Einlass ohne Reservierung!). Von hier aus beginnen die meisten Wanderwege. Man sollte eine gute Wanderkarte mitnehmen. Feuermachen ist im gesamten Wildnisgebiet strengstens verboten! Es gibt 15 Schlangenarten in der Region, also **auf Berg- und Puffottern achten!**

Informationen und Reservierung

(Campsites und Wanderungen!) bei *Cape Nature Conservation,* Tel. 021-6593500, www.capenature.co.za; für Maltese Cross/Wolfberg Cracks and Arch: Dwarsrivier Farm, Tel. 027-

4822825; für den Norden: Kliphuis, Tel. 027-4822812. Allgemeine Infos: www.cedarberg-travel.com.

Unterkunft

*Nieuwoudt Farm, Anfahrt wie zu Cedarberg Wilderness Area, an dem Schild Clanwilliam links, dann 5,3 km bis zur Farm. Tel./Fax 027-4822801, www.nieuwoudt-farm.com (m. Anfahrtskizze). Plantage mit Zitrusfrüchten und Rooibosanbau. Besitzerin kommt aus Deutschland. Zehn Gästehäuser (bis 4 Pers. ab R500) und ein Campingplatz am Fluss. Kleiner Shop. Pool aus Natursteinen, Wanderwege.

*Traveller's Rest Farm, 34 km von Clanwilliam auf der R 364 in Richtung Calvinia, etwa 6 km hinter dem Pakhuis Pass, Tel./Fax 027-4821824, www.travellersrest.co.za (m. Anfahrtskizze). Auf der Farm liegt der **Sevilla Trail.** Herrliches Wanderdomizil (Ferien-Cottages für Selbstversorger)! Prima Khoisan Restaurant (nur in der Hochsaison). Auch Reiterferien möglich.

*Mount Ceder, an der Straße nach Ceres zwischen Grootrivier- und Blinkberg Pass, auf der Farm Grootrivier. Tel. 023-3170113, www.mountceder.co.za. Reiten, Wandern und Schwimmen möglich. Restaurant Old Millhouse mit Bar (Frühstück/Abendessen einen Tag vorbestellen). Cottage ab R625.

Clanwilliam

Clanwilliam, 54 km nördlich von Citrusdal, zählt zu den zehn ältesten Städten Südafrikas. Entlang der Main Street und Park Road gibt es noch einige alte Cape-Dutch-Häuser. Wo sich die Main Road gabelt, liegt das **Museum,** das frühere Gefängnis (**Old Gaol,** erbaut 1808, Mo–Fr 8–13 Uhr). Rechts an der Straße ist das gut sortierte **Tourism Bureau** (Tel. 027-4822024, Mo–Fr 8.30–17 Uhr, Sa 8–12.30 Uhr, www.clanwilliam.info). Sie können ein Video über den Herstellungsprozess von Rooibos-Tee sehen, denn Clanwilliam ist die Hauptstadt dieses Tees (s. Exkurs). Rechts neben der Information verkauft die „Trading Post" Literatur zum Cederberg und bietet Internet-Service.

Abgelaufene Sohlen? Da kann **Strassberger's** Abhilfe schaffen, die alteingesessene Schuhfabrik fertigt u.a. die hier typischen Lederschuhe *Velskoen.* Besucher willkommen, von der Information die Old Cape Road hochfahren, nach der Hospital Street rechts.

Der **Clanwilliam Dam** ist bekannt für Wassersport und Angeln und besitzt einen Caravan Park (Anfahrt über die Old Cape Road). Dort weiterfahrend gelangt man zur **Cedarberg Wilderness Area.**

Zum **Essen** ist ein Tipp ist das nette Gartenrestaurant **Olifantshuis** an der Main/Graafwater Street, gegenüber der Shell-Tankstelle. Der Supermarkt in der Main Street bietet warme Gerichte und Take Aways an.

Ausflug: Östlich auf der R 364 über den **Pakhuis Pass,** vorbei am Grab des Schriftstellers und Arztes C. Louis Leipoldt (liegt links), gelangt man nach **Wupperthal,** wo am Ufer des Tra-Tra River im Jahr 1830 *Johann Gottlieb Leipold* und *Theobald von Wurmb* die erste Rheinische Missionsfarm in Südafrika errichteten. Rauhe Piste.

Information Clanwilliam

Die zehntägige Clanwilliam **Flower Show** beginnt am letzten August-Wochenende.

Unterkunft

Touristic

Clanwilliam Hotel, Main St, Tel. 027-4822888, www.clanwilliamhotel.co.za. Modernes Stadthotel mit Pool. Ab R200 p.P.

Blommenberg Guest House, 1 Graafwater Rd (Rtg. Lambert's Bay, links), Tel. 027-4821851, www.blommenberg.co.za. Nettes, ruhiges Gästehaus mit 13 Zimmern um einen kleinen Pool. DZ/F ab R450.

Budget

Marg-Will Farm, Kanaalpad, Tel./Fax 027-482 2537. 4 km außerhalb an der R 363, auf www.clanwilliam.info/marg-will gute Anfahrtskizze. Nichtraucher, Pool, Abendessen auf Wunsch. Keine Kinder unter 8 Jahren.

Rooibos – mehr als nur ein Tee

Südafrikas außergewöhnlicher Rooibos-Tee wird aus dem Rooibos (Rotbusch, Aspalathus linearis) gewonnen. Der bis zu zwei Meter hohe, ginsterartige Strauch wächst nur im Gebiet der Cedarberge, begünstigt durch Winterregen, sandige Böden und reine Luft. Der Arzt und Botaniker Dr. Nortier entdeckte als erster die Wirksamkeit des Tees und begann, den wildwachsenden Busch zu kultivieren. Ab 1904 vermarktete ihn Benjamin Ginsberg, ein russischer Immigrant, unter dem Namen „Bergtee". Zu seiner Herstellung werden die mit nadelförmigen Blättern bestan-denen Rooibusch-Zweige in kurze Stücke geschnitten und für die 8–24 Stunden dauernde Fermentierung zerquetscht und angefeuchtet. Dabei verfärbt er sich rotbraun und es entsteht das typisch feinwürzige Aroma.

In Südafrika ist der goldrote Tee mittlerweile zu einem beliebten Nationalgetränk und Hausmittel geworden. Er schmeckt ähnlich wie milder schwarzer Tee, enthält aber kein Koffein bzw. Tein und kaum Gerbstoffe (Tannin). Dafür ist der Mineraliengehalt immens hoch: Über 200 Einzelsubstanzen, wie Eisen, Kalium, Kalzium, Kupfer, Zink, Magnesium, Fluorid, Mangan, Natrium u.a. Stoffe konnten festgestellt werden. Morgens wirkt er anregend, abends beruhigend, auch ist er gut gegen Nervosität, leichte Depression, erhöhtem Blutdruck, Schlaflosigkeit und Kopfschmerzen. Außerdem beseitigt er Übelkeit, Sodbrennen und Verstopfung und hilft bei Heuschnupfen und Asthma. Äußerlich angewendet wirkt er Juckreiz entgegen, heilt Akne und Ekzeme. Er kann in unbeschränkten Mengen getrunken werden und wird wie normaler Tee zubereitet. Auch ist er ideal für Mixgetränke. Ein gesundes Souvenir aus Südafrika also (in Deutschland in Reformhäusern erhältlich).

Camping

Clanwilliam Dam Municipal Caravan Park & Chalets, Tel. 027-4822133. Grasstellplätze, preisgünstige Chalets.

Weitere Campingmöglichkeit:
Kliphuis State Forest Station, unterhalb des Pakhuis Pass.

Drei besondere Tipps:

Bushman's Kloof Wilderness Reserve

Das Bushman's Kloof Wilderness Reserve gilt mit seinen 125 Fundstätten an San-Malereien zur größten „Open-Air Kunst-Galerie" der Welt. Doch nicht nur im Fels verewigte Tiere locken Besucher an, sondern auch lebende: Bergzebras, Buntböcke, Oryxantilope, Leoparden, Wildkatzen und Kap-Fingerottern bevölkern die trockenen Bergfynbosregionen und die Sukkulentenlandschaft der Karoo. Den schönsten Anblick hat man im Frühling, wenn die Wildblumen sprießen.

An Freizeitaktivitäten mangelt es nicht: Frühaufsteher schließen sich der „Rock Art Tour" an. Daneben gibt es botanische Wanderungen, geführte Wildbeobachtung, Klettertouren oder eine flotte Mountainbike-Ausfahrt über die Bergstraßen der Cedarberge. Schwimmen im eiskalten Bergfluss ist erlaubt.

Anfahrt: Von der N 7 nach Clanwilliam (dort tanken!), dann auf der R 364 (Schotterpiste) über den Pakhuis Pass (34 km), dann rechts abbiegen. Der Beschilderung folgen.

Unterkunft/Information:

Lodge für max. 32 Gäste mit Luxus-Doppelzimmern und Suiten, www.bushmanskloof.co.za (m. Anfahrtsskizze). DZ/VP ab R7000. Curio Shop, eMail-Service, Restaurant mit Gourmet-Küche (nur mit Reservierung), Tel. 027-4828200, 4821011.

Oudrif Farm

Die **Oudrif Farm** ist eine private Gästefarm am Ufer des Doring River, die im Einklang mit der Natur nach alter überlieferter Bauweise errichtet wurde. Naturmaterialien wie Holz, Stroh, Lehm und Stein sorgen für ausgezeichnete Raumtemperaturen. Durch den Einsatz von Solarzellen wird auf konventionelle Stromversorgung nahezu verzichtet. Der Besuch lohnt zu jeder Jahreszeit: Im Frühling überdeckt ein Blütenteppich die umgebende Landschaft, im Winter ist der Fluss ideal für Rafting-Trips. Ansonsten lädt er zu gemütlichen Kanufahrten und an heißen Tagen zum Schwimmen ein. Die Farm ist idealer Ausgangspunkt für Wanderungen.

Anfahrt: Von Clanwilliam auf die R 363 Richtung Klawer. Nach 17 km rechts nach Nardousberg. Weiter bis zum Schild Pakuilsfontein. Dort abbiegen. Nach dem ersten Farmcamp rechts und zwei Gatter passieren.

Unterkunft

5 sehr schöne Strohdachhütten mit Flussblick. **Oudrif Guest Farm,** Tel. 027-482 2397, www.oudrif.co.za. VP R800 inkl. Getränke und Aktivitäten. Unbedingt vorher reservieren, Kinder bis 12 Jahre auf Anfrage.

Karukareb Wilderness Reserve

Nur 13 km südöstlich von Clanwilliam entfernt liegt in einem wunderschönen Tal das **Karukareb Wilderness Reserve,** umrahmt von den *Krakadouw Mountains.* Neben Vögeln und kleinen Antilopen können oft sogar Kapotter und Stachelschweine beobachtet werden. Selbst der seltene Kapleopard durchstreift die gebirgige Landschaft. Wandern und Ausritte möglich. Restaurant und Pool.

Anfahrt: Von Clanwilliam auf der R364 Richtung Calvinia, am Boskloff Turn off rechts.

Unterkunft

5 Luxuszelte am Bach u. stilvolle Lodge. **Karukareb Wilderness Reserve,** Tel. 027-4821675. DZ R1800.

→ **Abstecher**

Lambert's Bay

Lambert's Bay ist ein eher trister Ort mit einigen Übernachtungsmöglichkeiten, wie z.B. *Lambert's Bay Hotel,* 72 Voortrekker Street, Tel. 027-4321126, www.lambertsbayhotel.co.za (die Zimmer hinten am Pool sind die besten, DZ/F ca. R450). Zum **Caravan Park** die Voortrekker am Main Beach entlang fahren, Tel. 027-4322238. Das **Tourist Office** liegt an der Hoof Street, Tel. 027-4321000, 9–13 u. 14–17 Uhr, lambertsbay.co.za. Einen Blick wert sind die lokalen Kuriositäten und Objekte im kleinen **Sandveld Museum,** das das harte Leben der früheren Küstenbewohner veranschaulicht (Hoof Street).

Die Attraktion ist Bird Island, eine ausgedehnte Kolonie von *Cape Gannets* (Kaptölpel), die sich hier zum Brüten versammeln, und Südafrikas einzige, die man zu Fuß erreichen kann (R20 am Kassenhäuschen). Man geht über den *Causeway* (Damm) entlang der riesigen dolosses (Wellenbrecher) und kann dann, erhöht aus einem Beobachtungs-Bunker, das gelb-weiße Gewusel bewundern. Mit kleinem Informationspunkt.

Restaurants

Lambert's Bay ist überdies bekannt wegen seiner Langusten (Nov–Jun). Fischspezialitäten tischen auf die Restaurants **Funky Tastebuds,** Bosduifklip (Open air, Tel. 027-4322735) und **Isabella's** (am Hafen, Tel. 027-4321177 – einfach, aber gut). Das **Muisbosskerm** ist ein Open-air-Seafood-„Restaurant", ähnlich wie der **Strandlooper** in Langebaan. Es liegt 5 km südlich Richtung Eland's Bay, Anmeldung Tel. 027-4321017, Lunch ab 12.30 u. Dinner ab 18.30 Uhr, Menü und alles andere s. www.muisbosskerm.co.za. Auch Übernachtung und Camping.

✔ **Abstecher**

West Coast Spring Flowers

Ab Mitte August bis Ende September verwandelt sich die Region, besonders **ab Clanwilliam bis nach Vanrhynsdorp** und im Süden **entlang der Küste von Darling bis zum West Coast National Park** in ein Meer bunter Wildblumen! Die „Flower Hotline" in Kapstadt (Tel. 021-4183705) und lokale Stellen informieren über die schönsten Plätze. Die effektivste Zeit für einen Besuch liegt zwischen 11–15 Uhr, wenn die Blüten voll geöffnet sind. Sie wenden sich der Sonne zu.

→ **Abstecher**

Vredendal

Der 20-km-Abstecher (einfach) von der N 7 ab Klawer nach **Vredendal** lohnt nur bei Interesse an Trockenobst oder den Weinkellern der Vredendal Co-Op. Auf keinen Fall weiter nach Strandfontein fahren! Schönste Wildblumenplätze unter Tel. 027-2131045 erfragen.

Tourist Information:
Vredendal Hotel Building, Voortrekker St, Tel. 027-2133678.

Unterkunft (Touristic)
*Tharrakamma Guest House, 18 Tuin St, Tel./Fax 027-2135709, www.tharrakamma. co.za. Sehr gepflegtes Haus. Afrikanische Einrichtung. DZ/F R695, Chalet/F R795, Lunch u. Dinner auf Bestellung.

✔ **Abstecher**

Vanrhynsdorp

Vanrhynsdorp, überragt vom Matsikamma Mountain (1016 m), ist ein guter Ausgangspunkt für die **Frühlingsblüte** des Namaqua-Landes. Zudem findet man Juli/August blühende Sukkulenten, genannt „Halbmensch", „Finger und Daumen", „Anhalter" und „Bababoudjies".

Weiter Richtung *Niewoudtville* (Northern Cape Province) auf der R 27 überquert man die **Knersvlakte,** lautmalerischer Verweis auf das Knirschen metallbeschlagener Planwagen-Räder, die hier über die quarzhaltigen groben Sandboden fuhren. Hinter dem **Vanrhyns Pass,** der über die Bokkeveld Mountains führt, wird man erstaunt über den abrupten Landschaftswechsel sein, denn auf dem Plateau regnet es gleich zweimal so viel wie in der Halbwüste.

Information
Vanrhynsdorp Tourist Information, Museum Building, Mo–Fr 8.30–13 und 14–17 Uhr, Tel. 027-2191552, tourism.matzikamamun.co.za.

Unterkunft

Touristic
Asbos Lapa and Guest House, Tel. 027-219 1510, www.urionskraal.net. Preise a.A. 4 Zimmer/Dinner/Breakfast, südafrikan. Hausmannskost, familienfreundlich.

Namaqua Lodge, Voortrekker St, Tel. 027-219 1377. Die Zeit scheint hier stillzustehen. Gemütlich. Mit Pool. Saubere Zimmer.

Budget und Camping
Gifberg Holiday Farm, 29 km außerhalb, Tel. 027-2191555, www.gifberg.co.za (gute Wegbeschreibung). Zimmer und Stellplätze für Wohnmobile und Zelte, einfach, preisgünstig und empfehlenswert. Tagesbesucher willkommen.

Lombard's Gastehuis, 15 Commercial St, Tel./Fax 027-2191424. Gemütlich, 5 Zi. Preise a.A.

Von Kapstadt entlang der N 1 durch das Boland und die Große Karoo

Paarl

1657 durchstreifte *Abraham Gabbema,* Steuerbeamter Jan van Riebeecks, die Region des heutigen **Paarl** und entdeckte Granitblöcke am **Berg River.** Sie glitzerten in der Sonne, und so nannte er einen davon „Diamandt Bergh" (Diamantenberg), einen anderen „Peerl Bergh" (Perlenberg). Bei klarem Wetter hat man vom „Paarl Rock" Fernsicht bis zum Tafelberg. Als sich Siedler 1687 niederließen, nannten sie ihr Gebiet „De Paarl". („Boland" heißt „Land über – oder hinter – dem Berg"). Unübersehbar ist das am Südhang des *Paarl Mountain* stehende und 56 Meter hohe **Afrikaans Language Monument** bzw. Taalmonument (taal = Sprache), eingeweiht 1975 zur hundertjährigen Gründung der ATA (s.u.).

Paarl (195.000 Einw.) gehört zu den bedeutendsten Weinorten Südafrikas, ist aber nicht so interessant wie Stellenbosch. Kommt man aus Richtung N 1 und fährt entlang der ca. 10 km langen **Main Street,** gibt es dort einige bemerkenswerte Gebäude im kapholländischen, viktorianischen und Art-déco-Stil zu sehen. Die **Strooidakkerk** (Thatched Roof Church), ursprünglich mit Stroh gedeckt und 1805 unter Louis Thibault fertiggestellt, gehört zu den ältesten Kirchen Südafrikas, in denen noch Gottesdienste stattfinden. An der Ecke Main/Auret liegt links die **Tourist-Information.** Interessant ist das **Afrikaans Language Museum** in der Pastorie Street mit Dokumenten und Wortwurzeln aus drei Kontinenten bei der Entwicklung von Afrikaans zu einer Schriftsprache. In dem spätgeorgianischen Bau wohnte einst *Gideon Malherbe,* 1875 Mitbegründer der burischen Volksbewegung ATA, *Association of True Afrikaners,* der 1925 die Anerkennung von Afrikaans als 2. Staatssprache Südafrikas gelang. Hier wurde auch die erste Zeitung in Afrikaans, *Die Afrikaanse Patriot,* herausgegeben (Mo–Fr 9–16 Uhr, R12, www. taalmuseum.co.za).

Sehenswert ist gegenüber das **Paarl Museum** (303 Main St, Tel. 021-8722651, Mo–Fr 9–16, Sa bis 13 Uhr, So geschl.) mit der Geschichte Paarls, Haushaltswaren vom Kap aus Silber, Messing und Kupfer und mit kapholländischen Möbeln. Ein sehr gutes Angebot von in Südafrika hergestellten Souvenirs findet man sowohl bei *Ikhaya,* 185 Main Rd, als auch im **Ikhwezi Community Center,** Jan van Riebeeck Drive (etwas außerhalb, Richtung Wellington; Mo–Fr 9–17 Uhr).

Der **Hauptbahnhof von Paarl** liegt am südl. Ortseingang, Main St. Bequeme **Metro-Verbindung** nach Kapstadt (ca. R14, 1,25 Std.). Den kleineren Huguenot Bahnhof erreicht man von der Hauptstraße aus über die Lady Grey Street. **Busse:** *Translux* und *Greyhound* (nach/ von Kapstadt, Buffalo City, Umtata, Beaufort West, Graaff-Reinet, Port Elizabeth).

Freizeittipps

Über eine kleine Fußgängerbrücke über den Berg River erreicht man am Ostufer des Flusses das **Arboretum** mit seinen 700 einheimischen Bäumen.

Wineland Ballooning, 64 Main St, Tel. 021-8633192, bietet Ballonfahrten über das Tal des Berg River bei Sonnenaufgang mit anschließendem Sektfrühstück (Nov–Apr, 3–5 Personen, ca. R1000 p.P.).

Auf der **Fairview Farm** kann zur Abwechslung mal Ziegenkäse mit Wein verkostet werden (Mo–Fr 7–17, Sa 9–13 Uhr; Anfahrt R 101, vor Klapmuts rechts).

Für alle Gourmets und Freizeitköche bietet ***African Appétit Culinary Tourism** von Sep–

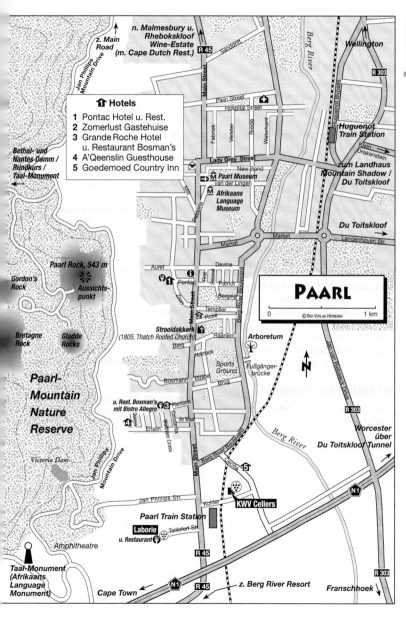

Nov. und März–Mai 4- und 7-tägige Kochkurse inkl. 4-Sterne Hotel. Tel. 021-8726070, afri canappetit.co.za.

Paarl Mountain Nature Reserve

Das Reserve ist täglich von Sonnenauf- bis Sonnenuntergang geöffnet. Man erreicht es von der Main Street über den 8 km langen *Jan Philips Mountain Drive*. Verschiedene Schotterwege (Karte bei der Information besorgen) führen zu Aussichtspunkten. Den tollsten Ausblick über Paarl und die Umgebung hat man vom **Paarl Rock**. Der Weg führt allerdings über blanken Fels, ist an manchen Stellen mit Seilen gesichert.

Daneben gibt es interessante Wanderwege unterschiedlicher Länge. Empfehlenswert ist der Weg, der vom *Rastplatz Oukraal* zum Wasserfall oberhalb des Berg River führt. Mitten im Reservat liegt der **Tuin Garden,** der in der Frühlingsblüte am schönsten ist. Insgesamt dominiert eine Fynbos-Vegetation mit vielen Proteenarten. Man kann kleinere Antilopenarten, Klippschliefer, Stachelschweine und Berghasen beobachten, ebenso Felsenadler und Bussarde.

Red Route: Paarl Weinstraße

28 Weingüter und Genossenschaften und eine Brandy-Kellerei haben sich zur Weinstraße von Paarl, der sogenannten **Red Route,** zusammengeschlossen (www. paarlwine.co.za; Infos im Tourist Office). Am ersten Samstag im April findet das *Nouveau Wine Festival* statt und am ersten Samstag im September der *Sparkling Wine Day.*

KWV heißt *Kooperatiewe Wynbouers Vereniging* und ist die **größte Winzergenossenschaft** des Landes, die weitgehend den südafrikanischen Weinhandel kontrolliert. Gehen Sie in den **Cathedral Cellar** und staunen Sie über die fünf größten Weinfässer der Welt. Tgl. 9–16.30 Uhr

Weinverkostung (auch Schokoladen- und Brandy-Tasting). Führungen Mo–Sa 10, 10.30 und 14.15 Uhr in Englisch, um 10.15 Uhr in Deutsch, So 11 Uhr. KWV, Kohler St, Tel. 021-8073007, www.kwv.co.za.

Wer gepflegt essen gehen möchte, sollte die gute Küche des Weinguts **Laborie** in der Taillefert Street genießen, auf der Terrasse unter Eichen oder im gediegenen Inneren des historischen Gebäudes. Schöne Kollektion an alten Glaswaren und Antiquitäten. Tastings Apr–Sept Mo–Sa 9–17 Uhr, So 11–15 Uhr. Touren Tel. 021-8073390. Restaurant Mo–So 10–17 Uhr, Tel. 021-8073095.

Dem ***Seidelberg Wine Estate,** Suid Agter Paarl Road, Tel. 021-8633495. Mo–Fr 9–17 Uhr, Sa/So 10–16 Uhr, ist eine Glasbläserei angeschlossen, die sehr schöne Glaskunst herstellt. Sehr idyllisch ist das Restaurant, in dem man im Sommer auf der Terrasse unter 300 Jahre alten Eichen sitzt. Die **The Lounge, Art Studio and Tea House,* ist unbedingt einen Besuch wert. Sehr originelle Einrichtung. Ideal für eine Kaffeepause.

Bis in das 17. Jahrhundert reicht die Tradition des ***Landskroon Wine Estate** zurück. Die Familie De Villiers ist seit 1874 hier ansässig und produziert preisgekrönte Weine. Vollmundigen Portwein und Ziegenkäse probieren! Weinprobe Mo–Fr 8.30–17 Uhr, Sa 9–13 Uhr, So geschl. Landskroon Wines, Suider-Paarl, Tel. 021-8631039, www.landskroonwines.com (m. Anfahrtsskizze). Übernachtung in schönem Cottage möglich.

Weine von **Nederburg** finden wir auch häufig in deutschen Regalen. Anfahrt über die R 303 nach Norden (Wellington), dann nach Osten. Anmeldung für deutschsprachige Führung Tel. 021-8624887. Weinprobe und -verkauf Mo bis Fr um 8.30–17 Uhr, Sa 9–13 Uhr.

Das **Rhebokskloof Estate** grenzt an das Paarl Naturschutzgebiet und datiert bis ins Jahr 1692 zurück, als Simon van der Stel dem Weinbauern Dirk van Schalk-wyk das Land überschrieb. Neben preis-gekrönten Weinen können sich Besucher im Victorian und **Cape Dutch Restaurant** kulinarisch verwöhnen lassen. Anfahrt: Main Street nach Norden auf der R 45.

Information Paarl

Paarl Publicity Association, 216 Main St, Tel. 021-8724842, Fax 8729376. Mo–Fr 8.30–16.00 Uhr, Sa 9–13 Uhr, So 10–13 Uhr, www.paarlon-line.com. Kostenlose Paarl-Erlebniskarte (Disco-very Map). Ausführliche Beschreibung alle Un-terkünfte. Gute Orientierungskarte zu den Weingütern („Red Route Map"). Wanderkarte auf www.themaps.co.za.

Website

Eine gute Website über das Weinland mit den Highlights, Orten, Weingütern und Weinrouten ist www.tourismcapewinelands.co.za

Unterkunft /Restaurants

Luxus

Grande Roche Hotel, Plantasie St, Tel. 021-8632727, www.granderoche.com. In histori-schem Gutssitz, mit Antiquitäten ausgestattet, 30 Suiten, 5 DZ. DZ/F ab R3025. Angegliedert ist das preisgekrönte Restaurant **Bosman's,** Tel. 0800-210257. Spitzenküche, Kristall-Lüster und Spiegelwände, entsprechende Kleidung ist angebracht. Gourmetküche zu anstän-digen Preisen serviert das ebenfalls angeschlos-sene **Bistro *Allegro.**

Pontac Manor Hotel & Restaurant, 16 Zion St, Tel. 021-8720445, www.pontac.com/ deutsch. Umrahmt von Eichen und Garten-landschaft bietet das viktorianische Haus stil-vollen Luxus. DZ/F ab R825 p.P. Das Restau-rant in der ehemaligen Scheune ist bekannt für gehobene Gastronomie inklusive lokaler Delikatessen.

Comfort

***Megu,** 40a Main St, Tel. 021-8631217. Chef und Koch Munetaka Kimura bietet echtes asiatisches Yakiniku-Feeling (Leckereien brut-zeln am Tisch!). Reservierung angebracht.

Mountain Shadows, außerhalb, Klein Dra-kenstein Rd, Tel. 021-8623192, www.moun tainshadows.co.za. Kapholländisches Land-haus, beste Küche, privater Weinkeller, Kinder ab 12. Preise a.A.

Zomerlust Gastehuis, 193 Main St, Tel. 021-8722117, www.zomerlust.co.za. Stadtzentrum, 14 Zimmer, Restaurant, Bar, Pool. Preise a.A.

Touristic

***A'Queenslin Guesthouse,** 2 Queen St, Tel. 021-8631160, aqueenslin.look4.co.za. Nette Besitzer, gute Lage am Weinberg, super Früh-stück. DZ/F ab R250 p.P.

Goedemoed Country Inn, Cecilia St, Tel. 021-8711020, www.goedemoed.com. 9 Zimmer, kapholl. Landsitz, Weingärten. DZ ab R950.

Budget und Camping

Berg River Resort, Tel. 021-8631650, www. bergriverresort.co.za. Liegt 5 km außerhalb in Richtung Franschhoek am Berg River. Chalets und Stellplätze in Freizeitpark, Shop und Pool (auch im Fluss kann gebadet werden). Chalet für 2 Pers. R765, Sites ab R230.

Der besondere Tipp: Homestays

Hlalanathi Homestays, Buchung über die Touristen-Information oder Tel. 021-8622221 (Dulcie Cotton). Hlalanathi ist eine Initiative, die Übernachtungen in derzeit sieben priva-ten Häusern anbietet. Eine gute Gelegenheit, südafrikanische Gastfreundschaft auf privater Ebene zu erfahren. Besuchen Sie bei dieser Gelegenheit auch das Frank Pietersen Music Centre, in dem Kindern aus den Townships Musikinstrumente und traditionelle afrikani-sche Musik lernen.

→ **Abstecher**

Wellington – Ceres – Kagga Kamma

Wellington

Der Ort wurde 1688 von hugenottischen Einwanderern gegründet. Er hat schöne kaphölländische Häuser. Zu den bedeu-tenden Gebäuden gehört das **Old Block-house,** das südlichste der 8000 kleinen Befestigungsanlagen, die Lord Kitchener einst errichten ließ. Das **Wellington Museum,** Church Street, bietet Einblicke in die Stadtgeschichte. Im viktorianischen Gebäude **Ouma Granny's House** ist eine Kunstsammlung mit Gemälden, antiken

256   Wellington

Möbeln, Uhren, Fotos und Bibeln unter-gebracht (Fr 9–12.30 Uhr). Die Touristen-information hat einen kostenlosen Plan für die „Historic Walking Route". Sehr zu empfehlen ist der **Wellington Wine Walk,** der auf kleinen Wegen durch die Weinhänge mit schöner Aussicht führt (Dauer 3 Tage/2 Nächte; Tel. 082-335 8132, www.fynbostrails.com).

Ein besonderes Erlebnis sind die **Aus-ritte** des Diemersfontein Country Estate (s.u.), die am Fuße der Hawekwa Moun-tains durch Weingärten und Fynbos füh-ren (Tel. 021-8731241). Es werden dabei umliegende Weingüter zur Weinprobe besucht.

Restaurants

De Oude Pastorie (Jan van Riebeeck St 42, Tel. 021-8730662; Mo ab 18 Uhr, Di–Fr 9.30–22 Uhr; Sa 9.30–14.30 u. 19–22 Uhr, So 12–15 Uhr) ist schon wegen der schönen Räumlichkeiten be-suchenswert. Kleine und große Mittags- und Abendgerichte. Gartenplätze, sicherer Park-platz. – Auch **The Olives** an der Main St ist emp-fehlenswert, bekannt für saftige Steaks. – Am Ende der Main St rechts der nette Coffe-Shop **Antiques,** mit Antiquitäten. – Beste Fischge-richte bei Pescali bzw. dort bei **Fernando's Seafood,** Main St/Ecke Rose St (ca. Ortsmitte, Blue Nose oder King klip probieren). – Hervor-ragende Küche in grüner Idylle bietet das ***Oude Wellington** (an der Zufahrt zum Pass R303, 3 km). Die Speisekarte lässt keine Wün-sche offen (Lunch und Dinner tgl., So und Mo nach Vorbestellung, Tel. 021-8731008).

Wellington Weinstraße

Die **Wellington Weinstraße** (Tel. 021-873 4604, Fax 021-8734607, www.welling ton.co.za), ist in den letzten Jahren stark gewachsen. Das Weingut Jacaranda (Tel./ Fax 021-8641235, auch B&B-Cottage) ist das kleinste im Kapland. Originell ist der „Cellarronda", ein architektonisch wohl-durchdachter Weinkeller (Mo–Sa, Anmel-dung erwünscht). **Thokozani-Weine** sind erhältlich beim Estate **Diemersfontein** (Lage s.u.). Thokozani, 2005 als Partner-

schaftsunternehmen zwischen dem Wein-gut und den Angestellten gegründet, gilt es als „Vorzeigegut", das die Ansprüche auf Umverteilung des Reichtums in Süd-afrikas neuer Gesellschaft voranbringen soll.

***Hildenbrand Wine & Olive Estate,** Tel./Fax 021-8734115, www.wine-estate-hildenbrand.co.za, bietet in idyllischer Weinreben-Landschaft, etwa 5 km östlich von Wellington, täglich von 10–16 Uhr Verkostung von Wein und Oliven/Oliven-öle (Reni Hildenbrand wurde mit interna-tionalen *Olive Tasters Certificates* ausge-zeichnet). Probieren: *Semillon, Chenin Blanc, Shiraz* und *Shiraz rosé, Cabernet Sauvignon.* Gutes Restaurant. Zimmer und kleine Apartments. Die diversen Farmtie-re, wie Gänse, Enten oder das Hänge-bauchschwein, werden Kindern gefallen.

Anfahrt: Von der Main Road in Wellington südl. der Kirche in den Blouvleiweg abbiegen, ca. 5 km auf ihm bleiben, Einfahrt linker Hand. Auch gut zum Übernachten oder als Stand-quartier für Ausflüge ins Umland. Hildenbrand-Weine bestellbar über die H.-Homepage oder in D unter Tel.-Nr. 07044-33663.

Das **Weingut Welvanpas** 10 km nord-östlich von Wellington ist der Geburtsort des Voortrekker-Führers Piet Retief. Es liegt sehr schön. Zufahrt über R 303 Richtung Ceres/Tulbagh. Nach ca. 4 km nördlich abbiegen, dann rechts. Tel. 021-8641238/9, Mo–Fr 9–17 Uhr, Sa 9–13 Uhr.

Information Wellington

Wellington Tourist Information, Main St, Tel. 021-8734604, Fax 8734607, www.wellington. co.za; Plan für Stadtrundgang und die Wein-route. – Bahnstation, Main St, gute Metro-Ver-bindung nach Kapstadt.

Unterkunft

Comfort

Diemersfontein Wine and Country Estate, Lage südlich von Wellington, Anfahrt über R 303, Piet Retief Road (von Paarl nach Norden auf der Jan van Riebeeck Rd), Tel. 021-873 2671, www.diemersfontein.co.za. Elegant, im kapholländischen Stil, 18 DZ in Weingärten, Ausritte durch Fynboslandschaft empfehlenswert (ab R50/Std.). DZ/F ab R395 p.P.

Touristic

*Hildenbrand Estate, Zimmer und Apartments auf Weingut, Anfahrt s.o., www.wine-estate-hildenbrand.co.za. DZ/F R450 p.P.

Oude Wellington Guest Farm Wine Estate, Bainskloof Road, Tel. 021-8732262, www.kapwein.com. 7 DZ auf historischem Weingut, Restaurant, Bar, Pool. DZ/F ab R480 p.P.

Weiterfahrt nach Ceres

Die Fahrt von Wellington auf der R 303 erfolgt über den landschaftlich eindrucksvollen **Bain's Kloof Pass.** Die 30 km lange Bergstraße wurde um 1853 von dem bedeutendsten südafrikanischen Straßenbauer viktorianischer Zeit, Andrew Geddes Bain, geschaffen. Von den Aussichtspunkten Blick auf Paarl und Wellington, auf der Passhöhe Picknickplatz. An der Bainskloof Forestry Station beginnt ein Rundwanderweg durch die **Wolvenkloof** (Schlucht der Hyänen), die für Wildblumen und skurrile Felsformationen bekannt ist. Im **Limietberg Nature Reserve** kann man Picknicken, Schwimmen, Wandern und Zelten. Urig ist am Ende des Passes der Bush Pub.

Ceres

Ceres, das regionale Obstbauzentrum, erreicht man über den Mitchell's Pass. Der Ort liegt am **Dwars River** und ist umgeben von der **Skurwebergkette.** Ceres Fruit Growers ist die größte Frucht-Kooperative Südafrikas mit dem größten Kühlhaus der südlichen Hemisphäre (Früchteverkauf). Das **Transport Riders Museum,** 8 Oranje Street, hat eine Sammlung von Kutschen und Transportkarren (Di–Fr 9–13 und 14–17 Uhr, Sa 9–12 Uhr). Zum Essengehen bieten sich Mitchell's Restaurant und Quinton's Steak House an, beide in der Hauptstraße Voortrekker Street.

Inverdoorn Game Reserve

Lang ist die Liste der interessanten Tiere, die man im Inverdoorn Game Reserve finden kann: Löwen, Büffel, Breitmaulnashörner, Geparden, Nyalas, Kudus – nur um einige zu nennen. Angeboten werden Safaris (ab R860) oder ein Komplettprogramm mit Übernachtung/Verpflegung/Safari (ab R3950). Anfahrt von Ceres auf der R46/R356. Tel. 087-7506796, www.inverdoorn.com.

Information Ceres

Ceres Information Bureau, Ecke Voortrekker/Owen Street, Tel. 023-3161287, Fax 3121965, www.ceres.org.za. Dez–Apr **Fruchttouren** zu verschiedenen Farmen, z.B. halber Tag R120, ganzer Tag R180.

Unterkunft (Touristic)

Ceres Inn, 125 Voortrekker Street, Tel. 023-3122325. Zehn Doppel- und ein Mehrbettzimmer in Gartenlage. DZ/F ab R585.

Village Guesthouse and Restaurant, 64 Vos Street, Tel. 023-3162035, www.ceres.org.za/villageguest.htm. Ü/F R275 p.P.

Weiterfahrt nach Citrusdal

Die Route nach **Citrusdal** führt auf der wunderschönen R 303 durch den kleinen Ort **Prince Alfred Hamlet** (9 km) und über den **Gydo Pass** (12 km dahinter, 1018 m, 15 % Steigung) und weiter durch das *Koue Bokkeveld.* Vor Citrusdal geht es noch über den *Buffelshoek Pass* und über den *Middelberg Pass.* In Prince Alfred Hamlet gibt es die *Hamlet Country Lodge* (ab R170) mit gutem Restaurant und das Gästehaus *Little Switzerland,* ein Name, der gut zur Landschaft passt.

Kagga Kamma

Kagga Kamma, der „Platz der Buschmänner", liegt hoch oben in den Swartruggens-Bergen am Rande der Cedarberg Mountains, die Fahrt dorthin ist ein landschaftlicher Hochgenuss. Für eine kurze Weile war es ein Buschmann-Siedlungs-

258   **Kagga Kamma / Worcester**   Karte S. 238

projekt, deren Vorfahren schöne Felsmalereien in Höhlen und auf Felsüberhän-
gen des Parks hinterlassen haben. Doch
die San haben mittlerweile eigenes Land
von der Regierung bekommen und sich
an den Rand der Kalahari zurückgezogen.
In einer abwechslungsreichen Landschaft
(5640 ha) findet man Elenantilopen, Gnus,
Buntböcke, Zebras, Oryxantilopen, Wüstenluchse, Schakale und Felsenadler. Es
gibt diverse Wanderwege; Pirschfahrten
werden angeboten. Auch Quad-Bike.

Anfahrt: Über die R 303, hinter Op-die-Berg
(das ca. 35 km nördl. von Ceres liegt) nach Osten
weitere 35 km, z.T. Schotter, den Schildern folgen. **Achtung:** Bei einem Tagesausflug (ein
solcher lohnt sich wegen der langen Anfahrt eigentlich nicht – besser ein bis zwei Übernachtungen einplanen) das Reservat vor 10 Uhr erreichen, da um 15.30 Uhr die Tore schließen.

Information/Unterkunft

Unterbringung in großen Strohdachhütten
(bis acht Personen), fünf Luxus-Hütten und
zehn „Wohnhöhlen". Halbpension oder
Selbstversorgung. Restaurant mit Bar vorhanden. **Kagga Kamma Private Game Reserve,**
17 L'Ideal Estate, Paarl, Tel. 021-8724343,
www.kaggakamma.co.za. Ü/VP ab R2510 p.P.
(wesentlich günstiger sind die Tarife in der
Nebensaison).

Unterkunft außerhalb:

*Klein Cedarberg, Koue Bokkeveld, Tel. 023-
3170783, www.kleincedarberg.co.za (m. Anfahrtskizze). Für alle, die die Einsamkeit lieben,
gepaart mit schönem Ambiente. Essen gibt's
in einem alten Pionierhaus aus dem 18. Jahrhundert. Dinner+Ü/F ab R550 p.P. im DZ.

*Houdenbek Farm Cottages, Morester
Estate, Tel. 023-3170759, www.houden
bek.co.za (m. Anfahrtskizze). Das Haupthaus
ist ein National Monument auf einer Obst-
und Gemüsefarm; sehr urig, gemütlich, mal
was anderes; für Selbstversorger. DZ ab R250
p.P., Dinner und Frühstück auf Anfrage.

✔ **Abstecher**

Goudini Spa / Rawsonville

Goudini Spa an der N 1 nahe Rawsonville
besitzt eine schwach radioaktive Heilquelle. Kleines Ferienresort mit Rondavels, einem Restaurant und Bademöglichkeit im Quellwasser, Tel. 023-3443013.

In **Rawsonville**, auf der anderen Seite
der N 1, liegt das **Goudini Wine Estate**
(Mo–Fr 8.30–12 u. 13.30–17 Uhr), Teil der
Breedekloof Weinroute (www.breede-
kloof.com). **Übernachten** in Rawsonville:
Rawsonville House, 1 Porter St, Tel. 023-
3491793, www.rawsonvillehouse.co.za;
ruhig gelegen, deutsch- u. holländischspr.
Besitzerinnen, DZ/F R600.

Worcester

Worcester, 1820 auf Anregung von Gouverneur Lord Charles Somerset gegründet, ist Hauptstadt der beiden Täler des
Hex River und **Breede River.** 70.000
Menschen leben hier. Gebäude aus den
kapholländischen, georgianischen, viktorianischen, Art-déco-, Kolonial- und neo-
klassizistischen Stilepochen liegen im **„Ou
Dorp",** im alten Stadtkern zwischen Tulbagh, Riebeeck, Durban und Somerset
Street. Die **Drostdy** (1823–1825) ist das
älteste Gebäude. Ein Spaziergang durch
die Church Street führt zu den Giebelhäu-
sern der Altstadt. Das Stofberg House beherbergt das Heimatmuseum und die
Touristeninformation (Mo–Sa 8–17 Uhr).
Das **Beck House,** 23 Baring Street, spiegelt das Leben in einem viktorianischen
Haus wider. Im prachtvollen Garten steht
ein Badehaus und das Kutschenhaus
(Mo–Fr 8.30–13 u. 13.30–16.30 Uhr). Das
Afrikaner Museum eine Tür weiter zeigt
eine Anwaltskanzlei, ein Arztzimmer und
eine Zahnarztpraxis Anfang des 20. Jh.
(Mo–Fr 9–13 und 14–17 Uhr). Das **Hugo
Naudé House,** 113 Russel St, zeigt einige
der besten Werke des südafrikanischen
Malers.

Tipp: Worcester Museum

Dieses „lebendige" Freilichtmuseum stellt die südafrikanische Pionierzeit dar und ist sehr interessant (Mo–Sa 8–16.30, So 10–15 Uhr, Tel. 023-3122225, www.worcestermuseum.org.za), die gutgemachte Website zeigt alle Details. Die Zeitreise führt bis zurück zu den ersten primitiven Farmhütten aus Grasmatten bis hin zu festen Behausungen der Treckburen. Begleitet wird man von altertümlich gekleideten Komparsen, die einen in verschiedene bäuerliche Fertigkeiten (Mo–Sa) wie Seifenherstellung, Zigarrenrollen, Schafscheren, Getreidemahlen, Gerben und Brandy-Destillieren einführen. Gehen Sie morgens hin und sehen Sie beim Brotbacken zu. Die Führungs-Broschüre gibt es auch auf Deutsch. Restaurant und Tea Room.

Karoo National Botanical Garden

Der botanische Garten liegt 2,5 km nördlich (tgl. 8–17 Uhr, Tel. 023-3470785). Er wurde auf 144 ha mit natürlicher Halbwüsten-Vegetation und auf 10 ha mit Gartenlandschaft angelegt. Im Frühling blühen die Wildblumen nach den ersten Regenfällen, im Sommer findet man das üppigste Grün, im Herbst erstrahlen die kultivierten Blumen und im Winter zeigen sich die Aloen von ihrer schönsten Seite. Im Gewächshaus wachsen die kuriosen Lithopen und Sukkulenten.

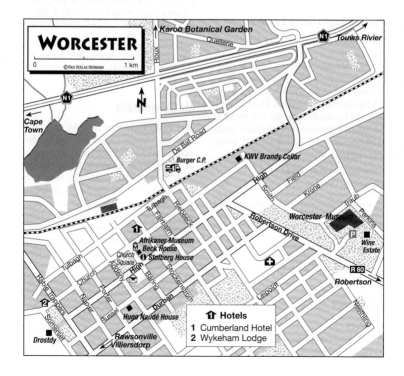

Worcester Weinstraße

Die meisten Weingüter der Worcester Weinstraße (Tel. 023-3428710, www.the-westerncape.co.za) liegen ziemlich weit verstreut. Am Stadtrand neben dem Frei-lichtmuseum bietet das **Kleinplasie Wine Estate** ein gutes Restaurant (Tel. 023-3420430), Weinprobe und -verkauf (über-nachten in rustikalen Cottages, Tel. 023-3422225). Ebenfalls im Stadtgebiet, Ecke Church/Smith Street, finden Sie den **KWV Brandy Cellar.**

Vom Touristenstrom noch recht un-entdeckt ist die **Stettyn Winery** (www.stettyncellar.co.za). 15 km nördlich von Villiersdorp, die einen schönen Verkos-tungsraum mit Gemälden von Dale Elliot besitzt.

Ausflug Aquila Game Reserve

Das **Aquila Game Reserve** ist ein Big-Five-Reservat. Pirschfahrten und Ausritte erschließen drei Täler mit Renosterveld, Sukkulentenbewuchs und Berg-Fynbos, in denen sich auch Giraffen, Hippos, Eland und Krokodile wohlfühlen. Es liegt nörd-lich von Touws River an der R46 und bie-tet Luxus-Übernachtungen (Tagesgäste willkommen). Tel. 021-4307260, www.aquilasafari.com.

Information Worcester

Worcester Tourism, 25 Baring St, Tel. 023-3426244, www.worcestertourism.com. Stadt-plan für einen historischen Stadtrundgang, Zimmernachweis (Molweni Homestays bietet Privatunterkünfte), Flower-Hotline für das Breede Valley, www.scenicroute.co.za.

Züge: Der Trans Karoo einmal tgl. nach Jo-hannesburg und Kapstadt, der Southern Cross einmal die Woche nach Kapstadt und Port Elizabeth.

Unterkunft

Comfort

Protea Hotel Cumberland, 2 Stockenstroom St, Tel. 023-3472641, www.proteahotels.com/ cumberland. 55 elegante Zi., Restaurant, Bar, Pool. DZ ab R1240.

Touristic

*Wykeham Lodge, 168 Church St, Tel. 023-3473467, www.theguesthouse.ch. Die beste Wahl für ein B&B am Ort. DZ/F ab R340.p.P.

Budget und Camping

Nekkies Holiday Resort, 51 Trappe St, Tel. 023-3432909. Schöne Holz-Chalets am Brand-vlei Dam, Stellplätze.

Außerhalb

*Nuy Valley Restaurant & Guest Farm, von Worcester auf der R 60 ca. 12 km in Richtung Robertson fahren, bei Nuy links ab, 5 km (von Robertson von der R 60 bereits hin-ter Rooiberg Wine Cellar rechts abbiegen), Tel. 023-3427025, www.nuyvallei.co.za. Historisches Cape-Dutch-Haus, nostalgische Zimmer. Gutes Restaurant, traditionelle Land-küche, Mo–Sa 8–17 Uhr à-la-Carte Menü, Din-ner nur auf Bestellung. So 12–13 Uhr Büfett. DZ im Haupthaus ab R280 p.P., im ehemaligen Weinkeller R180 p.P.

Etwa 30 km von Worcester geht es von der R 60 nach rechts zum Weingu Bo Cap (Schild) mit **Weltevrede Guest Farm,** Beschreibung s. Robertson.

Matjiesfontein

Matjiesfontein wurde 1884 von dem Schotten Jimmy Logan gegründet, der sich auf der Karoo-Farm Tweeside nieder-ließ, direkt an der Bahnlinie Johannesburg – Kapstadt. Der Name „Matjies" leitet sich von den Matten ab, die die Bevölkerung zum Decken ihrer Häuser benutzten. Lo-gan errichtete in der Einöde einen Erfri-schungsraum für Reisende, da die frühe-ren Züge keinen Speisewagen hatten. Um die Bahnstation herum entstand ein klei-ner Luftkurort, der Persönlichkeiten wie Sir Randolph Churchill, Cecil Rhodes, den Sultan von Sansibar oder die Schriftstel-lerin Olive Schreiner anlockte. Die Gebäu-de der einzigen Straßenfront im vik-torianischen Stil erbaut. Im Burenkrieg wurden 12.000 englische Soldaten stationiert, das Hotel in ein Lazarett umgewandelt. Nach 1950 drohte der Ort in Vergessenheit zu geraten, doch der Hotelier David Rawdon renovierte fleißig und so kam 1975 der **gesamte Ort** unter **Denkmalschutz.** Heute pilgern die Touristen wieder in Scharen hierher, Reisende des Trans-Karoo-Zugs legen einen Zwischenstopp im Hotel ein. Es gibt zwei kleine Museen. Die vierminütige (!) Stadtrundfahrt (damit ist auch schon alles über den Umfang des Örtchens gesagt) in einem Doppeldekkerbus im Hotel Lord Milner buchen!

Unterkunft (Touristic)

Lord Milner Hotel, Logan Rd, Tel. 023-561 3011, www.matjiesfontein.com/LordMilner. Ein elegantes Hotel aus der viktorianischen Zeit mit stilvoller Einrichtung und sehr gutem Restaurant, konventionelle Kleidung erwünscht (aber nicht Bedingung). DZ/F ab R380 p.P., gutes Preis-/Leistungsverhältnis.

Laingsburg

Das Schicksal von **Laingsburg** ging 1981, genau 100 Jahre nach Gründung, durch die Presse: Der Buffels River trat unaufhaltsam über die Ufer und beschädigte die Stadt schwer, obwohl einige viktorianische Häuser verschont wurden. Zeitdokumente befinden sich in der Stadtbibliothek.

Von Laingsburg führt eine landschaftlich schöne Strecke (fast alles Schotterstraße) über den **Rooinek Pass** und Klein Swartberg bis zum 70 km entfernten **Seweweekspoort** (-pforte) mit einer sehr schönen Schlucht. Von dort geht es weiter nach Oudtshoorn.

→ **Abstecher**

Prince Albert und Swartberg Pass

Am Fuß des **Swartberg Pass** (1585 m; sehr steile und sehr schlechte Straße, bei Regen gefährlich!), der kurven- und aussichtsreich die N 1 mit den **Cango Caves** (s.S. 271) und **Oudtshoorn** (s.S. 276) verbindet, liegt der kleine, typische Karoo-Ort **Prince Albert** in einer fruchtbaren Landschaft. Prince Albert wurde 1762 gegründet und besitzt einige schöne Giebelbauten, ein kleines Museum (Mo–Fr 14–17 Uhr) und eine alte Wassermühle. Ein idealer Ausgangspunkt für Wanderungen (beste Infos im Prince Albert Hiking Hostel, 60 Church St). Als Esslokal (unlicensed) empfiehlt sich Karoo Kombuis, Tel. 023-5411110; das „Roasted Lamb" probieren. Einen Besuch wert ist das kleine Weingut **The SoetKaroo Wine Estate** (56 Kerkstraat, www.soetkaroo.co.za).

Prince Albert ist auch die Pforte zur „Hölle", The Hell, wie die **Gamka-Schlucht** genannt wird. Bis 1960 kam man nur mit dem Eselskarren in das Tal, in dem sich einst Trekburen niedergelassen hatten. Nach dem Straßenbau haben alle Bauern das Tal verlassen. Das **Swartberg Nature Reserve** liegt im Grenzgebiet zwischen der Kleinen und Großen Karoo und ist ein Eldorado für Wanderer. Auch die 4x4-Route ist „nicht ohne" (www.capenature. co.za).

Information

Tourist Information Prince Albert, 42 Church St, www.patourism.co.za, Tel. 023-5411366

Unterkunft

Comfort

Dennehof, Bo-Dorp, Tel. 023-5411227, www. dennehof.co.za. 6 Zimmer im ältesten Gebäude des Ortes. Ab R630 p.P.

Touristic

Saxe Coburg Lodge, 60 Church St, Tel./Fax 023-5411267, www.saxecoburg.co.za. DZ in einem Haus von 1850 im Karoostil, ideal für Wanderer. Mit Pub. DZ/F ab R480 p.P. –
Swartberg Hotel, 70 Church St, Tel. 023-5411332, www.swartberg.co.za. Sehr schönes Hotel (Nationalmonument) mit 12 Zimmern und 5 Cottage-Suites; Restaurant, Pool. DZ/F ab R450 p.P.

✔ **Abstecher**

Beaufort West

Beaufort West ist ein wichtiger Versorgungs- und Übernachtungspunkt: Tankstellen zu Hauf, Supermärkte, Cafés und Restaurants. Viele bettelnde Kinder. Die Stadt besitzt ein kleines **Museum** in einer ausgedienten Missionsstation und ein **Pfarrhaus**, 87 Donkin Street, in dem der berühmte Herzchirurg **Christiaan Barnard** aufgewachsen ist und das noch wie zu seiner Kinderzeit eingerichtet ist.

Touristeninformation:
57 Donkin Street, Tel. 023-4151487, www.beaufortwest.net.

Unterkunft

Jede Menge Hotels und B&Bs, in der Urlaubszeit oft ausgebucht und dann manchmal doppelt so teuer.

Touristic

Donkin House, 14 Donkin St, Tel. 023-414 4287, www.donkinhouse.co.za. 45 Zimmer, historisches Gebäude (1859), junges Publikum. DZ ab R275 p.P.
Matoppo Inn, 7 Bird St, Tel. 023-4151055, www.matoppoinn.co.za. 9 DZ in ehemaliger „Drostdy", Restaurant, Pool. DZ ab R250 p.P.
Wagon Wheel Country Lodge, einen halben Kilometer nördlich der Stadt, Tel./Fax 023-414 2145, www.wagonwheel.co.za. Restaurant, Bar. DZ ab R500.

Budget

Karoo Guesthouse, an der N1 Richtung Richmond, Tel. 071-5074993, www.thekaroo-guesthouse.co.za. Einfach. Frühstück und Dinner möglich. DZ ab R220.

Camping

Beaufort West Caravan Park, Donkin St, Tel. 023-4142800, Stellplätze, Wohnwagen *(Hinweis:* der Zeltplatz im Karoo N.P. ist 100x schöner!).

Karoo National Park

Der **Karoo National Park** im Nordwesten von Beaufort West, wurde 1979 gegründet, um eine 46.119 ha große Trockenzone der **Großen Karoo** zu schützen. Das Landschaftsbild ist rauh, die Vegetation wird als „Karoo Arid Broken Veld" bezeichnet, mit baum- und buschumsäumten Trockenflussbetten in weiten Ebenen und Grasland auf dem Plateau.

Im Park leben 64 Säugetierarten, darunter **Bergzebras, Kudus, Oryx-** und **Elenantilopen** und **Spitzmaulnashörner.** Unter den 196 Vogelarten finden sich **Felsenadler** (größtes Brutgebiet im Land). **Schildkröten** kommen in fünf verschiedenen Versionen vor. Von Interesse ist der kurze (400 m, asphaltiert) **Fossil Trail,** mit geologischem Hintergrund, und der **Bossie Trail** (800 m), auf dem man 60 Pflanzen der Karoo kennenlernt.

Anfahrt: Von Kapstadt 471 km, über die N 1 bis kurz vor Beaufort West, dann 6 km zum Parktor und weitere 4 km zum Camp.

Wandern

Der **Pointer's Hiking Trail** (10 km, 4 h) führt auf ein schönes Plateau mit Ausblick. Wer es kürzer mag, sollte den 800 m langen *Bossie Trail* oder den *Karoo Fossil Trail* (400 m, auch für Rollstuhlfahrer) nehmen. Letzterer ist ein geologischer Lehrpfad. Der **Springbok Hiking Trail** dauert drei Tage (Etappen: 4,5 km, 11,5 km und 10,5 km), durchquert die Ebene, das untere und das mittlere Plateau des Parks und führt steil auf den Gipfel der **Nuweveld Mountains** (1890 m) mit Blick auf die Große Karoo (Abstieg sehr anstrengend). In den heißen Monaten sind Wanderungen nicht ratsam (Nov.–Feb. geschl.) Verpflegung, inkl. Kocher und Geschirr sowie und Schlafsack mitnehmen. Erforderliche Anmeldung: South African National Parks.

4x4 Trail
Der 4x4 Trail kann mit eigenen Fahrzeugen und einem Ranger oder in einem Geländewagen des Parks befahren werden. Aktuelle Tarife erhält man im Parkoffice. Übernachtungshütte, nur Matratzen, Trinkwasser und eine Toilette. Alternative: Doornhoek Guest House.

Information Karoo N.P.
Karoo National Park, Tel. 023-4152828/9, Reservierung: South African National Parks, Tel. 012-4289111, www.sanparks.org, reservations@sanparks.org.

Parktore sind tgl. 5–22 Uhr geöffnet, Rezeption 7.30–20 Uhr. Kleiner Laden mit Grundnahrungsmitteln und Souvenirs (7.30–11.30 u. 15–20 Uhr). Restaurant 8–22 Uhr, So bis 20 Uhr (18.30 Uhr letzte Bestellung). Öffentliches Telefon, Waschautomat, Trockner. Polizei, Arzt, Post und Benzin in Beaufort West. Nachtpirschfahrten. Im Informationszentrum findet Mo–Sa um 18 Uhr eine Diaschau statt. Das historische Gebäude Ou Skuur bietet kleinere Ausstellungen (8–12.30 und 13.30–18 Uhr). Eintritt R120/60 Tag.

Unterkunft

Karoo Restcamp: 3-Bett Chalets (R1000, 1–2 Personen, Kinder R128), 3-Bett Cottage (R1100, 1–2 Personen, Kinder R135), 6-Bett Cottages (R1450 für 1–4 Personen, R256 jede weitere, Kinder R135). Erbaut im kapholländischen Stil, komplett eingerichtet mit Küche und Bad, kein Pool.
Campingplatz, schattige Lage, Gemeinschaftsküche (Site R205 für 1–2 Personen, R68/34 jede weitere Person/Kind).
Mountain View Restcamp, Hütten (max. 25 Personen), nur Matratzen, sanitäre Anlagen.

Western Cape

Die schönsten zwei Strecken von Kapstadt zur Garden Route
(Karte s.S. 170)

Route 1: Kapstadt N 1 – Worcester – (R 60) Robertson – Montagu – (R 62, „Route 62") Calitzdorp – Oudtshoorn – George

Man folgt der N 1 von Kapstadt nach Worcester und biegt dann in südöstlicher Richtung auf die R 60 ab, Richtung Robertson.

Robertson

Robertson (Kapstadt 180 km), am Fuß des Langeberg im **Breede River Valley,** ist bekannt für seine wunderschönen Jacaranda- und Eichenalleen und die vielen viktorianischen Gebäude, wie z.B. das „Victorian Beauty" in der van Reenen Street. Das idyllische Städtchen wurde 1852 von Dr. William Robertson gegründet und hat sich mittlerweile zu einem der beliebtesten Weinorte am Kap entwickelt. Das Robertson Museum, 50 Paul Kruger St (Tel. 023-6263681, Mo–Sa 9–12 Uhr) bietet geführte historische Touren an.

Einer der zahlreichen Wanderwege, der *Arangieskop Trail* (1. Tag 7 h, 2. Tag 6 h), führt durch das nahegelegene **Dassieshoek Fynbos Mountain Reserve** (auch mit Übernachtung, Auskunft Tel. 023-6158038. Ebenfalls toll ist die Wanderung auf dem *Van Loveren Fish Eagle Trail* (3–4 Std)., die vom Weingut **Van Loveren** (www.vanloveren.co.za) aus startet.

264 Robertson

Robertson Wine Valley u. Wineroute

Robertson ist das Zentrum des **Robertson Wine Valley,** ein Zusammenschluss von Weingütern und Kooperativen der Region mit den Weinorten **Robertson, McGregor, Ashton** und **Bonnievale** – unlängst als „Most Innovative Wine Tourism Experience" ausgezeichnet. Auf der Webseite www.robertsonwinevalley.co.za finden sich alle Informationen (Tel. 023-6263167). Die **Robertson Wineroute** gilt übrigens als die älteste und auch als die längste Südafrikas.

Höhepunkte im Jahr sind **vier Weinfestivals:** Das *Wacky Wine Weekend* (1. Juniwochenende) hat ganz lokales Kolorit, die *Robertson Slow* (1. Augustwochende) ermöglicht persönliche Aktivitäten mit den Winzern. *Wine on the River* (3. Oktoberwochende) gilt als total relaxtes Happening am Fluss und *Hands-on Harvest* (4. Februarwochenende, www.handsonharvest.com) ist passionierten Weinliebhabern vorbehalten, die gerne einmal selber ernten wollen.

Besondere Tipps: Auf der Weinfarm **Viljoensdrift** (Tel. 023-6151017, www.viljoensdrift.co.za) finden täglich ab 12 Uhr Bootsfahrten auf dem Breede River mit Picknick statt. Unter dem Pfefferbaum beim Lunch sitzt man im hochdekorierten **Bon Courage** (Tel. 023-6264178, www.boncourage.co.za), und tolle Fotomotive von Rebstöcken, Obstplantagen, Pferden und Bergen fängt man garantiert im **Arabella Estate** (www.arabellawines.com) ein.

*Sheilam

Der Garten von **Sheilam,** an der R60 7,5 km außerhalb, wurde bereits in den 1950ern gegründet und gilt als Eldorado für Kakteenfreunde: 2000 verschiedene Sorten von Kakteen, Sukkulenten und Cycaden stehen auf dem relativ kleinen Grundstück. Auch Verkauf. Mo–Sa 8–17 Uhr, www.sheilamnursery.com.

Information Robertson

Robertson Tourism Bureau, Vortrekker/Ecke Reitz Street, Tel. 023-6264437, Fax 6264290. Mo–Fr 8–17, Sa 9–14 Uhr, So 10–14 Uhr, www.robertsontourism.co.za.
Sammel-Website für das Weinland: www.tourismcapewinelands.co.za.

Restaurants

Ideal für Frühstück und für Lunch: **Gran Café,** 36 Voortrekker St. Stilvoll zu Abend essen: **Reubens's,** Robertson Small Hotel, 58 van Reenen St, Tel. 023-6267200. Exzellent speist der Gourmet im Restaurant des Weinguts ***Fraai Uitzicht** (s.u.) – das 7-Gänge-Menü ist kaum zu übertreffen. Mit dem Besuch einer Käserei lässt sich das Essen im **Rigg's** in Bonnievale bestens verbinden (R 317 nach Osten, 8–17 Uhr).

Unterkunft

Comfort

Fraai Uitzicht, an der R 318 zwischen Montagu und Robertson (links, Klaas Voogds East), Tel. 023-6266156, www.fraaiuitzicht.com. Historisches Weingut (1798) mit gemütlichen, luxuriösen Chalets und Pool inmitten der Weinberge. Gourmet-Küche, dt. Ehepaar. DZ/F ab R960 p.P.

Touristic

Sehr gut logiert man im ***Gubas de Hoek,** 45 Reitz St (gleich beim Tourism Bureau), Tel./Fax 023-6266218, www.gubas-dehoek.com. Stilvolle Themenzimmer, herrlicher Garten. Nettes, sehr gutes Restaurant, gemütliche bayerische Stube mit Weißbier, Küchenmeister Gunther Hürttlen und Frau Balbina verwöhnen mit lokalen Köstlichkeiten. Organisation von Tagesausflügen (Weingüter) und sportlichen Aktivitäten. DZ/F ab R490 p.P. (extra lange Betten), Spezialangebote s. Website.

Ballinderry Guest House, 8 Le Roux St, Tel. 023-6265365, www.ballinderryguesthouse.com. Geschmackvolles Gästehaus für Weinliebhaber und Golfspieler, Dinner auf Wunsch. DZ/F ab R500 p.P.

Bon Cap Wine Cellar & Guestfarm, Richtung Worcester, Tel. 023-6261628. 10 wunderschöne Mehrbett-Cottages auf Self-catering-Basis, familienfreundlich. Pool, historische Familienfarm, Bistro. Res. notwendig, Tel. 023-6262073, www.boncaporganic.co.za, Winery Tel. 023-6261628. DZ/F ab R200, Dinner a.A.

Budget

*Robertson Backpackers, 4 Dordrecht Ave, Tel. 023-6261280, www.robertsonbackpackers.co.za. In einem alten viktorianischen Haus, sehr gemütlich, schöner Garten, Tourangebote. Bieten Kanutouren an. Dorms und auch DZ (ab R390).

→ Abstecher

Der besondere Tipp: McGregor

Das kleine **McGregor** (ca. 2400 Ew., 20 km südlich von Robertson, 171 km von Kapstadt), ist für einen beschaulichen Zwischenstopp ideal. 1861 gegründet, eingebettet zwischen Obstbäumen und Weingärten, vermitteln die kleinen, reetgedeckten Karoo-Cottages den Eindruck stehengebliebener Zeit. In jüngster Vergangenheit entwickelte sich der Ort auch zu einem kleinen spirituellen Zentrum mit einem Retreat (siehe Temenos) und alternativen Geschäften, z.B. Temenos Health Shop in der Voortrekker Street. Es gibt eine Waldorfschule und -kindergarten.

Auf dem Anfahrtsweg von Robertson lohnt ein Stopp im *Vrolijkheid Nature Reserve*. Ungewöhnlich viele Vogelarten lassen sich von Unterständen aus beobachten. Das *Krans Nature Reserve* (über Smith oder Van Reenen Street) bietet schönen Ausblick über den Ort und den Damm und eine reiche Vogelwelt.

Temenos Retreat

Das ***Temenos Retreat** ist ein ganz besonderer Ort: Obwohl von dem katholischen Priester und Psychologen *William Kennedy* gegründet, ist es interkonfessionell und bietet Schweige-Retreats und ein meditatives Umfeld für alle, die Abstand zur alltäglichen Hektik suchen. Ein wundervoller Zen-Garten mit Meditationsspirale, Teich und kleinen Brunnen – überall findet man herrliche Plätze zur stillen Einkehr. Den Garten können auch Besucher, die nicht im Retreat wohnen, nach Absprache – im Temenos Health Shop – besuchen.

Wandern

Der *Rooikat Trail* (Rundwanderweg, Länge 18 km) dauert 6–7 Stunden, der 14 km lange *Boesmanskloof Hiking Trail* (Start etwa 16 km südwestlich von McGregor) führt durch die faszinierende Fynbos-Landschaft der **Riviersonderend Mountains**, vorbei an Wasserfällen und Felsenbecken nach Greyton (Übernachtung dort ist sinnvoll). Genehmigung erteilt das Vrolijkheid Nature Reserve, Tel. 023-6593416, www.capenature.org.za

Information McGregor

Tourism Bureau, Voortrekker/Ecke Church Street, Tel./Fax 023-6251954, www.mcgregor village.co.za; dort auch Infos über die **lokale Weinstraße.**

Restaurants

*Karoux, 42 Voortrekker Rd, Tel. 023-625 1421; ein geschmackvolles Lokal mit ständig wechselnder, fantastischer Speisekarte – alles frisch und gesund. – Das **Kingsriver Estate** bietet durch seine herrliche Lage inmitten von Weinbergen abwechslungsreiche Erlebnisgastronomie mit höchsten Ansprüchen. Auch Übernachtung im Gästehaus möglich (ab R550 p.P.). Tel. 023-6251040, www.kingsriver-estate. com. – Das **Café Temenos,** Voortrekker St, serviert von 9–11 Uhr Frühstück, anschließend bis 16 Uhr Light Lunches. Ab 19 Uhr vielfach mediterrane Gerichte (Fr/Sa ist Buchung sinnvoll, Tel. 023-6251871).

Unterkunft

Comfort

*McGregor Country Cottages, 1 Voortrekker St, Tel. 023-6251816, www.mcgregoraccom modation.co.za. Bilderbuch-Cottages in Obstgärten, Pool. Cottage ab R1390.

*The Trossachs Guest Lodge, außerhalb 7 km in Richtung Robertson, Tel. 023-625 1881. 4 Cottages mit schottischem Ambiente, Blick auf Weinberge und Tal. DZ/F ab R800 p.P.

Touristic

Whipstock Farm, 8 km südwestlich, Tel. 023-6251733, whipstock.co.za(mit Wegbeschreibung). Riedgedeckte Cottages aus dem 19. Jh. mit offenem Kamin auf Farm mit Mandel- und Zitrusbäumen, Halbpension mit ländlicher Küche aus frischesten Zutaten, Fahrradvermietung, ideal für Kinder. DZ/HP 440 p.P.

*Temenos Retreat Centre, Voortrekker St, Tel. 023-6251871, www.temenos.org.za. Wunderschöne Cottages und Zimmer (Selbstversorgung möglich) in kontemplativ angelegter Gartenlandschaft, Meditations- und Therapiezentrum (Reiki, Aromatherapie etc.). Restaurant und Pool. DZ/F ab R690.

✔ Abstecher

Western Cape

Route 62

Die Route 62 wird in Südafrika als „längste Weinstraße der Welt" vermarktet (www.breederivervalley.co. za). Vor dem Bau der N 2 war sie die Hauptverbindungsstraße zwischen Kapstadt und Port Elizabeth. Sie verläuft von **Montagu** über Barrydale, Ladismith und Calitzdorp bis **nach Oudtshoorn** (230 km). **Umfassende Infos über Orte und Attraktionen mit vielen Fotos** auf der Website www.route62.co.za.

Montagu

Montagu, 1851 gegründet, gilt als **Tor zur Kleinen Karoo.** Bis Ende des 19. Jahrhunderts war der einzige Zugang die berüchtigte **Cogman's Kloof,** eine enge, nur für leichte Wagen geeignete Schlucht, da man den Fluss acht Mal überqueren musste.

Das Städtchen, benannt nach *John Montagu*, Kolonial-Sekretär des Kaps 1843, ist heute ein beliebter Ferienort mit schön restaurierten Gebäuden in einer pittoresken Landschaft, die viele Künstler inspirierte. Die **R 62** wird in der Stadt zur **Long Street,** an ihr befindet sich, zwischen Barry und Church Street, das älteste Gebäude, das **Joubert House** von 1853, heute ein *National Monument* mit Hausmuseum, dahinter ein medizinaler Kräutergarten. Im nächsten Straßenblock zwischen Church und Kohler Street liegt das **Montagu Museum,** eine alte Missionskirche, in der neben antiken Möbeln, Fotos und Dokumenten auch Gebrauchsgegenstände und Africana aus Montagus Entwicklungszeit zu sehen sind. Die gutsortierte **Tourist Information** befindet sich in der Bath Street zwischen Barry- und Church Street. Gleich daneben ist ein schöner **Art-Africa** Laden. Nur bis zum Frühling sehenswert ist der 10 ha große

Nature Garden in der Van Riebeeck St.

Die 43 Grad heißen Mineralquellen von **Montagu Springs** liegen 3 km außerhalb an der R 318 (über die Bath Street, ausgeschildert). Nette Anlage mit zwei heruntergekühlten Pools und Barbetrieb, Tageseintritt. Das Avalon Springs Hotel (Luxus) ist keine Empfehlung.

Von Montagu aus können Wanderungen unternommen werden (*Bloupunt Trail* und *Kloof Hiking Trail,* Auskunft bei der Tourist-Information. Die *Mon Prière Farm* demonstriert Obstverwertung, einige Weingüter im näheren Umkreis bieten Weinproben und -verkauf und bei Ron Brunings (Dusty Sprocket, Bath Street 78) können Mountain-Bikes für Trips in die Kleine Karoo gemietet werden.

*Traktor-Trip

Fast schon legendär ist der Traktor-Trip auf der Protea Farm (s. Unterkunft) durch die ländliche Umgebung. Am Ende gibt es originale *Farmhouse Potjekos.* Ein Spaß nicht nur für Familien. Mi und Sa; R110 Fahrt, R110 Essen (Kinder R60).

Information Montagu

Montagu-Ashton Tourist Information, 24 Bath St, Tel. 023-6142471 (Mo–Fr 9–17, Sa 8.45–16.45, So 9.30–12.30 Uhr), www.montagu. org.za.

Restaurants

Gepflegt essen kann man im historischen, 140 Jahre alten stilvollen Gebäude der **Mimosa Lodge,** Church Street (s.u., reservieren) oder im ***Templeton's Restaurant,** 46 Long Street (Four Oaks GH, s.u.): Kudu, Strauß und Springbock probieren. Echte Gourmetküche zu allen Mahlzeiten! Am Wochenende reservieren. Im **Wild Apricot Restaurant** (Montagu Country Inn) können besonders die Wildgerichte ans Herz gelegt werden.

Unterkunft

Comfort

*Mimosa Lodge, Church St, Montagu 6720, Tel. 023-6142351, www.mimosa.co.za. Historisches, sorgfältig renoviertes Kleinhotel (9 Nichtraucher-Zimmer, 6 Suiten), gemütlich, wunderbare Zimmer, fast wie im Museum. Großer Gästegarten, Pool, ausgezeichnete Küche, unter Schweizer Leitung, Kinder willkommen. DZ/F ab ab R520 p.P.

Karte S. 292   **Barrydale   267**

*Montagu Country Inn & Wellness Centre,
Bath St, Tel. 023-6143125, www.montagu
countryhotel.co.za. Ein Art-déco-Haus mit
23 geschmackvoll eingerichteten Zimmern,
Gartenlage, angeschlossen ist das Wild
Apricot Restaurant (landestypische Gerichte).
Mineralpool, Gesundheitsanwendungen.
Preise a.A.

Touristic

Montagu Rose Guest House, 19 Kohler St,
Tel. 023-6142681, www.montagurose.co.za.
Schöne Zimmer, gemütlich; für Wanderer
günstige Übernachtung im Mehrbettzimmer.
DZ/F ab R330 p.P.

Budget und Camping

Cynthias Cottages, 3 Krom St, Tel. 023-614
2760, www.cynthias-cottages.co.za. Schöne,
günstige Cottages (Handtücher mitbringen).

De Bos Guest Farm, 8 Brown St (am Stadtrand gelegen), Tel./Fax 023-6142532, www.
debos.co.za. B&B, Bungalows, Campingmöglichkeit, bei Wanderern und Kletterern beliebt.
Günstig.

*Four Oaks Guest House, 26 Long St, Tel.
023-6143483, www.four-oaks.co.za. In historischem Gebäude von 1855, geschmackvolle
Zimmer. DZ/F ab R350p.P.

Montagu Caravan Park, Tel./Fax 023-614
3034. Stell- und Zeltplätze, günstige Übernachtungsmöglichkeiten für Kletterer und
Wanderer.

*Protea Farm Cottages, Tel./Fax 023-614
3012, www.proteafarm.co.za. Wer wirklich
schöne Häuser (Selbstversorger) sucht, findet
nichts besseres in der Umgebung. Ab R550
(Cottage), Dormitory ist günstiger.

Rainbow Glen Guest Farm, Tanner St, Tel./
Fax 023-6141294, www.rainbowglen.co.za
(m. Anfahrtskizze). 6 diverse Cottages
(2–6 Personen) auf Farm. Selbstversorgung,
ideal für Familien. Ab R450.

Barrydale

Barrydale, ein nettes Oasenstädtchen, erreicht man von Montagu aus nach 60 km
über die landschaftlich reizvolle R 62. Drei
unterschiedliche Vegetationszonen um-
grenzen den Ort: Im Osten erstrecken sich
die Ausläufer des Knysna Forest, im
Norden beginnt die trockene Landschaft
der **Kleinen Karoo** mit ihrem vulkanischen Charakter (27 km nördlich liegt
Warmwaterberg, ein Ort mit heißer Quelle, www.warmwaterberg.co.za), und im
Westen breitet sich fruchtbares Akkerland
mit Obstbäumen und Wein aus. An der
Durchgangsstraße gibt es einige nette
Cafés, außerdem ein kleines Museum und
drei Wanderwege. Südafrikanische Küche
und sündhaft gute Desserts bekommt
man im Restaurant **Clarke of the Karoo,**
an der R 62, Tel. 028-5721017. Das **Country Pumpkin Restaurant,** Main Road, bietet gute Landküche. Das beste ist allerdings **Mez,** Laing St, Tel. 028-5721259, mit
leckerer mediterraner Küche in bunt be-
maltem Ambiente. Auch schön zum
Draußen sitzen.

Natürliche Felsenbecken, in deren Wasser man sich erfrischen kann, liegen 7 km
Richtung Swellendam. Und Richtung
Ladismith, nach 12 Kilometern, findet
man die *Peace Pagoda,* die einzige Pago-
de in Afrika, die von burmesischen Mön-
chen gebaut wurde. Ja, und dann natürlich die Attraktion *„Ronnie's Sex Shop"*
nicht verpassen, nach 27 km rechts …

Information Barrydale

Barrydale Tourism Bureau, 1 Van Riebeek St,
Tel. 028-5721572, www.barrydale.co.za, Mo–Fr
8–16.30 Uhr, Sa 9.30–12.30 Uhr.

Unterkunft

Touristic

*The Barrydale, 30 van Riebeeck Street,
Tel./Fax 028-5721226, barrydale-karoo-
hotel.co.za. Schönes, historisches Hotel mit
fantasievoll eingerichteten Zimmern, Garten
mit Pool. DZ/F ab R480 p.P.

Lentelus, 11 km Richtung Montagu,
Tel. 028-5721636, www.lentelus.co.za.
Prima Unterkunft auf Obstfarm.

Western Cape

Ladismith

Ladismith wurde 1852 gegründet und profitierte vom Straußenfeder-Boom zwischen 1920 und 1930. Heute spielt die Straußenzucht eine untergeordnete Rolle, man hat sich auf Schaf- und Ziegenzucht und auf Obstanbau spezialisiert. Der Ort liegt landschaftlich sehr reizvoll und hat hübsche Häuser, georgianisch, gotisch, viktorianisch und bäuerlicher Karoostil und den eigenen Ladismith-Stil, der den georgianischen modifizierte. Ladismith wird überragt vom *Towerkop,* jener 2203 m hohen Bergspitze der Klein Swartberg-Kette, die unverkennbar eine geteilte Spitze besitzt, die sie, laut einer alten Legende, dem Wutausbruch einer Hexe zu verdanken hat. Einige Wanderwege führen in die Bergwelt.

Information Ladismith

Tourism Bureau, Otto Hager Church Building, 6 Church Street, Tel. 028-5511378, www.ladismith.org.za. Mo–Fr 8.30–17 Uhr, Sa 9–13 Uhr (Okt–April).

Unterkunft

Touristic

Albert Manor Guest House, 26 Albert St, Tel./Fax 028-5511127, www.albertmanor. co.za. 4 Zi. in einer viktorianischer Villa, Coach House, Dinner a.A. Ü/F ab R400 p.P.

Huis Langenhoven, 1 Queen St, Tel. 028-551 1225. Kleines, günstiges Hostel in ehemaliger Schule mit 3 DZ. Essen a.A.

→ **Zwei Abstecher nach Süd und Nord**

Der besondere Tipp: Aardvark Nature Reserve

Einen Besuch wert ist das von Ladismith 42 km südlich befindliche **Aardvark Nature Reserve** inmitten des Naturparadieses der Little Karoo (auf die R62 Rtg. Barrydale, nach 15 km östl. auf die R323). Gut ausgebildete Ranger führen durch das einmalige Ökosystem, lesen gemeinsam mit den Besuchern Spuren der heimischen Tierwelt und zeigen faszinierende Fossilien, die vor 400 Mio. Jahren entstanden sind. Auch Pferde-Exkursionen, Nature Drives, MTB-Rides. Übernachtung in DZ oder auch Camping. Informationen auf www.aardvarklodge.co.za.

Seweweekspoort / Gamkapoort Dam

Zwischen Ladismith und Calitzdorp erreicht man gleich hinter *Zoar* das kleine **Amalienstein** (Berliner lutherische Missionssiedlung mit historischer Kirche von 1853 und Friedhof). Zwischen Zoar und Amalienstein führt eine Bergpiste nach Norden durch die *Klein Swartberge* und durch die spektakuläre, 17 km lange **Seweweekspoort** („Siebenwochen-Pforte") in die Kleine Karoo (www.seweweekspoort.co.za). Oben angekommen, geht es an einer Gabelung nach rechts/Osten zum **Gamkapoort Dam.**

Unterkunft

Comfort

Bosch Luys Kloof Private Nature Reserve, 4 km ab Seweweekspoort, das Gate ist linker Hand (Zufahrt 9 km), Tel. 023-5815046, www.boschluyskloof.co.za. Ansprechende, familiengeführte 4-Sterne-Lodge in einem 14.000 ha großen Naturreservat. Luxury-, Single- u. Familien-Units, gute Küche, Pool. Aktivitätenprogramm, Wellness. Dinner+Ü/F R1475 p.P.

Touristic/Budget

Von der Gabelung (km) nach Westen:
Seweweekspoort Guest Farm (2 km), www.seweweekspoortguestfarm.co.za, 2 einfache Cottages, R200 p.P.

Ben's Cottages (7 km), schönes 2-Pers. Cottage mit Küche, R200 p.P.

Campingplatz Op-die-Plaas (9 km), R50 p.P.

Reservierung/Auskunft für alle drei: Tel. 023-581 5009 (Cell 076-2762864). Im Gebiet der Unterkünfte besteht kein Cell-Phone-Empfang!

✔ **Abstecher**

→ Abstecher

Gamkaberg Nature Reserve

Dieses Reserve ist ein noch recht unbekanntes Naturschutzgebiet von wilder Schönheit in einem isolierten Höhenzug der Kleinen Karoo zwischen Calitzdorp und Oudtshoorn, südlich der R62 (Zufahrt ausgeschildert). Hier leben u.a. Bergzebras, Antilopen und Paviane. Im Frühling führen Wege zu Blumenteppichen und hier wächst auch die Proteenart „Golden Mimetese". Der kürzeste der vielen **Wanderwege,** die bis zu 3 Tagen dauern, ist der *Pied Barbet Trail* (4 km Rundwanderweg, 1,5–2 Std.). Er führt durch das typische *Spekboomveld,* eine offene Akazienlandschaft und an einem trockenen Flussbett entlang zu skurrilen Felsformationen. Der *Tierkloof Trail* (15 km, 5,5–6 h hin und zurück), ist der schönste Weg, führt er doch hinein in die wilden und einsamen Schluchten des Gamkaberges. 2 Eco-Lodges und Camping, Infos und Wanderkarte über www.capenature.co. za/Gamkaberg, Tel. 0861-2273628877.

✔ **Abstecher**

Calitzdorp

Bei einem Spaziergang durch die älteste Straße der Stadt, die *Queen Street,* sind Häuser aus der edwardianischen und viktorianischen Epoche, ein Museum in der Andries Pretorius Street und eine kleine Kunstgalerie zu sehen. Im alten Postamt in der Geyser Street lohnt ein Besuch bei dem Fotografen *Derek McKenzie,* bei dem man neben schönen Bildern und Postkarten interessante Stories mitnehmen kann. Im *Dorphuis* bekommen Sie Karoo-Spezialitäten in historischem Ambiente serviert.

Im Umland liegen ausgedehnte Obst- und Weingärten, Calitzdorp ist „Portwein-Hauptstadt" Südafrikas. Weinproben/Kellertouren bieten: *Calitzdorp Wine Cellars*

(Tel. 044-2133301, Mo–Fr 8–17 Uhr, Sa 9–13 Uhr, calitzdorpwine.co.za), Boplaas Estates (Tel. 044-2133326, Mo–Fr 8–17 Uhr, Sa 9–15 Uhr, www.boplaas.co.za) und De Krans (Tel. 044-2133314, Mo–Fr 8–17 Uhr, Sa 9–15 Uhr, www.dekrans. co.za), zu bestimmten Zeiten auch Lunch.

Oberhalb des Ortes liegt der **Hennie Cloete Nature Garden,** der bei einem einstündigen Spaziergang schöne Blicke auf den Ort und die Umgebung freigibt (nur am Wochenende). 25 km entfernt Richtung Oudtshoorn liegt rechts **Calitzdorp Spa,** eine Thermalquelle mit Ferienresort (Stellplätze und Chalets, www. calitzdorpspa.co.za).

Zwischen Calitzdorp und Oudtshoorn ist das Land flach und halbwüstenhaft.

Information Calitzdorp

Calitzdorp Municipality, Tel. 044-2133312, Fax 2133205, www.calitzdorp.co.za; Informationsblatt „Calitzdorp on Foot" erhältlich.

Unterkunft

Touristic

***The Port-Wine Guest House,** 7 Queen St, Tel./Fax 044-2133131, www.portwine.net. Historisches Farmhaus mit hellen Zimmern und Himmelbetten! Herzliche Gastfreundschaft und beste Küche. DZ/F ab R425 p.P.

Spekboom Cottages, Rand St (von der Main St in die Calitz St), Tel. 044-2133067, www. spekboomcottages.com. Sehr geschmackvoll renovierte Cottages, ruhige Randlage. 5 DZ und 6 EZ, Self catering. DZ/F ab R320 p.P.

Welgevonden Guest House, St Helena Rd, Tel./Fax 044-2133642, www.welgevonden guesthouse.co.za. 4 geschmackvolle DZ, von Wein- und Obstgärten umgeben. DZ ab R300 p.P.

Budget

Die Dorpshuis, 4 Van Riebeeck St, Tel./Fax 044-2133453, www.diedorpshuis.co.za. Kleines Gästehaus mit Restaurant, gute Küche (lokale Spezialitäten), auch 2–6 Bett Cottages für Self catering.

Western Cape

Oudtshoorn

Außerhalb

Comfort

Red Mountain Nature Reserve, Buffelskloof (von der R62 nach Norden Richtung Kruisriver), Tel. 044-2133615, www.debergkant.co.za. Wunderschöne Unterkunft, eingebettet in herrlichem Garten vor einer dramatischen Bergwelt. DZ/F ab R600 p.P.

The Retreat of Groenfontein, Tel./Fax 044-2133880, www.groenfontein.com (m. Anfahrtskizze). Liegt 21 km nordöstlich von Calitzdorp (Gravel Road), 5 stilvolle Zimmer und 2 Luxury-Rooms in einem historischen viktorianischen Farmhaus mit Blick auf den Swartberg. Dinner, beste südafrikanische Küche, auch vegetarisch. AA-Accommodation Award. Schöne Spaziergänge durch das Groenfontein Valley. DZ/F mit Dinner ab R1460.

Touristic

Red Stone Hill, von der R 62 Richtung Oudtshoorn nach Kruisrivier abbiegen, ab Abzweigung noch 6 km, www.redstone.co.za (m. Anfahrtskizze), Tel. 044-2133783. 6 liebevoll renovierte Häuschen aus dem 18. Jh. inmitten einer Weinberglandschaft, eingerahmt von roten Felsformationen. Echter Tipp! Cottage ab R750.

Oudtshoorn

Oudtshoorn, größte Stadt in der Kleinen Karoo (87.000 Einw.), ist die **Hochburg** der **Straußenzucht.** Ihr Aufschwung begann 1880, als die Damen in Europa und Amerika ihre Liebe für ungewöhnliche Accessoires entdeckten: Federboas, bunt gefärbte Straußenfedern, schmückten nicht nur die Tänzerinnen im Lido in Paris, auch die „gnädigen" Damen legten sie sich um die Schulter. Noch heute zieren die herrschaftlichen „Straußenfeder-Paläste" der reichgewordenen „Straußenbarone" das Stadtbild von Oudtshoorn: Das *Le Roux Town House* bzw. *Dorphuis* in der High Street (zwischen Church und Saviour, Mo–Fr 9–13 u. 14–17 Uhr), *Pinehurst* oder *Welgeluk.*

Vor dem 1. Weltkrieg zählte man 750.000 Strauße rund um Oudtshoorn.

Doch die Mode änderte sich und aus den glamourösen Federn wurden Staubwedel. Heute werden das hervorragende Leder und das wohlschmeckende Fleisch nach Europa exportiert.

Das Hauptmuseum der Stadt, das sehenswerte **C.P. Nel Museum** mit seinem markanten Uhrenturm, Ecke Baron van Reede/Voortrekker Street, ist in der ehemaligen Jungen-Oberschule von 1906 untergebracht und präsentiert in 12 Räumen neben der Stadtgeschichte auch die der Straußenzucht in den Boomjahren 1880–1920. Sehenswert ist die historische Apotheke, der Krämerladen, Bank, Möbel, Transportfahrzeuge, Judaica u.v.a. mehr. Eines der besten Stadtmuseen Südafrikas. Mo–Fr 9–17 Uhr, Sa 9–13 Uhr, www.cpnel-museum.co.za. – **Arbeidsgenot,** das Haus von *C.J. Langenhoven* (Politiker und Dichter, 1873–1932), Jan van Riebeeck Street, ist ein kleines Museum mit persönlichen Gegenständen des Schriftstellers.

*Postbox Route

Der südafrikanische Maler und Keramikkünstler Thijs Nel bildete arbeitslose Frauen im **Bongelethu Township** aus. Heute erstellen sie farbenfrohe Briefkästen, die man auf einer lohnenswerten Exkursion anschauen kann (79 Hope Street, Tel. 044-2794055).

*Ma Betty's Xhosa Cultural Experience

Ma Betty betreibt, zusammen mit anderen Frauen, im Township Bongelethu ein farbenfrohes authentisches **Xhosa-Kulturdorf.** Kraftvolle Tanzeinlagen, auf offenem Feuer gekochte Spezialitäten, Geschichten und vor allem der herzliche Kontakt mit den Besuchern ist ein unvergessliches Erlebnis. Tgl. 8–18 Uhr. Info Tel. 044-279 2532 und in der Touristeninformation.

Karte S. 292 **Oudtshoorn** 271

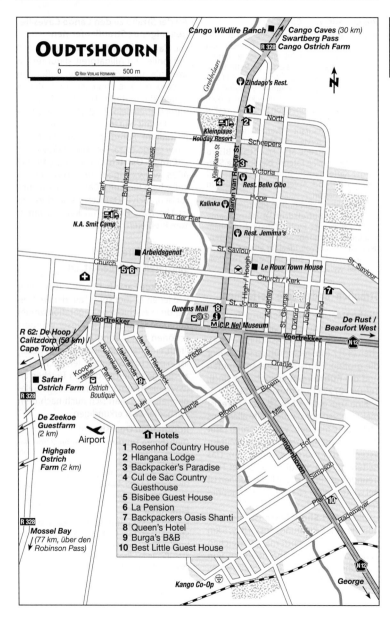

Restaurants und Cafés

Jemima's, 94 Baron van Reede St, Tel. 044-2720808 (Lunch Di–Fr 11–14 Uhr, Dinner Di–So ab 18 Uhr), leckere Strauß- und Fischgerichte. – Mal wieder italienisch? Bestes im **Bella Cibo,** 145 Baron van Reede/Ecke Victoria, Tel. 044-272 3245. – Gourmet-Tipp: **Kalinka,** 93 Baron van Reede St, Tel. 044-2792596 www.kalinka.co.za, nur im Sommer geöffnet, von Di–So 18–22 Uhr: Wunderbare Küche mit russischem Einschlag. Auch Gartenrestaurant. – Prima Kaffee und leckeren Kuchen serviert das **Montague House,** 12 Baron van Reede St. – Das ***Café-Bistro Secession** (Familie Esterer) bietet echte Salzburger Kaffeehaustradition mit Linzer- und Sachertorte und Apfelstrudel mit bestem Kaffee. Mit Garten.

Außerhalb, 7 km nördl. in Richtung Cango Caves, R328: **Buffelsdrift,** 4-Sterne Game Lodge, Zeltzimmer, Bush-Safaris und mit einem á-la-Carte-Restaurant an einem See, Außendeck, stimmungsvoll. Ideal für einen Sundowner und auch für Kleingruppen. Tel. 044-2720106, www.buffelsdrift.com.

Straußen- und andere Tierfarmen

Highgate, „die" Straußenfarm des Landes, liegt 10 km außerhalb und ist über die R 328 Richtung Mossel Bay zu erreichen (8–17 Uhr, recht früh da sein, bevor die großen Touristenbusse ankommen und die **Führungen** ausgebucht sind), Tel. 044-2727115, highgate.co.za.

Eine Tour dauert 1,5–2 h, der Führer ist meist mehrsprachig (man sollte allerdings nicht alles glauben, was einem erzählt wird). Straußenspezialitäten zum Mittagessen besser morgens vorbuchen. Das Reiten auf den Straußen stößt bei Tierfreunden auf Protest, auch das Rennen ist bei weitem nicht so spaßig wie angepriesen.

Die **Safari Show Farm** ist ebenfalls über die R 328 Richtung Mossel Bay, 5 km vom Civic Centre entfernt, zu erreichen (jede halbe Stunde Führungen, tgl. von 8–16 Uhr, gut sortierter Curio Shop, www. safariostrich.co.za).

An der Straße zu den Cango Caves liegen folgende Straußenfarmen:

Die **Cango Wildlife Ranch** besitzt 400 Krokodile und Alligatoren, darunter ein Exemplar mit 4,60 m Länge. Außerdem Geparden, Löwen und andere Wildtiere, gegen eine Gebühr darf man einen Geparden streicheln. Kinderspielplatz, kleiner Hof mit Nutztieren, Souvenirladen, Restaurant, Führungen. Tägl. 8–17 Uhr, www.cango.co.za, Tel. 044-2725593

Cango Ostrich Farm, Tel. 044-272 4623, www.cangoostrich.co.za, 14 km außerhalb Richtung Cango Caves. Führungen, auch in Deutsch. Angeschlossen ist The Wine House mit Karoo-Weinen zum Probieren und Kaufen.

Der besondere Tipp:
Spazieren mit Meerkatzen

Die **Zeekoe Farm** (s. Unterkunft) ist einer von jenen 17 „hot spots" auf der Welt, an der drei verschiedene Vegetationszonen aufeinander treffen. In dieser wunderschönen Umgebung bietet Grant McIlrath, ein international bekannter Spezialist in puncto Meerkatzen, lehrreiche Spaziergänge zu den niedlichen Tierchen an (www.meerkatmagic.com). Bei der Gelegenheit kann man sich auch nach dem Fischadler-Paar erkundigen.

Information Oudtshoorn

Oudtshoorn Tourism Association, Baron van Reede Street, Tel. 044-2792532, Fax 044-2728226, www.oudtshoorn.com. Zimmernachweis, Stadtplan und Freizeittipps, Mo–Fr 8–17 Uhr, Sa 8–12 Uhr. Weitere Informationen auf www.oudtshoorninfo.com.

Einkaufen

Eine große **Shopping Mall** mit **Bank, Bottle Store, Internet** etc. ist **Queens Mall** in zentraler Lage an der Voortrekker Street (s. Karte). Feinste Straußenleder-Produkte: *Klein Karoo Ostrich Boutique,* Kooperasie St (s. Karte, li. unten).

Festival

Alljährlich findet 10 Tage im März das Festival **Klein Karoo Nasionale Kunstefees** statt, bei dem sich südafrikanische Künstler dem Publikum präsentieren und auch Schmuck- und Modedesigner ihre neusten Kreationen vorstellen (Infos unter Tel. 044-2412250,www.kknk.co.za).

Unterkunft

Luxus

Rosenhof Country Lodge, 264 Baron van Reede St, Tel. 044-2722232, www.rosenhof. co.za. Sehr elegant, 12 Zimmer, wertvolle Einrichtung, Kinder ab 13 Jahren, Abendessen à la carte. DZ/F ab R1800.

Comfort

*Queen's Hotel, 5 Baron van Reede Street (direkt neben der Touristen-Information), Tel. 044-2722101, www.queenshotel.co.za. Elegantes Wohnen im Old-English-Style, 147 stieg hier die englische Königsfamilie ab. DZ ab R1400.

Hlangana Lodge, 51 North St, Tel. 044-272 2299, www.hlangana.co.za. Viktorianisch, 12 Zimmer, schöner Garten, Pool, Ausritte. DZ/F ab R695 p.P.

Außerhalb:
Montana Guest Farm, Tel. 044-2727774, www.montanaguestfarm.co.za. Im Schoemanshoek-Valley zwischen Oudtshoorn und den Cango Caves (R328, n. 14 km Abzweig n. Westen). Restauriertes historisches Farmhaus aus dem 18. Jh. mit modernen Chalets und großzügigen Zimmern in schöner, parkähnlicher Anlage. Gute Küche, dt. Besitzer. DZ/F R760–1400.

*De Zeekoe Guestfarm, von der R 62 auf die R 328 Richtung Mossel Bay abbiegen, nach 7 km Abzweig, dann noch 2 km. Tel./Fax 044-2726721, www.dezeekoe.co.za. Vier Häuschen direkt an einem kleinen See, 11 liebe- und geschmackvoll eingerichtete Zimmer. Zum Frühstück auch Straußenspezialitäten. Idylle pur. DZ ab R500 p.P.

Touristic

Bisibee, 171 Church St, Tel. 044-2724784, www.bisibee.co.za. Gebäude im Kolonialstil, mit Garten. DZ/F R530. Self catering mit eigener Küche R450/Familie.

Burga's B&B, 2 Jakaranda Ave, Tel. 044-279 2723, www.burgasbb.de. Gepflegtes Haus von Burga & Louis, zentrale Lage, drei DZ und eine Suite, schöner Garten mit Pool, dt. TV u.a.m. DZ/F R500.

*Best Little Guest House, 15 Plein St, Tel. 044-2792137, www.oudtshoornaccommodation.co.za. Nette Gastgeber Sue & Brian, 8 Zimmer im Landhausstil, schöner Innengarten mit Pool, relaxte und ruhige Atmosphäre. DZ ab R490.

*Cul De Sac Country Guesthouse, 38 Klein Karoo St, Tel. 044-2792322, www.culdesac. co.za. Große Zimmer, reichhaltiges Frühstück, stimmiges Preis-/Leistungsverhältnis, schöne Gartenterrasse, Strauße nebenan. DZ ab R500.

La Pension, 169 Church St, Tel./Fax 044-279 2445, www.lapension.co.za. 8 Zimmer, Herrenhaus (v. 1914), Garten, Pool, Abendessen. DZ/F ab R340 p.P.

Außerhalb:
*Stone Breaker Country Lodge, 15 km nördlich, über die R 328, Schoemanspoort, Tel./Fax 044-2724137, www.stonebreakerlodge.com. Chalets in schöner Natur. Abendessen a.A. DZ/F ab R365 p.P.

Budget und Camping

Kleinplaas Holiday Resort, 171 Baron van Reede Street, Tel. 044-2725811, www.klein plaas.co.za. Schattige, saubere Stellplätze und Chalets bis 4 Personen, Pool, Restaurant.

N.A. Smit Caravan Park, Park St, Tel. 044-272 2313, www.oudtshoorn-resort.co.za. Große Anlage, Stell- und Zeltplätze, Chalets.

*Oudtshoorn Backpakkers Oasis Shanti, 3 Church St, Tel./Fax 044-2791163, www. oasisshanti.com. Mehrbett- und DZ, Camping, diverse Freizeitangebote, Pool, kostenloses Straußenei zum Frühstück (R30) für alle.

*Oudtshoorn Backpackers Paradise, 148 Van Reede St, Tel. 044-2723436, www. backpackersparadise.hostel.com. Mehrbett- und DZ, Camping, Abholservice aus George, zentrale Lage, vorbildlich geführt, gemütlich, Internet, Pool, viele Extras (4. Nacht kostenlos). DZ ab R200.

Außerhalb:
Straussennest, außergewöhnliches dt. Straußen-Farmgästehaus inmitten in der Karoo, Landleben mit Straußen hautnah bei Carmen & Dario. Aus der Stadt Rtg. Calitzdorp (Route 62), nach 5 km am Schild „Lategansvlei" rechts ab-

biegen, nach 14,5 km am Hinweisschild erneut rechts ab (kommt man aus Richtung Westen, das 2. Richtungsschild „Lategansvlei" nehmen), Tel. 044-2791800, Cell 082-4119726, www. straussennest.net. 4 Zimmer, schönes freistehendes Rondavel, herzliche Gastgeber, Natur erleben, Grillabende u.a. mehr. DZ/F ab R460.

Cango Mountain Resort, Tel. 044-2724506, www.cangomountainresort.co.za. An der Zufahrtsstraße zu den Cango Caves. Chalets, Stellplätze, schön gelegen. Preise a.A.

Der besondere Tipp: Cango Caves

Die **Cango Caves,** aus Kalkstein geformte Naturhöhlen gigantischen Ausmaßes, gehören zu den großen **Naturwundern** der Erde. Sie sollten nicht versäumt werden.

Wohl kannten bereits Buschmänner das Höhlensystem, doch aus Furcht vor Dunkelheit haben sie sie nie betreten. Der Schaffarmer *Jacobus van Zyl* entdeckte die Höhlen 1780, als er einem Schaf in einen Felsspalt folgte. Mit Seil und Fackel ließ er sich in die erste Höhle hinunter, die heute seinen Namen trägt. In der gespenstischen Unterwelt, die sich ihm in dem flackernden Licht darbot, sah er Jahrmillionen alte Tropfsteingebilde, Sinterterrassen, Stalagmiten und Stalaktiten. Bis 1972 erforschte man 775 m, das heutige **Cango I,** das für Besucher zugänglich ist. Auf weiteren 270 m wurden andere Kammern entdeckt, darunter die Wonder Cave **(Cango II).** 1975 kam es nochmals zu einer Sensation: Auf 1000 m wurde ein weiteres Grottensystem gefunden, **Cango III.** Die größte Halle ist so groß wie drei Sportplätze. Mit konstanten 18 Grad Celsius in der Höhle ist der Besuch angenehm.

Information & Service Cango Caves

Cango Caves, Tel. 044-2727410, www.cangocaves.co.za (tgl. geöffnet außer am 1. Weihnachtstag); Begehung nur mit Führungen. Es gibt zwei Touren: **Standard** (60 Min., 9–16 Uhr, jede volle Stunde, R75 p.P.), und ***Adventure** (90 Min., 9.30 bis 15.30 Uhr, stündlich, R95 p.P., kein Rucksack/Tasche, Eigengewicht nur bis 85

kg!). Die erste Tour führt in sechs Kammern des Höhlensystems, bei der Adventure-Tour gelangt man auch in engere Passagen, es ist die eindrucksvollste Besichtigung (nichts für Leute mit Klaustrophobie und großem Hüftumfang; auch Asthmatiker sollten verzichten). Das Info-Zentrum zeigt eine informative Ausstellung zur Entstehungsgeschichte der Höhlen. Auch der kostenlose 20-minütige Film ist interessant. Oben Restaurant und Souvenir Shop. Eine interessante und relativ preisgünstige **Übernachtungsalternative** zu Oudtshoorn ist das *De Hoek Mountain Resort,* Tel./Fax 044-2728214, www.dehoekmountainresort.co.za, mit Chalets und Campingplatz. Ausgangspunkt für schöne Wanderungen in die umliegende Bergwelt.

Wer sich für einen ungewöhnlichen **Kamelritt** interessiert, sollte sich auf der *Wilgewandel Holiday Farm* nach der Exkursion erkundigen (2 km vor den Höhlen bei dem kleinen Laden mit angeschlossenem Restaurant und Übernachtung, Tel. 044-2720878, www.wilgewandel.co.za).

Nicht lohnend, da teuer (ca. R120 Auto/2 Pers.) und zeitaufwendig ist der 11-km-Schotterstraßen-Ausflug zum **Wasserfall** *Rust en Vrede* („Ruhe und Friede"), der in kleineren Kaskaden 74 Meter in die Tiefe fällt.

→ **Abstecher**

De Rust und Meiringspoort

De Rust

Ein beschaulicher Ort aus viktorianischer Zeit inmitten von Wein- und Obstgärten. Hier werden *Pelargonien* angepflanzt, die Urform der Geranien (Infos im *Groen Bliktrommel Country Shop*).

Beste Übernachtungsoption ist das **Oulap Country House** des südafrikanischen Filmemachers Jans Rautenbach (Kategorie Touristic), Vlakteplaas, Tel. 044-2412250, www.oulap.com. Ein Backsteinhaus in reizvoller Lage, Halbpension.

Meiringspoort

Meiringspoort ist eine 20 km lange **spektakuläre Schlucht** aus rotem Sandstein zwischen De Rust und Klaarstoom auf dem Weg nach Beaufort West an der N 12.

✔ **Abstecher**

Montagu Pass

1844 wurde *John Montagu* mit dem Bau einer Passstraße beauftragt, die nach Fertigstellung nach ihm benannt wurde. Die Passage über die Berge, die früher über den Cradock Pass führte und drei volle Tage dauerte, verkürzte sich danach auf drei Stunden. Heute fährt man 20 Minuten (es empfiehlt sich, nach Regenfällen sich zu erkundigen, ob der Pass geöffnet ist). Auf der Passhöhe steht das *Old Toll House,* das alte Zollhaus, wo man früher einen Penny pro Wagenrad und Ochsen einkassierte. Hier beginnt der *Pass-to-Pass Trail* zum Outeniqua Pass. Er dauert hin und zurück 6–7 h (10 km), ist sehr schön aber anstrengend. Am Fuße des Montagu Pass (Picknickplatz) startet der *Keur River Trail* (1 Stunde, 2 km retour).

Unterkunft

Wer idyllisch übernachten möchte, wählt die ***Bramble Lodge,** Farm 209, Modder River, Blanco, Tel. 044-8708541. 6 DZ, nicht billig (Kategorie Comfort), aber in faszinierender Lage, fantastische Küche.

Günstiger ist die Over the Mountain Guest Farm, in Herold in sehr schöner Umgebung, Tel. 044-8881700, Cell 073-1707120, www.overthemountain.co.za, Dave oder Gail. Zimmer entweder im alten Postgebäude, im „Welsch House" oder im „House of Sin". Restaurant, gut für Lunch. DZ ab ca. R700.

Route 2 von Kapstadt zur Garden Route:

Kapstadt – (N 2) Strand – (R 44) Gordon's Bay – Betty's Bay – Kleinmond – Hermanus – Caledon (N 2) – Swellendam – Heidelberg – Garden Route

Buchtipp

Das beste Buch mit vielen Tipps, Hinweisen und geschichtlichen Exkursen ist **The Overberg Explorer** (2. Auflage, Overberg Community). Viele Hintergrundinformation auch zu Themen aus den Bereichen Kunst, Kultur, Umwelt und Landwirtschaft.

Strand

Strand, 47 km von Kapstadt an der False Bay, entwickelte sich aus einem Fischerort zu einem Ferienzentrum mit dem weißen Sandstrand, der *Milk Bay Beach.* An der Uferpromenade entlang ziehen sich viele mehrgeschossige Hotel- und Apartmentgebäude mit Restaurants. Parkplätze. Strand geht mittlerweile nahtlos in Gordon's Bay über.

Information Strand

Tourist Information, Mills Street, gleichzeitig Stadtbücherei (Tel. 021-85336333). **Unterkunft: Wavecrest 902,** 27 Beach Rd, Tel. 021-8534431; super Blick über die False Bay. Ü/F ab R400 p.P. (keine Kreditk.).

Gordon's Bay

Eine kleine Hafenstadt, eingerahmt von den Ausläufern der *Hottentots Holland Mountains.* Beide Strände des Ortes bieten kühles, sicheres Badevergnügen, Felsbecken laden zum Plantschen ein und die Umgebung eignet sich gut zum Wandern. Nahe *Rocky Point* kann man Seehunde be-

276 Gordon's Bay

Karte S. 170

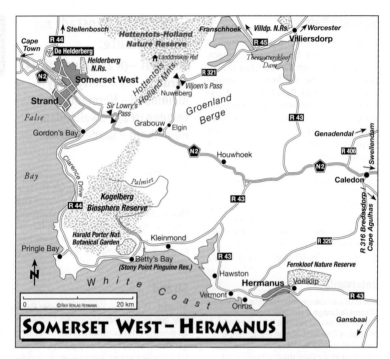

obachten. Am Wochenende versammeln sich viele Segler, Angler und Sonnenbadende. Gemütlich sitzen mit Blick auf Hafen und Meer kann man am Boardwalk. Empfehlenswert sind die Pizzen bei Antonios und die Fischspezialitäten bei *Bertie's Mooring* nebenan. Bewachter Parkplatz in der Tiefgarage. Direkt neben dem Information Centre an der Beach Road liegt die *Talla's Tavern*, bei der man gut draußen sitzen kann.

Schattiger sind die Parkanlagen des nahen Erholungsgebietes *Steenbras Dam* mit dem *Cannon and Wagon-Wheel Tracks Trail*, der durch eine Schlucht dem früheren Weg der Ochsenkarren folgt. Der Aussichtspunkt bietet ein Panorama und ist Startrampe für Drachenflieger.

Information Gordon's Bay

Gordon's Bay Tourist Centre, Beach Rd, Tel. 021-8565204, Touren, Autovermietung. Internet: www.gordonsbay.co.za.

Unterkunft

Comfort/Touristic

*Berg en Zee, 135 Beach Rd, Tel. 021-856 3095, www.bergenzee.co.za. Schöne Zimmer mit Balkon und Meerblick (auch für 4 Pers.). Ab R550 p.P.

Cloud No. 9, 9 Aurora St (im Ortszentrum von der R 44 – oder der M 165 von der N 2 – abbiegen in die Boundary Rd, dann 5. Straße rechts, Chapmans Rd, nächste links), Tel. 021-856 5910, www.cloudno9.co.za. Sagenhafte Aussicht über die False Bay bis zum Tafelberg. Die dt. Besitzer Heidi und Heinz bieten auch Tagesausflüge, individuelle Touren und Flughafen-Transfer. DZ/F ab R600 p.P.

*Gordon's Bay Guest House, 37 Boundary Rd, Gordon's Bay, Tel. 021-8565504, www.gordonsbay-guesthouse.com. Ansprechende Atmosphäre in wundervollem Ambiente, 6 individuelle DZ mit eigener Terrasse, Pool, Garten, Kaminzimmer. DZ/F ab R750.

Budget/Camping

Hendon Park, Gordon's Bay, Tel. 021-8568161. Chalets und Stellplätze. Wassersport.
*Kogel Bay Resort, Tel. 021-8561286, 10 km südlich von Gordon's Bay, fantastischer Blick auf die False Bay. Caravan und Zelte. Sandstrand.

Betty's Bay

Noch davor kann man einen Abstecher nach **Pringle Bay** machen (Sammys „@365 Restaurant" in Ortsmitte/Business Centrum ist ein Restaurant-Tipp, spricht dt., oder Miems, gleich daneben). **Betty's Bay** ist ein kleiner Ferienort mit Stränden und 3 Seen, von denen sich der Bass Lake am besten zum Schwimmen und Surfen eignet. Tierfreunde besuchen das Stony Point Nature Reserve, wo eine Kolonie afrikanischer Pinguine lebt (Zufahrt ausgeschildert, Beobachtung von einem Holzsteg aus, kleiner Eintritt, 9–19 Uhr). Am Ortsausgang liegt links der R44 der **Harold Porter National Botanical Garden** und daran an schließt sich das große **Kogelberg Biosphere Reserve.**

Information

Internet: www.viewoverberg.com.

Unterkunft (Touristic)

*Buçaco Sud, 2609 Clarence Drive, Tel./Fax 028-2729750, www.bucacosud.co.za. Stilvolles Haus mit 5 Zimmern, fantastischer Blick auf das Meer und die Berge. DZ/F ab R350 p.P.

Restaurant

Originell ist das Restaurant **Camelot** beim Stony Point. Gleichfalls empfehlenswert das Whaling Station Restaurant am Clarence Drive.

Harold Porter National Botanical Garden

Das Gebiet des einmaligen Pflanzenreich Capensis ist eingebettet in eine einzigartige Szenerie: In der **Kogelberg-Kette,** bis zu 900 m hoch, gibt es Sandsteingebilde, größere und kleinere Wasserfälle, Flüsse und Pools. Das Klima ist mild und der Indische Ozean begünstigt mit hoher Feuchtigkeit das Wachstum der Fynbos-Vegetation aus Proteen, Daisies, Erika, Gladiolen und Watsonien (Hauptblütezeit Oktober bis März). 78 Vogelarten sind heimisch, darunter Felsenadler, Bussarde, Kingfisher, Spechte und Frankoline. Wanderwege führen durch den Park hinauf zu den zwei Haupttälern Disa Kloof und Leopard's Kloof – doch Vorsicht, es wachsen giftige und dornige Pflanzen, nichts berühren, die Wege nicht verlassen!

Information

Geöffnet tgl. 8–16.30 Uhr, Tel. 028-2729311, www.nbi.ac.za (bei „Gardens"). Eintrittsgebühr, Kinder unter 12 nur in Begleitung Erwachsener. Restaurant, Souvenir-Laden, Pflanzenverkauf.

Folgt man der R 44 in Richtung Kleinmond, führt eine Abzweigung auf privater Schotterpiste (3 km) zum Kogelberg Biosphere Reserve.

Kleinmond

Im Herzen der White Coast, die sich von Betty's Bay bis Hermanus erstreckt, liegt der kleine Ort Kleinmond. In einem Umkreis von fünf Kilometern findet man alle Landschaftsformen des westlichen Kaplandes: Ozean mit Sandstränden, Dünen und Felsküste, Gezeitenmündungen, Flutgebiete, Salzwasserseen, flache Küstenstreifen, Berge mit Wasserfällen, wilde Bergbäche, Höhlen, Wälder und Fynbos-Vegetation. Wanderwege führen auf Anhöhen mit herrlicher Sicht. In den Monaten von Juni bis November gibt es Wale, die sich nah am Ufer tummeln, paaren und gebären. Weites Freizeitangebot vom Golfen bis zu vielen Wassersportarten. Außerhalb der Saison ist es ausgesprochen ruhig.

Information

Tel. 028-2715657, www.overberginfo.com, www.ecoscape.org.za.

Kogelberg Biosphere Reserve

Das 18.000 ha große Reserve zählt mit seinen 1600 Pflanzenarten gleichfalls zum Pflanzenreich *Capensis* (150 Arten davon sind endemisch). Dass am Kap so eine unberührte Schönheit existiert, hat historische Gründe: Weder die Khoi noch die weißen Siedler konnten das Land wegen der Bodenverhältnisse urbar machen. Das Gebiet verdämmerte die Zeiten im Dornröschenschlaf. 1935 entstand die erste Forststraße, 1937 wurde es Staatsforst und 1987 „Biosphären-Reservat", in dem die Erhaltung der Ursprünglichkeit Priorität hat. Nutznießer waren die Tiere, hier gibt es zahlreiche Klippspringer, Griesböcke, Klippschliefer und auch Leoparden. Über den Berggipfeln kreisen Felsenadler, Fischadler und Falken. **10 Wanderstrecken** verschiedener Schwierigkeitsgrade und in Längen von 3 bis 37 km durchziehen das Nature Reserve, bis auf drei muss man sich für alle voranmelden. Interessant ist der 5 km lange **Rooisand Ramble** durch die *Rooisand Conservation Area* (an der R 44 hinter Kleinmond am Meer) mit Wildpferden, einer endemischen Krabbenart, dem bedrohten Mikro-Frosch und der Kap-Fingerotter. Der *Palmiet White Water Canoe Trail* (Voranmeldung, Juni bis September befahrbar) hat den Schwierigkeitsgrad III (also nur für Könner).

Information und Reservierung:

Kogelberg Biosphere Reserve, Tel./Fax 028-2719425, www.kogelbergbiospherereserve. co.za (Preise auf Anfrage). Buchung für Wanderungen/Rafting: Tel. 021-8865858/886 6543. Es gibt eine gute Karte, die man unbedingt zur Orientierung braucht (erhältlich im Blomhuis Restaurant, s. oben).

Unterkunft

Luxus

*Arabella Hotel & Spa, Arabella Country Estate, R 44, Tel. 021-4305302, www.african pridehotels.com. Luxushotel der Spitzenklasse mit 145 Zimmern und mit in Südafrika einzigartigem Altira Spa und ausgezeichnetem Golfplatz.
Etwas günstiger: **Chelsea Manor,** 3 Rooiels Close (beim Golfplatz), Tel./Fax 028-2713211, DZ/F ab R550 p.P. Schön am Rande des Golfplatzes gelegen, Bergblick.

Camping

Palmiet Caravan Park, Tel. 028-2714050. Am Meer mit kleinem Sandstrand, von der Stadt verwaltet, Site ab R75. Der zweite kommunale Caravanpark liegt mitten im Ort und ist nicht empfehlenswert.

→ Abstecher

Caledon

Caledon liegt an der N 2. Die dortigen **heißen Thermalquellen** und ihr therapeutischer Wert waren schon den Khoi bekannt, die Löcher aushuben und sich in den dampfenden Schlamm setzten. 1689 entdeckten Europäer die Quellen, 1710 entstand das erste kleine Heilbad. Das spätere Sanatorium brannte 1946 ab und wurde durch das heutige *The Overberg Country Hotel and Spa* ersetzt. Das kleine **Museum** beschäftigt sich mit der viktorianischen Stadtgeschichte. Lohnenswert ist ein Bummel durch den historischen Kern entlang der Mill, Trinity und St George's Street.

Im **Caledon Nature Reserve** führt ein 10 km langer Wanderweg entlang des

Grates des Swartberges durch die heimische Fynbos-Flora. Ausschau halten sollte man nach Paradieskranichen.

Information Caledon
Caledon Publicity Association, 22 Plein St, Caledon 7230, Tel. 028-2123282, www.overberg.co.za.

Unterkunft

Comfort
Caledon Casino and Resort, Nerina Ave, Tel. 028-2145100, www.thecaledoncasino.co.za. DZ ab R650 p.P. Moderne Hotelanlage mit Pool, Restaurants, Spielcasino. Angeschlossen das Spa mit Wellnessbereich.

Budget
The Gecko, 5 Disa St, Tel. 028-2122000. Prima Apartment für Selbstversorger. Ab R200 p.P.

Genadendal – Greyton

Genadendal

Von Caledon führt ein kurzer Zubringer 3 km zur N 2, dann führt die R 406 Richtung Norden 37 km weiter nach **Genadendal** („Tal der Gnade"). 1738 wurde die heute älteste Missionsstation Südafrikas von Georg Schmidt gegründet, der von der Mährischen Kirche nach Afrika geschickt wurde, um die Khoikhoi zu bekehren. Der Ort wird heute noch von der großen **Moravian Church** dominiert (Parkplatz), das **Mission Museum** ist unbedingt einen Besuch wert (Mo–Fr 10–18 Uhr, Sa bis Mittag, So geschl.). Im *Old Print Shop* steht die älteste Missions-Druckpresse und in der *Water Mill* wird noch heute Brot nach altem Rezept gebacken. Das Moravian Restaurant ist nur freitags geöffnet (Wochenende auf Anfrage, Tel. 028-2518523). Einen guten Überblick über das historische Genadendal bietet eine Download-Karte bei www.themaps.co.za. Tourism Bureau: Tel. 028-2518291, Fax 2518582.

Empfehlenswert ist der 25,3 km lange

Genadendal Hiking Trail, den man bequem in zwei Tagen geht (Übernachtung auf *Die Hoek Farm,* Anmeldung bei Vrolijkheid Nature Conservation, Tel. 023-625 1621, Fax 6251674).

Greyton

6 km östlich liegt Greyton am Fuß der Riviersonderend Mountains. Der Ort scheint außerhalb der Zeit zu liegen, Eselkarren zuckeln durch Eichenhaine. Kein Wunder, dass sich in dieser Idylle einige Künstler angesiedelt haben. Besonders farbenfroh sind die Bilderder Malerin *Catherine Payntner* im Railway House. Zu den historischen Gebäuden zählt das *Post House* von 1860 und die Kirche.

Jeden Samstag von 10–12 Uhr findet der Village Market statt. Beliebt ist das Wandern im Greyton Nature Reserve.

Information Greyton
Tourist Info, 29 Main St, Tel. 028-2549564, www.greytontourism.com.

Essen, Trinken, Unterkunft

Gut essen kann man im **Greyt-on-Main Restaurant,** 31 Main St. Frühstück, Light Lunch und Kuchen im **Oak and Vigne Café,** Botha St, rechts ab der Main St. – ***The Post House,** 20 Main Rd, Tel. 087-8081513, www.theposthouse.co.za. Charmantes National Monument. Mit Pool und herrlichem Garten. DZ/F ab R750.

✔ **Abstecher**

Hermanus – die Stadt der Wale

Hermanus (26.000 Einw.), 130 km von Kapstadt, liegt zwischen Bergwelt und Meer. Ursprünglich ein kleiner Fischerort, entwickelte er sich ab 1920 zu einem beliebten Ferienort mit Parkplatznöten. Im Bereich des neugestalteten Village- und Market Square am Old Harbour mit vielen Läden, Straßencafés, Shops und Restaurants herrscht in der Saison oft drangvolle Enge.

Hermanus ist der beste Ort Südafrikas, um vom Land aus Wale zu beobachten. Die ersten erreichen die Walker Bay vor Hermanus im Juni und verlassen sie im Dezember. Die Stadt beschäftigt eigens einen *Whale Crier* (Wal-Ausrufer), der Walsichtungen verkündet.

Der **Old Harbour** war fast ein Jahrhundert der Mittelpunkt der Fischindustrie. Wegen seiner Lage an einer exponierten Landspitze ersetzte man ihn durch einen neuen, sichereren Hafen. Das **Whale House Museum/Walvishuis** am Market Square, neben dem historischen Haus **De Wet's Huis Photo Museum,** informiert ausführlich über die Wale. Fast gespenstisch klingen ihre Töne, die von einer „Lausch-Boje" im Meer aufgefangen und hierher übertragen werden (Mo–Sa 9–17, So 12–16 Uhr, außer feiertags; Tel. 028-3121475. Filmvorführung 10 und 15 Uhr). In der letzten Septemberwoche findet das **Whale of a Festival** statt, ein Ereignis mit Musik, Theater und Sportveranstaltungen. Großer Rummel in der Stadt, wenig Muße zum Walgucken.

Der **Cliff Path** folgt der Küstenlinie über 12 km von der einen Seite der Stadt zur anderen und bietet freie Sicht über das Meer und auf die Wale. Durch das tiefe Wasser kommen manche Tiere direkt an die Küste. Es wurden schon 80 Wale gleichzeitig allein in der Bucht gesichtet.

Ein Golfparadies inmitten traumhafter Landschaft bietet der **Hermanus Golf Club** (Tel. 028-3121954). Im nördlich der Stadt gelegenen, 1500 ha großen ***Fernkloof Nature Reserve** (Tel. 028-3122985) kann man durch die einheimische Flora wandern (mit Übernachtungsmöglichkeit). Im kleinen **Orothamnus Reserve** wächst die seltene und geschützte Sumpfrose *Orothamnus zeyheri.* **Fick's Pool,** ein Gezeitenbecken an der Südseite der Stadt, bietet sicheres Schwimmen. Die drei schönsten **Strände** sind **Grotto, Langbaai** und **Voëlklip.**

Westlich von Hermanus liegt der kleine Künstlerort **Onrus** mit schönen Stränden, einigen Restaurants – bestes Seafood im

Wal in Sicht!

Jedes Jahr zwischen Juni und Dezember spricht man an der Küste von den „Big Six", denn zu den „Big Five" in den Wildparks gesellen sich noch die Giganten der Meere: Enorm große Wal-Populationen (bis zu 1600 Tiere), wie *Grau-, Buckel-, Bottlenose-, Minke-, Brydes-* und *Common Whales* – und sogar einige Orcas – durchpflügen das Meer an Afrikas Südwestküste und locken zahllose Schaulustige an. Die Wale suchen die wärmeren Küstengewässer auf, um ihre Jungen zu gebären. Beliebteste Tummelplätze und „Kinderstuben" der Jungwale sind Gordon's Bay, Pringle Bay, Betty's Bay, Kleinmond, Hermanus und Gansbaai. Bis Plettenberg Bay kann man dem Gesang der Wale lauschen, der vom Wind an die Ufer getragen wird. Während später die beiden großen Walarten, die Grau- (Southern Rights) und Buckelwale (Humpbacks) wieder davonziehen, verweilen die kleineren Spezies das ganze Jahr in den Gewässern nahe der Küste. Walgarantie hat man in den Monaten September und Oktober. Kalbsaison ist zwischen August und September.

Bei der *Whale Watching Hotline* (Tel. 028-3122629 u. 0800-228222) kann man sich über den aktuellen Stand der Dinge erkundigen. Gute Infos bietet auch www.hermanus.co.za/whales.asp.

Karte S. 281　　　　　　　　　　　　　　　　　　　　　　　　**Hermanus**　281

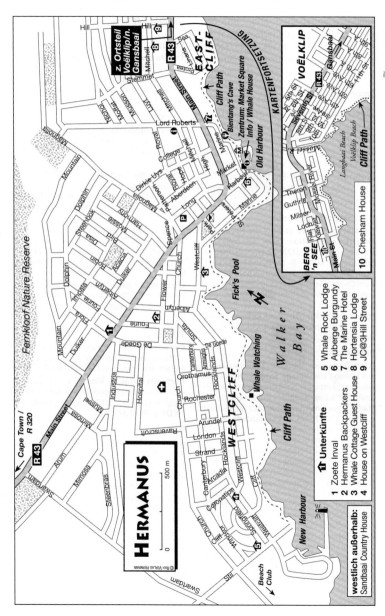

Milkwood direkt am Strand – und der *Onrus Gallery* (2 Lagoon Drive, Mo–Fr 9–17.30 Uhr, Sa 9–17, So 10–13 Uhr, Kaffee und Kuchen) mit Gemälden, Keramiken und handgefertigten Schmuckstücken.

Township-Tour

Wilson Salukazana, offizieller Walausrufer aus dem Township von Hermanus, führt Besucher zwei Stunden durch seine Welt und informiert aus erster Hand über das Leben und die Zustände an seinem Wohnort. Infos und Buchung unter Tel. 073-2146949 oder bei der Tourist Information.

Information Hermanus

Am Market Square und bei der **Hermanus Tourist Information,** Ecke Mitchell/Lord Roberts St, Tel. 028-3122629, www.hermanus-tourism.info, Mo–Fr 9–17, Sa 9–17, So 10–15 Uhr), Walbeobachtungstouren bei *Southern Right Charters,* Tel. 082-3530550 (R650 p.P.). Eine gute Karte mit Sehenswürdigkeiten und Wanderwegen kann man auf www.themaps.co.za downloaden. **„The Book Cottage"** ist ein gutsortierter, interessanter Buchladen in der Harbour Road.

Restaurants

Etliche Restaurants und Cafés zum Draußen sitzen säumen den **Village Square.** Originell ist das Restaurant und Café **Bientang's Cave,** teilintegriert in eine Kliffhöhle mit Meerblick; am Marine Drive eine Treppe runtergehen; Seafood u.a., Tel. 028-3123454. – **The Burgundy,** Marine Drive Market Square, Mo–Sa 10–16.30 u. 19–22 Uhr. Gute Küche, fangfrischer Fisch, Tagesspezialitäten (Ente in Brandy probieren), Reserv. Tel. 028-3122800. – ***Shimmi,** Clocktower über dem Village Square, Tel. 083-6585100. Eindeutig bester Platz, um in der Stadt Wale zu beobachten! – Weinproben- und verkauf bei **Bouchard Finlayson** (Tel. 028-3123515) und **Hamilton Russell** (Tel. 028-3123595). Fragen Sie nach dem Southern Right Pinotage, einem gehaltvollen Rotwein, dessen Verkauf die Erforschung der Wale unterstützt. – Ideal für eine Kaffeepause mit Kuchen oder einen Light Lunch in kleinem Garten ist das **Seaside Bistro,** 17 Long Street. Noch mehr Restaurants-Infos auf www.hermanusrestaurants.co.za

Unterkunft

Luxus

The Marine Hotel, Ecke Marine Drive/Main Road, oberhalb der Klippen, Tel. 028-3131000, www.collectionmcgrath.com/marine. Klassisch, englische Eleganz, Kinder ab zwölf Jahre. DZ/F ab R4400.

Comfort

Auberge Burgundy, 16 Harbour Rd, Tel. 028-3131201, www.auberge.co.za. Stilvolles Gästehaus im alten Viertel, gute Küche. DZ/F ab R640 p.P.

House on Westcliff, 96 Westcliff Rd, Tel. 028-3132388, www.westcliffhouse.co.za. Ruhig gelegenes B&B mit ausgezeichnetem Frühstück. Cliff Path nur 5 Minuten entfernt. DZ/F ab R900.

Sandbaai Country House, 70 Marine Drive, Tel. 028-3163603, www.sandbaaicountryhouse.co.za. Gepflegtes Gästehaus, 10 Zimmer, Hotelrestaurant, Bar. DZ von R440 bis R550 p.P.

Whale Rock Lodge, 26 Springfield Ave, Westcliff, Tel. 028-3130014, www.whalerock.co.za. Bilderbuchhaus mit 10 DZ, Pool. DZ ab R800 p.P.

Touristic

Chesham House, 319 Main Rd, Tel./Fax 028-3130023, www.chesham.co.za. Gepflegt, einfach, mit Frühstück. DZ ab R270 p.P.

Hortensia Lodge, 66 Mitchell St, Tel. 028-312 4358, www.hortensialodge.co.za. Gästehaus unter dt. Leitung, nur Nichtraucher, Kinder ab 14. DZ ab R350 p.P.

Budget

Hermanus Backpackers, 26 Flower St, Tel. 028-3124293, www.hermanusbackpackers.co.za. Mehrbett- und DZ. Baz Bus-Stopp, Pool und Bar, Fahrt an den Strand, mit und ohne Verpflegung. Ab R130, DZ R360.

*JC@3Hill Street, 3 Hill St, Tel./Fax 028-313 0703, jcsmit@telkomsa.net. Private Atmosphäre, Ferienwohnung R500/2Personen, R800/4 Personen und kleines Zimmer, Selbstversorgung.

*Zoete Inval, 23 Main Rd, Tel./Fax 028-312 1242, www.zoeteinval.co.za. Komfortable DZ und Dorms. Nette Atmosphäre, Baz Bus-Stopp, sicheres Parken. DZ ab R350.

Camping

Onrus Caravan Park, De Villiers St, Onrus River, Tel. 028-3161210, www.overstrand.gov. za. Gepflegter, schattiger Platz direkt am Strand.

In Stanford (wenn man nach Gansbaai fährt): ***Mosaic Farm**, Stanford 7210 (von der Queen Victoria St 0,9 km, dann links in die Moore St, 0,4 km bis Stoppschild, dort geradeaus 10 km Dirt Road bis Rezeption), Tel. 028-3132814. Traumhaft-Unterkünfte auf schöner Farm mit bestem Blick. Auch Selbstversorger. Unit ab R750. Mindestaufenthalt 2 Nächte. Frühstück, Picknick-Lunch, Dinner.

→ **Abstecher**

Gansbaai – Pearly Beach – Elim

Gansbaai

Auf der R 43 geht es von Hermanus zunächst nach **Stanford.** An der hier abzweigenden R326 gelangt man nach ein paar Kilometern zur *Birkenhead Brewery* und ein wenig weiter zur *Klein River-Käserei.*

Vorbei am *Grootbos Private Nature Reserve* (s.u.) erreicht man das auf einer kleinen Halbinsel liegende **Gansbaai.** Ein weitläufiger, aufstrebender Fischerort (10.000 Ew.), der zunehmend Touristen anlockt, besonders während der Walsaison von Juni bis Dezember. „Aussichtsreichste" Punkte sind die Kliffs des Teilorts **De Kelders** („die Höhlen"), durch den man zuerst kommt. Die umliegende Fynboslandschaft ist wild und weitgehend unberührt.

Es gibt viele Unterkünfte, die Tourist-Information an der Main St/Ecke Berg Rd im Zentrum ist behilflich, Tel. 028-384 1439, www.gansbaai.net und www.gansbaaiinfo.com. Es gibt Coffee Shops, Pubs und Restaurants, die Frische Fänge aus dem Meer servieren. Beliebt: Bootsausflüge zu den 10 km entfernten Felsinseln

Dyer Island (Pinguinkolonie, Kormorane, Touren mit www.whalewatchsa.com) und **Geiser Rock** (Robben, Bootsfahrten ab Kleinbaai). Gansbaai ist berühmt für seine **Weißhaie.** Zwischen Dyer Island und Geiser Rock verläuft ein seichter und etwa 100 m langer Kanal, die sog. **Shark Alley.** Nirgendwo sonst auf der Welt sind so viele Weiße Haie zu sehen wie hier, besonders von Mai bis Oktober.

Infos: *Shark Cage Diving*, 9 Kusweg, Gansbaai, Tel. 021-6714777, www.sharkcagediving.co.za bietet Tauchexkursionen an. Weitere Anbieter: www.sharkcagediving.net, www.whitesharkadventures.co.za und www.great-whiteshark.com. Den internationalen Ecotourism Award bekam **White Shark Projects** im benachbarten Kleinbaai. Infos Tel. 021-4054537, www.sharkbookings.com. Tauchexlursionen. Auch Übernachtung.

Ein kleines Paradies ist das **Grootbos Private Nature Reserve** zwischen Stanford und Gansbaai (Tel. 028-3840381, www.grootbos.com). Komplettangebote: Übernachtungen und div. Exkursionen. Schönes 5-Sterne-Haus mit Vollpension, Verpflegung ok, ab R3000 p.P. Minimum 2 Nächte. Tagesbesucher vorher anmelden.

Restaurants

Thyme at Rosemary, am Ortseingang von Gans Baai an der Hauptstraße, Tel. 028-3842076; sehr gemütliches, intimes kleines Lokal mit frischer lokaler Küche. – **Ernie's Pub,** Tel. 028-3841852; Kneipe am Hafen mit kleinen Snacks und Fischspeisen. Sehr gut isst man Seafood im **Benguela,** 24 Eiland St. – Das **Bella Vista** ist außerhalb (Schweizer Leitung).

Unterkünfte in De Kelders

Comfort

Crayfish Lodge, 2+4 Killarney St (von der R43 von N kommend die 2. Zufahrt nach rechts, Schild „De Kelders / Standford Cove", links in die Main Rd/Hoof Weg, 2x rechts in Retreat und Killarney), Tel. 028-3841898, Cell 072-6589891, www.crayfishlodge.net. Inhabergeführtes Boutiquehotel, ein Traum an Stil und Lage, 10 Betten in bester (Wal-)Aussichtslage mit allem Komfort, 5 TGCSA-Sterne (das einzige im Raum Gans Baai). „Die dt. Inhaber

284   **Pearly Beach**   Karte S. 170

Reinhard und Sandra Kern sind supernett, geben wertvolle Tipps und unterstützen einen rundum. Leckeres Frühstück, Pool, Wellness- und Weinangebote u.a.m." DZ/F ab R1060 p.P.

Whalesong Lodge, 83 Cliff St (von der R 43 n. rechts in die Guthrie St zum Meer), Tel. 028-3841865, www.whalesonglodge.co.za. 4-Sterne Guest House direkt am Wasser, Blick über die gesamte Walker Bay, 5 großzügige Zimmer, jedes mit Balkon und Meerblick, Pool. Whale-watching von der Terrasse aus. Dt.-spr., Dinner a.A.DZ/F ab R1500.

Cliff Lodge, 6 Cliff St, De Kelders, Tel. 028-3840983, www.clifflodge.co.za. AA-Award. Erhöhte Lage, vom Deck freie Sicht auf Wale. DZ/F ab R850 p.P.

Touristic

Anlo Gasthaus, Guthrie St, De Kelders, Tel. 028-3441201, www.anloguesthouse.com. 8 DZ, z.T. mit Ausblick auf Walker Bay. Pool. DZ/F ab R400 p.P ohne Meerblick, mit ab R550 p.P.

Budget

Gansbaai Backpackers, 6 Strand St, Tel. 083-6264150, www.gansbaybackpackers.com. Saubere Unterkunft für den schmalen Geldbeutel. Dorm R130 p.P., DZ und Apartment R200 p.P. Kochgelegenheit. Nach Shark Diving Special fragen.

Camping

Gansbaai Caravan Park, Tel. 028-3840872.

Uilenkraalsmond Caravan Park & Cottages, Richtung Pearly Beach, Tel. 028-3880200.

Danger Point und Pearly Beach

Hinter Gansbaai geht es rechts ab zum **Danger Point Lighthouse,** geöffnet 10–15 Uhr. 1852 sank hier die „Birkenhead" (445 Tote, Memorial).

Pearly Beach ist ein vorwiegend südafrikanischer Urlaubsort – dennoch sehr gut geeignet zur Walbeobachtung und als Ausgangspunkt für Exkursionen (z.B. Cape Agulhas, Hermanus).

Unterkunft

Comfort *Klein Paradijs, in Pearly Beach Richtung Elim abbiegen, Tel. 028-3819760,

www.kleinparadijs.co.za. Romantisches Gästehaus, sehr gutes Essen (Besitzer kocht selber), viele Ausflugsmöglichkeiten. Preisgünstige rustikale SC-Cottages (nicht Mitte Dez. bis Mitte Jan.).

Touristic The Ark, 22 Puren Rd, Tel. 028-3819180, Cell 082-6636143, www.the-ark.co.za. Ruhiges B&B an der Bucht, Steve & Lee, von Juli bis Januar ist Whale watching möglich. DZ R280 p.P.

Der besondere Tipp: Elim

Benannt wegen seines reichlich vorhandenen Wassers wurde der Ort nach der biblischen Oase Elim (Exodus 15; 27). Wer sich umschaut, wird feststellen, dass in Elim ausschließlich Coloureds leben. Das **Sklavenmonument** ist das einzige des Landes, das an die Befreiung der Sklaven 1834 erinnert und 1938 errichtet wurde. Die turmlose, riedgedeckte **Kirche** (1835) der Mährischen Missionsgesellschaft (Moravian Mission Society), die sich hier als Ableger der Station in Genadendal niederließ, ist das Herz der kleinen Gemeinde. Beachtenswert ist die Herrnhuter Uhr im Kirchengiebel von 1764, die älteste Südafrikas, deren Zentralwerk auch die zwei Glocken zum Klingen bringen. Weiter hinten im Kirchgarten befindet sich rechts das kleine **Elim Heritage Center,** Tel. 028-4821806 (nach Ortsbesichtigung mit Emile Richter fragen). Auf der Rückseite der ehemaligen Wassermühle, heute Tea Room mit Verkauf von Handicrafts, kann man das große Wasserrad von 1828 sehen.

In Sichtweite des Ortes liegt das **Geelkop Nature Reserve,** das seinen Namen „Gelbkopf" dem gelbblühenden Fynbos verdankt. Auf dem 7 km langen Rundweg kann man u.a. seltene Pflanzen wie Sugarbush *(Protea prudens)* und Elim Conebush *(Leucodentron elimense)* entdecken. Außerdem gibt es viele Vögel, Reptilien und kleine Säugetiere.

Cape Agulhas 285

Unterkunft

Budget und Camping *Elim Municipal Guest House, Elim 7284, Tel. 028-4821806, elimor@brd.dorea.co.za. Ein Geheimtipp mitten im Ort (nicht ausgeschildert, Auskunft in der Information). Gepflegtes Haus, der Kirchgarten kann benutzt werden. Ü/F, Lunch und Dinner a.A. Selbstversorgung möglich.

✔ **Abstecher**

→ Abstecher

Bredasdorp – Cape Agulhas – Waenhuiskrans (Arniston) – De Hoop Nature Reserve

Website ...
... der Region Overberg ist www.overberg.co.za

Bredasdorp

Bredasdorp, 1838 vom ersten Kapstädter Bürgermeister *Michiel van Breda* gegründet, liegt malerisch an dem mit Proteen bewachsenen Preekstoel-Hügel. Sehenswert ist das **Shipwreck Museum** im Zentrum (Independent Street, 9–16.45, Sa/So 11–16 Uhr, Eintritt R10), das Fundstücke aus den zahlreich gestrandeten Schiffen zeigt (und eine riesige Flaschen-Kollektion), wie auch das angeschlossene **Old Parsonage,** einem typischen *Strandveldhuis,* während **The Old Coach House** alte Kutschen, Karren, Leichen- und einen Feuerwehrwagen beherbergt.

Die Menschen leben vom Weizen- und Gersteanbau, von der Schafzucht und vom Sammeln und Trocknen von Wildpflanzen für den Export. Einige Farmen sind von April bis Oktober zu besichtigen. Bei **Kapula Candles,** Ecke Paterson St/First Ave, findet man außergewöhnlich schöne Kerzen.

Unterkunft

Comfort/Touristic
Firlane Guesthouse, 5 Fir Lane, Tel./Fax 028-4252808, www.stayhere.co.za. 8 DZ in historischem, stilvollen Kolonialgebäude, Kinder ab 12.
The Coach House, 51 All Saints Street, Tel./Fax 028-4242539, coachhouse.wozaonline.co.za. Historisches Cottage, ein großes Zimmer, familienfreundlich. DZ ab R270 p.P.

Budget
Verfheuwel Guest House, Tel./Fax 028-542 1038, www.stayhere.co.za. Gästehaus auf Farm in Gartenlage. Cottage ab R650.

Cape Agulhas National Park

Unbedingt einen Abstecher wert! **Cape Agulhas** wurde wegen seiner einzigartigen Pflanzenwelt (2000 Arten, 100 davon endemisch, 110 auf der Liste bedrohter Arten) 1999 zum Nationalpark erklärt. Man erreicht es von Bredasdorp aus über die R 319 (37 km). Der Name stammt von portugiesischen Seefahrern, die feststellten, dass ihre Kompassnadeln (agulhas = Nadeln) keine Kursabweichungen mehr in nördlicher Richtung anzeigten: man hatte den **südlichsten Punkt Afrikas** (34° 49' 58''S; 20° 00' 12''O) umfahren!

Ein kleines **Museum** und der **Leuchtturm,** zweitältester des Landes (1849), dem Leuchtturm von Alexandria nachempfunden, können besichtigt werden (tgl. 9–17 Uhr; kleines Restaurant).

Es gibt Naturwanderwege und einen einzigartigen, kleinen Weg, auf dem man den südlichsten Punkt des Kontinents umwandert.

Information & Service

Cape Agulhas National Park, Tel. 028-341 0705, www.sanparks.org. Frisches aus dem Meer, gut und günstig beim Imbiss **L'Agulhas Seafoods,** Main Rd, Tel. 028-4357207.

Unterkunft

Comfort

*Agulhas Country Lodge, Main Rd, Tel. 028-4357650, www.agulhascountrylodge.com. Alle Zimmer mit Balkon zum Meer, exzellente Küche mit frischem Fisch, nach Exkursionen und Tauchen fragen. DZ/F ab R795 p.P.

Touristic

St Mungo on Sea, 155 Marine Drive, Struisbaai, Tel. 028-4356136. Wunderschöne Lage vor herrlichem Sandstrand. DZ/F ab R350 p.P.

Camping

L'Agulhas Caravan Park, Main Rd, Tel. 028-4246015. Caravan, Camping, Chalets. Einfach und sauber. Oder der in **Struisbaai,** Rasenplätze ohne Schatten, direkt am langen weißen Sandstrand. R150/Platz in der HS.

Waenhuiskrans (Arniston)

Der Ort ist 200 Jahre alt und hat pittoreske Fischerhäuser und weiße Dünen. Seinen Namen verdankt er der Höhle *Waenhuiskrans,* die man bei Ebbe besuchen kann (Tidenplan am Parkplatz). Die englische Bezeichnung stammt von einem Schiff, das auf der Ostindienroute vor der Küste sank und nahezu alle 378 Passagiere in den Tod riss.

Die Strände sind einsam, das Schwimmen relativ sicher. Immer wieder finden Spaziergänger Gehäuse der seltenen Nautilus-Schnecke. Man darf sie bewundern, aber nicht mitnehmen (Artenschutzgesetz).

Zwar ist es längst kein Geheimtipp mehr – aber Die **Waarnhuis Restaurant,** Du Preez Street, Tel. 028-4459797, ist einen Besuch wert.

Unterkunft

Comfort Arniston Hotel, Beach Rd, Tel. 028-4459000, www.arnistonhotel.com. Luxuriös, auf den Klippen mit fantastischem Blick auf das Meer, französische und lokale Küche, Kinder ab 12. DZ/F ab R695 bis R1190.

Touristic Arniston Seaside Cottages, Huxham St, Arniston, Bredasdorp, Tel. 028-4459772, www.arniston-online.co.za. Cottage ab R290 p.P. – **Southwinds B&B,** 12 First Ave, Tel./Fax 028-4459303. Gepflegtes Gästehaus mit 3 DZ. DZ/F ab R300 p.P.

De Hoop Nature Reserve

Das De Hoop Nature Reserve besitzt auf 36.000 ha sieben verschiedene Ökozonen. Man findet nicht nur weitläufige Strände mit großen Sanddünen vor der zerklüfteten Küstenlinie, im Landesinneren gibt es auch ein großes *Feuchtgebiet* (Vlei) mit zahlreichen Wasservögeln. Der *Potberg* ist Heimat der seltenen *Kapgeier,* die hier die einzige Brutkolonie am Kap haben, auch *Bergzebras* und *Buntböcke* sind heimisch. Die Fynbos-Flora ist artenreich. Eine 11 km lange Rundstrecke führt durch das Reservat. Die große Bucht vor dem Reservat gehört zu den **bevorzugten** Rückzugsgebieten für Wale im Winter. Der 14 km lange Weg zur Koppie Alleen bringt Besucher zum besten Aussichtspunkt für Walbeobachtung. Dort beginnt auch der Coastal Trail.

Drei interessante **Wanderwege** durchziehen das Gebiet: Der *Vlei Trail* (15 km max./4 h Rundwanderung) verläuft entlang des gesamten Umfangs des De Hoop Vlei (Grebe Trail, Heron Trail und Coot Trail sind beschilderte Varianten). Der *Potberg Trail* (10 km/4 h Rundwanderung) führt in die Bergwelt mit Blick auf den Breede River, und beim *Klipspringer Trail* (6 km/2,5 h Rundwanderung) streift man eine kleine Höhle mit guter Möglichkeit Kapgeier zu beobachten. Beim *Mountainbike-Trail* wird übernachtet (Anmeldung nötig). Die Schnorchelmöglichkeiten sind auch recht gut.

*Whale Trail

Zwischen Juni und Oktober bietet sich die einmalige Möglichkeit, eine unvergessliche Wanderung zu machen: Der **Whale Trail** ist 54 km lang und kann gemütlich in 5 Tagen begangen werden. Er führt entlang der rauhen Klippen des Ozeans, durch fynbosbewachsene Berglandschaft, vorbei an gurgelnden Bachläufen. Infos Tel. 028-5421126, www.capenature.org.za.

Anfahrt: Das Reservat liegt 50 km östlich von Bredasdorp Richtung Malgas (dort noch handbetriebene Fähre über den Breede River), dann über Ouplaas (Wydgeleë) nach Süden fahren. Gute Schotterstraße.

Information/Unterkunft

De Hoop Nature Reserve, Tel. 028-5421253 (tgl. 7–18 Uhr). Die wunderbaren neuen Übernachtungsmöglichkeiten unter Leitung der De Hoop Collection reichen von Camping über Selbstverpfleger-Rondavels bis hin zu Luxus-Chalets. Von R250 bis R1500 p.P., www.dehoopcollection.com. Lekkerwater Cottage unter Verwaltung von Cape Nature, www.capenature.org.za.

✔ **Abstecher**

Swellendam

Swellendam, drittälteste Stadt Südafrikas, war einst die letzte „zivilisierte" Station für Abenteurer und Voortrekker auf dem Weg ins Ungewisse. Eine Handvoll „Burghers" siedelte an den Hängen des Langebergs und am Ufer des Breede River und seiner Zuflüsse. 1743 wurde der Ort zum provisorischen Landgerichtssitz (Drostdy) ernannt, 1747 die offizielle **Drostdy** errichtet und nach Gouverneur Hendrik Swellengrebel und seiner Frau benannt, eine geborene Ten Damme. Allmählich entwickelte sich ein wohlhabender Ort, der wichtigste für die Region Overberg (Bredasdorp, Caledon, Hermanus, Betty's Bay). Ursprünglich betrieb man nur Vieh-, Schaf- und Pferdezucht, später kam Weizenanbau hinzu, daneben gewann Milchwirtschaft und Anbau von Früchten immer größere Bedeutung (probieren Sie in der Saison die Youngberries, eine sehr schmackhafte Brombeervariante).

Sehenswert

Swellendam ist eine ansehnliche Stadt mit Rosensträuchern und altem Eichenbestand. Hauptanziehungspunkt ist neben der **Dutch Reform Church** im Zentrum in kuriosem Baustil **The Drostdy Museum Complex** in der Swellengrebel Street mit der altehrwürdigen, herrlichen **Drostdy** von 1747, ehemaliger Sitz des Richters und Verwalters des Bezirks, des *Landdrost.* Heute ist es ein Museum mit historischer Einrichtung.

Zum Freilichtkomplex links der Straße gehören das **Old Gaol,** das ehemalige Gefängnis mit dem danebenliegenden *Gaoler's Cottage,* in dem der Gefängnisaufseher, gleichzeitig Postmeister der Siedlung, einst wohnte. Hinter dem Old Gaol befindet sich der **Ambagswerf,** der „Werkhof" mit historischen Werkstätten und Farmgebäuden. Der Souvenir- und Craft Shop sowie die *Bloukop Galerie* bieten ansprechendes Kunsthandwerk, der Coffee Shop Snacks und Getränke.

Der Drostdy Museum Complex hat geöffnet Mo–Fr 9–16.45 Uhr, Sa/So 10–15.45 Uhr, mit der Eintrittskarte erhalten Sie ein Informationsblatt, www.drostdymuseum.com. Über der Straße finden Sie eine kleine Touristen-Information, Geschäfte und den *Mayville-Rosengarten.* Wenn Sie ins Zentrum zurückgehen, können Sie in der Van Oudtshoorn Road 16 (rechts der Straßenkurve) das **Morgenzon House** besichtigen, ehemaliger Wohnsitz des Sekretärs des Landdrosts.

Natur

Die schönsten Wanderwege und ein Mountainbike-Trail führen entlang des Langebergs im Norden der Stadt. Zum **Marloth Nature Reserve** biegt man von der Voortrek in die Andrew Whyte Street Richtung Norden ein. Das kleine Naturschutzgebiet mit idealen Wandermöglichkeiten liegt in den südlichen Ausläufern des Langebergs und besitzt neben herrlicher FynbosVegetation viele Wildblumenarten. Info unter www.capenature.co.za.

Faerie Sanctuary

Sulina nennt sich das kleine Reich der Feen, Elfen, Gnome und Zwerge inmitten eines verwunschenen Gartens. Natürlich gibt es auch einen Laden, in dem man die wunderlichen Wesen in allen Größen kaufen kann. Das Faerie

288 Swellendam

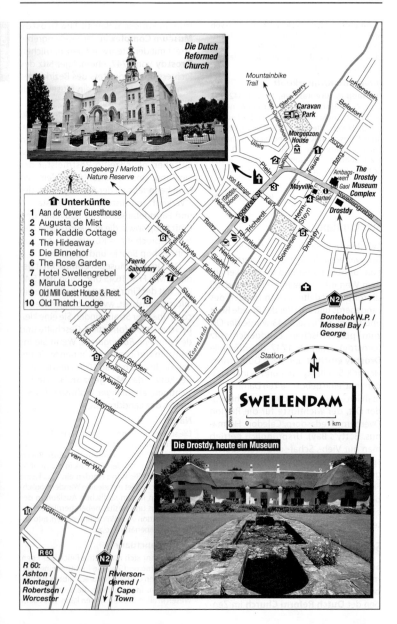

Karte S. 288   **Swellendam** **289**

Sanctuary (37 Buitekant St, von der Hauptstraße aus beschildert) ist Di–So von 9–17 Uhr geöffnet. An der Pforte klingeln.

Information & Service Swellendam

Die **Swellendam Publicity Association** ist in der Voortrek Street, schräg gegenüber der Dutch Reformed Church von 1911. Tel. 028-5142770, www.swellendamtourism.co.za. Geöffnet Mo–Fr 9–13 und 14–17 Uhr, Sa 9–12 Uhr. Es befindet sich im historischen **Oefeningshuis,** früher Versammlungsraum für die Bürger, in dem auch Gottesdienste abgehalten wurden. Beachten Sie die zwei Uhren, von denen die obere immer 12.15 Uhr anzeigt (Analphabeten konnten beim Vergleichen beider Uhren sehen, wann die Zeit für den Gottesdienst gekommen war). Am Drostdy Museum ist die **Bontebok Information** – sehr guter Service. In der Voortrek Street gibt es **Internet-Cafés.**

Bus & Bahn

Swellendam wird täglich von den größeren Buslinien angefahren. Auskunft über Abfahrtszeiten im Swellengrebel Hotel (Intercape) und bei Milestone Tours (Translux), 8 Cooper St, Tel. 028-5142137. Wöchentliche Zugverbindung nach Kapstadt oder Port Elizabeth. Minibusse nach Kapstadt tgl. an der Caltex-Tankstelle gegenüber Swellengrebel Hotel.

Restaurants

Gute lokale Küche in gemütlicher Atmosphäre in der ***Old Mill,** 243 Voortrek St, Tel. 028-5142790. Zarter Springbok, Kudu und Strauß. – Ein Tipp ist auch **Vagabond,** 132 Voortrek St, Lunch u. Dinner, europäische und südafr. Küche. – Gleichfalls in der Voortrek St, Nr. 145: **Trattoria La Sosta;** klein und gemütlich, wenige Gerichte, aber alles frisch zubereitet von Chef Claudio. – Das Restaurant **Kornlands,** 5 Voortrek St, serviert hervorragende südafrikanische Spezialitäten! Und noch eines in der Voortrek St, Nr. 113 und wärmstens empfohlen: **The Powell House,** schottisch/afrikanisch geführt, aber keinesfalls sparsam mit exzellenten, ausgewählten Speisen.

Wer einen wunderschönen Abend genießen und bei Kerzenlicht Springbock, Muscheln oder Steaks genießen will ist im **Roosje van de Kaap,** 5 Drostdy St, Tel./Fax 028-5143001 (auch Ü/F) bestens aufgehoben (Mo geschl.). – Ganz besonders erwähnenswert ist das Essen im ***Old Gaol on Church Square,** Tel. 028-5143847, das von lokalen Frauen gekocht wird (tgl. 8–17 Uhr). Das Menü ist hervorragend. – Beste Küche bietet in der Swellengrebel Street: **La Belle Alliance,** Tel. 028-5142252, tgl. geöffnet, schöne Lage am Fluss. – Wärmstens empfohlen wird ***The Powell House,** Voortrek St. 113. Schottisch/afrikanisch geführt, aber nicht sparsam mit exzellenten, ausgewählten Speisen.

Unterkunft

Es gibt im Ort sehr viele Gästehäuser, man wird immer eine Bleibe finden.

Luxus

*Jan Harmsgat Country House, an der R 60 Richtung Montagu (23 km), Tel. 023-6163407, www.jhghouse.com (m. Anfahrtskizze). Exklusives Gästehaus, trotz Unterbringung in den ehemaligen Sklavenquartieren, in malerischer Umgebung. Farm aus dem Jahr 1723. Anspruchsvolle Küche (auch vegetarisch), abends Viergang-Menü. Gut sortierter Weinkeller. DZ/F ab R910 p.P.

Klippe Rivier Homestead, an der R 60 gelegen, Tel. 028-5143341, www.klipperivier.com. Elegantes kapholländisches Gästehaus mit Garten und Pool, Kinder ab 10. DZ/F ab R950 p.P.

Comfort

*Aan de Oever Guesthouse, 21 Faure St, Tel. 028-5141066, www.aandeoever.com. Geschmackvolles Haus in schöner, großer Gartenanlage mit liebenswürdigen Gastgebern. Pool, Reitmöglichkeit, südafrikanisches Dinner auf Wunsch. DZ ab R420 p.P.

*De Kloof, Weltevreden St (Anfahrt über die von Manger Street), De Kloof, Tel. 028-514 1303, www.dekloof.co.za. Kapholländisches Haus in Gartenlage mit 2 DZ, Kinder ab 10. DZ/F ab R750 p.P.

*Augusta de Mist, 3 Human St, Tel. 028-514 2425, www.augustademist.co.za. Historische Cape Dutch Estate von 1802, äußerst geschmackvoll renoviert zu einem charmanten Gästehaus mit allen Annehmlichkeiten in einer hektargroßen, gepflegten Gartenanlage mit Pool. 3 Luxus-Cottages, 2 Garden Suites und ein Family Unit. Nov–Apr romantische Candle Light Dinner. DZ/F auf Anfr.

Swellengrebel Hotel, 91 Voortrek St, Tel. 028-5141144, www.swellengrebelhotel.co.za. Groß, zentrale Lage, Restaurant, Bar.

*The Hideaway, 10 Hermanus Steyn St, Tel. 028-5143316, www.hideawaybb.co.za. Mehrfach ausgezeichnetes Gästehaus mit großzügigen, geschmackvollen Suiten. Gutes Frühstück. Indoor Pool, kl. Shop. DZ/F ab R700 p.P.

Western Cape

Touristic

*Marula Lodge, 111 Voortrek St, Tel. 028-514 2741, www.marula-lodge.com. Stilvoll afrikanisches Ambiente, freundliche Atmosphäre, hilfsbereite dt. Gastgeber Filip & Marion, viele Annehmlichkeiten, sicheres Parken, zentrale Lage. 3 DZ und 1 Fam.-Zi. DZ ab R600.

Old Mill, 243 Voortrek St, Tel. 028-5142790, www.oldmill.co.za. 4 Zimmer in historischer Mühle, gute Küche. DZ/F ab R395 p.P.

*Old Thatch Lodge, Moolman St/Ecke Voortrek 9, Tel./Fax 028-5143554, www.oldthatch.de. 5 kleine, rustikal eingerichtete Häuschen mit Küche und Bad, oder Übernachtung in viktorianischem Haus (6 DZ) im Garten, nette, deutschsprachige Besitzerin. DZ/F R590.

Budget

*The Kadie Cottage, 4 Voortrek St, Tel. 028-5143053. Im historischen Viertel, Cottage mit kleiner Ferienwohnung. DZ ab R200 p.P.

The Rose Garden, 19 Andrew Whyte St, Tel./Fax 028-5141471, therosegarden.co.za. Große Ferienwohnung, eigener Eingang, schönes Landhaus mit Rosengarten. Vollpension o. Selbstversorgung.

Die Binnehof, Church Street. 2 einfache, saubere Units mit je 2 Betten, eigener Eingang, sicheres Parken. Host: Zita du Plessis. Ü (Frühst. a.A.) R250 p.P., oder SC.

Camping

Swellendam Caravan Park, Glen Barry Road, Tel. 028-5142705. 80 schattige Stellplätze, kleine Bungalows (Selbstversorgung), gute sanitäre Anlagen.

Bontebok National Park

Der Bontebok National Park wurde 1961 an einem schmalen Streifen entlang des Breede River geschaffen, um die **Buntböcke** zu schützen, die selten geworden waren. Ihre Zahl hat sich von ursprünglich 17 auf ungefähr 200 erhöht, mehr kann das 2786 ha große Gelände nicht verkraften (weltweit gibt es noch ca. 2500 Buntböcke). Die schön gezeichneten Antilopen leben in der Fynbos-Landschaft zusammen mit Duckern, Bergzebras, Kuhantilopen, Greis- und Rehböcken. Die Vogelwelt ist artenreich, unter ihnen *Paradieskraniche* und die bis zu 1,10 m große *Stanleytrappe*. Es gibt Wassermangusten, Kap-Fingerottern, Erdwölfe und Schakale. 11 Frosch- und 17 Reptilienarten wurden gezählt. Das Gebiet ist mit etwa 500 mm Regen pro Jahr recht wasserreich (Hauptniederschläge im Frühsommer, wenn die Wildblumen blühen). Im Sommer kann das Thermometer auf 40 °C steigen, im Winter auf 2 °C abfallen.

Es gibt zwei **Rundfahrwege**. Empfehlenswert sind die vier **Naturwanderwege** (1,6 km bis 5,4 km, Bushbuck Trail gut zur Wildbeobachtung) und der Mountainbike-Trail. Es ist erlaubt, im Breede River zu schwimmen. Angler benötigen eine Lizenz.

Anfahrt: Von Swellendam 6 km in südlicher Richtung. Die letzten 5 km sind Schotterstraße. Entfernung von Kapstadt 240 km.

Information & Service Bontebok N.P.

Bontebok National Park, South African National Parks, Reservierungen Tel. 012-4289111, reservations@sanparks.org., www.sanparks.org. The Warden, Bontebok N.P., Tel. 028-5142735. Parktore, Rezeption und Curio Shop sind geöffnet von Oktober bis April von 7–19 Uhr, von Mai bis September 7–18 Uhr (Strom bis 21.30 Uhr). Im Curio Shop Getränke, Fleisch, Kohle und einige Grundnahrungsmittel. Auch Mitbringsel. Benzin und Diesel verfügbar. Die nächste Werkstatt, Polizei, Post und medizinische Versorgung in Swellendam. Tagesbesuch möglich. Picknickplätze vorhanden. Eintritt: R60 p.P./Tag.

Unterkunft

Im **Lang Elsies's Kraal Rest Camp,** Zelt- und Stellplätze (R170/240für 1–2 Personen), Chalets (ab R840/2 Pers., R200 jede weitere).

Von Heidelberg nach Plettenberg Bay:

Die Garden Route

Keiner weiß so recht wo die **„Garden Route"** eigentlich beginnt oder endet. Die Tourismusindustrie hat den Namen geschickt gewählt, er setzte sich international durch und erweckt Hoffnungen, die nicht immer erfüllt werden. Blühende Gartenlandschaften darf man sich darunter nicht vorstellen. Gemeint sind wohl die großen Obstplantagen und Naturschutzgebiete mit blühendem Fynbos in den Frühlingsmonaten.

Wenn man jedoch die Garden Route geschickt mit einer der beiden genannten Zubringerrouten kombiniert, ist sie ein Hochgenuss. **Mossel Bay, George** und **Knysna** gehören zu den interessanten Stationen, ebenso die **Wilderness Section des Garden Route National Park.**

Internet

www.gardenroute.co.za, www.gardenroute.de, www.garden-route.de

Heidelberg

Skeiding Guest Farm

Ein besonderer Tipp ist der Besuch der **Skeiding Guest Farm** (Anfahrt über N2 10 km westlich von Heidelberg, Tel. 028-7221891, www.skeiding.co.za): Herrliches Wohnen in bezaubernder Landschaft und Besuch einer noch nicht zu touristischen Farm mit Straußen, Merinoschafen und Nguni-Rindern, durch die der Besitzer die Gäste meist noch persönlich führt. Unbedingt das dreigängige Dinner probieren! Stilvolle Zimmer und Cottages ab R450 p.P.

Heidelberg, 1855 am Ufer des Duivenhoks River gegründet, ist ein ruhiger Ort. Die *Dutch Reform Church* ist der Blickfang des Orts, die kleine Anglikanische Kirche besitzt außergewöhnliche Rosettenfenster und Schnitzereien. Im alten Bahnhof ist ein Museum untergebracht.

Wander-Tipp

Das ***Grootvadersbosch Nature Reserve** liegt nordwestlich (beschilderter Abzweig von der Straße Heidelberg – Barrydale, 22 km) an den Hängen des Langeberg. Es umfasst 250 ha Wald, der auf zwei Wanderwegen erforscht werden kann (zwei Vogelbeobachtungs-Hochstände). Auf dem Mountainbike-Trail kann man durch Berg-Fynbos laufen und herrliche Ausblicke genießen. Angeschlossen ist das Boosmansbos Wilderness-Gebiet (Wanderungen hier müssen vorausgebucht werden). Es gibt kleine Hütten zu mieten (www.capenature.org; Übernachtung s.a. unten Honeywood).

Information Heidelberg

Heidelberg Tourism, Ecke Rall/Fourie St, Tel. 028-7222700, www.heidelbergtourism.co.za.

Unterkunft

*Honeywood, Tel. 028-7221823, www.honeywoodfarm.co.za. Urig, zünftig, super gelegen, direkt an das Grootbadersbosch NR angrenzend. Für Wanderer und Naturfreunde ein besonderer Tipp Dinner/B&B ab R375 p.P.

Caravan Park, Tel. 028-7221934.

→ Abstecher

Witsand

Den kleinen Ferienort an der Mündung des Breede River erreicht man über die R 322. Die **San Sebastion Bay** wurde offiziell zum „Kinderzimmer für Wale" ernannt. Im Mai treffen die ersten in der Bucht ein, erste Junge werden ab August geboren, und obwohl man nicht mit Booten hinaus fahren darf, hat man vom Ufer aus einen hervorragenden Blick.

Mit einem Fernglas kann man den Meeresgiganten in die Augen schauen. Das ruhige Witsand eignet sich gut zum Entspannen und Baden.

Information und Unterkunft Witsand

Witsand Tourism, Tel. 028-5371010, www.witsand.com.

292 Riversdale

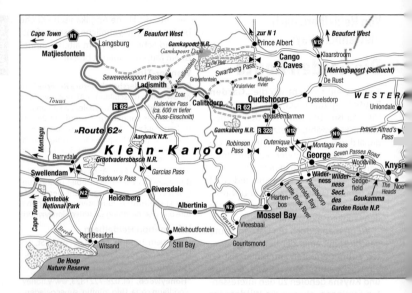

Barry's Luxury Accommodation, 89 Main Rd, Tel./Fax 028-5371717, www.witsand.co.za, André & Lorraine, freundlich. Sehr schöne Cottages/Zimmer für Selbstversorger mit schönem Blick aufs Meer oder auf den Fluss.

Whale Watchers Inn, B&B u. SC, direkt am Strand, Tel. 028-5371825, Johnny & Clair, www.whalewatchersinn.com. Preiswert, sehr sauber und schön gelegen, DZ und 2-Zimmer Apartment. Gut zum Wale beobachten.

✔ **Abstecher**

Riversdale

Die seltene Wachsblume *Erica blenna* (Fynbos-Vegetation) ist die Wappenblume des Orts. Er wurde 1838 gegründet und ist ein blühendes Beispiel ertragreicher Landwirtschaft mit Schafzucht (Mohair), Milchwirtschaft und Export von Wildblumen. Viele der Betriebe können besichtigt werden, Auskünfte bei der Touristeninformation.

Sehenswert ist das **Julius Gordon Africana Museum** mit Gemälden (z.B. von Irma Stern), Büchern und antiken Einrichtungsgegenständen (Mo–Fr 10.30–12.30 und 15.30–17.30 Uhr, Sa 10.30–12 Uhr). Die **Long Street** ist die älteste Straße mit Gebäuden aus der Gründerzeit. Insgesamt gibt es 15 Kirchen, die sehenswertesten sind die *St Mathew's Anglican Church* (1859) und die *Dutch Reformed Church* (1907) mit ihrer aus Aberdeen importierten Orgel. Das älteste Haus ist das Farmgebäude **Zeekoeigat** (1793), Besichtigung nach Absprache (Tel. 028-7132851). Überragt wird der Ort von der **Sleeping Beauty,** dem schönsten Gipfel der Umgebung und ein Ziel für Bergwanderer. Das private **Rein's Nature Reserve** (3550 ha) hat sehr ursprüngliche Vegetation und eine faszinierende Küste (Cottages m./o. Selbstversorgung, Tel. 028-7353322, www.reinsouthafrica.com).

Attraktionen außerhalb

Dazu zählt eine Fahrt über den **Garcias Pass** nach Ladismith. Auf der Passhöhe am alten Zollhaus beginnen 2 Wanderwege in die Gebirgswelt des Langeberg. 41 km v. Riversale erreicht man das Aardvark Nature Reserve (s.S. 268).

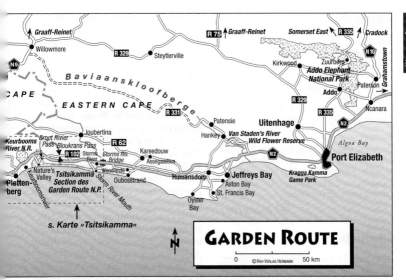

Information

Riversdale Tourist Information, Tel. 028-7132418, www.riversdale.co.za.

Unterkunft

Touristic Sleeping Beauty Guest House, 3 Long St, Tel./Fax 028-7131651, www.sleepingbeautyguesthouse.com. 7 Zimmer, viktorianisches Gästehaus, schöne Gartenlage mit Ausblick. DZ/F ab R250 p.P.

Budget/Camping Takkieskloof Holiday Park, Truter St, Tel. 028-7138016. Stellplätze. Chalet bis 6 Pers. R360.

The Travel-Lodge, Tel. 028-7132473, www.riversdaletravellodge.co.za. Einfach, historisches Haus, DZ ab R400.

→ **Abstecher**

Still Bay

Während der Ferien verwandelt sich der sonst eher verschlafen wirkende, aber immer besuchenswerte Meeresort **Still Bay** in ein hoffnungslos ausgebuchtes Touristenzentrum. Für jeden wird etwas geboten: Surfen in Jongensfontein, Ausritte, Schwimmen, Wanderungen im *Pauline Bohnen Nature Reserve* oder am Strand entlang zwischen Still Bay und Puntje. Der *Kaffirkuilsriver* ist auf 14 km befahrbar, Bootsausflüge werden angeboten. Gegen 17 Uhr lohnt es sich an den Hafen zu gehen und den Fang auf den hereinkommenden Fischerbooten zu bewundern.

Neben der *Palingat Residence,* dem ältesten Haus im Ort (1809), schwimmen in einem Teich zahme Aale, die aus der Hand fressen (Fütterung tgl. 11 Uhr; dazu der Beschilderung zur Touristeninformation folgen). Die *Morrispont Fishing Traps* sind geniale Fischfallen, die den Menschen seit Urzeiten im Gezeitenwasser gute Dienste leisten.

Information Still Bay

Still Bay Tourist Information, Langenhoven St, Tel. 028-7542602, www.stilbaaitourism.com. Zimmernachweis, Freizeittipps. Video über Region. Kleine Ausstellung über Ausgrabungen der Region. Shop.

Unterkunft

Touristic
Alikreukel, 3 Wege St, Tel. 028-7541510, www.alikreukelguesthouse.com. Nette kleine Pension, DZ/F ab R350 p.P.

*Still Bay River Lodge, Main Road East, am Ortsrand gelegen, Tel. 028-7541317, stillbay-river-lodge.de. 10 Zimmer, schönes Gästehaus, Flussnähe, DZ ab R500.

Budget
Underhill B&B, 17 Lobelia Crescent, Tel./Fax 028-7541161. 2 Zimmer, super Frühstück, geheizter Pool, gastfreundlich.

Camping Der Caravanpark auf der Fluss-Ostseite ist desolat und teuer!

✔ **Abstecher**

Albertinia

Albertinia, 37 km von Riversdale entfernt, ist der Hauptlieferant für **Riedgras** *(Thamnochortus insignis)*, das man zum Dächerdecken verwendet. Daneben wird Aloe vera angebaut, als Grundstoff für die Kosmetikindustrie wird es hauptsächlich nach Deutschland exportiert. Auch der Handel mit **Proteen** ist erfolgreich. Sie werden mit Gräsern, Zapfen und Aloen zu schönen Trockensträußen gebunden. In der Umgebung sind Ausflüge und Wanderungen möglich. Weinprobe bei Die *Poort Wine Cellars.*

Infos im Tourist Bureau, 31 Station St, Tel. 028-7351000.
Unterkunft: Albertinia Hotel (Touristic), 61 Main Rd, Tel. 028-7351030, www.albertinia hotel.co.za. Ü/F R360. Hervorragendes Dinner.

→ **Abstecher**

Gouritsmond

Gouritsmond liegt an der malerischen Mündung des Gourits River. Hierher zieht es vor allem Angler. Guter Ausgangspunkt für Walbeobachtung vom Strand aus.

Camping Gouritsmond Caravan Park, President Steyn St, Tel. 028-7453129.

✔ **Abstecher**

Mossel Bay

Mossel Bay, eine weitläufige Petroindustriestadt mit 130.000 Einwohnern, liegt auf der **Halbinsel St. Blaize.** Als **Bartolomeu Dias** 1488 das Kap umsegelt hatte, landete er in dieser Bucht, die später, 1601, von *Paulus van Caerden,* einem holländischen Navigator, wegen der zahlreichen Muscheln *Mossel Bay* getauft wurde. Eine Delikatesse sind Muscheln in Mossel Bay heute noch.

Für einen **Rundgang** durch das historische Mossel Bay gibt es von der Touristen-Information das ausführliche Faltblatt „Explore Historical Mossel Bay on Foot": Das älteste zweistöckige Gebäude ist das *Urk House,* Ecke Church/Bland Street. Wunderschön restauriert ist *Searle's Manor,* Ecke Bland/Meyer St. Das Gebäude *Lennons's Ltd* ist das letzte überlebende mit Doppel-Kolonnaden auf beiden Straßenseiten, gleich neben ihm eines im Art-déco-Stil. Am östlichen Ende der Marsh Street stehen weitere historische Gebäude. An alte Tage erinnert auch *The Cross,* ein Seefahrerkreuz in der Nähe des Leuchtturms, und noch älter datiert dort die Höhle **Cape St Blaize Cave** mit Funden sehr früher Besiedlung.

Bartolomeu Dias Museum Complex

Unbedingt sehenswert ist der **historische Museumskomple**x an der Church/Market Street, Tel. 044-6911067, Fax 6911915, www.diasmuseum.co.za, Mo–Fr 9–16.45 Uhr, Sa/So 9–16 Uhr, Eintritt R10 (mit Umhergehen auf der Dias-Karavelle R15). Zeitbedarf insgesamt ca. eine Stunde.

Gleich am Eingangstor links befindet sich **The Granary,** ein Getreidespeicher aus dem Jahr 1786/87 (1987 rekonstru-

Karte S. 295 **Mossel Bay** 295

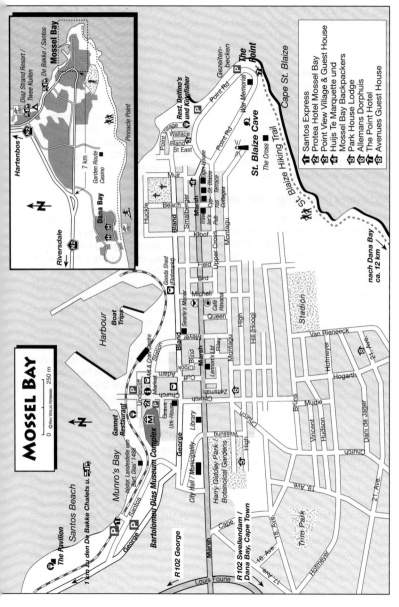

iert). Hier wurde Getreide für die vorbeikommenden Schiffe der niederländischen Ostindien-Kompanie zwischengelagert. Heute ist Info-Zentrum und Rezeption mit Pflanzen- und Blütenbeispielen. Im dahinterliegenden **Ethno-Botanical Garden** wachsen Pflanzen aus der Region, die bereits von den San, Khoi, Xhosa und später von den europäischen Siedlern genutzt wurden. Ein Pfad wurde als Fühlund Duftgarten für Blinde angelegt.

Geradeaus gehend und dann linkerhand steht zwischen hohen Büschen die **Statue von Bartolomeu Dias.**

Bartolomeu Dias Maritime Museum

Der Bau war ursprünglich eine Getreideund Sägmühle aus dem Jahr 1901. Glanzstück ist die rekonstruierte **Karavelle** von **Bartolomeu Dias.** Diese nur 25 Tonnen große Nussschale segelte 1988 von Portugal nach Mossel Bay zum 500. Jahrestag der Landung des Seefahrers am 3. Februar 1488. Begehbar gegen einen kleinen Aufpreis.

Gleichfalls sehenswert sind die vielen maritimen Objekte, wie historische Seeund Landkarten, Navigationsinstrumente, die Vasco-da- Gama-Abteilung, Diaporamen der urspünglichen Besiedlung durch die Khoikhoi, die Entdeckung und Besiedlung durch die Europäer sowie im Gebäude oben die lokalhistorischen Exponate des angegliederten *Culture Museum.*

Post Office Tree

Interessant ist die Geschichte des Post Office Tree: Ein portugiesischer Kapitän wollte im Mai 1501 auf seiner Heimfahrt eine wichtige Nachricht hinterlassen und steckte sie in einen Schuh, den er in diesen großen Milkwood-Baum hängte. Tatsächlich wurde der Brief ein paar Monate später von nach Asien segelnden Portugiesen gefunden, und die Idee, hier Nach-

richten zu hinterlassen, etablierte sich. Auch heute noch können Karten und Briefe in den Briefkasten in Schuhform unter dem Baum eingeworfen werden (Leerung zweimal täglich, Sonderstempel).

Shell Museum

Gleich hinter dem Post Office Tree befindet sich der Bau des **Shell Museums,** das größte seiner Art in Südafrika. Es zeigt viele schöne und ausgefallene Muschelarten, Aquarien, einen 476 kg schweren Weißen Hai und Schaubilder der Meeresfauna und -flora.

Field Garden

Auf dem Rundweg durch das Hanggelände zu den **Malay Graves** mit muslimischen Gräbern, ausgerichtet in Richtung Mekka, passiert man einen **Padrão.** Mit solchen Steinsäulen markierten die portugiesischen Seefahrer ihre Landungspunkte und nahmen das Gebiet für Portugal in Besitz. Die **Munro Cottages** wurden von dem Schotten Alexander Munro um 1830 erbaut. Sie gelten als erste feste Bauten des Ortes. Eines diente als Spelunke, in der sich Walfänger trafen. Zum Schluss passiert man **The Fountain,** eine noch heute fließende Quelle, die Dias entdeckte und aus dem die Seefahrer ihre Frischwasservorräte schöpften.

Freizeitattraktionen rund um Mossel Bay

Meer & Himmel

Zu den Freizeitattraktionen rund um Mossel Bay gehören u.a. **Bootsfahrten** zur *Seal Island* (*Romonza,* Tel. 044-6903101) und auch **Tauchausflüge** (Tel. 044-6920313, Adventures Edge). Nicht nur für Taucher verspricht ein Tauchgang in einem **Haikäfig** Nervenkitzel. Auch ungeübte Schwimmer können diesen außergewöhnlichen Trip bei *White Shark Africa,* Tel. 044-691 3796, www.whitesharkafrica.com, wagen. Beste Sichtverhältnisse herrschen von April bis Juli und Oktober/November. Eine tolle Perspektive von oben verspricht ein **Tandemsprung** bei Skydive, Tel. 082-8248599, www.altitude.co.za.

Strände

Beach-Informationen erhalten Sie unter Tel. 044-6065000. An der östlichen Landspitze liegt **The Point:** Gezeitenbecken, 3 km langer Fels-Walkway, Kinderspielplatz, etliche Restaurants. Der **Santos Beach** ist ein gepflegter *Blue Flag*-Strand: Schwimmbereich 1 km, Caravan Park, Restaurant im schönen *Santos Pavilion*, einer historischen Eisenkonstruktion. Danach anschließend: **De Bakke-Beach:** Caravan Park und Chalets, Schwimm-Bereich und Sanitäranlagen. Weiter nördlich liegt **Dias Beach:** 3 km Strandlänge, zwei Schwimmbereiche, Caravan Park, Sanitäranlagen, Braai. Der Vorort **Dana Bay** liegt 10 km westlich, dessen Strand über zwei Schwimmbereiche verfügt.

Wanderungen

Der **St Blaize Trail** führt von *The Point* bzw. von der uralten St Blaize Cave 13,5 km entlang der Küste nach Dana Bay. Keine Schwierigkeitsgrade. ***Oystercatcher Hiking Trail:** Vier Tage abwechslungsreiches Wandern von Mossel Bay bis Cape Vacca durch unberührte Fynboslandschaft (55 km; nicht im Dezember). Ein gut geschulter Guide führt mit leichtem Gepäck von einer Übernachtung zur anderen. Schnorcheln und Baden, Walbeobachtung und Naturerkundung. Tel. 044-6991204, www.oystercatcher trail.co.za.

Tipp für die Weiterfahrt

Zur Weiterfahrt von Mossel Bay nach Oudtshoorn ist eine Fahrt über den beeindruckenden **Robinson Pass** empfehlenswert. Dort sollte man bei **Ruiterbosch** einkehren. Restaurant (auch vegetarisch), Kunstgalerie, Markt und sonntags Food-Art-Culture. Auch Übernachtung möglich.

Information Mossel Bay

Mossel Bay Tourism, Ecke Church/Market Street, Tel. 044-6912202, Fax 044-6903077, 8–18 Uhr, Sa/So 9–17 Uhr, www.visitmosselbay.co.za.

    Busse: Intercape, Translux und Garden Line Transport (Tel. 044-6902823, Fax 6902825) fahren Mossel Bay an, halten jedoch außerhalb der Stadt an der Voorbaai Shell Station. Wer eine Übernachtung gebucht hat, sollte sich abholen lassen, oder er hat einen langen Fußmarsch vor sich.

Einkaufen

Shopping Malls: *Bayside Centre,* Ecke Church und Bland St, Shops und Restaurants. *Bayview*

Centre & Mossel Bay Super Spar; Shops, Kinos und Restaurants. **Flohmarkt** bei „Good Shed", Bland St. Neben der Information kann man im **Art & Craft Centre,** 3 Market St, wunderbare Handwerkskunst von Künstlern kaufen, die gleichzeitig andere in den Townships trainieren.

Restaurants

Empfehlenswert ist das ***Gannet Restaurant** im *Old Post Office Tree House* mit guter Atmosphäre und lokaler Küche. Das schöne alte **The Pavilion,** direkt am Santos-Strand, bietet Snacks, aber auch Fisch und Steaks. **Delfino's** und **King Fisher** (Tipp) s.u. bei *Point Village Guesthouse & Self catering.* Kaffee und Kuchen und auch Speisen im **Café Havana,** Ecke Marsh/Mitchell St.

Unterkunft

Comfort

Eight Bells Mountain Inn, liegt am Fuße des Robinson Passes, 35 km von Mossel Bay auf der R 328 Richtung Oudtshoorn, Tel. 044-631 0000, www.eightbells.co.za. Ausgesprochen schön gelegenes Landhotel mit 24 Zimmern unterschiedlicher Ausstattung (auch Mehrbettzimmer) und 1 Suite. Restaurant, Bar, Schwimmen, Tennis, Squash, Reiten und beschilderte Wanderwege auf dem 4 ha großen Estate. DZ/F ab R510 p.P.

Protea Hotel Mossel Bay, Market St, Tel. 044-6913738, www.proteahotels.com. Neben dem Museumskomplex, 31 Zimmer, drittältestes Haus der Stadt. DZ ab R800 p.P.

The Point Hotel, Point Road, Tel. 044-691 3512, www.pointhotel.co.za. Modernes Hotel auf einem Felsen oberhalb einer Bucht. Weite Aussicht, in der Saison Wale. DZ R1570, Frühstück R130 p.P.

Touristic

Point Village, 7 Point Rd, Tel./Fax. 044-690 7782, www.pointvillage.co.za. Es gibt Zimmer, Apartments oder ganze, schöne Miet-Strandhäuser (s. Website). DZ ab R300 p.P. im Guesthouse, Ferienhäuser a.A. Beachfront-Restaurants nahebei: Delfino's serviert wohlschmeckende Toasties, Pasta & Pizza, *King Fisher,* darüber im 1. Stock, Seafood.

*Avenues Guesthouse, 21. Ave Nr. 23, Tel. 044-6911097 (in D: 030-896778097), www. avenues-guesthouse.com, Meike & Martin Prenzel. Gut geführt, sehr gastfreundlich,

298 **Mossel Bay** Karte S. 292/293

solarbeheizter Pool, sicheres Parken, 7 behagliche Zimmer, Frühstück satt. DZ/F R300 p.P., Kinder ermäßigt.
Huis Te Marquette, 1 Marsh St, Tel./Fax 044-6913182, www.marquette.co.za. Plüschige Zimmer, jene zur Straße hin laut.

Budget

Angeschlossen ans *Huis Te Marquette* ist der **Mossel Bay Backpackers,** 1 Marsh Street, Tel./Fax 044-6913182, www.mosselbayhostel.co.za. Kostenloser Pick-up-Service, Tour-Angebote, Baz Bus-Stopp. Dormitories R120 p.P., DZ R395 (mit Gem.-Bad). Nachlässe.
*Park House Lodge, 121 High St, Tel. 044-691 1937, www.park-house.co.za. Ein echter 4-Sterne-Backpacker! Mit Liebe und Stil eingerichtet. Dorm ab R130, DZ ab R180 p.P.
*Santos Express Backpackers, Munro Road, Santos Beach, Tel./Fax 044-6911995, www.santosexpress.co.za. Direkt am Strand steht ein originaler Zug mit Einzel-, Doppel- und Mehrbettzimmern, Restaurant und Pub. Kostenloser Abholservice. DZ/F ab R145 p.P.
In **Dana Bay** (10 km westl. v. Mossel Bay):
*Classical Bay View B&B, 32 P. Melifera, Tel. 044-6982157, www.classicalview.com. 5 sehr geschmackvolle Zimmer mit Traumblick. Entspannung am Pool oder im Strandstuhl am Meer. Ausgiebiges Frühstück, sehr nette junge Deutsche. Ü/F ab R440 p.P.
*Lilies & Leopards B&B, 38 P. Nana St, Tel./Fax 044-6981743, www.lilies-leopards.co.za. 4 komfortable Zimmer mit spektakulärem Blick über den Indischen Ozean. Vom Zimmer aus kann man Delphine und in der Saison auch Wale beobachten. Karin macht super Frühstück und hat gute Tipps. DZ/F ab R350 p.P.

Camping

De Bakke Beach Chalets & Caravan Park, Tel. 044-6912915. Direkt am (nordwestlichen) Strand, über 750 Stellplätze – am Wochenende sehr voll. Weitere Caravan Parks am Santos Beach und Dias Beach.

Hartenbos

Hartenbos liegt in der Nähe von Mossel Bay und hat sich von einem kleinen Fischerdorf zu einem Ferienort gemausert. Beliebt ist es wegen des ruhigen Meeres in der Bucht und einem überdachten, beheizten Pool. Das **Hartenbos Museum** informiert über den Großen Trek, die Routen, die Attacken und die täglichen Arbeiten der Pioniere (Mo–Fr 9–13 und 14–15.45 Uhr, Sa 10–12.30 Uhr).
Touristeninformation: Witwatersrand Avenue, Tel. 044-6951550.

Ferienresorts:

Dibiki Resort, Tel. 044-6950670, www.dibiki.co.za. Großes Ferienresort. Übernachtung in verschiedenen Preislagen.
Riviera Hotel, 1 Port Natal Rd, Tel. 044-695 1503, rivierahotelhartenbos.com. Auch SC. Mit gutem Restaurant.
Outeniqua Caravan Park, Tel. 044-6966473.
Riverside Caravan Park & Chalets, Tel. 044-6966061.

Little Brak River / Great Brak River / Pacaltsdorp

Little Brak River ist ein kleines Ferienresort an der Küste, ebenso wie das unweite **Great Brak River.** Great Brak River liegt an der Mündung des gleichnamigen Flusses, mit schönen Stränden und umgeben von bewaldeten Hügeln, in die man sich bei großer Hitze zurückziehen kann. Das *Great Brak River Museum* (Di und Do 15–18 Uhr) informiert über die Geschichte des Ortes.
Tourist Information Tel./Fax 044-6202100, www.greatbrakriver.co.za
Ausflugsziel ins Reich der Tiere (Nashörner, Giraffen, Löwen, Büffel, Springböcke) ist die ***Botlierskop Game Farm,** auf der tgl. außer So geführte Touren stattfinden (R150; 9 u. 14 Uhr, auch Übernachtung, www.botlierskop.co.za).

Herolds Bay ist ein kleiner Badeort mit nettem Strand, Hotels und Caravan Park. Restaurant-Tipp: Dutton's Cove (s.u.).

Auf dem Weg nach George kann man nach **Pacaltsdorp** abbiegen, dem letzten Khoikhoi-Umuzi, heute ein Nationalmonument (Infos Tel. 044-8782400). Hotel und Caravan Park.

Unterkunft

Comfort

*Duttons Cove, Herolds Bay, Tel. 044-851 0155, www.duttonscove.co.za. Schöne Lage mit Strandblick und einem Restaurant. DZ/Ü ab R595 p.p.; SC ab R2500/Villa.

*De Zeekoe, Little Brak River, 2 Olkerts Rd (von der N2 Abfahrt Little Brak River, nach 0,5 km hinter der Brücke rechts, nach 1 km rechts und nach 0,5 km wieder rechts), www.dezee koe.co.za. Sechs Zimmer mit eigenem Meerblick, ideal gelegen, um dem Gesang der Delphine und Wale zu lauschen. Ganzes Beach House R5000.

Touristic

Rooiheuwel Pluimplaas, Rooiheuwel, Tel./Fax 044-6966707. Farmcottage mit 2 DZ auf Farm.

Budget und Camping

Riverside Holiday Resort, am Flusslauf, Little Brak River, Tel. 044-6966061. 92 Stell- und Zeltplätze, Chalets. Chalets für max. 4 Pers. R600.

George

Die Lage der Stadt (140.000 Einw.) am Fuße der **Outeniqua Mountains,** die weitläufigen Wälder, das Farmland und die Küste mit schönen Stränden machen die Umgebung von **George** zu einem interessanten Ziel. *Outeniqua,* „Mann, der Honig trägt", nannten die Khoikhoi den Ort. Sie sammelten den Honig der Wildblumen, die heute noch an den Berghängen wachsen, bevor die Weißen 1811 ein eigenes Dorf gründeten. Heute baut man auch Hopfen an, etwa die Hälfte des Bedarfs der südafrikanischen Brauereien wird damit gedeckt. Auffallend sind in George die sehr breiten Straßen. Viel zu bieten hat George nicht, für Golfspieler gibt es einige schöne Plätze und es verfügt über einen Airport für Inlandsflüge. Sehenswert

Das **George Museum** in der Courtenay Street (Mo–Fr 9–16.30 Uhr, Sa 9–12.30 Uhr) ist in der ehemaligen Drostdy (Bezirksgericht) untergebracht, das 1811–13

entstand. Es besitzt eine große Sammlung mit alten Grammophonen und antiken Musikinstrumenten, Dokumente zur Stadtgeschichte und zur Holzindustrie – ein wunderschöner Spaziergang führt zu prachtvollen Bäumen und wichtigen Punkten der Holzverarbeitung.

Weiter die Straße hinunter steht die älteste Kirche der Stadt, die **Dutch Reformed Mother Church,** erbaut 1842. Das Gewölbe wird von Gelbholz-Säulen getragen, die Kanzel ist kunstvoll aus Stinkwood geschnitzt. Die angeblich exakt 1.876.756 Ziegelsteine als Baumaterial wurden einst in 1800 Ochsenwagenladungen herangekarrt. Den **Slave Tree** findet man in der York St, früher Ort für Sklavenauktionen. An der Eiche vor der Old Library sieht man noch ein Stück Eisenkette, an die man die Opfer anzubinden pflegte.

Gleichfalls in der York St befindet sich die **St Marks Cathedral** (1850). Sie gilt als kleinste Kathedrale des Landes und besitzt schöne Glasfenster. Die **Church of St Peter and St Paul,** Meade Street (zwischen Hibernia u. Cathedral St) ist die älteste katholische Kirche Südafrikas. In der **Marklaan** (Market Ave) finden Sie einen attraktiven Einkaufs-komplex mit historischen Gebäuden und einigen guten Restaurants.

Transport Museum

Sehr sehenswert ist das **Transport Museum,** 2 Mission St, Tel. 044-8018202, in dem viele Lokomotiv-Typen, alte Eisenbahnwaggons und Kfz-Oldtimer ausgestellt sind, darunter eine Anzahl sehr gut erhaltener Borgward-, VW- und Daimler-Benz-Modelle. Mit Restaurant und Touri-Info. Geöffnet 01.09.–30.04 Mo–Fr 8–16.30 Uhr, Sa bis 14 Uhr, So/feiertags geschlossen, Eintritt.

George

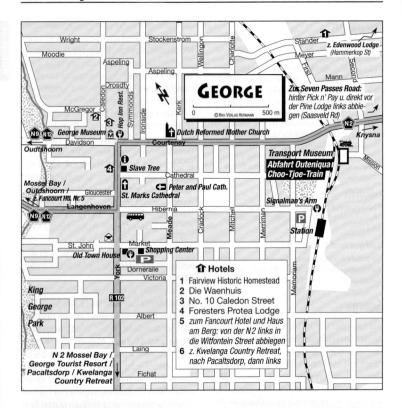

Outeniqua Power Van

Der Power Van zieht drei Eisenbahnwaggons, die früher für Servicearbeiten benutzt wurden. In ihnen fährt man den Montagu Pass hinauf. Dort kann man etwas spazieren gehen oder mit dem Mountainbike zurückfahren. Infos unter Tel. 044-8018239, Fax 8018246.

Natur

Der **Garden Route Dam** liegt 2 km östlich in einem schattigen Wald (Anfahrt über die Stander Street). Dort sehr schöner, 8 km langer **Langasem Pad Walk** (Rundwanderung, 2–3 Std.) über die Damm-Mauer entlang des östlichen Stausees.

Die **Groeneweide Forest Trails** (7 km, 11 und 15 km) erreicht man über die Hauptstraße Richtung Knysna, Abzweigung Saasveld School of Forestry. Sie führen zum Kaimens River, durch schönen Wald und zu einem Wasserfall am Silver River (Schwimmen).

Durch das **Outeniqua Nature Reserve** (Tel. 044-8742671) an den Hängen der Outeniqua Mountains führt der **Tierkop Trail**, ein Zweitagesmarsch durch die Wald- und Fynboslandschaft der Outeniqua Mountains. Der anstrengende **Outeniqua Trail** (137 km, 8 Tage) zwischen George und Knysna beginnt an der Witfontein Forest Station und führt durch atemberaubende Berglandschaft auf den **George Peak** (nur für ausdauernde Wanderer). Auch kürzere Streckenabschnitte sind möglich. Infos unter www.footprint.co.za/outeniqua1.htm.

Karte S. 300

George 301

Western Cape

Information & Service George

George Tourist Information, 124 York St, Tel. 044-8019295, Fax 801 9129, www.visitgeorge. co.za. Stadtpläne und Karten zu den 26 Wanderwegen der näheren Umgebung. Geöffnet Mo–Fr 9–17.30 Uhr, Sa 9–13 Uhr.

George Airport, Tel. 044-8769310, 9 km südlich vom Stadtzentrum, Anfahrt über die York Street. Kein Zubringerbus.

Autovermietung: *Avis,* Tel. 044-8769314; *Budget,* Tel. 044-876-9204; *Imperial,* Tel. 044-8769017.

Taxiservice: *George Taxi,* Tel. 044-8733136; *Grace Express,* Tel. 044-8825403; *Zeelies Taxis,* Tel. 044-8746707.

Busse von *Greyhound, Intercape* und *Translux* (Tickets bei South Cape Travel, York Street, nur Barzahlung) stoppen in George auf dem Weg nach Port Elizabeth oder Kapstadt. Translux fährt auch Oudtshoorn an. *Garden Line,* Tel. 044-8742823 (auch für Intercape zuständig), nach Johannesburg.

Der **Zug** *Southern Cross* hält einmal die Woche in Richtung Kapstadt oder Port Elizabeth.

Golf: Die beiden Golfplätze (*Fancourt* und *Country Club*) zählen zu den schönsten des Landes.

Restaurants

The Old Town House, 20 Market St, Tel. 044-8743663; Fischspezialitäten. – **Hop Inn,** 70 Courtenau St und **Signalman's Arms** am Bahnhof, sind gemütliche Pubs. – Deutsche Küche: **Café Wien,** York St, Mo–Fr 8–17 Uhr, Sa 8–13 Uhr; gutes Frühstück, frischgebackene Kuchen, kleinere Gerichte. – **Carousel Restaurant,** 38 Courtenay St, Tel. 044-8734324; tgl. Dinner-Dancing (muss man gesehen haben). – Südafrikanische Spezialitäten: **De Oude Werf,** 53 York St, Tel. 044-8735892. – ***Reel 'n Rustic,** 79 Davidson St, Tel. 044-8840707; ausgezeichnetes Restaurant mit fangfrischem Fisch und perfekten Steaks.

Unterkunft

Luxus

Fancourt Hotel, Montagu St, Stadtteil Blanco, Tel. 044-80400000, www.fancourt.co.za. Studios und Zimmer, im traditionellen Golf Club. DZ/F ab R2700.

Comfort

Fairview Historic Homestead, 36 Stander St, Tel. 044-8747781, www.fairviewhomestead.

com. Georgianisches Herrenhaus, 3 elegante Zi., Dinner. DZ/F ab R880.

Protea Hotel Outeniqua, 123 York St, Tel. 044-8744488, www.proteahotels.com. Elegant, 50 Zi., Stadtzentrum. DZ ab R1000.

Touristic

*Die Waenhuis, 11 Caledon St, Tel. 044-874 0034, www.diewaenhuis.co.za. Stimmungsvolle Zimmer, schöner Garten, Pool. Ü/F ab R400 p.P.

*No. 10 Caledon Street, 10 Caledon St, Tel. 044-8734983, www.travelground.com. Exquisites B&B mit sehr gutem Frühstück. Horst u. Gerdi sprechen Deutsch. DZ/F ab R485.

Budget

Edenwood Lodge, 9 Hammerkop St, Eden, Tel./Fax 044-8712520, www.edenwood.co.za. Geschmackvolles Gästehaus nahe einem Naturschutzgebiet, Selbstverpflegung möglich. DZ/F ab R660.

Außerhalb:

Comfort

*Lands End Guest House, Victoria Bay (auf der N 2 Rtg. Knysna), Tel. 044-8890123, www.vicbay.com. Wirklich direkt am Meer gelegen. DZ/F ab R525 p.P.

The Waves B&B, Victoria Bay, Tel./Fax 044-8890166, www.thewavesvictoriabay.co.za. Auch direkt am Meer, gute Chancen auf Walsichtung. DZ/F ab R550 p.P.

Touristic

*Highland Lodge Mountain Retreat, Waboomskraal, George, Tel./Fax 044-8860045, www.highlands-lodge.co.za. Liegt weit außerhalb Rtg. Oudtshoorn: über den Outeniqua-Pass fahren, hinter dem Pass links in einen kleinen Weg rein (Schild „Highlands"). 10 außergewöhnlich schöne Holzchalets im Wald am Fuß der Outeniqua Mountains, absolut ruhig, voll eingerichtet, im rustikalen Restaurant gute Küche; Kinder ab 14. Chalet ab R 495.

Kwelanga Country Retreat, über die York Street nach Pacaltsdorp, nach Police Station links, noch ca. 4 km (insges. 12 km), Tel. 044-8780641, www.kwelanga.co.za. Chalets, Selbstversorgung, schöne Lage. Preise a.A.

*Pier Plesier, Beach Rd, Victoria Bay, Tel. 044-8890051. Sensationelle Aussicht auf das Meer vom Panoramabalkon, Ü/F oder Selbstversorgung. DZ/F ab R250 p.P.

Camping

Glentana Caravan Park, Glentana Beach, Tel./Fax 044-8791536, www.glentanaresort. co.za. 100 Stellplätze, Wohnmobile/Zelte. Ab R120 p.P.

Mount View Resort, York St, Tel. 044-874 5205, www.george-tourist-resort.co.za. Schattiger Park, Pool, 350 Stellplätze. Restaurant. Site ab R280, Rondavels ab R450, Chalets ab R590.

→ **Abstecher**

Seven Passes Road – die alte Straße nach Knysna

Die *****Seven Passes** bzw. die **Old George – Knysna Road** zweigt in George von der N 2 nach Nordosten ab (Anfahrt aus der Stadt siehe George-Karte, in die Saasveld Road links abbiegen; unterwegs in Richtung Karatara fahren). Es ist die alte, teils unbefestigte, teils asphaltierte Straße nach Knysna, die 1867 am Fuß der Outeniqua Mountains angelegt wurde. (Bei Regen kann es mit einem normalen Pkw auf den nicht asphaltierten Teilstücken zu Problemen kommen). Sie liegt auf einem der Bergwelt vorgelagerten Plateau, das eine Breite von 24 km hat. Dieser „Vorsprung" wird von tiefen Schluchten und Klammen durchschnitten, viele Flüsse und Bäche haben sich tief eingegraben. Die Region ist dicht bewaldet und zeichnet sich vor allem durch herrliche Wildblumen, duftende Heidekräuter und manchmal mannshohe Farne aus. Hier findet man die **natürliche Garden Route.**

Man fährt vorbei an historischen Farmen wie *Woodfield* und dem Ort *Barbierskraal,* der seine Bezeichnung dem Umstand verdankt, dass ein Vorarbeiter der Straßenbautruppe geschworen hatte, sich erst wieder zu rasieren, wenn die schwierige Straße fertig gebaut war (sein Bart wurde sehr lang …). 26 km hinter George führt eine Abzweigung zu den Forststationen Woodville, Bergplaat und Kleinplaat. Diese alte Strecke gehört zur ursprünglichen Straße, wird aber nur noch selten befahren. Etwa 1,5 km vor Woodville führt ein kurzer Abstecher zum **Big Tree,** einem 800 Jahre alten Gelbholz-Baum von über 30 Meter Höhe. Es gibt dort einen Picknickplatz, von dem ein Rundwanderweg (30 Minuten) ausgeht.

Hinweis für von Knysna Anfahrende: Von Knysna hinter der langen White Bridge nach Norden Richtung Phantom Pass fahren.

Unterkunft

Wer unterwegs auch noch so richtig inmitten der Baumgiganten übernachten möchte, sollte sich einquartieren bei *****Teniqua Treetops** (in Barrington, hinter Karatara, für ein paar km nach Süden abbiegen), Tel. 044-3562868, www.teniquatreetops.co.za (m. Anfahrtskizze). Ab R1450/SC, für Romantiker.

✔ **Abstecher**

Wilderness

Wilderness, ein beliebter kleiner Urlaubsort, erstreckt sich zwischen dem *Kaaimans River* im Westen und dem *Gericke Point* an der Küste im Osten. In unmittelbarer Nähe, in der **Wilderness Section** des **Garden Route National Parks,** bieten Seen gute Wassersportmöglichkeiten und Wege schöne Spaziergänge und Wanderungen durch ein Vogelparadies.

Von Westen auf der N2 kommend, die eng und steil an der Küste entlangführt, unbedingt am Aussichtspunkt **Dolphin Point** stoppen (liegt in einer unübersichtlichen Linkskurve; nur von der Gegenrichtung kommend kann man ausscheren!). Vom Point Sicht auf den langen Wilderness-Strand und auf die Mündung des *Kaaimans River* mit der 36 Meter hohen Eisenbahnbrücke. Im Meer kann man häufig Delphine und um den Parkplatz herum Dassies entdecken.

Bei der Abfahrt umittelbar vor dem Caltex-Tankstellenschild scharf links runter in die Georg Road abbiegen. Dort befinden sich in und um das **Milkwood Village** in Hanglage (www.milkwoodvillage.co.za) etliche Restaurants Cafés, Unterkünfte, Shops, Internet, Laundromat. Im Milkwood Village befindet sich auch das gutbestückte **Tourism Bureau,** auch mit Wanderwege-Karten in die Umgebung (ein 4 km langer Weg führt zu dem beliebten Aussichtspunkt *Map of Africa* mit herrlichem Blick auf den Kaaimans River, das Meer und die Outeniqua Mountains).

Wilderness bietet außerdem entspannende Alternativen zur Natur, wie z.B. der Besuch eines Wellness-Centres. *Woodlands at the Sea* ist dem Protea Hotel angliedert und verspricht die wundersame Trilogie aus Entgiftung, Verjüngung und Heilung (Tel. 044-8770434, www.healingatwoodlands.co.za). Ähnlich erquickend hört sich das Programm des *Wilderness Hydro Spa* an. Dort auch kostengünstige Partnerprogramme, Tel. 044-8771299.

Information & Service

Tourism Bureau / Wilderness Ecotourism Association, Milkwood Village, Tel. 044-8770045, www.wildernessinfo.org; Ausflugs- und Übernachtungstipps, Prospekte, Karten, Wander- u. Radtouren, Horse Trails. **Automobile Association (AA),** Tel. 044-8745794. **Weitere Webseite:** www.wildernesstourism.co.za.

Restaurants

Bei den Restaurants um die Caltex-Tankstelle oder im Milkwood Village. Insider-Tipps für gute Küchen: ***The Girls,** direkt hinter der Caltex Tankstelle (Tel. 044-8771648), und **Blue Olive,** mit Außenterrasse (Tel. 044-8770731). Ein Treffpunkt ist auch der **Wilderness Coffee Shop,** George's Road, unweit der Caltex-Tankstelle; frisch gebackenen Kuchen, kleine Gerichte und ein traditionelles Mittagessen (Di–So 8–16.30 Uhr, in der Hauptsaison auch Mo). – **Cecili's,** Wilderness Shopping Centre, Tel. 044-8770353, offeriert eine gute Auswahl an feinen Gerichten. – ***Palms,** gegenüber Protea Hotel, Tel. 044-8771420 (mit Gästehaus); wohl der beste Tipp am Ort; kosten Sie das Springbock-Carpacio! – Zu den Top 100 Restaurants Südafrikas zählt das ***Serendipity,** Waterside Road, Tel. 044-8770433. Ausgefallene Speisekarte, hervorragende Küche. Dennoch bezahlbar.

Unterkunft

Luxus

Hilltop Country Lodge, Richtung Victoria Bay, Tel. 044-8890142, www.hilltopcountrylodge.co.za. 4 DZ mit Balkonen und herrlichem Blick. DZ/F ab R1000 p.P.

Comfort

*Bruni's Guesthouse, 937 Eighth Avenue, Tel./Fax 044-8770551, www.brunis.co.za. 5 Zimmer, gemütliches Gästehaus, Meerblick. Die Honeymoon-Suite hat eigenen Whirlpool! Zugang zum Meer. Deutsche Besitzerin. DZ ab R600.

*Dolphin Dunes, Buxton Close, Tel./Fax 044-8770204, www.dolphindunes.co.za. Gutes Haus mit persönlicher Atmosphäre, 4 Zimmer mit Blick zum Ozean, man kann vom Bett aus die Wale beobachten. DZ/F ab R450 p.P.

*Sea Paradise, 79A Sands Rd, Tel./Fax 044-8770793, www.seaparadise.co.za (m. Anfahrtskizze). Ein außergewöhnliches Gästehaus mit

Blick vom Dolphin Viewpoint auf Wilderness Beach

tollem Blick auf das Meer. Vier leckere Frühstücksvarianten. DZ/F ab R550 p.P.
Hildesheim Guest House, Church St, Hoekwil 6538, Tel. 044-850115, www.hildesheim.co.za. 9 Zimmer und Cottages auf einer Rosenfarm unweit von Wilderness (N2 von Wilderness nach Knysna nehmen, an der Hoekwil-Ausfahrt links, den Hügel rauf n. Hoekwil), Abendessen. DZ/F ab ca. R495 p.P.

Touristic

*Haus am Strand, 83 Sands Rd, Tel./Fax 044-8771311, Cell 082-2984613 (dt.-spr.), www.hausamstrand.com. Geschmackvolles Gästehaus in bester Strandlage mit allen Annehmlichkeiten. 2 DZ, 2 Apartments, 1 Cottage, 1 Beach-Bungalow für 2–3 Pers., Honeymoon Suite. SC oder Ü/F, ab R400 p.P.
*Cormorant Wilderness Guesthouse, Tel./Fax 044-8770009, www.cormorant-guesthouse.com. 6 geschmackvolle Zimmer mit Terrasse/Garten oder Terrasse-Meerblick. DZ ab R260 p.P.
*Inn2Wilderness, Besitzer sind ehemalige Weltreisende Jaques & Saskia (Niederländer, dt.-spr.). 906 8th Ave (von der N 2 bei der Caltex-Tankstelle zum Meer abbiegen), Tel./Fax 044-8770005, www.inn2wilderness.co.za. Drei schön eingerichtete DZ mit Atmosphäre und ein Bungalow für 4 Pers., Sicht aufs Meer, 3 Minuten zum Strand. DZ ab R250 p.P.
Shining Waters B&B, 859 Sixth Avenue, Wilderness 6560, Tel./Fax 044-8771958, www.shiningwaters.co.za. 6 schöne Zimmer mit Meerblick. DZ ab R300 p.P.
*Solliez B&B, Tel./Fax 044-8770383, www.solliez.co.za. (m. Anfahrtskizze). Vom Bett aus Blick auf den Indischen Ozean, mit Glück sieht man Delphine und Wale. DZ/F ab R800.
The Tops, Hunts Lane, Tel./Fax 044-8770187, www.thetops.co.za. 6 Zimmer mit wirklich schönem Blick, kurze Wege zu Strand, Restaurants und Lagune. Das köstliche Braai probieren. Preise a.A. – Wilderness Retreat, Heights Road (an der Caltex-Tankstelle abbiegen, dann links Watersode Road folgen), Tel. 044-8770262, www.wildernessretreat.co.za. Voll eingerichtete Cottages für Selbstversorger in wundervoller Lage. Chalet bis max. 4 Pers. ab R500.

Budget

*Beach House, Sands St (über George Rd), Tel. 044-8770549, www.wildernessbeachhouse.com. Superschön am Strand gelegen, freundlich und einladend. Dormitory ab R125 p.P., DZ ab R350. – Fairy Knowe Backpackers, Dumbleton Rd, Tel./Fax 044-8771285, www.wildernessbackpakkers.com. Schöne Lage am Touw River auf historischer Farm, Baz Bus-Stopp, Kinder kostenlos, Internet, günstige Mahlzeiten, Trips nach Oudtshoorn. Dormitory R115, DZ ab R350, Camping ab R60.
Außerhalb: *The Wild Farm Backpackers, Whites Rd, Uitsig, Erf 291 (in Wilderness auf die Whites Rd, dann 3 km, am „Wild Farm"-Schild links), Tel. 082-8385944, www.wildfarmbackpackers.co.za. Kleine Blockhütten in Garten oder Camping. Herrliche Aussicht, nette Leute. Küche für Gäste. Auch kleine Gerichte. DZ R350, Dorm R130.
Ferienresort mit Camping Island Lake Holiday Resort, Tel./Fax 044-8771194, www.islandlake.co.za. Schattige, begrünte Stellplätze, gute Bademöglichkeit, Bootfahren. Rondavels und Caravan/Camping.

Garden Route National Park

Eine der schönsten Küstenlinien der Welt wurde entlang der South Coast als **Garden Route National Park** deklariert. Er inkorporiert das Gebiet der *Wilderness Section* (früher: Wilderness National Park), die *Tsitsikamma Section* (früher: Tsitsikamma National Park) und die *Knysna Lake Section*. Das Gebiet reicht vom Ozean hinauf in grandiose Bergwelt mit Urwäldern und einzigartiger Fynbos-Vegetation.

Eindrucksvolle Naturerlebnisse erwarten Besucher auf den Rundwegen durch den Abschnitt **Garden of Eden** an der N2 mit seinen seltenen und hohen Bäumen im dichten Regenwald und entlang des zweitägigen *Harkerville Coast Hiking Trail* und seiner sensationellen Szenerie. Die spektakulärste Aussicht bietet der *Kranshoek Viewpoint* hoch oben in den Klippen. Mountain-Biker schwärmen von der *Harkerville Mountain Bike Route* und Romantiker von einer Nacht in den *Tree Top Forest Chalets* inmitten traumhafter Waldlandschaft (www.sanparks.org, Tel. 044-3025606).

Wilderness Section des Garden Route National Parks

Fünf Flüsse, vier Seen, die Lagunen Swartvlei und die Touw River Lagoon sowie 28 km Küstelinie bilden zusammen eines der vielfältigsten Naturschutzgebiete Südafrikas, die **Wilderness Section** (2612 ha) des Garden Route National Parks. Auf Besucher warten Berge mit geheimnisvoll wirkenden **Regenwäldern** und blühende **Orchideen**, in trockeneren Regionen wächst die kaptypische **Fynbos-Vegetation.** Hin und wieder wird man einen *Buntbock* oder einen der scheuen *Buschböcke* treffen, und in den Abendstunden kann man im Lagunengebiet und am Strand Kap-Fingerottern beobachten. Die Strände, die Lagunen und der Fluss bieten **ideale Badebedingungen.** Zwei Verstecke am Rondevlei und Langvlei und der 1 km lange „Boardwalk" entlang der Touw River Lagune bieten zur Vogelbeobachtung gute Möglichkeiten.

Man kann aber auch Kanus und Tretboote mieten. Unlängst wurde der **Wilderness Canoe Trail** ins Leben gerufen, der auch für Anfänger geeignet ist. Er führt in drei Tagen durch das Seen- und Lagunengebiet zwischen Wilderness und Sedgefield. Übernachtungsmöglichkeiten sind vorhanden. Infos unter Tel. 044-877 0179, www.eden.co.za.

Wanderwege im Park

Der *Cape Dune Molerat Trail* beginnt am Rondevlei. Ein leichter Rundwanderweg von 8 km (3,5 h). Der *Giant Kingfisher Trail* (7 km, 4 h, nach

Zustand erkundigen) und der *Halfcollard Kingfisher Trail* (3 km, 1 h Rundwanderweg) starten beide im Ebb & Flow Camp und führen entlang am Touw River durch eine herrliche, immergrüne Flusslandschaft. Hier sollte man nach den bunten *Knysna Louries* Ausschau halten und auch nach den Namensgebern der Trails, den Riesenfischern und Kobalteisvögeln. Der *Pied Kingfisher Trail* ist nach den schönen Graufischern – die in Wirklichkeit schwarz-weiß sind –, benannt. Er führt auf einem 10 km langen Rundweg (4 h) an der Touw Lagune und am Strand entlang. Bei den Rangern nach Passierscheinen und Wanderbedingungen erkundigen.

Information & Service
Garden Route National Park (Wilderness Section), The Restcamp Manager, Tel. 044-8771197, Fax 8770111; Reservierung nur über **South African National Parks,** Tel. 012-428 9111, Fax 3430905; www.sanparks.org, reservations@sanparks.org, Eintritt: R120/Tag.

Rezeption und Laden 8–13 und 14–17 Uhr (in den Schulferien 7–20 Uhr) geöffnet. Im Laden Grundnahrungsmittel, Feuerholz, Fleisch, Wein, Bier, Souvenirs und Bücher. Kein Restaurant, keine Tankstelle, beides in Wilderness oder George, dort auch Polizei, Post, medizinische Versorgung und Autowerkstätten. An der Mündung des Touw River gibt es Picknickplätze.

Entfernungen: George 15 km; Knysna 46 km; Port Elizabeth 315 km, Kapstadt 450 km.

Unterkunft

Ebb & Flow Restcamp (South u. North, das südliche Camp ist das schönere). *Forest Cabin* (R585/2 Pers., jede weitere R186; max. 4 Pers.). *Family Cottage* (R1150/4 Pers.). *Log Cottage* (R1170/4 Pers.). *Rondavel* mit/ohne eigenem Bad (ab R300 2 Pers.). Der *Campingplatz* (R200, 1–2 Personen) hat einige Schattenplätze, gute sanitäre Einrichtungen, Grillstellen, Elektroanschluss. Zwei kleine Zelte auf einem Platz gestattet. Kanu- und Tretbootvermietung.

Sedgefield

Sedgefield liegt, umrahmt von den hellen Sandstränden des Indischen Ozeans und tiefgrünen, bewaldeten Bergen, am **Swartvlei,** dem größten salzhaltigen Binnensee Südafrikas. Hier und im Meer ist Wassersport großgeschrieben. Beliebt sind Wanderungen, die entlang des Sees mit seiner artenreichen Vogelwelt bis hinauf in bergige Regionen führen.

Eine **Paragliding Academy** und v.a. spannende Adrenalin fördernde Aktivitäten wie Kayakfahren, Abseiling etc. bietet die Upendi Backpackers Lodge (s. dort, www.paragliding sa.com).

Empfehlenswert ist Pub und Restaurant des Hotels **The Sedgefield Arms.** Ob süß oder herzhaft – die besten Pies gibt es am Bahnhof. Das **Bungalô Restaurant** liegt mitten im Wald mit Blick auf den Groenvlei Lake (N2, Ausfahrt Groenvlei), in wunderschöner Landschaft schmeckt das Essen besonders gut. (Tel. 044-343 3114, Frühstück, Light Lunch, Spezialitäten. Dinner auf Anfrage).

Information Sedgefield

Tourist-Information, 30 Main St, www.visit-sedgefield.com, Tel. 044-3432658. Jeden Samstag findet am Ortsausgang in Richtung George ein *Bio-Bauernmarkt* statt (8–12 Uhr).

Das **Goukamma Nature Reserve** (tgl. 8–18 Uhr) ist von Sedgefield aus über die Buffels Bay Road erreichbar. Das Naturschutzgebiet ist bekannt für seine verwitterten Felsklippen und schönen Dünen. Das Hinterland mit Fynbos-Vegetation und Wäldern ist Heimat für über 150 Vogelarten. Erkundung am besten zu Fuß. Den Startpunkt der beiden Wanderwege (8 und 14 km lang) erreicht man mittels einem kleinen Boot, in dem man sich mit einem Seil über das Flüsschen zieht. Schöner Picknickplatz direkt am Goukamma River.

Unterkunft

Comfort

Lake Pleasant Hotel, Groenvlei-See, Tel. 044-3431313, www.lakepleasantliving.com. Romantisch, 25 Zimmer am See. DZ ab R850 p.P.

Touristic

*Blackwaters River Lodge, 10 km Richtung Knysna auf der N 2, Tel. 044-3830105, www.blackwaters.co.za (m. Anfahrtsskizze). Schöne Zimmer, nette Besitzer, Frühstücksbüfett; ide-ale Lage am Goukamma River. Kanus, Pool, Golfplatz nebenan.

Myoli Beach Lodge, 17 Claude Urban Drive, Tel./Fax 044-3432108. Strandnahe Chalets.

The Sedgefield Arms, Pelican Lane, Tel.044-3431417, www.sedgefieldarms.co.za. Luxus-Chalets und Lodge, Gartenanlage, gutes Restaurant, Pub, Selbstversorgung möglich. DZ/F ab ca. R600 p.P.

Budget

Linger Longa, 4 Robin Rd, Tel. 044-3431141, www.lingerlonga.co.za. Ideale Unterkunft für Selbstversorger, auch Ü/F, sauber und ruhig gelegen. Ab R200 p.P.

Ferienresorts:

Lake Pleasant Chalets & Lodges, Tel./Fax 044-3431985 www.lake-pleasant.co.za. Chalets, Stellplätze, Fitnesscenter, Fahrrad-Vermietung, Reiten.

Knysna

Knysna (sprich: *Naisna*), einer der schönsten Ferienorte der Garden Route, liegt eingebettet zwischen Meer und einer herrlichen Bergwelt an der **Knysna Lagoon,** deren schmaler Eingang von den **Heads,** zwei imposanten hohen Sandsteinkliffs, umrahmt wird. Die N 2 ist gleichzeitig die **Main Road** die von vielen Läden, Cafés und Restaurants gesäumt wird. Auch die Touristen-Information befindet sich dort (u. an der Waterfront).

Fahren Sie an der Lagune östlich den **George Rex Drive** entlang bis zum Abschluss (schön sitzt man im East Head Café), dort können Sie auf einem Pfad fast bis zu den Heads vorgehen. Vom östlichen Kliff (116 Meter hoch) ergibt sich eine herrliche Sicht auf Knysna und die **Leisure Isle.** Der westliche Head ist 200 m hoch und gehört zum privaten **Featherbed Nature Reserve,** das man von Knysna mit einer kleinen Fähre erreichen kann. Abfahrt zur vierstündigen *Nature Experience* von der Municipal Jetty um 10 Uhr (Tel. 044-3821693, www.featherbed.co.

Karte S. 307 u. 309 **Knysna**

za). Im Reserve kann man zwei Kilometer durch dichten Küstenbewuchs wandern und/oder das Restaurant besuchen.

Knysnas Lagune ist 13 qkm groß, wurde 1992 als *Knysna National Lake Area* unter Naturschutz gestellt und gehört heute zum **Garden Route National Park.** Dennoch dürfen hier noch Austern gezüchtet werden, die man in vielen Restaurants probieren kann. Im Juli findet das *Knysna Oyster Festival* statt.

Waterfront /Bootsfahrten

Knysna ist sehr touristisch, auch in der Nebensaison! Die kleine nette **Waterfront** bietet Läden, Boutiquen und Restaurants. Von hier aus starten Boote zu den „Heads" (*Knysna Charters,* www.knys

nacharters, Tel. 082-8920469, verschiedene Touren) Dabei sind die *Rivercats* zu empfehlen, die mit kleinen Fährbooten direkt zwischen die Klippen der Heads fahren dürfen (um 11, 12.30, 14, 15.30 u. 17 Uhr). Ein Erlebnis sind auch die Lunch- und Dinner-Fahrten mit dem Schaufelraddampfer *Paddle Cruise,* Abfahrt 12.30 u. 18.15 Uhr, Tel. 044-3821693, www.knysnafeatherbed.com.

Sehenswert

Zum **Knysna Museum** der Queen Street zählt das kleine **Millwood House** (Mo–Fr 9.30–16.30, Sa 9.30–12.30 Uhr), das Ende des 19. Jahrhunderts aus Gelbholz errichtet wurde. Früher stand es in Millwood, einem kleinen Goldgräberstädtchen 32

km nördlich außerhalb (heute Geisterstadt, Besuch nicht lohnenswert), wurde
dann nach Knysna verfrachtet und zum
Museum für lokale Stadtgeschichte umfunktioniert. Das **Parks Cottage** dokumentiert die Geschichte von Millwood
und die persönlichen Gegenstände von
George Rex, der von 1803–1839 in Knysna lebte (und auch hier begraben liegt). Es
heißt, er wäre der Sohn des englischen
Königs George III. und einer Schuhma-
cherstochter gewesen. Er soll wie ein
Landadeliger zusammen mit seinen zwei
Frauen gelebt haben. Der **Old Gaol Complex** (Mo–Fr 9.30–16.30, Sa bis 12.30), das
ehemalige Gefängis, umfasst das *Maritime & Angling Museum,* die *Knysna Art Gallery,* das *Old Gaol Café,* eine *Art School* u.a.

Wer sich für zeitgenössische südafrikanische Kunst interessiert, sollte in **The
Little Gallery,** George Rex Drive, vorbeischauen, oder, noch besser, bei ***Knysna
Fine Arts,** 8 Gray Street. An der Ecke
Vigilance hat sich unter freiem Himmel
der **African Arts & Craft Market** etabliert
(9–18 Uhr). Ein Stückchen die Vigilance
weiter gelangt man zur **Mitchell's Brewery,** eine kleine Privatbrauerei mit Führungen (Führungen Mo– Fr 11, 12.30 und
14.30 Uhr, Tel. 044-3824685). Das gute
Bier ist auch in den Restaurants erhältlich.

Im westlichen Vorort **Belvedere** (über
die N 2) erstaunt in einem Friedhof die
Belvedere Church mit ihrem normanni-
schen Baustil, den man in Europa des 12.
Jahrhunderts pflegte. *Eco Africa Tours,* Tel.
082-5589104, bietet einen Ausflug in das
Township von Knysna an. Eine Tour, die
die Vergangenheit mit der Gegenwart
verbinden möchte. Man lernt sehr viel
über das Volk der Xhosa. Wer hätte gedacht, dass eine der größten **Rastafarian-
Gemeinden** ausgerechnet in Knysna
liegt? Der Besuch des Heiligen Tempels
(Holy Tabernacle) ist beeindruckend
(Frauen müssen Kopfbedeckung tragen).
House of Judah, Tel. 044-3750677.

Aktivitäten

Knysnas sportliches Angebot ist groß: Schwimmen im Meer oder in der Lagune, Tauchexkursionen (Knysna Divers, Tel. 044-5331158), Bootfahren (Kanu- und Kajakvermietung bei Tait
Marine, 6 Long Street, Tel. 044-3824460) oder
Wanderungen im nahegelegenen Naturreservat. Halb- bis zehntägige Fahrradtouren bieten
an Leon & Kevin, Tel. 044- 3827644.

Die besten **Strände** sind *Brenton Beach,* der
sich 4 km bis Buffalo Bay erstreckt, und *Noetzie
Beach* beim östlich gelegenen Noetzie (Anfahrt
über R 339). **Abseilen** kann man sich von den
Knysna Heads im Featherbed Nature Reserve
(30, 55 und 121 Meter).

Natur

Mitten im Ort liegt der 10 ha große **Pledge
Park,** der „Park des Versprechens", 1991 auf
Privatinitiative hin angelegt. Er ist eine kleine
Oase mit verschlungenen, schattigen Wegen
(Informationskiosk Di 9.30–12.30 Uhr). Umwelt-
schützer holen sich in diesem Projekt wertvolle
Inspirationen zum Thema „Von der Müllkippe
zum Garten Eden".

Der **Knysna Forest,** das größte naturbelas-
sene Waldgebiet Südafrikas, erstreckt sich ostwärts entlang der Ausläufer der Outeniqua und
Tsitsikamma Mountains. Typisch für diesen
Wald sind Baumgiganten, wie die riesigen
Gelbholzbäume, die über 800 Jahre alt werden
können, weiße Erlen, Farnwälder und Rank-
pflanzen. Der Wald ist sehr dicht, an einigen
Stellen undurchdringlich. An einem dieser geheimen Orte leben die letzten freien Exemplare
der kleinen **Knysna-Elefanten,** von denen man
erst kürzlich wieder welche entdeckt hat.

Für die **Wanderwege** von Knysna in das bergige Waldgebiet (Kranshoek-, Elephant-, Ter-
blans- und Millwood Trail, Dauer zwischen 1–6
Stunden) braucht man keine Erlaubnis, sollte
sich jedoch eine Karte beim Department of
Forestry besorgen (Denmar Centre, Tel. 044-
3825466, Main Road; Mo–Fr 7.30–13 Uhr; aufgeführt auch in der Info-Broschüre im Informationszentrum).

Knysna Lakes Section

In den **Garden Route National Park** ist
die weitläufige Wasserwelt rund um Knysna integriert. Die gezeitenabhängige Lagune und das Mündungsgebiet des Knys-

Karte S. 307 u. 309 **Knysna** 309

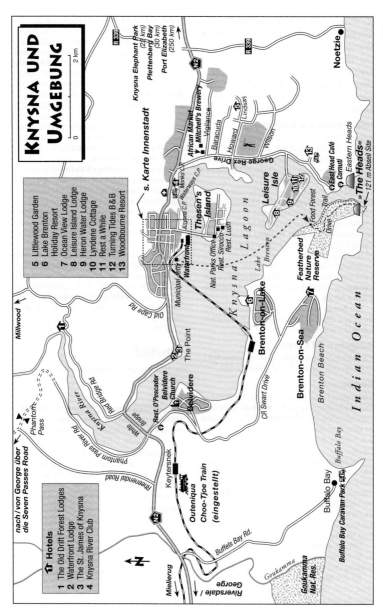

310   Knysna

na River ist ein ausgezeichneter Platz für alle (Hobby-)Ornithologen, die vor allem Watvögel beobachten können. Aber auch die herrlichen Schreisee- und Fischadler kreisen über dem Gebiet und die gefährdeten schwarzen Austernfischer, die man gut an den roten Schnäbeln und Beinen erkennen kann, sind heimisch.

Information & Service Knysna

Knysna Tourist Centre, Memorial Square, 40 Main St, Tel. 044-3820303, Fax 3820302, visitknysna.co.za u. www.visitknysna.com. Zimmernachweis, Infos über Freizeitaktivitäten (Mo–Fr 8.30–18, Sa 8.30–13 Uhr).

Ganz romantisch ist eine Fahrt mit dem **John Benn Pleasure Boat** (Abfahrt Municipal Jetty, Tel. 044-3821693). Erkundigen Sie sich nach den Champagnerfahrten dem Sonnenuntergang entgegen! – **Lightleys Holiday Houseboats,** Tel. 044-3860007; Vermietung großer Hausboote für Ferien auf dem Wasser. – In der Hochsaison steht der Verkehr in der Main Street still: Fahrradvermietung bei **Deep South Eco Adventures,** Tel. 083-2509441 oder **Mountain Biking Africa,** Tel. 082-7828392.

Die **Busse** von Translux (Ecke Long Street), Intercape (Ecke Gray Street) und Chilwans halten in der Main Street.

Ausgehen & Tanzen

Für Nachtschwärmer gibt es einen guten Platz: Chilli Groove, Queen St, Tel. 044-3820931.

Restaurants

Vorab zwei Tipps: Wenn es schon eine Brauerei im Ort gibt, dann möglichst **Mitchell's Bier** vom Fass bestellen. Die **Ilê de Pain** auf Thesen Island ist eine österreichische Bäckerei mit Café; täglich frisches Brot und Backwaren. Tolles Frühstück!

Die Restaurant-Auswahl ist sehr groß. Gehen Sie mal vom Memorial Square auf der Main Road westlich, vorbei an der Touristen-Information, und dann rechts zum **Pledge Square:** dort gibt es einige nette Restaurants, man kann im Freien sitzen. Ein besonderer Tipp in Sachen Seafood ist mit Sicherheit der kleine historische Pub *Harry B's,* Main Rd, Tel. 044-3825065.

Um den **Memorial Square** (s. Stadtplan) gibt es Abwechslung: Mal wieder indisch? **Raaisol** ist günstig und gut, auch der Thai oben am Platz.

An der **Waterfront** hat man die Wahl der Qual, unser Tipp ist dort **Cafe Mario,** italienisch, abends fast immer ausgebucht. Das Ketten-restaurant Spur bietet gute Steaks. Bei der *The Drydock Food Co.,* direkt am Wasser, werden bei kühlem Weißwein Austern geschlüft, aufgeträufelter Zitronensaft lässt sie zusammenzucken, denn sie leben ja noch ... Das **34° South** bietet eine große großer Auswahl an Seafood, Tel. 044-382733, www.34-south.com. – **JJ's Restaurant,** erhöht mit Blick über den Hafen, ist nicht billig, bietet aber erstklassige Küche, Tel. 044-3823359, www.jjsrestaurant.co.za.

Auf **Thesen Island** (Thesen Harbour Town) gibt es zwei gute Upmarket-Restaurants: **Sirocco,** Tel. 044-3824874, und **Lush,** Tel. 044-382 7196, schönes Ambiente.

Fast am Ende **George Rex Drive** (links ab in die Coney Glen Rd) finden Sie das italienische Restaurant **Cornuti** (Tel. 044-3840408) mit sehr guter Küche und Blick auf die Knysna Heads. Direkt am Ende des George Rex Drive befindet sich das gemütliche **East Head Café,** u.a. auch fangfrischer Fisch und gleichfalls Aussicht auf die Heads.

Zu den empfehlenswerten **Restaurants außerhalb** gehören das *O'Pescador,* Brenton-on-Sea-Road bei den Knysna Chalets, Tel. 044-3860036 (Mo–Sa 18.30–23 Uhr, portugiesische Küche). Das **Firefly Eating House** an der Old Cape Rd (westl. außerhalb, von der N2 abgehend) bietet fernöstliche und schmackhafte Cape Malay Küche, Tel. 044-3821490.

Unterkunft

Es gibt ein sehr großes Angebot an Unterkünften!

Luxus

Falcons View Manor, 2 Thesen Hill, Tel. 044-3826767, falconsview.com. Viktorianisches Herrenhaus, 6 Luxuszimmer, Parkanlage, schöne Aussicht. DZ/F ab R940.

The St James of Knysna, The Point, Tel. 044-3836750, www.stjames.co.za. Luxuriöses Spitzenhotel an der Knysna-Lagune mit insgesamt 20 Zimmern, Suiten und Cottages. DZ/F ab R550 bis R1890 p.P.

The Graywood, Ecke Gray u. Trotter St, Tel. 044-3825850, www.thegraywood.co.za. Holzkonstruktions-Hotel mit super Frühstücksbüfett mitten in Knysna, zentral und trotzdem ruhig. 5 Min. zur Waterfront und 3 Min. zu den Shopping Centres. Parken im Innenhof. Grünes Ambiente, Pool, 49 DZ- u. Mehrbett-Zi., DZ/F R755 p.P.

Comfort

*Littlewood Garden, 8a Lindsay St (nahe des Golfplatzes; George Rex Drive – Howard – Lindsay), Münchnerin Martina Hölzl, Tel. 044-3841544, Cell 079-3535320, www.littlewood garden.com. Großzügige Zimmer und separate, sehr gut ausgestattete SC-Ferienwohnungen in exklusiver Gartenanlage, ein kleines Paradies für Natur- und Ruhesuchende; außerdem Felsenpool, Grillplatz, Vogelbeobachtung, sicheres Parken. DZ ab R800, mind. 2 Nächte, Frühstück extra. Spezialtarife für Langzeitaufenthalte.

Knysna River Club, Sun Valley Road, Tel. 044-3826483, www.knysnariverclub.co.za. Komfortable Holzhäuser an der Lagune, Restaurant. DZ ab R1300.

Auf der Leisure Isle gibt es etliche Unterkünfte: **Leisure Isle Lodge,** 87 Bayswater Drive, Tel. 044-3840462, www.leisureislelodge.co.za. Überschaubares Ferienhotel, Wassersportgeräte (auch Angeln) und Mountainbikes werden gestellt. Restaurant und Pool.

Rest a While, 7 The Grove, Tel. 044-3840591, www.restawhile.co.za. Schöne große Zimmer, sauber und sehr ruhig, reichhaltiges Frühstück. DZ/F a. Anfrage.

Turning Tides B&B, 19 Woodbourne Drive/ Egret Lane, www.wheretostay.co.za/turning tides, Tel./Fax 044-3840302. Alle Zimmer mit Balkon und schöner Aussicht. DZ ab R395 p.P.

Außerhalb liegen:

The Old Drift Forest Lodges, Old Cape Road, Tel. 044-3821994. Romantische, einsam gelegene Holzchalets auf waldiger Anhöhe, herrlicher Ausblick, ab 4 Personen erschwinglich.

*Waterfront Lodge, The Point, Eastford, Tel. 044-3821696, www.waterfront-lodge.co.za. Die meisten der 8 DZ haben Blick auf Lagune. Toll eingerichtete Zimmer, nette Besitzerin und Atmosphäre. DZ/F ab R480 p.P.

Ocean View Lodge, Brenton-on-Sea, President C.R. Swart St, eine Minute vom Strand, Tel. 044-3810063, www.oceanviewsafrica.com. Haus mit 8 Zimmern in Fynboslandschaft, Restaurant. DZ ab R800.

Budget

Lyndene Cottage, 9 Hillview Crescent, Leisure Isle, Tel./Fax 044-3840189. 1 DZ, Gartenlage, nahe Lagune.

Außerhalb: *Southern Comfort Horse Ranch, Fisanthoek, zwischen Knysna und Plettenberg, Tel./Fax 044-5327885, schranch.

co.za. Mehrbett- und DZ, Camping auf großer Pferderanch, nicht nur für Reiter interessant, sehr ruhig, beschaulich. Ab R100 p.P.

Ferienresorts und Camping

Woodbourne Resort, George Rex Drive, Tel. 044-3823223, www.woodbounre.caravan parks.co.za. Schattige Parkanlage, 90 Stellplätze, Wohnmobile/Zelte. Chalet ab R760, Site ab R280.

Lake Brenton Holiday Resort, Capt. Wa Duthie Avenue, Tel. 044-3810060, www.lake brenton.co.za. Außer Stell- und Zeltplätzen auch Chalets, ruhig, schön, behindertengerecht, Kanuvermietung, Minimarkt. Chalets/ Rondavels von R700 bis R2600, Site R300.

*Buffalo Bay Caravan Park, Buffalo Bay, Tel. 044-3830045, www.buffalobay.co.za. Schön am Meer gelegen, langer Sandstrand. Site ab R320.

Außerhalb: *Harkerville Forest Lodge, Harkerville, 20 km östl. von Knysna (N 2) und 12 km vor Plettenberg, Tel. 044-5327777, www.harkerville.co.za. Ideales Feriendomizil im Grünen, besonders für Familien. Großes Angebot an Freizeitaktivitäten. Dorm ab R220, Chalet ab R400, Site R120.

Von Knysna nach Plettenberg Bay
Garden of Eden

Vom **Garden of Eden,** einem Picknick- und Aussichtsplatz links bzw. nördlich der N2, führen wunderbare Spazierwege durch den Wald.

Knysna Elephant Park und Lodge

Im **Knysna Elephant Park,** 22 km westl. von Knysna und gleichfalls nördlich der N 2, kann man die grauen Riesen hautnah erleben (tgl. 8.30–16.30, Tel. 044-5327732, www.knysnaelephantpark.co.za).

Standardtour R220, halbstündlich ab 8.30 Uhr, Dauer ca. eine Stunde, Futterkübel R30. Zweistündige Ride/Walk-Tour R885 oder Sunset/Sunrise-Tour R1250. Hierbei geht es mit den Elefanten durch den Wald. Vorbuchen angeraten. Kinder ermäßigte Preise. Übernachten kann man in der geschmackvoll eingerichteten **Elephant Lodge,** DZ ab ca. R750 p.P.

Eine Alternative zum Knysa Elephant Park ist das **Elephant Sanctuary,** s. dort.

312   Plettenberg Bay

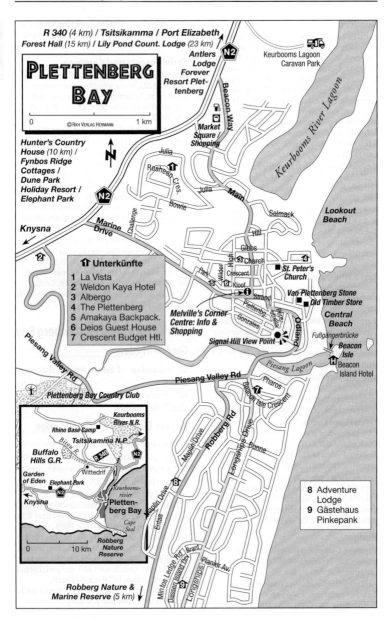

Plettenberg Bay

1577 taufte der Portugiese Manuel da Perestrello die Plettenberg-Bucht *Bahia formosa*, „schöne Bucht". Ob das die 100 gestrandeten Männer, die 1630 von der sinkenden *São Gonçalo* an Land gespült worden waren und 8 Monate auf Rettung warteten, auch so empfanden, ist fraglich. Das Wrack des Schiffs kann man heute noch sehen, Fundstücke stellt die Stadtverwaltung aus.

„Plett", wie die Einheimischen sagen, wurde 1779 gegründet und nach dem Kapgouverneur *Baron Joachim van Plettenberg* benannt. Der Ort war zunächst ein Holzhandelszentrum, was zum Bau des Prince Alfred Pass (1868) und der Straße nach Humansdorp führte. Der **Old Timber Store** aus dieser Zeit ist heute Nationalmonument. Aus dem 19. Jahrhundert stammen die **St Andrew's Church** (1850), ein sehenswerter Gelbholz-Bau, und die **St Peter's Church** (1855). Landmarke der Stadt ist der Betonkasten des teuren **Beacon Island Hotels,** das unübersehbar auf einer kleinen Insel in der Bucht thront. Eine schöne Aussicht über Stadt und Strand hat man vom *Signal Hill View Point* (s. Karte.)

Plettenberg Bay (20.000 Einw.) ist ein beliebter südafrikanischer **Urlaubsort** mit herrlichen Stränden, klarem Wasser und einer beeindruckenden Bergwelt als Kulisse im Hinterland. Man trifft sich im *Plettenberg Bay Country Club* zu einem gepflegten Golfspiel (Besucher willkommen, Tel. 044-5332132) oder auf der *Art, Craft and Antique Route* beim Stöbern in Antiquitäten oder Begutachten lokalen Kunsthandwerks.

Strände: Neben dem zentralen *Central Beach* ist auch der nördlichere *Lookout Beach* beliebt.

Melville's Corner Centre

Einfahrt von der N2 auf der **Marine** oder **Beacon** (dort vorbei an der Shopping Mall „Market Square") bis zum Zentrum an der Kreuzung Main-/Marine Street mit einer Delphin-Skulptur im Kreuzungspunkt. Hier befindet sich das **Melville's Corner Centre** mit Shopping-Center, **Plett-Tourism,** Läden, Banken, Restaurants, Kino etc. Gegenüber ein kleiner Markt mit Imbiss-Ständen.

Eine große Auswahl an lokaler Handwerkskunst, Schmuck, Antiquitäten bietet **The Village** an der Piesang Valley Road. Gemütlich zum Bummeln und zum Essen. Tgl. 9–17 Uhr.

Bei der Ausfahrt über die Main-/Beacon Rd zur N2 haben Sie von oben einen tollen Blick über die **Keurbooms River Lagoon** mit Sandstränden ohne Ende.

Nature Reserves

Das ***Robberg Nature Reserve,** Tel. 044-5332125, erstreckt sich über ein Vorgebirge aus rotem Sandstein am **Cape Seal** endet, aber noch 4 km im Ozean weitergeht. In Höhlen haben Steinzeitmenschen gewohnt. So fand man in der **Nelson's Bay Cave** neben primitiven Werkzeugen auch das Skelett eines zwölfjährigen Mädchens aus der Ära der „Strandloper" (Mittlere Steinzeit). Die Robberg-Halbinsel ist ein Vogelparadies mit Austernfischern, Weißbrustkormoranen und Dominikanermöwen. Auch Wale und Delphine können von den kleinen Wanderwegen entlang der Küste aus beobachtet werden.

Das **Keurbooms River Nature Reserve,** 8 km nordöstlich am gleichnamigen Flusslauf, ist mit dem **Whiskey Creek Reserve** verbunden und besteht aus Schluchten, imposanten Felsklippen und einem steilen Flusslauf, der von einem Plateau bis fast auf Meereshöhe abfällt. Vogelfreunde finden die seltene *Afrikanische Binsenralle,* die mit ihren roten Füßen und ihrem rotem Schnabel aussieht wie eine Mischung aus Ente und Kormoran. Es gibt einen kleinen Wanderpfad

314   Plettenberg Bay

Karte S. 312

entlang des Flusses und die Möglichkeit zu einer zweitägigen Kanufahrt (Genehmigung: www.capenature.co.za. Tagestouren mit kleinen Ausflugsbooten bieten *Keurbooms River Ferries* (tgl. 11, 14 Uhr und Sonnenuntergang; R120 p.P. Auch günstiger Motorbootverleih. Infos Tel. 083-2543551; ferry@ferry.co.za. Anfahrt: 6 km Richtung Port Elizabeth.

Information & Service Plettenberg

Plettenberg Tourism Bureau, Melville's Corner, Main St, Tel. 044-5334065, Fax 5334066, www.plettenbergbay.co.za. Zimmernachweis, Plan für die Arts & Craft Route, Freizeit-Tipps. The Crags (s.S. 315): www.cruisethecrags.co.za.
   Mountainbikes: *Jamin Adventures,* www.ja minadventurews.com. **Tauchen:** Pro Dive, www.prodive.co.za. Beste Adressen für **Bootstouren** zur Delphin- und Walbeobachtung sind *Ocean Safaris,* Tel./Fax 044-5334963, www.oce ansafaris.co.za und *Ocean Adventures,* Tel. 5335083, oceanadventures.co.za. **Surfen:** *Jamin Surf School,* Tel. 082-4366410, www.gardenrou tesurfacademy.com. ist die Nr. 1 in Plett.
   Jährlich Ende September findet das *Whiskey, Whales and All that Jazz Festival* statt. In der Walsaison starten Boote von *Ocean Safaris,* Details dazu auf www.oceansafaris.co.za. Reservierung notwendig.

Restaurants

Restaurants gibt es jede Menge. Günstig isst man bei den Imbissständen an der Main Street gegenüber Mellville's Corner Centre, wo es dann etliche Lokale gibt; dort bietet **Miguel's** auf der Terrasse auch Sushi an. Weitere Tipps sind: **The Med Seafood Bistro,** Main Rd, Tel. 044-5333102; türkisch-marokkanisch-italienische Küche. Im **Moby Dick Seafood Restaurant** am Strand (tgl. 11–22 Uhr) zappelt der fangfrische Fisch fast noch auf den Tellern. Das **Nguni,** 6 Crescent St (beim White House Venue and Theatre), ist klein, aber fein mit Antilopensteaks und Seafood (www.ngunirestaurant.co.za).

Unterkunft

Luxus

Hunter's Country House, 10 km N 2 in Richtung Knysna, Tel. 044-5327818, countryhouse. hunterhotels.com. Heimste internationale Preise ein, u.a. als „bestes familienbetriebenes

Hotel der Welt" (Gallivanter's Guide, UK). 18 Luxus-Chalets, jedes mit Kamin und Veranda in prächtiger Gartenanlage. Abendessen bei Kerzenschein. DZ/F ab R1450 p.P.
The Plettenberg, 40 Church St, Tel. 044-5332030, www.collectionmcgrath.com. Außergewöhnlich schön, sehr teuer. DZ/F ab R4600.

Comfort

Crescent Budget Hotel, Piesang Valley Rd, Tel. 044-5333033, www.crescenthotels.com. Noch zentral gelegen. DZ/F ab R460 p.P.
*Gästehaus Pinkepank, Dassen Island Drive 70, Tel./Fax 044-5336920, www.urlaub-sued afrika.de. 6 moderne und gehoben ausgestattete große Zimmer mit Balkon/Terrasse, windgeschützter Pool, hilfsbereiter dt. Gastgeber. DZ ab R650 p.P.
Außerhalb: *Lily Pond Country Lodge, R 102 Nature's Valley Road, The Crags, Tel. 044-5348767, www.lilypond.co.za. Von holländischem Paar geführte und sehr geschmackvoll designte Lodge mit 10 Zimmern an einem großen Seerosenteich in der Natur. Exzellente Küche. DZ/F ab R690 p.P.

Touristic

La Vista Lodge, 17 Rosheen Crescent, Tel. 021-8136133, www.lavista.co.za. Ein sehr schönes Haus mit luxuriös-/eleganter Einrichtung, Pool mit Blick über die Keurboom Lagoon. Ab R295 p.P.
Außerhalb:
*Antlers Lodge, 17 km außerhalb Richtung Tsitsikamma, Ausfahrt Hog Hollow, Tel. 044-5348837, www.antlers.co.za. Ländliche Gemütlichkeit auf schöner Farm. DZ ab R650.
Fynbos Ridge Cottages, 7 km auf der N 2 in Rtg. Knysna, ausgeschildert, Tel./Fax 044-532 7862, www.fynbosridge.co.za. 4 gepflegte Cottages, schöne Landschaft. Cottage ab R750 p.P.

Budget

Albergo, 8 Church St, Tel. 044-5334434, www. albergo.co.za. Günstig, nett, für Globetrotter/Backpacker („Warning! Staying at Albergo could seriously damage a boring and uneventful lifestyle"). DZ mit Bad R400, Dormitory R140 p.P., Site R90 p.P.
AmaKaya Backpackers, 1 Park Lane, Tel. 044-5334010, www.amakaya.co.za. Zentral gelegen, beliebter Treffpunkt. Mit Adventure Centre und Pub.

Ferienresorts und Camping

Forever Resort Plettenberg, Tel. 044-535 9309, www.foreversa.co.za. Ca. 200 Stellplätze für Zelte/Campmobile, gelegen am Fluss, auch Chalets.Ab R900.

*Dune Park Holiday Resort, Keurboomstrand (über gleichnamige Abfahrt von N 2 aus erreichbar), Tel. 044-5359606, www.dunepark.co.za. Sauberer Platz direkt hinter den Dünen. Kurzer Fußweg zum langen Sandstrand, an dem man oft Delphine beobachten kann. DZ ab R425, Chalet ab R1500 (4 Pers.).

San Marino, Keurbooms River, Tel. 044-535 9700, www.sanmarino.co.za. Chalets und Stellplätze am Ufer der Keurbooms-Lagune. Preise a.A.

Keurbooms Lagoon Caravan Park, Tel. 044-5332567, www.keurboomslagoon.co.za. Schön an der Keurbooms-Lagune gelegen, 460 Stellplätze! Site ab R300.

Auf der N2 von Plettenberg Bay nach Nature's Valley

Dies ist eine schöne, abwechslungsreiche Fahrt durch Waldgebiete und Naturlandschaften zwischen Meer und Tsitsikamma Mountains. Mehrere Abstecher zu Tierreservaten sind möglich.

Plettenberg Bay Game Reserve

Das **Plettenberg Bay Game Reserve** liegt nur 15 Minuten nordöstlich außerhalb der Stadt und ist „Big Five Country"! Es ist mit 2200 ha das größte Wildschutzgebiet der Region. Das Projekt begann mit dem Schutz von Nashörnern. Mittlerweile gibt es 35 verschiedene Tierarten, darunter auch Giraffen und Krokodile. Für Tagesbesucher gibt es zweistündige Pirschfahrten und die sehr empfehlenswerten *Horse-Safaris* (beides zu moderaten Preisen). *Anfahrt:* Auf der N 2 Richtung Port Elizabeth, dann auf die R 340 in nördlicher Richtung abbiegen. Nach 12 km der Beschilderung nach rechts folgen.

Information/Unterkunft

Plettenberg Bay Game Reserve, Tel. 044-535 0000, www.plettenbergbaygamereserve.co.za

(m. Anfahrtskizze). DZ/F ab R990 p.P. inklusive Safari oder Reitausflug. Tagesbesucher willkommen.

Monkeyland, Elephant Sanctuary, Birds of Eden, Tenikwa

Diese vier Attraktionen liegen alle kurz südlich der N2 dicht beieinander und man kann sie nacheinander besuchen. Auf der N2 weisen von beiden Fahrtrichtungen braune Schilder auf die Zufahrtsstraße hin (von Plettenberg 19 km, hinter *The Crags* die „Kurland Village"-Ausfahrt nehmen). An einer Gabelung der Forest Hall Road geht es nach rechts zum *Elephant Sanctuary*, zu *Birds of Eden* und *Monkeyland*, nach links zum *Tenikwa Wildlife Awareness Centre*. Man kann dabei einen halben Tag zubringen und im Peppermill-Restaurant essen gehen (s. Hinweisschild).

Elephant Sanctuary

Wer den Knysna Elephant Park versäumt hat, kann eine hautnahe Begegnung mit Dickhäutern hier im Elephant Sanctuary nachholen (Tel. 044-5348145, www.elephantsanctuary.co.za). Täglich einstündiges Programm mit Guides um 8, 9, 10, 11, 12, 13.30, 14.30 u. 15.30 Uhr. Preise je nach Interaktion, ob Streicheln und Füttern, Reiten, Safari-Walk, „Educational Programm" oder „Early-morning-Brush" der grauen Riesen ab R475. Kinder jeweils ermäßigt.

Birds of Eden

Bei der größten Freiflug-Voliere der Welt (tägl. 8–17 Uhr, Eintritt R150, Tel. 044-5348906, www.birdsofeden.co.za) überspannt domartig ein riesiges Netz – Bauzeit mehr als vier Jahre – einen mehr als zwei Hektar großen Waldbereich über einer Flussschlucht, durch den man auf einem Boardwalk und über Hängebrücken durch das schattige Blätterdach der Bäume wandert, in denen sich Tausende prachtvoll-bunte afrikanische, asiatische und lateinamerikanische Vogel-Spezies tummeln. Ohrringe abnehmen (man bekommt an der Kasse ein Tütchen dafür) und auf Hörgeräte achten, weil neugierige Parrots Besucher besteigen und anfangen zu picken. An Teichanlagen auch Groß- und Wasservögel wie Ibisse, Kraniche und Flamingos. Mindesten eine Stunde Zeit einplanen. – Am Parkplatz liegt gegenüber Monkeyland.

Monkeyland

Hat sich dem Schutz der Primaten angenommen (tgl. 8.30–17 Uhr, Tel. 044-5348906, www.monkeyland.co.za). Man kann entweder nur das Restaurant am Forest Deck besuchen oder optional eine informative (nicht kostenlose) Führung durch das Waldgebiet und über eine mehr als 110 Meter lange Hängebrückebuchen. 16 Affenspezies aus aller, wie z.B. Totenkopfäffchen, Lemuren, Meerkatzen u.a. leben frei in dieser schönen Wald- und Pflanzenwelt.

Tenikwa

Empfehlenswert ist der Besuch des *Tenikwa Wildlife Awareness Centre* (tägl. 9–16.30 Uhr, einstündige Standardtour R185 zu jeder halben Stunde ab 9 Uhr, Tel. 044-5348170, www.tenikwa.co.za), ein Tier-Rehabilitations-Zentrum, in dem man vor allem Cheetahs (Fotografieren mit ihnen ist möglich), Caracals, Großvögel und einige andere Tierarten zu sehen bekommt. Kleines Café.

Nature's Valley

Hinweis: Details über das Nature's Valley Rest Camp, Endpunkt des Otter Trails, s.S. 323. Tel.-Nr des Nature's Valley Rest Camp: 044-5316700

Nächste Abzweigstraße von der N2 nach rechts ist die **R102** nach **Nature's Valley** runter ans Meer (ca. 8 km) und wieder hoch zur N2. Dies ist die interessantere Variante als oben auf der N2 weiterzufahren.

Nature's Valley Beach liegt am westlichen Ende des Tsitsikamma (Vasselot Section), an der seeartigen Mündung (Kanufahren möglich) des *Groot River* und besticht durch seinen superbreiten Sandstrand. Parkplatz direkt davor. Mit etwas Glück kann man im Meer Delphine beobachten, doch es stürmt oft heftig. Der kleine Ort **Nature's Valley Village** rechter Hand der Strandzufahrt in einem Waldgebiet ist fast ausschließlich eine Ferienhaussiedlung. Ganz am westlichen Ende der Ringstraße liegt das *Nature's Valley Restaurant* mit kleinem Laden.

Unterkunft

Es gibt etliche einfache Unterkünfte entlang der vier Längs- und einiger Querstraßen, eine Hinweistafel bietet eine Auswahl mit Adressen. **Hikers Haven** *(Budget/Touristic)*, 411 St Patrick's Street, Tel. 044-5316805, www.hikershaven.co.za. DZ/F ab R275 p.P. Für gesellige Wandersleute eine gute Wahl. Kanuverleih. – In der St Michael's Ave, gleich beim Restaurant, befindet sich die fast ganz aus Holz erbaute **Tranquility Lodge,** Tel. 042-2803802, tranquilitylodge.co.za, Pool, hervorragende Küche, Bar und andere Annehmlichkeiten. DZ ab R1200 (3 Nächte minimum).

Weiterfahrt auf der R102 / Bloukrans Pass

Von Nature's Valley windet sich die R102 durch Wälder wieder hoch zur N2. Dabei passiert man den **Groot River Pass** und später den **Bloukrans Pass** (beide sind jedoch keine „Bergpässe", sonden tiefe Schluchteneinschnitte). Die Straße ist recht schmal und mit vielen Haarnadelkurven gespickt. An zahlreichen Picknickplätzen kann man anhalten und dem Gesang der Vögel lauschen. Es empfiehlt sich, beim Erreichen der N2 auf ihr weiterzufahren, damit man dann vom *Tsitsikamma Khoisan Village* (s.S. 325, „Fortsetzung der Fahrt auf der N2") von oben den großartigen Blick auf die Bloukrans-Schlucht und -Brücke genießen kann. Wer auf der R102 verbleibt, erreicht nach dem Bloukrans Pass und nach 18 km gleichfalls wieder die N2.

Unterwegs führen Seitensträßchen zu schönen Plätzen, z.B. bei der *Bloukrans Forest Station* (nach der N2): schöne Aussicht über *Koos de Bank* und *Clinton's Bank*. Kleine, ausgeschilderte **Rundwanderungen** beginnen am Fuße des dann folgenden Bloukrans Passes: Rugbos Trail und Picnic Site (100 m lang, 1,3 km). 8,4 km lang ist der *Stinkhoutkloof Nature Trail,* der auf der Passhöhe am Büro des Bloukrans State Forest beginnt. Er führt durch unberührten Urwald und durch Plantagen. Teilweise anspruchsvoll mit Flussüberquerung (nicht für Familien mit kleinen Kindern geeignet).

2 Eastern Cape

Einführung

Die Küstenregion der Eastern Cape Province zwischen Port Alfred und dem der Tsitsikamma Section des Garden Route National Parks zählt zu den schönsten des Landes, die Große Karoo mit ihrer endlosen Weite vermittelt noch immer das Empfinden unberührter Natur. Die Wild Coast ist wildromantisch und verspricht menschenleere Strände und Abenteuer. Dahinter erheben sich die Berge der Amatola Mountains und die ländlichen Gebiete der ehemaligen Homelands Ciskei und Transkei. Geschichtsträchtig präsentieren sich Port Elizabeth, Grahamstown und Graaff-Reinet. Die **Drakensberge** der Eastern Cape Province gelten als Geheimtipp für Wanderfreunde und der **Addo Elephant National Park** ist einer der interessantesten des Landes.

Internet-Infos

Touristische Informationen, wie Veranstaltungskalender, Wettervorhersage, aktueller Umtauschkurs, Live-Webkamera und Reisetipps (Übernachtung und Restaurants) zum Eastern Cape erhält man unter Tel. 043-7019600 und im Internet auf der Seite www.ectourism.co.za.

Klima

Die östliche Kapregion liegt zwischen dem gemäßigten Mittelmeer-Klima des Westens mit Winterregenfällen und subtropischer Zone im Osten – Hauptniederschläge von Oktober bis April. Generell wird es zunehmend wärmer, je nordöstlicher man reist. Port Elizabeth wartet mit durchschnittlich siebeneinhalb Sonnenstunden am Tag auf, im Januar ist es dort mit 25 °C am wärmsten, im Juli fällt die Quecksilbersäule auf 10 bis maximal 19 °C. Buffalo City hat ähnliche Werte. An der Wild Coast wird es wärmer: im Sommer bis zu 30 °C, im Winter kann es aber auf 8 °C abkühlen.

Sicherheit

Die Sicherheit in dieser Provinz ist positiv zu beurteilen. Erhöhte Aufmerksamkeit ist in den ehemaligen Homelands Transkei und Ciskei und größeren Städten wie Port Elizabeth, Buffalo City, Umtata und King William's Town ratsam. Generell ist es im gesamten Bereich nicht sinnvoll, nach Einbruch der Dunkelheit Auto zu fahren oder gar herumzuspazieren. Achten Sie auf freilaufende Weidetiere und streunende Hunde!

Blick auf die riesige, 214 m hohe Bloukrans-Brücke. Von der Mitte erfolgen Bungee-Sprünge

318 Eastern Cape

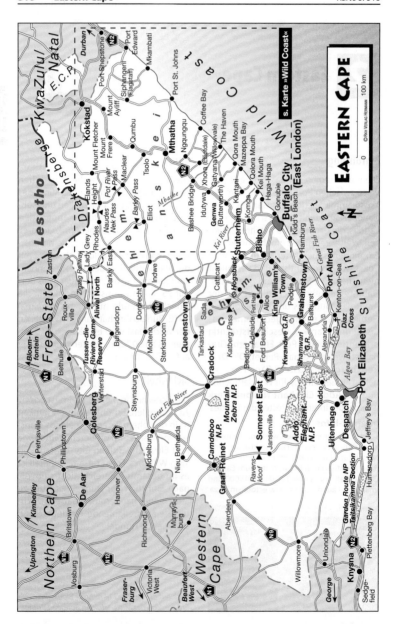

Die westliche Region der Eastern Cape Province: Auf der N 2 die Küste entlang

Tsitsikamma bis Port Elizabeth

Die N 2 führt zwischen der Tsitsikamma Section des Garden Route National Parks und Port Elizabeth weitgehend an der Küste entlang. Wer die Küstenstrecke von George nach Knysna bereits kennt, kann von Knysna landeinwärts auf die sehr reizvolle R 339 abbiegen und dann auf der R 62 durch das Langklooftal über Joubertina und Kareedouw bis Humansdorp fahren.

Das fantastische Brücken-Quartett

Die vier baugleichen Bogenbrücken der N 2 östlich von Plettenberg sind eine ingenieurtechnische Meisterleistung. 1954 wurde die östlichste, die 188 Meter lange und 120 Meter hohe **Storms River Bridge** (früher *Paul Sauer Bridge*) über den *Storms River* eröffnet. 1983 wurden drei weitere Brücken für den Verkehr freigegeben: die **Bloukrans River Bridge** (mit 452 Meter Länge und 214 Meter Höhe die größte Brücke Afrikas), die **Groot River Bridge** (300 m lang, 175 m hoch; beide ersparen die umständliche Fahrt über den *Bloukrans-* und *Groot Pass*) und die **Bobbejaan River Bridge** (285 m lang, 166 m hoch). Bei jeder Schlucht baute man von beiden Seiten gleichzeitig, in schwindelerregenden Höhen wurden jeweils die letzten beiden Betonsegmente verbunden. Von der Bloukrans River Bridge kann man sich per Bungeesprung in die Tiefe hechten – der tiefste der Welt!

Tsitsikamma Section des Garden Route N.P.

Mit der Einrichtung des Tsitsikamma National Parks als ersten Meeresnaturschutzpark Afrikas am 4. Dezember 1964 reagierte die Regierung auf internationale Forderungen, verstärkt Küstengebiete und Riffregionen vor unkontrollierten Eingriffen zu bewahren. Der geschütze Küstenstreifen zwischen **Nature's Valley** im Westen und **Oubosstrand** im Osten ist 68 km lang, außerdem reicht die Schutzzone 5,5 km ins Meer hinein. Insgesamt umfasst der Park 8500 ha staatliches Gebiet, 24.000 ha gepachtetes Land und 34.000 ha Ozeanfläche. Er ist nun in den Garden Route National Park eingegliedert.

Geologisches

Die zerklüftete **Küste von Tsitsikamma** mit bis zu 200 m hohen Kliffs wird umrahmt von den **Tsitsikamma Mountains,** deren Hügel relativ flach auf 275 m Höhe ansteigen. Vor Millionen von Jahren waren diese Ausläufer wohl die ursprüngliche Küstenlinie, geformt durch die Wellenkräfte des Ozeans. Als sich die Landmasse hob, wurde der jetzige Küstenstreifen freigegeben. Es gab aber auch eine Zeit, in der der Meeresspiegel tiefer lag als heute. Beweis sind die Flüsse, die heute unterirdisch münden. Ihre großen Mündungsbecken sind versandet. Ein gutes Beispiel dafür ist der Groot River, den man per Kanu befahren kann. Die Fahrt endet auf einer großen Sandbank, die ihn vom Meer trennt. Das Alter der Flüsse kann man an der Schluchttiefe erkennen. *Bloukrans-, Storms-, Groot-* und *Elands River* zeichnen sich durch tiefeingesägte Flussläufe aus. Flüsse jüngeren Datums ergießen sich oft als Wasserfälle ins Meer.

Tsitsikamma Section

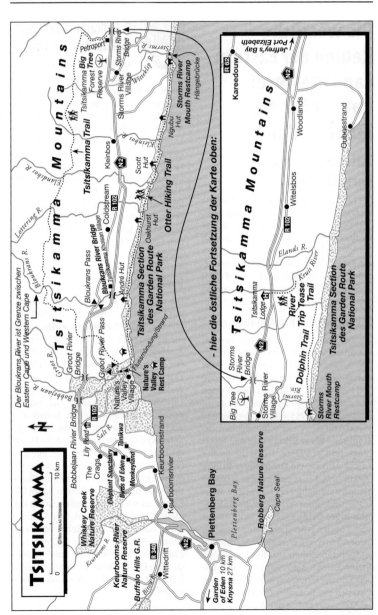

Die Felsenlandschaft besteht aus Sandstein, die ein paar Kilometer landeinwärts von Schiefer durchzogen und daher anfälliger für Erosion ist. Einige Flussläufe haben sich deshalb den einfacheren Weg gesucht und die auf den ersten Blick merkwürdige Richtung von Ost nach West eingeschlagen. Auf einer Fahrt über den Bloukrans Pass kann man einer solchen Talrichtung durch Schiefergestein folgen.

Vegetation

Das große Feuer von 1869, das von Swellendam bis nach Uitenhage wütete, hat die ursprünglichen Waldbestände fast völlig zerstört. Das erlaubte jedoch Thomas Bain, dem Straßenbaupionier Südafrikas, die 160 km lange Strecke zwischen Plettenberg Bay und Humansdorp in Angriff zu nehmen (1884 fertiggestellt). Nur in den tiefen Schluchten des *Groot-, Bloukrans-* und *Storms River* blieb die Vegetation erhalten. Das macht den Reiz der Sträßchen aus, die sich durch einen Urwald entlang der Flüsse schlängeln.

Auch Wanderungen sind ein einzigartiges Erlebnis. Neben Fynbos, Farnen, Lianen und Proteen trifft man auch auf Baumgiganten der Spezies **Outeniqua Yellowwood,** die bis zu 50 Meter in den Himmel ragen, einen Durchmesser von mehr als 3 Meter haben und 800 Jahre alt werden können. Der größte, genannt **Big Tree,** steht keine 400 m von der N 2 entfernt (von Plettenberg Bay kommend kurz vor der Storms River Bridge auf der linken Seite, s.S. 326). Er ist zwar „nur" 36 m hoch, doch seine Krone hat eine Spannweite von über 30 m.

Auch *Stinkwood, Kapoliven* und *Redwood,* von denen oft Flechten, Lianen und Schmarotzer wie lange Bärte herabhängen, geben der Flora einen einzigartigen Charakter. Die Ironwood-Spezies *Olea capensis macrocarpa* wird bis zu 35 m hoch

(eine Liste aller Baumarten erhält man im Informationszentrum).

Von dem insgesamt 65.000 ha großen Urwald sind 43.000 ha im **Tsitsikamma Forest** geschützt. Damit ist er der **größte zusammenhängende Urwald** in Südafrika. Etwa ein Drittel des Parks wird von Fynbos überzogen, der meist in den großen Waldlichtungen zu finden ist. Zu den blühenden Bestandteilen gehören Proteen, Heidegewächse und im Wald und Fynbos Orchideen.

Die Gezeitenzone

Zwischen den Niveaus von Ebbe und Flut liegt eine Zone, die sich durch ein besonders turbulentes Leben für ihre Bewohner auszeichnet. Es gibt nur wenige Tiere, die sich dem täglichen Kampf mit dem Wasser stellen. Zu ihnen gehört die *Nodilittorina africana,* eine Schneckenart, die die Stunden bei Flut unter Wasser verbringt. Nicht ganz so extrem leben die vielen Arten in den Küstenfelsen und Steinbecken. Zu ihnen zählen Seepocken, Austern, Krebse und Muscheln. Aber auch räuberische Seesterne wie die *Marthasterias glacialis* wagen sich nahe ans Ufer. Sie stülpen ihren Magen über eine Muschel, sondern ein muskelentspannendes Sekret aus und zwingen so ihre Opfer, die Schale zu öffnen.

Während der südafrikanischen Schulferien gibt es Führungen von Rangern durch diesen interessanten Lebensraum.

Der Ozean

80 % des Parks liegt im Meeresbereich, in dem mehr als 100 verschiedene Fischarten vorkommen. Die meisten haben ein festes Revier. Spezies wie der Black Musselcracker können über 40 Jahre alt werden. Man hat herausgefunden, dass einige Arten in ihren ersten Lebensjahren Weibchen sind, sich später aber in Männchen verwandeln. So ist erklärbar, warum

die meisten Fische, die in die Netze gehen, männlich sind. Der Fang von Weibchen ist für die Reproduktion dieser Spezies eine Katastrophe. Unmittelbar außerhalb des Naturparkes sind die Populationen von einigen Fischarten bis zu 10mal geringer. Bei den Meeressäugern sind Delphine in der Überzahl. Wenn man den Rücken eines Wales entdeckt oder seine Fontäne, ist es mit größter Wahrscheinlichkeit ein *Southern Right Whale (Eubalaena australis)*.

Tierwelt an Land

Nicht sehr scheu sind die *Klippschliefer*, die sich an die Menschen gewöhnt haben. Nur mit Glück sieht man Gries- und Buschböcke, Paviane, Ducker, eine der Kap-Fingerottern (es gibt mehr als 30 Arten), einen der seltenen Leoparden, Wüstenluchs oder eine Ginsterkatze.

Die kleinste und seltenste Antilope ist der *Blauducker* (Schulterhöhe 30 cm, Gewicht 4 kg). Sie lebt im dichten Unterholz und frisst Blätter, Blüten und Früchte. Im Morgengrauen oder in der Abenddämmerung kann man vielleicht ein Exemplar erspähen. *Kap-Fingerottern* jagen zwischen 20–22 Uhr hauptsächlich Krebse, aber auch Tintenfische und Fische. Besonders von Oktober bis April hat man in den Strandhöhlen gute Chancen eine zu sichten. Vogelfreunde sollten sich eine Liste mit allen 220 Arten im Informationsbüro holen und die besten Beobachtungsplätze erfragen. Zu den schönsten Vögeln zählt der **Knysna Lourie** (Helmturako) mit tiefgrünem Federkleid und roten Schwingen, die man im Flug sieht. Am Ufersaum leben häufig *Austernfischer* mit ihren unverkennbar roten Augen, Schnäbeln und Beinen. Auch Weißbrustkormorane sind auf Nahrungssuche.

Amphibien und Reptilien

Wer nach Regenfällen lauscht, hört die kleinen *Rainfrogs* quaken. Sie legen ihre Eier in Erdlöchern in Schaumhüllen ab. Der Frosch entwickelt sich ohne jemals im Wasser gewesen zu sein. Ein *Chamäleon* zu finden, den Anpassungszauberer unter den Tieren, ist schwierig. Auch *Baumschlangen* und die gefährlichen Puff- und Nachtottern sind Meister der Tarnung. Vorsicht bei Wanderungen!

Im Park unterwegs

Im Park ist man vorwiegend zu Fuß, im Kanu oder mit Schnorchel oder der Tauchflasche unterwegs. Die Wassersportmöglichkeiten verleihen dem Park einen zusätzlichen Reiz. Die Hauptaktivitäten finden rund um die beiden Hauptcamps, dem östlichen **Storms River Mouth Restcamp** und dem westlichen **Nature's Valley Rest Camp** statt.

Wandertrails und Rest Camps im Tsitsikamma

Otter Trail

Der **Otter Trail** beginnt am *Storms River Mouth Restcamp* und führt in fünf Tagen 42 km die Küste entlang. Linker Hand liegt der Ozean mit seinem Wellenschauspiel, rechts Fynboslandschaft und einzigartige Regenwälder.

Am 1. Tag sind es beschauliche 4,8 km bis zur *Ngubu Hut*, vorbei an einer großen Höhle und einem Wasserfall. Die Strecke am 2. Tag beträgt 7,9 km und führt die Felsklippen hinauf durch Waldlandschaft mit Baumgiganten und hinab zum Kleinbos River, den man überquert. Übernachtet wird in der *Scott Hut*. Der Weg zur 3. Hütte ist 7,7 km lang. Man überquert den Elandsbos und den Lottering River. Der nächste Wandertag ist mit 13,8 km Länge die größte Herausforderung. Wichtig ist, dass man morgens den Bloukrans River noch vor der Flut überquert – dennoch ist Schwimmen angesagt (Gezeitentabelle beim Ranger einsehen!). Endpunkt ist die *André Hut,* von der aus es am nächsten Morgen auf die letzten 6,8 km zum **Nature's Valley Rest Camp** am Ufer des Groot River geht.

Information & Service: Reservierung nur über **South African National Parks,** Tel. 012-4289111, Fax 3430905, www.sanparks.org/parks/. Zwölf Monate Vorausbuchung sind sinnvoll! Man kann es aber auch auf gut Glück versuchen. Minm. 4 Pers., Maximum 12 Pers. täglich (R925 p.P.). Mittelschwere Wanderung, gute Kondition vonnöten. Hütten mit Matratzenlager und chemischen Toiletten. Alles andere mitbringen (wasserdichter Schwimmsack und Seil erforderlich!). Eine Liste mit allem Notwendigen und Sinnvollen a.A. mit der Buchungsbestätigung. Für den Rücktransport muss man selber sorgen.

Dolphin Trail

Der Dolphin Trail wurde aufgrund der starken Nachfrage ins Leben gerufen. Er führt über 20 km durch ähnliche Landschaft wie der Otter Trail, nur nicht immer so nah am Meer entlang. Schöne Ausblicke über einsame Felsbuchten und die pittoresken Sandstrände sind der Lohn für die Wandermühe. Vier Tage (drei Nächte) ist man unterwegs (R5000 p.P., Übernachtung auf privaten Farmen, Begleitung von einem Ranger. Infos auf www.dolphintrail.co.za. Startpunkt ist das Storms River Mouth Restcamp, Ende der Wanderung am letzten Übernachtungspunkt im Forest Fern Estate.

Tsitsikamma Trail

Der Tsitsikamma Trail beginnt im **Nature's Valley** und endet nach fünf Tagen an der **Storms River Bridge** (72 km). Er führt nicht die Küste entlang wie der Otter Trail, sondern geht durch die Bergwelt der Tsitsikamma Mountains. Man überquert Flüsse und wandert durch Fynboslandschaft. Kühle Abwechslung bieten die Abschnitte durch dichte Wälder. Übernachtet wird in rustikalen Hütten, und man muss alles, was man auf der Wanderung benötigt, auf seinem Rücken tragen.

Die Wetterverhältnisse sind für die Überquerung der Flüsse von Wichtigkeit, deshalb vor dem Start unbedingt nach den Aussichten erkundigen. Info/Anmeldung unter www.mtoecotourism.co.za. Eine kurzfristige Voranmeldung ist oftmals möglich.

Unterkunft

Family Cottage und Chalet: mit Bad, Wohnbereich, eingerichteter Küche (R1545/4 Personen). – *4-Bett-Oceanette,* dieselbe Ausstattung (R1580). – *3-Bett-Oceanette,* 1 Schlafzimmer, 1 offener Wohnraum, gleiche Ausstattung (R910). – *Chalet* (ab R990/2 Pers., R200 jede weitere, max. 3 Personen). – *Honeymoon Cottage* (R1270). – *Caravan-Stellplatz,* Seafront R240 für zwei Personen, R68 jede weitere). – *Zeltplätze* (R240/2 Pers., R68 jede weitere), im Schatten. *Nur für Wanderer des Dolphin Trails:* Einfache *2-Bett Forest Hut:* 1 Raum, keine Küche, kein eigenes Bad, Grillstelle (R600). – *2-Bett Forest Cabin* (R800). **Zur Beachtung:** Vom 1. Mai bis Ende August gibt's 10 % Rabatt auf feste Unterkünfte (nicht bei Forest Huts) und 35 % bei Campingübernachtung.

Nature's Valley Rest Camp

Das *Nature's Valley Rest Camp,* 48 km von westlich vom Storms River Camp in der De Vasselot-Parksektion ist für alle jene, die die Einsamkeit lieben, eine gute Wahl (allerdings nicht am Wochenende und während der Schulferien). **Kanufahren** auf dem Groot River und auf dem Mündungssee ist völlig problemlos.

Startet man vom Camp rechter Hand, folgt man dem Fluss eine halbe Stunde bis zur seeartig erweiterten Mündung. Folgt man dem Groot River nach links, muss man sich manchmal durch Dickicht schlagen. Die meisten geben an der Brücke auf, doch lohnt ein Umtragen. Es geht in absolute Wildnis. Das Befahren dieses Abschnitts ist stark vom Wasserstand abhängig. Wer **baden** möchte, geht zum Strand von Nature's Valley.

Hauptattraktionen sind die sechs **Wanderwege,** die alle bis auf einen vom Rest-

324 **Tsitsikamma Section** Karte S. 320

camp aus starten. Blick auf Flussmündung und Meer hat man vom **Kalanderkloof Trail** aus, der gegenüber der Einfahrt zum Camp beginnt. Er führt durch eine Schlucht bis zu einem Aussichtspunkt hinauf (mittelschwer, Rundwanderweg, 2–3 Std.). Etwa 8 Stunden hin und zurück dauert **The Crags Trail** via Forest Hall. Er führt zur Mündung des Salt River und zwischen den Felsen zum Brak River, dem man rechter Hand bis zum Endpunkt folgt. Man muss den gleichen Weg zurückgehen. Alle Wanderwege sind in der Broschüre beschrieben, die man beim Einchecken erhält. Weitere Details beim Ranger.

Information & Service

Reservierung nur über **South African National Parks,** Tel. 012-4289111, Fax 3430905, www.sanparks.org. Tsitsikamma Section Garden Route National Park, Tel. 042-5411607. Einfahrt zum Camp 7–21 Uhr, Tel. 044-5316700, Rezeption geöffnet 7–13 und 14–17 Uhr. Kein Laden oder Restaurant. Nächstes Geschäft in Nature's Valley (nicht besonders gut bestückt). Öffentliches Telefon.

Unterkunft

2-Bett Forest Hut: einfach, ohne Küche/Bad, aber Grillplatz (R420). Stellplatz R220/2 Personen (R38 jede weitere). Zeltplatz am Ufer des Groot River. Große, saubere Sanitäranlagen. **Zur Beachtung:** Vom 1. Mai bis Ende August erhält man 17% Rabatt auf feste Unterkünfte und 35% bei Campingübernachtung.

Storms River Village

Das Storms River Village nahe der N2 ist weder beschaulich noch einen Ausflug wert, außer der Nationalpark ist ausgebucht. Doch es gibt dort schöne Wanderwege: *Ratel Forest Trail* (4,2 km lang, 1,5 h); *Suspension Bridge Trail* zur Hängebrücke über den Storms River (4 km lang, 2–3 h); *Waterfall Trail* und *Blue Duiker Trail* (Rundwanderweg, etwa 5,5 km, 3 h).

River Strip Tease Trail

Der Wanderweg entlang des Kruis River ist aus versicherungstechnischen Gründen den Gästen der Tsitsikamma Lodge vorbehalten. Für die Strecke mit den blauen Markierungen benötigt man etwa 4 Stunden. Von der **Tsitsikamma Lodge** (s. kleine Karte in der Tsitsikamma-Karte) führt der Weg hinunter zum Pebble Pool am Kruis River. Das Wasser hat die Farbe dunklen Tees, man kann es aber bedenkenlos trinken oder drin baden. Die Mineralien, die die braune Farbe verursachen, sollen sehr gesund sein. Der Weg ist einfach zu laufen, im Wasser und nach Regenfällen sind die glitschigen Steine manchmal gefährlich. Festes Schuhwerk ist erforderlich. Endpunkt ist der Kaalgat Pool. Das Weitergehen ist wegen des schroffen Geländes untersagt. Man kann den selben Rückweg wählen oder den **Mountain Trail** einschlagen, der zwar anstrengender ist, aber einen wunderbaren Aussichtspunkt hat.

Information:

Tsitsikamma Lodge, Tel. 046-6248525, www.riverhotels.co.za/tsitsikamma. In der Lodge erhält man die Wander-Erlaubnis und eine recht detaillierte Karte. Hier kann man sich auch nach drei weiteren Wanderwegen, dem *Woodpecker Trail* (3 h), dem *Sunbird Trail* (1 h) und dem *Green Trail* (3,5 h) erkundigen. **Anfahrt:** Die Lodge liegt 8 km östl. der Storms River Bridge und 44 km von Nature's Valley entfernt. Sie ist von der N 2 aus ausgeschildert.

Canopy Tour

Stormsriver Adventures (Tel. 042-2811836, stormsriver.com, Dauer 3 Std.) führen hoch in die Baumgipfel.

Unterkunft

Comfort

*Tsitsikamma Lodge, Tel. 046-6248525, www.riverhotels.co.za/tsitsikamma. DZ/F ab R730 p.P. An der N 2, 8 km östlich der Storms River Bridge. Sehr schöne rustikale Lodge. Zimmer, Log Cabins oder Deluxe Cabins. Sehr nette Leute, schöne Wanderungen.

Tsitsikamma Village Inn, Darnell St (von N 2 Abfahrt „Storms River Village"), Tel. 042-281 1711, www.tsitsikammahotel.co.za. Sehr schöne Lage im Küstenwald, neuere Zimmer, doch reizvoller sind die alten Garten-Cottages. Gutes Restaurant. DZ/F ab R1200.

Touristic

*At the Woods, 43 Formosa St, Tel. 042-281 1446, www.atthewoods.co.za. Im mexikanischen Stil und durchdacht gebaut; ansprechende Lounge, Pool. DZ ab R500 p.P.

The Armagh, Fynbos Avenue, Tel. 042-281 1512, www.thearmagh.com. Schöne Gartenlage, herrliche Aussicht. Angeschlossen ist das Rafters Restaurant (Anmeldung wegen der guten Küche erforderlich). DZ/F ab R495 p.P.

*Stormsriver Guest Lodge, von der Abfahrt Storms River Village 300 m auf der linken Seite, Tel. 042-2811703, www.stormsriver guestlodge.co.za. Große, interessante Zimmer. Pool. DZ ab R460 p.P.

Budget

Bloukrans Backpackers Lodge, an der Bloukrans Bridge (N 2), Tel. 042-2811185, blou krans-backpackerlodge.jimdo.com. Blick auf die Bloukrans-Schlucht, eigenes Auto erforderlich. Dormitory R100, DZ R200, Khoi Hut R450/4 Pers., Camping R130.

*Dijembe Backpackers, Ecke Formosa/Assegaai St, Tel./Fax 042-2811842, www.dijembe backpackers.com. Baz Bus-Stopp, bester Tipp in dieser Preisklasse. Pool. Dormitory R120, DZ R350, Camping R70.

Tube'n Axe Backpackers, Ecke Darnell/Saffron Street, Tel. 042-2811757, www.tubenaxe. co.za. Sehr einfache Unterbringung (auch Camping, R75), dafür unschlagbar günstig. Baz Bus-Stopp. DZ ab R400.

Storms River Mouth Restcamp s.u.

Tsitsikamma Khoisan Village/Bloukrans River Bridge

Fortsetzung der Fahrt auf der N2

Etwa drei Kilometer nach dem N2-Tollgate überquert man die 542 Meter lange und 214 Meter tiefe **Bloukrans River Bridge.** Etwa 500 Meter nach Brückenende nach rechts rausfahren, dem Schild „Tsitsikamma Khoisan Village/Bungy Jum-

ping" nach. Vom Ende dieser Anlage gleich neben der N2 eröffnet sich ein grandioser Blick in die Schlucht des Bloukrans-Flusses und auf die Bungee-Springer, die sich von der Mitte des Brückenbogens in die Tiefe stürzen. Buchung und Infos vor Ort, ein Sprung kostet R800, die *Bridge Walking Tour* R100, *Flying Fox* R300, auch Tandems.

Diverse Unterkünfte sind im und um das Village vorhanden, siehe große Info-Tafel bei der Einfahrt und tsitsikamma. org.za.

Storms River Mouth Restcamp

Etwa 18 km hinter dem Khoisan Village geht es von der N2 rechts ab zum **Storms River Mouth Restcamp,** ca. 9 km. Conservation Fee R44, Tagesbesucher (noch) kostenlos.

Das sehr große Camp liegt westlich der Mündung des Storms River zwischen steil ansteigenden Hängen und Meeresklippen. Es bietet Zeltplätze und Blockhäuser entlang der Felsküste, ein Restaurant und einen Laden. Parkplätze sind knapp. Anmeldung/Auskünfte bei der Information. Die **Hängebrücke** (Suspension Bridge) über die Flussmündung ist ein beliebtes Fotomotiv und liegt zu Fuß 15 Minuten entfernt. Für einen Bootstrip ein Stück den Fluss hinauf bei der Information nachfragen.

Schwimmen ist an zwei kleinen Stränden und im Pool möglich, der allerdings Tagesbesuchern nicht zur Verfügung steht. Taucher und Schnorchler gehen zur Diving and Snorkel Route (Qualifikation ist hinzuweisen).

Trails: Jeweils eine Wanderstunde dauern der *Loerie Trail* und der **Mouth Trail,** der entlang des Mündungstrichters des Storms Rivers und **zur Hängebrücke** führt mit kleinen Abstechern zum Strand. Der *Blue Duiker Trail* führt durch Fynboslandschaft in die Küstenlandschaft (3 km, 2,5 Std.). Schön ist der *Waterfall Trail* (3 Std., z.T. Felsklettern, gute Schuhe nötig). In den

326   Humansdorp / St Francis Bay   Karte S. 320

Ferienzeiten gibt es einige geführte naturkundliche Touren und abends Filmvorführungen.

Information & Service

Reservierung nur über **South African National
Parks,** Tel. 012-4289111, Fax 3430905, www.san
parks.org. Garden Route National Park (Tsitsi-
kamma Section), Tel. 042-2811607, Fax 281
1629. Eintritt R96 p.P. pro Tag.
   Die Parktore sind geöffnet zwischen 5.30–
21.30 Uhr, die Rezeption und der gut bestückte
Laden tgl. 8–17.45 Uhr. Restaurant ab 7.45 Uhr
Frühstück und kleine Mahlzeiten, Abendessen
18–20 Uhr. Öffentliches Telefon, 24-Stunden-
Laundromat. Nächste Tankstelle Storms River
Bridge, auch Post und Polizei.

Big Tree und Ratel Forest Trail

Zurück auf die N2 und weiter nach Osten
weist nach ca. 6 km ein Schild nach links
zum Parkplatz (Toiletten) für den **„Big
Tree"** und **„Ratel Forest Trail".** Die Weg-
länge dorthin über einen Plankensteg
durch *Indigenous Forest* beträgt ca. 500
Meter und lohnt. Minimaler Eintritt. Der
mächtige Yellowwood-Baum ist 36 Meter
hoch und seine Krone spannt sich über
30 Meter. Zurück kann man über den
Waldweg gehen. Vom Big Tree führen
noch zwei weitere Wanderwege durch
den Urwald, siehe Schautafel beim Baum.

Petroport Tsitsikamma/ Storms River Bridge

   Diese große Raststätte kommt gleich
nach dem Big Tree linker Hand. Sie bietet
Tankstelle, Shops, Restaurant, Bank, Take
aways und die kleine Touristen-Information *Gateway Centre.* Gleich links daran
vorbei und wenige Schritte nach unten
hat man freie Sicht auf den großen Bogen
der **Storms River Bridge** (früher Paul
Sauer Bridge), erbaut 1954.

Humansdorp

Humansdorp, 1849 von *Matthyus
Gerhardus Human* gegründet, wird oft als
östliches Ende der Garden Route beschrieben. Es liegt am Rande der *Kouga
Mountains,* noch im Cape Floral Kingdom
der Kapregion. Für Wanderer von Interesse ist der *Boskloof Hiking Trail,* der durch
schöne Vegetation und eine reiche Vogelwelt führt. Sehr empfehlenswert ist ein
Besuch im ***Kouga Cultural Centre,** das
die lokale Tradition pflegen möchte und
dennoch zukunftsorientiert ausgerichtet
ist.
   Die ganze Region vom Ozean bis zu
den Bergen im Hinterland nennt sich
Kouga und bietet relativ viel, u.a. drei ausgearbeitete Touristenrouten. Nähere Informationen auf www.kougatourism.co.
za.

Information

Humansdorp Publicity Association, Tel. 042-
2951361, Fax 2910567.

Unterkunft

Touristic Humansdorp Boutique Hotel,
16 Alexander St, Tel. 042-2951233, www.
humansdorphotel.co.za; schön renoviertes
Haus, DZ R590, Frühstück R60.

Camping Ben Marais Caravan Park,
Tel. 042-2952429. Chalets, Zeltplätze. Site ab
R200.

→ **Abstecher**

St Francis Bay

An der St Francis Bay liegen die Ferien-
und Strandresorts *Cape St Francis, St
Francis Bay, Paradise Beach* und *Aston Bay.*
Wahrzeichen der Bucht ist der Leuchtturm am Seal Point an der Spitze des Cape
St Francis. Schwimmen, Schnorcheln, Tauchen, Hochseeangeln, Golf, Segeln, Surfen und Windsurfen sind möglich. Bekanntester Ort ist **St Francis** mit riedgedeckten weißen Häusern und Kanälen. Ein
Abstecher lohnt nur, wenn man genau

weiß, was man in seiner Freizeit tun möchte (hin und zurück von Humansdorp 80 km). Landschaftlich gibt es schönere Ziele. Die Region beherbergt kleinere Naturschutzgebiete: Im *Seekoei Lagoon Sanctuary* leben Schwäne und Flamingos, im *Seekoei River Nature Reserve* eine Vielzahl an Wasservögeln, im *Cape St Francis Nature Reserve* Ottern und im *Irma Booysen Flora Reserve* wachsen heimische Pflanzen. Lohnenswert ist die 12 km lange Wanderung durch das *Huisklip Nature Reserve* und ein Spaziergang entlang des *Sand River* zu pittoresken Dünen. Einen Bootsausflug (täglich) wert ist ein Besuch des *Stony Boma River Camp.*

Bruce's Beauty

Eingefleischten Wellenreitern braucht man nicht zu sagen, wer *Bruce Brown* ist. Er ist der Gott der Wellen, jener Mann, von dem man sagt, er habe der Welt „die perfekte Welle" gezeigt. Seine Filmaufnahmen sind legendär. Alljährlich warten seine Schüler in den Monaten April bis September sehnsüchtig auf einen starken Nordwestwind, der kombiniert mit Ebbe Wellen erzeugt, die unglaublich schnelle Ritte erlauben. Hat man eine solche erfolgreich erwischt, so kann man stolz verkünden, Bekanntschaft mit *Bruce's Beauty* gemacht zu haben. Nur: Realistisch betrachtet warten manche schon seit Jahren auf die „Schöne" …

Information St Francis

St Francis Bay Publicity Association, Tel. 042-2940076, www.stfrancistourism.co.za. **Kromme River Expeditions,** Bootsausflüge (saisonal) zur Wal- und Delphinbeobachtung (Tel. 042-298-0054; Boot- und Kanuvermietung).

Unterkunft

Touristic

*Cape St Francis Resort, Tel. 042-2980054, www.capestfrancis.co.za. Nahe dem Strand gelegen, zahlreiche rustikale Cottages und Camper-Stellplätze, Restaurant, Pool. Interessantes Tourangebot, Shuttle zum Flughafen Port Elizabeth.

Jyllinge Lodge, 2 Mary Crescent, Tel. 042-294 0270. Komfortabel, am Strand.

Oasis Lodge, Ecke Grand Comore/Poivre Crescent, Tel./Fax 042-2940456, www.oasis lodge.biz. Schön, geschmackvoll, an einem Kanal, nach dem Seafood Dinner fragen.

Thatchwood Country Lodge, 63 Lyme Rd, Tel. 042-2940082, www.thatchwood.com. Stilvoll, ruhige Gartenlage, am Golfplatz. DZ/F ab R375 p.P.

Budget

Duxbury, 8 George Rd, Tel. 042-2940514. DZ im Haupthaus, 2-Bett Garten-Cottage.

Cape St Francis Backpackers, Da Gama Rd, Tel. 042-4943755, www.stfrancisbackpackers. co.za. Treffpunkt nicht nur für Surfer. Gut sortierter Laden. Joe Fish Restaurant. DZ R560.

Camping

Cape St Francis Caravan Park, Tel. 042-298 0054. In Strandnähe, auch Zelten. Sites von R45 bis R290.

✔ **Abstecher**

*Oyster Bay

Oyster Bay ist ein kleiner Ort westlich von Cape St Francis und noch relativ touristisch unberührt. Übernachtungstipp: **Oyster Bay Lodge** *(Comfort),* eine als Gästehaus betriebene Farm mit Rinder- und Pferdehalter. Das gepflegte Anwesen in natürlich belassener Strand- und Buschlandschaft verfügt über drei Gästezimmer und vier Chalets. Ideal, um die Seele baumeln zu lassen, zu wandern oder einen Ausritt zu wagen. Tel. 042-2970150, www.oysterbaylodge.co.za (m. Anfahrtskizze). Der Besitzer spricht deutsch.

Jeffrey's Bay

Knappe 80 km vor Port Elizabeth liegt der sehr langgestreckte Bade- und Erholungsort Jeffrey's Bay. **Surfer** haben hier große Chancen, auf die „perfekte Welle" zu stoßen – die magischen Surfpunkte lauten „Supertube", „Kitchen Window" und „Sur-

Jeffrey's Bay

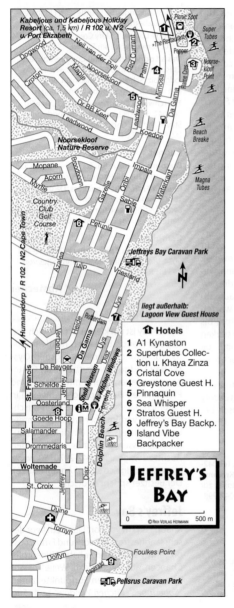

fer's Point". Jedes Jahr im Juli findet das *Billabong Country Feeling Surf Classic* mit internationaler Besetzung statt. Es gilt weltweit für Surfer als „Top-Event". Man hat keine Schwierigkeit, sich ein Brett zu mieten oder es neu oder gebraucht zu kaufen (zwischen R200 und R1000). Bekanntester Ausstatter für Strand- und Freizeitkleidung ist *Country Feeling Clothing,* der auch eine Fabrik unterhält (Ware zu Sonderpreisen). Der zentral gelegene und sehr breite **Dolphin Strand** (s. Karte) wurde als *Blue Flag Beach* ausgezeichnet.

Jede Flut spült neue Ladungen Muscheln an den Strand von Jeffrey's Bay. Interessant ist ein Besuch des **Seashell Museums.** Das kleine Museum im Gebäude der Stadtverwaltung (Kuegea Municipality) an der Da Gama Road kann man über die dort gleichfalls befindliche **Jeffrey's Bay Tourism** betreten. In Vitrinen liegen unzählige Arten aller Größen. Gegenüber des Museums gibt es Läden mit einem großen Kaufangebot. Das *Shell Festival* wird im April gefeiert. Dann ist der Strand für Verkehr geschlossen, kleine Stände mit Handwerkskunst, Klamotten und prima Essen säumen die Strandstraße.

Wandern

Im **Noorsekloof Nature** Reserve führt ein gewundener Weg einen Flusslauf entlang, vorbei an reicher Vogelwelt und Flora (riesige Kandelaber-Euphorbien, Noorseboom auf Afrikaans, die dem Schutzgebiet den Namen gaben).

Surfschule

Wo kann man besser Surfen lernen, als in Jeffrey's Bay? Eine gute Adresse ist die **Wavecrest Surf School & Academy,** Shop 6, Drommedaris Street, Main Beach, www.wavecrestsurfschool.co.za, Tel. 073-5090400

Information

Jeffrey's Bay Tourism Bureau, Shell Museum Complex, Da Gama Road, Tel. 042-2932923, Fax 042-2932924, www.jeffreysbaytourism.org. **Internetzugang** im Fotoladen links vom Spar.

Restaurant-Tipps

Jeffrey's Bay ist Heimat des „White Gold", des Tintenfisch-Fangs. Aber auch *White Steenbras, Leerfish* und *Elf* sollte man probieren.
3 Fat Fish, 27a da Gama Road, 1. Stock. Exzellente Qualitäten, große Auswahl: lokale Gerichte, organic, Pizzen, Pasta, Fisch, Fleisch *(dry aged steaks).* Freundliche Bedienung, sehr sauber, Terrasse.
Die schönste Pause, verbunden mit bestem Essen, genießt man im **Kitchen Windows,** Ferreira St, Tel. 042-2934230.

Unterkunft

Comfort

Pinnaquin Holiday Appartments, Ecke Noorsekloof/Leadwood Sts, Tel. 042-2961111, www.pinnaquin.co.za. Ideal für alle, die länger bleiben wollen. Balkon mit Meerblick. Voll ausgestattet. Ab R550.
Supertubes Collection, 6/10–12 Pepper St, Tel. 042-2932957, www.supertubesguest house.co.za. Vier Häuser: B&B (DZ/F ab R1180 p.P.) *Guest House, Khaya Zinza* (Wohnungen, SC, Internet) und *Self catering.* Direkt am Strand, alle Zimmer mit Balkon und Meerblick. BAZ-Bus-Stop, gleich nebenan „The Restaurant".

Touristic

*A1 Kynaston B&B, 23 Chestnut Ave, Tel. 042-2961845, www.wheretostay.co.za/a1ky naston. Im nördlichen Stadtteil Wavecrest gelegen, erreichbar über die da Gama Road. Schöne Aussicht, gutes Frühstück. DZ ab R500

*Greystone Guest House, 11 Mimosa St, Noorsekloof, Tel./Fax 042-2960616, www. jeffreysbayaccommodation.co.za/greystone. Freundlich (auch 2 Backpackerunterkünfte), familiär. Keine Kreditkarten. DZ/F ab R200 p.P.
*Stratos Guest House, 11 Uys St, Tel. 042-293 1116, www.stratos-za.com. Gediegenes Gästehaus am Strand, Pool, Champagner-Frühstück. DZ ab R300 p.P.
*Sea Whisper B&B, 62 Petunia St, Tel. 042-2933917, www.seawhisper.co.za. 200 m vom Strand mit gemütlichen Zimmern. DZ/F ab R395 p.P.

Budget

*Cristal Cove Guesthouse and Backpackers, 49 Flame Crescent, Tel./Fax 042-2932101, www.cristalcove.co.za. Einen Steinwurf vom Strand, ideales Urlaubsquartier. Dormitory R120, auch DZ.
*Island Vibe Backpackers, 10 Dageraad St, Tel. 042-2931625, www.islandvibe.co.za. Mehrbett- und DZ, Camping, kostenlose Surfboards, Blick auf den Ozean, viele Freizeitaktivitäten. DZ/F ab R310.
Jeffrey's Bay Backpackers, 12 Jeffrey St, Tel. 042-2931379. Fröhliches Haus mit vielen Topfpflanzen rundherum, sehr junge Leute, IYHA-Rabatt, Pool, Baz Bus-Stopp. Dormitory ab R60, DZ ab R135 (3. Nacht kostenlos, Mai–Sept).
*Sea Whisper B&B, 62 Petunia St, Tel. 042-2933917, www.seawhisper.co.za. 200 m vom Strand mit gemütlichen Zimmern. DZ/F ab R395 p.P.

Camping

Es gibt 32 (!) Caravan-Parks in und um den Ort. Der bekannteste und beste ist
*Jeffrey's Bay Caravan Park, Da Gama St, Tel. 042-2931111. Zentrale Lage am Strand und zu den Geschäften, in den Ferien hoffnungslos ausgebucht. Site ab R120.
Kabeljous Holiday Resort, Tel./Fax 042-293 3300. Chalets, Stellplätze, Tennis.

→ **Abstecher**

Kragga Kamma Game Park

Schattiger Küstenwald und das Grasland von **Kragga Kamma** ist die Heimat von Breitmaulnashörnern, Büffeln, Geparden, Nyalas und anderen Tieren, die man vom eigenen Fahrzeug aus bequem beobachten kann. Interessant ist eine geführte Tour mit einem erfahrenen Ranger. Preisgünstige Übernachtungen. Ideal auch für Familien. Kragga Kamma Game Park, Linton Grange, Tel. 041-3794195, www.kraggakamma.com (m. Anfahrtskizze).

✔ Abstecher

Port Elizabeth

Port Elizabeth liegt an der Algoa Bay und ist mit rund 1,1 Mio. Einwohnern die fünftgrößte Stadt Südafrikas. Zusammen mit den benachbarten Städten **Uitenhage** und **Despatch** und dem Umland bildet sie die **Nelson Mandela Metropolitan Municipality,** kurz **Nelson Mandela Bay** genannt. Port Elizabeth und Uitenhage sind Südafrikas Hauptautoproduzenten, die Konzerne Volkswagen und Delta haben hier große Werke.

Die Atmosphäre von „P.E." („Pi-ih"), wie die Stadt genannt wird, schwankt zwischen Ferienparadies und geschäftiger Großstadt. Wassersport wird groß geschrieben, die Strände sind voll – nirgends in Südafrika gibt es mehr garantierte Sonnentage wie hier und das Meer erreicht Temperaturen bis zu 23 °C. Allerdings ist es besonders im Frühling zwischen Ende August und Anfang Oktober extrem windig. Fast windstill wird es im Hochsommer und im Herbst.

Die Stadt in steiler Hügellandschaft ist besonders im Zentrum erstaunlich einladend. Es gibt viele Parks, Gartenlandschaften und Gebäude aus der Gründerzeit. Sehr schön ist die imposante **City Hall** von 1858 am Market Place. Doch in den weniger touristischen Bereichen bröckelt der Glanz alter Tage unaufhaltsam.

Geschichte

1799 gründete *Francis Dundas* im Auftrag der englischen Kapkolonie das **Fort Frederick,** das noch heute hoch über dem *Baakens River* thront. Man wollte die Algoa-Bucht kontrollieren und ein wachsames Auge auf die Siedler der Umgebung haben. 1819 lebten ganze 35 Menschen an der Bucht. Das Jahr darauf brachte die Ankunft der **1820-Siedler,** von denen sich die meisten im Albany Distrikt niederließen. Ihre Landung wurde von *Rufane Donkin* überwacht, damals Gouverneur am Kap. Auf dem Hügel über der Stadt im kleinen Donkin Reserve steht neben dem Leuchtturm eine spitze Steinpyramide, gewidmet Donkins in Indien verstorbenen Frau *Elizabeth,* nach der die Stadt dann benannt wurde.

Ein zweites Nationalmonument, auf das die Einwohner besonders stolz sind, steht an der Ecke Rink und Russell Street, das **Horse Memorial:** eine Bronzegruppe zu Ehren der Gefallenen im Burenkrieg (1899–1902). Ein Soldat kniet mit einem Wassereimer vor seinem Pferd, und die Inschrift lautet: *„Die Größe einer Nation setzt sich nicht so sehr aus der Menge ihrer Einwohner oder der Größe des Gebietes zusammen, vielmehr aus dem Ausmaß und der Aufrichtigkeit ihrer leidenschaftlichen Zuneigung."*

2005 wurde die neue **Nelson Mandela Metropolitan University** eröffnet. Sie ist ein Zusammenschluss aus der technischen Fachhochschule UPE und der Vista University, auf der bis 1994 nur Schwarze studieren durften. 20 km östlich der Stadt entsteht (mit deutscher Hilfe) ein ehrgeiziges Projekt: An der Mündung des Coega-Flusses wird ein gigantischer Tiefseehafen ausgehoben.

Sehenswert

Bester Ausgangspunkt ist das palmenbestandene Donkin-Reserve mit dem

Leuchtturm, der Stadt und Bucht überragt. Der enge Aufstieg wird mit einem schönen Ausblick belohnt. Direkt am Turm ist das Tourist Information Centre und gleich daneben steht eine **Natursteinpyramide.**

Bei Fotofreunden beliebt ist die angrenzende **Donkin Street** mit viktorianischen Terrassenhäusern aus der Zeit um 1800. Der *Donkin Heritage Trail* (5 km, empfehlenswert) führt zu den wichtigsten historischen Gebäuden im Stadtzentrum (Plan und Informationsmaterial gibt es gegen geringe Gebühr beim Tourist Information Centre). Dasleider nun geschlossene **Edward Hotel,** gegenüber der Information, ist eines der schönsten und der ältesten Häuser der Stadt. Seine Entstehung geht ins Jahr 1834 zurück, als hier das erste eingeschossige Haus errichtet wurde. 1902 bauten die Architekten Jones und McWilliams ein dreistöckiges Gebäude im „altenglischen" Stil. Es hatte 120 Zimmer, ein großes Restaurant und den ältesten Lift des Landes. 12 Räume waren Ärzten und Zahnärzten vorbehalten. Auch die Post hatte hier ihre Station.

Eines der ältesten Häuser der Stadt ist das Haus **No. 7 Castle Hill,** heute ein *Historical Museum.* Es zeigt Einblicke ins häusliche Leben der Wohlhabenden im 19. Jh. (Di–Fr 10–13 u. 14–16.45 Uhr, Mo 14–16.45 Uhr).

Am Market Square befindet sich die **Queen Victoria-Statue,** dahinter **The Library Building.** Der türmchenverzierte Bau stammt aus dem Jahre 1848, die Terrakotta-Fassade wurde eigens in England gefertigt.

Über genau 204 Stufen erreicht man die Aussichtsplattform des 51,8 m hohen **Campanile,** ein Nachbau des Campanile von Venedig mit 23 Glocken. Er wurde anlässlich der 100-Jahr-Feier der Siedlerankunft am Eingang zu den Docks errichtet (Strand Street, Di–Sa 9–12.30 Uhr u. 13.30–17 Uhr, So 14–17 Uhr). Das **Feather**

Market Centre, ehemaliges Zentrum des Straußenfederhandels, liegt in der Military Road nahe Baakens Street. Man kann die 1885 erbaute Halle besichtigen (kostenlose Führung), heute ist sie ein Konzertzentrum (Tel. 041-5555514).

Im 73 ha großen **St George's Park** befindet sich der älteste Cricket- (1843) und Bowlingplatz (1882) des Landes. Es gibt Schwimmbäder und Sportplätze. Lohnenswert ist ein Spaziergang durch das **Pearson Conservatory** mit Wasserlilien und Orchideen (jeden ersten Sonntag Künstlermarkt „Art in the Park"). Die Ausstellung der **King George VI. Art Gallery,** 1 Park Drive, zeigt britische, orientalische und südafrikanische Exponate (Mo–Fr 9–17, Sa/So 14–17 Uhr; Di-Vorm. geschl.). Der Galerie ist auch The Eastern Province Society of Fine Arts Hall angeschlossen.

Südlich des St George's Parks liegt das **Settlers Park Nature Reserve.** Durch den 54 ha großen Park fließt der Baakens River, flankiert von üppiger einheimischer Flora in angelegter und natürlicher Gartenlandschaft. Tausende Vögel bevölkern die Vegetation.

Bayworld Museum Complex

Der **Bayworld Museumskomplex** (tgl. 9–16.30 Uhr) liegt südlich in Richtung Strände an der Beach Road (Verlängerung der M 4). Er zählt zu den größten und besten seiner Art, eine gute Alternative, sollte es einmal regnen. Im **Oceanarium** kann man tgl. um 11 Uhr und um 15 Uhr eine Delphinschau mit Seehundeinlage sehen (geschl. 12.45–13.45 Uhr). Im **Aquarium** leben hinter großen Glasscheiben Haie, Rochen, Schildkröten und andere tropische Fische.

Der angrenzende **Snake Park** beherbergt mehr als 1000 Schlangen, Krokodile, Landschildkröten und jede Menge Echsen (Reptilienschau Mo–Fr 12 Uhr). Das **Tropical House** wird von tropischen, buntgefiederten Vögeln bewohnt. Das Port

332 Port Elizabeth

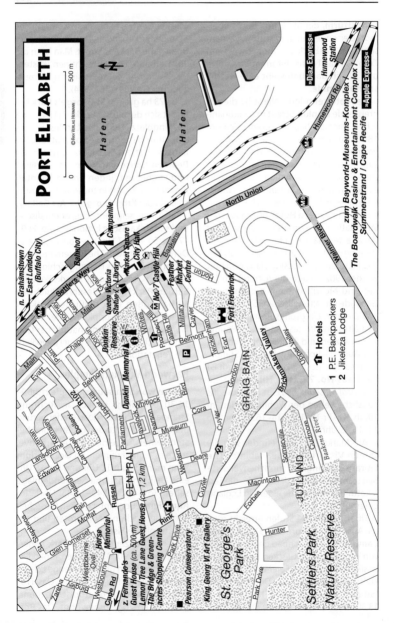

Elizabeth Museum zeigt die Natur- und Kulturgeschichte des Landes: Ausstellungen verschiedener Epochen und eine große Sammlung Trachten, Segelschiffmodelle, Musikinstrumente, Fossilien u.a. (tgl. 9–17 Uhr, außer Weihnachten).

Happy Valley, einer Parkanlage mit Wiesen, Blumen, Teichen und Spazierwegen, liegt unmittelbar angrenzend an den Komplex. Eine kleine Unterführung führt zum Strand hinunter.

*Red Location Museum

Das **Red Location Museum** im schwarzen Township *New Brighton* ist architektonisch und inhaltlich ein mehrfach ausgezeichnetes Meisterwerk. Der Ort für dieses Apartheid-Museum (www.freewebs. com/redlocationmuseum; mit Anfahrtsskizze) hätte nicht besser gewählt werden können, ist das Township doch die Geburtsstätte von *Umkhonto we Sizwe,* dem ehemals militärischen Arm des ANC. Das Museum ist geöffnet Mo–Fr 9–16 Uhr und Sa 9–15 Uhr.

Am Strand entlang

Die Strände befinden sich südlich des Stadtzentrums. Man erreicht sie über die Humewood- (M 4) und Beach Road.

Der erste, **King's Beach,** ein geschützter Badestrand mit guten Surfbedingungen nahe der Hafenmauer, hatte tatsächlich königliche Badegäste: 1948 vergnügten sich König George VI. und seine Töchter am goldenen Sandstrand, nicht weit von der Stelle, an der ihr White Train Halt machte. Für Leute mit Kindern bestens geeignet ist der **McArthur Pool Complex,** mit Frisch- und Salzwasserbecken, Wasserrutschen und dem Sea-Breeze-Miniatur-Zug.

Humewood Beach ist nicht nur der beliebteste, sondern auch der gepflegteste und sicherste Strand. Der **Shark Rock Pier** mit seinen Cafés und Restaurants ragt noch vor **Hobie Beach** weit ins Meer hinein. Im Bereich des **Boardwalk Casino & Entertainment Complex** (s. Kasten) liegen viele Hotels, Restaurants und ein Vergnügungspark.

Der **Shark Rock Pier** mit seinen Cafés und Restaurants ragt noch vor **Hobie Beach** weit ins Meer hinein. Ungestört badet man in den Meeresfelsenbecken am nahen **Summerstrand.** Noch vor dem Cape Recife (s.u.) liegt der **Humewood Golf Club,** einer der schönsten Plätze des Landes. Im Clubhaus sieht man die flotten Katamarane in der Bucht vorbeisegeln. Hinter der Golf Course liegt die University of Port Elizabeth.

Cape Recife Nature Reserve

Das Cape Recife Nature Reserve (366 ha) liegt beim 1851 errichteten Leuchtturm am Kap Recife. Der 9 km lange Trail of the Roseate Tern dauert 3–4 Stunden. Etwas Zeit sollte man am Bird Hide zubringen. Das Versteck zählt zu den besten Vogelbeobachtungspunkten der Region. Belohnt wird man durch den Anblick seltener Sumpf- und Purpurhühner, Zwergrohrdrommeln und manchmal schaut sogar ein Otter vorbei.

Der Wanderweg wird des Öfteren von Tierpfaden gekreuzt, im Dickicht leben Pinselohrschweine und kleinere Antilopenarten. Ein Teil der Strecke führt direkt am Meer entlang. Bei Ebbe entdeckt man in den Felsbecken Seeanemonen und Seesterne. Neben dem Leuchtturm auf Nester der seltenen Rosenseeschwalbe achten (Roseate Tern), die hier brüten.

334   Port Elizabeth   Karte S. 335

Wer es noch einsamer möchte, fährt über den Marine Drive bis nach **Schoenmakerskop,** einem idyllischen Ort, der für seine Badestellen bekannt ist. Vom Sacramento Restaurant führt der *Sacramento Trail,* ein angelegter Naturpfad (im Sommer früh starten!) durch das **Sardinia Bay Nature Reserve.** Der *Sardinia Beach* mit klarem Wasser und langem Sandstrand gilt als Perle unter den Stränden. Über die Skoenmakerskop Road gelangt man wieder ins Zentrum von Port Elizabeth.

10 km im Nordosten am Stadtrand finden Kanufahrer, Ruderer und Windsurfer rund um das **Swartkop River Estuary** beste Bedingungen. Es gibt auch recht schöne Strände.

Ausflug Lion Park

25 km westlich von Port Elizabeth liegt der 1975 gegründete **Seaview Predator Park** in schöner Busch- und Graslandschaft. Derzeit gibt es etwa 55 Löwen im Areal, auch drei seltene weiße Löwen. Fütterung Jeden Sonntag um 12 Uhr. Daneben bevölkern Giraffen, Zebras, Antilopen und Affen das Gelände. Krokodile sind in Gehegen zu sehen.
Information: Eintritt R55, Kinder R25. Zelt- und Caravanplatz vorhanden (R120 für 2 Personen, inkl. Eintritt). Picknickplätze und Restaurant 9–17 Uhr. Jugendliche haben die Gelegenheit, im Park ein kostenloses Volontariat zu absolvieren (Tel. 041-3781702, www.seaviewpredator park.com).

Nachtleben P.E. / Boardwalk Casino Entertainment Complex

Wenige Orte im Umkreis von 800 km bieten ein so ausgeprägtes Nachtleben wie P.E. Vielleicht auch ein Grund, warum so viele junge Leute in den Ferien hierherkommen. Vorwarnung: P.E. gilt als „Rimini" Südafrikas, abends wird sehr viel Alkohol konsumiert. Ausgehtage sind Mittwoch, Freitag und Samstag.

Der riesige **Boardwalk Casino & Entertainment Complex** gegenüber Hobie Beach sind neben zahlreichen kleinen und großen Geschäften auch Kinos, ein Kunsthandwerksmarkt, Restaurants aller Preiskategorien, ein Amphitheater (auch für Live-Konzerte) und ein rund um die Uhr geöffnetes Casino untergebracht. Allein die fantasievolle Architektur mit Gärten und Seen, über die kleinen Brücken führen, verlockt zu einem Besuch. Nachts wird das Areal von 25.000 Lampen erleuchtet. Empfehlenswert. Aktuelle Informationen auf www.suninternational.com/resorts/boardwalk und www.boardwalk.co.za.

Barneys ist die einzige Taverne auf dem Meer; jeden Abend Live-Musik, Sa und So Nachmittagsvorstellungen auf dem „Deck" (Tel. 041-5834500). Das **Cadillac Jack's Rock 'n Roll Diner** ist der heiße Tipp für alle, die gerne tanzen und dabei auch noch gut essen wollen.

Ein gutes Live-Programm bis spät in die Nacht bietet täglich **The Blinking Owl,** 306 Cape Road, Newton Park. Hier gibt es für R20 Steak mit Pommes und Salat und Bier/Wein (12–18 Uhr). Das **Opera House and Barn,** Whites Road, wurde 1980 als letztes Beispiel eines viktorianischen Theaters zum Nationalmonument geadelt. Das Programm umfasst klassische Stücke und moderne Shows. – Das **Mannville Open Air Theatre,** St George's Park, Park Drive, Tel. 041-5852890, steht alljährlich im Mittelpunkt des Shakespeare Festivals (Kartenvorbestellung erforderlich). – **The Ford Little Theatre,** Ecke Castle Hill/Belmont Terrace, Tel. 041-586 0770, stammt aus der Mitte des 19. Jahrhunderts; vorwiegend kleinere Produktionen und moderne Musicals. – Operettenfreunde besuchen das **Savoy Club Theatre,** Ecke Stirk/Collett Street, das seit langem erfolgreich arbeitet.

Organisierter Freizeitspaß

Touranbieter

***Gqebera Township Tours,** A75 Witbooi St, Walmer Township, Tel. 041-5812572. Sehr authentische und persönliche Tour. – **Paradise Expeditions,** Tel. 041-5851977; jede Menge interessanter „Eco-Walks". – **Umzantsi Tours,** www.umzantsi.co.za, ausgezeichnete Tagestouren in und um P.E. – Wer P.E. aus der Luft bewundern möchte: **John Huddlestone Helicopter,** Boeing Rd, Tel. 041-5077343, oder **Algoa Flying Club,** Tel. 041-5813274, www.flying.org.za. – Auch empfehlenswert: **Fat Tracks Mountain Bicycle Club,** Tel. 041-3632543, hat mit der Stadtverwaltung Mountainbike-Trails angelegt, die nach Schwierigkeitsgrad variieren. – Gruselig wird es beim **Haunted Ghost Walk,** der durch das abendliche P.E. führt (Auskunft bei der Tourist-Information).

Dampfeisenbahnen

Nostalgie-Kurzvergnügen erlebt man mit dem **Dias-Express,** der von seinem Bahnhof am Hafen zum King's Beach fährt (30 Minuten, R10, nur in den Oster- und Weihnachtsferien, Tel. 041-5072333).

Tauchen

Es gibt einige passable Tauchreviere (generell nach Sichtverhältnissen fragen): *St Croix Island,* ein **maritimes Naturreservat** und verschiedene Wracks, wie die *SAS Harlem,* vor der Küste.

Ocean Divers International, The Bridge Shopping Centre (9–17 Uhr, Tel. 041-3630035, 5831790), Kurse und Exkursionen. *Pro Dive,* Shop 16, Walmer Park Shopping Centre, Tel. 041-3687880 (Tauchshop Summerstrand, Tel. 041-5835316), www.prodive.co.za; tgl. Ausfahrten, Padi-Kurse.

Einkaufen

The Bridge Shopping Centre und das *Greenacres Shopping Centre,* Cape Road (Newton Park) sind zusammen drittgrößter Einkaufskomplex des Landes. *Walmer Park,* Main Road, Walmer, ist unter den Einheimischen beliebt. *Pier 14 Shopping Centre,* 444 Main Street, North End, ist wegen der ungewöhnlichen nautischen Dekoration sehenswert. Die meisten Geschäfte haben Mo–Fr 8.30–17 Uhr, Sa/So 8.30–12.30 Uhr geöffnet.

Es gibt viele **Spezialgeschäfte** für afrikanische Kunst, Handwerk und Souvenirs. *African Curios,* 18 Main Street, und *Wezandla Gallery & Craft Centre,* 22 Baakens Street, haben eine besonders große Auswahl. Sportsachen für Strand und Freizeit führt Beachfront *Adventure Centre,* Russell Road 109. Der *Wildlife Society Shop,* 2b Lawrence Street, führt Kunsthandwerk, Tier- und Pflanzenbücher, Karten und T-Shirts. Der Laden von *Lock Stock and Barrel,* Lawrence Street, wartet mit folkloristischer Kunst, hand-

336   Port Elizabeth

bemalter Keramik, Zinnwaren und Sammlerstücken auf. Trauen sollte man sich ruhig in den **Xhosa Medicine Shop** in der Crawford Street. Wer möchte, kann sich gesundheitlich beraten lassen.

Im Tourist Information Centre beim Leuchtturm gibt es eine Broschüre zum **„Art Walk"**, einer Einkaufsbummeltour zu den wichtigsten Antiquitäten-, Kunst- und Spezialitätengeschäften.

Flohmärkte finden statt samstags am *Market Square,* Sa/So am *Hobie Beach* und jeden ersten So im Monat im *St George's Park.* Auch zwischen *King's Beach* und *McArthur's Baths* gibt es am Wochenende zwischen 8–12 Uhr viele Stände.

Festivals

Größtes Ereignis ist das **Splash-Festival** alljährlich am Osterwochenende. Über 300.000 Menschen tummeln sich am Hobie Beach und amüsieren sich mit allerlei Freizeitattraktionen. **Februar:** *Shakespearean Festival* auf einer Freilichtbühne im George's Park. **Juni:** *Woodridge Country Fair* auf dem großen Woodridge Schulgelände, sehenswert. Neben dem Verkauf landwirtschaftlicher Produkte und Handarbeiten auch meist Hundeschau und Biergarten mit original deutscher „Oompah-Music" (Blasmusik). **September:** Ungewöhnlich ist das *Spoornet PPC Great Train Race,* ein Wettlauf mit der Schmalspur-Dampfeisenbahn von P.E. bis Loerie.

Restaurants

P.E. besitzt die meisten Restaurants pro Einwohner Südafrikas! Im **Rome,** Tel. 041-5862731, 63 Campbell St, gibt es hervorragende Pizzas und Pasta. – Fischspezialisten sind die Köche des **Piccolo Blackbeards,** Tel. 041-5855567, im Brooke's Pavilion Entertainment Complex, Summerstrand (Mo–Sa 18–23 Uhr) und der ***Blackbeards Tavern** im Chapman's Hotel, Humewood, Tel. 041-5840678. – Gleich daneben servieren die Ober im **Porterhouse Restaurant** dicke Steaks. – Ein stilvoller „Oldtimer" im 1865 erbauten Woodie House ist **49 Havelock** in der gleichnamigen Straße. In dem unter Denkmalschutz stehenden Restaurant kredenzt man vorwiegend traditionelles

südafrikanisches Essen (um 17 Uhr ist „Tea-Time"). – Besonders stilvoll kann man sie im **Palm Court** im Edward Hotel zelebrieren. Hier gibt es auch (außer sonntags) guten Mittagstisch und kleine Mahlzeiten. – Indisch essen zu gehen, ist fast ein „Muss" in PE. Die **Raasoie Ethnic Indian Cuisine,** 79 Heugh Rd, Walmer, Tel. 041-5810333, ist dafür einfach ideal. – Das empfehlenswerte Gartenrestaurant und Café im viktorianischen Stil *****The Lemmon Tree,** Pearson St, serviert einige Spezialitäten, als Nachtisch hausgemachte Kuchen. – *****The Mediterranean,** Ecke Beach Rd/La Roche St, Tel. 041-5823981, hat alles aus dem Meer frisch auf der Speisekarte. – Das **Blue Waters Cafe,** am Shark Rock Pier, Hobie Beach (Tel. 041-5834110, Mo–Sa 8–23 Uhr, So bis 22 Uhr), liegt mit seinen frischen Speisen und Cocktails voll im Trend.

Der besondere Tipp: Wer den Tag so richtig schön ausklingen lassen möchte, fährt den Marina Drive hinunter zur **Pine Lodge** auf einen „Sundowner". So mancher blieb dort auch bis zum Abendessen.

Port Elizabeth von A–Z

Information P.E.

Tourist Information Centre, Donkin Hill, Donkin Lighthouse Building, Tel. 041-5858884, Fax 5852564, www.nmbt.co.za (Mo–Fr 8–16.30 Uhr, Sa/So 9.30–15.30 Uhr. – **The Boardwalk Visitor Centre,** Summerstrand, Tel. 041-5832030. – **Satour,** 21–23 Donkin St, informatives Prospektmaterial. – Das **Deutsche Konsulat,** Circular Way, Walmer, erreicht man unter Tel. 041-3974721 (Mo–Fr 8.30–12.30 Uhr).

Autohilfe

AA Branch, 1A Greenacres Shopping Centre, Cape Rd, Newton Park, Tel. 041-3631313. Bei Unfall: Tel. 0800-010101.

Karte S. 332 u. 335   **Port Elizabeth** **337**

Banken

First Rand, Main St. – United, VSN Centre, Main St. – Standard, 1 Pickering St

Buchungszentrale

Aktuelle Veranstaltungen und Touren: **Computicket,** Tel. 041-3630576; Filiale: Information Kiosk, Greenacres Mall, Tel. 041-3445500; *Info Africa,* Information Kiosk, Greenacres Mall, Tel. 041-3633666.

Busverbindungen

Die zentrale Bushaltestelle ist die Market Square Bus Station, Strand Street, neben dem Norwich Union Building. Hier starten die meisten städtischen Busse. Kostenlose Fahrpläne. Die meisten Busse halten auch am Bahnhof. Die *Algoa Bus Company* verkehrt regelmäßig auf der Route 0 zwischen Beachfront, City Centre, St George's Park, Rink Street und dem Bridge Shopping Centre. **Überlandbusse:** *Translux Express* hinter dem Rathaus, Tel. 041-5073333. *Intercape Mainliner* unter Tel. 041-5860055 oder über Computicket vorbuchen. Tgl. Verbindungen nach Cape Town via Garden Route, auch nach Johannesburg und Durban (*Greyhound Intercity Coach,* 107 Main St, Tel. 041-3630576.

Flughafen

Der *Port Elizabeth Airport* liegt 5 km außerhalb am Allister Miller Drive (keine öffentlichen Busverbindungen, nur Taxis). Die SAA fliegt tgl. nach Johannesburg und Cape Town. Auskunft: Tel. 041-5077301 oder 5077319 (Touri-Info). **Fluglinien:** *South African Airways,* Tel. 041-5077204, Stadtbüro Greenacres, Ring Rd, Shop 69; verlorenes Gepäck: Tel. 041-5077227. – *British Airways,* Tel. 041-5088000. *Eastern Airlines,* Tel. 041-5077331. – *SA Airlink* fliegt täglich nach Kapstadt und George, Tel. 041-3634444. **Mietwagen:** *Avis,* Tel. 041- 5814291; *Budget,* Tel. 041-5814242; *Imperial,* Tel. 041-5811268.

Geld

American Express/Ned Travel, Pamela Arcade, 2. Avenue, Newton Park. – Rennies Travel, Murray & Roberts Building, Ring Rd, Greenacres. Oder bei allen großen Banken.

Internet-Café

*Fusion Cyber Cafe,*9 Lances Lane, Uitenhage, Tel. 041-9225778, bietet neben Internet auch Unterstützung bei Problemen an.

Notfallnummern

Ambulanz, Tel. 10177. Feuerwehr, Tel. 5851555. St George's Hospital, Tel. 041-392 6111. Polizei, Tel. 10111. Seerettung, Tel. 041-5073911.

Post

Hauptpost: 259 Main St (Mo–Fr 8–16 Uhr und So 8.30–12 Uhr).

Straßenschilder

Wie auch in einigen anderen Orten Südafrikas sind die Straßenschilder nicht einheitlich angebracht. Oftmals sind Straßennamen am Bordstein aufgemalt.

Taxi

Hurters Taxi Cabs, Tel. 041-5855500.

Wettervorhersage

Wettervorhersage für die Eastern Cape Province ist erhältlich unter www.weathersa.co.za und www.accuweather.com.

Zugverbindungen

Der Bahnhof liegt zentral in der Station Street. Auskunft über Abfahrtszeiten und Verbindungen bei Shosholoza Meyl unter Tel. 041-507 2662.

Unterkunft

Comfort

Marine Protea Hotel, Marine Drive, Tel. 041-5832101, www.proteahotels.com. Zentral „am Nabel des Geschehens". DZ/F ab R1000.

*Lemon Tree Lane, 14 Mill Park Road, Tel. 041-3734103, www.lemontreelane.co.za. 5-Sterne Guest House in ruhiger Umgebung. Sehr komfortable Zimmer mit allen Annehmlichkeiten. Sicheres Parken, Nähe Zentrum und Golfplatz, dt.-spr. DZ/F ab 595 p.P.

*Margate Place Guest House, 5 Margate St, Tel. 041-5835799, www.margateplace.co.za. Großzügige Apartments mit individueller Terrasse mit Grillplatz, Pool. DZ/F ab R350 p.P., oder SC.

*Pine Lodge, Humewood, Marine Drive (gleich nach dem Golfcourse), Tel. 041-583 4004, www.pinelodge.co.za. Schöne 1–6 Betten Log Cabins, Zelt- und Stellplätze in ruhiger Lage, Restaurant. Cabin ab R495.

Touristic

Africa Beach B&B, 10 Skegness Rd, Summerstrand, Tel. 041-5835833, www.africabeach. co.za (m. Anfahrtskizze). Dt.-südafrikanisch, gute zentrale Lage, Tipps vom Besitzer, kleiner Pool. DZ/F ab R720.

Bayside Guest House, 6 Tiran Rd, Summerstrand, Tel. 041-5833566, www.bayside-guest

338 Uitenhage

Karte S. 340

house.co.za. Studios, Gartenhäuser, 500 m zum Strand, Selbstversorgung. DZ/F ab R425 p.P.

Driftsands Guest House, 2 Marshall Rd, Tel. 041-5860459, www.driftsands.co.za. Persönlich geführt, Strandnähe. DZ ab R290 p.P.

*Endless Summer Guest House, No. 3 Sixth Ave, Summerstrand, Tel. 041-5833052, www. endlesssummergh.co.za. 100 m vom Marine Drive, 3 freundliche Gästezimmer plus Aufenthaltsraum und Pool, nette Gastgeber, in Gehnähe Restaurants, Shopping und Boardwalk Complex. Preis auf Anfr.

Fernando's Guest House, 102 Cape Rd, Mill Park, Tel. 041-3732823, www.fernandosguesthouse.com. Schöne Zimmer, viktorianisch. DZ ab R295 p.P.

Budget

*Jikeleza Lodge, 44 Cuyler St, Innenstadt, Tel. 041-5863721, www.highwinds.co.za. Motto dieses internationalen Backpacker-Hostels: „Wunder geschehen hier". Bieten Touren an, z.B. Addo, Shamwari. DZ R520, auch Schlafsäle (R110) und Camping (Site 80 p.P.).

*Lungile Backpackers, 12 La Roche Drive, Humewood, Tel. 041-5822042, über www.lungilebackpakkers.co.za. Mehrbett- und DZ, Camping. 3 Min. vom Strand, Bar und Pool. Fahrradvermietung, kostenloser Bus morgens in die City. DZ ab R400.

*Marshall Road Guest House, 8 Marshall Rd, Humewood, Tel./Fax 041-5851223. Geräumige Zimmer, nette Gastgeber mit Infos. Preise a.A.

Port Elizabeth Backpakkers, 7 Prospect Hill, Tel. 041-5860697, www.pebackpakkers.za.org. Besonders für Jüngere, die Anschluss suchen. Baz Bus-Stopp. DZ ab R250.

Wilmot Cottage B&B, 13 Bradley Rd, Summerstrand, Tel. 041-5831770, www.wilmot cottages.co.za. Studios, Cottages.

Camping

Willows Holiday Resort, Marine Drive, Tel. 041-3661717, www.thewillowspe.co.za. Cottage bis max. 4 Pers R750, bis max. 6 Pers. R920. Rondavel bis max. 2 Per. R400, bis max. 5 Pers. R960. Site bis max. 5 Pers. ab R240, jede weitere Person (max. 2) R70. Schöne Lage, Shops, Restaurant.

Uitenhage

Uitenhage, 25 km nordwestl. von P.E., bietet trotz schöner Parks und Gartenanlagen eher das Bild einer heruntergekommenen Industriestadt. Das **Station Museum,** Market St, ist ein Eisenbahnmuseum im alten Bahnhof (1875). Berühmt wurde er 1876 durch Jack, einen Affen, der für sein verkrüppeltes Herrchen die Signale bediente (Mo–Fr 10–13 u. 14–16.30 Uhr). Das **Drostdy Museum,** 50 Caledon St, ist in einem historischen Gebäude aus dem Gründungsjahr der Stadt (1804) untergebracht (Mo–Fr 10–13 Uhr u. 14–16.30 Uhr). Im selben Gebäude ist auch das **Volkswagen-Museum** mit gut restaurierten Oldtimern (Mo–Fr 10–13 u. 14–16.30 Uhr). **Das Cuyler Manor Farm Museum,** Old Uitenhage an der Straße nach P.E., in einem Herrenhaus von 1814, informiert mit handwerklichen Vorstellungen über die Kunst des Spinnens und Webens und der Kerzen- und Seifenherstellung (Mo–Fr 10–13 u. 14–16.30 Uhr).

Daniell Cheetah Breeding Farm

Die Farm liegt 40 km nördlich von Uitenhage an der R75 (s. Addo-Karte) und hat einige Geparde und andere Raubkatzenarten, manchmal Löwenbabys. Führungen und Fotos mit den Tieren sind möglich. Tägl. geöffnet, Café/Shop, Tel. 082-8710012, www. daniellcheetahbreeding. co.za.

Von Port Elizabeth auf der N 10 in Richtung Norden (Middelburg)

→ Abstecher

Shamwari Game Reserve

Das exklusive **Shamwari Game Reserve,** 72 km nordöstlich von Port Elizabeth in der Nähe von Paterson, liegt idyllisch am Ufer des Bushmans River und besitzt eine beachtliche Elefantenpopulation, Spitz- und Breitmaulnashörner, Giraffen, Büffel, Leoparden, Geparden und viele Antilopenarten.

Information und Unterkunft
Shamwari Game Reserve, Tel. 041-4071000, www.shamwari.com. 7 luxuriöse Lodges. Vollpension, alle Unternehmungen inklusive, geführte Touren zu Fuß oder im offenen Geländewagen. Für R1000 ist eine Tagessafari (bei Voranmeldung) von 11–18 Uhr möglich. Mehrmals jährliches *Field Guide Training.*

Alternative Unterkunft
Luxus Leeuwenbosch Country House, Tel. 042-2351252, www.leeuwenbosch.co.za DZ/F ab R2700 p.P. 5 Minuten vom Reservat entferntes Landhaus mit Zimmern und Cottage.

✔ Abstecher

Addo Elephant National Park

Der sehr große Nationalpark, 72 km nördlich von Port Elizabeth, liegt zu Füßen der Zuurberg-Gebirgskette im Tal des Sundays River in einer geologisch interessanten Hügellandschaft. Im Grenzgebiet zwischen trockner Karoo und tropischem Gürtel der pazifischen Küstenregion war das Land durch Hebung und Senkung des Meeresspiegels dem ständigen Wechsel aus Überflutung und Erosion ausgesetzt. Charakteristisch ist der dichte *Addo-Busch,* ein Gestrüpp aus Sträuchern, Büschen, Kriechpflanzen und kleinen Bäumen.

Der Addo Park wurde 1931 als letzte Zufluchtstätte für die fast ausgerotteten **Kap-Elefanten** eingerichtet. Dazu wurde auch der benachbarte *Zuurberg National Park* eingegliedert. Die beiden Küstensektionen heißen *Colchester-* und *Woody Cape Section.* Eingegliedert zum ursprünglichen Park wurden auch die *Darlington-* und *Kabouga Section* sowie die *Kuzuko Contractual Area,* die allerdings noch für Touristen unzugänglich ist.

Derzeit umfasst der Addo-Park 148.000 ha Landfläche und 120.000 ha Meeresgebiet. Er wird als einziger Park die **„Big Seven"** beherbergen – also inklusive Buckelwal und dem weißen Hai! Seit 2003 gibt es wieder **Löwen,** die 1879 ausgerottet wurden. Sie sieht man am häufigsten im Waynes Valley an der südlichen Zufahrtstraße.

Anfahrt

Von P.E. zunächst ca. 10 km auf der N 2 Richtung Grahamstown, dann auf die R 335 Richtung Addo Village. 10 km hinter dem Ort führt eine kleine Straße zum Haupteingang des Parks. Im Park vorwiegend Naturstraßen, Zufahrten zu den Restcamps sind asphaltiert. Eine Zufahrts-

340 Addo Elephant National Park

Karte S. 340

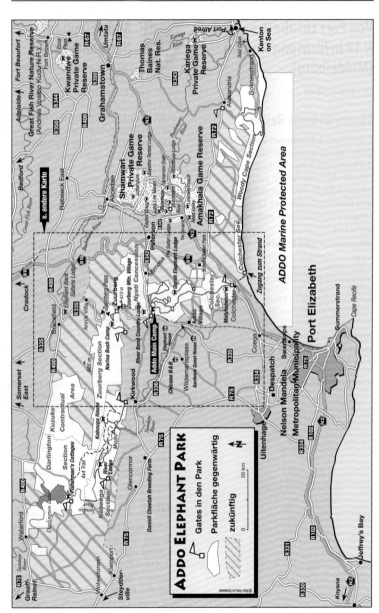

alternative bietet das Colchester-Gate im Süden des Parks, erreichbar über die R 334.

Unterwegs im Park

Die Fahrwege im Park sind vorwiegend Rundwege. Eine Addo-Visitors' Map bekommt mit der Eintrittskarte. Frühmorgens und gegen Abend ist die beste Zeit zur Tierbeobachtung. Im Park gibt es sechs künstliche Wassertümpel, da kein Oberflächenwasser vorkommt.

Wer möchte, kann sich am ersten Wasserloch gleich neben dem Parkbüro niederlassen. Es ist abends beleuchtet. Nicht selten sieht man gegen 11.30 Uhr 50 Elefanten. Abends kommen Nashörner und Kapbüffel. Das beliebteste Wasserloch ist der **Domkragdam,** 3 km östlich des Parkhauptquartiers. Besuchenswert ist die *Hapoor-Wasserstelle,* etwa 15 km vom Ausgangspunkt, Elefanten sind dort (fast) garantiert.

Pirschfahrten

Es gibt eine Sunrise-Fahrt und andere Fahrten über den Tag sowie eine Nachtpirschfahrt (ca. 2 Std., R275 p.P.). Gerade in den Abendstunden sind neben den kuriosen Kap-Büffeln Pinselohrschweine, Ameisenbären, Schwarzfußkatzen und Stachelschweine unterwegs. Warme Kleidung anziehen. Man kann sich auch für R180 von einem Ranger im eigenen Auto begleiten lassen (gilt nicht für nachts).

Pillendreher

Die als **Pillendreher** bekannten Mistkäfer *(Circellium bacchus)* haben Vorfahrt im Park. Immer wieder weisen Schilder darauf hin, die kleinen fleißigen Tierchen nicht zu überfahren. Als erstes entdeckt man eine tischtennisballgroße Kugel, die langsam auf der Straße rollt, bei genauerer Betrachtung dann den Käfer, der sie anschiebt. Pillendreher werden besonders

nach Regenfällen aktiv und sind von großer Bedeutung für die Qualität des Bodens, den sie quasi düngen. Männliche Käfer rollen bevorzugt Büffeldung als Bruttäger in unterirdische Kammern, in denen Weibchen sitzen und ihre Eier darauf ablegen. Die Männchen versorgen sie dann mit Dungbällchen von Elefanten, von denen sie leben bis die Brut geschlüpft ist.

Kap-Büffel

Eine weitere Besonderheit des Addo-Tierlebens sind die **Kap-Büffel,** die sich ausschließlich hier retten konnten. Dazu haben sie einige Anpassungsprozesse durchlaufen. Entgegen den Gewohnheiten ihrer Artverwandten sind Kap-Büffel nachtaktive Tiere. Wie die Elefanten lieben auch sie den Speckbaum, gegrast wird nur noch selten. Sie leben in kleinen Familienverbänden und nicht in Herden. Leittier ist eine Büffelkuh.

Andere Tiere

Die nördlichen Spitzmaulnashörner im Park kommen ursprünglich aus Kenia. Man überlegt eine Rückführung und Ersatz durch die früher heimische Kap-*Spitzmaulnashörner.* Heimisch sind noch Kuh-, Schirr- und Elenantilopen, Kudus, Ducker und Greisböckchen. Große Raubtiere gibt es jedoch nicht. Mit viel Glück und Zeit sieht man auch **Schabrackenschakale** oder **Wüstenfüchse.** Über 180 verschiedene Vogelarten wurden gezählt, darunter **Felsen-** und **Kronenadler,** Schwarze Sägeflügel-schwalben, Helmturakos, Habichte, Zwergtaucher und Moorhühner. Amphibien und Reptilien sind mit über 50 Arten im Park vertreten.

Vegetation

Die Afrikaaner nennen das Gebiet *Spekboomveld,* „Speckbaumlandschaft", die buschartig über dreiviertel der Vegetation bestimmt.

Elephants never forget – Elefanten vergessen niemals

Die Geschichte der Addo-Elefanten ist der Spiegel des Kampfes zwischen Mensch und Natur. Um die Jahrhundertwende war die Besiedlung Südafrikas abgeschlossen, Rückzugsgebiete für große Herden der **Süd-** oder **Kapelefanten** so gut wie vernichtet. Nur im Gebiet von Addo, im dichten, undurchdringlichen Buschland, lebten noch die letzten ihrer Art. Das Land rings herum wurde kultiviert, Zäune und Hecken um die Zitrusplantagen gezogen. Den Elefanten wurden die Zugänge zu ihren Wasserstellen abgeschnitten.

1919 eskalierte die Situation. Immer häufiger wurden Zäune niedergetrampelt und Flurschäden angerichtet. *Major Jan Pretorius,* eine Legende unter den Großwildjägern, wurde verpflichtet, dem Treiben der Elefanten ein für alle Mal ein Ende zu setzen. Der Mann tat ganze Arbeit. Er kämpfte sich durch dichtestes Gestrüpp und schoss in einem Jahr 120 Elefanten! 15 Exemplare retteten sich in unwegsames Gebiet. Es hagelte Proteste.

Die Farmer Jack und Natt Harvey erlaubten, dass die restlichen Elefanten sich auf ihrem Besitz aufhalten durften. Doch es sollten noch etliche Jahre vergehen, bis das Schutzgebiet zum Nationalpark wurde. Die Elefanten entwickelten sich aufgrund ihrer traumatischen Erfahrung mit Menschen zu extrem aggressiven Tieren – *an elephant never forgets.*

Elf von ihnen lebten noch, als das zunächst 9712 ha große Schutzgebiet entstand. Harold Trollope, ein ehemaliger Ranger vom Krügerpark, trieb die schwierigen Tiere mit Mühe aus dem Addo-Bushveld in den Park. Aber wie sollte man sie in dem Gebiet halten? Alles hatte man versucht: Elektrozäune, Feuer, Nachtpatrouillen, Selbstschussanlagen, Gräben – immer wieder brachen die Tiere aus, verwüsteten das Umland. Nach 20 Jahren fand man die Lösung: Es wurde der stärkste Zaun der Welt errichtet. Bahnschienen wurden als Pfähle in den Boden reingerammt und mit dicken Zugkabeln aus den Goldminen verbunden.

Die Elefanten fügten sich ihrem Schicksal und entwickelten sich zunehmend zu friedfertigeren Zeitgenossen. 326 Tiere leben zur Zeit im Park. Durch Ausdehnung des Gebietes will man ihre Population auf 500 ansteigen lassen. Durch die extreme Reduzierung der Elefanten und maßlose Elfenbeinjagd kam es durch Inzucht zu einem abweichenden Aussehen der Tiere: Den Kühen fehlen die Stoßzähne, den männlichen Bullen wachsen sie ungewöhnlich langsam, so als wollten die Elefanten selbst einen ihrer Ausrottungs-gründe abschaffen.

Die Zukunft wird zeigen, wohin die Entwicklung geht. Große Aussichten hat ein Projekt, bei dem Elefanten aus anderen Parks mit den hiesigen Tieren vermischt werden. Ungewöhnlicher Nachwuchs kam am 7. 10. 1998 auf die Welt: die ersten Elefanten-Zwillinge seit Parkgründung.

Der rosarot blühende *Speckbaum* gehört zur Familie der Sukkulenten und ist wichtigste Pflanze für das Überleben der Tierwelt. Sie enthält einen hohen Wasseranteil und viele wichtige Mineralstoffe. Elefanten und Büffel sind von ihr abhängig. Schmackhaft, auch für andere Tiere, sind ihre Blätter und Zweige.

Das immergrüne Bushveld beherbergt auch die *Karoo Boer-bean,* die „Burenbohne", die *Thorny Taaibos* und die *Blutblume.*

Discovery Trail

Am Parkeingang liegt der Discovery Trail, der z.T. auch für Rollstuhlfahrer geeignet. Hinweistafeln informieren über Flora und Fauna.

Zuurberg-Sektion

Auf der R335 erreicht man nach Norden über eine zauberhafte Passstraße die Zuurberg-Sektion des Addo-Parks. Dort gibt zwei überaus lohnende Wanderstrecken durch artenreiche Bergvegetation (ein- und vierstündiger Rundweg; mittelschwer).

Darlington Dam

Im äußersten Nordwesten des Parks liegt der *Darlington Dam,* ein wunderbarer Platz, um Vögel zu beobachten, besonders von der Staumauer aus. Langschwanz- und Witwenstelzen, dunkelrote Amaranten, bunte Nektarvögel mit ihren gebogenen Schnäbeln geben sich ein Stelldichein. Durchs Wasser stolzieren Goliathreiher, gut erkennbar an ihrer braunen Brust, von der graue Federn wegstehen. Fischadler observieren das Terrain aus der Höhe. Infos über Anfahrt und die einfachen Unterkünfte bei der Parkverwaltung.

Woody Cape Section

Diese Sektion liegt südwestlich von Alexandria und ist über die R 72 erreichbar. Sie umfasst das große Waldgebiet des *Alexandria Forest.* Zur typischen Vegetation zählen Baumfarne, der *Outeniqua Yellowwood* (kann bis zu 60 m hoch werden) und der rotblühende Korallenbaum, den man in Küstennähe finden kann. Buschböcke und Buschschweine lieben

Eastern Cape

Hapoor

Im Interpretive Center befindet sich der riesige, präparierte Schädel von **Hapoor,** dem gefürchtetsten aller Elefantenbullen. 24 Jahre hat er die Addo-Elefanten geführt, von 1944 bis 1968. Schaut man sich den Kopf genau an, so sieht man ein fehlendes Stück unten am linken Ohr. Man vermutet eine Verletzung durch eine Gewehrkugel. Vielleicht erklärt dieser Umstand seinen abgrundtiefen Hass auf Menschen. Mehr als einmal konnten sich Ranger nur in letzter Sekunde vor seinen Angriffen in Sicherheit bringen. Unter seinem Regiment wuchs die Population von 20 Exemplaren auf über 50. Er zeugte die meisten Kälber seiner Zeit, was der Nachkommenschaft einen besonderen Stempel aufdrückte. Ab 1959 kam es mehrfach zu Machtkämpfen mit anderen Bullen, die manchmal sogar tödlich endeten. Erst 1968 gelang es einem Jungullen namens *Lanky,* einem seiner Nachkommen, den mittlerweile 44 Jahre alten Hapoor zu besiegen und von der Herde zu trennen. Das war für Hapoor ein unakzeptabler Zustand. Er kletterte über (!) die Umzäunung, die 20 Jahre als unbezwingbar gegolten hatte, in die Freiheit und versetzte die ländliche Bevölkerung so in Aufregung, dass die Parkverwaltung ihn erschießen musste

344 Addo Elephant National Park Karte S. 344

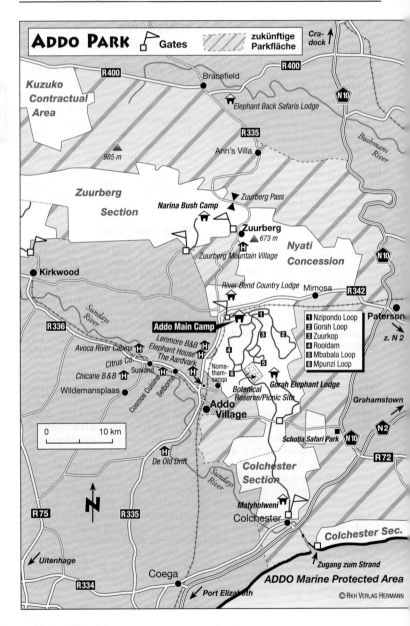

das Unterholz, wer Glück hat, kann eines der seltenen Baumdassies entdecken. „Kok-kok-kok" macht es im Wald, wenn Knysna Turacos sich unterhalten.

Das Alexandria-Dünengebiet ist das größte der südlichen Hemisphäre. Mit einer Breite von 3 km bedeckt es 15800 ha, wobei die durchschnittliche Dünenhöhe etwa 30 m beträgt. Zu den besonderen Vogelarten gehören der Schwarze Austernfischer, der Weißstirnregenpfeifer und die seltene Damara-Seeschwalbe. Historisch interessant sind die Überreste der Siedlungen der „Strandloper", wie die an der Küste lebenden Khoi/San genannt wurden, die bis 500 Jahre zurückdatiert werden können.

Übernachtung in dieser Sektion in der *Intsomi Lodge*.

Information & Service Addo Park

Buchungen nur über **South African National Parks**, www.sanparks.org oder www.addoelephant.com. Buchung Unterkunft: reservations@sanparks.org, Tel. 012-4289111 (Vorbuchung ist besonders in der Ferienzeit unbedingt erforderlich, sehr hoher Besucherandrang!). Addo-Park direkt: Box 52, Addo 6105, Tel. 042-2338600, Fax 042-2338643, addoenquiries@ sanparks.

Eintritt pro Tag: R160, Kinder die Hälfte.

Es kann jederzeit zu starken Regenfällen kommen. Im Sommer ist es manchmal extrem heiß, es ist die beste Jahreszeit zur Elefantenbeobachtung. Doch generell wird die Temperatur durch das Meeresklima gemäßigt.

Die **Rezeption** und der Park sind tgl. 7–19 Uhr geöffnet (Zuurberg-Sektion 7.30–16.30 Uhr, ist oftmals unbesetzt), das Zufahrtsgatter 6–18.30 Uhr. Ab 11 Uhr können die Unterkünfte bezogen werden. Bis um 9 Uhr am Abreisetag muss man sie wieder verlassen haben.

Außerdem: **Interpretive Center** gegenüber des Restaurants mit Tierspur-Beispielen und Kinderspielplatz. **Laden** mit Brot, Milch, Fleisch, Getränke und Souvenirs (8–19 Uhr). **Restaurant:** Frühstück, kleine Snacks und à la Carte-Gerichte, Plätze für das Abendessen reservieren (8–20 Uhr). **Tankstelle:** 7.30–17 Uhr, auch Diesel. Post, öffentliches Telefon.

Werkstatt, Tankstelle, Bank (ATM) u. Polizei im Ort Addo. Medizinische Versorgung in

Sunland (16 km). Pool und Tennisplatz nur für Übernachtungsgäste. Filmvorführungen über den Park ausschließlich in der offiziellen Ferienzeit.

Es werden folgende **Pirschfahrten** angeboten: 6 Uhr (R240), 9 Uhr (240, 12 Uhr (R240), 15 Uhr (R240), 18 Uhr (R340 inkl. Snack und Getränk, im Winter um 16 Uhr), 19 Uhr (R275, im Winter um 18 Uhr). **Addo Horse Trails** (Nyathi Section): 8 Uhr (2 Std., R200, leichter Ausritt), 14 Uhr (3 Std., R270, für Erfahrene). **Zuurberg Horse Trails** (Zuurberg Section): 9, 11 oder 14 Uhr (1 Std., R168, leichter Ausritt), 9 und 11 Uhr (3 Std., R235, für Erfahrene), 9 Uhr (5 Std., R255), Ritt mit Übernachtung im Narina Bush Camp um 9 oder 11 Uhr (R450/Pferd/Tag). Der (schwierige!) **Bedrogfontein 4x4 Trail** verläuft zwischen Kirkwood und Darlington. Übernachtungsmöglichkeiten im Kabouga House oder Mvubu Camp. R380 pro Auto plus Conservation Fee, Info-Tel. 042-2338600. Der **Alexandria Hiking Trail** ist ein 36 km langer Rundwanderweg in der Woody Cape Section, der an zwei Tagen begangen werden kann. Ausgangpunkt Langebos Huts. R120 plus Conservation Fee. Buchung unter Tel. 041-4680916 oder matyholweni@sanparks.org.

*Elephant Back Safaris

Ein tolles Erlebnis, auf dem Rücken der Addo Elefanten ihre natürliche Umgebung zu erkunden, bieten **Addo Elephant Back Safaris & Lodge,** Tel. 086-1233672, www.aebs.co.za (Anfahrt über die R 335, Lage s. Karte). Um 8, 11 u. 15.30 dreistündige Elephant Safari, 875 p.P. (inkl. Snacks). Elephant Safari und Lodge-Übernachtung und alle Aktivitäten R2450 p.P. Abholung ist inklusive, das Transfer Office ist in der Wine Bar gleich nördlich von Addo Village, tägl. 8–17 Uhr (Mietwagen kann dort verbleiben).

Unterkunft

Hauptcamp: Es gibt zwei 6-Bett Guest Houses: jeweils 2 klimatisierte Schlafräume, Wohnraum u. Küche (ab R2985/4 Personen). – *4-Bett Family Chalet* mit 2 Zimmern, gemeinsames Bad und Küche (R1045). – *2-Bett Rondavels* mit Aussicht, Gemeinschaftsküche (R1180/2 Pers.). – *2-Bett Chalet* mit Dusche (R840). – *2-Bett Chalet* mit Dusche, Toilette und Kühlschrank, Gemeinschaftsküche (R1180). – *2–4-Bett Forest Cabin* (ab R720/2 Personen). – *Safari Tent* mit Gemeinschaftsduschen (R560). Cottage und Chalet für 2 Personen (R1070).

346   Addo Elephant National Park

Der schattige **Campingplatz** liegt schön, ist eingerichtet mit Toiletten, Duschen und Grillstellen. Gemeinschaftsküche mit Elektroherd (R230 per Site, 2 Personen; R68 je weitere).

Matyholweni Restcamp: 2- und 4-Bett Unterkünfte (R1070) für Selbstversorger. Restaurant bis 18 Uhr geöffnet, Einkaufs- und Tankmöglichkeit in Colchester. Derzeit Gut geeignet zur Vogelbeobachtung und auch für Großwild.

Narina Rustic Bush Camp: Unterkunft für max. 8 Personen (ab R1050). Gemeinschaftswaschräume.

Spekboom Tented Camp: Safarizelte für 2 Personen (R670).

Gorah Elephant Camp

Gorah Elephant Camp, Tel. 044-5011111, gorah.hunterhotels.com. DZ/VP ab R4000 p.P. (Juli–Sept günstiger). Private Lodge im Park in einem Kolonialhaus aus dem 19. Jahrhundert. Luxusklasse, romantische Atmosphäre in komfortablen Safarizelten. Candle Light Dinner. Elephanten durchstreifen das Camp.

River Bend Lodge

River Bend Lodge, Tel. 042-2338000, www.riverbendlodge.co.za (m. Anfahrtskizze). DZ/VP ab R3600 p.P. (günstige Winterpreise!). 8 individuell gestaltete Suiten mit eigener Veranda. Ideal auch für Familien, auf Wunsch Babysitter.

Unterkünfte außerhalb des Parks

Vorbemerkung: Es gibt wesentlich mehr Unterkünfte als hier aufgeführt, besonders entlang der R336 nach Westen! Restaurant-Tipp: Lenmore, s.u.

Luxus

*Cosmos Cuisine Guesthouse, Tel. 042-234 0323, www.cosmoscuisine.co.za. Sehr gemütliches Gästehaus mit Restaurant, an der R336, 7,5 km vom Ort Addo. DZ/F ab R1000 p.P.

*Elephant House, Main Rd (R335), www.elephanthouse.co.za, Tel. 042-2332462. Geschmackvoll eingerichtetes Haus im alten afrikanischen Lodge-Stil mit gemütlichen Zimmern. Safaris, Reiten, Pool. Lecker auch das Dinner! DZ/F ab R1300 p.P. in der HS.

Günstiger ist es im gegenüberliegenden **„Stable Cottage",** DZ/F ab R600 p.P in HS, mit Restaurant, www.stablescottages.co.za. Gleich 80 Meter nördlich vom Elephant House liegt Lenmore (s.u.), wohin man auch essen gehen kann:

Comfort

*De Old Drift Guest Farm, Tel. 042-2332422, www.deolddrift.co.za. Kleine Bungalows mit Terrasse auf einer Working Citrus Farm wenige Kilometer südl. von Addo-Dorf, traumhafte Lage nahe des Sunday Rivers, Privatsafaris in die Umgebung. DZ/F R550 p.P. (SC R425).

Zuurberg Mountain Village, Tel. 042-2338300, www.addo.co.za. Historisches Herrenhaus vor dem Zuurberg-Pass (R335). Restaurant und Pool. DZ/F ab R825 p.P.

Touristic

Lenmore B&B Chalets, Main Rd, Tel. 042-233 0506, Cell 083-6513565, www.lenmore-addo.com. Gartenanlage mit sauberen SC-Cottages, See und Pool, nettes kleines Restaurant mit guten Speisen, Bäckerei, Deli-Shop. DZ/F ab 325 p.P.

*Chicane B&B, 20 km westlich vom Park, Tel./Fax 042-2340385, www.chicane-addo.co.za (m. Anfahrtskizze). Nette Leute, klasse Zimmer, super Frühstück, mit Pool. DZ/F ab R300 p.P.

*Happy Lands B&B, kurz hinter Addo-Dorf links Richtung Kirkwood, nach 9 km rechts (20 Min. zum Parkeingang), Tel./Fax 042-2340422, www.happylands.co.za. Farmaufenthalt der schönsten Art. Pool. Ausritte durch die Orangenplantage. DZ/F ab R350 p.P., Abendessen a.A.

*Kelvin Grove Guest Farm, Tel. 042-2340396, www.kelvingrovefarm.co.za. 3 schön eingerichtete DZ ab R250 p.P., privater Zugang zum Garten, Kanufahrten auf dem Sunday's River, Camping im Indalo River Camp möglich (Chalet für max 6 Pers. R350, 1–4 Pers.).

*Lupus Den Country House, Sunland, Tel./Fax 042-2340447, www.lupusden.co.za. Elegantes Herrenhaus aus der Kolonialzeit mit Stil. Pool in schönem Garten. Unbedingt das 3-Gänge-Dinner buchen! DZ/F ab R325 p.P.

Budget

*Avoca River Cabins & Treehouse, Avoca, liegt an der R 336 am Sunday's River in einem Citrusanbaugebiet, 13 km hinter der Abzweigung nach Kirkwood, 25 Min. vom Addo-Parkeingang, Tel./Fax 042-2340421, www.avocarivercabins.co.za. Günstige Cabins ab R300/SC in idyllischer Lage am Fluss. Kanus, Wandern, Ausritte. Mit Pool.

Orange Elephant Backpakkers, Main Rd (südl. vom Elephant House), www.addoback-packers.com, Tel. 042-2330023, .

***The Aardvark Guest House and Backpackers,** nur 5 Minuten vom Addo-Haupteingang entfernt (Anfahrt auf der R 335, ca. 1,5 km hinter Addo-Village nach rechts auf die asphaltierte Straße Richtung Nomathamsanqa einbiegen, dann linker Hand), Tel. 042-233 1244, theaardvarkguesthouse.co.za. Gemütlich und preiswert, Schweizer Leitung. DZ/Rondavel R220 p.P.

Camping

***Homestead B&B,** Zufahrt von Addo (R 335, gegenüber Polizeistation) über Valentine Road (1,5 km), 10 Min. vom Park, Tel./Fax 042-2330354, www.homesteadbnb.co.za. Ü/F, Backpacker und SC, Caravan und Zelte.

*Schotia Safari Park

Wildbeobachtung zu jeder Jahreszeit. Im Park tummeln sich über 2000 Tiere. Tagsüber kann man Löwen, Giraffen, Zebras, Krokodile und Springböcke beobachten, abends nimmt der Ranger die Gäste mit auf die Pirsch, um Hippos und Nashörner zu erspähen. Toller „Rundum-Service". Afternoon/Evening Drive oder ganztags Schotia/Addo Tour. Zufahrt über N2/Abfahrt Paterson.
Information: Schotia Safari Park, Tel. 042-235 1436, schotiasafaris.co.za. Alle Preise auf Anfrage.

*Amakhala Game Reserve

Nashörner, Löwen, Geparden, Büffel, Giraffen und Zebras – nur um die größeren Tiere zu nennen. Farm in der 5. Familiengeneration. Historischer Buschmannfriedhof und älteste Dino-Fossilienfundstelle des Landes. Sehr gastfreundlich. Von PE 63 km auf der N2 Richtung Grahamstown. Ausgeschildert.
Information: Tel. 046-6362750, www.amakhala.co.za. Verschiedene Lodges, ab R2240 VP/Aktivitäten. Wild- und Bootsfahrten. Auch Tagesbesucher willkommen (R980 p.P.).

→ **Abstecher**

Somerset East

In den Cape Midlands, am Fuß der bewaldeten *Bosberg Mountains,* liegt Somerset East, gegründet 1825. Hier lebte kein geringerer als der legendäre Trek-Führer *Louis Trichardt.* Er verkaufte seine Farm an *Lord Charles Somerset,* der sie als Versorgungsbasis für seine Frontsoldaten nutzte. Heute lebt man von Merino-Schafen, Angora-Ziegen, der Milchwirtschaft und dem Anbau von Zitrusfrüchten. Dank der Berge gibt es üppigen Regen. Nach starken Niederschlägen sieht man von der Stadt aus 16 Wasserfälle.

Das **Provinzmuseum,** Beaufort Street, ist in einem historischen georgianischen Herrenhaus untergebracht und besitzt einen schönen Rosengarten. Für Kunstkenner lohnt ein Besuch der *Walter Battiss Art Gallery* mit der größten Sammlung der Werke des südafrikanischen Malers (1906–1982). Seine beeindruckende Landschaftsmalerei enthält viele traditionelle Symbole afrikanischer Kultur. Besonders die Felsmalereien der Buschmänner hatten es ihm angetan.

Bosberg Nature Reserve

Die eigentliche Attraktion des Ortes ist seine zauberhafte Umgebung. Ein Muss ist eine Fahrt über den *Auret Drive,* der sich die Berghänge hinaufwindet und malerische Ausblicke auf die Stadt freigibt. Er führt durch das 2000 ha große **Bosberg Nature Reserve.** Zum einen findet man sich wieder im trockenen Bushveld der Karoo, zum anderen staunt man über urwaldähnliche Schluchten und eine mit Fynbosvegetation geschmückte Felslandschaft. Es gibt zahlreiche Wanderwege. Am schönsten ist der 15 km lange *Bosberg Hiking Trail* (Unterkunft bei der Stadtverwaltung buchen).

Information Somerset E.

Somerset East Information Bureau, 88 Nojoli Street, Tel. 042-2431448, www.somerseteast tourism.co.za.

Unterkunft

Touristic

The Angler & Antilope, College/Ecke New St, Tel. 042-2433440, www.anglerandantelope. co.za, 7 schöne Zimmer, DZ/F ab R350 p.P. Das angeschlossene St Francis Culinary Centre ist in der ehemaligen katholischen Kirche aus dem Jahr 1906 untergebracht. Hervorragendes Menü, nur für Gäste.

Budget

Royal Hotel, 24 Worcester St, Tel./Fax 042-2430772, www.somersetroyal.co.za. Sauber. DZ ab R410.

✔ Abstecher

Cradock

Cradock, 1813 als Außenposten der englischen Armee am Ufer des *Great Fish River* gegründet, ist ein munteres Städtchen. Die schöne Sandsteinkirche, die *Dutch Reformed Church* (1867), kopiert die St Martin's-in-the-Fields in London. Auch die *Congregational Church* und das *Old Parsonage*, ein Pfarrhaus von 1825, sind denkmalgeschützt. Im letzteren stellt das **Great Fish River Museum** Stücke über das Leben der Engländer, Voortrekker und Buren im 19. Jahrhundert aus (Mo–Fr 9–13 und 14–16 Uhr, Sa 9–12 Uhr).

Im **Olive Schreiner House,** Cross Street (Mo–Fr 8.45–12.45 und 14–16.30 Uhr) verbrachte die berühmte Romanschriftstellerin (1855–1920) ihre Kindheit. Sie war die Tochter eines deutschen Missionars und fühlte sich zeitlebens als aktiver Part der Geschichte der jungen südafrikanischen Nation. Ihr bekanntestes Buch, *The Story of an African Farm,* entstand in ihrer Zeit als Erzieherin in dieser Region. Die Stadtbücherei, zweitälteste des Landes, verleiht ihre Werke.

Die **Van Riebeeck Karoo Gardens** besitzen eine ausgezeichnete Sammlung an Sukkulenten. Die zwei riesigen, immergrünen **Ilex-Eichen** in der *Dundas Street* wurden 1850 gepflanzt. Gleich am Stadtrand liegt ein beliebtes Fotomotiv: der 10 m hohe **Egg Rock,** ein Doloritfelsen.

Das moderne **Cradock Spa,** 4 km nördlich der Stadt, wurde rund um eine natürliche Schwefelheilquelle gebaut (Außen- und Innenpool, Chalets, Caravanund Zeltplatz, Restaurant, viele Picknickplätze). Hier beginnen auch zwei **Wanderwege,** 4,5 km und 11 km lang. Das Resort ist einmal jährlich Mittelpunkt des *Great Fish River Canoe Marathons.* Er gehört zu den fünf Top-Kanuveranstaltungen der Welt. Gut essen kann man im Restaurant *Die Bakker en die Skinker* in der Adderley Street (1. Stock).

Übernachtungs-Tipp

Wer mal in einem 200 Jahre alten, original restaurierten Ochsenwagen aus der Voortrekkerzeit übernachten will (VP R400 p.P.), sollte sich auf der Witmoskloof Farm (Witmos Oxwagon Camp, Tel. 048-8860630, www.oxwagon camp.co.za) einquartieren. Anfahrt: 68 km auf der N 10 Richtung P.E., Ausfahrt Klipfontein. Dann beschildert.

Information Cradock

Cradock Tourism, JA Calata Street,www.thegreatkaroo.com, Tel. 048-8810040.

Unterkunft

Touristic

New Masonic Hotel, Stockenstroom St, Tel. 048-8813115. Klein, im Zentrum.

Victoria Manor, Ecke Market/Voortrekker St, Tel. 048-8811650. Schickes renoviertes Haus, Pub, gutes Frühstück, abendliches Büfett, hilfsbereite Eigentümerin Lisa. DZ/F ab R450 p.P.

Die Tuishuise, 36 Market St, Tel. 048-881 1322, www.tuishuise.co.za. Historisches, restauriertes Stadthaus, prima Frühstück, üppiges Abendessen auf Anfrage. DZ/F ab R500p.P.

Camping

Cradock Municipal Caravan Park, Tel. 048-8812709. Schön am Flussufer. Weitere Caravan- und Zeltplätze sowie Chalets im **Cradock Spa.**

→ **Abstecher**

Mountain Zebra National Park

Anfahrt: Von Cradock etwa eine halbe Stunde bis zum Parkeingang. Etwa 10 km R 61 Richtung Graaff-Reinet, dann beschilderter Abzweig (14,5 km Asphalt- und gute Schotterstraße). Vom Addo Elephant National Park in gut 2 Stunden. **Entfernungen:** Kapstadt 800 km, Port Elizabeth 280 km, Johannesburg 800 km, Durban 1050 km.

Die Strecke zum Park führt durch die weite Gräser- und Buschlandschaft der östlichen Karoo hinauf in die Region des Bankbergs. Gegründet wurde der 6536 ha große Park 1937, um die vom Aussterben bedrohten **Bergzebras** (Cape Mountain Zebras) zu retten. Heute gibt es etwa 200 Exemplare im Park. Man konnte bereits etliche Tiere in andere Parks umsiedeln.

Bergzebras unterscheiden sich von ihren Artgenossen durch das Fehlen von Schattenstreifen. Auch haben sie feinere Gitterstreifen am Rükken bis hinunter zu den Hufen. Gut sichtbar ist der Haut-lappen am Hals. Sie erreichen eine Schulterhöhe von etwa 1,30 m und ein Gewicht von 250 bis 260 kg. Es gibt auch Kudus, Elenantilopen, Weißschwanzgnus, Blessböcke, Klippspringer, Ducker, Kuhantilopen, Bergriedböcke und Steinantilopen. Büffel und Spitzmaulnashörner sind wieder angesiedelt worden. Bei den Raubtieren sind Falb- und Schwarzfußkatzen, Wiesel, Surikaten, Luchse, Schakale, Kapfüchse und Löffelhunde unterwegs. Es gibt auch wieder Geparden. An Großvögeln sind Strauße, Störche, Paradieskraniche, Ibisse und Sekretärsvögel heimisch. Hoch oben ziehen Raubvögel ihre Kreise: Felsen- und Kampfadler, Raub- und Schreiseeadler, Falken und Bussarde. Es wachsen Pfirsich- und Olivenbäume, Edelhölzer, viele Bäume und Sträucher mit Früchten und Beeren, was den großen Vogelbestand erklärt. Zu den schönsten Blumen gehören Daisies, Lilien, die Karoo Astern, Veilchen und Korbblütler mit goldenen Köpfen, zu den Duft- und Heilpflanzen Zitronengras (*Cymbopogon excavatus*), Buschmann-Tee (*Stachys rugosa*) und Minze (*Menta longifolia*).

Im Park unterwegs

Wer nachmittags im Park ankommt, sollte mit dem 14,5 km langen **Rooiplat-Loop** beginnen, der bis auf das Hochplateau führt. Von hier aus hat man einen schönen weiten Blick auf die Hügel der Cape Midlands und das umliegende Farmland. Man sollte sein Fernglas parat haben, da die meisten Tiere und Herden nur als kleine Punkte in der Landschaft auszumachen sind. Das abendliche Licht gibt der Natur eine besondere Note.

Wer einen ganzen Tag mit dem Auto zur Verfügung hat, fährt den 28 km langen **Kraanskop Loop.** Ständig wechselnde Landschaft und atemberaubende Ausblicke zeichnen diese Panoramastraße aus.

Es gibt schöne **Naturpfade** zwischen 1 und 10 km Länge. Empfehlenswert ist der *Long Walk* hinter dem Pool hinauf in die Felslandschaft. Neugierige Blicke von Klippschliefern begleiten einen und man sieht kleinere Antilopen. Der Weg führt in großem Bogen zurück ins Tal (ca. 1,5 h).

Der **Impofu Hiking Trail** führt in drei Tagen durch verwitterte Felsenlandschaft und Buschland. (Eine Übernachtung; Wasser, Dusche und Toilette vorhanden, Proviant und Schlafsäcke mitbringen. Reservierung über South African National Parks, R360 p.P.)

Sehr lehrreich ist das 1–3 stündige **Cheetah Tracking.** Vorausbuchung notwendig.

Information & Service Mountain Zebra N.P.

Buchungen erfolgen ausschließlich über **South African National Parks,** Tel. 012-4289111, Fax 3430905, reservations@sanparks.org. Buchung in der Feriensaison unbedingt erforderlich. Parkanschrift: The Warden, **Mountain Zebra National Park,** Tel. 048-8812427. Eintritt pro Tag R120.

Parktore sind geöffnet: Okt–Apr 7–19 Uhr, Mai–Sept 7–18 Uhr. Die Tore, die direkt in das abgezäunte Gelände gehen, sind zwischen 7–18 (!) Uhr offen. Parkrezeption, Restaurant und Laden gleiche Öffnungszeiten. Laden ist nur mit dem Allernötigsten ausgestattet, besser in Cradock einkaufen. Das Restaurant ist empfehlenswert, Tischreservierung notwendig. Telefon/Fax, Post, Benzin und Diesel. Werkstatt, medizinischer Notdienst, Polizei in Cradock. Auf Anfrage Wäscheservice. Pirschfahrten um 5 Uhr (Winter 6 Uhr)und 18.30 Uhr (Winter 18 Uhr), Wanderungen um 5 Uhr (Winter 6 Uhr). Führung zu Bushmen Cave Paintings um 9 Uhr.

Unterkunft

4-Bett Cottage mit Küche u. Bad (R900/2 Personen, R200 jede weitere). – Das *Guest House,* hat 6 Betten, Küche und Bad (R2345 für 4 Personen, R340 jede weitere).
Camping-Site: Mit Strom R205/2 Personen, R68 jede weitere.

✔ **Abstecher**

Middelburg

Das 1852 gegründete Middelburg wurde als „Mittelpunkt" eines Umkreises geplant, an dem Graaff-Reinet, Cradock, Steynsburg, Colesberg und Richmond liegen. Touristisch interessant ist nur ein kleines Museum zur Stadtgeschichte. Beim Einkaufen kann man in den Geschäften nach Woll- und Lederprodukten Ausschau halten (im April Wool Festival). Sehr gut essen kann man im ***Farm Inn Grill** im Stables B&B (auch prima Übernachtung).

Information

Middelburg Tourism Association, Meintjiies/ Ecke Joubert Street, Tel./Fax 049-8421188, www.middelburgec.co.za.

Unterkunft

Touristic

*Celtis Country Lodge and Restaurant, 21 Joubert St, Tel. 049-8421051, www.celtis-countrylodge.co.za. Sehr schöne Zimmer und SC-Units in großem Garten. DZ ab R600.

Karoo Country Inn, Loop St, Tel. 049-842 1126. Historisches viktorianisches Gebäude, gute traditionelle Küche. Preise a.A.

Budget

Carochalet, 86 van der Walt St, Tel. 082-2539911, www.carochalet.co.za. SC-Chalets (R220 p.P.) und Camping (mit Kochgelegenheit R200 für 2 Pers., bis max.6 Pers je R40).

Von Middelburg auf der N 9 nach Süden (Karoo)

Die N 9 ist die Hauptverbindungsstraße zwischen Middelburg und George. Auf der Strecke nach Graaff-Reinet kann man nach Westen einen Abstecher machen.

→ **Abstecher**

Nieu-Bethesda

Manchmal trifft einen die Kunst ganz unvermittelt: So in **Nieu-Bethesda,** einem abgelegenen, verschlafenen Ort am Fuße des *Kompasberges* (2502 m). Gerade noch hat einen die Fahrt durch die karge Landschaft fast eingeschläfert, so wischt man sich nun die Sandkörner aus den Augen und blickt staunend auf die Skulpturwelt der **Helen Martin,** die rund um das Owl-House im Garten steht. Die exzentrische Künstlerin (1898–1976) hat hier in 25 Jahren eine eigene Fantasiewelt aus Glas und Zement geschaffen. Man findet Obeliske, liegende Kamele, nackte Männer und große Fabelwesen und versucht sich in die Schöpferin hineinzuversetzen um zu ergründen, was sie wohl veranlasst haben mag, diese Kreationen ausgerechnet am Rande der Wildnis zu erschaffe. Neueste Recherchen lassen vermuten, dass die Skulpturen von dem San-Künstler Koos Malgas erschaffen wurden. Seine Tochter Julia und Jeni Couzyn haben ein tolles Buch (2008) darüber verfasst, das im Arts Centre erhältlich ist. Nach diesem Besuch erscheint einem eine Besichtigung der 1905 erbauten *Dutch Reformed Church* oder der 1870 konstruierten *Wassermühle* fast bedeutungslos. Bevor man sich jedoch wieder auf den Weg macht, sollte man eine kleine Pause im Restaurant des *Village Inn* einlegen oder sich aus der *Stokkiesdraais Country Kitchen* ein Picknick mitnehmen. Reiten (R20/Stunde auf Farmgebiet), Wandern (R20 für Tagesbesucher), Exkursionen zur Vogelbeobachtung und zu Felsmalereien auf der *Ganora-Farm* (s.u.).

Information/Übernachten:
Municipality, Muller St, Tel. 049-8411712, www.nieu-bethesda.com.

Unterkunft
Touristic *Ganora Farm, 7 km in Richtung Middelburg, Tel./Fax 049-8411302, www.ganora.co.za. Cottage auf Schaffarm mit 3 Schlafzimmern im Buschmannstil eingerichtet, Frühstück und Abendessen (Selbstverpflegung möglich). DZ ab R360 p.P.
Budget *Owl House Backpackers, Die Ou Pastorie, Martin St, Tel. 049-8411642, www.owlhouse.info/bp.html. Historisches Karoohaus; für alle, die wirklich Einsamkeit und Erholung suchen. Doppel- und Mehrbettzimmer sowie Camping. DZ ab R275.

Sneeuberg Farm Trails
Mit Wanderwegen wurden Farmen als Netzwerk verbunden. Naturfreunde können Ein- oder Mehrtagestouren unternehmen und einen urigen Farmaufenthalt genießen. Information: Sneeuberg Farm Trails, Tel. 049-8411757.

✔ **Abstecher**

Graaff-Reinet

Graaff-Reinet, idyllisch an einer großen Schleife des *Sundays River* gelegen, ist vom *Camdeboo National Park* und den Hügelausläufern der *Sneeuberg-Kette* umgeben. Als viertälteste europäische Stadt Südafrikas und zu Recht als **„Juwel der Karoo"** bezeichnet gilt es als Glanzstück architektonischer Vielfalt und liebevoller Erhaltung. Über 200 historische Gebäude, meist in Privatbesitz, bekamen den Status „Nationalmonument". Der Stadtbesuch ist wie ein Gang durch ein lebendiges Museum.

Geschichte

Als der Ort 1786 gegründet wurde, lag er in einer ungezähmten Region, in der weiße Siedler gegen schwarze Stämme und gegen Einsamkeit und Isolation ankämpften. Benannt wurde er zu Ehren von *Cornelis Jacob van der Graaff,* damaliger Gouverneur, und seiner Frau *Cornelia Reynet.* Als die Engländer zehn Jahre später das Kap besetzten, bewaffneten sich aufgebrachte „Bürger" und warfen den englischen Verwaltungsbeamten hinaus. Graaff-Reinet wurde kurzfristig zur unabhängigen Republik erklärt.

Aber die Zustände drangsalierten die Buren, und so machten sich viele zusammen mit *Andries Pretorius* und *Gert Maritz* auf den langen Trek. Englische und auch deutsche Siedler nahmen deren verlassene Häuser ein. Mit der Zucht von Merinoschafen und Angoraziegen gewann der Ort zunehmenden Wohlstand. Hinzu kamen Vieh- und Pferdehaltung. Heute hat neben der Landwirtschaft der Tourismus an Bedeutung gewonnen.

Rundgang durch das historische Zentrum

Das **Reinet Haus** in der *Murray Street* ist das bedeutendste Nationalmonument des Ortes aus der Pionierzeit. Es war das Pastorenhaus der Dutch Reformed Church und wurde einst von Reverend Andrew Murray und seinem Sohn Charles bewohnt. Es ist ein interessantes kulturhistorisches Museum, die Rebstöcke im Garten wurden 1870 gepflanzt und zählen zu den größten ihrer Art (Eintrittsgeb., Mo–Fr 9–12 u. 13-17 Uhr, Sa 9–12 Uhr, So 10–12 Uhr; die meisten öffentlichen Gebäude haben dieselben Öffnungszeiten).

Schräg gegenüber in der *Parsonage Street* liegt die **Old Residency** mit der *Jan Felix Lategan Memorial Gun Collection,* eine Sammlung historischer Feuerwaffen, und der *Middellandse Regiment-Sammlung.*

Über die Church Street gelangt man zur **Die Drostdy** von 1806. Sie wurde

Graaff-Reinet

1977 stilgerecht restauriert und dient heute als Hotel und Restaurant. Die 13 kleinen Häuser, ein Stückchen weiter am **Stretch's Court,** hat einst Captain Charles Stretch seinen Sklaven anlässlich ihrer Befreiung geschenkt. Heute gehören sie zum Hotelkomplex.

Nun zur Church Street zurück und stadteinwärts gehen. Rechts liegt das **Hester Rupert Art Museum** im ehemaligen Gebäude der Missionskirche der Dutch Reformed Church (1821). Es enthält eine Sammlung von über 75 südafrikanischen Künstlern, die ihre Werke gestiftet haben. Daneben steht das **Old Library Building** (Mo–Fr 8–12.30 u. 14–17 Uhr, Sa/So 9–12 Uhr). Außerdem eine Fotoausstellung und ein Sammelsurium aus Volkstrachten, Busch-mannkunst und eine Fossiliensammlung.

Unübersehbar ein Stückchen weiter dann das große Gebäude der **Dutch Reformed Church,** eine verkleinerte Kopie der Kathedrale von Salisbury und das bekannteste Gebäude von Graaff-Reinet.

Über die *Te Water Street* mit dem fotogenen **Te Water House** und die Somerset Street, vorbei an der **St James Church,** erreicht man zum Abschluss das **Urquhart House** mit seinem ungewöhnlichen Giebel.

Wer deftige Steaks (auch vom Strauß und Kudu) bei uriger Atmosphäre und inmitten von Rugby-„Devotionalien" essen möchte, sollte unbedingt den ***Pub & Grill** gegenüber St James Church besuchen. Auch **Die Kliphuis** (s. Unterkunft) ist ein guter Tipp. Sehr empfehlenswert ist **Gordon's Restaurant** (im Andries Stokkenström GH, s.u.). Hier lädt Chef Gorden Wright auch mit seinem Karoo-Cuisine-Projekt **From the Veld to the Fork** zu Kochkursen ein.

Information Graaff-Reinet

Graaff-Reinet Publicity Association, 13A Church St, Tel. Tel./Fax 049-8924248, www.graaffreinet.com. Großer Supermarkt in der Caledon Street, 7 Tage die Woche auf bis 20 Uhr. **Township und andere Touren:** Xolile Speelman, Tel. 082-8442890 (offizieller Tour-Guide und -Operator).

Restaurants

Pioneers Restaurant, Parsonage St, liegt inmitten historischem Ambiente und ist selbst ein National Monument. Doch keine Angst: Die Küche ist modern und gut. **Die Kliphuis** (s. Unterkunft) ist gleichfalls ein guter Tipp.

Unterkunft

Comfort

***Buiten Verwagten,** 58 Bourke St, Tel. 049-8924504, www.buitenverwagten.co.za. „Alle Erwartungen übertreffend" – so wie der Name in etwa zu übersetzen wäre. Ein echter Tipp: Große, saubere Zimmer, gepflegter Garten, zwei Pools, prima Frühstück. DZ/F ab R900.
***Andries Stokkenström Guesthouse,** 100 Cradock St, Tel./Fax 049-8924575, www.asghouse.co.za. Empfehlenswertes Gästehaus mit ausgezeichneter Küche, 5 DZ und Dining Room. DZ/HP ab R950 p.P.
Kingfisher Guesthouse, 33 Cypress Grove, Tel./Fax 049-8922657, kingfisherguesthouse.co.za. Ruhig, am Sundays River, Kinder ab 10.

Touristic

Camdeboo Cottages, 16 Parliament St, Tel. 049-8923180, www.camdeboocottages.co.za. Gemütliche Cottages, Gartenlage. Frühstück und Karoo-Menü möglich. DZ a. Anfrage.
***Die Kliphuis,** 46 Bourke St, über www.graaffreinet.co.za, Tel./Fax 049-8922345. Charmantes, sehr freundliches B&B mit Restaurant und einfallsreicher Küche. DZ ab R350 p.P.
Karoopark Guest House and Holiday Cottages, 81 Caledon St, Tel. 049-8922557, www.karoopark.co.za. Schöne Zimmer, historisches Herrenhaus, Kolonialstil, Cottages, Gartenlage, eine sehr gute Wahl. DZ a. Anfrage.

Budget

Le Jardin Backpackers, 103 Caledon St, Tel/Fax 049-8925890, www.modernoverland.com. Gute Backpacker-Wahl mit Familienanschluss. DZ R200.

Außerhalb (Touristic):

***Wellwood Farm,** Tel./Fax 049-8400302, www.wellwood.co.za. 30 km nördlich, eingerichtetes kleines Farmhaus für 2–7 Personen, sehr zu empfehlen. SC oder DZ/F/Dinner a. Anfrage.

Camping

Urquart Park, Tel./Fax 049-8922136. Städtischer Caravan-/Zeltplatz am nördlichen Stadtrand am Sundays River. Ruhig, schattige Plätze, einfache 2-Pers.-Chalets und Rondavels. Chalet ab R250, Campsite ab R150.

Camdeboo National Park

Das Ende 2005 zum **Camdeboo National Park** erhobene Naturschutzgebiet umfasst auf 16.000 ha drei Gebiete: Das Wildschutzgebiet im Norden, den Westteil mit dem *Valley of Desolation* und den Ostteil.

Das **Wildschutzgebiet** liegt rund um den *Van Ryneveld's Pass Dam* (R 63, ca. 5 km vom Zentrum, die Tore sind von 7 Uhr bis Sonnenuntergang geöffnet, Conservation Fee R54/27). Zu den interessanten Tierarten zählen Elands, Kudus, Gnus und

354   Camdeboo Nationa Park

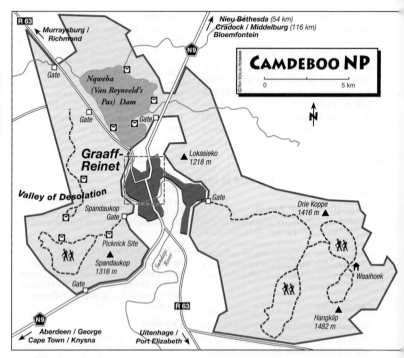

auch Kap-Büffel. Dies erklärt auch, warum man in diesem Teil das Fahrzeug nicht verlassen darf. Am Westufer des Stausees gibt es schöne Unterstände zur Vogelbeobachtung. 225 Arten konnten im Reservat bislang registriert werden. Zu den interessantesten Exemplaren gehören die Braunflügelmausvögel *(Speckled Mousebirds)*, gut zu erkennen an ihrem Schopf und langen Schwanz, und der Weißbürzel Singhabicht *(Pale Chanting Goshawk)* mit seinem schwarz-weißen Gefieder und rosafarbenen Beinen.

Das „Tal der Trostlosigkeit", das **Valley of Desolation** (bereits seit 1939 National Monument) im Westteil des Reservats gegenüber des Spandaukop (1316 m) gehört zweifelsohne zu den schönsten Stellen des Naturschutzgebietes. Anfahrt 14 km. Am Parkplatz sollte man keinesfalls den *Crag Lizard Trail,* einen 1,5 km langen Rundwanderweg, auslassen (etwa 40 Minuten). Von hier aus hat man überwältigende Aussichten über die Karoo, Graaff-Reinet und natürlich das Valley of Desolation.

Die **Eerstefontein Tagestour** lässt sich in Abschnitten von 5 auf 11 km und 14 km erweitern. Startpunkt ist das Spandaukop Gatter im Westteil. Die Route führt durch die typische karge, aber sehr interessante Karoovegetation. Man kann gut beobachten, wie sich die Pflanzen durch Anpassung von Blättern, Stamm und Wurzeln auf die extremen Bedingungen einstellen. In der Sandstein- und Doloritlandschaft trifft man auf die seltenen Bergzebras, Kudus, Weißschwanzantilopen, Ducker, Springböcke und in den felsigen Abschnitten auf Klippspringer. Es gibt gute Picknickplätze.

Da sich viele Touristen nicht die Zeit nehmen, neben dem Valley of Desolation auch den größten Teil des Naturschutzgebietes, den **Ostteil,** zu besuchen, findet man sich hier meist allein auf weiter Flur und kann in Ruhe nach Bergzebras und Antilopen Ausschau halten. Wunderbar, wenn auch anstrengend, ist eine Wanderung auf dem **Drie Koppe Hiking Trail,** der auch **4x4** befahren werden kann.

Wassersport ist auf dem Nqweba Dam besonders an heißen Tagen angesagt. Kanufahren und Windsurfing möglich (Permit nötig).

Übernachtung: Lake View safari Tents (R540) und Nqweba Camp Site (R190).

Aberdeen

Aberdeen an der N 9 südl. von Graaff-Reinet ist ein Schaustück fantasievoller Bauweise, eine „Architectural Conservation Zone" (Baudenkmalzone). Man wird begeistert sein von den viktorianischen, deutschen, gotischen, russischen, flämischen Baustilen und der Architektur aus der Zeit König Georges. Die karootypischen Landhäuser und Villen der Straußenbarone geben gute Motive ab. Außerdem gibt es eine *Arts and Craft Route.* Zu beiden Rundgängen hat die Touristeninformation Wegbeschreibungen, auch Führungen. Das *Fonteinbos Nature Reserve* liegt 1 km außerhalb und ist ideal für ein Picknick. Man sieht Strauße, Kudus und kleinere Antilopenarten.

Information
Aberdeen Tourism, www.aberdeen-sa.co.za.

Unterkunft
Touristic *Homestead Guest House, 21 Church St, Tel. 049-8460612, www.aberdeen-sa.co.za/homestead. Ältestes Haus der Stadt, Halbpension. Preise a.A.

Budget Villiera Guest House, 14 Grey St, Tel. 049-8460389. 8 Zimmer mit Gemeinschaftsbad. Preise a.A.

Camping Aberdeen Caravan Park, Andries Pretorius St, Tel. 049-8460041. Zentrumsnah, unter Verwaltung der Stadt. Preise a.A.

→ **Abstecher**
Baviaanskloof Nature Reserve

Südlich von **Willowmore** zweigt von der N 9 die landschaftlich schöne R 332 nach Osten ab und führt durch die Schlucht der *Baviaanskloof Mountains,* zur World Heritage Site geadelt (*Baviaan* meint Pavian in afrikaans). Die Middelburg Wilderness Area ist mit 200.000 ha eines der größten Schutzgebiete des Landes. Es umfasst drei Bergketten und zwei Flusslandschaften. Der Fluss durch den *Baviaanskloof* heißt Kouga. Man fährt auf einer engen Schotterpiste mit teils äußerst ruppigen Abschnitten (Pass-Anstiege, Furten) – ein hochbeiniger Wagen mit Vierrad-Antrieb ist hier wirklich vonnöten! Distanz etwa 140 km, Zeitbedarf bis Patensie mind. 9 Stunden. Es gibt mehrere Campingplätze und Übernachtungshütten, ein schöner schattiger ist der *Rooihoek Campground.*

Anfangs, unterwegs und am Ende mehrere Checkpoints. Infos dort. Tages-Permit R25 p.P. Endpunkt mit Asphalt ist **Patensie.** Vorher volltanken! *Tourism Office Willowmore,* Tel. 044-9231702 (Tourist Offices u.a. Stellen halten Baviaanskloof-Broschüren bereit, alle Infos auch auf www.baviaans.co.za.

✔ **Abstecher**

Auf der N 2 von Port Elizabeth nach Buffalo City (East London)

Die wenigsten Touristen verlassen die N 2 zwischen Port Elizabeth und Buffalo City für einen Abstecher in die kleinen Orte des ehemaligen Homelands Ciskei (Lage s. Karte „Eastern Cape"). Dabei bietet sich vor allem eine Fahrt auf der R 72 an, die sich von *Kenton-on-Sea* bis kurz vor *Hamburg* an der Küste entlangschlängelt. (Abstecher nach **Hamburg** lohnt sich auf der R 345 in die ***Gaby's Lodge**, 279 Main Road, Hamburg 5641, Tel. 040-6781020, www.oyster-lodge.com (m. Anfahrtskizze). 3 DZ oder ganzes Haus. Großer Garten mit Terrasse.

Das besonders schöne Landesinnere zeigen die R 351 zwischen *Fort Beaufort* und *Sada*, die R 345 zwischen *Fort Hare* und *Cathcart* und die kleine Landstraße über *Keiskammahoek* nach *Stutterheim*.

Sicherheitshinweis: Der N 2-Streckenabschnitt zwischen Grahamstown und King William's Town ist für viele Überfälle auf Touristen berüchtigt. Nicht unnötig anhalten!

Grahamstown

Grahamstown, etwa 125 km östlich Port Elizabeth an der N 2, ist ein bezauberndes Städtchen mit architektonisch interessantem Kern aus der georgianischen und viktorianischen Zeit. Kein Wunder, dass es 2013 unter die zehn schönsten afrikanischen Städte gewählt wurde!

1812 schickte der Gouverneur vom Kap den als unerschrocken geltenden Colonel John Graham aus, um im Grenzgebiet für Ordnung zwischen den sich immer weiter ausbreitenden Siedlern und den ansässigen Xhosa zu sorgen, die nicht weiter nach Nordosten ausweichen wollten. Sowohl Weiße als auch Schwarze brauchten für die Viehzucht große Weideflächen. Als Pufferzone zwischen den Konfliktparteien dachte man sich den Streifen östlich des Fish River und John Graham richtete zur Unterstützung seines Vorhabens einen Militärposten ein. Da England ohnehin nicht wusste, wohin mit all den Soldaten, die nach den Napoleonischen Kriegen demobilisiert waren, konnte man zwei Fliegen mit einer Klappe schlagen und sie hier stationieren.

Geschichte

1819 kam es zur berühmten **Schlacht von Grahamstown:** Tausende Xhosa-Krieger unter Führung des *Propheten Makana* wurden von 301 britischen Soldaten zurückgeschlagen, Makana gefangengenommen und auf die Gefängnisinsel Robben Island gebracht. Er ertrank bei einem Fluchtversuch. Zunächst hatte das Eintreffen der 1820-Siedler keinen Einfluss auf die Entwicklung des Orts, da ihnen Farmland der Distrikte Albany, Bathurst und Alexandria zugewiesen wurde. Als die Siedlungsbestimmung jedoch aufgehoben wurde, zogen viele nach Grahamstown. Unter ihnen Künstler und Handwerker, die kleine Betriebe und Werkstätten gründeten und so zum Aufschwung beitrugen. Daneben entstanden Geschäfte, Gastwirtschaften und Wohnsiedlungen. Einige der alten restaurierten Häuser stehen im Stadtteil **Artificers' Hill.** Gleichzeitig kamen auch schwarze Siedler, die nach Teilnahme an den Grenzkriegen auf Seiten der Engländer Land zugesprochen bekamen. Sie ließen sich im *Fingo Village* an der Stadtgrenze nieder. Ihre Nachfahren waren bis zur Enteignung 1948 rechtmäßige Besitzer des Landes.

Die Einführung der Wollproduktion 1831 verschaffte Grahamstown nach Kapstadt Rang 2 in der Bedeutung der Kolnie. Man entwarf breite Straßen, so dass Ochsenwagen bequem wenden konnten, was dem Stadtbild noch immer einen großzügigen Charakter verleiht. Der Reichtum der Stadt schlug sich auch in vielen Kirchen nieder. Begleiterscheinung der kirchlichen Aktivitäten war die Schaffung von Ausbildungs-stätten, Schulen und schließlich die Gründung einer Universität. Außerhalb der Saison freut man sich, zwischen all den biederen Bürgern ein paar buntere Studenten zu entdecken.

„... das Älteste und Einzige"

In der Stadt stolpert man geradezu über den Begriff „das Älteste". So gibt es in Grahamstown den *ältesten Briefkasten* des Landes (Ecke Somerset/Worcester Street; wer seine Post einwirft, erhält einen Sonderstempel), das Cathcart (kürzlich geschl.) war das *älteste Hotel* noch im originalen Gemäuer und die *älteste Zeitung* in Familienbesitz ist die *Grocott's Mail* (das Graham's Town Journal war zwar die erste Zeitung in Südafrika, hat aber ihr Erscheinen eingestellt). Die Südwand des Kirchenschiffes von **St Michael and St George** ist das älteste Zeugnis anglikanischer Architektur (1824) auf der Südhalbkugel und die St George Church ist die *älteste anglikanische Kirche* in Südafrika. Das *Observatory Museum* besitzt das *einzige* Exemplar einer Camera obscura in der südlichen Hemisphäre. Die Shaw Hall ist der *einzige* Ort außerhalb des Regierungssitzes, in der eine Parlamentssitzung stattgefunden hat (1864). Und besonders stolz sind die Stadtväter auf den Church Square („Quadrat"), der sich – *einzigartig* – als Dreieck präsentiert …

Sehenswert

Der Oberbegriff **Albany Museum** vereint fünf separate Museen bzw. historische Gebäude (s. Stadtplan): *Natural Science Museum, History Museum* (beide Somerset Street), *Old Provost Prison* (Lucas Avenue, Botanical Gardens), *Observatory Museum*

(Bathurst Street) und *Fort Selwyn* auf dem Hügel beim Settlers Monument.

Im **Natural Science Museum** beschäftigt man sich mit Dinosaurierfunden, der Frühgeschichte und dem traditionellen Leben der Xhosas. Meeres- und Süßwasserfischinteressierte und Fossilien-Freunde besuchen das *J.L.B. Smith Institute of Ichthyology* (Somerset Street), wichtigste Ausstellungsstücke sind dort zwei Exemplare der seltenen Quastenflosser *Coelacanth*. Geöffnet Di–Fr 9–13 u. 14–17 Uhr; Sa 10–14 Uhr).

Das **History Museum** bietet Originalgemälde, Drucke, eine Sammlung historischer Möbel und Gepäckstücke der 1820-Siedler. Es beherbergt auch das Genealogische Amt.

In dem schön restaurierten viktorianischen Gebäude des **Observatory Museum** begibt man sich bei schönem Wetter auf das Dach und blickt durch die einzigartige *Camera obscura*, in der man durch eine komplizierte Anordnung verschiedener Linsen die Reflexion der Stadt bewundern kann (Mo–Fr 9.30–13 Uhr u. 14–17 Uhr, Sa 9–13 Uhr).

Rhodes University: Durch die Überreste des Tores zur Landvogtei, dem **Drostdy Gateway,** betritt man das Gelände der Universität, die im Jahre 1904 gegründet wurde. Zu den bemerkenswerten Gebäuden gehören die **Drostdy Baracks,** die 1838–1842 als Quartiere der Offiziere der britischen Armee gebaut worden sind. **The Retreat,** ein Haus, das auf dem Farmland des Voortrekker-Führers Piet Retief gebaut wurde, stammt aus der Zeit der 1820-Siedler, ebenso das **Tryall Cottage.** Man kann sich für eine Besichtigung anmelden (Tel. 046-603 8111) und u.a. das *Computer Music Studio* der Computerwissenschaftler besuchen.

Gegenüber dem Universitätsgelände im **Botanischen Garten** befindet sich das **Old Provost Prison** aus dem Jahr 1838, und schließlich thront auf dem *Gunfire Hill*

358 Grahamstown

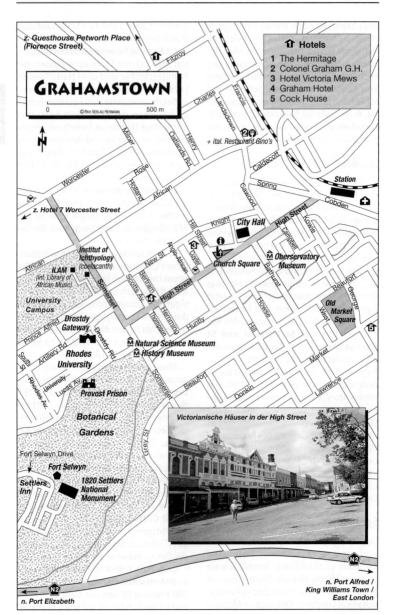

Victorianische Häuser in der High Street

Fort Selwyn von 1836, unweit davon das **1820 Settler's National Monument.** Das 1974 errichtete Denkmal erinnert an die englischen Siedler, die viel für den Aufbau Südafrikas geleistet haben.

Wer sich für afrikanische Musik interessiert, sollte unbedingt in die ***International Library of African Music (ILAM)** gehen, auf dem Uni-Campus entlang der Somerset Street, Tel. 046-6038557, Mo–Fr 8.30–12.45 Uhr u. 14–17 Uhr (Führung bei Voranmeldung). Größte Sammlung afrikanischer Instrumente; umfangreiche Bibliothek (auch mit raren deutschen Büchern). Die Leitung hat Prof. Diane Thram.

Umthathi Township Tours

Die informative Tour führt in das Rhini Township und beinhaltet ein traditionelles Xhosa-Mahl im Umthathi Garten-Projekt. Buchung bei der Touristeninformation.

Festival

Anfang Juli pilgern für 15 Tage über 50.000 Menschen nach Grahamstown zum legendären National **Festival of Arts,** das sich rund um das 1820 Settlers Memorial abspielt. Wer dabei sein möchte, sollte ein Jahr vorher ein Zimmer buchen (www.nationalaartsfestival.co.za). Neben Kunstausstellungen gibt es jede Menge Unterhaltung. Jede Halle, jeder Salon wird zur Theaterbühne, Straßen und Parks verwandeln sich in Flohmärkte und auf den sonst verschlafenen Straßen patrouillieren ganze Armeen von Sicherheitskräften. Es werden über 500 Veranstaltungen – von der Oper bis zum Rockkonzert – geboten. Ein tolles Spektakel.

Outdoor-Aktivitäten

Die Hügel- und Waldlandschaft rund um Grahamstown ist ideal für **Mountainbike-Ausflüge** auf einfachen bis sehr schwierigen Strecken. An Wochenenden kann man sich dem Mountain Biking Club anschließen. Auskunft bei der Publicity Association, die auch Informationen und Kartenmaterial über die besten Klettergebiete der Region abgibt. Auf den Stauseen bieten **Angeln, Kanufahren** und **Windsurfen** Abwechslung.

Jedes Wochenende bietet der Eastern Province Skydiving Club bei guter Thermik **Gleitschirmsprünge** an. Bei ihnen kann man auch einen **Microlight-Flug** über Grahamstown und Umgebung buchen (Tel. 046-6362486).

Bei **Wanderern** beliebt sind die Wege im Thomas Baines Nature Reserve, die Strecken entlang des Bushmans-, Kowie- und Fish River, die Wanderungen auf der 58 km entfernten Reed Valley Crocodile Farm (N 2 Richtung Port Elizabeth, Tel. 042-2351287) und die Belton Hiking Trails über privates Farmland (Tel. 046-622 8395). Zwei Tage dauert die Rundwanderung auf dem Oldenburgia Hiking Trail, der am städtischen Campingplatz beginnt (Anmeldung Tel. 046-6036072. Erste Nacht Hütte im Thomas Baines NR). Nicht versäumen sollte man einen Abstecher in das Great Fish River Reserve (siehe dort).

Sehr empfehlenswert ist die ***Alan Weyer Historical Day Tour.** Geschichte und Altes werden hier geschickt zu einer historischen Runde durch Grahamstown verwoben. Tel. 046-6227896, oder bei Makana Tourism.

Thomas Baines Nature Reserve

Die besondere Attraktion des 1005 ha großen Naturschutzgebietes sind die 45 Kapbüffel und Breitmaulnashörner. Mit etwas Glück entdeckt man „Tom", eines der ältesten Nashörner des Landes. Daneben gibt es viele Antilopen, mehr als 170 verschiedene Vogelarten und angelegte Wanderwege. Auf dem Stausee ist Baden Bootfahren erlaubt. Der Park liegt 15 km südlich Grahamstown (über die N 2 Richtung P.E.).

Kwandwe Private Game Reserve

*Kwandwe – „Platz des Paradieskranich", ist ein neues Wildschutzgebiet am Ufer des Fish River (16.000 ha, malariafreie Zone), 20 Minuten nördlich von Grahamstown. Bereits jetzt sind die „Big Five", Kudus, Springböcke und Pferdeantilopen heimisch. Das Reservat operiert nach dem Motto: „Achtsam zum Land, achtsam zu den Tieren, achtsam zu den Menschen." Übernachtung (Vollpension inklusiv Pirschfahrten) in der Luxusklasse. Tagesbesucher (Selbstfahren möglich) vorher anmelden, Tel. 046-6033400, www.kwandwereserve.co.za, Preise a.A.

Wetterinformation

Stadt und Umgebung liegen in einer gemäßigten Zone. Heißeste Monate sind Dezember bis März, kälteste Juni und Juli, Regenzeit Oktober/November; es kommt aber auch im März häufig zu Niederschlägen. Völlig zutreffend lautet ein Graffitti in der Stadt: „Wenn Du das Wetter von Grahamstown nicht magst, dann warte eine Minute."

Information & Service Grahamstown

Makana Tourism, 63 High Street, Church Square, Grahamstown 6140, Tel. 046-6223241, Fax 6223266 (Mo–Fr 8.30–13 und 14–17 Uhr, Sa 9–11 Uhr, www.makanatourism.co.za.
Das **Hauptpostamt** liegt in der High Street zwischen Cuyler/Anglo-African Street. **Taxizentrale,** Tel. 082-6516646.
Notrufnummern: Polizei, Tel. 046-10111; Ambulanz, Tel. 046-10177; Hospital, Tel. 046-622 215; Arzt, Tel. 046-6362063; Zahnarzt, Tel. 046-6226132.

Restaurants

Sehr beliebt wegen seiner historischen Atmosphäre ist das **Oasis Restaurant** im Graham Protea Hotel, 123 High St. – Hervorragendes Mittags- und Abendmenü gibt es im ***Cock House** (So kein Lunch). – **137 High Street** bietet tgl. Frühstück und Lunch und Mo–Sa Dinner. Tgl. frischer Kuchen. Auch Gästehaus.

Unterkunft

Luxus

7 Worcester Street, 7 Worcester Street, Tel. 046-6222843, www.ectourism.co.za. Luxus pur. Antiquitäten und zeitgenössische Kunst dekorieren das antike, aber neu renovierte Stadthaus im Kolonialstil. DZ/F ab R800 p.P.

Comfort

*The Cock House, 10 Market St, Tel. 046-6361287, www.cockhouse.co.za. Geschmackvoll, historisches Gebäude, antike Einrichtung, sehr gute Küche. DZ/F ab R460 p.P.

Touristic

Colonel Graham Guest House, 2 Landsdowne Rd, Tel. 046-6222274, www.colonel grahamguesthouse.co.za. Schönes Gästehaus, geschmackvoll eingerichtet. DZ/F ab R450 p.P.
Graham Hotel, 123 High St, Tel. 046-6222324, www.afritemba.com. Günstige Lage, mit gutem Restaurant. DZ/F ab R950.
Hotel Victoria Mews, 8 (New) High St, Tel. 046-6227208, www.hotelvictoriamews.com. Preiswertes Hotel in zentraler Lage, italienisches Lokal Gino's angeschlossen.
Petworth Place Guest House, 14 Florence/Ecke Henry St, Tel./Fax 046-6225146, www.ectourism.co.za. Geräumige, elegante Zimmer in hellem, freundlichen Haus. Selbstversorgung möglich. DZ/F ab R250 p.P.

Budget

The Hermitage, 14 Henry St, Grahamstown 6140, Tel. 046-6361503. Nur 1 Zimmer in eleganter, restaurierter englischer Villa. DZ/F ab R225 p.P.
Whethu Backpackers, 6 George Street, Tel. 046-6361001, www.whethu.com. DZ (R250) und Dorm (R150). Auch Camping. Eingerichtete Küche.

→ **Abstecher**

Great Fish River Reserve

Das 45.000 ha große **Great Fish River Reserve** ist ein Zusammenschluss von **Andries Vosloo Kudu Reserve, Sam Knott Reserve** und **Double Drift Nature Reserve** in der Ciskei. Eine herrliche eintägige Rundstrecke durch alle drei Reservate ist möglich. Proviant für ein Picknick am Ufer des mächtigen Fish River mitnehmen! **Anfahrt:** 38 km nördlich Grahamstown über die R 67 Richtung Fort Beaufort.

Wichtigste Tiere sind Leoparden, Spitzmaulnashörner, Kapbüffel, Nilpferde, Elen- und Kuhantilopen, Kudus. Über 225 Vogelarten. Im abgeschlossenen *Nyathi Game Camp* gibt es zusätzlich *Breitmaulnashörner,* Giraffen, Zebras, Wasserböcke und Elefanten. Die Auseinandersetzung zwischen weißen Siedlern und Xhosa in früherer Zeit spiegeln sich in Festungen, Signaltürmen, befestigten Farmhäusern und Gräbern wider.

Information
Great Fish River Reserve, Tel. 046-6227909, Fax 6227270. Parktore offen 6–18 Uhr.

Unterkunft
Bucklands Private Game Reserve, an der R 67 (angrenzend ans Reservat), Tel. 046-622 8054, www.bucklandsreserve.co.za. Gästehaus (Selbstversorgung) auf Farm, Pool. Weitere Unterkünfte (Mbabala Lodge und Mvubu Lodge & Chalets) unter www.ecparks board.co.za.

✔ **Abstecher**

King William's Town

King William's Town (heute Buffalo City eingemeindet), kurz „King", wurde 1825 von der Londoner Missionsgesellschaft am *Buffalo River* als kleine Missionsstation eingerichtet und 10 Jahre später an das Militär übergeben. Die Weißen drängten in traditionelles Xhosa-Land, die Grenzlinie wurde vom Fish River an den Kei River vorgeschoben. Es folgten Jahre blutiger Auseinandersetzungen, bei denen die Xhosa schließlich unterlagen. King William's Town wurde „Hauptstadt" von British-Kaffraria. Als Zeichen absoluter Unterwerfung mussten die Häuptlinge der Xhosas dem Gouverneur Harry Smith die Füße küssen. Das umliegende Farmland wurde durch entlassene englische Soldaten und deutsche Siedler kultiviert, die nach dem Krimkrieg 1857 mit *General Baron von Stutterheim* nach Südafrika kamen.

Sehenswert

Architektonisch sehenswerte Gebäude sind die **Holy Trinity Church** (1850), die **Town Hall** (1867), die **British Kaffrarian**

Huberta, eine Nilpferddame geht auf Reisen

Herzstück des Kaffrarian-Museums in King William's Town ist die legendäre Nilpferddame Huberta.

Die Odyssee von Huberta begann im Jahr 1928. Im Laufe ihres Lebens marschierte sie über 1500 Kilometer vom Zululand bis zum Keiskamma River und entwickelte sich zum absoluten Liebling der Bevölkerung. Wann immer sie sich in der Nähe einer Straße aufhielt, hieß eine begeisterte Menschenmenge sie willkommen. Sogar spezielle Bustouren besuchten Huberta.

Zur Freude der Urlauber machte sie Halt in einer Lagune nördlich Durbans und man sah sie bei Spaziergängen. Ihr Glanzstück war die Sprengung einer Party im Durban Country Club, wo sie die Absperrung durchbrach.

Auto- und Busfahrer machten ihr respektvoll Platz. Sie wurde 1931 von Wilderern erschossen.

Mitarbeiter des Museums bargen ihren Körper und gaben ihr im Museum einen Ehrenplatz.

Bank (1908) und das **South African Missionary Museum,** das in einer Wesleyanischen Kapelle aus dem Jahre 1855 untergebracht ist. Das **Kaffrarian Museum,** Ecke Albert/Alexandra Road, zeigt eine bedeutende Ausstellung über die Geschichte der deutschen Siedler und der Xhosas. Bemerkenswert ist die naturwissenschaftliche Sammlung von über 19.000 Tierspezies, die hier seit 1898 gesammelt und präpariert werden.

Sehr populär ist die **Nelson Mandela Route,** die im Ort beginnt und zum Nelson Mandela Museum nach Umtata führt.

Amatola Hiking Trail

Eine besonders gute Kondition sollte man für den 105 km langen **Amatola Hiking Trail** mitbringen, der am **Maden Staudamm,** 23 km nördlich der Stadt, beginnt und am *Tyumie River,* Nähe Hogsback, endet. Der Trail bietet wahrhaft majestätische Ausblicke: Berglandschaften, grüne Täler, Wasserfälle und Wälder. Sechs Tage geht es bergauf- und bergab, übernachtet wird in einfachen, gemütlichen Unterkünften. Er wurde für maximal 30 Personen konzipiert und muss lange im Voraus gebucht werden (Tel. 043-6422571 oder 043-6421747).

Der **Evelyn Valley Loop Trail** ist eine leichte Tagestour, Startpunkt wie der Amatola Trail. Eine 2-Tages-Wanderung ist vom Endpunkt Tyumie River möglich. Sie entspricht annähernd den letzten beiden Tage des Amatola Trails und ist als **Zingcuka Loop Trail** ausgeschildert. Auch die beiden Kurztouren müssen vorausgebucht werden.

Information King William's Town

King William's Town Tourist Information, Ayliff St, in der städtischen Bücherei, Tel. 043-6423450, Fax 6422646.

Unterkunft

Comfort Twins Guesthouse, 28 Gordon St, Tel. 043-6421149, www.twinsguesthouse.com. Klein, gemütlich, mit Pool. DZ ab R570 p.P.

Bisho

Die ehemalige Hauptstadt des Homelands Ciskei war die „Schlafstadt" Tausender schwarzer Arbeiter und ihrer Familien, die in „King" arbeiteten. Dass Bisho (heute zu Buffalo City eingemeindet) Verwaltungshauptstadt der Eastern Cape Provinz geworden ist, verdankt sie nicht ihrer Schönheit. Neben den Billighäusern und Barracken wirken die klobig prunkvollen Regierungsgebäude oder das Gerichtsgebäude und die modernen Shopping-Zentren wie aufgesetzt. Noch absurder in der Umgebung absoluter Armut mutet das **Amatola Sun Hotel** an, ein Luxushotel und Spielerparadies. Eine Übernachtung kostet den Monatslohn eines Zimmermädchens …

Information

Eastern Cape Tourism Board, www.ectourism.co.za.

Berlin

Wer die Ausfahrt „Berlin" an der N 2 entdeckt und abbiegt, wird ein verschlafenes Nest vorfinden, das 1857 von deutschen Siedlern unter Führung Carl von Liliensteins und des Leutnants von Hacke gegründet wurde. Zu den historischen Bauten zählen die Häuser der beiden, ein Turm, das Heim von Rudolph von Ronnow und *Moser's Cottage.*

Sunshine Coast: Entlang der R 72

Kenton-on-Sea und Bushmans River

Das **Dias Cross** erinnert daran, dass der portugiesische Seefahrer Bartolomeu Dias nach seiner Kap-Umrundung 1488 bis an diesen Ort kam (wahrscheinlich noch bis zur Mündung des Great Fish River).

Acht Kilometer nordöstlich davon liegen am Ufer des *Bushmans River* zwei Ferienorte: Am Westufer das kleine Städtchen **Bushmans River**, an der Ostseite **Kenton-on-Sea**, durch das auch der *Kariega River* fließt. Info unter www.kenton.co.za.

Der Bushmans River ist flussaufwärts auf bis 40 km befahrbar, der Kariega River 22 km. Beide Flusslandschaften beherbergen eine artenreiche Vogelwelt und eine Vielfalt an Pflanzen, darunter 100 Jahre alte Palmfarne. An der Küste liegen einsame Strände, großartige Felsformationen und natürliche Becken.

Bezüglich der Stadtplanung gelten die Städtchen als Musterbeispiele der Region. Die Wohnbereiche wurden in die Busch- und Dünenlandschaft eingepasst, die Industriezone auf ein Gebiet beschränkt. Die Gründung des **Joan Muirhead Nature Reserve** im Jahre 1960 gewährleistete den Erhalt der Ökologie zwischen den beiden Flüssen. Abwechslung bietet ein Besuch in der *Cherrywood Nursery,* einer Gärtnerei mit besonderer Vielfalt an Farnen. Sie liegt 1,5 km außerhalb an der Straße Richtung Salem (Mo–Sa 8.30–17 Uhr). Der Laden *Beads for Africa* in der Grahamstown Road (Kenton-on-Sea) verkauft schöne handwerkliche Arbeiten. Den Abend beschließt man bei Seemannsgarn und gutem Essen im *Sandbar Floating Restaurant* (Kenton-on-Sea) auf dem Bushmans River.

Outdoor-Aktivitäten

Wer Schwimmen, Windsurfen, Wandern (vor allem den Strand entlang!), Kanufahren oder Tauchen will, findet in Kenton-on-Sea, dem „Juwel" der **Sunshine Coast,** und im Ort Bushmans River viele Möglichkeiten. Zudem spielt das Wetter meist mit. Wer in der Nebensaison kommt, wird über die verschlafenen Orte entweder hoch erfreut oder zutiefst enttäuscht sein.

Am Westufer des Bushmans River startet der vierstündige **Dias Cross Walk** entlang der pittoresken Küste. Weitere Wege folgen seinem Ostufer, dem Westufer des Kariega River und der Küste über Shelly Beach und Middle Beach. Der zweitägige Rundwanderweg **Alexandria Trail** führt durch schattige Waldregion und entlang einsamer Dünenlandschaft (Infos bei der Alexandria Forest Station). Kaum woanders trifft man auf so viele Helmturakos im dichten Küstenwald. Besonders interessant ist der Streckenabschnitt, an dem man mit einem der schönsten **Wanderdünensysteme** der Erde in Berührung kommt.

Der **Bushman's Canoe Trail** beginnt in der Kenton Marina (Bootsvermietung). Die 16 km lange, zweitägige Strecke ist mittelschwer (Übernachtung in 8-Bett Hütten, Infos bei Kenton Marina, Tel. 046-6481223). **Angelfreunde** erfahren beim Kenton Angling Club die besten Stellen. Sammeln von Austern und Muscheln ist erlaubt, auch das Jagen nach Riesenkrebsen. Organisierte Touren (Landrover-Fahrten, Tauchen, Hochseefischen) unternimmt Kelly's Wild-Live Adventures, Tel. 046-6482545.

Besuch enswert ist das malariafreie und 5000 ha große **Kariega Game Reserve** nördlich an der R 343. Zum Ausflugsprogramm in dem „Big Five"-Reservat gehört für Tagesgäste neben einer Pirschfahrt auch eine Bootstour.

Unterkunft

Luxus

Kariega Park Game Lodge, Tel. 046-636 7904, www.kariega.co.za. Verschiedene Unterkünfte: *River Lodge* (DZ/VP incl. Getränke und 2 Safaris ab R3800 p.P.), *Ukhozi Lodge* (DZ/VP incl. Getränke und 2 Safaris ab R3500 p.P.) und *Kariega Main Lodge* (DZ/VP incl. 2 Safaris ab R3000 p.P.). 15 Min. vom Strand, privates Wildreservat, Wanderungen, Pirschfahrten, Selbstversorgung bei Anfrage. Tagesbesucher willkommen.

Budget

Wanderfreunde sollten sich ins 20 km weit entfernte **Farmhaus Belton** einquartieren, Tel./Fax 046-6228395. Einfache Unterkunft mit Dusche. Wanderwege führen ins Bushmans River Valley (2,5–17 km).

Camping

Caravan Park am Bushmans River, Cannon Rocks Caravan Park. 14 km außerhalb, auch Zelte erlaubt.

Port Alfred

Port Alfred, von der Bevölkerung nach dem Mündungsfluss auch „Kowie" genannt, liegt in der Mitte zwischen Port Elizabeth und Buffalo City an einem besonders schönen Abschnitt der Sunshine Coast. Der Name erinnert an den Besuch von Prinz Alfred, zweiter Sohn Königin Victorias, im Jahr 1860. Der kleine Fischereihafen entwickelte sich zum luxuriösen Ferienresort mit kilometerlangen goldenen Sandstränden und vielen guten Restaurants. Besonders beliebter Treffpunkt ist das *Barnacles* am Hafen (Tel. 046-626 2419). Gut essen kann man im Restaurant des *Ferryman's Hotel* in der Beach Road. Nachtschwärmer besuchen *Guido's* direkt am Strand.

Das **Kowie Museum** hat eine Ausstellung über die lokale Geschichte des 19. Jahrhunderts und die Entwicklung des Hafens (Di–Fr 9.30–12.30 Uhr, Sa 9.30–12 Uhr).

28 km außerhalb liegt das luxuriöse, im polynesischen Stil errichtete **Fish River Sun and Casino.** Das nicht minder komfortable **Mpekweni Sun Marine Resort,** 39 km außerhalb an der Mpekweni Lagune, bietet ein breites Freizeitspektrum.

Outdoor-Aktivitäten

Vom Platz des **Royal Port Alfred Golf Course** hat man einen weiten Blick über das Meer. Bekannt unter Kanufahrern ist der **Kowie Canoe Trail** (Kanuvermietung, Tel. 046-624 2230, lange im Voraus buchen, ca. R150 für 2 Personen inkl. Permit), eine leichte zweitägige

Tour mit Hüttenübernachtung am Horseshoe Bend. **Taucher** sollten sich über die Sichtverhältnisse erkundigen. Auskunft über Tauchschulen und -fahrten beim Publicity Office oder Kowie Diving School, 43 Van der Riet Street, Tel. 046-6244432.

Shipwreck Hiking Trail

64 Kilometer lang ist der schönste Wanderweg an der Küste der Eastern Cape Province zwischen *Great Fish River* und *Ncera River*. Die einzelnen Streckenabschnitte können separat begangen werden. Man muss alles mitnehmen: Wasser, Zelt und Schlafsack, Proviant und Geschirr, Treibholz darf gesammelt werden (Vorausbuchung erforderlich, Infos unter www.shipwreckhiking.co.za).

Information

www.sunshinecoasttourism.co.za.

Unterkunft

Comfort

The Halyards, Albany Road, Tel. 046-624 2410, www.riverhotels.co.za. Direkt an der Royal Alfred Marina. DZ ab R440 p.P.

Touristic

Coral Guest Cottages, Jack's Close, Tel./Fax 046-6242849, www.coralcottages.co.za. Historisches Cottage mit 2 DZ, 5 Minuten vom Strand, sowohl Ü/F als auch Selbstverpflegung möglich. Ab R650 Unit.

The Royal St Andrew's Lodge, 19 St Andrew's Road, Tel. 046-6241379, www.royal standrewslodge.co.za. Zimmer, Chalets. DZ/F R440 p.P.

Budget

Kowie Backpackers, 13 Van Riebeeck St, Tel. 046-6243583. Mehrbett- und DZ, Camping.

The Ferryman's Hotel, Beach Rd, Tel./Fax 046-6241122, www.africastay.co.za/the-ferry-man-s-hotel. Historisches Hotel am Ufer des Kowie River, Restaurant. DZ/F ab R200 p.P.

Camping

Medolino Holiday Resort, Kowie West, Tel. 046-6241651. Restaurant, Golf, Tennis. Chalets ab R500 und Stellplätze ab R90 p.P.

Riverside Caravan Park, Mentone Rd, Tel. 046-6242230. Am Westufer des Kowie River, 2,5 km vom Meer, zelten bislang nicht erlaubt. Chalet ab R250.

Karte S. 318 **Bathurst** **365**

*Willows Caravan & Camping, Kowie River, im Mündungsgebiet auf einer Landzunge gelegen, Tel. 046-6245201. 37 Plätze mit Schatten, für Familien geeignet.

→ **Abstecher**

Bathurst

Bathurst, 40 km von Grahamstown, wurde von den 1820-Siedlern als Hauptsitz der englischen Albany Provinzverwaltung gegründet. Die *St John's Anglican Church* ist die älteste anglikanische Kirche Südafrikas. Die *Methodist Church* stammt aus der Siedlerzeit, die *älteste Wollfabrik* des Landes (1821) liegt 1,4 km südlich.

Auf der *Summerhill Farm* züchtet man riesige Ananas. Es gibt eine Ausstellung über die Frucht und ihre Verwertung, in der Region wird sie großflächig angebaut. Interessant ist die Besichtigung eines nachgebauten **Xhosa-Dorfes** und natürlich ein Abstecher in den lokalen Pub. Das **Bathurst Agricultural Museum** (Mo–Sa 9–16 Uhr, So 15–16 Uhr) besitzt eine Ausstellung mit 1400 Werkzeugen und Gerätschaften. Richard Pullen betreibt eine Töpferei als Open Studio (Ecke York/ Trappe St.). Ideale Mitbringsel!

Landschaftlich reizvoll ist ein kleiner Abstecher zum Aussichtspunkt im **Horseshoe Bend Nature Reserve** südlich des Städtchens, mit Blick auf eine besonders schöne Schleife des Kowie River. Die steile, kurvige Strecke führt durch das Waldschutzgebiet hinunter zum Picknickplatz Waters Meet am Flussufer, wo sich Süßwasser mit Salzwasser mischt. Das **Waters Meeting Nature Reserve** hat eine 20 km lange Kanuroute (Kanuvermietung), heimisch sind neben einer Vielzahl an Vögeln auch Kudus, Schirrantilopen und Pinselohrschweine.

Information
Tel. 046-6250639, www.bathurst.co.za.

Unterkunft
Touristic Pig'n Whistle, Tel. 046-6250673, www.pigandwhistle.co.za. In historischem Gebäude von 1832, charmant „verlebt". Gilt als ältestes „Inn" des Landes. Mit Antiquitätengeschäft.
Touristic Bide-A-Wee, Tel. 046-6250840. Kleine Familienpension, schöne Lage.
Cosy Corner Cottage, 5 Main St, Tel. 046-6250955. Zwei 4-Bett Cottages.

✔ **Abstecher**

Kap River Nature Reserve

Das **Kap River Nature Reserve** (670 ha) wird im Süden vom Indischen Ozean, im Westen vom Kap River und im Osten vom Great Fish River begrenzt. **Anfahrt:** von Port Alfred 28 km auf der R 72, dann rechts beschilderte Ausfahrt.

Neben einer bunten Vogelwelt (darunter seltene Exemplare wie *Weißrückennachtreiher* und Afrikanische Binsenralle) leben dort Zebras, Impalas, Kuhantilopen, Ducker und Buschböcke. Der 7 km lange *Nature Trail* führt durch die Flusswaldlandschaft des Kap River und die Flutungszonen des Great Fish River (Rundwanderung, der sich zu kleinere Routen abkürzen lässt). Der *Canoe Trail* auf dem Kap River geht durch ruhiges Gewässer vorbei an subtropischer Landschaft.

Eastern Cape

Buffalo City (East London)

Buffalo City ist Südafrikas viertgrößte Hafenstadt (genaugenommen umfasst die Municipality auch Bisho und King William's Town und einige umliegende Gemeinden mit insgesamt rund 1,4 Mio Einwohnern) und die einzige mit einem bedeutenden Flusshafen am Buffalo River. Die Peripherie ist ein einziges Fabrikgelände, der Stadtkern hingegen das krasse Gegenteil: Buffalo City präsentiert sich dort als Ferienmetropole, die langen Strände lassen die Schlote im Hintergrund vergessen.

Geschichte

Die ersten Weißen „betraten" nicht das Land an der Sunshine Coast, sie wurden als Schiffbrüchige an Land gespült und wollten so schnell wie möglich wieder weg. 1836 segelte die *Knysna* die Küste ostwärts und transportierte Munition und Proviant zu einem Posten, der zunächst *Port Rex*, ab 1847 *East London* und 2003 **Buffalo City** genannt wurde. Gleichzeitig entstand das *Fort Glamorgan* auf einer Anhöhe am Westufer des Buffalo River für das 73. Highland Bataillon. Die Entwicklung zur Stadt begann im Jahre 1857, als 2362 deutsche Veteranen aus dem Krimkrieg mit 361 Frauen und 195 Kindern an Land gingen. Weitere 2315 Deutsche trafen 1858 ein. Viele Ortsnamen erinnern an den deutschen Ursprung der weißen Besiedelung. 1872 begann man mit dem Ausbau des Hafens. Der Fluss wurde ausgebaggert, so dass die größten Frachter vor Anker gehen konnten. 1935 nahm man die 305 m lange Brücke über den Buffalo River und die darüber verlaufende Eisenbahnlinie in Betrieb. Die junge Prinzessin Elizabeth von England weihte 1948 die *Elizabeth Graving Docks* ein. Heute ist die Hafenstadt regionales Exportzentrum für Wolle, Mais und Ananas

und Magnet für südafrikanische Touristen. Einer der großen Arbeitgeber ist Daimler Chrysler (3800 Arbeitsplätze), doch auch die Touristen bringen Geld und Arbeit, so z.B. im *Hemingways Casino* mit ca. 700 Beschäftigten.

Sehenswert

In der **Touristeninformation** erhält man gute Anregungen, kann Hafenrund- oder Vergnügungsfahrten mit dem Schiff buchen oder die Besichtigung der City Hall (Oxford Street) arrangieren lassen.

Die **City Hall** (1897) ist ein stattliches Gebäude im viktorianischen Renaissance-Stil, das durch seine kontrastreiche Farbgebung in Rot und Weiß eine besondere Note hat. Der Glockenturm wurde nachträglich zum diamantenen Regierungsjubiläum Königin Victorias angebaut.

Besonders an heißen Tagen ist ein Besuch des **Queen's Park Botanical Garden and Zoo** eine wahre Erholung (tgl. 9–17 Uhr). Lokale und exotische Pflanzen wachsen üppig. Im Zoo sieht man eine bunte Mischung aus vorwiegend südafrikanischer Tierwelt. Familien mit Kindern sind da gut aufgehoben (Ponyreiten). Hier steht auch das **Gately House,** 1878 als Wohnhaus für den ersten Bürgermeister gebaut (Heimatmuseum mit Einrichtungsgegenständen diverser Perioden; Mo geschl.).

Über 400 Arten von Meeresbewohnern findet man im **Aquarium** (tgl. 9–17 Uhr). Es gibt zweimal tägl. eine Vorstellung (11.30 u. 15.30 Uhr), in der Robben und Pinguine ihre Künste vorführen. Wer bei Ebbe einen Blick aufs Meer wirft, kann das Wrack der *Orient* sehen (das einzige von 150 Schiffen, die in einem Umkreis von weniger als 5 km seit 1847 gesunken sind). Einen kurzen Fußmarsch entfernt steht das **German Settlers Monument** zur Erinnerung der Ankunft der deutschen Siedler.

Etwas weiter vom Stadtzentrum entfernt, über die Oxford Street stadtauswärts, liegt die **Anne Bryant Art Gallery** (St Marks Street). Das ehemalige Herrenhaus edwardianischer Periode birgt südafrikanische Kunst-werke ab 1880 (Mo–Fr 9.30–17 Uhr, Sa 9.30–12 Uhr).

Am Ende der Oxford Street liegt das sehenswerteste Museum, das **East London Museum.** Es zählt zu den bedeutendsten naturwissenschaftlichen Einrichtungen Südafrikas. Einmalig ist ein Ei der prähistorischen Vogelart **Dodo** und das präparierte Exemplar eines **Coelacanths**, eines Quastenflossers, der seit 70 Millionen Jahren als ausgestorben galt. Man fing ihn 1938 als damals erstes Exemplar an der Mündung des Chalumna River. Beeindruckend ist auch die kulturhistorische Ausstellung über die Xhosa (Mo–Fr 9.30–17 Uhr, Sa 9.30–12 Uhr).

10 km außerhalb Richtung Stutterheim liegt das **Calgary Museum of Transport** mit einer alte Schmiede und antiken Kutschen (Mi–So 9–16 Uhr). **Hemingway's Casino Complex** liegt im nördlichen Stadtteil Vincent bei der N 2 (Anfahrt s.u., Restaurant *Emzini*).

Strände

Strände innerhalb der Stadtgrenze: **Eastern Beach** für Schwimmer und Surfer, abends mit Flutlicht. **Nahoon Beach,** südlich an der Mündung des Nahoon River, mit Lagune und Kinderspielplatz, das Riff bietet gute Surfbedingungen. **Orient Beach** ist ein sicherer Badeplatz mit zwei Meerwasserpools, großer Wasserrutschbahn, Kinderspielplatz und Restaurant. An der östlichen Stadtgrenze liegt der breite Strand der **Bonza Bay** an der Mündung des Quinera River.

Strandloper Hiking Trail

65 km lang ist der dreitägige Strandloper Hiking Trail zwischen Buffalo City und Kei Mouth an der Küste entlang durch mehrere Naturschutzzonen. Nicht schwierig, doch gute Kondition ist

nötig. Information über *The Wildlife Society,* Lock Street Gaol, Fleet Street, Tel. 043-7270726. Reservierung nicht zwingend notwendig, solange man auf dem Weg am Strand entlang bleibt. Dennoch sollte man unbedingt bei der Wildlife Society eine Broschüre holen und vor allem einen Gezeitenplan (auch bei der Tourist Information). Übernachtungen in den Hütten vorausbuchen.

Buffalo City von A–Z

Information Buffalo City

Eastern Cape Tourism Board, King's Entertainment Centre (Esplanade), Tel. 043-7211346, www.buffalocity.gov.za, Mo–Fr 8.30–16.30 Uhr, Sa 9–14 Uhr So 9–13 Uhr. Auch Informationen über Züge.

Telkom

Gladstone St, internationale Telefonate/Fax (Mo–Do 8–16 Uhr, Fr 8–15.30 Uhr, Sa 8–11.30 Uhr).

Autohilfe

AA-Branch, Shop L11A, Vincent Park, Centre, Tel. 043-7260540, Fax 7260546

Autovermietung

Am Flughafen vertreten: **Avis,** Tel. 043-7362250. **Budget,** Tel. 043-7361084. **Imperial,** Tel. 043-7362230.

Bahnhof

Railway Station, Station Rd. Auskunft: Tel. 043-7002719, 7002327, 7002020. Amatola-Train, Bloemfontein – Johannesburg.

Bus

Greyhound, Windmil Roadhouse, Beachfront, Tel. 043-7001999. InterCape, Tel. 043-7269580 (Abfahrt Windmil Roadhouse, Beachfront). **Minilux Luxury Minibus,** 33 Main Rd, Amalinda, Tel. 043-7413107. Richtungen: King William's Town, Grahamstown, Port Alfred, Port Elizabeth (Abfahrt Major Square in Beacon Bay und Tourism Office, 35 Argyle Street).**Translux,** Windmil Roadhouse, Beachfront, Tel. 043-7001999.

Einkaufen

Größtes Einkaufszentrum ist das **Vincent Park Shopping Centre,** Devereux Street (über die R 72 nördl.), Cafés und Restaurants. Die Haupteinkaufszone der Stadtmitte ist die Oxford Street und ihre Nebenstraßen. Am **Lock Street Gaol,** *Fleet Street* (s. Stadtplan), einem makaberen Platz mit Todeszelle und Originalgalgen –

368 Buffalo City (East London)

Karte S. 368 | **Buffalo City (East London)** 369

1880 speziell für Frauen als Gefängnis errichtet – wird Kunsthandwerk verkauft (Sa bunter Flohmarkt). Weitere Flohmärkte: *Latimer's Landing* (Sa/So) und am *Marine Park* (Sa). September bis Mai kann man an einer Auktion der **Wool Exchange** (Wollbörse) in der Cambridge Street teilnehmen. Fernöstliche Geschäfte befinden sich am **Oriental Plaza** (s. Stadtplan).

Festivals

Februar: das schönste und bunteste Fest, die **African Renaissance** (internationale Beteiligung, afrikanische Kunst, Handwerk und Kultur). Die Musikveranstaltungen sind sehens- und hörenswert. **Surfers Marathon** von Kwelera nach Nahoon. **März:** *Harbour Festival* mit bekanntem Grand-Prix-Rennen der Formel-1-Motorboote. **April:** *Buffalo City Expo.* **Juli:** *Washie 100 Mile Road Race* zwischen Port Alfred und Buffalo City. **Weihnachten:** *Christmas Carnival*, Silvester großes Feuerwerk.

Flughafen

Der East London International Airport, Tel. 043-7360211, liegt 5 km außerhalb, über Settlers Way (R 72) südlich. Keine öffentliche Busverbindung.

Notrufnummern

Polizei, Tel. 10111. Ambulanz, Tel. 10177. Hospital, Tel. 043-7091111 (Frere), Tel. 7434303 (St Dominics). Arzt/Zahnarzt Tel. 043-7222555.

Organisierte Touren

Yacht Miscky, Latimer's Landing, Tel. 043-7352232; Bootstouren. *Amatola Tours* 043-743 0472. Ausflüge, z.B. in das Township Mdantsane (Xhosa-Kultur, Tanz. etc.), *Welkom Stables*, Greenfields, Pferdevermietung, Ausritte in die Umgebung. *Pollock Sports*, 12 Balfour Rd, Vincent, Tel. 043-7268486; Tauchexkursionen zu Schiffswracks. *Deep Sea Fishing*, Tel. 043-7225151; Hochseefischen. Mehrtägige Touren (Infos bei der Touristeninformation), z.B. Deusche Einwanderer (3 Tage), Auf den Spuren des Präsidenten (11 Tage).

Restaurants und Ausgehen

*Latimer's Landing am Ufer des Buffalo River entwickelt sich zunehmend zum In-Lokal. Besonders schön genießt man hier den Sonnenuntergang bei einem Sundowner. – Saftig sind die Steaks im **Porterhouse**, Esplanade, Papagelo Building. – **La Terazza** an der Waterfront bietet nicht nur schönen Blick auf den Ozean, auch beispielsweise das Fisch-Basket mit Butterfisch kann man genießen. Dazu passt ein Chardonnay. – *Weitere Tipps für Außerhalb s.u.*

Live-Music erlebt man in vielen Bars und Clubs der größeren Hotels, wie im *African Nite Club* im Beach Hotel und im *Rhumba Den* im Queen's Hotel. Oder man bleibt auf Latimer's Landing und geht in *Nauty's Nite Club*. – Jazz und gutes afrikanisches Essen bietet das **Imbizo Restaurant & Jazz Café**, Quigney, Tel. 043-7220155.

Unterkunft

Comfort

Garden Court, Ecke Moore/Bailie Road, Tel. 043-7227260, www.tsogosunhotels.com. Strandnähe, Restaurant. DZ ab R1299.

Kennaway Hotel, nahe Esplanade, Tel. 043-7225531, katleisure.co.za. Elegantes Strandhotel. DZ ab R1070.

Touristic

Esplanade Hotel, Beach Front, 6 Clifford St, Tel. 043-7222518, www.esplanade-hotel.co.za. Renoviert, am Orient Beach. DZ ab R260 p.P.

*Fish Eagle Manor, 32 Harburn Rd (N2/N6 Kreuzung, weiter auf N6, dann links Abbotsford, nächste Kreuzung links, rechts ab Edeka-Laden), Tel. 043-7263748, www.fisheaglemanor.co.za (m. Anfahrtskizze). Edel, sauber, Rundhütten direkt am Fluss. DZ/F ab R750.

Inkwenkwezi, s. bei „Ausflüge".

St Andrew's Lodge, 14 St Andrew's St, Selborne, Tel. 043-7435131. Kleines Gästehaus (5 Zi.) zum Wohlfühlen, Pool, sicheres Parken, „German spoken". DZ ab R295 p.P.

*The Oakhampton B&B, 8 Oakhampton Rd, Berea, Tel. 043-7269963, www.oakhampton.co.za. Sauber, zentral zum Strand und Einkaufszentrum. DZ/F R480 p.P.

*The Thatch, 37 Flamingo Crescent, in Beacon Bay (nordöstlicher Badeort), www.thethatchguesthouse.co.za, Tel. 043-7486227. Alle Zimmer mit Balkon, Strandnähe, tolles Frühstück. DZ R400 p.P.

Eastern Cape

370 Buffalo City – Ausflüge in die Umgebung

Karte S. 368

Budget

East London Backpackers, 11 Quanza St, Quigney, Tel. 043-7222748, www.elbackpackers.co.za. Internet, Baz Bus-Stopp, gute zentrale Lage. Mehrbettzimmer ab R110 p.P., DZ ab R200.

Niki-Nana Backpacker, 4 Hillview Road, Tel. 043-7228509, www.nikinana.co.za. Sehr gemütliche Unterkunft. Selbstversorger, Pool. R110 im Mehrbett-, R150 p.P. im DZ, Camping R65.

Sugarshack Backpackers, Eastern Esplanade, Tel. 043-722 8240, www.sugarshack.co.za. Doppel- und Mehrbettzimmer, Camping. Baz Bus-Stopp, bester Treff für junge Leute. Vermietung von Surfbrettern und Mountainbikes. DZ R130 p.P.

Vincent Lodge, 108 Chamberlain Rd, Vincent Heights (nördliches Stadtgebiet), Tel. 043-726 3007. Idealer Aufenthalt in strohgedecktem Rondavel für Selbstversorger die länger als eine Nacht bleiben wollen. DZ ab R200 p.P.

Außerhalb

(Orte s. auf der Buf.-City Umgebungskarte)

Comfort

Cintsa Lodge, 684 Fish Eagle Drive, Cintsa East, Tel. 043-7385146, www.cintsalodge.com. Sehr schönes Anwesen in erholsamer Dünenlandschaft, 5 Zimmer in geschmackvoll-modernem Stil, alle Annehmlichkeiten und bester Versorgung bei Heidi. DZ/F ab 425 p.P.

Touristic

*Cintsa Bay Sea Cottages, Tel. 043-7343075, www.safarinow.com/go/CentsaBayBeachCottageCintsa. Zweckmäßig eingerichtete Rondavels, Strand 2 Min. entfernt. R500.

Crawfords Cintsa Beach Lodge and Cabins, Cintsa East, Tel. 043-7385000, www.crawfordsbeachlodge.co.za. Die Anlage liegt ausgesprochen schön direkt am Meer, herrliche Aussicht (dazu Restaurant-Tipp: *Michaela's Restaurant*, Tel. 043-7385139, Steenbras Drive, Reservierung empfohlen). Dinner/B&B ab R650 p.P. In Hochsaison teurer.

*Buccaneers Backpackers Cintsa, Cintsa West, Tel. 043-7343012, www.cintsa.com. Internationaler Treffpunkt von Backpackern. Baz Bus-Stopp. Urlaub pur zu besten Konditionen. Nach Ausflug in die Bulugha Farm School fragen. Dorm ab R140 p.P., DZ in Strandhütte ab R300, Camping ab R85 p.P.

Blarney House, 10 Reynolds View, Beacon Bay, Tel./Fax 043-7481586, www.blarneyhouse.net. 3 Zimmer in Strand- und Zentrumsnähe. DZ/F ab R320 p.P.

Camping

Arendsnes Holiday Resort, Cintsa East, Tel. 043-7385064, www.arendsnes-chintsa.co.za. Log Cabins und Stellplätze, Pool.

Cintsa West Holiday Resort, Tel. 043-734 3001; Rondavels, Cottages, Camping, Restaurant und Shop.

Gonubie Resort & Caravan Park, Tel. 043-7404000, gonubie.caravanparks.co.za; 1 Meier St, Gonubie, 19 km außerhalb, an der N2 Richtung Durban.

Gullsway Caravan Park, Arum Road, Gonubie, Tel. 740 2047. Schattige Plätze, Pool.

Nature's Rest, Cove Rock, Tel. 043-7369753, www.naturesrest.co.za. In Greenfields, 12 km außerhalb nahe Flughafen, bester Tipp für Wohnmobile. Auch Cottages, ab R385.

Ausflüge in die Umgebung von Buffalo City

Der besondere Tipp: Inkwenkwezi Private Game Reserve

Abenteuerlich und faszinierend ist der Ausflug in das 33 km entfernte **Inkwenkwezi Private Game Reserve**, Tel. 043-734 3234, www.inkwenkwezi.com; (N 2 Richtung Umtata, Ausfahrt Inkwenkwezi/Cintsa). Sehr ursprüngliches Gelände mit den Big Five, Giraffen, Antilopen und ein artenreiches Vogelparadies. Vielseitiges Freizeitprogramm (Pirschfahrten, Wandern und Reiten jederzeit. Kanufahren und Abseiling sind extern, dazu ist Vorbuchung erforderlich sowie eine Mindestteilnehmerzahl). Außerdem kann man Elefanten aus der Nähe kennenlernen und füttern. Alles sehr empfehlenswert. Ausflüge zum Meer – mit etwas Glück Wal- und Delphinsichtungen. Tagesgäste willkommen. Vorausbuchung nötig. Unterkunft im Bush Camp inmitten ruhiger Buschlandschaft in schönen Safarizelten

Buffalo City – Ausflüge in die Umgebung

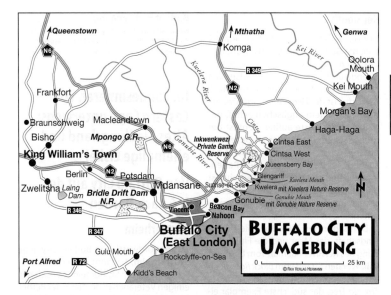

oder im Valley Camp mit Blick über die Hügellandschaft. Pool.

Bridle Drift Dam and Nature Reserve

Am Wochenende ist der Stausee mit Motorbooten, Surfern, Kanufahrern und Seglern überfüllt (Bootsvermietung). Bootstour zu den Klippen am Rand des 300 ha großen Naturschutzgebietes, das für den übrigen Schiffverkehr gesperrt ist. Wanderung auf angelegten Wegen.
Anfahrt: 25 km westlich, über die R 346 Richtung Mount Coke.

Gonubie Mouth

Beim Strand von Gonubie (gut für einen Badetag, 25 km nördl.) liegt das 8 ha große **Gonubie Nature Reserve** mit einer Küsten-Feuchtgebietszone und mit mehr als 160 Vogelarten. Kraniche nisten hier in den Sommermonaten. Man hat einen Garten mit afrikanischen Heilpflanzen integriert, der heute noch von Medizinmännern genutzt wird.

Khayalabantu Culture Village

Interessant ist ein Besuch des Xhosa-Dorfes **Khayalabantu.** Zum kulturellen Programm gehören Tänze und traditionelles Essen. Buchung ist wichtig, Tel. 043-851 1011, www.khayalabantu.co.za).
Anfahrt: N 2 Richtung Transkei, hinter Mooiplas der Beschilderung folgen.

Mpongo Game Reserve

Zu den schönsten Tagesausflügen zählt ein Besuch im **Mpongo Game Reserve,** Tel. 043-7391668, 30 km nordwestlich (N 6 Richtung Jo'burg, Ausfahrt Newland's/ St Lukes Road). Auf einer 25 km langen Fahrstrecke kann man inmitten wilder Landschaft mehr als 40 größere Säugetierarten entdecken. Geführte Wanderungen sind möglich (ein- und mehrstündige Touren). Ausritte ins Gelände. Im Parkzentrum kleines Museum und Restaurant. Caravan-/Zeltplatz.

Kei Mouth

Nur eine Autostunde nordöstlich liegt der beliebte **Badeort Kei Mouth** am Südufer des Kei River, bekannt für seine weiten Strände und sein schönes Hinterland mit Küstenwald und vielen Vögeln. Herzstück des Ortes ist der **Grosvenor Square**, benannt nach dem englischen Schiff, das 1782 vor der Küste auflief. Bunt ist der große Gemüsemarkt. Wer im Dezember unterwegs ist, sollte den Flohmarkt besuchen, auf dem Xhosa-Frauen Perlenarbeiten und Körbe anbieten. Lauschig ist dann ein Besuch im Teegarten. Tolle Muscheln sind im **Hazel Jeffries Museum** zu sehen.

Den schönsten Blick über die Hügellandschaft, das Meer und die Flussmündung des Kei River hat man vom **Lookout Hill.** Wer den Strand vom *Black Rock* noch ein bisschen hinuntermarschiert, findet *The Big Tree*, das südlichste Exemplar eines *Natal Wild Fig* (wilder Feigenbaum).

Unterkunft (Touristic)

Kei Mouth Beach Hotel, 160 Main Rd, Tel. 043-8411017, www.keimouthbeachhotel. co.za. Ideal für Fischspezialitäten. DZ/HP ab R500 p.P.

Seagulls Beach Hotel, Tel./Fax 047-4980044, www.seagullshotel.co.za. Bootsvermietung, Reiten, Golf, Palmenstrand. Dinner/B&B ab R495 p.P.

Haga-Haga

72 km nordöstlich von Buffalo City liegt Haga-Haga, ein Ferienort mit langem Sandstrand, schönen Muscheln und einer Lagune für gefahrloses Schwimmen. Der Name leitet sich vom Xhosa-Wort für „Pinselohrschwein" ab, das einst in großer Zahl im Küstengestrüpp lebte.

Unterkunft (Touristic)

Haga-Haga Hotel, Tel. 043-8411670, www. hagahagahotel.co.za. DZ/HP ab R800 p.P. Auch SC-Cabanas, bis 4 Pers. ab R850. Am Strand gelegen. Freizeitangebote, gutes Restaurant, Curio Shop, familienfreundlich.

Budget und Camping

Bosbokstrand Holiday Resort, Tel./Fax 043-8411644. Preise a.A. Kleines Naturreservat m. Chalets, Caravan- u. Zeltplätzen.

Im Landesinneren von Eastern Cape unterwegs: Altes Siedlungsland und ehemalige Ciskei

Von Buffalo City auf der N 6 nach Norden

Stutterheim

79 km nordwestl. von Buffalo City liegt **Stutterheim,** benannt nach dem deutschen Baron von Stutterheim, der sich mit einigen Veteranen in der Nähe der Bethel Mission niederließ. Der Ort liegt idyllisch zwischen den bewaldeten Hängen der Kologha Mountains, Ausläufer der großen Amatola-Bergkette. Von der **Bethel Mission,** nördlich des Bahnhofs, hat man einen schönen Blick über den Ort. Sie wurde 1837 von Jacob Ludwig Dohne von der Berliner Missionsgesellschaft gegründet, während der Grenzkriege mehrmals zerstört, aber immer wieder aufgebaut, unter anderem von Albert Kropf, Verfasser des ersten Wörterbuches Xhosa-Englisch und maßgeblicher Co-Übersetzer der ersten Xhosa-Bibel. Weitere historische Bauten sind das **Old Lock Up** und die mittlerweile zum Einkaufszentrum restaurierte alte **Poststation.**

6 km südlich steht man vor dem **Grab von Sandile,** einem bedeutenden Krieger und Häuptling der Xhosas, der im 8. Grenzkrieg gegen die Briten sein Leben ließ. Im **Forest Resort** kann man wandern, schwimmen und ausreiten. Im **Kologha** und **Kubusie** Forest gibt es reizvolle Was-

serfälle und schöne Picknickplätze. Der zweitägige *Kologha Hiking Trail* geht über eine Distanz von 35 km.

Information
Tourist Information Office, Hill St, Tel. 043-6831475

Unterkunft
Touristic Eagles Ridge Country Hotel, www.eaglesridge.co.za, Tel./Fax 043-6832381. 6 km außerhalb an der Kologha Forest Road, beste Wahl.

Budget
The Bagatelle, Dohne Boulevard 1, Tel. 043-6831220, www.thebagatelle.co.za, klein, einfach. DZ ab R260.

Waterfall Farm, Tel. 043-6831532. 5 km vor Stutterheim an der N 2, ruhiger Farmaufenthalt, kinderfreundlich.

Camping Stutterheim Municipal Caravan Park. 1,5 km vom Country Club entfernt, Zelten erlaubt.

Cathcart

Das malerische Örtchen am Fuß des Windvogelberges besitzt einige restaurierte Gebäude aus dem 19. Jahrhundert, darunter die **Public Library** von 1883 im Art-Nouveau-Stil. Das **CM van Coller Museum** widmet sich der Stadtgeschichte und hat einen originellen Laden aus der Zeit der Jahrhundertwende. Aus der Neuzeit stammen die Eisenhäuschen der Bahnarbeiter, genannt **Kenya Corner,** die während des Mau-Mau-Aufstandes Mitte der 50er Jahre geflüchtete Kenyaner be-

Eastern Cape

Ciskei

Das Homeland Ciskei war ein keilförmiges Gebilde mit 8500 qkm zwischen dem Great Fish River im Westen und dem *Great Kei River* im Osten (s. Eastern-Cape-Karte). Mehr als eine Million Menschen leben hier, vorwiegend vom Stamm der **Xhosa.**

Offiziell wurde das karge Land 1981 in die „Unabhängigkeit" entlassen. Haupteinnahmequelle waren der Verdienst der Wander- und Zeitarbeiter, die in King William's Town und im nahen „Grenzgebiet" in East London arbeiteten. Ansonsten hielt sich die Ciskei mit südafrikanischer Unterstützung und ein wenig Tourismus schlecht und recht über Wasser. Der Tourismus konzentrierte sich auf die 65 km lange Küste mit goldenen Stränden und Lagunen, Ferienresorts und Spielkasinos. Nach Ausrufung der „Unabhängigkeit" regierte *Lennox Sebe,* ein gewalttätiger, korrupter Diktator. Durch einen von Südafrika unterstützten Staatsstreich wurde er 1990 von *Ouba Joshua Gqozo* abgesetzt. Wichtige Posten und das Militär unterstanden ab sofort (inoffiziell) der südafrikanischen Regierung. Und obwohl Gqozo versuchte, seine Macht mit Hilfe von Stammesführern zu festigen, brodelte es zunehmend, da die Lebensbedingungen unerträglich wurden. Als er am 7. September 1992 auf eine friedliche Demonstration des ANC schießen ließ und dabei über 30 Menschen starben, wurde der Notstand ausgerufen.

Zwar hat sich durch die Wiedereingliederung der Ciskei ins neue Südafrika die Lage entspannt, die sozialen Missstände sind jedoch nach wie vor unübersehbar. Die Männer sind überwiegend arbeitslos oder arbeiten weit weg. Jugendliche finden nach der Schule kaum eine Aus- oder Fortbildung. Dies macht die Ciskei, von den frühen weißen Siedlern „diese Seite des Kei River" genannt, auf absehbare Zeit nicht zu „dieser Seite" des Wohlstands.

wohnten. Direkt dahinter beginnt ein Naturparadies mit heimischer Flora, das man auf kurzen Lehrpfaden erkunden kann. Bei der Tourist-Information und in der Bücherei gibt es einen Plan der **Amatola Craft Amble** mit eingezeichneten Kunsthandwerkstätten und Übernachtungsmöglichkeiten.

Information
Cathcart Tourism, 58 Main St, Tel. 045-8431022.

Unterkunft
Budget Glenfinlas, Tel./Fax 045-8431727, 36 km außerhalb. Maximal 5 Personen in historischem Farmhaus.
Royal Hotel, Carnavon St, Tel. 045-8431145. Rustikal, klein, Pub.
Camping Moth Caravan Park, 1 km vom Stadtzentrum, städtisch.

Queenstown

Queenstown – Stadt der Rosen – wurde 1847 von *Sir Harry Smith* gegründet. Die Stadtplanung ist einzigartig: Von einem hexagonalen Platz führen sechs Straßen sternförmig weg. Ursprünglich war dies zur Verteidigung gedacht, da man sich davon strategische Vorteile versprach. Aus dem Hexagon entwickelte sich allmählich ein ländlicher Marktplatz, später wurden die Straßen durch Gärten und Brunnen verschönert.

Sehenswert

Architektonisch bemerkenswert ist die **Town Hall** aus dem Jahre 1882 und das **Old Market Building** am Hexagon. Im **Queenstown and Frontier Museum,** Shepstone Street, steht eine Dampflokomotive aus dem Jahre 1921, die 1947 den Zug des königlichen Besuchs aus England zog – König George IV. mit Frau und den beiden jungen Prinzessinnen Elizabeth und Margaret machten auch in Queenstown Station. Aus viktorianischer Zeit stammt eine steinerne Pferdetränke und der Nachbau eines Siedler-Hauses. Ins Land der Märchen und Feen entführt die **Shell Art Gallery,** Lamont Street. Das **Collector's Museum** in der Reservoir Road besitzt neben einer Ausstellung von antiken Telefonen, Uhren, Küchenutensilien und Puppen auch die weltgrößte Sammlung an Autoschildern.

Hinaus in die Natur führt ein Besuch in die **Everitt Sunken Gardens** mit einer Komposition aus Ziersträuchern, Blumen und Teichen. Den schönsten Blick über die Region hat man bei einer Fahrt in die Berglandschaft des **Madeira Mountain.** Im **J. de Lange Game Reserve,** mit einer beachtlichen Population an Zebras, Straußen und Antilopen, bieten die großen Bitteraloen *(Aloe ferox)* und die seltenen, rot- und gelbblühenden Tamboekie-Thorns *(Erythrina acanthocarpa),* ein Verwandter des Korallenbaums, schöne Fotomotive.

Information Queenstown
Chris Hani Tourism, 15 Bells Road, www.chrishanidm.gov.za, Tel. 045-8084600

Unterkunft
Zur Beachtung: Es ist schwierig, am Wochenende eine Unterkunft zu finden, da viele Häuser schließen. Vorher buchen ist sinnvoll.
Touristic
Aloe Grove Guest House, Tel. 045-8395910. 17 km außerhalb, Zimmer, Rondavels, ländlich, idyllisch.
Heritage Guest House, 5 Fletcher St, Tel. 045-8394927, www.heritageguesthouse.co.za. Kleine Cottages in schönem Garten. Pool.
*The Homestead, 2 Limpopo Drive, Tel. 045-8588336. Ein gemütlich-kleines Landhotel, 25 schöne DZ. Preise a.A.
Budget The Cottage, Tel. 045-8392435. Klein, Selbstversorgung möglich.
Camping Queenstown Municipal Caravan Park, Cathcart Road. Gute sanitäre Einrichtungen, Waschmaschine.

Sterkstroom

Sterkstroom liegt 55 km nördlich von Queenstown am Fuß des *Stormberges*. Es hat ein kleines **Museum,** dessen Exponate das Leben im 19. Jh. widerspiegeln. Im **Koos Ras Game Reserve,** Informationen unter Tel. 045-9660080, leben Zebras, Strauße und jede Menge Antilopen. Schönster Wanderweg ist der *Black Eagle Hiking Trail* im gleichnamigen Nature Reserve.

Unterkunft

Touristic
*Hazelmere Country Lodge, 4 km südl. des Penhoek Pass, Tel. 045-9669622, www.wheretostay.co.za. Rustikal und gemütlich. Echtes Country-Feeling. Ü/F R280 p.P., Dinner+Ü/F R370 p.P.

Stagger Inn Lodge, Tel./Fax 045-9660408. Umgebautes historisches Farmhaus, botanischer Wanderweg. DZ/HP ab R300 p.P.

Camping Sterkstroom Caravan Park, Koos Ras Nature Reserve. Sehr schön gelegen.

Abstecher zu Orten westlich der N 6:

Der besondere Tipp: Hogsback

„Einmal Hogsback, immer Hogsback", meinen Naturenthusiasten – in der Tat hat der Ort das „gewisse Etwas". Schon die R 345, sowohl von Cathcart als auch von *Fort Hare* aus, führt durch schöne Landschaften (Achtung! Nur von Süden ist die Straße – R 345 – asphaltiert! Alle anderen Zufahrten sind lange, beschwerliche Schotterpisten!).

Der Ort entlehnt seinen Namen von Captain Hogg, der einen militärischen Außenposten gründete. Romantiker allerdings behaupten, der Namen leite sich von den drei Gipfeln, den sogenannten Hogsbacks ab, von denen zumindest einer dem struppigen Rücken eines Wildschweines ähnelt. Die Xhosa sahen das etwas anders und nannten ihn „Uku-Beleka" – „Frau mit Kind auf dem Rücken".

Die Region der Amatola Mountains begeistert Naturfreunde. Auf gewundenen Wanderwegen in den tiefen Wald umgibt einen die Frische intakter Natur. Baumgiganten wie Yellowwood-Bäume stehen Wächtern gleich in einem verwunschenen Reich. Azaleen, Narzissen und üppig blühende Rhododendren zieren die Landschaft, Himbeeren und Johannisbeeren verbreiten ihren Duft. Wasserfälle tragen fantasievolle Namen wie *Swallowtail* („Schwalbenschwanz"), *„Madonna and Child", Bridal Veil* („Brautschleier") oder *„Thirty Nine Steps".* Der *Kettle Spout Falls* stürzt bei starkem Wind nicht in die Tiefe, sondern steigt bis 10 m in die Höhe und dreht die Welt. Neben zahlreichen Wanderwegen, von denen viele das „Schweinchen-Symbol" des Hogsback Inn tragen, lohnt ein Besuch der *Eichenallee.* Auf einem Hügel steht die kleine Kirche *Patrick on the Hill.* Vom 1954 m hohen *Gaika's Kop* hat man eine schöne Aussicht. Toll ist ein meditativer Spaziergang durch das elfkreisige Labyrinth von The Edge – eines der größten weltweit!

Information Hogsback
Mountain Escape Tourism, Tel. 045-9621130, www.hogsback.co.za. Infos auch bei Stormhaven Crafts, Main Rd. Im Oktober Hogsback Arts Festival.

Restaurants
Teetrinken am Kamin und danach die handgerfertigten Kerzen und andere Mitbringsel anschauen kann man in der **Misty Mountain Coffee Barn.** – Inmitten eines prächtigen Gartens sitzt man unter Eichen bei Pizza, Pasta oder kleinen Mahlzeiten in **Nena's Restaurant.** – Beim Blick auf Wasserfall und Flusslandschaft genießt man die gute Küche des Restaurants im **Hogsback Inn.**

Unterkunft
Comfort Hogsback Arminel Mountain Lodge, Main Rd, Hogsback 5721, Tel./Fax 045-9621005, katleisure.co.za. Schöne Landschaft, Pool. DZ/HP ab R550 p.P.

Touristic
Hogsback Inn, Tel. 045-9621006, www.hogsbackinn.co.za. Historisches Landhotel (1850) am Ufer des Tyume River, geschmackvoll, Plausch am offenen Kamin, ländliche Küche, Halbpension. DZ/F ab R435 p.P.

King's Lodge Hotel, Tel. 045-9621024, www.kingslodgehogsback.co.za. Familienfreundlich, Ausritte, gute Küche. DZ ab R380 p.P.,

Cottage ab R650. Honeymoon Suite R750 – wirklich sehr romantisch.
*The Edge, im Ort beschildert, Tel. 045-9621159, www.theedge-hogsback.co.za. Traumhafte Cottages ab R600 und Ü/F R395 p.P. Mit Labyrinth.
Budget/Camping *Away with the Fairies, Hogsback, Tel. 045-9621031, www.awaywith thefairies.co.za. Übernachtung inmitten einer Gartenlandschaft, in der „die Feen tanzen". Unbedingt das Abendessen buchen! DZ R240, Camping R50.

Alice

Alice liegt bei Fort Hare an der Straße Fort Beaufort – Bisho. Es wurde 1847 gegründet und nach einer Tochter Königin Victorias benannt. Die Lovedale Mission wurde 20 Jahre vor Stadtgründung errichtet. Die **Universität von Fort Hare** war Ausgangspunkt für die Karriere vieler schwarzer Führer. Die universitätseigene Galerie präsentiert zeitgenössische Werke. Das **Malan Museum** beschäftigt sich mit Ethnologie, afrikanischer Kunst, traditionellen Kostümen und Medizin.
Übernachtung: Mak & Mak Guest House and Tea Garden, 35 Smith St, Tel. 040-653 1680, www.mak-makguesthouse.com (Budget; wird von Lindiwe Makhubalo geführt, einer gewitzten afrikanischen Dame).

Fort Beaufort

Der Ort, 82 km von Grahamstown entfernt, wurde 1823 als Fort am Ufer des *Kat River* gegründet, um den gefürchteten Xhosa-Häuptling Makoma besser kontrollieren zu können. Später spielte es eine Rolle in den Grenzkriegen der Pufferzone zwischen Great Fish River und Keiskamma River. Aus dieser Zeit (1837) stammt auch der mittelalterlich anmutende **Martello Tower.** Er diente nicht nur als Bollwerk, sondern auch als Zufluchtsstätte der ländlichen Bevölkerung. Gleich daneben, im ehemaligen Offiziersquartier, befindet sich ein kleines **Militär-**

Museum, das sich mit der Geschichte und Strategie der Grenzkriege befasst. In der einstigen Offiziersmesse in der Durban Street ist das kleine **Historical Museum** mit Xhosa-Volkskunst wie Töpferei, Perlenstickerei und Korbflechtarbeiten untergebracht (Mo–Fr 8.30–17 Uhr, Sa 8.30–13 Uhr). Historisch von Bedeutung ist auch die **Victoria Bridge** (erbaut 1840–44 von A. G. Baines), eine der ältesten Brükken des Landes.

Unterkunft
Touristic Peppertree House, 3 Alice Rd, Tel. 046-6452591, www.peppertreehouse.co.za. Gemütliche DZ/F (ab R620) und SC-Cottages (ab R500).
Camping Fort Beaufort Caravan Park, Durban St, Tel. 046-6451136. Städtisch, zentral, zelten erlaubt.

Adelaide

Der 1834 am Ufer des *Koonap River* gegründete Militärposten wurde nach der Gattin König Williams IV. benannt. Das **Adelaide Museum** besitzt eine außergewöhnliche Sammlung an Glaswaren und alten Einrichtungsgegenständen der Siedler Mitte des 19. Jahrhunderts.

Unterkunft
Adelaide Century Lodge, Market Square, Tel. 046-6841058.

Bedford

Am Fuß der dicht bewaldeten **Kaga Mountains** liegt das Regionalzentrum für Vieh-, Schaf- und Pferdezucht. Die einzige schottische Gruppe der 1820-Siedler unter Führung des Dichters Thomas Pringle ließ sich hier nieder, was sich heute noch an einigen kaledonischen Namen zeigt. Die historische **Pringles Farm Eildon** liegt 29 km weg im südlichen Talende des Baviaans River. Bescheiden wirkt die kleine, 1827 erbaute Kirche *Glen Lynden* und die Grabstätte des Poeten.

Unterkunft

Touristic Cavers Country Guest House,
Tel./Fax 046-6850619, www.cavers.co.za.
Cottage auf historischer Farm, preisgekrönter
Garten, Preise a.A.

Tsolwana Game Reserve

Dieses Tierreservat (19.000 ha), 60 km
südwestlich von Queenstown, entstand
aus der Idee, Naturschutz und Einkom-
menssicherung der Bevölkerung unter einen Hut zu bringen. Durch Schaffung von
Arbeitsplätzen und Verkauf billigen Wild-
fleisches verhinderte man weitgehend die
Wilderei und das wahllose Abholzen von
Bäumen und schuf ein intaktes Reservat.
Das Gelände schmiegt sich in die hügelige Landschaft des *Black Kei River* mit
Wasserfällen und hohen Felsklippen und
beherbergt *Breitmaulnashörner*, Giraffen
und *Bergzebras*. Die zweitägige *Tsolwana
Foot Safari* wird von erfahrenen Rangern
geführt. Unterbringung im Park in zwei
luxuriösen Lodges. Auskunft bei: Tsolwana Game Park, Tel. 043-7019600.

Katberg

Einzigartig, wenn auch nach Regenfällen
unbedingt zu meiden, ist eine Fahrt über
den **Katberg Pass** – allerdings sind Geländewagen und gute Nerven erforderlich.
Sie führt durch grüne Hügellandschaft,
durch bewaldete Felsregionen zwischen
den **Didima Mountains** der Großen Win-
terberge im Westen und dem 2017 m hohen **Elandsberg** der Amatola-Gebirgsket-
te hinauf zur Passhöhe (1700 m). An der
Strecke liegen schöne Picknick- und Aussichtspunkte und kleine Wege.

Unterkunft

Comfort *Katberg Golf Estate, Tel. 040-864
1010, www.katleisure.co.za. Villen in gepflegter Gartenlage vor der Kulisse der Katberg
Mountains. Wandern, Tennis, Ausritte,
Golfplatz, Spa. Villa ab R650 p.P.

Katberg Trail und Mpofu Game Reserve

Der Wanderweg beginnt an der Katberg Forest
Station, ist leicht zu gehen und kann auf 42 km
ausgedehnt werden. Er führt durch große
Baumplantagen, vorbei an Bergflüssen und
streift das **Mpofu Game Reserve** mit seinen riesigen Yellowwood-Bäumen. Die Wanderung
muss vorreserviert werden, Tel. 040-864101
(Forestry Office am Katberg Pass). Unterkunft
in einfacher Hütte.

Tarkastad

Zwischen Queenstown und Cradock liegt
dieser ruhige Ort, überragt von den Zwil-
lingsgipfeln *Martha* und *Mary*. Viele Gebäude des 19. Jahrhunderts, wie Wirts-
häuser und Militärposten, wirken verlassen und verstaubt. Die Stadtverwaltung
erteilt Auskunft über Fundorte von *Buschmann-Malereien*. Wanderungen auf dem
Great Winterberg und dem *Toorberg
Hiking Trail* sind empfehlenswert.

Unterkunft

**Touristic Blanco Holiday Farm and Guest
Resort,** Tel./Fax 045-8580009, www.blanco.
co.za. 13 km außerhalb Richtung Bedford,
Ferien auf dem Bauernhof, familienfreundlich.
DZ/VP ab R495 p.P.

Budget Royal Hotel, 88 Murray St, Tel. 045-
8460058. Landhotel in altem Gemäuer, Steakhouse. DZ ab R200 p.P.

Burgersdorp

58 km südwestlich Aliwal North erreicht
man über die R 58 Burgersdorp im trok-
kenen Stormberg-Tal, tiefste Provinz im
„Afrikaner-Land". Für viele Buren ist der
Ort heute noch Inbegriff ihrer Lebensart.
Kaum anderswo hat man mit Volksbegeh-
ren und Abstimmungen vehementer für
die holländische und gegen die englische
Sprache gekämpft. Zeuge ist das **Taalmonument,** das Denkmal der Sprache
von 1882, das mehrfach dem Vandalis-
mus zum Opfer fiel (die Engländer gingen
sogar soweit, die originalen Marmorsta-

tuen davonzuschleppen und in der Nähe von Kimberley zu vergraben – zwecklos). Sehenswert ist das **Museum,** das Gefängnis Old Gaol und der **Victoria Jubileum Fountain,** der zum Regentschaftsjubiläum von Königin Victoria errichtet wurde. Der ***Hagenhuis Coffee Shop,** 38 Piet Retief Street, bietet neben Kunst und Antiquitäten besten Kaffee. Romantisches Ambiente, schattiger Garten mit Brunnen.

Unterkunft

Touristic Dusk to Dawn Garden Court, 1 Kleineweide Way, Tel./Fax 051-6530086, www.dusk2dawn.co.za. Gemütlich, in Gartenlage, ländliche Küche. DZ/F ab R550.

Budget The Hut, 18 President Swart Rd, www.thehutburgersdorp.co.za, Tel. 051-653 1110. Kleines B&B mit Charme. DZ R420.

Camping

Shorten Park Caravan Park, President Swart Road, Tel. 051-6531777. Einfach, städtisch.

J.L. de Bruin Dam Holiday Resort, J.Greyling St, Tel. 051-6531777. 8 km außerhalb Richtung Jamestown, zelten erlaubt.

Heiße Quellen und hohe Berge:
Der Nordosten der Eastern Cape Province

Der Nordosten hat einen besonderen Reiz: Er ist wunderbar einsam. Mit etwa 160.000 Besuchern zählt die Heilquellenstadt **Aliwal North** pro Jahr mehr Gäste als das gesamte Gebiet. Die lange Grenze zu Lesotho schottet die Region ab und ausländische Touristen verirren sich selten hierher. Wer die Drakensberge KwaZulu-Natals kennt und liebt, wird von den **Kap-Drakensbergen** begeistert sein. Die touristische Infrastruktur ist nicht besonders gut. Am besten hat man in einsamen Gegenden ein Zelt im Gepäck.

Aliwal North

Der Ort wurde 1849 am Südufer des *Orange River* von Sir Harry Smith gegründet und hat sicherlich schon bessere Zeiten gesehen. Der Name erinnert an den britischen Sieg über die Sikhs in Aliwal in Indien. Die meisten Menschen leben, bedingt durch die Zeit der Apartheid, im ehemaligen Township Dukathole, das zu einer Stadt herangewachsen ist. Seit den Wahlen 1994 erlebt Aliwal North einen seltsamen Niedergang. Viele Hotels stehen leer und die Gebäude und Parks rund um die einst so berühmten Mineralbäder wirken wie ausgestorben.

Besuchenswert ist das 10 km außerhalb (Richtung Bloemfontein, dann auf Beschilderung Klipfontein Farm und Jac Strydom achten) gelegene **Jak Strydom Nature Reserve,** auch mit schönen SC-Übernachtungsmöglichkeiten (www.jak-strydom.com).

Information Aliwal North

Aliwal North Tourist Information, 97 Somerset St, Tel. 051-6333567, www.ectourism. co.za. Auskünfte und Informationsmaterial. Am letzten Samstag im Monat findet im Ort ein Flohmarkt statt.

Unterkunft

Touristic

Lord Somerset Guest House, 66 Somerset St, Tel. 051-6341114, www.lordsomersetguesthouse.co.za. 10 Zimmer (auch ein originaler Ochsenwagen).

Thatcher's Spa Hotel, Dan Pienaar Avenue, Tel. 051-6332772. Klein, Steakhaus, Ladies Bar, Pool. DZ ab R250 p.P.

Lady Grey

Lady Grey, 1861 gegründet und nach der Frau des ehemaligen Kapgouverneurs, Sir **George Grey,** benannt, liegt 53 km westlich von Aliwal North am Fuße der *Wittenberg Mountains.* Spazieren Sie durch den alten Kern unter dem Motto *„Footsteps into the Past"* (Infos bei der Stadtverwaltung). Ganz in der Nähe von Lady Grey liegt eine kleine Missionsstation, auf der *Olive Schreiner,* Südafrikas bekannteste Schriftstellerin, geboren wurde. Auf dem Gelände der alten Kirche, der *Dutch Reformed Church,* informiert ein kleines Museum.

Eine interessante Strecke (47 km) führt über eine kurvenreiche Straße hinauf zum 1737 m hohen *Joubert's Pass,* der von Farmern in Eigeninitiative gebaut und 1914 eröffnet wurde. Von hier aus hat man eine herrliche Aussicht über die umliegende Berglandschaft.

Information

Lady Grey Municipality, Murray St, Tel. 051-6030019, www.ladygreytourism.co.za.

Unterkunft

Touristic *Mountain View Country Inn, Botha St, Tel. 051-6030421, www.ladygrey. co.za. Schönes Ambiente, wunderbare Berglage, gute Küche, Halbpension. DZ ab R265 p.P.

Camping Lady Grey Caravan Park, Tel. 051-6030094, städtischer Park mit minimaler sanitärer Ausstattung.

Barkly East

Inmitten der Ausläufer der südlichen Drakensberge liegt Barkly East (1874 gegründet) auf 1813 m Höhe. Im **Museum** gibt es eine Ausstellung mit alten Gewändern und Möbeln. Kurios ist die Grabstätte von Lord Kitchener – einem Pferd – auf dem Friedhof. Barkly East ist beliebter Wintersportort. Es kann auch im Sommer empfindlich kalt werden. Der 3000 m hohe Ben Macdhui ist der höchste Punkt der Eastern Cape Province.

Die Zickzack-Eisenbahn

Barkly East ist Station der legendären **Zigzag Railway,** deren Bau 30 Jahre dauerte. Eine Fahrt führt in mehreren Stunden nach Lady Grey. Dabei müssen in der Berglandschaft 8 Kehren überwunden werden. Insgesamt klettert die Bahn von 1355 m in Aliwal North auf 1991 m am Drizzly Siding, dem höchsten Punkt. Fahrplan und Tarife bei der Stadtverwaltung, De Smidt St, Tel. 045-9710073 (auch Infos über Farmaufenthalte).

Unterkunft

Touristic Old Mill Inn, Ecke White/Smidt Street, Tel. 045-9710277, www.oldmillinn. co.za. Mit Restaurant und Pub. DZ ab R420.

Camping Municipal Caravan Park, Victoria Park, Tel. 045-9710123. Städtisch.

→ **Abstecher**

Der besondere Tipp: Auf der R 396 von Rhodes nach Maclear

Ein reizvoller Abstecher führt von **Barkly East** über die bergige, schottrige R 396 nach **Rhodes** und weiter zum **höchsten Pass in Südafrika,** dem 2620 m hohen **Naudés Nek** entlang der Hänge des **Ben**

Die Drakensberge der Eastern Cape Province

Für viele enden die Drakensberge am *Bushman's Nek Pass* von KwaZulu-Natal. Doch weit gefehlt. Über 200 km weiter winden sich die mächtigen Berge als natürliche Grenze zu Lesotho in der Eastern Cape Province, bis ihre steilen Abbrüche wie steinerne Giganten eine Mauer zu dem abfallenden Farmland von **Barkly East, Elliot** und **Maclear** bilden. Da die Region fernab „vom Schuss" liegt und große Teile in Privatbesitz sind, hat sie sich dem Tourismus weitgehend noch nicht erschlossen.

Die Berge sind vulkanischer Natur und vor 150 Millionen Jahren entstanden. Ihre charakteristischen dunklen Felsklippen, deutlich als oberste Gesteinsschicht zu identifizieren, bestehen aus erstarrten Lavaströmen, die als **Basaltgestein** über den roten Sandsteinfundamenten, dem *Clarens-Sandstein,* liegen. Unter dem Clarens gibt es noch ältere Schichten – wie *Molteno-* oder *Elliot-Formationen* –, die durch Flüsse wie den *Pot River* freigelegt wurden und Schätze wie 200 Millionen Jahre alte **Dinosaurierspuren** bergen.

Durch die Erosionsfreudigkeit des Sandsteins bildeten sich Höhlen und Überhänge, die als Behausung von Buschmännern genutzt wurden. Sie hinterließen ganze Galerien an **Felszeichnungen,** darunter die längste des Landes auf der *Denorbin-Farm.*

Es gibt, im Gegensatz zu den Natal Drakensbergen, eine verhältnismäßig gute Autozufahrt in das Innere der Bergwelt. Eine schöne Route führt auf der R 396 über den **Naudés Nek Pass** (2620 m, s.u.: „Besonderer Tipp, auf der R 396 von Rhodes nach Maclear"). Besonders schön ist es hier im Dezember/Januar, wenn in der schroffen Felswelt Orchideen und Gladiolen blühen.

Die zweite große Passstraße führt auf der R 58 über den **Barkly Pass,** vorbei an bizarren Sandsteinsskulpturen. Sie ist ein straßenbautechnisches Meisterwerk und durchgehend asphaltiert. Von **Elliot** steigt sie auf 1540 m und folgt dann 40 km dem **Langkloof Tal** bis **Barkly East.**

Gänzlich unbekannt ist ein dritter Weg zwischen Naudés Nek und Barkly Pass, der **Bastervoetpad.** Er liegt südlich des **Ben Dearg** (2770 m) und verbindet auf schwieriger Schotterstraße die R 56 mit der R 58. Bei trockenem Wetter reicht mit Anstrengung ein normaler Pkw (Allradfahrzeuge haben es einfacher). Man ist allein mit sich und der Bergwelt. An klaren Tagen sieht man die 150 km entfernte *Wild Coast.*

Der Bastervoetpad ist ein botanisches Paradies mit Orchideen und Liliengewächsen. Das **Prentjiesberg Nature Reserve** ist das schönste und einzig größere Schutzgebiet. Es gibt einige heimische Antilopenarten, der Reiz liegt aber in der außergewöhnlichen Landschaft und der Vegetation aus Fynbos, Proteen und Erikagewächsen. Alle Pflanzen sind mit speziellen Überlebensfunktionen ausgestattet. Die einen mit besonders dicker und harter Rinde, die selbst einem Brand standhält, die anderen mit der Fähigkeit, bei Feuer oder starken Frösten sich aus dem Wurzelwerk zu regenerieren. Die Sommerblumen locken Schmetterlinge an. Wer an einem Sommerabend spazierengeht, nimmt den süßen Duft der Orchideen wahr, die versteckt in der Graslandschaft blühen. Die meisten Vogelarten sind Bewohner des Graslandes – Sekretärsvögel, Schwarzstörche, Gelbbrustpieper oder die kleinen, gutgetarnten Zistensänger. Alljährlich tauchen hunderte Störche aus europäischen Gefilden auf, um zu überwintern. Zu den großen Raubvögeln zählen die seltenen Lämmergeier, Kapgeier und Felsenadler.

Einige **Wanderwege** sind bereits erschlossen. Man kann jedoch nicht einfach drauflos gehen, vor allem nicht über privates Weideland (Viehdiebstähle sind an der Tagesordnung, und wer unrechtmäßig eindringt, hat unter Umständen keine Zeit mehr für Erklärungen). Der **Prentjiesberg Trail** bietet eine Übernachtungshütte (Informationen: *North East Cape Forests,* Ugie, Tel./Fax 045-3331616).

Nur für erfahrene Bergwanderer eignet sich der 39 km lange **Ecowa Trail.** Die 3tägige Wanderung beginnt am **Gatberg,** einer pittoresken Felsformation und windet sich hinauf bis zum Barkly Pass, wo es Schutzhütten gibt (Auskunft über den Trail erteilt die Stadtverwaltung in Elliot, Tel. 045-3231025).

Macdhui. Die Südafrikaner schwärmen von dem wunderbaren Skigebiet, europäische Wintersportler sehen das eher zurückhaltend.

Hoch oben ziehen Adler ihre Kreise, man hört ihren Schrei und den Wind, der über der Berglandschaft singt. Die Passstraße folgt dem *Bell River,* bevor sie steil zur Passhöhe ansteigt. Über die Elands Heights geht es über den **Pot River Pass** nach **Maclear.**

Achtung! Von Rhodes nach Mount Fletcher und auch von Elands Heights nach Süden nach MacLear ist Vierrad erforderlich! Geröll und Fels!

Rhodes

Rhodes, ursprünglich als *Rossville* gegründet, erhielt den Namen von ehrgeizigen Stadtvätern, die dem großen Minenmagnaten und Politiker *Cecil Rhodes* schmeicheln und ihn zu einer großzügigen Spende für die Stadt bewegen wollten. Tatsächlich ließ er eine Wagenladung mit Kiefern liefern, die heute noch die Straßen zieren. Zusätzlich stiftete er 500 britische Pfund, die allerdings umgehend mit dem Stadtverwalter verschwanden …

Rhodes ist ein Sportörtchen mit alpinem Charme und einigen Kolonialbauten. Die Stadtverwaltung verspricht schneesichere Winter. Auf dem nahegelegenen *Tiffindell* (2800 m) stehen Schneekanonen und auf den *Ben Macdhui* (3001 m) führen Lifte. Bei guten Schneebedingungen und an Wochenenden sind alle Unterkünfte ausgebucht. Im Sommer ist es, von den Ferien abgesehen, recht einsam. Dann kommen Botaniker, Wanderer, Mountainbiker, Reiter und Kletterer. Schön, aber schwierig ist der *Ben Macdhui Hiking Trail* (nur sporadisch geöffnet).

Unbedingt sollte man im **Walkerbouts Inn,** 1 Vorster Street, einkehren. Hier findet man die erste „Mikro-Brauerei" vom Eastern Cape und die wohl einzige Pizza, die aus dem Holzofen kommt.

Information Rhodes

Rhodes Municipality, Sauer St, Tel. 045-974 0002, www.highlandsinfo.co.za. Auch das Personal im Rhodes Hotel ist auskunftsfreudig.

Unterkunft

Comfort

Rhodes Hotel, Tel. 045-9749290, www.rhodes hotel.co.za. Liebevoll renoviert, Haus aus dem 19. Jh. mit Charme und knisterndem Kaminfeuer, teures Essen. DZ/F ab R450 p.P.

Tiffindell Ski Lodge, 14 Fairway Ave, Linksfield North, Tel. 086-1787909, www.tiffendell.co.za. Etwa 45 Minuten außerhalb, Zubringer ab Rhodes Hotel, eigene Skilehrer, Skiladen mit Vermietung. Höchstgelegener Pub im Land. Im Winter 3/4-Tages-Pakete, unterschiedliche Preiskategorien. Im Sommer Chalets.

Touristic *Walkerbouts Inn, 1 Vorster St, Tel. 045-9749290, www.walkerbouts.co.za. Gemütliche Unterkunft, ideal für Backpacker, Naturfreunde und Selbstversorger. Dinner/B&B ab R575 p.P.

Camping Kleiner, schattiger Platz. Städtisch, Tel. 045-9740016.

Maclear

Im verträumten Maclear treffen sich Alpinisten, Reiter, Forellenangler und Golfspieler. Der 26 m hohe Tstitsa-Wasserfall liegt einige Kilometer entfernt (schöner Picknickplatz). Die Stadtverwaltung informiert über **Buschmann-Felsmalereien** und 200 Millionen Jahre alte **Dinosaurierspuren.**

Information Maclear

Maclear Tourism, Tel. 045-9331335, www. ma clear.co.za (mit guten geschichtlichen Daten). Infos über Attraktionen, Farmferien.

Unterkunft

Touristic *Maclear Manor, 9 Schmidt Ave, Tel. 045-9321439, www.maclearmanor.co.za. Wunderschönes Haus inmitten einer Parklandschaft. Total entspannend. DZ/F ab R250 p.P.

Budget

The Falls Backpackers, 2. Abfahrt nach 20 km Richtung Tsitsa Falls, Tel. 045-9321138. Altes Farmhaus am Fluss. DZ und Dorms. Küche. Flying Fox, Kayakverleih, Wanderungen.

Tortoni's Cottage, Tel. 045-9321602. Farm-Feeling, Self catering oder mit Frühstück. R250/Zimmer.

✔ **Abstecher**

Elliot

Elliot liegt auf 1450 m in den Ausläufern der Kap-Drakensberge und ist wegen seiner landschaftlichen Attraktionen bekannt: dem **Thomson Staudamm** mit seiner ausgeprägten Vogelwelt, dem **Gillie Cullen Wasserfall,** der allerdings 18 km außerhalb liegt und zu Fuß nicht so leicht zu erreichen ist, und dem **Gatberg,** einem Berggipfel, der ein „Loch" in seiner Spitze zu haben scheint, und dem **Bastervoedpad,** der auf den Spuren eines historischen Viehtrecks angelegt wurde. Der Ort ist bei den Xhosa als Ecowa – der Pilz – bekannt. Pilzzucht ist eine der Haupteinnahmequellen.

Am berühmtesten jedoch ist die **längste Buschmann-Felszeichnungsgalerie Südafrikas** auf der Denorbin-Farm zwischen Elliot und Barkly East. Sie ist 32 m lang und kann nach Anmeldung (Tel. 045-9311322) besichtigt werden.

Information

Elliot Municipality, 15 Maclear Rd, Tel. 045-9311011, www.easterncapemidlands.co.za.

Unterkunft

Touristic

Mountain Shadows Hotel, Tel. 045-9312233, www.mountainshadowshotel.co.za. 20 Zimmer, auf dem Barkly Pass, hexagonale Architektur, wunderschöne Aussichten auf die Kap-Drakensberge, geführte Ausflüge zu speziellen Aussichtspunkten, im Frühling zu interessantesten Wildblumenplätzen. Viele Vogelraritäten in der Umgebung. DZ mit Dinner+Ü/F R1000.

Budget

The Guardians, Wegbeschreibung auf www.kwathabeng.co.za. SC-Cottages und B&B auf Farm in traumhafter Lage. DZ ab R500 (keine Kreditkarten).

*The Roost, 3 km außerhalb der Snake River Drift Farm, Tel. 045-3131776. 2-Bett Cottage oder Zimmer im Farmhaus.

Camping 2 städtische Caravanplätze im Ort. Der schönste ist am Thomson-Staudamm wenige Kilometer außerhalb (Tel. 045-3231025).

Transkei und Wild Coast

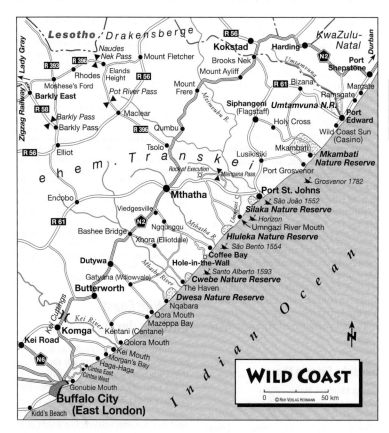

Tourenplanung: Auch wenn die Luftlinie zwischen Orten an der Küste nicht lang erscheint: man befährt von der N 2 meist Stichstraßen, die man zurückfahren muss. Routenbeschreibungen Einheimischer, die nicht in Straßenkarten auftauchen, sind häufig nicht sehr zuverlässig. Da die Unterkunftsmöglichkeiten sehr begrenzt sind, halten sich Touristen kaum länger auf. Aber es gibt viele Anzeichen positiver Veränderung.

Transkei

Die ehemalige Transkei wurde nach dem Gebiet benannt, das vom Kap aus gesehen jenseits des Kei-River lag („trans Kei"). Es kam ab 1873 unter die Herrschaft der Kapkolonie und ab 1894 erreichte es mit der Annexion des Pondolandes seine volle Ausdehnung. Glücklich war die Kapregierung mit ihrer neuesten Erwerbung jedoch nicht. Damals konnte jeder, der einen gewissen Landbesitz nachweisen konnte, wählen. Nun machte sie sich Sorgen über die vielen Schwarzen, die wahlberechtigt waren. Sie verordnete, dass „Gemeingut" keine Wahlberechtigung nach sich zog. Dennoch gab es noch genügend Schwarze mit eigenem Land und es entwickelte sich politisches Leben in der Region. Man hoffte auf Reformen, die allerdings nie kamen. Die **Transkei** war das **erste Homeland,** das 1963 unter der offiziellen Herrschaft von **Kaizer Matanzima** entstand. 1975 akzeptierten die politischen Führer – gegen den Wunsch der Bevölkerung – die nominelle Unabhängigkeit. Die Transkei war ein Produkt der Apartheid-Politik, deren Folgen sich bis heute katastrophal auswirken. Die Region zählt zu den dichtestbesiedelten Südafrikas – und auch zu den ärmsten. Bodenerosion, hervorgerufen durch Überweidung, hat ganze Landstriche zerstört. Und mit der fortschreitenden Verarmung der Bevölkerug nehmen auch Gewaltverbrechen zu.

Nützliche Sätze in Xhosa

Guten Morgen, Hallo – *Molo*
Wie geht es Ihnen/Dir? – *Unjani?*
Mir geht es gut – *Ndisapila*
Wie heißt Du/h. Sie? – *Ngubani igama lakho?*
Ich suche den Weg nach … –
 Ungadibonisa indeleta …
Auf Wiedersehen – *Hamba kakuhle*
Entschuldigung – *Uxolo*
Bitte – *Nceda*
Vielen Dank – *Enkosi kakuhlu*

Tragische Geschichte

Die Transkei ist die **Heimat der Xhosas** (s. Exkurs). Ende des 18. Jahrhunderts drangen die Weißen immer weiter Richtung Osten vor und trafen am **Great Fish River** auf die südlichsten der Xhosa-Stämme. Es kam zu blutigen Kämpfen. Da ereignete sich eine Begebenheit mit Folgen: 1856 schaute das junge Xhosamädchen **Nonqawase** in das Wasser des Gxara River. Sie erblickte die Gesichter ihrer Vorfahren und hörte ihre Stimmen und eine **Prophezeiung:** Wenn die Xhosa die weißen Siedler vertreiben wollten, so müssten ihre Vorfahren von den Toten auferstehen. Sie seien die einzigen, die die Weißen ins Meer jagen könnten. Doch damit dies geschehen konnte, müssten sie Opfer bringen: ihr Vieh schlachten und die Ernte vernichten. Nonqawase vertraute sich einem Wahrsager an, der die Häuptlinge zusammenrief. Es wurde lange diskutiert und man akzeptierte schließlich die Prophezeiung. Unverzüglich tötete man 200.000 Rinder und verbrannte das Getreide. 30.000 Menschen verhungerten in der Folge, viele mussten in der Not ihre Heimat verlassen. Nonqawase selber floh zu den Briten nach King William's Town, um ihrem sicheren Tod durch ihren Stamm zu entgehen. Zu ihrem Schutz wurde sie zeitweise auf Robben Island untergebracht. Schließlich lebte sie auf einer Farm in der Eastern Cape Province, wo sie 1898 starb. Von dieser Katastrophe hat sich das Volk der Xhosa bis heute nicht erholt.

Die Wild Coast entlang der N 2

Die Küste der Transkei verdankt ihren Namen dem Umstand, dass vor ihr besonders viele Schiffe auf Grund gelaufen sind (1991 verunglückte nahe der Coffee Bay die Oceanus). Einsame Strände, blaue Lagunen und bizarre Felsformationen sind ihr Charakteristikum. Die Wild Coast ist auch ein Traum für Angler und Hochseefischer: Im Sommer gibt es riesige Populationen von Riffischen, im Herbst locken Sardinenschwärme große Raubfische an. Von der Küste aus kann man, besonders zwischen Mai und November, **Wale** beobachten, auch **Delphine** kreuzen gerne in diesem Gebiet.

Information

Eine gute Buchungshilfe für Hotels, Wanderungen und Freizeitaktivitäten findet man bei **www.wildcoastholidays.co.za**

Das Volk der Xhosa

Die Xhosa gehören zur Volksgruppe der **Nguni,** zu denen auch z.B. Pondo, Bomvana, Mpondomise und Tembu zählen. Ihr Stammesleben ist bis heute reich an Traditionen und Riten.

Glaube, Magie und Mystik

Die Xhosa glauben an ein höchstes Wesen, an verschiedene untergeordnete Gottheiten und an die Führung durch ihre Ahnen. Gott trägt bei ihnen den Namen *uDali, Qwamata* oder auch *Tixo.* Er erschuf den Himmel und die Erde, die Menschen, Tiere und die Pflanzen. Weit verbreitet ist der Glaube in die *People of the Sea,* Gottheiten, die in den Flüssen, Seen und im Meer leben. Sie sind den Menschen freundlich gesonnen und wachen beim Bad und Schwimmen, lieben es, Streiche zu spielen, wenn man an Ufern läuft. Wird der Körper eines Ertrunkenen nicht gefunden, soll das Opfer in den Stamm der Wasserwesen aufgenommen worden sein. Dies wird ihnen mit Feierlichkeiten gedankt. Auch die **Ahnenverehrung** ist bei den Xhosas stark ausgeprägt, denn die Vorfahren sind Garant für Schutz und Wohlstand. Ihnen wird geopfert. Ältere Menschen gelten als Verbindungsglieder zwischen Erdenleben und der Welt der Vorfahren. So wird ihnen noch zu Lebzeiten größter Respekt entgegengebracht. Die Hütten haben eine einheitliche Ausrichtung – Türen weisen nach Osten, da dort die guten Geister leben, die bösen dagegen im Westen.

Ein **Medizinmann** ist Vermittler zwischen Lebenden und Vorfahren. Einige von ihnen sollen direkt von den Geistern des Wassers geschickt worden sein und hätten sich im Körper eines Kindes reinkarniert, um die Magie und Medizin der großen Geister zu praktizieren. Ein Medizinmann ist grundsätzlich erst einmal gut. Er behandelt die bösen Dinge, die durch Zauberer und Hexenmeister verursacht worden sind und hilft den Opfern, von Verhexungen freizukommen.

Ein Medizinmann unterscheidet sich vom traditionellen Kräuterheiler (der die weltlichen Krankheiten betreut), er arbeitet auf spiritueller Ebene. Bei psychischen Ursachen von Krankheiten nimmt er Verbindung zur Geisterwelt auf und erforscht die Gründe der Disharmonie. Er untersucht, warum die Geister missgelaunt sind und beruhigt sie. Es gibt bei den Xhosas ebensoviele Medizinfrauen wie Medizinmänner. Man erkennt sie an der weißen Tracht, den weißen Perlen am rechten Arm und an der weißen Farbe, die sie über Augen und Ohren tragen. Die Farbe Weiß ist das absolut Gute und schützt gegen böse Geister und Verzauberungen. Die schwarze Farbe ist dem Bösen zugeordnet.

Meist machen Träume eine Person auf die zukünftige Berufung zu einem Medizinmann oder einer Medizinfrau aufmerksam. Hat man einen Initiationstraum gehabt, geht man jahrelang in die Lehre. Man lernt, sich der *nomatotlo* – kleiner Wesen – zu bedienen, die als Kundschafter und Boten um die ganze Welt reisen. Ebenso erlernt man, einen bösen Zauberer am Geruch zu erkennen. Das hatte früher für die erkannte Person tödliche Auswirkungen. Hexenverbrennung auf afrikanisch war an der Tagesordnung. Heute dürfen Medizinmänner niemanden mehr töten. Aber die Einhaltung solcher Verbote ist meist nicht zu kontrollieren.

Den **Zauberern** wird nachgesagt, dass sie mit Pavianen einen bösen Pakt geschlossen haben und sie seien in der Lage, Zauberwesen zu erwecken. Eines davon ist *impundulu*, der „Vogel des Blitzes".

Donner grollt, wenn der Vogel mit den Flügeln schlägt, und wenn er spuckt, zucken Blitze aus seinem Schnabel. *Isinqawunquwa* ist ein dreibeiniges Wesen, das ein **Hexenmeister** benutzt, um Krankheit und Unglück zu überbringen. *Tokoloshe*, der Kobold aus dem Wasser, ist wohl der bekannteste Vertreter unangenehmer Geister.

Traditionelle Kleidung

Lange Zeit waren die Xhosa bekannt als die **„Menschen mit den roten Decken".** Der Farbstoff wird aus Ocker-Tonerde gewonnen, die Rottöne unterscheiden sich von Sippe zu Sippe. Inzwischen haben künstliche Farbstoffe das Einfärben erleichtert. Die Farbe und die Art, wie die Kleidung getragen wird, verrät viel über die Zugehörigkeit oder den Status einer Person. Rot und Orange sind die Hauptfarben bei den Xhosa, den *Tembu* und den *Bomvana*. Dagegen ist Himmelblau die Farbe der *Pondo* und *Mpondomise*.

Älteren Xhosafrauen ist es vorbehalten, sich reicher zu schmücken als junge. Die aufwendigen Perlenarbeiten, für die die Xhosa berühmt sind, werden von den Mädchen hergestellt, hauptsächlich allerdings für die Männer. Einen ungewöhnlichen Anblick bieten die Frauen mit ihren langen Pfeifen. Das Privileg zu rauchen haben aber nur Verheiratete. Die langen Stile verhindern, dass Asche auf die Brust oder ein Baby fällt.

Rituale

Dann und wann kann man Xhosa-Jungen mit weiß bemalten Körpern und bizarren Kostümen sehen. Jeder Junge hat sich dem Initiationsritual zu unterwerfen, um als Mann anerkannt zu sein. Er lebt vom Herbst bis zum nächsten Frühling im Khweta, dem Beschneidungshaus. Was in dem abgesonderten Haus geschieht, unterliegt der absoluten Geheimhaltung. Man weiß nur, dass die Xhosa glauben, dass die Seele eines Jungen von seinem Körper getrennt ist, bis es durch die Beschneidung zu einer Vereinigung kommt. Diese wird Anfang des Frühlings durchgeführt. Die verheirateten Frauen bauen eine Hütte für die Jungen, die in einem abgetrennten Raum sitzen. Ein Medizinmann vollzieht die Prozedur mit einem Schnitt seines assegai. Der Junge darf keinen Laut von sich geben. Nach der Beschneidung wird er mit weißem Lehm bemalt. Die Initiationszeit endet, indem die Farbe, die das Kindesalter symbolisiert, abgewaschen wird. Man wickelt ihn in neue Decken. Sein Hab und Gut aber wird in die Ritualhütte geworfen und alles verbrannt. Die jungen Männer drehen sich vom Feuer weg und dürfen unter keinen Umständen zurückblicken. Man nennt sie nun amakrwala. Sie kehren nach Hause zurück, werden reich beschenkt und man feiert ein großes Fest. Danach bemalen sie sich mit Ocker und Öl. Die Farbe wird jeden Tag neu aufgefrischt – ein ganzes Jahr lang. Denn so lange dauert die „Mannwerdung". Während des ganzen Lebens verbindet die Männer, die zusammen durch das Ritual gegangen sind, enge Freundschaft, aber auch die Verpflichtung, sich gegenseitig zu helfen.

Butterworth (Gcuwa)

Die Stadt (50.000 Einw.) ist das Tor zur Wild Coast für alle, die über die N 2 von Süden kommen. Sie ist die älteste Stadt der Region, 1827 rund um die *Wesleyan Mission* gegründet. Heute ist sie Zentrum der sich entwickelnden umliegenden Industrie. Die Umgebung hat einiges zu bieten.

Sehenswert

Der **Bawa-Wasserfall** des Qolora-River hat eine Höhe von fast 100 m, die **Butterworth River Cascades** sind spektakulär. Von Butterworth aus führen einige kleine Straßen durch das Gebiet des Xhosa-Stammes Gealeka, nach einem Häuptling benannt, der um 1750 herrschte.

Der interessanteste Weg durch das Gealekaland windet sich von Butterworth aus durch schöne Landschaft nach **Kentani** (Centane).

Unterkunft

Touristic Wayside Budget Hotel, Ecke Bell/Sauer Street, Tel. 047-4914615 waysidehotel.wozaonline.co.za. Modern, vorwiegend Geschäftsreisende. Preise a.A.

Kentani (Centane)

Kentani, als militärischer Außenposten gegründet, war Schauplatz eines Kampfes im 9. Grenzkrieg zwischen 400 britischen Soldaten (die von 500 Fingos unterstützt wurden) und 5000 Xhosa-Kriegern. Die Xhosa wurden von ihrem Medizinmann *Xito* auf den Kampf vorbereitet. Xito versicherte den Häuptlingen *Kreli* von den Gealekas und **Sandile** von den Gaikas, dass sie gegen Gewehrkugeln „immun" wären. Sie stellten ihre Leute in langen Reihen auf, gingen dem Gegner entgegen und wurden der Reihe nach niedergeschossen ...

Von Kentani windet sich eine der reizvollsten Straßen der Region durch eine zerklüftete subtropische Küstenlandschaft, verschönt mit Flüssen, tiefen Schluchten und traumhaften Lagunen.

Abstecher von Kentani: Qolora Mouth (25 km)

Der **Qolora River** hat seinen Namen von der steilen, farbenfrohen Schlucht, durch die er seinen Weg in den Indischen Ozean findet. Nachdem er seine Energie in der Schlucht entladen hat, ergießt er sich in eine große, ruhige Lagune. Weite Sandstrände und bizarre Felsformationen bestimmen die Landschaft. Die Lagune ist ein Lieblingsort südafrikanischer Angler, Kanufahrer, Segler, Schwimmer, Reiter und Wanderer.

Boiling Pot ist eine rauhe Bucht, in die der Fluss sich durch enge Spalten kämpft. Im **Blow Hole** sprüht bei Flut das Wasser fontänenartig in die Luft. 4 km entfernt liegt das Wrack des griechischen 200-Tonnen-Frachters Jacaranda, der 1971 auf Grund lief.

Unterkunft

Comfort Trennery's, Tel. 047-4980004, www.trennerys.co.za. Dinner/B&B ab R645 p.P. Bungalows in Hügellandschaft, Restaurant, Bar, Golf, Kanuvermietung.

Abstecher v. Kentani: Mazeppa Bay

Das Erholungsgebiet wurde nach einem Schoner benannt, der die Bucht 1830 als illegalen Handelsposten anfuhr. Damals schon waren die hervorragenden Angelmöglichkeiten bekannt. Eine vorgelagerte Insel ist durch eine Fußgängerbrücke mit dem Festland verbunden, von der man einen schönen Blick auf die zerklüftete Küstenlinie hat. Zwischen Insel und den *Clan-Lindsay-Felsen,* wo das gleichnamige Schiff gestrandet ist, liegt der *First Beach* (Geheimtipp für Schwimmer), umgeben von Sundu-Palmen, knöchrigen Milkwood-Bäumen und hohen Dünen. Muschelsucher werden weiter südlich fündig. Wer ein Surfbrett dabei hat, erfährt bei den Einheimischen die besten Surfpunkte.

Weiterfahrt: Hinter Gatyana (früher Willowvale) führt die Schotterstraße in nordöstlicher Richtung. Nach Überquerung des Mbashe River trifft man auf die Hauptstraße von Xhora (früher

Elliotdale) und kann weiterfahren zur Mündung des Mbashe River nach **The Haven** zum **Cwebe Nature Reserve.**

Unterkunft
Comfort Mazeppa Bay Hotel, Dyer St, Southernwood, Tel. 047-4980033, www.mazeppabay.co.za. DZ ab R715 p.P. Strandhotel mit Rondavels. Nach 7-Tage-Spezialpreis fragen.

Dutywa

Früherer Name Idutywa („der ruhelose Platz"), liegt an der N 2 nahe des unaussprechlichen Nqxakaxa River, ein Zufluss des Mbashe River. Nordwestlich der Stadt liegt Colleywobbles, berühmt für Felsformationen und Flussschleifen des Mbashe River. Von Dutywa gelangt man nach Gatyana (früher Willowvale).

→ Abstecher
Gatyana – Qora Mouth

Gatyana liegt zwischen Dutywa und Qora Mouth an der Küste. Es ist Sitz des Oberhäuptlings der Gealeka (auch Gcaleka). Zuvor besiedelten San und Khoikhoi dieses Gebiet, bis sie im 17. Jh. von Xhosa verdrängt wurden. Von ihren Vorgängern übernahmen die Xhosa Klicklaute und Rituale, wie z.B. die Amputation des oberen Glieds des kleinen Fingers.

Qora Mouth

Zwei Namen sollte man nicht verwechseln: Qolora Mouth und Qora Mouth. Dieser Irrtum kann einen Fahrtag kosten. Das **Qora-Tal** ist geprägt von hügeliger Graslandschaft, tiefen Schluchten, lichten Wäldern und den typischen gekalkten Rundhütten der Gealekas. Es lohnt, an den zahlreichen Ständen mit Kunsthandwerk anzuhalten, besonders die Perlenarbeiten der Gealeka-Frauen sind bemerkenswert.

An der Mündung des Qora River liegt eine große Lagune mit Austernbänken,

an der es sich herrlich schwimmen und fischen lässt. Die besten Angelreviere werden per Boot erreicht. An den vorgelagerten Riffen fischt man Kabeljau von über 60 kg, zumindest in der Wintersaison.

Unterkunft
Touristic Kob Inn, Tel./Fax 047-4990011, www.kobinn.co.za. Für Anfahrt Geländefahrzeug sinnvoll. Kleines Resort mit Bungalows nahe Qora Mouth, direkt am Meer. Wandern, Wasserski- und Kanufahren auf dem Qora River. Gute Küche, Fischspezialitäten. Nur Vollpension, nach Specials fragen. DZ/VP ab R450 p.P.

✔ Abstecher

→ Abstecher
Der besondere Tipp: Dwesa Nature Reserve

Anfahrt: In Dutywa Richtung Gatyana (früher Willowvale) bis zu einer Gabelung. Hier aufpassen und der unmarkierten Straße folgen. Sehr gefährlich bei oder nach Regenfällen.

Das landschaftlich schöne Naturreservat (3900 ha) wird im Norden vom Mbashe River und im Süden vom Nqabara River umrahmt. Küstenwälder, offenes Grasland, verschlungene Flussläufe, Mangrovensümpfe und die zerklüftete Küstenlinie mit schönen Stränden werden durch Wanderpfade erschlossen. Es gibt eine reiche Vogelwelt, Rock Dassies, Samango-Affen, Antilopen, Gnus und viele andere Tiere. Am Kobole Point hat man den besten Blick auf das Meer, Delphine und Wale. Achtung: Krokodile!

Unterkunft
Gut eingerichtete Holz-Chalets mit Blick aufs Meer. Kleiner Zeltplatz mit Abwasserentsorgung. Selbstversorgung. Parktore 6–18 Uhr geöffnet. Buchung über Eastern Cape Tourism Board, Tel.043-7019600oder Tel. (Park) 047-4990073, www.wildcoast.co.za/dwesa.

✔ Abstecher

Cwebe Nature Reserve

Anfahrt: Von der N 2 (Bashee Bridge) über Xhora (früher: Elliotdale) nach The Haven (ca. 65 km).

Nördlich angrenzend an das Dwesa Nature Reserve liegt dieses 2140 ha große Naturreservat mit einigen kleinen Wanderpfaden. Die Lagunen sind ein Paradies für Angler und bestens für Vogelbeobachtung geeignet. Fischadler und andere Wasservögel kreisen regelmäßig auf Beutefang. Am späten Nachmittag kommen die Kap-Fingerottern aus Verstecken und suchen ihr Nachtmahl. Die Strände von Cwebe haben viele Muscheln. Die schönste Wanderung führt zum Fuße der *Mbanyane-Wasserfälle*. Die Küste vor dem Naturschutzgebiet ist für **Taucher** interessant. Einige exotische Fische, insbesonders aber auch Hammerhaie, halten sich in den Gewässern auf. Informationen erteilt das Haven Hotel.

Unterkunft

Touristic The Haven Hotel, Tel. 047-576 0006, www.havenhotel.co.za. Mitten im Naturreservat; Bungalows, gute Küche, Tennis, Pool, Golf. Dinner/B&B ab R555 p.P.

Mthatha (Umtata)

Mthatha (früher: Umtata), Hauptstadt der Oliver Tambo Region (86.000 Einw.), ist eine Mischung aus Hochhäusern und Kolonialbauten. Die Stadt wurde nach dem nahegelegenen Mthatha River benannt, einst die Grenzlinie zwischen den *Tembu* und *Pondo*. Da es oft zu Übergriffen zwischen beiden Stämmen kam, beschlossen die Häuptlinge, eine Pufferzone entlang des Flusses einzurichten.

Man verpachtete das Land ab 1860 an weiße Siedler. 1875 wurde das Tembuland von den Briten vereinnahmt und in vier Distrikte aufgeteilt. 1882 wurde Umtata zur Stadt erklärt. Um 1900 herrschte reges Leben. Man hatte Schulen errichtet, Kirchen gebaut, Hotels und Geschäfte öffneten ihre Pforten. Umtata besaß damals bereits eine Bücherei und eine eigene Zeitung. Empfehlenswert ist das Restaurant *Anton's Rendezvous* im *Southernwood Shopping Centre.*

Sehenswert

Die Stadt wirkt auf Besucher eher schockierend! Viel Schmutz, Häuser sind verfallen, Menschengewusel. Vielleicht ändert sich das mal.

Die **City Hall** in der Leeds Street stammt von 1907. Die **Bunga,** Ecke Alexandra/Owen St, war Sitz des Parlamentes. Das **Museum,** Victoria St, zeigt Perlenarbeiten und Volkstrachten der Region (Mo–Do 8–16.30 Uhr, Fr 8–15.30 Uhr). Wer sich für Töpferei interessiert, sollte die *Izandla Pottery,* 3 km außerhalb an der Straße nach Queenstown, oder die *Ikwezi Pottery,* Mnukwana Street, Ikwezi, besuchen. Daneben seien noch das **Illinge Craft Centre** und das **Ezibileni Industrial Centre** als gute Kunsthandwerkstätten empfohlen.

Äußerst modern präsentiert sich das **Nelson Mandela Museum,** Owen St, Tel. 047-5325110, www.nelsonmandelamuseum.org.za, das sich nicht nur mit Südafrikas berühmtestem Staatsmann, sondern auch mit dem langen Weg des Landes zur Demokratie beschäftigt.

3 km südlich der N 2 liegt das **Nduli Nature Reserve** (200 ha), eingebettet in ein idyllisches Tal. Man findet neben vielen Vogelarten und Antilopen besonders schöne einheimische Pflanzen. Im **Luchaba Nature Reserve,** im nördlich der Stadt gelegenen Mtata Dam leben Antilopen, Zebras, Weißschwanzgnus und Langschweifwidas, die man am schwarzen Kleid mit rotgelben Flügeln und dem langen Schwanz leicht erkennen kann. Mit etwas Glück sieht man im hohen Gras Stanleytrappen.

Information & Service Mthatha

Mthatha Tourist Information, Ecke Victoria/York Street, Tel. 047-5315290, www.ectourism.co.za.

390 Coffee Bay

Hauptpostamt, Sutherland St, Höhe Durham St. Wer ohne Fahrzeug unterwegs ist, wendet sich an **Travelworld 2000,** Leeds St, Tel. 047-5312011. **Transkei Airways** und **Airlink** fliegen nach Johannesburg, Durban und Buffalo City. Flughafen 17 km außerhalb (Tel. 047-5360023). **Keine Tankstelle** auf der Strecke zur Küste/**Port St Johns!**

Busverbindungen: **Translux** (Port Elizabeth – Durban), **City to City** (Pretoria/Tshwane – Johannesburg – Kapstadt), Tel. 047-5312561. **Greyhound:** Durban, Kapstadt und Port Elizabeth. Innerhalb der Provinz: **Transkei Road Transport Corporation,** Tel. 047-5370291.

Unterkunft

Comfort Garden Court, National Road, Tel. 047-1370181, www.tsogosunhotels.com. Groß, gutes Restaurant. DZ/F ab R500 p.P.

Touristic/Budget *The Kraal, Mpande/Sinangwana (70 km Richtung in Port St Johns, dann in Tombo abbiegen), www.thekraal backpackers.co.za, Tel. 043-6832384. Absolut „weg vom Schuss" – für den, der's mag, das Höchste! Baz Bus bis Mthatha, dann Abholung möglich. Abendessen. Keine Elektrizität. DZ ab R300 p.P., Mehrbettzimmer R150 p.P., Safari Tent R200 p.P.

→ **Abstecher**

Coffee Bay / Hole-in-the-Wall / *Port St Johns

1863 soll in der **Coffee Bay** ein Schiff gesunken sein, das eine Ladung Kaffee an Bord hatte. Die Säcke wurden an Land gespült und einige der Bohnen schlugen (vergeblich) Wurzeln – so die Legende. Die Bucht ist umrahmt von Hügeln, kilometerlange Strände locken Touristen an. Schwimmen ist verhältnismäßig sicher, die großen Wellen brechen am südlichen Buchtende, zur Freude der Surfer. Drei kleine Flüsse münden hier: Nenga (Fluss des Wales), Bomvu (roter Fluss) und *Mapuzi River* (Fluss der Kürbisse). Neben Wassersport ist auch Wandern, Reiten und auf einem spektakulären Platz Golf spielen angesagt. Besonders beliebt sind die felsigen Strände, in denen sich Muscheln bei Flut in kleinen Löchern sammeln und bei

Ebbe auf ihre Entdecker warten. Empfehlenswert ist die Tageswanderung (ca. 25 km) nach **Bulungula** (s.u.; Guide im Coffee Shack buchen!).

Die Stichstraße von der N 2 nach Coffee Bay ist durchgehend ashaltiert, nur einige Schlaglöcher ärgern dann und wann. Etwa 20 km vor Coffee Bay führt eine Piste rechts runter an die Küste zum Felsentor **Hole-in-the-Wall** (s.u.). Vom Ocean View Hotel ist der Wanderweg 12 Kilometer lang (einfach).

Mit dem Auto kann man ferner einige Kilometer landeinwärts in Richtung Norden in das schöne und fruchtbare Tal des *Mthatha River* fahren (nach starken Regenfällen ist die Straße unpassierbar).

*Bulungula

Hier in einem kleinen Resort wurden Träume umgesetzt: Einsamer Strand, hügeliger Küstenstreifen, freundliche Menschen, Lagerfeuer im Sand unter dem Sternenhimmel …

Bulungula Lodge, Tel. 047-5778900, www.bulungula.com. Mehrbettzimmer R140 p.P., Dreibett R450, DZ R350, Safari-Zelt R320, Camping R70 p.P. Anfahrt: Abzweig von der Straße nach Coffee Bay (von dort ca. 1,5 h Fahrzeit), Anfahrtskizze auf der Website – doch ohne 4x4-Antrieb muss man sich abholen lassen! Fair Trade zertifiziert.

Unterkunft

Touristic *Ocean View Hotel, Main Beach, Tel. 047-5752005, www.oceanview.co.za. Renoviert, am muschelreichen Strand, Restaurant, Reiten, Golf, Schwimmen, Wandern, Volleyball. DZ/VP ab R595 p.P.

Budget

***Bomvu Backpackers,** am Bomvu River in tropischem Garten. Tel. 047-5752073, www.bomvubackpackers.com. Baz Bus bis Mthatha, dann mit Shuttle (R60). Vollmond-Partie. DZ ab R240, Mehrbettzimmer R100 p.P., Camping R60 p.P.

The Coffee Shack, am Strand, Tel. 047-575 2048, www.coffeeshack.co.za. Tgl. Bus nach Mthatha. Fisch zum Abendessen ist günstig.

Die Küste des Grauens

In früheren Zeiten folgten Schiffe, die von Ostasien kamen, der Route um die Südspitze von Madagaskar. Wenn die Nächte dunkel waren, schwerer Seegang herrschte und die Navigationskenntnisse der Mannschaft nicht den schwierigen Bedingungen entsprach, kamen die Schiffe öfters vom Kurs ab und segelten gerade auf die Südküste Afrikas zu. Viele Schiffe verschwanden einfach, andere zerbrachen an den Klippen, und wer sich an Land retten konnte, musste einen beschwerlichen Marsch zu portugiesischen Siedlungen antreten.

Zu den bekanntesten Schiffswracks an der Wild Coast zählt die **São Joã**o bei Port St Johns (s. Karte „Wild Coast"), ein Frachtschiff mit wertvoller Ladung und angesehenen Adligen Portugals an Bord. Im Juni 1552 trieb ein schwerer Sturm das Schiff an die Küste, Masten und Ruder brachen. Mehr als 100 starben, von den 440 Geretteten waren viele schwer verletzt. Nachdem sie in mehreren Wochen zu neuen Kräften gekommen waren, machten sie sich auf einen 700 km langen Marsch in Richtung Moçambique. Nach drei Monaten erreichte eine Handvoll von ihnen *Lourenço Marques,* nur um die bittere Nachricht zu hören, dass ein Schiff, das sie in die Heimat hätte bringen können, gerade ausgelaufen war. Trotz Abratens ließen sie sich nicht abhalten, sich weiter in Richtung Norden aufzumachen. Acht Portugiesen und 17 Sklaven erreichten schließlich die Ilha Moçambique ganz im Norden der portugiesischen Besitzung und 1600 km von der Unglücksstelle entfernt.

Zwei Jahre nach der São João verunglückte ein weiteres portugiesisches Schiff, die **São Bento** an der Mündung des Mthatha River (Coffee Bay). 150 Menschen starben, 99 Portugiesen und 224 Sklaven erreichten das Ufer, unter ihnen Manuel de Castro, ein Überlebender der São João. Er starb an Verzweiflung.

1593 sank die **Santo Alberto** etwas weiter südlich in der Nähe der Mündung des Mpako River. Einige Überlebende hatten Glück im Unglück: Sie wurden mit Verpflegung und Waffen an Land gespült. Nach 88 Tagen erreichten die meisten von ihnen auf dem Landweg Moçambique.

Nicht nur portugiesische, auch englische Schiffe strandeten an der „wilden Küste". Am 4. August 1782 wurde der Rumpf der **Grosvenor**, ein Handelsschiff auf dem Weg nach England, an den Felsen vor der *Lambasi Bay* aufgerissen (bei Port Grosvenor). Nur 18 Mann überlebten. Angeblich befand sich der persische Pfauenthron an Bord. Später versuchten Expeditionen den Schatz zu bergen. 1882 fanden der britische Leutnant Beddoes und Sidney Turner 150 Gold- und Silbermünzen am Strand der Lambasi Bay. Um die Jahrhundertwende versuchte der Händler Alexander Lindsay sein Glück. Er fand immerhin 240 Münzen. Obwohl er einen dampfbetriebenen Kran aufstellte, um das Schiff dem Meer zu entreißen, wurde er nicht weiter fündig. Im Gegenteil: sein Kran wurde von den Fluten weggerissen. Man tauchte, sogar ein Tunnel wurde gegraben. Doch gefunden wurden nur weitere Münzen und ein paar Kanonen.

Der legendäre Thron ist bis heute verschwunden. Noch heute zieht es Schatzsucher an die Lambasi Bay, und auch Touristen suchen nach Münzen am Strand.

Gute sanitäre Anlagen, organisierte Tagesausflüge. Wer Kleidung an die Leute abgeben möchte, sollte es hier tun. Mehrbettzimmer R120 p.P., DZ ab R320, Camping ab R70 p.P.

Wild Coast Hiking Trail

Dieser außergewöhnlich schöne mehrtägige Wanderweg (280 km) führt entlang der zerklüfteten Küste von **Port St John's** nach **Port Edward** (für erfahrene Wanderer mit guter Kondition). Einzelne Streckenabschnitte können separat begangen werden. Der südliche Teil ist wesentlich einfacher und führt zu menschenleeren Stränden. Der nördliche Teil ist steiler, es müssen einige Flussläufe durchquert werden. **Vorsicht:** Bei Flut kann die Durchwatung einer Flussmündung wegen der vielen Haie lebensgefährlich sein! Die ansässigen Xhosa sind in der Regel sehr freundlich zu den Besuchern; dennoch kommt es immer wieder zu Diebstahl unbeaufsichtigter Wanderutensilien. Auskunft/Buchung: Department of Agriculture and Forestry, Nature Conservation Section, Tel. 047-5312711, Fax 5312713.

Hole-in-the-Wall

Hohe steile Klippen ragen aus dem Meer und bilden eine pittoreske Insel im Mündungsgebiet des *Mpako River*. Wellen haben ein mächtiges Loch durch die Felsen geschlagen – *Hole-in-the-Wall*. Portugiesische Seefahrer nannten das Naturschauspiel, bei dem das Wasser durch den 20 m langen Schlund brandet, *Penido das Fontes* – „Felsen der Fontänen". Die Xhosa sagen dazu Ort esiKhaleni – „geräuschvoller Platz". Das Grollen tönt bis zum Strand. Die Bucht ist nicht ohne Tücken – sich erkundigen, wo und ob man ungefährdet schwimmen kann! Strömungen haben schon manchen hinausgezogen. Auch bei Ebbe ist beim Muschelsuchen Vorsicht angesagt: Tückische Brecher treten auf!

Gute Fitness ist Voraussetzung für den **Hole-in-the-Wall Hiking Trail,** (5 Tage, 4 Nächte), der in Presley's Bay startet und durch wildromantische Küstenlandschaft bis zum Hole in the Wall-Hotel führt. Infos und Buchung bei www.wildcoastholidays.co.za.

Unterkunft

Touristic/Budget Hole in the Wall Hotel & Backpackers, Tel. 047-5750009 (das Backpackers hat die Tel.-Nr. 083-3178786), www.holeinthewall.co.za. Preise a.A. Hotel und Feriendorf, 2 km vom Hole in the Wall, Reiten, geführte Wanderungen, Pool. Gutes Restaurant (Mi und Sa Fischspezialtäten). Das Backpackers bieten kostenlose Surfstunden.

Hluleka Nature Reserve

30 km südlich von Port St Johns liegt in immergrüner Waldlandschaft, abgegrenzt von der bizarren Küste, das Hluleka Nature Reserve (geöffnet 6-18 Uhr). Zebras, Blessböcke und Gnus sind im Reservat heimisch. Im Juli und August blühen *Korallen-Bäume* mit scharlachroten Blüten. Langschöpfige Adler mit schwarzweißem Gefieder sitzen in den Baumwipfeln. Die Lagunen beherbergen neben unzähligen Fischarten auch Kap-Fingerottern. Wanderwege winden sich vorbei an ganzen *Strelitzienwäldern* hinauf zu Grashügeln. Mit etwas Glück kann man Delphine und Wale beobachten. Hluleka gilt als **bestes Tauchrevier an der Wild Coast.** Neben dem schönen Riff mit reicher Fischwelt kann man auch in kleine Höhlen tauchen. **Anfahrt:** Von Mthatha auf der R 61 ostwärts für 29 km nach Libode. Kurz nach dem Ort rechts auf Schotterstraße einbiegen und 90 km weiterfahren.

Unterkunft

Hluleka Restcamp; 6-Bett-Holz-Chalets, Selbstversorgung, Tel. 043-7019600, www.ecparks.co.za.

Umngazi River Mouth

Auf der R 61 nach Port St Johns kommt nach ca. 70 km eine Abzweigung Richtung Umngazi River Mouth. Die Strecke führt durch das schöne Tal des *Mngazi River* – Xhosa für „Platz des Blutes", da es viele Stammeskämpfe gab. Heute herrscht an dem kleinen Uferabschnitt mit dünenumrandeter Lagune tiefe Ruhe. Der Sandstrand wird von einer zerklüfteten Felsenküste umgeben; im Süden liegt die Klippe *Brazen Head* – „Metallkopf", an der die Wellen besonders stark tosen. Über 240 Vogelarten leben am Strand und Flussufer. Bei der Tageswanderung Richtung Port St Johns kommt man auch am Wrack der *Horizon* vorbei, deren Masten bei Ebbe aus dem Wasser ragen.

Die schönste Wanderung führt in die Mangrovensümpfe im **Mngazana River Estuary,** 4 km südlich der Ferienanlage. Hier sieht man die seltenen roten, weißen und schwarzen Mangroven. In der Gezeitenzone entfaltet sich eine besondere Lebensgemeinschaft aus kleinen Schlangen, großen Flusskrebsen, Eisvögeln, Spinnen, Strandläufern und Schnecken.

Unterkunft
Comfort *Umngazi River Bungalows, Tel. 047-5641115, www.umngazi.co.za. Schöne Bungalows, am Flussufer (Kanuvermietung), wunderbare Aussicht. Interessant sind auch die Fly-in-Angebote von Durban (Flug plus 7 Nächte inkl. VP ab R15000). DZ/VP ab R865 p.P.

Silaka Nature Reserve

Das kleine Küstenreservat südlich Port St Johns liegt in einem Tal mit Blessböcken, Gnus und Zebras. Wanderwege führen durch Waldlandschaft mit Baumriesen, Moos- und Flechtenbewuchs und hängende Orchideen erinnern an Urwald. Die Küste ist zerklüftet, an der Mündung des *Gxwaleni River* gibt es einen kleinen Sandstrand. Seevögel bewohnen die Felsen des *Bird Island.* Ausgangspunkt für den Transkei Hiking Trail. Für Tagesbesucher zwischen 6–18 Uhr geöffnet.

Unterkunft
Silaka Restcamp, Tel. 047-5641177. Schön gelegene Bungalows, Selbstversorgung. Ab R400.

Port St Johns

Port St Johns, eine kleine Hafenstadt in spektakulärer Lage, erreicht man von Mthatha auf der kurvenreichen **R 61** nach 100 km durch abwechslungsreiche Landschaften. Der *Mzimvubu River* hat kurz vor der Mündung eine große Schlucht zwischen die Sandsteinklippen gegraben. Zwei Kliffs erheben sich 360 m über Meereshöhe: **Mount Thesiger** am Westufer (auf das Plateau fahren, von dort aus beste Aussicht auf den Fluss und das Meer; mühsame Strecke, Wegweisern Richtung Airstrip folgen, oben ist nämlich einer) und **Mount Sullivan** im Osten.

Früher war Port St Johns beliebter Handelspunkt und ideales Versteck für Schmuggler. In völliger Isolation vertrieb man sich seine Zeit mit Trinken und Glücksspielen unter den großen Bäumen, die den Fluss umsäumen. (die Schiffsglocke der *Clan Gordon* neben dem Rathaus wurde vom Kapitän verspielt). Mit der Zeit versandete die Flussmündung und 1944 fuhr die *Border* als letztes Schiff hindurch. Heute leben unter den 3500 Einwohnern etliche (Lebens-) Künstler.

Von „Aussteigern" geführt sind die beiden Restaurants **Delicious Monster** (auch Zimmer) und **Wood'n Spoon.**

Die Strände

First Beach ist bei Anglern beliebt, Schwimmen ist gefährlich. Mit kurzem Fußmarsch erreicht man den Leuchtturm. *Second Beach* liegt 5 km vom Ortszentrum (Rettungsschwimmer). An der Straße werden Früchte und Handarbeiten verkauft. Südlich folgt *Third Beach* – bereits im Silaka Nature Reserve.

Unterkunft

Comfort

*Cremorne Estate, größere Anlage am Ufer des Umzimvubu (kurz vor dem Ort), Tel. 047-5641110, www.wheretostay.co.za/cremornesc. Blockhütten (ab R800), SC-Cottages, Caravan- und Campingplätze.

*iNtaba River Lodge, Mthatha Rd (südl. Ufer des Umzimvubu River), Tel. 011-9022727, www.intabariverlodge.co.za. Cottages und Haus in schöner Lage. Ab R850/Dinner/B&B.

Touristic

*Umzimbuvu Retreat, First Beach, Tel. 047-5641741. Sehr nette Pension mit dem besten Restaurant am Ort. Auch Selbstversorgung möglich (ab R1000), kinderfreundlich. DZ ab R550 p.P.

Budget

*Amapondo Beach Backpackers, 2nd Beach, Tel. 047-5641344, www.amapondo.co.za. Zubringer von/nach Mthatha. Jede Menge Freizeitaktivitäten, nach Ausflug ins „Witch doctor village" fragen. Mehrbettzimmer ab R100 p.P., DZ R300, Camping R60 p.P.

Jungle Monkey, 4th St (nahe Post Office), Tel. 047-5641517, www.junglemonkey.co.za. Für junge Leute, die Kontakt suchen und mit Affen im Garten frühstücken wollen. Abendessen. Abholung in Mthatha möglich. Mehrbettzimmer R100 p.P., DZ R320. Günstige Wochenpreise.

R 61 nach Port Edward

Die R 61 nach Port Edward ist landschaftlich abwechslungsreich und wunderschön, wenngleich die Straße über viele Abschnitte teils gewaltige Schlaglöcher „zieren". Man bekommt jede Menge Eindrücke vom Alltagsleben der Menschen die entlang der Strecke leben.

Mkambati Nature Reserve

4 km nördlich von Port St Johns überquert man den *Mzimvubu River* und erreicht über *Lusikisiki* (östlich des Ortes liegt die selbstverwaltete Magwa-Teeplantage, die größte des Landes, Besucher willkommen) das **Mkambati Nature Reserve** (22.000 ha). Aus Richtung *Kokstad* geht eine Nebenstraße in *Siphangeni* (früher: Flagstaff) südlich ab. Sie führt über Holy Cross.

Offenes Grasland und die bewaldeten Ufer des Msikaba und Mtentu River charakterisieren neben einsamer Küste mit versteckten Stränden das Reservat. *Watsonien,* Gladiolen, die typischen Teppiche der gelben Daisies und viele Orchideenarten schmücken die Landschaft. Neben Blessböcken und Gnus sieht man Oryxantilopen. Unter den Vögeln gelten *Großer Halsbandnektarvogel* (Greater Double Collard Sunbird) und *Gurney's Honigesser* (Gurney's Sugarbirds) – die aus blühenden Strelitzien Nektar holen – zu den Raritäten. Den *Mkambati River* – schönstes Gewässer im Reservat – kann man zu Fuß und per Kanu erkunden. Kapgeier nisten in den Felsklippen. Die *Pondo-Kokosnüsse* (Durchmesser gerade einmal 2 cm) der Mkambati-Palmen wachsen weltweit nur hier.

Unterkunft:
Mkambati Nature Reserve, Reservierung unter Tel. 039-3069000 oder www.wildcoast. co.za/mkambati. Cottages und Rondavels, Selbstversorgung. Restaurant im Haupthaus.

Abstecher: Umtamvuna Nature Reserve, s.S. 523, bei Port Edward.

✔ **Abstecher**

3 Northern Cape

Die Lebensader der Provinz ist der **Orange River** und sein Zufluss, der **Vaal,** die beide zusammen das längste und größte Flusssystem Südafrikas bilden und Landwirtschaft möglich machen. Im Norden liegt die große **Kalahari-Wüste,** im Süden die **Great Karoo,** im Westen das trockene **Namaqualand.** Die Atlantikküste ist einsam und rauh. Und rauh sind hier auch die Lebensbedingungen für die Menschen.

Die Northern Cape Province ist zwar die flächenmäßig größte, jedoch gleichzeitig auch die am dünnsten besiedelte Provinz Südafrikas. Es werden vorwiegend Englisch und Afrikaans und verschiedene schwarze Sprachen gesprochen.

Reisehöhepunkte: Besonders sehenswert ist die **Provinzhauptstadt Kimberley** mit dem berühmtesten Loch der Welt, dem „Big Hole", der **Kgalagadi Transfrontier National Park** (früherer Name: Kalahari Gemsbok National Park), das blühende **Namaqualand** im Frühling und die tosenden **Augrabies Falls** in der Nähe von Upington. Informationen über die Provinz auf www.northerncape.co.za. Die **Sicherheit** auf den Straßen ist sehr groß, Reifenpannen sind die ärgste „Bedrohung".

Klima

Inneres Kapland: Das innere Kapland erstreckt sich über weite Teile des großen Plateaus. Die wenigen Niederschläge fallen dort in den Sommermonaten von November bis März. Tagsüber wird es äußerst heiß, nachts kühl. **Juni bis Ende August** herrschen **schöne, klare,** aber nicht so warme **Sonnentage** vor. Nachts wird es bitterkalt. In der *Great Karoo* misst man im Sommer tagsüber 30 °C, im Winter 15 °C. In Upington steigen im Sommer die Temperaturen auf über 35 °C, im Winter kühlt es auf durchschnittlich 13 °C ab. Aber es kann auch mal die Frostgrenze erreicht werden.

Die Westküste und Namaqualand: Mit nur 4 mm durchschnittlicher Niederschlagsmenge im Januar und 50 mm im Juni ist diese Region sehr trocken. Die Nächte können sehr kalt werden. Im Sommer ist es heiß und windig. **Beste Reisezeit ist September/Oktober.**

Kimberley

So fing alles an ...

An einem Märzsonntag 1867 sah *Schalk van Niekerk* Kinder auf der De Kalk Farm mit einem großen, glänzenden Stein spielen. Er schaute ihn näher an und bat Frau Jacobs, die Mutter, um Erlaubnis, ihn kaufen zu dürfen. „Sie machen wohl Spaß", antwortete sie ihm, „ich werde doch wohl nicht Ihr hart verdientes Geld annehmen für einen wertlosen Kiesel. Nehmen Sie ihn. Ich bin sicher, die Kinder werden noch andere finden."

Die Ladenbesitzer der Stadt waren nicht beeindruckt von dem Stein und van Niekerk nahm das Angebot eines Handelsreisenden an, den Stein mitzunehmen und in Colesberg begutachten zu lassen. Der Stadtchemiker glaubte zunächst an einen Topas, doch nach Ritzversu-

396 Kimberley

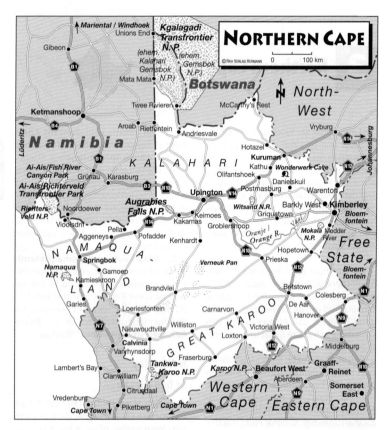

chen an einer Glasplatte schickte er den Stein nach Grahamstown zu Dr. William Atherstone, der bessere Testmethoden zur Verfügung hatte – der „Kieselstein" entpuppte sich als **Diamant** mit 21,25 Karat, wurde *Eureka* getauft und hat einen Ehrenplatz im Minenmuseum von Kimberley.

Schalk van Niekerk hatte einen Riecher für gute Geschäfte, obwohl er selbst nie an das große Geld gekommen ist. Im März 1869 verkaufte ihm der Griqua-Schafhirte Booi einen Stein für 500 Schafe, 10 Ochsen und für 1 Pferd – in damaliger Zeit ein ungeheurer Betrag. Das Risiko zahlte sich aus. Die Lilienfeld-Brüder in Hopetown kauften den Diamanten für 11.200 Pfund. Er war bläulich-weiß, wog 83 Karat und erhielt den Namen „*Star of South Africa*". Für 30.000 Pfund wurde er an den Earl of Dudley weiterverkauft. Die Spur des Steines verlor sich, bis er 1974 in der Schweiz wieder auftauchte und für 600.000 Pfund seinen Besitzer wechselte.

Erstes Diamantenfieber

Der 2. Fund eines so großen Diamanten spülte die erste Welle mit mehr als 10.000 Schürfern nach Kimberley. 1870 kampierten sie in provisorischen Lagern an den Ufern des Vaal. Schwarze vom Stamm der Koranna begleiteten die Prospektoren. Händler, Hoteliers, Bankiers, Barbesitzer

Karte S. 296 **Kimberley** **397**

und Journalisten, die Zeitungen gründeten, folgten. Zunächst wurde das Geröll des Vaal durchsiebt, dann kamen Funde auf den Farmen *Koffiefontein, Jagersfontein, Bultfontein, Du Tiotspan* und *Dorstfontein*. Immer neue Schiffsladungen mit Abenteuerlustigen aus allen Ecken der Welt reisten an. Die meisten der einheimischen Buren verkauften ihr Land, so auch Schalk van Niekerk. Die Kolonialregierung am Kap war höchst zufrieden mit der Entwicklung: Neue Maschinen und Investoren kamen ins Land, die industrielle Revolution Südafrikas hatte begonnen.

Die Brüder de Beers

Im Juli 1871 wurde die **größte Diamantenfundstelle** der Welt auf der Farm *Voorbruitzicht* entdeckt, die den Brüdern *Johannes* und *Diederik de Beers* gehörte. Johannes besaß den Farmanteil mit der **Colesberg Koppie.** Der Hügel wurde komplett abgetragen und dann begannen tausende diamantenfiebrige Schürfer ein Riesenloch ins Erdreich zu buddeln. Als **„Big Hole",** als das größte je von Menschenhand gegrabene Loch, ging es in die Geschichte ein.

Die Brüder de Beers waren Farmer und hatten keinerlei Vorstellung davon, was in den Köpfen dieser Männer vor sich ging. Ihnen wurde das Getümmel zuviel. Sie verkauften ihr Land für 6000 Pfund an den Agenten John Reitz und zogen weg. **Cecil Rhodes** gründete auf ihrem Land die **De Beers Consolidated Mines Limited.** Obwohl der Name der Brüder de Beers benutzt wurde, hatten sie selbst nie Anteil an den auf ihrer Farm entdeckten 90 Millionen Pfund. Sie blieben bis an ihr Lebensende Bauern.

Barney Barnato

1871 tauchte eine der schillerndsten Gestalten der Epoche in Kimberley auf: **Barney Barnato,** ein zwanzigjähriger Jude aus London. Bislang hatte er sich als Varietékünstler und Boxer durchs Leben geschlagen, nun suchte er sein Glück auf den Diamantenfeldern. Ähnlich wie Rhodes kaufte er sich Claim um Claim in das „Big Hole" ein. Fünf Jahre später war er Multimillionär und härtester Konkurrent Cecil Rhodes, dem er seine Minenanteile 1888 verkaufte.

Zweites Diamantenfieber

Die Diamantenfunde auf der *Voorbruitzicht Farm* übertrafen dann alles: 1872 hatten sich dort über 50.000 Schürfer eingefunden, die in Zelten und Hütten kampierten. Wasser war knapp und sanitäre Einrichtungen nicht vorhanden. Die Versorgung erfolgte per Ochsenwagen aus Port Elizabeth, die Preise für Nahrungsmittel kletterten ins Astronomische. Zunächst vermutete man Diamanten in 15 bis 18 m Tiefe. Das erlaubte Ausschachtungen mit Hacke und Schaufel und man buddelte immer tiefer. Manche wurden über Nacht unvorstellbar reich. Sie waren auf den **Kimberlite-Schlot** gestoßen. Andere, die nur wenige Meter daneben wühlten, schufteten ohne auch nur jemals einen Diamanten zu finden.

Im Burenkrieg

Kimberley war durch seinen Reichtum schon früh Ziel der Engländer in ihrem Krieg gegen die Buren. Vom 15.10. 1899 bis 15.02. 1900 wurde die Stadt belagert. Die Verteidiger schossen mit „Long Cecil"-Gewehren, die in den Werkstätten der de Beers Mine in nur 24 Tagen entwickelt und hergestellt wurden. Mehr als 30.000 Menschen waren eingekesselt. Sie litten unter Hunger und Krankheit. Dort wo einst Farmland war, lag die Erde brach und offen, eine Landwirtschaft gab es nicht mehr. Die Kindersterblichkeit bei den Weißen erreichte 50 %, bei den

Kimberley

Schwarzen über 90 %. Das Gebäude auf dem *Memorial Hill* wurde zum Gedächtnis daran errichtet.

Eine Stadt entsteht

Nach der ersten Welle der Schürfer schwappte eine zweite über die Diamantenfelder: Barbesitzer mit Freudenmädchen, Händler mit Ausrüstungsgegenständen, Spielhöllenbetreiber und all die anderen, die auch ein Stück des Kuchens haben wollten. Und aus dem ganzen Chaos entstand Kimberley, benannt nach dem *Earl von Kimberley*, einem hohen britischen Kolonialbeamten.

Kimberleys Grundriss bezeugt seine turbulente Geschichte: Krumme Straßen, keine Ausrichtung, an der man sich orientieren könnte. Gerade deshalb hat sie dadurch heute einen gewissen Charme. Östlich Kimberleys entstand nach Diamantenfunden auf den Farmen Bultfontein und Du Toitspan (die aber nie an die Ausbeute des „Big Hole" herankamen) aus den Zeltlagern und provisorischen Hütten ebenfalls eine neue Stadt, *Beaconsfield*. 1912 schlossen sich Kimberley und Beaconsfield zur „City of Kimberley" zusammen. Ihr erster Bürgermeister war *Ernest Oppenheimer* aus Friedberg in Hessen, der im Jahr 1917 die *Anglo American*

Cecil Rhodes

Sein Biograph Robert Rotberg nannte Rhodes einen „genialen Schurken", Mark Twain „den Stellvertreter Gottes und des Teufels" ...

Cecil John Rhodes, 1853 als Sohn eines Vikars in England geboren, wurde im Jahre 1870 auf die Farm seines Bruders nach Südafrika geschickt, um die schwächliche Konstitution zu stärken. Er stellte danach nicht nur weitgehend seine Gesundheit wieder her, sondern auch eine ganze Nation auf den Kopf. Der 19-Jährige begann auf den Diamantenfeldern als Hilfsarbeiter, zuständig für das Abpumpen von Wasser aus dem „Big Hole". Nebenbei kaufte er Claims auf. 1887 gründete er die **De Beers Company** und erwarb wenig später Barney Barnatos *Kimberley Mine* für 5 Millionen britische Pfund. 1891 gehörte der De Beers Company 90 % aller weltweit geförderten Diamanten. Nicht genug: Cecil Rhodes streckte seine Fühler auch zu den Goldminen im Witwatersrand aus. Er hatte eine Firma gegründet, aus der dann später die legendäre *Consolidated Goldfields of South Africa* hervorging.

1881 war Rhodes Parlamentsabgeordneter der Kapkolonie geworden und 1890 ihr Premierminister. Sein riesiges Vermögen steckte er ganz in die britische imperiale Idee eines Afrika vom Kap bis nach Kairo. Er brachte *Bechuanaland* (Botswana) und das spätere *Rhodesien* (Zimbabwe) unter die britische Herrschaft und betrieb die Einkreisung der Burenrepublik Transvaal. Rhodes passte es nicht, dass die Buren die reichste Goldmine der Welt besaßen. Sein Gegenspieler war deren Präsident *Paul Kruger.* 1895 initiierte er einen Umsturzversuch, den berüchtigten **Jameson Raid,** der die Kruger-Regierung stürzen und die Goldminen des Witwatersrand unter britische Flagge bringen sollte. Es misslang und er verlor seinen Posten als Premierminister und seinen Einfluss im Bechuanaland und in Rhodesien. Er starb am 26. März 1902 in Muizenberg. Der „Shangaan", sein privater Eisenbahnwaggon, brachte seine sterblichen Überreste via Kimberley nach Matopos in Rhodesien.

Karte S. 400 **Kimberley** 399

Corporation gründete, den mächtigsten Konzern des Landes. Mit dem Ausbruch des 1. Weltkriegs und dem Verfall der Diamantenpreise wurden die Ausgrabungen am „Big Hole" eingestellt. Obwohl Kimberley in Südafrika bis heute noch die Nr. 1 in Sachen Diamanten ist, endete damit ihre große Zeit. Nur noch alte Gebäude erinnern an Glanz und Glamour.

Sehenswertes

Tipp zur Orientierung: Die meisten Straßennamen stehen an der Bordsteinkante, nur wenige Straßen haben Schilder.

Minen-Museum und „Big Hole"

Ein Muss ist der Besuch des **Minen-Museums** an der Westseite des „Big Hole". Ein Freilichtmuseum aus 48 Originalhäusern oder Rekonstruktionen, eine Stadt um 1880, durch die man schlendern kann: Wohnhäuser der Schürfer, Büroräume der Diamantenhändler, Barney Barnatos Box Akademie, Bars und Trinkhallen etc. In der *De Beers Hall* findet man eine Kollektion von Diamanten – unter anderem den „Eureka" – und eine kleine Ausstellung über den Abbau. Wer nach Diamanten suchen möchte, sollte sich den „Diamond Dig" nicht entgehen lassen – eine Schürflizenz ist im Eintrittsgeld enthalten. Auf der „Gemstone Kopje" kann man einen Beutel polierter Halbedelsteine zusammenstellen, es wird nach Gewicht abgerechnet (tgl. 8–17 Uhr, Tel. 053-8394902, thebighole.co.za, Eintritt R75). Im Souvenir-Shop gibt es historische Schwarzweiß-Dias vom „Big Hole".

„Big Hole"

Zugang nur über das Minen-Museum. Das „Big Hole" hat ein modernes **Visitor Centre** mit Restaurant und Curio Shop, Bar und Vergnügungen für die ganze Familie. Doch die Hauptattraktion ist sicherlich die 90 m lange Aussichtsplattform, die atemberaubende Blicke auf das Schürfwunder erlauben:

Es ist etwa 800 m tief, 1500 m im Durchmesser und hat einen Umfang von 4570 Meter (das gegenwärtig größte künstliche Loch Afrikas ist die südafrikanische Palabora-Kupfermine: 760 Meter tief, 2000 Meter Durchmesser). Allein zwischen 1871 und 1892 wurden 22,5 Millionen Tonnen Erde bewegt. In unzähligen Claims arbeiteten 30.000 Schürfer rund um die Uhr, bohrten sich immer tiefer durch den blaugründigen Kimberlit. In Eimern und Karren wurde das Gestein hochbefördert, dicke Seile hingen bis zum Grund, wurden jeden Tag ein Stückchen länger. Die Zustände wurden immer chaotischer, der Diamantenpreis sank durch die enorme Überproduktion. Erst als Cecil Rhodes und Barney Barnato Claim um Claim unter ihre Kontrolle brachten, entspannte sich die Lage. Als die Mine 1914 für immer schloss, hatte man 14,5 Millionen Karat Diamanten geborgen (1 Karat = 0,2 g). Heute steht man vor einem riesigen, wassergefüllten Loch. Infos: Tel. 053-8394902.

Kimberley's Tram

Zur Beachtung: Die Tram verkehrt zur Zeit wegen Restaurationsarbeiten nicht. Kimberley war die erste Stadt Afrikas mit elektrischer Straßenbeleuchtung und dem Luxus von **Straßenbahnen.** Eine davon ist noch intakt und verkehrt zwischen der City Hall und dem Mine Museum (Fahrkarten beim Schaffner, einfache Fahrt R10, Abfahrt City Hall ab 9 Uhr stündlich – außer 12 Uhr – bis 16.30 Uhr).

De Beers Head Office

Der Stammsitz der De Beers Consolidated Mines Ltd. liegt in der Stockdale Street in einem großen, soliden, zweigeschossigen

Northern Cape

400 Kimberley Karte S. 400

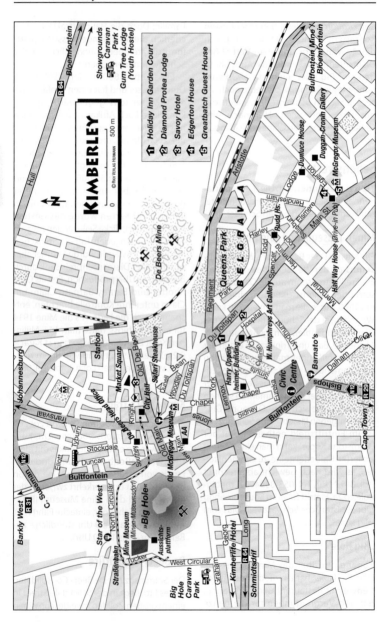

Haus von 1898. Die Diamanten wurden gezählt, nach Größe und Gewicht sortiert und nach Qualität und Reinheit beurteilt, bevor sie ihre Reise auf den Weltmarkt antraten. Im *De Beers Boarding Room* findet man den Originalscheck über 5.338.650 Pfund, den Barney Barnato von Cecil Rhodes für seine Minenanteile bekommen hatte. 1974 verlegte man den Stammsitz in das moderne *Harry Oppenheimer Building*.

McGregor Museums-Gebäude

Das **Old Museum** mit seiner vorwiegend naturgeschichtlichen Ausstellung liegt südl. der City Hall an der Ecke Chapel/Du Toitsspan Street. Mo–Fr 9– 17 Uhr, Sa 9–13 Uhr, So 14–17 Uhr, www.museumsnc.co.za.

In der *Egerton Street* findet sich das **McGregor Museum** in einem viktorianischen Gebäude und ehemaligen Sanatorium aus dem Jahr 1897. Zu sehen sind Exponate aus der Blütezeit der Stadt und naturgeschichtliche Ausstellungen (Mo–Fr 9–17 Uhr, Sa 9–13 Uhr, So 14–17 Uhr).

Machen Sie den etwa 2 km langen, geschichtsträchtigen Spaziergang durch das alte Kimberley (Stadtviertel Belgravia), der am McGregor Museum beginnt und endet (Unterlagen von der Touristeninformation, s.u. „Kimberley von A–Z"). Er führt u.a. zum **Dunluce-Haus** in der *Lodge Street,* das jahrzehntelang der Familie des Diamantenkönigs John Orr gehörte. Das **Rudd-Haus** in der *Loch Street* wurde vom Geschäftspartner Cecil Rhodes, *Cecil Rudd,* erbaut. Beide Häuser können nach Vereinbarung besichtigt werden (Tel. 053-8420099).

Duggan-Cronin Gallery

Eine einzigartige und unschätzbare **Fotokollektion** präsentiert die Duggan-Cronin-Galerie in der *Egerton Road*. Alfred Duggan-Cronin, der als Nachtwächter bei de Beers begann, hinterließ mit Hilfe einer einfachen Kamera der Nachwelt Tausende historisch bedeutsamer Fotografien. Besonders bemerkenswert sind jene Aufnahmen, die er zwischen 1920 und 1930 von verschiedenen schwarzen Stämmen machte. (Mo–Fr 9–17 Uhr).

William Humphreys Art Gallery

Die außergewöhnliche Kunstgalerie (Cullinan Crescent), beim Civic Centre) mit alten europäischen Meistern und einem weiten Spektrum afrikanischer Kunst ist sehenswert (Mo–Sa 10–13 und 14–17 Uhr, So und in der Ferienzeit 14–17 Uhr. Mi Eintritt frei).

Luftfahrt Museum

Das *Pioneers of Aviation Museum* südlich der Stadt (Anfahrt über Bultfontein/Oliver) entstand aus der ältesten Flugschule Südafrikas (1913). Fluggeschichte wurde aber bereits 1911 geschrieben – mit einem Non-Stop-Flug von 8,5 Minuten.

Ghost Trail

Sehr originell und teils gruselig ist der nächtliche *Ghost Trail* zu Spukplätzen. Gespickt mit spannenden Geschichten. Res. Tel. 084-6457754.

Drive-in Pubs

Das **Half Way House** (Ecke Eggerton/Main St.) und der **Pub des Kimberlite Hotels** waren die **einzigen Drive-in Pubs Afrikas.** Man fuhr vor, blinkte, und schon kam der Barkeeper, nahm die Bestellung auf und servierte die Getränke. Cecil Rhodes kurierte sich oft im Sanatorium von Kimberley; bei seinem täglichen Ausritt legte er am Half Way House einen Zwischenstopp ein. Da er nicht vom Pferd stieg, wurde ihm sein Bier im Sattel serviert. Das Hotel bekam die Speziallizenz, „on the hoof" bedienen zu dürfen. Heute dienen die Drive-in Pubs mehr als Parkplätze.

Wildebeest Kuil Rock Art

Das Khoi- und San Projekt **Wildebeest Kuil Rock Art Centre** liegt 16 km außerhalb Richtung Barkly West. Guides der beiden Clans !Xun und Khwe führen zu Felsmalereien. Craft-Shop und kleine Erfrischungen. Mo–Fr 9–16 Uhr, Sa/So 10–16 Uhr, www.wildebeestkuil.itgo.com.

Ausflug nach Riverton

27 km nordwestlich liegt das vielbesuchte **Riverton Pleasure Resort** direkt am *Vaal River* (Anfahrt: 30 km über die N 1 nach Johannesburg, nach 12 km Ausfahrt, beschildert). Das Resort ist ausgestattet mit Restaurant, Pool und Flutlichtanlage. Der Vaal ist auf 25 km befahrbar und man kann Boote mieten. Jedes Jahr finden März/April die internationalen Barfuß-Wasserski-Meisterschaften statt. Im Sommer ist das Resort hoffnungslos überfüllt (Luxus-Chalets, Rondavels, Caravan- und Campingplatz).
Information: Riverton Pleasure Resort, Tel. 053-8321703.

Kimberley von A–Z

Information Kimberly

Kimberley Tourism Bureau, Diamantveld Tourist Info Centre, 121 Bultfontein Rd (Civic Centre, Schild: Omnibus mit grünem Kreis), Mo–Fr 8–17 Uhr, Sa 8.30–11.30 Uhr, Tel. 053-8327298/9, Fax 8327211, www.kimberleytourism.co.za oder www.northerncape.org.za; Touristeninformationen und Broschüren. Infos über 2 km langen Spaziergang durch das alte Kimberley. Kleines Infocenter auch am „Big Hole", Tel. 053-832 6883.

Apotheke

Piet Muller Pharmacy, Old Main Road, gegenüber Post (24-Stunden-Service).

Auskunft

Busverbindungen: Inter-City, Elliot St, Tel. 053-8311062. *Flüge:* Tel. 053-8511241. *Zugverbindungen:* Tel. 053-8382060. Taxi: Tel. 053-8614015

Autohilfe

AA Automobilclub, Shop 0002, Southern Life Building, Ecke Chapel/Du Toitspan Road, Tel. in Notfällen 053-8325207.

Autovermietung

Avis, Tel. 053-8511082. *Budget,* Tel. 053-851 1182. *Europcar,* Tel. 053-8511131. *Diamond,* Tel. 053-8311172.

Camping-Ausrüstung

Sprite Caravans, 11 Waterworks St, Tel. 053-8326201 (Wander- und Campingausrüstung).

Flughafen

Kimberley Airport, Tel. 053-8307101. 7 km vom Zentrum. *Mietwagen:* Avis, Tel. 053-8511082; Budget, Tel. 053-8511182; Europcar, Tel. 053-8511131.

Internet

The ConXion, 19 Newpark Centre, Tel. 053-8316597, conxion@kimnet.co.za; geöffnet Mo–Do 9–19 Uhr, Fr/Sa 9–24 Uhr.

Kriminalität

Kimberley steht an der Spitze südafrikanischer Kriminalität! Nach Einbruch der Dunkelheit nur noch im Auto unterwegs sein! Auch tagsüber ist Vorsicht anzuraten (Kamera und Handtasche beim Stadtbummel im Auto lassen).

Nachtleben

In einem ehemaligen Hotel aus der „guten alten Zeit" in der North Circular Road ist die Bar **Star of the West** untergebracht: Gemütliche Atmosphäre, Bier vom Fass und preisgünstige Gerichte (Tel. 053-8326463). – Das **Powerhouse** in der Transvaal Road erwacht hauptsächlich am Wochenende zum Leben. Dann gibt es ab und zu Live-Musik. – Wer es etwas derber mag: Im **Half Way House** ist freitags und samstags Stimmung angesagt, meist mit Live-Bands (Frühstück/Lunch/Dinner Mo–Sa ab 8.30 Uhr). – **The Phoenix** heißt die traditionelle Bar im gleichnamigen Hotel in Beaconsfield, Central Road, in der seit 1886 ausgeschenkt werden darf.

Notrufnummern

Polizei, Tel. 10111 oder 812310. *Ambulanz,* Tel. 053-8311955. *Krankenhaus,* Tel. 053-8302911.

Post

Hauptpostamt, Florence Rd (Seitenstraße d. Old De Beers St, neben City Hall).

Restaurants

Barnato's Restaurant, 6 Dalham Rd, Tel. 053-8334110; gutes Essen, gemütlich. – **Carrington's** im Kimberley Sun Hotel; gediegen, gemütlich, gilt als eines der Besten der Stadt. – **Safari Steakhouse,** Market Square, Tel. 053-8324621; viele Einheimische. – **Umberto's,** Halfway House, 229 Du Toitspan Road, Tel. 053-8325741; kleine bis große Mahlzeiten, Blick auf die trubelige Straße. – **Panino Bakery,** Ecke Old Main Road/Jones Street; gutes Brot.

Touranbieter

Diamond Tours, Tel. 084-6457754, www.diamondtours.co.za, bietet abwechslungsreiche Touren zum Goldwaschen und zum Fliegenfischen an.

Unterkunft

Comfort

Garden Court, 120 Du Toitspan Road, Tel. 053-8331751, www.tsogosunhotels.com. Ordentlich, gemütlich, Reservierung erforderlich. DZ R1050.

Touristic

*De Beer's Guest House, 28 Pickering Ave, Lindene, Tel. 053-8612192, www.debeers guesthouse.co.za. Liebevoll restauriert, gehobene Klasse. DZ/F R250 p.P.

Diamond Protea Lodge, Du Toitspan Road, Tel. 053-8311281, www.protea-hotels.com. 34 gepflegte Zimmer, Reservierung erforderlich.

*Edgerton House, 5 Egerton Rd, Belgravia, Tel. 053-8311150, www.edgertonhouse.co.za. Denkmalgeschützter Kolonialbau, hier war schon Mandela Gast. DZ R950.

Horseshoe Motel, Memorial Road (an der N 12 Richtung Cape Town), Tel./Fax 053-832 5267, horseshoeinn.co.za. Recht gute Wahl, ordentlich, Pool. DZ/F R260 p.P.

*Langberg Guest Farm, Beaconsfield, Tel./Fax 053-8321001, www.langberg.co.za. Liegt 21 km südlich (N 2), originale Karoo-Farm mit bester Bewirtung. DZ R640, Frühstück und Dinner extra.

Savoy Protea Hotel, 19 De Beers Rd, Tel. 053-8326211, www.savoyhotelkimberley.co.za. Zentral, komfortabel.

Budget

*Greatbatch Guesthouse and Backpackers, 3 Egerton Rd, Tel. 053-8321113, www.great batchguesthouse.co.za. Zentral gelegen, Pool. Dormitory R180, DZ R600.

Gum Tree Lodge, 5 km vom Zentrum entfernt an der R 64, Ecke Bloemfontein/Hull Street, Tel. 053-8328577, www.gumtree lodge.com. Einfache Backpackerunterkunft in historischem De Beers-Gebäude. Mit Restaurant. Dormitory R100, DZ R500.

Camping

Kimberley Caravan Park, Hull St, 2,5 km außerhalb, Tel. 053-8333582. – Big Hole Caravan Park, Tucker St, Tel. 053-8306332. Die Hauptattraktionen erreicht man von hier bequem zu Fuß. Achtung: Abends nicht ohne Fahrzeug den Platz verlassen! Beide Plätze nicht besonders gepflegt!

Mokala National Park

Der **Mokala National Park,** gegründet 2007, ist der jüngste Nationalpark Südafrikas. Er ersetzt den *Vaalbos National Park,* dessen Gebiet durch *land claims* erfolgreich von den früheren Besitzern zurückgefordert wurde. 863 Tiere haben auf dem knapp 20.000 ha großen Areal eine neue Heimat gefunden, darunter Spitz- und Breitmaulnashörner, Büffel, Halbmondantilopen, Giraffen, Eland, Zebras, Oryx und Gnus.

„Mokala" nennen die Tswana den Kameldornbaum, der für die trockene, oft sandige Gegend landschaftsprägend ist. Er kommt als eher unscheinbarer, kleiner Busch vor, oft aber wird er bis zu 11 m hoch und besitzt eine ausladende Krone. Er ist sehr wichtig für ein ausgeglichenes Ökosystem, bietet Futter und Schatten und ist oft Heimstatt für Webervögel. Sein Harz und seine Rinde versorgt die Menschen mit einem wichtigen Heilmittel gegen Husten und Tuberkulose, aus den Samen wird auch heute noch ein Kaffee-Ersatz geröstet.

Buschwanderungen, Mountainbiking, Pirschfahrten und Busch-Braais werden von den Rangern angeboten. Sternegucker: hier ist das Nachtfirmament besonders klar und scharf. Von April bis September ist Frost nicht ungewöhnlich. Im Dezember kann es bis 44 Grad heiß werden.

Information

Mokala National Park, Tel. 053-2040158, Reservierung bei South African National Parks, Tel.

012-4289111, reservations@sanparks.org, www. sanparks.co.za. Es gibt ein Restaurant (unbedingt vorbuchen unter Tel. 053-2048300). Anfahrt: Von Kimberley auf der N12 Richtung Süden, Modder River, Heuningskloof, in Highveld rechts Beschilderung folgen.

Unterkunft
Mosu Lodge mit Bungalows (ab R885)
Lilydale Rest Camp, Bungalows (ab R675/2 Pers.)
Haak-en-Steek Rest Camp mit Bungalows (ab R875/2 Pers.) und Campingplatz (R310/Site).

Von Kimberley auf der R 31 nach Kuruman (230 km)

Barkly West

Barkly West liegt an der R 31 Richtung Kuruman am Vaal. Im Gestein entlang des Flusses findet man nach wie vor Diamanten und andere Edelsteine. Es gibt lizenzierte Steinsucher, die besonders in den trockenen Monaten Juni–September ihr Glück versuchen. Ihre Funde bringen sie samstags zu den Diamantenhändlern. Sehenswert ist das **Canteen-Kopje Nature Reserve** mit schöner Aussicht und das **Freilichtmuseum** mit einer geologischen Ausstellung. Im *Barkly West Museum* sieht man Funde aus der Steinzeit, die bei Diamantenschürfungen zu Tage traten. 1885 entstand die erste dauerhafte Brücke über den Vaal. Dort steht noch ein altes Zollhaus.

→ **Abstecher**
Groenwaters Resort

Anfahrt: Auf der R 385 Richtung Postmasburg. 3 km vor Postmasburg liegt das *Groenwaters Resort* (Zeltplatz/Chalets), von dem man auf einem Wanderweg zu einer **prähistorischen Eisenerz-Mine laufen** kann. In der Mine, die von etwa 700 v.Chr. bis ins 19. Jh. vorwiegend von

Khoikhoi betrieben wurde, fand man nach Vermutungen von Wissenschaftlern auch hochwertiges Gold, aus dem man überwiegend Schmuck herstellte oder Handel mit den Nguni-Völkern der Ostküste trieb. Auch heute noch funkelt ein feiner Goldstaub über dem Platz.

✔ **Abstecher**

Danielskuil

An der R 31 Richtung Kuruman liegt Danielskuil, das seinen seltsamen Namen „Danielsgrube" von einer Grube im Dolomitgestein herleitet, die von Griquas als Gefängnis benutzt wurde. In der Grube hausten Giftschlangen, und die Gefangenen waren automatisch zum Tode verurteilt. Überlebten sie eine Nacht, wurden sie freigesprochen. Auf einem Hügel steht ein kleines britisches Fort. Auf der Farm *Mt. Carmel*, Tel. 053-3840564 (auch Übernachtung), kann man nach Voranmeldung Felszeichnungen besichtigen.
Tourist Info: Barker Street, Tel. 053-3848600.
   Es gibt Gästehäuser (Die Lapa, Tel. 053-384 0292; Idwala Guest House, Tel. 083-4902659), einen städtischen Caravan Park (Tel. 053-384 0013) und das empfehlenswerte De Kuilen Restaurant in der Skon Street (gute Steaks).

Wonderwerk Cave

Weiter auf der R 31 Richtung Kuruman befindet sich eine der wichtigsten Ausgrabungsstätten Südafrikas, die **Wonderwerk Höhle.** Die Felsmalereien der Khoikhoi kann man aber der vielen Graffitis wegen, die dämliche Zeitgenossen hinzufügten, nur noch schwer ausmachen. Eine halbe Million Jahre haben Menschen in der Höhle gewohnt und die Archäologen – die immer noch ausgraben – glauben, hier den *ältesten Feuerplatz der Menschheitsgeschichte* entdeckt zu haben! (Privatbesitz, Anmeldung im Farmhaus, Tel. 082-8327226).

Die Kalahari-Namaqualand-Route

Eine Alternative zur üblichen Strecke Johannesburg – Kapstadt auf der N 1 ist die **Kalahari-Namaqualand-Route,** die – Anfahrt über die N 14 – in Kuruman beginnt und über Upington und Springbok oder alternativ über Kenhardt und Calvinia führt (R 27). Man passiert dabei **Upington** (Abstecher **Kgalagadi Transfrontier Park,** früher: Kalahari Gemsbok National Park), den **Orange River,** die **Augrabies Wasserfälle,** das im Frühjahr **blühende Namaqualand** oder die **Salzpfannenlandschaft** der R 27 und den charmanten Ort **Calvinia.**

Tipp: Wer von Kimberley aus diese Route nehmen möchte, sollte auf der R 64 nach *Groblershoop* und dann nach Upington fahren (s.u.).

Kuruman

Kuruman wurde „Quelle des Christentums in Afrika" genannt: Das Wasser seiner berühmten Quelle versorgte schon den Missionar *Moffat* auf seinem Weg ins Matabeleland und auch den Afrikaforscher David Livingstone. Die Stadt ist eine Oase nach der strapaziösen Fahrt durchs nördliche Kapland. Sehenswertes:

Eye of Kuruman

Das „Auge" von Kuruman ist ein Naturwunder: aus der größten Quelle der südlichen Hemisphäre sprudeln täglich 20 bis 30 Millionen Liter Wasser. Ringsherum wurde ein lauschiger Park errichtet, in dem man bei einem Picknick die Webervögel über dem Quelltopf beobachten kann wie sie ihre großen, korbartigen Nester bauen (6–20 Uhr, Eintrittsgebühr).

Moffat Mission

5 km nördlich der Stadt liegt die Station der *London Missionary Society* Mo–Sa 9–17, So und Fei 15–17 Uhr). Dr. Robert Moffat gründete sie 1826 und begann mit dem Kirchenbau 1831. Ihr Fundament besteht aus Steinen der Umgebung, das Dach ist mit Riedgras gedeckt. Getragen wird die Konstruktion von gewaltigen Balken, die mit Ochsenkarren über 300 km transportiert wurden. Mehr als 800 Menschen finden Platz und sie hat eine ausgezeichnete Akustik. Moffat hat die Bibel erstmals in die Tswana-Sprache übersetzte und gedruckt. **David Livingstone** heiratete hier 1845 *Mary Moffat.* Unter dem Mandelbaum machte er ihr den Antrag. Kirche und Mission sind noch in Gebrauch, ebenso das Bewässerungssystem aus jenen Tagen.

Information

Tourist Office, Main St, Tel. 053-7121001, visit-kuruman.co.za (Mo–Fr 7.30–13 und 14–16.30 Uhr). Hier ist ein Plan erhältlich für den Kuruman Hiking Trail zu den wichtigsten Sehenswürdigkeiten des Ortes. **Kalahari Tourism,** Tel. 053-7121001, sie haben die „Raptor Route" zusammengestellt, eine interessante Tour zu den Raubvögeln die besonders gefährdet sind (Broschüre erhältlich). Internetcafé im Ort.

Notrufnummern

Kalahari Emergency Centre, 24-Stunden-Service, Tel. 053-7120457. *Ambulanz,* Tel. 053-7120457. *Hospital,* Tel. 053-7120044. *Polizei,* Tel. 10111.

Unterkunft

Touristic

*Red Sands Country Lodge, 15 km westlich von Kuruman (N14), Tel. 053-7120033, www.redsands.co.za. Restaurant und Bar mit Flair. Rondavels/F ab R850.

Kuru-Kuru Guest House, 1 Albutt St, Tel. 053-7120319, www.kurukuru.co.za. 6 gemütliche Zimmer. Ü/F ab R320 p.P. Auch SC.

Janke Gasthaus, Voortrekker St, Richtung Hotazel, Tel. 083-3100209 www.jankekuru man.co.za. In Ordnung.

Budget

Oog B&B, 2 Kameel Ave., Tel. 053-7120350, oogbnb.co.za. DZ ab R400.

406   **Griquatown**   Karte S. 396

Camping
Kuruman Caravan Park, Voortrekker St, Tel.
053-7121479. Nahe des Eye of Kuruman und
Zentrum. Schattig, Zeltplätze, Chalets (in den
Ferien vorbestellen).

Nach Botswana

Auf der R 31 geht es 61 km nach Hotazel,
dort biegt man auf die noch einsamere R
380 in nördliche Richtung ab. 16 km vor
dem Grenzübergang McCarthy's Restl
iegt wie eine Oase in der Kalahari die *Cullinan Guest Farm,* Tel./Fax 053-7810300,
www.cullinanplaas.co.za. Ein guter Tipp,
DZ R720, Vollpension R295. Wanderwege
und Ausritte, Pool.

Sishen und Kathu

Südwestlich von Kuruman liegt an der N
14 die gigantische **Iscor Mine Sishen,** unmittelbar neben dem **größten Eisenerz-
vorkommen der Welt.** Mit modernster
Technik wird das Erz gefördert (33 Millionen t pro Jahr) und mit einer eigenen
Eisenbahn (2 km lange Züge!) 861 km zur
Saldanha Bay am Atlantik zur Verschiffung transportiert. Jeden ersten Samstag
des Monats Minenbesichtigung (Tel. 083-
6605336). **Kathu,** die dazugehörige Minenstadt nordöstlich davon, ist ruhig und
modern Das **Tswalu Kalahari Game Reserve** ist das größte private Naturreservat
in Südafrika. 80 Säugetier- und 240 Vogelarten sind hier heimisch. Information
unter www.tswalu.com.

Alternativ-Route R 64 von Kimberley via Groblershoop nach Upington

Campbell

Die Missionsstation und Kirche von Campbell war eine der ersten christlichen Zentren nördlich des Orange River und Ausgangspunkt für die frühen Afrikaforscher
Burchell und *Livingstone.* Die Kirche wurde 1831 von der London Missionary Society erbaut und der Ort nach Reverend
John Campbell benannt. Die Kirche ist
meist geschlossen.

Griquatown

158 km westlich Kimberley liegt Griquatown (in Karten auch oft Griekwastad) am
Fuße der Hügel der *Asbestos Berge.* Sie gilt
als erste Stadt nördlich des Orange River.
Gründer war der freigelassene Griqua-
Sklave *Adam Kok* (Koch), der sich mit seiner Familie und anderen Griquas von der
Tafelbucht in Richtung Norden aufmach-
te, um Siedlungsgebiet zu finden. Sie zogen über Piketberg bis nach Klaarwater,
dem heutigen Griquatown. Die etwa 3500
Einwohner leben von der Schafzucht.
Auch Diamanten, Asbest und Kalk werden abgebaut.

In der Region findet man Tigeraugen und
andere Halbedelsteine. Oftmals werden Steine
von Jugendlichen an der Straße oder an der
Tankstelle den Touristen angeboten. Sie sind
so billig, dass man nichts falsch machen kann.

Sehenswert

Die Londoner Missionsgesellschaft grün-
dete hier 1802 eine Missionsstation. R.
Moffat zog 1820 in die Station und ein
Jahr später wurde im Missionshaus *Mary
Moffat,* die spätere Frau von *David Living-
stone* geboren. Das heutige **Mary Moffat
Museum** besitzt neben persönlichen Ge-

genständen eine Kanzel, die Moffat auf Verlangen des Griquahäuptlings *Waterboer* anfertigte (Mo–Fr 8–13 u. 14–17 Uhr, Sa 8–13 Uhr). Ebenfalls besichtigen kann man den alten **Ratssaal** des Ortes und den **Execution Tree,** an dem man Viehdiebe aufknüpfte. Der Spaziergang durch die Moffat Street führt an Halbedelstein-Schleifereien vorbei (mit Verkauf).

→ **Abstecher**

Der besondere Tipp:

Witsands und die donnernden Dünen

„Witsands" ist eine weiße Dünenlandschaft, die 9 km lang und 2 km breit ist und sich im malerischen Kontrast zum roten Kalaharisand aus der Landschaft erhebt. Südöstlich davon erheben sich Dünen der Sorte „Brilsands", was soviel heißt wie „brüllender" oder besser „donnernder" Sand. Vorwiegend in den Sommermonaten zwischen November und März, wenn bestimmte klimatische Bedingungen eintreten, beginnt der Sand durch die extreme Hitze zu vibrieren und verursacht ein seltsames, grollendes Donnergeräusch. Aber auch ohne dieses seltene Naturphänomen ist ein Abstecher lohnenswert. Es gibt kleine Wanderwege, die vom Camp aus für 2–3 Stunden durch die einsamen Dünenwegen führen. 4x4-Route ist vorhanden, und auch Mountainbiking ist möglich.

Anfahrt: 80 km westlich von Griquatown, kurz vor Volop rechts auf die Abzweigung nach Witsand und Plaatjiesdam, dann nach 16 km links auf die R 383. Nach einigen Kilometern links ein Schild nach Brilsand (zu den Dünen). Zum Camp und „Witsands", den weißen Dünen, zurückfahren und weiter der R 383 folgen. Links Einfahrt zum Camp. Von Kuruman auf der N 14 kommend 5 km westlich von Olifantshoek Abzweigung Witsand, über die R 383. Gute Schotterstraße.

Information Witsand N.R

Witsand Nature Reserve, Offices, Chalets & Caravan Park, Tel./Fax 053-3131061, www.witsandkalahari.co.za. Eintritt R50. Botanik-Wanderungen. Frühstück/Abendessen auf Anfrage.

Unterkunft

Lodges (Touristic), Bungalows (Budget) und Zeltplatz, sehr schön. Gute sanitäre Einrichtungen. Kleiner Laden für das Notwendigste. Achtung! Unbedingt vorher anrufen, ob Übernachtung möglich, es gibt keine Alternative. Der Abstecher kostet einen halben Fahrtag.

✔ **Abstecher**

Groblershoop

Der Ort wurde 1931 aus Anlass des Boegoeberg-Dammbaus gegründet. Zwischenstation für ein Picknick am Orange River. Tankstelle und Supermarkt. Von hier aus auf der N 10 Richtung Upington.

Upington

Wie ein Fleckerlteppich umgibt das bewässerte Land die Stadt (60.000 Ew.). Pfirsich-, Apfelsinen- und Baumwollplantagen, Rebstöcke, sogar Dattelpalmen gedeihen hier – erholsames Grün fürs Gemüt nach der Fahrt durch Halbwüstenlandschaft, in der nur hie und da kleine Karakulschafherden stehen. Upington liegt am **Orange River** und ist Regionalzentrum und ein guter Platz, seine Vorräte aufzustocken.

Geschichte

Im 19. Jahrhundert marodierten versprengte Gruppen des Khoikhoistammes der Koranna durch die nördliche Kapregion, legten Farmen in Schutt und Asche und versteckten sich mit dem gestohlenen Vieh in den dichten Waldgebieten der Inseln im Orange River. Das wurde selbst Klaas Lukas, dem mächtigsten Häuptling der Koranna, zu viel. Er er-

408 Upington

Karte S. 408

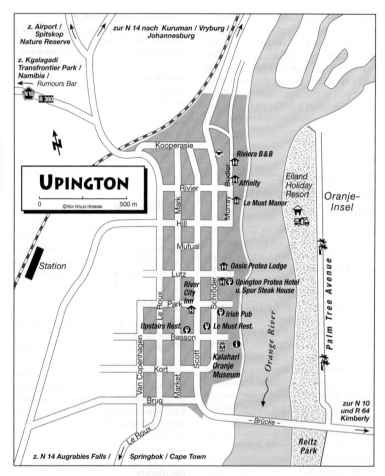

hoffte sich Frieden durch einen Missionsbau. 1871 gründete Christian Schröder die Missionsstation Olyvenhoutsdrift. Er entwickelte auch die Idee für ein Bewässerungssystem, das bis heute der Region zu ihrem Wohlstand verhilft. Zu Ehren des damaligen Premierministers Sir Thomas Upington wurde der Ort dann umbenannt.

Sehenswert

Klein aber fein ist das **Kalahari Oranje Museum** in der Schröder Street (Mo–Fr 9–12.30 Uhr und 14–17 Uhr). Es ist im Originalhaus der Missionsstation aus dem Jahre 1871 untergebracht. Davor steht eine der meistfotografierten Skulpturen Südafrikas: Eine lebensgroße Bronzeabbildung eines Maultieres, das den unermüdlichen Einsatz der Tiere symbolisieren soll, ohne die eine Entwicklung des Orange-River-Tals unmöglich gewesen wäre. Geht man auf der Fußgängerbrücke über den Orange River auf die große Insel, findet man dort die **Palm Tree Avenue,** mit 1041 m die längste Palmenpromenade der südlichen Hemisphäre, die direkt zum *Eiland Holiday Resort* führt. Abwechslung bietet ein Besuch des Geschäftes und Bistros der **SA Dried Fruit Cooperative,** Schröder Street, unmittelbar links neben der Touristen-Information. Kulinarisches auch bei **Oranjerivier Cooperative Wine Cellars,** Industriegebiet (Lage markiert auf dem kostenlosen Stadtplan der Info). Weinprobe Mo–Fr 7.30–17 Uhr, Sa 9–12 Uhr, Tel. 054-337 8800.

Der **Spitskop Game Park,** 13 km nördlich der Stadt, wird vor allem diejenigen interessieren, die nicht in den Kgalagadi Transfrontier Park (Kalahari Gemsbok Park) fahren können. Auf 34 km Schotterpiste kann man unter anderem Oryxantilopen, Elenantilopen und Zebras beobachten oder auf kleinen Wanderwegen die Gegend erkunden. Erspäht man Dromedare, so ist dies keine „Fata Morgana" – die Tiere wurden vor dem 1. Weltkrieg von den deutschen Schutztruppe ins damaligen Südwest-Afrika (Namibia) eingeführt und später ausgewildert.

Ein echtes Highlight ist ein Sundowner-Cruise mit **Sakkie se Arkie,** Tel. 082-5645447. Auf dem breiten Orange River zu fahren ist einfach wunderbar. Viele Hotels arrangieren Touren.

Upington von A–Z

Information Uppington
Upington Tourist Information Office, im Museum, Schröder St, Tel./Fax 054-3326064, Mo–Fr 8–12.30 u. 14–16.30 Uhr, www.upington.co.za und www.kharahaismunicipality.co.za; Broschüren, Liste mit Übernachtungsmöglichkeiten, freundliches Personal.

Autovermietung
Am Flughafen sind *Avis, Budget, Europcar, Imperial* und *Tempest Car Hire* vertreten. Bester Service: Budget, Tel. 054-3324441. In Upington: *Venture 4x4 Hire,* 24 Schröder St, Tel. 054-3324414.

Flughafen
Upington Airport, Tel. 054-3311364, 6 km vom Zentrum. Autovermietung s.o.

Geführte Touren
In die Kalahari: Molopo Kalahari Lodge (s. bei „Camps/Lodge" beim Kgalagadi Transfrontier Park). – Augrabies Rush (River Rafting, Kalahari-Touren), Tel. 054-4510177, 082-5792541, au grabies@cafedenet.co.za

Notrufnummern
Polizei, Tel. 3321121; Ambulanz, Tel. 10177; Feuerwehr, Tel. 3324524; Hospital, Tel. 3311518.

Post
Hauptpostamt Scott Street (Mo–Fr 8.30–16.30, Sa 8–12 Uhr).

Restaurants
Le Must Restaurant, 11 Schröder St, Tel. 054-3323971; stilvolle Atmosphäre, hervorragendes Essen. – ***Irish Pub and Restaurant,** 20 Schröder St, Tel. 054-3312005; irischer Pub mit Steaks, Seafood and Pizza auf der Speisekarte.

Unterkunft

Comfort
*Le Must Manor, Murray Ave, Tel. 054-332 3971, www.lemustupington.com. Nobles gregorianisches Gästehaus am Ufer des Orange River. Schöner Garten. Pool. DZ/F ab R365 p.P.

Touristic
*Affinity, 4 Budler St, Tel./Fax 054-3312101, www.affinityguesthouse.co.za. Familienhotel direkt am Fluss, Rivertrip buchen. DZ ab R720.

Northern Cape

*A Riviera Garden B&B, 16 Budler St, Tel. 054-3326554, www.upington.co.za/ariviera. Gartenlage am Fluss, sehr schön, unbedingt vorbuchen.

Oasis Protea Lodge und **Upington Protea Hotel,** Schröder St, zentral, nebeneinander gelegen, Tel./Fax 053-3378500, www.protea hotels.co.za. Hintere Zimmer vom Protea Hotel haben Blick auf den Fluss. DZ ab R725.

River City Inn, Ecke Park/Scott Street, Tel. 054-3311971, upthotels@yebo.co.za. Zentral, komfortabel. DZ ab R500.

Budget

Die Eiland Resort, s.u. „Camping". – Mafanie Backpacker Lodge, 8 Budler St, Tel. 082-492 9939. Am Fluss gelegen, zentral, passable Zimmer mit Bad, preisgünstig.

Yebo Backpackers, 21 Morant St, Tel. 054-3312496. Günstige Mehrbett- und DZ, Camping. Nach Abendessen fragen. Nachtpirschfahrten und lustige Diamantensuche.

Camping

Die Eiland Resort & Caravan Park, Tel./Fax 054-3340286. Die erste Wahl, liegt zentrumsnah auf einer Insel im Fluss. Stellplätze, Rondavels, Chalets.

→ **Abstecher**

Kgalagadi Transfrontier Park

Der frühere Kalahari Gemsbok National Park ist ein Top-Reiseziel! Vorausgesetzt, man liebt die Wüste und ein bisschen Abenteuer, hat genügend Zeit und ist bereit für die Strapazen der langen Anfahrt. 1999 wurde der südafrikanische *Kalahari Gemsbok National Park* und der benachbarte Gemsbok-Park in Botswana zum ersten länderübergreifenden „Peace Park" ganz Afrikas zusammengeschlossen. Er heißt nun **Kgalagadi** (= Kalahari in der Sprache der Tswana) **Transfrontier Park.** Das riesige Gebiet (fast 40.000 qkm, Krügerpark: 20.000 qkm) ist Heimat von 49 Säugetier- und 265 Vogelarten und berühmt für Wildkatzen (Löwen, Geparden, Leoparden) und Raubvögel. Der Park wird von Südafrika und Botswana gemeinsam verwaltet. Es ist das größte unberührte Ökosystem im südlichen Afrika. Herrliche rötliche Sanddünen, Steppenlandschaften, Sandverwehungen, große Tierwanderungen und die aus-getrockneten Flussbetten des **Auob** und **Nossob River** geben der Wildnis ihren einzigartigen Charakter. Wer einmal hier war, wird es

Die Kalahari in Südafrika

Das 2,5 Mio. qkm große Kalahari-Becken reicht nur mit seinen südlichen Ausläufern in südafrikanisches Gebiet. Die Kalahari ist eine Halbwüste, da es ihr nicht an Niederschlägen mangelt (wenngleich nur wenige). Eine spezielle Beschaffenheit des Erdbodens macht aus dem Becken eine Trockenzone. Er besteht aus grauem bis zimtrotem Sand (Eisenoxid), der sich nicht vermischt und eine durchlässige Schicht bildet, die jeden Regen augenblicklich versikkern lässt. Die Flüsse in der südafrikanischen Kalahari, *Molopo* und *Kuruman* vom Osten, *Auob* und *Nossob* vom Nordwesten, sind „fossile" Flusssysteme, die einmal in einer Menschengeneration oberirdisch Wasser führen. Der vorherrschende Nordwestwind im Winter schuf eine charakteristische Dünenlandschaft, die fast linear vom Nordwesten in den Südosten ausgerichtet ist. Der überwiegende Teil des Beckens ist jedoch flach. Die Höhe schwankt zwischen 650 m und 1200 m. Die Trockensavanne mit flachem Buschbewuchs und zahlreichen Salzpfannen ist Heimat für eine artenreiche Tierwelt.

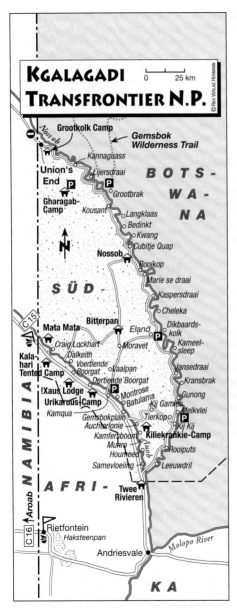

nie vergessen. Eine Aufenthaltsdauer von mindestens drei Tagen mit zwei Übernachtungen ist sinnvoll.

Nossob 4x4 Eco Trail

Dieser abenteuerliche 4x4-Trail (214 km) im eigenen Geländefahrzeug startet in Twee Rivieren oder Nossob (9 Uhr) und dauert 4 Tage bei 3 Übernachtungen (mind. 2 Fahrz., max. 5). Die Teilnehmer werden von einem Ranger begleitet und übernachten in einfachen Camps. Komplette Selbstversorgung! Sinnvoll ist es, die Nacht vor der Tour in Twee Rivieren, die Nacht danach dann in Nossob zu verbringen. Trail-Buchung direkt im Park, Telefon 054-5612000, Fax 5612005, Faniev@parks-sa.co.za. Im Anschluss danach kann die 1-tägige **Leeudril 4x4 Loop** gebucht werden, er ist deutlich preisgünstiger.

Gemsbok Wilderness Trail

Ein Geländewagen-Trail erschließt den isolierten Norden des Parks auf der botswanischen Seite (s. Karte). Er dauert 3 Tage und ist ab der Molopo Kalahari Lodge 850 km lang. Die Lodge (s.u. bei Camps/Lodge) hilft mit Buchung von Geländewagen (mind. 2 Fahrzeuge) und Lebensmitteln, sie ist ein guter Ausgangspunkt der Tour. Weitere Infos: *Parks and Reservation Office* in Gaborone/Botswana, Tel. 09267-580 774, Fax 09267-580775, dwnbots@global.bw

Anfahrten zum Park

Über Upington: R 360 nördlich. Tankstelle in Molopo.
Über Kuruman und **Van Zylrus:** Schnellster Weg von Johannesburg über die N 12 bis *Wolmaransstad*, weiter auf N 14 bis *Kuruman*. Dort Abzweigung auf die R 31 in nordwestliche Richtung bis zum Örtchen *Van Zylrus* (Tankstelle, Werkstatt, Laden, *Gemsbok Hotel*, Caravanpark). Pause im Garten des *Oasis Café*. Zuvor endet in *Hotazel* der Asphalt, es folgen 300 km Schotterpiste zum Parkeingang.

412   Kgalagadi Transfrontier Park

Karte S. 411

Über Namibia: Die Grenzübergänge sind in *Rietfontein* (geöffnet 8–16.30 Uhr) und in *Mata Mata.*

Entfernungen

Upington bis Twee Rivieren 238 km, Kuruman 385 km, Johannesburg 904 km, Kapstadt 1244 km.

Klima

Die **Regenzeit** dauert von **Januar bis April,** mit sintflutartigen Wolkenbrüchen muss gerechnet werden. Die Monate **März** und **April** gelten als **gute Reisezeit,** da man da die meisten Tiere gut beobachten kann. Mai bis September ist es tags warm und trocken, nachts kann es bis −10 °C (Zeltreisende!) abkühlen. **Oktober bis Anfang März** gleicht die Kalahari einem **Backofen** (tagsüber um 40 °C, nachts kaum Abkühlung).

Vegetation

In der Halbwüstenlandschaft gedeihen nur sehr widerstandsfähige Pflanzen, meist entlang der beiden trockenen Flussbetten. Die wenigen Feuchtperioden müssen ihnen genügen, um in kürzester Zeit zu blühen und Samen zu bilden. **Kameldornbäume** *(Acacia erioloba)* mit bis zu 15 m Höhe bieten neben Schatten auch Nistplätze für die emsigen Siedelweber und Nahrung für Insekten und andere Tiere. Der **Graue Kameldorn** *(Acacia haematoxylon)* schafft es, durch ein tiefreichendes Wurzelsystem auf den Dünen zu wachsen und erreicht dort Buschhöhe, am Ufer Baumhöhe.

Andere Pflanzen haben sich in den Dünen angesiedelt und verfestigen sie: Gräser, verholzte Büsche und kleine Bäume, wie der **Weißstamm** *(Boscia albitrunca),* der nach Niederschlägen blüht und orange-gelbe Früchte trägt, die die San „X'Obboka" nennen und zur wohlschmeckendsten Frucht der Kalahari erklärt haben. Seine Blätter sind ein wichtiger Proteinlieferant für Tiere, sein

Schatten ist für die Umgebung lebenswichtig. Wenn der Sand bis zu 70 °C erreicht, kann die Temperatur unter dem kleinen Baum über 20 Grad niedriger sein. Besonders Löwen und Leoparden genießen das. Löwinnen gebären hier bevorzugt ihre Jungen und lassen sie unter einem Weißstamm zurück, wenn sie auf die Jagd gehen.

Die **Tsamma,** eine Melonenart, die überwiegend Wasser, Mineralstoffe und Vitamine enthält und die *Gemsbokgurke,* die neben ihrer Frucht auch noch eine genießbare Wurzel hat (in trockenen Zeiten vor allem von den Oryxantilopen ausgegraben), geben den Tieren etwas Flüssigkeit. Die Braune Hyäne ist ein Liebhaber dieser Früchte und sorgt durch ihre Verdauung für die Verbreitung.

Der Gemsbok

Der Gemsbok *(Oryx gazella),* bei uns auch als **Oryxantilope** oder „Spießbock" bekannt, war für den früheren Park namensgebend. Tatsächlich erreichen seine spießartigen Hörner über 120 cm Länge. Das Tier ist trotz seiner imposanten Waffe (und bis zu 250 kg Lebendgewicht) nicht angriffslustig, sondern eher scheu. Oryxantilopen sind ausgesprochene Wüstenbewohner. Ihr Lebensraum umfasst die kargen Gebiete vom nördlichen Kapland, von Namibia, Botswana und den Süden Angolas. Das Überleben in der Kalahari verdanken sie ihrer Fähigkeit, Flüssigkeit selbst bei großer Hitze im Körper zu behalten anstatt sie auszuschwitzen und die Körpertemperatur erhöhen zu können.

Tierwelt

Es gibt große Herden an Streifengnus, Springböcken, Oryx- und Elenantilopen. 1980 sah man während einer schlimmen Dürre eine Herde von über 100.000 **Streifengnus** (Herdengröße ca. 16 km x 10 km!). Unter normalen Umständen zählt eine Herde höchstens 20 Tiere. Selbst **Kuhantilopen,** normalerweise nur kleine Gruppen bildend, sammelten sich schon zu Herden von über 10.000 Tieren. Sie tauchen ausschließlich im Tal des Nossob auf.

Am häufigsten trifft man auf **Springböcke,** die sich während der Sommermonate in den Flussbetten konzentrieren. Vorausgesetzt, ihre Nahrung hat mindestens 10 % Wassergehalt, können sie völlig unabhängig von Trinkwasser sein. Auch **Elenantilopen,** ursprünglich in der südlichen Kapregion beheimatet, haben sich mit der rauhen Kalahari arrangiert. Wenn sie Tsamma-Melonen finden, können sie ohne Wasseraufnahme überleben. Sie sind sehr erfinderisch und erstaunlich agil. Mit ihren Hörnern brechen sie Äste aus den Bäumen und kommen so an die feuchtigkeitshaltigen Blätter. Trotz ihres enormen Gewichtes von 700 kg können sie 2 m hoch springen.

Nach Regenfällen stimmen Kurzhals-, Sand- und große **Ochsenfrösche** ihre Loblieder an. Da freuen sich die Schlangen, die wie die Echsen ebenfalls artenreich vertreten sind. Unangenehm sind die **Sandzecken** *(Ornithodoros savignyi).* Jahrelang können sie im Sandboden überleben und warten, bis ein warmblütiges Opfer sich durch Vibration oder Kohlendioxidausscheidung des Atems ankündigt. Ihr Biss ist für Menschen äußerst schmerzhaft.

Raubtiere

Der große Wildbestand im Kgalagadi Transfrontier Park hat zu einer bedeutenden Population an Raubtieren geführt. Die rotmähnigen **Kalahari-Löwen** (ca. 200) bevorzugen Oryxantilopen und Streifengnus und haben eine Vorliebe für Stachelschweine. **Leoparden** (ca. 100) und **Geparden** (ca. 60) jagen Springböcke, **Gefleckte Hyänen** (ca. 80) favori-

sieren Kälber von Streifengnus und Oryxantilopen, während sich ihre Vettern, die **Braunen Hyänen** (ca. 175), durchaus einmal mit kleineren Beutestücken, Insekten oder Wildfrüchten zufriedengeben. **Kapfüchse** und **Schabrakenschakale** jagen vorwiegend nachts, die insektenfressenden **Löffelhunde** im Winter auch tagsüber. **Schakale** können sich in schlechten Zeiten auch von Tsamma-Melonen ernähren, oder von nächstens vors Zelt abgestellten Lederschuhen …

Auch die possierlichen **Erdmännchen** oder *Surikaten* gehören zu den kleinen Räubern. Auf den Hinterbeinen stehend observieren sie das Terrain, allerdings meist nur, um nicht selber gefressen zu werden. Den Menschen scheinen sie nicht zu ihren Feinden zu zählen. Wenn man den gebührlichen Mindestabstand einhält, stellen sie sich gerne für ein Porträtfoto zur Verfügung.

Vögel

Von weit über 200 Vogelarten haben fast die Hälfte ihren Dauerwohnsitz im Park. Besonders zahlreich sind **Greifvögel:** *Raub-, Kampf-* und *Schwarzbrust-Schlangenadler, Gabar-* und *Singhabichte* und *Steppenfalken.* **Weißstörche** und **Schwarzmilane** folgen den Massenschwärmen der Flugtermiten. Sechs verschiedene *Eulenarten* profitieren von den Ratten und Mäusen, die ebenfalls nachtaktiv sind. Am Boden leben *Riesentrappen, Sekretäre* und *Rennvögel.* Das **Namaflughuhn** *(Pterocles namaqua)* fliegt alle 3–5 Tage bis zu 60 km, um Wasser aufzunehmen. Das Männchen taucht seine Brustfedern tief ins Wasser, fliegt zum Nest und die Jungen können es aus den Federn saugen. Am besten kann man sie an den Wasserrädern bei *Rooiputs, Leeudril* und *Cubitje Quab* zwischen 9 und 11 Uhr beobachten.

Pirschfahrten

Der **Nossob-Drive** verbindet auf 160 km durch das Trockenbett des Nossob das Camp **Twee Rivieren** mit dem Rastplatz **Nossob** (Minimum 4 Stunden Fahrzeit). Der Nossob führte 1934 und 1963 Wasser. Im November 1996 war das Tal abschnittsweise wegen Überflutung gesperrt. Bei *Grootbrak* und *Kaspersdraai* sieht man lange Aufschüttungen von Schwemmsand. Im Süden ist das Nossobtal zwischen 100 m und 500 m breit, im Norden mehr als 1 km.

Der **Auob-Drive** ist 120 km lang und führt durch das wesentlich engere, dafür tiefere Trockenbett des Auob von Twee Rivieren zum Mata Mata Camp (3 Stunden reine Fahrzeit). **Eine Weiterfahrt nach Namibia ist möglich.** Der Auob führt etwa alle zwei bis drei Jahre Wasser, doch kommen auch längere Trockenzeiten vor (etwa 1976–1987). In der Gegend von Mata Mata gibt es Giraffen. Schön ist der Rastplatz **Auchterlonie** mit einem kleinen Museum und tollem Blick.

Der Dünenweg verbindet auf 55 km die beiden Hauptstraßen (nicht mit der kleinen Verbindungsstraße verwechseln, die nach ca. 37 km von den Straßen nach Mata Mata und Nossob abzweigt und 27 km lang ist). Er führt durch eine herrliche Dünenlandschaft, vorbei an großen Salzpfannen, die vor allem von Oryxantilopen aufgesucht werden. Es lohnt auf Löwen zu achten, die oft neben der Straße unter Büschen ruhen.

In den **frühen Morgenstunden** und am **späten Nachmittag** kann man die meisten Tiere an den Wasserlöchern und im Trockenbett der Flüsse beobachten. Nicht in der größten Mittagshitze den Wagen in die gleißende Sonne stellen, an ausreichende Wasserversorgung denken.

Man hat im Park große Chancen Raubtiere zu Gesicht zu bekommen. Einige Regeln können dem Glück etwas nach-

helfen: Man sollte sich schon auf eine Wartezeit bis zu einer Stunde an einem Wasserloch einstellen und die Reaktion des Wildes beobachten. Eine Herde gerät nicht gleich in Panik, wenn ein Raubtier um sie herumschleicht, aber eine erhöhte Alarmbereitschaft kann festgestellt werden. Löwen laufen im Park gerne an der Straße entlang. Achten sollte man auf Fußspuren, vor allem auf solche, die die Fahrbahn kreuzen. Ganz wichtig ist ein **Fernglas.** Generell ist man hier, verglichen mit anderen Parks, bei seiner Beobachtung recht ungestört. Nur im August finden sich Tourbusse ein.

Nach Regenfällen ist ein Teil der **Straßen gesperrt.** Das ist nicht immer naturgegeben, sondern eine Fehlkonstruktion der Straßenbauingenieure, die, anstatt die Pisten erhöht anzulegen, sie vertieft in die Flussbetten gebaut haben. Das hat zur Folge, dass die Straßen bei Niederschlägen überflutet werden. An der Behebung wird gearbeitet.

Wasser

Entlang der Trockenbetten wird aus tiefen, künstlichen Löchern Trinkwasser an die Oberfläche gepumpt. 80 Brunnen, zum größten Teil windkraftbetrieben, wurden bisher gebohrt. Kleine Windräder sind einzige Anzeichen für menschliche Eingriffe in die Natur. Die letzten Jahre hatte der Park mit außerordentlicher Trockenheit zu kämpfen. Infos über die besten Zeiten und Plätze bzw. Bohrlöcher an denen Tiere auftauchen erhält man im Informationszentrum.

Allgemeine Information

Kgalagadi Transfrontier Park, South African National Parks Reservation Office, Pretoria/Tshwane, Tel. 012-4289111, Fax 3430905, www. sanparks.org, reservations@sanparks.org. Parkinformationen (keine Buchung möglich): Kgalagadi Transfrontier Park, Tel. 054-5612000, Fax 5612005.

Ganzjährig geöffnet. Eintritt R204 Pers./Tag. In jedem Camp Benzin und Laden (Lebensmittel, Getränke). Frisches Fleisch, Brot und Eier nur in Twee Rivieren. Vorausbuchungen sind, zum Teil auch für Zeltplätze, in den Weih-nachts- und Osterferien und Juni bis September in allen 3 Camps erforderlich. Parkrezeptionen und Läden öffnen 7.30 Uhr und schließen eine halbe Stunde nach Parktorschließung. Man kann auch mit dem Flugzeug anreisen und bei Vorausbuchung einen Wagen von Avis in Twee Rivieren abholen (Tel. 054-5612000). Zwischen 1. November und Ende Februar nach dem 20 %igen Discount fragen.

In Nossob und Twee Rivieren gibt es je nach Saison **geführte Pirschfahrten** (morgens und abends, R160 p.P., Ganztagestour R270).

Achtung: Elektrizität gibt es in Twee Rivieren nur So–Do 5–22 Uhr, Fr/Sa 5–24 Uhr. In Nossob und Mata Mata Mo–So 5–10 und 17–22 Uhr. Stellplätze ohne Elektrizität. Laut der Ranger ist der optimale Reifendruck 1,6 bar. Malariaprophylaxe erforderlich!

Öffnungszeiten

Januar und Februar 6–19.30 Uhr, März 6.30–19 Uhr, April 7–18.30 Uhr, Mai 7–18 Uhr, Juni und Juli 7.30–18 Uhr, August 7–18.30 Uhr, September 6.30–18.30 Uhr, Oktober 6–19 Uhr, November/Dezember 5.30–19.30 Uhr.

Man ist verpflichtet, sich bei der Einfahrt in den Park und bei der Rückkehr bei den Rangern an der Rezeption an- und abzumelden.

Restcamps / Bushcamps / Lodges

Twee Rivieren

Gelegen an der Gabelung von Auob und Nossob. Besonders beliebt der Pool nach einem Tag im Auto. Es gibt ein *Restaurant (Vorbestellung). Der Curio Shop ist gut bestückt mit Souvenirs und einer großen Auswahl an Essen und Getränken. Öffentliches Telefon, Tankstelle, kleiner Flugplatz. Pool.
Unterkunft: Family Cottage (ab R775); 2-Bett Cottages R890/2 Pers. Stellplätze für Zelte und Wohnmobile, mit Warmwasser (Site R190).

Nossob

Sehr schöner Platz. Gut sortierter Shop. Pool. Beleuchtetes Wasserloch, Tankstelle.
Unterkunft: 4/6-Bett Family Cottage/Chalet (ab R1220 4 Pers.). 4-Bett Guest House ab R1380. 2-Bett Chalets ab R750. Stellplätze für Zelte und Wohnmobile, R220/Site.

Mata Mata

Gemütliches Camp mit Shop und Tankstelle. Pool. Beleuchtetes Wasserloch.
Unterkunft: 4-Bett Family Chalet ab R1220. 2-Bett-Chalet R720/2 Pers. River Front Chalet ab R1210/2 Pers. Stellplätze für Zelte und Wohnmobile mit Warmwasser (R220Site), Tiefkühltruhe. **Tipp:** Sollte das Camp ausgebucht sein, kann man es auf dem 45 km entfernten *Terra Rouge Camping* (auch Gästehaus) an der C15 auf namibischer Seite versuchen. Tel. 00264-63-252031, terrarouge@iway.na.

Achtung: Löwen!

Definitiv gute Nerven muss man in allen Camps haben, die nicht durch Elektrozäune gesichert sind. Löwenbesuch ist eher Regel als Ausnahme! Schakale besuchen täglich die Camps. Keine Lebensmittel in zugänglichen Zelten aufbewahren!

Bitterpan

Inmitten der Wildnis und auf der 4x4-Route (auch nur mit 4x4 zugänglich) durch die Dünenlandschaft zwischen Nossob (von dort 2,5 Std.) und Mata Mata (bis dort 15 Min.) gelegenes Camp (kein Sicherungszaun). Vier 2-Bett Hütten (R1140), Gemeinschaftsküche (reine Selbstversorgung), warmes Wasser und Solaanlage für Licht. Ein 6 m hoher Aussichtsturm bietet einen spektakulären Überblick über die Bitterpan.

Grootkolk

Einsam zwischen den Dünen gelegenes Camp (kein Sicherungszaun) mit Blick auf ein Wasserloch. 20 km von Union's End (6 Std. von Twee Rivieren und 2,5 Std. von Nossob).
Unterkunft: 4 2-Bett Chalets mit Bad und Veranda (R1140). Gemeinschaftsküche (Selbstversorgung). Warmes Wasser und Solarenergie für Strom.

Kalahari Tent Camp

Das ungesicherte Camp ist auf einer roten Sanddüne gelegen, von wo man ein Wasserloch und das meist trockene Bett des Auob River überblickt.
Unterkunft: 1 Luxus-Honeymoon-Wüstenzelt (R1410); 4 Familien-Zelte (R1160) und zehn 2-Bett-Wüstenzelte mit Bad und Küche (R1310). Pool. Selbstversorgung.

Kieliekrankie Wilderness Camp

Das Kieliekrankie Wilderness Camp wurde in der Nähe von Twee Rivieren in die Dünen gebaut. Zufahrt auch mit Pkw möglich. 2-Bett-Unterkünfte ausschließlich für Selbstversorger (R1270). Es gibt ein Wasserloch zur Tierbeobachtung.

Urikaruus Wilderness Camp

Das Urikaruus Wilderness Camp wurde idyllisch am Ufer des Trockenflusses Auob angelegt. Die 2-Bett-Unterkünfte (R1270) stehen auf Holzplattformen und überblicken ein Wasserloch, an dem sich das Wild zum Trinken versammelt.

Gharagab Wilderness Camp

Das Gharagab Wilderness Camp liegt im nördlichen Teil des Parks in einem Savannengürtel. 2-Bett-Unterkünfte zur Selbstversorgung (R1165). Zufahrt nur für Geländefahrzeuge.

!Xaus Lodge

In den roten Dünen gelegene Lodge, von der aus man die Klein Skrij Pan überblickt. Im Besitz der Khomani San und Mier Kommune. Naturwanderungen mit Buschmännern. Reservierung unter Tel. 021-7017860, www.xauslodge.co.za. R3100. Mit allen Mahlzeiten und Aktivitäten.

Molopo Kalahari Lodge

58 km südlich vom Parkeingang liegt die Molopo Kalahari Lodge, Askham 8814, www.molopo.co.za, Tel. 054-5110008. 16 Chalets, 10 Rondavels, 6 Tented Chalets und großer Campingplatz. Haupthaus mit Terrasse, Restaurant, Bar, Lounge und Pool. Wildnis-Trails, Landepiste für Kleinflugzeuge, viele Ausflugsmöglichkeiten. Das Wochenende meiden!

✔ **Abstecher**

Ausflug nach Botswana

Dabei ist echtes Kalahari-Feeling garantiert! Wer glaubt, schon sehr einsam im südafrikanischen Teil des Parks zu sein, wird im botswanischen eines Besseren belehrt. Alle Strecken dürfen nur mit einem Minimum von zwei Fahrzeugen absolviert werden. Nur Geländewagen sind zugelassen. Vorausbuchung ist unbedingt notwendig. Es ist sinnvoll, sich nach den Wetterkonditionen zu erkundigen. Nicht auf Grasflächen stehen bleiben – Brandgefahr! Permits gelten in der Regel nur für eine vorgeschriebene Fahrtrichtung (Ausnahme: Kaa Trail). Für die Einreise genügt ein gültiger Reisepass.

Strecken

Der direkte Weg führt von **Nossob Riverbed** nach **Mbuasehube** (170 km). Dort beginnt der *Mbuasehube Wilderness Trail* (155 km). Er führt durch schöne Buschsavanne. Größere Tiere konzentrieren sich meist in den Mbuasehube Pans.

Von **Polentswa** startet der 257 km lange *Polentswa Wilderness Trail.* Imposante Salzpfannen mit oftmals großen Herden sind die Highlights. Relativ flach und sehr sandig. Der *Kaa Game Viewing Trail* wird nur in den Perioden seinem Namen gerecht, wenn sich nach Regenfällen Wild an grünen Flecken konzentriert.

Camping

Möglichkeiten in: Two Rivers (gesichert), Rooiputs, Polentswa, Kaa. In der Mbuasehube Section in: Mabuasehube, Khiding, Mpaathutlwa, Bosobogolo, Monamode. Alle Camps sind sehr einfach. Vorausbuchung bei Botswana Dept. of Wildlife and National Parks unter Tel. +267-3180774 oder dwnp@gov.bw. Siehe auch www.sanparks.org.

Upington – Kakamas

Kanoneiland (Cannon Island)

Vorbei an Weingärten und Obstplantagen geht es über eine Brücke zum **Kanoneiland,** größte Insel im Orange River – 14 km lang und über 3 km breit. Gegen Ende des 19. Jahrhunderts schreckte der Stamm der *Koranna* das Umland durch Kriegszüge auf und machte sich als Flusspiraten einen Namen. Eine Strafexpedition wurde gegen sie entsandt. Den größten Schaden allerdings richtete eine Holzkanone der Korannas an, die explodierte und sechs der eigenen Männer tötete. Mit Landwirtschaft begann man während der Wirtschaftskrise. 52 landlose Weiße besetzten die Insel und legten Bewässerungssysteme an, um Mais zu pflanzen. Obwohl die Obrigkeit mehrmals die „Illegalen" vertreiben wollte, blieben diese hartnäckig. Schließlich verkaufte die Regierung ihnen das Land.

Eine Spezialität der Insel ist der Anbau von *„Sultanas Grapes",* einer Traubensorte, die getrocknet als Sultaninen auf den Markt kommt. Es gibt ein Gästehaus und einen Caravanpark (Tel. 054-4911223).

Keimoes

Den besten Blick über das Städtchen (40 km westlich von Upington, 8000 Ew.) mit dem ausgeklügelten Bewässerungssystem, den Wasserrädern und die Landschaft des Orange River hat man vom Gipfel des **Tierberg** in einem Naturreservat mit schönen Gariep Aloen und Köcherbäumen. Die *Orange River Wine Cellar Co-Operative* bietet Führung und Weinprobe. Keimoes ist die beste Einkaufsmöglichkeit vor den Augrabies Wasserfällen. Wer Zeit hat, kann über die **Rockery Route,** eine Schotterstraße (R 359) südl. des Orange River über Neilersdrif nach Kakamas fahren. Hier findet man einen besonders dichten Bewuchs aus Aloen und Köcherbäumen.

Information:
Keimoes Tourism Bureau, Main Rd, Tel. 054-4616400.

Unterkunft: (Touristic/Budget)
*De Werf Guest House, an der Straße nach Upington, Tel./Fax 054-4611635, www.dewerf lodge.com. Schöne Chalets, Restaurant.
Harvest Moon, Main St, Tel. 054-4611401. Empfehlenswertes Gästehaus.
Keimoes Hotel, Tel. 054-4611084 www.kei moshotel.co.za. Kleines Landhotel.

Camping
Die Punt Caravan Park, Tel. 054-4612805.
Keimoes Caravan Park, Tel. 054-4611016

Kakamas

Den Südafrikanern ist Kakamas (8000 Ew.) ein kulinarischer Begriff wegen der besonders guten **Pfirsiche,** die als Konserven im ganzen Land zu finden sind. Gegründet wurde Kakamas 1898, um jenen Bauern zu helfen, die durch die große Dürre und Rinderpest der Jahre 1895–97 verarmt waren. Ein ausgedehntes Bewässerungsnetz macht es heute möglich, neben Pfirsichen auch Sultaninen, Baumwolle, Luzerne und Gemüse anzubauen. Besonders schöne Fotomotive sind die großen **Wasserräder** aus der viktorianischen Zeit, von denen heute noch elf in Betrieb sind.

Unterkunft/Restaurant
Ein echter Tipp ist ein Besuch im ***Vergelegen Country Restaurant,** 3 km östlich von Kakamas. Im toskanischen Stil eingerichtet, gibt es hier das beste Essen weit und breit. Biltong-Peppadew Suppe probieren! Es lohnt sich auch, über Nacht zu bleiben. Tel. 054-4310976, www.augrabiesfalls.co.za.
Budget Die Mas Camping Resort, 4 km außerhalb am Ufer des Orange River. Tel. 054-4311150. Privatresort, Stellplätze, Rondavels.

→ Abstecher

Augrabies Falls National Park

120 km westlich von Upington liegt am Ufer des Orange River der 88.000 ha große **Augrabies Falls National Park.** Er wurde 1967 eröffnet. Es sind nicht die Fälle des Orange River allein, die den Reiz dieses Parks ausmachen, es ist vielmehr die faszinierende Mischung aus Wüste und Wasser, aus Stille und Rauschen. Auf guter Schotterstraße, vorbei am *Moon Rock,* führt eine Autoroute zu verschiedenen Aussichtspunkten (Gatter 7–18 Uhr geöffnet).

Entfernungen: Upington 120 km, Kapstadt 840 km, Johannesburg 900 km.

Klima: Das ganze Jahr über herrscht große Hitze (sommers meist über 40 °C). Die Regenwahrscheinlichkeit ist zwischen Januar und März am größten. Zwischen **März** und **Oktober** kommen die **meisten Besucher.**

Geschichte

Ursprünglich waren die Wasserfälle ein heiliger Ort der San. Das Wort Augrabies kommt vom Namawort *aukoerebis* – „Platz des lauten Rauschens". Die Khoikhoi, die hier siedelten, glaubten, das Geräusch käme von einem Monster unter den Fällen. Hendrik Wikar, schwedischer Söldner und Deserteur der englischen Truppe am Kap, war der erste Weiße, der das Naturwunder zu Gesicht bekam (1778). Er sah „einen mächtigen Wasserfall, der zweimal so hoch wie ein Schloss in die Tiefe stürzt". 1824 kam der englische Reisende George Thompson vorbei. Er betitelte sie „Catheract of King George" und galt fast 100 Jahre als Entdecker, bis 1916 die Aufzeichnungen Wikars veröffentlicht wurden.

Die Wasserfälle

Vor 500 Millionen Jahren hoben sich gewaltige Gesteinsmassen, zerrissen sich in Schluchten und Klammen. Der Orange River grub sich immer tiefer in die Granit-

Im Augrabies Falls National Park

landschaft. Über Katarakte und Stromschnellen verliert der Fluss 90 m Höhe und wird rasend schnell, bevor er am **Hauptwasserfall 56 m** in die Tiefe stürzt. Tosend zieht er weiter über kleinere Fälle und versprüht feinste Tropfen, die zarte Wolken bilden. Bei gutem Wasserstand rauschen etwa 400 Millionen Liter pro Stunde in das 130 m tiefe Becken, das von Kimberley angeschwemmte Diamanten enthalten soll. Auf der Nordseite liegt der **Bridal Veil Waterfall,** der 85 m in die Tiefe stürzt.

Die Schlucht

Von den Wasserfällen aus fließt der Orange River durch eine enge, 240 m tiefe und 18 km lange Schlucht. Bei normalem Wasserstand ist das Wasser durchschnittlich nur 2 m tief. Denkt man aber an die Menge von 45 Kubikmeter pro Sekunde, kann man die Gewalt des Flusses erahnen! Bei der großen Flut 1988 erreichte der Orange River einen Rekordwert von 7800 Kubikmetern pro Sekunde! Klaas Island, Hauptsitz der Parkverwaltung, war für 14 Tage von der Außenwelt abgeschnitten.

Geologie, Flora

Die meisten Gesteinsformationen bestehen aus einer Mischung von Biotit, Granit und Gneis, bekannt auch als *„rosa Gneis".* Wenn er verwittert, bildet er große abgerundete Kuppeln in den typischen Farben Orange und Braun. Es gedeihen vorwiegend **Euphorbien,** Wolfsmilchgewächse mit großer Formenvielfalt, die Baumgröße erreichen können, daneben **Köcherbäume,** baumartige Aloen. Ihre hohlen Äste benutzten San als Köcher.

Im Juni und August tummeln sich um die gelben Blüten Insekten und Vögel. Nur die Ufer des Orange River sind üppiger begrünt.

Tierwelt

Rock Dassies (Klippschliefer) sind die meistgesehenen Tiere im Park (sie sind übrigens die nächsten Verwandten der Elefanten!). Kleine Gruppen von Pavianen leben in den Felswänden. Springböcke wurden ab 1976 angesiedelt. Es gibt auch Klippspringer.

Mit viel Glück sieht man zwei sehr seltene Spezies: **Ameisenbär** und **Erdwolf.** Ulkig ist der *Springhare,* der große **Springhase,** der einem Känguruh ähnelt. Unter den Raubtieren sind Leoparden, Wüstenluchse und Schakale vertreten. Gegen Ausbrüche wurde ein Elektrozaun gezogen.

Vögel

172 Vogelarten, unter ihnen Ludwigs- und **Riesentrappen** – mit 19 kg die schwersten flugfähigen Vögel der Erde – sowie Schwarzstörche brüten in den wilden Schluchten. Wer Glück hat, kann vom „Echo Corner" aus Fischadler beobachten.

Schlangen und andere Reptilien

Bei neunzehn Schlangenarten – **Puffottern, Kapkobras** und die giftspuckende **Schwarze Kobra** – ist hier besondere Vorsicht geboten! Geckos, Echsen und Agamas trifft man häufig in der felsigen Landschaft. Besonders interessant sind die **Rotschwanz-Felseidechsen** *(Platysaurus capensinsis):* die Weibchen sind unauffällig grau-grün, die Männchen können anhand ihres roten Schwanzes leicht identifiziert werden.

Fische

40 Fischarten schwimmen im Fluss. Die häufig vorkommenden Barben *(Tachysuridea)* ernähren sich vorwiegend von anderen Fischen und können zwei Meter lang werden. Das bislang größte Exemplar wog 60,8 kg! Ihre langen Barteln und

420   Pofadder

Karte S. 396

starren Gesichtszüge sind furchterregend. Man wähnte in ihnen das „Monster" der Wasserfälle. 200 m unterhalb des Falls jagen sie. In der internationalen Liste der artbedrohten Fische findet sich die Namaqua minnow *(barbus hospes),* die hier endemisch ist.

Information

Augrabies Falls National Park, South African National Parks, Pretoria/Tshwane, Tel. 012-4289111, www.sanparks.co.za, reservations@ sanparks.org. Park-Adresse: The Park Warden, Augrabies Falls National Park, Tel. 054-4529200. Eintritt R120.

Im Parkzentrum am Wasserfall Karten und Infos (sehr empfehlenswert ist: Augrabies Falls N.P. Travel Guide). Auch kleine Ausstellung über die Geologie des Parks und eine Gesteinssammlung (tgl. 7–19 Uhr). Rezeption und Curio Shop (tgl. 7–19 Uhr), Souvenirs, große Auswahl an Proviant. Waschautomaten und Bügelraum. Drei **Pools,** nur für Übernachtungsgäste. Malariaprophylaxe notwendig. Benzin und Diesel. Arzt und Werkstatt in Kakamas (40 km). Der Park eignet sich gut für Familien. Kurzweilige Wanderungen, viele Tiere.

Hauptgatter tgl. 24 h offen, Eintritt pro Person/Tag R60. **Shibula Restaurant and Gariep Ladies' Bar** 12–14 und 18–22 Uhr. **Cafeteria** 7.30–18 Uhr, kleinere Mahlzeiten und Getränke.

Wandern

Der fast 40 km lange **Klipspringer Hiking Trail** dauert 3 Tage (gute Kondition erforderlich). Der Rundwanderweg verläuft die ersten zwei Tage parallel südlich der Schlucht. Übernachtung in Hütten. Proviant (vor allem viel Wasser!) muss mitgebracht werden. Nur 12 Personen pro Tag sind zugelassen, Reservierung vorgeschrieben (South African National Parks, mind. 2 Personen, R250 p.P.). Malariaprophylaxe wird empfohlen. Den ersten und letzten Teil des Klipspringer Hiking Trails kann man als Tagestour begehen, lohnenswert ist dabei der erste Teil, der an die Schlucht heranführt. Kopfbedeckung mitnehmen, fast nirgendwo Schatten.

Achtung: Wegen der großen Hitze Mitte Oktober bis 31. März geschlossen.

Der **Dassie Nature Trail** ist ideal für Naturfreunde, die auf 5 km das Areal entdecken wollen. Er führt zu schönen Aussichtspunkten, zum Moon Rock, einer interessanten Gneiss-Formation und zu den Potholes.

Pirschfahrt/4x4 Trail

Es ist möglich, mit dem eigenen Fahrzeug auf Pirschfahrt zu gehen. Öffnungszeiten beachten! Nördlich des Flusses liegt ein rustikales Bushcamp. Hier startet die 4x4 Route, die nicht nur Anfängern Überraschungen bereitet. Informationen an der Rezeption.

Unterkunft

Rest Camp, South African National Parks Pretoria, Tel. 012-4289111, reservations@ sanparks.org, www.sanparks.org. Chalets für 2 Personen ab R900. Family Cottage ab R1620 (max. 6 Personen).

Es gibt einen hervorragenden **Campingplatz** mit wunderbarer Aussicht und besten sanitären Einrichtungen (40 Plätze/R145).

Alternative:

5 km vor dem Haupteingang liegt das **The Falls Guest House,** Augrabies, Tel./Fax 054-4517021, www.thefallsaugrabies.com. Nett, ländlich, Cottages in Gartenlage.

Ebenfalls außerhalb, 10 km vor Haupteingang, liegt die *****Augrabies Falls Backpackers Lodge,** Tel. 072-5156079, www.augrabies-backpackers.co.za. Sehr kommunikativer Ort. Auch Camping. Dorm R120, DZ R250.

✔ **Abstecher**

Pofadder

Für Touristen interessant sind die Geschäfte, eine 24-Stunden-Tankstelle, Autowerkstatt, Banken und die Apotheke. Wanderer sollten sich nach dem **Pofadder Hiking Trail** erkundigen, Tel. 054-9330066. Er führt in 4 Tagen durch einsame, einzigartige Landschaften zu den Missionsstationen *Pella* und *Onseepkans.* Interessant sind die **Ritchie Falls,** der einzige Ort, an dem der Orange River von Westen nach Osten fließt. Auf der Farm Coboob findet man den **größten Köcherbaumwald der südlichen Hemisphäre.** Ein Weg für erfahrene und ausdauernde Wanderer ist zwischen Mai und September geöffnet.

Information:

Municipality, Nuwe St, Tel. 054-9330063.

Unterkunft (Touristic)

Pofadder Hotel, Tel. 054-9330063, www.pofadderhotel.co.za; Zimmer, Chalets und Ferienwohnungen.

Camping Rus-i-Bietjie Caravan Park, Tel. 054-9330066, auch Zimmer.

→ **Abstecher**

Pella

Die 1814 von der Londoner Missionsgesellschaft gegründete Station liegt 40 km nordwestl. von Pofadder und ist über eine Abzweigung von der N 14 auf Schotterstraße zu erreichen. Nach dem Tod der ersten Missionare wurde die Station 1878 von der katholischen Kirche übernommen. Der Bau der Kirche dauerte 7 Jahre und wurde von zwei Missionaren vollendet, die als Anleitung nur ein Nachschlagewerk besaßen. Eine Straße führt zu **Charlie's Pass** und weiter durch die Berge zu einem Camp am Ufer des Orange River, wo man Schwimmen, Kanufahren und Fischen kann. Hier startet auch die Namakwa 4x4 Route.

Namakwa 4x4 Route

Die Strecke ist 642 km lang und kann in drei Varianten befahren werden. **Route 1** ist für Anfänger, führt auf 328 km von Pella nach Vioolsdrif und dauert 2–4 Tage. **Route 2** schließt in Vioolsdrif an und geht 284 km durch das Helskloof Reserve und

---

Die San – eins mit der Natur

Spätestens seit dem Film „Die Götter müssen verrückt sein" erfuhr die Welt von dem kleinen Volk der **Buschleute** oder **San,** wie sie sich selber nennen. Sie leben in kleinen Familienverbänden in der unwirtlichen Weite der Kalahari und ihre ganze Existenz ist völlig mit der Natur verwoben. Ihren Lebensrhythmus bestimmen die Jahreszeiten, die Pflanzen und der Zug der Tiere. Sie haben ein sanftes Wesen und obwohl sie traditionell Jäger und Sammler sind, würden sie nie einem Tier oder einer Pflanze schaden, es sei denn, um ihren Hunger zu stillen. Ihre Frauen sammeln Wurzeln, Früchte und Beeren und besonders wilde Sorten der Melonen, wie die Tsamma, die nicht nur Nahrung, sondern vor allem das lebenswichtige Wasser geben. Die Männer gehen mit Pfeil und Bogen zur Jagd. Ihre Pfeilspitzen tauchen sie in Gift, das sie aus Insektenlarven gewinnen.

Das Gift wirkt auf das Nervensystem des Tieres sehr langsam, und die Jäger müssen gewaltige Strecken zurücklegen, um der Spur des Wildes zu folgen. Am Ende des Weges ist das Tier dann sanft entschlummert. Die Familie wird zusammengeholt, es wird gefeiert, getanzt und gesungen. Und natürlich gegessen. Man verwertet das ganze Tier und teilt gerecht. Es heißt, Buschmänner könnten auf Vorrat essen. Sie verdauen ihre Nahrung zu einhundert Prozent. Fett wird im Gesäß gespeichert und kann bei Bedarf als Kaloriennachschub abgerufen werden. Ein hungriger San ist recht faltig, kann sich durch Nahrung aber wieder einer „Verjüngungskur" unterziehen. In Zeiten, in denen das Wild rar wird, spalten sich die Familien in immer kleinere Gruppen, und in Dürreperioden kauen die Frauen die Rinde eines bestimmten Baumes zur Empfängnisverhütung. Man vergräbt in Straußeneier gefülltes Wasser, um im Notfall noch Reserve zu ha-ben. Der Begriff des persönlichen Besitzes existiert in ihrer Vorstellungsweise nicht. Was auch sollte man hier besitzen? Da sie ein halbnomadisches Leben führen, müssen sie ihre Habseligkeiten mit sich tragen können. Heute gibt es nur noch wenige San, die so leben.

Dünenlandschaften hinunter nach Alexander Bay an der Orange-River-Mündung. **Route 3** ist identisch mit Route 2, streift aber zusätzlich den Richtersveld Park.

Informationen über Springbok Regional Information Office, Tel. 027-7128000 Fax 712 8040. Schriftliche Erlaubnis notwendig.

✔ Abstecher

→ **Abstecher**

Vioolsdrif und Fish River Canyon in Namibia

Vioolsdrif

677 km nördlich von Kapstadt liegt dieser kleine Ort an der Grenze zu Namibia, die durchgehend geöffnet ist. Von hier aus hat man einen spektakulären Blick auf den **Orange River,** der sich durch die bizarren Felslandschaften frisst. An den Ufern reihen sich kleine Felder.

Noordoewer

Vioolsdrif gegenüber liegt auf namibischer Seite Noordoewer. **Einreise:** Verlangt wird der Reisepass und die Wagenpapiere der Autovermietung, die die Ausreise von Südafrika nach Namibia ausdrücklich erlaubt. R140 kostet derzeit die Straßengebühr. Touristische Bedeutung hat der kleine Ort vor allem durch das 9 km entfernte Camp von *Felixe Unite River Adventures,* das allerdings nur von Teilnehmern benutzt werden darf. Aber auf ein kleines Schwätzchen kann man schon vorbeischauen, vor allem, wenn man Interesse an einem Ausflug auf dem Orange River hat.

Unterkunft:

Touristic Orange River Lodge, 1 km hinter der Grenze, Noordoewer, Tel./Fax (264) 063-297012, www.orlodge.iway.na. DZ N$ 450. Schöne Zimmer, Restaurant, Tankstelle.

Budget Camel Lodge, Noordoewer, Tel. (264) 063-297171, 19 Zimmer, Zeltplatz, Pool.

Der Orange River

Der Orange River (Afrikaans: Oranje) entspringt in den Maluti-Bergen von Lesotho. Auf 2250 km durchfließt er das zentrale südafrikanische Hochplateau, gräbt sich durch die Augrabies-Schlucht, bildet die Grenze zu Namibia und mündet in den Atlantik. Er ist der größte und wichtigste Fluss des Landes – 47 % der gesamten landwirtschaftlichen Anbaufläche Südafrikas werden durch ihn und seine Nebenflüsse mit Wasser versorgt!

Einst trug er den Namen *Gariep,* Khoisan für „großer Fluss". 1779 wurde er zu Ehren des Prinzen von Oranje umgetauft. Sein Zustand ist von den Jahreszeiten abhängig: Nach großen Regenfällen ist er wild und reißend, es kann zu Überschwemmungen von 10 km Breite kommen. In trockenen Zeiten ist er langsam und träge. Auf seiner gesamten Länge fließt er überwiegend durch trockenes, dürres und flaches Land. Nur an seinen Ufern leuchtet das Grün der Vegetation und die Felder der Farmer werden parallel zu seiner Uferlinie angelegt. Kostbarkeiten wie Amethyste, Tigeraugen, Rosenquarz, Granate und Turmaline werden von ihm mitgeführt und ans Ufergeröll gespült, darunter sogar Diamanten.

Abenteuer auf dem Fluss

Die beste Art der Entdeckung des Orange River ist eine Fahrt mit **Kanus** oder **Wildwasser-Booten,** und am schönsten sind mehrtägige Fahrten mit Zeltübernachtungen. Besonders beeindruckend sind dabei Touren durch den Richtersveld Park bzw. den Ai-Ais/Richtersveld Transfrontier Park. November bis Februar ist es ziemlich heiß, in den Wintermonaten muss man mit sehr kalten Nächten rechnen. Die meisten Boote führen tragbare Toiletten mit. Ohnehin muss man alles, was man auf die Tour mitnimmt, auch wieder nach Hause tragen.

Etliche Veranstalter bieten Touren unterschiedlicher Länge an. Beim Buchen darauf achten, ob Kinder erlaubt sind oder ob ein Mindestalter vorgeschrieben ist. Manche Wildwasserfahrten sind nicht ohne! Kanutrips verlaufen meist ruhiger. Tragen von Schwimmwesten obligatorisch.

Tourenanbieter

Felix Unite River Adventures, Tel. 021-6836433, www.felixunite.com. – The River Rafters, Tel. 021-9759727, www.riverrafters.co.za. Die Preise liegen ab R2690 für 4 Tage und R2955 für 5 Tage.

Gute Infos auf namibischer Seite auf www.namibweb.com.

Fish River Canyon

Grenzüberschreitender Park

2003 wurden der *Richtersveld National Park* auf der südafrikanischen Seite des Orange River mit dem namibischen *Ai-Ais/Fish River Canyon Park* zum **Ai-Ais/Richtersveld Transfrontier Park** zusammengeschlossen.

Geld

Namibia akzeptiert südafrikanische Währung. Umtausch unnötig.

Riesige Schlucht

Als vielfach gewundenes Band schlängelt sich der **Fish River** durch eine Schlucht, die mehr als 160 km lang, bis zu 27 km breit und an manchen Stellen über 500 m tief ist. Nach dem Grand Canyon in den USA ist der **Fish River Canyon** die **zweitgrößte Schlucht der Erde** und zählt zu den beeindruckendsten Naturwundern Afrikas. Der Blick auf den **Wanderweg** entlang des Flusses lässt die Anstrengungen ahnen. Es geht steil hinunter, an manchen Stellen sind Drahtseile befestigt, um ein Abrutschen zu verhindern. Unten angekommen steht man zwischen Schilfgras und kleinen Büschen. Der Fish River, der längste Fluss Namibias, führt nur noch wenig Wasser. Kaum kann man sich vorstellen, dass er jedes Jahr nach Regenfällen in einer 8 m hohen Flutwelle durch die Schlucht brandet. In den Tümpeln tummeln sich Kaplachse und Barben, es gibt eine reiche Vogelwelt und kleinere Säugetiere, wie Klippschliefer und Klippspringer, finden in der unwirtlichen Steinlandschaft ein Zuhause. Mineralienfreunde bewundern das große Vorkommen an Rosenquarz.

Aussichtspunkte

Von zwei Richtungen gelangt man mit dem Auto an den Canyonrand heran. Im Norden führt die C12 von Grünau zum Hauptaussichts- und Abstiegspunkt für die Wanderung. Von dort kann man oben auf ca. 25 km entlang der Schlucht fahren. Man muss auf demselben Weg wieder zurück. Im Süden erreicht man über die C10 den kleinen **Ort Ai-Ais,** dort ist der Ausgang des Canyons.

Wanderung

Vom nördlichen Aussichtspunkt bis Ai-Ais führt eine 86 km lange Wanderstrecke (3– 5 Tage). Bei Tagestemperaturen bis zu

Fish River Canyon

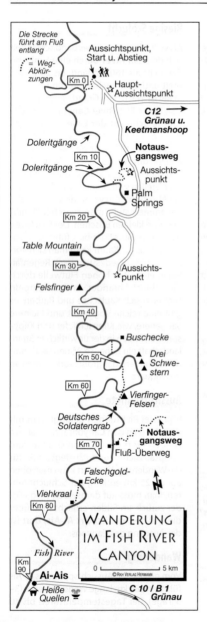

40 °C und mit schwerem Gepäck (Schlafsack, Wasser – Entkeimungstabletten nicht vergessen – und Proviant) kein leichtes Unterfangen. Doch alle, die es geschafft haben, waren restlos begeistert. Voraussetzung ist neben guter Kondition auch ein ärztliches **Tauglichkeitszeugnis,** das nicht älter als 40 Tage sein darf. Eine Wandergruppe darf minimal aus 3 Personen, maximal aus 40 Personen pro Tag bestehen. Die Wanderung kann nur in den Wintermonaten von Mai bis September unternommen werden. Vorausbuchung – ein Jahr im Voraus –, ist notwendig (s.u.).

Ai-Ais

Es ist beeindruckend, wenn man aus der kargen Wüstenlandschaft in dieser Oase eintrifft. Hier gibt es bis zu 60 °C heiße Quellen, die reich an Chloriden, Sulphaten und Phosphor aus dem Flussbett quellen und verschiedene Bäder versorgen (besonders Rheumakranke und Menschen mit Nervenleiden pilgern an diesen ungewöhnlichen Ort in der Wüste).

Es gibt ein Restaurant (7–9 u. 12–14 Uhr und 18–22 Uhr), Shop, Tankstelle und Thermalbecken (Eintritt N$100).

Anfahrt

Von Noordoewer auf der B1 und dann nach Westen auf die C10 abbiegen, die direkt nach Ai-Ais führt. Eine Abzweigung nach Norden führt nach etwa 55 km rechts weg zum Aussichtspunkt am östlichen Canyonrand und zum Hobas Rastlager (schlechte Straße). Eine kleinere alternative Route führt von der B1 aus nach etwa 50 km links nach Ai-Ais.

Information und Reservierung

Namibia Wildlife Resorts, Tel. 061-285 7200, www.nwr.com.na, Fax 061-224900. Ankunft im Camp spätestens 23 Uhr. Dann schließen die Tore bis 6 Uhr morgens.

Karte S. 424

Springbok 425

Unterkunft

Alle Übernachtungen müssen über das zentrale Reservierungsbüro in Windhoek gebucht werden. **Ai-Ais:** DZ ab N$700 p.P., Chalet N$675 p.P. und Caravan- und Zeltplatz N$200 p.P. Das Ai-Ais-Rastlager ist vom 15. März bis 31. Okt. geöffnet, sonst geschlossen!

Rastlager Hobas: Nur Zeltplatz (N$120), ein Kiosk und Pool. Wanderungen in die Schlucht.

Gondwana Cañon Park: 20 km entfernt liegt die ***Cañon Lodge** mit 25 Bungalows (Natursteinbauweise mit Strohdächern) in privatem Resort. Restaurant, Schwimmbad. Infos unter Tel. 063-693014, www.gondwana-canyon-park.com.

Information Namibia

Namibia Tourism, Schillerstr. 42–44, 60313 Frankfurt, Tel. 069-1337360, www.namibia-tourism.com, Fax 069-13373615. Info-Pakete, Touristenkarte und Beherbergungsnachweis.

Reiseführerempfehlung von Reise Know-How: Schetar/Köthe: **Namibia**

✔ **Abstecher**

Springbok

Springbok, die Hauptstadt des **Namaqualandes,** liegt inmitten mächtiger Granithügel der Klein Koperberge. Sie ist das Zentrum der Diamantenindustrie der Küste und des Kupferabbaus in Nababeep und Okiep.

Um 1920 lebten viele jüdische Händler in der Stadt. 1929 erbauten sie eine Synagoge, die später in das **Namaqualand Museum** umfunktioniert wurde (weiße Siedlungsgeschichte mit historischen Fotografien, Mo–Sa 9–12 Uhr). 10 km

Northern Cape

Namaqualand – Wüste, Diamanten und Kupfer

Als breiter trockener Küstenstreifen zieht sich das Land der Nama nördlich von Vanrhynsdorp bis westlich Pofadder. Durch den kalten Benguelastrom kommt es hier zu keiner Wolkenbildung – strahlend blauer Himmel und Trockenheit sind die Konsequenz, nur 50–150 mm Regen fällt pro Jahr. Der fast vegetationslose Landstrich erscheint unbewohnbar, karg und arm. Doch der Reichtum liegt unter der Erde: es gibt riesige Diamanten- und Kupfervorkommen.

Nur spärlich ist das Land besiedelt: im Südosten von afrikaanssprechenden Schafzüchtern, im Nordwesten von den Nama. Die **Koperberge** – Kupferberge – waren bereits 1685 Ziel einer Expedition. *Simon van der Stel* machte sich mit 15 Ochsenkarren vom Kap ins unerforschte Gebiet auf. Begleitet wurde er von 50 Europäern, dem Gouverneur und zahlreichen Khoikhoi als Spurensucher. Nach zwei Monaten und 700 km wurden die Koperberge erreicht. Man fand zwar Kupfer, doch weitere 180 Jahre vergingen, bis man das Erz abtransportieren konnte. Heute werden in den drei Hauptminen *Nababeep, Okiep* und *Wheal Julia* **eine Million Tonnen Kupfererz** jährlich gefördert.

Das Namaqualand besitzt auch, besonders in den nördlichen Küstenregionen, **Diamantenlager.** 1925 fand ein junger Soldat bei **Port Nolloth** den ersten größeren Diamanten am Strand. De Beers reagierte schnell: Damit es zu keiner Überproduktion und zum Preisverfall kam, übernahmen sie die Kontrolle. Die meisten Diamantenfelder sind bis heute „restricted areas". Die Diamanten werden im groben Geröll der Atlantikküste und im dahinterliegenden Sandveld, einst unter dem Meeresspiegel, gesucht. Bis zu 15 m tief wird der Erdboden durchgegraben. Die Diamanten im Meer werden von Tauchern mit Spezialbooten und Pumpsystemen aufgespürt.

426 Springbok

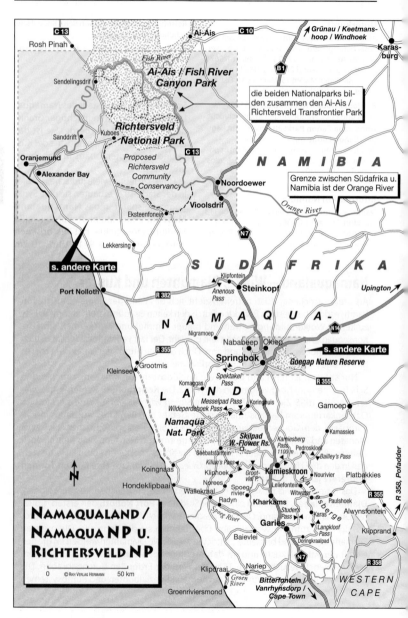

außerhalb der Stadt Richtung Pofadder liegt bei Carolusberg am Rande des Goegap Nature Reserve die **Van der Stel's Kupfermine** auf dem Gebiet der Okiep-Kupfermine. Eine Bronzeplatte markiert die Stelle, an der Simon van der Stel 1685 den ersten Schacht zur Kupfersuche in südafrikanischen Boden trieb. Heute ist die Mine ein *National Monument*.

Interessant ist auch ein **Ausflug nach Nababeep**, zur größten Kupfermine des Namaqualandes (Buchung in der Springbok Lodge). Sehenswert ist das *Mining Museum* mit einer Fotoausstellung und „Clara", eine alte Schmalspur-Dampflokomotive, die die Mine mit Port Nolloth verband (Mo–Fr 10–13 Uhr, 14–17, Sa 10–13 Uhr).

Der zweitägige **Skaaprivier Hiking Trail** führt durch einen pittoresken Canyon. Beste Wanderzeit Mai–September. Keine Übernachtungsmöglichkeiten. **Namaqua Horse Trails** bieten neben Ausritten – auch mehrtägige, z.B. durch das Goegap Nature Reserve – Wandern und Moun-tainbiking an (www.namaquahorsetrails.co.za, Tel. 027-7123337).

Information Springbok

Tourist Information Centre, Old Church, Namakwa St, Tel.027-7121880, Fax 7181286, Mo–Fr 7.30–16 Uhr, www.northerncape.org.za. Übernachtungsmöglichkeiten, aktuellen Daten der Blüte. Postamt nebenan.

Restaurants

*Springbok Restaurant, 37 Voortrekker St, Tel. 027-7121321; lebhafte Informationsbörse, bester Platz für gutes Essen. **Springbok Hotel,** Van Riebeeck St, auch nicht schlecht. Sehr zu empfehlen ist das **Tauren Steakhouse** in der Hospital Street. Super Steaks und riesiges Salatbüfett.

Unterkunft

Touristic

*Annies's Cottage, 4 King St, Tel./Fax 027-7121451, www.springbokinfo.com (m. Anfahrtskizze). Historisches, liebevoll restauriertes Herrenhaus. Pool, schattiger Garten. Preise auf Anfrage.

Masonic Hotel, 60 Van Riebeeck St, Tel. 027-7121505, www.namaqualandflowers.co.za. 28 ruhige Zimmer, Preise auf Anfrage.

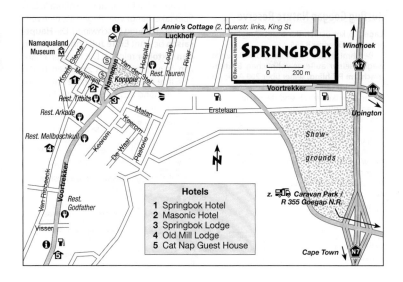

Naries Guest Farm, Tel./Fax 027-7122462, www.naries.co.za (m. Anfahrtsskizze), 26 km außerhalb an der R 355 nach Kleinsee. Bilderbuch-Farmhaus, Halbpension.

Old Mill Lodge, 69 Van Riebeeck St, Tel. 027-7181705, www.oldmilllodge.com. Gemütlich, geschmackvolle Zimmer. DZ/F R850.

Springbok Lodge, 37 Voortrekker St, Tel. 027-7121321, www.springboklodge.com. Gemütlicher Familienbetrieb mit Restaurant und Curio Shop.

Springbok Hotel, 46 Van Riebeeck St, Tel. 027-7121161, www.namaqualandflowers.co.za. Ruhig, zentral. Mit Biergarten.

Budget

Cat Nap Guesthouse, 99 Voortrekker St, www.adventureaddict.com/aa/richtersveld.htm. Preisgünstiges Gästehaus mit DZ und Schlafraum mit Stockbetten.

Kokerboom Motel, Tel. 027-7122685, www.namaqualandflowers.co.za. An N 7, 4 km südlich, kinderfreundlich. – The Namastat, 3 km westlich der Stadt, Tel. 027-7181455, namastatlodge.co.za. Namahütten.

Camping Springbok Caravan Park, Goegap Rd, Tel. 027-7181584. Campingmöglichkeit auch beim Kokerboom Motel, 5 km südlich, www.namaqualandflowers.co.za.

Ausflug Goegap Nature Reserve

Lage: 16 km östlich der Stadt, Anfahrt von Springbok über die R 355.

Berühmt ist das 15.000 ha große Reservat wegen seiner außergewöhnlichen **Blütenpracht im Frühling,** seiner über 200 Arten an Karoo- und Namaqualand-Sukkulenten und Aloen. Charakteristisch sind die relativ kurzlebigen Blühpflanzen, die sich explosionsartig für wenige Wochen wie ein Teppich über dem Landstrich ausbreiten. Im **Hester Malan Wild Flower Garden** ist besonders der Steingarten sehenswert. Weite Ebenen, auf denen Strauße, Zebras, Oryxantilopen, Klippspringern und Springböcke vor beeindruckender Felsenkulisse stehen. Auch sieht man häufig Paviane, Löffelhunde und Wüstenfüchse. Einige Fahrstrecken gehen durch das Reservat, darunter (vorwiegend anspruchsvolle) **4x4 Trails.** Die **Rundwanderwege** sind je 4 km, 5,5 km und 7 km lang. Zwei **Mountainbike-Routen** (14 km und 20 km) werden mit R20 p.P. berechnet.

Information:

Goegap Nature Reserve, Springbok 8240, Tel. 027-7189906, Fax 7189907, Mo–Fr 8–16 Uhr (in der Blüte im August und September auch Sa/So). Schöne Unterkünfte: Camping R30, Huts R100. Nur Selbstverpflegung.

Blütenmeer

Im Frühling explodiert im Namaqualand der Boden förmlich: Der *„Garten der Götter"* erwacht: Ein Blütenteppich aus Millionen kleiner Pflanzen überzieht fast über Nacht die Wüstenlandschaft mit Daisies, Korbblütengewächsen in weiß, gelb und orange, roten Gazanias, purpurfarbenen Cinerarias und schwarz und orange getupften Gortevias. Die über 4000 verschiedenen Pflanzenarten des Namaqualandes gehören in die Kategorie tropische Flora – „Palaeotropical Kingdom" (nicht zu verwechseln mit der „Kapflora"). Das Spektakel hängt vom Regen ab, eine zeitliche Vorplanung ist schwierig. Die **Hauptsaison** beginnt **Ende Juli** und kann **bis in den Oktober** reichen. Die meisten Pflanzen öffnen ihre Blüten zwischen 10–16 Uhr. Ihre Köpfchen richten sie nach dem Sonnenstand aus. Die Blühzone beginnt

etwa ab Vanrhynsdorp und dehnt sich über Garies Richtung Norden bis Steinkopf und östlich bis Aggeneys aus. Verhältnismäßig zuverlässige Blühregionen sind die Hügel um Springbok, Nababeep und in den Kamiesbergen.

Flower Routes

Auskunft über die Blütezeit bei der Tourist Information Springbok. Es gibt fünf wesentliche Fahrtrouten zu den schönsten Punkten (s. Karte „Namaqualand / Namaqualand N.P."):

Tour 1:
von Springbok Richtung Hondeklipbaai über den *Messelpad Pass* und den *Wildeperdehoek Pass* nach Soebatsfontein.

Tour 2:
von Springbok auf der N 7 nach Steinkopf und weiter über den *Anenous Pass* Richtung Port Nolloth. An der Abzweigung Grootmis/Kleinzee in Richtung Süden und Rückfahrt nach Springbok über den *Spektakel Pass*. Von Springbok nach Kleinzee ist ein Permit nötig.

Tour 3:
ab Kamieskroon (s.u.) nach Osten Richtung Leliefontein zur sog. „Garden Route des Namaqualandes". Nach dem *Kamiesberg Pass* die Abzweigung nach Gamoep nehmen. Nach etwa 10 km an der Beschilderung nach Nourivier einbiegen, von dort weiter nach Leliefontein (alte Missionsstation). Von da weiter über Karas nach Garies.

Tour 4:
von Garies (s.u.) über Baievlei und Wallekraal nach Hondeklipbaai fahren. Von Hondeklipbaai Richtung Soebatsfontein und weiter Richtung Kamieskroon. Dann Abstecher zum *Skilpad Wildflower Reserve* (s.u.).

Tour 5:
von Garies nach Südwesten nach Groenriviermond fahren (68 km). Die Blütenpracht reicht an der Strecke bis hinunter zur Küste.

→ **Abstecher**

Abstecher von Springbok:

Steinkopf (49 km), Port Nolloth (92 km), Alexander Bay (83km), Richtersveld (94 km)

Steinkopf

Am nördlichsten Zipfel des blühenden Namaqualandes liegt **Steinkopf,** 1818 von der Rheinischen Mission gegründet und besonders wegen der **Matjieshuise** – Riedhütten (Mattenhütten) – der Nama bekannt. Die Bauten bieten optimalen Hitzeschutz, obwohl sich die Materialien etwas geändert haben und durchaus auch einmal aus Mehlsäcken bestehen können. Rund um den Ort kann man sich auf die Suche nach Halbedelsteinen machen.

Port Nolloth

Die Weiterfahrt von Steinkopf über den **Anenous Pass** nach Port Nolloth ist atemberaubend! Man entdeckt noch Überreste der alten Eisenbahnlinie, deren Waggons den steilen Pass hinauf von Mauleseln gezogen werden mussten, bevor starke Dampflokomotiven sie ablösten. Es geht hinunter in eines der trockensten Gebiete des Landes – und trotzdem in ein Nebelloch. Das verleiht Port Nolloth eine merkwürdige Stimmung. Mit kleinen Booten fahren Glücksritter raus und tauchen den Meeresgrund nach Diamanten ab. Es ist ein Kommen und Gehen von weither unter den Bewohnern. Wer nicht nach Steinen sucht, fischt Langusten. Im eiskalten Wasser kommen Badefreuden am Strand nördlich der Stadt nur bei Hartgesottenen auf. Touristische Attraktionen gibt es nicht. Dafür einige gute Geschäfte, eine Tankstelle und eine Apotheke. *Kwit-Fit,* Tel. 027-8518709, hilft bei allen Reifenschäden. *Captain Pete's Tavern* gilt als beste Adresse für gutes Essen.
Information: www.portnollothinfo.co.za.

Illegale Diamanten

Ausschließlich de Beers besitzt in Südafrika das Recht, Diamanten sowohl zu kaufen als auch zu verkaufen. Besonders im Norden der Westküste werden immer wieder Touristen Diamanten unter der Hand von Diamantentauchern angeboten. Das ist illegal. Sowohl Verkäufer als auch Käufer erwarten hohe Strafen. Zudem ist die Chance, mit falschen Steinen betrogen zu werden, groß.

Unterkunft
Touristic
Bedrock Lodge, Kus Rd, Tel. 027-8518865, www.bedrocklodge.co.za. Gästehaus im alten Stil.
Scotia Inn, Tel. 027-8518353, www.scotiainnhotel.co.za. Klein, familiär. Restaurant.
Budget und Camping McDougall's Caravan Park, McDougall's Bay (südlich der Stadt), Tel. 027-8518657. Chalets und Stellplätze.

Alexander Bay

Südlich der Orange-Mündung liegt **Alexander Bay,** die Grenze zu Namibia ist der Fluss (es gibt keinen Übergang). Obwohl der Diamanten wegen die ganze Bucht gesperrt ist und von der Regierung kontrolliert wird, ist die Zufahrt von Port Nolloth aus möglich. Wer nicht zum Richtersveld Park will, sollte auf den Abstecher verzichten. Es gibt zwar eine recht interessante Minentour (Tel. 027-8311330) und ein kleines Museum, sind aber die Fahrt nicht wert.

Unterkunft:
Brandkaros Holiday Resort, 27 km flussaufwärts Richtung Richtersveld Park, Tel. 027-831 1856; Zeltplatz, Rondavels neben Zitrusplantage.

Kuboes

Karg, trocken und dennoch landschaftlich faszinierend liegt der kleine Ort **Kuboes** am Rande des Sandveld. Zu den beeindruckendsten Pflanzen auf den umliegenden Bergen gehört der knorriger Köcherbaum. In den sandigen Regionen entdeckt man häufig den „Gompou", die Riesentrappe. Zu der touristischen Attraktionen zählt der traditionelle **Namatanz,** der in Veranstaltungen der lokalen Bevölkerung oft mit Namastap-Musik und Märchenerzählungen begleitet wird. Die gruseligste Erzählung handelt vom „Wondergat" am **Cornellskop,** einer mysteriösen Grube, in der immer wieder Menschen verschwinden und wenig später völlig gealtert wieder auftauchen. Der Wanderweg zu der Kuppe ist unbedingt empfehlenswert.

Information/Unterkunft
Information Centre, Main St, Tel. 027-8312013.
Kuboes Guest House, Ortsmitte, Tel. 027-831 2363. Schöne Zimmer, auch mit Selbstverpflegungsmöglichkeiten.
Mountain Valley Guesthouse, Tel. 027-831 2363 (Johanna Obies), von der Gemeinde betriebene Riedhütten mit Campingmöglichkeit.

Richtersveld Park
– Ai-Ais/Richtersveld Transfrontier Park –

Weltkultur-Erbe

2007 wurde das **Richtersveld** zum Weltkulturerbe erklärt. Es beinhaltet 160.000 ha, im Norden das Gebiet des *Ai-Ais-Richtersveld Transfrontier Park,* im Osten die Landschaft des *Nababiep Provincial Nature Reserve* und im Süden und Westen die Weidegründe der *Sida Ihub Community*.

Peace-Park

2003 wurden der *Richtersveld National Park* mit dem namibischen *Ai-Ais/Fish River Canyon Park* auf der nördlichen Seite des Orange River zum internationalen Peace-Park **Ai-Ais/Richtersveld Trans-**

frontier Park zusammengeschlossen. Die Gesamtfläche umfasst nun 6045 qkm. Geplant sind in der spektakulären Landschaft weitere Wanderwege mit Overnight-Camping und Möglichkeiten zum River Rafting und Kanufahren.

Richtersveld Park

Der **Richtersveld Park** ist 162.445 ha groß und wurde 1991 gegründet. Er ist im Besitz der *Nama,* die ihn zusammen mit den South African National Parks verwalten. Die Nama leben in dem Gebiet halbnomadisch und dürfen ihre 6600 Rinder grasen lassen (in anderen Nationalparks ist Viehhaltung nicht erlaubt).

In der einsamen Wildnis des Parkes mit seinen einzigartigen Felsskulpturen wächst **die größte Sukkulenten-Ansammlung der Welt.** Zu den bemerkenswertesten Pflanzen zählen die „halfmens" *(Pachypodium namaquanum),* die manchmal wirklich wie gestikulierende Mensch/Planzenwesen in der Landschaft stehen, die unverwechselbaren **Köcherbaume** und das sogenannte **„Wundergras"** *(Enneapogon desvauxii),* das es nach einem Regenfall tatsächlich schafft, innerhalb von acht Tagen zu wachsen, zu blühen und Samen zu werfen.

Die unwirkliche Szenerie fesselt den Besucher: Zerklüftete, gefaltete, uralte Lavalandschaft, Sandebenen im flirrenden Licht der Mittagshitze, das tiefe Rot in der Abendsonne, die Stille der Bergwüste, das Raunen des Windes, der kleine Sandfahnen vor sich hertreibt. Obwohl der Park kein ausgesprochenes Tierreservat ist, leben in ihm Klippspringer, Steinböcke und **Bergzebras.** Gejagt werden sie von **Leoparden,** Braunen Hyänen und kleineren Raubtieren. Die Vogelwelt zwitschert vornehmlich im Ufergebiet des Orange River.

Temperaturen **bis zu 53 °C** werden erreicht! Die besten Tageszeiten für Aktivitäten sind die frühen Morgen- und Abendstunden. Sonnenschutz ist unbedingt erforderlich. In der Nacht kann es empfindlich abkühlen. Die **beste Reisezeit** liegt **zwischen April und Oktober.** Die **große Rundfahrt** vom Parkeingang über die *Camps Potjiespram, De Hoop, Kokerboompoort* bis zum *Helskloof Gate* ist 160 km lang (zwischen De Hoop und Richtersberg sehr schwierige Sandpiste!). Zwei bis drei Tage müssen eingeplant werden (Fahrtroute vorher mit den Rangern absprechen). Man kann auf drei Wegen wandern: *Vensterval Trail* (4 Tage/3 Übernachtungen), *Lelieshoek–Oemsberg Trail* (3 Tage/2 Übernachtungen) und Kodaspiek Trail (2 Tage/1 Übernachtung). Wanderungen nur 1. April – 30. Sept.

Anfahrt

Parkzugang über N 7 nach Steinkopf, Port Nolloth, Alexander Bay bis zum Helskloof-Gate oder weiter zum Sendelingsdrif Gate. Die Straße bis Alexander Bay ist asphaltiert, dann gute Schotterpiste 94 km bis zum Parkeingang. Alternativ kann man als Rückweg auch die Strecke über die kleinen Orte Khubus, Lekkersing oder Eksteenfontein wählen. Spektakulär ist die Strecke via Helskloof Pass zwischen Eksteenfontein und Vioolsdrif (nur für vierradangetriebene Fahrzeuge).

Geführte Touren

Richtersveld Tours, Tel. 082-3351399, www.richtersveldtours.com; zuverlässig geführte Jeep-/Wandertouren.

Information, Parkregeln

Alle Buchungen nur über **South African National Parks,** Tel. 012-4289111, reservations@sanparks.org, www.sanparks.org. Parkadresse: The Park Warden, Ai-Ais/Richtersveld Transfrontier Park, Tel. 027-7181286 oder 027-8311506.

Einfahrt in den Park nur mit rückbestätigter Buchung. Man muss das Hauptquartier um 16 Uhr erreichen, sonst keine Weiterfahrt zu den Campingplätzen möglich. Achtung: Immer fragen, welche Strecken gesperrt sind (besonders in der Regenzeit). Eintritt R140 p.P./Tag. Getränke und Treibstoff (Diesel und verbleites Benzin) manchmal in Sendelingsdrift. Öffnungszeiten Tankstelle: Mo–Fr 7.30–18 Uhr, Sa 8–16

432 Ai-Ais/Richtersveld Transfrontier Park — Karte S. 432

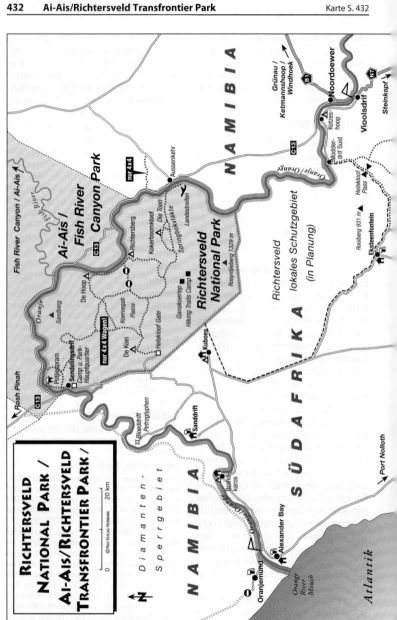

Uhr, So 8.30–13 Uhr. Verpflegung nur unter der Woche. Trinkwasser. Kein Eis.

Die meisten Wege sind ausgefahrene Farmpisten, die man am besten mit Geländewagen bewältigt, ansonsten nur Fahrzeuge mit besonders hoher Bodenfreiheit. **Mit normalen Pkw ist keine Zufahrt möglich.** Die angelegten Straßen dürfen nicht verlassen werden, Fahren bei Nacht ist verboten. Nur an den ausgewiesenen Campsites kann man herumspazieren. Wichtig: Nicht versehentlich die Sperrzonen der Diamantengebiete betreten, es hätte strafrechtliche Folgen. Wer Nama oder ihre Lager fotografieren möchte, muss um Erlaubnis bitten. Das Mitbringen von Plastikbeuteln für den Müll ist Vorschrift, er darf nicht vergraben und Toilettenpapier muss verbrannt werden. Sammeln von Feuerholz ist strikt verboten (da abends oft heftiger Wind herrscht, ist ohnehin ein Gaskocher besser).

Fähre
Die Fähre bei Sendelingsdrift, früher ausschließl. für das Minen-Personal, ist eine neue Einreisestelle nach Namibia. Geöffnet 8–16.15 Uhr.

Unterkunft
De Hoop Restcamp: Camping (R180/Site 2 Pers.)

Ganakouriep Restcamp: Canvas Cabins (R710/2 Pers.)

Kokerboomkloof Restcamp: Camping (R195/Site)

Potjiespram Restcamp: Camping (R195/Site)

Richtersberg Restcamp: Camping (R195/Site)

Sendelingsdrift Restcamp: Chalet (R730/2 Pers.), Camping (R195/Site)

Tatasberg Wilderness Trails Camp: Chalet (R710/2 Pers.).

Unterkunft außerhalb
Am Rande des Parks entstehen neue Touristenunterkünfte. Nahe Sanddrift die **Stofbakkies Tourism Accommodation** mit 2-Bett-Chalets; in Lekkersing gibt es im Stil von traditionellen Namahäusern die **Koerdap Tourism Accommodation** mit 2-Bett-Unterkünften; die **Eksteenfontein Tourism Accommodation** hat einige Häuser der Gemeinde renoviert und für den Tourismus zur Verfügung gestellt. Die **Brandkaros Campsite** liegt direkt am Orange River.

Kamieskroon

Kamieskroon liegt ideal für Unternehmungen in die Region, speziell in die **Kamiesberge** mit ihren zahlreichen Wanderwegen (geführte Wanderung mit erfahrenem Tourguide unter Tel. 027-672 1762). Vorsicht: Extreme Temperaturen und starke Winde möglich, im Winter sogar Schneefall!

Von Kamieskroon gibt es zwei lohnenswerte Abstecher, deren Reiz in der Fahrt, weniger am Zielort liegt: Eine Schotterstraße führt westlich an die Atlantikküste nach **Hondeklip Bay** (98 km), und Richtung Osten führt eine Schotterstraße nach **Witwater,** besonders im Frühling wegen der Blüte interessant. Ein weiterer Ausflug führt nach **Leliefontein,** einer kleinen Missionssiedlung 30 km östlich von Kamieskroon. Hier kann man in einem „Matijeshuise", einer Strohhütte, übernachten.

Mountain Biking
Route 1 beginnt am Damm der Nourivier-Siedlung (Rundfahrt, 29 km). **Route 2** ist mit 8,2 km kürzer und familiengeeignet. Sie startet bei Leliefontein – wie die **Route 3,** eine 49 km Rundfahrt, die den Fahrern einiges abverlangt. **Route 4** – die Visserplaat-Rundfahrt – ist 7,5 km lang und einfacher.
Alle Strecken sind mit kleinen gelben Fahrrädern oder einem gelben Pfeil auf Steinen markiert. Für R10 erhält man eine Fahrerlaubnis und eine detaillierte Beschreibung beim *Regional Information Office,* Tel. 027-7122011 (keine Fahrradvermietung).

Information Unterkunft
Kamieskroon Tourism, Tel. 027-6721948.

Budget/Touristic
Kamieskroon Hotel und Camping, Tel. 027-6721614, www.kamieskroonhotel.com. Besonders in der Blütesaison gut besucht. Nach Fotokursen fragen.

Pedroskloof Farm, 25 km außerhalb, Tel. 027-6721666. 3 Zimmer.

✔ **Abstecher**

Namaqua National Park

Blumenfelder, die über Nacht wie von Zauberhand aus der Wüste durch ein wenig Regen erweckt ans Licht drängen, der klare Nachthimmel, auf dem Myriaden von Sternen funkeln, Granitskulpturen, die den Weg wie stumme Wächter behüten und der eiskalte Atlantik, der zu dieser unerbittlichen Region passt – das ist das Namaqualand. Von der Wildblumenzeit im Frühling einmal abgesehen, blickt man durchweg auf eine karge Landschaft und kann nicht so recht glauben, dass hier die Heimat von 3500 Pflanzenspezies ist – die meisten von ihnen wasserspeichernde Sukkulenten und 1000 von ihnen endemisch.

Zwei Regionen wurden von den South African National Parks in besondere Naturschutzgebiete mit Nationalpark-Status umgewandelt: Das **Skilpad Wild Flower Reserve,** das im sogenannten Hardeveld liegt, einer zusammengebrochenen Bergkette von 50 km Breite, die das tieferliegende Sandveld vom Plateau des Bushmanland trennt (s.u). Das zweite Gebiet liegt zwischen dem Groen River und dem Spoeg River und wird noch nicht touristisch genutzt. 60.000 ha umfasst diese bergige Region mit Gipfeln über 1500 m. Löffelhunde, Schabrackenschakale, Leoparden und Steppenpaviane zählen neben den Klipspringern zu den größeren Bewohnern des Landstrichs. Aber auch Schildkröten, Skorpione und Schlangen sind zu finden.

Der Namaqua National Park liegt 87 km von Springbok und 20 km nordwestlich von Kamieskron entfernt (520 km von Kapstadt). Unterkünfte in der Skilpad Section (s.u.). B&B-Unterkünfte in den angrenzenden Ortschaften. Ausführliche Infos auf www.namaquanp.com.

→ Abstecher

Skilpad Wild Flower Reserve

18 km nordwestlich von Kamieskroon liegt das **Skilpad Wild Flower Reserve,** das 1988 gegründet wurde und eine der **schönsten Blühregionen des Namaqualandes** schützt. Es ist als „**Skilpad Section**" in den **Namaqua National Park** integriert. In der Umgebung ist die alljährliche Blütenpracht nicht so ergiebig wie in dem kleinen Naturreservat. Neben den Pflanzen gibt es über 100 verschiedene Vogelarten und kleinere Säugetiere. Interessant ist der **Rock Garden** mit Sukkulenten und medizinischen Pflanzen. Der Park ist in der Blühsaison Juli bis September tgl. 8–17 Uhr geöffnet. Beste Besuchszeit ist 10.30–16 Uhr, Eintrittsgeb. für den 5 km langen **Skilpad-Rundweg.** Ein weiterer Wanderweg ist der **Korhaan Trail,** der an den Picknickplätzen beginnt (6 km, 2 Std.).

Anfahrt: Von Norden auf der N 7 vor dem Hotel Kamieskroon abbiegen und die Schnellstraße unterqueren. 17,7 km weiter auf der Wolwepoort Road (einige Farmgatter). Die Strecke ist am frühen Morgen am schönsten.

Information

Auskünfte unter Tel. 027-6721948 oder über das Kamieskroon Hotel, Tel. 027-6721614, Fax 6721675. Kleines Informationszentrum im Park.

Unterkunft

Skilpad Rest Camp, 4 sehr schöne Chalets (R450/2 Pers. in der Nebensaison; R650 vom 1. Juli–31. Okt). Voll eingerichtet. Verschiedene Camp Sites, z. T. direkt am Strand.

✔ Abstecher

Garies

Garies liegt im Herzen des Namaqualandes und ist ein guter Ausgangspunkt für Wanderungen und während der Blütesaison. Östlich des Ortes liegt der **Rooiberg,** höchster Gipfel am nördlichen Kap. Ein 50 km langer, sehr anstrengender

Wanderweg führt in drei Tagen auf den Gipfel und zurück. Übernachtung in einer Höhle und in Hütten.

Information

Allgemeine Informationen, Übernachtungshinweise und Wandergenehmigung bei der Municipality in Garies, Main St, Tel. 027-6521014.

Flaches Land entlang der Salzpfannen:

Von Upington die R 27 Richtung Süden

Die R 27, die in Keimoes von der N 14 Richtung Süden abbiegt, ist eine gute, aber sehr einsame Alternative zur Kapstadtroute via Springbok auf der N 7. Sie führt über **Kenhardt** und **Brandvlei** nach **Calvinia,** durch Schafzuchtgebiete, vorbei an riesigen Salzpfannen und im Frühjahr durch die blühende Wüste des Südens.

Kenhardt

Kenhardt am Hartebeest River wurde 1868 als kleiner Polizeiposten gegründet, um Bösewichte zu fangen, die sich in der Einöde verkrochen hatten. 24-Stunden-Tankstelle, **Oma Miemie's** Imbiss-Stube, Supermarkt, Getränkeladen und Unterkunft. 8 km südlich an der R 27 liegt der **Kenhardt Quiver Tree Forest,** mit 5000 Bäumen einer der größten Köcherbaumwälder Südafrikas, mit einem 15 km langen Wanderweg.

Information:

Kenhardt Tourism Bureau, Park Street.

Unterkunft

Budget/Touristic

De Oude Herberg, Sonop St, Tel. 054-651 0018, www.kenhardtguesthouse.co.za. Schöne Zimmer in altem, viktorianischen Landhaus.

Oma Miemie's, Main St, Tel./Fax 054-461 0695. Sehr sauber, TV und AC, Ü/F oder SC.

Camping Kenhardt Caravan Park, Tel. 054-6516500. Klein, ungepflegt, Caravans und Zelte. Besser zu Oma Miemie's, die hat ebenfalls Platz für Wohnmobile und Caravans.

Verneuk Pan

Unter den zahlreiche Salzpfannen dieses Gebiets ist die **Verneuk Pan** – mit verwirrenden Luftspiegelungen – die größte und ein Vogelparadies. 1929 wurde die Idylle durch Motorenlärm gestört: Malcolm Campbell raste mit seinem Rennwagen *Bluebird* über die weißspiegelnde Fläche und brach den damaligen Geschwindigkeitsweltrekord für Landfahrzeuge.

Brandvlei

Brandvlei besitzt einige sehenswerte Häuser aus der Zeit um 1900, ist an sich aber eher trostlos. Das *Groot Trek and Oxwagon Monument* wurde 1938 errichtet. Botaniker bewundern den 160 Jahre alten Giant Blue Gum Tree (Durchmesser 8 m). In diesem Ort scheinen Bäume alt zu werden: Auch zwei Eichen sind mehr als 100 Jahre alt. Den schönsten Blick über die Salzseen hat man vom *Hardekop*, 5 km oder eine Stunde Fußmarsch vom Ort. Über San-Felsmalereien in der Umgebung gibt das *Town's Clerk's Office* Auskunft.

Es gibt ein kleines Hotel (Tel. 083-7260577) und einen städtischen Caravanpark. **Tipp:** Ein idealer Zwischenstopp ist das Restaurant **Die Windpomp** bei der 24-Stunden-Tankstelle: Bestes Essen, nette Besitzer.

Calvinia

Calvinia liegt in der fast schon lieblich anmutenden Übergangszone zwischen Karoo, Kaplandschaft und Namaqualand. Es wurde 1851 gegründet und nach dem schweizerischen Reformator J. Calvin benannte. Der Ort am Fuße der *Hantamberge* ist das Regionalzentrum für Schafzucht und Wollproduktion. 80 % der Tiere werden noch von Hand geschoren. Arbeitskräfte sind billig, der Einbruch der Weltmarktpreise für Wolle hat jedoch der Region zugesetzt. Am letzten Samstag im August findet das „Hantam Meat Festival" mit traditionellem Lammessen statt.

Historischer Stadtkern

Das Hauptgebäude des **Calvinia Museums,** 44 Kerkstraat, ist eine ehemalige jüdische Synagoge. Die Ausstellung beschäftigt sich mit der Geschichte weißer Siedler der Region und mit Schafzucht (Mo–Fr 8–13 und 14–17 Uhr, Sa 8–12 Uhr, Eintrittsgeb.). Sehenswert sind die liebevoll renovierten Häuser *Bothasdal* (um 1880), *Die Dorphuis* (viktorianisches Wohnhaus) und *Die Tuishuis* (um 1870). Hier kann man wunderbar übernachten und die Atmosphäre alter Zeit genießen. Der **Historical Walk** führt an allen interessanten Gebäuden der Stadt vorbei, auch an der *Dutch Reformed Church* von 1899, die im neugotischen Stil errichtet wurde (Mo, Di, Do, Fr 8–16 Uhr, Sa 8–12 Uhr). Unvergesslich ist ein Abendessen bei Kerzenlicht im **Hantam Huis** (Buchung notwendig). Eine Alternative ist das *Busibee Restaurant* im Hantam Hotel in der Kerkstraat (bürgerliche Küche).

Akkerendam Nature Reserve

2 km nördlich der Stadt liegt an den Südhängen der Hantamberge das 2500 ha große Akkerendam Nature Reserve, im Frühling ein Blütenfeuerwerk. Auch sonst ist ein Besuch empfehlenswert: Springböcke, Antilopen und Bergzebras, Schakle, **Löffelhunde** und andere kleine Jäger leben dort. 10 Pflanzenarten sind hier endemisch. Von den zwei Wanderwegen (derzeit leider vernachlässigt) ist der eine leicht (eine Stunde), für den anderen braucht man 7–8 Stunden. Er führt den Berg hinauf, ist sehr anstrengend und schweißtreibend, doch belohnt mit einem fantastischen Ausblick.

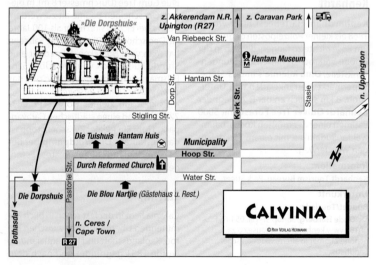

Information Calvinia

Municipality, Tel. 027-3411011/3411712, www.calvinia.co.za oder im Museum, Kerkstraat. Übernachtungsmöglichkeiten, Stadtplan, Infos über Blütensaison und Wanderwege. Gästefarmen nahe des Akkerendam Nature Reserves.

Unterkunft

Touristic *Hantam Huis, *Die Dorphuis und *Die Tuishuis, 63 Water St, Tel. 027-3411606, sind die besten Adressen im Ort. Ü/F ab R325 p.P.

Budget Die Blou Nartjie, 35 Water St, Tel. 027-3411236. Gemütliche Zimmer. Gutes Restaurant. – Camping Calvinia Caravan Park, Tuinstraat, Telefon 027-3411011. Zentral, städtisch.

→ **Abstecher**

Tankwa Karoo National Park

Der **Tankwa Karoo National Park** (Karte s.S. 238) ist als „Scientific National Park" etabliert, das bedeutet, er dient vorwiegend Forschungszwecken, ist aber dennoch sehenswert. Er erstreckt sich mittlerweile auf 143.600 ha. Am spektakulärsten offenbart sich die Flora der Karoo von August bis Oktober. Das oft als bizarre Mondlandschaft anmutendes Gelände ist hervorragend zur Vogelbeobachtung geeignet. Über dem Gipfel des Roggeveld Mountain kreisen große Felsenadler auf der Suche nach Klippschliefer.

Anfahrt: Von Calvinia (R 27) über die R 355 ca. 100 km nach Süden. Unbedingt vorher in Calvinia tanken!

Information

Den Parkranger erreicht man unter Tel. 027-3411927. Reservierung auf www.sanparks.org.

Unterkunft

Es gibt verschiedene **Cottages** und 2 **Guest Houses** (ab R945/2 Pers., voll eingerichtet, z.T. ohne Strom). Einfacher Campingplatz ohne Wasser oder sanitäre Einrichtungen (R200/Site).

Private Unterkunft:

*Klein Cedarberg Private Nature Reserve, 70 km von Ceres, Abzweig von der R 303, Tel. 023-3170783, www.kleincedaberg.co.za. Unterbringung in historischem Farmhaus. Sehr idyllisch, inmitten eines großes Naturreservats.

✔ **Abstecher**

Niewoudtville

Netter Ort mit schönen Sandsteingebäuden, der Besuch gilt aber eher den umliegenden Naturschönheiten. Auf der R 357 Richtung Loeriesfontein erreicht man nach 6 km die 90 m hohen **Niewoudtville Falls** des Doring River mit üppiger Vegetation und reicher Vogelwelt (nach Regenfällen besonders sehenswert).

2 km außerhalb Richtung Calvinia führen kleine Wanderwege durch das **Wild Flower Reserve:** Sehenswert das ganze Jahr über, spektakulär im Frühling.

5070 ha groß ist das **Oorlogskloof Nature Reserve,** 10 km südlich von Niewoudtville an einer Randzone mit Blick über das südliche Namaqualand. Auf 46 km Wanderwegen sieht man seltene Pflanzen, Antilopen und eine reiche Vogelwelt. Im Oorlog River, der das Plateau durchschneidet, darf man schwimmen. Campingmöglichkeiten vorhanden (Parkbüro 8–16 Uhr). Besucher müssen vorher den Nature Conservator, Herrn Pretorius, anrufen (Tel./Fax 027-2681159). An- und Rückfahrt durch Privatbesitz nur in Begleitung.

Information

Voortrekker St, Tel. 027-2181336

**Der besondere Tipp:
Rietjieshuis Eco Lodge**

Nur 30 Minuten von Niewoudtville entfernt liegt die ***Rietjieshuis Eco Lodge** inmitten wunderbarer Landschaft. Nachfahren der San führen Besucher hinein in die Wildnis und hin zu medizinischen Pflanzen und Buschmannzeichnungen. Die Lodge wird von einer lokalen Frauengrupppe geführt, die wiederum ein kleines Dorf in der Nähe unterstützt. Übernachtung erfolgt in traditionellen Hütten. Tel. 027-2181029, www.rietjieshuis.co.za.

Unterkunft

Touristic

Papkuilsfontein, Farm südl. der Stadt, Tel. 027-2181246, www.papkuilsfontein.com. Übernachtung in zauberhaften Cottages. Häuschen/F R700, R215 ein 3-Gang-Menü.

Uncle Toni's, 3 km außerhalb, Tel. 083-609 8448. Farm mit 4-Bett Cottage. Auch Camping.

Budget Kliprivier Guest House, Tel. 027-268 1204, www.kliprivier-nieuwoudtville.co.za. Liegt 5 km nördlich an der R27 auf Schaffarm. Ab R180 DZ/F.

Camping Städtischer Caravan Park, Tel. 027-2181052.

Im Südosten der Northern Cape Province

Der Südosten bietet bei Durchfahrt auf der N 1, N 10 oder N 12 einige historische Orte, in denen man gut übernachten kann.

Prieska

Der alte Handelsplatz am Orange River liegt 200 km südwestlich von Kimberley und ist bekannt für seine reichen Fundstellen an Amethysten, Rosenquarz und Tigeraugen. Ein altes Fort aus dem Zweiten Burenkrieg wurde aus Tigeraugen-Steinen errichtet und thront auf dem Hügel des **Koppie Nature Reserves.** Von oben hat man einen herrlichen Blick auf die umliegenden Berge, den Orange River und das Farmland. Der *Ria Huisamen Aloe Garden* zeigt sich besonders in den Monaten Juli und August von seiner schönsten Seite. Info: Victoria St, Tel. 053-3535300.

Unterkunft

Touristic Gecko Cottage Guest House, Tel. 082-3717594, www.guesthouseprieska.co.za. In altem Karoo-Landhaus. Auch Dinner.

Budget Prieska Hotel, Ecke Steward/Church Street, Tel./Fax 053-3531129. Klein, sauber. – Camping Prieska Caravan Park, Tel. 053-353 1642.

Hopetown

In der „Stadt der Hoffnung" fand man den **ersten Diamanten Südafrikas.** Obwohl Tausende weitersuchten, waren die Funde unerheblich. Das nahe **Gazella Game Reserve** hat einen guten Wildbestand. Wer ein oder zwei Tage entlang des Orange River wandern möchte, marschiert bei der Witput Station los. Ein ansässiger Farmer hat in Eigeninitiative mehrere schöne Wege angelegt, vorbei an Wild und Vögeln, wie Fischadler, schwarzer Adler und

Wildenten. Outdoor-Enthusiasten mögen auch die **Egerton Game Ranch** mit **Wildwasserfahrten** (Infos Tel. 053-2021911).

Ein Ausflug (R 369) zum **Rolfontein Nature Reserve** am nördlichen Ende des **Vanderkloof Dam** (zweitgrößter Stausee des Landes, Ferienresort) streift den Ort **Orania.** Dort riefen fanatische Buren 1990 den „Afrikaaner-Volksstaat" aus, der Sprache und Kultur sichern soll (nur für Weiße, die Afrikaans sprechen). Im Reservat werden besonders **Elenantilopen** geschützt. Am unteren Ende des Stausees liegt das **Doornkloof Nature Reserve** mit Hyänen, Löffelhunden, Paradieskranichen und Schreiseeadler. Beide Naturschutzgebiete haben Wilderness Trails mit Übernachtungsmöglichkeiten.

Unterkunft

Budget Hotel Radnor, 25 Church St, Tel. 053-2030015. Bescheiden, klein.

Camping Municipal Caravan Park,
Tel. 053-2030005

Carnavon

Ein Örtchen mit gut erhaltenen viktorianischen Häusern. Besuchenswert ist das kleine Stadtmuseum und die nahe Farm Stuurmansfontein. Es gibt zwei kleine Hotels.

Tipp: Übernachtung im 60 km südwestlich entfernten ***Corbelled House Stuurmansfontein.** Wohnen in typischen Karoo-Stil mit Kerzenlicht (stuurmansfontein@telkomsa.net).

De Aar

Endstation der Dampfeisenbahn aus Kimberley. Der Name – „Ader" – kommt von den kleinen Flusssystemen, die die Region wie Adern durchziehen. Er passt, weil hier auch zwei Haupteisenbahnverbindungen zusammentreffen. Die Schriftstellerin *Olive Schreiner* lebte in dem Haus Ecke Grundlingh/Vanzyl Street von 1908 bis 1913. Heute dient es als kleines **Museum** und Restaurant. Gräber und Zeichnungen

von Buschmännern können auf den Farmen *Nooitgedacht* (nordöstlich) und *Brandfontein* (westlich) nach Voranmeldung besichtigt werden. Info: Voortrekker St, Tel. 051-6314176.

Unterkunft

Touristic The Guesthouse Manor De Aar, 31 Alida St, Tel. 053-6310521, www.theguesthousemanordeaar.co.za. Geschmackvolles Landhotel mit erschwinglichen Preisen.

Camping Van der Merwe Municipal Caravan Park, Cilliers St (in den Wintermonaten evtl. zu).

Colesberg

Markanter Punkt in der Landschaft ist die flache Kuppe des 1707 m hohen *Colesberg Mountain.* Früher auch „magischer Berg" genannt, denn kommt man ihm näher, scheint er nicht größer zu werden. An seinem Fuß liegt Colesberg, fast auf der halben N 1-Wegstrecke von Johannesburg nach Kapstadt. Es ist eines der schönsten alten Städtchen in der Karoo. 1829 gegründet und nach dem Gouverneur *Sir Lowry Cole* benannt, war es auch die Heimatstadt einiger berühmter Voortrekker. Viele viktorianische Häuser aus dem 19. Jh. und zwei Kirchen sind noch erhalten.

Sehenswert

Das Gebäude des **Colesberg Kemper Museum** in der Murray Street stammt von 1862. Neben einer Ausstellung über den Burenkrieg befindet sich hier auch die Glasscheibe, in die man die Initialen „DP" (Draper und Plewman) geritzt hatte, um den ersten Diamanten Südafrikas auf Echtheit zu prüfen, sowie die *Karoo Nomad Photographic Exhibition.* In der **Bell Street** steht die letzte pferdebetriebene Mühle des Landes. Die Häuser mit den Nummern 26 bis 32 gewähren Einblicke in die Architektur des 19. Jh. Bemerkenswert sind einige Dächer – „Brakdaks" – die

Northern Cape

aus einer Lehmmischung hergestellt wurden und bis heute dicht sind. Traditionelle südafrikanische Küche serviert das ***Upstairs Restaurant** in der Main Street (ab 18 Uhr, Tel. 051-7530646). Waffeln probieren!

Information
Informationszentrum im Museum, Murray St, Tel. 051-7530678 (Übernachtungsliste), www.colesberginfo.co.za.

Unterkunft

Budget
Crane Cottage, 3 Charl Cilliers St, Tel. 083-628 5772. 5 Zimmer in kleinem Gästehaus.

Central Hotel, 32 Church St., Tel. 051-753 0734. Für eine Nacht durchaus passabel.

Colesberg Backpacker, 39 Kerk Straat, Tel./Fax 051-7530582. Oase mit Garten und netten Leuten. Dormitory R110, DZ R200, Camping R60.

The Lighthouse, Church St 40, Tel. 051-753 0043, www.karoolighthouse.co.za. Musterpension, Anmeldung auch außerhalb der Saison unbedingt erforderlich.

Van Zylsvlei B&B, 6 km nördlich an der alten Cape-Town-Straße (R 717), Tel. 051-7530589, www.vanzylsvlei.co.za. Ruhig.

Camping
Colesberg Caravan Park, Kerk St, außerhalb, Tel. 051-7530040. Nicht besonders idyllisch, Plätze ab R40.

Hanover

Der von deutschen Siedlern gegründete Ort liegt im Herzen der Karoo. Den schönsten Überblick verschafft man sich durch einen Spaziergang auf die „Koppie", die den Ort überragt. Von hier aus erkennt man die vielen Bohrlöcher und Windräder, die der Karoo Wasser abringen sollen. Ein zweiter Weg führt zu einer Quelle, die seit 1870 unaufhörlich sprudelt. Das **Hanover Museum** mit Gegenständen aus der alten Siedlungszeit ist im ältesten Farmhaus des Ortes untergebracht. Handgefertigte Souvenirs verkauft Agora Handcrafts.

Unterkunft
Touristic Hanover Lodge Hotel, Tel./Fax 053-6340019, www.hanoverlodge.co.za. Art-Deco-Stil.

4 Free State mit Abstecher Lesotho

Einführung

„Alle guten Dinge kommen aus dieser großen, flachen Ebene: Die saftigen Lammkoteletts auf dem *Braai,* der Mais für das *Krummelpap* in dem schwarzen, dreibeinigen Topf und neuerdings sogar eine bodenständige Free State-Weinkultur …"

So hieß es früher in der Einleitung der offiziellen Reisebroschüre des damaligen Orange Free State (und Spötter halten damit auch die Grundbedürfnisse der weißen Südafrikaner für treffend umrissen). Der Free State ist fest in den Händen der Voortrekker-Nachkommen, konservativ bis in den letzten Winkel – und doch mit einem herben Charme. Das Land wurde im Zuge des „Großen Trecks" 1835–38 durch die Buren erobert und 1842 als *Republik Oranjefreistaat* gegründet. 1848 wurde er von Großbritannien annektiert und 1854 erneut selbständig. Ab 1910 Teilstaat der Südafrikanischen Union.

Wer das erste Mal auf den endlosen, schnurgeraden Straßen durch das Land fährt, mag sich fragen, wie er am schnellsten wieder rauskommt. Doch das wäre schade. Die Provinz birgt mehr touristische „Highlights" als man annimmt. Geschichtsträchtig und sehenswert sind vor allem die kleinen Städtchen.

Man sollte öfter in einem der Orte halten und auf einem Spaziergang die zurückhaltend freundlichen und hilfsbereiten Menschen kennenlernen. Nur mit der Sprache wird es manchmal hapern – hier wird hauptsächlich Afrikaans gesprochen.

Der Free State ist reich, die Wirtschaftspfeiler sind Gold- und Diamantenminen und die großflächige Landwirtschaft. Der Tourismus konzentriert sich nur auf wenige Gebiete. Zu den Höhepunkten zählt die atemberaubende Bergwelt des **Golden Gate Highlands National Park** und der **Qwaqwa-District** mit den originellen Voortrekker-Städtchen wie **Bethlehem** und **Clarens**. Etwas abseits (ganz im Süden) liegt das einmalige **Tussen-die-Reviere Nature Reserve**. Lohnenswert ist auch ein Abstecher nach **Lesotho,** dem kleinen bergigen Königreich inmitten Südafrikas.

Sicherheit

Allgemein herrscht **große Sicherheit** und es gilt: Je weiter weg vom Großraum Johannesburg, desto besser. Vorsicht angeraten ist in den Industriestädten *Sasolburg* und *Welkom,* aber auch in Bloemfontein sollte man nach Einbruch der Dunkelheit nicht mehr zu Fuß unterwegs sein.

Klima

Der Free State liegt noch in der Region mit überwiegend **sommerlichen Niederschlägen,** im Osten geringer als im Westen. Wegen der Höhenlage kommt es im Sommer nur selten zu sehr heißen Tagen. Es ist warm und sehr angenehm, ein gu-

442 Sasolburg

tes Klima für Freizeitaktivitäten. Im Winter herrscht trockenes und klares Wetter vor, die Nachttemperaturen können unter den Gefrierpunkt fallen. Auch mit Schneefall ist zu rechnen. Bloemfontein erreicht im Sommer 30 °C, im Winter schwankt die Temperatur zwischen 0 und 16 °C.

Allgemeine Infos
Free State Tourism Board,
Tel. 051-4114300,
www.southafrica.net.

Im Nordwesten des Free State:
Auf der R 59 von Sasolburg bis Hoopstad

Sasolburg

Sasolburg (27.000 Einw.) ist ein Muster an Stadtplanung und wurde 1954 rund um den chemischen Industriegiganten SASOL (South African Coal, Oil and Gas Corporation) gegründet, der in riesigen Werksanlagen Öl aus Kohle gewinnt. Daneben stellen chemische Werke Plastik, Gummi und Düngemittel her. Wer sich hierher verirrt, kann einen Blick in den at-

Karte S. 442 | **Im Nordwesten des Free State** 443

traktiven *Highveld Garden* in der President Brand Street werfen oder das nahegelegene *Bird Sanctuary* besuchen. Auch ein Besuch in der *Gallery 88* oder im *Etienne Rousseau Theatre,* John Vorster Road, ist empfehlenswert. Die städtische Bücherei erhielt einen Preis für die „außergewöhnliche Anwendung von Beton" …

Parys

Am südlichen Ufer des Vaal River liegt der hübsche Ort Parys, der nach Visionen seines Begründers *Schilbach* einst so schillernd werden sollte wie die französische Hauptstadt. Zum Glück für Besucher blieb das Rad der Zeit aber stehen und man betritt einen ruhigen, beschaulichen Ort. Fast 1 km ist der **Vaal River** breit. In seiner Mitte liegen kleine, idyllische Inseln, deren Weidenzweige ins Wasser ragen. **Golf Island** erreicht man über eine Hängebrücke; die Attraktion ist ein 9-Loch-Golfplatz. Am Flussufer gibt es viele schöne Picknickstellen. Der beste – aber auch belebteste Platz – ist **Mimosa Gardens,** den man über die Brooks Street erreicht. Hier gibt es einen Caravanpark mit Bungalows, Biergarten, Restaurant und kulturelle Veranstaltungen. Ruhiger liegt 3 km nordöstlich **The Feesgrond,** ebenfalls mit Campingmöglichkeiten und guten Wassersportmöglichkeiten.

Das **Parys Museum** erlaubt einen Blick in die lokale Geschichte, Kultur und Geologie. Sehr ausführliche geschichtliche Informationen unter www.pary.sinfo. Zwei schöne **Wanderwege** beginnen am Smilin' Thru Resort: Der 3 km lange *River Trail* führt am Vaal River entlang und bietet Eisvögel, Fischadler, Reiher und weitere Wasservögel; der *Nature Reserve Trail* folgt 7 km den äußeren Grenzen des Naturschutzgebietes (3–3,5 h) durch die landschaftlich reizvolle Gegend mit kleinem Wild und einer schönen Vogelwelt.

Unterkunft

Touristic

*Palm Court Hotel, Ecke Phillip/Oranje St, Tel. 056-8172300, iti0795@mweb.co.za. 100 Jahre altes viktorianisches Gebäude mit außerordentlich schönen Zimmern. DZ R450.

Secret Place, 21A Venus St, Tel. 056-8115232, www.secretplace.co.za. Hier kann man die Seele baumeln lassen. DZ ab R600. Frühstück im Bistro.

Camping

Mimosa Gardens Resort, Tel. 056-811-2312.

*Smilin' Thru Resort, am Vaal River gelegen, Tel. 056-8162200. Stellplätze, Chalets, Selbstverpflegung, Restaurant, Pool, Sauna, Tennisplatz.

Vredefort

15 km von Parys genießt **Vredefort** internationale Beachtung wegen einer geologischen Besonderheit: Hier schlug vor mehr als 250 Mio. Jahren der mit einem Kilometer Durchmesser **größte Meteorit,** der je auf die Erde stürzte, ein und schuf einen Krater, der heute noch 45 x 50 km misst. Beim Aufprall wurden die tieferen Gesteinsschichten an die Oberfläche geschleudert und quasi „auf den Kopf gestellt". Aus der Luft kann das Phänomen **„Vredefort Dome"** besonders gut beobachtet werden (zweitägige geologische Touren veranstaltet Geo Expeditions, www.geotoursafrica.com). Die Goldminen der Region liegen übrigens hufeisenförmig um den Vredefort Dome angeordnet. Siehe auch „Potchefstroom".

Das älteste historische Gebäude im Ort stammt aus dem Jahr 1885. Neben den Lehmhäusern bei der Dutch Reformed Church steht ein Ochsenwagen-Denkmal.

Information Vredefort

Vredefort Municipality, Vredefort 9595, Tel. 056-9310012, www.vredefortdome.co.za.

Free State

Viljoenskroon

Folgt man der R 59 weitere 50 km, tauchen die großen Silos von Viljoenskroon auf, dem Landwirtschaftszentrum des Sonnenblumen-, Erdnuss-, Weizen- und Kartoffelanbaus. So ist auch das **Evans-Traktor-Museum** im nahegelegenen Sandfontein thematisch passend. Die **Elari's Farm** (2 km außerhalb) verkauft Porzellan und selbstgemachte, wohlduftende Seifen (u. günstige Übernachtung, Tel. 056-3431514). Bestens geeignet für einen Kurzbesuch sind der *Potpourri Tea Garden,* die *Benwell Herb Nursery* oder die originelle *Oranje Pottery Gallery.*

Information/Unterkunft

Viljoenskroon Municipality, Tel. 056-3433148.
Budget Mahem Hotel, 12 Mahem St, Tel. 056-3432715. Klein, z.T. Gemeinschaftsbad.

Bothaville

Bothaville wurde Ende des 19. Jahrhunderts am Vals River gegründet. Auf der **NAMPO-Farm** gibt es eine permanente Ausstellung zum Thema Maisanbau. Im Mai findet hier das Erntefest statt. Die Farm hat auch einen Curio Shop und Übernachtungsmöglichkeiten. Die **Sadat Arabian Horse Stud Farm** züchtet Araberpferde, **Stols Rose Garden** Rosen. In der **Africars Wire Factory** auf der Vienna Farm werden Automodelle aus Draht hergestellt. Jede Menge Farmen der Umgebung locken mit hausgemachter *Boerewors* und *Biltong.*

Unterkunft

Enkel Den Hotel, 13 President St, Tel. 053-5154341. Gepflegt, Garten.

Hoopstad

Hoopstad liegt am südöstlichen Zipfel des großen, hufeisenförmigen **Bloemhof Dam** (Provinz North West). Die Stadt ist vor allem für riesige Wildfarmen und große Viehherden bekannt. Alljährlich findet die größte Wildauktion des Landes statt. Die **Loorika-Farm** ist ein gutes Beispiel für eine Wildfarm. Das nahegelegene Sandveld Nature Reserve zählt zu den drei bedeutendsten Reservaten der Provinz.

→ **Abstecher**

Sandveld Nature Reserve

Das Reserve liegt auf der Halbinsel zwischen den zwei Armen des hufeisenförmigen Bloemhof-Stausees, 30 km nördlich von Hoopstad. Das 40.000 ha große Gebiet ist flach u. besteht aus dorniger Sandveld-Vegetation, die an die Kalahari erinnert.

Fauna: Oryx, Streifengnus und Eland, Giraffen, Büffel, Nashörner. Große Vogelscharen, häufig zu sehen sind Ibisse, Reiher, Kormorane und Weißrückengeier, deren Nester in den lichteren Akazien hängen (sie unterscheiden sich von verwandten Spezies durch den großen weißen Fleck, der beim Fliegen über dem Schwanzende deutlich sichtbar ist). Der See lädt zum Schwimmen und Bootfahren ein.

Sandveld Nature Reserve, Tel. 053-4331702. Zelt-/Stellplätze.

✔ **Abstecher**

Auf der N 1 über Bloemfontein nach Süden

Kroonstad

Der Ort wurde von den Voortrekkern 1855 gegründet und nach „Kroon", dem Pferd des Trekführers *Sarel Cilliers* benannt, das in den Fluten des Flusses Vals ertrank. Sarel Cilliers steht als heroische Standfigur in der Innenstadt neben dem Sandsteingebäude der Dutch Reformed Church (1914). Das lokale **Museum** in der Steyn Street (Ausstellung über Stadtgeschichte, Goldrausch und Maiswirtschaft) trägt seinen Namen. Ein lohnenswerter Stadtspaziergang führt zu alten Gebäuden, wie der **Old City Hall,** dem **Old Market Building** und dem **Post Office Building,** an dessen Rückseite man noch die Zellen des ehemaligen Gefängnisses sehen kann.

Kroonstad liegt an der sogenannten **Maize Route,** an der die wichtigsten Farmen und kulturellen Einrichtungen der Maisregion auf Besucher warten. Auf den Farmen des Umlandes ist man willkommen und hat Gelegenheit zu einem Picknick oder einem Schwätzchen mit den Besitzern, erhält Einblick in die Woll- und Daunenproduktion, kann ein privates Naturreservat oder den berühmten **Esther Geldenhuys Rosengarten** besichtigen.

Schön ist der **Kroon Park,** die Freizeiteinrichtung der Stadt mit Gartenanlagen direkt am Vals River. Das beste Abendessen bietet das *Kroonpark Restaurant,* direkt am Wasser (Burt Snyman Street).

Am Stadtrand beginnt ein angelegter Wanderweg, der einen Tag lang durch die nähere Umgebung führt. Wenn man in Kroonstad und Umgebung weißgekleidete Spieler beobachtet, die etwas ähnliches wie ein Hufeisen werfen, so sieht man gerade **Jukskei-Spieler** bei dem beliebtesten Mannschaftssport der Buren. Kroonstad ist Austragungsort vieler bedeutender Ligaspiele.

Information Kroonstad

Kroonstad Municipality, Old Town Hall, Cross St; Auskunft über die Maize Route.

Unterkunft

Budget

Holiday Valley Lodge Kroonstad, a.d. R76, Tel. 056-2151079; am Ufer d. Val River, SC u. B&B.

Kroon Lodge, 9 Louw St, Tel. 056-2682942. Familienhotel, auch mit größeren Zimmern.

The Milkshed, außerhalb, Tel. 056-2685949. Originell, noch aktive Farm.

Toristo Protea Hotel, Ecke Du Toit/Rautenbach Street, Tel. 056-2685111. Guter Standard, südafrikanische Küche.

Camping

Kroonpark Holiday Resort, Tel. 056-2682311. Caravan-/Zeltplätze, Chalets.

→ **Abstecher**

Willem Pretorius Game Reserve

Das 12.000 ha große Naturschutzgebiet liegt am **Allemanskraal Dam** und ist eines der meistbesuchten Ziele der Provinz. Stausee und Umland sind Heimat für über 200 verschiedene Vogelarten, darunter *Schreiseeadler* (meist paarweise vorkommend), *Breitmaulnashörner, Büffel, Giraffen* und *Weißschwanzgnus.* Der Reiz des Reservates liegt in der unterschiedlichen Topographie und Vegetation des südlichen und nördlichen Teils. Für Wanderfreunde wurden kleine Wege angelegt.

Anfahrt: Das Reservat liegt auf halber Strecke von Ventersburg nach Winburg und ist von der N 1 aus beschildert; von Senekal aus über die R 70 Richtung Ventersburg.

Information/Unterkunft

Willem Pretorius Game Reserve, Tel. 057-6514003. Eintrittsgebühr pro Fahrzeug, Übernachtung in Chalets und auf Campingplatz. Angellizenzen im Aldam Estate.

*Aldam Estate, Tel. 057-6522200, www.aldamestate.co.za. Rondavels, Caravanpark mit 160 schattigen Plätzen. Restaurant, Bar, Supermarkt, Golfplatz, Pool. Ideal für Familien. Chalet ca. R350.

✔ **Abstecher**

→ **Abstecher**

Virginia

Trotz der um 1940 entdeckten reichen Goldvorkommen ist die Stadt eher ruhig. Ihr Gesicht wird geprägt von schönen Gartenanlagen und Alleen. Durch die zweitgrößte Stadt der „Goldfields-Provinz" fließt der **Sand River,** der zum Schwimmen und Bootfahren einlädt. Die Touristeninformation, **Virginia Municipality,** Tel. 057-2123111, Fax 2122885, gibt Auskunft über die **„Golden Arts & Crafts Scramble",** eine Tour zu Kunstwerkstätten der Umgebung. Die **Minentouren** der *Harmony* und *Western Holding Gold Mine* sind lehrreich. Die Wanderwege **Hammerkop** (4km) und **Flycatcher Paradise** (6 km) gehen am Fluss entlang in die umliegende Region. Im nahegelegenen **Tikwe Lodge Holiday Resort** gibt es eine Tierfarm für Kinder und Pirschfahrten für Erwachsene (auch für Tagesbesucher).

Unterkunft

Comfort
Tikwe Lodge Holiday Resort, Highlands Ave, Tel. 057-2123306, www.tikwe.co.za. Geführte Wanderungen, Restaurant, Bar, Pool, Camping, Kinder willkommen, Babysitter.

Budget
*Harmony Hotel,** 52 Harmony Way, Glen Harmony 9435, Tel./Fax 057-2174624. Klein und fein, Pool, kinderfreundlich.

✔ **Abstecher**

Winburg

Winburg ist die älteste Stadt der Provinz und erste Hauptstadt der „Republik Oranje Free State". Sie wurde 1836 von den Voortrekkern gegründet. So ist es kein Wunder, dass viele kulturelle Einrichtungen und Denkmäler sich der Geschichte der ersten Siedler widmen. Bereits 3 km vor der Stadt überragt das **Voortrekker-Monument** die sanfte Hügellandschaft. Die fünf Säulen symbolisieren die Voortrekker-Gruppen von *Gert Maritz, Louis Trichardt, Hendrik Potgieter, Pieter Uys* und *Piet Retief,* die im hiesigen *Ford's Hotel* die Regierung der Republik ausriefen und Piet Retief zum Leiter bestimmten. Ausführliche Informationen erhält man im nahegelegenen **Voortrekker-Museum.** Das Geburtshaus von *Präsident Steyn* auf demselben Grundstück ist mit Antiquitäten eingerichtet.

Die **City Hall** im Zentrum hat die Form eines Ochsenwagens und ist an den Innenwänden mit afrikanischen Szenen dekoriert.

Information/Unterkunft
Winburg Municipality, 26 Brand St, Tel. 051-8810145.
Camping Winburg Caravan Park, Prince Edward St. Zelten nach Absprache, Waschautomat.

→ **Abstecher**

Erfenis Dam Nature Reserve – Theunissen – Brandfort

Erfenis Dam Nature Reserve

Das 3200 Hektar große Naturschutzgebiet um den **Erfenis Stausee** ist Heimat vieler Wildarten, darunter Gelbe Blessböcke und Weiße Springböcke. Es gibt unzählige Wasservögel – Nilgänse, Reiher u.a. –, und im Wasser jede Menge Fische, die man mit Lizenz angeln darf und auf einem der Braai-Plätze zubereiten kann.
Information, Unterkunft: Erfenis Dam Nature Reserve, Tel. 057-7324211 (tgl. 6–20 Uhr). Es gibt einen einfachen Platz mit Stellplätzen (Campmobile/Zelte) und sanitären Einrichtungen.

Theunissen

Theunissen lebt nicht nur von den riesigen Mais- und Weizenfeldern, sondern auch vom Weinanbau. Im **Goldfields Wine Cellar** kann man sich einer Tour und der Weinprobe anschließen. Auf dem Gelände stehen großartige Palmfarne. Die *Paardenvallei Farm* hat eine private Antiquitätensammlung. Infos über **Minentouren** erteilt die Stadtverwaltung: Theunissen Municipality, Tel. 017-7330106.

Brandfort

Brandfort ist ein kleiner Ort aus dem Jahr 1865 mit großem geschichtlichen Hintergrund aus dem Burenkrieg. Eine Spur davon führt zur **Memorial Wall.** Hier wird dem Tod von 375 der insgesamt 1022 Frauen und Kindern gedacht, die 1901 im sogenannten „Schwarzen Oktober" im hiesigen englischen Konzentrationslager starben.

Heute ist der Ort bekannt für seine wunderschönen **gewebten Teppiche** und Läufer. Besuchen sollte man das **Vize-Admirals Weston's Haus,** wo das erste Flugzeug Afrikas gebaut wurde. Interessant ist auch zu wissen, dass **Cornelis van Gogh,** Bruder des berühmten Malers *Vincent van Gogh,* in Brandfort seinen Lebensabend verbrachte. Etwas unfreiwilliger war da schon der Aufenthalt von *Winnie Mandela,* die hier einen ihrer Hausarreste verbüßen musste. – Von Brandfort sind es noch 38 km auf der R30 nach Bloemfontein.

✔ Abstecher

Bloemfontein
(Mangaung Municipality)

Bloemfontein, gelegen in der weiten Ebene der goldenen Prärien des Hochvelds der Region Transgariep, ist Handels- und Industriemetropole und zweifache Hauptstadt: Vom Free State und seit 1910 Gerichtshauptstadt Südafrikas. Die „Stadt der Rosen" (113.000 Einw.) liegt 1400 m hoch, hat aber trotz ihrer rund einer Million Einwohner eher kleinstädtischen Flair. Darüber können auch nicht die Wolkenkratzer über den ehrwürdigen Prunkbauten hinwegtäuschen. In Bloemfontein

leben viele Weiße burischer Abstammung. Schwarz und Weiß wohnen getrennt. Jeden Tag strömen die schwarzen Arbeiter aus ihren ärmlichen Siedlungen zur Arbeit, etwa aus dem Township **Botshabelo,** das weit entfernt im Osten liegt. Für alle „Herr-der-Ringe-Fans": **John Ronald Reuel Tolkien** wurde am 3. Januar 1892 in der Maitland Street geboren. Leider steht das Haus nicht mehr.

Bloemfontein liegt im südafrikanischen Vergleich zwar am Ende der Kriminalstatistik, doch nehmen Verbrechen zu. Auch in dieser Stadt ist man nach Geschäftsschluss besser nicht mehr zu Fuß unterwegs.

Wer anschließend nach Kimberley weiterfahren möchte, blättert vor zu „Von Bloemfontein nach Kimberley", s.S. 456. Richtung Meer auf der N 6: s.S. 461, „Von Bloemfontein auf der N 6 Richtung Buffalo City".

Geschichte

Mangaung, „Ort des Geparden", nannten die Tswana einst den Ort. Im Jahre 1840 entdeckte der Voortrekker *Johannes Nicolaas Brits* eine Quelle in der trockenen Hochebene und nannte sie Bloemfontein, „Blumenquelle", denn dort sprossen kleine Nelken. 1846 gründete der britische Major *Henry Warden* einen Militärposten (Fort), aus dem sich dann die Stadt entwickelte. Im Gegensatz zum Wunschdenken vieler Buren hat Bloemfontein also eine britische wie auch eine burische Vergangenheit.

1842 hatten die Buren den *Oranje Vrystaat* ausgerufen. 1863 begann *Johannes Brand* seine 25-jährige Präsidentschaft. Er regierte 14.000 Siedler, die über die ganze Region verstreut waren. Noch lange musste mit Angriffen der Krieger *Moshoeshoes* gerechnet werden, von denen die Buren einst im Zuge des „Großen Trecks" das Land erobert hatten.

448   Bloemfontein (Mangaung)   Karte S. 448

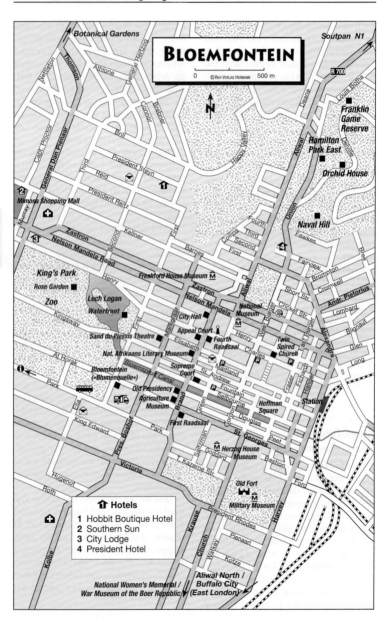

Doch die blutigsten Kriege im Freistaat fanden zwischen Buren und Engländern statt. Nach dem Burenkrieg 1899–1902 wehte wieder der Union Jack über der Stadt. Die großen Goldfunde im nördlichen Free State sorgten für wirtschaftlichen Aufschwung. Als 1910 die Südafrikanische Union entstand, wurde Bloemfontein **Sitz des obersten Gerichtshofes.** Die Universität war schon 1855 gegründet worden. Einwohnerzahl heute 400.000, in der Mangaung Municipality insgesamt 705.000.

Stadtrundgang

Bei der **Touristeninformation** erhält man eine informative Broschüre und den Wegweiser zur *Historical Walking Tour.* Das **Military Museum** im **Old Fort** besitzt eine umfassende Waffensammlung und Gemälde aus den Kriegsjahren. Eine Ausstellung schildert das Leben burischer Soldaten, der Kinder und Frauen in den insgesamt 48 englischen Kriegsgefangenenlagern und zeigt Dinge, die damals von ihnen hergestellt wurden. Sehr wertvoll ist die große Sammlung aus den Anfängen der südafrikanischen Fotografie.

In der Nähe (Goddard St.) befindet sich das **Hertzog House Museum,** in dem der Burengeneral J.B.M. Hertzog 1895–1924 lebte (Di–Fr 9–16 Uhr, Eintritt frei). Unter dem großen Baum vor dem Esszimmer saßen während der Rebellion von 1914 Freunde des Generals, um ihn zu beschützen. Die Statue des Generals kann man in der Charles Street bewundern (zw. Aliwal und Brand Street).

Etwas entfernt (über südliche Church St.) liegen das beeindruckende **National Women's Memorial** mit dem **War Museum of the Boer Republics.** Unter den Statuen an der Front des 36,5 m hohen Sandsteinobelisks sieht man zwei Burenfrauen mit einem sterbenden Kind und die Inschrift: „An unsere Heldinnen und

lieben Kinder. Dein Wille geschehe". Wie erschütternd muss es für die Soldaten gewesen sein, die nach dem Burenkrieg auf ihre Farmen zurückkehrten und mit Entsetzen sahen, dass ihr Lebenswerk zerstört, ihre Frauen und Kinder verschleppt worden waren – 26.370 Frauen und Kinder sind während des zweiten Burenkrieges in englischen *Concentration Camps* grausam ums Leben gekommen. Die Asche von *Emily Hobhouse,* einer Engländerin, die die Welt damals auf die Lager aufmerksam machte und für bessere medizinische Versorgung sorgte, wird hier aufbewahrt. Das angrenzende Museum ist burischen Soldaten gewidmet (Mo–Sa 9–16.30 Uhr, So 14–17 Uhr).

Der **First Raadsaal,** St George's Street (Mo–Fr 10.15–15 Uhr, Sa/So 14–17 Uhr) ist das älteste Gebäude der Stadt und gilt als Wiege des Burenstaates. Es hat ein Rieddach und einen Fußboden aus Dung, diente zunächst als Schule und später als Ratsaal für gesellschaftliche Anlässe.

Folgt man der St George's Street fast bis zum King's Park, entdeckt man eine Säule mit dem Stadtwappen. Hier entsprang die **Bloemfontein,** die „Blumenquelle". Nach zwei gewaltigen Fluten 1875 und 1904 hörte sie auf zu sprudeln.

In einem alten viktorianischen Gebäudekomplex von 1885 in der President Brand Street findet man die **Old Presidency.** Hier kann man staunen, wie fürstlich die ehemaligen Präsidenten der alten Orange-Republik residiert haben: *J. H. Brand* (1864–1888), *Fax W. Reitz* (1888–1895) und *M. Tel. Steyn* (1896–1900). Heute finden hier wechselnde Kunstausstellungen und kleine Theateraufführungen statt (Mo geschl., Tel. 051-480949).

Neben der Old Presidency liegt das **Open-air Agricultural Museum** mit einer Ausstellung über landwirtschaftliche Geräte.

Überquert man den **Bloemspruit Canal** sieht man das im edwardianischen Stil

450 **Bloemfontein (Mangaung)** Karte S. 448

1906 fertiggestellte Gebäude des **Supreme Court.** Das Innere ist nach Anmeldung (Tel. 051-4478837) zu besichtigen.

Im **National Afrikaans Literary Museum and Research Centre,** Ecke President Brand/Elizabeth Street, findet man die größte Sammlung von Werken afrikaanssprachiger Autoren, das **Afrikaans Music Museum** und ein **Theater-Museum** mit einer Sammlung alter Notenblätter, Kostüme und Fotografien (alle Museen Tel. 051-4054034, Mo–Fr 8–12.15 Uhr, 13–16 Uhr, Sa 9–12 und 13–16 Uhr).

Das **Sand du Plessis Theatre,** Markgraaf Street, gilt als eines der modernsten Gebäude seiner Art auf der Welt und wurde 1985 für 60 Millionen Rand erbaut. Die herrliche Konstruktion mit geschickter Verbindung von Glas, Beton und Kunstwerken ist ideal geeignet für Opern-, Theater- und Ballettaufführungen (Spielplan in der Tagespresse, Führung mittwochs 14.30 Uhr, Tel. 051-4477771).

Das **Court of Appeal (Appelhof),** Südafrikas höchstes Berufungsgericht, liegt etwas zurückversetzt an der President Brand Street. Es wurde 1929 erbaut und hat ein besonders schönes Interieur mit massiven Stinkwood-Paneelen und kunstvollen Schnitzereien (Tel. 051-4472631, Voranmeldung).

Ecke Brand/Henry Street steht das schönste Gebäude, der **(Fourth) Raadsaal** von 1893. Hier tagten die Mitglieder des letzten Parlaments der „Old Republic", bevor die Briten Bloemfontein im März 1900 besetzten. Der Raadsaal wurde im Renaissance-Stil errichtet und ist eine architektonische Meisterleistung aus Sandstein und roten Ziegeln (Voranmeldung Tel. 051-4478899, kleine Ausstellung mit Büsten der 6 Präsidenten der Republik, Wappen etc.). Die Reiterstatue vor dem Gebäude zeigt den Nationalhelden *General de Wet* auf seinem Pferd *Fleur*.

Als nächstes erreicht man in der Brand Street das imposante Gebäude der **City**

Hall, von *Sir Gordon Leigh* entworfen und 1935 realisiert. Den ersten Eckstein legte Prinz George, beachtenswert der italienische Marmor und kunstvolle Holzarbeiten aus Burma.

Das **National Museum,** 36 Aliwal Street (Tel. 051-4479609, Mo–Fr 8–17 Uhr, Sa 10–15 Uhr, So 12–17.30 Uhr), besitzt eine der größten Fossiliensammlungen der Welt und archäologisch und kunsthistorisch bedeutende Funde, darunter der Schädel eines Mannes, der vor etwa 40.000 Jahren gelebt haben soll und als Urahn der Buschmänner gilt. Ihn fand man 50 km von Bloemfontein entfernt um 1930 bei Florisbad. Besonders gelungen ist die Nachstellung einer typischen Straßenszene um die Jahrhundertwende.

Einen Einblick in das Leben der reichen Bourgeoisie edwardianischer Zeit gibt das **Freshford House Museum,** 31 Kellner Street (Tel. 051-4479609, Mo–Fr 10–13 Uhr, Sa/So 14–17 Uhr). Das Gebäude stammt von 1897.

Den Rundgang beschließt ein Besuch der **Twin-Spired Church,** Charles Street. Sie ist die einzige Kirche der Dutch Reformed Church mit zwei Türmen und stammt aus dem Jahre 1880. Sie wurde dem Bamberger Dom nachempfunden. Die letzten drei Präsidenten der Republik wurden in ihr vereidigt. Einige Nationalhelden, wie General de Wet und Präsident Steyn und die letzten drei Staatspräsidenten der Republic of South Africa, Nic Diederichs, Jim Fouché und Charles Robert Swart, liegen in der Kirche begraben.

Die schönen Parks der Stadt

Den **Hamilton Park** erreicht man von der Stadtmitte aus über die West Burger und Union Street. Im außergewöhnlich schönen **Orchideenhaus** sorgen Wasserfälle und kleine Teiche für das richtige Klima und den passenden Hintergrund für die mehr als 3000 Orchideenarten. Der **Duft-**

garten wurde für Blinde angelegt, ist aber auch für Sehende eine schöne Erfahrung.

Über die selbe Anfahrt erreicht man auch **Naval Hill** und das Franklin Game Reserve. Naval Hill bietet die schönste Aussicht über die Stadt. Den Namen bekam der flache Hügel von zwei britischen Schiffskanonen (naval guns), die während des Burenkrieges aufgestellt wurden.

Das **Franklin Game Reserve** ist das einzige Wildreservat der Welt in einem Stadtzentrum. Neben vielen Vogelarten hier leben Springböcke, Elenantilopen und Zebras (tgl. 8–17 Uhr). Daneben steht das ehemalige **Observatorium,** das wegen der Luftverschmutzung zum Theater umfunktioniert wurde (die Sterngucker müssen nun ins Observatorium nach Mazelspoort gehen, 25 km östl.).

Der **Rosengarten** im **King's Park** wurde 1925 vom Prinz of Wales höchstpersönlich eingeweiht und entwickelte sich in den vielen Jahrzehnten zu einem Prachtgarten aus mehr als 4000 Rosenbüschen und -stöcken. Am angrenzenden See **Loch Logan** gibt es eine relativ neue *****Waterfront** mit Restaurants, Cafés, Boutiquen, Flohmarkt und Kinos. In der Nähe ist auch der Zoo.

Über die R 702 erreicht man 10 km vom Stadtrand entfernt den **Free State Botanical Garden** (tgl. 8–18 Uhr, Tel. 051-4363530, Eintrittsgeb.; Eingang an der Rayton Road, die vom Dan Pienaar Drive abgeht). Auf 70 ha wurden kunstvoll heimische Pflanzen und Kräuter in einer Parklandschaft und in Treibhäusern angepflanzt. Beachtenswert ist ein versteinerter Baum, dessen Alter auf 150–300 Millionen Jahre geschätzt wird. Im naturbelassenen Teil des Gartens findet man 124 Vogel- und 54 Reptilienarten. 50 Säugetier-Spezies sind hier ebenfalls heimisch. Das *Gecko's Restaurant* ist täglich geöffnet (Frühstück, Lunch und Dinner).

Kinderspaß

Auf der **Sunbird Children's Farm,** Ray Champion Rylaan 4, Rayton (Tel. 051-4366756), gibt es einen schönen Spielplatz, Ponyreiten und vieles mehr (ganztägige Betreuung möglich). Erwachsene gehen ins Restaurant oder den Teegarten (tgl. 10–17 Uhr).

Der **Zoo** von Bloemfontein liegt inmitten des großen King's Park (tgl. Okt–März 8–18 Uhr, Apr–Sept 8–17 Uhr, Tel. 051-4058483, Zugang über Henry Street). Geführte Abendspaziergänge mit Beobachtung nachtaktiver Tiere.

Bloemfontein von A–Z

Information Bloemfontein

Bloemfontein Tourist Information, 60 Park Rd, Willows, Bloemfontein 9300, Tel. 051-4058489, Fax 4473859, www.bloemfontein.co.za und www.bloemfonteintourism.co.za. Stadtplan mit Kurzbeschreibung zu 25 Sehenswürdigkeiten auf einer **Historical Walking Tour** (5 km).

Autohilfe

AA-Filiale Bloemfontein, 17 Sanlam Plaza, Maitland St, Tel. 051-4476191.

Apotheken

Medirex, 57 Maitland St 57, Tel. 051-4474466. *Protea,* Kerkst. 56, Tel. 051-43303181. *Avenue Apteek,* 60 Tweedelaan, Westdene, Tel. 051-4477145.

Autovermietung

Avis, Tel. 051-4332331. *Budget,* Tel. 051-433 1178. *Europcar,* Tel. 051-4333511.

Autowerkstatt

JJ Motors, Hillstraat, Tel. 051-4304749. Alle Fabrikate, vom AA-Automobilclub empfohlen.

Bahnhof

Der Hauptbahnhof von Bloemfontein liegt am östlichen Rand des Zentrums, Ecke Maitland/Harvey Street. Bedeutende Züge wie der Trans-Oranje, Amatola, Algoa und Diamond Express machen in Bloemfontein Station.

Businformationen

Allgemein, Tel. 051-4058135 (Stadtbusse, alle ab Hoffman Square). **Connex,** Tel. 051-4476352. **Translux,** Tel. 051-4082262 (ab 164 Zastron Street). **Greyhound,** Tel. 051-4302361 (ab Tourist Centre, Park Road).

Einkaufen

Bloemfontein Hyperama, Vereniging Drive, Fleurdal. – Mimosa Mall, Kellner St.

Entfernungen

Bei kürzester Routenwahl: **Kapstadt** 1015 km, **Durban** 650 km, **Johannesburg** 405 km, **Port Elizabeth** 677 km und **Kimberley** 180 km.

Festivals

März: Bloemf. Agricultural Show. *April:* Loch Logan Fval. *Oktober:* Rose Festival.

Flughafen

Bloemfontein International Airport, Tel. 051-4332901, vom Stadtzentrum 14 km auf der R 64

452 Bloemfontein (Mangaung)
Karte S. 448

Richtung Maseru. Tgl. Johannesburg, Kapstadt, George, Kimberley und Upington. Kein Shuttlebus in die Stadt. Die meisten Autovermieter haben ein Flughafenbüro. Stadtbüro der **South African Airlines:** Liberty Building, Ecke Andrew/Church Street, Tel. 051-4473811.

Geldwechsel
Rennies Foreign Exchange, 120 Nelson Mandela Rd, Tel. 051-4302361.

Internet
internetcafe bloemfontein, 2 Delaan, Tel. 051-4306458, shivas@servr.internetcafe.co.za. Schon der Kontakte wegen, die sich hier auftun, einen Besuch wert.

Kino
Ster-Kinekor, Noorstad, Tel. 051-4331423. Mimosa Mall, Tel. 051-4484841.

Klima
Oktober bis März Tageswerte 25–32 °C, nachts bei 15 °C. Tageshöchstwerte im April, Mai, August und September bei 23 °C, im Juni/Juli nächtliche Temperaturen unter Null keine Seltenheit, tagsüber aber die strahlendsten und klarsten Tage des Jahres. Die Stadt liegt in einer halbariden Zone mit wenig Niederschlägen. Hauptregenzeit von Dezember bis April (10 Regentage/Monat). An heißen Sommertagen oft urplötzlich starke Gewitterschauer. In den kalten Monaten Juni und Juli regnet es sehr selten.

Notrufnummern
Polizei, Tel. 10111; *Ambulanz*, Tel. 051-4473111; *Feuerwehr*, Tel. 051-4472111; *Krankenhaus*, 051-4052911; *Zahnarzt*, Tel. 051-4058911

Post
Hauptpostamt, Groenendal St.

Restaurants und Kneipen
De Lites, Southern Sentrum Fichardtpark; gemütliche Bar, gute Snacks, leichte Küche. – **Cocktails & Diner**, 142 Nelson Mandela Rd; gute Küche, freitags Pizza zum halben Preis, Tel. 4476994. – *Die Stalle*, President Brand Street (hinter der Old Presidency), Tel. 051-4303423; gutes Essen in Farmatmosphäre. – **Grannies,** Syfrets Arcade, St Andrew's Street; frische Pizza, Pies für den kleinen Hunger. – **Margaritas,** Aliwal St, Bays Village, Tel. 051-4313729. Berühmt für gute Steaks und Fischgerichte. – *Loch Logan Waterfront* ist ein Kultur- und Freizeitcenter (www.lochlogan.co.za) mit Ge-

schäften, Restaurants und Coffeeshops. Permanenter Flohmarkt. In Gehweite vom Stadtzentrum (beschildert).

Taxi
Bloem Taxis, Tel. 051-4333776.

Theater
Spielpläne des *Civic Theatre* (Ecke Charles/Markgraaf Street) und des *Sand du Plessis Theatre* (Church St.) s. Tagespresse, oder bei der Touristeninformation.

Unterkunft

Comfort
De Oude Kraal Country Lodge, Tel. 051-564 0636, 35 km südlich Richtung Edenburg (7 km schlechte Piste). Sehr schöne Kaminzimmer in altem Farmhaus, prima Küche.

*Hobbit Boutique Hotel,** 19 President Steyn Ave, Westdene Bloemfontein, Tel./Fax 051-4470663, www.hobbit.co.za. Gemütliches Gästehaus mit Auszeichnungen, plüschig-viktorianisch, kleiner Pool, prima Küche. DZ ab R1000.

Southern Sun, Ecke Nelson Mandela Rd/Melville Drive, Tel. 051-4441253, www.tsogosunhotels.com. Standardhotel mit 147 Zimmern, Nähe Shopping-Zentrum. DZ ab R1095.

*Kleine Eden Guest House,** 2 Moffett St, Fichardt Park, leicht erreichbar von N1 (Abfahrt Haldon oder Curie), Tel. 051-5252633, www.kleine-eden.co.za (m. Anfahrtskizze). Sehr geschmackvoll, jede Suite mit eigenem kleinen Garten. Suite/F ab R630.

President Hotel Naval Hill, 1 Union Ave, Tel. 051-4301111, www.hotelpresident.co.za. Guter Standard, DZ R850/F.

Touristic
City Lodge, Nelson Mandela Rd, Tel. 051-447 9888, www.citylodge.co.za. Gute Atmosphäre, Restaurant, preisgerecht. Ab R450 p.P.

*Glen Country Lodge,** 20 km nördlich (erreichbar über N 1, Ausfahrt Glen/Maselspoort Richtung Glen, dann noch 500 m), Tel./Fax 051-8612042, www.glencountrylodge.co.za. Chalets mit sauberen Zimmern, voll eingerichtet für Selbstversorger. DZ ab R500, Frühstück und Dinner a.A.

Etwa 200 Meter vorher liegt das ländlich-nette **„Wen-Do-Lin",** 3 Riverside, Tel. 051-8612062, www.wen-do-lin, DZ R700; auch SC.

Olienhout Gastehuis, 9 Deanne Avenue, Waverley, Tel./Fax 051-4470453. Zimmer in schönem Privathaus. DZ R200 p.P.

Hotel Luxor, Taxi St, Ehrlich Park 9312, Tel. 051-4418749, südlich an der N 1. Mit Restaurant.

Camping

Dagbreek Resort, 10 Piet van Wyk Street, Exton Road, Tel. 051-4332490. Keine Zelte.

Reyneke Park, 2 km außerhalb an der Petrusburg Road, Tel. 051-23888/9. Auch Chalets, Restaurant.

→ **Abstecher**

Maria Moroka National Park

Der 3400 ha große **Maria Moroka National Park** liegt in traumhafter Lage am Fuße des **Thaba 'Nchu**, dem „Schwarzen Berg". Der gleichnamige kleine Ort ist Zentrum des Thaba 'Nchu Distrikts, der früher einen Teil des „Puzzle"-Homelands Bophuthatswana bildete. Benannt wurde er nach der Mutter des amtierenden Häuptlings der Region, *Maria Moroka*. Der Park gleicht einem Amphitheater. Das bewaldete Hügelland und ein integrierter Staudamm bieten ideale Bedingungen für Zebras, Elenantilopen, Spring- und Blessböcke, Kuhantilopen und Nashörner. Neben Eisvögeln, Kormoranen, Reihern und Enten gibt es Sekretärsvögel, Glatt-nackentrappen sowie Kaffern- und Schreiadler.

Von den zwei Wanderwegen ist der *Eland Hiking Trail* der interessantere (4–5 h, leider ist Teil schlecht erkennbar!). Er führt durch eine Schlucht und ist manchmal steil (nur mit guter Kondition). Der *Volstruis Hiking Trail* geht durch eine bewaldete Klamm hinauf zum Stausee (1–2 h). Es gibt auch eine Mountainbike-Strecke.

Anfahrt

Von Bloemfontein über die N 8 Richtung Maseru. Nach 63 km am Ortsanfang von Thaba 'Nchu Abzweigung zum Nationalpark, Beschilderung mit Thaba 'Nchu Sun Hotel und Maria Moroka Game Reserve. Weitere 10 km Parkeinfahrt.

Information

Maria Moroka National Park, Tel. 051-8732427, (tgl. 6–18 Uhr). Geführte Touren sind in den großen Hotels von Thaba 'Nchu buchbar. Bei der Touristeninformation Bloemfontein kann man nach einem Shuttlebus zum Spielkasino im *Thaba 'Nchu Sun* fragen. **Touri-Information Thaba 'Nchu:** Tel. 051-87151390.

Unterkunft

nur im nahen Thaba 'Nchu: **Thaba 'Nchu Hotel,** Scott St, Tel. 051-8751514. Einfach.

Black Mountain Leisure & Conference Hotel, Groot Hoek Dam Rd, 10 km außerhalb, Tel. 051-874200, www.blackmountainhotel. Mit Spielkasino, teuer.

Naledi Sun, 3 Bridge St, Tel. 051-8751060, www.suninternational.com. Teuer, Bar, Restaurant, „einarmige Banditen".

✔ **Abstecher**

Trompsburg

Trompsburg, 122 km südl. von Bloemfontein, wurde 1882 gegründet und ist beliebter Halt auf der N 1. *Langseekoegat Fishery* ist die größte private Fischzucht des Landes. Weiter gibt es die zweitgrößte Schafscherfarm und eine alte Zollbrücke.

Information

Das **Trompsburg Tourism Bureau,** Tel. 051-4471362, gibt u.a. Auskunft über Farmaufenthalte und B&B.

Unterkunft

Touristic

Beau Vista Motel, 1 Louw St., Tel./Fax 051-7130111, www.wheretostay.co.za. Modern, klein, nahe Ausfahrt Trompsburg von der N 1.

Midway Guest House, 24 Jan St, Tel./Fax 051-7130585, www.midwayplace.co.za. Familiär.

Budget

*Rietpoort Game & Guest Farm, auf Merino Schaffarm, Tel. 051-7137023, www.rietpoort farm.co.za. Ü/F, Dinner auf Anfrage. Wildbeobachtung.

→ **Abstecher**

Philippolis

Philippolis, ältester Ort des Free State, wurde 1823 als Missionsstation der *London Missionary Society* gegründet. Philippolis besitzt eine wunderbare Atmosphäre und eine landschaftlich reizvolle Lage. Künstlern und Schriftstellern gilt der Ort als inspirierend.

Das **Transgariep Museum** und das **Delta Museum** erklären die Geschichte der Region. Das *Van der Post House,* Colin Fraser Street, ist das Geburtshaus des südafrikanischen Schriftstellers *Laurens van der Post.* Gut essen kann man im angeschlossenen Restaurant *Van der Post and Tea Garden.* Die Kanzel der *Dutch Reformed Church* wurde aus Olivenbaumholz ohne Nägel und Schrauben konstruiert. Die alte *Pferdemühle* und das *Adam Kok Haus* sind ein Andenken an die kurze Zeit, in der die Griquas hier siedelten.

Information

Philippolis Municipality, Tel. 051-7730213, www.gophilippolis.com.

Unterkunft

Touristic

*Oppistoep Guesthouse, 48 Tobie Muller St, Tel. 051-7730390, oppistoep@webmail.co.za. Südafrikanische Gastfreundschaft, schöne Zimmer, Tipps von den Besitzern für Ausflüge.

The Van der Post Guest House/Artist Retreat, Tel. 051-7730009, www.gophilippo lis.com. Sehr schönes Gästehaus (Selbstversorgung), das zur Verfügung steht, wenn keine Künstler Gäste der Gemeinde sind.

Budget

Old Jail, Justisie St, Tel. 051-7730009, www. gophilippolis.com; originelle Unterbringung in den ehemaligen Zellen (3 x 2 m) des alten Gefängnisses (natürlich mit allen heutigen Annehmlichkeiten). Selbstversorgung oder Essen nach Absprache.

✔ **Abstecher**

Springfontein

Springfontein (gegründet 1904) versucht, die Vergangenheit abzustreifen – man hatte hier in der Nähe ein großes Concentration Camp – und sich als Touristenort zu etablieren. Die Chancen stehen gut – die Landschaft ist schön.

Unterkunft

Touristic

*Die Garingboom Guestfarm, Karoo-Schaffarm nahe N 1, Tel. 051-7830203, www.garing boom.co.za. Schöne Cottages, kostenlose Ausritte, organisierte Wanderungen, Abendessen möglich.

Blair's Folly B&B, 14 General De Wet St, Tel. 051-7830178. 2 schöne DZ mit Bad. Sehr gastfreundlich. Mit Abendbrot und Frühstück kostet das DZ ca. R650.

Kuilfontein Guest Farm, 500 m von der N 1, Tel. 051-7830157, www.accommodationspringfontein.co.za. Gemütlich, Spaziergang am Bossiespruit, ländliches Abendessen.

Springfontein House, 32 Van Riebeeck St, Tel. 051-7830076, www.springfontein-guesthouse.com. Schönes Gästehaus heimischer Künstler, Abendessen möglich. Ü/F R400 p.P.

Budget

Prior Grange Guest Farm, Tel. 083-3103284, www.priorgrange.co.za. Cottages auf historischer Farm.

Rondefontein Guest Farm, Springfontein, 2 km von der N 1 entfernt (schlecht ausgeschildert!), Tel. 051-7830002. Unbedingt zu Abend essen, heimische Weine probieren.

→ **Abstecher**

Gariep Dam – Bethulie – Tussen-die-Riviere Nature Reserve

Gariep Dam

Der Stausee des **Gariep Staudamms** (früher Hendrik Verwoerd Dam) ist mit 100 km Länge, bis zu 24 km Breite und 374 qkm Oberfläche einer der größten Afrikas (die Staumauer ist 88 m hoch und 914 m lang). Das aufgestaute Wasser des Orange River verbesserte deutlich Landwirtschaft und Wohlstand der Bevölkerung. **Verwoerd Dam,** der kleine Ort am südlichsten Zipfel des Free State, entstand zusammen mit dem Damm 1972 und lebt hauptsächlich vom aufkeimenden einheimischen Tourismus. Für ausländische Besucher gibt es weit attraktivere Ziele.

Das **Gariep Dam Nature Reserve** (11.237 ha) ist Heimat der größten Springbock-Population der Provinz. Hier sieht man auch Streifengnus und andere Antilopenarten, Strauße und eine Aufzuchtherde Bergzebras. Im südlich gelegenen **Oviston Nature Reserve** gibt es auch viele Antilopen und Steppenzebras – daneben wird Wassersport groß geschrieben.

Unterkunft

Comfort/Touristic
*Forever Resorts Gariep, Gariep Dam, Tel. 051-7540045, www.foreversa.co.za. Ideal für Familienurlaub, Reiten, Tennis, Wassersport.
View Lodge, Tarentaalstraat 20, Tel. 051-754 0380, www.wheretostay.co.za. Modernes Haus mit Pool.

Budget
Glasgow Pont Hotel, 6 km westl. des Staudammes, Tel. 051-7555010, www.glasgow-ponthotel.co.za. Mit Bar und Restaurant.

Bethulie

Bethulie, ein gottverlassenes Städtchen nördlich des Gariep Stausees, wurde 1832 vom *Missionar Jean Pellissier* gegründet. Sein Haus ist das älteste intakte Pioniergebäude nördlich des Orange River und heute historisches Museum, Tel. 051-763 1114. Das **Mynhardt Game Reserve,** gleich neben dem städtischen *Bethulie Damm,* zählt zu den ältesten Schutzgebieten der Provinz und beherbergt Strefengnus, Blessböcke, Oryxantilopen, Impalas und Zebras. Die Eisenbahnbrücke über den Damm ist mit 2993 m die längste in der südlichen Hemisphäre. In Dammnähe startet der *Hamerkop Hiking Trail* und der 28 km lange *Kiepersol Trail* (nur mit guten Stiefeln, für geübte Wanderer). Er führt in 2 Tagen vorbei an Felsformationen und durch wildreiche Vegetation.

Der einzige Platz, an dem man eine gemütliche Pause machen kann, ist der *Fleur de Lis Coffee Shop,* 10 Voortrekkerstraat, Tel. 051-7630609 (kleine Gerichte und Kuchen).

Unterkunft
Budget Royal Hotel, Joubert St, Tel. 051-683 7767, www.bethulie.net. Klein, Restaurant.
Camping Bethulie Dam Resort, Tel. 051-763 0002. Caravan-/Zeltplätze.

Der besondere Tipp:

Tussen-die-Riviere Nature Reserve

Das Reservat ist eines der schönsten Südafrikas, eine Oase in einer relativ öden Umgebung. Es liegt „zwischen den Flüssen" – „tussen die riviere" – **Caledon** und **Orange,** die beide in den Gariep-Staudamm fließen. Hauptsächlich Jäger, darunter prominente in- und ausländische Politiker, zieht es in der Saison hierher. Die Jagd hat zur Folge, dass die Flucht-

Free State

distanz der Tiere sehr groß ist und Wild-beobachtungen erschwert sind. Abgesehen von Wochenenden und Ferien ist der Park fast menschenleer.

Die 22.000 ha Parkfläche breitet sich über Savannengebiet aus, durchbrochen von Bergrücken und Doloritformationen. Oliven-, Weiße Stinkwood- und Karee-Bäume stehen in der hügeligen Landschaft, Trauer-weiden und Süßdorn an den Flussufern. Kudus, Elen- und Kuhantilopen, Oryx, Gnus, Bergriedböcke, Ducker und Klippspringer, Breit- und Spitzmaulnashörner, Zebras und Nilpferde, Grüne Meerkatzen, Mangusten, Löffelhunde, die nächtlichen Erdferkel, Erdwölfe, Ginsterkatzen und Stachelschweine bilden die **größte Wildpopulation** des Free States. Die reiche **Vogelwelt** besteht u.a. aus Kampf- und Fischadlern, Bussarden, Nachtfalken, Ibissen, Marabus und Kranichen (bei den Rangern vollständige Vogelliste).

Die Park-Fahrwege haben idyllische Picknickplätze. Es gibt drei **Rundwanderwege:** Der 7 km lange *Middelpunt Trail* ist einfach und führt an den Zusammenfluss von Orange und Caledon River. Dort leben die großen Wasservögel, wie Paradieskranich, Abdimsstorch, Graureiher und Graukopfrostgans. Der 12 km lange *Klipstapel Hiking Trail* passiert erodierte Doloritsäulen. Der *Orange River Hiking Trail* (16 km) führt ans Flussufer durch hügelige Landschaft. Die beiden letzteren starten am *Spes Bona* (Übernachtungshütte) und verlangen gute Kondition und einen Wasservorrat. Wanderungen ausschließlich in Begleitung von Rangern wegen der Black Rhinos. Es gibt auch einen *4x4-Offroad-Trail.*

Anfahrt

Parkeingang an der R 701 zwischen Bethulie und Smithfield, 65 km östlich der N 1 bzw. 15 km von Bethulie.

Information

Tussen-die-Riviere Nature Reserve, Officer-in-Charge, Bethulie 9992, Tel. 051-7631000. Parktore 7–18 Uhr geöffnet, Parkbüro Mo–Fr 7.30–16.30 Uhr, Sa/So 8–10 Uhr. **In der Jagdsaison dürfen Di–Do nur Jäger ins Reservat** (meist Mai bis Anfang Sept.). Keine Einkaufsmöglichkeit.

Unterkunft

Voll eingerichtete, renovierte Chalets. Mit Grill und Autoabstellplatz. Kleinere Wohnungen im Hauptgebäude, einfache Unterkünfte im Hunter's Shelter.

✔ Abstecher

Von Bloemfontein nach Kimberley

Die R 64 (N 8) verbindet auf 177 km die Hauptstadt des Free State mit der Hauptstadt der Northern Cape Province, eine recht einsame Strecke.

Soetdoring Nature Reserve

Etwa 15 km hinter Bloemfontein zweigt rechter Hand die Zufahrt zum **Soetdoring Nature Reserve** ab, das für seinen Bestand an Zebras, Kampfadlern und Sekretärsvögeln bekannt ist. Zudem gibt es ein Raubtiergehege. Inmitten des Naturschutzgebietes liegt der **Krugersdrif Dam,** Heimat vieler Wasservögel.

Dealesville

67 km nordwestlich Bloemfontein liegt Dealesville, das 1930 mit der Entdeckung des 41.000 Jahre alten **Florisbad Schädels** durch Professor Dreyer in die Schlagzeilen kam. Er war damals der wichtigste Fund eines fehlenden Bindegliedes in der Evolutionsgeschichte des Menschen. Die Ausgrabungen dauern noch an (nur nach Voranmeldung zu besichtigen). Der Original-Schädel liegt im Nationalmuseum von Bloemfontein. Die Gegend ist reich an Fossilien, und immer wieder stößt man bei den Arbeiten auf Steinwerkzeuge, die als die ältesten ihrer Art gelten. Das kleine Jan Wessels Museum besitzt eine Ausstellung zur lokalen Geschichte.

Boshof

„Willkommen in der Heimat des südafrikanischen Volkstanzes" preist sich Boshof an. Natürlich spricht man von „Volkspele", den Tänzen der Afrikaaner, die als fester Bestandteil burischen Kulturgutes bis heute überlebt haben. Auch ein Teil des *Chris van Niekerk-Museums* nimmt sich diesem Thema an (Fotografien, Musikvorlagen und Tanzkostüme). Daneben hat es sich auf südafrikanische Schriftsteller spezialisiert.
Unterkunft: Toelie's Guesthouse, 81 Jacobs St, www.boshof.co.za.

  Abstecher

Jagersfontein – Fauresmith – Koffiefontein

Es geht zu alten Minenstädtchen, wo noch die „gute, alte Zeit" herrscht.

Jagersfontein

Liegt 55 km westlich von Edenburg, wurde 1871 nach Entdeckung des ersten Diamanten gegründet und hat bis heute das Flair einer frühen Minenstadt. Im Jager's Mining Village und dem **Open Mine Museum** bekommt man den besten Eindruck vom Leben der Schürfer, ihren Träumen und der Realität. Eine Aussichtsplattform ragt 3 m über das dramatischste Bohrloch Südafrikas: Mit angehaltenem Atem schaut man in den von Menschenhand geschaffenen, 500 m breiten Krater. Bis 1905, als man den Cullinan-Diamanten entdeckte, galt der Excelsior, 1883 hier gefunden, mit 971 Karat als größter Diamant der Welt!
Jagersfontein Tourist Information: Tel. 051-4114300.

Fauresmith

Obwohl Fauresmith sich zu einem modernen Ort gemausert hat, birgt es noch viele alte Elemente. Die Bahnstrecke führt direkt durch die Hauptstraße. Einmal im Jahr findet das legendäre **Steam Train Road Race** von Jagersfontein nach Fauresmith statt. Eine ausgediente Dampflok steht mitten in der Stadt. Im Winter herrscht während des dreitägigen **National Endurance Ride,** ein 210 km langes Ausdauer-Pferderennen, Hochstimmung im Ort. Familien kommen aus Nah und Fern und campieren auf den Äckern rund um die Stadt. Das beliebte **Kalkfontein Dam Nature Reserve** (4500 ha), 30 km nördlich der Stadt, ist ein Vogelparadies (Wassersport, Angeln, keine Übernachtungsmöglichkeit).

Information/Unterkunft
Fauresmith Tourist Information, Tel. 051-7230020, www.fauresmith.co.za.
Touristic Phoenix Hotel, 22 Voortrekker St, Tel. 051-7230093. Klein, Doppel- und Mehrbettzimmer.

Koffiefontein

Koffiefontein hieß die kleine Quelle, an der sich Transportreiter früher Kaffee kochten. Im Juni 1870 fand einer nahe der Quelle einen großen Diamanten. Glücksritter kamen und verwandelten die Idylle binnen kürzester Zeit in einen verwüsteten Landstrich mit 1428 Claims, die allesamt bald von *De Beers* geschluckt wurden. Ein Aussichtsturm ragt über das 240 m große Loch der Mine. *Rorich's Barn* ist das älteste Gebäude aus dem Jahre 1877, der *Dampftraktor* stammt von 1896. Etwas außerhalb liegt die *Ja/Nee Farm* des afrikaanssprachigen und international bekannten Romanschriftstellers *Etienne Le Roux,* der hier auch begraben liegt. Zu den gastronomischen Attraktionen zählt ein Besuch in der *Blue Diamond Tavern* oder *Bafokeng Tavern-by-Nite* in Ditlhake.

Information/Unterkunft
Koffiefontein Tourist Information,
Tel. 053-2050007; Auskunft über B&B.
Camping Koffiefontein Caravan Park,
Kimberley Road, Tel. 053-2050598.

✔ Abstecher

Von Norden auf der N 3 über Harrismith nach Süden

Abstecher von der N 3: Vaal Dam und Vaal River

Der Vaal Stausee bedeckt eine Fläche von 300 qkm, wurde 1938 fertiggestellt und gilt als Wassersport-Eldorado, das an Wochenenden und in den Ferien heillos überfüllt ist. Im angeschlossenen **Vaal Dam Nature Reserve** (tgl. 7–18 Uhr) leben vorwiegend Wasservögel: Silberreiher, Nilgänse und Schmuckzwergrallen. Ein echtes Abenteuer ist Whitewater Rafting auf dem **Vaal River** (www.vaalrafting.co.za, inkl. Ausrüstung, Lunch und Getränken Preis auf Anfr.).
Anfahrt: Von Jo'burg auf der N 3 bis Heidelberg, dann weiter auf der R 549. Am Stausee kann man am Nordufer auf der R 54 weiterfahren oder weiter südlich auf der R 716, beide führen nach Villiers auf die N 3 zurück.

Deneysville

Deneysville, ein kleiner Ferienort am südlichen Ufer des Vaal, ist bei Wassersportlern beliebt (Unterkünfte, Caravan-/Campingplatz).

Jim Fouché

Am beliebtesten bei den Südafrikanern ist das familienfreundliche **Jim Fouché Holiday Resort,** Tel. 083-2851713, das direkt am Ufer liegt (Zufahrt von Villiers über R 26, nach 13 km rechts Richtung Oranjeville). Es besitzt ein Schwimmbad, Spiel- und Tennisplatz, Minigolfanlage, Gocart-Bahn, Chalets und Zeltplatz. Nachfragen, ob ein abendlicher Sunset-Cruise stattfindet.

Oranjeville

Oranjeville liegt ebenfalls recht idyllisch am Stausee. Es gibt Einkaufsmöglichkeiten, Tankstelle und Restaurants (auch Take-away). Ideal entweder für die erste oder letzte Nacht bei Ankunft/Abflug Johannesburg ist eine Übernachtung im ***Herberg Hotel,** Tel./Fax 056-3511673. Bestes Essen der Umgebung (auch Frühstück). Schöner Pool.

Villiers

Der erste kleine Ort am Vaal River nach der unsichtbaren Grenze zwischen Mpumalanga und dem Free State ist Villiers. Er ist bekannt für hübsche Gartenanlagen, gute Einkaufsmöglichkeiten und Tankstellen.

Harrismith

Harrismith ist Ausgangspunkt der **Highland Route** und vieler Exkursionen. Es wurde 1849 gegründet und nach dem Gouverneur Harry Smith benannt. Die alten, gut erhaltenen Sandsteingebäude ergeben ein schönes Bild. Das älteste Gebäude stammt von 1857. Das Alter eines 26 m langen **versteinerten Baumes** in der Gartenanlage der **Town Hall** (von 1907) wird auf 150 Mio. Jahre geschätzt. Noch in Betrieb ist ein roter **Orange River Colony Briefkasten.**

Der **Platberg Wild Flower Garden,** ein botanisches Juwel am Fuße des Platberges, 5 km südlich der Stadt, enthält eine große Wildblumensammlung und Pflanzen aus den Drakensbergen (zwei Staudämme, kleine Picknickstellen, Wanderwege, 7–16.30 Uhr). Ebenso beliebt ist ein Picknick im **President Brand Park** am Ufer des Wilge River, den eine Hängebrücke überspannt.

Am 10. Oktober wird das **Harrismith Mountain Race** veranstaltet, das auf eine Wette zwischen dem englischen Ex-Major Belcher und Einheimischen zurückgeht. Er behauptete, der Platberg sei ein kleiner Hügel und in weniger als 60 Minuten vom Stadtzentrum aus zu bezwingen. Tatsächlich brauchte er nur 52 Minuten. Er stiftete der Stadt einen Wanderpokal.

Die beste Zeit für eine Rundwanderung auf dem 27 km langen **Platberg Hiking Trail** (2 Tage) ist Frühling, wenn die Wildblumen blühen. Im Winter muss man mit Schnee rechnen. Übernachtet wird in einem primitiven Camp in einer Schutzhütte (Infos unter Tel. 058-623 0435).

Information Harrismith

Harrismith Tourist Information, Andries Pretorius Street, Tel. 058-6221061, Fax 6230923.

Unterkunft

Touristic

Bergview Rest Motel, Tel./Fax 058-6230255, www.harrismith.co/bergview. Mit dem Charme alter Tage, Aussicht, Restaurant, Garten, Kleintierpark. Ab R300 p. P.

Harrismith Inn, McKechnie Rd, Tel. 058-622 1011, www.africanskyhotels.com. Direkt an der Ausfahrt von der N 3 (Autobahnknoten N 5), 2,5 km vom Zentrum. Business-Hotel mit 119 Zimmern, Restaurant, Pool. DZ/F R800.

La La Nathi, an N 3, 3 km südlich, Tel./Fax 058-6230282, www.lalanathi.co.za. Idyllisches großes Rieddach-Haus in schöner Lage, 2 DZ und 4 Cottages.

Budget

Grand National Hotel, Warden St, Tel. 058-622 1060. Zentral, kleines Familienhotel, Restaurant, Bar.

Platberg Backpackers, 55 Biddulph St, Tel. 058-6223443, www.platbergbackpackers. co.za.

Camping

Pringles Caravan Park, an der N 3, Bergview Complex, Tel. 058-6230255 (gehört zum Pringles Inn & Grill). Direkt an der Straße, sauber und gut ausgestattet. Restaurant und Tankstelle vor der Tür.

→ **Abstecher**

Mount Everest Game Reserve – Sterkfontein Dam – Qwaqwa District – Witsieshoek Mountain Resort

Mount Everest Game Reserve

Das 1000 ha große Mount Everest Game Reserve liegt 21 km nordöstlich von Harrismith an der Straße nach Verkykerskop. Es ist privat, wird saisonal bejagt und bietet luxuriöse Unterkunft und Camping. Auf Pferden oder zu Fuß kommt man ganz nah an die Tiere: 290 Vogelarten, Kuhantilopen, Steppenzebras, Elenantilopen, Grauducker u. Breitmaulnashörner.

Information, Unterkunft:
Mount Everest Game Lodge, Tel. 058-6230235, Fax 6230238. Restaurant, Bar, Pool, Waschautomaten, 14 Chalets, Swiss Log Cabins, Rondavels, Übernachtungsmöglichkeit in altem Farmhaus, Camping.

Sterkfontein Dam und Nature Reserve

23 km südwestlich von Harrismith, über die R 74 erreichbar, liegt der Sterkfontein-Staudamm und das gleichnamige Naturreservat. Grüne Berge kontrastieren wunderbar mit kristallklarem Wasser. Vogelliebhaber und Angler lieben das Gebiet. Im See tummeln sich Forellen, hoch oben kreisen Kap- und Bartgeier. Der *Sterretjies Hiking Trail* (28 km, Rundwanderweg) geht in 2 Tagen durch Kluften und bewaldete Schluchten des Great Escarpment mit Proteen und großen Palmfarnen zu imposanten Sandsteinformationen und zu einer großen Höhle.

Information, Unterkunft:
Wild Horses Lodge, Amanzi Amakhulu, Tel. 058-6227000. Kleine, romantische Lodge. Dinner/B&B.

Phuthaditjhaba und Witsieshoek

Phuthaditjhaba und das angrenzende Witsieshoek liegen 50 km südwestlich von Harrismith und sind schnell über die R 712 erreichbar. Die Witsieshoek Mountain Route führt direkt in die Drakensberge. Berühmt ist Phuthaditjhaba für schöne Wandbehänge aus Mohair, Karakulteppiche, handbemaltes Porzellan, Kupfer- und Messinggefäße und Korbwaren, die am Stadtrand verkauft werden. Das **Batlokwa Museum** nahe des Tseseng Business Centre an der Witsieshoek Mountain Road zeigt Kunst- und Kulturgegenstände des Batlokwa-Stammes, 1868 von Chief Paulus Mopeli gegründet, dessen Statue vor dem Museum steht.

Information/Unterkunft
Tourist Information, Tel. 058-7134444, Fax 7134342.

Witsieshoek Mountain Resort

Das Ferienresort liegt traumhaft im Grenzgebiet zwischen Free State und KwaZulu/Natal mit einer unvergesslichen Aussicht auf den Royal Natal National Park. **Wanderwege** führen zu den Staudämmen *Fica Patso* und *Metsi Matsho*.

Der **Fica-Patso-Damm** staut den *Namahali River* 17 km vor Phuthaditjhaba (dort das gleichnamige Ferienresort, Tel. 058-7891733). Der *Fica Patso Hiking Trail* (Infos Tel. 058-7134444, Fax 7134342) ist ein 30 km langer Rundwanderweg. Der erste Tag führt durch spektakuläre Landschaft zu Buschmann-Malereien und

Der Qwaqwa District

Qwaqwa liegt in einer Märchenwelt hoher Berggipfel und welligen Graslandes. Nach den ersten Sommerregen öffnen sich die Blumen an den Berghängen, Bartgeier kreisen langsam am tiefblauen Himmel. Qwaqwa ist eine unberührte Region, die zu Fuß erkundet werden will, ein Paradies für Naturliebhaber. Der Distrikt umfasst 655 qkm mit der Stadt Phuthaditjhaba, dem angrenzende Witsieshoek, der Qwaqwa Conservation Area und dem Qwaqwa Nature Reserve und liegt zwischen 1700 und 2500 m hoch. Die Gesamtfläche teilt sich in Weideland (42 %), Ackerland (20 %, Mais, Bohnen und Sorghum), Wald (1 %) und nicht nutzbaren Boden (37 %) auf.

Es war die Zwangsheimat von 1,8 Mio. Süd-Sotho, von denen heute noch 200.000, vorwiegend Basotho der Kwena und Tlokwa, auf engstem Raum leben – man kann sich vorstellen, welche Armut die Bevölkerung bis heute prägt. Am 1. November 1974 wurde Qwaqwa als siebtes „selbstverwaltetes Gebiet" von der Apartheid-Regierung geschaffen und bis 1994 von einem Scheinparlament mit Sitz in Phuthaditjhaba regiert, bis es wieder der Republik Südafrika eingegliedert wurde. Man hofft heute auf den Tourismus. Mit der herrlichen Landschaft könnte sich diese Hoffnung erfüllen.

Qwaqwa – „weißer als Weiß" – entlehnt seinen Namen dem weißen Sandsteinhügel Mount Qwaqwa, der die Gegend überragt. Auf dem Hügel nisten Kapgeier, ihre Ausscheidungen färben die Oberfläche weiß. Im Winter besorgt das der Schnee. Die Nähe der schönsten Gipfel der Drakensberge und das kulturelle Angebot machen Qwaqwa zu einem der sehenswertesten Ziele des Free State. Information: Qwaqwa Park, Free State Eco Tourism, Tel. 058-7134444, Fax 7134342.

Felsenbecken, der zweite zu einem Wasserfall (Übernachtung in einfacher Hütte).

Der **Metsi Matso Damm** (früher Swartwater Dam) ist ein Ferienparadies für Forellenangler 20 km von Phuthaditjhaba. Der 30 km lange Rundwanderweg *Metsi Matso Hiking Trail* geht in 2 Tagen durch atemberaubende Landschaft der Drakensberge, vorbei an pittoresken Sandsteinformationen, Höhlen und Proteenfeldern (Infos Tel. 058-7134444, Fax 713 4342; max. 2 Gruppen mit bis zu 10 Personen pro Tag, mit Wetterumschlägen rechnen!).

Die **Witsieshoek Mountain Route** führt kurvenreich von Witsieshoek hinauf zum *Sentinel Car Park* (2540 m). Dort startet der ***Sentinel Hiking Trail** (4 km, 3–4 h) zum Höhenplateau des Amphitheaters (3000 m), zum Devil's Tooth und zu Aussichtspunkten (an einer Stelle Hängeleiter). Alternativstrecke ist der Weg über The Gully. Vom Plateau aus kann man den Mount-aux-Sources besteigen (Bergerfahrung, **Schwindelfreiheit** und gute Kondition, Übernachtung in Schutzhütte, Vorausbuchung: Sentinel Hiking Trail, Tel. 058-7134444, Fax 7134342).

Unterkunft
Comfort und Touristic Witsieshoek Mountain Resort Hotel, unterhalb des Sentinel Peaks, Tel. 058-7136361, www.witsieshoek. co.za. Dieses ist das höchstgelegene Hotel Südafrikas mit wunderbarer Aussicht! Übernachtung in Luxus- und Standard-Chalets, Halbpension, gutes Restaurant, Bar.

✔ **Abstecher**

Van Reenen

Im Grenzort Van Reenen zwischen Free State und KwaZulu-Natal an der N 3, steht die *Kapelle Llandaff Oratory,* mit 8 Sitzplätzen *die kleinste der Welt* und zudem die einzige katholische Kirche in Privathand. Gewidmet ist sie *Llandaff*

Mathew, der 1923 bei einem Grubenunglück sein Leben verlor. Sein Vater wollte eigentlich nur eine kleine Tafel in der nächstgelegenen Kirche aufhängen – das untersagte man. Also baute er selbst.

3 km hinter dem Ortsrand Richtung Durban kommt man auf einem kleinen Abstecher zur **Windy Corner,** einem der besten Aussichtspunkte auf den Free State, KwaZulu-Natal und die Drakensberge.

Unterkunft

Comfort
***Oaklands,** Tel. 087-9438738, oaklands.co.za. Verträumtes Landhotel, hervorragendes Essen, etwas Besonderes.

Touristic
Pyramids Motel, an der N3 (van Rheenen Pass), Tel. 082-5233241, www.pyramids-motel.co.za. Schön gelegenes Motel mit Chalets.

Wyford Farm, 1,5 km von der N 3 (van Rheenen Pass), Tel. 058-6710025. Stein-Cottages, Reiten, Wandern, Fischen, Essen auf Anfrage.

Von Bloemfontein auf der N 6 Richtung Buffalo City

Smithfield

Das saubere, sympathische Städtchen ist ein Bilderbuchort aus dem Jahre 1848 mit Tankstelle, Take-away und Bäckerei (frisches Brot). Vor dem kleinen **Caledon River Museum** steht eine Kanone, die – wie an anderen Orten auch – „Ou Grietije" („unser Gretchen") genannt wird, was sich bei den Voortrekkern durchgesetzt hat, nachdem der Kanonier Finlay seine Kanone im Krieg gegen die Basotho nach seiner Frau Margaret getauft hatte. Auch andere Monumente im Städtchen erinnern an diese Auseinandersetzung.

Gesäumt werden die Straßen von Karoohäuschen. Die **Little Gallery** hat wechselnde Ausstellungen westafrikanischer und lokaler Künstler. Auch die **Artist's Colony,** eine Künstlerniederlassung, und **Adam's Cottage,** das älteste Haus im Karoostil (3 Church St, Tel. 051-6831138, auch Übernachtung), sind sehenswert. Die sehr empfehlenswerte zweitägige Rundwanderung auf dem 26 km langen **Stokstert Hiking Trail** führt hinunter zum Caledon River, über eine natürliche Brücke, zu Felsenbecken und in die Arendkloof-Schlucht mit urwaldähnlicher Vegetation und steilen Felsklippen (artenreiche Vogelwelt mit Kampf- und Fischadlern).

Information

Smithfield Municipality, President Hoffman Street, Tel. 051-6831105, www.smithfieldinfo. wordpress.com.

Unterkunft

Touristic

Ha-Molapo Game Ranch, Groningen Nature Farm, 10 km außerhalb, Wild- und Schaffarm am Ufer des Caledon River, sehr schöne Zimmer, Pirschfahrten, Hausmannskost.

Smithfield House, Ecke Brand/Kerk Street, Tel./Fax 051-6830071, smithfieldhouse.wordpress.com. DZ/F R290 p.P.

Rouxville

Rouxville, 1863 gegründet, ist Regionalzentrum der Wollproduktion. Interessant sind die Überreste von **Buschmannsiedlungen** und **-malereien** auf den Farmen Koesberg, Houtberg und Sterkstroom.

Unterkunft:

Criterion Hotel, Morgan St, Tel. 051-6630055; einfach, gut für die Durchreise.

Durch den Norden: Auf der R 34 von Ost nach West

Memel

Von Newcastle (KwaZulu-Natal) auf der R 34 über den sehr schönen **Botha's Pass** erreicht man auf Seiten des Free State den kleinen Ort **Memel** auf dem Plateau der Drakensberge. Tankstelle, Post, Restaurants (das beste im *Mahem Country House*).

Als Geheimtipp gilt der **Sediba Hiking Trail.** Sediba bedeutet „Quellwasser", und so führt der Weg am 1. Tag 10 km durch die *Khwela Kloof,* eine Schlucht mit Wasserkaskaden und zu *Ipikiniki,* erfrischenden Naturpools. Der 1. Tag (6 km) wird durch Panoramalandschaft geprägt. Übernachtung am Ausgangspunkt in Chalets (Gemeinschaftsdusche und WC). Selbstversorgung. Infos unter Tel. 058-9240792 oder 082-9627462.

Was Besonderes ist der **Umvubu Horse Trail.** Freitags ist Anreisetag (bei Vollmond abendlicher Ausritt). Übernachtung im rustikalen *Umvumbu Bush Camp* (bis sechs Personen) oder in Memel. Samstags vier Stunden Ausritt durchs Seekoeivlei Nature Reserve, sonntags durch die umliegende Buschlandschaft. Infos Tel. 058-9240669 oder 072-3775021.

Information/Unterkunft

Memel Tourism, Tel. 058-9240400, an der Hauptstraße. Alle Infos zur Region.

Unterkunft

Touristic *Mahem Country House,* am Ortseingang rechts (beschildert), Tel. 058-924 0034, www.wheretostay.co.za. Entzückende Zimmer rund um einen Rosengarten. Exzellente Küche bei kleiner Karte (Abendessen auf Anfrage). Reiten, Vogelbeobachtung, 4x4-Strecke, Wandern.

Camping Dumeda Caravan Park, 7 Eksteen St. auch Zelte.

Seekoeivlei Nature Reserve

3 km nördlich von Memel liegt das **Seekoeivlei Nature Reserve** (4754 ha), eine „Feuchtzone internationaler Bedeutung". Das Marschland nennt man „Seekoei" – Flusspferd (das letzte wurde 1894 abgeschossen, ab 1998 begann man mit der Wiederansiedelung). Das Naturschutzgebiet beherbergt die größte Vielfalt an Vogelarten des Landes, auch gefährdete Arten wie Paradies-, Kronen- und Klunkerkraniche. Die Feuchtzonen bestehen aus saisonalen und permanenten Süßwasserseen, Grasgebieten, Flussschwemm- und Torfland. Mit hunderten kleiner Delta-Pfannen ist es ein Himmelreich für Vögel. Von drei Türmen aus lässt sich das Gebiet überblicken. In der Regenzeit kann man auf Kanus das Gebiet durchstreifen. Monatlich werden Führungen mit Tierzählungen unternommen.

    Seekoeivlei Nature Reserve, Tel./Fax 058-9240183, kleine Infokarte bei Memel Tourism (s.o.), Tel. 058-9240400. Derzeit nur eine voll ausgestattete Übernachtungshütte für fünf Personen, keine Elektrizität.

Vrede

Vrede – „Friede" – liegt 30 km östlich der N 3 friedlich und ländlich in einem fruchtbaren Tal. Stolz sind die Bewohner auf ihre schöne Sandsteinkirche. Am Ortsrand liegt der Vrede-Staudamm, mit Picknickplätzen und Campingplatz. Beliebt in der Region sind vor allem „Ferien auf dem Bauernhof".

Informationen erteilt die Stadtverwaltung: **Vrede Municipality,** Tel. 058-9131223, www.linx.co.za/vrede.

Unterkunft

Touristic Langberg Hotel, Marina Dam, Tel. 058-9132080. Schön gelegen, Rieddach, Restaurant, Pool, Wanderungen.

Camping Emanzini Resort, Vrede Marina, am Vrede Damm, Tel. 082-3292225. 30 Stellplätze, Campmobile/Zelte, am Wasser, Chalet (2 Schlafräume für 4 Personen).

Frankfort

Frankfort, 1873 von dem Deutschen Albert von Gordon gegründet, liegt idyllisch am *Wilge River*. Die Dutch Reformed Church, das Magistrates Office, die Post und die Polizeistation sind schöne Sandsteingebäude. Zwischen Ende Dezember und April stehen die Felder rund herum mit herrlichen **Cannas** in voller Blüte. Alljährlich kämpfen beim **Wilge Marathon** Ende Februar Kanuten des ganzen Landes auf der 42 km langen Strecke in den Fluten des Wilge River.

Information

Frankfort Municipality, Tel. 058-8131051, Fax 8133072.

Free State

Der Canna Circle

Ein großer Teil des nordöstlichen Free State ist als „Riemland" bekannt. Der Name kommt von Jägern, die das Fell ihrer Beute in lange „Riemen" schnitten und verkauften. So verschwanden allmählich Springböcke, Blessböcke, Gnus und somit auch die Löwen von der Bildfläche. Die nachziehenden Bauern färbten den Landstrich in das Gelb des Maises. Vor nicht allzulanger Zeit beschlossen die Gemeinden, dem Land noch mehr Farbe zu geben und kultivierten Cannas, indisches Blumenrohr. Heilbron, Frankfort, Villier und Vrede konkurrieren heute mit farblich unterschiedlichen Pflanzen. In der Blühsaison Ende Dezember bis April prangt nun auf weiten Flächen weiß, orange und rosa. Die Strekke zwischen den Orten taufte man Canna Circle.

Unterkunft

Budget und Camping Klein Oase Holiday Resort, Tel. 072-6967910, www.kleinoase fishingresort.co.za. Schön gelegen am Flussufer, Stellplätze für Campmobile/Zelte, Chalets, Rondavels.

Heilbron

Vor der Gründung Heilbrons 1872 sah die Region besonders viele Kämpfe. Eine berühmte, gut dokumentierte Schlacht fand auf dem **Vegkop Battlefield** statt: Voortrekker gegen die Armee des Matabele-Häuptlings *Mzilikazi* im Oktober 1836. Schlachtfeld und Gedenkstätte liegen 20 km südlich an der Straße nach Lindley. Hier stehen auch die Ruinen einiger *Corbelled Houses*, kleiner Steinhäuser (17. Jh.) des Leghoya-Stammes. Das **Riemland-Museum** für lokale Geschichte ist in einer ehemaligen Synagoge untergebracht.

Information

Municipality, Pierce St, Tel. 058-8922014, Fax 8921764.

Unterkunft

Camping Uniefeesdam Caravan Park, Langmark St, Tel. 058-8922014. In der Stadt am Uniefees-Staudamm, einige Schattenplätze, Waschautomat, Restaurant, Supermarkt, Tankstelle daneben.

Edenville

Bislang lag der kleine Ort in einem Dornröschenschlaf. Dabei bietet er einige nette Dinge: eine kleine, feine Kollektion von **Oldtimern** und **Motorrad-Raritäten** ab 1925, bei *Edenville Motors;* in der *Edenville Roller Mill* kann man bei der Produktion von Maisprodukten zusehen; The *Feenstra Piggery* soll die besten Produkte aus Schweinefleisch herstellen. Wer lebende Tiere sehen möchte, geht *zur* Sernick Bonsmara Stud-Farm.

Odendaalsrus

35 km östlich von Kroonstad liegt Odendaalsrus, 1899 als christliches Zentrum der Dutch Reformed Church auf der *Jasaja Odendaals Farm* gegründet. 1946 wurde Gold entdeckt. In der näheren Umgebung steht das *Anndenk Borehole Monument* in Form eines Schlüssels, errichtet an jener Stelle, wo die ersten Goldgrabungen stattgefunden haben. Auskunft über Besichtigung der Minen bei der Stadtverwaltung: **Odendaalsrus Municipality,** Tel. 057-3981222.

Unterkunft

Budget Marnicus B&B, 72 Goosen St, Tel. 057-3981993. Schöne Zimmer mit kleiner Küche. Pool und Lapa.

Camping Mimosa Caravan Park, neben dem städtischen Freibad. Gras, schattig, Waschautomat, keine Zelte.

→ **Abstecher**

Allanridge und Welkom

Der Minenort Allanridge 10 km nördl. von Odendaalsrus mit seinen futuristischen Bohrtürmen, umgeben von goldenen Maisfeldern, wurde nach *Allan Roberts* benannt, der auf der *Farm Aandenk* 1933 das erste Loch des Free State zur **Goldsuche** bohrte. Er wurde nicht fündig, war aber nur 122 m von der reichsten Goldader der Welt entfernt, die 10 Jahre später die Anglo American Corporation ausbeutete. Die wichtigsten Goldbergwerke der Stadt *sind die* Loraine Mines, in denen sogar noch, als letzte ihrer Art in der Welt, eine 10CR-Lokomotive eingesetzt wird. Der große See wird vom ausgepumptem Wasser der Schächte gespeist, ein idyllisches Farbenmeer mit Tausenden von Flamingos und anderen Wasservögeln.

Welkom

Willkommen in Welkom, der Stadt ohne Ampeln und Parkuhren! Sie ist berühmt, weil sie komplett auf dem Reißbrett entstand – geschaffen von *Sir Ernest Oppenheimer*, dem Vorsitzenden des Goldgiganten Anglo American. Ein sensationeller **Goldfund** am 16. April 1946 auf der Farm Welkom führte 1948 zur Stadtgründung. Man schuf Viertel für den Bergbau, für Industrie und Wohnanlagen, allesamt durch Parks verbunden. Welkom wächst stetig (etwa 500.000 Menschen leben im Großraum der Matjabeng Municipality), die sich des höchsten Prokopf-Einkommens Südafrikas erfreuen. 13 Goldminen in und um Welkom garantieren den Wohlstand, es gibt prächtige Gebäude, Theater, Kinos, Restaurants, Einkaufszentren und jede Menge Vergnügungen. Obwohl Welkom nicht zu den heißesten Urlaubstipps gehört, lohnt sich ein Besuch, wenn man in der Nähe ist.

Sehenswert

Ausgangspunkt für eine Stadterkundung ist der **Clock Tower** im **Civic Centre**, Stateway, bei der Touristeninformation. Im Civic Centre, das 1968 fertiggestellt wurde, befindet sich das **Ernest Oppenheimer Theater** mit 750 Sitzplätzen. Das ganze Jahr über finden Vorführungen aller Art statt.

Die Teilnahme an einer **Minentour** ist „obligatorisch". Am besten meldet man sich für eine Tagestour an (nur im Voraus möglich). Die Besucher fahren in eine Goldmine und beobachten die Förderung. Interessant ist die Besichtigung der St Helena Mine, denn dort liegt in einem 857 m tiefen Schacht der **tiefste Weinkeller** der Welt. An manchen Tagen bieten die Minenarbeiter auch eine folkloristische Tanzveranstaltung (Auskunft: Publicity Association).

Bemerkenswert sind die Parks der Stadt. Im **Central Park** findet jeden zweiten Samstag im Monat ein großer **Flomarkt** statt mit Begleitprogramm wie Straßenmusikanten und Pantomimen. Im **Van Riebeeck Park** zwischen der Anglican Church und der Dutch Reformed Church in der Ararat Street steht der erste Baum Welkoms, von Ernest Oppenheimer gepflanzt. Wer sich trimmen will, geht in den **Peter Pan Park** im Stadtteil Doorn hinter der Methodistenkirche. Der **Klippan Farm Park** ist die größte städtische Gärtnerei des Free State. Neben einer traditionellen Farm gibt es Tiere und landwirtschaftliches Gerät.

Aktivitäten

In der Stadt und der Umgebung gibt es über 200 Vogelarten, darunter Exoten wie Heilige Ibisse, Nilgänse, Kapohreulen, Maccoa-Enten und Flamingos. Gute Beobachtungspunkte sind das öffentliche Picknickgelände der Flamingo Pan an der Straße zum Flughafen mit Naturpfaden und der **Theronia Lake**.

Das salzhaltige Wasser aus den Minen hat große Salzpfannen rund um Welkom gebildet. *Theronia Lake* liegt noch innerhalb der Stadtgrenze (schöner Park, Picknickplätze, Restaurant, Yacht Club). *Im* Public Pool Complex gibt es Gärten, kleine Wasserfälle, Wasserrutschbahn und ein großes Schwimmbecken. Der *Oppenheimer Park Golf Club* am Stadtrand hat 18 Löcher und freut sich auf Gäste. Der *Goldfields Raceway* ist nach Kyalami die zweitgrößte Rennstrecke Südafrikas.

Information Welkom

Welkom Publicity Association, Clock Tower, Stateway, Welkom 9460, Tel./Fax 057-3529244, www.welkompublicity.co.za. Infos über Events und Unterkünfte.

Unterkunft

Comfort/Touristic
De Rust Nature Reserve, 30 km Richtung Kroonstad (ausgeschildert), Tel. 057-3542497, www.de-rust.co.za. Pirschfahrten. Chalets, Rondavels, Camping.

Welkom Inn, Ecke Stateway/Tempest Road, Tel. 057-3573361, www.welkominn.co.za. 120 Zimmer, Restaurant (Frühstück und Abendessen).

Camping
Sirkel Caravan Park, 281 Koppie Alleen Road, Tel. 057-3553987, nördlich vom Zentrum.

✔ Abstecher

Die Highlands Route – von Harrismith entlang der westlichen Lesotho-Grenze nach Zastron

Kestell

Das kleine **Kestell** liegt 46 km westlich von Harrismith. Von Kestell zweigt nach Süden die schönste Strecke zum Golden Gate Highlands National Park ab. Zwischen den 22 alten Sandsteingebäuden ragt die Dutch Reformed Church heraus. Vom Retief Bookshop startet eine geführte Tour durch den Ort.

Unterkunft
Budget *Karma Backpackers, 2 Piet Retief St, Tel. 058-6531433, www.karmalodge.co.za. Inmitten eines schönen Gartens, supernette Gastgeber Vera Ann & Lucio. Unbedingt ihre Marmelade probieren! Dormitory R130, DZ R300, Camping R60 p.P.

Weiter nach **Clarens**.

→ Abstecher

Golden Gate Highlands National Park / Clarens

Golden Gate Highlands National Park

Wer die Abendsonne auf den gelben und roten Felsformationen sieht, versteht leicht, warum der Park den Namen „Goldenes Tor" bekam. Durch den **Zusammenschluss** mit dem **Qwaqwa Nature Reserve** ist er nun 34.000 ha groß und liegt zu Füßen der **Maluti-Berge** im oberen Tal des *Little Caledon River*. Die Felsskulpturen und Sandsteinmonumente bieten bei den ständig wechselnde Lichtverhältnissen wunderbare An- und Aussichten. Das „Golden Gate", ein buntes Zwillingsmassiv aus Sandstein, steht links und rechts der Straße, die dem wilden Little Caledon River folgt.

Wo immer ein bisschen Erde ist, blüht und grünt es. Auf den bewachsenen Hügeln und den Talflanken finden die seltenen Streifengnus, Elenantilopen, Blessböcke, Moschusböckchen, Springböcke, Bergriedböcke und Steppenzebras Nahrung. 140 verschiedene Vogelarten wurden gezählt, u.a. Glattnackenrappen, Felsenadler und Bartgeier, die man auch in einem „Geier-Restaurant" bei ihrem Verzehr von Aas beobachten kann (Reservierung!). Achten sollte man auf die rotbrüstigen Erdspechte oder die Kapgroßsporne, die gut an ihrer gelben Körperunterseite und einem schwarzgeränderten roten Fleck am Hals zu identifizieren sind.

Klima

Das Gebiet liegt in einer Zone des Highveld mit kühlen und regenreichen Sommern (800 mm Regenfall pro Jahr) und sehr kalten Wintern mit Schnee. Zu jeder

Jahreszeit sollte man warme Kleidung und Regenzeug für Wanderungen dabeihaben! Um Enttäuschungen vorzubeugen: Der Park zeigt sich oft wolkenverhangen. Bei kurzen Aufenthalten muss man damit rechnen, die fantastische Bergwelt nur erahnen zu können.

Aktivitäten

Man kann den Park auf **Fahrstraßen** durch die Bergwelt erkunden oder auf kürzeren und längeren **Wanderwegen** (1–5 Stunden, Wanderkarten sind in den Camps und an der Hotelrezeption erhältlich). Leicht zu gehen sind z.B. der *Mushroom Rock Trail* am Fuße der Felsformationen und der *Echo Ravine Trail,* bei ihm geht es zwischen Felsspalten durch die Schlucht (beide ab Glen Reenen Restcamp). Angeboten werden Nachtpirschfahrten und während der Ferien geführte Touren sowie am Abend Videovorführungen im *Brandweg Restcamp.* (Während der Ferien auch Pferdevermietung in Glen Reenen.)

Rhebok Hiking Trail

Saubere Luft, farbige Felsformationen, grasendes Wild und interessante Vogelwelt machen den 30 km langen *Rhebok Hiking Trail* unvergesslich. Gute Kondition und Bergschuhe sind Voraussetzung. Mit Wetterschlägen muss gerechnet werden, im Winter mit Schnee. Die Strecke führt über Bergflüsse und durch Schluchten in hohe Bergregionen. Man startet im *Glen Reenen Camp* und wandert 16 km über z.T. anstrengende Passagen zur *Rhebok Hut* in der *Oudehoutskloof.* Der zweite Tag endet nach 14 km auf dem **Generaalskop** (2837 m), höchster Punkt im Free State mit Blick auf Lesotho, Qwaqwa und die Provinz.

In der Hütte gibt es Kochgelegenheit und Küchenutensilien, Paraffin-Lampen und eine kalte Dusche. Besteck, Geschirr und Schlafsäcke müssen mitgebracht und der Abfall wieder mitgenommen werden. Die Wanderung ist auf 18 Personen pro Tag limitiert. Frühe Buchung erforderlich. Die Nächte vor und nach der Wanderung müssen im Camp reserviert werden.

Information Golden Gate Highlands N.P.

Reservierungen über **South African National Parks,** Tel. 012-4289111, www.sanparks.org, reservations@sanparks.org. *Golden Gate Highlands National Park,* The Park Warden, Tel. 058-2551000. Eintritt p.P./Tag: R120.

Rezeption im *Brandwag Camp* tgl. 7–20 Uhr offen, Curio Shop Mo–Sa 8–12.30 u. 13.30–17 Uhr, So 8–13 Uhr; im *Glen Reenen Camp* im Sommer Mo–Do 7–17 Uhr, Fr/Sa 7–18 Uhr, So 8–16 Uhr, Winter Mo–Sa 7.30–17 Uhr, So 8–15 Uhr (Laden ebenso, bescheidene Auswahl an Lebensmitteln und Feuerholz). Es gibt ein Restaurant im Hotel und eine Snackbar.

Benzin und Diesel zu Rezeptionsöffnungszeiten im Glen Reenen Camp. Werkstatt und Polizei in Clarens. Telefone in den Zimmern und Chalets, auch öffentliches Telefon. Waschautomat im Brandwag Camp.

Unterkunft

Comfort/Touristic

Nur Chalets offen (Rezeption Glen Reenen). **Golden Gate Hotel,** Tel. 058-2551000, www.sanparks.org. Zimmer u. Chalets (ab R980). Restaurant, Bar, Coffee und Curio Shop. Viele Freizeitaktivitäten, wie Reiten und Tennis.

Glen Reenen Rest Camp: Rondavels/Longdavels, ab R690/2 Personen). Häuser ab R1190. Schattiger Campingplatz (ab R180/2 Pers., ohne/mit Elektroanschluss, gute sanitäre Einrichtungen).

Auf 2000 Meter wurden 2- und 4-Bett-Unterkünfte im **Highlands Mountain Retreat** errichtet (ab R1200/2 Pers.).

Unterkunft/Restaurant außerhalb

*Kiara Lodge Restaurant and Pub, kurz hinter dem Westeingang (Richtung Clarens, R711), Tel. 058-2550140, kiaralodge@planethotels.co.za. In alten Steingebäuden einer Farm aus dem 19. Jh., im Hintergrund die Maluti-Berge. 24 Chalets und fünf DZ im alten Haus. Kostenlos können Buschmann-Zeichnungen angeschaut werden, darunter das einzige „Dassie" Afrikas. Mittagessen im The Armoury Pub, Abendessen im Lord Robertson Restaurant. Curio Shop, Tennis, Reiten, drei Wanderwege.

Der besondere Tipp: Qwaqwa National Park

Anfahrt
Über die R 712 von Harrismith in Richtung Golden Gate Highlands National Park.

Der Qwaqwa National Park (22.000 ha) liegt an der Grenze zu Lesotho und zum Golden Gate Highlands National Park. Er besitzt eindrucksvolle Sandsteinformationen, Schluchten und Höhlen, häufig mit Buschmann-Malereien versehen. Im Frühling verschönen Wildblumen die Bergrücken, im Sommer blühen Watsonien, Lilien und Gladiolen. Auf den Grasebenen leben Elenantilopen, Zebras, Streifengnus, Blessböcke, Kuhantilopen und Impalas. Der Park ist Heimat der seltenen **Bart- und Kapgeier,** von Adlern, Sekretärsvögeln, Kranichen und Gurney's Honigfressern, die man an dem langen schwarzen Schnabel, dem rötlichen Bauch und dem langen Schwanz erkennen kann. In Pirschfahrzeugen oder zu Fuß mit einem Ranger geht es zur Wildbeobachtung. Wanderwege, Ausritte oder 4x4-Strecken sind weitere Möglichkeiten.

Basotho Cultural Village

Das **Basotho Cultural Village** im Nationalpark (tgl. geöffnet, Eintritt R15) wird von Süd-Sotho bewohnt. Das Museum gibt mit Vorführungen, wie Töpfern, Korbherstellung und Essenszubereitung (mit Kostprobe, das Ingwerbier probieren) Einblick in die kulturelle Geschichte. Restaurant u. Curio Shop. Vorführung reservieren: Tel. 058-2550000. Buchung unter www.sanparks.org (Golden Gate NP).

Qwaqwa Conservation Area

Das 30.000 ha große Gebiet umfasst meist waldloses, gebirgiges Areal zwischen den Maluti- und Drakensbergen. Klippspringer, Bart- und Kapgeier und Klunkerkraniche. Schöne Wanderwege.

Unterkunft
Rest Camp, im Basotho Cultural Village, bietet 2- und 4-Bett Hütten zu günstigen Preisen.

Clarens

Warum **Clarens** ein Ort der Inspiration für Künstler und Fotografen ist, weiß man, wenn man das enge Tal erreicht, das von Felsskulpturen und -türmen umrahmt wird. Die Schönheit der Landschaft wird im Frühling durch die rosa schimmernden Obstbaumblüten und im Herbst durch das Gold der Blätter noch verstärkt.

Clarens wurde 1912 gegründet und nach dem Schweizer Ferienort am Genfer See benannt, in dem Paul Kruger, der Präsident der Republik von Transvaal, fern der Heimat 1904 starb. Galerien, kleine Kunstläden, Restaurants und Cafés verbreiten eine heitere Stimmung zwischen Sandsteingebäuden, alten Steinkirchen und einem kleinen Bach, in dem sich die Äste von Trauerweiden ein Stück mittragen lassen.

Sehenswert sind Felsenzeichnungen der Buschmänner in der Region und das kleine Museum. Es gibt die **Clarens Arts & Craft Route,** die zu 13 Künstlern im Ort führt, u.a. zur Töpfereiausstellung der Linwood Gallery, zu Twin Oaks und Guinea Feather.

Der **Titanic Rock** am Nordeingang der Stadt ist ein schöner Aussichtspunkt. Der **Clarens Hiking Trail** ist ein Verbund aus kleineren Wegen (2,5–8 Stunden). Sie liegen in einem Schutzgebiet am nördlichen Ende der Maluti-Berge und bieten ein gutes Panorama über das Becken des Caledon River.

Der besondere Tipp
Wer das Abenteuer liebt und Touristenwege verlassen möchte, wendet sich an *Bokpoort Adventures and Horseback Trails,* Tel. 058-256

1181. Deren **„Snowy River Horse Safaris"** dauern je nach Wunsch 1–3 Tage. Die Mustangs, die von den Basotho-Ponys abstammen, sind extrem zuverlässig. Man sitzt auf bequemen Western-Sätteln. Wer nicht reiten möchte, kann wandern, Mountainbike fahren oder einen 50 km langen Geländewagenausflug nach Lesotho buchen. Auf der Boskop Farm Zeltmöglichkeit oder Übernachtung in Hütten oder gemütlichen Chalets.

Auch **Quad Bike-Fahren** und **Whitewater Rafting** auf dem Ash River bieten die Freizeitprogramme der Gegend (www.outrageousad ventures.co.za).

Information
Clarens Tourism, Tel. 058-2561542, www.clarenstourism.co.za

Unterkunft

Touristic
Cottage Pie B&B, Tel. 058-2561214, clarens tourism.co.za/cottagepie. Ruhig, idyllisch an kleinem Fluss gelege. 3 Zimmer.
*De Ark, Tel. 058-2561202, www.deark-clarens.co.za. Liegt 9 km außerhalb, voll eingerichtete Chalets (2–6 Personen), perfekt für Familien. Ausritte, Geländewagenfahrten zum Katse-Damm, Wanderweg. Gutes Restaurant. DZ/F R375 p.P.
Maluti Mountain Lodge, Steil St, Tel. 058-256 1422, www.malutimountainlodge.co.za. Blick auf die Umgebung und das Städtchen, Restaurant. DZ-Chalets. Rondavels/F R400 p.P., Luxuszimmer/F R550 p.P.

Budget
Berg Cottage, Berg St, Tel. 058-2561112, www.bergcottage.com. Preisgünstig, sauber. Für Selbstversorger ideal.

✔ **Abstecher**

Weiter nach **Fouriesburg.**

Bethlehem

Bethlehem wurde 1864 von Voortrekkern gegründet, die am Ufer des großen Flusses siedelten, den sie *Jordan* nannten – sie hatten ihr gelobtes Land gefunden. Bethlehem bedeutet „Haus des Brotes", und da Weizen gut gedieh, erhielt der Ort

diesen Namen. In der Ferne sieht man die **Maluti-Berge,** die manchmal weiße Schneehäubchen tragen.

Sehenswertes und Freizeitspaß

Bethlehem gehört zu den **wirklich schönen Voortrekkerstädtchen.** Der alte Stadtkern birgt etliche Sandsteingebäude aus der Gründerzeit:

Die **Moederkerk** (1910) am Church Square, das **Strapp Shop Building** (1893, Ecke Church/Louw Street); das alte **Magistrate's Office** (1893, Ecke Louw/Van der Merwe Street); das **A.B. Baartman Wagonhouse** (1894, Ecke Muller/Landdros Street) und das **Seminary,** ein schönes Seminargebäude (1894) in der Wessels Street. Das **Tuishuis** in der Church Street 12 ist das älteste Gebäude (1880) und beherbergt ein Restaurant. Empfehlenswert ist ein Besuch im **Stadtmuseum,** Muller Street. Hier sind alte Ochsenwagen, Farmeinrichtungen und sogar eine alte Dampflok ausgestellt. Wer den letzten Samstag im Monat in der Stadt ist, sollte den regelmäßigen *Kunstmarkt* besuchen (Moederkerkplein).

3 km außerhalb liegt am südlichen Stadtrand **Loch Athlone,** ein Freizeitpark mit Sportmöglichkeiten (Schwimmen, Bootfahren). Gepflegtes Essen bietet das Restaurant *Athlone Castle,* das einem alten Postschiff nachempfunden wurde.

Auf dem 27 km langen Vingerpol Hiking Trail (2 Tage) sieht man Springbock, Blessbock u.a. Tiere in freier Wildbahn, häufig auch Felsenadler und Sekretärsvögel. Wer lieber auf Pferderücken die Landschaft durchstreift, erkundigt sich im Freizeitpark (R45 für 1,5 Stunden).

Der Haupteingang des **Wolhuterskop Nature Reserve** liegt 6 km außerhalb an der R 26 in unmittelbarer Nähe der historischen *Fourie Farm* (1850). Das 800 ha große Reservat ist für seine Antilopenarten bekannt: Streifengnus, Kuhantilopen, Springböcke, Elands, außerdem viele Vogelarten. Am Gerrand Damm und dem angrenzenden Kiefernwald ist das unermüdliche Gegurre von Turtel- und Guineatauben zu hören. (Am Parkeingang Informationskarte.)

Im Freizeitpark beginnt der 20 km lange **Wolhuterskop Rundwanderweg** (2 Tage). Er führt am Ufer des Loch Athlone und des Gerrand Staudammes vorbei auf den Wolhuterskop (tolle Aussicht). Das letzte Stück bis zur Übernachtungshütte führt durch einen Kiefernwald (Genehmigung im Ferienresort). Das **Pretorius Nature Reserve**, in der Stadt am *Jordan River* (über die Kort Street, die von der Church Street abzweigt), ist ideal für ein Picknick oder einen kurzen Spaziergang am Ufer.

Außerhalb: Lionsrock

Lionsrock liegt ca. 18 km von Bethlehem und gehört der internationalen Tierorganisation „Four Paws". In großen Gehegen der Großkatzenstation kann man vor allem Löwen sehen. Pirschfahrten zu den freilaufenden Steppentieren auf dem über 1200 ha großen Gelände. Tel. 058-3041691, www.lionsrock.org.

Übernachten in der **Lionsrock Lodge**, DZ ab 500 p.P., schöne Zimmer, Restaurant und Bar. Anfahrt: Von Bethlehem R26 Rtg. Johannesburg, an der Zenex-Garage links in die R26, nach 5 km am Schild „R714 Warden Road" nach rechts, Schild „Lionsrock" beachten, an der Straße S175 nach rechts.

Information

Tourist Information Bethlehem, Muller St, Tel. 058-3035732, Fax 3035076.

Unterkunft

Touristic

Fisant Guest House, 10 Thoi Oosthuyse St, Panorama, Tel. 058-3037144, www.fisant.co.za. Liebevoll eingerichtet, ruhig, Gartenlage.

Hoogland Guest House, 47 Leeuw St, Tel./Fax 058-3033633. Gemütlich, zentral, Abendessen a.A. – Di Nes, 3 van Raalte St, Tel. 058-3034073. Sehr gastfreundlich, Pool. Im Winter herzhafte Suppen wie bei Muttern.

Budget

New Park Hotel, 23 Muller St, Tel./Fax 058-3035191. Günstige Zimmer im älteren Teil, zentral.

Camping

Loch Athlone Holiday Resort, Tel. 058-303 4981, 3 km außerhalb der Stadt am Loch Athlone Staudamm. Stellplätze, Bungalows.

Senekal

Der kleine Voortrekker-Ort (3500 Einw.) wurde 1877 gegründet und besitzt eine Sandsteinkirche von 1896. Eine Mauer aus versteinerten Baumstämmen, in der Umgebung gefunden und mehr als 250.000 Jahre alt, umgibt sie. Stadtgeschichtliches gibt es im kleinen Museum neben der Bücherei zu sehen. Die 12 km lange, lohnenswerte Rundwanderung des **Mountain Fern Trail** geht durch verschiedene Vegetationszonen, vorbei an pittoresken Felsklippen und historischen Plätzen über eine private Wildfarm.

Information

Senekal Municipality: Tel. 058-4812142, Fax 4815154, www.senekal.biz.

Unterkunft

Touristic Hendersons Country Lodge, Hoog Street, Tel. 058-4813652, www.hendersons.co.za. Schöne, ländliche Lodge. Keine Mahlzeiten, aber in Restaurantnähe.

→ **Abstecher**

Marquard

Auf der R 707, 45 km in südlicher Richtung von Senekal, liegt Marquard, ein gefälliges Örtchen. Im *Ons Huise Shop* findet man lokale Artikel. Unter den zahlreichen Wanderwegen ist der *Cherry Trail* am bekanntesten. Übernachtet wird in Farmhäusern. Beliebt sind die *Mountainbike Trails* in der Umgebung. Auf den Farmen *Korannaberg* und *Spaarveld* hat man **Buschmann-Malereien** gefunden. In der

Karte S. 472   **Fouriesburg**   **471**

Christmaskrans-Höhle haben Burenfrauen im Krieg gegen die Engländer Zuflucht gefunden: man erreicht sie über den 13 km langen *Christmaskrans Trail* (Tel. 012-3463550), auf dem man auch in einem alten Schulgebäude übernachten kann (Wasser mitbringen). Der Rundwanderweg kann leicht an einem Tag bewältigt werden. Unter den 4 privaten Wildfarmen ist die *Arizona Game Farm* die bekannteste (Infos unter Tel. 058-4812547).

Information
Marquard Municipality, Tel. 051-9910021.

Unterkunft
Touristic/Budget
Cherry Trail Cottages, Tel./Fax 051-9910126. 3 Cottages im Farmstil.
Marquard Hotel, Union St, Tel. 051-9910040, www.marquardhotel.co.za. Einfach, aber o.k. Garten.

✔ Abstecher

Fouriesburg

Fouriesburg, 10 km vor der Grenze nach Lesotho, bietet fantastische Aussichten auf die **Maluti-** und die **Witteberge.** Aus der Gründerzeit (1892) stammen einige Sandsteingebäude wie das *Nagmaal Cottage.* Allein auf 27 Farmen gibt es **Buschmann-Malereien** zu sehen! Die interessantesten und zusätzlich eine der **größten Sandsteinhöhlen der südlichen Halbkugel, die Salpeter Cave** (Salpeterkrans), liegt auf Braamhof. Die Höhle passiert man auch auf dem 5 Tage dauernden Brandwater Hiking Trail, mit 65 km eine Herausforderung auch für geübte Wanderer. Die Mühe wird mit der Landschafts-Szenerie belohnt: Maluti- und Roibergkette, Witteberg, Schluchten und Täler. 3 Nächte verbringt man in Höhlen und erlebt einen afrikanischen Traum zwischen Buschmann-Malereien. (Erlaubnis bei der Fouriesburg-Stadtverwaltung).

Anstrengend ist auch die zweitägige Wanderung auf dem 21 km langen **Dikitla Hiking Trail,** vorbei an spektakulären Sandsteinformationen und wunderbaren Ausblicken auf den Witteberg (Höhlenübernachtung, Infos unter Tel. 014332-2240). Die 16,5 km lange Rundstrecke des **Bushman Cave Hiking Trail** geht über ein Plateau zu dem (Luft-?) Schlösschen eines Herrn Hill, der sich einen Traum aus Sandstein und Zement erfüllen wollte. Der Bau des im Normandie-Stil gedachten Gebäudes wurde mangels Geld 1976 eingestellt (dennoch lohnenswerte Wanderung mit guten Aussichten nach Lesotho). Der Ausflug in das kleine **Meiringskloof Nature Reserve** ist nicht ganz so anstrengend.

Information
Fouriesburg Municipality, Tel. 058-2230262.

Unterkunft

Comfort
***Wyndford Holiday Farm,** Tel. 058-2230274, www.wyndford.co.za. 8 km außerhalb an der Caledonspoort-Straße. Farmferien, gute Hausmannskost, Wanderungen, Nistplätze der Glattnackenrappen (Bald Ibis), Buschmann-Malereien mit Delphinen, Pferde. Ab R700 p.P.

Touristic
Carolina Lodge, Tel. 058-2220552. 5 km außerhalb an der Caledonspoort-Straße, am Fuße der Malutiberge. Freundlich, Kinder willkommen. Ü/F R270 p.P., mit Dinner R350, VP R450.
Fouriesburg Country Inn, 17 Reitz St, Tel. 058-2230207, www.fouriesburgcountryinn.co.za. Historisches Haus (1872), Restaurant. Ü/F ab R370 p.P., mit Dinner ab R490 p.P.
***Mont Plaisir Guest Farm,** Tel. 058-2230505, www.montplaisir.co.za (m. genauer Wegbeschreibung). Wunderbares Farmhaus auf idyllischer Farm. Selbstverpflegung. Ausflüge nach Lesotho. DZ im Haus R500, für 6 Pers. R1400. Chalet R750/5 Pers. Rondavel R650/4 Pers.

Budget
La Gratitude, 6 Commisaris St, Tel. 058-223 0017. Kl. Gästehaus am Fluss, Teegarten, Pool.

Camping
Meiringskloof Caravan Park, 2 km außerhalb am gleichnamigen Naturreservat, Tel. 011-7953108. Stellplätze, Chalets, Selbstversorgung.

Weiter nach **Ficksburg.**

Free State

Abstecher nach Lesotho:

Von Butha-Buthe via Maseru und Malealea-Lodge nach Wepener (SA)

Lesotho

Geschichte

Das **Königreich Lesotho**, das „**Dach Afrikas**", liegt inmitten von Südafrika (Fläche 30.350 qkm, etwa so groß wie Belgien). Das Land prägen fast ausschließlich Berge und Hochplateaus. Niedrigster Punkt ist der Zusammenfluss von *Orange River* und *Makhaleng River* (1400 m), die größte Erhebung ist der **Mount Thabana-Ntlenyana** (3482 m) an der Ostgrenze, gleichzeitig höchster Berg im südlichen Afrika. Von den etwa 5500 km Straßen und Pisten sind nur etwa 800 km asphaltiert, was das Reisen in der Regenzeit abseits der Hauptstrekken ohne Vierradantrieb beschwerlich oder unmöglich macht. Tankstellen mit bleifreiem Benzin sind rar! Unbedingt in Grenz- oder Hauptstadtnähe nachtanken!

Die **Bevölkerung** (1,8 Mio. Einw.) besteht zu 99,7 % aus **Sotho**. Amtsprache ist Englisch, Hauptsprache *Sesotho* (Süd-Sotho). Lesotho besitzt eine einzigartige Natur, die man per Auto, zu Fuß oder auf einem der strammen Basotho-Ponys erkunden kann. Leider hat AIDS auch die Bevölkerung des kleinen Königreichs stark dezimiert. Menschen um die 35 Jahre gibt es nahezu nicht mehr. Eine ganze Generation ist ausgelöscht, was zu einer weiteren Verarmung der Sothos führt.

Fußabdrücke von Dinosauriern, versteinertes Holz und Felszeichnungen der Buschmänner (auf 30.000 Jahre zurückdatiert) sind Zeugen der Frühgeschichte. Zu Beginn des 19. Jahrhunderts flohen viele Stämme vor dem Zulukönig Shaka in einsame Gebiete, die Sotho sprechenden Stämme wurden es über das ganze Highveld versprengt. Die Maluti-Bergkette bildete einen natürlichen Schutzwall, hinter dem einige kleine Stämme Zuflucht fanden. Eine Gruppe unter Häuptling *Moshesh* wählte die steinerne Festung am Gipfel des *Thaba Bosiu*, dem „Berg der Nacht". 1830 waren sie zu einer ansehnlichen Gruppe angewachsen, die Moshesh (fortan **Moshoeshoe** genannt) zu ihrem ersten König wählte. Unter seiner Herrschaft blieb das Basotho-Reich bis kurz vor seinem Tod 1870 von äußeren Einflüssen bewahrt. Zwischen 1840 und 1870 war die Bevölkerung von 40.000 auf über 150.000 angewachsen. Doch ab 1868 gab es fortwährend Streitigkeiten mit den Buren, die ihr Vieh auf die Weiden der Schwarzen trieben. Die herbeigerufenen Engländer nutzten die Situation, befreiten die Basotho von den Buren, riefen aber 1884 das **englische Protektorat Basotholand** aus. Das **Königreich Lesotho** ist heute eine konstitutionelle **Monarchie**, seit dem 4. Oktober 1966 von Großbritannien unabhängig. Am 2. April 1993 trat die derzeitige Verfassung in Kraft. Staatsoberhaupt ist **King Letsie III.,** der seinem Vater King Moshoeshoe II. nachfolgte.

Allgemeine Informationen

Auto und Vermietung

Beim Vermieter nachfragen, ob die Einreise nach Lesotho erlaubt ist; wenn ja, Einreisepapiere (Carnet de Passage) ausstellen lassen (nur für den Fall, dass das Auto kein südafrikanisches Kennzeichen hat). Darauf achten, ob unasphaltierte Straßen befahren werden dürfen – schriftlich geben lassen! Wegen den schlechten Straßen und Pisten sind Allrad-Fahrzeuge

empfehlenswert. Gurtpflicht besteht auf allen Straßen (viele Kontrollen!).
Autovermieter: *Avis* (Flughafen), Tel. 0266-22350328; *Budget* (Maseru Sun Hotel), Tel. +266-22-316344; *Europcar* (Flughafen), Tel. +266-22-58720215 (auch Geländewagen).

Deutsche Vertretung

Für Notfälle ist das deutsche Honorarkonsul in Maseru (West) zuständig, 70C Maluti Rd, Tel. 0266-22-332292.

Botschaft/Konsulat von Lesotho

Botschaft Lesotho: 10787 Berlin, Kurfürstenstr. 84, Tel. 030-2575720, www.lesothoembassy.de. **Honorar-Konsulate** von Lesotho: Schieferstein 6, 65439 Flörsheim, Tel. 06145-7075. 30159 Hannover, Leinstr. 8, Tel. 0511-326674. 80333 München, Ottostr. 5, Tel. 089-55028947.

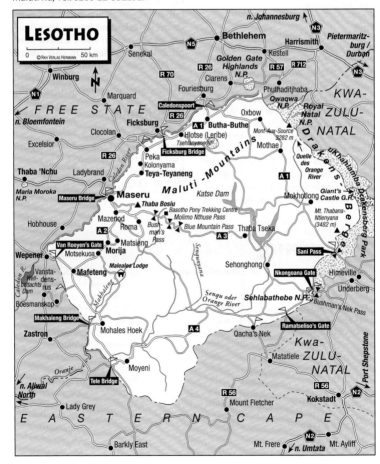

Einreisebestimmung und Visa

Deutsche und Schweizer brauchen seit 1997 kein Visum mehr, Österreicher erhalten ein Visum über die Botschaft von Lesotho in Berlin. Besucher aus Südafrika, Swaziland, Botswana oder Namibia dürfen nur **ein Liter Alkoholika** einführen (oft Stichproben bei Grenzkontrollen!). Auch nach Drogen wird scharf gefahndet. Es wird eine geringe Straßenbenutzungsgebühr verlangt.

Flug

Von Johannesburg mit *South African Airways* und *Airlink* tgl. nach Maseru (Flugzeit 70–90 Min.). Wöchentlich fliegt nach Swaziland: *Royal Swazi Airways,* Tel. 0266-322821. Der **Flughafen Moshoeshoe** liegt 18 km außerhalb der Stadt (Anfahrt über Main South Road). Es gibt keinen zuverlässigen Zubringerbus. Taxiabholung im voraus arrangieren, da oft keine Taxis am Flughafen stehen. Flughafensteuer. Zur Beachtung: Nicht auf die Flugpläne verlassen, besonders nicht, wenn man einen Anschlussflug erreichen will, es kommt regelmäßig zu erheblichen Verspätungen!

Fotografieren

Beachte: Gebäude wie militärische Einrichtungen, Polizei- oder Grenzstationen, der königliche Palast (!), Banken, Flughäfen, Postgebäude und Brücken **dürfen nicht fotografiert** werden. Dasselbe gilt für das gesamte Gelände des Lesotho Highlands Water Project! Wer Menschen fotografieren möchte, muss unbedingt vorher um **Erlaubnis fragen.** Viele Basotho sind in diesem Punkt äußerst abergläubisch und wollen nicht, dass man sie auf Film „bannt". An anderen Orten wiederum möchte man gerne fotografiert werden, allerdings nur gegen Bezahlung.

Geschäftszeiten

Läden Mo–Fr 8–17, Sa 8–12 Uhr.
Ämter Mo–Fr 8–12.45 und 14–16.30 Uhr
Post Mo–Fr 8.30–16.30, Sa 8–11 Uhr
Banken Mo/Di und Do/Fr 8.30–15.30 Uhr, Mi 8.30–13 Uhr, Sa 8.30–11 Uhr

Grenzübergänge

Grenzübergang	Öffnungszeiten	Grenzort Südafrika/Provinz
Monontsa Drift	8–16 Uhr	Witsieshoek, Free State
Caledonspoort	24 Stunden	Fouriesburg, Free State
Ficksburg Bridge	24 Stunden	Ficksburg, Free State
Peka Bridge	8–16 Uhr	Gumtree, Free State
Maseru Bridge	24 Stunden	Ladybrand, Free State
Van Rooyen's Gate	6–20 Uhr	Wepener, Free State
Sephapho's Gate	8–16 Uhr	Boesmanskop, Free State
Makhaleng Bridge	8–16 Uhr	Zastron, Free State
Tele Bridge	8–22 Uhr	Sterkspruit, Eastern Cape
Qacha's Nek	8–22 Uhr	Matatiele, KwaZulu-Natal
Ramatseliso's Gate	8–18 Uhr	Matatiele, KwaZulu-Natal
Nkongoana Gate	– nicht immer geöffnet	Underberg, KwaZulu-Natal
Sani Pass (nur für Geländewagen geöffnet)	8–16 Uhr	Himeville, KwaZulu-Natal

Information

Lesotho Tourist Information Centre, Maseru, Basotho Shield (Mo–Fr 8–12.45 Uhr, Sa 8.30–13 Uhr), Tel. +266-22-312427, visitlesotho.travel und wikitravel.org/en/Lesotho. Ganz- und Halbtagestouren zu geschichtlich und kulturell interessanten Zielorten. Sehr informativ ist **www.lesotho.gov.ls**

Klima

Lesotho hat 300 Sonnentage im Jahr. Der *Frühling* kommt gewöhnlich im August und verziert die Dörfer mit prächtigen Pfirsichblüten. Der *Sommer* dauert von November bis Januar. Dann herrscht große Hitze am Tag, in der Nacht kühlt es deutlich ab. Vorsicht bei plötzlich aufziehenden Gewittern: Unbedingt Schutz vor Blitzschlag suchen! Im *Herbst* ist es angenehm warm, die beste Zeit für anstrengende Touren. Gefahr lauert durch schnell aufziehenden Nebel. Im *Winter*, Mai bis Juni, kann es bitterkalt werden! In den höheren Regionen liegt Schnee. *Hauptregenzeit* ist November bis März, obwohl die Sonne auch dann am Tag durchschnittlich 9 Stunden scheint. In extremen Hochlagen ist das ganze Jahr über mit Schnee zu rechnen. Lesotho hat abwechselnd mit langanhaltender Dürre und dann mit starken Regenfällen, die die Straßen in Sturzbäche verwandeln, zu kämpfen.

Notrufe

Polizei: Tel. 123; Feuerwehr: Tel. 122; Krankenwagen: Tel. 121

Pferde-Trekking

Malealea Lodge Pony Treks & Hiking Trails, Tel./Fax 051-4473200 oder Tel. 082-552 4215 (Südafrika), www.malealea.co.ls. *Basotho Pony Trekking Project,* Molimo Nthuse Pass, Tel. +266-22-312318. *Semonkong Lodge,* Tel. +266-27-006037, www.placeofthesmoke.co.ls; *Kholo Ntso Pony Trekking,* Tel. +266-22-910808.

Sicherheit

Lesotho gehört zu den ärmsten Ländern der Erde. Die wirtschaftliche Lage ist angespannt. Besonders verschlechtert wurde sie durch die Rückkehr vieler Minenarbeiter, die ihren Job verloren haben. **Kriminelle Delikte nehmen deutlich zu,** darunter bewaffnete Überfälle auf Touristen und Autodiebstähle! **Unsicherster Ort ist Maseru,** aber auch in ländlichen Gebieten werden Vorfälle gemeldet. **Nicht** alleine reisen, trampen oder nachts fahren!

Straßenkarten

Die meisten südafrikanischen Straßenkarten schließen Lesotho ein. Auf der Karte vom AA, *Motoring in Lesotho,* sind hinten viele Tipps aufgeführt. Eine topographische Karte (1:250.000) muss lange vorher beim Department of Lands and Survey in Maseru bestellt werden.

Tanken

Es ist ratsam, sich bereits in Südafrika mit genügend Benzin einzudecken. Es gibt zwar alle 100–150 km Tankstellen, doch werden diese nicht immer mit Treibstoff versorgt. Engpässe sind eher die Regel als die Ausnahme.

Telefonieren

Internationale Vorwahl: 0266

Währung

Der Basotho Loti, genannt Maloti (M), ist 1:1 an den südafrikanischen Rand gebunden.

Wandern

Gute Erfahrungen mit **geführten Wanderungen und Touren** hat ein Leser mit **Lesotho Mountain Adventures,** Fouriesburg, Tel. 058-2230505, www.wheretostay.co.za/activities/lesothotours, gemacht.

In Lesotho unterwegs

Die Strecke von Butha-Buthe via Maseru, Malealea-Lodge und Mafeteng nach Wepener verläuft nahezu parallel zur Grenze und zur R 26 auf südafrikanischem Gebiet. Sie ist mit einem normalen Pkw zu befahren. Nach Regenfällen über den Straßenzustand nach Malealea erkundigen.

Butha-Buthe

Butha-Buthe liegt 7 km vom Grenzübergang Caledonspoort entfernt, der 24 Stunden geöffnet hat. Das Zentrum mit Post, Geschäften und der Tankstelle, liegt an der A1, die mitten durch den Ort führt. Wer Schnellimbisse mag, hat jede Menge Auswahl, gemütlicher ist es im Crocodile Inn.

Sehenswert

Butha-Buthe, „Platz um Auszuruhen", wurde von **Moshoeshoe I.** so genannt, um den Menschen ein Zeichen zu setzen, die durch die große Vertreibung ziellos herumirrten. Der Berg, der den Ort überragt, ähnelt mit etwas Fantasie drei ruhenden Löwen. Auf dem Plateau hat der König 1824 seine erste Festung errichtet. Man kann hinaufklettern (anstrengend!), die Aussicht ist spektakulär. Bei einem kleinen Spaziergang durch die geschäftigen Straßen und über den Markt trifft man immer auf freundliche Menschen, die gerne ein paar Geschichten loswerden wollen. Es besteht kein Anlass, sich um die persönliche Sicherheit zu sorgen. Zu kaufen gibt es Kunsthandwerk. Einen Hauch der Kolonialzeit verspürt man in der **B.B. Jersey and Woollen Factory** in einem alten Kolonialgebäude (Waren aus Mohair, Hüte und Jerseysachen).

7 km nördlich der Stadt ist eine Abzweigung Richtung **Sekubu,** der man 9 km folgt. Sekubu, „Ort der Nilpferde" ist bekannt durch die Sandsteinhöhlen, die in früheren Zeiten von San bewohnt wurden (Felszeichnungen). In der Nähe befinden sich **Fußabdrücke von Dinosauriern** (empfehlenswert ist eine Besichtigung am späten Nachmittag, da die Farben der Felsen dann am besten zur Geltung kommen).

Unterkunft

Budget
Crocodile Inn, Tel. 0266-22-460223. Klein, Innenstadt, Restaurant.
Youth Hostel, Tel. 0266-22-461822, 4 km außerhalb im Ha Sechele Village, nahe der St Paul's Mission. Selbstverpflegung, keine Elektrizität, eigener Schlafsack empfehlenswert, Mitfahrgelegenheit ab B.B. Jersey and Woollen Factory in Butha-Buthe.

Tsehlanyane Nationalpark

Etwas südlich von Butha-Buthe liegt der 5600 ha große **Tsehlanyane Nationalpark** am Ende eines idyllischen Tals. 4000 blühende Pflanzenarten sind nicht nur für Botaniker einen Abstecher wert. Wanderungen, vorbei an Bergbambus und durch den seltenen Chi-Chi-Wald (Leucosidea sericea), sind unvergesslich. Neben Antilopen lassen sich auch manchmal Wildkatzen entdecken. Übernachtung in Safarizelten, Rundhütten oder in der neuen ***Maliba Lodge** mit Bar, Weinkeller und Aussichtsdeck (www.maliba-lodge.com).

Leribe (Hlotse)

In Leribe haben wenig alte Gebäude überlebt. Die schöne anglikanische Sandsteinkirche Our Lady of the Name wurde 1877 vom Missionar John Widdicombe erbaut. Die Nonnen beschreiben sehr kompetent die Situation in Lesotho. Respekt vor diesen Frauen, die versuchen, den Ärmsten der Armen zu helfen. Im Leribe Craft Centre, Tel. 0266-400323, findet man schöne Taschen, Ponchos, Tücher, Wandteppiche und Tischläufer.

Karte S. 473 | **Lesotho** 477

Unterkunft

Budget

Mountain View Hotel (früher: Leribe Hotel), Tel./Fax +266-22-400559, www.mvlesotho. com, gegenüber der anglikanischen Kirche. Treffpunkt der Touristen, Restaurant (einzig empfehlenswertes).

In **Pitseng,** ca. 10 km von Leribe entfernt, neuere Familienunterkunft (Budget): 8 Stein-Cottages mit Bad, Mahlzeiten durch die Familie, Pool, Tel. +266-27-005626.

Teya-Teyaneng

Noch vor Teya-Teyaneng liegt das kleine Dorf **Kolonyama,** Zentrum der heimischen Töpferei mit dem größten Brennofen im südlichen Afrika.

Teya-Teyaneng, kurz TY (Ti-way) genannt – „Treibsand" –, heißt so, weil viele Rinder in dem tückischen Sand des *Teja Tejane River* (etwas außerhalb) steckengeblieben sind. Entlang der Hauptstraße gibt es einen Supermarkt, eine Tankstelle, Restaurants und Cafés. Empfehlenswert ist das **Blue Mountain Inn.* Fish & Chips gibt es im *Monate Café* ganz in der Nähe, einfaches, landestypisches Essen im *Khotso Restaurant.*

Bekannt ist der Ort durch seine **Webkunst.** Die Weberei ist auf Initiative der Frau eines Hotelbesitzers zurückzuführen, die mittellose Frauen und ihre hungrigen Kinder unterstützen wollte. Die Männer waren in den Minen Südafrikas, kamen nur kurz nach Hause, schwängerten ihre Frauen und ließen sie noch verzweifelter zurück. Sie lehrte die Frauen Wolle zu spinnen, mit Naturfarben zu färben und Mohair-Teppiche zu knüpfen. Das hat sich zu einer kleinen Industrie gemausert und zum Auskommen der Frauen beigetragen. Sehenswerte Stationen, die alle Produkte aus Mohair-Wolle anbieten, sind: *Helang Basali Crafts of Lesotho,* St Agnes's Mission, etwas außerhalb des Ortes; *Setsoto Design, Letloto Handicrafts Hatooa-Mose-Mosali,* Tel. 0266-22- 500530.

Die Einheimischen weisen den Weg zu den schönsten **Felsenmalereien** der San in den umliegenden Sandstein-Hügeln (man sollte sich führen lassen).

Unterkunft

Budget Blue Mountain Inn, Tel. 0266-22-500362. 64 schöne Zimmer in altehrwürdigem Hotel. Netter, bewaldeter Garten, Restaurant, keine Kreditkarten.

Maseru

Lesothos Hauptstadt Maseru steht im krassen Gegensatz zum umliegenden Land. Hier findet man keine Hirten mehr mit ihren bunten, umgehängten Decken oder Familien, die zum Markttag mit ihren Pferdekutschen fahren. Hier pulsiert Großstadtleben mit westlich gekleideten Menschen, mit Woolworth als Symbol des Anschlusses an die Zivilisation und mit steigender Kriminalität, als Zeichen für die damit verbundenen Probleme. Einwohnerzahl etwa 315.000 (fast ein Sechstel der Gesamtbevölkerung).

Wissenswertes

Obwohl das Basotholand offiziell erst 1884 annektiert wurde, waren englische Truppen auf Wunsch von König Moshoeshoe bereits ab 1868 im Land, quasi als Schutztruppe vor den Buren. Formell unterstand das Gebiet dem Hochkommissar am Kap, der veranlasste, ein Lager in **Maseru,** dem „Platz des roten Steins" am Ostufer des Caledon-River (die Basothos nennen ihn *Mohokare*) zu errichten. 37 Jahre lang blieb der Ort recht verschlafen. Das änderte sich ab 1905 mit dem Bau einer Brücke über den Caledon River, die einen neuen Handelsweg erschloss. Einige Gebäude, wie die *St James Church* (1906), das *St Catherine's Training College* (1909) und die *St Johns Church* (1909) stammen aus den ersten Jahren der Stadt. Der **Kingsway,** die Hauptstraße, wurde 1947 anlässlich eines Besuches der engli-

Free State

schen Königsfamilie gebaut und blieb lange Zeit die einzige Asphaltstraße des Landes. Hier findet man fast alles: Banken, Schnellimbisse, Buchläden, **Touristeninformation**, Krankenhaus und Souvenirläden. Stadtführungen über die Touristeninformation oder ein großes Hotel.

Vom **Circle** gehen die wichtigsten Straßen ab: der *Kingsway* durchs Stadtzentrum Richtung Ladybrand und Grenze, die *Main South Street* Richtung Flughafen, Roma und Mafeteng und die *Main North Street* Richtung Teya-Teyaneng, Hlotse und Butha-Buthe. Die *Moshoeshoe Road* verbindet am schnellsten in die Industrial Area mit den meisten Kunsthandwerksbetrieben.

Kunsthandwerk

In den kleinen Handwerksbetrieben kann man z.T. bei der Arbeit zusehen und es gibt schöne Souvenirs. Die wichtigsten **Webereien:** *Thorkild Hand Weaving,* Ecke Moshoeshoe/Makoanyane Road, Tel. +266-22-322378; *Moteng Weavers,* Moshoeshoe Road, Tel. +266-22-325380; *Fobane Weavers,* Tel. +266-22-326044 (alle drei in der *Industrial Area*). Vor allem werden die schönen weichen Mohair-Wandteppiche, aber auch andere Wollartikel hergestellt. Sehr schöne Läufer und Wandbehänge findet man auch im The *Mohair Cottage,* Maseru Sun Cabanas, Tel. +266-22-325430. Wolle und Pullover bei *Lesotho Handspun Mohair,* Tel. +266-22-324717. Matten, Tonwaren sowie Körbe bei der *Lesotho Co-operative Handicrafts.*

Auf Nummer sicher geht man in der staatseigenen und nicht zu übersehenden *Basotho Hat,* Kingsway gegenüber Hotel Victoria, Tel. 0266-322458, oder im *Basotho Shield Craft Shop,* gleich daneben. Man zahlt natürlich ein bisschen mehr. Wer etwas Gutes tun möchte, geht in den *Save the Children Workshop,* Tel. +266-22-312279, Bedco Centre. Die Lederwaren werden von behinderten Kindern hergestellt, an die auch der Erlös fließt.

Ausgehen und Essen

Zwei Anlaufstellen haben sich oft als sehr hilfreich erwiesen: das **British Council,** Ecke Kingsway/Lerotholi Road (Tel. +266-22-312609), mit umfangreicher Bibliothek und neueren Zeitungen aus Europa, und das **American Cultural Centre** im LNDC Shopping Centre, Kingsway Road (Tel. 0266-22312335, Bücher und Magazine).

Wer es ein bisschen gediegen mag, schaut in den **Maseru Club,** Lagden Street, wo sich die Mitarbeiter internationaler Hilfsorganisationen meist über neue Gesichter freuen (als Gast eintragen lassen, dann kommt man ins Restaurant oder in die Bar). Jazz und Tanz im Victoria-Hotel. Jedes größere Hotel hat ein Restaurant.

Lancer's Inn Rendezvous Restaurant, Tel. +266-22-312114; gilt als Bestes. – **Boccaccio Restaurant,** Tel. +266-22-325583, hinter dem Basotho Hat Souvenirladen; italienische Küche. – ***Auberge,** Tel. +266-22-312775, gegenüber dem Hospital am Kingsway. – Zwei gute chinesische Lokale: **China Garden Restaurant,** Tel. +266-22-313915, zwischen Hotel Victoria und den Maseru Sun Cabanas, und **China Palace Restaurant,** Tel. +266-22-315488, LNDC-Centre, Kingsway. – **Gateway Restaurant,** Tel. +266-22-320988, kurz vorm Grenzübergang. – **Classic Cuisine Restaurant,** Options Building, Pioneer Road; indisch.

Unterkunft

Comfort

Lesotho Sun, Hilton Hill Rd, Tel. +266-22-313 111, www.suninternational.com. 232 DZ im luxuriösesten Hotel von Maseru. Kasino, Kino, Restaurant. DZ Rand bzw. Maloti ab M2375.

Maseru Sun, 12 Orpen Road, Tel. +266-22-312434, www.suninternational.com; 112 DZ, Restaurant.

Touristic

Hotel Victoria, Kingsway Rd, Tel. +266-22-313687, im Zentrum. Restaurant, Nachtclub, Biergarten – und den damit verbundenen Problemen.

Khali Hotel, Tel. +266-58-160329, Manong St am Stadtrand. Am Wochenende traditionelle Musik. DZ/F M500.

The Lancer's Inn, Tel. +266-22-312114. Zimmer, Chalets im alten Stil, Pool, Restaurant, Nachtclub, gut. DZ M1000.

Budget
Lakeside Hotel, Tel. +266-22-313646, 5 km außerhalb über die Main North Road, an einem künstlichen See. Keine Kreditkarten.

Ausflüge in die nähere Umgebung

Der besondere Tipp: Thaba Bosiu

An dem Bergplateau *Thaba Bosiu* manifestiert sich der Nationalstolz der Basotho. Man erreicht Thaba Bosiu über die Main South Road und folgt der beschilderten Abzweigung. Im **Informationszentrum** (Tel. 266-22) erhält man gegen geringes Entgelt eine kleine Broschüre. Es ist üblich, mit einem Führer auf den Gipfel des Plateaus zu steigen. Diejenigen, die nicht gut zu Fuß sind, bitten den Führer, den einfacheren, etwas weiteren Weg einzuschlagen (2–3 Stunden).

Geschichte

Laut königlicher Chronik kam Moshoeshoe I. am 23. Juni 1824 nach einer neuntägigen Wanderung von der alten Festung in Butha-Buthe mit seinen Leuten am Thaba Bosiu an. Einige von ihnen, darunter der Großvater des Königs und einige Kinder, wurden auf dem Marsch von Kannibalen gefangen und verspeist. Deshalb hat man, obwohl erst gegen 21 Uhr am Gipfel ankommend, noch in derselben Nacht mit dem Festungsbau begonnen, daher auch der Name **„Berg der Nacht".**

Die Platzwahl erwies sich als äußerst weise. Das Gipfelplateau besaß elf Quellen, Gras für das Vieh und schattige Bäume und man konnte in alle Himmelsrichtungen blicken. 1827 griff der benachbarte Mathewane-Stamm an, 1829 die Krieger des Baktlokwa-Stammes, die Griquas versuchten es 1830, doch selbst der berüchtigte Matabele-Häuptling *Mzilikazi* scheiterte 1831. Ab 1851 bissen sich die Engländer unter Major Warden, George Cathcart und Colonel Senekal die Zähne an der Festung aus. 1865–68 überließen sie dieses Privileg den Buren. 1865 schickte J. H. Brand, der Präsident der Burenrepublik, 2000 bewaffnete Soldaten unter 10 Kommandeuren gegen die Basotho. Die Armee war hochmotiviert, hatte man ihr doch bei einem Sieg das Land der Basotho versprochen. Doch bereits bei der ersten Attacke wurde einer der wichtigsten Oberbefehlshaber, Kommandant Louw Wepener, tödlich getroffen. Das läutete die furchtbare Niederlage der burischen Truppen ein.

Auf dem Plateau kann man die Umrisse der alten Festung deutlich erkennen. Unter den Ruinen ist das Steinhaus, in dem Moshoeshoe I. am 11. Februar 1870 bei Sonnenaufgang starb, das wichtigste.

Basotho Pony Trekking Centre

Das Basotho Pony Trekking Centre erreicht man von Maseru (58 km) über die A3 und über die Landstraße nach Thaba-Tseka. Die Fahrt über den **Bushman's Pass** (2226 m) und die nachfolgenden Pässe ist außerordentlich reizvoll (auch tgl. Busverbindung von Maseru).

Das Basotho Pony Project ist das bekannteste Pony-Trekking-Unternehmen des Landes, in der Hauptsaison von Oktober bis April ist Hochbetrieb. Keine besondere Reitkenntnisse notwendig, doch sollte man einigermaßen schwindelfrei sein. Angeboten werden Touren zwischen 2 Stunden (z.B. zu den Leboele-Wasserfällen) und 7 Tagen. Eigenen Schlafsack, Verpflegung, warme Kleidung, Hut, Taschenlampe und vor allem Regenzeug mitbringen. Manchmal werden die Touren wegen schlechtem Wetter abgesagt (einen Tag vorher erkundigen).

Information/Unterkunft

Basotho Pony Project, Maseru 100, Tel. 266-22-312318.
Budget Molimo Nthuse Lodge, an der Molimo-Nthuse-Passstraße, Tel. 266-22-312922. 16 Chalets, wunderbare Aussicht, Restaurant.

Semonkong Lodge/ Maletsunyane Falls

Die imposanten **Maletsunyane Falls** stürzen 186 Meter tief in eine beeindruckende Schlucht und versprühen dabei soviel Gischt, dass der Platz von den Sotho „Semonkong", Platz des Rauches, genannt wurde. An der Felswand des Wasserfalls können sich Unerschrockene 204 m abseilen – und somit das **tiefste kommerzielle „Abseiling" der Welt** absolvieren! Doch auch weniger Adrenalin-orientierte Gäste kommen voll auf abenteuerliche Kosten: Es werden Ponytreks (auch mit Übernachtung), Wanderungen, Offroad-Touren (mit die besten des Landes!) und Mountain-bike-Strecken angeboten. Fitness ist in 2200 m Höhe aber Vorraussetzung.

Information/Unterkunft

Semonkong Lodge, Tel. +266-27-006037, www.placeofsmoke.co.ls (m. Anfahrtsbeschreibung). Schönes afrikanisches Feeling, nette Leute. Alle Mahlzeiten im angeschlossenen Restaurant mit Bar. DZ M660, Dormitory M145, Camping M80.

Morija

Der historisch interessanteste Ort Lesothos liegt 45 km von Maseru Richtung Mafeteng. Er wurde 1833 von französischen Missionaren gegründet und nach dem Heiligen Berg Moriah in Israel benannt. Hier stand die erste Druckpresse Lesothos und bis heute spielt Morija im Geistesleben Lesothos eine besondere Rolle. Bibelstudien stehen dabei im Mittelpunkt. Zum **Evangelical Spiritual Centre of Morija** gehören Archive des

Lesotho National Museum, historische Gebäude aus dem frühen 19. Jh. (darunter die älteste Sandsteinkirche Lesothos von 1834) und gut erhaltene **Fußabdrücke von Dinosauriern** (30-minütiger Weg, vom Museum aus beschreiben lassen). Das einzige Museum des Landes stellt prähistorische Funde, Fossilien und alte Waffen aus, die der Kurator meist kommentiert (Mo–Sa 8.30–16.30 Uhr, So 14–16.30 Uhr). Ein Ausflug nach **Matsieng** (7 km), Landsitz der königlichen Familie, ist nicht lohnenswert (Fotografieren strengstens verboten!)

Unterkunft

*Ha Matela Guest Cottages, Tel. 0266-22-360306, www.morijaguesthouses.com. Sehr schöne Häuschen zur Selbstversorgung. Internationales Jugendcamp.
Morija Conference Centre, Tel. 0266-22-360219. Bis zu 150 Pers. können übernachten, einfaches Camping.

Der besondere Tipp:
Abstecher Malealea Lodge

In der **Malealea Lodge** findet man alle schönen Seiten des Landes: Nette Menschen, einfache, doch sehr saubere und urige Unterkünfte und Verpflegung. Natur pur mit Bergen, Tälern und Wasserfällen, die man zu Fuß, per Auto und mit Pony-Trekking erkunden kann.

Anfahrt

Entfernung von Maseru: 52 km. Von Maseru über Morija nach Motsekuoa. In Motsekuoa, gegenüber dem Golden Rose Restaurant einbiegen (Straße größtenteils aphaltiert). Nach 10 km der rechten Weggabelung folgen. Nach weiteren 15 km links über den „The Gates of Paradise Pass" fahren. Dann noch 7 km.

Ausflüge

Den **Botsoela Waterfall** kann man zu Fuß oder zu Pferd durch steile Schluchten und Täler in 4 Stunden oder auf einer reizvollen Fahrt mit dem Pkw in etwa 2 Stunden erreichen. Auf gleiche Weise gelangt man

Über Stock und Stein – zu Pferd durch Schluchten und auf Berge

Als wir in Malealea vom Frühstück kommen, stehen schon die Satteltaschen vor unserer Hütte und wir können mit dem Packen beginnen. Irgendwie hatten wir uns ausgemalt, wir würden dem Sonnenaufgang entgegenreiten, sind dann aber doch froh, dass es erst um 9.30 Uhr losgeht. Unsicher schweift unser Blick über die Szene, die sich vor dem Laden der Lodge abspielt: Mindestens 20 Pferde warten hier auf „ihre" Touristen, während sich die Führer durch Zuruf bemühen, die passenden Reiter zu finden. Clemens, unser junger Führer, hat uns drei erspäht und winkt uns zu. Unsere Pferde machen einen guten und gepflegten Eindruck.

„Der Pony-Trek ist ziemlich hart, aber die meisten, die ihn gemacht haben, saßen noch nie zuvor auf einem Pferd", hatte mich Di, die Besitzerin der Malealea Lodge auf meine Anfrage wissen lassen. Denn wir drei, Rainer, Thomas und ich, sind alles andere als erfahrene Reiter.

Nach einem gemütlichen Ritt über die Hochebene stehen wir plötzlich vor einem Abgrund. Ich kann es gar nicht fassen, dass Clemens vor mir in den Schlund mit seinem Pferd verschwindet. Und noch weniger kann ich es begreifen, dass mein Hengst „Black Star" hinterherspaziert. Auf dem blanken Fels rutscht das Pferd und ich fange schon mal an zu beten. Ich stemme mich in Rückenlage in die Steigbügel, lasse die Zügel locker und hoffe auf ein baldiges Ende meiner Seelenqualen. Die beiden Stuten von Rainer und Thomas sind gar nicht gewillt, Kopf und Beine zu riskieren und lassen sich erst nach langer Überredungskunst dazu bewegen, hinterher zu klettern. Irgendwie schaffen wir es, den Fluss in der Schlucht zu erreichen. Mir zittern Knie und Hände und mir ist nicht wohl bei dem Gedanken, erst den Fluss zu überqueren und dann die steile Felswand an der anderen Seite wieder hochklettern zu müssen (besser: das Pferd hochklettern zu lassen). Doch erstaunlicherweise erweist sich beides als weniger schlimm. Und ab jetzt beginnt das wirkliche Vergnügen. Auf einer einsamen Hochebene streifen wir hie und da ein paar Hütten. Überall dort kommen uns Kinder entgegen. Sie rufen: „Bye-bye", was soviel bedeuten soll wie „Hallo, habt ihr Süßigkeiten für uns?"

Nach sechs Stunden erreichen wir das kleine Dorf, in dem unsere Übernachtungshütte steht. Wir setzen uns davor auf den Boden und genießen die letzten Sonnenstrahlen. Alles, was im Dorf Beine hat, schaut bei uns vorbei: Die Erwachsenen, die Kinder, Hunde, Hühnchen und die kleinen schwarzen Schweinchen. Unter uns am Hang grasen unsere Pferde.

Zum Abendessen kochen wir uns Bohnen mit Würstchen. In der Nacht sehen wir in der Ferne ein paar Lagerfeuer flackern.

Am nächsten Morgen sind wir froh, dass wir zunächst mit einem Mann aus dem Dorf eine 2stündige Wanderung zu einem Wasserfall machen. Unser Hintern schmerzt, als wir uns am späten Vormittag wieder auf die Pferde setzen. Die Sonne ist stechend heiß. Ohne unsere Hüte wären wir verloren. Wieder steht uns ein steiler Abstieg in eine Schlucht bevor. Doch heute haben wir bereits so großes Vertrauen zu unseren Pferden, dass es fast Spaß macht. Wir müssen uns auf dem schmalen Weg nur darauf konzentrieren, nicht von den Felsen abgestreift zu werden. Hin und wieder muss ein Bein aus dem Steigbügel und hochgehoben werden. Dann heißt es, die Balance zu halten. „Black Star" habe ich mittlerweile in „Black Devil" umgetauft, denn seine Macho-Allüren sind, besonders auf den Steilstücken, manchmal recht nervig. Bloß kein anderes Pferd vorbeilassen! Und trotzdem liebe ich dieses Tier, das mich so sicher und zuverlässig trägt.

Mittags rasten wir an einem Fluss. Schulkinder sind auf dem Nachhauseweg und bringen ihre Englischkenntnisse an den Mann. Dann geht es weiter über eine Hochebene, über Berg und Tal. Jede Kurve bringt eine weitere landschaftliche Überraschung. Um 16 Uhr erreichen wir wieder die Malealea Lodge. Man erwartet uns schon. Offensichtlich waren wir eine etwas langsamere Truppe. Doch als Mike, der Besitzer der Lodge, unser stolzes Grinsen sieht, weiß er, dass alles in Ordnung ist. Alles? Nun ja, der Geist ist heiter, das Fleisch tut weh. Als wir dann abends vor den Spaghetti von Agnes sitzen und den „Neulingen" unser Abenteuer erzählen, sind die Strapazen bereits vergessen.

zu den Felsenmalereien der Buschleute am **Echo Cave** (Wanderung 3 Stunden; vom Parkplatz aus 1 Stunde; zu Pferd 2 Stunden). Besonderen Genuss an einem klaren Tag verspricht der **The Gates of Paradise Hik**e entlang des Kammes der Matelile-Bergkette mit einem 360-Grad-Panorama.

Die **Trekking-Touren** auf den **Basotho-Ponies** dauern von einem halben Tag bis sechs Tage (oder auch länger), Reitkenntnisse sind nicht erforderlich, gutes Sitzfleisch und Abenteuerlust genügen. Auch sind Touren möglich, die einen Wanderteil enthalten. Das Gepäck (max. 12,5 kg p.P.) wird auf einem Pferd mitgeführt (Essen, Schlafsack, warme Klamotten, Regenzeug, Hut, Taschenlampe, Wasserflaschen, Wasserentkeimungstabletten). Die einheimischen Führer verpflegen sich selbst, doch Äpfel oder ähnliches werden gerne genommen. Für längere Touren Extra-Futter für die Pferde kaufen!

Folgende Touren werden pauschal angeboten:

Tour 1 beinhaltet 2 Tage Ponytrekking, eine Übernachtung in einem Basotho-Dorf und zwei Übernachtungen in der Malealea Lodge (nicht mit südafrikanischen Lodges zu vergleichen!). Die Kosten belaufen sich bei 2 Personen auf

R400 pro Tag plus R80 p.P. für Dorfübernachtung. – Bei **Tour 2** werden ein Tag Ponytrekking, je ein Wandertag zum Botsoela-Wasserfall und zur Pitseng-Schlucht und drei Übernachtungen in der Malealea Lodge angeboten. Die Kosten s.o. – **Tour 3** beinhaltet 4 Nächte Malealea, 4 Tage Trekking und 3 Nächte in Basotho Dörfern. Aktuelles Tourangebot siehe Internet.

Information

Malealea Lodge, Mick & Di Jones; Reservierung in SA: Tel./Fax 051-4366766 oder Tel. 082-5524215, www.malealea.com. Es ist **unbedingt notwendig,** sowohl Übernachtung als auch (längeres) Trekking **vorauszubuchen.** Kurze Ausritte ohne Vorbuchung. Auch im Winter ist die Lodge geöffnet. Mahlzeiten gleichfalls reservieren (Frühstück R70, Mittagessen R80, Abendessen R120 pro Person). Laden mit Proviant (werktags von 8–16.30 Uhr). Taschenlampe mitbringen, Licht zwischen 18–22 Uhr.

Unterkunft

Farmhaus mit 16 Zimmern, einige haben Kochgelegenheit, R240 p.P. Backpacker-Zimmer mit und ohne Bettzeug R150 p.P. Rondavels mit Dusche/WC R300 p.P. Schönste Variante ist, in einer der neun Basotho-Huts zu übernachten, R170 p.P. Gemeinschaftsbad und -küche. Es besteht auch die Möglichkeit zu zelten (R80).

Mafeteng

Mafeteng liegt 38 km südl. von Morija und ist mit 200.000 Einwohnern eine richtige Großstadt mit vielen Geschäften, Banken, Post und Tankstellen (s.a. wichtigen Sicherheits-Hinweis am Anfang des Kapitels!).

Es gibt zahlreiche kleinere und größere Restaurants, von denen das *Le Joint* (auch vegetarisch) in der Innenstadt und die Restaurants des *Mafeteng* und des *Golden Hotels* die beste Wahl sind. Kulisse der Stadt ist der „purpurfarbene Berg", der 2908 m hohe **Thaba Putsoa,** den man in gut 8 Stunden von der Missionsstation Masemouse aus besteigen kann (gute Kondition nötig). Allerdings muss man dazu einen Abstecher von ca. 55 km machen (B40, 6 km vor Mohale's Hoek).

Unterkunft

Budget

Golden Hotel, Tel. +266-22-700566, an der Hauptstraße nach Maseru. 17 Zimmer mit Bad, Restaurant, lebhafte Bar. Hier gibt es Pizza! DZ M500.

Mafeteng Hotel, Tel. +266-58-855555. Zimmer, Rondavels, Disco. DZ/F M550.

Von Lesotho zurück in den Free State

Ficksburg

Ficksburg an der R 26 an der Grenze zu Lesotho liegt traumhaft zwischen *Caledon River* und *Mount Mpharane.* Es spielte eine entscheidende Rolle als Bastion gegen die Basotho, die über den Caledon River ostwärts vertrieben werden sollten. Diese Aufgabe erhielt General *Johan Fick,* dem zu Ehren man später den Ort benannte.

Sehenswert

Wer Kirschen in Südafrika kauft, kann zu 90 Prozent sicher sein, dass sie aus Ficks-

burg stammen. Das **Cherry Festival** Mitte November ist das Hauptereignis der Stadt. Die Bäckereien versuchen, sich bei der Herstellung der vorzüglichen Kirschkuchen zu übertreffen. Ab September kommen ganze Busladungen zur spektakulären **Kirschblüte.** Das **Gen. J.I.J. Fick Museum** zeigt eine Ausstellung über die Stadtgeschichte, das Leben der Süd-Sotho und die Sandstein-Architektur der Region. Beispiele für schöne alte Gebäude sind das Museum selbst, die **Town Hall** und die **Dutch Reformed Church.** Zu Schulstunden geöffnet ist die **S.H. Pellissier Art Gallery,** Ficksburg High School, mit Arbeiten nationaler Künstler.

Das 5 km entfernte **Meulspruit Dam and Nature Reserve** erreicht man über die Straße Richtung Clocolan. Der Stausee zieht sich 10 km in die Imperanikloof hinein, Ausgangspunkt für Wanderungen (Zelten ist erlaubt).

Ausflug Rustler's Valley

Die „Alternativszene" Südafrikas lernt man im **Rustler's Valley** kennen, ein Erlebnis besonderer Art. Hier ist alles ein bisschen „anders", entweder man ist darüber angetan oder findet es furchtbar. Eine Mischung aus Freaks, Intellektuellen und Jungmanagern bietet ein interessantes Betätigungsfeld für Diskussionen. Das **Easter Music Festival** findet am Osterwochenende statt, es spielen Bands aus allen Teilen Südafrikas (Infos bei der Touristen-Information Ficksburg). Man kann im Rustler's Valley auch gut schwimmen, wandern oder einen Ausflug zu Pferd machen. Die Zufahrt liegt linker Hand an der R 26 Richtung Fouriesburg.

Zwei besondere Tipps:

Hoekfontein Game Farm

13 km entfernt, Richtung Fouriesburg, liegt die **Hoekfontein Game Farm.** Eine Mahlzeit im *Tshukuka Lapa* ist für Vegetarier nicht zu emp-

484   Clocolan

Karte S. 473

fehlen, es dreht sich alles um Fleisch: Eland-steak, Wildwürstchen und -pasteten. Eine weitere „Spezialität" des Hauses sind die Übernachtungen in Ochsenwagen (R150 p.P., auch Rondavels ab R150 p.P). Da kommt richtiges „Voortrekker-Feeling" auf. Infos unter Tel. 051-9333915, www.wheretostay.co.za/hoekfon teinoxwagon.

Moolmanshoek Private Game Reserve

34 km (R 70 Richtung Rosendal) von Ficksburg entfernt liegt das private Naturreservat **Moolmanshoek**. In Sichtweite des *Visierskerf*, des siebthöchsten Bergs Südafrikas, findet man Idylle pur. Hier stimmt alles: Essen, Unterkunft und Freizeitaktivitäten (Reiten, Pirschfahrten, 4x4 Drive, Kanutrips, Wanderungen, auch mehrtägig). Reservierung ist sinnvoll, www.moolmanshoek.co.za.

Wandern

Der 25 km lange, zweitägige **Imperani Hiking Trail** führt auf einer Rundstrecke durch eine große Höhle und hinunter an den Fluss (schwimmen in einem natürlichen Becken). Versteck für Vogelbeobachter, Übernachtung in einfachem Camp. Der 24 km lange, zweitägige **Porcupine Hiking Trail** geht zu einem alten Buren-Fort und bietet wunderbare Blicke auf die Maluti-Kette und die Kirschbaumplantagen des Tals (am schönsten im September wenn die Bäume blühen, und November/Dezember, wenn die Pompon-Bäume rosarote Blütentracht tragen).

Der **Sphinx Hiking Trail** ist ein 19 km langer Rundwanderweg (1–2 Tage) mit Felsmalereien der Buschmänner, riesigen Überhängen in den Sandsteinwänden und Blick auf Tal und Berge (September, November und Dezember am schönsten). Auskünfte erteilt die Stadtverwaltung oder die Touristeninformation.

Information Ficksburg

Touristen-Information, Tel. 078-4668633, www.goficksburg.co.za. Infos zum Cherry Trail. Großes Info-Zentrum auch im Highlands Hotel.

Unterkunft

Comfort

*Franshoek Mountain Lodge, www.frans hoek.co.za, Tel. 051-9333938. Im Rustler's Valley gelegen, erstaunlich preisgünstig für das Angebotene, rustikales Restaurant, Wandern, Forellenfischen, Klettern, interessante Polokurse. Ü/F R440, mit Dinner R580.

Touristic

Bella Rosa Guest House, 21 Bloem St, Tel. 051-9332623, www.wheretostay.co.za/bella-rosa-gh. Gemütlich, in historischem Sandsteingebäude, Abendessen a.A.

Highlands Hotel, Main St, Tel. 051-9332214, www.wheretostay.co.za/highlandshotel. Einziges Drei-Sterne-Hotel der Region mit DZ und Familienzimmern. Auch günstige Backpacker-Räume. Mit Restaurant.

Nebo Mountain Lodge, Tel. 021-7801236, nebomountainlodge.co.za, Mountain Retreat und Healing Centre auf Biofarm mit schönen Zimmern in Sandstein-Farmhaus.

Camping

Thom Park, im Stadtzentrum. Zelt und Caravan.

Clocolan

Wie schwierig die Kommunikation früher zwischen Schwarzen und Weißen war, macht das Namensbeispiel von **Clocolan** deutlich, dessen Name früher bei den Sothos „Hlohlowane" (sprich: Schloschlowane) lautete. Anziehungspunkt ist die herrliche Bergwelt und die gute Luft rund um den kleinen Ort. Sehenswert sind die **Felsmalereien der Buschmänner** auf der Nebo-Farm und ein Besuch in der Lethoteng Weberei. In Ortsnähe gibt es einige Spargelfarmen, eine **Straußenfarm** und die beiden Staudämme **Steunmekaar Dam** und **Lucretia Dam.**

Die interessanteste Erkundung der Landschaft und einen sehr schönen Ausblick auf das herrliche Panorama der umliegenden Bergwelt bietet der **Evening Star Hiking Trail** (Rundweg, 6 km lang, 3 h; Infos Tel. 051931-3240). Am Startpunkt gibt es ein **Kloster,** das in einem alten Sandsteingebäude untergebracht ist. Ein ehemaliger Unterstand für Kühe wurde in eine Töpferei umgewandelt, deren Arbeiten man im Kloster sehen kann.

Information

Clocolan Municipality, Tel. 051-9430524.

Unterkunft

Touristic Zuikerkop Country Game Lodge,
Tanjiesberg Rd, Tel. 083-3890587,
www.zuikerkop.co.za. Rondawels und Chalets.
Pirschfahrten, Quadbikes.

Ladybrand

Ladybrand, im Schutz der Sandsteinfelsen
des 1778 m hohen, U-förmigen Platbergrückens gelegen, ist das wichtigste Tor ins
Königreich Lesotho, das über den Grenzübergang Maseru Bridge in 15 km erreichbar ist.

Der Ort (1867) besitzt viele schöne
Sandsteingebäude, wie die St Michael's
Church und das Gebäude der Stadtverwaltung. Das **Catharina Brand Museum**
(17 Church Street, geöffnet Di–Sa) zeigt
eine Ausstellung mit Werkzeugen der
Eisenzeit, Felszeichnungen und Dinge zur
Stadtgeschichte. Dazugehörig: die Norwood Croaker Pharmacy aus dem Jahre
1880, in der man sich über alte Rezepte
der Farmer informieren kann.

Sehenswert

Die Stadt ist eingebettet in ein Amphitheater aus Felswänden, in deren vielen
Höhlen beeindruckende Felsenmalereien
zu finden sind. Verschiedene Kulturen haben hier gelebt und sich verewigt. In der
Rose Cottage Höhle fand man eine
Feuerstelle, die man 50.000 Jahre zurückdatieren konnte. Noch bedeutsamer war
der Fund auf der Tripolitania Farm – die
Versteinerung eines *Diathrognatus protozoon,* in der Evolutionsgeschichte ein
wichtiges Bindeglied zwischen Reptilien
und Säugetieren (das Original liegt im
Nationalmuseum von Bloemfontein, eine
Nachbildung im Catharina Brand Museum). 12 km außerhalb der Stadt steht
die **Modderpoort Cave Church,** die in
eine Höhle hineingebaut wurde. Sie entstand um 1860 durch Missionare der Society of St Augustine und wurde nur ein

Jahr benutzt, bis man eine „richtige" Kirche erbaut hatte. Heute finden hier hin
und wieder Messen statt (kleiner Spaziergang von der Modderpoort Missionsstation).

Der **Steve Visser Nature Walk,** ein 15
km langer Rundwanderweg (1–2 Tage),
führt durch die Bergwelt und in Höhlen
der Buschmänner. Die Ställe am Wegrand
stammen aus der Zeit, als die Buren gegen die Basotho kämpften (Berghütte zur
Übernachtung, Anmeldung bei der Stadtverwaltung). Startpunkt ist das **Leliehoek
Pleasure Resort,** 2 km südwestlich von
Ladybrand. Von hier aus kann man auch
auf Mietpferden die Umgebung erkunden.

Gut und preiswert und doch in schönem Ambiente isst man im *Cranberry Cottage,* 37 Beeton Street (s.u.). Empfehlenswert ist auch das *Beef & Reef Restaurant*
mit großer Auswahl an Steaks und Fischgerichten, Tel. 051-9245481, gegenüber
SPAR.

Information Ladybrand

Maloti Tourist Information Office, 17 Church
St (im Museum), Tel. 051-9245131, Fax 9242636.
Sehr guter Service. Unterkünfte unbedingt vorreservieren!

Unterkunft

Comfort

Cranberry Cottage, 37 Beeton St, Tel. 051-
9242290, www.cranberrycottage.co.za. Sehr
schönes Gästehaus mit 34 Zimmern, altes
Sandsteingebäude. DZ/F ab R450 p.P.

Touristic

*Villa on Joubert, 47 Joubert St, Tel. 051-924
1814. Jedes der 5 Zimmer ist künstlerisch gestaltet. Super Frühstück. DZ/F ab R 780.

Budget

Leliehoek Pleasure Resort, 2 km außerhalb,
Tel. 051-9240260. Chalets, Caravan-/Zeltplätze, Waschautomat.

Riverside Lodge, Tel. 051-9242681. Chalets,
Rondavels, Aussicht auf Maseru.

Wepener

Wepener gehört neben Ladybrand und Ficksburg zu jenen Orten, die gegründet wurden, um die Basotho östlich des Caledon River in Schach zu halten. Blickfang ist das weiße Gebäude der 1927 erbauten **Town Hall.** Davor steht die Büste von Kommandant Louw Wepener, der auf dem Gipfel des *Thaba Bosiu* 1865 beim Sturm auf die Bergfestung fiel. Er gab der Stadt seinen Namen, für den Büstensockel wurden 4 Felsbrocken des Gipfels verwendet. Die **Sandsteinkirche** der Dutch Reformed Church stammt aus dem Jahr 1882.

30 km südlich der Stadt liegen der **Knellpoort-** und der **Welbedachts-Staudamm,** die die Region und Bloemfontein mit Wasser versorgen. Hier findet man auch das **Caledon Nature Reserve and Wildflower Garden,** auf dessen Gebiet (4000 ha) Zebras, Spring- und Blessböcke sowie Streifengnus leben. Auf einem 10 km langen Naturwanderweg sieht man heimische Bäume und Fynbos. Der Weg beginnt an der Gärtnerei und führt hinauf auf einen Bergkamm (4–5 Stunden für den Rundweg, Infos unter Tel. 0281-21511). Neu ist der 4x4-Trail.

Wepener liegt nur einen Katzensprung vom **Grenzübergang Van Rooyens** nach Lesotho. Es lohnt sich, zu halten und die Vorräte aufzufrischen. Im *Kaffe* an der Hauptstraße gibt es Kleinigkeiten zu essen und Zeitungen (der Teegarten des Lord Fraser Guesthouse, De Bruyn Street, ist idyllischer).

Information Wepener

Wepener Municipality, Tel./Fax 051-5831131. Informationen in der **Library.** Wepener hat eine Apotheke (Tel. 051-5831416), eine Werkstatt und eine kleine Klinik.

Unterkunft

Touristic Lord Fraser Guesthouse, De Bruyn St, Tel. 051-5831480. Schön, Garten, reichhaltiges Farmfrühstück. **Budget Wepener Hotel,** Church St, Tel. 051-5831408. Einfach.

Zastron

Das Ende der Highlands Route bildet Zastron, am Fuße des **Aasvoëlberges,** des „Geierberges", der höchsten Erhebung des Free State. Der Ort liegt in einem wohlhabenden landwirtschaftlichen Gebiet und ist das Handelszentrum mit einigen historischen Sandsteingebäuden.

Am bekanntesten ist das **„Eye of Zastron",** ein Loch in den Felsklippen des Aasvoëlberges, das einen Durchmesser von 9 m hat. Früher lebten die Buschmänner in den umliegenden Bergen, sie hinterließen Malereien. Am bekanntesten sind **Hoffman Cave** und **Seekoei Cave.** Die Höhlen des **Mercy Mountain,** des „Gnadenbergs", waren letzte Bastionen der Buschmänner im Free State.

Am schönsten kann man die Region erkunden, wenn man sich auf die 35 km lange Rundstrecke des **Aasvoëlberg Hiking Trails** begibt, die man leicht in zwei Tagen bewältigen kann. Sie führt vorbei am „Auge" und anderen interessanten Felsformationen. Die herrliche Aussicht wird gekrönt durch Wasserfälle und Flussläufe (Infos im Maluti-Hotel). Lohnenswert ist eine Autofahrt zu den verschiedenen Panoramapunkten auf der Straße hinter **Eeufeeskloof.**

Information Zastron

Zastron Municipality, Hoofd St, Tel. 051-6731018, Fax 6731550. Auch Auskunft über Gästefarmen und B&B-Unterkünfte.

Unterkunft

Touristic

Maluti Hotel, Main St, Zastron 9950, Tel. 051-6731657. Heimelig, gutes Restaurant.

Tienfontein, Tel. 083-7260577. Rustikales Gästehaus, frisch gebackenes Brot zum Frühstück.

Budget

J-Mountain View B&B, am Ortseingang Beschilderung Richtung Berge folgen, Chris & Elsabé van Aswegen, Tel. 051-6731040, Cell 082-5788016. Auch **Camping** möglich, schönes Rasengrundstück mit Pinien und Strom, gute Sanitäranlagen, R100 pro Platz. Wesentlich besser als der **Zastron Municipal** Caravan Park, 2 km vom Stadtzentrum.

5 KwaZulu-Natal

Einführung

In KwaZulu-Natal (10,3 Mio Einw.) erwarten die Besucher die faszinierenden Landschaften der **Drakensberge, Natur- und Wildreservate,** kulturelle Begegnungen mit den Zulu, historische Stätten der **Battlefields Route** (www.amajuba.gov.za) und vor allem endlose, verlockende **Strände.** Die Provinz besteht aus den ehemaligen Gebieten *Natal* und *KwaZulu*.

Touristisch gliedert sich KwaZulu-Natal in die Regionen **Durban, South Coast, North Coast, Midlands, Drakensberg, Battlefields, Zululand** und **Elephant Coast** mit Maputaland. Landessprachen sind Englisch und *isiZulu*. (Bem.: Es hat sich noch keine einheitliche Schreibweise für die Eigennamen der Zulu-Sprache durchgesetzt. Bei der Suche nach Stichworten im Register braucht man also manchmal etwas Fantasie und sollte sich an der Aussprache orientieren.)

Allgemeine Information

KwaZulu-Natal Tourism Authority, Tourist Junction, 160 Pine St, Tel. 031-304 7144, www.zulu.org.za.

Die touristische Vertretung von KwaZulu-Natal in Deutschland ist Birgit Hüster, bhuester@tourlinkafrica.de, www.tourlinkafrica.de.

Internet

Tipp: Die offizielle Homepage **www.zulu.org.za** bietet so gut wie alles über die Provinz und seine acht touristischen Destinationen.

Weitere Websites: • www.goodersonleisure.com • www.kwazulu.net

Grenzübergänge

KwaZulu-Natal grenzt an **Swaziland** (Grenze Golela/Lavumisa, geöffnet 7–22 Uhr), an **Lesotho** (Sani Top, geöffnet 8–16 Uhr) und an **Moçambique** (Kosi Bay/Farazela, geöffnet 8–17 Uhr; Visum nötig, teuer!).

Reiseplanung
Rundreisevorschlag (2–3 Wochen)

Beginnen Sie Ihre Tour in **Durban** und fahren Sie auf der N 2 (alternativ R 102) Richtung Süden bis **Port Shepstone.** Auf der Strecke gibt es viele Orte mit Strandleben. Machen Sie nun einen Abstecher zur **Oribi Gorge.** Auf der R 56 erreichen Sie **Pietermaritzburg** (gut für einen Tag und eine Übernachtung). Auf der N 3 Richtung Norden besuchen Sie in den **Drakensbergen Giant's Castle** und den **Royal Natal National Park.** Von dort geht es auf der **Battlefields Route** nach Nordosten über **Dundee** nach **Vryheid,** mit Abstechern zu den Schlachtfeldern **Rorke's Drift** und **Blood River.**

Höhepunkte sind Besuche im **Ithala Game Reserve** und im **Mkhuze Game Reserve,** und ein Muss ist das Hluhluwe-Imfolozi Game Reserve. Auf der Rückfahrt nach Durban lohnt ein Umweg, z.B. über **Kwabhekithunga/Stewarts Farm.** Beenden Sie die Rundfahrt in Durban mit 1 bis 2 Tagen Aufenthalt. Die Gesamtstrecke ist, inklusive Abstechern, etwa **1600 km** lang.

KwaZulu-Natal

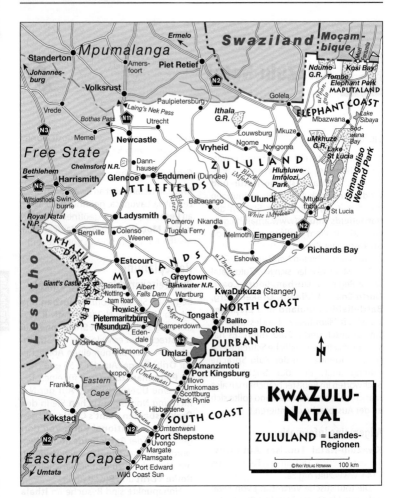

Von Durban nach Kapstadt

Die reine Fahrstrecke auf der N 2 dorthin beträgt 1694 km. Zwischen Kokstad am Beginn der ehemaligen Transkei und Buffalo City ist das Sicherheitsrisiko nicht unbedenklich, daher sollte man besser folgende Strecken wählen: **Durban – Pietermaritzburg** (N 3) – **Abstecher Dra-** **kensberge** (Giant's Castle und Royal Natal National Park) – Bethlehem (von dort Abstecher über Ficksburg, Durchfahrt durch Lesotho bis Wepener und Aliwal North empfehlenswert); oder Bethlehem – Bloemfontein auf der N 1 – dann nach Buffalo City auf der N 6 – Kapstadt (N 2). Wer dennoch die gesamte N 2 von

Durban aus fährt, sollte unbedingt von Port Shepstone einen Abstecher zur **Oribi Gorge** machen.

Von Durban nach Johannesburg

Zwei Hauptrouten führen von Durban nach Johannesburg: Die schnellste Verbindung ist die N 3 (600 km) mit guten Gelegenheiten, **Pietermaritzburg,** die **Natal Midlands** und die **Drakensberge** zu besuchen (evtl. Abstecher zur *Battlefields Route*). Die schönsten Tierreservate liegen jedoch an der N 2 Richtung Norden: **Hluhluwe-Imfolozi** und **Mkhuze Game Reserve.** Auf dieser Route lohnt ein Abstecher zum **Ithala Game Reserve.**

Urlaub am /im Wasser

Die gesamte Küste KwaZulu-Natals von **Port Edward** im Süden bis **Kosi Bay** an der Grenze zu Moçambique eignet sich gut für einen Strandurlaub (Surfen, Tauchen, Schnorcheln). Der Haupttourismus spielt sich um Durban und etwa 100 km nördlich und südlich ab. Außer im Bereich des *iSimangaliso Wetland Parks* im Norden sind die meisten Strände mit einem Pkw zu erreichen. **Top Strände:** Gleich drei Strände der Provinz wurden mit dem begehrten „Blue Flag" für herausragende Sauberkeit, landschaftliche Schönheit und auch Sicherheit ausgezeichnet: *South Beach* und *Margate's Beach* in Durban und *Ballito Beach.*

Ein bisschen Abenteuer

Wer die **Drakensberge** einmal anders erleben möchte, sollte z.B. im *Garden Castle,* im *Cobham State Forest* oder im *Mkhomazi State Forest* eine Wanderung mit einer Höhlenübernachtung buchen. Besonderer Höhepunkt für Wanderfreunde ist der fünftägige *Giant's Cup Hiking Trail.* Wer wasserfest ist, kann in den *Game Valley Estates* (bei Richmond) **Kanufahren** oder im *Thukela Biosphere Reserve* (bei Grey-

town) an einer **Wildwasserfahrt** auf dem Tugela (Thukela) River teilnehmen.

Pferdefreunden seien besonders die **Ausritte** im *Royal Natal National Park* ans Herz gelegt. Besucher, die an der **afrikanischen Tierwelt** Interesse haben, sollten sich in den Wildparks unbedingt nach **geführten Wanderungen** erkundigen. Wer genügend Zeit (Geld und ein Allradfahrzeug) hat, dem sei ein Abstecher in den *Tembe Elephant Park* oder das *Ndumo Game Reserve* ans Herz gelegt (beide ganz im Norden an der Grenze zu Moçambique).

Klima

In KwaZulu-Natal herrscht **gemäßigt subtropisches Klima.** Im **Winter** ist es vorwiegend mild und **trocken.** Der **Sommer** ist **heiß** mit häufigen, heftigen **Regenschauern.** Dezember bis März beträgt die durchschnittliche Luftfeuchtigkeit 70 % (für Menschen mit Kreislaufproblemen/Senioren sind die Wintermonate mit geringerer Luftfeuchtigkeit empfehlenswert).

Beste Reisezeit für die Küstenregion ist April bis Juni. Die meisten Gebiete sind ganzjährig bereisbar, in den Drakensbergen ist im Winter jedoch mit Schneefall zu rechnen.

Nützliche Worte in Zulu

Guten Tag, Hallo – *sawubona*
Wie geht es Dir/Ihnen – *gunjani*
Mir geht es gut – *lungile*
Auf Wiedersehen – *hamba kahle*
Ja – *yebo*
Ich danke – *ngiyabonga*
Wir danken – *diyabonga*

Nationalpark

Alle Unterkünfte und **Wanderungen** in **staatlichen Parks in KwaZulu-Natal** müssen direkt bei KZN Wildlife, Tel. 033-8451000/2, Fax 8451001, www.kznwild life.com, gebucht werden (s.u. bei „Zentrale Reservierung").

Unterkunfts-Kategorien

KZN Wildlife bietet eine Vielzahl von Unterkünften an. Größe und Ausstattung ist von Park zu Park variabel. Einige Preise sind variabel und differieren saisonal, „Minm." in der Klammer bedeutet den Minimum- bzw. Mindestpreis von – bis, je nach Saison.

Bungalow: Haus mit 3 oder 5 Betten (2 Schlafräume u. Aufenthaltsraum) mit Bad. Bettzeug, Kühlschrank, Geschirr und Besteck und werden gestellt. Versorgung über die zentrale Küche.

Bushcamps und Bush Lodges: Ried- oder Strohdachhütten meist in totaler Abgeschiedenheit. Bettzeug, Kühlschrank, Geschirr und Besteck vorhanden. Herd bei Selbstversorgung, ansonsten Verpflegung über zentrale Küche. Auf Anfrage geführte Wanderungen mit einem Ranger. Bei Tented Bush Lodge/Bushcamps schläft man in großen Safarizelten.

Cabin: Die Hütten in Injisuthi haben einen Schlafraum mit 2 Betten und einen großen Raum mit 4 Betten. Sie sind mit Küche, Bad und Aufenthaltsraum voll ausgestattet. Die *Dormitory Cabins* z.B: in Cape Vidal und Injisuthi haben 8, 12 und 20 Betten. Selbstversorgung.

Camping und Caravan Sites: Maximum 6 Personen pro Einheit. Mit und ohne Elektrizität. Gemeinschafts-Waschräume. Meist mit Grillstelle. **Alle Reservierungen für Camping- und Caravan-Sites müssen direkt beim Officer-in-Charge des jeweiligen Parks gemacht werden.**

Caves: Übernachtung in Höhlen auf den vorgebuchten Wanderwegen. Es muss alles mitgebracht werden. Toiletten vorhanden.

Chalets: Separate Gästehäuser mit 1, 2 oder 3 Schlafräumen und Bettzeug. Bad, Aufenthaltsraum, eingerichtete Küche. Selbstversorgung, Abwasch.

Cottages: Voll ausgestattete, großzügige Hütte mit Schlafräumen mit Bettzeug. Bad, Aufenthaltsraum oder zentrale Küche.

Log Cabins: 2–3 Schlafräume mit 5 oder 8 Betten mit Bettzeug. Bad, Aufenthaltsraum, volleingerichtete Küche. Selbstversorgung.

Lodges: Luxuriöse Gästehäuser, voll eingerichtet. Mehrere Schlafzimmer mit je 2 Betten. Bad und Aufenthaltsraum. Jede Lodge wird von einem Koch betreut.

Rest Huts/Rondavels: Meist afrikanische Rundhütte mit 2, 3 oder 4 Betten. Ausgestattet mit Bettzeug, Kühlschrank, Geschirr und Besteck. Versorgung über die zentrale Küche. Gemeinsame Nutzung von sanitären Einrichtungen. Selbstversorgung in Rondavels.

Rustic Cottages: Unterschiedliche Anzahl von Schlafräumen und Betten. Bad, eingerichtete Küche, Aufenthaltsraum. Selbstversorgung. Bettzeug und Handtücher müssen mitgebracht werden.

Rustic Huts: 4- oder 8-Bett Hütte mit Geschirr, Besteck und Kochutensilien. Handtücher und Bettzeug werden nicht gestellt. Kein Herd, kein Kühlschrank. Gekocht wird vor der Hütte auf offenen Feuerstellen.

Trail/Mountain Hut: Hütten mit 2–30 Stockbetten. Einzelreservierung nicht möglich. Gaskocher, Toilette und kaltes Wasser.

Zentrale Reservierung

KZN Wildlife, Tel. 033-8451000/2, Fax 8451001, www.kznwildlife.com. Am einfachsten reserviert man von Deutschland aus per Fax, eMail oder Brief (voller Name, gewünschter Platz, Personenzahl, Kategorie, Zeitraum). Bei **Kreditkartenzahlung** neben der Kartennummer auch Gültigkeitsdauer angeben, ansonsten nach Rückbestätigung Auslandsbanküberweisung. Als Sicherheit wird die Gebühr für die ersten 3 Nächte verlangt. Alternativen bezüglich der Übernachtungskategorie oder der Tage angeben. Auch sollte man alle Parks listen, die man in KwaZulu-Natal besuchen möchte, manchmal bieten die Sachbearbeiter Alternativen an.

Stornierungen bereits bestätigter Reservierungen werden mit R100 berechnet. R25 werden beim Ranger als Deposit für Übernachtungen in Wanderhütten und Höhlen hinterlegt. **Kinder** unter 3 Jahren zahlen nichts, 3–12jährige die Hälfte. In B*ush Camps, Bush Lodges, Tented Camps* und auf *Wilderness Trails* sind Kinder nicht erlaubt.

Öffnungszeiten der Parks

Im Sommer (1. Oktober–31. März) 5–19 Uhr; im Winter (1. April–30. September) 6–18 Uhr, wenn nicht anders angegeben.

Charters Creek, Fanie's Island, False Bay Park öffnen noch einmal um 20 Uhr, *Maphelane* und *Cape Vidal* um 21 Uhr, um letzte Gäste hinein- und hinauszulassen. *Sodwana Bay, Royal Natal, Cathedral Peak, Midmar* und *St Lucia Estuary* sind 24 Stunden geöffnet (hierbei muss allerdings beachtet werden, dass die Parkbüros nur zu den allgemeinen Bürozeiten besetzt sind).

Durban / eThekwini

Die Stadt **Durban** (etwa 3,3 Mio. Einw.) gehört zur **eThekwini Municipal Area,** die von Umkomaas im Süden bis Tongaat im Norden reicht und auch einige alte Stammesgebiete umfasst. Durban ist die drittgrößte Stadt Südafrikas und größte von KwaZulu-Natal. Eine ungewöhnliche Mixtur aus Handelsmetropole und Industriestadt auf der einen und Ferien- und Vergnügungszentrum auf der anderen. Man kann sie in 3 bis 4 Tagen erkunden, die historischen Stätten und Museen besuchen, das Treiben an der Strandpromenade genießen, einkaufen, jede Menge Restaurants ausprobieren oder Theater- und Kinovorstellungen besuchen. **Doch ist Vorsicht angeraten!** Das Stadtzentrum und selbst die belebte Strandpromenade sollte man besser per Taxi oder eigenem Auto besuchen als zu Fuß. **uShaka Marine World** entwickelte sich zum beliebtesten Vergnügungszentrum und Besuchermagnet der Stadt.

Geschichte

Der Portugiese *Vasco da Gama* machte die ersten Aufzeichnungen über das Gebiet, das von den Schwarzen „Thekweni" – „Lagune" – genannt wurde. Da es Weihnachten 1497 war, taufte er das Land **„Terra do Natal".** 1685 segelte die englische *Good Hope* heran, lief aber auf eine Sandbank. Erst die *Salisbury* überwand 1823 die Tücken der vorgelagerten Sand-

bänke und ging bei der Salisbury-Insel vor Anker. An Bord waren *Francis George Farewell* und *John Saunders King.* Beide kehrten ein Jahr später mit abenteuerlustigen Engländern zurück, unter ihnen auch *Henry Francis Fynn* und *Dick King,* der mit seinem historischen Ritt nach Grahamstown berühmt werden sollte. Sie überredeten den Zulukönig **Shaka,** eine Handelsstation für Elfenbein und Felle zuzulassen. 1835 erhielt sie einen Namen – **Durban,** zur Ehre des Gouverneurs der Kapprovinz, Sir Benjamin D'Urban.

Im Zuge der großen Burenwanderung erreichte *Piet Retief* 1837 Durban. 1845, als sie 1200 Einwohner zählte, kamen die Engländer und nahmen die Stadt und ganz Natal ein. Die meisten der Buren zogen nach Norden. Dafür kamen viele britische Siedler. Es folgte eine Zeit des Aufschwungs. Später baute man die erste Eisenbahnlinie des Landes und baggerte den Hafen aus, so dass große Überseedampfer anlegen konnten. Exportgut Nr. 1 war Zucker von den Zuckerrohrfeldern des Hinterlandes. Gleichzeitig verschwanden die Küstenwälder, Busch wurde für Weideland und Plantagen abgebrannt.

Heute besitzt Durban den **größten Hafen Afrikas** und wächst sehr schnell. Von **Amanzimtoti** im Süden bis **Umhlanga Rocks** im Norden sind es über 40 km (Stadtfläche 300 qkm). Die Stadtbevölkerung verelendet, die Kriminalität steigt. Die meisten Schwarzen und Farbigen leben noch in den alten Townships (Greater Inanda, KwaMashu, Lindelani, Richmond Farm). In den Haupteinkaufsstraßen muss man sich seinen Weg durch die Stände der Straßenhändler bahnen.

Stadtbusse

Zur Fußball-WM 2010 bekam Durban ein neues innerstädtisches **Busrouten-System,** *Durban People Mover.* Es gibt drei Linien: **Northern Route** (West Street bis Suncoast Casino), **Southern Route** (West Street bis uShaka Marine World) und **Western Route** (Rundtour durch die Innenstadt/Business District). Die Busse fahren alle 15 Minuten. Einzelfahrt R4, Tagesticket R15.

492   Durban Karte S. 492

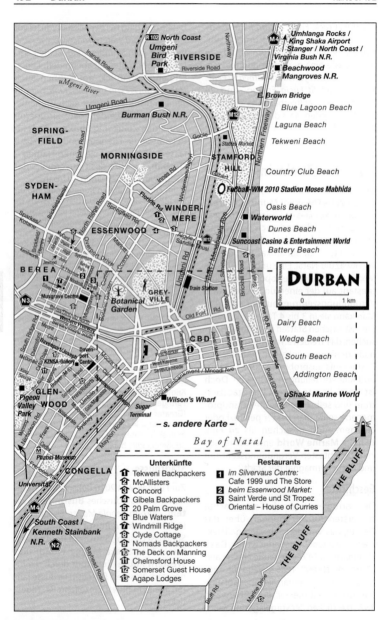

WM-Stadion

Durbans neues touristisches Highlight ist das **WM 2010-Stadion Moses Mabhiba.** Auf den großen, überspannenden Bogen kann man hinauffahren und hat so eine neue Sicht über die Stadt am Meer.

Straßenumbenennung

Durban afrikanisiert gegenwärtig viele seiner Straßennamen. Auf den Karten hier sind die wichtigsten Veränderungen in neu/alt eingetragen.

Sicherheit

Gehen Sie nicht alleine zu Fuß auf Stadtbesichtigung, buchen Sie lieber eine Tour bei der Tourist Junction oder nehmen ein Taxi. Schließen Sie eigene Besichtigungen noch vor Einbruch der Dunkelheit ab, abends sind die Straßen in der Innenstadt wie ausgestorben. Sehr unsicher sind die Gegenden um die Minibus-Taxisstände in der Umgeni Road beim Bahnhof und in der Berea Train Station sowie das desolate Point-Hafenviertel. Ihren Mietwagen parken Sie möglichst bewacht bzw. im mauerngeschützten Hof ihrer Unterkunft. Eine sichere abendliche Ausgehstraße mit Unterkünften, Restaurants, trendigen Lokalen und Läden ist die **Florida Road** mit Nebenstraßen in Morningside.

Geführte Stadtrundgänge

Die drei Stadtrundgänge der **Durban Unlimited** finden bei jedem Wetter statt, um 9.30 und 13 Uhr, R50 p.P. Buchungen über die Informationszentren *Tourist Junction, Beachfront Office* und *Airport Office.* Adressen s.u. bei „Information" bei Durban von A–Z.

Tour 1 Oriental Walkabout: orientalischer Teil Durbans, Victoria Street Market, Emmanuel Kathedrale, Juma Moschee (Mo–Fr). – **Tour 2 Durban Experience:** Playhouse Theater, Local History Museum, City Hall (nur Di). – **Tour 3 Historical Walkabout:** Gang durch die Koloni- alzeit, St Paul's Church, Local History Museum, John Ross u. Dick King Statuen, Vasco da Gama-Uhr (Mo–Fr).

Touranbieter
Für Halb- oder Ganztagestouren in Einzel- und Kleingruppen in und um Durban, bei denen man sich über die Lebensweisen der Bevölkerung informieren kann, eine Empfehlung: **Meluleki Tours,** Mark Mgobhozi, L875 Nkathazo Rd, Umlazi, Tel. 031-9081473, Cell 079-0629783.

Sehenswürdigkeiten in der Innenstadt

Für einen Rundgang in der Innenstadt parken Sie Ihr Auto am besten im Parkhaus des **Workshops** (s. Karte Durban City „1"). Heben Sie sich den Besuch dieses Einkaufszentrums, das architektonisch sehr gelungen in den Bereich des alten Bahnhofs integriert wurde, für den Rückweg auf. Ausgangspunkt ist die **(2) Tourist Junction,** Ecke Monty Naicker Rd/Dorothy Nyembe (früher: Pine/Gardiner) Street (alle nötigen Informationen, Stadtplan usw., s.u. „Durban von A–Z" bei „Information").

Über die Dorothy Nyembe/Gardiner Street erreicht man Ecke Dr Pixley KaSeme/West St das **(3) Hauptpostamt.** Der Bau, heute als Nationalmonument, gilt als eines der bedeutendsten klassischen Gebäude in Südafrika und diente Durban ab 1885 als erstes Rathaus. Eine kleine Gedenktafel erinnert daran, dass hier 1899 Winston Churchill, als Kriegsberichterstatter gerade aus einem burischen Gefängnis entflohen, auf den Stufen eine feurige Rede gehalten hat. Drinnen ein Internet-Café.

Am Church Square präsentiert sich die **(4) St Paul's Church** im neugotischen Stil. Sie war die erste Anglikanische Kirche Natals (1853). 1906 wurde sie durch einen Brand fast völlig zerstört. Die schönen Glasfenster lassen sich am besten von innen bewundern. Die Dr Pixley KaSeme/

494 Durban Karte S. 494

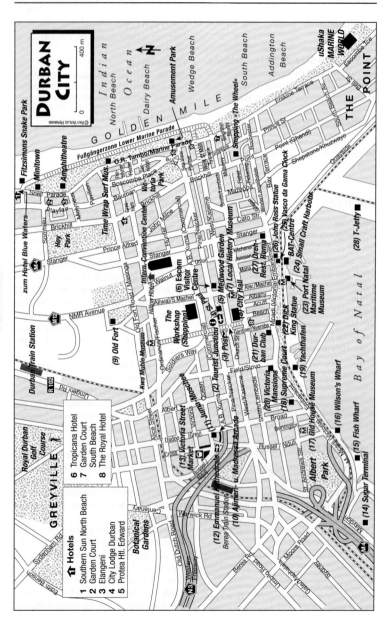

West Street am Postamt hinunter geht es zu den (5) **Medwood Gardens,** eine kleine Oase aus Brunnen, Bänken und Bäumen, daneben liegt das öffentliche Schwimmbad (tgl. offen).

Ein Stück weiter trifft man auf die Samore Machel/Aliwal Street und das **(6) Eskom Visitor Centre** im Erdgeschoss des BP-Gebäudes. Eine kleine Ausstellung informiert über Geschichte und Zukunft der Energiegewinnung (Mo–Fr 8.30–16 Uhr).

Wechselt man nun die Straßenseite und überquert die Dr Pixley KaSeme/West Street, erreicht man das **(7) Old Court House Museum** im einstigen Gerichtsgebäude. Es informiert ausführlich über die Geschichte Durbans und hat schöne Zulu-Trachten (Mo–Sa 8.30–16 Uhr, So 11–16 Uhr, der Eintritt ist frei).

Herzstück der Stadt ist die im Renaissance-Stil erbaute **(8) City Hall,** Rathaus seit 1910. Gehen Sie rein, denn im Erdgeschoss befindet sich das **Natural Science Museum** mit einer Ausstellung über die Tierwelt KwaZulu-Natals und einem lebensgroßen Dinosaurier-Modell (Eingang Anton Lembede/Smith St, Mo–Sa 8.30–16, So 11–17 Uhr). Die **Durban Art Gallery** im 2. Stock stellt südafrikanische Kunst aus, eine Kollektion aus viktorianischer Zeit und wechselnde internationale Kunst. Jeden 1. Freitag im Monat ist *Red Eye Art Evening,* ein Treffen für zahlreiche Künstler und Kunstinteressierte.

Abseits der Route liegt nördlich das Gelände des **(9) Old Fort,** ein Nationalmonument an der KE Masinga/Old Fort Road. Die Befestigung wurde 1842 von Buren belagert, heute gibt es dort eine schöne Gartenanlage. Gleich daneben findet man das **Warriors' Gate,** Hauptquartier der MOTHS (Memorable Order of Tin Hats), Verband ehemaliger Kriegsteilnehmer, mit einem kleinen Museum (Zugang über Masabalala Yenga/NMR Avenue, Di–Fr 11–15 Uhr, Sa 10–12 Uhr, So 11–15 Uhr).

Sehenswürdigkeiten im indischen Viertel

Ab 1860 kamen die **Inder** ins Land, meist als Kontraktarbeiter für die Zuckerohrplantagen. Die „Kulis" mussten sich fünf Jahre fest an eine Plantage binden und weitere fünf Jahre ausschließlich in Natal arbeiten, dann konnten sie wählen, ob sie bleiben oder in ihre Heimat zurückkehren wollten. Viele blieben, verdingten sich im Kohlebergbau, gingen zur Eisenbahn, wurden Bauern, Fischer oder Händler. Die Geschichte der muslimischen Immigranten aus dem indischen Bundesstaat Gujarat verlief anders: Sie waren meist wohlhabende Händler, bezahlten ihre Schiffspassagen selbst und investierten erfolgreich – eine indische Oberschicht, die selbstbewusst Handel trieb. Derzeit leben etwa eine Million Indischstämmige im Großraum Durban (75 % Hindus, 22 % Muslime, vorwiegend aus Pakistan). Weiterhin eine kleinere Zahl Buddhisten.

Ausgangspunkt ist die **Dr Yusuf Dadoo/Grey Street.** Hier haben die Inder ihre ersten Geschäfte eröffnet, viele von ihnen sind heute sehr modern gestaltet. Traditionell schließen die meisten Läden freitags zwischen 12–14 Uhr. Einen Hauch von Vergangenheit spürt man in den beiden orientalischen Arkaden – **(10) Ajimeri- und Madressa Arcade.** Nicht nur indische Waren werden verkauft, auch Kunsthandwerk und Nutzgegenstände der Zulu sowie westliche Waren.

Nebenan funkeln die goldenen Minarette der **(11) Juma Masjid Moschee** in der Sonne. Es ist die größte Moschee der südlichen Hemisphäre (1927 errichtet), sie fasst 5000 Gläubige (werktags und Samstagmor-gen der Öffentlichkeit zugänglich, Eingang Queen Street, Schuhe müssen ausgezogen werden, Führungen; Tel. 031-3060026). Beim *Islamic Propagation Centre International* in der 124 Queen Street (4. Stock) kann man ein kostenloses

Exemplar von *„The Choice"* holen und auf 240 Seiten die Beziehung zwischen Islam und Christentum nachlesen.

In der Nachbarschaft liegt die katholische **(12) Emmanuel Kathedrale,** ein neugotisches Bauwerk von 1904 (die Figuren des Kreuzweges an den Wänden sind ein Geschenk der französischen Königin Eugénie, im Gedenken an ihren Sohn Louis Napoleon, der im Burenkrieg starb).

Von der Kathedrale aus sieht man das bunte Gebäude des **(13) Victoria Street Market** (Ecke Bertha Mkhize/Joseph Nduli (früher: Victoria/Russell) Street; Parkplatz über Bertha Mkhize/Victoria St erreichbar), das den alten Markt ersetzt, der 1973 abbrannte (Mo–Sa 6–18 Uhr, So 10–16 Uhr). Das Angebot reicht von Gewürzen über Souvenirs bis zu Kleidung (handeln!) und indischem Essen – wie wär's mit Bunny chows, einem halben Brot gefüllt mit *Curry, Biriyani,* ein delikates Reisgericht mit Gemüse oder Fleisch, *Dal* (Linsenbrei), *Chapatis, Naan, Roti* (Fladenbrot) oder auch einem leckeren *Tandoori*-Gericht?

Wer sich für **Hinduismus** interessiert: Der größte und älteste Tempel (von 1901), der *Durban Hindu Tempel,* liegt in der Somtseu Road (östl. des Bahnhofs), der *Shree Shiva Subrahmanya Alayam Tempel* in der Sirdar Road im Stadtteil Rossburgh (im Süden, Anfahrt über die M 4). Meist erklärt ein Priester auf einem Rundgang die Schreine, Symbole und Rituale (s.a. „The Temple of Understanding" bei „Ausflüge rund um Durban"). Außerdem gibt es noch das *Ramakrishna Centre* (Old North Coast Road, Ausfahrt Mount Edgecombe, tgl. geöffnet).

Hindus und Muslime feiern viele pracht-

Mahatma Gandhi

Mohandas Karamchand Gandhi wurde am 2. Oktober 1869 in Porbandar (westl. Indien) geboren. Mit 19 Jahren ging er nach London, um Jura zu studieren. 1893 reiste er als Anwalt nach Südafrika. Dort erwartete ihn kein angenehmes Leben: Einmal wurde er in Pietermaritzburg aus einem Zug geworfen, weil sich ein weißer Fahrgast beschwerte, dass „so jemand" in der 1. Klasse reiste …

Im Kampf um die politischen Rechte der Inder in Südafrika und gegen die rassistische Gesetzgebung in Natal und Transvaal gründete er 1894 den *Natal Indian Congress* und entwickelte seine Methode des gewaltlosen Widerstands. Durch satjagraha („Festhalten an der Wahrheit") und zivilen Ungehorsam *(„civil disobedience")* soll der politische Gegner zur Einsicht in sein Fehlverhalten und Änderung seiner Handlungsweise angehalten werden. 1904 kaufte er bei Durban eine Farm in der Phoenix-Siedlung, die zum Zentrum seiner Bewegung wurde. Hier wurde auch die Zeitschrift *Indian Opinion* herausgegeben.

Als die Regierung den „Asiatic Registration Act", das Gesetz zur Registrierung von Asiaten in Kraft setzte, ging eine Welle der Empörung durchs Land. Gandhis Anwaltskanzlei in Johannesburg wurde zum Hauptquartier des Widerstandes. Es fing mit kleinen Demonstrationen an und gipfelte in großen Streiks vieler indischer Arbeiter. 1914 vereinbarte Gandhi zusammen mit General Jan Smuts die Aufhebung zahlreicher Restriktionen. Im Juli des gleichen Jahres verließ Gandhi Südafrika und kehrte nach Indien zurück, wo er im gewaltlosen Kampf um die Unabhängigkeit von Großbritannien als Mahatma – (Sanskrit „dessen Seele groß ist") – bekannt wurde. Ein Hindu-Fanatiker ermordete ihn 1948.

volle **Feste und Umzüge.** Hauptfest ist das zweimal jährlich begangene *Kavadi-Fest* zu Ehren Murugas, Gott der Gesundheit und des Glücks (Jan/Feb und Apr/Mai). 18 Tage lang dauert das alljährliche *Draupati-Fest* mit „Firewalks", dem Gang über glühende Kohlen. Lichterreich und bunt sind das *Deepvali-Fest* im November und das *Ratha-Yatra-Fest* im Dezember. Infos zu Festen und Umzügen über die Touristeninformation.

Sehenswertes entlang Victoria Embankment / Margaret Mncadi Avenue

Die **Margaret Mncadi Avenue/Victoria Embankment** (bekannt als *Esplanade*) führt entlang der *Bay of Natal*. Einst lag hier der beliebteste Badestrand der Stadt. Ende des 19. Jahrhunderts vertrieb die rauhe See die Badenden, Docks mit Verladekränen und Schiffsanlegestellen wurden hingebaut.

Ausgangspunkt dieser Exkursion ist das imposante **(14) Sugar-Terminal** auf der Maydon Werft, 57 Maydon Street. Bis zu 520.000 Tonnen Rohrzucker werden in 3 Silos gelagert, bevor sie in alle Welt gehen. Die geführten Touren der South African Sugar Association dauern etwa eine Stunde (8.30, 10, 11.30 und 14 Uhr). Nach einem 20minütigen Film über die Zuckerverarbeitung begibt man sich auf einen Rundgang (Infos und Buchung über Tel. 031-3010331).

In der Nähe östlich gelangt man zur **(15) Fish Wharf,** Anlegestelle der Hochseefischerei (man kann mit zum Fischen fahren, Infos über die Touristeninformationen). Für die Waterfront von **(16) Wilson's Wharf** (s.u.) mit ihren Geschäften und Restaurants sollte man unbedingt genügend Zeit einplanen. Gute Parkmöglichkeiten.

Durch den **Albert Park** nördl. der Fish Wharf kommt man zur St Andrew's Street (Alternativ kann man auch der Margaret Mncadi Avenue/Victoria Embankment bis zur Benington Street folgen, die auf die St Andrew's Street trifft). Haus Nr. 31 ist das **(17) Old House Museum,** Kopie eines alten Kolonialhauses von 1849 mit typischen Einrichtungsgegenständen (Mo–Sa 8.30–16 Uhr, So 11–16 Uhr). Ein Stückchen weiter erstaunt ein klassizistisches Gebäude: Das **(18) Supreme Court Building,** Sitz des Obersten Gerichtshofs, wurde kurz vor dem 1. Weltkrieg gebaut, keiner weiß so recht, warum gerade hier (Zugang erlaubt, fotografieren untersagt).

Wer etwas „Seemannsgarn" hören möchte, ist am großen **(19) Yachthafen** richtig. Vorne an der Mole bietet das elegante *New Café Fish,* Tel. 031-3055062, Seafood in allen Variationen. Relaxte Atmosphäre, Aussicht auf den Yachthafen, Lunch 11.30–15 Uhr, Dinner 18.30–22 Uhr.

Weiter geht es zum Kolonialbau des **(21) Durban Club.** Hier befindet sich eine Einrichtung aus alten Tagen, ein echter (wenn auch ehemaliger) „Club der Gentlemen". Heute kann man auch als Frau Mitglied werden. Teile des schönen Gebäudes werden heute als Hotel (**Durban Manor,** www.durbanmanorhotel.com, ab DZ/F R700 p.P.) genutzt.

Gegenüber steht die **(22) Dick King Statue,** Erinnerung an 1842, als britische Einheiten im Old Fort belagert wurden (der englische Siedler Dick King und sein schwarzer Begleiter Ndongeni ritten 1000 km nach Grahamstown, um Hilfe zu holen).

Am besten folgt man nun der begrünten Promenade, vorbei an der *Dorothy Nyembe/Gardiner Street Jetty,* der Landungsbrücke für Ausflugsschiffe, bis zum Freilichtmuseum **(23) Port Natal Maritime Museum:** Möglich ist die Besichtigung der Schlepper *Ulundi* und *JR Moore* und des Minensuchbootes *SAS Durban;* historische Fotografien und eine audiovisuelle Vorführung (Mo–Sa 8.30–15.45 Uhr, So 11–15.45 Uhr). Gleich daneben ist die Landungsbrücke des (24) Small Craft Harbour, an dem kleine Schlepper, Lotsenschiffe und Vergnügungsboote anlegen. Schön ist hier ein Besuch des **Bat Centre,** tgl. 10–17 Uhr, ein buntes Zentrum südafrikanischer Kunstszene (www.batcentre.co.za).

Das **(25) Vasco da Gama Uhrentürmchen** schenkte Portugal Durban 1897 in Erinnerung an den großen Seefahrer. Gegenüber steht die aus Bronze von Mary Stainbank geschaffene **(26) John Ross Statue,** zum Andenken an John Ross, der mit einem 1000 km langen Gewaltmarsch medizinische Hilfe für die Siedler holte.

Ein schöner Abschluss ist der Besuch des italienischen **(27) Drehrestaurants Roma.** Vom 30. Stock hat man einen schönen Blick über Hafen, Ozean Terminal, Ozeanriesen und die Stadt (geöffnet Mo–Sa, Tel. 031-3376707). Wen es weiterzieht, der kann noch südlich gehen zur

(28) T-Jetty, der großen Landungsbrücke von Durban. Hier legen so legendäre Dampfer wie die Queen Elizabeth II. an.

*Wilson's Wharf

An der Wilson's Wharf, 18 Boatman's Road, kann man gemütlich am Hafen entlangschlendern, den Schiffen beim Ablegen zusehen und im gut sortierten Craft House einkaufen gehen. Es stehen viele Parkplätze zur Verfügung. Vorab davon Fotos ansehen: www.wilsonswharf.co.za.

Bei den guten **Restaurants** hat man die Qual der Wahl: **Zack's** hat Nachos, Suppen und Salsa auf der Vorspeisenkarte. Als Hauptgang könnte ein Jalapeño Filet oder auch ein Chicken Curry folgen. Es gibt aber auch Sandwiches und Burger für den kleineren Hunger und vegetarische Gerichte und Pasta sowie Frühstück. – **John Dory's** bietet besonders gute Fischgerichte. – Bei **Starfire Trading** gibt es superfrische Austern und Spezialitäten drumherum, wie z.B. Austern im Schinkenmantel, Thai-Austern mit Ingwer und

uShaka Marine World

Das Vergnügungszentrum **uShaka Marine World** bietet Spaß für einen ganzen Tag. Hauptattraktion im Bereich **Sea World** sind das gigantische **Aquarium** in einem alten Frachtschiff, das große **Delphinarium,** ein Robben-Pool, das Pinguin-Gehege und Schnorchel- und Tauchmöglichkeiten. Die Wasserwelt **Wet'n Wild** bietet die höchste Wasserrutsche Afrikas und verschiedene Pools. Wer sein Geld ausgeben möchte, kann das in den verschiedenen Geschäften des **Village Walk** tun. Und wenn man dann müde und hungrig ist, setzt man sich gemütlich in das **Phantom Ship,** eine Oase im Trubel (Cargo Hold Restaurant, Tel. 031-3288065, Upper Deck Restaurant, Tel. 031-3288067).

uShaka Marine World, 1 Bell Street, Point, Tel. 021-3288000, gute Website zur Vorab-Information: **www.ushakamarineworld.co.za** (m. Anfahrtsskizze, Wetterbericht und Veranstaltungskalender). Großes Freizeitangebot (Surfen, Haitauchen, Helikopterflüge). Die Hauptattraktionen kosten Eintritt (Kombitikket günstiger). Geöffnet tgl. 9–18 Uhr. Restaurants haben bis spätabends auf. **uShaka Beach** ist bewacht.

uShaka-Restaurant-Tipp: Das *Cargo Hold verzaubert durch wunderschönes Dekor. Motto: Dine with the Sharks. Lunch 11–15 Uhr, Dinner ab 18.00. Reservierung Tel. 031-3288065.

Koriander oder Austern-Suppe. – **Zenbi-Sushi** hat eine Speisekarte, bei der man rätselt, wo man anfangen soll – hier gibt es „Sushi for Beginners".

Unter Tel. 031-3056889 und www.catalinatheatre.co.za kann man das aktuelle Programm des modernen **Catalina Theaters** erfragen und Karten reservieren.

Und wie es zu einem Hafenprojekt gehört, stechen hier auch Ausflugsboote in See. Die *Allen Gardiner* ist ein historisches Schiff, das im 2. Weltkrieg im Einsatz war. Heute dient es friedlicheren Zwecken und beherbergt ein Restaurant.

Strände / Marine Parade

Durbans Hauptstrand, die **Goldene Mile,** zieht sich entlang der Fußgängerzone **O.R. Tambo Parade** (früher: Marine Parade). Weiter nördlich folgen die Abschnitte *Battery Beach* und *Dunes Beach, Oasis, Country Club, Tekweni, Laguna* und *Blue Lagoon Beach* an der Mündung des uMgeni River. Vor den Stränden hat das Natal Sharks Board kilometerlange Hai-Netze gespannt, von 8–17 Uhr sind Lebensretter auf ihren Posten. Lange Piers ragen in den Ozean. Hier kann man gut den Surfern zusehen oder auf das Glück der zahlreichen Angler warten. Den weiten Blick unterbrechen oft große Tanker und Frachtschiffe, die in Strandnähe ankern. Die Strände sind bewacht und gelten als verhältnismäßig sicher. Überall gibt es Umkleidekabinen und Süßwasserduschen.

Die große **Wasserrutschbahn** am Addington Beach zwischen Golden Mile und uShaka Marine World ist 100 m lang. Buntkostümierte Zulu bieten **Rickscha-Fahrten** an (Rickschas wurden Ende des 19. Jahrhunderts für kleinere Lastentransporte eingeführt. Eine „kleine Stadtrundfahrt" dauert 5 bis 7 Minuten, Preis vorher aushandeln).

Ein Stück strandaufwärts in **Funworld,** einem Freizeitpark für die ganze Familie, kann man eine Fahrt mit der Mini-Drahtseilbahn unternehmen.

In **Minitown** bei der Einmündung der Lower Marine in die Snell Parade sehen Familien mit kleineren Kindern wichtige Gebäude Durbans im Miniaturformat. Gleich in der Nähe liegt **Fitzsimons Snake Park,** wo man alle Arten von Schlangen sehen kann, auch Schildkröten, Warane und Krokodile (tgl. 9–16.30 Uhr, in der Hauptsaison und an Feiertagen Vorführungen um 10, 11.30, 13, 14.30 und 15.30 Uhr). Den Adventure Walk nicht versäumen.

Unübersehbar ist **Suncoast Casino & Entertainment World.** Der riesige Komplex im Art-déco-Baustil bietet unter einem Dach „sun & fun" für die ganze Familie, 2800 Parkplätze, ein großes Spielkasino, 18 Restaurants, Fast-Food-Läden, Cafés und Bars (Tipp: Havana Grill & Wine Bar, sehr stilvoll), Shops und Kinos. Der Strand ist herrlich. Information Tel. 031-3283000, www.suncoastcasino.co.za.

Weiter nördlich liegt **Waterworld,** ein Wasserspaß mit abenteuerlichen Rutschen und wildem, künstlichen Fluss. Von hier aus ist das neue Fußballstadion **Moses Mabhida** zu sehen. Zuvor liegt noch am Battery Beach die **Children's Fun Farm,** wo die Kleinen ein Gefühl für das Leben auf einer Tierfarm bekommen (Kühe und Ziegen melken, Ponyreiten).

Moses Mabhiba Stadion

In dem gewaltigen, optisch sehr ansprechenden **Moses Mabhida Stadion** nach Entwürfen der deutschen Architektensozietät gmp fanden zur WM 70.000 Zuschauer Platz (heute 56.000). Das neue Wahrzeichen Durbans wird nicht nur für sportliche Ereignisse, sondern auch als Event-Komplex genutzt. 2700 Tonnen wiegt der gigantische, stählerne „Himmelsbogen", der, auf Fernwirkung ausge-

KwaZulu-Natal

500 Durban

richtet, in einer maximalen Höhe von 104 Metern das Stadionoval überspannt. Attraktion ist der *Skywalk* vom südlichen Ende des Bogens hinauf zu einer Aussichtsplattform (550 Stufen, R80, Mo–Sa 10, 13, 16 Uhr, Buchung Tel. 031-5828242). Mit der Standseilbahn *Skycar* geht es bequemer (Mo–So 9–18 Uhr, R50). Die *Stadium Tours* sind eher etwas für gemütliche Besucher, während der *Big Swing*, der weltweit einzige „Stadion-Swing" übrigens, etwas für Adrenalin-Junkies ist (R595 p.P., tgl. 9–17 Uhr, wetterabhängig). Mehr Stadion-Informationen auf www.mm stadium.com.

Weitere Museen

KWA Muhle Museum, 130 Bram Fischer/Ordnance Road. Interessante Ausstellung zur Rassenpolitik in Durban vor der Demokratie, Zulukultur und wechselnde Themen (Mo–Sa 8.30–16 Uhr, So 11-16 Uhr, Tel. 031-3112223).

Cultural & Documentation Centre, Ecke Epsom/Derby Road, Tel. 031-309 7559. Geschichte der indischen Bevölkerung, ihrer Bräuche und Gewänder unter besonderer Berücksichtigung des Werkes Gandhis.

Bergtheil Local History Museum, 16 Queen's Avenue, Westville, Tel. 031-203 7107, Mo–Fr 8.30–16.45 Uhr, Sa 8–12 Uhr. In einem historischen Farmhaus des 19. Jahrhunderts das Leben der Deutschen, die 1848 ins Land kamen.

Campbell Collection and Centre for Oral Studies, 220 Gladys Mazibuko/Marriot Road, Ecke Stephen Dlamini/Essenwood Road, Berea, Tel. 031-2073432. Killie Campbells afrikanische Bibliothek, Mashu Museum für Ethnologie, William Campbells Sammlung von Einrichtungsgegenständen, Bildern und mündlich überlieferten Werken (nur nach Voranmeldung).

Urlaub aktiv

Surfer ohne Brett können eines bei *Surf Zone,* Ocean Sports Centre, Tel. 031-3685818 oder bei *Rent-a-While,* Tel. 031-325295, leihen. Im Juli findet die internationale Surfmeisterschaft *Gunston 500* statt (Auskünfte über *Natal Windsurfing Association,* Tel. 031-1219341). Der ausgeprägten Surfer-Szene Durbans und seiner Geschichte ab dem Jahr 1930 an der „Golden Mile" huldigt am North Beach das **Time Warp Surf Museum** (Ocean Sports Centre, 190 Lower OR Tambo/Marine Parade, Mo–So 10–16 Uhr, Tel. 031-3685842). Freunde der Wellenbretter trifft man gleich daneben bei Joe Kool's, einer „coolen" Bierkneipe mit Restaurant und Rockmusik, jungem Publikum und Blick aufs Meer, schön für einen Sundowner (137 Lower OR Tambo/Lower Marine Parade).

Taucher können sich bei *Blue Water Divers,* 114 Margaret Mncandi/Victoria Embankment, Tel. 031-3072711. *Eco Diving,* Tel. 031-964239, beim *Durban Undersea Club,* Tel. 031-3681199, www.duc.co.za oder bei *Simply Scuba,* 200D Florida Rd, Morningside, Tel./Fax 031-3129442, www.simplyscuba.co.za, Ausrüstung leihen, eine Ausbildung absolvieren und Touren buchen (zum Beispiel zum Aliwal Shoal).

Die *Ocean Sailing Academy,* 38 Fenton Rd, Tel. 031-3015726, www.oceansailing.co.za, bietet **Segelkurse** an. Im Juni führt die *Indian Ocean Racing Circuit* von Durban nach Port Elizabeth. **Kanusportler** wenden sich an die *Natal Canoe Association,* Pietermaritzburg, Tel. 033-3460984 (Infos über Kanuvermieter und aktuelle Veranstaltungen, www.natalco.co.za). **Paraglider** kontakten den *Durban Paragliding Club,* Tel. 031-3129812 (Ausleihmöglichkeiten und organisierte Ausflüge).

Durban bietet zwei **Golfplätze** der besonderen Art: Auf dem Platz des *Durban Country Clubs,* Isaiah Ntshangase/Walter Gilbert Road, Tel. 031-3128282, rennen manchmal vorwitzige Affen mit dem Golfball auf und davon. Der *Royal Durban Golf Club,* Mitchell Crescent, Greyville, Tel. 031-3091373, ist der einzige Platz auf der Welt, der von einer Pferderennbahn umschlossen ist.

Naturparadiese im Großraum Durban

(ihre Lagen sind z.T. in den Durban-Karten ersichtlich)

Botanic Gardens

Die **Durban Botanic Gardens** (Sommer 7.30–17.45 Uhr, Winter bis 17.15 Uhr, Eintritt frei) ist die schönste Oase in der Betonwüste der Stadt mit einer reichen Auswahl an subtropischen Pflanzen, Palmen, Farnen und Bromelien. Es gibt ein Orchideenhaus (9.30–17 Uhr) und einen Kräutergarten für Blinde. Der Rundgang dauert etwa 2 Stunden.

Es gibt einen idyllischen Teegarten (9.30–16.15 Uhr) und einen Kiosk (kleine Broschüre mit Übersichtsplan kaufen). Geführte Touren finden am letzten Sonntag im Monat statt (9.30 Uhr, Reservierung unter Tel. 031-2011303 oder www.durbanbotanicgardens.org.za erforderlich).

Anfahrt: Von der Stadtmitte über Anton Lembede/Smith Street und Kind Dinuzulu/Berea Road rechts in die Botanic Garden Road (Benson).

Burman Bush Nature Reserve

Die 50 ha große Naturinsel im Großstadt-Dschungel schützt unberührte Küstenbusch-Landschaft. 3 kleine Wege beginnen am Haupteingang: Der 500 m lange *Pithi Walk,* der 1 km lange *Hadeda Walk* und der 2 km lange *Forest Olive Trail,* der zu einer Plattform mit wunderbarem Ausblick auf den uMgeni River und seiner Mündung führt. (Besucherzentrum tgl. 8–16 Uhr, Picknickplätze.)

Anfahrt: Im Stadtteil Morningside; auf der Masabala Yenga/NMR Avenue (M 12) nach Norden, Ausfahrt nach links in die Argyle Road (M 17), an der Lilian Ngoyi/Windermere Road nach rechts, durchfahren bis zum Goodwin Drive/Burman Drive.

Pigeon Valley Park

Der als „Natural Heritage Site" deklarierte Park enthält seltene Bäume, u.a. die Natal-Ulme, und eine bunte Vogelwelt. Der kurze *Natal Elm Trail* führt durch die Baumlandschaft, die auf der Nordseite um 2–5 Meter niedriger ist als auf der feuchteren Südseite, auf der auch mehr Lianen wachsen. In den Baumwipfeln zwitschern Flötenwürger, olivfarbene Kap-Grünbülbüls und Goldbürzelbartvögel und in vielen Bäumen hängen Nester von Spechten. Mohrenhabicht und Afrikanischer Sperber holen sich mit Vorliebe Tauben aus der Nachbarschaft. Vier Blauducker leben im Park. (Plan im Besucherzentrum, im Sommer unbedingt Insektenschutz auftragen, Picknickplätze.)

Anfahrt: in Glenwood; vom Stadtzentrum die Moore Street (M 11) bis Cleaver/Bulwer Kreuzung, dort links, dann rechts in die Rhodes Avenue.

Umgeni River Bird Park

Der Vogelpark am Nordufer des uMgeni River zählt zu den drei größten auf der Welt! Hunderte exotischer Vögel (darunter Papageien, Flamingos, Pfauen u.a.) wurden importiert und in zum Teil begehbaren Avarien untergebracht (tgl. 9–17 Uhr, Teegarten mit kleinen Gerichten).

Anfahrt: Über Marine Parade u. uMgeni River Brücke bis Ausfahrt Riverside, Eingang nach 1 km rechts. 490 Riverside Road, www.umgeniriverbirdpark.co.za.

Beachwood Mangroves Nature Reserve

Der letzte große und ursprüngliche Mangrovensumpf wurde 1977 unter Naturschutz gestellt. Er ist ein bedeutendes Ökosystem und ein Paradies für detailverliebte Fotografen. Drei Arten subtropischer Mangroven, die schwarze *(Bruguiera gymnorrhiza),* die rote *(Rizophora mucronata)* und die weiße *(Avicennia ma-*

502 Durban

Karte S. 492 u. 494

rina) und Lagunen-Hibiskus (Hibiscus ti-*liaceus)* sowie Sumpfriedgras *(Phragmits communis)* bilden ein dichtes Pflanzenwerk und eine ideale Brutstätte für Vögel, wie Malachit-Eisvögel, Graufischer, Reiher, farbenfrohe Bindennektarvögel und Große Goldweber. Zwischen den Ästen haben bunte Spinnen ihre Netze gespannt. Der Sumpf liegt in der Gezeitenzone, bei Flut wird er mit salzigem Wasser getränkt, bei Ebbe fließt das Wasser in kleinen, natürlichen Kanälen ab und hinterlässt matschige Bänke, auf denen man Fußspuren von Mangusten (Mungos) beobachten kann. Pelikane und Störche suchen nach den unzähligen Krabben, Garnelen, Felsenaustern und kleinen Fischen, die sich im Wasser tummeln.

Anfahrt: Auf der M 4 in Richtung Norden, nach der Ellis Brown Brücke links in die Riverside Road, nach 300 m wieder links bis zum Eingang.

Durban von A–Z

Information

Tourist Junction, Ecke Dorothy Nyembe/Gardiner und Monty Naicker/Pine Street, Tel. 031-3044934, ist einzigartig: Im renovierten Gebäude des alten Bahnhofs befindet sich alles was der Tourist braucht unter einem Dach (Mo–Fr 8–16.30 Uhr, Sa 9–14 Uhr).

Straßennamen

Hinweis: hier im Text haben die Straßen ihre neuen Namen, in den Karten stehen die neuen/alten Bezeichnungen (der Großteil bleibt unverändert).

Websites: www.durban.gov.za • www.durban.co.za • www.durban-venues.co.za

Das **KZN Wildlife-Büro** ist mit der zentralen Reservierungsstelle vernetzt. Man kann direkt in die Parks einbuchen (Unterkünfte) und sich ggf. sofort Alternativen überlegen. Tel. 031-304 4934, Fax 3043868.

Es gibt eine ganze Flut an Informationen – nicht nur über Durban und KwaZulu-Natal, auch über die anderen Provinzen.

Aktuelle Infos über die Stadt gebührenfrei unter Tel. 0800-331011 oder gebührenpflichtig unter Tel. 031-3006231 beim Büro **City Communications.**

Außerdem im Haus: zahlreiche Reisebüros mit Hotel- und Safariangeboten, eine Buchungsstelle für den **Blue Train** oder andere **Zugfahrten. Baz Bus** hat gleichfalls ein Büro. Mo–Fr 8.30–16.30 Uhr, Sa nur bis 12 Uhr, Tel. 031-3049099. Im Eingangsbereich befindet sich **Curiocity,** ein Kunsthandwerksgeschäft mit außergewöhnlich schönen Stücken (8–17 Uhr, Sa 9–14 Uhr).

Weitere Informationsstellen:

Beach Office, Ocean Sports Complex, 137 OR Tambo/Lower Marine Parade (Mo–Fr 8–16.30 Uhr, Sa/So 9–14 Uhr, Tel. 031-3322595). – **Airport Office,** Durban International Airport, Domestic Arrivals Hall (Mo–Fr 8–21, Sa/So 9–21 Uhr, Tel. 031-4516950). – **Computicket,** Tel. 031-3042753, Kartenvorverkaufszentrale mit Infos über alle Veranstaltungen in Durban.

Aktuelle Informationen über Veranstaltungen, Ausstellungen, Sportveranstaltungen etc. in der monatlich erscheinenden **What's on in Durban,** kostenlos in Hotels, Restaurants und bei Reiseveranstaltern (auch: www.whatson.co.za). Detaillierte Auskünfte über die **aktuelle Kunst- und Kulturszene,** Porträts lokaler Künstler und Ausstellungsbesprechungen in der Zeitschrift **ADA** (Art, Design, Architecture).

Automobilclub (AA)

Büros: *AA House,* 33 Maud Mfusi/St George's Street, Tel. 031-3010341. *Shop 317,* Musgrave Centre, Tel. 031-2015244. *Shop 255,* Westville Pavilion, Spine Rd, Westville, Tel. 031-2650437.

Ärzte

South Beach Medical Centre, Rutherford St, Tel. 031-3323101; allgem. medizinische Versorgung, Notdienst. *The Belmont Medical Centre,* Belmont Arcade, 1 Dr Pixley KaSeme/West St; *Sunningdale Medical and Dental Centre,* Tel. 031-562 9393 oder 083-7889393; 24-Std.-Dienst.

Apotheken

The Medicine Chest, 155 Berea Rd, tgl. 8–24 Uhr. *Sparkport Pharmacy,* Ecke Moses Kotane/Sparks und Randles Road, Overport, Tel. 031-2073946, Mo–So 8–22 Uhr.

Ausgehen

Aktuelles unter: www.durbanlive.com. **Suncoast Casino** neben dem Blue Waters Hotel, Snell Parade, Tel. 031-3324272; elegantes Spielkasino, tgl. ab 14 Uhr. – **Disc Entertainment Centre,** 100 Brickhill Rd, Tel. 3324447; Sportbar, Bowling, Restaurant, Pizzeria – **Harbour Jazz Cafe,** Small Craft Harbour, Tel. 084-8012422. Neuester Jazz-Hotspot. .– ***Joe Cool's Bar &**

Karte S. 492 u. 494 **Durban 503**

Grill, Lower North Beach Rd, Tel. 031-3682858, Mo–Fr 21.30 Uhr bis spät, Sa/So 20 Uhr bis sehr spät. Der angesagteste Schuppen der Stadt. Jeden Tag DJ, samstags Livemusik. Bar und Restaurant, „coole" Atmosphäre. – **Rumours,** Anton Lembede/Smith St 423; manchmal Live-Musik, nette Bar, junge Leute. – **Thatcher's,** 17 Boscombe Place, OR Tambo/Marine Parade, Tel. 031-3682966; Di–Sa Tanz mit Live-Band, Pub mit kleinen Mahlzeiten. – **The Comfort Zone,** 48 Madondo Rd, Clermont, Tel. 031-7075183. Gutes Essen und gute Musik. Kein Touri-Platz. – **The Playhouse,** 29 Acutt St, Tel. 031-3699555, playhousecompany.com; kultureller Angel-punkt der Stadt, vom Drama bis zum Kabarett, Di Führungen (Anmeldung). – **The Rainbow,** 23 Stanfield Lane, Pinetown; Jazzkneipe, ein-mal im Monat treten sonntags die Topmusiker des Landes auf. – **The South African Brewe-ries,** 9–25 Jeffels Rd, Prospection West, Tel. 031-9101111; kostenlose Führung durch die Braue-rei, schon bei kleinen Gruppen mit Verkö-stigung, Ladengeschäft. – **Workshop,** Monty Naicker/Pine St; auch nach Geschäftsschluss Bars und Restaurants, bewachtes Parkdeck. – **Zulu Jazz Lounge** 231 Anton Lembede/Smith St, Tel. 031-3042373, ist eines der Zentren von Durbans Jazz-Szene; neue Talente und große Stars spielen auf.

Autovermietung

Avis, Tel. 031-4081777, www.avis.co.za. – **Bud-get,** Tel. 031-4081888, www.budget.co.za. – **Dollar Thrifty,** Tel. 031-4690667, www.thrifty. co.za. – **Europcar,** Tel. 031-4690667, www.eu ropcar.co.za. – **Hertz,** Tel. 031-4694247, www. ecom.hertz.co.za. – **Holiday Autos,** Tel. 082-3734314, http://south-africa.holidayautos.com. – **Khaya,** Tel. 031-4694057, www.khayacar hire.co.za. – **National Alamo,** Tel. 031-4691732, www.nationalcar.co.za. – **Tempest,** Tel. 031-4690660, www.tempestcarhire.co.za. – **Wood-ford,** Tel. 031-4081009, www.woodford.co.za.

Bahnhof

Der Hauptbahnhof liegt an der Umgeni Road. Zugauskunft Tel. 031-3617621 (Reservierung auch über Tourist Junction).

Banken

Öffnungszeiten Mo–Fr 9–15.30 Uhr, Sa 8–11 Uhr.

Bibliothek

Public Library, City Hall, Eingang Anton Lem-bede/Smith Street (Mo–Fr 9–17 Uhr, Sa 9–16 Uhr).

Busservice

Greyhound Cityliner, Tel. 031-3097830, Motor Coach Terminal, NMR Avenue, Durban Haupt-bahnhof; zu den meisten größeren Städten. **Translux,** Tel. 031-3617461; Städteverbindung. **Golden Wheels Intercity,** Tel. 031-3073363, Broadway, Buslinie Durban – Johannesburg. Weitere Auskünfte über Buslinien, Abfahrts-zeiten und -orte über Tourist Junction.

Einkaufen spezial

African Art Centre, Zugang Dorothy Nyembe/ Gardiner Street, Guildhall Arcade, unterstützt einheimische Künstler; Zulukunst. **Colombo Tea and Coffee Company,** Ecke Dr. Pixley Ka-Seme/West and Broad Street, in einem Gebäu-de von 1902; große Auswahl an Tees und Kaf-fees (beraten lassen). **Going to the Game,** Shop 5, 121 KE Masinga/Old Fort Road; Souvenirs für Sportbegeisterte, T-Shirts, Kappen, Poster und Bücher von allen wichtigen Vereinen des Lan-des. **Island Style Surf 'n Sport,** 9 Pickering St; Surfausrüstung, Strandbekleidung, Rollerbla-des. **Laughing Buddha,** 320 Dr. Pixley KaSeme/ West St; Kunst, Kleidung, Lebensmittel aus China. **Map Centre,** 42 Fisher St; Touristen- und Straßenkarten. **Spice Emporium,** 31 Monty Naicker/Pine St; die beste Auswahl an exoti-schen Gewürzen, Nüssen, Räucherstäbchen, Trokkenfrüchten u.a. **The Pro Shop,** Shop 1, Sal-mon Grove Chambers, 405 Smith St; Spezialist für Golfausrüstung und -kleidung.

Einkaufszentren

Musgrave, Musgrave Rd; 123 Geschäfte mit Mode, Souvenirs, Kunst, Büchern, Musik und Kosmetik. Restaurants und Cafés, bewachter Parkplatz. **China Mall,** 55 Gillespie Street; Restaurants, Bars und Kinos, Tiefgarage. **The Workshop,** Monty Naicker/Pine Street (Mo–Fr 8.30–17 Uhr, Sa 9–17 Uhr, Sonn- und Feiertage 10–16 Uhr); modernes Einkaufszentrum in wun-derschön renoviertem Gebäude aus der vikto-rianischen Zeit, 120 Geschäfte für jeden Bedarf; Restaurants und Cafés (länger geöffnet), Park-garage. **The Pavilion,** Westville, Zufahrt über N 3; mit 180 Läden das größte Einkaufszentrum KwaZulu-Natals (1 Million Besucher pro Monat), kostenloses, bewachtes Parken.

Entfernungen

Durban liegt 600 km von Johannesburg, 1660 km von Kapstadt, 1320 km von George, 825 km von Kimberley, 650 km von Bloemfontein und 990 km von Port Elizabeth entfernt.

504 Durban

Karte S. 492 u. 494

Festivals und Events

Die wichtigsten: *Ende April/Anfang Mai:* **Indaba.** Größte Tourismus- und Reisemesse des afrikanischen Kontinents im ICC. *Juni:* **Comrades Marathon** zwischen Durban und Pietermaritzburg mit abwechselnden Starts in Durban und Pietermaritzburg entlang der Old Main Road (R103/M13). Ende *Juni/Anfang Juli:* **Mr Price Pro** ist Südafrikas wichtigstes Surf-Event. *Juli:* Am ersten Samstag im Juli findet alljährlich der **Durban July** statt, das größte Pferderennen Südafrikas. *August:* **The South African Women's Arts Festival,** im Playhouse Entertainment Complex. *September:* Das **Awesome Africa Music Festival** findet alljährlich in der City Hall statt. Weitere Event-Infos auf www.cca.ukzn.ac.za (University of Natal).

Flughafen

King Shaka International Airport (KSIA), 35 km nördlich vom Zentrum; Anfahrt über N2 und R102. Ankunft/Abflug Tel. 031-4081066. *Airport Bus Service,* Abfahrt Ecke Smith/Aliwal Street (SAA), Tel. 031-2011133. *Airport Shuttle Bus,* Tel. 031-40881881. Super Shuttle, Tel. 031-2660158, 24-Stunden-Service von jeder Adresse zum Flughafen oder umgekehrt. **Fluglinien:** Air France, Tel. 031-2029204. British Airways, Tel. 031-3035885, Fax 3035884. KLM, Tel. 031-3682304. Lufthansa, Tel. 031-3054262, Fax 3073295. South African Airlines SAA, Tel. nat. 2501111, intern. 2501133, Fax 4081991.

Durbans alter Airport (DUR) liegt 16 km südlich an der N2.

Galerien

Adressen und aktuelle Ausstellungen stehen im *What's on in Durban* (s. „Information") oder in der neuesten Ausgabe von ADA.

Geld

Die meisten Banken (kleine Filialen ausgenommen) tauschen Bargeld und Reiseschecks. Bearbeitungsgebühren schwanken beträchtlich. Ohne Gebühr tauscht Reiseschecks **Rennies Foreign Exchange** in folgenden Filialen: Durban Bay House, 333 Anton Lembede/Smith St; 320 Dr. Pixley KaSerme/West St; Bhoola Centre, Dr Goonam/Prince Edward St; Berea, Musgrave Centre (3. Stock); Westville, Westville Pavilion (Untergeschoss); die meisten sind Mo–Fr 8.30–16.30 und Sa 8.30–11.30 Uhr geöffnet. **American Express Foreign Exchange,** Anton Lembede/Smith Street Ecke Joe Slovo/Field Street (Mo–Fr 8.30–17 Uhr, Sa bis 12 Uhr).

Gepäckaufbewahrung

Durban Baggage Services (DBS), Durban International Airport, Domestic Arrivals. Auch Verpackung beschädigter oder wertvoller Koffer.

Internet

Im@giNet Cyber Cafe, Durban Harbour, Tel. 031-3681533, cyborg@imagine.co.za. Empfohlen wurde auch der Internetshop im Umdoni Center, Crompton Rd, Pinetown. Auch in größeren Shopping Centres.

Kamera-Reparatur

Camera Clinic, 135 Musgrave Rd, Standard Bank, Shop 4, Tel. 031-2025396.

Kino

Ster-Kinekor's Musgrave Centre, Musgrave Road (im Einkaufszentrum), Tel. 031-2027799, 7 Kinos. *The Workshop* hat ebenfalls Kinos.

Konsulate

Deutsches Konsulat, 9 Kensington Drive, Westville, www.germanconsulatekzn.co.za, Tel. 031-2663920. **Österreichisches Konsulat,** 10A Princess Anne Place, Glenwood, Tel. 031-2616233.

(Floh-)Märkte

South Plaza Market, Durban Exhibition Centre, Samore Machel/Aliwal St; mit der größte und bunteste Markt, jeden So. **The Bazaar,** permanenter Markt gegenüber China Mall; mit 100 kleinen Geschäften und 100.000 Dingen. **Church Street Arts & Crafts Market,** gegenüber der City Hall; oft unattraktive Massenware (tgl. 8.30–16 Uhr). **Durban Antique & Collectables Fair,** Royal Hotel, jeden letzten So, Antiquitäten- und Sammlermarkt. **Amphimarket,** North Beach; allerlei jeden So.

Notrufnummern

Polizei, 10111. Ambulanz, Tel. 10177. Feuerwehr, Tel. 3610000. Frauennotruf, Tel. 031-301 8652. **Krankenhäuser:** Entabeni Hospital, Tel. 031-2041377. St Augustine's Hospital, Tel. 031-2685000. Notarzneien, Tel. 2073946. 24-Stunden-Notfalldienst Tel. 3610000. Rotes Kreuz SA, Tel. 3062626. Seenotrettung NSRI, Tel. 031-372200.

Öffentlicher Verkehr / Busse

Die blauen **Mynah-Busse** bedienen Florida Road bis Mitchell Park, Berea (Musgrave Centre), Botanic Gardens, Central und die Beachfront (South Beach, uShaka Marine World, North Beach mit Suncoast Casino). Auch in die Vororte. Terminal im Zentrum vor der Shopping Mall *The Workshop.*

Karte S. 492 u. 494 **Durban 505**

Aqualine-Busse fahren nach Umhlanga Rocks zum Gateway Shopping Centre (Abfahrtstelle beim Restaurant Nandos in der Dr. Pixley KaSeme/West Street, Route 716/705), oder zur *Pavilion Mall* (Aqualine Bus 853 vom Workshop-Terminal). Auch nach Westville (Westwood Mall) und Pinetown

Durban People Mover heißt ein neues Streckennetz mit modernen Bussen. Es bedient drei Strecken des Central Business District und entlang der Beachfront. Busse fahren alle 15 Minuten. Der Fahrplan und die Strecke können unter durbanpeoplemover.co.za/Z-Card.pdf heruntergeladen werden.

Betriebszeiten: Morning (6.30–9 Uhr), Afternoon Peak (16.30–18 Uhr), Off-Peak (9–16.30 Uhr) und Night (18–23 Uhr).

Einzelfahrt R4, Tagespass R15. Auskunft: Tel. 031-3095942.

Optiker

Val-U-Spex, 369 Anton Lembede/Smith St, Tel. 031-3061452.

Parkhäuser

Pine Parkade, 260 Monty Naicker/Pine St. Zentral, bewacht. *Workshop Garage,* 99 Samore Machel/Aliwal St, kostenlos bis 16 Uhr, dann gegen Gebühr, bewacht.

Restaurants

Abi Taki, Murary Lane (Seitenstraße von Dr Pixley KaSeme/West St) Tel. 031-3071847; chinesisch, indonesisch, polynesisch, frischer Fisch, freies Parken im Pine Arcade Garage. – **Amaravathi Palki,** Tinsley House in der Musgrave Road 225, Berea, Tel. 031-2010019, Mo–So 12–15 u. 18–22.20 Uhr. Nord- und südindische Küche in indischem Ambiente, klassische Curries, Tandoori, Kebabs. Auch große Auswahl an vegtarischen Gerichten, sicheres Parken beim Eingang in der St Thomas Road. – **Café Fish,** 31 Yacht Mole, Victoria/Margaret Mncadi Ave.; Fisch frisch, unbedingt reservieren, Tel. 031-305 5062. – **Christina's Restaurant,** 134 Florida Rd, Musgrave, Tel. 031-3032111; international mit französischem Einschlag, exzellente Weine, Mittag- und Abendessen Di und Fr, Sa Mittagsbüfett. – **Eastern Rendezvous,** Blue Lagoon, Tel. 031-3122032, Di–So; nordindische Küche mit Auszeichnung. – **Jewel of India,** 63 Snell Parade; indisch, manchmal indische Live-Band, reserv. notwendig. – **Late Nite Restaurant,** Musgrave Centre, Musgrave Rd, Tel. 031-201 0733; bis 3 Uhr früh. – **Le Chalet,** 7 Walnut Rd, Tel. 031-3016482, Mo–Sa; französisch, Kaninchen, Ente in Orangensauce, Wachteln, Soufflés.

– **Mermaid,** 113 Ingunce/Albert St, Tel. 031-3093046; eines der besten Fischlokale der Stadt. – **Orientals, House of Curries,** Ecke St Thomas Rd/Musgrave Rd, Tel. 031 563 1322. Der Name ist Programm. – **Roma Revolving Restaurant,** Ecke Margaret Mncadi/Victoria Embankment und Stalwart Simelane/Stanger Street, Tel. 031-3376707, Mo–Sa Lunch 12–14.30 Uhr und Dinner 18–22.30 Uhr; www.roma.co.za; Drehrestaurant, vorwiegend Italienisches, Blick vom 30. Stock auf Stadt und Hafen, Reservierung sinnvoll. – ***Saint Verde,*** Stephen Dlamini/Essenwood Rd und Thomas Rd, Berea, Tel. 031-201 9176, tägl. 7–21.30 Uhr, So 7–16 Uhr. In einem alten Elektrizitäts-Umspannungswerk, einer der trendigsten Plätze in Durban, Mischung aus Restaurant, Café, Patisserie und Küchen-Shop. Leckere kleine Gerichten, Pasta, Salate. – ***Spiga D'Oro,*** Florida Road, Morningside, Tel. 031-303 9511, tgl. 7–3 Uhr; Mama Santoniccolo kocht beste italienische Küche; ziemlich angesagt. – **The Colony,** The Oceanic, Sol Harris Crescent, Tel. 031-3682789; Top-südafrikanische Küche. – **Tropicale,** 131 St Andrew's Street, Albert Park, Tel. 031-3016040; in tropischem Garten, europäisch, Sa und So Frühstück mit einem kostenlosen Glas Champagner. – **Victoria Bar & Restaurant,** Mahatma Gandhi/Point Rd, Tel. 031-3374645; behaupten, in der Bar das beste Mittagessen der Stadt zu haben; portugiesisch, Fisch, Live-Band am Samstag.

Restaurants in der und um die Florida Road

Die Florida Road in Morningside ist Durbans Ess-Meile. Hier die besten Tipps: Das familiäre **Spiga d'Oro,** Florida Rd 200, erinnert an ein typisch italienisches Gehsteig-Bistro, immer knackevoll von früh bis spät (keine Reservierungen). Die *Pasta di Casa* ist himmlisch. – **Das Spice Restaurant** in der Lilian Ngoyi/Windermere St 362 (Tel. 031-3036375 o. 084-2507042, Mo geschlossen) bietet ideenreiche Kombinationen und raffiniert verfeinerte Alltagsgerichte. – **Bean Bag Bohemia,** 18 Lilian Ngoyi/Windermere Rd, Tel. 031-3096019, ist Szene-Restaurant, Kunstgalerie und Podium für Live-Musikauftritte. Angeschlossen ist das kleine Boutique-Hotel *La Bordello.* – **9th Avenue Bistro,** Shop 2, Avonmore Centre, 9th Ave, Tel. 031-3129134, Lunch Di–Fr 12–14.30 Uhr, Dinner Mo–Sa 18–22 Uhr. Top-Restaurant.

Rundflüge

Air Flips, Virginia Airport, Tel. 031-5633935, 20 Minuten über den Hafen, an der Goldenen

KwaZulu-Natal

506   Durban

Karte S. 492 u. 494

Meile entlang bis Umhlanga Rocks. *Court Helicopters,* Tel. 031-5639513, Helikopter-Flüge.

Taxi/Transportservice

Taxis (cabs) fahren nicht frei umher, sondern müssen telefonisch bestellt werden. Preis nach Taxameter. Folgende Unternehmen sind verlässlich: *Mozzie Cabs,* Tel. 0860 MOZZIE (086-0669943), Office Tel. 031-3035787, www.mozzie.co.za. *Bunny Cabs,* Tel. 031-3322914. – *Eagle Taxis,* Tel. 031-3378333. – *U-Cabs,* Tel. 031-561 1846, Cell Tel. 082-4541577, www.ucabs.co.za. – *Zippy Cabs,* Tel. 031-2027067/8, wwwzippy cabs.co.za

Telefon

Telkom, 320 Dr. Pixley KaSeme/West St, internationale Telefonzentrale.

Touranbieter

Lynski Charters, Tel. 031-5612031, www.lynski. com; Hochseefischen mit Skipper Tom Bradley auf 11 m langen Boot (R1500 für bis zu 10 Personen). – **Shaka Tours & Safaris,** Tel. 031-368 6588, www.shakatours.com; Stadtrundfahrten, Wildreservate, Shakaland. – **Strelitzia Tours,** Tel. 031-2661904, www.strelitziatours.com; Stadtrundfahrten, Zugfahrten, Golf- und Tauchtouren, Wildreservate. – ***Tekweni Ecotours,** 169 Ninth Ave, Morningside, Postnet Suite, Tel. 031-3031199, www.tekweniecotours.co.za; sehr informative Touren: Durban, 1001 Hills, Safari, Drakensberge. – **Tourist Junction** s.u. „Information". – **Trips 'N Transport,** Tel. 031-337 0230, trips@iafrica.com; Stadt- und Hafenrundfahrten, Wildreservate.

Unterkunft

Luxus

Southern Sun Elangeni, 63 Snell Parade, Tel. 0800-117711, www.tsogosunhotels.com. Luxushotel mit „günstigen" Wochenendangeboten.

Protea Hotel Edward, 149 O.R. Tambo (Marine) Parade, Tel. 031-3373681, www.proteahotels.com. An der Strandpromenade, 3 Restaurants. Auch Royals sind hier zu finden. Das beste seiner Klasse. Standard-DZ/F ab R1560.

The Royal Hotel, 267 Smith St, Tel. 031-333 6000, www.theroyal.co.za. Elegantes und preisgekröntes Hotel in der Innenstadt, sieben Restaurants. DZ 1240 p.P.

Tipp für Richtung Pietermaritzburg Reisende (45 Auto-Min.): **Tala Lodge & Game Reserve,** Ausfahrt Camperdown, nach links 13 km Rtg. Eston, nach dem Mlazi-River links; Tel. 031-7811045, www.tala.co.za. Sehr schöne, teure Anlage in einem privaten Game Park mit vielen Tieren (Rhinos u.a.).

Comfort

*Bluewaters, 175 Snell Parade, Tel. 031-332 4272, www.bluewatershotel.co.za. Am Strand, Balkone mit Meerblick. DZ/F ab R697 p.P.

Chelmsford House, 1 Princess Alice Ave, Tel./Fax 031-2057072 (6.30–18.30 Uhr), www.chelmsfordbb.co.za. Gemütlich und persönlich. 4 Zimmer und 2 SC-Zimmer. DZ/F ab ca. R650. Günstige Backpackertarife.

City Lodge Durban, Ecke Brickhill und Old Fort Rd, Tel. 031-3321447, www.citylodge. co.za. DZ R600 p.P.

Garden Court Marine Parade, 167 O.R. Tambo (Marine) Parade, Tel. 031-3373341, www.tsogosunhotels.com. Modern, Meerblick.

Garden Court North Beach, 83/91 Snell Parade, Tel. 031-3327361, www.tsogosun hotels.com. Gutes Preis-/Leistungsverhältnis, ein Zimmer für Behinderte.

Garden Court South Beach, 73 O.R. Tambo Parade, Tel. 031-3372231, www.tsogosun hotels.com. Blick auf den Strand, 2 Zimmer für Behinderte. DZ ab R953.

Tropicana Hotel, 85 O.R. Tambo Parade, Tel. 031-3681511, www.goodersonleisure.co.za. Groß, modern, an der südlichen Marine Parade. Ab DZ/F R675 p.P.

Touristic

Clyde Cottage, 23 Clyde Ave, Berea, Tel. 031-2027577, claydecottage.co.za. Ruhiges und viktorianisch-charmantes B&B, nur drei Minuten vom Musgrave Centre entfernt. Vier komfortable AC-DZ m. Bad, davon zwei mit Kitchenette für SC sowie ein EZ. DZ/F ca. R330 p.P.

Concord, 95 Lilian Ngoyi/Windermere Rd (Ecke Sandile Thusi/Argyle), Tel. 031-3032362, www.concord-dbn.co.za. 1913 gegründetes Missionsheim, überkonfessionell, sehr originell, einfach, Übernachtung mit Vollvepflegung. Preise a.A.

The Deck on Manning, 452 Manning Rd, Glenwood, Tel. 031-2058463, www.thedeckon manning.co.za. Schönes, gep flegtes älteres Anwesen. DZ/F R450 p.P.

McAllisters, 11 8th Ave, Morningside, Tel. 031-3034991/2, www.8thave.co.za. 4 schöne Zimmer um Pool, persönliche Atmosphäre (Elize), sicheres Parken, nur 2 Min. zur Florida Rd mit vielen Lokalen. Preise a.A.

Somerset Guest House, Somerset Rd, Tel. 031-2014659, www.somersetguesthouse. co.za (mit Anfahrtsbeschreibung). Gemütliches Gästehaus, Pool, Garten, Innenparken, eingerichtete Küche für Gruppengäste, Airport-Transfer a.A. Ein Einzel- und 5 DZ. Ü/F R325 p.P. (k. Kreditkarten).

20 Palm Grove, 367 Peter Mokaba/Ridge Rd, Berea, Tel. 031-2409140, www.palmgrove. co.za (m. Anfahrtsbeschreibung). Schönes Garten-Anwesen mit Sicht über Durban, nette Gastgeber, zwei Pools, sicheres Parken. 10 Zi/SC-Cottages/Loft (insgesamt 16 Betten). DZ/F ab R790.

Windmill Ridge, 81 Windmill Rd, Musgrave, Tel./Fax 031-2014972, Cell 082-4622927, www.windmill-ridge.co.za. Historisches Kolonialhaus mit relaxter Atmosphäre, unweit Musgrave Centre und Restaurants, sicheres Parken. 3 DZ mit Bad o. Dusche und 3 Garten-SC-Apartments sowie ein Cottage. English/Continental-Frühstück. Preise auf Anfr.

Budget

Agape Lodges, 60 Marine Drive, Bluff, Tel. 031-4663960, www.wheretostay.co.za/agape lodges. Abgelegen auf dem Bluff, kleine Häuschen mit Veranda und Blick auf den Ozean, herzlicher Gastgeber. Unschlagbar günstig, ab R195p.P.

Gibela Backpackers Lodge, 119 Ninth Ave, Morningside (in Fußnähe zur Florida Rd mit ihren Lokalen), Tel. 031-3036291, www.gibela backpackers.co.za (m. Anfahrtsbeschreibung). Dekoriert im Ethno-Stil, super Frühstück, lockerer Gastgeber Elmar Neethling – *Tipp.* Dormitory ab R220, DZ ab R290 p.P.

Nomads Backpackers, 70 Stephen Dlamini/Essenwood Rd, Berea, Tel./Fax 031-2029709, www.nomadsbp.com. Recht gemütlich, Pool, Bar, Baz Bus-Stopp. Dormitory R130, DZ ab R350.

Tekweni Backpackers Hostel, 169 Ninth Ave, Morningside, Tel. 031-3031433, www.tekweni backpackers.co.za. Travelinfos, Bar, Pool – hier ist immer richtig was los! Dormitory R150, DZ ab R350, Camping R100.

Richtung Nordküste: **Smith's Cottage,** 5 Mount Argus Rd, Umgeni Heights (im Norden), Tel. 031-5646313, über www.hosteldurban.com. Sehr hilfsbereite Gastgeber Keith & Pat (Airport-Transfer), Garten m. Pool. Doppel- und Mehrbettzimmer, günstig.

Camping

Ansteys Caravan Park, 8 Ansteys Rd, Brighton Beach, Tel. 031-4674061. Im Süden, günstig.

Villa Spa, 15 Elizabeth Avenue, Illovo Beach, Tel. 031-9164939, www.villaspa.co.za.

Ausflüge rund um Durban: Valley of a Thousand Hills

Das „Tal der Tausend Hügel" erstreckt sich vom großen Tafelberg, dem **Natal Table Mountain** südöstlich von Pietermaritzburg, dann dem Tal des *uMgeni River* und seiner Nebenflüsse folgend, bis zum Indischen Ozean. Es gibt **Zuludörfer,** eine liebliche Hügellandschaft und kleine Naturreservate. **Anfahrt:** Auf der N 3 Richtung Pietermaritzburg bis Ausfahrt Hillcrest/Gillitts. Dann auf der R 103 nach Westen. Will man keinen Umweg fahren, nimmt man die N 3 hin- und zurück.

Am besten vorab die Broschüre **„1000 Hills Experience"** besorgen, dort sind alle Touren und Attraktionen, die Gastronomie und Hotelerie aufgelistet und in einer detaillierten Karte verzeichnet (als pdf runterladbar von www.1000hills.kzn.org. za). Das **Valley of a Thousand Hills Tourism & Informtion Centre** befindet sich in Botha's Hill an der Old Main Road, Tel. 031-7771874, tägl. 8–16 Uhr, Sa/So 10.30–13.30 Uhr.

Die **Umgeni Steam Railway** folgt an verschiedenen Samstagen und Sonntagen den Spuren der Ochsenwagen der Burenzeit von der Kloof Station (Stokers Arm Tavern) bis Inchanga Station. Die Bahnlinie wurde 1877–80 erbaut. Unterwegs tolle Aussichten. Abfahrten um 8.30 und 12.30 Uhr, Vorbuchung erforderlich, www.umgenisteamrailway.co.za.

KwaZulu-Natal

Hillcrest

In Hillcrest ist man bei einem Einkaufsbummel im Heritage Market bestens aufgehoben. Der Now & Then Buchladen verkauft Bücher über Südafrika. Zum **Springside Nature Reserve:** in der Old Main Road bis zur ersten Ampel fahren, dann rechts abbiegen, bis zur Springside Road. In diese rechts einbiegen. Das Reservat liegt am Ufer eines kleinen Flusslaufs. In dem Sumpfgebiet und in den Flusswäldern und Proteenfeldern gibt es angelegte Spazierwege (Broschüre bei der Gemeindeverwaltung). *Restauranttipp:* **Aubergine & Lemongrass,** 20 Hillcrest Centre, Main Road, Tel. 031-7656050; gelungene Kombination aus Thai und Französischer Küche (Lunch: Mo–Fr und So; Dinner Mo–Sa). Beste Übernachtungsmöglichkeit (Touristic): ***Thogusi,** 48 Hilltop Road, Hillcrest 3650, Tel. 031-7674926. Gartenlage, moderne Zimmer, Transfer nach Durban, Mietwagenreservierung, Frühstücksbüfett, Pool, deutschsprachig.

Botha's Hill

Botha's Hill ist für seine Aussicht über das Valley of a Thousand Hills berühmt. Der Name geht zurück auf den einst hier lebenden Voortrekker *Philip Rudolph Botha*, Großvater des ersten südafrikanischen Premiers.

Asiatische bzw. Thai-Küche: **Sala Thai,** Falcon Crest, 18 Old Main Rd, Tel. 031-7771305. Lunch So, Dinner Di–Sa.

Der ***PheZulu Safari Park,** 5 Old Main Rd (Tel. 031-7771000, www.phezulusafaripark.co.za) ist ein „typisches" Zuludorf mit traditionellem Umuzi, Tanzveranstaltungen, Krokodil- u. Schlangenfarm, Souvenirladen, Kunstgalerie, Teegarten u. Restaurant im Kolonialstil. Cam-

ping-möglichkeit. Geöffnet 9–16 Uhr. Showtime 10, 11.30, 14 u. 15.30 Uhr.

Ein komfortables und zentrales Drei-Sterne-B&B (oder SC) in Gartenlage mit Pool ist das **Longacre B&B,** 160 Old Main Rd, Tel. 031-777 1335, www.longacreguesthouse.co.za, DZ/F R325 p.P.

Weitere Hotels: **Chantecler Hotel,** 27 Clemont Stott Rd, Tel. 031-7652613 www.chanteclerhotel.co.za. Klein, familiär.

Drummond, Inchanga, Cato Ridge

Auch in Drummond ist der Blick ins Tal wunderschön. **Inchanga** liegt wie Drummond und Cato Ridge am steilen Südhang. **Cato Ridge,** wichtige Bahnstation, wurde nach George Cato benannt, einem der Pioniere des Landes und erster Bürgermeister von Durban. **Der Tafelberg von Natal** (Table Mountain), von den Zulu emKhabathini – „Platz des Giraffendornbaums" – genannt, ragt nördlich wie ein Wachturm aus Sandstein über das Tal. Einst war die Hochfläche des Berges Zufluchtstätte der Debe, die sich nach harten Ausseinandersetzungen mit den Zulu hierher zurückgezogen hatten. Sie sollen sich zu Kannibalen entwickelt haben, die ihre Opfer mit Jagdhunden zur Strecke brachten.

Nature Reserves

Virginia Bush Nature Reserve

Der beliebteste Park für **Vogelliebhaber** (38 ha) liegt im Norden Durbans inmitten der Küstenbuschlandschaft und hat 2 kleine Rundwanderwege (1,5 km und 1 km; kleiner Wanderführer im Reservat erhältlich). Wegen der hohen Popularität sollte man ihn am Wochenende meiden.

Anfahrt: Auf der M 4 nordwärts bis Ausfahrt 5 Virginia Airport; dann links in den Hinton Grove und nach 200 m links in die Margaret Mayton Avenue; am Kreisverkehr rechts dem Kensington Drive folgen, die Einfahrt liegt linker Hand nach 150 m.

Kenneth Stainbank Nature Reserve

Das Reserve (253 ha) entstand 1963 auf einem Gebiet mit vorwiegend Grasland und Küstenwald. Es liegt zwischen 30 und 150 m Höhe und wird durch den Umhlatuzana River bewässert. Unter König Shaka lebten hier Zulu im „Ndabenkulu"-Umuzi, 1860 übernahm das Land die Farmerfamilie Stainbank. Zwischen 1875 und 1886 wurde großräumig gerodet und man pflanzte Yellowwood-Bäume und Kap-Kastanien an, die noch heute zu sehen sind. Rodung

und systematisches Abbrennen des Waldes zur Optimierung der Milchwirtschaft führten zu einer radikalen Veränderung der Landschaft. Die Wilderness Leadership School, gegründet 1957, fand hier ihren neuen Hauptsitz (erste nichtstaatliche Naturschutz-Organisation Südafrikas, die keine Rassentrennung kannte).

Fast 200 Vogelarten leben hier, neben Zebras, Impalas, Ried- und Buschböcken verschiedenen Duckerarten, Klippschliefern, Affen und Buschbabies, Mungos und Großflecken-Ginsterkatzen. 4 Wanderwege wurden angelegt, die farbig markiert sind (es gibt auch einen Naturweg für Rollstuhlfahrer). Ein Insektenmittel ist anzuraten, Zeckengefahr. Beim Ranger am Eingang (Eintrittsgeb.) sind Orientierungskarten, Tier- und Pflanzenlisten erhältlich. Curio Shop mit Souvenirs, Büchern, Getränken und Snacks. Es können Nachtpirschfahrten gebucht werden, Tel. 031-4692807. Keine Übernachtung im Park.

Anfahrt: Der Park liegt 14 km vom Stadtzentrum am Rande der südwestlichen Vorstadt Yellowwood Park. Schnellstraße M 4 Richtung Süden bis Ausfahrt Montclair-Clairwood nehmen; an der ersten Ampel rechts in die Blamey Road; an Ampelkreuzung links in die South Coast Road; nach etwa 1 km rechts in die Kenyon Howden Road den Hügel hinauf bis Yellowwood Park; an der Verkehrsinsel links in die Kingfisher Avenue, die einen Rechtsknick macht, bis zu einer T-Junction; dort links in die Coedmore Road; dann Schilder.

Silverglen Nature Reserve

Das Reservat, das gleich südwestl. hinter dem Kenneth Stainbank Nature Reserve liegt, ist bekannt für afrikanische Buschlandschaft und Küstengrasland mit 150 Vogel- und 120 Baumarten. Auf dem 220 ha großen Gebiet liegt eine große Baumschule und die erste Gärtnerei Afrikas, die sich mit Heilpflanzen beschäftigt hat. Auch heute noch werden Wurzelstöcke ausgegraben, Heilkräuter getrocknet und Rinden von den Bäumen gepellt. Besonders geschätzt werden die Rinden des Marula-Baumes (*Sclerocarya birrea)*, der Rotbuche (*Protorhus longifolia*) und der Wilden Pflaume (*Harpephyllum caffrum*). Die Gärtnerei erreicht man auf dem 1 km langen *Nursery Trail.* Der *Grasland Trail* (2 km) ist ein gemütlicher Spaziergang. Er kann durch den *Pipeline Loop Trail* verlängert werden.

Silverglen Nature Reserve, Tel. 031-4045628, Wegbeschreibung im Besucherzentrum, Führungen, Verkauf von Heilpflanzen, Picknickplätze.

510 Ausflüge rund um Durban

Karte S. 508

Anfahrt: Auf der N 2 südlich bis zur Ausfahrt (2) Chatsworth/Mobeni; rechts auf den Higginson Highway. Nach etwa 2,5 km links in den Havenside Drive abbiegen. Nach etwa 500 m nach links in den Silverglen Drive abbiegen. Von diesem biegt nach 3,7 km die Lakeview Road nach links ab. Auf kleiner, kurviger Straße 600 m zum Parkeingang, weitere 2 km zum Besucherzentrum.

New Germany Nature Reserve

Das Nature Reserve (110 ha) wurde 1986 auf einem Gebiet aus Proteen-, Gras- und Buschlandschaft gegründet. Zur ursprünglichen Tierwelt aus Affen, Mungos, Duckern und Stachelschweinen wurden Nyalas, Impalas, Ried- und Steinböcke und Zebras angesiedelt. Vier Wanderwege durchqueren das Reservat. An einem kleinen Damm lässt sich aus einem Versteck gut die Vogelwelt beobachten. Im Park Orientierungszentrum und kleine Wanderführer, kleiner, einfacher Zeltplatz. Auskunft Tel. 031-2628239.

Anfahrt: Im Stadtteil New Germany-Westville. N 3 nehmen, Ausfahrt St Johns Road; rechts über den Freeway, erste rechts in die Old Main Street, rechts Escom Road, rechts Mountain Ridge Road und links in den Gilbert Drive, der direkt zum Reservat führt.

Paradise Valley Nature Reserve

Das **Paradise Valley** entstand 1883 durch Eindämmung des Umbilo (Mbilo) River, der die Stadt mit Trinkwasser versorgen sollte. Nach starken Unwettern wurde der Damm 1905 weggespült. Ein kleines Wasserreservoir und einige alte Filterbecken sieht man noch. 1963 wurde das Gebiet Naturreservat. Man will das Reservat mit dem Umbilo Park verbinden und Unterkünfte und Langwanderwege entwickeln. Derzeit liegt alles noch im Dornröschenschlaf. Die Klippschliefer, weder zu überhören, noch zu „überriechen", ahnen noch nichts. Sie wissen nur: im Paradies gibt es die **Schwarze Mamba** (Vorsicht besonders im Sommer!). Die sechs **Wanderwege**, für sich oder in Verbindung leicht begehbar, sind relativ kurz, der längste 1,3 km lang. Sie führen durch dichtes Buschgelände und Grasland (unbedingt einen Weg zum Wasserfall des Umbilo River wählen). Kleines Informationszentrum, Tel. 031-7023443, Picknickplätze, keine Übernachtung.

Anfahrt: Auf der N 3 Richtung Pietermaritzburg, liegt zwischen der N 3 und der J.S. Marwick (Ausfahrt Pinetown).

Shongweni Resources Reserve

Die 1700 ha große Fläche um den Shongweni-Damm ist das größte zusammenhängende Gebiet geschützten Buschlands mit artenreicher Vegetation, faszinierenden Sandsteinformationen, tiefen Schluchten und der Schwemmebene des Mlazi River. Die Wasseroberfläche des Damms beträgt 51 ha. 15 km Fahrwege wurden angelegt, die Wanderwege sind etwa 5 km lang. Bester Startpunkt und sicherster Parkplatz ist am Polizeicamp (1,5 km Asphaltstraße vom Damm weg).

Der *Natal-Lavendel* verbreitet seinen ätherischen Geruch, wenn man die Blätter zwischen den Fingern reibt. Es gibt einige schöne Exemplare an Tamboti-Bäumen und *Kandelaber-Euphorbien*, die bis zu 10 m hoch werden können (ihr milchiger Saft ist giftig und kann bei Berührung mit den Augen zur Erblindung führen). Es gibt Schwarze Mambas, Baumschlangen, Nacht- und Puffottern sowie Speikobras. Unter Artenschutz stehen *Warane* und *Afrikanische Felsenpythons*, die zwar nicht giftig sind, aber eine imposante Länge von 3,5–5 m erreichen können. Auf ihrer Speisekarte stehen Klippschliefer, Schirrantilopen, Pinselohrschweine, Affen und Strauchhasen. 202 Vogelarten leben im Reservat.

Shongweni Resources Reserve, Tel. 031-769 1283, www.msinsi.co.za. Eintrittsgebühr, Picknickplätze, Ausritte, Kletterfelsen, Pirschfahrten.

Anfahrt: Auf der N 3 Richtung Pietermaritzburg bis Ausfahrt 32 Assagay/Shongweni; links fahren und nach 1 km wieder links Richtung Shongweni; an der ersten Abzweigung rechts, 4 km Schotterstraße zum Eingang.

Roosfontein Nature Reserve

Das 1985 gegründete Reservat am Nordufer des **Umbilo River** wird von drei kleinen Wanderwegen durchzogen, deren Nummerierung ihrer Länge in Kilometern entspricht. Weg 3, direkt am Ufer, kann nur bei niedrigem Wasserstand begangen werden. Die beiden anderen Wege führen zum Mamba Rock (Blick auf das Flusstal) und durch Graslandschaft, die sich nach ehemaliger Kultivierung 20 Jahre lang erholen konnte. *Grüne Meerkatzen* sind wohl die Hauptbewohner des Reservats und erfreuen sich an den vielen Beeren und Früchte. Am besten beobachtet man sie auf den Mangobäumen. Daneben gibt es Mangusten, die im Fluss nach Süßwasserkrebsen fischen. Reiche Vogelwelt. Picknickplätze, keine Unterkunft.

Anfahrt: Von Durban auf der N 3 Richtung

Pietermaritzburg, Ausfahrt 13 Westville; links in die Spine Road; nach dem Westville Hospital links in die beschilderte Schotterstraße.

The Temple of Understanding

Der **Hare Krishna Tempel** gilt als architektonisches Meisterwerk und spirituelles Zentrum (Führungen in den prunkvollen Tempel, das Allerheiligste und die prachtvolle Gartenanlage). Sonntags kann man eine Lesung um 16 Uhr besuchen. Vegetarisches Restaurant (tgl. 11–20 Uhr).

Der Tempel liegt im südlichen Stadtteil Chatsworth. Anfahrt zunächst über die N 3, dann abbiegen auf die N 2 nach Süden. Abfahrt 154 nehmen, auf der M1 nach Norden, nach Chatsworth, 50 Bhaktivedantawami Circle.

Die South Coast

Durbans **South Coast,** manchmal noch in Sunshine Coast und Hibiscus Coast (www.zulu.org.za) unterteilt, liegt **zwischen Durban** und **Port Edward,** entlang der N 2 South. Wer es nicht eilig hat, nimmt ab Isipingo Beach bis Pennington die R 102, die am Meer entlang führt, von einem Strandort zum anderen. In den Sommermonaten und in der Ferienzeit sind die Strände übervoll. Richtung Süden wird es zunehmend ruhiger.

Bis etwa Mitte des 19. Jahrhunderts besaß die South Coast unberührte Strände, große Wälder und schöne Dünenlandschaften. Heute sind die Bäume fast alle abgeholzt, das Grasland musste Zuckerrohrplantagen weichen und unzählige Ferienresorts und Siedlungen ließen von der ursprünglichen Landschaftsidylle nicht mehr viel übrig.

Amanzimtoti/eManzamtoti

Gleich südlich von Durban liegt Amanzimtoti (auch nur „Toti"). Der Name geht auf einen Ausruf Shakas zurück, der hier das *amanzimtoti* – „süßes Wasser" – des Manzimtoti-River trank. Der Ort besitzt Industrie, sieht sich jedoch selbst gerne als Ferienort. Kehrt man der Stadt den Rücken und wendet sich dem Meer zu, kommt bestimmt Urlaubsfreude auf. Touristen wird einiges geboten: Hainetzgesicherte Strände mit Rettungsposten, Gezeitenpool, das Spielparadies „Funland", eine Superrutsche und jede Menge anderer Freizeitvergnügungen mehr wie Kanu- oder Tretbootfahren. Die Infrastruktur ist gut: Restaurants (empfehlenswert ist **Coco-Mo's Restaurant,** 2 Leslie Way Doonside, Tel. 031-9031742; beliebtes Familienrestaurant), Post, Banken, Einkaufszentren usw. Amanzimtoti ist nicht gerade ein „heißer Tipp", aber eine sehr gute Übernachtungsalternative zu Durban, wenn man gerade angekommen ist oder abfliegen möchte.

Sehenswert

Das **Umdoni Bird Sanctuary,** Umdoni Road, ist ein kleines Reservat an der R 33 unterhalb der Feuerwehr, mit Unterständen zur Vogelbeobachtung. Tierfütterung um 7 und um 15 Uhr, Eintritt frei, am Wochenende Tee-Kiosk.

An der **Beach Road,** Hauptstraße parallel zu den Stränden, reihen sich Vergnügungszentren, Picknickplätze, Bootsvermieter, Restaurants und Hotels. *Winklespruit, Illovo* und *Karridene* sind beliebte Strände südlich mit allen Freizeiteinrichtungen. Einen schönen Gezeitenpool besitzt der Strand *Inyoni Rocks.* Bei der Touristeninformation gibt es einen Plan für die *Shongololo Crawl Arts & Crafts Route* (sonntags, Kunst und Handwerk, Infos unter Tel. 031-9037498). Jeden er-

512 Die South Coast

sten Sonntag ab 9 Uhr findet der *Amanzimtoti Flohmarkt* statt (Rogies Park, Beach Road).

Ilanda Wilds Nature Reserve

Am Stadtrand liegt ein schönes Naturschutzgebiet (20 ha), benannt nach „iLanda", dem Zuluwort für Kuhreiher, der auch das Stadtwappen ziert. Die Vogelwelt spielt mit über 100 Arten die Hauptrolle im Reservat, das in einem Gelände mit vorwiegend Strauch- und Dornbuschvegetation liegt. *Lourie, M'piti* und *Mongoose Trail* sind insgesamt 2 km lang, man kann sie für einen Spaziergang miteinander verbinden. Bei Hochwasser des Flusses muss man beim Überqueren mit Schwierigkeiten rechnen.

Anfahrt: über den Isundu Drive, links in die Hutchinson Road und erneut links in die Riverside Road, Nähe River Gardens Hotel.

Information

eManzimtoti Area Tourism, 95/97 Beach Road, Tel. 031-9037498, Fax 9037493, www.zulu.org.za, von 8–12.30 und 14–16.30 Uhr; kostenloser Stadtplan.

Unterkunft

Comfort

Karridene Holiday Resort, Old Main South Coast Road, Illovo Beach, Tel. 031-9167228, www.karridene.co.za. Gehobenes, schönes Standardhotel. Preise auf Anfrage.

Touristic

*The View, 9 Hillside Rd, Doonheights, 4125, Tel. 031-9031556, www.theview guestlodge.com (m. Anfahrtskizze). Schöner Meerblick, Terrasse mit Pool, geschmackvoll. Lunch und Dinner möglich.

Empfehlenswert ist das schöne Gästehaus ***La Difference,** 97/99 Kingsway, Warner Beach 4/26, Tel. 031-916 6736. Individuell eingerichtete EZ und DZ mit gutem Frühstück.

Budget
The Sand Castle, 25 Rockview Rd, Tel./Fax 031-9034820. Ein B&B mit schönem Blick auf den Indischen Ozean. Nette Gastgeberin Trienie.

Camping
Ocean Call Caravan Park, Winklespruit, Tel. 031-9162644, R20/40 p.P. (Neben/Hauptsaison).

Natalia Resort, Karridene, Tel. 031-9164545, R30/60 (Neben-/Hauptsais.).

Villa Spa, Illovo Beach, Tel. 031-9164939, info@villaspa.co.za. Chalets, Stellplätze, Shop, Schnellrestaurant.

Umkomaas (eMkhomazi)

Der Ort an der Mündung des *uMkhomazi River* (Umkomaas) verdankt seine Bedeutung der Verschiffung von Zuckerrohrprodukten. Heute entwickelt sich Umkomaas zu einem Feriengebiet. Der *Golfplatz* hat eine ausgesprochen schöne Lage. Das Riff *Aliwal Shoal* liegt nur ganz knapp unter dem Meeresspiegel und wurde in der Vergangenheit Schiffen oft zum Verhängnis, zur Freude der Taucher, die sich die Überreste anschauen können (Tauchen aber nur bedingt empfehlenswert – bei guter Sicht und wenig Wellengang). James Anderson, Kapitän der *Aliwal*, berichtete 1849 als erster über die Tücken. Heute warnt ein Leuchtturm (1905 errichtet). Surfer kommen auf den gewaltigen Brechern am Greenpoint voll auf ihre Kosten. Ecke Harvey/Reynold Street verkauft der alternative *Hope Shop* schöne Kleidung und ungewöhnliche Souvenirs. Töpferwaren, Körbe und Webarbeiten verkauft das *Umnini Zulu Crafts Centre* an der N 2 zwischen Umgababa und Widenham.

Im ***Hidden Reef Pub & Grill,** 1 Mac Lean Street, Tel. 039-9730979, bekommt man beste südafrikanische Gerichte und Fischplatten gut und günstig. Die frischen Calamares sind der Hit!

Auf der Weiterfahrt nach Scottburgh kann man einen kleinen Abstecher zur **Croc World** machen. Dies ist eine Reptilienfarm mit großen Krokodilen, Alligatoren und Schlangen. Man kann leicht ein, zwei Stunden verbringen. Tgl. 8–16.30 Uhr, Krokodil-Fütterungen um 11 und 15 Uhr (außer Mo außerhalb der Saison). Zu diesen Zeiten auch geführte Touren. Eintritt R60, Tel. 039-9761103. Näheres auf www.crocworld.co.za. Mit Restaurant.

Tauchen
The *Whaler Dive Centre*, Tel. 039-9731562, Fax 9731564; Fahrten zum Aliwal Shoal, Padi-Kurse, Ausrüstungsvermietung, Übernachtungen werden arrangiert. – Gute Tauch-Infos auch auf www.divealiwal.co.za.

Unterkunft
Touristic *Agulhas House, 27 Bisset St, Tel. 039-9731640, www.agulhashouse.com. Sympathisches Haus mit zentralem Pool. Angeschlossene Tauchbasis. DZ/F ab R450 p.P.

Umkomaas Guest House, 30 Crompton St, Aliwal Shoal, Tel. 039-9731572, www.umkomaasguesthouse.com. DZ/F ab R590.

Camping Clansthal Caravan Park, Tel. 039-9730211. Chalets, Zeltplätze.

→ **Abstecher**
Empisini Nature Reserve

Das kleine Reservat (300 ha) mit Küstenwald und Marschland erstreckt sich entlang des **uMkhomazi River,** einem der saubersten Flüsse des Landes, auf einem ehemaligen Zuckerrohranbaugebiet, das seit 1973 verwildert. Es beherbergt über 100 Vogelarten, Ducker, Wassermangusten und Schirrantilopen. In der Nähe des Picknickplatzes findet man „Job's Tränen" *(Coix lacrima-jobi),* eine Grasart mit schimmernden, tiefblauen Samen, die von Zulu-Frauen für Ketten benutzt wurden. Der Main Trail, River Trail und Hillside Trail können mühelos zusammen in 3–4 Stunden begangen werden. Sie treffen sich flussaufwärts an den Kaskaden, dem schönsten Aussichtspunkt.

514   **Die South Coast**

Karte S. 512

Anfahrt: Auf der N 2 South 50 km bis Ausfahrt 117 Umkomaas/Craigieburn; dann 4 mal links: nach 150 m in Richtung Umkomaas, am Schild SAICCOR, an der T-Junction bei der Zufahrt zum Park, am unbeschilderten Eingang durch den Zaun.

Information/Unterkunft

Kleines Informationszentrum, Picknickplätze, Baumhausübernachtung und Camping, Selbstversorgung, Infos Tel. 039-9730093 und www.empisini.co.za

✔ **Abstecher**

Scottburgh

Nachdem **Scottburgh** sich vergeblich als Hafenstadt versucht hat, setzen die Stadtväter auf Tourismus. Immer mehr Besucher aalen sich auf dem grasbewachsenen 2,5 km langen Strand und genießen „haifreies" Schwimmen im Ozean und im Gezeitenpool. Für Kinder gibt es eine Miniatureisenbahn und Wasserrutschen. Die Großen spielen Golf oder gehen Angeln. Das beliebteste Restaurant ist das **Dodo Bistro,** 18 Cordiner St, mit kreolischer Küche.

Das **TC Robertson Nature Reserve** liegt am östlichen Ufer des Mpambinyoni River in einer Hügellandschaft mit Küstenwald, Palmen und üppiger Ufervegetation: 200 Vogelarten, 15 Säugetierarten, 28 verschiedene Reptilien und 20 Fischsorten. Angelegte Wanderwege, Picknickplätze. Anfahrt: Über die alte South Coast Road (R 102), nördlich der Mpambinyoni-Brücke ist die Einfahrt.

Information

Tourism Office, Scott St, Tel. 039-9761364.

Unterkunft

Touristic Cutty Sark Hotel, Tel. 039-976 1230, www.cuttysark.co.za (oft Specials mit Dinner). Direkt am Strand, Familienhotel, schöne Zimmer, Golfplatz. Gutes Restaurant.

Camping *Scottburgh Caravan Park, Main Beach, Tel. 039-9760291, www.scottburgh caravanpark.co.za. Am Strand, gute Sanitäranlagen.

→ **Abstecher**

Vernon Crookes Nature Reserve

Um 1970 vermachte der Zuckerbaron *Vernon Crookes* das 2189 ha große Reservat inmitten von Zuckerrohr- und Eukalyptusplantagen dem Staat. Offenes Grasland, sanfte Hügel, tiefe Schluchten, 5 verschiedene Waldsysteme und Dickicht – man kann dort gut einen ganzen Tag verbringen. An den kleinen Dämmen blühen Wasserlilien, man findet viele Orchideen und im Herbst Felder rosaroter Watsonien *(Watsonia densiflora).* Die Höhenlage variiert zwischen 150–610 m. Vom Hochplateau geht der Blick weit über Land und Meer. 3 Flüsse sorgen für üppige Vegetation und reiche Tierwelt: 300 Vogelarten, Zebras, Gnus, Impalas, Oribis und *Nyalas,* Schakale, Ginsterkatzen, Mangusten und Wiesel, Stachelschweine und jede Menge Meerkatzen und Paviane. 12 km Fahrstrecke und Wanderwege zwischen 300 m und 6 km Länge (Zecken- und Insektenschutzmittel mitnehmen).

Anfahrt: Auf der N 2 South bis Ausfahrt Park Rynie-Umzinto; rechts auf die R 612 Richtung Highflats und Ixopo; einige Kilometer hinter Umzinto Zufahrt rechts zum Reservat, ausgeschildert. Auf Schotterstraße 6,5 km zum Eingang. Beste Zeit im Frühling, wenn die Wiesen blühen.

Information und Unterkunft:

Vernon Crookes Nature Reserve, Tel. 039-9742222 oder 083-2933622. Okt–März 6–18 Uhr, Apr–Sept 6–17 Uhr. Office: Mo–Fr 8–13 Uhr, So 8–12 Uhr. Vom Gate zum Camp 6 km. Camp-Tel. 039-9742222. Eintritt R10, Picknickplätze. 5 2-Bett Rest huts R215; Treehouse bis 10 Pers. ab R580. Buchen auf www.kznwildlife.com.

✔ **Abstecher**

Pennington

Die Familie Pennington betrieb eine kleine Farmwirtschaft, als das Familienoberhaupt einem Leoparden zum Opfer fiel und seine Söhne 1865 den Hof übernahmen und anfingen, Ochsenwagen herzustellen. Der Grundstein für eine Handelsstation war gelegt. Ein Teil des Anwesens wurde an Sir Frank Reynolds verkauft und **Umdoni Park** getauft. Man errichtete einen komfortablen Feriensitz, als **Botha-Haus** bekannt, und offerierte ihn kostenlos dem jeweilig amtierenden Premierminister. Der Park liegt auf der Meerseite der alten South Coast Road in Graslandschaft und Küstenwald mit schönen Bäumen, Büschen und Lianen. Es gibt Spazierwege durch den großen Park, Picknickplätze am Strand, Gezeitenpool.

Im Palm Shopping Centre, Sardine Rd, bietet das *Pennington Community Centre* schöne Produkte eines Selbsthilfeprogrammes an. Äußerst gemütlich sitzt man in der *Yellowwood Nursery* (R 102 in Richtung Süden, linker Hand, kurz nach Ortsende) bei Kaffee, Kuchen oder Light Lunch.

Unterkunft

Luxus

Selborne Hotel Spa and Golf Estate, Tel. 039-6881800, www.selborne.com. 16 Suiten in englischem Landhaus, alle mit wertvollen Antiquitäten, für Golfspieler privater Platz mit Profilehrern, absolute Luxusklasse.

Comfort

Botha House, 1 Don Knight Ave, Tel./Fax 039-9751227, www.bothahouse.co.za. N 2 – Exit 93 – R102 – Pennington Drive – Minerva Rd – Don Knight Ave. Wunderschönes historisches Gebäude (ehemaliges Haus von Premier Louis Botha) in einer idyllischen Gartenanlage. 6 sehr komfortable DZ und 1 Family Room. Aktivitäten, Golf etc., dt.-spr. Ab R450 p.P. im DZ.

Touristic

*Ironwood Lodge, 7 Fig Tree Lane (in Pennington von der R102 links in den Pennington Drive bis runter zum Meer, vor Bahngleis links, danach in einer Linkskurve gleich links in Weg rein, rechte Seite), Tel. 039-9751895, www.ironwood.co.za. Hanglage mit tropischem Garten, 8 Zimmer, Sicht aufs Meer, Pool, zum Strand 200 m. Relaxte Atmosphäre, herzliche Besitzer, Jim zaubert super Lobster-Dinner! Ü/F ab R400 p.P.

Budget

Corian's Pennington Caravan Resort, Tel. 039-9751107, Pool, www.caravanparks.co.za/corianspennington. Gartenlage, 90 m vom Strand,

Hibberdene

Der weite, teilweise schattige Strand nahe der Mündung des *Umzimai River* bietet gesicherte Badefreuden. Der Gezeitenpool ist 82 m lang. Einige interessante kleine Wanderungen führen ins Küstenland. Lohnenswert ist ein kleiner Ausflug in die Mathulini Tribal Area (6 km westlich). Im dortigen **Shosholoza Boshongweni Studio** bekommt man Kunsthandwerk der Region und frische Produkte. Tourist Information Tel. 039-6993203, Fax 039-6993203.

Unterkunft

Touristic

Marhaba Beachfront Chalets, 662 Barracuda Boulevard, Tel. 083-9932526, www.marhaba.co.za. 8 Chalets um einen Pool am Strand. DZ ab R650.

*Thandulula, 14 Mhlangankulu Drive, Southport (südlich von Hibberdene), Tel. 039-681 3755, www.thandulula.com. Voll ausgestattete Safarizelte am Fluss in ruhiger Lage. Etwas Besonderes. Ab R600/2 Personen.

Budget

Step on the Beach, Alexander Hotel, Barracuda Drive, Tel. 039-6992309, www.wheretostay.co.za/steponthebeach. SC-Units direkt am Meer.

The Beach, von Durban N 2 nach Hibberdene, nach 12 km links in die Melville Station Road, dann links in die Esser Lane, Nr. 50 (von Port Shepstone R 102, ca. 12 km), Tel. 039-684 6216, the_beach@iafrica.com. Ideal für Backpacker.

Umzumbe

Der Ferienort **Umzumbe,** inmitten subtropischer Landschaft zwischen dem *Umzumbe* und *Ingambili River,* lädt zu gesicherten Badefreuden und zu kleinen Wanderungen ins nahezu unberührte Umland ein. Einst lebten in Umzumbe, dem „unheilvollen Kral", die Hlonga, der Schrecken der Region. Die Kannibalen verfolgten gnadenlos jede menschliche Beute in ihrer Nähe. **Shaka** bereitete ihnen 1828 ein blutiges Ende.

Fährt man westlich auf der D 453 10 km landeinwärts und geht 500 m zu Fuß eine Anhöhe hinauf, trifft man auf eine Anhäufung kleiner Steine, die bis heute von den Zulu als *isivivane,* **„Pyramide des Glücks",** hoch verehrt wird. Hier stand Shaka und bat seine Vorfahren, ihn beim Kampf gegen die Hlonga zu unterstützen: Mit den Zehen des linken Fußes griff er einen Stein, führte ihn zur rechten Hand, bespuckte ihn und warf ihn anschließend neben den Weg, den er einschlagen wollte. Jeder einzelne Krieger tat es ihm nach und der Steinhaufen entstand …

Unterkunft

Comfort
Pumula Beach Hotel, 67 Steve Pitts Road, Tel. 039-6846717, www.pumulabeachhotel.com. Hübsch eingerichtet, Familienhotel, 35 Zimmer, am Strand. DZ/F ab R795 p.P., VP ab R950 p.P. Außerhalb der Saison Spezialtarife.

Budget
*The Mantis and Moon Backpackers, 7/178 Station Rd, Tel./Fax 039-6846256, www.mantisandmoon.net. Dorm (R140) und DZ (R440), Tree House Dorm (R180), Camping, Baz Bus-

Stopp, preisgünstige Services von/nach Durban, Frühstück inklusive, Surf- und Boogieboards, kostengünstige Tauchkurse. Pool und Jacuzzi. Sehr nette Besitzer und Manager mit guten Tipps für die Umgebung. Abendessen möglich. 100 Meter entfernt ein Pub mit guter Musik.

Camping
*Prairie Park, Bendigo Rd bei Southport, Tel./Fax 039-6812013.

Umtentweni

Wohlhabende Südafrikaner wählten den ruhigen Ort, der zwischen den Flüssen *Umtentweni* und *Umzimkhulu* liegt, früher gerne als Alterssitz. Schwimmen ist möglich im „haigesicherten" Meer oder Gezeitenpool, schöne Spaziergänge durch die bewachsenen Dünenlandschaft.

Unterkunft

Comfort Umdlalo Lodge, Rethman Drive, Tel. 039-6950224, www.umdlalolodge.co.za. 9 gepflegte Zi. Gut essen im ZiZi's Restaurant! DZ/F ab R600 p.P.

Touristic *Stephan's Guest House, 19 Old St Faiths Rd, Tel. 039-6952140, www.stephansguesthouse.com. Tolle Zimmer mit traumhaftem Meerblick und eigener Küche. Stephan spricht Deutsch. DZ R350 p.P., Frühstück R75.

Budget The Spot, North Beach, Ambleside Rd, Tel. 039-6951318, surfsa@worldonline.co.za. Mehrbett- und DZ, Camping, Baz Bus-Stopp, gemütlicher Ausgangspunkt zum Surfen, Wandern und Relaxen.

Port Shepstone

1635 retteten sich 300 portugiesische Schiffsbrüchige der *Nossa Senhora de Belem* an Land. Sie bauten sich aus Schiffsresten Boote und segelten nach Angola. Erst gegen 1850 nahmen weiße Siedler das Gebiet um die Mündung des **Mzimkhulu River** in Besitz, gründeten 1867 den Ort und benannten ihn nach Sir Theophilus Shepstone, einem hohen englischen Beamten. 1886 trafen 246 Norweger ein und bauten den Hafen, um Zucker, Marmor und Kalkstein zu verschiffen. Mit Bau der Eisenbahn verlor der Hafen ab 1901 an Bedeutung, der Ort entwickelte sich dennoch zur größten Stadt der Region (30.000 Einw.).

Der Tourismus boomt erst in den letzten Jahren, Tourist Information: Tel. 039-6822455. Große Events sind z.B. das jährliche Sardine Festival (www.thehibiscus coast.co.za). Strände wurden für Schwimmer und Surfer gesichert, ein Gezeitenpool angelegt. Interessant sind Bootsausflüge den Fluss landeinwärts oder der Besuch des bekannten Golfplatzes (auch für Gäste zugänglich). Im **Port Shepstone Museum,** Athlone Drive, gibt es eine Ausstellung über Meereskunde, Wracks und die Geschichte des alten Hafens (Mo–Fr 12–16 Uhr).

Unterkunft

Touristic

La Providence Guest House, Tel. 039-682 3779, www.laprovidenceguesthouse.co.za (Anfahrtskizze). Haus mit toller Aussicht. Ü/F ab R375 p. P.

Oslo Beach Lodge, Oslo Beach, 5 Hillside Crescent (auf der R620 ca. 4 km südlich, rechts hoch, auf Hinweis „Hill Billion" u. „Oslo Beach Lodge" achten), Tel. 039-6854807, www.oslo beachlodge.co.za. 7 Zimmer diverser Größe mit Patio oder Veranda und Kitchenette. Pool, Pub, Restaurant, Sundeck, sicheres Parken. Ab R495 DZ.

Budget

Club Tropicana, Nähe Anerley, Tel. 039-681 3547. Jugendhotel mit Zeltplätzen, gute Verpflegung. Man kann in dem gemeinnützigen Projekt auch als Hilfskraft zum Aufbau von Sozialeinrichtungen helfen.

→ **Abstecher**

Der besondere Tipp: Oribi Gorge Nature Reserve

Zu den schönsten Stellen der Südküste zählt die **Oribi Gorge,** eine malerische Schlucht, die der *Umzimkulwana River* in das beherrschende Felsplateau geschnitten hat. Das 1950 gegründete Reservat (1837 ha) ist ein Paradies für Naturliebhaber und Fotografen. Der Fluss, von unzähligen kleinen Zubringern gespeist, bezaubert durch seine **Wasserfälle,** Stromschnellen, tiefen Pools, **Höhlen** und Auswaschungen. Gesäumt wird er von **Baumgiganten,** dichtem Gestrüpp, Riedgras und beschaulichen Sandbänken. Sandsteinformationen ragen hoch in den Himmel, umkreist von **Adlern,** von den Wänden hallen die Rufe der Paviane. Die Pfiffe der Klippschliefer warnen vor jedem Eindringling, und Helmturakos und **Trompetenhornvögel** schmettern um die Wette. Großflecken-Ginsterkatzen, Schakale und Mungos schleichen auf einsamen Pfaden, sogar Leoparden sollen schon gesichtet worden sein. Mit etwas Glück sieht man früh morgens Kap-Fingerottern auf Beutefang.

Benannt wurde die Schlucht nach der größten der sogenannten „kleinen Antilopen", dem **Oribi.** Insgesamt wurden 40 verschiedene Säugetier-, 250 Vogel-, und 21 Reptilienarten, 14 verschiedene Amphibien und 6 Fischsorten gezählt.

Die Vegetation ist das ganze Jahr über üppig. Hauptblütezeit für viele Blumen ist nach den Regenfällen im Frühling. Es gibt eine ganze Reihe seltener Bäume, wie den **Natal Flammenbaum,** Wilden Pfeffer, den schmalblättrigen Safranbaum oder Korallenbäume.

Wandern

Neben der **Straße** durch die Schlucht stehen vor allem die fünf Hauptwanderwege hoch im Kurs. Mit wenig Zeit wählt man den **Baboon**

518 Oribi Gorge Nature Reserve

View Trail (1 km). Er führt vom Hutted Camp auf die Felsklippen, ein ausgezeichneter Platz, um Habichte und Adler auf ihren Beuteflügen zu beobachten. Der 1,5 km lange **Samango Falls Trail** windet sich steil hinauf zum Fuße des Samango-Wasserfalls (Trailbeginn: vom Parkplatz über die Brücke gehen. Am Brückenende Stufen hinaufgehen). Der Weg durchstreift die dichte Waldlandschaft, von den mächtigen Bäumen sieht man meist nicht mehr als Wurzeln und Stämme. Hier tummeln sich die Samango-Affen, Namensgeber des idyllisch gelegenen Wasserfalls.

Der **Nkonka Trail** (6 km) folgt vom Picknickplatz dem Flusslauf in östlicher Richtung. Der *****Hoepoe Falls Trail** (7 km, ca. 3 h) beginnt ebenfalls dort und führt am Westufer des Umzimkulwana flussaufwärts zu einem kleinen Nebenfluss, dem man bis zum Hoopoe-Wasserfall folgt. Langschwanzstelzen hüpfen über Felsen, Natalspechte bearbeiten unüberhörbar die Bäume auf der Suche nach Nahrung oder verständigen sich mit schrillen „heeee"-Rufen.

Der **Mziki Trail** ist der längste (9 km, 4–5 h), er führt vom Hutted Camp auf einen Gratweg die hohen Felsklippen entlang. Nach rund 3 km geht ein steiler Weg zum Samango Falls Trail hinab (später folgt man dem Nkonka Trail).

Auch wenn es lockt, ins Wasser zu springen: **Es besteht Bilharziose-Gefahr.** Wegbeschreibungen beim Camp Manager. Wer länger als vier Stunden wandern möchte, muss sich beim Ranger abmelden.

Anfahrt: 21 km landeinwärts von Port Shepstone an der N 2 Richtung Harding; Abzweigung mit Park-Zeichen (Weißes Nashorn) kurz vor Paddock; Straße durchgehend asphaltiert; Übernachtungsgäste nehmen die 1. Abfahrt Richtung Camp.

Information

Oribi Gorge Nature Reserve, Tel. 039-6799055 oder 6791644 (Büro 8–12.30 und 14–16.30 Uhr). Öffnungszeiten: Sommer 5–19 Uhr, Winter 6–18 Uhr. Eintritt R10 p.P. Große Küche und Aufenthaltsraum. Pool. Kleiner **Laden** mit Kohle, Holz, Getränken an der Rezeption. Supermarkt in Port Shepstone. Im 4 km entfernten Paddock Werkstatt mit Tankstelle, Take-away, kleiner Supermarkt, Liquorstore.

Unterkunft

Das Camp liegt direkt am Ende der Umzimkulwana-Schlucht mit Blick auf die Oribi-Schlucht: Eine 7-Bett Cottage mit Elektrizität, Kühlschrank und Geschirr ab R780. Sechs 2-Bett Hütten R330/2 Pers. Essen und Getränke mitbringen, Grillstellen vorhanden. Camping auf Wiese möglich (R90/Site, keine Feuerstelle). Reservierung nur über **KZN Wildlife,** Tel. 033-845 1000/2, Fax 8451001, www.kznwildlife.com.

Oribi Gorge Private Conservancy

Etwas Verwirrung stiftet das zweite Naturschutzgebiet an der Oribi-Schlucht, das privat betrieben wird. Ausgangspunkt ist das **Oribi Gorge Hotel,** Ausflugsziel für Wochenendler mit Restaurant und Garten (*Comfort* 18 Zimmer, Tel./Fax 039-6870253; www. oribigorge. co.za, DZ/F ab R1100. Anfahrt 12 km hinter Port Shepstone rechts Richtung Oribi Flats, dann noch 1 km). Hier bekommt man auch im Curio Shop die Eintrittskarten für verschiedene Aktivitäten: Fahrweg zu den Aussichtspunkten, Wanderwege, *Gorge Swing* (70 m im freien Fall über die Schlucht), *Gorge Slide* (120 m Rutschpartie in 170 m Höhe) und *Abseiling* (110 m neben dem Lehr's Wasserfall). *Thembela Tours* bietet eine interessante 4-Stunden-Kulturtour zu Zulu-Dörfern mit Zulu-Traditionen (Sangoma, Handwerker, Dorfleben, Beadworks etc.). Tel. 082-7087030, thembela tours.co.za.

Lake Eland Reserve

Ebenfalls angrenzend ist das **Lake Eland Reserve,** das besonders für Vogelliebhaber interessant ist (250 Arten!). Das 3000 ha große Gebiet umfasst verschiedene Vegetationszonen. Für alle, die einen Adrenalinstoß vertragen: Unbedingt in 200 m Höhe die 80 m lange Hängebrücke über den Fluss überqueren! Am Ende der Brücke stehen zwei Rondavels. Von hier aus kann man hervorragend die ansässigen Kapgeier und Lannerfalken beobachten. Man beachte auch das Nest der Fischadler, das über 30 Jahre von den Vögeln benutzt wird. Wandern ist erlaubt, viel Wild, Zebras und Giraffen, aber keine großen Raubtiere.

Infos: www.lakeeland.co.za. Restaurant, Tea Garden, Picknick- und Braaiplätze, Kinderspielplatz. Mountainbiking und Ausritte. Cabin ab R750, B&B R440 p.P., Camping R90.

✔ **Abstecher**

Karte S. 512   **Die South Coast**   **519**

→ **Abstecher**

Mbumbazi Nature Reserve

31 km von Port Shepstone und 5 km von Paddock entfernt liegt auf dem Gelände der Kranskloof-Farm das 2125 ha große Naturreservat. Es soll dem Studium einheimischer Heilpflanzen und -wurzeln für die Schüler der umliegenden Schulen dienen. Heute schon ist das Areal Sammelgebiet für lokale Heiler, aber auch Holz- und Grasreservoir für die Bevölkerung. Bei Interesse an medizinischen Pflanzen und Projektunterstützung: *Mbumbazi Nature Reserve*, Tel. 039-6791738 (Anfahrt erfragen, Übernachtung).

✔ **Abstecher**

Shelly Beach

Am wunderschönen Strand des Ferienortes liegen viele Muscheln. Wer die schönsten Prachtexemplare sehen möchte, muss ins **Shell Museum** gehen. Es ist das größte seiner Art in Südafrika und befindet sich gleich über der Straße beim *Shelly Centre Shopping Mall*. Dieses liegt an der Hauptdurchgangsstraße R620 in Richtung St Michael's on Sea mit zahlreichen Shops und Restaurants. Die *South Coast Mall* befindet sich an der Straße nach Izotsha noch vor der R61 rechts mit guten Restaurants.

Touristen-Information Tel. 039-3174630.

Tauchen

Vor Shelly Beach liegt 7 km draußen das *Protea Banks Reef*, ein Geheimtipp für Haisichtungen. Mindestens fünf verschiedene Arten tummeln sich dort. Tauchtiefe 30–38 m, für Anfänger aber absolut ungeeignet! Tauchgänge organisiert *African Dive Adventures*, Cell 082-4567885, www.africandiveadventures.co.za. Tauchgang ca. R400, inklusive allem (buchen über eine Unterkunft ist günstiger). Tauchguide ist der dt.-spr. Roland Mauz. Infos auch beim **Boat Club**.

Unterkunft

Touristic Shelly Lodge, 699 Siege Lane (an der Kreuzung Marine Drive/Albert Mayer vom Super Spar auf der Retreat Street landeinwärts fahren, an der Bugle St rechts, dann links in die Siege), Tel. 039-3157280, www.shelly lodge.co.za. 14 Zimmer in schöner Lodge, nur 200 m zum Strand. DZ/F ab R500 p.P.

St Michael's on Sea

Ein Ferienort mit guten Schwimm- und Surfverhältnissen, Boot- und Kanuvermietung. Im **Skyline Nature Reserve** (15 ha, Grasland, Sumpf- und dichte Buschlandschaft mit kleinen Dämmen) finden Besucher an einem kleinen Naturlehrpfad Pflanzen, die der Zivilisation der Südküste zum Opfer gefallen sind. Im Palmengarten wachsen 38 verschiedene Arten. Kleiner Supermarkt, Post. Fangfrischen Fisch fürs abendliche Braai verkauft Pick-a-Fish, Main Road.

Unterkunft

Touristic

Nolangeni Lodge, 3 Nolangeni Ridge (vom Marine Drive rechts Knoxgore Rd, links Nolangeni Ridge, gleich scharf links), Tel. 039-315 7327, www.nolangenilodge.co.za. Schönes Gästehaus mit individuell eingerichteten Zimmern. Auch Self catering sowie eine romantische Honeymoon Suite. Meerblick, Pool mit Palmen, üppiges Frühstück auf der Terrasse, Dinner möglich, Massagen, sicheres Parken, Kinder nur nach Absprache.

Mountjoy Guest Lodge, 12 Crown Rd, Tel. 039-3150482, www.mountjoylodge.co.za. Am Strand, kinderfreundlich. Ab R300 Ü/F p.P.

Uvongo

Uvongo liegt zwischen dichtbewachsenen Klippen mit herrlichen Stränden und zählt zu den aufsteigenden Feriengebieten. Manaba Beach, der zur Gemeinde gehört, bedeutet treffend „Platz der Erholung". Der *Ivungu River* ergießt sich aus

KwaZulu-Natal

23 m Höhe in die Vungu-Langune. Die Strände sind durch Hainetze geschützt, für die Furchtsamen gibt es einen Gezeitenpool. Im *Uvongo Bird Park* geht man durch große Volieren.

Uvongo River Nature Reserve

Die kleine Naturschutzlandschaft liegt an den Ufern des Ivungu River. Sie ist bekannt für ihren Küstenwald mit über 100 Baumarten, ihre Orchideen und für viele Vögel. Der *Colett Trail* beginnt am Parkplatz und führt am Südufer flussaufwärts bis zum Hippo-Pool mit Flusspferden. Um zum *Nicholson Trail* zu kommen, muss man wieder über die Brücke am Marine Drive laufen und zweimal links abbiegen. Am Nordufer geht es vorbei an Palmen und Stromschnellen und auf einem Rundweg wieder zurück (beide Wege zusammen 1,5 Std.).

Informationen

Tel. 039-3151222, Broschüre in den Drogerien von Uvongo, Shelly Beach und Margate. Picknickplätze.

Anfahrt: Nach der Brücke über den Ivungu River rechts in die Edward Avenue und nach 200 m rechts auf den Parkplatz.

Unterkunft

Touristic

Costacabana Guest Lodge, 73 Colin St, Tel. 039-3151203. Familiäres Gästehaus, Strandnähe.
The Bakery B&B, Tel. 039-3121003, www.wheretostay.co.za/bakery. Gemütlich. 1 km zum Strand.

Margate

Auf der Superrutschbahn, am Strand, in den Spielkasinos, Restaurants, Diskotheken, im Golfclub oder im Freizeitpark ist Jubel, Trubel, Heiterkeit angesagt. Eigener Schönheitswettbewerb, und im Mai die „Margate Air Show", eine Flugschau. Su-

permärkte, Banken, Post. Sehenswert ist die Ausstellung lokaler und nationaler Künstler im Margate Art Museum, Civic Centre, Dan Pienaar Square (Di–Fr 8.30–16.30, Sa 8.30–14 Uhr).

Information

Margate Information Office, Panorama Parade, Main Beach, Tel. 039-3122322, Fax 3121886; Infos für B&B und Camping. Täglicher Zubringer zum Flughafen Durban und zum Wild Coast Casino (ab R100 p.P., Buchung unter Tel. 039-3121406). Livebilder von den Stränden in Hibberdene, Shelly Beach, St Michael's on Sea, Uvongo, Margate, Ramsgate und Glenmore bietet die Website www.margate.co.za.

Unterkunft

Comfort

Ingwe Manor, 38 Hibiscus Rd, Tel. 039-317 1914, www.ingwemanor.com. Auf einer Anhöhe gelegenes Gästhaus mit schönem Pool. Ruhige Lage in Strandnähe. Mit Spa.

Touristic

Kenilworth on Sea, 127 Marine Drive, Tel. 039-3120342. Gartenlage am Strand, kinderfreundlich. – Margate Hotel, 71 Marine Drive, Tel. 039-3121410, www.wheretostay.co.za/margatehotel. 68 Zimmer, Gartenlage, Diskothek. DZ/F ab R995.
The Beach Lodge Hotel, Ecke Marine/Lagoon Drive, Tel. 039-3121483, www.beachlodge.org.za. Subtropischer Garten, Pool.
***Treetops Lodge,** 3 Poplar Rd, Tel. 039-317 2060, www.treetopslodge.co.za (m. Anfahrtskizze). Klassisches B&B mit Doppelzimmern. Mehrbettzimmer für Selbstversorger. Pool, schöner Garten.

Budget

Sunlawns, Uplands Rd, Tel. 039-3121078. Familienhotel, Strandnähe.

Camping

Mehrere Caravanparks. De Wet, St Andrew's Avenue, Tel. 039-3121022. Am Strand, sehr beliebt, oft voll.

Ramsgate

Der besondere Tipp

Der gemütliche Ferienort ist ideal für den Anfang oder das Ende der Urlaubsreise (120 km, N 2 zum Flughafen Durban nehmen). In subtropischer Umgebung gelegen besitzt er sichere und saubere Strände („Blue Flag"- Auszeichnung) und einen Gezeitenpool. In der Blue Lagoon kann man Kanufahren oder ein Tretboot mieten.

Restaurants

Berühmt ist das **Waffle House** an der Lagune für leckere belgische Waffeln und seine Gaze-Galerie (Tel. 039-3149424). – Sehr gut ist das Lokal **The Bistro,** gehobene Preise (Reservierung sinnvoll, Tel. 039-3144128). Lassen Sie sich von Küchenchef Danny Dehon verwöhnen. – Die besten Spare Ribs gibt es im ***Crayfish Inn,** Marine Drive, das zu den besten der Region zählt (Tel. 039-3144720).

Musik- Szene und Kunst

Das **Rocky Ridge,** Tel. 039-3144660 (auch Übernachtung), 3,5 km vom Zentrum am Ende der Fascadale Road (landeinwärts) entfernt, bietet neben einem traumhaften Blick vom Restaurant auf das Meer auch eine kultige Musikszene. (Hauptsaison tgl. 8 Uhr bis spät, Nebensaison Mi–So 10 bis spät). – ***Rocky Ridge's Rock Jazz in the Garden** ist ein Garant für gute Musik. – ***S'Khumba Crafts** sind längst nicht nur bekannt für ihre guten Lederwaren (Di–So 9–17 Uhr; Tel. 039-3168212), man nennt sie heute die Heimat für „South Africa's Homegrown Musicians". Jeden Donnerstagabend spielen erstklassige Musiker auf, unbedingt ansehen! Öffnungszeiten erfragen.

Unterkunft

Comfort

*Wailana Beach Lodge, 436 Ashmead Drive, Reny & Rene, Tel./Fax 039-3144606, Cell 082-3790922, www.wailana.co.za (m. Anfahrtskizze). Luxuriöse Lodge, nur 200 m vom Strand entfernt, 5 komfortable Designer-Zimmer, Sundeck, herrlicher Blick aufs Meer, subtropischer Garten, Pool, In- und Outdoor-Bar, sicheres Parken. Herzhaftes Frühstück, auch vegetarisch. Ü/F um R550 p.P., je nach Zimmer und Saison.

Touristic

Ilanga Ntaba Guest Lodge, Oribi Rd, Tel./Fax 039-3149070 (Diane spricht Deutsch), www.ilangantaba.co.za. Schönes Gästehaus mit fünf Zimmern in Gartenlage mit spektakulären Blicken auf Hibiskusküste und Umland. Ü/F ab R325 p.P.

Kaiserhof, 1474 Lynne Ave (vom Marine Drive die schmale Penshurst Road hoch, oben halbschräg rechts), Tel./Fax 039-3149805, Cell 072-3748236, www.wheretostay.co.za/kaiser. Ruth und Siggie Kaiser, Nachfahren dt. Missionare und Farmer in der 4. Generation, bieten beste persönliche dt.-südafrik. Gastfreundschaft. 2 DZ mit gutem Frühstück ab R350 p.P. Auch Self-catering-Cottage für 4 Pers. Ruhige, Gartenlage, Blick aufs Meer.

*Positano Lodge, 7 Hartcourt St, Tel. 039-312 1745, www.positanolodge.com. 10 Min. zum Strand, Pool, supernette Pension. Ü/F auf Anfrage.

Budget

Bellevue Lodge, zwischen Southbroom und Ramsgate, Tel. 039-3166097. 6 Zimmer, subtropisches Wäldchen. Ü/F.

Southbroom

Etwas abseits der R 61 hat sich der Badeort **Southbroom,** umgeben von bewaldeten Parkanlagen, Ruhe und gute Luft bewahrt. Besonders Golffreunde lieben den Ort, der Southbroom Golf Club hat nicht nur wegen seiner schönen Lage beste Kritiken eingeheimst. Die geschützten Strände sind bei Schwimmern und Surfern beliebt. Gezeitenpool. Die *Riverbend Crocodile Farm* hat eine Kunstgalerie. Infos zum South Coast Wildabout Arts and Crafts Trail beim Town Board, Tel. 039-316 6125. Tipp: *Riptide-Restaurant* am Strand, Rtg. Ramsgate. Tel. 039-3166151.

Die South Coast

Unterkunft

Touristic

Figtree Lodge, 30 North Ridge Rd, Tel. 039-316 6547, www.figtreelodge.co.za. Figtree Loft (unter einem alten Feigenbaum, 3 Schlafzimmer, bis zu 6 Pers.), Kingfisher (EZ, Pool) und Swallow's Nest (SC, 4 Zi. bis zu 8 Pers.). Preise s. Website.

*Sunbirds, 643 Outlook Rd, Tel. 039-3168202, www.sunbirds.co.za. Wunderbare Lage, tolle Zimmer. DZ/F R1200.

Budget und Camping

Paradise Holiday Resort, Tel. 039-31340655, www.paradise.caravanparks.com. Chalets und Camping, Pool.

Marina Beach

Marina Beach mit dem größten unberührten Strand an der Südküste liegt weitab vom Schuss. Selbst bei Flut ist der Sandstrand 150 m breit und lädt auf 5 km zu ausgedehnten Spaziergängen ein. Geruhsame Ferien, siches Baden, Gezeitenpool, Lagune. Für Leute, die die Ruhe schätzen.

Unterkunft

Comfort The Hooting Owl, 13 Mars Road, Marina Beach Village, 1,5 km vom Strand, Tel. 039-3135425, www.thehootingowl.co.za. Schönes, riedgedecktes Anwesen in Garten-Hanglage mit Aussicht, 4 liebevoll gestaltete Zimmer mit unterschiedlicher Bettenzahl und Ausstattung, gruppiert um den zentralen Pool. Das schönste ist das Eagle-Owl Cottage (R800).

Touristic Marina Beach Country Hotel, Tel. 039-3130022. Kleines Familienhotel, Chalets, Transport wird organisiert.

San Lameer

Der private Besitz gilt als eine der schönsten und luxuriösesten Ferienanlagen des Landes. Man glaubt, eine andere Welt zu betreten. Luxus spiegelt sich nicht nur im Preis wider. Nur 40% der Landfläche wurden bebaut. Man kann sich stundenlang auf schön angelegten Wegen erholen.

San Lameer, Tel. 039-3130011. www.sanlameer.co.za. Preise variieren von Touristic bis Comfort. Hotel und Bungalows der Extraklasse, tropischer Garten, gesicherter Strand, Golfplatz.

Trafalgar Marine Reserve

Das Meeresreservat (1500 ha) soll besonders die hier gefundenen fossilen Ablagerungen schützen. Es reicht von Centre Rocks im Norden bis südlich des Mpenjati River, wo sich das *Mpenjati Nature Resort* anschließt. Bei Westwind gilt es als bestes *Windsurfgebiet* der Küste.

Der kleine Trafalgar Beach hat einen öffentlichen Süßwasser-Swimmingpool mit Dusche.

Ein wenig weiter nördlich liegt der sehr schöne, schattige *Port O'Call Camping & Caravan Park,* www.portocall.co.za, Tel. 039-3130511.

Munster und Glenmore Beach

Eine ruhige, schöne und empfehlenswerte Unterkunft hoch über dem Meer ist das **Guesthouse Ocean Grove.** Sehr netter Gastgeber *Arthur Flascas.* 740 Von Baumbach Ave, Tel. 039-3191798, Cell 072-3984577, www.oceangrove.co.za (hinter Palm Beach den Munster-Turn-off nehmen, nochmals links in die Baumbach Avenue, vorbei am „Mittenwald Caravan Park", dann linker Hand, nach dem Schild „Ocean-Grove". 3 schöne Zimmer, ab R325 p.P., inkl. sehr gutem Frühstück. Pool, Tennis, Bar. Schöne Gartenlage. Weg zum Strand.

1878 strandete am **Glenmore Beach** die *Ivy* mit einer ganzen Schiffsladung Schnaps. Rasend schnell sprach sich das Ereignis herum und es begann die größte Sauforgie, die die Region je gesehen hatte. – Gut zum Schwimmen und Surfen, idyllische Lagune, netter Spaziergang zur Mündung des Tongazi River.

Unterkunft Glenmore Beach

Touristic Glenmore Sands, Voortrekker-strand, Tel./Fax 039-3192312; www.whereto stay.co.za/glenmoresands. Self catering Apartments. Strandlage, nur mit Vorbuchung.

Restaurant und Informations-Büro

Richtung Port Edward befindet sich nach der Ausfahrt „Leisure Bay" rechts der R61 auf einer Anhöhe (auf Hinweisschild achten) ein kleines **Hibiscus Coast Information Office** und der „Cowshed Coffee & Pottery Shop". Dort gibt's gute Snacks, Lunches und Kuchen.

Port Edward

Der südlichste Ferienort der Südküste besitzt als Kulisse einen subtropischen Küstenwald. Der *Tragedy Hill* war 1831 Schauplatz eines Massakers. *Henry Francis Fynn* und seinen Leute kam ein Gerücht zu Ohren, dass die Briten Dinganes Zulureich angreifen wollten. Aus Angst verwickelt zu werden, ergriffen sie die Flucht nach Süden. Zulu bei Port Edward glaubten, Viehdiebe vor sich zu haben und metzelten alle vorsorglich nieder. Als Dingane von dem Blutbad erfuhr, ließ er den Urheber des ursprünglichen Gerüchts erschießen … Heute erfreut sich der Ort einer beschaulichen Ferienatmosphäre mit gesicherten Stränden. Sehr schön inmitten einer Felsenlandschaft mit Blick aufs Meer isst man im **Ematsheni Restaurant,** 183 Izingolweni Road, Tel. 039-3112313. Das **Port Edward Tourism Bureau** erreicht man unter Tel. 039-3111211, Fax 039-3111211, www.zulu.org.za, portedward@hibiscuscoast. co.za.

Unterkunft

Comfort
*Estuary Country Hotel, Main Beach, Tel. 039-3112675,www.estuaryhotel.co.za. Wunderschön am Ku-Boboyi River gelegen, exzellentes Fish Eagle Restaurant. Ü/F R495, Dinner+Ü/F R700 p.P.

Touristic
*Windsor Guest House, 180 Harrow Ave, Tel. 3132839, www.windsorguesthouse.co.za. Sehr liebenswürdig, geräumige, gemütliche Zimmer, Pool, sehr gutes Restaurant.

Budget
*Kuboboyi River Lodge, Old Main Rd (von Durban aus kommend 4 km vor Port Edward), Tel. 039-3191371, www.koboboyi.co.za. Auf einem Hügel gelegen, einfache, saubere Zimmer mit Gemeinschaftsbad. Das beste Essen weit und breit, aber auch Selbstversorgung ist möglich.

*Sithela Guests House, 816 Monty Sawyer Drive, Munster (8 km nördlich von Port Edward), Tel. 039-3192773, www.sithela.co.za. Große Zimmer in individuellem Haus inmitten einer kleinen Bananenplantage. Wirtsleute geben gute Tipps. Preise auf Anfrage.

Camping
Old Pont, Tel. 039-3132211; schöner Platz.
To-Strand Holiday Resort, Tel. 039-3132729; Chalets, Camping, Shop, Rest.

→ **Abstecher**

Umtamvuna Nature Reserve

Der **Umtamvuna River,** der dem 3257 ha großen Gebiet seinen Namen verleiht, entspringt bei den Ingeli-Bergen in 2000 m Höhe. Auf seinem Weg in südöstlicher Richtung an der Grenze zwischen Kwa Zulu-Natal und Eastern Cape (Transkei) vereint er sich mit zahlreichen kleinen Nebenflüssen und mündet dann südlich Port Edward in eine große, mangroven-umsäumte Lagune.

Wunderschön sind die Blicke in die 240 m tiefe Schlucht von Iron Crown in den westlichen Anhöhen. 1300 verschiedene Pflanzen, darunter mehr als 30 Orchideenarten, wurden ausgemacht, über den Sandsteinformationen hängen Flechten. Pflanzen, die bereits als ausgestorben galten, wurden wiederentdeckt. In den Bäumen und am Flusslauf zwitschern 258 Vogelarten, darunter Wanderfalken, Fahlgeier und Kronenadler. Im Gebüsch

524   **Durbans North Coast**   Karte S. 526

halten sich Oribis, Blauducker, Riedböcke, Paviane, Ginsterkatzen, Stachelschweine und sogar Leoparden auf.

Information

Umtamvuna Nature Reserve, Tel. 039-3132383; kleines Informationszentrum, keine Übernachtung.
   Anfahrt: Von Port Edward Richtung Ezinqoleni fahren, Zugang an der Straße.

✔ Abstecher

→ **Abstecher**

Wildcoast Sun Resort and Casino

Bis zur Wende 1994 war Port Edward der letzte südafrikanische Badeort an der Südküste Natals, nur wenige Kilometer vor der Grenze der ehemaligen Transkei. Glücksspiel und Prostitution waren im puritanischen weißen Südafrika offiziell „gebannt". Clevere Geschäftsmänner verlegten daher Lasterhaftes in „nicht-südafrikanische" Gebiete, in die Homelands. Es entstanden Sun City in Bophuthatswana und das Wildcoast Casino in der Transkei.
   Geboten werden „Einarmige Banditen" und allerlei Glücksspiele. Wer seine Kinder los sein möchte, schickt sie ins *Aloha Village.* Abends amüsiert man sich im *Tropical Nights Theatre* oder in der *Wild Orchid Showbar.* Vom vielen Geldausgeben müde, kann man sich in die Wogen des Ozeans stürzen. Für gute Bademöglichkeiten ist gesorgt. Das Resort ein wichtiger Arbeitgeber in der Region.
Luxus-Unterkunft: Wild Coast Sun and Casino, Main Bizana Rd, Tel. 039-3059111, www.suninternational.com. 246 Zimmer, viele Restaurants.

R 61 nach Port St Johns

Die R 61 von Port Edward nach Port St Johns ist landschaftlich abwechslungsreich und wunderschön, wenngleich die Straße über viele Abschnitte teils gewaltige Schlaglöcher „zieren". Man bekommt jede Menge Eindrücke vom Alltagsleben der Menschen.

✔ Abstecher

North Coast

Die **North Coast** ist der Küstenstreifen zwischen Durban und der Mündung des **Tugela** (Thukela) **River.** Hauptverkehrsader ist die N 2, parallel im Landesinneren verläuft die R 102 (über Verulam, Tongaat, Stanger/KwaDukuza usw.). Man fährt überwiegend durch Gebiete mit endlosen Zuckerrohrplantagen, dennoch blieben einige Flecken ursprünglicher Natur erhalten. Feriengebiete sind *Umhlanga Rock* oder *Ballito,* doch insgesamt geht es wesentlich ruhiger zu als an der touristischen Südküste.

Auf der N 2 von Durban Richtung Norden

Umhlanga Rocks

20 km nördlich von Durban liegt der Ferienort Umhlanga Rocks (sprich: Umschlanga, 100.000 Einw.). Hier befand sich ein kleines Dorf, das seinen Namen dem Riedgras „hlanga" verdankte, das nach Hochwasser am Ufer des Umhlanga River wucherte. Heute wuchern Hotels, Restaurants, Diskotheken und Einkaufszentren. Die Strände sind weitläufig, haben Hainetze und werden von Rettungsschwimmern bewacht.
   „Shop till you drop" im **Gateway Shopping Centre,** mit monatlich mehr als einer Million Besuchern zählt es zu den größten Einkaufszentren Südafrikas. Außer zahllosen Shops und Restaurants auf vier Ebenen auch großes Entertainment-Angebot, wie z.B. eine 24 m hohe Indoor-Kletterwand, Surfanlage mit künstlichen Wellen, riesiger Skaterpark (4000 qm), Minigolfanlage, Kinos u.v.a. mehr. Anfahrt über die N 2, M 12 oder M 4, Umhlanga Ridge, ausgeschildert, www.gateway world.co.za.

Ein Casino der Superlative ist das **Sibaya Casino and Entertainment Kingdom,** das sicherlich nicht nur für Spielernaturen besuchenswert ist. Angegliedert ist ein künstliches Zulu-Dorf, in dem man bei der geführten *Zulu Fire Cultural Tour* (um 11, 14, 18 Uhr) Einblicke in die Tradition der Zulu erhält. The *Big Hut Spectacular* (um 12, 15, 19 Uhr) ist eine Mischung aus Tanz und Erzählung. Das *Sun International Resort* verfügt über Hotel, Bars, Restaurants. Anfahrt: M 4 North Coastal Highway, hinter Umhlanga Ausfahrt Sibaya nehmen.

Information Umhlanga

Umhlanga Tourism Information Centre, Chartwell Centre, Chartwell Drive, Shop1A, Tel. 031-5614257, www.umhlangatourism.co.za.

Essen

Angelo's, 13A Granada Centre, Tel. 031-561 3245; italienische Küche, Di–So. – **Spur Steak Restaurant,** Umhlanga Sands Hotel, Tel. 031-5614565; die größten Spare-Ribs weit und breit, wechselnde Spezialitäten, ganztägig ab 7 Uhr. – **Golden Lagoon,** Lagoon Drive, im Umhlanga Country Club, Tel. 031-5613779; Fisch- und Steakspezialitäten. – **Ming Bow Chinese Restaurant,** Hillcon Centre, Tel. 031-5613789, tgl.; mittags und am Sonntagabend kostenlose Flasche Wein ab 2 Hauptgerichten.

Unterkunft

Luxus

Beverly Hills Sun Intercontinental, Lighthouse Rd, Tel. 031-5612211, www.tsogosun hotels.com. Elegantes Strandhotel.

Comfort

Anchor's Rest, 14 Stanley Grace Crescent, Tel. 031-5617380, www.anchorsrest.co.za (m. Anfahrtsskizze). Sehr schönes Gästehaus, Pool. DZ/F ab R450 p.p.

Umhlanga Sands Sun, 44 Lagoon Drive, Tel. 031-5612323, www.tsogosunhotels.com. Ferienhotel, Garten, Zimmer mit Küche. Preise a.A.

Touristic

*Presbury Lodge, 16 Chestnut Crescent, Tel. 031-5661013. Zentral, tropischer Garten, Pool. Preise a.A.

Honey Pot Cottages B&B, 11 Hilken Drive, Tel./Fax 031-5629252. Zentrale Lage. Preise a.A.

Cathy's Place, Stanley Grace Crescent, Tel. 031-5611286/3286. Selbstverpflegung, Stadt- und Strandnähe (nahe leider auch die laute M4). DZ ab R600.

Abstecher in die Umgebung

Natal Sharks Board

Dem **Natal Sharks Board** obliegt die Betreuung der Küste Natals und die Wartung der kilometerlangen Hainetze, die vor den gefürchteten Großfischen schützen. Die Netze sind zunehmend umstritten, da sich z.B. auch Delphine darin verfangen. Der Strandtourismus ist aber eine wichtige Einnahmequelle, deshalb will man gesichertes Baden ermöglichen.

Man entwickelt Alternativen zu den Netzen und hofft auf eine Lösung mit elektrischen Impulsen, die die Haie von den Stränden vertreiben sollen. Heute gibt es schon einen Surfbrett-Prototyp, der mit entsprechender Ausstattung versehen wurde. Bei einem Besuch des Natal Sharks Board kann man der **Sezierung eines Hais** beiwohnen. Was ekelerregend klingt, ist durchaus sehenswert. Man erfährt bei einem Vortrag viel über Haie, ihre Gewohnheiten und ihren Körper. Eine Multimedia-Schau informiert über die Arbeit des Küstenschutzes, der Curio Shop verkauft Hai-Leder und die beliebten Zähne. Lebende Haie beherbergt das Natal Sharks Board nicht.

Information:

Natal Sharks Board, Umhlanga Rocks Drive, Umhlanga, Tel. 031-5660400, www.shark.co.za. Sezierung u. Film Di–Do 9 Uhr, Di–Do und So 14 Uhr. Feiertags keine Vorführungen. Bootsfahrten zu den Netzen möglich.

    Anfahrt: 2 km außerhalb von Umhlanga Rock auf dem Umhlanga Rocks Drive, ausgeschildert als M 12 Richtung N 2.

Umhlanga Lagoon Nature Reserve

1980 wurde eine der letzten unberührten Küstenwälder- und Dünenlandschaften Südafrikas zum Reservat (26 ha) erklärt. Der **Umhlanga Trail** (Rundwanderweg, 2 km, 1,5–2 h) durchquert das Nature Reser-

KwaZulu-Natal

526 Durbans North Coast   Karte S. 526

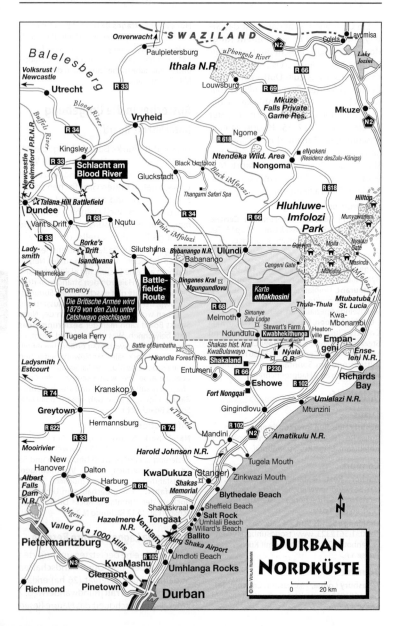

ve und führt über einen Steg in das Sumpfgebiet mit einigen kleinen Fischen, etwa Guppies *(Poecilia reticulata)* und verschiedenen Garnelenarten. Am Ende des Stegs links hat man unter einem Dach vom Sumpf-Hibiskus die beste Möglichkeit, die kleinen und seltenen *Schwarzkehl-Lappenschnäpper* zu beobachten. Im Frühling und Sommer ist der Waldboden übersät mit roten und gelben trompetenförmigen Blumen.

Man erreicht den Dünenwald und hört das Konzert der regenbogenfarbigen *Natalzwergfischer,* der Tamburintauben und der gelbschwarzen Goldbürzelbartvögel. Der Boden zwischen den Bäumen und Sträuchern ist nahezu kahlgefressen von den zahlreichen Buschböcken und Duckern. Pinselohrschweine wühlen nach Wurzeln. An einem großen *Feigenbaum* gabelt sich der Weg: Rechts geht es hinunter zum südlichen Arm der Umhlanga Lagune und auf einen etwas maroden Steg, wo man die seltenen **Braunkehlwebervögel** in Aktion sieht. Im Sommer öffnet sich die Lagune ins Meer und viele Stelzvögel suchen nach Fröschen und kleinen Fischen. Bei Ebbe findet man nicht selten Fußspuren kleiner Wassermangusten. Nach dem Steg kommt das Dünengebiet. Dort blühen Wald- und Schlangeniris und Dünenfarne.

Anfahrt: Das Reservat liegt am Südufer des Umhlanga River. Von Umhlanga Rocks aus Richtung Norden an der Küste entlang zum Breakers Hotel; unmittelbar danach rechter Hand ist die Zufahrt. Von Durban 18 km die M 4 North bis Ausfahrt Portland Drive; hier rechts in den Portland Drive, dann links in den Newland Drive; am Vorfahrtsschild 200 m weiter erneut links, vorbei am Breakers Hotel. Tgl. 6–18 Uhr.

Hawaan Forest Nature Reserve

Das Hawaan Forest Nature Reserve zeichnet sich durch einen sehr gut erhaltenen Küstenwald mit reichem Wildbestand aus. Es leben in ihm Buschböcke, Pinselohrschweine und Ducker, aber auch Affen, Mangusten und die seltenen Haubenperlhühner. Der Park befindet sich in Privatbesitz. Wanderwege zwischen 1–3 km werden bei Voranmeldung (Conservation Officer, Tel. 031-5614257, www.umhlangatourism.co.za) in Begleitung begangen. Sehr lohnenswert.

Anfahrt: Von Durban Ausfahrt Portland Drive; rechts, nach einem scharfen Linksknick, geht er in den Herald Drive über; Einfahrt dann rechter Hand.

Dolphin Coast

Die Mündungen des *Umdloti River* und des *Tugela River* begrenzen die **„Küste der Delphine".** Das ganze Jahr über tummeln sich hier Delphine in Sichtweite, besonders häufig im Winter, wenn sie den nordwärts ziehenden Sardinenschwärmen folgen. In manchen Jahren kommt es zum unglaublichen *„Sardine Run":* Die Sardinen verschlägt es aus unerfindlichen Gründen bis an den Strand, zu Hunderttausenden zappeln sie an der Meeresoberfläche. Dann stürzt jeder, manchmal mitsamt der Kleidung, ins Meer und fängt sein Mittagessen mit bloßen Händen, mit Schürzen, Eimern oder Plastiktüten.

Informationen auf www.zulu.org.za und *Sardine Run Hotline,* Tel. 082-2849495

Umdloti Beach u. Tongaat Beach

Die beiden kleinen Feriengebiete haben recht schöne, gesicherte Strände und sind nicht so belebt wie Umhlanga Rocks. In Umdloti (Infos: www.umdloti.org) gibt es drei empfehlenswerte Restaurants: *Casa Nostra* (neben Spar, klasse Pizza), *The Bambus House* an der Strandpromenade (Billard-Café) und das *Bel Punto* im Umdloti Centre, South Beach.

Unterkunft

Touristic Palapa Place, 55 Newsei Rd, Umdloti Beach, Tel. 031-5682149, www.palaplace.co.za. Schöne Hanglage mit Ozeanblick, Cottage und Zimmer. Preise a. Anfrage.

Ballito, Willard Beach, Shaka's Rock

Diese Ferienorte sind über die Küstenstraße R 102 oder über die N2 erreichbar. Die gesicherten Strände sind außerhalb der Saison und unter der Woche manchmal menschenleer. Einkaufsmöglichkeiten, Hotels und Restaurants. **Shaka's Rock** besitzt einen Gezeitenpool. Golf spielen kann man auf dem 18-Loch-Kurs in **Umhlali.** Die zahlreichen Ferienwohnungen werden nur wochenweise vermietet (Infos über Coastal Holiday Letting, Tel. 032-9462155, www.chlsouthcoast. co.za).

Information
Tourism Centre, M4, Ecke Ballito Drive/Link Road, Tel. 032-9461256, www.ballitoaccommodation.co.za, www.ballito.net.

Restaurants
*Al Pescadore Restaurant, Ballito, 14 Edward Place, Tel. 032-9463574; italienische Küche (leckere Pizzen und Nudeln), sehr gute Fischgerichte. Um den Abend gemütlich ausklingen zu lassen setzt man sich am besten anschließend zu den Einheimischen in die **Keg und Dolphin Bar** ein Stockwerk tiefer. – International ist die Kochkunst des Floris Smith von ***Gigis,** Rey's Place, Ballito, Tel. 032-9463444. Sein Motto sind die „Big Five" der Gastronomie: Geschmack, Aroma, Zusammensetzung, Saftigkeit und Präsentation. – Von einer Leserin empfohlen wird das **Mo-zambik** beim Friendly Supermarket, schöne Terrasse.

Unterkunft

Comfort
*Holland Anthurium Farm, Umhlali, Farm Nr. X7, Tel. 032-9429042, www.hollandfarm.co.za. Anfahrt über N 2, Ausfahrt Ballito (links auf die R 102 und rechts in die Esenembi Rd, 7 km). 5 lux. Zimmer, subtropischer Garten, Pool, auf einem Hügel mit Aussicht, umgeben von Anthurien-Feldern (Besichtigung, Versand). 10 Min. zum Strand, herzliche Atmosphäre, gepflegtes Dinner a.A. Preise a.A.
*Hotel Izulu, Rey's Place, Ballito, Tel. 032-9463444, www.hotelizulu.com. 5 Sterne, gelungener Mix aus toskanischer Architektur,

afrikanischen Elementen und balinesischem Ambiente. Restaurant und Spa. Preise a.A.
Lalaria, 25A Dolphin Crescent, Umhlali, Tel. 032-5255789, www.lalaria.co.za. Subtropischer Garten, Ozeanblick, Pool. DZ/F ab R735 p.P.

Touristic
Seaside Lodge, 33 Peter Hulett Place, Salt Rock, Ballito, Tel./Fax 032-5254103, www. seasidelodge.co.za. Nettes Haus mit bunten Zimmern, Pool, Strand in Sichtweite. DZ ab R700.

Budget/Camping
Dolphin Holiday Resort, 10 Compensation Road, Ballito, Tel. 032-9462187, www.dolphin holidayresort.co.za. Chalets, Safarizelte und sehr gepflegte Rasenplätze. Supermarkt gegenüber. Ideal für Familien.

Salt Rock

Hier sammelten Shakas Leute Salz. Strand ist gesichert. Ein angenehmer Ort mit vielen Freizeitmöglichkeiten, wie Schwimmen, Tennis, Angeln.

Restaurant
Auf der schönen Terrasse des **Beira Mar,** Mall 505, Basil Hulett Drive, Tel. 032-5258505, kann man bei portugiesischer Küche das Meer aus der Ferne genießen (Mo geschl.). – Mal wieder Lust auf ein frisches bayerisches Weißbier, Schnitzel oder anders mehr? Dann zu **Siggi's German Restaurant & Pub,** gleiche Straße Basil Hulett Drive 65, Tel. 032-5257460.

Unterkunft

Comfort
*Petite Provence, 7, Mdoni Rd, Tel. 032-5255316, www.petiteprovence.co.za. Fünf schöne Zimmer inmitten eines Gartens. Pool. Super Früstück. Ü/F ab R550 p.P.
Salt Rock Hotel and Beach Resort, 21 Basil Hulett Drive, Tel. 032-5255025, www.saltrockbeach.co.za. 80 Zimmer, Strandlage. Auch Camping möglich.

Touristic
Nalson's View, 10 Fairway Drive, Salt Rock, Umhlali, Tel./Fax 032-5255726, www.safari now.com/go/NalsonsViewSaltRock. Angenehmes Gästehaus, 5 Zimmer, Veranda, Meer-

blick. Preise a.A. – Seaforth, Seaforth Farm, N 2
Ausfahrt 214, Umhlali, Tel. 032-5255217,
www.seaforth.co.za. Farm im Kolonialstil,
Pool.

Camping
Ein Zelt-/Caravanpark ist dem Salt Rock Hotel
angeschlossen.

Weitere Campingmöglichkeiten mit Unterkünften weiter nördlich: **Sheffield Beach,
Blythedale Beach** (*La Mouette Caravan Park*,
69 Umvoti Drive, Blythedale Beach, Tel. 032-
5512547; Strandlage, Rasenstellplätze, Pool)
und in **Zinkwazi Mouth.**

→ **Absticher**

Harold Johnson Nature Reserve

Das Nature Reserve (100 ha) liegt am Südufer des Tugela (Thukela) River, 6 km vor
seiner Mündung, in hügeliger Gras- und
Buschlandschaft mit Felsklippen und
Schluchten. Seltene Bäume, *Orchideen*
und Farne zieren das Reservat, in dem neben Zebras, Impalas, Duckern und Buschböcken auch Mangusten, Affen, Stachelschweine, 200 Vogel- und 114 Schmetter-
lingsarten leben. Der **Remedies and
Rituals Trail** ist 1,8 km lang und führt als
Rundweg am *Cultural Museum* mit einer
Ausstellung über die traditionelle Kleidung der Zulu vorbei. Der **Bushbuck Trail**
(etwa 5 km, 2–3 h) durch hügelige Landschaft ist frühmorgens am schönsten
(Vorsicht, Schlangen!). Beide Wege lassen
sich verbinden, Karten beim Ranger. Die
Monumente **Fort Pearson** und der **Ultimatum Tree** erreicht man über zwei separate Einfahrten.

Fort Pearson und der Ultimatum Tree

Das Fort wurde nach *Colonel Charles Pea-
son* benannt, 1879 erster Kommandant der
britischen Invasionstruppen im Zululand.
Es liegt auf einem hohen Hügel, überblickt
das Tal des Tugela und war von einem dicken Erdwall umgeben. Rund 5000
Soldaten waren hier zeitweise stationiert.

Unweit des Forts stehen die Überreste eines
ehemals mächtigen Feigenbaumes *(Ficus sycomorus)*, der **„Baum des Ultimatums":** Am 11.
Dezember 1878 hörten sich die Indunas, die
Häuptlinge der Zulu, das Ultimatum von *Sir
Bartle Frere* an, das John Wesley Shepstone vor-
trug. Es setzte neue Grenzen für das Zululand
fest, Strafen für Viehdiebstahl und forderte die
sofortige Entwaffnung der Krieger und den er-
neuten Zugang für Missionare in das Land. Die
Verlesung dauerte Stunden, Satz für Satz wurde
übersetzt und man erwartete, dass die Indunas
sich den Inhalt wörtlich merkten, um ihn **König
Cetshwayo** zu berichten. Eine Farce: Dem König räumte man keine Zeit ein, die Bedingungen zu erfüllen, die Briten entfachten einen
Krieg, der im August 1879 mit der Gefangen-
nahme des Königs endete.

Anfahrt: 100 km von Durban bzw. 24 km
nördl. von Stanger/KwaDukuza; auf der N 2
North, Ausfahrt Zinkwazi; dann auf R 102 (ausgeschildert).

Information H. Johnson N.R.
Harold Johnson Nature Reserve, Tel. 032-486
1574 (Büro 8–17 Uhr; Eintritt R10 p.P.). Ist der
Eingang nicht besetzt, wird Eintritt von den
Rangern im Park kassiert. Geschlossen zwischen
Sonnenunter- und Sonnenaufgang. Erfrischun-
gen in einem kleinen Laden. Unbedingt Insekte-
schutzmittel mitbringen.

Unterkunft
6 kleine Campingplätze (R150/Site), gute sanitäre Einrichtungen, aber nur kaltes Wasser.
Reservierung über den Officer-in-Charge, Tel.
032-4861574 (wer bis 15.30 Uhr seinen reservierten Platz nicht erreichen kann, muss seine
verspätete Ankunft telefonisch melden, sonst
wird der Platz anderweitig vergeben; Essen
und Getränke mitbringen).

✔ **Absticher**

Von Durban auf der R 102 nach Norden bis Stanger

Hazelmere Nature Reserve

Dieses Reserve nördlich von Durban um einen **Stausee** ist eher für Wasserratten als für Naturliebhaber und an Wochenenden heillos überfüllt. Es gibt eine markierte Zone für Schwimmer und am Ostufer ein bisschen Natur mit typischem Bushveld. Zum Ausgangspunkt einer 3 km langen **Wanderung** (3 Stunden hin und zurück, Wasser mitnehmen!) muss der Damm überquert werden. In der felsigen, feuchten Sektion des Weges sieht man Schlangenlilien. Der im Reservat wachsende Baum Umzimbeet *(Millettia grandis)* blüht im Sommer lila. Später verwandeln sich die Blüten in Kapseln, die mit feinen Härchen in der Sonne schimmern. Mit hörbarem Knacken explodieren sie im Herbst und werfen ihre Samen weit weg – zur Freude der zahlreichen Vögel.

Anfahrt: 33 km (halbe Autostunde) von Durban nahe Verulam; N 2 North bis Ausfahrt La Lucia/Phoenix; 16 km auf der R 102; an der Ausfahrt Caneland/Ndwedwe/Hazelmere links; dann ausgeschildert.

Information/Unterkunft

Hazelmere Nature Reserve, Tel. 071-137 6068, www.msinsi.co.za; Infos über Boot- und Kanufahren, Windsurfing und Wasserski Mo–Fr 8–12.30 Uhr, Sa/So 8–13 und 14–16.30 Uhr (auch telefonisch). Angellizenzen im Reservat (Ausrüstung selbst mitbringen). Eintritts- und Parkgebühren.

Der **Campingplatz** hat 22 Plätze, z.T. mit elektrischem Anschluss, Chalets/Cottages und eine Lodge. Reservierung online oder Tel. 033-5691643.

Tongaat/oThongathi

Vorbei an den ehemaligen Townships *KwaMashu, Phoenix* und *Verulam* erreicht man Tongaat/oThongathi. 1854 wurde auf der Farm „Compensation" von Edmund Morewood das erste Zuckerrohr angebaut. Einige der alten Gebäude des hübschen Städtchens datieren aus dieser Zeit. Unübersehbar ist der indische Einfluss, der sich in den beiden Hindutempeln *Vishwaroop Temple* und *Juggenath Puri Temple* ausdrückt. 8 km außerhalb weist links ein Schild zur *First Sugar Mill,* erste Zuckerfabrik des Landes (Besichtigung möglich).

Shakaskraal

Der Name ist irreführend, Shaka war nie hier. Ein unbedeutender Ort an der Bahnstrecke.

KwaDukuza
(alter Name: Stanger)

KwaDukuza (100.000 Einw.) entstand 1873 beim *Dukuza-Umuzi,* in dem **Shaka** um 1820 lebte und von seinen Halbbrüdern Dingane und Mhlangana ermordet wurde. Seine Grabstätte gilt als heilig, niemand durfte dort sein Vieh grasen lassen oder Feuerholz holen. 1920 benannte man den Ort nach *General William Stanger.* Shaka Grab blieb unberührt.

In der *Couper Street* befindet sich ein Gedenkstein und das **KwaDukuza Cultural Museum,** das sich dem Leben König Shakas widmet (Mo–Fr 8–16 Uhr, Sa/So 9–16 Uhr). Das **Natal North Coast Museum,** *Gledhow Mill Street,* informiert über Zuckerrohranbau. KwaDukuza ist kein Ort zum Verweilen, aber gute Einkaufsmöglichkeiten im Spar Center.

Shaka Zulu –
Held und grausamer Despot

1787 bekamen **Häuptling Senzangakona** und **Nandi** – „die Süße" – vom Stamm der Elangeni einen Sohn. Der Vater glaubte zuerst nicht an die Schwangerschaft und bezeichnete die Leibesfrucht als *I-Shaka,* als Parasit, der die Gedärme aufblähe. Widerwillig akzeptierte er nach der Geburt Nandi als dritte Ehefrau. Der ungeliebte Junge wurde **uShaka** genannt. Sein Leben stand zunächst unter keinem guten Stern. Als man dem Sechsjährigen Unachtsamkeit beim Rinderhüten vorwarf, entschloss sich Nandi, mit Shaka zu ihrem Stamm zurückzukehren. Dort erging es Shaka auch nicht besser. Gleichaltrige machten täglich Scherze über seinen zu klein geratenen Penis. Er verbitterte zusehends. Bei einer Dürre kam er zu Verwandten in den Umuzi von **Dingiswayo,** König der Mthetwa. Das erste Mal in seinem Leben fühlte er sich willkommen. Mit 15 tötete Shaka einen Leoparden mit einem Speer und einem Knüppel – alleine, alle anderen waren geflohen. Dingiswayo erkannte die Qualität des Jungen und nahm ihn als Krieger bei sich auf.

In seinen ersten Kämpfen mit den traditionellen Waffen der Zulu erkannte Shaka den Nachteil der langen Speere, die die Krieger üblicherweise warfen. Shaka änderte die Kampftaktik und dachte sich dazu eine neue Waffe aus, die er **Ixhwa** nannte: eine lange Klinge auf einem kurzen Holzschaft. Mit diesem Stoßspeer rannte man auf den Gegner zu, entriss ihm den Schild und stach ihn nieder. Shaka trainierte alle seine Krieger so. Die Gefechtsformation hatte eine frontale Haupttruppe und zwei Flügel, die schnell vorrückten und den Feind einschlossen. So wurde ihm jede Fluchtmöglichkeit genommen.

1816 starb Shakas verhasster Vater und sein Halbbruder *Sigujana* wurde Häuptling der Elangeni. Mit 50 Mann zog Shaka zu Sigujanas Umuzi, tötete ihn und erhob sich zum König der Zulu. Seine Siege erstritt er anfangs mit einem Heer aus 1500 Mann. „Isigi" hallte das Kriegsgeschrei der **Impis,** Shaka besiegte Stamm für Stamm. Wer sich nicht unterwarf, starb. Nach 12 Jahren befehligte Shaka 80.000 Krieger,

und er selbst war die Personifizierung des Zulu-Imperiums.

Shaka besaß hunderttausende Rinder. Seine königliche Herde bestand aus über 50.000 weißen Exemplaren. Seine Residenz war der Umuzi **KwaBulawayo** mit mehr als 1500 Hütten. Der königliche Sitz befand sich abgeschottet auf einem Hügel und war nur der Familie und seinen Frauen vorbehalten. Die ersten Weißen im Umuzi waren Überlebende eines 1825 gestrandeten englischen Schoners. Sie waren beein-druckt von dem gewaltigen Dorf, den Hüttenkonstruktionen und irritiert, dass Shakas Untertanen sich ihm nur am Boden ausgestreckt nähern durften.

Shakas Interesse galt besonders Berichten über den englischen König George, dem er Respekt, geradezu Verehrung entgegenbrachte. Das erklärt vielleicht, warum er die Weißen beschützte, während er sein Volk schonungslos behandelte.

Im Oktober 1827, ausgelöst durch den Tod seiner geliebten Mutter Nandi, verfiel Shaka dem Wahnsinn. Er, der „große Elefant", „Gott und Vater" seiner Nation, saß stundenlang neben ihrer Leiche und kam zum Schluss, dass seine Mutter durch Hexerei umgebracht wurde. Er befahl den ganzen Stamm zu einer Trauerfeier. Fast eine halbe Stunde stand er regungslos vor der Hütte und weinte, dann begann er zu tanzen – zuerst langsam und feierlich, dann immer wilder, er riss sich Kleider und Schmuck vom Leibe, schrie gellend. Schließlich befahl er der *Fasimba*, der königlichen Garde, sich in Schlachtordnung aufzustellen, allerdings ohne den üblichen Penisschutz. Dann rief er die *Ngisimane*, die unverheirateten Mädchen. Der Historiker Michael Horbach beschreibt den Fortgang:

„Auf ein Zeichen Shakas begannen sie, die Fasimbas zu reizen. Sich in den Hüften wiegend, glitten sie von den jungen Männern zurück, streckten die Arme nach ihnen aus und ließen Schenkel und Hinterteile lüstern kreisen. Sie schlossen sich zusammen und näherten sich ihnen in laszivem Gang, bis sie die ersten Reihen der Fasimbas fast berührten; dann wichen sie wieder zurück. Mit hohen, aber angenehmen Stimmen sangen sie die Locklieder, die dem ‚Spaß am Wegrand' oft vorausgingen ..."

Shaka hatte sich auf einem Hügel niedergelassen, seine berüchtigten Henker gerufen und wartete auf die unausweichliche körperliche Reaktion der jungen Krieger. Dann sprang er auf und rief, so Horbach, weiter: „Seht euch nur diese Kampfstöcke an ... statt sich in Trauer zu neigen, starren sie nur auf die Mädchen! Kennt ihr keine Scham? Habt ihr keine Achtung vor der Elefantin? Wollt ihr hier mit einem Weibe liegen? Könnt ihr euch denn nicht einmal hier beherrschen? Tötet die geilen Böcke!"

Kurze Zeit später lagen die ersten Fasimba tot am Boden. Doch der Spuk hatte noch lange kein Ende. Shaka tanzte und weinte wieder, die Menge mit ihm – stundenlang. Wer zusammenbrach galt als verhext und wurde erschlagen. Am Ende des Tages tränkte das Blut von 7000 Menschen den königlichen Umuzi.

Nach dem Begräbnis verordnete Shaka seinem Volk ein Trauerjahr. Es durfte weder gesät noch geerntet werden, jeder Geschlechtsverkehr war untersagt. Frauen, die in diesem Jahr gebaren, wurden mit ihren Männern und Kindern hingerichtet.

Doch „Der Elefant" hatte die Achtung seines Volkes verloren. Am 22. September 1828 wurde Shaka in seinem Umuzi mit einem Ixhwa, der Waffe, die er erfunden hatte, durch seinen **Halbbruder Dingane** niedergestreckt.

Das südliche Zululand

Das **südliche Zululand** erstreckt sich in einem breiten Küstenstreifen von der Mündung des **Tugela** (Thukela) bis hinauf zum **iMfolozi River.** Die Landschaft wird beherrscht von Zuckerrohrplantagen, Baumwoll- und Maisfeldern, Gemüseanbau und großen Weideflächen im Landesinneren. Die Verschmutzung von Luft und Wasser durch die Industrie (besonders um Richards Bay) und der Eingriff der Minengesellschaften in das Ökosystem führen zu Diskussionen darüber, welche Industrieexpansion der Landstrich noch verkraftet. Der Tourismus spielt hierbei eine positive Rolle: Die Menschen wollen saubere Strände, gesunde Luft und Naturschutzgebiete, in denen sie sich erholen können.

Das **zentrale Zululand** erstreckt sich weiträumig in lieblicher Hügellandschaft rund um die alte Königsstadt **Ulundi.** Wer von der Küste mit ihren europäisch wirkenden Ferienorten kommt, ist oft überrascht, das „wirkliche" Afrika betreten zu haben. Der Anteil der weißen Bevölkerung ist hier verschwindend gering.

Auf der N 2 Richtung Norden
Amatikulu Nature Reserve

1987 bekam das 1476 ha große Gebiet an der Mündung des *Nyoni* und *Amatikulu River* den Status Reservat: Strand- und Dünenlandschaft, Sumpfgebiete, Akazienwälder, offenes Grasland. Neben Angeln im Mündungsgebiet werden **Pirschfahrten** und **Wanderungen** angeboten (Giraffen, Schirrantilopen, Ducker, Wasserböcke, Zebras). Vorsicht, giftige **Schlangen** und **Krokodile!** Der Park ist bei Kanuten beliebt, die das Mündungsgebiet befahren (Kanuverleih im Parkoffice).

Infos und Reservierung: KZN Wildlife, Tel. 033-8451000/2, Fax 8451001, www.kznwild

Kleine Geschichte des Natur- und Tierschutzes in KwaZulu-Natal

Der Respekt vor der Natur und den Tieren war bei den Zulu tief verankert und Teil ihrer Kultur. So waren z.B. die Bezeichnungen für „Elefant" und „Löwe" Bestandteile der heiligen Namen ihrer Könige. Doch bereits Ende des 18. Jahrhunderts lieferte König Dingiswayo von den Mthethwa (im Gebiet des heutigen Imfolozi Game Reserve) den Portugiesen Zähne und Horn von Nilpferden, Nashörnern und Elefanten im Tausch gegen die begehrten Glasperlen. Auch Shaka lernte die Vorliebe der Weißen für Elfenbein kennen. Nachdem er König geworden war und die Engländer 1823 in Port Natal landeten, handelte er bevorzugt mit ihnen. Raubtierfelle, die ursprünglich die Schultern der Zulukönige schmückten, lagen plötzlich in Londoner Salons als Fußabstreifer, Kuduhörner wurden zu Spazierstöcken verarbeitet und Krokodilhäute zu Schuhen und Handtaschen. Vorbei war die Zeit, als die Trophäen allein dem König, den Medizinmännern und den Ratsältesten vorbehalten waren. Imfolozi war das exklusive Jagdgebiet der Zulukönige, nur sie durften dort Tiere erlegen.

Ab 1838 drängten die Voortrekker ins Land. Aus den traditionellen Jagdgebieten wurde Farmland der Weißen, wobei der Handel der Zulu sich noch immer auf Elfenbein und Raubtierfelle stützte. 1866 traten die ersten Wildschutzgesetze in Kraft, die Regierung wollte der unkontrollierten Jagd ein Ende bereiten. Ausfuhrzahlen belegen, dass 1861–1866 269.249 kg Elfenbein exportiert wurden, 1871 2470 Hörner von Nashörnern, 1872 417.014 Felle, 1875 allein 4444 Büffelfelle. Der Tierbestand war rapide zurückgegangen, südlich des Tugela River gab es bereits keine Nashörner mehr. Weitere Schutzgesetze wurden 1887 verabschiedet, doch allein 1917 wurden 20.000 Gnus getötet. Nur Nyalas, Nashörner und Nilpferde wurden jetzt verschont.

Die ersten Wildreservat-Gründungen waren in KwaZulu-Natal Phongolo 1894 und Hluhluwe 1895, meist vor dem Hintergrund, dass den Großwildjägern langsam die Beute ausging. Das Breitmaulnashorn bzw. das „White Rhino" galt in dieser Zeit praktisch als ausgerottet.

1939 wurde das Zululand Reserves and Parks Board ins Leben gerufen, das 1947 in das Natal Parks, Game and Fish Preservation Board überging, kurz Natal Parks Board genannt. Es hatte den Bestand an Wild, Vögeln, Fischen und Flora zu überwachen. Doch sehr oft kollidierten die Interessen der Naturschützer mit denen der Farmer und Großgrundbesitzer, und auch die schwarze Bevölkerung wollte nicht so recht einsehen, dass ihnen – nachdem sie fast ihr gesamtes Land verloren hatten – nun noch die letzten ergiebigen Jagdreviere und Sammelgebiete genommen werden sollten. uMkhuze und Imfolozi als Agrar- und Weideland und Ndumo ganz im Norden als Lebensraum der Thonga waren besonders umstritten.

1929 wurden im Imfolozi Zählungen durchgeführt, die Zahl der Breitmaulnashörner war auf 120 Exemplare angestiegen, um 1960 waren es bereits 700. Doch die Angst blieb, dass z.B. eine Tierseuche den ganzen Bestand schlagartig auslöschen könnte, und auch eine zukünftige Überbevölkerung galt es zu verhindern. Deshalb begann man 1962 die „Operation Rhino". Durch weiterhin gute Reproduktionsraten und einer verbesserten Fangtechnik war es nun erstmals möglich, andere Game

534 Shakaland / Eshowe

Karte S. 526

Parks in KwaZulu-Natal und in allen Provinzen Südafrikas (Krügerpark) sowie Afrikas mit Hunderten gesunder Tiere zu versorgen. Gegenwärtig ist mit dem „Black Rhino Range Expansion Project", in Zusammenarbeit mit dem World Wildlife Fund (WWF) zur Sicherung des Spitzmaulnashorns eine ähnliche Aktion im Gange.

1998 wurde aus Natal Parks Board KwaZulu-Natal Nature Conservation Services, jetzt als Ezemvelo KZN Wildlife firmierend. Die größten Schutzgebiete unter Ezemvelo-Verwaltung sind Hluhluwe-Imfolozi, Ukhahlamba Drakensberg, Ithala, Ndumo und Tembe Elephant Park. Ezemvelo KZN Wildlife ist auch Conservation Manager des iSimangaliso Wetland Park.

Derzeit verwaltet Ezemvelo 12% der Landesfläche KwaZulu-Natals. Damit hat der Naturschutz in KwaZulu-Natal eine Dimension angenommen, von der die Gründerväter nur träumen konnten.

life.com. Lizenzen zum Angeln vor Ort. Geöffnet Okt–März 5–21 Uhr, Apr–Sept 5.30–21 Uhr. Office: 8–16 Uhr. Camp-Tel. 032-4530155. Eintritt. Kein Laden, nächster Versorgungspunkt in Gingindlovu, 15 km. Malariaprophylaxe empfohlen.

Anfahrt: 100 km nördlich von Durban; von der N2 Ausfahrt Nyoni nehmen, nach rechts über die N2, noch 3 km zum Gate.

Zangozolo Camp: Auf einer Holzplattform, Aussicht auf den Amatikulu und das Meer; sechs 2-Bett Zelthütten (R270), gemeinsame Waschräume; Grillplatz oder Gemeinschaftsküche. Camping (R160/Site).

→ **Abstecher**

Eshowe

Eshowe („Wind, der seufzend durch die Bäume streicht"), die alte Hauptstadt des Zululandes, diente König Cetshwayo und seinen Kriegern als Hauptquartier. Er war 1879 gegen die Briten in den Krieg gezogen, wurde aber schnell durch deren Feuerwaffen besiegt. Nach Kriegsende brannten die Engländer das Dorf völlig ab und errichteten 1883 an seiner Stelle das **Fort Nongqai,** in dem heute das Zululand **Historical Museum** untergebracht ist (tgl. 9–16 Uhr, Führung sehr interessant). Sehenswert ist auch nebenan im ***Vukani Museum** (Di–Fr 10–16 Uhr, Sa 9-12.30 Uhr) die weltgrößte Ausstellung an Korbflechtkunst der Zulu (einige Exponate sind käuflich). Echtes Highlight für Bier-

freunde ist ein Besuch bei der **Zululand Brewing Company** (36 Main St). Das *Ultimatum Pilsner* und *Zulu Blonde* sind nur noch durch das *Broken Paddle IPA* zu übertreffen!

Die Hinweisschilder „Aerial Boardwalk" leiten zum **Dlinza Forest Nature Reserve** (tgl. 6–18 Uhr) mit Wanderwegen und Picknickplätzen. Es ist Brutgebiet der seltenen Fleckengrunddrossel (zu erkennen am schwarzgepunkteten weißen Bauch) und des Gelbstreifen-Grundbülbül. Mit etwas Glück sieht man Kronenadler oder Habichte. Im Busch leben kleine Antilopen, Ginsterkatzen, Affen und Manguten. Hauptattraktion ist ein **„Canopy-Walk"** (Baumkronenweg), der Besucher in einer Höhe bis zu 20 m in die Wipfel der riesigen Bäume führt (Steglänge 125 m).

Der **Ocean View Game Park** liegt am Südeingang von Eshowe (dem Schild „Businesses" folgen). In der Wald- und Buschlandschaft wurden Zebras, Gnus und Antilopen angesiedelt. Es gibt Wanderwege und Picknickplätze.

Wer zur Mittagszeit auf dem Weg nach Shakaland oder Melmoth (an der R 66 rechtsseitig) ist, sollte einen Stopp im **Fleurdale Farm Stal & Tea Garden** einlegen. Herzhafte Gerichte, Teegarten, Curioshop (auch gute Übernachtungsmöglichkeit), Abendessen a.A. Tel. 035-4742604).

Ein unvergessliches Erlebnis ist sicherlich das **Shembe Festival,** das alljährlich in den letzten drei Oktoberwochen stattfindet. Bei der religiösen Zusammenkunft praktizieren bis zu 25.000 weißgekleidete Anhänger des Grün-derpropheten *Isaiah Shembe,* meist Zulu, ihre Religion – eine Mischung aus afrikanischer Tradition und Christentum. Das Dorf Judea nahe Eshowe existiert nur für diese Zusammenkunft und dient als Ort der Heilung, des Gebets und des Tanzes. Rund um das Festival viel Rummel, Gäste willkommen. Geführte Touren: *Zululand Eco Adventures,* Tel. 035-4744919, www.eshowe.com.

Information Eshowe

uMlalazi Tourism Association, 1 Hutchinson St, Tel. 035-4741141, www.umlalazi.com und www.eshoweguide.co.za (mit Straßenplan). An der Hauptstraße kleine Shopping Malls, Supermärkte, Tankstellen und Restaurants.

Unterkunft

Touristic Birds of Paradise B&B, 49 Ulundi St, Tel. 035-4744430, Cell 082-5324627, www.birdsofparadise.co.za. Ruhige Lage nahe des Dlinza Forest, sicheres Parken, Pool, Dinner möglich. DZ/F R1040.

Budget Zululand Backpackers, 36 Main St, Tel. 035-4744919, www.eshoweaccommodation.com/backpackers. Baz Bus-Stopp. In einem Seitenflügel des George Hotels gelegen. Idealer Ausgangspunkt für Exkursionen ins Umland. Dormitory R125, DZ R370, Camping R95.

Camping Eshowe Caravan Park, Saunders St, Tel. 035-4741141; nahe des Dlinza Forest Reserves (Site R70). Unbewacht.

Ziele rund um Eshowe

Shakaland

Shakaland, ein „lebendes Museum", wurde als künstliches Dorf für den Film „Shaka Zulu" und die Fernsehreihe „John Ross" in einer pittoresken Landschaft mit Aloen und Mimosenwälder inmitten der Entembeni-Hügel geschaffen. Besucher können erleben, wie traditionelles Bier gebraut wird, Speermacher am Werk sind, wie getöpfert, gewebt und Perlenschmuck her-

gestellt wird. Lassen Sie sich die Symbole und Farben der Schmuckstücke erklären. *Kierie* nennt man die Stabgefechte, bei denen junge Männer ihre geschickte Kampftechnik demonstrieren. Abendlicher Höhepunkt ist der Tanz der Zulu bei Fackelschein im größten „Bienenkorb" des *Umuzi,* begleitet von kraftvollem Trommelrhythmus. Anfahrt: 14 km nördlich Eshowe an der R 66/68; Abfahrt Nkwalini.

Information

Shakaland, Tel. 035-4600912, www.shakaland. com. Tagesbesuch möglich (Preise variieren je nach Programm), Information durch Anruf ratsam. Restaurant mit Seeblick (probieren Sie die Zulu-Spezialitäten). Floßfahrt auf dem Umhlatuze-Stausee möglich. Treffen mit einem Heilkundigen können arrangiert werden.

Unterkunft

Comfort Shakaland Protea Hotel. Halbpension. Unterbringung in luxuriösen, aber traditionellen Hütten mit ethnischem Interieur (Reservierung für Wochenende und Ferien unbedingt erforderlich).

Der besondere Tipp: Kwabhekithunga/Stewarts Farm

Das kleine Dorf **Kwabhekithunga** im Nkwaleni Valley wurde von der Zulufamilie des Chief Mbhangcuza (Thomas) Fakude als persönliches Zuhause gebaut, mit dem Hintergrund, auch Gäste einzuladen und sie an den traditionellen Gebräuchen der Zulu teilhaben zu lassen. Den Besuchern wird das Leben in einem Bantu-Kral bzw. „Umuzi" erklärt, die früher gebräuchlichen und von den Älteren auch heute noch getragene Bekleidung vorgeführt sowie Handwerkskünste wie Hüttenbau und das Korbflechten gezeigt. Es wird ein guter Einblick in die Strukturen eines Familienclans vermittelt. Verschiedene Tänze zu Trommelklang zeugen von der Lebensfreude und dem Temperament der Dorfbewohner, die, nachdem die Gäste sie nach einem sechsgängigen köstlichen, typisch Zulumahl in einer großen Rundhütte mit selbstgebrautem Bier verlassen haben, wieder ihre Arbeit auf der Farm oder in den Werkstätten aufnehmen. Anmeldung ist unbedingt erforderlich.

Stewarts Farm, auf der sich auch das Restcamp befindet, wurde durch den Land Claims Act von der Umhlabawethu Community übernommen. Es ist auch das Verwaltungszentrum eines bemerkenswerten Selbsthilfeprojektes, das Handwerk aus dem Umland aufkauft und vermarktet. Der Curio Shop ist gut sortiert.

Anfahrt: Von Empangeni auf der R 34 Richtung Nkwalini. Ca. 6 km vor der Einmündung in die R 66 links in eine Naturstraße abbiegen (beschildert), dann noch ca. 5,5 km (Tipp: Auf dieser Strecke lohnt sich ein Stopp beim Jabulani Craft Centre, einer Behindertenwerkstätte mit sehr schönen Souvenirs). Von Eshowe auf der R 66 bis Nkwalini, dann rechts auf die R 34 und bald wieder rechts.

Information/Unterkunft
Kwabhekithunga/Stewarts Farm, Tel./Fax 035-4600057, www.kwabhekithunga.co.za. Auf dem Gelände gibt es die Stewarts Farm Zulu Lodge mit 23 geschmackvollen „Beehive Huts", originalen Zuluhütten. Restaurant, Pool. DZ/F R550 p.P. Dinner R190 p.P. Reservierung/Anmeldung unbedingt erforderlich! Tagesbesucher sind willkommen, sollten sich jedoch vorher nach Zeiten der Vorführung erkundigen. Morning Shows mit Lunch/Getränken R240, Nachmittag- und Abend-Show R390.

Simunye

Mitten im schönen Tal des Mfune River liegt **Simunye.** Wer möchte, beginnt seinen Besuch auf dem Rücken eines Pferdes, die anderen Gäste lassen sich mit einem Ochsenwagen abholen, wie zu Zeiten der alten Siedler. Kaum hat man das üppige Abendessen genossen, kann man am Lagerfeuer den alten Legenden der Zulu lauschen und seinen Herzschlag den afrikanischen Trommeln anpassen und die Nacht unter dem Sternenhimmel genießen. Zu den weiteren Aktivitäten gehören Tanzvorführungen und der Besuch bei einer Sangoma.

Information/Unterkunft
*Simunye Zulu Lodge, Tel. 035-4500101, www.simunyelodge.co.za. Rock Rooms, Lodge Rooms, Rondavels, African Rooms. Ab R1100/ p.P. VP. Restaurant, Bar. Das eigene Auto bleibt am Trading Store an der Hauptstraße (sicheres Parken). Abholung von dort tgl. 15.30 Uhr.

Anfahrt: Von Eshowe auf der R 66 Richtung Melmoth.

KwaBulawayo: Shakas Umuzi

Gleich nördlich von Eshowe geht von der R 68 nach Osten die P230 ab, eine Schotterstraße, der man 20 km folgt. Nichts deutet auf die blutige Geschichte dieser Region hin, stattdessen Zitrusplantagen und Zuckerrohrfelder, kleine Zuluhütten an den sanften Hügeln, rote Aloen. Einst ragte Shakas Umuzi **KwaBulawayo** („Ort der Verfolgten") hoch über das Tal des *Mhlatuze River.* Heute steht dort ein kleines Denkmal.

Mtunzini

John Dunn, erster Europäer in diesen Gefilden, bekam Land von König Cetshwayo. Weil er gerne unter einem Baum Hof hielt, wurde der Ort *Mtunzini* – „Ort des Schattens" – genannt. Er integrierte sich so in das Leben der Zulu, dass man ihn als eine Art Häuptling anerkannte. Er nahm sich neben seiner weißen Frau noch 49 Zulu-Frauen und zeugte mit ihnen 117 Kinder. Seine Idee war, die einzelnen Zuluclans miteinander zu verbinden und ein friedliches Nebeneinander zu schaffen. Auch heute gibt es noch eine Organisation, deren Mitglieder sich aus Dunns Nachkommenschaft rekrutiert. Wer sich für die ungewöhnliche Geschichte interessiert, sollte in einer Internet-Suchmaschine „John Dunn Descendants" eingeben.

Heute ist Mtunzini ein Ferienort. *The Clay Oven* beherbergt ein Internetcafé.

Das beste Restaurant (mit kleinem Supermarkt, der auch am Wochenende geöffnet hat) ist *The Hearty Meal* am Ende der Hauptstraße, auch Frühstück und Takeaway (die Burger munden!).

Unmittelbar vor dem Parkeingang zum Umlalazi Nature Reserve führt eine Straße rechts zum **Raffia Palm National Monument,** ein Hain aus *Raphis-unifera-Palmen,* die bis zu 18 m hoch werden und Blätter bis zu 9 m Länge entfalten.

Information Mtunzini

Publicity Association, Hely Hutchinson Rd, Tel. 035-3401421, Fax 3401847, www.mtunzini-accommodation.co.za.

Unterkunft

Touristic Trade Winds, 12 Hely Hutchinson Rd, Tel. 035-3401411 www.tradewindscountryinn.co.za. Zimmer, Rondavels, Terrasse mit Meerblick.

Camping Xaxaza, unmittelbar am Ortseingang, Mimosa Rd, Tel. 035-3401843. 80 Plätze für Caravan und Zelte. Shop und Waschautomat.

Umlalazi Nature Reserve

Den **Umlalazi River** und seine Lagune säumen Mangrovensümpfe. Im salzhaltigen Wasser bilden weiße, rote und schwarze Mangroven ein undurchdringliches Geflecht, Schlupfwinkel für Frösche, Kröten, Krebse, Aale, Fische und Schlangen. Insgesamt 310 Vogelarten leben im Park, darunter Adler, Geier, Bussarde, Austernfischer, Spechte und Nachtreiher. Brutgebiet für Wollhalsstörche. Auf festerem Boden blühen seltene Orchideen. Zu den Säugetieren zählen Schirrantilopen, Ducker, Kap-Fingerrottern, Pinselohrschweine, scheue Nachtäffchen sowie Großflecken-Ginsterkatzen. **Vorsicht:** Im Flusslauf und in der Lagune gibt es Krokodile und Haie! In der Lagune kann man angeln und Boot fahren, das Meer eignet sich für Schwimmer und Windsurfer. Einige Wan-

derwege. Am Wochenende stark frequentiert.

Anfahrt: Von der N 2, Ausfahrt Mtunzini; an der Straßengabelung links bis zum Hinweisschild; bei der Steinkirche im Ort rechts abbiegen.

Information/Unterkunft

KZN Wildlife, Tel. 033-8451000/2, Fax 8451001, www.kznwildlife.com. Camping-Reservierung: The Officer in Charge, **Umlalazi Nature Reserve,** Tel. 035-3401836). Eintritt R10 p.P. Geöffnet tägl. 5–22 Uhr. Office 8–16.30 Uhr.

Picknickplätze an der Lagune, Kanuverleih (R80). 12 4-Bett Log Cabins (Minm. R1020), Selbstversorgung, 50 Campingplätze mit Elektrizität (Site R270).

Empangeni

Das hügelige Land um **Empangeni** ist Heimat der Mthetwa-Zulu. Hier wuchs König Shaka auf. Die weiße Besiedlung begann 1851 mit dem Bau einer norwegischen Mission. Zusammen mit Richards Bay, Nseleni und zehn weiteren kleinen Orten ist Empangeni in die neue City of uMhlathuze eingemeindet.

Das **Empangeni Art & Cultural History Museum,** Turnbull Street, hat eine Sammlung aus Geschichte, Kunst und Kultur der Zulu und einen „Raum der Pioniere" für die unmittelbare lokale Geschichte (Di–Fr 10–16 Uhr, Sa 9–12.30 Uhr).

Infos: Empangeni Arts and Crafts Centre, Turnbull St, www.zulu.org.za oder www.empangeni-accommodation.co.za.

Unterkunft

Touristic

Amble Inn, 93 Old Main Rd, Tel. 035-7924693, www.ableinn.co.za.

Imperial Hotel, 52 Maxwell St, Tel. 035-192 1522. 52 Zimmer.

Raptor's Rest, 22 Weightman Ave, Tel. 035-7726181, www.raptorsrest.co.za. Sehr gemütliches B&B. Pool und eigener Parkplatz.

Golf View Lodge, Tel. 035-7723949, golfview lodge.co.za. 21 Zimmer, HP möglich, Wochenendangebote.

Der besondere Tipp: Thula Thula

Im Tal des Enseleni River liegt eingebettet der „friedliche Ort" **Thula Thula.** Hier sollen sich Shaka und sein Vater zum ersten Mal begegnet sein.

Dichter Busch, offenes Waldgebiet, Grasland und Savanne bieten ideale Bedingungen für Giraffen, Impalas, Kudus, Wasserböcke, Nyalas, Blessböcke und Schirrantilopen. Einige Breitmaulnashörner wurden angesiedelt, seit 1999 auch **Elefanten.** Unter den Raubtieren findet man **Leoparden,** Hyänen und Zibetkazen. 350 Vogelarten besuchen das Naturreservat. Auf 60 km Fahrstraße kann man den Park (1300 ha) im offenen Pirschwagen oder zu Fuß mit erfahrenen Rangern durchqueren.

Anfahrt: Auf der R 34 von Empangeni 8 km Richtung Melmoth; am Autokino rechts, dann 9 km nach Heatonville; weiter geradeaus, über die Eisenbahnlinie; ab da die letzten 10 km beschildert.

Information/Unterkunft

Thula Thula, Tel. 035-7928322, www.thula-thula.com. Übernachtung in der **Elephant Safari Lodge** mit 8 luxuriösen Chalets (VP ab R2400). Tagesbesucher willkommen.

Enseleni Nature Reserve

Das mit 293 ha verhältnismäßig kleine **Enseleni Nature Reserve** wurde 1948 gegründet. In dem botanischen Paradies kann man Stunden mit dem Studium der Vegetation verbringen. Die Landschaft wird bestimmt durch das Grasland der Küste mit versprengten Ilala-Palmen und subtropischer Flussvegetation mit dichten Papyrusbetten, Farnen, Hibiskus und Sumpfgräsern entlang dem Ufer des Enseleni River. Bei günstigen Wetterbedingungen sprießen die seltenen Wasserhyazinthen. Tierwelt: Wasservögel, Krokodile und Nilpferde, Giraffen, Zebras, Wasserböcke, Antilopen, Nyalas und Pinselohrschweine, Kap-Fingerotter, Großflecken-Ginsterkatzen und Mangusten, Störche und Fischadler. Der Nkonkoni Trail, 7 km lang, beginnt am Environmental Awareness Centre und führt in vogelreiches Sumpfgebiet, zum Teil durch Stege begehbar. Der Mvubu Trail ist 2 km lang und liegt im östlichen Teil (beide Rundwanderwege).

Anfahrt: 13 km nordöstlich Empangeni, 15 km nordwestlich Richards Bay an der N 2, die das Reservat in 2 Teile schneidet; Eingang zum Hauptquartier auf der Nordseite der Straße, Picknickplätze und Wanderwege auf der Südseite. Umgeben von endlosen Zuckerrohrplantagen.

Krokodile

Eines der größten **Krokodile** im Zululand wurde tot im Enseleni River gefunden – mit furchterregenden 5,40 m Länge! Als noch keine Brücke den Fluss überspannte, gab es ein Fähre. Und da in der Gegend gerne Marula-Wein getrunken wurde, kam es öfter vor, dass die Passagiere ziemlich angetrunken auf die Fähre torkelten. Entgegen der ausdrücklichen Warnung des Fährmanns legten sich einige hin und ließen ihre Arme aus dem Boot baumeln. Darauf hatten die Krokodile nur gewartet. Mit einem Ruck holten sie sich ihre Beute aus dem Boot und verschwanden mit ihr auf dem Grund des Flusses.

Information

Enseleni Nature Reserve, Tel. 035-7532330. Eintritt frei, permanente Kunstmärkte an den Picknickplätzen.

Richards Bay/uMhlathuze

Ab dem 16. Jahrhundert strandeten immer wieder Portugiesen auf dem Weg zur Delagoa-Bucht (Maputo, Moçambique). Sie verzeichneten das Gebiet in ihren Karten als Rio dos Peixes – „Fluss der Fische". Nach der Schlacht bei Isandlwana (1878) machte sich der britische Kommandeur Frederick William Richards auf, das Zululand zu „befreien": Mit 250 Mann nahm er 1879 Eshowe ein, erkundete die Küste und zeichnete dann die uMhlathuze-Lagune als **Richards Bay** in seine Karte. Der Ort entwickelte sich zu einem kleinen Fischereihafen, 1928 baute man das erste Hotel und der Tourismus nahm seinen Anfang (Hochseefischen). 1965 beschloss die Regierung, eine Güterzuglinie an die Küste zu bauen und Richards Bay in einen Groß- bzw. Tiefseehafen zu verwandeln. Seit 1976 ist Richards Bay nach Durban nun der zweitgrößte Hafen (46.000 Einw.). Rund um die Bucht haben sich kleinere und größere Industrien und Dienstleistungsunternehmen angesiedelt. Dennoch legt die Stadt sehr viel Wert darauf, auch Ferienort zu sein. Die hohe Luftfeuchtigkeit ist gewöhnungsbedürftig. Der Alkantstrand (hier gibt es eine Platform zur Delfinbeobachtung) und Newark Beach haben Hainetze und Lifeguards.

Sehenswert

Im **Mzingazi-See,** umgeben von subtropischer Landschaft, gibt es Krokodile, Nilpferde und viele Fische. Auch Fischadler, Flamingos und Pelikane sind heimisch. Der See ist teilweise Naturschutzgebiet. Ein weiteres Naturschutzgebiet ist das *Richards Bay Game Reserve.*

Boardwalk beim CBD ist ein großes Einkaufs- und Vergnügungszentrum (120 Läden, Kinos, Restaurants, Spezialitäten). Viele Einheimische besuchen das Restaurant **Porky's.** Mi und Sa Livemusik.

Mit dem Titel **„Industrie-Tourismus"** wirbt die Region für eine Neuheit: Man will einen Blick hinter die Kulissen einiger Industriezweige ermöglichen. Die Betonung liegt auf „Umweltschutz". *Richards Bay Minerals RBM*, Tel. 035-9013444 (Elsabé Linde) bietet 3 Touren an (von der Problematik des Mineralabbaus in Dünenlandschaften über Umweltaspekte bis zur rein technischen Besichtigung der Anlagen). Die Indian *Ocean Fertilizer Ltd.,* eine Düngemittelfabrik, hat Mi und Fr um

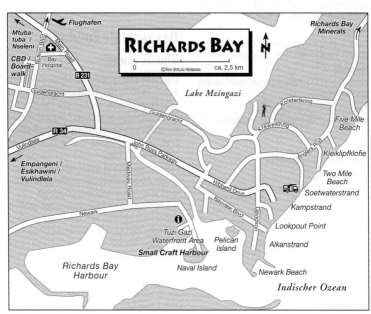

10 Uhr und 12 Uhr Besichtigungen (ab 10 Personen; Tel. 035-9023111). Weitere Touren vermittelt die Publicity Association.

Richards Bay von A–Z

Information Richards Bay
Richards Bay Tourism, www.richemp.org.za, Tel. 035-7891404.

Apotheke
Central Apteek, 7 Checkers Centre.

Autovermietung
Avis, Tel. 035-7896555, Fax 7893344. *Budget,* Tel. 035-7897011, Fax 7897001. *Key,* Tel. 035-789 5655. *Europcar,* Tel. 0800-118898.

Busse
Interport Passenger Lines zweimal tgl. von und nach Durban, über Empangeni.

Fluginformation
Richards Bay Airport, Tel. 035-7891361, 6 km vom Zentrum, tgl. Johannesburg, 2x wöchentlich Durban. *South African Airways SAA,* Tel. 035-7891040. *Comair,* Tel. 035-7891361. Kein Zubringerbus, nur Taxis (Tel. 035-7893564).

Hospital
The Bay Hospital, Krugerrand Central *Comfort* District, Tel. 035-7891418, 24-Stunden-Service.

Notrufe
Polizei, Tel. 10111; Ambulanz, Tel. 10177, Notfall, Tel. 7973911.

Taxi
RT's Taxi, Tel. 035-7892937, auch Besichtigungsfahrten.

Optiker
Optometrist, The Boardwalk

Restaurants
Anchors Cast Waterfront Tavern, Small Craft Harbour; Fisch, beliebt. – **Alexandre's Restaurant,** 29A Bay Centre; spanisch, Unterhaltung am Freitagabend. **Dros,** Shop 1, Captains Walk (Tuzi Gazi Waterfront) serviert unter großen Sonnenschirmen leckere Fischgerichte und auch Cocktails. – **1001 Islands Seafood Restaurant,** Small Craft Harbour; Fisch, Spezialität „Languste Thermidor". – **The Grill-Fish;** Tuzi Gazi Waterfront, Tel. 035-7880110; vom Deck aus gute Sicht auf den Yachthafen, auf Fisch spezialisiert.

Unterkunft

Comfort
The Richards, Hibberd Drive, Meerensee, Tel. 035-7531111, www.proteahotels.com. Großes Hotel mit gehobenem Standard. Mossel-Restaurant und Delagoa-Bar.
*The Ridge Guest House, 1 Jack's Corner, Meerensee, Tel. 035-7534312, www.theridgeguesthouse.co.za. Spektakuläre Aussicht auf Bucht und Meer. Gutes Restaurant. DZ/ ab R520 p.P.

Touristic
Duck Inn, 3 Dageraad, Meerensee, www.duckinn.co.za, Tel. 035-7534147. Zimmer, Cottage, Garten mit Pool.

Budget
YMCA, Greenhill, Meerensee, Tel. 035-753 1749. Einzel- und Doppelzimmer, Vollverpflegung, günstig, Pool. Reservierung empfohlen.

Camping
Richards Bay Caravan Park, Tel. 035-753 1971, am Strand. Schattige Stellplätze auf Gras, Pool. Tauchen möglich.

Das zentrale Zululand
Ulundi/oLundi

Das alte Königreich der Zulu fand am 4. Juli 1879 in der **Schlacht von Ulundi** sein Ende. Später wurde der Ort Hauptstadt des Homelands KwaZulu und Regierungssitz von **Chief Mangosuthu Buthelezi** (ein Urgroßenkel des Zulukönigs Cetshwayo). Gegenwärtiger König der Zulu ist **Goodwill Zwelethini**. Ihm wird große Achtung entgegengebracht, er besitzt aber keine Regierungsgewalt.

Ulundi/oLundi liegt abseits der großen Ferienrouten und lohnt keinen großen Umweg. Im Ort steht die ehemalige *Kwa Zulu Legislative Assembly* (1984) mit einer Statue von Shaka und gleich gegenüber *kwaNodwengu,* der Platz des Umuzi von König Mpande, der nach der Niederlage am Blood River 1838 unter Dingane neuer Zulukönig wurde. Das **KwaZulu Cultural**

Museum im Ondini Historic Reserve, 5 km südlich Richtung Flughafen, bietet einen umfangreichen Überblick über die Geschichte, Kunst und Kultur der Zulu (bemerkenswerte Perlenschmuck-Kollektion; Broschüren und Souvenirs). Das **Ondini Site Museum** daneben zeigt die zum Teil wiederhergestellte Residenz von König Cetshwayo (Ondini, der „erhabene Platz", wurde 1873 als Hauptumuzi Cetshwayos errichtet, in der Schlacht von Ulundi aber dem Erdboden gleichgemacht). Beide Museen sind Mo–Fr 8–16 Uhr geöffnet, Sa/So 9–16 Uhr, Eintritt R20, Curio Shop, Tel. 035-8702050.

Touristeninformation unter Tel. 078-0992044, und zululandtourism.org.za.

Ophathe Game Reserve und Heritage Park

Im Südwesten Ulundis (10 km entfernt) liegt das **Ophathe Game Reserve,** das ein Gebiet von 8825 ha am südlichen Ufer des White iMfolozi umfasst. 1991 wurde es gegründet um als Schutzgebiet für das Spitzmaulnashorn zu dienen. 2001 wurde der **eMakhosini Ophathe Heritage Park** mit historischen und kulturellen Stätten angegliedert und somit auf 24.000 ha erweitert. Sieben wichtige Zulukönige liegen hier begraben.

Interpretive Centre mit einer eindrucksvollen Multimedia-Show über Kultur der Zulu im 19. Jahrhundert (Mo–Fr 8–17 Uhr, Sa/So 9–16 Uhr. Eintritt R20, Führungsblatt fürs Tal, Curio Shop, Toiletten, Guides. Info-Tel. 035-8705000, www.heritagekzn.co.za).

Unterkunft

Touristic
Garden Court, Princess Magogo St, Tel. 035-8701012, www.tsogosunhotels.com. Restaurant. DZ ab R800.

Budget
Das **uMuzi Camp** liegt umgeben von sanften Hügeln des eMakhosini Valley. Idealer Ausgangspunkt, um die historischen Kulturstätten der Zulu in der Umgebung zu besuchen. Übernachtung in traditionellen Hütten.

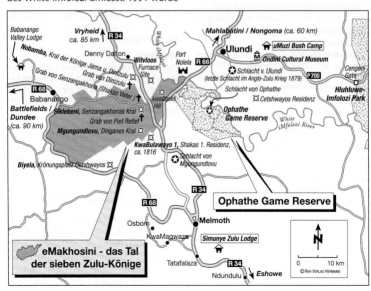

Buchung/Infos Tel. 035-4502531, www.tinta safaris.co.za (m. Anfahrtskizze). Hütte mit 2 Betten, Bad u. TV ab R300 p.P. Dinner oder Braai mit Zulutanz zu empfehlen. Anfahrt: Baz Bus bis Eshowe, dann Abholung möglich. Greyhound bis Melmoth.

Babanango Nature Reserve

Zwischen der Hügellandschaft westlich von Ulundi, die sich eher durch eintönige Zuckerrohr- und Eukalyptusplantagen auszeichnet, liegt das **Babanango Private Nature Reserve.** Das 8000 ha große Reservat umfasst das Babanango Valley, ein Tal, das liebliche Hügel flankieren. 20 km lange Wanderwege durchziehen das Gebiet, auf dem viele Tiere, wie Antilopen, darunter Kudus, Nyalas, Gnus und Berg-Riedböcke, eine Heimat gefunden haben. 255 Vogelarten und 152 verschiedene Baumarten sind zu finden. Zu den beliebtesten Aktivitäten zählen Wandern und Reiten (auch für Anfänger geeignet).

Sehr zu empfehlen ist **ein Besuch im Zuludorf,** in dem man einen ganzen Tag inmitten der Dorfbewohner verbringen und an ihrem traditionellen Leben teilhaben kann.

Anfahrt: Von Melmoth oder Dundee kommend auf der („schlaglochgesegneten") R 68. 4 km vor bzw. hinter Babanango ist die Abzweigung beschildert. Von dort 12 km auf sandiger Farmstraße.

Information/Unterkunft

Babanango Valley Lodge, Tel. 082-7097951, www.babanangovalley.co.za. Idyllisch mit Blick auf den White Umfolozi River. HP und VP, Pool. Eine günstigere Alternative ist das Rockpool Camp (Safarizelte) direkt an einem kleinen Bach gelegen. Ebenfalls HP oder VP.

iSimangaliso Wetland Park

Neuer Parkname

Der iSimangaliso Wetland Park (vormals Greater St Lucia) und seit 1999 Unesco-Weltnaturerbe, leitet seinen neuen Namen vom Zuluwort für „Wunder" ab, basierend auf einem Ausspruch von König Shakas ehemaligem Hofbeamten Ujeqe, der sagte: „Wenn Du Wunder gesehen hast, dann hast Du dasselbe gesehen wie Ujeqe in Thonga". Gemeint ist das Maputoland.

Der Park umfasst die Feucht- und Küstengebiete von **Maphelane** im Süden bis hinauf **zur Sodwana Bucht** im Norden. Er setzt sich aus vielen kleinen Schutzgebieten zusammen. Die Vegetation reicht von subtropisch im Süden bis tropisch im Norden. Über 420 Vogelarten sind heimisch. Nilpferde, Büffel, Breit- und Spitzmaulnashörner, im Meer auch Buckelwale. 36 Amphibienarten (höchste Dichte des Landes). Unter den Reptilien gehören viele zu den geschützten Arten: Pythons, Krokodile, Sumpf- und Wasserschildkröten. Gute Reisezeit: in den weniger heißen Wintermonaten.

Wandern

Wer eine Wanderung plant, sollte sich mindestens einen Tag im Voraus erkundigen, ob bewaffnete Begleiter (können vor Ort gegen geringes Entgeld angemietet werden) auf der Strecke erforderlich sind.

Allgemeine Information

Alle Übernachtungsbuchungen (außer Camping) nur über **KZN Wildlife,** Reservation Office, Tel. 033-8451000/2, Fax 8451001, www.kznwildlife.com und www.isimangaliso.com.

Maphelane Nature Reserve

Das **Maphelane Nature Reserve** (900 ha) liegt am Südufer und an der Mündung des **iMfolozi River.** Die Südafrikaner gehen hier ihrem beliebten Sportfischen nach. Die Unterwasserwelt bietet Langusten, Muscheln und Austernbänke, der

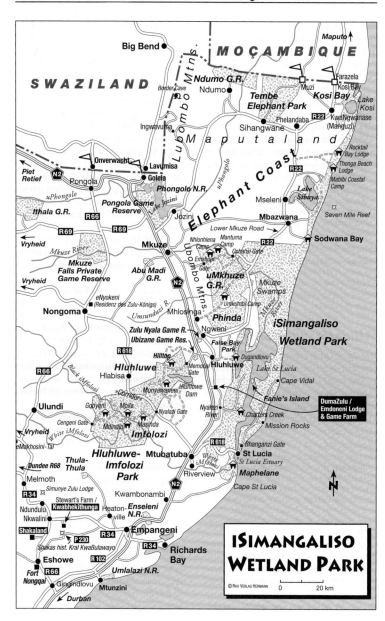

Küstenstreifen ist bewaldet (schöne Spaziergänge, der Umphafa Trail dauert ca. 2 Std.). Fast 200 Vogelarten bevölkern das Gebiet. Säugetiere wie Ducker, Wasserböcke und Pinselohrschweine halten sich bevorzugt in der dichteren Vegetation auf. **Achtung:** Besonders in den Wintermonaten sammeln sich im Fluss **Krokodile,** auch **Nilpferde** sind nicht ungewöhnlich! **Das Baden im Fluss ist strengstens untersagt.** Kinder sollten nicht in Ufernähe spielen. Zudem gibt es Speikobras, Puffottern, Grüne Mambas und Seeschlangen!

Anfahrt: Über N 2, Ausfahrt Kwambonambi, St Lucia Lighthouse; 40 km Sandstraße zum Camp. Beachte: Nur Wagen mit hoher Bodenfreiheit!

Information/Unterkunft

Maphelane Nature Reserve, Tel. 035-590 9015, Fax 5901343 (Parkbüro 8–9.30 Uhr, 11–12.30 Uhr und 14–16.30 Uhr). Kleiner Laden. Zehn 5-Bett Log Cabins (ab R1060), 40 Campplätze (R140/Site).

St Lucia / St Lucia Estuary

Der kleine Ort St Lucia hat sich in den letzten Jahren zu einem kleinen Touristenzentrum mit Übernachtungsmöglichkeiten und Shops (auch Waschsalon) gemausert. Guter Ausgangspunkt für Exkursionen und zur **Walbeobachtung** (Touren dauern 2–4 Stunden, bei hohem Wellengang und Wind allerdings nichts für Leute die leicht seekrank werden).

Anfahrt: N 2, Ausfahrt Mtubatuba; auf der R618 auf 27 km bis nach St Lucia. Noch vor der Brücke befindet sich links das Einheimischen-Dorf **Khula-Village** mit Möglichkeit einer kleinen geführten Tour (Besuch von Schule, Privathaus, Sangoma, Krankenhaus. Erklärung des Dorflebens).

Das **St Lucia Estuary** wurde aus verschiedenen geschützten Zonen zusammengefügt. Das *St Lucia Game Reserve* wurde 1895 eingerichtet. Auf dem Areal befinden sich die *höchsten bewachsenen Dünen der Welt,* ein ausgedehntes Feucht-

gebiet und Küstengrasland mit der weltweit höchsten Dichte von Riedböcken (6000 Exemplare). Daneben gibt es Büffel, Kudus, Buschböcke, Ducker und Pinselohrschweine. 1500 Krokodile und 700 Nilpferde wurden gezählt. Besondere Beachtung verdient das *Ncema-Gras (Juncus kraussii),* das die Zulu für Mattenherstellung verwenden. Ab dem 1. Mai schneiden tausende Menschen das Gras.

Von St Lucia aus ist die Fahrt mit einem Passagierboot entlang der reizvollen Ufervegetation des **Lucia-Channels** sehr beliebt, Hippo-Sichtungen sind garantiert. Infos: *Advantage Tours,* 1 McKenzie Rd, Tel. 035-5901259, www.advantage-tours.co.za, tgl. (sommers) um 8, 10, 12, 14 und 16 Uhr, winters 9, 11, 13 und 15 Uhr, R190 p.P./2 Std. Sehr schön ist die Sundowner Cruise am Fr und Sa um 16 Uhr.

Hauptstraße ist im Ort sie die McKenzie Street, an ihrem südlichen Ende, hinter der Kingfisher Lodge, liegt der 2–3 Kilometer lange **Igwalagwala-Rund-Trail,** der durch Küstenwald mit reichlich Vogelgezwitscher führt. Am schönsten ist der Weg vom **KZN-Sugarloaf-Camp** über den **Boardwalk** zu den Sandbänken am Estuary Beach, wo unterwegs oft Nilpferde zu sehen sind.

Beachte: Wegen der Gefahr von Haien und Krokodilen ist Schwimmen oder Waten an der Flussmündung untersagt. *Ebenfalls verboten:* Baden in der Brandung im Gebiet der Mündung (starke Strömung!), Windsurfen, Segeln und Kanufahren. Schwimmen im Meer auf eigene Gefahr – Lebensgefahr! Vom Crocodile Centre aus startet der *Mvubu-Trail* (ca. 1 h), von dem Zebras, Gnus, Warzenschweine und Vögel zu sehen sind.

Einen Mini-Vergnügungspark mit Wasserrutsche, Pool und Go-Cart-Bahn bietet das Familienrestaurant **Für Elize** (McKenzie Street, Tel. 035-5902166), Nähe der Bootsanlegestelle.

Information

KZN Wildlife, Pelican Rd, 8–13.30 u. 14–16.30 Uhr, Tel. 035-5901340, -45, -46. Buchung Buchung von Trails (trails@kzn-wildlife.com) und Unterkünften. Angel- und Boot-Permits.
Malariaprophylaxe empfohlen. Ein **Internetcafé** gibt es in der McKenzie Street. Anglern steht der Bait Shop 24 Stunden zur Verfügung (Köder, Getränke und Eis).

Unterkunft

Comfort

Seasands Lodge & Garden Cottages, 135 Hornbill St, Tel. 035-5901082, www.seasands. co.za. Sehr schöne 4-Sterne-Lodge in tropischem Garten mit Pool, im älteren Teil günstigere Zimmer, neue sind teurer. Gutes Frühstück und à-la-Carte-Dinner. DZ/F ab R570 p.P.

African Ambience Guest House, 124 Pelican St, Tel. 035-5901212, www.africanambience. com. Geschmackvolle Einrichtung in afrikanischem Stil. Von hier aus gut zu Fuß alles erreichbar. Ab R500 p.P.

Namib Safari Lodge, 48 McKenzie St, Tel. 035-5901133, www.namibsafari.co.za. Gemütlich und günstig. DZ/F ab R475 p.P.

Saint Lucia Wetlands Guesthouse, 20 Kingfisher St, Tel. 035-5901098, www.stluciawetlands.co.za. Komfortabel, nette Gastgeber Derrick & Hettie Holman, sicheres Innenparken, Gartenanlage mit Pool, üppiges Frühstück, kleine Bar, hilfreich mit allem (Ausflüge etc). Hauptstraße McKenzie in Gehentfernung. DZ/F R900.

Saint Lucia Guesthouse, 30 Pelican St, Tel. 035-5901151, www.santalucia.co.za. Ein mit südafrikanischer Kunst eingerichtetes Haus, Pool in tollem Garten. François & Rika van der Merwe. DZ R495 p.P.

Touristic

Bhangazi Lodge, 36 Hornbill St, www.bhangazi-lodge.com, Tel. 035-5901258. Schönes B&B inmitten eines idyllischen Gartens; dt. Leitung. DZ ab R425 p.P.

Maputaland Guesthouse, 1 Kabeljou St, Tel./Fax 035-5901041, maputaland.com. Gute Unterkunft mit 7 Zimmern bei dt.-spr. Hosts. Touren nach Hluhluwe/Imfolozi. Preise a.A.

Sunset Lodge, direkt am See, Tel. 035-590 1197, www.sunsetstlucia.co.za. 5 freistehende Häuschen mit je 2 Schlafräumen, Küche, privates Sonnendeck, Selbstversorgung. Pool. Chalet ab R695.

*Afrikhaya, 5 Kabeljou St, Tel./Fax 035-590 1447, www.afrikhaya.co.za. Sehr schöne Zimmer mit AC, Terrasse, Pool. Nette holländ. Hosts. DZ/F ab R395 p.P.

Budget

St Lucia International Backpackers, 310 McKenzie St, Tel. 035-5901056, www.bibs. co.za. Internet, gutes Tourenangebot. Dormitory R100, DZ R250, Camping R75. Baz Bus-Stopp.

Stokkiesdraai, 74 McKenzie St, Tel. 035-590 1216, www.stokkiesdraai.com. Baz Bus-Stopp. Schöne Backpacker-Unterkunft. Auch Ferienwohnung. Pool. Dormitory R110, DZ ab R300.

Camping

Eden Park, 20 Plätze, R150/Site. Meist nur Einheimische. Achtung: nachts kommen Hippos zum Grasen.

Iphiva, 80 Plätze, R75/Site.

Sugarloaf Camp, 92 Plätze, R130/Site. Elektrizität, alle Plätze mit Sanitäreinrichtung (z.T. ohne Strom und verkommen), Trinkwasser stark gechlort. Treff Jugendlicher und Touristen. Buchung der Campingplätze über KZN Wildlife.

Mfabeni Eastern Shores Nature Reserve / Cape Vidal

Das *Mfabeni Section* des *Eastern Shores Nature Reserve* liegt zwischen dem See St Lucia und der Küstenlinie mit Cape Vidal. Anfahrt von der N 2: Ausfahrt Mtubatuba, Richtung St Lucia. Kurz vor St Lucia nach der Brücke links, Richtung Cape Vidal mit Bhangazi Gate.

Crocodile Centre

Noch vor dem Bhangazi Gate kommt das **St Lucia Crocodile Centre,** ein Info-Zentrum über das Leben der Krokodile und ihre wichtige Rolle im natürlichen Umfeld. Tgl. 9–22 Uhr, So 10–22 Uhr. Fütterung Sa 15 Uhr, So 11 Uhr. Eintritt. Das Crocodile Centre zeigt auch ein inzwischen berühmtes Fisch-Fossil, einen coelacanth.

546 Cape Vidal

Eastern Shore Game Reserve

Vom **Bhangazi Gate** sind es durch das **Eastern Shores Nature Reserve** zum Cape Vidal etwa 35 Kilometer. Eintritt p.P. R25, R35/Wagen. Geöffnet 01.10–31.03 von 5–19 Uhr, Apr–Sept 6–18 Uhr. Es dürfen höchstens 120 Autos in das Schutzgebiet einfahren, Motorräder keine. 24-h-Notfall-Tel.-Nr. 082-4939010.

Beachte: Ohne einen (bewaffneten) Guide dürfen die Walking Trails wegen Büffeln, Leoparden, Rhinos oder Elefanten nicht begangen werden! Erlaubt sind Spaziergänge an den Stränden, bei den Mission Rocks Viewsites und in der Cape Vidal Area. Ein Guide kostet R50 p.P., Vorbuchen einen Tag zuvor, Tel. 035-5909002.

Zum Cape Vidal

Zeitbedarf 2–3 Stunden. Unterwegs gibt es einige kurze Stichstrecken zu Aussichtspunkten und Seiten-Loops (Einbahn). Es lohnt sehr, langsam zu fahren und nach Tieren Ausschau zu halten. Nashörner, Impalas, Büffel, Kudus, Riedböcke, Zebras, Affen und auch zahlreiche Vogelarten fühlen sich in der überwachsenen Sand- und Dünenlandschaft wohl.

4,5 km hinter dem Gate kann links in den *Pan Loop* einbiegen, ein kleiner See mit Hippos. Nach knapp sechs Kilometern zweigt nach rechts der **Vlei Loop** mit dem Aussichtspunkt *Ngunuza* ab. Wieder zurück auf der Straße, müssen Sie für die **iZindondwe Pan** kurz zurückfahren.

Bald danach kommt nach rechts die Auffahrt zu **Mission Rocks** im Küstendünenwald, einem beliebten und beschatteten Picknickplatz (Toiletten). Vom ersten Parkplatz führt nach Norden ein Weg zum *Mission Rocks Lookout*. Mission Rocks besitzt eine Rangerstation für Hiking Trails. Ein Weg führt an den Strand und nördlich weiter entlang dem Meer, nach ungefähr 50 Minuten wird die *Bats Cave* erreicht, wo Hunderte Fledermäuse an der Decke der Höhle hängen. Bei Ebbe – und nur dann sollte man nördlich losgehen – sind in den Gezeitentümpeln der Mission Rocks Muscheln, Krebse, Austern und Kleinfische zu sehen. Beim *Mount Tabor* befindet sich die Grace Mission Station, die 1898 von einem norwegischen Missionar gegründet und die 1955 aufgegeben wurde. Übriggeblieben ist ein alter, einzigartiger Brennofen, in dem Ziegel gebrannt und Brote gebacken wurden und im Dickicht versteckt zwei Grabsteine. Mount Tabor dient mit seiner Übernachtungshütte als Base Camp für den Mziki Trail, ein 3-Tages-Wanderweg durch das Naturschutzgebiet, der aber auch in Teilabschnitten begangen werden kann.

Weiterfahrend liegt links der Straße die **Catalina Bay** mit Sicht auf den See von einem Steg. Danach kommt, auch links, die Einmündung der Einbahn-Naturstraße von den **Red Dunes (Ezibomvini)**. Sie müssen geradeaus weiterfahren. Dann rechts die Zufahrt zum *Dune Loop* mit dem Aussichtspunkt *Kwasheleni*. Kurz vor der Cape-Vidal-Zufahrt geht es nach links zum großen *Red Dunes* (oder Grassland) *Loop*, den Sie nach Besichtigung des Cape Vidals für die Rückfahrt nehmen.

Cape Vidal

hat seinen Namen nach dem englischen Kapitän Vidal, der hier 1822 mit seinem Schiff vorbeikam. Es ist ein weitläufiger, weißsandener Küstenstrich mit pinienbewaldeten Dünen, der Strandliebhaber, Angler und Taucher anzieht, die die bunten tropischen Fische des nahe gelegenen Riffs bewundern. Im Schutz des Riffs lässt es sich gut Schwimmen, wenn nicht gerade Brecher toben (allerdings keine Hainetze). Neue Attraktion sind die beiden im Meer versenkten Schiffe, die zwar künstliche, aber nicht minder schöne Riffs bilden und für Taucher ideal sind. Auf dem großen Parkplatz befinden sich Toiletten und die Rangerstation.

Information Cape Vidal

Cape Vidal, Officer-in-Charge, St Lucia Estuary 3936, Tel. 035-5909012, Fax 5909007 (Parkbüro 8–12.30 und 14–16.30 Uhr). Souvenirladen. Nur Benzin und Feuerholz. Nächste Einkaufsmöglichkeit in St Lucia Village. Zwischen April und September geführte Wilderness-Trails: Start Freitagnachmittags in Cape Vidal, Ende Diens-

tagmorgen (Anmeldung unbedingt erforderlich).

Unterkunft

Beachte: Cape Vital muss sehr lange im Voraus
gebucht werden, der Andrang ist groß.
Beach: 5- und 8-Bett-Cabins ab R960.

50 Campingplätze (R420 im Dünenwald
(wegen des Sandes nicht für Wohnmobile
geeignet), einige haben Elektroanschlüsse.
Bhangazi Complex: am Westufer des Bhangazi Sees, für Gruppen 6–20 Pers. (R510 Minm.
für Gruppen bis 6 Pers. und R1280 Minm. bis
20 Pers.) Zur Beachtung: Wer mit Reservierung nach 16.30 Uhr kommt, muss das Büro
vorher informieren. Die Übernachtungsplätze
sind nicht umzäunt (nach Sonnenuntergang
nicht mehr aus dem Umkreis der Hütten und
Zelte gehen!).

Charters Creek

Das etwas anspruchslose Camp von Char-
ters Creek liegt am westlichen Ufer des St
Lucia Sees, schattig an einer steilen Klippe
mit schönem Blick auf See und Pelikane;
Flamingos fischen im seichten Wasser,
Reiher und Ibisse bevölkern das Ufer.
Hoch oben schweben Fischadler. Im Was-
ser kann man Nilpferde und Krokodile
ausmachen – somit hat sich das Thema
Baden oder Paddeln erübrigt. Größere
Boote sind erlaubt.

Von St Lucia in Richtung N2, gleich
nach der Brücke rechter Hand zum Du-
kuduku Gate. Oder der N2, ca. 20 km hinter
Mtubatuba abfahren zum Nhlozi Gate.
Nach 15 km an einer Gabelung nach links,
letzte 3,5 km Schotterstraße.

Information Charters Creek

Charters Creek, Officer-in-Charge, Tel. 035-
5509000, Fax 5509001 (Büro 8–12.30 und 14–
16.30 Uhr, Parkeingang 5–20 Uhr im Sommer,
6–20 Uhr im Winter). Eintritt. Benzin, Öl, kleine
Auswahl an Essen und Getränken im Büro erhältlich. Zur Zeit keine Unterkunft.

False Bay Park

Im False Bay Park stehen neben Fischen
und Bootfahren vor allem Wild- und Vogelbeobachtung und Naturwanderungen
hoch im Kurs. Auf dem dreistündigen
Mpophomeni Trail oder dem *Dugandlovu
Trail* bekommt man Zebras, Impalas, Nyalas, Wasserböcke, Schirrantilopen oder
Warzenschweine zu Gesicht.

Information False Bay Park

Reservierungen von Campingplätzen **und** Rus-
tic Camp über **False Bay Park,** Camp Manager,
Tel. 035-5620425 (Büro 8–12.30 und 14–16.30
Uhr, Park Sommer 5–20 Uhr, Winter 6–20 Uhr).
Um 20 Uhr wird das Tor noch einmal kurz ge-
öffnet. Eintritt R25 p.P. Malariaprophylaxe und
Insektenschutz empfohlen.

Anfahrt: Über N 2, Ausfahrt Hluhluwe Village; zum Parkeingang 15 km.

Unterkunft

Dugandlovu Rustic Camp (Direktbuchung
im Camp): vier 4-Bett Rustic Huts (ab R300).
Kalte Dusche, Toiletten, Gaskocher, Grillplätze.
Genügend Feuerholz und Trinkwasser sind
vorhanden, Paraffinlampen werden gestellt,
Essen, Getränke, Handtücher und Schlafsäcke
bzw. Bettwäsche mitbringen.
38 **Campingplätze** am Ufer (R90/Site, z.T.
Stromanschluss), sanitäre Einrichtungen.
Zur Beachtung: Vor 16.30 Uhr ankommen und
Zelt aufbauen (keine Beleuchtung).
Kleiner Laden.

Sodwana Bay

Sodwana Bay steht bei **Sportanglern** an
erster Stelle. Mit Ausnahme des schönen
Badestrandes darf man hier mit seinem
Fahrzeug bis ans Meer fahren. Einsam ist
man hier selten – der Campingplatz soll
der größte der südlichen Hemisphäre sein
(Wochenenden meiden!).

Die Tierwelt besteht aus exotischen Fi-
schen und allein 38 Reptilienarten (dar-
unter Giftschlangen wie Grüne Mambas,
Baumschlangen, Kobras und Puffottern).
Krokodile leben in den zwei Seen, ebenso
Nilwarane. Größere Säugetiere sieht man

548 **Ort Hluhluwe** Karte S. 543

eher selten, dabei gibt es jede Menge Antilopen, Pinselohrschweine, Ginsterkatzen, Strauchhasen und Mangusten. Auf einem kurzen Spazierweg durch die Dünen oder dem längeren Wanderweg hinunter zum *Ngoboseleni-See* hat man die größten Chancen, sie zu erspähen. Im Sommer kommen nachts große Wasserschildkröten, um ihre Eier abzulegen. Zwischen Dezember und Januar veranstaltet die Parkverwaltung Nachtfahrten (Buchung mindestens einen Tag im Voraus).

Anfahrt: Über die N 2, Ausfahrt Hluhluwe, R22. Von Norden über Jozini der Beschilderung nach Mbazwana folgen, 120 km Schotterpiste (nicht empfehlenswert, lieber über den Ort Hluhluwe fahren).

Tauchen

60.000 **Taucher** kommen alljährlich in die Bucht, um die tropischen Korallenriffe, wie Two Mile, Stringer und Quartermile, zu erkunden (am besten meidet man das Wochenende!). Neben unterschiedlichsten Korallenarten findet man Seegurken, Anemonen und mehrere hundert Fischarten (darunter 15 verschiedene Haie). Auch **Schnorchler** genießen den spektakulären Blick unter die Wasseroberfläche.

Auskünfte über **Tauchkurse** und -ausflüge bei *Ocean Divers International*, Port Elizabeth, Tel. 041-5831790, www.odipe.co.za, in der *Sodwana Bay Lodge* (Reef Divers, Tel. 012-4609229) oder in der *Mseni Lodge* (s. unten; Tauchgang ca. R290, 5-Tagespaket ca. R1000). Empfehlenswert sind *Coral Divers*, im Nationalpark, Tel. 082-5562474 oder 035-5710290, info@coraldivers.co.za (PADI, Open water und Advanced inkl. Übernachtung für ca. R1950, Tauchpakete). Man kann Einzeltauchgänge buchen (R290/ Tauchgang, Ausrüstung R185/Tag). Übernachtung in Hütten; s.a. auf www.coraldivers.co.za.

Information Sodwana Bay

Sodwana Bay, Manager-in-Charge, Tel. 035-5710051, www.kznwildlife.com (Büro Mo–Fr 8–16.30, Fr–So 7–16.30 Uhr, Park 24 Stunden geöffnet). Eintritt. Reservierungen für den Campingplatz während der Hauptsaison unbedingt im Voraus! Arzt und Bank in Hluhluwe. Post und

Werkstatt in Mbazwana. Im Park kleiner, gut sortierter Supermarkt, Benzin und Öl. Tauchshop mit Kompressoranlage. Malariaprophylaxe empfohlen. *Zur Beachtung:* Wegen Diebstahlgefahr Wertsachen im verschlossenen Wagen aufbewahren! *Zur Beachtung:* Das Trinken von Alkohol ist am Strand bei Strafe verboten!

Unterkunft

Je zehn 4-Bett- und 6-Bett Log Cabins (ab R1185), voll eingerichtet. Auf dem **Campingplatz** gibt es 286 Plätze (R420/Site und R65/ Nebensaison), plus 64 Plätze mit Wasser- und Elektroanschluss. Gereinigtes Trinkwasser, warme Duschen u. Toiletten m. septischem Tank.

Auf Taucher u. Schnorchler eingestellt ist die **Sodwana Bay Lodge,** Tel./Fax 035-5710095, sodwanabaylodge.com. 21 DZ mit HP (R780 p.P.), 20 Chalets mit Selbstverpflegung, Pool, Tauchschule. 5 km im Hinterland gelegen. Buchung nur per Vorauskasse.

Sehr schön und günstiger ist die **Mseni Lodge** Tel. 035-5710284, www.mseni.co.za. DZ/HP ab R750, Restaurant.

Hluhluwe

Der Ort lebt von der Nähe des *Hluhluwe-Imfolozi Park*, des *Mkhuze Game Reserve* und dem iSimangaliso Wetland Park. Er eignet sich, abseits der N 2, als sehr gute Übernachtungsalternative. Die meisten Hotels und Gästehäuser bieten Führungen in die Naturreservate an.

Interessiert an schöner Handwerkskunst? ***Ilala Weavers,** Tel. 035-5620630, www.ilala.co.za, beschäftigen heute über 1000 Zulu, die kunstvolle Körbe, traditionellen Schmuck, Töpfe aus Telefondraht, Lampen und außergewöhnliche Grußkarten herstellen. Eine wunderbare Initiative.

Der besondere Tipp

Mbonise Cultural Concepts bieten Wanderungen der besonderen Art: Die Touren führen durch die ländliche Nompondo-Gemeinde, die an das Hluhluwe Reservat angrenzt. Sie beginnen Mo–Fr um 9 Uhr am Memorial Gate. Dauer 2 Stunden. Infos unter Tel. 035-5621329, www. mbonise.com.

Information Hluhluwe

Hluhluwe Tourism Association, 15 Main St, Engen Garage, Tel. 035-5620353, Fax 5620351. Infos zu Übernachtungen und kulturellen Ereignissen.

Unterkunft

Luxus

*Hluhluwe River Lodge, Anfahrt über N 2 Ausfahrt Hluhluwe, den Schildern nach False Bay folgen, rechts auf die D 540 abbiegen (6 km Schotterpiste), Tel. 035-5620246, www.hluhluwe.co.za. Traumhafte Lodge am Hluhluwe River. Zahlreiche Aktivitäten, wie Paddeltouren, Pirschfahrten, Wanderungen. Prädikat: „Out of Africa"! HP und VP ab R1000 p.P. im DZ.

Zululand Tree Lodge, Tel. 035-5621020, ubizane.co.za. 24 luxuriöse Chalets im Ubizane Wildlife Reserve. VP mit 2 Pirschfahrten R2000 p.P. im DZ.

Touristic

*AmaZulu Guest House, Tel. 035-5623132, Cell 072-8676525, www.amazuluguesthouse. co.za. Von der N2 zum Kreisverkehr an der Engen-Tankstelle, dort links rausfahren, am Vorfahrt-achten-Straßenschild rechts, an der T-Junction links in die Nyala Street, an deren Ende links. Kleines Gästehaus, nur drei Zimmer, die aber geschmackvolle afrikanisches Interieur bis ins Detail bieten. Super sauber, sehr nette Besitzerin. Pool, Jacuzzi, Braai-Platz, Laundry Service, Kinder willkommen. Auf Wunsch Day Trips und kulturelles Aktivitäten-Programm. Gutes Preis-/Leistungsverhältnis, Ü/F R350–600, Dinner a.A.

*Hluhluwe Guest House, Lot 5 Higgs St, von der N 2 kommend an der Engen Tankstelle links/links/rechts abbiegen, Tel./Fax 035-5620838, www.wheretostay.co.za/hluhluwe guesthouse. 7 gemütliche Zimmer mit Bad. Organisierte Tages-Safari (R480), Abendessen kann bestellt werden, Pool. DZ/F R400 p.P.

Hluhluwe Inn Hotel, Bush Rd 104, 4 km von der N 2 (nicht weit zum Memorial Gate des Hluhluwe), Tel. 035-5620251. Gute Mittelklasse, 65 Zi., zwei Restaurants, Pool, abends Zulu-Tänze.

Sisalana Hotel, Tel. 035-5620177. Zimmer und Rondavels.

Budget

*Isinkwe Backpackers & Safaris, 15 km südlich Hluhluwe, www.isinkwe.co.za (mit Anfahrtsbeschreibung), Tel. 083-3383494. SC und B&B. Auch Dinner. Prima Touren!

Zulu Nyala Game Reserve

Das private Reservat liegt inmitten der südlichen Lubombo-Berge und beherbergt Elefanten, Nashörner, Büffel, Leoparden, Antilopen und über 400 Vogelarten. Es werden Pirschfahrten (auch Nachtfahrt) und Wanderungen angeboten. Viel Wert wird auf persönliche Betreuung gelegt. Den Sundowner sollte man auf der Restaurant-Terrasse oberhalb eines Wasserloches genießen.

Anfahrt: Von Durban (ca. 280 km, 3,5 Stunden) über die Ausfahrt von der N 2 Southern Maputaland/Sodwana Bay/Phinda/Zulu Nyala zu einer T-Junction. Dort links. Nach 4,4 km (Zulu Nyala Heritage Safari Lodge liegt rechts) links über die Bahngleise fahren. Nach 3,5 km ist links der Eingang.

Unterkunft

Zulu Nyala Game Lodge, Tel. 035-5620169, www.zulunyalagamelodge.com. Die Lodge hat 52 z.T. sehr großzügige Zimmer. Das Haupthaus mit Restaurant und Bar ist architektonisch eine Meisterleistung. Ultraluxuriös wohnt man in den beiden Camps **Nyathi** und **Ndlovu** (nach Angeboten fragen). Bezahlbarer ist die **Zulu Nyala Heritage Safari Lodge,** außerhalb des Reservats, Tel. 035-5620177, www.zulunyalaheritagesafarilodge.com. Das Hotel ist im Kolonialstil erbaut. Kulturelle Zulu-Vorführungen.

Emdoneni Lodge and Game Farm
Cheetah and Serval Project

Besucher finden ein sehr interessantes Projekt vor, das verwaisten oder verwundeten Geparden, Servals, Wildkatzen und Luchsen eine neue Heimat bietet. Es dient als Rehabilitations- und Zuchtprojekt. Um 16.30 Uhr ist Fütterung. Daneben erhält man interessante Erläuterungen über die Tiere durch einen erfahrenen Ranger.

Information und Unterkunft

Emdoneni Lodge and Game Farm, Tel. 035-5627000, www.emdonenilodge.com (m. Anfahrtskizze). 1 km von DumaZulu entfernt. Die Übernachtung in sehr geschmackvollen Chalets und Rondavels kostet kostet R997 p.P. Mit Pool und Restaurant.

DumaZulu

Zulu-Umuzi

Das DumaZulu Traditional Village ist ein nachgebauter traditioneller Zulu-Umuzi („Kral") mit schöner Luxus-Lodge. Duma-Zulu („donnernder Zulu") ist das größte seiner Art in Südafrika und wurde vom Zulukönig Goodwill Zwelithini höchstpersönlich eingeweiht. Die bienenkorbartigen Wohnhütten, bewohnt von etwa 50 Zulu, wurden nach traditioneller Weise kreisförmig angelegt. Ein „Living Museum" mit Zulu-Handwerkskunst, wie Töpfern, Korbflechten oder der Herstellung kunstvoller Perlenarbeiten. Website: www.glczulu.co.za/dumazulu.html

Auch ein *Sangoma* (Schamane) ist vertreten, und besonders eindrucksvoll sind die Tanzvorführungen mit Trommel- und Gesangsbegleitung. Geleitet wird das Dorf von dem renommierten Anthropologen Graham Stewart, der den Ehrentitel „White Zulu" trägt. Vorführungen um 8.15, 11 und 15.15 Uhr.

Anfahrt: Liegt 39 km nördlich von Mtubatuba und 10 km südl. von Hluhluwe, östlich der N 2. Braunes Hinweisschild „Bushlands/Duma Zulu".

Unterkunft

Luxus DumaZulu Lodge, Bushlands Rd, Hluhluwe, Tel. 031-3374222 (für Reservierungen), Tel. 072-4751976 (lokal), www.goodersonleisure.co.za. Ab R850 p.P. inkl. Frühstück und Abendessen. EZ ab R1100.

Alternative Unterkunft

Comfort Bushlands Game Lodge, 4 km entfernt, Tel. 035-5620144, www.goodersonleisure.co.za. Kleines, exklusives Reservat mit eigenem Wasserloch für Tierbeobachtungen.

Pool. Nyala Trail ca. 1 Stunde Gehzeit. Abends hervorragendes Büfett. Dinner+Ü/F R850 p.P., Zulu-Dancing R200 p.P.

Touristic Bush Baby Lodge, 14 km außerhalb N 2 Richtung Mtubatuba (Ausfahrt Bushlands), 5 km von Dumazulu, Tel. 035-5620021, www.bushbabylodge.co.za. Holzhütten, Selbstversorgung oder Essen in kleinem Restaurant. Einfach, aber nett. DZ ab R290 p.P., Camping R90.

Hluhluwe-Imfolozi Park

Der **Hluhluwe-Imfolozi Park** (sprich: *Schlu-schluwe,* der Name leitet sich vom Zuluwort „iHluhluwe" für die Lianenart *Dalbergia armata* ab) zählt zu den **Höhepunkten Südafrikas!** Nicht nur, weil man hier am ehesten auf die „Großen Neun", auf Elefanten, Büffel, Breit- und Spitzmaulnashörner, Giraffen, Löwen, Leoparden, Geparden und Hyänenhunde, trifft – es ist die einmalige Landschaft und die afrikanische Atmosphäre, die den Hluhluwe-Imfolozi Park von anderen unterscheidet.

Beste Übernachtungsmöglichkeit ist das **Hilltop Camp,** das auf einem Hügel liegt und von Sonnenauf- bis zu Sonnenuntegang ein herrliches Panorama bietet (versäumen Sie nicht, das Restaurant zu besuchen und eine der Wildspezialitäten zu probieren).

Die Parkgröße beträgt insgesamt 96.000 ha, wobei der **nördliche Teil Hluhluwe,** der **südliche Imfolozi** genannt wird (Hinweis: Oft wird auch der alte Name „Umfolozi" verwendet). Dazwischen liegt „The Corridor" mit der R 618, die durch den Park führt. Hluhluwe und Imfolozi wurden 1885 gegründet und gehören damit zu den ältesten Naturschutzgebieten Afrikas. Hier leben neben vielen anderen Tieren etwa 20.000 Impalas, 1900 Zebras, 2400 Kudus, 620 Giraffen, 1300 Wasserböcke, 7800 Büffel, 7900 Nyalas und 170 Elefanten, 60 Löwen und 20 Hyänenhunde. Nilpferde sieht man nur in

Hluhluwe. Die 1600 Breitmaul- und 350 Spitzmaulnashörner vermehren sich so erfolgreich, dass man sie in andere Wildparks umzusiedeln begann.

Unterwegs in Hluhluwe

Die Erosion hat in Millionen Jahren die Basis für die reiche Formations- und Vegetationsvielfalt der Region geschaffen: Waldlandschaft, Farnwälder, Hügel und Täler in einer Höhe von 540 m bis hinab zu 80 m. Man findet seltene Orchideen, Moosbetten und Flechten. Die Wasserversorgung übernehmen der *Hluhluwe River* und viele Zuflüsse, wie *Nzimane* und *Manzimbomvo River*. Sandbänke, Wasserbecken, Auswaschungen und eine artenreiche Uferböschung bestimmen ihr Bild.

Die Vegetation der Täler besteht aus dichtem Gestrüpp und Akazien, auf den Hügeln wächst vorwiegend Gras. Man kann viele Tiere schon von weitem sehen. Die Länge der Fahrstraßen beträgt ca. 100 km. Viele Tiere kommen zum *Hidli Vlei* Areal hinter der **Einfahrt Memorial Gate.** Atemberaubend ist eine Fahrt zu den *Hippo Pools* mit grandioser Aussicht über den Nzimane. Für die kleine Fahrschleife im Norden braucht man etwas Nerven, weil man öfter den Fluss queren muss (vor Fahrtbeginn nach Wasserstand und Passierbarkeit erkundigen).

Weitere gute Tierbeobachtungsplätze liegen an der Strecke nach *Seme* am *Thiyeni Hide* vorbei (beste Zeit früher Vormittag).

Nur einen Weg darf man allein begehen: Der *Mbhombe Trail* im Hilltop Camp. Sehr zu empfehlen ist eine **geführte Wanderung,** die zweimal täglich stattfindet, morgens ca. 5.30 Uhr (2,5 Std., Vorbuchung und -zahlung erforderlich). Keinesfalls sollte man sich die **Sundowner Drive** um 17 Uhr entgehen lassen (sehr gefragt, telefonische Reservierung ratsam, drei Std. für R220).

Unterwegs im Imfolozi

Der Park besitzt tiefe und weite Täler, umgeben von steilen Hügeln. Die Höhenlage variiert von 60 m bis 650 m. Der *Black* und der *White iMfolozi River* mit Sandbänken, Becken und Felsformationen durchschlängeln behäbig die Landschaft. In den Sommermonaten fluten sie die Pfannen *uDadethu* und *eMquisweni*. Neben ausgeprägter Ufervegetation und Waldlandschaft mit breitblättrigen Bäumen und Akazien gibt es weitläufige Savannen mit tiefem, dichtem Gestrüpp und Grasland. Die Länge der Fahrstraßen beträgt 60 km.

Bestes Gebiet für Wildbeobachtung ist der *Sontuli Loop.* Juni bis Oktober kommen am *Mphafa Hide* zu jeder Tages- und Nachtzeit Tiere zu den Wasserstellen (beste Zeit 9–12 Uhr).

Drei **Wanderwege** kann man allein begehen (Vorsicht: Elefanten, Spitzmaulnashörner, Büffel, Löwen!): Den *Emoyeni Trail* (südlich des Mpila Camps Richtung Cengeni Gate), ein kleiner Weg im Mpila Camp selbst und den *Masinda Trail* nördlich vom Masinda Camp. Zweimal täglich, frühmorgens und am Nachmittag, startet eine *geführte Wanderung* vom Mpila Camp (Reservierung und Vorauszahlung nötig). Für **Nachtfahrten** ist eine telefonische Reservierung ratsam.

Ganz im Süden des Umfolozi liegt eine *Wilderness Area.* Es gibt keine Straßen. Abenteuerlustige buchen den viertägigen (ab R2400) oder am Wochenende zweitägigen (ab R1400) **Wilderness Trail** mit Übernachtung in Bush Camps (Reservierung über KZN Wildlife, Tel. 033-8451067, trails@kznwildlife.com).

Im *Vulamehlo Craft Centre* (Centenary Centre), findet man viel Zulu-Handarbeiten der Gemeinde eziMambeni. Das Projekt entstand als „Nachbarschaftshilfe" und kommt ausschließlich den lokalen Menschen zugute. Picknickplatz, Fastfood-Kiosk.

552　Hluhluwe-Imfolozi Park

Anfahrt: Von Süden über die N 2 bis Mtubatuba, dann 30 km Nyalazi Gate (Imfolozi Park). Von Norden über die N 2 auf Höhe von Hluhluwe Abzweigung zum Haupteingang Memorial Gate, 15 km. Von Nordwesten: von Nongoma auf der R 618. Von Ulundi aus Zufahrt zum Cengeni Gate (derzeit nicht empfehlenswert).

Information Hluhluwe-Imfolozi

Alle Buchungen über **KZN Wildlife,** Reservation Office, Tel. 033-8451000/2, Fax 8451001, www.kznwildlife.com. Kein Camping. Benzin im Hilltop und Mpila Camp (7–12 und 14–17 Uhr). Malariaprophylaxe.

Hluhluwe: The Camp Superintendent, Tel. 035-5620255, Hilltop Rezeption (7–19 Uhr), Restaurant (Frühstück 7–9 Uhr, Mittagessen 11.30–14.30 Uhr, Abendessen 18.30–21 Uhr, Anmeldung erforderlich); Curio Shop mit Lebensmitteln und Getränken. Eintritt R120 pP. und Tag.

Imfolozi: Officer-in-Charge, Tel. 035-562 0287; Büro und gut bestückter Laden in Mpila (8–12 und 14–16.30 Uhr). Eintritt wie Hluhluwe.

Öffnungszeiten der Tore: Sommer 5–19 Uhr, Winter 6–18 Uhr. Das Nyalazi Gate an der Verbindung zwischen Hluhluwe und Imfolozi ist zwischen Sonnenunter- und -aufgang geschlossen.

Karten: In Hilltop oder Mpila Straßenkarte (R20) vom gesamten Park.

Picknickplätze: 5 ausgewiesene Plätze in Hluhluwe, 3 in Imfolozi (meist nicht umzäunt, Auto darf man auf eigene Gefahr verlassen, Toiletten).

Entfernungen: Memorial Gate – Hilltop Camp 16 km (40 Min.). Nyalazi Gate – Hilltop Camp 31 km (1 h). Cengeni Gate – Hilltop Camp 79 km (3 h). Memorial Gate – Mpila Camp 68 km (2 h). Nyalazi Gate – Mpila Camp 21 km (50 Min.). Cengeni Gate – Mpila Camp 27 km (1 h).

Unterkunft

Zur Beachtung: Bis auf Hilltop ist kein Lager umzäunt. Nach Sonnenuntergang nicht mehr weit von den Unterkünften entfernen.

Hluhluwe:

Hilltop: 2-Bett Chalets (R1040), 4-Bett Chalets (ab R2130), 2-Bett Rondavels (ab R545), Gemeinschafts-WC und Duschen, 2-Bett Hütten, ohne Selbstversorgungsmöglichkeit (ab R1040).

Muntulu: 8-Bett Bush Lodge (ab R4320).

Munyawanemi: 8-Bett Bush Lodge (ab R4320).

Mthwazi: 8-Bett Luxuslodge (ab R4320).

Imfolozi: von 9–12 Uhr und 17–22 Uhr Strom, Taschenlampe erforderlich!

Mpila: 7-Bett Cottages (ab R2050), 5-Bett Chalets (ab R1540). 2-Bett Safari-Camp (R770), 4-Bett Safari-Camp (ab R1155). Kleiner Shop, Küche, sehr zu empfehlen!

Masinda: 8-Bett Bush Camp (ab R4000).

Hlathikhulu: 8-Bett Tented Bush Camp mit Vollverpflegung (ab R4800).

Gqoyeni: 8-Bett Bush Lodge mit voller Verpflegung (ab R5400).

außerhalb

Thanda Private Game Reserve, D242 (Abfahrt von der N2), Hluhluwe, Tel. 035-5731899, www.thanda.com (günstige Paketangebote). „Magische Einheit von Zulu-Kultur, Natur, romantischer Dekadenz und Exklusivität". Buschvillas und Safari-Tents. Restaurant. Safari, Sport und Wellness. Bester Platz, um Leoparden zu sehen.

Nächstgelegene Campingmöglichkeit:

Umfolozi Guesthouse & Caravan Park, 6 km von N 2 Richt. Empangeni, Tel. 035-5505040.

Ubizane Wildlife Reserve

Diese Viehranch wurde 1964 in ein Tierreservat mit 1500 ha umgewandelt, das eingebettet zwischen offener Savanne und Bushveld in einer felsigen Hügellandschaft liegt. Der Wildbestand ist exzellent: Giraffen, Kudus, Streifengnus, Breitmaulnashörner, Nyalas, Wasserböcke, Zebras, Leoparden, Hyänen, Schakale, Großflecken-Ginsterkatzen, Nilpferde, Krokodile und jede Menge Reptilien wie die Afrikanische Felsenpython, Puffottern, Baumschlangen und Schwarze und Grüne Mambas. 450 Vogelarten sind zu sichten. Man kann nicht mit dem eigenen Fahrzeug durchs Gelände. Es werden tagsüber und nachts Fahrten in offenen Jeeps angeboten, daneben geführte Wanderungen, auf Wunsch „Bush-Braai".

Information

Ubizane Wildlife Reserve, Hluhluwe, Tel. 035-5621020, www.ubizane.co.za. Tagesbesucher willkommen.

Anfahrt: Über N 2, Ausfahrt Hluhluwe-Imfolozi Park; nach 6 km beschilderter Abzweig.

Unterkunft
Zululand Safari Lodge, VP ab R1650 p.P.
Sehr schön gelegen!

Das nördliche Zululand, Elephant Coast und Maputaland

Das nördliche Zululand

Kleine Hügel erheben sich aus der sonst eher flachen Region. Der Norden ist nur gering bevölkert und bewirtschaftet. Einst versuchte man, Ananas und Sisal in größerem Umfang anzubauen, was sich als unrentabel erwies. So findet man vorwiegend Zuckerrohr-, Gemüse- und Baumwollfelder sowie Viehfarmen. Daneben gibt es private Wildreservate (hauptsächlich Trophäenjagd, Wildfleischwirtschaft). Abgesehen von den beschriebenen Zielen ist das Gebiet für Touristen uninteressant.

Phinda Prviate Game Reserve

Abstecher von der N 2 Richtung Meer

1990 beschlossen Farmer und Naturschützer ein 23.000 ha großes Areal zwischen Sodwana State Forest und Mkhuze Game Reserve für Öko-Tourismus zu nutzen. Davon profitieren Tier- und Pflanzenwelt und Einheimische, für die 300 Abeitsplätze geschaffen wurden und die eine qualifizierte Ausbildung erhalten. Die Landschaft besteht aus sanften Hügeln, Waldlandschaft, ausgedehnten Savannen, grünen Flussläufen und natürlichen Pfannen. Phinda bedeutet „Rückkehr: Und so sind heute mehr als 350 Vogelarten und mehr als 50 Säugetierarten hier heimisch: Elefanten, Büffel, Breitmaulnashörner, Giraffen und Nilpferde und große Antilopenherden, ebenso Löwen, Leoparden, Hyänen und Geparden.

Geführte Wanderungen unter Leitung einheimischer Spurensucher. Morgens, nachmittags und nach Sonnenuntergang Wildbeobachtungsfahrten in offenen Geländewagen.

Information/Unterkunft

Phinda Private Game Reserve, Telefon 011-8094300, Fax 8094400, www.andbeyondafrica.com, Camp-Tel. 035-5620271. Luxus-Chalets, Pool (2001 Auszeichnung „bestes Hotel für Wildlife-Enthusiasten weltweit), Komplettpreis mit Mahlzeiten, Auto-/Fußsafaris etc. ab R5500. Nach Flussfahrten fragen.
Anfahrt: Von Süden auf der N 2 Ausfahrt Ngweni-Sodwana Bay, dann rechts die Schnelstraße; nach 4 km Beschilderung zur Sodwana Bay; Eingang rechts an der Strecke. Von Norden über gleichfalls über die N 2.

Abu Madi Game Reserve

Abstecher von der N 2/Mkuze westlich

Die private Abu Madi Game Reserve befindet sich innerhalb des *Zululand Rhino Reserve*. Die Fahrstrecken durchs Gelände sind für normale Autos möglich, besser wäre ein Geländewagen. Das Reserve ist ein guter Stopp auf dem Weg nach Norden. Hier leben u.a. Zebras, Streifengnus, Nyalas, Kudus, Warzen- und Stachelschweine, Breit- und Spitzmaulnashörner, Elefanten, Büffel und Leoparden. Interessant sind drei Hides an Wasserbecken (man darf dort die ganze Nacht verbringen). Wanderer sollten die ausgewiesenen Wege mit einem Ranger begehen, der viel über Flora und Fauna vermittelt. Tages- und Nachtfahrten im offenen Geländewagen, diverse Aktivitäten-Programme. Familiäre Atmosphäre.

Information/Unterkunft

Abu Madi Game Reserve, Tel. 035-5731233, Cell 083-4416424, www.abumadi.com. Angemeldete Tagesbesucher willkommen, man wird am Gate abgeholt. Zimmer und Rondavels R400 p.P., Bushcamp R275 p.P., Camping R110 p.P. Alles mit oder ohne Selbstversorgung. Pool.

Anfahrt: Von der N 2 Ausfahrt Nongoma/ Mkuze. Nach Westen Richtung Nongoma bzw. Bangonomo (auch Bongonongo). Nach ca. 1 km nach links in die Naturstraße D240, nach 6 km kommt rechts das Gate.

Mkuze

Von Norden auf der N 2 Richtung der Parks Mkhuze und Hluhluwe-Imfolozi anreisend, kann man in dem Ort Vorräte auffrischen. Große Tankstelle, angeschlossener Hamburger-Shop. Wer ins *Maputaland Marine Reserve* weiterfährt, sollte unbedingt tanken (bleifreies Benzin). Die *Ghost Mountains* überragen das Städtchen. Dort liegt eine geheimnisvolle Höhle, Grabstätte verschiedener Shangaan-Häuptlinge. In dunklen Nächten geht es in den Bergen schaurig zu. Immer wieder hört man von Lichterscheinungen und unheimlichen Geräuschen.

Information

Mkuze/Maputaland Tourism, Old Main Rd, Tel. 035-5731025/6/7.

Unterkunft

Comfort *Ghost Mountain Inn, Mkuze, Tel. 035-5731025, www.ghostmountaininn.co.za. 38 Zimmer, am Fuße der Ubombo Mountains,

Straßenblockade im Mkhuze Game Reserve

Wir sind spät dran. Erst hat uns der Hluhluwe-Imfolozi Park nicht losgelassen, dann mussten wir Proviant einkaufen, tanken und immer wieder die Landschaft anschauen. Die Anfahrt auf der Schotterpiste kostete Zeit und wir atmen auf als sicher scheint, dass wir vor 16.30 Uhr die Rezeption des Mkhuze Game Reserve erreichen. Die nachmittägliche Sonne beleuchtet die Landschaft, Nyalas zur rechten, Impalas zur linken Seite. Wir halten bei den Warzenschweinen, bestaunen ein Eland und begleiten eine Gruppe von Giraffen. Plötzlich eine lebende Straßenblockade: Sechs prachtvolle, mächtige Breitmaulnashörner sonnen sich mitten auf der Fahrbahn. Langsam fahre ich bis 10 m heran, hoffe, dass sie unser Auto beeindruckt – keine Reaktion. Und so stehen sie und so stehen wir. Zehn Minuten, zwanzig Minuten. Hinter uns stauen sich andere Fahrzeuge. Wir sind ratlos. Es ist zehn nach vier. Doch die Rettung naht. Ein Patrouillenjeep mit zwei Rangern fährt vor und versucht, die Nashörner wegzuscheuchen – Fehlanzeige. Nach 5 Minuten wird es einem Ranger zu bunt, er steigt aus, hebt einen Stein und wirft ihn in Richtung der Tiere. Drei von ihnen senken den Kopf und gehen langsam auf ihn zu. Schnell ist er wieder im Wagen, die Tiere nehmen ihre alte Stellung ein. Erneut steigt der Ranger aus, ruft, fuchtelt mit den Armen und beginnt wieder Steine auf die Tiere zu werfen. Das war wohl zu viel für die Dickhäuter. Sie traben in Richtung eines VW-Busses, der verschreckte Fahrer kann gerade noch den Rückwärtsgang einlegen. Dann trotten sie zur Seite und beäugen uns, sichtlich beleidigt. Schnell vorbei.

An der Rezeption wird schon aufgeräumt. Ich entschuldige mich für die Verspätung und erkläre die Umstände. Der Ranger vom Dienst hebt kurz die Augenbraue: „So, da hat also ein Kollege mit Steinen nach den Tieren geworfen? Wie sah der Mann aus?" Ich versinke im Erdboden und stottere: „Schwarz." „Nun", sagt er mit britischem Humor, „dann werden wir den Mann wohl bei unserer heutigen Nachtfahrt den Hyänen vorwerfen."

Karte S. 543 **Mkuze Game Reserve 555**

geführte Touren zu allen umliegenden Reservaten. DZ/F ab R610 p.P.

Touristic *Overwin Country Lodge, Ubombo, ca. 18 km Schotterstraße nordöstlich von Mkuze (Abzweigung von der N 2), Tel. 035-59510018, shayamoya.look4.co.za. Fünf stilvoll eingerichtete Bungalows (Ü/F R325 p.P., Dinner R100). Idealer Ort zur Erkundung der Umgebung. Besitzer ermöglicht Rundflüge mit den Piloten der Flying Doctors (R1000/Std.). Geführte Wanderung (Elephant Tracking). Gute Einführung in die Kultur der Zulu.

Der besondere Tipp: uMkhuze Game Reserve

Mkuze gilt immer noch als Geheimtipp. Es ist Teil des iSimangaliso Wetland Parks und erstreckt sich auf 36.000 ha zwischen dem *Mkuze River* im Norden und Osten, dem *Umsunduzi River* im Süden und den **Ubombo Mountains** im Westen (Höhe aber nur ca. 500 m).

Das Gebiet zählt zum Küstenflachland. Viele der Pfannen werden saisonal mit Wasser gefüllt, trocknen jedoch in Dürrezeiten vollständig aus. Flussläufe mit üppigem Bewuchs und Riedgrasbänke werden beschattet von mächtigen Mahagonibäumen. Wilde **Feigenbäume**, darunter besonders die Sykomore *(Ficus sycomorus)*, nehmen eine besondere Stellung ein. Sie werden 25 m hoch und dienen als traditionelle Heilpflanze und Nahrungsmittel. In angrenzenden Sumpfgebieten stechen die gelben Stämme der **Fieberbäume** aus dem Grün heraus. Man war früher der Meinung, sie wären Urheber der Malaria. Das stimmt zwar nicht, aber wo sie stehen, lebt auch die Anophelesmücke, die Überträgerin der Krankheit. Daneben gibt es große, sandige Waldlandschaften, dichtes Gestrüpp und Grasflächen, auf denen besonders die **Schirmakazien** beeindrucken.

Das Areal weist 420 Vogelarten auf, darunter seltene Afrikanische Fischeulen, Sattelstörche, Nimmersatts und Trauerkiebitze. Der Wildbestand ist sehr vielfältig: Giraffen, Nilpferde, Kudus, Streifengnus, Wasserböcke, Elands, Zebras, Nyalas, *120 Breitmaulnashörner, 70 Spitzmaulnashörner, Suni-Antilopen* (die kleinste ihrer Art, nur 5 kg schwer, nicht leicht zu entdecken, da sie das Dickicht bevorzugt), Leoparden, Geparden, Hyänen, Echsen und Warane. Die Trockenzeit (April bis Oktober) ist die beste Reisezeit. Im Sommer wird es sehr heiß und durch Regen sehr schwül.

Anfahrt: Zum westlichen Emshopi Gate sowohl von Süden und Norden auf der N2, Ausfahrt uMkuze-Town, dann der uMkuze-Reserve-Beschilderung (von der Stadt 18 km). Von Hluhluwe führt eine N2-Parallelstraße über Bayala nach Norden, etwa 35 km hinter Hluhluwe nach Osten abbiegen, gleichfalls ausgeschildert.

Im Osten hat das Ophansi Gate eine Anbindung an die R22. Wer anschließend nach Sodwana weiter möchte oder von dort kommt, kann das uMkhuze Reserve dort verlassen oder dort einfahren.

Unterwegs im Park

Unter den Fahrstrecken (insgesamt 84 km) ist der exzellent ausgearbeitete **Mkhuze Auto Trail** eine informative Reise durch das Ökosystem. Eine Broschüre mit vielen Erklärungen und genauen Kilometerangaben ist beim Parkbüro erhältlich.

Beste Tierbeobachtungsstellen sind die Hochsitze an den Pfannen *Kukube, Kumasinga, Kwamalibala* und *Kumahlala,* die Fahrt auf dem Loop und der ehemalige *Airstrip.* Vögel findet man besonders in der *Nsumo Pan.* Den **Fig Forest Walk** im 1400 ha großen Feigenbaumwald im Südosten sollte man mit einem Ranger erkunden. Eine Tafel vor der Rezeption zeigt täglich die aktuell geführten Wanderungen (2 Stunden) zu den besten Vogel- und Wildbeobachtungsstellen). Auch Nachtfahrt möglich (empfehlenswert). Vom Matuma Camp geht der kurze *River*

KwaZulu-Natal

View Walk hinunter zu einem Aussichtspunkt am Fluss. Östlich des Mantuma Camps liegt das **Cultural Village** des KwaJobe Stammes mit Craft Market.

Information
Mkhuze Game Reserve, Geöffnet Okt–März 5–19 Uhr, Apr–Sept 6–18 Uhr. Office: 8–16.30 Uhr. Distanz vom Emshopi Gate zum Mantuma Camp: 9 km. Camp-Tel. 035-5739004/-01, Cell 082-7991491 Fax 5730031. Eintritt R30 p.P, Wagen R25. Kleiner Laden, Auswahl an Proviant und Getränken. Rhino Dine-O take-away (nahe Mantuma) ist von 7_9.30 Uhr, 11.30–14 Uhr und 17–19 Uhr geöffnet. Nächster Versorgungsort Mkuze, 27 km. Malariaprophylaxe empfohlen, Zecken- und Insektenschutz ratsam, Taschenlampe wichtig. Details auf www.kznwildlife.com. Night Game Drives.

Weiteres: Pool, Curio Shop. Picknickplätze gibt es bei der Nsumo Pan und beim Nxwala Game Viewing Hide. Jagen in der Control Hunting Area (CHA).

Unterkunft
Alle Reservierungen über **KZN Wildlife,** Tel. 033-8451000/2, Fax 8451001, www.kznwildlife.com.

*Mantuma Camp: Zwei 6-Bett Cottages (R1840/Unit), vier 2-Bett Chalets (ab R580), fünf 4-Bett Chalets (ab R1170), sechs 2-Bett Rest Huts (ab R410), zehn 2-Bett Safari Camp (ab R700), drei 4-Bett Safari Camp (ab R1050).

Nhlonhlena Bush Camp: Eine 8-Bett Bush Lodge (ab R2350).

Camping Offene Campingplätze (Reservierung direkt) am Emshopi-Gate, R230/Site/2 Personen.

Nordnatal und Battlefields

Typisch für das Bild des nördlichen Natals sind die weiten Graslandschaften und schalenförmige Täler, aus denen sich Dolorithügel abheben. Hauptflüsse sind *Buffalo-* und *Blood River* (beides Zuflüsse zum Tugela River), der *Mkuze* sowie der *White-* und *Black iMfolozi.* Auf den Farmen werden vorwiegend Rinder, Schweine und Schafe gezüchtet. Nordnatal ist nur schwach besiedelt. Eisen- und Kohlenfunde haben zu lokaler Industrialisierung geführt. **Hauptanziehungspunkt** ist das landschaftlich schöne **Ithala Game Reserve.** Daneben gibt es etliche historischer Orte auf der **Battlefields Route,** die zu den bedeutendsten Schlachtfeldern zwischen Buren und Zulu führt (Informationen und Routenbeschreibungen erhält man von The Battlefields Route, KwaZulu-Natal, The Secretary, Tel. 034-2122121, www.battlefields-route.co.za.

Auf der N 11 von Ladysmith nach Norden

→ **Abstecher**

Ntshinwayo (Chelmsford) Dam Nature Reserve

Das Naturreservat liegt um den großen Stausee des Ntshingwayo Dam (früher: Chelmsford Dam). Man kann gut Schwimmen, Segeln und Wasserskifahren (nur mit eigenem Boot). Der *Leokop Mountain* (1240 m) erhebt sich dahinter als Kulisse. Unter den 128 Vogelarten gibt es viele Kraniche, Watvögel und Raubvögel wie Fisch- und Kampfadler. Im 700 ha großen **Game Park** leben Weißschwanz-Gnus, Oribis (Bleichböckchen), Springböcke, Kuhantilopen und Zebras (Fahrstraße durch das Reservat).

Information

Chelmsford, Tel./Fax 034-3511753. Geöffnet Okt–März 5–20 Uhr, Apr–Sept 6–19 Uhr. Office: 7.30–11.30 u. 13–16 Uhr. Tel. 032-3511753, Eintritt, kleiner Laden.

Anfahrt: Über die N 11. Zu den Camps *Leeukop* und *Sandford* am Damm-Nordufer bis zur Ausfahrt Normandien fahren, dann weiter auf der D 210; Eingang nach 6 km. Zum Südufer und zum Richgate Camp Ausfahrt auf die D 250; nach 8 km rechts in die D 445.

Unterkunft

Leokop Camp: 5-Bett Chalets (ab R340) und Camping (R130/Site). Buchung über KZN Wildlife.

Sanford Camp: Camping (R130/Site).

✔ **Abstecher**

Newcastle

Newcastle entwickelte sich aus einer einstmals kleinen Postkutschenstation zur modernen Industriestadt (250.000 Einw.). Hauptarbeitgeber sind Kohlebergwerke, Textilindustrie und Stahlfabriken. Die Bevölkerung besteht zu 85% aus Schwarzen und zu 15% aus Weißen und Indern. Geschäfte und Restaurants rund um das Rathaus und in der Allen Street. Die Stadtverwaltung bietet geführte Stadttouren an.

Das **Fort Amiel** in der Fort Street hatte von 1867 bis 1902 eine wichtige militärische Funktion als Basis- und Versorgungslager. Heute ist es Museum für Militärgeschichte (Mo–Fr 10–16 Uhr, Sa 9–13 Uhr, Mi geschl.). Die **Carnegie Art Gallery,** Civic Centre, hat eine bemerkenswerte Sammlung zeitgenössischer Landschaftsmalerei und eine kleine Ausstellung über Perlenschmuck und Keramikarbeiten der Zulu (Di–Do 9–13 Uhr, Fr 11–16 Uhr, Sa 9–12 Uhr). Das *The Keg & Cannon,* 96 Allen Street (Tel. 034-3152307) ist ein historisches englisches Restaurant und Pub mit guter Küche und einer Sammlung alter Bilder aus den Kriegsjahren. Im Septem-

ber findet das Festival *International Village* statt. Geboten werden Kunst- und Kulturveranstaltungen und internationale Küche. Sehenswert ist der große **Hindutempel** in der Kirkland Street.

Ingogo Hiking and Horse Trail

Von der Grey Goose Farm Lodge aus startet der **Ingogo Trail,** der zu Fuß oder auf dem Rücken eines Pferdes in zwei Tagen begangen werden kann. Info unter www.footprint.co.za/ingogo.htm.

Information Newcastle

Tourism Newcastle, Town Hall, Scott St, Tel. 034-3153318. Mo–Fr 9–16 Uhr, Sa 9.30–10.30 Uhr. Das Hauptpostamt ist daneben.

Unterkunft

Touristic

*Haggards Hilldrop B&B, 15 Hilldrop Rd, 4 km außerhalb (von der Allen St in die Hilldrop Rd abbiegen, nach 1,4 km links), Tel. 034-3152098, www.haggardshilldrop.co.za. Historisches Farmhaus von 1875 (National Monument) von Sir Rider Haggard, Autor von *King Solomon's Mines.* Wunderschöne Zimmer in traumhafter Lage. Opulentes Frühstück. Ü/F ab R450 p.P.

Majuba Lodge, 27 Victoria St, Tel. 034-315 5011, www.majubalodge.net. 45 schöne Zimmer, gemütliche Lodge, sehr gutes Restaurant.

*The Grey Goose Farm Lodge, 5 km außerhalb Richtung Memel, Tel. 034-3153221, www.greygoose.co.za. Malerisch auf einem Hügel gelegen mit Blick auf das Nguduma Vlei und die Drakensberge. Ausritte und Wanderungen, Pool. Ü/F R420 p.P.

Budget

The Trikkeys, Hilldrop, Tel. 034-3124263. Außerhalb, Zimmer, Cottages, Gartenlage.

Valley Inn, Station Rd, 22 km Richtung Volksrust, Tel./Fax 034-3411721. Ältestes Hotel Natals in historischem Gebäude von 1880.

Camping

Städtischer Caravanpark, Tel. 034-3181273. Außerhalb am Amcor Dam, zelten möglich.

KwaZulu-Natal

Utrecht

Biegt man nördl. von Newcastle von der N 11 auf die R 34 Richtung Osten ab, erreicht man nach 37 km **Utrecht** bei den *Baleles-Bergen*. Die Stadt (4000 Ew.) gehört zu den ersten fünf Voortrekker-Siedlungen vor 1850. Zulukönig *Mpande* hatte den Siedlern das Gebiet zwischen Buffalo River und Blood River als Weideland zugesprochen. Die Region war 1854–58 „Freie Republik". Das Denkmal von *Petrus Lafras Uys,* ein bedeutender Voortrekker-Führer, steht gegenüber der Dutched Reformed Church. In einem alten Pfarrhaus in der Loop Street ist das **Utrecht Museum** (Stadtgeschichte, Mo–Fr 7.30–12.30 und 13.15–16 Uhr). Die zweitägige Wanderung auf dem *Balele Hiking Trail* (25 km) führt durch das Enhlanzeni-Tal in die Berge (Infos unter Tel. 034-3313249).

Utrecht liegt inmitten des neugegründeten **Balele Game Park,** und alle Bergzüge, die Utrecht umgeben, sind gleichfalls Teile dieses 2500 ha großen Schutzgebiets. Angesiedelt wurden Impala, Blessbock, Schirrantilope, Wasserbock, Nyala, Kuhantilope, Gnu, Kudu, Burchell's Zebra, Warzenschwein und Giraffe.

Information/Unterkunft

Utrecht Publicity Association, Voor St, Tel. 034-3313613, Fax 3313004, www.utrecht.co.za.

Unterkunft

Budget Balele Resort and Caravan Park, an der Wakkerstroom Road, 6 km außerhalb, Tel. 034-3313041. Drei 4-Bett Chalets.

Betty's B&B, Tel. 034-3313458; 6 Zimmer, Abendessen a.A. Camping möglich.

→ **Abstecher**

Abstecher zu historischen Schlachtfeldern

Zwischen Newcastle und Volksrust liegen einige der bedeutendsten Schlachtfelder aus dem Burenkrieg. Die erste Station erreicht man von Newcastle auf der R 34 zum **Botha's Pass.** Der Pass wurde Juni 1900 von den Engländern erobert und war Einfallstor in den Orange Free State. Zu sehen sind Reste von Schützengräben. Auf der N 11 in Richtung Volksrust erklimmt man den **Laing's Nek Pass,** der 1811 Stätte einer für die Engländer erfolglosen Schlacht war. Am Parkplatz wurde eine Schautafel aufgestellt. Auf westlicher Seite der N 11 liegt das **Schuinhoogte Battlefield** (1881).

Auf dem **Majuba Battlefield** fand die Entscheidungsschlacht zwischen Engländern und Buren im Februar 1881 statt. In der Nacht zum 27. Februar erklommen Briten unter Sir George Colley den Majuba-Hügel, ein militärischer Fehler, denn sie waren dabei den Buren nahezu schutzlos ausgeliefert. Nach der tödlichen Verwundung von Colley flüchteten die Engländer. 300 wurden getötet, verwundet oder gefangengenommen. Gedenktafeln zeugen von der Niederlage. Am 6. März 1881 traf sich General Wood, Gouverneur von Natal, mit den Oberkommandierenden der burischen Truppen in **O'Neil's Cottage** am Fuße des Majuba, um einen Friedensvertrag zu unterzeichnen. Die Anfahrten zu den historischen Stätten sind ausgeschildert.

✔ **Abstecher**

Von Dundee auf der R 33 über Vryheid nach Paulpietersburg

Dundee/Endumeni Municipality

Dundee, eingegliedert in die Endumeni Municipality, ist ein wichtiges Zentrum des Kohlebergbaus (30.000 Ew.). Wegen seiner Lage auf geschichtsträchtigem Boden wird es gerne als Basis für Ausflüge zu den nahegelegenen historischen Schlachtfeldern (s.u.) gewählt. Besichtigen lässt sich die *Consol Glass Factory,* Anmeldung unter Tel. 034-2121151. Auch in der *Chernova Pottery,* Tel. 034-2122094, kann man den Arbeitern über die Schulter schauen.

Das **Moth Museum,** Ecke Beaconsfield/Willson Street (Tel. 034-2124560) beherbergt eine der besten privaten militärgeschichtlichen Sammlungen von 1879 bis heute (freitags geöffnet, sonst Schlüssel beim Hauswart). Am ersten Sonntag im September startet der *Isandlwana/Fugitive Drift Walk* und folgt den Spuren der Überlebenden der Schlacht von Isandlwana.

Das **Talana Museum,* 1,5 km außerhalb an der R 33 Richtung Vryheid (Mo–Fr 8–16 Uhr, Sa 10–16 Uhr, So und Feiertage 12–16 Uhr), ist das einzige Museum direkt auf einem Schlachtfeld mit einigen alten Gebäuden aus der Zeit um 1899. Neben Militaria gibt es Ausstellungen zu den Themen Ökonomie, Landwirtschaft und Industriegeschichte. Hier befindet sich auch das Museum der *Consol Glass Collection,* das *Chamber of Mines Coal Museum* und die *Corobrik Heritage Ausstellung.* Mit und ohne Führung ist das Schlachtfeld zu besichtigen. Es bietet sich an, einen Besuch im *Miners Rest Restaurant* und beim *Talana Craft Market* einzuplanen.

Schlacht von Talana

Am 20. Oktober 1899 war der Talana-Hügel Schauplatz der ersten militärischen Auseinandersetzung im Buren-Krieg. Eine britische Einheit unter General Symons eroberte den Hügel, den burische Truppen unter General Meyer hielten, und fügte dem Gegner schwere Verluste zu. Mit schwerer Artillerie antworteten burische Einheiten, eroberten die Stellung zurück und töteten den General und viele seiner Offiziere.

Information Dundee

Tourism Dundee, Civic Gardens, Victoria St, Tel. 034-2122121, Fax 2123837, www.tourdundee.co.za (Mo–Fr 9–16.45 Uhr, Sa 9–12 Uhr); Zimmernachweis.

Restaurants

Wie der Name schon verrät ist das **Buffalo Steakhaus,** 5 King Edward Street, Tel. 034-2124644, auf saftige Steaks spezialisiert.

Unterkunft

Luxus

iSibindi Zulu Lodge, 5 km von Rorke's Drift, Tel. 034-6421620, www.isibindiafrica.co.za. 6 Luxus Beehive Huts, VP, Pirschfahrten im eigenen Reserve, Ausflüge. VP ab R1790 p.P.

Comfort

*Penny Farthing Country House, Tel./Fax 034-6421925, www.pennyf.co.za (m. Anfahrtskizze). Liegt 30 km südlich Richtung Greytown, R 33, am Kilometerstein 14 abbiegen. Pionierfarm, viele Vögel, Wild, Wanderungen, Spaziergänge. *Hervorragende Führungen zu den Schlachtfeldern mit Foy Vermaak (nach Besuch von *Elandskraal* fragen, eine deutsche Siedlung). Pool. Ü/F 560 p.P., mit Dinner R680.

Touristic/Budget

Battlefields Country Lodge & Backpackers, 90 Victoria St, 7 km auf R 33 Richtung Vryheid, Tel. 034-2181641, www.battlefieldslodge.co.za. Tribe to Tribe-Stopp, Ausgangspunkt für Schlachtfeldexkursionen, abends Zulu-Bier und Tanz in der Bar Lapa Ukhamba. Ab R230 p.P.

The Royal Country Inn, Victoria St, Tel. 034-2122147, www.royalcountryinn.com. Schönes, zentral gelegenes Hotel mit Restaurant. Ü/F R415 p.P., Backpacker R230 p.P.

Camping
*Kwa-Rie Caravan Park, 51 Tandy St, Tel. 034-2122333. Zentrale Lage, geheizter Pool, viele Freizeitmöglichkeiten.

→ Abstecher

Abstecher von der R 33 zu den drei großen Schlachtfeldern von Rorke's Drift, Isandlwana und Blood River

Allgemeine Information

Obwohl in den kleinen Museen, die zu den Schlachtfeldern gehören, gute Informationen zu den einzelnen Ereignissen vorliegen, ist es dennoch sehr empfehlenswert, eine Tour mit einem lokalen Führer zu machen, der die geschichtlichen Hintergründe vor Ort lebendig werden lässt. Infos bei den Touristenbüros oder *Penny Farthing Country House* (Dundee) und der *Isandlwana Lodge*.

Rorke's Drift

Von Dundee Richtung Vryheid auf der R 33 zweigt östlich die R 68 Richtung Nqutu ab. An der Strecke liegt das **Rorke's Drift Battlefield** und das **Shiyane Museum** (Zufahrt beschildert, tgl. 8–16 Uhr). Vom 22. auf den 23. Januar 1879 kämpften hier 110 Briten unter Dauerbeschuss gegen eine Übermacht von 4000 Zulu, die kurz zuvor das englische Hauptlager in Isandhlwana zerstört hatten. Die Engländer verschanzten sich in einer schwedischen Mission, die völlig abbrannte. Elf Männer hielten die Stellung, bis die Zulu im Morgengrauen abzogen. Alle erhielten die höchste englische Auszeichnung, das Victoria-Kreuz. Das Desaster der britischen Armee spielte sich dann 20 km weiter ab, in Isandhlwana.

Isandlwana

Nachdem die britische Administration Zulukönig *Cetshwayo* ihr Ultimatum zur völligen Unterwerfung unterbreitet hatte und sicher war, dass dieser es nicht annehmen konnte, sandten sie fünf große Invasionsregimenter in das Zululand. Eines davon lagerte am **Isandlwana-Hügel.** Man schrieb den 22. Januar 1879, als ein junger englischer Soldat bei einem Kontrollgang wohl seinen Augen nicht traute, als er in unmittelbarer Nähe des Camps 25.000 Zulukrieger entdeckte, die sich auf einen Angriff vorbereiteten. Die Zulu zögerten nach ihrer Entdeckung nicht lange und griffen das Camp mit einer Formation aus zwei Flügeln und einem Hauptsturm in der Mitte an. Am Ende des Tages war das Camp ein großes Leichenfeld. 1300 britische Soldaten, darunter fast 500 Schwarze in ihren Reihen, kamen ums Leben. Noch im Tode wurden sie von den wütenden *Impis* aufgeschlitzt und in Stücke gehackt. Aber auch die Zulu mussten große Verluste einstecken.

Das *Isandlwana Historic Reserve and Battlefield* ist tgl. von 8–16 Uhr geöffnet. Ebenso das kleine Museum. Der bekannteste Führer ist Rob Gerrard, ein ansässiger Historiker (Tourbuchung über die Isandlwana Lodge), der die Besichtigung der Schlachtfelder zu einem interessanten Erlebnis macht.

Unterkunft
Luxus *Isandlwana Lodge, Tel. 034-271 8301, www.isandlwana.co.za. Sehr einfühlend als außergewöhnlicher Steinbau in den Nyoni Rock eingebettet, von dem aus einst der Zulubefehlshaber seine Truppen befehligte. 13 Zimmer mit herrlicher Aussicht. Halbpension, Lunch auf Anfrage, Tagesgäste willkommen.

Auch als idealer Ausgangspunkt für Exkursionen nach Rorke's Drift geeignet (geführte Wanderung, 8 km). Besonders empfehlenswert ist der Cultural Walk (R475/Gruppe) mit Besuch eines Sangoma, der Schule und eines privaten Zuluhaushaltes.

Blood River

Auf der R 33 in Richtung Vryheid trifft man auf den Abzweig zum **Blood River Monument,** das 20 km weiter liegt (von Nqutu kommend auf die D 1348 einbiegen). Keine andere Schlacht hatte größeren Einfluss auf Wesen und Denken des Afrikaanertums als die **„Schlacht am Blut-Fluss"** am 16. Dezember 1838. Nach dem Mord der Zulu unter Dingane in dessen Umuzi uMgungundlovu an *Piet Retief* und seinen Gefolgsleuten am 6. Februar des gleichen Jahres – und weiterer Massakern der Zulu an Voortrekkern –, sann man auf Vergeltung.

Andries Pretorius stellte ein „Wenkommando", ein Gewinner-Kommando zusammen. Als ein riesiges Heer von Zulu auf dem Vormarsch war, verschanzte Pretorius sich und seine **464 Mann** in einem Lager am **Ncome River** hinter 64 Planwagen.

In die zwei Zugänge stellte man Kanonen. Fast **13.000 Zulu** attackierten das Lager am Morgen des 16. Dezember. Mit Assegai bewaffnet versuchten sie wellenför-mig die kleine Festung zu stürmen. Reihenweise wurden sie niedergeschossen. Nach Stunden unaufhörlichen Kampfes waren die Zulu so weit geschwächt, dass Pretorius' Reiter den endgültigen Sieg bei einem Ausfall errangen. Blut von über 3000 toten Zulu färbte den Fluss, fortan „Blutfluss" genannt. Die Voortrekker hatten nur drei Verwundete und sahen diesen Sieg als Zeichen Gottes, der ihnen die Berechtigung gab, das „gelobte Land" weiter zu erobern.

Zu sehen ist der Nachbau eines Planwagens aus Granit und die Kampfformation der Wagen (tgl. 8–17 Uhr).

Das *Trekkerkombuis Restaurant,* Tel./Fax 034-6321695, bietet auch Zimmer an (Ü/F R250 p.P.) und hat einen Caravan-Park.

Nach der Apartheid erschien es angebracht, den Gefallenen der Zulu zu gedenken, und so wurde 1998 gegenüber des Burendenkmals das **Ncome-Museum** errichtet (tgl. 9–16 Uhr, www.ncomemuseum.co.za), das die Ereignisse am Blood River aus Sicht der Zulu darstellt. Es ist in der traditionellen Kampfformation gebaut – dem rechten und dem linken Horn eines Büffels nachempfunden –, genau in der Form, mit der die Zulu versuchten die Weißen einzukreisen und anzugreifen. Doch starker Nebel ließ damals diese Formation scheitern, da der linke Flügel nicht wusste, was der rechte tat und die Zulukrieger zunächst die Orientierung verloren, was ihre Kampfkraft entscheidend schwächte. In diesem Museum ist auch traditionelle Kunst ausgestellt. Curioshop.

✔ Abstecher

Vryheid

Vryheid (sprich: Freiheid) war einst Hauptstadt der burischen „Nieuwe Republiek". Ab 1888 gehörte sie zur „Zuid-Afrikaansche Republiek". Die Gebäude des *Old Raadsaal* (Ratskammer), des Old Forts und des *Gefängnisses* sowie des ehemaligen *Landdrostkantoors* (Magistratssitz) liegen alle in der Landdrost Street und sind denkmalgeschützt. Das **Nieuwe Republiek Museum** bietet eine Ausstellung zum gleichnamigen Thema und zu lokalen Ereignissen (Mo–Fr 7.30–16 Uhr).

In der **Hlobane Mine,** etwas außerhalb der Stadt, wurde ein unterirdisches Minenmuseum eingerichtet (Touren kann man bei der Touristeninformation buchen, dort auch Infos über eine Tour durch die *Sapekoe Tea Plantation*).

Das **Vryheid Nature Reserve** erreicht man über die Kerk Street, East Street und dann rechts über die Klip Street. Auf Wanderwegen sieht man 26 Säugetierarten, darunter Blessböcke, Schirrantilopen, Elands, Kudus, Oribis und Springböcke

(Unterstand zur Vogelbeobachtung). Im Frühling sprießen zahlreiche Wildblumen. Picknickplatz vorhanden.

6 km südlich der Stadt an der Straße Richtung Melmoth wurde rund um den Stausee des iMfolozi River das **Klipfontein Public Resort Nature Reserve** ins Leben gerufen (Campingplätze).

Information Vryheid

Vryheid Information Bureau, Carnegie Library, Ecke Mark und Landdrost Street, Tel. 034-9822133, Fax 9809637, www.vryheid.co.za (Mo–Fr 7.30–13 und 13.30–16 Uhr). Infos zur Übernachtung bei Nachfahren deutscher Einwanderer bei Building Bridges, 106 Deputation Street, Tel. 034-9808644.

Unterkunft

Touristic

Oxford Lodge, Deputation/Ecke Kerk Street, Tel. 034-9809280, www.theoxfordlodge.co.za. Historisches Haupthaus (1893), kinderfreundlich.

*Tudor House, Klip/Ecke Oos Street (1,5 km vom Zentrum), Tel. 034-9816308, tudorhouse @vryheid-accommodation.co.za. Wunderschönes Haus, Gartenlage, Pool.

Villa Prince Imperial, 201 Deputation St, Tel./Fax 034-9832610, www.vpibb.co.za. Ruhiges Gästehaus, französische Leitung, Gartenlage, 8 großzügige Zimmer, Pool. DZ/F ab R690.

Budget/Camping

Vryheid Lodge, 200 Kerk St, Tel. 034-981 5201, www.vryheidlodge.co.za. Historisch, das älteste Gästehaus in der Stadt, teilrenoviert. Auf Wunsch Dinner.

→ **Abstecher**

Der besondere Tipp: Thangami Mineral Spa und Game Reserve

Noch ein echter Geheimtipp ist das private **Thangami Spa and Game Reserve,** inmitten einsamer Landschaft. Mittelpunkt sind die heißen Mineralquellen, die in schöne Becken gefasst wurden. Wer es noch einsamer wünscht, kann eines der

zwei Zimmer mit Privatpool mieten. Und wer sich mal wie ein echtes Warzenschwein fühlen möchte, sollte sich in eines der Heilschlammlöcher setzen. Rustikal trinkt man den Sundowner in der Bush Bar oder genießt das Essen im à-la-Carte-Restaurant.

Anfahrt: Von Vryheid auf der R 34 nach Gluckstadt (33 km), dort links und weiter nach Swart Umfolozi (24 km), am Store rechts Richtung Thamgami, nach weiteren 17 km rechts Abzweigung nehmen, dann noch 3 km.

Information/Unterkunft

Thangami Safari Spa, Tel. 083-2566036 www.thangami.co.za.Bungalows mit Frühstück oder Selbstversorgung. Schöner Platz für Campmobile und zum Zelten.

✔ **Abstecher**

→ **Abstecher**

Ntendeka Wilderness Area (Ngome Forest)

Wer mit Zelt die üblichen Touristenrouten verlassen möchte, Einsamkeit sucht und auf Komfort verzichten kann, ist in der **Wilderness Area** von **Ntendeka** richtig. Auf zahlreichen Trampelpfaden erobert man abenteuerlich die Landschaft vom Campingplatz aus. Der Wald zählt zu den bedeutendsten Naturschutzgebieten seiner Art. Er kombiniert Küstenwald mit tropischen Arten (sehr selten). 19 der 42 Orchideenarten Südafrikas kann man hier entdecken, ebenso wie 200 Vogelarten.

Anfahrt: Liegt zwischen Vryheid und Nongoma. Von Vryheid auf der R 601/R 69 Richtung Louwsburg, nach ca. 20 km rechts auf die R 618 abbiegen bis Ngome Forest, ausgeschildert. Von Mtubatuba auf der R 618 über Nongoma Richtung Vryheid.

Information/Unterkunft

Ngome State Forest, The State Forester, Tel. 034-9671883.

Campingplatz für maximal 24 Personen, Toilette, kalte Dusche, Wassertank, Grillstellen mit Feuerholz.

Außerhalb: Nongoma Lodge, Lot 21, Masson St, Nongoma, Tel. 035-8310667, www.nongomalodge.co.za. 10 afrikanische Rondavels und 10 moderne Zimmer. Gute Küche.

✔ **Abstecher**

Paulpietersburg (eDumbe)

Interessant für deutschsprachige Touristen ist von Paulpietersburg aus die **German Pioneer Route** zu den bedeutendsten deutschen Ansiedlungen der Region. Interessant ist die **German Pioneer Route** zu den bedeutendsten deutschen Ansiedlungen der Region. Im Umkreis gibt es die größte Konzentration deutschsprachiger Südafrikaner, die bis heute ihre Traditionen bewahrt haben, Feste pflegen und in Vereinen ihr kulturelles Brauchtum leben. Ihre plattdeutsche Sprache weicht vom heutigen Hochdeutsch zum Teil erheblich ab. Sehenswert ist **Lüneburg,** eine deutsche Missionsstation von von 1869, die 25 km nordwestlich liegt.

Information

Tourist Information Paulpietersburg, eDumbe Tourism, 29 Hoog St, Tel. 034-9951650, Fax 9951255, Mo–Fr 7.30–13 u. 13.30–16 Uhr. Verkauf von lokalem Kunsthandwerk, Tee-Garten mit Imbiss und Kuchen.

Unterkunft

Comfort

*Natal SPA, 15 km außerhalb an der P221, Tel. 034-9950300, www.goodersonleisure. co.za. Gartenlage, 9 Mineralwasserbecken, Halbpension möglich. Auch Camping.

Budget

Hadeda Lodge and Restaurant, 46 Church St, Tel. 034-9951366, www.hadedalodgeand-restaurant.com. Kleines B&B, 6 Zimmer. Auch Restaurant.

Country Corner B&B, 37 Maarschalk St, Tel. 034-9951407, waltraud@vhd.dorea.co.za. 1 Rondavel und Flat.

Der besondere Tipp: Ithala Game Reserve

Das fast 30.000 ha große Ithala Game Reserve gilt als Juwel der südafrikanischen Parks, mit beeindruckenden Landschaftsformen und schöner Flora und Fauna. Das Land ist rauh und zerklüftet, Höhenlage 400 m bis 1400 m. Neun kleinere Flüsse entspringen in Reservatsnähe und fließen in den **Pongola River,** die Nordgrenze des Game Reserves.

Erdbewegung und Erosion brachten eine Landschaft hervor, die durch weißgebänderte Sandstein-, dunkle Dolorit- und Granitklippen, bunte Felsen, eisenhaltige und verwitterte Steinansammlungen und riesige Quarzblöcke einzigartig ist. Durch die unterschiedliche Bodenbeschaffenheit entwickelten sich über Pflanzenarten. Sie begrünen das Marschland, Uferböschungen, offene Savannen und das von Akazien beherrschte Waldgebiet. Dichter Busch und Grasland runden das Bild ab.

Im Park leben Büffel, Elefanten, Giraffen, Zebras, Kudus, Oribis, Breit- und Spitzmaulnashörner, Halbmondantilopen (Tsessebe), Elands, Hyänen und Leoparden und 310 Vogelarten, darunter Afrikanische Binsenrallen, fünf verschiedene Adlerspezies, Schwarz- und Sattelstörche, Nachtreiher und Frankoline.

Anfahrt: Von der N 2 kommend über die R 69 Richtung Vryheid bzw. Louwsburg. Von Vryheid auf der R 69 Richtung Louwsburg. Der Park liegt nordwestlich des Ortes. Entfernungen: 70 km von Vryheid, 400 km von Durban, 500 km von Johannesburg.

Geschichte

Die archäologischen Funde reichen in die mittlere Steinzeit zurück. Buschleute haben Zeichnungen im östlichen Teil des Reservates hinterlassen. Die Krieger König Shakas durchstreiften das Land (Zeugnisse ihrer Anwesenheit in verschiedenen

564 **Ithala Game Reserve** Karte S. 526

Höhlen) und weiße Bauern besiedelten es. Intensive Jagd und die Rinderpest 1896 rotteten das Wild nahezu aus, nur wenige Farmen überlebten. Anfang des 20. Jahrhunderts fand man Gold in den heute geschlossenen *Wonder* und *Ngotshe Mines*. 1973 übernahm das Natal Parks Bord die Kontrolle. Bodenerosion durch Überweidung hatte weite Teile zerstört, der Tierbestand war auf 25 Säugetierarten geschrumpft. Der heutige Zustand des Reservates ist eine großartige Leistung der Naturschützer.

Unterwegs im Park

Vom Camp aus gibt es ausgeschilderte **Wanderwege,** ebenso einen 10 km langen Trail vom Ngubhu Loop aus, die man alle auf eigene Faust erkunden darf. Empfehlenswert ist auch die geführte Wanderung, die, wenn man Glück hat, recht nah an Nashörner heranführt.

Auf den angelegten Fahrstraßen (bei Regen Vierradantrieb ratsam) sind onders lohnenswerte Punkte in der Broschüre für Autofahrer (im Curio Shop erhältlich) markiert. Beste Beobachtungsstellen: Die Umgebung des *Airfields* mit den seltenen Halbmondantilopen und Breitmaulnashörnern.

Auf dem nördlichen Teil des 30 km langen **Ngubhu Loop** trifft man auf Gnus, Zebras, Elands, Warzenschweine und manchmal auf Nashörner. Im westlichen Teil des Loops leben Giraffen, die Wahrzeichen des Parks. Das Gebiet des Amphitheatre im südlichen Teil dieses Rundfahrwegs bietet Spitzmaulnashörner, Kudus und Riedböcke. Mit einem Fernglas lassen sich Klippspringer, Glattnakkenibisse und Adler ausmachen, die in den Felsen ihre Nester bauen.

Interessant auf dem Ngubhu Loop ist ein **Marula-Baum** *(Sclerocarya birrea),* um den sich viele Geschichten ranken. Die Frucht wird zur Herstellung alkoholischer

Getränke verwendet (Marula-Cremelikör ist eine Spezialität), aber auch Elefanten, Affen und andere Tiere lieben die Früchte, besonders wenn sie angefangen haben zu gären. Dann kommt es mitunter zu ulkigen Szenen (gut eingefangen in dem Film „Die lustige Welt der Tiere"). Auch die Nüsse sind essbar und für die Tierwelt eine wichtige Nahrungsquelle. Dem Menschen dient der Baum als Heilpflanze. Die Rinde wird gekocht gegen Durchfall verwendet, eingelegt in Brandy gegen Malaria. Die Zulu glauben, dass man mit seiner Hilfe das Geschlecht der Nachkommen bestimmen kann, dazu bedient man sich der Rinde eines männlichen oder weiblichen Baumes. Für sie symbolisiert der Marula Fruchtbarkeit, Einfühlungsvermögen und Sanftmut.

Ein Blick lohnt sich auf einen der großen **Termitenhügel.** Termiten gehören der Familie der Küchenschaben an. Jede Kolonie ist ein eigenständiges Gebilde und beherbergt vier Arten von Bewohnern. *Arbeitstermiten* sorgen für den Bau, Nahrung und Fütterung der anderen; Soldaten sind ausschließlich für den Schutz vor Feinden – vor allem Ameisen – zuständig; *Nymphen* kennen wir als „fliegende Ameisen", sie schwirren aus und gründen neue Kolonien; der *König* lebt mit der *Königin* (die 12 cm Größe erreichen kann und täglich über tausend Eier legt) tief im Bau.

Punkt 17 der Broschüre kennzeichnet einen großen Sandsteinhügel, einst Teil des Berges, die Abbruchstelle ist noch zu erkennen. Er wird von den Einheimischen „mVankali" genannt, denn dahinter verbirgt sich ein großer natürlicher Schacht, in den man einst Bösewichte geworfen hat. Heute leben dort Fledermäuse.

Information

Ithala Game Reserve, Officer-in-Charge, Tel. 034-9075105, Fax 9075190. Tore im Sommer 5–19 Uhr geöffnet, im Winter 6–18 Uhr. Eintritt R40 p.P., R30 pro Auto. Es ist ratsam, sich mit

Lebensmittel und Holz außerhalb des Parks einzudecken. Das Restaurant ist von 7–9 und 18.30–21 Uhr geöffnet (Abendessen reservieren!). Coffee Shop 10–18 Uhr, Bar ab 16.30 (Sa und So auch 12–14.30 Uhr). Fußsafari, 2–3 Std. (sommers 6 und 15 Uhr, winters 7.30 und 14.30 Uhr). Pirschfahrten 6–8 Uhr und 15.30–17.30 Uhr (sommers); 6.30–8 Uhr und 15–17 Uhr (winters). Nachtpirschfahrten 18–20 Uhr (sommers) und 17.30–19.30 Uhr (winters).

Wilderness Trails: März bis Oktober Wanderungen (Fr–Mo); gesamte Campingausrüstung wird gestellt; Essen und Getränke mitbringen; Buchung nur über KZN Wildlife. *Zur Beachtung:* Schwimmen im Pongola River ist wegen Krokodilen nicht gestattet; Wanderungen nur in Begleitung eines Rangers, Anmeldung einen Tag im Voraus. Zeckengefahr!

Unterkunft

Reservierungen (außer Camping) über **KZN Wildlife,** Tel. 033-8451000/2, Fax 8451001, www.kznwildlife.com. *Hinweis:* Im Winter Chalet mit Kamin buchen.

Ntshondwe Camp: 6-Bett Lodge mit eigenem Pool (R2750), 2-Bett Chalets (R800), 4-Bett Chalets (ab R1650), 6-Bett Chalets (ab R2200), 2-Bett Units (R800 p.P., keine Selbstversorgung).

Thalu Camp: ein 4-Bett Bush Camp (ab R750). Baden im Fluss erlaubt.

Mbizo Camp: 4-Bett Bush Camp (ab R1230). Baden im Fluss gestattet.

Mhlangeni Camp: 10-Bett Bush Lodge (ab R2460 Min., Selbstversorgung, Ranger vor Ort).

Camping 3 Plätze für jeweils max. 20 Personen im Mhlangeni Camp (R120/Site), keine Wohnwagen im Park zugelassen. Reservierung direkt über Tel. 034-9075105.

Elephant Coast und Maputaland

Die Bezeichnung **Maputaland** ist geographischer Natur. Begrenzt wird es im Norden durch Moçambique, im Westen durch die Lubombo Mountains und im Süden durch das Sumpfgebiet um den St Lucia See. Ein dünnbesiedeltes, wildes und ursprüngliches Gebiet, von dem ein Großteil unter Naturschutz steht (auch die Küste am Indischen Ozean). Hauptreiseziele sind **Kosi Bay** und das **Ndumo Game Reserve.** Wegen Ndumo und dem Tembe Elephant Park hat man den Küstenstreifen auch **Elephant Coast** getauft. Die Region war bis Mitte der 1965 fast unzugänglich. Erst allmählich wird sie dem Tourismus erschlossen. Früher kamen vor allem Großwildjäger hierher. Ihre Ziele waren Nilpferde, Elefanten und jede Menge anderes Wild, auch Löwen, Geparden, Hyänen und Leoparden. Das Ende des Wildreichtums wurde allerdings nicht durch Kugeln, sondern durch die Rinderpest um 1900 eingeleitet.

Landschaft

Maputaland besitzt verschiedene Ökosysteme. Entlang der Küste gibt es Korallenriffe, weite Sandstrände, Dünen, palmengesäumte Seen, Sumpfwälder und Mangroven, in denen ganze Vogelheerscharen fliegen, waten, brüten und fischen. Der Küstenstreifen ist etwa 60 km breit und erreicht selten Höhen über 100 m. Nur die Lubombo-Berge überragen das Gebiet mit 700 m. Hauptfluss ist der **Pongola River** mit Nebenflüssen und üppiger Ufervegetation.

Maputaland Marine Reserve

Das 1986 gegründete Küstenschutzgebiet *Maputaland Marine Reserve* umfasst den **Lake Sibaya** und den nördlich davon gelegenen Küstenstreifen bis **Kosi Bay.** Die Straßen sind sandig und schlecht. 4x4-Fahrzeuge sind empfehlenswert, jedoch meist nicht vorgeschrieben. Interessant ist die Region vor allem für Taucher, Schnorchler und Angler. Wanderer und Schwimmer haben weit bessere Ziele. Alle Reservierungen – außer Camping und Rocktail Beach Camp – bei: **KwaZulu-Natal Nature Conservation Service,** Tel. 033-8451000/2, Fax 8451001, www.kznwildlife.com.

Lake Sibaya

Der Sibaya-See ist das größte Frischwasser-Reservoir des Landes. Er bedeckt je nach Wasserstand zwischen 60 bis 77 qkm, ist 18 km lang und 17 km breit (durchschnittliche Tiefe 13 m). Vom Meer getrennt wird er durch bis zu 165 m hohe, bewaldete Dünen. Im See leben Nilpferde und Krokodile. Also Vorsicht! Auch vor den zahlreichen **Giftschlangen**, wie Uräusschlangen, Grüne Mambas, Puffottern und Schwarzweiße Kobras. Pythons und Warane sind nicht ungewöhnlich. Es gibt eine große Artenvielfalt an Vögeln, große Säugetiere fehlen. Das Camp bietet gute Erholungsmöglichkeiten in landschaftlich reizvoller Lage: Geführte Bootstouren und Wanderungen, zwei Unterstände zur Vogelbeobachtung in Reichweite des Lagers, Bootsvermietung.

Anfahrt: Von der N 2 an der Ausfahrt Mhlosinga auf die Lower Mkuze Road nach Mbazwana; von dort sind es ca. 16 km. Von Norden von der N 2 über Jozini nach Mbazwana; dort Straße Richtung Forestry Station. 4x4 im Sommer empfohlen, da sehr sandige Strecke!

Derzeit keine Unterkünfte!

Mabibi

Die unberührten Strände, das warme, klare Wasser, das Korallenriff und geschützte Buchten ziehen immer mehr Taucher, Unterwasserfotografen und Schnorchler an. Naturfreunde können das maritime Leben in den Felsbecken und Riffen studieren. Es sind mit die schönsten und einsamsten Strände Südafrikas, und die Unterkünfte sind entsprechend teuer.

Anfahrt zur Küste

Über die R22. 32 km nördlich von Mbazwana (oder von Norden her vom Straßenknotenpunkt Phelandaba 15 km) zweigt nach rechts bzw. nach Osten eine rotsandige Piste ab, die Zufahrtsstrecke zum *Rocktail Beach Camp, Thonga Beach Lodge* und zur *Mabibi-Campsite.* 4,7 km nach der Abzweigung kommt rechts der Betrieb *Coastal Cashews,* der Pick-up-Point für alle Gäste

mit normalem Pkw. Ihr Auto steht dort sehr sicher. Der Transfer im 4WD durch teils tief versandete Abschnitte an die Küste dauert etwa 45 Minuten.

Information

Die **Thonga Beach Lodge, Mabibi** und **Rocktail Beach Camp** liegen alle innerhalb des iSimangaliso Wetland Park, weshalb Eintrittsgebühren fällig werden: R40 p.P., Kinder die Hälfte, Wagen R30. Zufahrt offen Nov–März 5–19 Uhr, Apr–Okt 6–18 Uhr. **Bitte beachten:** Zufahrt zu den Unterkünften **nur mit einem 4WD** oder per vorher gebuchter Abholung von den Hotels!

Thonga Beach Lodge

Stilgerechte Beach-Architektur mit Öko-Flair (Fotos und Videos auf der Website), fantastische, ruhige Lage am Dünenhang über dem Meer, insges. 24 Betten, hervorragendes Essen, aufmerksamer Service, Super-Tauchgründe, große Aktivitäten-Palette. Traumhaft ist das Sunset-Candlelight-Dinner am Beach Deck.

Reservierung über *Isibindi Africa Lodges,* Tel. 035-4741473, Fax 035-4741490, www.isibindi-africa.co.za. VP ab R3440 p.P. im DZ. Special offers s. Website.

Der besondere Tipp: Rocktail Bay

Rocktail Bay liegt in einem der unberührtesten und schönsten Küstengebiete. 40 Kilometer langer, nahezu menschenleerer sandiger Traumstrand. Im Hintergrund bewaldete Dünen und dichter Küstenwald. Die vorgelagerten Riffe bieten ideale Schnorchel- und Tauchbedingungen: Drückerfische, Falter- und Kaiserfische, Schnapper und Riffbarsche. Eigene Tauchbasis. Das Camp zählt zu den besten Geheimtipps der Region. Das dreigängige Dinner wird auf Wunsch auch bei Kerzenschein serviert.

Anfahrt: *Zur Beachtung:* Vorausreservierung unbedingt nötig! Bei starken Regenfällen vorsichtshalber Office kontaktieren. Anfahrt von Johannesburg in einem Tag fast nicht machbar. Zufahrt ab Hluhluwe: Schildern R22 Sodwana

Bay 78 km folgen bis Mbazwana. Nun R22-Beschilderung Kwangwanasse/Farazella 30 km folgen, dann auf Schotterpiste auf die D1849 (Schilder Coastal Forest Reserve) abbiegen. Rocktail Bay ist nun beschildert. zum folgen. Bei Coastal Cashews parken. Abholung um 10.30, 14 und 16 Uhr. Weitere, private Zufahrt nur mit Geländewagen zum Manzengwenya Gate (geöffnet 6–18 Uhr) möglich. Detaillierte Zufahrtsbeschreibung bei Buchung.

Rocktail Beach Camp

Das Camp besteht aus 17 Holzhäusern im Safaristil (inkl. 7 Familien-Units) großzügig verteilt in optimaler Hanglage. Alle Unterkünfte mit Bädern, teils offenen Duschen und Ventilatoren. Sehr geschmackvoll eingerichtet. Zentraler Dining-Bereich, Bar und Lounge und großer Pool. Die vorgelagerten Riffe bieten ideale Schnorchel- und Tauchbedingungen, deshalb stehen beide neben anderen möglichen Aktivitäten an erster Stelle. Auf mehreren angelegten Naturpfaden kann man in Begleitung eines Rangers die Umgebung erkunden. Wege führen zu Pfannen, Grasland und durch Küstenwaldgebiete, auch Geländewagenfahrten, z.B. zum *Black Rock* oder zum *Lake Sibaya*.

Alle Reservierungen bei *Wilderness Adventures*, www.wilderness-adventures.com, Tel. 011-8071800. Dinner, Ü/F ab R1700 p.P. im DZ.

Schildkröten

Während der Sommermonate kommen Meeresschildkröten, um ihre Eier abzulegen. November bis Februar werden Führungen veranstaltet. Auf mehreren angelegten Naturpfaden kann man in Begleitung eines Rangers die Umgebung erkunden. Es besteht Zugang zu Wegen, die zu Pfannen und Vleis, zu Graslandebenen und durch Küstenwaldgebiete führen.

Tauchen

Die **Tauchbasis** liegt nahe Island Rock bietet nahezu exkklusiven Zugang zu den vorgelagerten Riffen. Mit dem hauseigenen Schlauchboot springt man über die Brandung und erreicht Tauchgründe mit Delfinen, Walhaien, Walen (in der Saison) und einer bunten Unterwasserlandschaft. Das Equipment ist in sehr gutem Zustand, Skipper und Tauchguide passioniert. Auch Tauchkurse. Informationen auch unter www.mokarrandivecharters.com.

Kosi Bay Nature Reserve

Kosi Bay gehört zu den 10 beliebtesten Reisezielen, dennoch lohnen sich die Strapazen der Anfahrt nur für Angler, Taucher, Schnorchler, Sonnenanbeter und Naturfreunde die die Einsamkeit fernab der Zivilisation suchen. Der Name „Kosi" leitet sich vom Häuptlingsnamen „Makuza" ab, formte sich zu „Makozi's Bay" um und wurde schließlich zu „Kosi Bay".

Naturschutz

Das Reservat hat sich seit 1951 von 125 ha auf 10.000 ha ausgedehnt. Einheimische Fischer dürfen wie eh und je Fische fangen. Das Fangsystem in **„Fisch-Krals"** im Gebiet der Kosi-Seen ist unbedingt sehenswert. Bedeutung erlangte das Gebiet 1963 mit dem Projekt zum Schutze der Meeresschildkröten. Dessen Basis ist die *Bhanga Nek Station* im Süden des Reservats. Seit 1970 wurden annähernd 5500 erwachsene Lederschildkröten, über 1000 Unechte Karettschildkröten und 250.000 frischgeschlüpfte Exemplare markiert. Untersuchungen ergaben, dass sie entlang der ostafrikanischen Küste bis hoch nach Kenia wandern. Zur Brutsaison gibt es geführte Touren zu ihren Stränden.

Landschaft und Tierwelt

Kosi ist keine wirkliche Bucht, sondern eine Zusammensetzung aus **vier Seen** und dem Mündungsbecken *Enkovukeni* mit schmalem Zugang zum Meer. Bei Flut wird Salzwasser über die Mündung zunächst in den *Makhawulani-See* und dann durch einen kleinen Verbindungskanal in den *Mpungwini-See* geleitet. Dieser ist mit dem *Nhlange-See* durch einen geschlängelten, riedgrasbewachsenen Wasserlauf verbunden. Der vierte, der *Amamzimnyama-See*, hat zwar auch noch eine Meeresverbindung, besitzt aber reines, tiefbraunes Süßwasser (die anderen sind glasklar) mit **Krokodilen.** Die Seen sind durch ein 20 km langes Dünenband vom Meer getrennt. Die Flüsse Sihadhla und Nswamanzi durchfließen und bewässern das Hinterland.

Durch den unterschiedlichen Salzgehalt der Gewässer wächst an den Ufern eine artenreiche Vegetation, so gedeihen gleich fünf Mangrovenarten, in denen Krebse, Schlammspringer und Schnecken leben. Kosi Bay besitzt einen seltenen **Raffia-Palmenwald,** Heimstatt seltener Vögel: Fischeulen, Palmengeier, Palmensegler und saisonale Kolonien fruchtfressender Fledermäuse. Entlang der Seeufer findet man in sumpfigem Gelände subtropische Farnwälder und seltene Orchideen. Im Marschland wachsen Riedgräser, Papyrus und Wasserlilien.

Schnorchlers Paradies ist das Mündungsgebiet. Allerdings gibt es einige *Zambesi-Haie* (Gemeine Grundhaie). Man benötigt eine Tageserlaubnis (maximal 5 Geländewagen pro Tag). Es gibt dort einen Picknickplatz und Toiletten. Für **Tageswanderungen** wendet man sich an den Ranger vom Dienst (R35 p.P.). Vorsicht – **giftige Schlangen!** Abwechslung bietet ein Kanu-Ausflug (Vermietung im Park). Geführte Touren ab Kosi Bay Lodge (ab R300 p.P.).

Anfahrt: Über die N 2 von Norden, Ausfahrt Jozini; über die Ndumo Road, der Beschilderung nach Sihang wane und KwaNgwanase (Manguzi) folgen; das Camp ist 14 km südlich der Ortschaft (dem Schild Kosi Bay Lodge folgen). Von Süden auf der N 2, Ausfahrt Mhlosinga; über die Lower Mkuze Road nach Mbazwana.

Von dort über Mseleni nach Norden auf die Hauptstraße Sihangwane – KwaNgwanase. Ab da östlich, Beschilderung sehr mangelhaft.

Information

Kosi Bay Nature Reserve, Office (7–16 Uhr), Tel. 035-5920234. Tore 6–18 Uhr geöffnet. Eintritt R30 p.P., R20 pro Auto. Grundnahrungsmittel und Benzin außerhalb in der kleinen Ortschaft KwaNgwanase. Malariaprophylaxe empfohlen.

Zur Beachtung: Das gesamte Gebiet unterliegt einer Limitierung der Fahrzeuge. Zufahrt mit Genehmigung vom KwaZulu-Natal Nature Conservation Service. Das Befahren des Strandes ist reglementiert (nur 4x4). Auskünfte beim diensthabenden Ranger.

Wilderness Trail: viertägige Wanderung (Vorausbuchung); Übernachtung in komfortablen Camps. Teilnehmer müssen sich bis 15.30 Uhr am Vortag einfinden. R180 p.P. plus R65 für Übernachtung im Basiscamp.

Unterkunft

Nur wenig Übernachtungsmöglichkeiten: eine 2-Bett Cabin (R510), eine 5-Bett Cabin (ab R1360), eine 6-Bett Cabin (ab R1360), 15 Campingplätze (R400/Site; keine Wohnwagen). Langfristige Vorausbuchung, besonders für Wochenenden und in der Hauptsaison, ist unbedingt erforderlich.

Touristic Kosi Bay Lodge, in kuNhlange-Seenähe, Tel. 035-5929561, www.kosibay lodge.co.za, Chalets (auch Selbstverpflegung), R660/DZ. Auch Safari-Zelte (R215 p.P.). Restaurant, Bar, Pool. Geführte Touren und Bootrips.

Pongola

Pongola ist ein kleiner Grenzort zum Nachbarn Swaziland. Museum und kleine Farmläden entlang der Straße. Besuchenswert: **Pongola Arts & Crafts,** Piet Retief Street (direkt an der N 2), Tel. 034-4132100.

Information

Ecke Penguin/N2 ist die Information **Pongola Publicity,** Tel. 083-2281822, www.pongola tourism.co.za.

Unterkunft

Casa Mia Guest House, Schildern „Suiker Meule" folgen und direkt durch die Zucker-

rohrfabrik hindurch, 2,7 km vom Suiker Meule-Abzweig, durch Illovo, Tel. 034-4131713, casa miapongola.wordpress.com. Chalets mit zwei DZ in subtropischem Garten, „warm hospitality and a great country atmosphere".
DZ/F/Dinner R450 p.P., SC-Unit R350 p.P.

Tugam Game Farm, ca. 25 km südlich an der R 69 Richtung Louwsburg, Tel. 034-4131405, www.tugam.co.za. Selbstversorgung in schönen Häusern im Hauptcamp oder den zwei Buschcamps. 75 km 4x4-Strecke. 900 ha großes Wildgebiet am Fuß der Magudu Hills.

Mkuze Falls Private Game Reserve

Das 8500 ha große **Mkuze Falls Private Game Reserve** ist Heimat von Löwen, Elefanten, Breitmaulnashörnern, Büffeln, Flusspferden, Geparden, Krokodilen, Hyänen, Giraffen und jeder Menge Antilopen, die man auf morgendlichen Safaris oder Pirschfahrten oder in den späten Nachmittags- und frühen Abendstunden beobachten kann. 400 verschiedene Vogelarten leben in den Feuchtgebieten. Sehr pitoresk sind die *Mkuze Falls.*
Anfahrt: Beschilderte Abzweigung zwischen Pongola und Nongoma. Von dort 2 km auf Schotterpiste.

Information/Unterkunft

Mkuze Falls Private Game Reserve, Tel. 034-4141018, Fax 4141021, www.mkuzefalls.com. Ab R2500 VP und Aktivitäten, in der Nebensaison R1650.
Mkuze Falls Game Lodge, auf einem Hügel oberhalb der Wasserfälle gelegen. Acht Chalets mit privaten Balkonen. Sehr geschmackvoll. Pool. Sehr gute Küche. Ab R1700 inkl. VP und allen Aktivitäten.
Tented Lodge mit fünf Safarizelten auf Holzstegen im ostafrikanischen „Hemingway-Stil". Bar und Pool. Ab R3250 inkl. VP und allen Aktivitäten.

Jozini

Jozini ist das wirtschaftliche Zentrum der westlichen Elephant Coast. Tagesbesucher können das **Pongolapoort Biosphe-re Reserve** (siehe unten) besuchen. Im Ort gibt es eine 24-Stunden-Tankstelle, Post, Arzt (Tel. 035-5721221), Supermarkt, frisches Obst und Gemüse. Keine Bank. Übernachtungsmöglichkeit in der *Lebombo Lodge* an der Hauptstraße.

→ **Abstecher**

Pongolapoort Biosphere Reserve

Das Naturreservat liegt am nördlichen und östlichen Ufer des Jozini-Damms. Es wäre das älteste Naturreservat Südafrikas – im Jahr 1894 mit 17.400 ha von Präsident Paul Krüger höchstpersönlich ins Leben gerufen –, wäre da nicht der Burenkrieg dazwischengekommen und der Ranger Herman van Oordt, der das Gebiet hauptverantwortlich zu betreuen hatte, von den Engländern interniert worden.

Bis 1904 wurde es sehr nachlässig beaufsichtigt, dann schließlich deproklamiert und Farmern überlassen, die einen konsequenten Kampf gegen die Tsetse-Fliege führten, in der falschen Annahme, man könne die Schlafkrankheit ausrotten, indem man das Wild abschießt. Konsequenz: Fast alle Wildtiere waren ausgerottet – doch die Tsetsefliege überlebte sie alle. 1948 vergiftete man dann schließlich Natur und Fliegen radikal mit DDT.

Als man 1970 mit dem Bau des Staudammes begann, war das Projekt höchst umstritten. Man wollte riesige Zuckerrohrplantagen mit Hilfe von Bewässerungskanälen, die vom Stausee gespeist werden sollten, anlegen. Schon damals bezeichneten Skeptiker das Vorhaben als „White Elephant" – daher auch der Name der größten Lodge auf dem Gebiet –, was soviel bedeutet wie „Hirngespinst".

Der Stausee ertränkte eine große Fläche zu Füßen der Lubombo Mountains, schuf aber ein neues Landschaftsbild, das man heute besonders gut vom Boot aus

570 Pongolapoort Biosphere Reserve

Karte S. 543

kennenlernen kann. 1979 wurde ein Teil des ursprünglichen Reservates wieder als Naturschutzgebiet ausgewiesen. Andere Landbesitzer merkten schnell, dass man mit Wildbeständen und Öko-Tourismus gut Geld verdienen könnte und schlossen sich der Idee an, Zäune niederzureißen und verschiedene Gebiete zu einem großen zu vereinen, so dass heute das **Pongolapoort Biosphere Reserve** etwa 300 qkm umfasst. Zusammen mit dem privaten **Pongola Game Reserve** bildet das **Phongolo Nature Reserve** das Herzstück.

Zwei Elefantenherden wurden Mitte der 1990er Jahre angesiedelt. Auch Büffel, Giraffen und Nashörner sind heute auf Pirschfahrten zu sehen. Nur die Löwen müssen noch draußen bleiben – ihre Wiederansiedlung erfordert andere Sicherheitsmaßnahmen, extra dafür geschulte Ranger und Elektrozäune um die Camps.

Sehr zu empfehlen sind die **Bush-Walks**, die besonders im Pongola Game Reserve von kompetenten Rangern durchgeführt werden. Das sogen. **„Elephanting"**, ebenfalls im privaten Sektor, ist eine einmalige Chance, wirklich alles über Elefanten zu erfahren, während man ihren Fußspuren folgt. Ein Erlebnis ist die **Bootstour** auf dem See, vorbei an Hippos, Krokodilen und vielen Wasservögeln. Unmittelbar am Ufer grasen Zebras, Gnus, Nyalas, Nahörner und Giraffen. Auch Hyänen und Schakale werden oft beim Trinken gesichtet. Sie können aber auch mit einem luxuriösen **Hausboot** zwei Tage über den See gleiten (Buchung bei www.shayamanzi.co.za). Einmalig in Südafrika! Wer es bescheidener liebt, kann auch ein Kanu mieten. Auf dem **Fish Eagle Safari Boat** empfiehlt sich der „Lunch Criuse" (Buchung über Mvubu Lodge). Angler kommen speziell wegen dem begehrten *tiger fish*, im September gibt es sogar einen Wettbewerb. Schwimmen im See ist wegen der Nilpferde und Krokodile natürlich nicht gestattet.

Anfahrt Pongola Game Reserve: Der Eingang ist 6 km vom Grenzposten Golela/Lamuvisa (Swaziland) entfernt. Von Johannesburg: Von der N 2 abbiegen Richtung Pongola; nach 4 km Haupteingang. (Für die Camps Sondaba, Mhlozi, Mpalane und Nkwazi auf der N 2 ca. 1 km weiter über den Pongola River und rechts dem Schild folgen). Von Durban: Abzweigung nach Golela ist 38 km hinter Mkuze. (Für die Camps Sondaba, Mhlozi, Mpalane und Nkwazi auf der N 2 nur 35 km fahren und 1 km vor dem Pongola River der Beschilderung folgen).

Anfahrt Phongolo Nature Reserve: N 2 zwischen Pongola und Mkuze, Abfahrt Golela. In Golela rechts halten und der Beschilderung folgen. Campingplatz 2 km nach Parkeingang.

Information/Unterkunft

Alle Kategorien:

White Elephant Lodge, Tel. 034-4132489, sowie ***Umkhaya Bush Lodge,** Zufahrt Pongola Game Reserve Gate (40 km von Pongola und 30 km nördlich von Mkuze, geöffnet 6–18 Uhr, Eintrittsgebühr R40/Auto; www.whiteelephant. co.za. Lodge ab R3050 p.P. alles inkl., außer Getränken. Bush Lodge R4000 für 1–8 Personen; Selbstverpflegung oder Verpflegung zubuchen, Aktivitäten extra. Pirschfahrten, Bootstouren, Wanderungen. Wunderbarer Ausblick auf die Lubombo-Berge und den Lake Jozini. Pool.

*Inyati, Tel.011-4862027, www.inyatilodge. co.za. Exklusive Lodge mit drei Chalets der feinsten Art, Pool, Selbstverpflegung. R8000 pro Tag/ganzes Camp.

Mvubu Game Lodge, Pongola Game Reserve North, 6 km vom Grenzübergang Golela, Tel. 031-2664172 und 082-7805475, www.mvubugamelodge.co.za. Sehr schöne Chalets mit Blick auf den Pongola River und Lake Jozini. Gutes Wildlife-Programm. VP ab R850 p.P.

Shayamoya Fishing and Game Ranch, 2 km von der N 2 Richtung Golela, Tel./Fax 034-9462941, www.shayamoya.co.za. Schöne Chalets, beste Küche. Angeln, Pirschfahrten. Ab R1200 VP/DZ.

Sondaba Bush Camp, Tel. 034-4351123, www.sondababushcamp.co.za. Riedgedeckte Hütten. Herrlich einsam, Selbstsorgung. R1800/Tag für das ganze Camp.

Mhlozi, Tel. 034-4351123, www.mhlozibush camp.co.za. Vier Rondavels und drei Chalets im tiefergelegenen Buschland. Selbstversorgung, Bar. Minm. R2295 pro Tag/ganzes Camp.

Mpalane Fishing Lodge, am Jozini Dam (auch mit der Mvubu-Fähre erreichbar), Tel. 034-4351123, www.mpalanefishinglodge.co.za. Zufahrt mit Pkw möglich, Bar, Pool. Für Familien geeignet. Sechs Rondavels und Zimmer im Hauptgebäude (Lodge insgesamt Minm. R3180 pro Tag/ganzes Camp).

Nkwazi Lodge, schöne Lage oberhalb des Lake Jozini, Pool und Bar. Tel. 034-4351123, www.nkwazilodge.co.za. R850 VP.

Im **Phongolo Nature Reserve** existiert derzeit nur ein gepflegter Zeltplatz, Tel. 034-435 1012, www.kznwildlifwe.com. Für Zelte und Wohnmobile (R100/site). Elektrizität, Dusche. Feuerholz für Grill muss mitgebracht werden. Bootsrampe. Schattig unter Akazien. Geöffnet sommers 5–19 Uhr, winters 6–18 Uhr. Eintritt. Das **Nkonkoni Camp** wird vom 1.11.–28.2. für R1320 vermietet (4 Safarizelte).

✔ Abstecher

Abstecher Border Cave

Auf der Strecke von Jozini zum Ndumo Game Reserve/Tembe Elephant kann man etwa 5 km nördlich von Jozini einen Abstecher nach Westen in Richtung Ingwavuma machen. Abgehend von dieser Strecke führt eine Piste zur prähistorischen *Border Cave*.

Border Cave ist eine archäologische Fundstätte menschlicher Fossilreste unter einem gewaltigen Felsüberhang in den Lubombo-Bergen. Die Datierung der zahlreichen Skelettreste ist mindestens 45.000 Jahre alt, andere Schätzungen sprechen von 120.000 Jahren. Im Laufe der Zeit seit der Entdeckung in den 1930-er Jahren wurden Hunderttausende Artefakte geborgen, die dem Homo sapiens zugerechnet werden. Border Cave, die von der Zeit der ersten Hominiden bis in die Neuzeit ununterbrochen bewohnt war, gehört zu den wichtigsten südafrikanischen Stätten menschlicher Besiedlung und ist neuerlicher Beweis, dass der Mensch in Afrika seinen Ursprung hatte.

Interpretive Centre mit Dioramas und Modellen zur Urgeschichte. Camp mit zwei Rondavels, Picknickplatz u. Toiletten. Guides führen Besucher gegen Entgelt zum Felsüberhang. Mo–Fr 8–17 Uhr, Sa/So 9–16 Uhr, Tel. 035-8702050.

Der besondere Tipp: Ndumo Game Reserve

Das Reservat (10.000 ha) an der Grenze zu Moçambique liegt weitab „vom Schuss", zählt aber zu den Hauptattraktionen Kwa Zulu-Natals. Durch die unterschiedliche Bodenbeschaffenheit wachsen 900 verschiedenartige Pflanzen. Der **Pongola** und **Usutu River** als Reservat-Nordgrenze sorgen mit ihren Überflutungsgebieten für große Feuchtregionen, Seen (Lake Banzi) und Pfannen, die pittoresk von Fieber- und Feigenbäumen umsäumt sind.

Früher gab es eine Straße nach Moçambique, was die Wilderei begünstigte. Als 1955 die Maul- und Klauenseuche ausbrach, wurde die Grenze geschlossen, das Gebiet mit einem Zaun versehen und der Tierbestand aufgestockt. Von 62 Säugetierarten, 420 verschiedenen Vogelarten, 76 Reptilienspezies, 43 Fisch- und 45 Amphibienarten sind die wichtigsten: Breit- und Spitzmaulnashörner, Büffel, Gnus, Giraffen, etwa 400 Nilpferde, Kudus, Nyalas, Zebras, 7 Geckoarten, Krokodile, zahlreiche Echsen und Schildkröten, Uräusschlangen, Baumschlangen, Speikobras, Schwarze Mambas und Puffottern. Im Pongola River tauchen von Zeit zu Zeit sogar die gefährlichen *Zambesi-Haie* auf.

Das Vogelparadies beherbergt etwa 430 Arten. Seltene Spezies sind u.a. Fledermausaare, Fischeulen, Schwarzbrust-Schlangenadler und Braunstirnwürger. Als Futter dienen Myriaden von Insekten, darunter 60 verschiedene Arten von Moskitos!

Seltene Spezies sind u.a. Fledermausaare, Fischeulen, Schwarzbrust-Schlangenadler und Braunstirnwürger.

Die *Wilderness Area* wird vom KwaZulu-Natal Nature Conservation Service, Wilderness Safaris und der lokalen Gemeinde verwaltet. Arbeitsplätze und Einkünfte kommen der Bevölkerung zugute. Der Park gilt als Paradebeispiel für zukünftige Entwicklungen. Die Wilderness Area ist nur Gästen des Ndumo Wilderness Camps zugänglich.

Im Park unterwegs

Es gibt angelegte Fahrstraßen. Vom Ansitz auf dem *Ndumo Hill* hat man die beste Übersicht auf die kleinen Seen, die Lubombo Berge und die Ebene von Moçambique. Vom Aussichtspunkt *Redcliffs* sieht man die Flusslandschaft des Usutu River. Empfehlenswert sind die **geführten Wanderungen** (R110 p.P.). Eine durchquert den Feigenbaumwald am Ufer des Pongola River mit Krokodilen, Nilpferden, Fischeulen und Afrikanischen Binsenrallen. Ebenso interessant ist eine Tour zur *Shokwe Pan*. Höhepunkt des Parkbesuchs ist die **Pirschfahrt** in offenen Geländewagen zu den Inyamiti- und Banzi-Pfannen (R220 p.P.): neben vielen Watvögeln Krokodile und Nilpferde. Romantisch wird es in den Abendstunden, wenn die Sonne über der Inyamiti-Pfanne untergeht und Enten und Gänse von ihren Ausflügen zurückkehren.

Information

Ndumo Game Reserve, Parktelefon 035-591 0004. Übernachtungsbuchung über KZN Wildlife, www.kznwildlife.com. Büro 8–12 und 13–16 Uhr geöffnet, Tore im Sommer 5–19 Uhr, im Winter 6–18 Uhr. Eintritt: R40 p.P., R35 Auto. 2 km vom Parkeingang kleiner Supermarkt und Tankstelle (nicht immer Benzin vorhanden!). Tanken vorsichtshalber in Mkuze, Pongola oder Jozini. Malariaprohylaxe und Insektenschutz empfohlen.

Anfahrt: Von der N 2 die Ausfahrt Jozini nehmen; dann am Jozini-Damm und an Jozini vorbei nach Norden, noch ca. 80 km (gute Ausschilderung); die letzten 15 km schlechte Schotterstraße.

Unterkunft

Sieben 2-Bett Hütten (R680), voll eingerichtet, Kühlschrank; Essen und Getränke mitbringen. **Camping** R110/Site, Gemeinschaftsküche und Waschräume, Pool. Sehr sauber und schön gelegen. Zur Beachtung: Aufgrund der geringen Übernachtungskapazität ist der Park meist für Wochen ausgebucht. Unbedingt vorher anmelden.

Alternative Übernachtungsmöglichkeit (auch für Tembe Elephant Park, Preisklasse *Touristic*): **Ndumu River Lodge,** Tel./Fax 035-5910011, ndumuriverlodge@ndumu.com, www.ndumu.com. 15 km von Tembe Elephant und 17 km von Ndumo Game Reserve entfernt. Kanutrips auf Pongola River. Viele Ausflugsziele (nach Border Cave fragen). 4x4 GPS-Trail. Zimmer, Chalets, Safari-Zelt. Selbstverpflegung. Frühstück und Dinner auf Bestellung. Noch wenig ausländische Gäste – günstige Gelegenheit südafrikanische Landsleute kennenzulernen.

Anfahrt: In Jozini an der Y-Gabelung links, dann nach 40 km an der T-Junction rechts (hier gibt es eine kleine Tankstelle). Nach 12,5 km links beschilderte Abzweigung.

Der besondere Tipp: Tembe Elephant Park

Der Tembe Elephant Park (29.000 ha) östlich des Ndumo Game Reserve wurde 1983 gegründet, um die **letzten freilebenden Elefanten Südafrikas** zu schützen. Einst wechselten große Herden zwischen Moçambique und Maputaland. Wegen der permanenten Bedrohung durch Wilderer flohen Restbestände in das dicht bewachsene Küstenwaldgebiet des heutigen Reservats. Bei vielen älteren Elefanten sieht man noch deutlich die Wunden durch Gewehre oder Fallen. Bis Ende 1991 hat man den Tieren eine Eingewöhnungsfrist gewährt, dann wurde der Park öffentlich zugänglich. Einheimische wurden umgesiedelt, dürfen aber noch Baumaterial und Heilpflanzen sammeln. Sie erhalten auch einen Anteil aus den Einnahmen.

Die Landschaft ist abwechslungsreich: Sandige Waldlandschaft mit Baumkronen bis zu 25 m Höhe, Dickicht, offene Gras-landschaft und sumpfige Areale. Zu wei-teren Tieren im Park zählen Zebras, Strei-fengnus, Nyalas, Giraffen, Büffel, Hyänen, Leoparden, Kudus, Wasserböcke, Elenan-tilopen und Breitmaul- und Spitzmaulnas-hörner. Auch vier Löwen streifen seit kur-zem durch den Busch. Zu den ursprüng-lichen Bewohnern zählen neben Nilpfer-den vor allem Reptilien: Krokodile, Wa-rane, Chamäleons, Echsen und viele Schlangen. Außerdem gibt es eine arten-reiche Vogelpopulation.

Die Parkstraße führt zum *Pomweni-Unterstand*, von dem man über den Muzi-Sumpf und weiter zum *Mahlasela-Unter-stand* blicken kann.

Wer vor (und nach) seinem Urlaub ei-nen Blick auf die Aktivitäten am Wasser-loch werfen möchte, kann das unter www.tembe.co.za tun. Die beste Chance Elefanten zu sehen hat man zwischen 11 und 13 Uhr.

Anfahrt: Von der N 2 die Ausfahrt Jozini neh-men; dann am Jozini-Damm und an Jozini vor-bei nach Norden und nach Osten nach Sihang-wane (von Jozini ca. 72 km). Park-Eingang un-mittelbar nach dem Sihangwane Store links.

Zur Beachtung: Zufahrt nur mit Gelände-wagen. Pkw können an der Rezeption abge-stellt werden, man wird dann mit dem Park-Jeep abgeholt. Innerhalb des Parks ist das Fahren mit eigenen Fahrzeugen gestattet. Ist das **Camp belegt,** dürfen nur noch **max. 3 wei-tere Fahrzeuge** mit Tagesbesuchern einfahren.

Information/Unterkunft

Tembe Elephant Park, Officer-in-Charge, Pri-vate Bag X356, NkaNgwanase 3973, Tel.031-2670144, www.tembe.co.za. Büro geöffnet 7.30–13 Uhr und 14–16 Uhr. Tore im Sommer 5–19 Uhr, im Winter 6–18 Uhr. Eintritt 30 p.P., R35 das Auto. Lebensmittel in geringem Umfang in Sihangwane kurz vor dem Eingang. Nächste Tankstelle in KwaNgwanase (40 km).
Alle Aktivitäten und Unterkünfte müssen vor-gebucht sein. *Das Camp wird privat verwaltet.*
Infos unter ***Tembe Safari Lodge,** Tel. 031-2670144, www.tembe.co.za. VP/Aktivitäten ab R795 p.P. Wer länger bleibt, sollte sich nach einer Tanzvorstellung der örtlichen Schule er-

kundigen (Erlös wird für Schulkleidung inves-tiert).

Tagesbesucher: Halbtagsexkursion (inkl. Erfrischung u. Mittagessen) und Tagesexkursion (inkl. gleichem) nach Voranmeldung möglich.

Peace Park Vision: Futi-Royal Tembe Transfrontier Park

Der Tembe Elephant Park ist Teil der inter-nationalen Lebombo Transfrontier Con-servation Area (TFCA) bei dem Südafrika, Swaziland und Moçambique ihre Tier- und Naturschutzparks zu einem gemein-samen, riesigen Transfrontier Park verei-nen wollen (www.peaceparks.org). Erster Schritt in Südafrika ist die Verbindung des Tembe Elephant Park mit dem westlich gelegenen Ndumo Game Reserve (sowie kleineren Community Conservation Areas), später kommen von Swaziland die Usu-thu Area und von Moçambique das Futi und das Rio Maputo-Feuchtland hinzu. Das Unternehmen wiedervereinigt die al-ten, historischen Elefanten-Gebiete zu ei-nem riesigen Park, in dem die grauen Riesen zwischen den drei Ländern frei hin- und herziehen können. Auch an der Küste soll mit der Vereinigung von Kosi Bay und Ponta do Ouro ein internationales Marine-schutzgebiet entstehen.

KwaNgwanase (Manguzi)

KwaNgwanase (Manguzi) ist eine kleine Ortschaft zwischen Tembe Elephant Park (45 km) und Kosi Bay (18 km) mit Super-märkten, Tankstelle, Post und Polizei. Wer in den Wintermonaten vorbeikommt, sollte etwa 8 km vor dem Ort auf die **Nyanyani Pan** links und rechts der Straße achten, auf der sich Tausende von Enten und Gänse tummeln.

Wenig bekannt ist der **Manguzi Forest** (Anfahrt: westlich vom Ort genau 1 km nach dem Polizeischild abbiegen, einem

Zaun, der linker Hand liegt, 500 m folgen, dann den linken Weg einschlagen, 600 m weiter wieder links und nach 400 m wieder links und weiter zur Rangerstation. Zufahrt mit Pkw möglich. Der Wanderweg ist 1 Std. lang. Interessant für Vogelbeobachtung.

Unterkunft

Thobeka Lodge/Thobeka Guest House, von der Hauptstraße aus beschildert, Tel. 035-592 9728, www.kosi.co.za. Einfache Zimmer, Exkursionen nach Kosi Bay, Tembe Elephant Park u.a. R150–200 p.P.

Unterkunft außerhalb

*Kosi Forest Lodge, im Ort den Hinweisschildern „Kosi Forest Camp" und „Police Station" folgen (es sind etwa 8 km zum Camp), Tel. 035-5929239, www.isibindiafrica.co.za/kfl. „Bush-Suites", versteckt im Dünenwald (ab R1790 p.P./VP). Kanufahrten und Schnorcheltouren. Oder einfach ausspannen.

Natal Midlands

Die Region Natal Midlands ist geographisch nicht fest umrissen. Sie umschreibt das Plateau des Küstenbereichs nördlich Pietermaritzburgs in einer Höhelage von 600–1500 m östlich der Drakensberge. Charakteristisch ist die wellige Graslandschaft. Küstennebel und regelmäßiger Regen im Sommer sorgen für eine ausgewogene Bewässerung. Hauptflüsse sind *Buffalo, uMgeni, Mooi, Tugela* (Thukela) und *uMkhomazi* (Umkomaas), deren Dämme die Trinkwasserversorgung und die landwirtschaftliche Nutzung der Region sicherstellen.

Reisezeit ist das ganze Jahr über. November bis Mitte Januar kommt es häufig zu Regenfällen, Februar und März sind besonders heiß. Die Wintermonate sind angenehm, das Thermometer kann aber nachts unter den Gefrierpunkt fallen. Viele ehemalige Kriegsschauplätze und *National Monuments* liegen in der Region, und kaum eine andere ist mit so vielen öffentlichen und privaten Naturreservaten gespickt wie die Midlands.

Pietermaritzburg / Msunduzi Municipality

Pietermaritzburg, die Hauptstadt von KwaZulu-Natal, liegt eingebettet in grüne Hügellandschaft und ist von einem Ring ausgedehnter Vororte umgeben. Knapp eine halbe Million Menschen leben in Pietermaritzburg und in seinem Einzugsbereich, der *Msunduzi Municipality*. Die Stadt mit ihrem angenehmen Klima wird geprägt durch Parks, Gärten und vor allem durch einen viktorianischen Architekturmix im Stadtkern. Das britische Erbe zeigt sich dort in Form zahlloser Kolonial- und Backsteinbauten – wenngleich in oft leider vergammelter Umgebung. Viele der historischen Gebäude beherbergen heute Museen, Kunstgalerien und öffentliche Einrichtungen. Im östlichen Vorort Scottsville befindet sich die University of KwaZulu-Natal. Außer der britischen Vergangenheit ist auch indische Lebensart bemerkbar, denn ab 1860 waren indische Kontraktarbeiter in die Region gekommen, ihre Kultur spiegelt sich in der ganzen Stadt wider.

Geschichte

Im Jahr 1837 zogen die Voortrekker über die Drakensberge und gründeten zwischen Msunduzi River und Dorp Spruit River eine Ansiedlung, die aber erst später den Namen der Voortrekker-Führer Pieter Mauritz Retief und Gerrit (Gert) *Maritz* bekam. Ab 1839 war sie Sitz des Volksrats der Voortrekker-Republik *Natalia*. Um den Marktplatz wurden acht große Straßen angelegt, gekreuzt von sechs weiteren. Kleine Kanäle sorgten für die Bewässerung. 1842 annektierten die Briten Natalia und ernannten 1857 Pietermaritzburg zur Hauptstadt von Natal. Sie ist es auch noch heute von KwaZulu-Natal, nach der demokratischen Wende 1994 musste sie sich diesen Titel aber für zehn Jahre mit Ulundi/oLundi im Zululand teilen.

Sehenswertes

Im Zentrum

Das **Publicity House,** Ecke Chief Albert Luthuli/Langalibalele St, ist aus dem Jahr 1884 und war eine Polizei- und Feuerwache. Die große Turmglocke läutete jeden Tag um 21 Uhr die Sperrstunde für Nichtweiße ein. Das Publicity House hat Mo–Fr 8–17 Uhr geöffnet, Sa 8–13 Uhr (Stadtplan und Infos für Übernachtung, Restaurants u. Ausflugsmöglichkeiten).

Einige Schritte entfernt liegt die **City Hall,** das Rathaus aus dem Jahr 1900. Das größte Ziegelsteingebäude südlich des Äquators besitzt einen 47 m hohen Glockenturm. Innen kann man schöne Bleikristallfenster und eine der größten Orgeln des Landes bewundern.

Gleich gegenüber liegt die **Tatham Art Gallery** in den Supreme Court Gardens, früher Hauptpost und später Sitz des Obersten Gerichtshofs. 1865 erbaut, beherbergt sie heute eine ausgezeichnete Kollektion südafrikanischer, britischer und französischer Kunst des 19. und 20. Jahrhunderts (u.a. von Picasso, Chagall und Renoir; Di–So 10–17 Uhr, www.tatham.org.za). Im 1. Stock gemütliches Musikcafé. Achten Sie auf die unterschiedlich gestalteten Stühle! Guter Platz, um mit Einheimischen zu plaudern, die aus den umliegenden Regierungsgebäuden zum Mittagessen kommen. Die **Old Presbyterian Church** in der Nähe war die erste englische Kirche (1852) im Ort.

Zwischen Church und Langalibalele Street verlaufen kleinere Sträßchen (Lanes), zwischen 1888 bis 1931 Zentrum des Finanzmarktes. Heute gibt es hier viele kleine Geschäfte und Restaurants. Sehenswert ist die **Harwin's Arcade,** eine Einkaufspassage, die die Timber Street mit der **Theatre Lane** verbindet, in der das alte Scott's Theatre zu finden ist.

In der Langalibalele Street befinden sich das **Old Natal Parliament** mit den Gebäuden **Old Legislative Assembly** und **Legislative Councils.**

In der Jabu Ndlovu Street 237 ist das **Natal Museum,** das 1905 als Nationalmuseum gegründet wurde (Eintritt R10, Mo–Fr 8.15–16.30 Uhr, Sa 9–16 und So 10–15 Uhr, Tel. 033-3451404, www.nmsa.org.za). Neben einer Ausstellung über viktorianische Häuser und Geschäfte aus der Zeit um 1850 besitzt es Schaubilder über Dinosaurier und heutige Tiere. Die ethnologische Sammlung zeigt u.a. auch Exponate afrikanischer Kunst.

Am Beginn der **Church Street,** vor der Fassade des **Old Colonial Building,** ehemals Sitz der Kolonialregierung von Natal, steht **Gandhis Denkmal** von 1993. Vorbei an weiteren Kolonialgebäuden erreicht man die **St Peter's Church** von 1857. Dort predigte Bischof *John William Colenso,* der wegen seiner Solidarität gegenüber den Zulu zeitweilig exkommuniziert war (er liegt vor dem Altar begraben). Die Kirche besitzt sehr schöne Bleiglasfenster aus Europa und ein kleines religiöses Museum.

Am Ende der Church Street steht das **Old Government House,** bis 1919 Sitz der Gouverneure (Besichtigung nach Voranmeldung; bei Touristeninformation nachfragen). In unmittelbarer Nähe befindet sich der **Bahnhof** (1893 wurde *Gandhi* hier aus dem Zug geworfen, siehe Exkurs).

Im **Macrorie House,** Ecke Pine/Jabu Ndlovu Street, früher Heimstatt des Bischofs Macrorie, werden Einrichtungsgegenstände um 1900 und eine kleine

576 Pietermaritzburg

Kapelle gezeigt (Mo 10–15 Uhr, Di–Fr 9–13; Tel. 033-3942161).

Das **Msunduzi Museum** (ehemals: Voortrekker Museum), 340 Church Street (bei der Boshoff Street), ist das wichtigste der Stadt. Es ist in der **Church of Vow** von 1841 untergebracht, die als Gelöbniskirche für den Sieg der Voortrekker über die Zulu am Blood River errichtet wurde. Die Kirche diente der Gemeinde bis 1862. 1912 wurde sie Museum und enthält u.a. den geschnitzten Stuhl des Zulukönigs Dingane, Flinten und einen Ochsenwagen (Mo–Fr 9–16 Uhr, Sa 9–13 Uhr, www.voortrekkermuseum.co.za).

In der modernen **Memorial Church** nebenan findet man die Originalworte des heiligen Schwurs der Buren. Zum Komplex gehört auch das doppelstöckige Wohnhaus von *Andries Pretorius*. Ein paar hundert Meter westlich, in der Boom Street 333, steht das älteste zweistöckige Haus von Pietermaritzburg. Doch heute ist das Museum nicht mehr ausschließlich auf die burische Geschichte ausgerichtet. Es befasst sich auch z.B. mit der Zulu-Bambatha-Rebellion aus dem Jahr 1906.

Nach Nordosten

Weiter die Church Street entlang kommt man zur **Main Moslem Mosque,** nachmittags wird meist der islamische Glauben diskutiert (9–13 und 13.30–17 Uhr, Schuhe müssen ausgezogen werden).

Der **Sri Siva Soobramoniar and Marriamen Hindu Temple,** Langalibalele Street, wurde 1898 errichtet und ist am Karfreitag Schauplatz ritueller Läufe über glühende Kohlen (Mo–Sa 7–18 Uhr, So 8–18 Uhr).

Weiteres

Den **Alexandra Park,** 1863 gegründet und nach der Prinzessin von Dänemark benannt, liegt südlich des Zentrums. Hübsch ist dort der Pavillon, in den Wintermonaten blühen die Steingärten, und im Mai findet „Kunst im Park" statt – lokale Künstler stellen aus.

Das **Comrades Marathon House** im Stadtteil Scottsville (18 Connaught Street) ist das Hauptquartier der *Comrades Marathon Association,* die im Mai den 89 km langen Marathonlauf zwischen Durban und Pietermaritzburg organisiert (Infos: www.comrades.com). 1921 beschloss man die Veranstaltung als Andenken an die Kämpfer des 1. Weltkriegs. Die Ausstellung in dem schönen viktorianischen Haus zeigt neben der Geschichte ein Modell der Route und eine audio-visuelle Präsentation (Mo–Fr 9–12 und 14–16 Uhr).

Sehenswertes außerhalb

Botanischer Garten

Der **Natal National Botanic Garden** wurde 1872 angelegt und hat im alten Teil eine Sammlung ausgesuchter Pflanzen der nördlichen Halbkugel: Tulpen- und Campherbäume, Platanenalleen, Magnolien und Feigenbäume. Heute werden typische und bedrohte Pflanzen Natals kultiviert. Kilometerlange Wandelpfade führen durch den Garten, vorbei an kleinen künstlichen Seen (4–5 Stunden einplanen).

Anfahrt: Vom Zentrum über die Pietermaritz Street/Pine Street in die Mayor's Walk. Ab dort nach ca. 2 km rechter Hand.

Natal National Botanic Garden, Tel. 033-3443585, Eintrittsgeb., 8–18 Uhr (Sommer), 8–17 Uhr (Winter). Restaurant 8–17 Uhr (Di Ruhetag). Übersichtskarte und Pflanzenliste im Besucherzentrum. Pflanzenverkauf.

Queen Elizabeth Park

Im kleinen Queen Elizabeth Park in den nordwestlichen Hügeln 8 km außerhalb wird man erstaunt sein: Burchell's Zebras, Impalas, Bless- und Buschböcke, Ducker, Klippschliefer und Adler leben hier. Man hat einen „umweltfreundlichen" Vogelgarten angelegt. Von besonderem Interesse ist die Palmfarnkollektion in den Gärten des Douglas Mitchell Centres. Der **iDube Trail** (Rundweg) beginnt am ersten Picknickplatz links nach der Einfahrt.

Anfahrt: Vom Zentrum über Chief Albert Luthuli St und Howick Road zum Peter Brown Drive, der im Park endet (über die Chief Albert Luthuli Rd und Howick Road gelangt man auch zum Aussichtspunkt World's View). Der Park ist von 6–18 Uhr geöffnet, Eintritt frei, keine Übernachtungsmöglichkeit, kein Restaurant, kleiner Curio Shop neben d. Douglas Mitchell Centre.

Eisenbahnmuseum

Eisenbahnenthusiasten besuchen in **Hilton** das Natal Steam Railway Museum, Ecke Hilton Avenue und Quarry Street. An (fast) jedem zweiten Sonntag im Monat fährt eine Dampfeisenbahn nach Cedara, Howick und Balgowan (Auskünfte unter Tel. 033-3431857). Anfahrt über Boshoff St.

Ferncliffe Nature Reserve

Der Blick über Pietermaritzburg vom 250 ha großen **Ferncliffe Nature Reserve** mit seinen lieblichen Wasserfällen ist spektakulär. Vorwiegend einheimischer Wald mit über 100 Vogelarten und kleinen Schirrantilopen. Die *Ferncliffe Water Trails* sind insgesamt 4,5 km lang und in einzelnen Abschnitten begehbar.

Anfahrt: Von der N 3 (Richtung Ladysmith) über Ausfahrt Armitage Road (Exit 82) bis zum Kreisverkehr. Dort die 3. Abfahrt nehmen und der Town Bush Road bis zu den Ferncliffe Water Works; dann rechts 2 km zum Eingang.

Bisley Valley Nature Reserve

Das Reservat (250 ha) gleicht einem Amphitheater. Es liegt vorwiegend auf Grasland mit Dornbuschbewuchs. Der **John Pringle Trail** (2,5 km) beginnt am Parkplatz in östlicher Richtung, folgt einem Flusslauf und führt über Stege in ein Feuchtgebiet. Wenig frequentierter Park mit guter Vogelbeobachtung.

Anfahrt: Ausfahrt über die Chief Albert Luthuli Rd; an der Richmond bzw. jetzt Reggie Hadebe Road (R 56) 3 km südlich, dann östl. in die Alexandra Road einbiegen (Alexandra Rd Exit), die zum Reserve führt.

Weitere Umgebungsziele

Ziele von Pietermaritzburg sind die Nature Reserves **Albert Falls Dam** (24 km nordöstlich) und **Midmar Dam** (20 km nordwestlich bei Howick).

Pietermaritzburg von A–Z

Information Pietermaritzburg

Publicity Association, Publicity House, 177 Chief Albert Luthuli St, Tel. 033-3451348, Fax 3943535, www.pmbtourism.co.za (Stadtplan, Broschüre über die „Green Belt Trails", Spazierwege im Grüngürtel der Stadt), www.pietermaritzburg.co.za. – **KwaZulu-Natal Wildlife,** The KwaZulu-Natal Nature Conservation Service, P.O.Box 13069 (367 Jabu Ndlovu Street) Cascades, Pietermaritzburg 3202, Tel. 033-8451000, Fax 033-8451001, www.kznwildlife.com, bookings@kznwildlife.com; s.a. Queen Elizabeth Park.

AA-Büro

AA Branch, G23 Brasfort House, 191 Chief Albert Luthuli St, Tel. 033-3420571.

Autovermietung

Avis, Pietermaritzburg/Msunduzi Airport, Tel. 0800-21111, 104 Boshoff St, Tel. 033-3451390. *Budget,* Tel. 0800-16622. *Europcar,* Tel. 0800-131000.

Busverbindung

Busterminal (auch Stadtbusse): Langalibalele St, neben Publicity House. Busse der Linien *Greyhound* (Tel. 033-3423026), *Translux* (Tel. 011-7743333) und *Cheetah Coaches* (Tel. 033-3422673) nach Durban, Kapstadt, Johannesburg.

Einkaufen

Im gesamten Stadtkern gute Einkaufsgelegenheiten. Am östlichen Ende der Church Street gibt es exotische Geschäfte mit traditionellen Heilmitteln, indischen Gewürzen, Lebensmitteln, Saris und Devotionalien. *Maritzburg Arts & Crafts Market,* Alexander Park, jeden ersten

Karte S. 576 **Pietermaritzburg** 579

Sonntag im Monat. Der National Botanical Garden ist Schauplatz der *Arts and Crafts Fayre*, ausgesuchte handwerkliche Stücke.

Flughafen

Pietermaritzburg/Msunduzi Airport, über die Chief Albert Luthuli St u. King Edward Ave. *Comair, Airlink Airline* und *Air Midlands* fliegen nach Johannesburg u. Durban. *South African Airlines*, Stadtbüro, Shell House, Tel. 033-958 2546.

Geld

Rennies Foreign Exchange, Revenue Building, 207 Pietermaritz St, Tel. 033-3941571, Reisescheckwechsel ohne Gebühr, Touristeninformation.

Notrufnummern

Polizei, Tel. 10111 oder 3422211; Feuerwehr, Tel. 3411311; Ambulanz, Tel. 10177; Krankenhaus, Tel. 3421259; Zahnarzt, Tel. 3421311.

Parken

In der Innenstadt ca. 10 bewachte Parkplätze/-häuser (s. Karte).

Post

Hauptpostamt, 220 Langalibalele St, Mo–Fr 8–16.30 Uhr, Sa 8–12 Uhr.

Restaurants

Viele Restaurants sind den größeren Hotels angeschlossen. Entlang der Hauptstraßen gibt es tagsüber offene kleine Bistros und Cafés. **Golden Dragon,** Sidewalk Centre, 64 Alan Paton Ave; der beste Chinese, preiswert, lecker. – **Quincy's Cafe and Restaurant,** 157 Victoria Rd, gut besuchtes Restaurant. Pasta, Burger Fisch und vegetarisch. – **Turtle Bay,** Cascades Centre, McCarthy Drive; Restaurant mit Fischspezialitäten (Mo–Fr 12–14 Uhr, Mo–Sa 19–23 Uhr).

Sicherheit

Pietermaritzburg gilt als relativ sicher. Tagsüber braucht man keine Bedenken zu haben auch mal in kleinere Straßen zu gehen. Abends sollte man, besonders außerhalb des Stadtkerns, vorsichtig sein!

Unterkunft

Comfort

*Capulet, 12 Keans Drive, Hilton (Midlands Meander), Tel. 033-3432340, www.capuletkzn.co.za (mit Wegbeschreibung). Kleines, feines Gästehaus im toskanischen Stil. DZ/F ab R420 p.P.
Imperial Protea Hotel, 224 Jabu Ndlovu St, Tel. 033-3946551, www.proteahotels.com. Zentral, elegant, kinderfreundlich. DZ R1516 (am Wochenende günstiger).

Touristic

Brevisbrook B&B, 28 Waverleydale Rd, Boughton 3201, Tel. 033-3453234, www.brevisbook.co.za. Ruhig, im Swartkop Valley. Drei 2-Bett-Zimmer, Pool, Gartenanlage.
*Kwela Lodge, Otto's Bluff Road P9 (erreichbar über R33 Chota Motala Rd), Tel. 033-397 5111, www.kwelalodge.com (mit Wegbeschreibung). Selbstversorger-Cottage, Charme eines ehemaligen Siedlerhauses mit derzeit ursprünglicher Einrichtung. DZ/F ab R340. Dinner a.A.
Rehoboth, 276 Gladys Manzi Rd, Scottsville, Tel. 033-3962312. Luxuriöse Cottages, viktorianischer Stil, Gartenlage, Blick übers Tal.

Budget

Africa Enterprise, 1 Nonsuch Rd, Tel. 033-3471911, www.ae-centre.co.za. Christliches Zentrum, Chalets, Schlafräume, günstig für junge Leute, die Anschluss suchen.
Ngena Backpackers Lodge, 293 Burger St, Tel./Fax 033-3456237. Afrikanisches Flair, einfach. Mehrbett- und DZ. Baz Bus-Stopp.
Tudor Inn, 18 Theatre Lane, Pietermaritzburg 3201, Tel. 033-3421778. Gemütlich, klein, Restaurant, Coffeeshop.

Camping

Städtischer Campingplatz an der Cleland Road, Tel. 033-365342.

Unterkunft Umgebung

Whytten House, 50 Groenekloof Rd, Hilton 3245, Tel. 033-3434421. Englisches Landhaus, Gartenlage, Zimmer im Haus, Cottage.

Tipp für Richtung Durban Reisende:

Tala Lodge u. Game Reserve. Ausfahrt Eston/Umlaas Road R 603, 13 km Rtg. Eston, nach dem Mlazi-River links; Tel. 031-7811045, www.tala.co.za. Sehr schöne, aber nicht billige Anlage in einem privaten Game Park mit vielen Tieren (Rhinos, Zebras u.v.a.).

Von Pietermaritzburg auf der R 56 in den Süden: Richmond – Ixopo – Kokstad

Richmond

Richmond, 1850 von englischen Siedlern gegründet, liegt idyllisch im Tal des *Illovo River*. Die *St Mary's Anglican Church* von 1856 mit dem angeschlossenen College (1869) war die erste Höhere Schule für Mädchen in Natal. Die *Freemasons Lodge* (1884) und das Bombay House stammen von 1902. Im *Richmond, Byrne and District Museum*, Ecke Victoria/Chilley Street, gibt es eine kleine Ausstellung über die lokale Siedlungsgeschichte (Mi, Sa 9.30–12.30 Uhr, So 10.30–12.30 Uhr). Prächtig geschmückte Frauen des Bhaca-Stammes kommen ab und zu in den Ort, um ihre Heirat einzutragen.

Originell ist das **Minerva Museum and Private Nature Reserve.** Im Museum finden man eine kuriose Sammlung, die von alten Trucks über Schreibmaschinen bis zu einer Eisernen Lunge reicht. Info unter Tel. 082-5723455, www.minervareserve.co.za. Auch Unterkunft.

Information Richmond

Publicity Association, Settler Cottage, Shepstone St, Tel. 033-2122445 (Di–Sa 8.30–12.30 Uhr); Info-Material über Ort, Umgebung und Unterkünfte.

Unterkunft

Comfort The Oaks Hotel at Byrne, www.oaksatbyrne.co.za (mit Anfahrtskizze), Tel. 033-2122324. Landhotel, Rest., schöne Lage. Ü/F ab R685 p.P.

Touristic The Manor and Oakford Cottage B&B, 6 Pall Mall, 15 km außerhalb, Byrne 3781, Tel./Fax 033-2123204. Cottages in einem historischen Weiler, Ausritte. Sehr zu empfehlen.

Abstecher: Game Valley Estates

Die **Game Valley Estates** liegen außergewöhnlich schön in wildem, zerklüftetem Gebiet (550–1250 m Höhe) mit reicher Flora und Fauna. Wanderwege führen zu schönen Aussichts- und guten Wildbeobachtungs-punkten. Abenteuerlustige gleiten in Kanus oder Schlauchbooten über die Stromschnellen des uMkhomazi River (Umkomaas), Schwimmern bieten sich tiefe Felsbecken, Vogelfreunde können über 205 Arten sehen, darunter die seltenen und geschützten Stahlschwalben und 3 Kranichspezies.

Anfahrt: Durch Richmond durchfahren, dann nach links in eine Straße mit der Beschilderung Hella Hella; 14 km Asphaltstraße, dann über den Hella Hella Pass auf Schotterstraße; nach der Brücke über den uMkhomazi River noch 1,8 km bis zur Beschilderung, die links zu den Game Valley Estates weist.

Unterkunft

Game Valley Estates, Tel. 033-2123171. Lodge mit 4 DZ, voll eingerichtet, Selbstversorgung.

Camping Feuerholz, Grillstellen, Tische, gute sanitäre Anlagen.

Ixopo

Der Ort verdankt seinen Zulu-Namen dem Geräusch eines Fußes, der durch sumpfiges Gelände stapft.

12 km außerhalb befindet sich das *Buddhist Retreat Centre* (Besucher sehr willkommen, Tel. 039-8341863). Ein großer Zen-Garten lädt zu Meditation und beschaulichen Spaziergängen ein, der übergroße Buddha blickt in das Tal des uMkhomazi River. Übernachtungsgäste halten Regeln ein: Kein Alkohol und Nikotin, vegetarische Mahlzeiten und entspannte Ruhe für alle. Informationen unter www.brcixopo.co.za.

Kokstad

William Dower von der London Missionary Society suchte sich 1872 diesen am Umzimhlava River gelegenen Ort zwischen dem Mount Currie und den Ingeli Mountains für seine Missionsstation aus und benannte ihn nach Adam Kok III., Anführer der Griqua, die seit 1863 in der Nähe siedelten. Kokstad entwickelte sich zur Hauptstadt des „East Griqualandes" und ist mit seinen breiten, von Eichen umsäumten Straßen besonders wegen des gesunden Klimas auf 1335 m Höhe ein aufstrebender Ferienort mit Restaurants und Supermärkten.

Sehenswert ist die *Griqua National Independence Church,* Hope Street, aus dem Jahre 1877 und das *East Griqualand Museum,* Main Street (Mo–Fr 8–13 und 14–16 Uhr).

Information

East Griqualand Tourist Information, Tel. 039-7274444, www.zulu.org.za. Gateway Tourism Information auch im Mount Currie Inn.

Unterkunft

Comfort

*Ingeli Forest Lodge, an der N 2 Richtung Harding, Tel. 039-5530600, www.ingeliforest lodge.com. Landschaftlich wunderschön, Wandern, Mountainbikes, Ausritte. Fine Dining. DZ/F R1200. Am Wochenende günstiger.

Mount Currie Inn, Hope Street (am Ortseingang N 2), Tel. 039-7272178, www.mountcurrie.co.za. Sauber, vorwiegend Geschäftsleute.

Touristic

*Willowdale Lodge, an der D604, Tel. 039-7273870. Altherrschaftliche Lodge mit großer Veranda und Traumblick. Alte Bibliothek. Viele Freizeitangebote. Fast zu schade für nur eine Nacht! Ü/F R375. Unbedingt 3-Gänge-Menü probieren.

Camping

Municipal Caravan Park, Tel. 039-7273133. Nahe Zentrum.

Mount Currie Nature Reserve

Dieses Reserve (1800 ha) wurde 1981 gegründet. Die ehemaligen Viehwege und Pfade sind für Wanderer auf eigene Faust begehbar. Sie führen an den Hängen des *Mount Currie* durch Gras- und Buschland und Proteenfeldern, unten am *Crystal River* durch üppigere Vegetation. Es gibt über 220 Vogelarten.

Erfolgreich wurden Ried-, Bless- und Buschböcke, Ducker und Rehböcke angesiedelt. Der *Crystal Dam Trail* führt entlang des Dammufers. Wassersport im Sommer möglich. Im gesamten Reservat ist Feuermachen nur an den ausgewiesenen Stellen erlaubt!

Anfahrt: Von Kokstad auf der R 617 Richtung Franklin/Swartberg fahren, bis zur Abzweigung zum Reserve (Schotterstraße). Dann noch ca. 4,5 km zum Haupteingang, vorbei am Adam Kok Memorial Gate.

Adam Kok Laager Site

Adam Kok III., ein Griquaführer aus Philippolis im Oranje Freistaat, machte sich 1859 auf den Weg, um im „Niemandsland" eine neue Heimat für sein Volk zu suchen. Begleitet wurde er auf der Expedition von Sir Walter Currie. Erfolgreich wieder zu Hause, verkaufte Adam Kok III. sein Land und zog mit 2000 Menschen, 30 Ochsenkarren und 20.000 Rindern in die neue Heimat.

Am 12. Mai 1863 traf der Trek am Fuß des Mount Currie ein. Das erste Lager wurde zum National Monument deklariert (Zufahrt übers Adam Kok Memorial Gate).

Information/Unterkunft

Mount Currie Nature Reserve, Tel. 033-845 1000, Fax 033-8451001, bookings@kznwildlife.com. Tgl. von Sonnenauf- bis Sonnenuntergang, Büro zu den üblichen Öffnungszeiten (Vogelliste, Eintritt).

→ Abstecher

Der besondere Tipp: Abstecher zum Sehlabathebe National Park (Lesotho)

Qacha's Nek

Qacha's Nek (10.000 Ew.), den Grenzort in **Lesotho,** erreicht man von Kokstad aus via R 56 über Cedarville und Matatiele. Benannt ist der Ort nach Häuptling *Qacha* – der „Versteckte" – da dieser sich zum Nachdenken über das Wohl seines Stammes oft wochenlang unauffindbar in das wilde Hinterland zurückzog.

Qacha's Nek ist ein typischer Grenzort mit kleinen Läden, Schnellimbissen und Straßenständen, Post, Polizei, Tankstelle und Busstation. Einheimische essen im *Qacha's Nek Restaurant* neben der Shell-Tankstelle. Bester Tipp ist das *Restaurant im Nthatuoa Hotel* (auch vegatarische Menüs bei Vorbestellung). Kurios sind die kalifornischen *Mammutbäume* (Redwood Trees), die vor Jahren aus Nordamerika kamen und auf den Hügel hinter der Polizeistation angepflanzt wurden und 25 m hoch sind – eine Sensation in dem sonst fast völlig unbewaldeten Land. Auch im Garten der *St Joseph Church* wachsen solche Bäume. Hauptattraktion ist die Bergwelt, in der man schöne Wanderungen unternehmen kann.

Information

Die besten Infos im *Nthatuoa Hotel* und auf der Polizeistation. Wöchentlich 3 Flüge von Maseru nach Qacha's Nek. Täglich ein Bus zum Sehlabathebe National Park und nach Moyeni.

Unterkunft

Budget Nthatuoa Hotel, Qacha's Nek, 3 km westlich, Tel. +266-22-950260. Klein, gemütlich, guter Service, Restaurant, Pony-Trekking, gef. Wanderungen, Reservierung sinnvoll.

Camping Bei den Missionsstationen St Joseph (1 km) u. Hermitage (7 km) kann man gegen eine Spende zelten (manchmal auch einfache Unterkunft).

Sehlabathebe National Park

1970 wurde die 7500 ha große Bergregion im Südosten des Landes (durchschnittliche Höhe 2400 m) zum bislang **einzigen Nationalpark** von **Lesotho** erklärt. Wer eine wilde, zerklüftete Berglandschaft liebt und die Strapazen der Anreise auf sich nehmen will, wird begeistert sein. Im Park kann man sich erkundigen nach Wanderwegen zu einsamen Tälern, Wasserfällen und steilen Felsen. Auch geführte Pony-Trekking-Touren.

Anfahrt: Von südafrikanischer Seite über Matatiele und über *Ramatseliso's Gate* (85 km schlechte Straße), oder über Himeville, Underberg und Bushman's Nek (in Underberg fragen, ob das Nkongoana Gate geöffnet ist). Zu jeder Jahreszeit nach dem Straßenzustand und den Wetterbedingungen erkundigen. Alle Straßen, auch die im Park, sind **nur mit Geländewagen** zu bewältigen.

Reiten: In Bushman's Nek Pferdvermietung für den sechsstündigen Weg zur Grenzstation.

Voraus-Planung

Es ist ein Sommerregengebiet mit rascher Nebelbildung und häufig schlechter Sicht; nach starken Regenfällen versperren die Flüsse den Weg; im Winter kann es grimmig kalt werden und man muss mit Schnee und Straßensperren rechnen; Reservekanister mit Benzin gehören unbedingt ins Gepäck, ebenso ausreichend Proviant.

Information

Sehlabathebe National Park, Reservations, Lesotho National Park, Ministry of Agriculture, Tel. 0266-323600; Anmeldung erforderlich; nur Bargeldzahlung im Park, keine Kreditkarten.

Unterkunft

Mountain Lodge (12 Betten, Bettzeug, eingerichtete Küche), 1 kl. Hütte (6 Betten ohne Bettzeug, sehr einfache Küche). Zeltplätze neben der Lodge, im Park ist Zelten überall erlaubt.

Übernachtungsalternative: **Bushman's Nek** Hotel, 47 km von Underberg entfernt, Tel. 033-7011460, www.bushmansnek.co.za. Guter Ausgangspunkt für Wanderungen im Bushman's Nek Gebiet, kinderfreundlich.

✔ Abstecher

Von Pietermaritzburg auf der N 3 Richtung Norden

Howick

Howick, ca. 15 km nordwestl. von Pietermaritzburg an der N 3, ist ideal für einen kleinen Halt. Eine der Hauptattraktionen der *Midlands Meander* (Informationen auf www.pmb-midlands-kzn.org.za) sind die 95 m hohen **Howick Falls**. Spaziergang zum Fuße des Wasserfalls möglich, beschilderter Startpunkt Harvard Street. Das kleine *Howick Museum*, Falls View Road, bietet eine erstaunlich differenzierte Ausstellung zu medizinischen, historischen und lokalen Themen (Di–Fr 9–12 und 14–15.30 Uhr, Sa 9–12 Uhr, So 10–16 Uhr). *Der Howick Falls Craft Market*, Viewside, findet jeden zweiten Sonntag von 9-15 Uhr statt. Bestes Strauß-Curry serviert *The Corner Post*, 124 Main Street, Tel. 033-3307636.

Information Howick

Howick Tourism, Tel. 033-3305305 (gleich gegenüber der Wasserfall-Plattform), www.howicktourism.co.za. Auskünfte über die **Midland Meander**, eine Route, die zu Kunsthandwerkstätten führt (nach kostenloser Karte fragen).

Unterkunft

Comfort

*Cranford Country House, 77 Old Main Road, Curry's Post, 8 km außerhalb, Tel. 033-330 4308,cranfordcountrylodge.co.za. Nächtigen in einem 140 Jahre altem Farmhaus, komfortable Zimmer (ab R510 p.P.) und SC-Cottages.

Touristic

*Pleasant Places, Lidgetton an der R 103, nördlich von Howick, Tel./Fax 033-2344396, www.pleasantplaces.co.za. 4 DZ und ein Cottage in ländlicher Idylle, Nichtraucher. Guter Ausgangspunkt für Exkursionen in die Umgebung. Ü/F ab R495 p.P. Preisgünstiges Abendessen auf Wunsch.

Harrow Hill Guest Farm, 8 Karkloof Rd, 4 km außerhalb, Tel./Fax 033-3305033, www.harrowhillhowick.co.za. Familiär, Pool, Tennis. Ü/F ab R360 p.P.

*Stocklands Farm, 4 Shafton Road, 1 km außerhalb an der R 103, Tel./Fax 033-3305225, www.stocklandsfarm.co.za. Viktorianisches Kolonialgebäude, Park.

Budget

Alskeith Farm, Tel. 033-2344318, 54 Caversham Rd, Lidgetton. Ruhige, schlichte Permakulturfarm.

Midmar Public Resort Nature Reserve

Das 2844 ha große **Midmar Public Resort Nature Reserve** gleich östlich von Howick (7 km) ist das größe und beliebteste Binnennaturschutzgebiet KwaZulu-Ntals. Der **Midmar Dam** wurde 1964 zur Trinkwasserversorgung von Pietermaritzburg erstellt und staut das Wasser des **uMgeni River**. Um ihn herum die Inhltuzana-Hügel. Der Stausee ist in Aktivzonen eingeteilt: Für Windsurfer, Kanufahrer, Angler und Schwimmer, Tennis- und Squashplätze (Vermietung von Fahrrädern, Kanus, Surfbretter und Booten). An Wochenenden und in der Hauptsaison ist der Park heillos überfüllt. Im **Game Park** leben Oribis, Kuhantilopen, Spring- und Blessböcke, Zebras und Gnus (Eintritt zu Fuß, Fahrrad und Auto, Eintrittskarte für den Damm gilt auch hier. Beachte: Die Einfahrt des Parks liegt an der R 617 Richtung Mpophomeni – unter N 3 durchfahren).

Dem Park angeschlossen ist das **Midmar Historical Village:** Gebäude aus verschiedenen Epochen, Kutschenmuseum, Dampfeisenbahn, Hindutempel und schöner Farmgarten, Restaurant mit Live-Musik (tgl. 9–16 Uhr, R20 p.P., Tel. 033-330 5351).

Information

Midmar Public Resort, Officer-in-Charge, Tel. 033-3302067. Reservierungen über KZN Wildlife. Eintritt R20 p.P.

KwaZulu-Natal

Unterkunft

Munro Camp: 2-Bett Chalets (R435). – 4-Bett Chalets (R870); 5-Bett Chalets (R870); 6-Bett Chalet (R1160); 4-Bett Rustic Cabins (ab R390). **Camping** In den Camps Duduku, Morgenzon u. Munro Bay, 250 Plätze (R225/Site).

Umgeni Valley Nature Reserve

Das kleine **Umgeni Valley Nature Reserve** liegt gleich nördlich von Howick. Leicht zugängliche Wanderwege führen zu Aussichtspunkten über die Zuflüsse des uMgeni River, die interessante Felsbecken und Wasserfälle geschaffen haben. Außerdem gibt es im Reserve Giraffen, Gnus, Elands, Nyalas, Oribis und Zebras und viele Vogelarten. Anfahrt: Von Howick über die Karkloof-Rietvlei Road; nach 1 km Parkeingang.

Information/Unterkunft

Umgeni Valley Nature Reserve, Tel. 033-3303931. Zuständig für alle Übernachtungsreservierungen. Tagesbesucher willkommen. Picknickplätze. Derzeit zwei 5-Bett Cottages. Die großen Camps sind für Schul- und Studiengruppen. Wenn sie nicht voll belegt sind, kann man eventuell dort übernachten, Schlafsack erforderlich.

Übernachtungs-Tipp auf dem Weg zu den Drakensbergen

Die **Midlands Forest Lodge** liegt gleich südöstlich vom Ort Nottingham Road und ist perfekt auf dem Weg zu den Drakensbergen bzw. als Alternative für den Besuch der Berge. Man wohnt auf knapp 1350 m Höhe in einer der 16 gepflegten und gemütlichen Cabins, erhöht inmitten der Natur mit wunderbarem Blick auf die Midlands und teils auch auf die Drakensberge. Außerdem gutes Luch/Dinner im Caversham Mill Restaurant (3 km entfernt). Diverse Aktivitäten-Angebote, DZ/F R450 p.P. Weitere Details auf der Website.
Midlands Forest Lodge, Old Caversham Road, Tel. 033-9400145, www.ecotourism. co.za. **Anfahrt:** Von der N3 Exit Balgowan nehmen, Richtung R103/Westen, den Meander (T2)-Schildern folgen, ca. 5 km. Von der R 103 zwischen Howick und Nottingham Road die D 182, Old Caversham Road, nehmen und den Meander-Schildern folgen.

Nottingham Road

Die kleine Stadt westl. der N 3 an der R 103 verdankt ihren Namen dem Nottinghamshire Regiment, das als erste Garnison das *Fort Nottingham* bezog, als Ausgangsbasis für den Krieg gegen die Khoi-San in den Drakensbergen und gegen *Langalibalele*, Häuptling der *Hlubi*. Die Ruinen des Forts, 15 km südwestlich des Orts gelegen, können besichtigt werden. Schon wegen der Biere sollte man hier Halt machen, z.B. bei *Rawdons Hotel* mit kleiner Brauerei (www. rawdons.co.za), gezapft auch im österreichischen Bierfassl (tgl. 11–23 Uhr, gleich dazu ein Eisbein) oder bei *Günther's* (Erdinger, kleine Gerichte, dt.-Schweizerisch, hinter Balgowan, 10–17 Uhr, Di/Mi geschl., Tel. 033-2344681). Im *Alladin's-de-Light* kommt man um einen Käsekuchen nicht herum (tgl. 9–16.30 Uhr, Sa und So auch Abendkarte). Angeschlossen ist eine Töpferei. Richtung Rosetta kommt man an zwei ungewöhnlichen Läden vorbei: Das *Out of Exitus* ist spezialisiert auf handgeschöpftes Papier, *The Hobbit's Hut* lohnt neben schönen Souvenirs auch der Inneneinrichtung wegen.

Erstes Weingut in KZN

The Stables Wine Estate, Tel. 033-266 6781. Die Weiß- und Rotweine sind ein Probierexperiment durchaus wert. An Ananas und Limonen erinnert der *umKhosi*, der *Blanc Fumè* reift in französischen Fässern. Verkosten kann man die Weine z.B. im Bierfassl, im Fordoun, bei Lavender Trout und Linga Lapa (alle im Ort). Aktuelles/Weinfeste etc. auf www. stableswine.co.za.

Unterkunft

Comfort

*Hawklee Country House, 13 km außerhalb, Landhaus am Fluss, Tel. 033-2666008, www. hawklee.co.za. Urgemütliche Chalets, gute Küche. .

Rawdon's Hotel, Tel./Fax 033-2636044, www.rawdons.co.za. Zimmer und Cottages im englischen Landhausstil an einem schönen See. Ü/F ab R490 p.P.

Thatchings, außerhalb, 3 km östlich der N 3-Ausfahrt Mount West, Curry's Post Rd, Tel. 033-2666275, www.thatchings.co.za. Chalets und Cottages in Parklandschaft. Ü/F ab R550 p.P.

Camping
Caravan Park Glenshielding, ca. 3 km ab Zentrum u. 2 km nach Brauerei an der Straße R103 Richtung Howick.

Mooi River

Mooi River an der N 3 und am Ufer des gleichnamigen Flusses gewinnt durch seine Nähe zu den Drakensbergen an touristischer Bedeutung. Lokale Geschichte, mit Schwerpunkt auf Landwirtschaft, zeigt das *Rhode House Museum* (Ecke Athlone Road/Claughton Terrace; Mo, Di, Fr 10–12.30 Uhr, Do 15–16.30 Uhr).

Wer zur Abwechslung einmal eine tolle Torte essen möchte geht in das ***Loft Café** (gegenüber Linen Loft, dieser Beschilderung folgen). Der deutsche Einfluss auf die bombastischen Sahnestücke ist nicht zu übersehen. Auch schöner Teegarten (tgl. 9–16 Uhr).

Unterkunft

Comfort
Lords of the Manor, D487 Hidcote, www.lordsofthemanor.co.za (Anfahrtskizze), Tel. 033-2632733. Romantische Suiten (ab R850). Elegantes Restaurant.

Touristic
Waterhoek Guest Farm, District Rd 54, www.wheretostay/waterhoek, Tel. 086-6854893. Schöne Cottages. Kanufahren, Ponyreiten.

Argyle Arms, 29 Lawrence Rd, Tel. 033-263 1106, argylearms.co.za. Gemütlich, klein. Englischer Pub und Restaurant.

Estcourt

Die Stadt an der R 103 östl. der N 3 am *Bushmans River* ist bekannt für saftige Steaks und schmackhafte Burenwurst. Das **Fort Durnford Museum,** Kemps Road, in einem doppelstöckigen viktorianischen Gebäude, hat unter anderem eine Sammlung über die Moorleigh Missionsstation (Mo–Fr 9–12 und 13–16 Uhr). *Glamosa Glass,* 6 Bank Road, Tel. 036-3523144, eine kleine Glasfabrik, stellt aus Altglas mundgeblasene Gebrauchsgegenstände und Souvenirs her (Mo–Fr 9–15 Uhr und jeden zweiten Samstag im Monat, kleiner Teegarten).

Im **Estcourt Nature Reserve,** das zu Fuß erreichbar ist (oder mit dem Auto über die Old Main Road und dann links über die New Formosa Road), finden Besucher kleine Wege, die durch ein trockenes Tal mit steiler Böschung führen. Im Reservat grasen Zebras, Kudus und größere Antilopen (regelmäßige Geierfütterung).

Information Estcourt
Tourist Information, Old Civic Building, Upper Harding St, Tel./Fax 036-3526253.

Unterkunft

Touristic
Thyme and Again, 83 Lorne St, Tel./Fax 036-3524706, www.thymeandagain.co.za. Kleine, feine Pension und zentral gelegen. Restaurant.

Budget
Willow Grange Hotel, 12 km außerhalb an der Old Main Road, Tel. 036-3524622. Rondavels.

→ **Abstecher**

Wagendrift Public Resort Nature Reserve

In diesem Nature Reserve 5 km südwestl. von Estcourt kann man Segeln, Kanufahren und Fischen. Im angrenzenden *Moor*

586   **Wagendrift N.R. / Albert Falls N.R.**   Karte S. 591

Park Nature Reserve wurden in 3 Vegetationszonen (Bushveld, Gras- und Sauergrasland) u.a. Zebras, Ducker, Impalas und Riedböcke angesiedelt. Beherrscht wird das Reservat vom 1549 m hohen Makabeni-Hügel mit steilen Hängen, Felsklippen und schroffen Kanten (archäologische Siedlungsfunde aus dem 11. Jh.).

Anfahrt: Von der N 3 über Ausfahrt Estcourt. Vom Estcourt von der Kreuzung Lourne/Connor Street (ausgeschildert, Wagendrift Dam Tabamphlophe).

Information/Unterkunft

Wagendrift Public Resort, Tel. 036-3522550, Office 8–13 u. 14–16.30 Uhr. Eintritt R20, Kanuvermietung. Offen Okt–März 5–19 Uhr, Apr–Sept 6–18 Uhr. Ein 4-Bett Chalet (ab R360). 39 Campingplätze mit Anschluss, R140/Site.

✔ Abstecher

Alternativ-Route von Pietermaritzburg nach Norden: Greytown (R 33) – Weenen (R 74) – Ladysmith

Albert Falls Nature Reserve

Das Albert Falls Nature Reserve im Gebiet des früheren Peatties Lake wurde 1975 gegründet (2274 ha Wasserfläche Albert Falls Dam, 816 ha Land). Freizeitangebot: Bootfahren, Wasserski, Segeln und Fischen, Spaziergang zum **Albert-Wasserfall** (außerhalb des NRs, Weg vom Picknickplatz aus, nicht sehr lohnenswert), Beobachtung der zahlreichen Vögel und Säugetiere im angeschlossenen Wildpark mit Fahrstraßen und Wanderwegen (Zebras, Bless- und Buschböcke, Impalas, Springböcke, Kuhantilopen und Oribi). Anfahrt: 24 km nördlich von Pietermaritzburg, über die R 33 und Cramond.

Information

Albert Falls Nature Reserve, Tel. 033-5691202, Fax 5691307 (Rezeption tgl. 8–12 und 14–16.30 Uhr). Keine Einkaufsmöglichkeit, Lebensmittel und Benzin in Cramond (4 km). Selbstversorgung. Zahlreiche Picknickplätze. Beide Camps buchbar über www.msinsi.co.za.

Unterkunft

Notuli Camp, 6 km vom Eingang, inmitten des Wildreservates. 15 voll eingerichtete 2-Bett Rondavels (R550) und drei 6-Bett Chalets (R1150). **Notuli Campsite,** direkt am Wasser, 60 Plätze für je 6 Pers., großzügig angelegt, gute Sanitäranlagen, heiße Duschen, Pool. **Bon Accorde,** 6-Bett-Chalet (R1250), Camping (R120/site).

Der besondere Tipp: Ecabazini Zulu Cultural Homestead

Am Rande des Albert Falls Nature Reserve liegt eine besondere Wohnstatt der Zulu: **Ecabazini.** Das Projekt wurde geprägt von Dave Hazelhurst (oder „C.J."), einem Weißen, der seit sehr langer Zeit bei den Zulu lebt und nun mit einer Gemeinde aus 15 Männern und Frauen einen Umuzi bewohnt, in dem traditionelle Lebensweisen im Mittelpunkt stehen. Neben Land- und Viehwirtschaft werden auch Heilkräuter angepflanzt. Ziel der Gruppe: Unabhängig und selbstbewusst ihren Weg finden und gehen. Dazu gehört auch der Aufbau einer kleinen medizinischen Station. Die Gelder dafür werden u.a. auch durch die Betreuung von Besuchern beschafft – eine gute Gelegenheit für gegenseitigen Austausch und intensive Gespräche.

Anfahrt: Von der N 3 Abfahrt Albert Falls Dam/Game Valley, über drei Ampelanlagen. Rechts auf der Bambatha Road (R 33) Richtung Falls Dam.

Information/Unterkunft

Ecabazini Zulu Cultural Homestead, Kwama Dlozi Farm, Tel./Fax 033-3421928 (Dave Hazelhurst oder C.J.), ecabazini.co.za. Übernachtung in Rundhütten. Gekocht wird auf offenem Feuer, abends Paraffinbeleuchtung. Sehr authentisch. Auch kulturelles Programm.

→ Abstecher

Wartburg

Wartburg, 1892 von Missionaren der Hermannsburger Mission gegründet, liegt an der R 614 ca. 20 km östl. von Albert Falls zwischen Maisfeldern, Zuckerrohr-, Avocado- und Holzplantagen. 70% der Bevölkerung (oft in der 4. oder 5. Generation) spricht fließend deutsch!

Unterkunft

Comfort Wartburger Hof, Tel./Fax 033-503 1482, www.orionhotels.co.za. Rustikales Landhaus- bzw. Alpen-Hotel, dt. Atmosphäre, ruhige Lage. 26 Zimmer. Restaurant mit dt. Gerichten (Eisbein probieren). Offener Kamin in der Lounge. Pub, Pool. DZ/F R1200.

✔ Abstecher

→ Abstecher

Blinkwater Nature Reserve

Auf der Fahrt von Pietermaritzburg nach Greytown auf der R 33 liegt östlich von Sevenoaks das wenig erschlossene Blinkwater Nature Reserve. Es gibt lange Wanderwege, 4 Übernachtungscamps mit Hütten, Feuerholz, Wasser und sanitären Einrichtungen (8–12 km voneinander entfernt). Zwei- bis viertägige Touren möglich. Der *Blinkwater Mountain* ist das Brutgebiet der gefährdeten Stahlschwalbe. Auf dem Hochplateau (1480 m) läuft man durch Grasland mit Salzpfannen, Wasserfällen, Seen und Nebelwäldern. Es regnet viel, Regenschutz unbedingt erforderlich.

Reservierungen für die Wanderwege und Unterkünfte über KZN Wildlife, Tel. 033-845 1000/2, Fax 8451001, www.kznwildlife.com. Anfahrt: 15 km von Sevenoaks; durch privates Farmland auf der D 151 Sevenoaks – Rietvlei.

✔ Abstecher

Greytown

Sehenswert ist das **Greytown Museum** in der Scott Street in einem Kolonialgebäude (Mo–Fr 8–16 Uhr). Außerhalb stehen Dampfmaschinen und eine alte Kanone von 1750. Es beschäftigt sich mit Militärgeschichte, u.a. mit der **Bambatha-Rebellion** von 1906: Damals regierte Häuptling Bambatha über die Zondi, die nördlich von Greytown siedelten. Als er sich weigerte, tief einschneidende Gesetze der Kolonialregierung bei seinem Volk durchzusetzen, wurde er abgesetzt. Andere Häuptlinge schlossen sich dann der Bambatha-Rebellion an. Koloniale Streitkräfte wurden bei Greytown zusammengezogen, Bambatha und seine Anhänger in die Mome-Schlucht getrieben und getötet. Der Laden Pink 3, Pine Street, hat eine große Auswahl an Souvenirs und Zuluhandarbeiten. Beliebtes Ausflugsziel ist der nahegelegene *Lake Merthley.*

Information

Greytown Tourism, 69 Scott St, Tel. 033-417 1393, Fax 4139124, www.greytown.co.za. Verkauf von Zulu-Handwerk.

Unterkunft

Comfort

Montello Safari Lodge, R74 westlich (Muden), nach 10 km nach rechts in die D80 (Schild), nach 4 km (Schild) nach links und noch 6 km. Tel. 033-4133334, www.wheretostay.co.za. Lodge und Bushcamps, freie Natur, Wanderungen, Vogelbeobachtung, Pirschfahrten. VP R835 p.P, Ü ab R245 p.P.

Touristic

***Lady Leuchars Guest House and Restaurant,** 188 Voortrekker St, Tel. 033-4133526, www.wheretostay.co.za/ladyleuchars. Riesige, wunderschön eingerichtete Zimmer, tolles Essen, Pool. DZ/F R375 p.P.

Lord Grey Guest House, 194 Voortrekker St, Tel. 033-4171516, www.greytown.co.za/lordgrey.htm. Individuell eingerichtete Zimmer.

Budget

Umvoti-Plough Hotel, Voortrekker St, Tel. 033-4132018. Einfach, Zimmer mit und ohne Bad.

KwaZulu-Natal

→ Abstecher

Mhlopeni Nature Reserve

Das Mhlopeni Nature Reserve liegt im unberührten Tal des *Mooi River*. Wasserfälle, Felsauswaschungen und einsame Schluchten bilden mit dem welligen Grasland eine einzigartige Wanderlandschaft. Mehr als 210 Vogelarten (besonders viele Raubvögel, Schlangen-, Kampf- und Kronenadler) und 41 Säugetierarten (Bless- und Buschböcke, Ameisenbären, Kudus, Oribis und Zebras, Wüstenluchse, Zebramangusten, Honig-dachse und auch Leoparden) leben hier. Interessant sind archäologische Funde aus der Stein- und Eisenzeit und Buschmann-Zeichnungen.

Anfahrt: Von Greytown auf der R 74 Richtung Muden bis Ausfahrt Mhlopeni; Vorsicht, schlechte Schotterstraße!

Information/Unterkunft
Mhlopeni Nature Reserve, Tel. 087-9436483, mhlopeni.co.za. Tagesbesucher nach telefonischer Anmeldung willkommen. Kleine Broschüre. Das Reservat ist Jagdgebiet. Für insg. 20 Personen in ausgestatteten Rest Huts. Schlafsäcke mitbringen, reine Selbstversorgung. Keine Elektrizität; Gasöfen, Kühlschrank und Lampen vorhanden.

✔ Abstecher

→ Abstecher

Thukela Biosphere Reserve

Das 60.000 ha große Schutzgebiet wurde 1993 durch einen Zusammenschluss 31 privater Landeigner und dem Natal Parks Board ermöglicht (Bestandteil ist auch das *Weenen Game Reserve*, s.u.). Es umfasst die Täler der Flüsse Tugela (Thukela), Bloukrantz und Bushmans River mit sehr schönen Landschaften, die man zu Fuß, zu Pferd oder auch mit dem Auto erkunden kann. In den Sommermonaten gibt es Wildwasser-Fahrten auf dem Tugela. Im November kommen mehr als 2000 Weißstörche, außerdem gibt es Elefanten, Büffel, Pferdeantilopen, Giraffen, Kudus, Gnus, Leoparden und auch einige Krokodile und Warane.

Der besondere Tipp:
Zingela Safari & River Company

Ein besonderer Ort in puncto Abenteuer ist ein Aufenthalt im Camp von **Zingela.** Das Auto (falls nicht 4x4) und das Handy (kein Empfang ab Weenen) lässt man am besten im Office zurück, bevor man sich in die Wildnis begibt. Ganz Abenteuerlustige können sich per Pferd abholen lassen und den Besuch mit einem dreistündigen Ritt beginnen. Das Camp selber liegt idyllisch in absoluter Alleinlage am Ufer des Thukela River, in dem man risikolos schwimmen kann.

Auf der Pirsch ist man zu Fuß, zu Pferd oder in Geländewagen. An dramatischen Überhängen der umliegenden Felsklippen kann man sich im „Abseiling" üben, und besonders in den Sommermonaten (November bis Mai) ist Wildwasserfahren im 30 km langen Canyon angesagt. Aber es ist auch ein einzigartiger Ort, dem Nichtstun zu frönen und sich von der Gastfreundschaft von Marc und Linda verwöhnen zu lassen.

Das Camp besteht derzeit aus fünf außergewöhnlich schönen, im afrikanischen Buschstil eingerichteten mehr oder weniger offenen Safarizelten (mit Dusche/WC unter dem Sternenhimmel), die anderen, im Preis günstigeren Safarizelte teilen sich Toiletten und Duschen.

Information/Unterkunft
Thukela Wildlife CC (Emaweni Game Ranch), Treffpunkt zur Weiterfahrt im Battlefields Hotel, Colenso, ab dort etwa 35 Min.), Colenso, Tel. 036-3547000, www.emaweni.com. Jagd und Fotosafari.
*Zingela Safari & River Company, in Weenen bei der Engen-Kfz-Tankstelle links, Treffpunkt ist das dritte Haus links, beschildert, Tel. 036-3541962 (Office), 036-3547005 (Camp), Fax 036-354 1326, www.zingelasafaris.co.za. Safaricamp am Ufer des Tugela River für Abenteuerlustige (Ausritte, Rafting, Abseiling, 4x4-Strecke).

Umsuluzi Game Park, 8 km auf der R 74 von Colenso Richtung Weenen, www.umsuluzi.co.za. Bushwillow Camp, Tel./Fax 036-422 2831. Safarizelte, Riverside Cottages, Tel. 082-8016677, mit/ohne Selbstversorgung ab R400, Safaris zu Fuß, zu Pferd oder mit Mountainbike.

Kusa Kusa Game Lodge, Tel. 082-8016517, www.drakensberg-tourism.com/kusa-kusa.html.

Kaisha Game Ranch, Tel. 031-3054009. Schöne Cottages (2–4 Personen), River Rafting, Mountainbiking, Wanderungen, Pirschfahrten.

✔ **Abstecher**

Weenen

„Weinen" entstand 1838 als Voortrekker-Siedlung am Ufer des Bushmans River (der Name rührt von den blutigen Auseinandersetzungen mit den Zulu). Das **Weenen Museum,** Andries Pretorius Street, im ehemaligen Wohnhaus von *Andries Pretorius,* enthält eine sehenswerte Kollektion originaler Kleidung und Gebrauchsgegenstände der ersten weißen Siedler (Mo–Fr 8.30–12 und 14–16 Uhr, Sa 8–10 Uhr).

Information
Weenen Town Board, Tel./Fax 036-3541711.

Unterkunft
Touristic Owl and Elephant Lodge, Muden/Weenen Rd, Tel. 082-4923665, www.wheretostay.co.za/owlandelephant. Ruhige Lage, schöne Zimmer. DZ/F ab R650.

Budget Mrs. R. Hojem, 5 km außerhalb, Tel. 036-3541653. 2 DZ in altem Farmhaus.

Weitere Übernachtungen siehe Thukela Biosphere und Weenen Game Reserve.

Weenen Nature Reserve

Das Reservat zwischen Greytown und Ladysmith ist 5000 ha groß und gilt als Musterbeispiel des Naturschutzes. Ein ökologisch wertvolles Naturparadies mit über 230 Vogel- und 35 Säugetierarten. Die Wiederansiedlung von Breit- und Spitzmaulnashörnern, Büffeln, Giraffen, Zebras, Pferdeantilopen und Kudus ist im Gange. Das zum Teil zerklüftete Gebiet (1000–1240 m hoch) bietet viele landschaftliche Reize. Der *Bushmans River* fließt im Süden durch ein tiefes Tal, schön sind die beiden Dolorithügel. Die Vegetation wird durch Grasland, Dikkicht und Bushveld mit Akazien bestimmt. Zwei Wanderwege und ein Ansitz zur Wild- und Vogelbeobachtung. Sehr schön angelegt ist der Roan Antilope Auto Trail.

Anfahrt: 25 km nordöstlich von Estcourt und 8 km von Weenen entfernt. Von Estcourt 3 km Richtung Colenso, auf dem Hügel rechts nach Weenen.

Information, Unterkunft
Weenen Game Reserve, Tel. 036-3541809, www.kznwildlife.com. Eintritt R30 p.P., R20 pro Auto (4x4-Trail), Tagesbesucher willkommen. Geöffnet Okt–März 5–19 Uhr, Apr–Sept 6–18 Uhr. Office: 8–13 Uhr. Wer durch den Park reiten möchte, erkundigt sich direkt gegenüber dem Parkeingang bei *Gibela Nathi,* Tel. 036-3541900. Ein 5-Bett Cottage (ab R660) und 12 Campingplätze (R180/Site; schön, nicht umzäunt). Im Park zu buchen.

Colenso

Der Ort (6000 Einw.) am uThukela River liegt in den Ausläufern der Hügellandschaft der Drakensberge. Die Voortrekker-Siedlung wurde wiederholt von Zulu angegriffen, später war sie britische Basis für Aktionen gegen die Buren. Bei der *Schlacht von Colenso* am 15. Dezember 1899 (in einigen Gedenktafeln der Umgebung verewigt) gelang es Botha, den ersten britischen Versuch, Ladysmith zu befreien, zu vereiteln. Das **R.E. Stevenson Museum** in einem alten Zollhaus beschäftigt sich mit der Kriegsgeschichte der Jahre 1899–1902 (8–16 Uhr, Schlüssel in der Polizeistation neben dem Museum).

Information
Colenso Tourism, Municipal Offices, 36 George St, 8–16 Uhr, Tel. 036-4222111.

Unterkunft

Budget The Battlefields Hotel,
75 Sir George St, Tel./Fax 036-4222242.
Zimmer mit und ohne Bad.
Camping Caravanpark, Botha Road, Tel. 036-4222737. Zentral.

Ladysmith

Ladysmith, benannt nach der spanischen Frau von *Sir Harry Smith,* wurde von burischen Truppenverbänden 118 Tage belagert: Vom 2. November 1899 bis 28. Februar 1900 waren 12.000 britische Soldaten und viele Zivilisten eingeschlossen und Dauerfeuer ausgeliefert. Am besten man informiert sich im **Siege Museum,** Murchison Street, über diese Ära (Mo–Fr 9–16 Uhr, Sa 9–13 Uhr). Unter den Ausstellungsstücken ist auch „die Granate, die nie explodierte", ein Geschenk der Buren an die Engländer während der Belagerung, gefüllt mit Weihnachtspudding …

Vor dem **Rathaus** (1893) stehen *Castor und Pollux* und in der Nähe ein Nachbau einer *„Long-Tom"*-Kanone vom Belagerungskrieg. Die schönste Kirche ist die **All Saints Church** mit kunstvollen Glasfenstern und einer Gedenktafel für die 3200 Engländer, die während der Einkesselung starben. Im Garten des **Lord Vishnu Temple,** Forbes Street/Ecke Queen Street, steht eine Bronzestatue von *Mahatma Gandhi,* der während der Belagerung Bahrenträger war. Die **Sufi Moschee,** eine der schönsten des Landes, kann man über eine Brücke über den Klip River erreichen.

Information Ladysmith

Ladysmith Information Centre, Town Hall, Murchison St, Tel./Fax 036-6372992, www. ladysmith.co.za. Infos über Unterkünfte, Touren, Kunst- und Kulturereignisse.

Restaurants

Santa Catalina Spur, im Oval Shopping Centre. **Guinea Fowl Steakhouse** und **Sonia's Pizza** sind beide am Piazza San Marco, hinter Pick 'n Pay, Francis Road. Eine gute Adresse ist **Mario's Italian** Restaurant im Royal Hotel.

Unterkunft

Comfort

Royal Hotel, 140 Murchison St, Tel./Fax 036-6372176/7, www.royalhotel.co.za. Zentral, historisches Gebäude, komfortabel, Rest. DZ/F ab R995.

Touristic

Buller's Rest Lodge, 59/61 Cove Cresent, Tel. 036-637 6154, www.bullersrestlodge.co.za. Schönes, riedgedecktes Anwesen über der Stadt, niveauvoll, Battlefields-Pub. Preise auf Anfrage.

Budget

Crown Hotel, 90 Murchison St, Tel. 036-637 2266/7, www.crownhotel.co.za. Groß, zentral, Restaurant. – *Ladysmith Motel, 3 km außerhalb an der Durban Road, Tel./Fax 036-6376908. Chalets in Motelanlage.

Die Drakensberge von KwaZulu-Natal

Die **Drakensberge** sind die größte Bergkette im südlichen Afrika. Jeder, der dort war, kommt begeistert nach Hause (vorausgesetzt allerdings, das Wetter hat mitgespielt). Als 450 km lange Basaltformation erstrecken sie sich von der ehemaligen Transkei im Süden entlang der Ostgrenze von Lesotho bis zum Sentinel, dem „Wachturm" im Norden (3165 m). Von hier aus reichen sie weitere 600 km in den nördlichen Transvaal (Transvaal Drakensberge). Höchste Erhebung ist der *Thabana-Ntlenyana* (3482 m), der „hübsche kleine Berg" in Lesotho.

Der Name „Drakensberge" leitet sich aus frühen Legenden ab, als man meinte, dass Drachen die Bergwelt beherrschten (so falsch lag man gar nicht, denn in der Tat gibt es einige Funde von Dinosaurierrelikten).

Karte S. 591 **Drakensberge** 591

World Heritage Site: uKhahlamba Drakensberg Park

uKhahlamba-Drakensberg Park heißt der übergeordnete Begriff für die Nationalparks und Naturreservate der Natal-Drakensberge. Das im Jahr 2000 wegen seiner fünfhundert bis zu 8000 Jahre alten Fundstätten an Felsmalereien (insgesamt 50.000 Einzelbilder) zum **Weltkulturerbe** erklärte Gebiet (230.000 ha) beginnt im **Norden** mit dem **Royal Natal National Park** und endet im **Süden** mit **Garden Castle** und **Coleford Nature Reserve**.

Reiseplanung

Es ist eine reine **Wanderregion,** ungeeignet für einen „kleinen Abstecher" mit dem Auto. Viele Zufahrtsstraßen sind Schotterpisten, auf denen man nur langsam vorankommt. Es gibt nur wenig Alternativen im Freizeitbereich, wenn es mit dem Wetter nicht so klappt (die Chancen, gutes Wetter und gute Sicht zu haben, stehen 50:50).

Man sollte mindestens 4–7 Tage einplanen, z.B. 2–3 Tage in Giant's Castle und 2–3 Tage im Royal Natal National Park. Wer sich in Durban oder Umgebung aufhält, kann aber auf einem Tagesausflug in die südliche Region „hineinschnuppern". Es lassen sich auch gut und gerne 5 Wochen in diesem Gebiet Urlaub machen, ohne sich zu langweilen. Man muss nur wetterfest sein und Wanderfreund.

Ausführliche Infos unter **www.zulu.org.za** und **www.kznwildlife.com.**

☐ **Nachfolgend werden die Reserves von SÜD nach NORD beschrieben.**

Coleford Nature Reserve

Das 1272 ha große Areal des **Coleford Nature Reserve** wurde 1948 gegründet und liegt auf dem ehemaligen Gelände der Farmen Coleford und Sunnyside. Im Süden wird es vom Ngwangwana River begrenzt. Als um 1914 Farmer Forellen in die Gewässer setzten, konnten sie nicht ahnen, damit die Hauptattraktion des Parks geschaffen zu haben. Jedes Jahr zieht es begeisterte Fliegenfischer an die Flussufer. Es gibt wunderbare Wanderwege durch Proteenfelder, Gras- und Buschland mit Ried-, Reh- und Blessböcken, Oribis, Kuhantilopen, Gnus und einer reichen Vogelwelt. Außerdem Afrikanische Wildkatzen und Großflecken-Ginsterkatzen, Mungos und Schakale. Wer das Terrain per Pferd erkunden will, kann das bei den Rangern arrangieren.

Anfahrt: Von Pietermaritzburg auf der R 617 über Bulwer Richtung Underberg; beschilderter westlicher Abzweig 23 km hinter Bulwer; 27 km lange Schotterstraße zum Hauptcamp.

Information

Coleford Nature Reserve, Tel. 033-7011982, Infos über Fischen u. Unterkunft.

Unterkunft außerhalb

*Coleford Eco Estate & Lodge, unweit des Nature Reserve, von der R617 aus beschildert, dann links und 5 km Schotterpiste, Tel. 031-7019004, www.colefordlodge.co.za. 6 sehr geschmackvolle Naturstein-Cottages. VP und Selbstverpflegung. Pool und Jacuzzi. QuadBikes.

Underberg

Der Ort liegt am Fuße der südlichen Drakensberge (Southern Berg) und ist ein guter Ausgangspunkt für Exkursionen. Einkaufsmöglichkeiten, Restaurants, Bank, Tankstelle usw. (Underberg Auto Electrical, 12 Main Road, Tel. 033-7011318, 24-Stunden-Service bei Autopannen).

Interessant ist eine geführte Tour zur **Reichenau Mission,** einer 1886 auf Einladung von Chief Sakhayedwa von deutschen Trappistenmönchen gegründeten Missionsstation. Sie liegt am Ufer des Pholela River. Bei der Führung wird auch das über 100 Jahre alte Zuludorf Emakholweni besucht (Tel. 033-7011471, reichenaukzn@hotmail.com).

Karte S. 591 | **uKhahlamba Drakensberg Park** | **593**

Reiten

Kothso Horse Trails (Tel./Fax 033-7011502, www.khotsotrails.co.za; Anfahrt von der N 3 auf der R 617 durch Underberg; rechts auf die Drakensberg Gardens Rd, nach 6 km rechts Beschilderung) sind ein echter Tipp für Pferdefreunde. Auf gesunden Basotho-Pferden geht es für Anfänger und Könner durch die Panoramalandschaft der Drakensberge, entlang idyllischer Flüsschen und unberührter Seen. Übernachtung in Rondavels und Log Cabins zu fairen Preisen. Selbstverpflegung.

Musikfestival

Splashy Fen heißt das große Rock-Outdoor-Spektakel, das alljährlich über Ostern mit vielen bekannten Gruppen auf der Splashy Fen Farm nahe Underberg stattfindet. Tolles Begleitprogramm mit Handwerksmarkt, Ausstellungen, Wettbewerben und Zeltlager. Informationen auf www.splashyfen.co.za.

Information

Southern Drakensberg Publicity Association, 7 Clock Tower Centre, Main Road, Tel./Fax 033-7011471, Mo–Fr 9–16 Uhr, Sa 9–12.30 Uhr. Gute Informationen über Unterkünfte und Freizeitaktivitäten. Weitere Unternachtungsmöglichkeiten kann man bei *Underberg Hideaways,* Pietermaritzburg, Tel./Fax 033-3431217, www.hideaways.co.za, erfragen. Schöne Tagestour zum Sani Pass und Überlandfahrten nach Lesotho bietet *Thaba Tours,* Tel. 033-7012888, www.thabatours.co.za.

Unterkunft

Touristic

*Eagle's Rock, Mountain Retreat, 4 km auf der R 617 (Swartberg), dann rechts 3,7 km auf der Drakensberg Gardens Rd, Tel. 033-701 1757, www.eaglesrock.co.za. Ü/F und SC, vier Chalets auf einem Bergplateau in herrlicher Lage. Ab R275 p.P.

*Penwarn Country Lodges, Tel. 033-701 1777, www.penwarn.com. Sehr schön gelegene Gästehäuser auf Farm. Ü/F ab R610 p.P.

Mthini Lodge, auf einem Hügel gelegen mit traumhafter Aussicht. Vier DZ in Kolonialstil, VP (siehe Penwarn).

Indabushe Lodge, www.indabushe.com. Sandsteinhäuser im Farmstil (B&B ab R345 p.P.), Selbstversorgung möglich. Tagesbesucher willkommen. Ausritte, 4x4-Touren, Forellenangeln u.v.m.

Budget

Rocky Mountain Lodge, Richtung Swartberg, rechter Hand, Beschilderung folgen, Tel./Fax 033-7011676, www.rockylodge.com. Urig, Lodge im Blockhausstil und Steinhäuser, günstig für mehrere Personen. Nur Selbstverpflegung.

Garden Castle

Garden Castle (35.000 ha) 10 km westl. Underberg hat zahlreiche Wanderwege durch einzigartige Landschaft. Der herrliche *Rhino Peak Hike* startet bei 1840 m und geht auf 3051 m, eine echte Herausforderung an die Kondition. In der Vogelwelt gibt es Felsenadler, Sekretäre, Felsenbussarde und Hagedasch-Ibis. Auf Wanderungen sieht man, besonders in den frühen Morgenstunden oder abends, Elen- und Schirrantilopen, Bergriedböcke, Streifeniltisse, Falbkatzen und jede Menge Klippschliefer und Paviane.

Anfahrt: Über Underberg bzw. die R 617, dann auf MR317 abbiegen.

Information

Garden Castle, Tel. 033-7011823, Fax 7011822. Tore im Sommer 5–19 Uhr geöffnet, im Winter 6–18 Uhr. Eintritt R25 p.P. Zur Beachtung: Alle Wanderer die vorhaben, auf ihrer Wanderung zu übernachten, müssen das Formular des Mountain Rescue Registers ausfüllen.

Unterkunft

Übernachtungshütten nur für Wanderer auf dem Giant's Cup Hiking Trail.

Camping In der Wilderness Area möglich (eigenes Zelt), Feuermachen nicht erlaubt. Höhlen: In einigen Höhlen kann man nach Voranmeldung übernachten, alles mitbringen, Feuermachen nicht erlaubt.

Comfort

Drakensberg Gardens Hotel, Tel. 031-337 4222, www.goodersonleisure.com. Westlich von Underberg Richtung Garden Castle Forest Station. Schöngelegene Ferienanlage, Hotelzimmer, Strohdach-Bungalows, Halbpension, Reiten, Golf, Tennis, Caravan-Park.

waZulu-Natal

Touristic

*Lake Navarone, kurz vor dem Drakensberg Garden Hotel, Tel. 033-7011236, www.lakenavarone.co.za. Zwölf sehr idyllisch am See gelegene Steinhäuser. Selbstversorgung, Gäste müssen Bettsachen und Handtücher mitbringen, Schlafsack ist okay.

Himeville

Ein schöner Ferienort, 1500 m hoch, mit guter touristischer Infrastruktur (bei schlechtem Wetter eine gute Übernachtungsalternative). Das *Himeville Museum* in einem kleinen Fort von 1889 beschäftigt sich mit lokaler Geschichte (Di–So 10–12 Uhr). Am Stadtrand liegt das kleine *Himeville Nature Reserve,* dominiert von zwei großen Dämmen für die lokale Wasserversorgung (Ruderbootvermietung, Eintritt).

Mit Abstand das beste Essen im gesamten Umkreis bietet das **Restaurant** im ***Moorcroft Manor,** 2 km außerhalb gelegen linker Hand Richtung Sani Pass, Tel. 033-7021967 (Reservierung unbedingt erforderlich).

Unterkunft

Comfort

Moorcroft Manor, Tel. 033-7021967, www. moorcroft.co.za. Exklusives Landhotel mit acht DZ. Schöne Lage in Parklandschaft. Felsenpool.

Touristic

Ripon Country Cottage, 7 km außerhalb Richtung Lotheni, Tel. 033-7021154, www. riponcottage.com. Ü/F in renoviertem Farmhaus, auch Selbstverpflegung, originell.
The Himeville Arms and Backpackers, Tel./Fax 033-7021305, www.himevillehotel. co.za. Gemütliches Landhotel mit guter Küche, Ausflüge zum Sani Pass. Ü/F R480 p.P, Bett R185.

Cobham

Cobham westlich von Himeville gilt als authentisches Wildnisgebiet mit zerklüfteten Bergen, Wasserfällen und tiefen Schluchten. Bekannt ist das Gebiet bei Naturfreunden für die Wanderwege und Übernachtungen in Höhlen. Sie sind in 3–5 Stunden erreichbar. Pferde können gemietet werden. Also hochinteressant für Abenteuerlustige. Auch kleinere Wanderungen bieten spektakuläre Blicke auf den Sani Pass.

Anfahrt: Über die R 617 nach Underberg bzw. von Norden nach Himeville. Im Süden von Himeville die westl. Abzweigung D 7 nehmen (beschildert). Dann noch 14 km bis zum Eingang.

Information

Cobham Office, Tel. 033-7020831. Reservierungen für den *Giant's Cup Trail* (s.u.) nur über KZN Wildlife. Alle anderen Übernachtungen und Wanderungen (auch Höhlenübernachtung) direkt im Park. Kleiner Curio Shop (ratsam, Proviant und Getränke mitzubringen). Tore im Sommer 6–19 Uhr geöffnet, im Winter 6.30–18 Uhr. *Zur Beachtung:* Warme Kleidung, auch in den Sommermonaten, unbedingt notwendig! Vor einer Wanderung – ab 3 Personen gestattet – ist es Vorschrift, das Formular des *Mountain Rescue Registers* auszufüllen und sich nach Rückkunft wieder abzumelden (etwaige Kosten einer Suchaktion fallen sonst zu Lasten der Besucher). Feuermachen in der *Wilderness Area* und den Höhlen verboten. Eintritt.

Unterkunft

Campingplatz mit heißen Duschen. Man kann sein Zelt oder Campmobil überall in der ausgewiesenen Zone hinstellen (R110/Site). Trail Huts R80.

Sani Pass

3 km nördlich von Himeville zweigt die Straße zum **Sani Pass** ab, dem einzigen östlichen Zugang nach Lesotho. Eine steile Straße windet sich 35 km (1200 Höhenmeter) zum **höchsten Straßenpass Südafrikas** (Höhe 2874m). Die Strecke zählt zu den eindrucksvollsten des

Landes. Tief unten blickt man auf das Tal des Mkhomazana River. Vor langer Zeit nutzte man den Pass zum Transport von Wolle, Mohair und anderen Produkten auf Packtieren. Das erste Auto überquerte ihn 1948. Die letzten 8 km ab dem südafrikanischen Grenzposten zum höchsten Punkt und der Grenze nach Lesotho durch das **Mzimkulwana Nature Reserve** ist nur mit **einem Geländewagen möglich.** Ausflüge können vom Sani Pass Hotel aus unternommen oder in Himeville bei *Sani Tours* gebucht werden (Tel./Fax 033-7021069); oder bei *Sani Pass Tours* (Underberg, Tel. 033-7011064). Vom Sani Pass Hotel und der Sani Lodge (hier die besten Infos und geführte Touren – auch nach der Zulu-Tour fragen) kann man in kleineren und größeren Wanderungen (auch mit Übernachtungsmöglichkeiten) die Gegend mit ihren Wasserfällen und interessanten Buschmann-Malereien erkunden.

Zur Beachtung: Auch in den Sommermonaten unverhoffte Schneefälle, im Winter kann man tagelang von der Außenwelt abgeschnitten sein!

Unterkunft

Comfort

Sani Pass Hotel, Tel./Fax 033-7021320, www.sanipasshotel.co.za. Komfortable Cottages oder DZ im Haupthaus, nur Halbpension. Gute Küche, großer Pool. HP ab R840 p.P.

*Sani Valley Lodge, an der Straße zum Sani Pass, Tel./Fax 033-7020203, www.sanivalley. co.za. Exquisite, voll eingerichtete Lodges für Selbstversorger am Lifton Lake. Reiten, kostenlose Kanus, Forellenangeln, Wanderungen. HP im DZ ab R1029.

Touristic/Budget

*Sani Lodge, 10 km außerhalb Richtung Pass, Tel. 033-7020330, www.sanilodge.co.za. Mehrbett- und DZ, Rondavels, Camping, Selbstversorgung oder Frühstück/Abendessen. Transport von Kokstad und Pietermaritzburg. Super Aussicht, Aromatherapie. Restaurant und Internet-Café. Idealer Ausgangspunkt für Wanderungen und Trips nach Lesotho.

Giant's Cup Hiking Trail

Der Giant's Cup Hiking Trail ist die **ultimative Erfahrung der Drakensberge.** Er dauert 5 Tage mit 4 Übernachtungen in rustikalen Hütten. 60 km lang, gute Kondition erforderlich, obwohl nicht als schwierig eingestuft. (Kürzere Routen auf Anfrage.) Der Startpunkt liegt bei der Sani Lodge.

1. Tag: Sani Pass – Pholela Hut (14 km); **2. Tag:** Pholela Hut – Mzimkulwana Hut (9 km); **3. Tag:** Mzimkulwana Hut – Winterhoek Huts (12 km); **4. Tag:** Winterhoek Huts – Swiman Hut (13 km); **5. Tag:** Swiman Hut – Bushman's Nek Hut (12 km). Die Kulisse ist atemberaubend. Zur Beachtung: Das ganze Jahr über mit unvorhersehbaren Wettereinbrüchen rechnen.

Information

Buchung ausschließlich über KZN Wildlife, trails@kznwildlife.com, Tel. 033-8451000. R75 p.P. pro Nacht. Schlafsäcke und Proviant mitbringen. Feuerholz und primitive sanitäre Anlagen sind vorhanden.

→ **Abstecher**

Abstecher nach Lesotho: Sani Top

Sani Top liegt jenseits der Grenze in Lesotho (Lesotho-Infos s.S. 473) und erhält touristische Bedeutung besonders durch die ***Sani Mountain Lodge mit dem höchsten Pub in Afrika!** Hier kann man bei wunderbarer Aussicht etwas Deftiges essen oder gemütlich ein frisch gezapftes Bier oder einen Kaffee trinken. Von hier aus werden auch interessante Touren mit lokalen Führern arrangiert.

Der Aufstieg auf den Gipfel des **Thabana-Ntlenyana** (3482 m) kann nur von Leuten mit Bergerfahrung und wirklich guter Kondition unternommen werden (ratsam, einen Führer mitzunehmen). Bequemer geht es auf einem Basotho-Pony. Vom **Hodgson's Peaks** (leichtere Wanderung) kann man bei guter Fernsicht bis zum 40 km südlich gelegenen *Sehlaba-*

596 uKhahlamba Drakensberg Park

Karte S. 591

thebe National Park schauen. Kurze Wanderungen kann man in jede Richtung unternehmen (doch Vorsicht, Nebel!). Schön ist eine kurze Weiterfahrt hinauf auf den über 3400 m hohen **Black Mountain Pass,** von dem man eine schöne Aussicht genießt.

Zur Beachtung: Der Pass ist wegen Schneefalls oft gesperrt. Ketten sind im Winter unbedingt erforderlich. Wer diesen Abstecher plant, sollte beachten, dass der südafrikanische Grenzposten um 16 Uhr schließt.

Unterkunft

*Sani Mountain Lodge, Tel. 078-6347496, www.sanimountain.co.za. Urig, einfach und sauber. Vorbuchung sinnvoll. VP ab R885 p.P., einfaches Bett R295, Camping R90.

✔ **Abstecher**

Vergelegen

Das Reserve liegt auf 1500 m Höhe in zerklüfteter Landschaft mit tiefen Tälern und steilen Hängen am Ufer des *uMkhomazi River (Umkomaas).* Den pittoresken Hintergrund bildet der *Thabana-Ntlenyana* (3482 m), höchster Berg im südlichen Afrika. Vom Camp starten Bergwanderwege, auf denen man Elenantilopen, Riedböcke, Schakale und Mangusten trifft.

Anfahrt: 17 km nördl. von Himeville führt eine Abzweigung nach Westen. Die Strecke ist in schlechtem Zustand, besonders nach Regen!

Information/Unterkunft

Reservierungen für Wanderungen über KZN Wildlife, www.kznwildlife.com. Eintritt.

Lotheni

*Lotheni gehört zur südlichen Sektion der Drakensberge und gleichfalls zu den Höhepunkten. Man erkundet die Natur auf Wanderwegen und Klettersteigen, kann Elenantilopen, Riedböcke, Paviane, Schwarzstörche, Felsenadler, Kapgeier und Lannerfalken sehen. Im Lotheni River ist Schwimmen erlaubt (außer bei Überflutung). Der beste Badeplatz liegt 1 km vom Hauptcamp. Das *Settlers' Museum* besteht aus Häusern aus der Zeit der frühen Siedler.

Anfahrt: 33 km nördl. von Himeville liegt Lower Lotheni (Lotheni Store); von dort führt eine westliche Abzweigung auf 14 km zum Reserve.

Information

Lotheni, Camp Manager, Tel. 033-7020540. Reservierung fester Hütten über KZN Wildlife. Tore im Sommer 5–19 Uhr geöffnet, im Winter 6–18 Uhr. Eintritt. Wanderung mit Übernachtung. Curio Shop mit Büchern, schönen Souvenirs, nur wenig Nahrungsmittel. Zur Beachtung: Wanderbroschüre an der Parkrezeption erhältlich. Wanderungen von mehr als 4 Stunden dem diensthabenden Ranger mitteilen. Wetterschläge, Blitzschlag! Warme Kleidung zu jeder Jahreszeit unbedingt mitführen.

Unterkunft

6-Bett Chalets (ab R1160), 3-Bett Chalets (R440), 10-Bett Rustic Cottage (ab R1850). Selbstversorgung. Elektrizität 17–22 Uhr. Camping 2 km vom Hauptcamp, 14 Plätze (R140/Site), gute sanitäre Einrichtungen.

Mkhomazi

Das eindrucksvollste an Mkhomazi ist der Ausblick auf *Rhino's Horn* (3051 m), die beiden Gipfel von *Hodgson's Mountain* (3244 m und 3229 m) und die Sicht auf den *Thabana-Ntlenyana* (3482 m). Wandermöglichkeiten. Für Freunde der Einsamkeit.

Anfahrt: Von Lower Loteni ca. 20 km bis zur Nzinga River Brücke; dort Beschilderung Mkhomazi.

Information/Unterkunft

Mkhomazi, Officer-in-Charge, Tel. 033-263 6444.
Höhlenübernachtung: 3 Höhlen für 16 Pers.

Kamberg

Das großzügig angelegte Reservat zwischen Nottingham Road und Himeville präsentiert sich in prachtvoller Lage. Einige Wanderungen unterschiedlicher Länge und Übernachtungs-Wanderungen führen an Wasserläufen entlang, zu Wasserfällen, über Hügel, durch Grasland bis zu Aussichtspunkten, von denen man die Gipfel von *Giant's Castle* sieht. Der 4 km lange *Mooi River Trail* wurde für Behinderte ausgebaut und ist leicht begehbar. Unter 200 Vogelarten findet man die gefährdeten Klunkerkraniche, die in Feuchtgebieten brüten. Auch Bergriedböcke, Elenantilopen, Weißschwanz-Gnus, Bleichböckchen und Kuhantilopen sind zu sichten.

Anfahrt Kamberg: Von Nottingham Road 28 km westlich fahren, dort eine Abzweigung, die auf ca. 18 km nach Norden zum Kamberg Reserve führt. Oder von Rosetta aus (9 km nördl. von Nottingham Road): 30 km nach Westen, dann an der Abzweigung ca. 10 km nach Süden.

Hlatikulu Crane Sanctuary

Auf dem Weg nach Kamberg passiert man die Zufahrt D11 zum **Hlatikulu Crane Sanctuary,** einem Kranich-Zentrum mit allen drei südafrikanischen Arten, die hier in Aufzucht und in freier Wildbahn gehalten werden. Der gefährdete *Blue Crane* ist Südafrikas Nationalvogel. Führungen möglich, Anmeldung unter Tel. 033-2632441, www.enviroed.co.za.

Game Pass Shelter / Rock Art Centre

Eine Besonderheit von Kamberg sind seine tollen Buschmannzeichnungen. Die polychromen Bilder und Zeichnungen lieferten Wissenschaftlern zum ersten Mal den Schlüssel zum Knacken des Interpretierungs-Codes. Der Weg zu ihnen am *Game Pass Shelter* dauert 2,5–3 h und ist nur möglich mit einem Guide und vorheriger Anmeldung (Telefon oder Fax 033-

2637251 oder kamberg@kznwildlife.com). Abmarsch normalerweise um 8 und 11 Uhr und zwischen 12.30 und 13 Uhr. Im Camp informiert zuvor das San *Rock Art Interpretation Centre* mittels einer DVD-Vorführung über die Felsenbilder und verschafft Einblicke in diese vergangene Welt.

Information

Anfragen und Reservierungen über **KZN Wildlife,** Tel. 033-8451000/2, Fax 8451001, www.kznwildlife.com. Parkrezeption 8–12.30 u. 14–16.30 Uhr. Wanderungen mit Übernachtungen müssen beim Camp Superintendent reserviert und bezahlt werden (R20 p.P.). Allgem. Infos: www.kambergtourism.co.za.

Unterkunft

Kamberg: 6-Bett Chalet (ab R780), 2-Bett Rest Huts (R520), Selbstversorgung.

Stillerus Camp: 8 Betten in Rustic Cottage und Rondavel (ab R800). Selbstversorgung, Bettwäsche mitbringen; liegt 8 km außerhalb des Hauptcamps, kein Camping.

Der besondere Tipp: Giant's Castle

Giant's Castle, das „Schloss des Riesen" (35.000 ha), wird beherrscht durch das einzigartige Bergmassiv des *Injisuthi Dome* (3410 m) und des *Giant's Castle* (3314 m). Die tiefen Schluchten und Täler fallen bis zu 1300 m ab. Wasserfälle und steile Felsklippen sorgen für ständige Abwechslung. Ein Eldorado für Wanderer.

Die Vegetation ist mit 800 Arten sehr vielfältig. Sie reicht vom Grasland in den Tälern, Proteen in mittleren Lagen bis zu alpinem Bewuchs in den Hochlagen. Im Frühling blühen Orchideen, Iris und Lilien.

Fauna: 600 Elenantilopen, Ducker, Ried- und Blessböcke, Klippspringer, Schirrantilopen und Bleichböckchen bevölkern den Park. Paviane, Klippschliefer und Schakale erscheinen recht häufig. Zu den bedeutendsten Vögeln zählen die Bartgeier, Felsen-, Kampf- und Kronenadler, Paradies-kraniche, zahlreiche Eulenarten und Bus-sarde.

Die Bäche und der Bushmans River füh-ren Wasser von Trinkqualität, somit ist auch das Baden darin unbedenklich.

Anfahrt: Von Mooi River (N 3) ca. 65 km nach Westen. Von Estcourt (N 3) – oder vom Norden – über den Ort Ntabamhlope (s. Karte). Zur Beachtung: Bis auf die Anfahrt gibt es **für Autotouristen keine Strecken.**

Main Caves Site Museum

2,5 km vom Giant's Castle Hauptcamp sind in einem kleinen Freiluft-Museum unter Felsvorsprüngen und in einem Höhleneingang Überreste einer Busch-mann-Behausung und gut erhaltene Ma-lereien zu sehen. Jeweils zur vollen Stun-de zwischen 9–15 Uhr schließt ein Wärter die Pforte des abgezäunten Areal auf (pünktlich sein!). Eine schöne, lohnens-werter Kurzwanderung (eine Strecke ca. 45 Minuten). Der Rückweg von der Höhle führt runter in ein Bachtal und trifft dann wieder auf den Hinweg.

„Hol's der Geier…"

Am *Lammergeyer Hide* werden von Mai bis September jeden Samstag- und Sonn-tagmorgen Fleisch und Knochen für die mächtigen Bartgeier ausgelegt. Anlass ga-ben Farmer aus der Umgebung, die be-haupten, dass diese imposanten Vögel junge Lämmer rissen. Obwohl dies nicht zutreffend ist, legen sie bis heute vergif-tete Köder aus, die den Bestand der ge-schützten Tiere gefährden.

Sechs Besucher werden mit einem Fahrzeug hinbefördert (Abfahrt 7.30 Uhr an der Rezep-tion), müssen aber zu Fuß zum Camp zurück-gehen. Vorausbuchung über Camp-Office, Tel. 036-3533718, R45 p.p.

Tageswanderungen

Zu den leichteren Wanderungen gehö-ren die drei Rundwege *River Walk 1* (3 km), River Walk 2 (4,5 km) und *Bergview Walk* (5 km). Auf letzterem hat man einen der schönsten Ausblick über die Drakens-berge. *Tipp von Lesern:* Trail entgegenge-setzt laufen. Dann ist die Aussicht auf die Berge schöner! Es gibt 14 längere Wan-derwege. Beliebt sind *Giant's Hut Trail* (19 km Rundwanderweg), *Langalibalele Pass Trail* (27 km Rundwanderweg) und *World's View Trail* (14 km). Bei längeren Wande-rungen muss man sich im Mountain Res-cue Register eintragen (bei der Rezep-tion). Da nicht immer alle Wege geöffnet sind (nach Regenfällen im Winter), vor Wanderbeginn Auskünfte einholen. Gute Bergschuhe erforderlich.

Information

Giant's Castle Hutted Camp, Tel. 036-4317848. Alle Reservierungen über **KZN Wildlife,** Tel. 033-8451000/2, Fax 8451001, www.kznwild-life.com). Parkbüro 8–12.30 und 14–16.30 Uhr geöffnet, Tore im Sommer 5–19 Uhr, im Winter 6–18 Uhr. Eintritt R25 p.P. Broschüre mit wich-tigen Informationen und allen Wandermög-lichkeiten und Beschreibungen an der Rezep-tion. Curio Shop mit guter Auswahl an Proviant. Für Selbstversorger stehen vor den Übernach-tungshütten Grillstellen. Es gibt ein gutes Res-taurant mit Aussichtsterrasse.

Unterkunft

Giant's Lodge: Luxuriöse Lodge für 6 Perso-nen (ab R3400).

Giant's Hutted Camp: 2-Bett Chalets (ab R695. 4-Bett Chalets (ab R1620). 6-Bett Chalets Mountain View (ab R2160). Eine Honeymoon-Suite (R1090).

Mountain Huts: Drei Berghütten auf 2200 m, in 3–5 Stunden Wanderung erreichbar: Giant's Hut, Bannerman Hut und Meander (Cente-nary) Hut; Stockbetten mit Matratzen R45 p.P. plus R30 Wandergebühr. Verpflegung, Kochgeschirr und Schlafsäcke mitbringen. *Zur Beachtung:* Im Sommer treten plötzlich Gewitter auf, die oft von Nebelbänken beglei-tet werden; im Winter herrschen extreme

Minustemperaturen, die man bei der Ausrüstungsauswahl unbedingt beachten sollte.

Außerhalb:

White Mountain Resort, Zufahrt ca. 1 h vom Park, Tel./Fax 036-3533437, www.whitemountain.co.za. Camping und Chalets. Pool. Restaurant. *White Mountain Folk Festival. Immer Ende September! Ein echtes Highlight. Info unter www.c-weed.com/wmf.

Zwei weitere Übernachtungs-Tipps:

*Antbear Guest House, zwischen Estcourt und Mooi River Richtung Giants Castle (Ausfahrt 152), Tel. 036-3523143, www.antbear.co.za (Anfahrtsbeschreibung).

*Drakensberg International Backpackers Lodge, Grace Valley, 21 Highmoor Rd (kurvige Strecke mit Schlaglöchern), Tel. 033-263724. Shuttle von Wimpy in Mooi River. Mehrbett- und DZ, Camping. Idealer Ausgangspunkt für Ausflüge (liegt jedoch 1 Stunde vom Parkeingang). Prima Küche.

Injisuthi

Injisuthi liegt im nördlichen Teil des Drakensberg Parks, eingebettet zwischen dem Little Tugela und Cowl Fork River und wird beherrscht von den mächtigen Gipfeln *Champagne Castle* (3377 m), *Cathkin Peak* (3181 m) und *Monk's Cowl* (3234 m). Insgesamt wurden 10 Wanderwege angelegt. Die geführte Wanderung zu den Buschmann-Malereien in der *Battle Cave* beginnt tgl. um 8.30 Uhr an der Rezeption (Voranmeldung nötig). Weitere Wanderungen in der *Mdedelo Wilderness Area.*

Anfahrt: Von der N 3 Ausfahrt Estcourt North (179) nach Sunnyside 25 km nach Westen, an der Abzweigung „Grave of Gert Maritz" noch 31 km nach Süden zum Gate (beschildert). Von Thokozisa ca. 7 km nach Süden fahren, dann dem Wegweiser nach links folgen. *Zur Beachtung:* Motorräder nur bis zum Camp erlaubt.

Information

Injisuthi, Camp Manager, Tel. 036-4317848. Zuständig für alle Anfragen über Camping- und Höhlenübernachtungen. Parkbüro 8–12.30 und 14–16.30 Uhr geöffnet. Kleiner Curio Shop mit geringer Auswahl. Nächster Supermarkt und Tankstelle in Estcourt. Tore sommer 5–19 Uhr, winters 6–18 Uhr geöffnet.

Unterkunft

4-Bett Chalets (ab R870), 8-Bett Group Cabin (R880). 2-Bett-Zelte (ab R300. Zeltplatz (R80 p.P.). Elektrizität 17.30–22 Uhr, reine Selbstversorgung.

Camping Offene Campingplätze für max. 120 Personen (R80). Sanitäre Einrichtungen mit warmen Wasser. Die **3 Übernachtungshöhlen** sind ausschließlich für angemeldete Wanderer (R45 p.P. Weggebühr); alles mitbringen, inklusive Spaten für die Toilette.

Monk's Cowl

Der Forst im Gebiet der Mdedelelo Wilderness ist Startpunkt vieler Wanderungen und bietet vor allem Vogelfreunden reiche Beobachtungsmöglichkeiten: Bartgeier, Adler, Bussarde, Schwarzstörche, Sekretäre, Spechte und Kuckuck. Ansonsten u.a. Elenantilopen, Ottern, Stachelschweinen, Streifeniltisse, Schakale und Klippschliefer. Die schönste Tageswanderung führt zu **Blind Man's Corner** (ab hier Genehmigung erforderlich für den Aufstieg zum Sterkhorn, Cathkin Peak und Champagne Castle). Karte und Hinfahrgelegenheit in der Inkosana Lodge.

Anfahrt: Über die R 600 bis zum Ende.

Der besondere TIPP: Drakensberg Boys Choir

Das Champagne Valley ist die Heimat des berühmten **Drakensberg Boys Choir.** Neben vielen Konzerten finden Mittwochsnachmittags um 15.30 Uhr öffentliche Veranstaltungen statt – auch mit afrikanischen Liedern. Eintritt R70, die sich aber wirklich lohnen! Infos unter Tel. 036-4681012, www.dbchoir.co.za (m. Anfahrtskizze). Anfahrt: Über R 600, vorbei an Abzweig Inkosana Lodge bis rechter Hand Beschilderung.

Die Felsbilder der San

In den letzten 40 Jahren machten sich Forscher im Bereich der Drakensberge auf die konzentrierte Suche nach Felsmalereien der San. Es wurden 30.000 Bilder an über 550 Stellen gefunden. Die Farben, vorwiegend Rot, Gelb und Braun, gewannen die San aus eisenoxydhaltiger Erde und Ocker. Schwarz wurde aus verbranntem Holz und Weiß aus weißer Tonerde hergestellt. Sie zermahlten das Material zu Puder und mischten es mit Blut, Wasser oder tierischen Fetten. Mit Federn und Tierhaaren, kleinen Holzstücken oder einfach den Fingern wurden die Malereien ausgeführt. Die Motive variieren nach Zeitalter und Umgebung. Vorwiegend wurden Menschen und Antilopen dargestellt, in den südlichen Drakensbergen aber auch Rinder, Schafe und Pferde – ein Hinweis auf andere Kulturen –, Löwen, Hyänen, Elefanten, Warzenschweine, Schlangen und Nashörner.

Bemerkenswert an den Motiven der San ist, dass Landschafts- und Jagdszenen fast gänzlich fehlen. Dies wirft die berechtigte Frage auf, was mit den Malereien ausgedrückt werden sollte. Ein Hauptaspekt liegt wohl in der religiösen Darstellung. Das wichtigste Ritual war der Tanz der Schamanen, jener Menschen, die sich durch Trance direkt mit Gott in Verbindung setzen konnten. Hierbei wurden Krankheiten geheilt, das Jagdglück beschworen oder Regen erfleht. Auch diente die Trance dazu, mit anderen über weite Entfernungen hinweg Kontakt aufzunehmen. In dem Zustand des Entrücktseins verschmolz man mit mächtigen Wesen der Natur, allen voran mit der Elenantilope, Sendbote für Wasser, Kraft und Überleben. Die Verbindung mit der „anderen Welt" begann im Magenbereich und setzte sich explosionsartig bis in den Kopfbereich fort. Die Schamanen malten die Bilder oft nach einem Ritual und sahen sich durch ihre Verwandlung in die Länge gezogen. Eine künstlerische Impression der Bewusstseinserweiterung, die in den Bildern durch die langgestreckte Darstellung von Personen Ausdruck findet, oft auch mit Hörnern und Hufen versehen.

Information/Unterkunft

Monk's Cowl, Tel. 036-4681103, Fax 4681150, www.kznwildlife.com, geöffnet Okt–März 6–19 Uhr, Apr–Sept 6–18 Uhr. Office: 8–12.30 u. 14–16.30 Uhr. Eintritt R35. Curio Shop (8–16 Uhr), Tea Garden. Wanderproviant vorbestellen.

Luxus

Champagne Castle Hotel, südwestl. von Winterton, an der R 600 kurz vorm Parkeingang, Tel. 036-4681063, www.champagne-castle.co.za. Schöne Anlage, Zimmer, Cottages, Rondavels. Dinner+Ü/F ab R940 p.P.

Touristic/Budget

*Inkosana Lodge and Trekking, von Thokozisa-Kreuzung ca. 12 km, hinter Abzweigung zum Drakensberg Sun Hotel,

Tel./Fax 036-4681202, www.inkosana.co.za (m. Anfahrtskizze). Mehrbett- und DZ (Gemeinschaftsdusche), Camping, kostenlose Baz Bus-Abholung in Winterton und Fahrgelegenheit zu den Wanderzielen. Pferde-Safaris, geführte Wanderungen und Autovermietung. Mit Abstand die beste Wanderunterkunft in Südafrika (u.a. bekommt man kompetente Auskünfte zu den umliegenden Destinationen von Ed). Frühstück und Abendessen möglich, ansonsten Selbstversorgung möglich. Pool. 2-Bett-Rondaval R250 p.P. Dorm R150.

Camping Offener Campingplatz für 15 Personen (R190 p.P./Site). Sanitäre Einrichtungen, warmes Wasser. Zelte können in der Wilderness-Area aufgestellt werden. Übernachtungen in Höhlen auf Anfrage beim Parkranger.

Cathedral Peak

Das 1973 gegründete Reservat umfasst 32.000 ha. Die dramatische Bergwelt wird von den Gipfeln *Cathedral* (3004 m), *Cathkin* (3181 m), *Champagne Castle* (3377 m) und *Monk's Cowl* (3234 m) überragt – eine Herausforderung für Bergsteiger. Die mittleren Höhenlagen bieten ideale Voraussetzungen für Wanderer. 8 Wege beginnen beim Camp (1–3 Tage, unbedingt Karte besorgen, R50 für Übernachtung in Schutzhütten). Die schönste Wanderung führt in die *Ndedema Schlucht* mit 150 Unterschlüpfen in den Felsen, viele mit **Buschmann-Malereien.** Nahe des **Didima Camps** ist das **Rock Art Centre** sehenswert (8–16 Uhr).

Grasland, Schluchten und Waldgebiete sind die Heimat von Klippschliefern, Klippspringern, Riedböcken, Stachelschweinen, Mangusten, Wiesel, Schaklen, Wildkatzen, Paradieskranichen, Bartgeiern, Samtwebern, Nektarvögeln und paar Schlangenarten, speziell Puffottern und Ringhalskobras.

Anfahrt: Über Bergville oder Winterton (R 74). Von Estcourt Richtung Bergville, dann südöstlich abbiegen; ausgeschildert.

Information

Cathedral Peak, Tel./Fax 036-4881880. Alle Ankömmlinge müssen sich zuerst im Mike's Pass Office melden. Büro und Curio Shop 8–16.30 Uhr, freitags bis 21 Uhr geöffnet. Hier auch gute Wanderkarte von den Nördlichen Drakensbergen (1:50.000). Grundnahrungsmittel in Winterton. Benzin am Cathedral Peak Hotel. Eintritt R30, R50 Auto zu Mike's Pass. Auch Tagesbesucher müssen sich anmelden und ihr Fahrzeug mit Parkschein und Wandererlaubnis versehen. Besuch der Felsenbilder mit einem lokalen Führer R55 p.P. und R25 bei Übernachtung. Träger können gemietet werden.

Unterkunft

*Didima Camp, 2-Bett-„Cave"-Chalets (ab R900), 4-Bett Cabins (ab R2100), 6-Bett Bungalow (ab R2800), eine 2-Bett Honeymoon-Suite (R1410). Restaurant, Shops, Café und Bar.

12 Campingplätze (ab R160), Rezeption 6–18 Uhr, freitags bis 21 Uhr. Jede Campergruppe bekommt einen Schlüssel für die sanitären Anlagen.

Caves: 15 Übernachtungshöhlen (R120 p.P.), nur für Wanderer mit Reservierung. Bitte beachten: Campingplatz und Höhlen sind meist auf Wochen ausgebucht (besonders an Wochenenden und in Hochsaisonzeiten); mindestens einen Monat vorab reservieren!

Weitere Unterkunft

Comfort/Touristic Cathedral Peak Hotel, 41 km von Winterton entfernt, Tel. 036-488 1888, www.cathedralpeak.co.za (m. Anfahrtskizze). Schöner kann ein Hotel kaum liegen! Bungalows und DZ, nur Halbpension, ab R1180 p.P. Mit Hochzeitskapelle und Golfplatz. Reservierung unbedingt erforderlich.

Budget *Inkosana Lodge and Trekking, siehe Monk's Cowl. Idealer Ausgangspunkt für Wanderungen.

Winterton

Winterton ist Ausgangspunkt für die Drakensberge oder zum *Spioenkop Dam Nature Reserve.* Das *Winterton Museum,* Church Street, hat neben lokaler Geschichte eine Buchabteilung zum Thema „Südafrikanische Kriege"; bemerkenswert auch die Ausstellung über Flora und Fauna der Drakensberge. Mo–Fr 9–15 Uhr, Sa 9–12 Uhr, Tel. 036-4881885.

Touristeninformation:
Springfield Road, Tel. 036-4881988.

> **Tipp:** An der R 600 Richtung Central Berg liegt das Info-Zentrum Thokozisa, an der Kreuzung mit der R10 Loskop – Bergville („Gourton Corner"), Tel. 036-4881207, Fax 4881846, www.cdic.co.za. Mit Restaurants und diversen Läden.

Unterkunft

Touristic

Bridge Lodge, Tel./Fax 036-4881554, www.bridgelodge.co.za. Urtümlich, Ü/F und Selbstversorgung.

Cathkin Cottage, 1 Yellowwood Drive, 25 km außerhalb Winterton, Bergview, gegenüber Drakensberg Sun, www.cathkincottage.co.za (m. Anfahrtsskizze). DZ/F in Gartenlage mit schönem Ausblick. Pool. Restaurants in der Nähe.

The Nest, Tel. 036-4681068, www.thenest.co.za (m. Anfahrtskizze). Bergresort in herrlicher Landschaft. Vollpension.

Budget

*Berghaven Cottages, an der R 600 (Abzweig Drakensberg Sun), Tel. 036-4681212, www.berghaven.co.za (m. Anfahrtskizze). Schöne Ferienhäuser. Selbstversorgung, Supermarkt und Valley Bakery ganz in der Nähe.

The Swallows Nest, 1 Bergview Drive, Tel./Fax 036-4881009. DZ, Mehrbettzimmer und Cottage. Dinner möglich. Schönes Ambiente.

Uitzicht Holiday Farm, Tel. 036-4881492. Farmhaus, Ü/F oder Selbstversorgung.

Camping

Kelvin Grove Caravan Park, zwischen Champagne Castle und Cathedral Peak, 20 km von Winterton (DR 277), Tel./Fax 036-4881652, www.kelvingroveresort.co.za (m. Anfahrtsbeschreibung). Wanderungen und Ausritte.

→ Abstecher
Spioenkop Dam Nature Reserve

Das Reservat (6000 ha) liegt 13 km nördlich von Winterton und umfasst einen schmalen Uferstreifen am See des Tugela River, der durch den Spioenkop Damm gestaut wird. Im Game Park sieht man Büffel, Giraffen, Elen- und Kuhantilopen, Gnus, Zebras, Breitmaulnashörner und in den Wintermonaten werden Raubvögel gefüttert. Vom Gipfel des Spioenkop (1466 m) blickt man bis zu den Drakensbergen. Bei ihm fand im Jahr 1900 eine Schlacht zwischen Buren und Engländern statt. Besucher können sich auf dem angelegten *Battlefield Trail* über die historischen Ereignisse informieren.

Anfahrt: 1 km östl. von Winterton führt die R 600 nach Norden zum Reserve. Von der N 3 Ausfahrt Bergville (230), zunächst 2 km Richtung Ladysmith, dann nach Südosten auf die R 600 abbiegen.

Information/Unterkunft

Spioenkop Dam Nature Reserve, Camp Superintendent, Tel. 036-4881578. Nur Anfragen und Camping-Reservierungen, sonst www.kznwildlife.com. Geführte Naturwanderungen, Ausritte, Kanufahrten. Geöffnet Okt–März 6–19 Uhr, Apr–Sept 6–18 Uhr. Office: 8–12.30 u. 14–16.30 Uhr. iPika Camp: 4-Bett Tented Bush Camp (ab R630).

Camping iPika Camp, 30 Plätze mit Anschluss (R140/Site).

✔ **Abstecher**

Bergville

Bergville liegt am Zusammenfluss von Tugela (Thukela) und Sandspruit River und ist günstiger Ausgangspunkt für Ausflüge in die nördlichen Drakensberge. Das historische *Upper Tugela Blockhouse* liegt auf dem Gelände des Gerichtsgebäudes. Umgebungsziel: Spioenkop Dam Nature Reserve (s.o.), Anfahrt über Winterton und Royal Natal National Park (s.u.).

Information

Okhahlamba Drakensberg Tourism, Tatham Rd, Library Building, Tel. 036-4481244 u. 448 4296, Fax 4481088, Mo–Fr 9–16.30 Uhr, Sa 9–13, Uhr www.drakensberg.za.org.

Unterkunft

Comfort

*Little Switzerland Resort, Bergville, Tel. 036-4382500, www.lsh.co.za. Herrliche Lage, Wandern, Klettern, Relaxen. 4x4-Route. Dinner+Ü/F ab R850 p.P. Auch Self-catering-Chalets.

Montusi Mountain Lodge, 30 km nordwestlich hinter Bergville von der R74 links Richtung Northern Drakensberg abbiegen, Tel. 036-4386243, www.montusi.co.za. Blick auf das Amphitheater. Gute Küche mit „local food". Dinner+Ü/F R1300.

*Sungubala Mountain Camp, Tel. 036-438 6000, www.sungubala.co.za (m. Anfahrtskizze). Baz Bus-Stopp, Zugang zu komfortablen Hütten (ab R1200) mit 4x4-Wagen oder zu Fuß. Idealer Ausgangspunkt zum Wandern und Reiten. Auch Mountain House.

Touristic

*Bingelela B&B & Restaurant, 3 km außerhalb in Richtung Harrismith, Tel./Fax 036-448 1336, www.bingelela.co.za. Gutes Essen, gemütliche Bar, angenehme Zimmer.

*Hlalanathi Resort, Tel. 036-4386308, www.hlalanathi.co.za (m. Anfahrtskizze). Wenige Kilometer vom Parkeingang, 30 km von Bergville. Stellplätze, sehr schön, Restaurant. Chalet ab R800, Caravan R180 p.P.

*The Cavern, Anfahrt über R 74, dann Abzweigung Richtung Royal Natal NP, Tel. 036-4386270, www.cavern.co.za (m. Anfahrtskizze). Schöne Lage, üppiges Essen, Wander- und Reitausflüge. VP ab R880 p.P. (nach „Midweek specials" fragen).

Budget und Camping

Bergville Municipal Caravan Park, 1 km vom Tugela River entfernt.

Hotel Walter, Tatham Rd, Bergville, Tel. 036-4381022. Kinderfreundlich, zentral.

Der besondere Tipp:

Royal Natal National Park

Wer nur einen Park in den Natal Drakensbergen aussuchen kann, sollte sich für den **Royal Natal National Park** entscheiden. Nirgends sonst präsentiert sich die Bergwelt so malerisch, gebieterisch und faszinierend – vorausgesetzt das Wetter spielt keinen Streich.

Anziehungspunkt ist das sog. **Amphitheatre,** ein Felsmassiv von 5 km Länge, das gebietsweise bis zu 500 m Höhe aus dem Terrain aufragt (Höhe 2926 m). Die Berge *Mont-Aux-Sources* (3282 m), *Sentinel* (3165 m), *Mount Amery* (3143 m) und der *Eastern Butress* (3048 m) beherrschen die Szene. 5 Flüsse entspringen im Gebiet des Mont-Aux-Sources, den zwei französische Missionare 1836 treffend „Berg der Quellen" benannten. Der *Tugela (Thukela) River* strömt mit mehreren Wasserfällen talwärts, der höchste misst 600 m und gehört damit zu den höchsten der Welt.

Der Park besitzt in seinem Aufbau sowohl unterschiedliche geologische Formationen als auch verschiedene klimatische Zonen. Dies erklärt den Reichtum der Vegetation. Mehr als 900 Pflanzen wurden bislang katalogisiert. Von den 230 verschiedenen Vogelarten sind besonders die mächtigen Bart- und Kapgeier und Felsenadler erwähnenswert. Unter den Säugetieren trifft man am häufigsten auf Klippschliefer, Paviane, Ried- und Blessböcke, Ducker und Klippspringer.

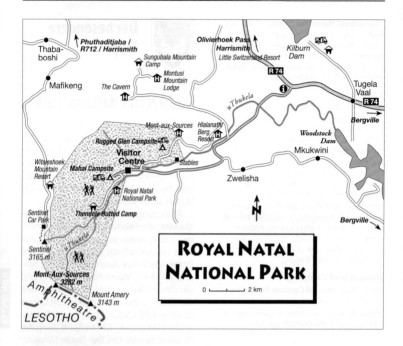

Wanderparadies Royal Natal Park

Es wurden 83 km Wanderwege auf 24 Routen angelegt (3–45 km Länge, 1–17 Stunden Gehzeit). Ausführliche Infos darüber bietet die 48-seitige Broschüre *Royal Natal, Walks & Climbs,* die im Visitor Centre und im Thendele Camp Office sowie am Main Gate erhältlich ist.

Beliebt ist der einfache Weg vom *Visitor's Centre* zu den Sunday Falls (3 km, 1 h). Außerdem der Trail, zu den **Cascades** und zum **McKinlay's Pool** führt (5 km, 1 h, Badepools). Wer noch eine Strecke dranhängen möchte, geht von den Cascades weiter zu den **Tiger Falls** (3 km, 45 Min.). Wunderbare Ausblicke genießt man vom **Camel's Hump Trail** (5 km, 1 h). Ebenfalls empfehlenswert ist der **Devilshoek Trail** (6 km, 2 h), der durch bewaldetes Gebiet zu Felsen mit San-Malereien führt.

Beachten

Bei längeren Wanderungen ist es ratsam, sich in das *Hiking Register* einzutragen. Alle Bergwanderer, die über 2300 Meter oder auf den Mont-aux-Sources wandern, müssen sich in das *Mountain Rescue* Register im Büro eintragen. Wanderungen mit Übernachtungen müssen angemeldet werden, auch Felsklettern!

Gorge Trail

Die beliebteste Tageswanderung ist der *Gorge Trail* (Nr. 21, 22,5 km, 5,5 Stunden, Schwierigkeitsgrad leicht bis mittelschwer am Ende). Man sollte vorsichtshalber 1–2 Stunden mehr einplanen und bei starker Sonne unbedingt eine Kopfbedeckung mitnehmen, Schattenplätze sind rar.

Registrierung im Rescue Register direkt am Ausgangspunkt der Wanderung am Parkplatz unterhalb des Thendele Camps, Parkwächter. In der Schlucht gibt es viele Bade-Gumpen.

Der Weg führt vom Thendele Camp in ca. zwei Stunden auf einem Hangweg immer oberhalb des Flusses bis zum Eingang der Schlucht, dann muss man dreimal über Steine den Fluss/Bach queren (viele machen den Fehler, dass sie an der ersten Flussüberquerung bereits umkehren). Am Ende des Flusstals liegt der sogenannte „Tunnel", zu ihm dauert es vom Eingang der Schlucht nochmals ca. 30 Minuten. Dort gibt es zwei Möglichkeiten: entweder rechts per Eisenhängeleiter die Felswand hinauf (nur für Trittsichere und Schwindelfreie) und oberhalb des Tunnels ein Stück an der Felswand entlang, oder links einen Pfad den Berg hinauf zu einem Überhang (Tunnel Ridge) mit toller Aussicht auf das Tal und den großen Wasserfall.

Vorsicht: Bei Gewitter kann der Rückweg auf Stunden abgeschnitten sein. Der Wasserstand des Flusses je nach Jahreszeit unterschiedlich.

Mont-Aux-Sources Mountain Trail

Bergwanderer lieben den zweitägigen *Mont-Aux-Sources Mountain Trail* (45 km, 9 h pro Tag). Übernachtung im eigenen Zelt (Buchung beim Qwa Qwa Tourist Officer, Tel. 058-7134415) oder auf dem Fußboden in einer Schutzhütte, die offiziell nicht mehr gebucht werden kann, aber derzeit noch unverriegelt ist (erkundigen bei anderen Wanderern). Es ist ratsam, eine 2. Nacht in der Hütte einzuplanen, damit man auf den Gipfel des Mont-Aux-Sources steigen kann (nur mit bester Kondition!). Genaue Beschreibung s. Wanderung Nr. 25, Mont-Aux-Sources.

Zum Mont-Aux-Sources mit dem Auto

Es ist auch möglich, zum Fuß des Mont-Aux-Sources bzw. zum dortigen *Sentinel Car Park* mit dem Wagen zu fahren und von dort aus den Berg zu besteigen. Erfordert einen ganzen Tag. Bereits die gut zweistündige Anfahrt über 130 Kilometer durch die südöstliche Ecke des Free State ist wegen ihrer vielen Bergpanoramen ein Erlebnis.

Man fährt aus dem R.N. Nationalpark zurück zur R74, biegt dort nach links bzw. nach Norden ab, über den *Oliviershoek Pass* geht es Richtung Harrismith. Nach 36 km links in die R712 abbiegen, Richtung Qwa Qwa N.P. An der Kreuzung wieder links Richtung Phuthaditjaba/Witsies-hoek Pass (2270 m) und *Witsieshoek Mountain Resort,* das man links liegen lässt. Zum Sentinel Car Park (2540 m) am Fuße des Sentinel (3165 m) sind es noch ca. zehn Kilometer. Von dort zwei Stunden Gehzeit zu den Kettenleitern auf den Mont-Aux-Sources einplanen, einige weitere für den Gipfelaufenthalt und zwei Stunden zurück zum Parkplatz. Genau beschrieben ist die Strecke vom Parkplatz auf den Mont-Aux-Sources und zurück in der Wanderung Nr. 25, s.o. Nur bei gutem Wetter und mit bester Kondition!

Sonstige Aktivitäten

Ausritte mit *Rugged Glen Stables,* Tel. 036-4386422 (Voranmeldung nötig). **Schwimmen** fast überall erlaubt (Einschränkungen im Faltblatt des Parks, Ranger fragen). Genehmigungen für **Forellenangeln** im Parkbüro.

Information

Royal Natal National Park, Bergville, Tel. 036-4386303, Fax 4386310, www.kznwildlife.com, Reservierung Tel. 033-8451000. Parkbüro Mo–Do 8–12.30 und 14–16.30 Uhr, Fr–So und in den Ferien 8–16.30 Uhr geöffnet; gute Wanderkarten, Broschüre. Curio Shop mit Souvenirs, begrenzt Lebensmittel (z.B. gefrorene Forellen und Getränke). Frisches Fleisch und Gemüse in Bergville. Gut sortierter Laden im Mount-aux-Source Hotel. Tor im Sommer 5–19 Uhr, im Winter 6–18 Uhr geöffnet. Eintritt R30 p.P. Mahai Camp ab R285/Site. Waschautomaten und Trockner sind vorhanden.

Wetter

85% des Regens fällt Oktober–März, meist in sehr plötzlichen, heftigen Gewittern, vorwiegend am späten Nachmittag. Bei Bergwandrungen unbedingt Schutz suchen. Dichter Nebel besonders in den Sommermonaten, manchmal sehr überraschend (sehr gefährlich in Höhenlagen, denn er kann bis zu zwei Wochen anhalten!). April–September ist mit Schneefall zu rechnen. *Zur Beachtung:* Bei längeren Wanderungen ist es ratsam, sich in das *Hiking Register* einzutragen. Alle Bergwanderer, die über 2300 m oder auf den Mont-aux-Sources wandern, müssen sich in das *Mountain Rescue Register* im Büro eintragen. Wanderungen mit Übernachtungen vorher telefonisch anmelden.

606   Royal Natal National Park

Klettern ausschließlich Mitgliedern des Mountain Clubs of South Africa vorbehalten.

Anfahrt: Von Norden von der N 3 (Harrismith) die R 74 über den Oliviershoek Pass nach Süden nehmen. Von Osten von der N 3 Abfahrt 230 Bergville nehmen und dann über die R 616/R 74 nach Westen. Jeweils ausgeschildert.

Unterkunft

*Thendele Camp: 6-Bett Lodge (ab R3400), 6-Bett Cottages (ab R2120), 2-Bett Chalets (R670), 4-Bett Chalets (ab R1350). **Reservierung nur über KZN Wildlife,** Tel. 033-8451000, www.kznwildlife.com. Frische Lebensmittel sollte man aus Bergville mitbringen, haltbare gibt es an der Rezeption (2x wöchentl. auch frisches Brot).

Camping

Mahai Camp, 60 Plätze (R285), offene Plätze.

Rugged Glen: 15 Plätze, R190, begrenzt offene Plätze (max. 45 Personen). Beide Campingplätze mit guten sanitären Einrichtungen. Reservierung im Parkbüro.

Übernachtungsmöglichkeiten in der Umgebung

Hotel Mount-aux-Sources, Tel. 036-4388000, www.montauxsources.co.za. Großes Hotel, 121 Zimmer, schöne Lage mit Blick auf Amphitheatre, unmittelbar am Nationalpark. Pool, Tennis. DZ/F R880 p.P., Chalets ab R1000. Günstige Preise für Senioren.

Touristic u. Camping

Amphitheatre Backpackers, Pocalane Nature Reserve, Oliviers Hoek Pass, Tel. 082-8559767, www.amphibackpackers.co.za. Baz Bus- und Tribe to Tribe-Stopp. Gemütlicher Ausgangspunkt für Wanderungen, Mehrbett- und DZ, Camping.

*Hlalanathi Drakensberg Resort, ca. 7 km vor dem Park-Gate bzw. 40 km von Bergville (nach der Abzweigung der Zufahrtsstraße 304 zum Royal Natal National Park von der R74 auf Ausschilderung achten), Tel. 036-4386308, www.hlalanathi.co.za. Schöne Anlage über dem uThukela River, Pool, sehr gutes Restaurant, Golfplatz. Chalets für 2 Pers. mit Blick aufs Amphitheatre R800. Wohnmobil-Stellplätze R160 p.P.

6 North West

Einführung

Sich im Winde wiegende Maisfelder und ein endlos weit entfernter Horizont sind die Hauptmerkmale der Provinz **North West**, die früher als westlicher Transvaal bezeichnet wurde. Alles ist sehr ländlich und sehr gemütlich. Goldene Sonnenblumenfelder leuchten über weite Strecken im Kontrast zu den weiten, unberührten Ebenen des afrikanischen Bushvelds. Die reiche Region hält den dritten Platz auf dem Weltmarkt mit der Gewinnung von Metallen der Platinum-Gruppe (Platin, Rhodium, Palladium u.a.). Dennoch ist die Mehrzahl der 3,3 Mio. Landesbewohner, von denen 63% Setswana, 14% Xhosa und jeweils 8% Sesotho und Afrikaans sprechen, arm bzw. einkommensschwach. In der Landwirtschaft hat neben dem Anbau von Mais, Weizen und Sonnenblumen auch Viehwirtschaft Bedeutung. Je mehr man sich von den Ballungszentren Gautengs entfernt und tiefer in die 117.000 qkm große Provinz eintaucht, desto flacher wird das Land. Die Distanzen können sich endlos ziehen. Die Ost-West-Hauptverkehrsadern sind die N 4, N 14 und N 12 (beachte bei älterem Kartenmaterial: in dieser Provinz wurden viele Straßen umnummeriert). Die Hauptstadt **Mmabatho** liegt abseits in Grenznähe zu Botswana.

Mit zunehmender Entfernung von der Provinz Gauteng nimmt auch die **Sicherheit** zu. Dennoch ist es empfehlenswert, sich nach Einbruch der Dunkelheit nicht mehr auf der Straße aufzuhalten, weder zu Fuß noch im Fahrzeug. Dies gilt besonders für urbane Gegenden.

Klima: *Regenzeit ist November–Februar.* Am Nachmittag häufig Regengüsse und Gewitter. Oktober–März ist es tagsüber warm bis heiß, die Nächte sind eher mild. Je westlicher man kommt, desto wärmer und trockener wird es.

Allgemeine Informationen

North West Parks and Tourism Board, Heritage House, 30/31 Nelson Mandela Drive, Mahikeng, Tel. 018-3971500, Fax 3971660, www.tourismnorthwest.co.za.

Heritage Route

Diese Route führt zu den kulturellen, archäologischen und historischen **Höhepunkten** in der Provinz North West. Dazu zählt an erster Stelle das Luxus-Spielerparadies **Sun City** und das angrenzende **Pilanesberg Game Reserve**. Aber auch **Rustenburg, Hartebeespoort, Cradle of Humankind** (Sterkfontein und Magaliesberg Mountains), **Mahikeng** und **Schweizer-Reneke** (Buschmann-Zeichnungen) stehen auf dem Programm der Reisetour, die vom Fremdenverkehrsamt der Provinz entworfen wurde.

608　North West　　　　　　　　　　　　　　　　　　　　　　　　Karte S. 608

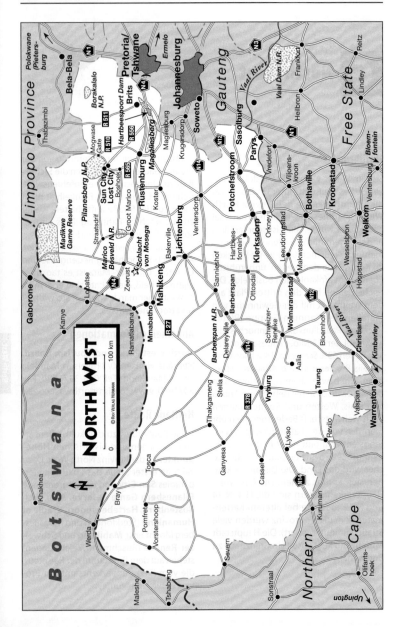

Von Pretoria/Tshwane auf der N 4 Richtung Westen

Hartbeespoort-Staudamm und Feriengebiet

35 km westlich von Pretoria/Tshwane liegt das Freitzeitgebiet des **Hartbeespoort Dam**. Die Staumauer in der engen Schlucht des *Crocodile River* unterhalb des Zusammenflusses mit dem *Magalies River* wurde 1923 fertiggestellt und ist 59 m hoch. Eine Straße führt darüber. Zwei Hauptkanäle und viele kleine künstliche Wasserläufe leiten das Wasser zu Weizen- und anderen Feldern. Auf dem 12 qkm großen Stausee gleiten Segelboote, man kann Wasserski fahren und angeln (u.a. Karpfen). Einen Besuch wert ist das **Elephant Sanctuary** an der R 512 (Vorausbuchung nötig, Tel. 012-2580423, www.-elephantsanctuary.co.za.

Das Morgenprogramm (Morning Elephant Programme) startet um 8 Uhr (R625 Erwachsene; R265 Kinder). Um 10 Uhr beginnt die zweite Morgenvisite bei den Dickhäutern, die man mit oder ohne Lunch buchen kann (+R150). Von 14–16 Uhr kann man die Elefanten am Nachmittag besuchen Ein Ritt auf den Dickhäutern kostet R435, für Kinder R275. Übernachtung möglich.

Im **Hartbeespoort Snake and Animal Park** sind neben Schlangen, Schimpasen u.a. Tieren auch Leoparden und Bengalische Tiger zu sehen. Fährt man mit der Seilbahn auf die Magaliesberge, hat man einen schönen Blick über den See und das Umland. Sehr gefragt sind die sonntäglichen Floßfahrten (sommers 8–17.30, winters 8.30–17 Uhr. Auskunft Tel. 012-2531162, www.hartebeespoortsnakeanimalpark.co.za).

In der Erntesaison von September bis Dezember ist die **Öko-Erdbeerfarm *Tangaroa** (www.tangaroa.co.za, Tel. 082-5035996, Anfahrt beschreiben lassen) am samstags und sonntags geöffnet. Für R50 kann man soviele Erdbeeren pflücken, wie man essen kann und sich einen schönen Tag machen. Der *Tea Garden* ist eine kleine Oase (Frühstück und Light-Lunches). Im **Guest House** lässt es sich romantisch übernachten.

Anfahrt: Von Pretoria/Tshwane über die N 4 Richtung Rustenburg; von Johannesburg über Sandton auf die R 511 oder R 512.

Information

Hartbeespoort Publicity, Municipality, Marais St, Schoemansville, Tel. 012-2530505, Fax 2532949, www.hartebeespoortonline.co.za.

Unterkunft

Comfort

Quiet Mountain Guest Farm, Hekpoort, 20 km westlich vom Staudamm, Tel. 014-576 1258, www.quietmountain.co.za. Geschmackvoll, Zimmer mit Veranda, Bergblick, ausgezeichnetes Essen (auch vegatarische und vegane Küche). Kinder ab 16. Dinner+Ü/F ab R895 p.P.

*The Ring Wagon Inn, Hartbeespoort, Tel. 078-0750720, www.thering.co.za. Chalets im Stil von Ochsenwagen, sehr originell, auch für Rucksacktouristen. Einmaliges Erlebnis! Ü/F R450 p.P.

Touristic

Amanzingwe, Broederstroom, Tel. 012-205 1108, www.amanzingwe.co.za. Schöne Chalets, Pool und mit gutem Restaurant.

*Hideaway At The Farm, Church St 10, Broederstroom, Tel. 083-4760507, www.hideawayatthefarm.com (m. Anfahrtskizze). Sehr schöne Unterkunft mit hervorragendem Open-air-Restaurant, Schweizer Besitzer kocht selber. Rondavels und DZ ab R300 p.P.

Brits

Wenige Kilometer nördlich der N 4 an der R 511 liegt das ruhige **Brits**. Kräuterfreunde gehen ins *Margaret Roberts Herbal Centre* (Mi und Sa). An Kunsthandwerk Interessierte schauen im *Sibanda Arts & Crafts Centre* vorbei. Auf der nahegelegenen *De Wildt Cheetah and Wildlife Centre* (an der R 566, Tel. 012-5049906) beschäftigt man sich seit Jahren erfolgreich mit der Aufzucht und Auswilderung von Geparden und Hyänenhunden (Führungen Di, Do, Sa, So, Vorausbuchung notwendig). Das Ferienresort **Hartebeeshoek Nature Reserve** bietet Übernachtungsmöglichkeiten verschiedener Kategorien (auch Stellplätze), Wanderwege, Pirschfahrten, Pool und vieles mehr (Tel. 011-9566640).

Information Brits
Publicity Association, Van Velden St, Tel. 012-2589111. Orientierungskarte für die „Arts and Crafts Routes".

Unterkunft
Luxus Ilanga Game Lodge, Tel. 012-252 5620, www.ilangalodge.de. In den Elandburg-Bergen, Wildfarm mit Rappenantilopen, Breitmaulnashörnern, Büffeln, Hyänen und Leoparden. Pirschfahrten, Walk-Safaris, Ausritte.

Touristic Grasdak Guesthouse, 26 Hermalo St, Tel. 012-2521995, www.wheretostay.co.za. Zentral gelegenes, schönes Gästehaus. DZ ab R450.

Camping Zanandi Caravan and Camping, Tel. 012-2560161. Freizeitpark mit Wasserspaß.

→ **Abstecher**

Borakalalo National Park

Der Borakalalo National Park (14.000 ha) am Moretele River beherbergt 35 große Säugetierarten, darunter Breitmaulnashörner, Rappenantilopen, Zebras, Giraffen, Büffel, Leoparden und Mähnenwölfe. Dazu gesellen sich 350 Vogelarten. Der große **Schreiseeadler** gehört zu den beliebtesten Fotomotiven. Im Stausee ist Angeln erlaubt, Bootfahren und Schwimmen verboten: **Krokodile** und **Nilpferde**. *Achtung:* Es kommt immer wieder zu tödlich verlaufenden Angriffen durch Nilpferde, besonders in den frühen Abend- und Morgenstunden. Wer ein Nilpferd außerhalb des Wassers sieht, muss unverzüglich Schutz suchen! Außerdem wunderschöne Wanderungen. Der nördliche Teil ist für Fahrzeuge gesperrt.

Anfahrt: In Brits an der letzten Ampelanlage rechts der Beschilderung nach Lethlabile folgen; weiter über Jericho und Legonyane zum Eingang (insgesamt 80 km).

Information
Borakalalo National Park, Tel. 012-7291008 oder Central Reservation, Tel. 011-4655423 (014-5556135/6), www.borakalalo.co.za; Tore geöffnet April–September 6–19 Uhr, Oktober–März 6–20 Uhr, So Rezeption bis 15.30 Uhr.

Unterkunft
Moretele Camping, R80 p.P. (max. 4 Personen pro Platz). – Moretele Safari Tents, 3-Personen-Zelte, R390. – Phudufudu Camp, Safarizelt/R450. Gut bestückte Küche für Selbstversorger. Mit eigenem Zelt nach weiteren Übernachtungsmöglichkeiten fragen.

✔ **Abstecher**

Wander- und Freizeitparadies Magaliesberg

60 km westlich von Johannesburg und Pretoria/Tshwane liegt eines der schönsten Gebiete der Region: **Magaliesberg** (nähere Informationen auf www.magliesmeander.co.za). Über 100 km erstreckt sich die Gebirgskette von Rustenburg östlich bis kurz vor Tshwane. Die Berge sind mitunter 1800 m hoch, erheben sich aber nur etwa 400 m über das Umland. Der *Magalies River* schlängelt sich parallel zur R 560 am Fuß des Gebirges entlang. Beliebtester Platz mit vielen Camp- und Picknickplätzen ist das *Hekpoort Pleasure Resort,* 25 km südwestlich vom Hartbeespoort Dam.

Die Gegend ist ausgesprochen fruchtbar, die Vegetation üppig und in der unwegsamen Bergwelt konnten viele Tiere überleben (Affen, Antilopen, Falken, Kapgeier und auch Leoparden).

Karte S. 608 **Magaliesberg** 611

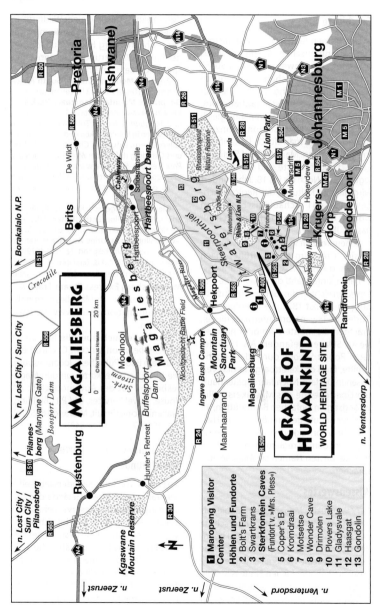

Geschichte

In den Bergen lebten bereits prähistorische Affenmenschen *(Australopithecus africanus)*. Die Anwesenheit von Stein- und Eisenzeitmenschen wurde durch Werkzeugfunde nachgewiesen. Der bedeutendste Ort dafür ist **Maanhaarrand**, ein Bergrücken einer Löwenmähne gleich (an der R 24). Umrisse von Steinzeitdörfern konnte man durch Luftaufnahmen lokalisieren. Man stieß auf Steingravuren, Tongefäßreste und Knochen erlegter Tiere. Noch bis ins 18. Jahrhundert wird die alte Kultur in der Region nachgewiesen. 481 archäologische Stellen wurden bisher entdeckt, die meisten auf das 15. Jh. datiert.

In neuerer Zeit wurden die *Tswana* ansässig. Die Bergregion, früher nach Häuptling Kashana „Cashan Mountains" benannt, unterstand den *Kwena*. Die *Matabele* erreichten das Gebiet vor Rustenburg im Herbst 1825. Sie überfielen die Dörfer der Tswana, brannten alles nieder, brachten die meisten um oder nahmen sie als Sklaven gefangen. Als 1829 der Jäger Robert Schoon durch die Gegend streifte, fand er Skelettberge in den verlassenen Dörfern. Noch Jahre später hausten Überlebende des Massakers völlig verängstigt in einfachen Baumhütten, ihr einziger Schutz gegen Löwen und Hyänen. Die Voortrekker nannten die Berge nach dem damals regierenden Häuptling Mohale, dessen Namen sie *Magalie* aussprachen.

Wissenswertes

1977 wurde das Magaliesberg-Gebiet als „Mountain Preserve" unter Naturschutz gestellt. Das 30.000 ha große Areal befindet sich fast ganz in Privatbesitz. Das Gesetz lässt keine weiteren Eingriffe in die Natur zu, hat aber keinen Einfluss auf die Nutzung. So ist fast die gesamte Region Privatpersonen nicht zugänglich, es sei denn, man ist Gast auf einer Wildfarm, in einem Ferienresort oder man kommt mit dem Johannesburg Hiking Club, der regelmäßig Wanderungen in sonst gesperrte Gebiete unternimmt.

Auch der **Mountain Club of South Africa** ist hilfreich (Tel. 011-8071310, cen.mcsa.org.za). Der private **Mountain Sanctuary Park** liegt ideal in der Nähe der spektakulären *Cedarberg-* und *Tonquani-Schlucht:* Tolle Wanderungen, plantschen in Felsenbecken und unter Wasserfällen. Übernachtung in Chalets, Safarizelten und Camping (Infos über *Mountain Sanctuary Park,* Tel. 014-5340114, www.mountain-sanctuary.co.za (m. Anfahrtskizze). Anfahrt über die R 560, dann Richtung Maanhaarrand, von dort beschildert.

Gleitschirmflieger schwören auf die Region, ebenso **Fesselballon-Enthusiasten.** Adressen: *Bill Harrop's Balloon Safaris,* Tel. 011-7053201, www.balloon.co.za. Urige **Ausritte** bietet die *Saddle Creek Ranch,* Hekpoort, Tel. 079-4679906. *Roberts Farm Horse Trails,* Tel./Fax 014-5771498.

Eisenbahnfreunde können den **Magaliesberg Express Steam Train** von Johannesburg nach Magaliesburg nehmen. Information unter www.reefsteamers.com.

Das beste Buch über die Region ist *Magaliesberg* von Vincent C. Caruthers, Southern Book Publishers, Johannesburg. Die beste *Touristenkarte* von den Magaliesbergen hat der Automobilclub: AA House, Travel Services, Old Pits Building, Kyalami Racing Circuit, Midrand 1685 (Tel. 011-4666673, Fax 4666643).

Für historisch interessierte Naturfreunde

Die Familie von Chris Saunders lebt seit 5 Generationen auf dem Gelände des privaten **Ingwe Nature Reserve.** Sein Urahn William Gray galt als unerbittlicher Elefantenjäger, Chris ist ein besonnener Naturschützer. Das Reservat (ähnliche Tierwelt wie das Kgaswane Mountain Reserve) liegt auf der *Nooitgedacht Farm,* die einer bedeutenden Schlacht ihren Namen gab. Steht man auf dem höchsten Punkt in den Magaliesbergen, so kann man die Tragödie nur erahnen: Um die Jahrhundertwende besiegte eine kleine Einheit burischer Buschkämpfer unter *Jan Smuts* im Schutz der Dunkelheit eine übermächtige englische Einheit, die sich laut Smuts keinen strategisch ungünstigeren Lagerplatz hätte aussuchen können. 637 von 1200 Briten starben, auf Burenseite nur 100. Die ausgehungerten Angreifer waren so beschäftigt mit der Plünderung der britischen Feldküche, dass die überlebenden Engländer fliehen konnten.

Kwantle Ga-Africa Magaliesberg Tours, Tel. 0142-5762248, www.kgatours.co.za, veranstalten u.a. Dirt Track Go Karting.

Magaliesburg
s.S. 660

Rustenburg

Rustenburg (70.000 Einw.) wurde 1851 von burischen Siedlern gegründet und „Burg der Erholung" genannt. Am Stadtrand liegen bedeutende Vorkommen an Zinn und Granit und die zwei größten Platinminen der Welt.

Sehenswert

Im **Rustenburg Museum** in der Town Hall (Plein Street) erfährt man viel über die Geschichte der ersten burischen Siedler (Mo–Fr 8.30–16.30 Uhr, Sa 9–13 Uhr, So 15–17 Uhr). Vor dem Rathaus steht eine Bronzestatue des südafrikanischen Präsidenten Paul Kruger (1825–1904), der neben seinem stattlichen Wohnhaus von 1875 (Di–Sa 8–15 Uhr, So 13–15 Uhr) noch ein weiteres besaß (heute ein Café). Seine Farm *Boekenhoutfontein* lag 15 km nördlich. Im *Paul Bodenstein Bird Park* ist die bekannte Skulpturengruppe von Warzenschweinen des Südafrikaners *Coert Steynberg* „Punt in die Wind" zu sehen. Im Südosten der Stadt liegt das kleine Wildreservat *Kwaggapan* mit Giraffen, Kudus, Antilopen u.a. Tieren

und im Ferienresort *Rustenburg Kloof* im Westen liegt die malerische Rustenburg-Schlucht, die man auf Wander- und Spazierwegen erkunden kann.

Auf den Spuren deutscher Siedler wandelt man beim Besuch des kleinen Ortes **Kroondal** (18 km; auf der R24 nach Süden, dann Beschilderung folgen), das heute noch eine deutsche Schule betreibt und neben der sehenswerten lutherischen Kirche auch eine restaurierte Wassermühle besitzt. Auch schöne Art & Craft Shops und gemütliche Restaurants.

Information Rustenburg
Rustenburg Tourist Information, Ecke Burger/Plein Street, Tlhabane House, Tel. 014-5970904, 5655960, www.rustenburgaccommodation.co.za. – **North West Tourism Council,** Ecke Kroep/Kerk Street, Tel. 014-5970904, Fax 565 5964; www.tourismnorthwest.co.za, auch im Shop Nr. 19 im Checkers Centre.

Wichtige Telefonnummern: Polizei, Tel. 10111; Ambulanz, Tel. 014-5943334.

Restaurants
Die beiden besten Steakhäuser sind **Porterhouse,** 141 Smit St und **Mike's Kitchen,** Ecke Boom/Van Staden Street. Empfehlenswert auch **Karls Bauernstube,** Tel. 014-5372128. Sie liegt an der R 24 Richtung Magaliesburg; österreichisch, gemütliche Atmosphäre, gutes Essen.

Unterkunft

Comfort
Hunter's Rest Mountain Resort, an der R 24 östlich vom Olifantsnek Dam, Tel. 013-257 5300, www.huntersresthotel.co.za (Anfahrtskizze). Stilvoll, Halb- und Vollpension möglich. DZ/F ab R1400.

*Masibambane Guest House, an der R30 nach Klerksdorp, Tel. 014-5372046, www.masibambaneguesthouse.co.za. Riedgedeckte Gästehauser in ruhiger Umgebung. Ü/F R390 p.P .

Budget und Camping
Omaramba Holiday Resort, 30 km von Rustenburg am Buffelspoort Dam, Tel. 014-5723004, www.omaramba.co.za. Chalets ab R750, Zimmer ab R600, Stellplatz R330. Pool.

614 **Kgaswane Mountain Reserve / Sun City** Karte S. 608

→ **Abstecher**

Der besondere Tipp: Kgaswane Mountain Reserve

Das Reserve (früher: Rustenburg N.R.) in den westlichen Ausläufern der Magaliesberg-Region ist wild und felsig, mit Wasserfällen des Waterkloofspruit River. Früher gab es hier Elefanten, heute kann man Kuh-, Elen- und Rappenantilopen, Kudus, Zebras, Braune Hyänen, Leoparden, Schakale, Wüstenfüchse und Erdwölfe sehen. Außerdem 140 Vogelarten, und mit viel Glück auch die seltenen Kapgeier. Der 4,5 km lange *Pellagrae Interpretive Trail* ist ein Wanderlehrpfad (1,5 h, Broschüre dazu im Visitor Centre). Der *Kgaswane Summit Trail,* einer der zehn schönsten Wanderwege des Landes (25 km, 2 Tage) führt steil auf den Gipfel, von dem man herrliche Ausblicke hat. Es bestehen gute Chance, Säbelantilopen und Zebras zu sehen (Ausgangspunkt: Witkruis Camp; sommers früh starten. Übernachtung im Naga Camp. Vorbuchung ist nötig). Die Fahrstrecken führen zu den höchsten Punkten des Plateaus oder entlang der nördlichen Hänge.

Anfahrt: Über den Helen Joseph Drive, 7 km bis zum Eingang.

Information

Officer-in-Charge, Kgaswane Mountain Reserve, Tel. 014-5332050, Fax 014-5330397, www.parksnorthwest.co.za/kgaswane. Tgl. 8–16 Uhr, R30 Eintritt. Einige Wanderwege sind auf kleine Gruppen limitiert. Voranmeldung ratsam, Wochenende meiden. Einfacher Campingplatz. Öffnungszeiten der Gates: sommers 5.30–19 Uhr, winters 6–18.30 Uhr.

✔ **Abstecher**

→ **Abstecher**

Sun City und Pilanesberg National Park

Sun City

Zweieinhalb Autostunden von Johannesburg liegt in afrikanischer Buschlandschaft **Sun City,** *Sol Kerzners* Antwort auf Las Vegas (Sun International Hotel- und Kasinokette).

Auf dem riesigen Gelände gibt es drei Hotels, ein Vergnügungszentrum mit Restaurants, Bars, Diskotheken, Kinos und eine vollautomatische Bingohalle (200 Sitzplätze) und das Extravaganza-Theater. Das Spielkasino bietet von Roulette bis zum profanen „einarmigen Banditen" alles für Vergnügungsuchende. Sportliche können reiten, Squash und Bowling spielen, schwimmen oder golfen (auf dem berühmten 18-Loch-Kurs des Gary Player Country Clubs, mit Krokodilen in den Wasserhindernissen). Der **Wasserpark** besitzt drei Pools, Brücken verbinden schön angelegte Gärten. *Waterworld* ist ein 750 m langer künstlicher See zum Windsurfen und Wasserskifahren und Kwena Garden ein Reptilienpark mit einer Ranch in Bienenkorb-Architektur (besuchen Sie „Footloose", das mit 800 kg größte lebend gefangene Krokodil, Alter über 120 Jahre).

Motseng Cultural Village

In einem etwa 3 ha großen Areal wird während einer geführten Tour das Leben und die Geschichte verschiedener südafrikanischer Stämme (Tswana, Pedi, Vendi, Zulu, Ndebele, Xhosa, Shangaan und Ntwana) vorgestellt. Mit Gesängen und Tanzeinlagen werden die Gäste unterhalten. Traditionelles Essen gibt es rund um eine Feuerstelle. Kauf von Kunst und Handwerksgegenständen möglich.

Lost City

Ein Märchenpark mit Schloss, Disneyland für Erwachsene. Kernstück ist **The Palace of Lost City** im afrikanisch-indischen Stil mit Minaretten, beleuchteten Pools, Lustgärten und Hallen. Man wird entführt in die Fantasiewelt alter Sagen und Märchen. 25 ha wurden in afrikanischen Dschungel mit Wasserfällen und kleinen Seen verwandelt. Einige Attraktionen sind im Eintrittspreis nicht enthalten: *Valley of the Waves,* eine Investition, die sich lohnt: Wellen in nahezu Surfboardqualität, die sich an einem feinen Sandstrand brechen).

Segen durch Sünde

Bis 1994 gehörte das Gebiet zur „Republik of Bophuthatswana". Da das alte Südafrika strikte Gesetze gegen Glücksspiel, Pornographie und Sex-Business erlassen hatte, wich man ins „Ausland" aus. Heute ist Sun City ein Segen für die Region: Mehr als 3000 Menschen, vorwiegend Tswana aus dem Umland, haben hier eine Verdienstmöglichkeit. Viel von dem Geld, was hier in den Restaurants, Hotels und Casinos gelassen wird, kommt in Form von Schulen, Straßen und Krankenhäusern den Menschen zugute.

Geführte Tour

Sehr empfehlenswert ist eine geführte Tour durch den Park mit ***Adventure Travel Africa,** www.adventuretravelafrica. com. Selbst wenn man mit dem eigenen Auto angereist ist, lohnt sich die Tour, da man sehr umfangreiche und interessante Informationen bekommt.

Information Lost City

Für Tagesgäste pendelt ein Shuttle zwischen den riesigen Parkplätzen und dem Eingang zum Vergnügungszentrum. Das *Welcome Centre* gibt Orientierungshilfe und nimmt Reservierungen vor (Tel. 014-5571544). Der Eintritt kostet R100 (Auto extra; Geldwechseln kann man bei *Rennies Foreign Exchange,* Shop 7 im Main Entertainment Centre).

Zu den alljährlichen Höhepunkten zählt im Dezember das *Million Dollar Golf Tournament* und die *Miss World Veranstaltung,* im Juli die *World Wildlife Art Competition* und der Art Market.

Es gibt eine Reihe bezahlbarer Restaurants/ Snack Bars. Das günstigste ist das **Palm Terrace** (Buffet).

Wer nicht mit dem eigenen Wagen anreisen möchte, kann sich nach einer Busverbindung bei **Rand Coach Tours** erkundigen (Tel. 011-3391658).

Unterkunft

Luxus

Palace of the Lost City, Super-Luxus-Hotel, Reservierung Tel. 014-5571000/3006, www.suninternational.com. DZ-Preise ab R6000 p.P., Suite ab R32000.

Auf Rang 2 liegt das **Sun City Cascades** Hotel, tropische Gärten mit Wasserfällen, Restaurant auf dem Wasser, die gläsernen Lifte sind das Markenzeichen. Reservierung Tel. 014-5571000, www.suninternational.com. DZ ab R2900 p.P.

Sun City Hotel and Casino, das älteste und vitalste Hotel. Ein wenig verlebt, gute Restaurants und Snack Bars. Tel. 014-5571000, www.suninternational.com. DZ ab R3100 p.P.

Comfort

„Billigste" Alternative, besonders für Familien, sind die **Sun City Cabanas,** Zimmer ab R1670 p.P. Reservierung Tel. 014-5571000, Fax 557 4227, www.suninternational.com.

Pilanesberg National Park

Die flache Hochebene des Nordwestens überragen geologische Schönheiten: die erloschenen **Vulkane der Pilanesberg-Kette.** Der höchste ist der Pilanesberg (1687 m), der sich 600 m über dem Lake Mankwe erhebt. Der See ist die Fläche eines ehemaligen Vulkankraters mit einstmals 27 km Durchmesser, heute das Herzstück des 55.000 ha gro-

616 **Pilanesberg N.P.** Karte S. 608

ßen Nationalparks in der Übergangszone zwischen feuchtem Lowveld und der Kalahari-Wüste.

Für das Projekt mussten ganze Rinderfarmen abgebaut und an anderer Stelle wieder errichtet werden, danach wurden 1979 über 6000 Tiere mit Lastwagen hertransportiert: Breitmaul- und Spitzmaulnashörner aus dem Addo Elephant Park, Antilopen aus Namibia, Burchell's Zebras aus dem Transvaal, Giraffen, Nilpferde, Büffel, Elefanten, Leoparden, Geparden und auch Löwen. Heute leben im Park mehr als 10.000 Tiere, darunter auch etwa 350 Vogelarten. Die Vegetation reicht von dichter Buschlandschaft bis zu schattigen, bewaldeten Tälern.

Anfahrt: Von Rustenburg entweder über die R 565 nach Sun City und dann in den Park über das Bakubung Gate, oder über die R 510 über Mogwase zum Haupteingang Manyane Gate (50 km).

Mit dem Auto unterwegs

Die Besucherstraßen (100 km lang) sind gut befestigt und beschildert (max. Geschwindigkeit 20–40 km/h). In den frühen Morgen- und Abendstunden ist das Licht um den Mankwe-See am schönsten. Bei einer Abendfahrt auf dem **Tau Trail** („Tau" bedeutet bei den Tswana „Löwe") hat man gute Chancen, einen zu sehen. April–September ist die beste Zeit, die Temperaturen sind dann erträglicher und Tiere kommen verstärkt zu den Wasserlöchern. Die Sommermonate haben den Vorteil, dass es grünt und blüht, doch es muss mit Regen gerechnet werden.

Wanderung

In der „Education Zone" des Manyane-Komplexes gibt es einen Rundwanderweg, den man von 3 Punkten erreichen kann: Vom Education Centre (Ostrich Trail), von den Chalets (Wildebeest Trail) und vom Caravan Park (Zebra Trail). Er ist 8 km lang und auf einem Faltblatt be-

schrieben (bei der Rezeption). Man sieht Kuhantilopen, Kudus, Wasserböcke, Warzenschweine und Strauße.

Black Rhino Reserve

Das private Black Rhino Reserve wurde unlängst in den Park integriert. Es liegt im Westen und ideal für Pirschfahrten. Die ***Black Rhino Game Lodge** ist mit R2500 p.P. inkl. Mahlzeiten und zwei Pirschfahrten vergleichsweise günstig – und sehr schön.

Organisierte Touren

Pilanesberg Safaris: dreieinhalbstündige geführte Wanderung zweieinhalbstündige Pirsch-Fahrt (R425 p.P., Nachtfahrten möglich). vierstündige Ballonfahrt (R3750). Elephant Back Safaris (R1350, 6 und 9 Uhr). Informationen unter www.pilanes bergnationalpark.co.za/safaris.

Mphebatho Museum

2 km außerhalb des Bakgatla Gate liegt der Ort Moruleng mit dem **Mphebatho Museum.** Die Kultur und Geschichte der Bakgatla-ba-Kgafela Gemeinde, die in der Umgebung des Pilanesberg N.P. lebt, ist informativ dargestellt.

Information Pilanes N.P.

Central Reservations, Pilanesberg National Park, Mogwase 0305, Tel. 014-5551000 (Parktelefon 014-5551600), www.pilanesbergnationalpark.co.za. Pilanesberg hat den Status eines Nationalparks, hat aber privat betriebene Unterkünfte. Öffnungszeiten: März/Apr 6–18.30 Uhr; Mai–Aug 6.30–18 Uhr, Sept/Okt 6–18.30 Uhr; Nov–Feb 5.30–19 Uhr. Am **Manyane Gate** (Haupteingang) müssen sich alle Übernachtungs-Besucher an der Rezeption anmelden (Ausnahmen: Gäste der Kwa Maritane-, Bakubung- oder Tshukudu-Lodge); tgl. 7.30–20 Uhr, Eintritt R45 p.P., Auto R20.

Pilanesberg Airport: Tel. 014-5521261; Zubringerbus von Sun City, 60 km von Rustenburg, 10 km von Sun City. Autovermietung: Avis, Tel. 014-6521507.

Unterkunft

Manyane:

Complex/Caravan Park hinter dem Haupteingang. Kleiner Pool, Laden, Restaurant.

Manyane Chalets, Chalets ab R1260.
Selbstversorgung, B&B, Dinner+Ü/F möglich.

Manyane Caravan Park, ab R190/Platz.

Manyane Camping, ab R160/Platz. In den
Safarizelten keine Töpfe und Geschirr.

Bakgatla Camp

Bakgatla Chalets, ab R2100, Dinner/B&B
möglich. Caravan/Camping R190/Platz.

Weitere Lodges:

Es gibt noch vier Safari-Lodges: **Tshukudu
Lodge** (9 Luxushütten, ab R4800 p.P., Tel. 015-
7932476, www.tshukudulodge.co.za).

Bakubung Lodge (Zimmer ab R2140 p.P. inkl.
HP, Tel. 014-5526000, www.legacyhotels.co.za).

Das Volk der Tswana

Die Tswana gehören zur Sprachfamilie der West-Sotho. Sie leben überwiegend in
kleinen Familienverbänden. Im 19. Jahrhundert waren die Clans über die Provinz
North West, den nördlichen Transvaal, Teile von Mpumalanga und bis hinunter in
die ehemalige Kapprovinz verstreut. Die Matabele unter *Häuptling Mzilikazi* beanspruchten immer größere Gebiete und vertrieben die Tswana aus vielen ihrer
Regionen. 1830 überschritten weiße Siedler den Vaal River und gerieten in Konflikt
mit den Matabele und geflüchteten Tswanas, die ihr restliches Territorium vertei-
digten. Die Tswana baten die Engländer um Schutz und 1885 installierten diese
Britisch-Bechuanaland (1895 der Kapkolonie zugeschlagen).

Nach dem Burenkrieg begann der Zerfall des Tswana-Volkes: Viele Familienclans
wurden auseinandergerissen, die Männer verdingten sich in den Minen des
Witwatersrand. Wo das Stammesleben heute noch intakt ist, lebt man von
Landwirtschaft und Rinderzucht. Die Handwerkskunst befindet sich, vor allem durch
den Tourismus, wieder im Aufwind.

Glaube und Tradition

Die Tswana glauben an ein Diesseits und ein Jenseits, die miteinander verbunden
sind. Ahnenkult spielt die zentrale Rolle im religiösen Stammesleben. Das wichtigste für einen männlichen Tswana ist es, Nachkommen zu haben, um seine
Stammeslinie aufrechtzuerhalten. Nach seinem Tode kann er vom Jenseits seine
Nachkommenschaft beraten und beschützen – aber auch bestrafen, wenn man seiner nicht mehr gebührend und regelmäßig gedenkt.

Mit Opfergaben und Gebeten wird den Toten gedacht und durch spezielle Riten
um ihre Hilfe gebeten. Auch Naturgeister spielen eine große Rolle. Zu den noch gebräuchlichen Ritualen gehört z.B. der Regentanz. Einige der traditionellen Heiler
besitzen wertvolles Wissen über die Heilkräfte der Natur.

Jeder Stamm besitzt ein spezielles **Totemtier:** Die Bakgatla verehren „Kgabo",
den Affen, die Bakubung „Tshukudu", das Nilpferd. Die Legende sagt, dass man erst
gar nicht an ein Nilpferd denken darf, sonst erscheint es. Von „Gopane", der großen
Echse, wird berichtet, dass, wenn man sie tötet, ein großer Sturm hereinbricht. Legt
man sie allerdings auf den Rükken, so erlischt jeder Windhauch. Vorsicht geboten
ist bei „Morubitshi", der Eule. Ihr Ruf kann ein schlechtes Omen bedeuten und Hexen
ins Haus rufen – allerdings nur, wenn man es verdient hat. Ansonsten ist sie eine
Verbündete, um hinter Geheimnisse zu kommen.

Kwa Maritane Lodge (Luxus pur ab R2140, Pool, Tennisplätze, Sauna, Restaurants; stündlicher Shuttlebus nach Sun City, Tel. 014-6521820).

Ivory Tree Game Lodge, Tel. 014-5568100, www.ivorytree.co.za (ab R2400 VP inkl. Aktivitäten). Im Nordteil des Parks. Auch Spa.

✔ Abstecher

Marico-District

Der Marico-District erstreckt sich von Groot Marico nördlich bis an die Grenze zu Botswana und westlich bis Mahikeng. Seit seiner Besiedlung ab 1845 durch Voortrekker baut man überwiegend Weizen, Tabak, Mais und Zitrusfrüchte an und betreibt große Rinderfarmen.

„Mampoer Route"

Als touristische Attraktion hat man die etwa 60 km lange Strecke zwischen *Groot Marico* und *Zeerust* zur **„Mampoer Route"** erklärt. Der Mampoer ist ein Fruchtschnaps, der vorwiegend aus Pfirsichen, Aprikosen und Marulas gebrannt wird. Man wird auf kleinen Farmen in das Geheimnis der Destillation eingeweiht, bekommt auch interessante Einblicke in das ländliche Leben des Gebietes. So sieht die Route unter anderem auch den Besuch einer Forellenzucht und einer Wildfarm vor. Information über die Stadtverwaltung in Groot-Marico und Zeerust.

„Mafeking Road"

Als Kultlektüre gelten die Kurzgeschichten „Mafeking Road" von *Herman Charles Bosman*. Bosman, einer der beliebtesten südafrikanischen Schriftsteller, unterrichtete ab 1926 an der kleinen *Heimweeberg-Schule* auf der Haasbroek-Farm im Marico-Bezirk. Und weil sich hier Fuchs und Hase „Gute Nacht" sagten, hatte er ausreichend Zeit für ein intensives Studium der ländlichen Bevölkerung. Treffliche und hu-

morvolle Charakteristika waren das Ergebnis, gewürzt mit hintergründigen Themen.

Groot-Marico

Groot-Marico, ein verschlafenes Nest, ist wunderbar zum Studium der Figuren aus Bosmans Geschichten geeignet. Lohnenswert ist ein Abstecher in das *Marico Bosveld Nature Reserve* im Norden der Stadt an der Straße nach Straatsdrif.

Information

Auskünfte über das Touristenbüro in Groot-Marico, First Avenue, Tel. 014-5030046, www.marico.co.za.

Unterkunft

Touristic Botshabelo Guesthouse, 2,5 km außerhalb am Fluss gelegen, Tel. 014-503 0085, www.marico.co.za. Geschmackvolle Zimmer. SC und B&B. Pool.

Zeerust

Der belebte Ort mit Geschäften, Banken und Tankstellen ist Sprungbrett für eine Fahrt nach Gaborone, Hauptstadt von Botswana. Im 36 km entfernten **Kaditshwene/Kureechane Reserve** gibt es ein **Tswana-Museum,** das das Eisenzeitalter zum Schwerpunktthema hat. An manchen Tagen kann man Handwerker bei der Herstellung von Holz- und Lederarbeiten beobachten (Tel./Fax 012-663 3580).

16 km südwestlich lag die Missionsstation *Sendelingspos*, um 1830 von französischen Protestanten als erster weißer Ort im Transvaal errichtet. Wenige Jahre später wurden die Siedler von den Matabele vertrieben, ein Umuzi errichtet und der Ort in Mosega rückbenannt. Damals machte *Mzilikazi* mit seinen Kriegern den Voortrekkern das Leben schwer. Nach einem Überfall im Jahr 1837 verfolgten *Potgieter* und *Maritz* mit ihren Mannen die Matabele und töteten in der **Schlacht von Mosega** 500 Krieger. Die Matabele

flohen über den Limpopo ins heutige Zimbabwe.

Information

Zeerust Town Council, Tel. 014-5030085 (Infos über Wanderwege und die Mampoer Route).

Unterkunft

Touristic

Abjaterskop Hotel, an der Swartruggens Road 2 km außerhalb, Tel./Fax 018–6422008, www.marico.co.za. Komfortabel, Garten, Pool, auch Cabañas und Camping. Ab R250.

Melorani Wildlife Reserve, 40 km außerhalb, Tel. 018-6421343, www.meloranisafaris.com. Privates Naturschutzgebiet, 5 Rondavels, Vollverpflegung, Pirschfahrten. Vorwiegend Jagdgäste.

Budget

Transvaal Hotel, 36 Church St, Tel. 018-642 2003. Einfach, historisches Gebäude (1920).

→ **Abstecher**

Madikwe Game Reserve

Das 75.000 ha große **Madikwe Game Reserve** („majestätisches Afrika") ist „Big Five"-Gebiet. Unter dem Titel „Operation Phoenix" wurden über 10.000 Tiere angesiedelt, darunter Elefanten, Breitmaul- und Spitzmaulnashörner, Büffel, Geparden und Hyänenhunde. Madikwe ist das viertgrößte Wildreservat Südafrikas mit der zweitgrößten Elefantenpopulation. Die Vogelwelt zählt 230 Arten. Übernachtung nur in der Luxuskategorie, Alternativen in Zeerust. *The Nature Shop* ist eine südafrikanische Reiseagentur, die für eine Übergangszeit den Park verwaltet, der jedoch zu 100% der Molatedi Community gehört.

Anfahrt: Abjarterskop Gate, nördlich von Zeerust, nach 85 km guter Asphaltstraße; Derdepoort Gate über eine Schotterstraße, die nordwestlich von Sun City beginnt (nur bei trockenem Wetter Anfahrt möglich, Vierradantrieb empfehlenswert).

Information

Ohne Buchung in den Reservatsunterkünften ist es schwierig, als Tagesbesucher in das Naturschutzgebiet zu gelangen. Eine Möglichkeit besteht durch die Betreiber der Mopipi B&B (s.u.).

Unterkunft

Jaci's Safari and Tree Lodge, Tel. 014-778 9901, www.madikwe.com. Wirklich Luxusklasse – nicht nur preislich!

Weitere Übernachtungen:

Makanyane Safari Lodge (www.makanyane.com)

Madikwe Hills (www.madikwehills.com) und **Tuningi Safari Lodge** (www.tuningi.com)

*Thakadu River Camp, Direkt am Marico River, ökologisch ausgerichtet, Tel. 011-676 3123, thakadu.ahagroup.co.za. Ab R4000 p.P. VP, inkl. aller Aktivitäten und Flughafentransfer.

Der umliegenden Community gehört die **Buffalo Ridge Safari Lodge,** sehr schöne Lage, exzellentes Essen, motivierte Mannschaft. All-inklusiv-Preise ab R3990 p.P., Anfahrtsbeschreibung auf www.buffaloridge-safari.com.

Außerhalb:

*Tau Game Lodge, Tel. 011-3144350, www.taugamelodge.co.za. Wunderschöne Chalets direkt an einem Wasserloch.

Mopipi B&B (www.mopipi.co.za). Kleine Gästefarm mit eigenem Wildbestand. Voraus reservieren! Einfache Gerichte a.A.

✔ **Abstecher**

→ **Abstecher**

Mahikeng – Mmabatho – Botsalano

Mahikeng

Die Stadt (55.000 Einw.), früher Mafikeng und Mafiking genannt, ist die **Hauptstadt** der Provinz **North West.** Sie wurde nach der Annexion des Gebietes durch britische Truppen 1885 von Sir Charles Warren gegründet. Dieser ließ zunächst ein Fort auf Cannon Koppie südlich der Stadt

620 Mafikeng

errichten, von dem man den besten Blick in die Umgebung hat. Mafikeng ("Platz der Steine") wurde dann Hauptstadt von **Britisch-Bechuanaland** (das 1895 der Kapkolonie zugeschlagen wurde).

Man kann bequem und sicher durch das Stadtzentrum mit Geschäften, Banken, Post, Buchladen (*University Bookshop*, Carrington 18/Ecke Shippard Street), Hotels und Restaurants bummeln.

Robert Baden-Powell

Vom 14. Oktober 1899 bis 17. Mai 1900 wurde Mahikeng von burischen Truppen belagert. *Colonel Baden-Powells* Depeschen, die er nach England schickte, heroisierten den englischen Durchhaltewillen (in Wirklichkeit wurde das englische Fort nur einmal in den sieben Monaten angegriffen). Während der Belagerungszeit gründete Baden-Powell eine Kadetten-Korporation, Vorläufer der Boy Scouts,

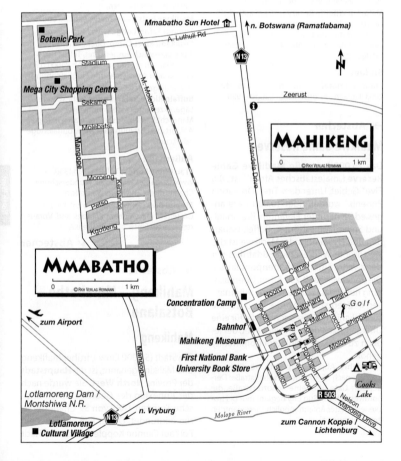

der Pfadfinder-Bewegung (ab 1907). Baden-Powell hatte sich Erfahrungen als Fährtensucher angeeignet, die er weitergeben wollte. Sein ehemaliges Hauptquartier ist heute der Buchladen der Universität.

Sehenswert

Das **Mahikeng Museum,** Shippard Street (gleiches Gebäude wie die Touristeninformation) beschäftigt sich hauptsächlich mit der Belagerung des Ortes (Mo–Fr 8–16 Uhr, Sa 9–12 Uhr, Eintritt frei). Die **Methodistenkirche** stammt von 1885, die **St John's Church** (Ecke Robinson/Martin Street) von 1907. Die Tillard Street hinunter trifft man auf den **Mafikeng Klub** und auf die **Freimaurerloge,** beide Bauten aus dem Jahre 1894.

Auf dem **Concentration Camp Cementary** sind Frauen und Kinder begraben, die im englischen Konzentrationslager von Mahikeng ums Leben kamen.

Information

Mafikeng Tourist Office, siehe Mmabatho.

Wichtige Nummern und Adressen: *Polizei,* Tel. 10111, *Ambulanz,* Tel. 018-3923333; *Arzt* und *Zahnarzt* im Victoria Medical Centre & Private Hospital, Victoria St, Tel. 018-3812043. *Apotheke* in der Voortrekker Street 19 (Mo–Fr 8–21 Uhr, Sa 8–13 und 15–19 Uhr, So 11–13 und 19–21 Uhr.

Unterkunft s. Mmabatho.

Mmabatho

Fast übergangslos geht Mahikeng in die frühere Hauptstadt von Bophuthatswana, **Mmabatho,** („Die Mutter des Volkes") über. Sie ist modern und hektisch. An manchen Stellen wurde moderne Architektur mit traditionellen Elementen verbunden. Ein Versuch ist das *Garona Building,* Dr James Moroka Drive, im Regierungsbezirk im Zentrum. Der *kgotla,* Versammlungsort im Tswana-Dorf, soll sich hier widerspiegeln. Der *Mmabatho Botanic Park* gibt einen Überblick über die gesamte südafrikanische Vegetation. In dem alten, viktorianisch geprägten Park sind fünf repräsentative Pflanzenwelten arrangiert. Das **Mmabana Cultural Centre** bietet viele interessante Veranstaltungen an (hier auch ärztliche Versorgung und Zahnklinik).

In der Einkaufsstadt **Megacity** konzentrieren sich Geschäfte, Banken, Apotheken, Post und Restaurants. Kleine Geschäfte verkaufen Volkskunst wie Schnitzereien aus Marula- und Ebenholz oder Töpferwaren.

Information Mmabatho

Mmabatho Tourism, 30/31 Nelson Mandela Drive, Mahikeng, Tel. 018-3971500, Fax 397 1660, www.tourismnorthwest.co.za.

Tägliche **Zugverbindung** Johannesburg–Mmabatho. **Mmabatho International Airport,**

Bophuthatswana

Bophuthatswana wird mit „das, was die Tswana miteinander verbindet" am treffendsten übersetzt. Fast 3 Millionen Menschen gehören über 60 Gruppen an, die zwar eine gemeinsame Sprache und Herkunft besitzen, jedoch durch Gruppenzwänge und Rivalität getrennt sind. Der Kunststaat Bophuthatswana wurde von der Apartheid-Regierung am 6. Dezember 1977 als „unabhängige Republik" für das Volk der Tswana proklamiert und verteilte sich auf 7 Flecken im südafrikanischen Territorium. 90% davon (40.330 qkm) lagen an der Westgrenze zu Botswana, der Rest verstreute sich über den westlichen Transvaal, die nördliche Kapprovinz und den östlichen Orange Free State. 14 lange Jahre lang regierte *Lucas Mangope* mit Hilfe der südafrikanischen Armee als Präsident. Er galt als korrupt und brutal. Nach den freien Wahlen wurde Bophuthatswana aufgelöst und den neuen Provinzen eingegliedert.

Tel. 018-3851130, 15 km vom Zentrum; Shuttle-busse v. Molopo Sun u. Mmabatho Sun Hotel. **Autovermietung:** *Avis,* Tel. 018-3851114/40 Anschluss 221. **Busverbindung:** City Link, Tel. 018-3812680 (Megacity–Johannesburg).

Unterkunft

Luxus und Comfort

Mmabatho Palms/Peermont Walmont Hotel, Nelson Mandela Drive, Mahikeng, Tel. 018-3891111, www.mmabathopalms.co.za. Kino, Tennisplätze, Spielcasino. ab R1200 p.P.

Touristic

*Buffalo Park Lodge, Ecke Botha/Molopo Rd, Tel. 018-3812159, www.buffalolodge.co.za. Gemütliche Zimmer im afrikanischen Stil. Restaurant und Bar. DZ/F R660.

Hope Fountain Guest Farm, Rooigrond 2743, Tel. 018-6450781. Ländliche Umgebung. Ü/F.

International Hotel School (an das Mmabatho Palms angeschlossen), Mahikeng, Tel. 018-3862222. 11 komfortable Zimmer, eine gute Wahl.

Sehuba Protea Inn, Rooigrond, 19 km an der Straße nach Lichtenburg, Tel. 018-6450644. Nur Halbpension. Gartenlage, kleine Tierfarm für Kinder.

Camping Cookes Lake Municipal Caravan Park, an der Straße nach Lichtenburg, Tel. 018-3843040.

Botsalano Game Reserve

In dem 5800 ha großen, sehr schönen **Botsalano-Reserve** (*Setswana:* „Freund-schaft") ragt Lava und Quarzgestein aus dem mit Kameldorn- und Kareebäumen bewaldeten Grasland und es gibt jede Menge Antilopen, Breitmaulnashörner, Giraffen, Zebras und eine vielfältige Vogelwelt.

Anfahrt: Von Mmabatho auf der R 52 Richtung Grenzort Ramatlabama (die kürzere Straße von Zeerust über die Jagersfontein Road ist in schlechtem Zustand).

Information/Unterkunft

Botsalano Game Reserve, www.parksnorthwest.co.za/botsalano, Tel. 018-3868900. Tagesbesucher dürfen nur bis 16 Uhr drinnen bleiben. In der Jagdsaison April–August ist das

Reservat häufig für Publikumsverkehr ge-schlossen. – Mogobe Camp: vier 2-Bett Safari-zelte. Bettwäsche, eingerichtete Küche, Selbstversorgung. Am Wochenende nur gesamtes Camp zu mieten, ab R400/Zelt. Camping möglich (R60/Site).

✔ Abstecher

Auf der N 14 nach Westen

Die N 14 in der North West Provinz ist nicht besonders attraktiv. Die Straße hat nur als Zubringer via Kuruman und Upington in die Kalahari-Region eine gewisse Bedeutung. Einziger Höhepunkt unterwegs: das *Barberspan Nature Reserve.*

Lichtenburg

Über den zentralen Hauptplatz **Lichtenburgs** thront die Reiterstatue von General Koos de la Rey, „Löwe des Nordens", der den Briten in der ersten Zeit des Burenkrieges heftig zusetzte und 1914 in Lichtenburg starb.

Auf der *Elandsputte Farm* nördlich der Stadt brach März 1926 das letzte große **Diamantenfieber** aus, das 100.000 Schürfer anlockte. 30.000 Personen nahmen allein bei der offiziellen Vergabe der Claims teil. Diamanten im Wert von über 15 Millionen britischen Pfund wurden geschürft. Ab 1930 ließen die Funde drastisch nach. Nur wenige blieben, sie findet man heute noch in primitiven Baracken an der R 505 Richtung Bakerville.

Heute ist Mais das Rückgrat der Wirtschaft. Das kleine **Stadtmuseum** berichtet über die diamantene Zeit (Mo–Fr 10–16 Uhr). Auch die Kunstgalerie in der Melville Street ist einen Besuch wert.

Lichtenburg Nature Reserve and Game Breeding Centre

Ein 6000 ha großes Naturreservat (Ferdi Hartzenberg Avenue) dient für die nationalen zoologischen Gärten als Aufzuchtstation besonders exotischer Spezies: Elenantilopen, Père Davidshirsche, Mendes- und Säbelantilopen, indische Wasserbüffel, Zwergnilpferde und Geparden. Kleine Wasserpfannen locken Hunderte Wasservögel an. Ganzjährig geöffnet, einfacher Zeltplatz, Hütten, Tel. 018-6322818. Zufahrt über die Hendrik Potgieter Street.

Information/Unterkunft
Lichtenburg Municipality, Civic Centre, Melville St, Tel. 018-6325051, Fax 6325247.

Unterkunft
Touristic *Lakeside Guest House, 1 Matthew St, Tel. 018-6321835, www.lakesideguesthouse.co.za. Schöne Lage am See. DZ/F Preis a. Anfrage, Candlelight-Dinner.
Camping Lichtenburg Municipal Caravan Park, Tel. 018-6324011. Am nordöstlichen Stadtrand, schattig.

Barberspan Nature Reserve

80 km südwestlich von Lichtenburg an der N 14 (21 km von Delareyville, Sannieshof Road) liegt mit 25 qkm das größte Wasservogel-Schutzgebiet von North West. 350 Vogelarten können z.T. von Verstecken aus beobachtet werden. In dem zum internationalen Feuchtgebiet erklärten Reservat leben tausende Blesshühner, Reiher, Gelb- und Rotschnabel-Enten, Nilgänse und Flamingos. Im Grasland laufen Strauße, Antilopen, Springböcke und Steppenzebras. Es gibt einen Wanderweg, Picknickplätze und Zeltplatz/SC-Hütten. Infos über Tel. 053-9481854 (Eintritt R35, Camping R80/Site).

Vryburg

1882 wurde Vryburg Hauptstadt der kleinen Republik Stellaland. Die Einwohner nannten sich stolz „Vryburghers" – „freie Bürger". Beeindruckend ist der wöchentliche Viehmarkt (Spötter nennen die Umgebung Vryburgs das „Texas Südafrikas").

Im Ort gibt es eine Missionskirche von 1904 und das *Vryburg Museum*.

Das **Leon Taljaard Naturreservat** (Chalets, Cottages und Camping, Tel. 053-9274825) liegt wenige Kilometer vom Stadtrand nordwestlich an der R 378 Richtung Ganyesa.

Information
Vryburg Municipality, Market St, Tel. 053-927 4825, Fax 9273482, www.vryburg.com. Auch Zimmernachweis.

Unterkunft
Touristic International Hotel, 41 Market St, international@mega.co.za, Tel. 053-9272235. Die beste Wahl, DZ/F R 480.
Budget/Camping Boereplaas Holiday Resort, 18 km von Vryburg an der Stella/Mahikeng Straße, Tel. 053-9274462, www.boereplaas.co.za. Schönes Ferienresort mit Stellplätzen und Chalets. Restaurant und Pool.

→ **Abstecher**

Taung

Taung – „der Platz des Löwen" – ist die Heimat der Bataung, die sich hier um 1750 niederließen. Im November 1924 wurde im Buxton-Steinbruch, 12 km außerhalb des Orts, der Schädel des Taung-Kindes gefunden, eine archäologische Sensation, denn er gehörte einem fünfjährigen Kind, das vor über 3 Millionen Jahren gestorben war. Damit hatte man das fehlende Bindeglied zwischen Affe und Mensch, den *Australopithecus africanus*, entdeckt. Sehenswert ist auch der historische Bergwerkstunnel. Gleich im Anschluss lohnt sich ein Besuch der **Blue Pools,** natürliche Auswaschungen und Becken in dem wunderschönen Flusstal.

Direkt dem Taung Sun Hotel angeschlossen liegt das **Boipelo Game Reserve** (150 ha) in ungewöhnlicher Buschlandschaft, wo die Vegetation des Lowvelds mit der des Highvelds zusammentrifft. Dies erklärt auch das seltene Nebeneinander von Impala- und Springbockherden (4 kleine Wanderwege, auch mit Mountainbikes zu befahren).

Im **ultramodernen Mmabana Cultural Centre** sind Kunst und Kultur unter einem Dach (erreichbar vom Taung-Zentrum nach etwa 7 km, über die Cokonyane Street). Im 20 km entfernten **Dinkgwaneng** (über den Ort Manthestad erreichbar) haben sich am Flusslauf des *Cokonyane River* vor mehreren tausend Jahren Buschmänner verewigt.

Unterkunft

Comfort Tusk Taung, Main Rd, Tel. 053-994 1820. Luxuriös, architektonisch gelungen, Pyramidendächer, wertvolle Marmorausstattung.

✔ **Abstecher**

Auf der N 12: Potchefstroom

Die Stadt ist geschichtlich nicht uninteressant, hier fielen z.B. die ersten Schüsse im Burenkrieg. Heute bestimmt ihren Charakter die **Universität,** die sich aus dem theologischen Seminar der Gereformeerde Kerk entwickelte, die 1905 ihren Sitz hierher verlegte. In den großen Getreidesilos um Potchefstroom werden Getreide, Mais, Sonnenblumen, Luzerne, Erdnüsse und Zitrusfrüchte gebunkert.

Sehenswert

Das **Potchefstroom Main Museum,** Ecke Wolmarans/Gouws Street, bietet einen guten Überblick über die Kunst- und Kulturgeschichte der Region und den einzigen Ochsenwagen, der die *Schlacht am Blood River* heil überstand (Mo–Fr 10–13 und 14–17 Uhr, Sa 9–12.45 Uhr, So 14.30–17 Uhr).

Das **Totius House Museum** wurde vom berühmten Poeten und Bibelübersetzer *J.D. du Toit* bewohnt. Im **President Pretorius House** (1868) lebte der erste Staatspräsident der Südafrikanischen Republik, *M.W. Pretorius.* Ein beliebtes

Fotomotiv ist das **Goetz/Fleischack Museum** am neuen Marktplatz, einziges viktorianisches Gebäude der Stadt (um 1850).

Weitere historische Bauwerke: **Old Fort, Kruithusie** und ein Pulvermagazin (1841). Die **Dutch Reformed Church** ist die älteste und bestimmt auch eine der schönsten Kirchen von North West, die **St Mary's Anglican Church** (1891) sollte man wegen ihrer einzigartigen Glasfenster von innen besichtigen.

Der Meteorit und das Gold

Geologisch interessant ist der **Vredefort Dome:** Ein Meteoreinschlag vor etwa 2 Milliarden Jahren legte tiefere Gesteinschichten frei, die durch Druck allmählich in die Höhe drängten – die größten Golderz-Adern der Erde traten zutage, deren Verlauf man von den Aussichtspunkten des 20 km langen **Likkewaan Hiking Trails** deutlich sieht. Der Trail liegt auf einer großen Farm nahe der Stadt Parys (ca. 50 km südöstlich). Ein Matabele-Umuzi, ein alter Ochsenwagenweg und militärische Stützpunkte aus dem Burenkrieg liegen an der Strecke. Infos über den Wanderweg unter Tel. 018-2948572. Das Gelände um den Dome ist Weltkulturerbe.

Dome Bergland Nature Park

Kanufahren, Wildwasser, ein Mountainbike-Strecke, Bergsteigen, Wandern, Abseiling – das alles bietet das große Freizeitgebiet und vieles andere mehr.

*Inyala Game Lodge

Nordwestlich von Potchefstroom liegt, idyllisch in weite Buschlandschaft eingebettet, die Inyala Game Lodge mit schön eingerichteten Cottages und Luxussafarizelten. Häufig stehen Antilopen und Giraffen direkt vor der Tür – Nashörner und auch die Löwen (Zucht!) lassen sich auf der Pirschfahrt beobachten. Tel. 082-4923177, www.inyala.co.za.

Information
Potchefstroom Tourism Information Centre, 44 Nelson Mandela Dr, Ecke Walter Sisulu Ave., Tel. 018-2995132, www.potchefstroom.co.za.

Unterkunft

Comfort
Elgro Hotel, 60 Wolmarans St, Tel./Fax 018-2975411, www.elgro.co.za. Zentral, Diskothek. R650 p.P.

Touristic
Willows Garden Hotel, 82 Mooiriverrylaan, Tel. 018-2976285, www.willowsgardenhotel.co.za. Schönes Gästehaus mit Restaurant.
Elgro River Lodge, Tel. 018-2975411, www.elgroriverlodge.co.za. Direkt am Fluss, Chalets (Self catering). Pool.

Budget
Cosy Cottage, 38 Parys St, Tel. 018-2905710, www.cosy-cottage.co.za. Schöne Lage. Ü/F ab R300 p.P.
Camping Lakeview Holiday Resort, Noordbrug, Tel. 018-2901104. Am Stausee, Stellplätze/Unterkünfte.

Klerksdorp

50 km südwestlich von Potchefstroom liegt – das sehr hässliche – Klerksdorp (Matlosana District, Großraum etwa 350.000 Einw). Sie wurde 1837 von 12 Voortrekker-Familien gegründet und nach ihrem Führer, *Barend de Clerq,* benannt. 1885 wurde Gold gefunden, das Dorf wurde zum Minen-Camp mit zahllosen Wellblechhütten, 200 Läden, 70 Bars und Bierhallen. Auch eine Börse wurde errichtet. 1890 wurden die Schürfkosten immer höher, die Erträge immer geringer und Klerksdorp drohte zur Geisterstadt zu werden. Nach dem 2. Weltkrieg wurden die Minen modernisiert, und heute baut man sehr ertragreich Gold, Platin und Uran ab. Es ist die Stadt mit den meisten Minen Südafrikas. Hauptarbeitgeber ist allerdings die Landwirtschaft, so findet man hier die zweitgrößte Getreidegenossenschaft der Welt. In Klerksdorp wurde 1931 der Friedensnobelpreisträger Erzbischof Desmond Tutu geboren.

Sehenswert

Eine Sammlung historischer, kultureller, geologischer und archäologischer Exponate ist im **Klerksdorp Museum** zu sehen, ein alter Sandsteinbau von 1891 an der Ecke Lombaard/Margaretha Prinsloo Street (Mo–Fr 9–13 und 14–17 Uhr). Sehenswert sind auch das **Powder House,** ein ehemaliges Munitionsdepot, und das **Warden House** mit wechselnden Ausstellungen.

Bei einem Bummel durch die Parkanlagen im Zentrum streift man historische Monumente. Im städtischen Gewächshaus wachsen viele exotische Pflanzen und bieten gute Fotomotive. An der ältesten Straße Transvaals, der **Hendrik Potgieter Road** entlang des Schoonspruit River siedelten die Voortrekker und man kann noch einige Gebäude bewundern. Das Touristenbüro gibt Infos über den historischen *Ou Dorp Hiking Trail* durch das alte Klerksdorp (11 km) und den Naturwanderweg *Schoonspruit Hiking Trail.*

15 km nördlich liegt das **Faan Meintjies Nature Reserve** (1300 ha) mit Breitmaulnashörnern, Büffeln, Antilopen und Giraffen. Geöffnet tgl. 10-17 Uhr.

Information Klerksdorp
Klerksdorp Tourist Information Centre, Ecke Plant House/Pretoria/Emily Hobhouse Street, Tel. 018-4649020.

Unterkunft

Comfort
*Bona Bona Game Lodge, Tel. 018-4511188, www.bonabona.co.za. Ferienanlage, Freizeitaktivitäten. Sehr gutes Preis/Leistungsverhältnis, Vollverpflegung möglich.

Touristic

*Acacia Guest House, 28 Austin St, Wilkop-
pies, Tel. 018-4687871. Freundliches Gästehaus, R285 p.P.

*North Hills Country House, Dr Yusuf Dadoo
Ave, Tel. 018-4686416, www.northhills.co.za.
Themen-Chalets, Zuchtfarm für Araberpferde
und Strauße, originell. Eigenes kleines
Naturreservat. DZ ab R500.

Budget

*The Wooden House, 1446 Kaibe St, Suncity
Section, Joubert, Tel. 083-3310753. Joye
Chauke ist die Gastgeberin des B&B im
Township. Sehr empfehlenswert – nicht nur
wegen des Frühstücks!

Wolmaransstad

Wolmaransstad wurde 1891 als Poststation am Makwasie River gegründet. Hier
wird noch immer auf die alte, mühselige
Weise nach Diamanten geschürft. Die
Diggers Tour geht geführt durch die glit-
zernde Welt der Diamanten (polierte
Steine zum Ausgrabungspreis, Infos unter Tel. 018-5962404). Am Stadtrand, im
kleinen *Makwassierante Naturreservat*
kann man auf Wanderwegen Wild beobachten (am Flusslauf wachsen „Makwasi",
Minzebüsche, deren Blätter zwischen den
Fingern zerrieben einen köstlichen Duft
verbreiten und Insekten vertreiben).

Information

Municipality Wolmaransstad, Kruger St, Wolmaransstad, Tel. 018-5961067, Fax 5961555.

Unterkunft

Comfort

Buisfontein Safari Lodge, Wolmaransstad,
Tel./Fax 018-5986704. Komfortable Chalets,
Wildfarm.

*Lindbergh Lodge, Tel. 011-8848924,
www.lindberghlodge.co.za. 18 km an der R 29
(N 12), Naturreservat, intakte Farm, großer
Wildbestand, Wasserloch, Pirsch- und Ballonfahrten, Diamantentouren, Halbpension.

Bloemhof

Der Ort wurde bereits 1864 gegründet
(*Bloemhof Municipality,* Tel. 053-4331017,
Fax 4331442). Der **Bloemhof Staudamm**
am Zusammenfluss des *Vet River* mit dem
Vaal River (der die Grenze zum Free State
bildet) ist mit einer Kapazität von 1,2
Milliarden Litern der fünftgrößte Damm
des Landes und bei Wassersportlern und
Anglern beliebt. Im drumherumliegen-
den, hufeisenförmigen **Bloemhof Dam
Nature Reserve** (14.000 ha) leben Elen-
und Kuhantilopen, Zebras, Weißschwanzgnus und Strauße. Eintritt R35, Angelli-
zenz R20, Übernachtung im Chalet (max.
6 Personen, R140 p.P.) oder Zeltplatz
(R120/Site), Tel. 053-4331706.

Unterkunft

Touristic/Budget Commercial Hotel, 31 Prince
St, Tel./Fax 053-4331533; Restaurant, Pool.

Why Not Guest House, 80 Prince St, Tel. 053-
4331659, www.whynotbloemhof.co.za. Verschiedene Chalets, auch Backpacker-Dorms.

Christiana

1872 fand man hier Diamanten. Neben
dem Mineralbad **Vaal Spa** vor den Toren
des Orts findet man das kleine **Diggers
Museum** mit Ausrüstungen der Diaman-
tensucher und einer Fotoausstellung. Im
Ouma Plaas Dolls House, einem restaurierten Farmhaus mit antiken Möbeln,
sind Porzellanpuppen zu finden. falls
außerhalb (6 km), auf der *Stowlands Farm,*
wurden gut erhaltene Buschmann-Malereien gefunden.
    Information: Christiana Municipality, Robyn
Street, Tel. 053-4412206.

Unterkunft

Touristic De Akker Dorpshijs, Forsman/
Dirkie Uys St, Tel. 053-4413467, Rieddachhaus
mit schönen Zimmern; ab R335 p.P.

Budget Christiana Hotel, 12 Pretorius St, Tel./
Fax 053-4412326. Klein, Garten, R325 DZ/F.

7 Gauteng

Gauteng (Sotho: „Platz des Goldes", früherer Name PWV, Pretoria-Witwatersrand-Vereeniging) ist mit 18.178 qkm die kleinste, aber dichtestbesiedelte der neun Provinzen Südafrikas (etwa 675 Menschen pro qkm). Hier leben über 12 Mio. Menschen, davon ca. 16% Weiße. In Gauteng konzentrieren sich Geld, Macht und Industrie, wird 34% des südafrikanischen und 10% Bruttoinlandsprodukts Afrikas erwirtschaftet. Größte Städte sind **Pretoria/Tshwane, Soweto** und **Johannes-**

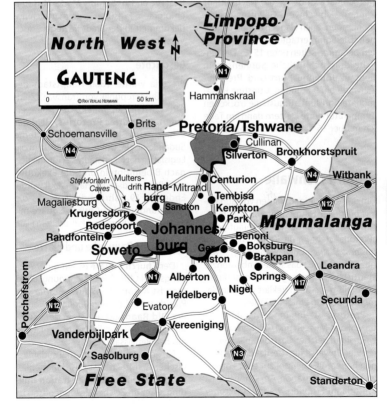

burg, das „Sprungbrett" für europäische Touristen nach Südafrika.

Gauteng kann mit einem großen kulturellen Angebot aufwarten.

Information

Gauteng Tourism Authority, 1 Central Place/Ecke Jeppe & Henry Nxumalo Sts, Newtown, Tel. 011-6391600, www.gauteng.net (aktuelle Informationen über touristische Belange wie Übernachtung, Veranstaltungen etc. und Sicherheit.

Klima

Hauptregenzeit ist November–Januar (manchmal Oktober–März). Nachmittags können sich schwere Gewitter zusammenbrauen, auch Hagel ist keine Seltenheit. Die Sommertage sind heiß (Nachttemperaturen selten unter 15 °C). Der tägliche durchschnittliche Sonnenschein liegt in Johannesburg und Pretoria/Tshwane bei 9 Stunden. Günstige Reisemonate sind Juni–August, die trockenen Temperaturwerte klettern dann am Tage kaum über 16 °C (auch Nachtfröste).

Pretoria/Tshwane

Um den endgültigen Namen von Südafrikas offizieller Hauptstadt wird noch gerungen: das (immer noch geläufigere) „Pretoria" steht für die Kernstadt (*Central Business District,* CBD), während „Tshwane" („Gleichheit") das schier unbegrenzte städtische Einzugsgebiet miterfasst. Ebenfalls gerichtlich geklärt wird die Namensänderung einiger Straßen.

Pretoria ist eine moderne Stadt mit unzähligen Museen und Galerien und abwechslungsreicher Gastronomie. Mit ihren vier Universitäten besitzt die Stadt einen heiteren Gegenpol zur eher konservativen Administration. Am schönsten ist Pretoria im Frühling, wenn im Oktober

und November 70.000 lilablühende **Jacaranda-Bäume** die Straßen in ein Blütenmeer verwandeln. Eine Fahrt durch den *Herbert Baker Drive* ist dann obligatorisch! Überhaupt haben die Stadtplaner sehr viel Raum für Grünzonen, Parks und Gartenanlagen gelassen, was zu einem sehr angenehmen Stadtbild führte. Wer nur kurz hier ist, sollte sich **Union Buildings, National Zoological Gardens, National Botanical Gardens** und die Sehenswürdigkeiten rund um den **Church Square** anschauen. Ausflüglern sei besonders eine Fahrt zur **Premier Diamond Mine** in Cullinan, ins **Fountain Valley Nature Reserve** und ins **Sammy Marks Museum** empfohlen. Tagsüber kann man sich unbekümmert in der Stadt bewegen, doch Vorsicht ist nie verkehrt.

Geschichte

Pretoria wurde 1860 Hauptstadt der freien Burenrepublik von Transvaal (Zuid-Afrikaansche Republiek). Der Name erinnert an **Andries Pretorius,** Held der Schlacht am Blood River. Als 1910 die Südafrikanische Union entstand, kam die Legislative nach Kapstadt, die Jurisdiktion nach Bloemfontein und die Exekutive nach Pretoria, die auch Hauptstadt wurde. Ende des 19. Jahrhunderts wuchs die Stadt rund um den **Church Square** mit eleganten Häusern und kulturellem Flair.

Historische Bauwerke und Plätze

Der **Church Square** ist ein guter Ausgangspunkt für eine Besichtigung. Blickfang ist Anton van Wouws Statue von Präsident Paul Kruger. Südlich davon ist der **Old Raadsaal,** Ratssaal der „Zuid-Afrikaansche Republiek" in frühem italienischen Renaissance-Stil.

Ein gutes Beispiel moderner südafrikanischer Architektur ist das danebenliegende **Provincial Administration Building.** Ganz im Zeichen des Jugendstils ist

Karte S. 629 **Pretoria / Tshwane** 629

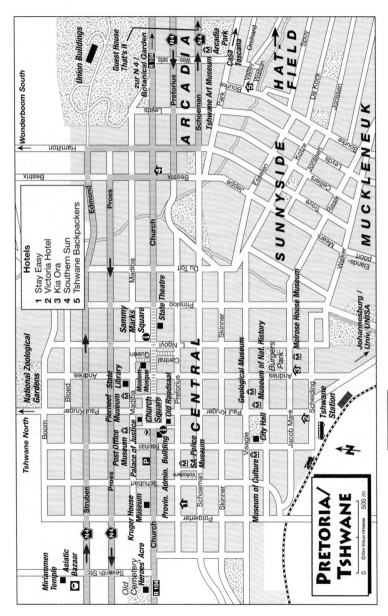

das **Café Riche** (tgl. 6–24 Uhr), das zum Verweilen einlädt.

Der nördlich gelegene **Palace of Justice** diente im Burenkrieg kurzfristig als Militärkrankenhaus. Vom **Church Square** weg führt nach Osten und Westen die 26 km lange Church Street, eine der längsten geraden Stadtstraßen der Welt.

Geht man durch die Paul Kruger Street südlich, erreicht man durch eine kleine Parkanlage die **City Hall.** Ein Werk des Künstlers *Coert Steynberg* symbolisiert das Wachstum der Stadt. Ferner gibt es sehenswerte Wandgemälde und Statuen von Marthinus Pretorius und seinem Vater. Der große Turm hat ein Glockenspiel mit 32 Glocken. Gegenüber der City Hall liegt das **Museum of Natural History,** das das Skelett der legendären „Mrs. Ples" aufbewahrt, die in den Sterkfontein Caves gefunden wurde und deren Alter auf ca. 2,7 Mio Jahre geschätzt wird (tgl. 8–16 Uhr).

Auf dem **Heroes' Acre** an der Church Street (1,5 km westlich vom Church Square) sind bedeutende Persönlichkeiten wie Andries Pretorius, Paul Kruger und Dr. Hendrik Verwoerd bestattet. Nördlich davon, in der Sixth Street (Asiatic Bazaar), steht der älteste **Hindutempel** der Stadt (1905), der **Miriammen Temple** (zu Ehren der Schutzgöttin Miriammen; vor Betreten Schuhe ausziehen). Schönste **Moschee** der Stadt, durch durch die Arkaden in der Queen Street erreichbar (östl. vom Church Square), ist gleichfalls ein Ort der Besinnung (Schuhe vorher ausziehen).

Etwas weiter östlich befindet sich an der Church Street das **State Theatre,** ein moderner Komplex aus verschiedenen Auditorien für Opern-, Theater-, Ballett-, Chor- und Sinfonie-Aufführungen (aktuelle Programme unter Tel. 012-3221665 oder Touristeninformation).

Die **State Library,** Ecke Vermeulen/Andries Street, besitzt eine umfassende Sammlung südafrikanischer Literatur, da-

neben über 300.000 amerikanische Publikationen, eine Abteilung für politische Dokumente und interessantes geographisches Material (Mo–Fr 8–13 und 13.30–16 Uhr, nicht feiertags; auf Wunsch Führung).

Union Buildings

Den bestimmt schönsten Blick über die Stadt hat man von den **Union Buildings** auf dem Hügel Meintjies Kop. Das prächtige Sandsteingebäude ein architektonisches Meisterwerk des Architekten Sir Herbert Baker, wurde 1913 fertiggestellt und dient neben Kapstadt als Regierungssitz. Vor den Union Buildings wurde auch Präsident Mandela am 10. Mai 1994 in sein Amt eingeführt. Leider sind die Gebäude nicht für Besucher geöffnet, aber es lohnt sich, die terrassenförmig angelegte Gartenanlage zu besuchen. Wer sich nördlich der Union Buildings orientiert und ganz auf den Hügel steigt, wird erstaunt sein, hier oben eine „Wildnis" zu finden mit vielen einheimischen Pflanzen und bunter Vogelwelt.

Voortrekker Monument

6 km südlich außerhalb überragt das **Voortrekker Monument** die Landschaft (Öffnungszeiten tgl. 8–17 Uhr, Auskunft Tel. 012-3230682, Eintrittsgebühr). Gewidmet ist es den Anstrengungen der Voortrekker, die sich ihren Weg durch das unerforschte Südafrika bahnten. Das Monument entstand 1938 und wurde 1949 unter Teilnahme von 250.000 Menschen, vorwiegend Afrikaanern, eingeweiht.

In der Umfriedungsmauer sind die 64 Ochsenwagen eingemeißelt, die 1838 bei der Schlacht am Blood River (s.S. 561) 470 Buren als Schutzwall gegen 12.000 Zulu dienten. In der *Hall of Heroes* sieht man auf einem Fries historische Aspekte des Großen Treks von 1838. Jeden 16. Dezember um 12 Uhr mittags (Datum des Sieges über die Zulu am Blood River) fällt ein Sonnenstrahl durch eine Öffnung in der Kuppel genau auf die patriotischen Worte „Ons vir jou, Suid-Afrika" – „Wir für Dich, Südafrika". Von der Kuppel (260 Stufen) ergibt sich eine weite Panoramasicht. Im *Museum* stehen die Rekonstruktion eines Voortrekkerhauses und 2 Ochsenwagen. Daneben Kleidung, Waffen und Antiquitäten.

Freedom Park

Der ***Freedom Park** vor den Toren Pretorias liegt auf dem Salvokop und steht als Symbol für die Demokratie in Südafrika und zum Andenken an alle, die zu ihrer Durchsetzung ihr Leben lassen mussten. Verschiedene Elemente sind entlang eines spiralförmigen Weges angelegt, so z.B. an der östlichen Seite *Isivivane*, ein Konzept aus Steinen, das schon in früheren Zeiten als Glücksbringer für Reisende galt und heute die neun Provinzen des Landes repräsentiert. Der Park ist täglich geöffnet, eine Tour (9, 12 und 15 Uhr, Gebühr) ist empfehlenswert. Zudem lohnt ein Besuch in den wechselnden, interaktiven Ausstellungen des *Ilhapo* (Eintritt). Anfahrt über Potgieter Street.

Museen

Das **Coert Steyberg Museum,** 456 Berg Avenue, etwas außerhalb gelegen (Di–Fr 10–13 Uhr, So 11–17 Uhr; Tel. 012-546 404), ist im Haus des großen südafrikanischen Bildhauers Coert Steynberg untergebracht. Zu besichtigen ist sein Studio, Skulpturen und ein schöner Garten.

Einen kleinen Fußmarsch westl. des Church Square in der Church Street 60 liegt das **Kruger House Museum** (Mo–Fr 8.30–16 Uhr, Sa/So und feiertags 9–16 Uhr; Tel. 012-3269172). In diesem recht unscheinbaren Haus lebte der Präsident der Republik von Transvaal, **Paul „Ohm" Kruger** mit seiner Frau zwischen 1884

und 1901. Zu sehen sind persönliche Gegenstände und zeitgeschichtliche Exponate.

Das ausgesprochen schöne **Melrose-Haus** in der Jacob Maré Street 275 (Di–So 10–17 Uhr; Tel. 012-3222805) aus dem Jahr 1886 ist ein geschichtsträchtiger Ort: Während des Burenkrieges lebten hier die Oberkommandeure der englischen Armee, Roberts und Kitchener. 1902 fand in den Räumen die Vertragsunterzeichnung statt, die den Krieg zwischen Buren und Engländern beendete. Schöne Einrichtungsgegenstände, Fotoausstellung über den Burenkrieg. Ideal für Lunch oder zum Kaffeetrinken ist der Tea Garden in den ehemaligen Stallungen.

Das **Museum of Culture,** Ecke Bosman/Visagie Street (Mo–Fr 8–10 Uhr, Sa 14–17 Uhr; Tel. 012-3411320) führt durch 2 Millionen Jahre Zeitgeschichte des afrikanischen Kontinents.

In einem renovierten Gebäude aus dem 19. Jh. ist das **Pierneef Museum,** 218 Vermeulen Street (Mo–Fr 8–16 Uhr; Tel. 012-3231419), untergebracht. Die kleine Ausstellung streift das Leben des südafrikanischen Künstlers Pierneef (1904–1957). Briefmarkenfreunde sollten sich die **Post Office Stamp Collections,** gleichfalls in der Vermeulen Street, nicht entgehen lassen (Mo–Fr 7.30–16.30 Uhr; Tel. 012-3235078).

Im **Pretoria Art Museum,** Ecke Schoeman/Vessel Street, Arcadia Park (Di–So 10–17, Tel. 012-3441807), kann man sich einen Überblick über südafrikanische Kunst verschaffen. Zu sehen sind u.a. Werke von Pierneef, Anton van Wouw und Frans Oerder. Daneben internationale Graphiken und Teile der Michaelis Sammlung mit holländischen und flämischen Meistern des 17. Jahrhunderts.

Pretoria hat auch ein Polizei-Museum, das **South African Police Museum,** Eingang Pretorius/Ecke Volkstem Street (Mo–Fr 7.30–15 Uhr, Sa 8.30–12.30 Uhr,

So 13.30–16.30 Uhr; Tel. 012-3536770). Wer sich für Kriminalgeschichte interessiert, wird nicht enttäuscht: Berichte berühmter Kriminalfälle des Landes inklusive einiger Mordwaffen, Wandel der Uniformen u.a. mehr.

Museum of Natural History

Zu den Schwerpunkten des **Museum of Natural History** in der Paul Kruger Street (tgl. 8–16 Uhr; Parkplatz gegenüber, Tel. 012-3227632, www.tm.up.ac.za) gehört die umfangreiche Sammlung an Säugetieren, Reptilien, Amphibien, Insekten und Fossilien. Die Austin Roberts Bird Hall bietet eine der umfangreichsten Vogelsammlungen des Landes, das Geological Museum Einblicke in die Welt südafrikanischer Edel- und Halbedelsteine.

Eines der wertvollsten Stücke der Sammlung ist **Mrs. Ples,** der fossile Kopf eines Australopithecus africanus, der 1947 in den Sterkfontein Caves gefunden wurde (s.S. 96 u. 651). Der Fund galt weltweit als Sensation, handelt es sich doch dabei um den Vorgänger des heutigen Menschen, eine Art Bindeglied zwischen den Affen und dem Homo sapiens, der vor 2,7 Millionen Jahren lebte. Er konnte bereits aufrecht gehen, war jedoch gleichzeitig auch auf den Bäumen zu Hause. Im **Museumsgarten** befindet sich ein großes Walskelett.

Universitäten

University of Pretoria/Tshwane

Die Universität von Pretoria/Tshwane bietet ein umfangreiches Kulturprogramm, von Opernaufführungen und Ballett bis zu klassischer Musik und Jazzfestivals sowie einige vorzügliche Kunstsammlungen. Die **University of Tshwane Art Collection,** eine permanente Ausstellung, wurde 1930 gegründet und zeigt vorrangig Werke südafrikanischer und namibischer Künstler (keine speziellen Ausstellungsräume, die Arbeiten sind über das Universitätsgelände verteilt, nach Voranmeldung Führung).

Ausgewählte Werke hängen und stehen in der Intersaal Art Gallery, Ou Lettere Building, Main Campus (Führungen). Im selben Gebäude befindet sich im ersten Stock die **Van Tilburg Collection:** Möbel, Gemälde und Haushaltsartikel aus dem 17. und 18. Jh. (wertvollste Stücke sind chinesische Keramiken aus der Zeit 206 v.Chr. bis 220 n.Chr.). Ebenfalls im Haus ist die **Van Gybland Oosterhoff Collection** mit Keramiken, Silber, Möbel und beachtlichen Kupferstichen (1533–1937). Im **Edoardo Villa Museum** in der Old Merensky Library, 3. Stock, sind alle Bronze-Skulpturen von Edoardo Villa ab 1943 ausgestellt. Im Education Law Building finden Sie das **Puppet Museum:** Über 1000 Marionetten, Handpuppen und andere Exemplare, zum Teil noch bei Filmen und Vorstellungen in Gebrauch. Auch das **Anton van Wouw Museum,** Clarke Street 299, Brooklyn, ist der Universität angegliedert: Wohnhaus von Anton van Wouw (1862–1945), einer der bedeutendsten Bildhauer Südafrikas, mit kleineren Skulpturen, Dokumenten und Fotografien.

University of South Africa (UNISA)

Die UNISA, Preller Road, Theo van Wyk Building (Mo–Fr 10–15.45 Uhr; Tel. 012-4296255), besitzt eine Dauerausstellung südafrikanischer und namibischer Kunst aus früheren Tagen bis zu zeitgenössischen Exponaten, daneben eine internationale Graphikabteilung.

Die Universität wurde 1873 als University of the Cape of Good Hope gegründet und 1916 in UNISA umgewandelt. 1946 richtete man **Fernstudiengänge** ein, was die UNISA zur größten Universität des Landes und eine der größten Fernuniversitäten der Welt machte. Fernstudien sind in Afrika wichtig, da nicht viele die Möglichkeiten haben, vor Ort zu studieren oder einer Arbeit nachgehen müssen. Die Gebäude liegen auf der Muckleneuk-Anhöhe und sind ein Wahrzeichen der Stadt. Eingeschrieben sind 130.000 Studenten. Mit 1,6 Millionen Büchern zählt die Bibliothek zu den größten Afrikas. Man kann jederzeit auch von Deutschland aus an der UNISA studieren (bei gutem Englisch). Informationen: UNISA, Tel. 012-429-3111, Fax 429-3221; www.unisa. ac.za.

Parks, Gärten und Naturreservate

Das **Austin Roberts Bird Sanctuary,** Boshoff Street, Stadtteil New Muckleneuk (tgl. 8–17 Uhr; Tel. 012-3443840), wurde zu Ehren des südafrikanischen Ornithologen Robert Austin benannt. Zu den schönsten Exemplaren zählen Paradies- und Kronenkraniche, Ibisse und Reiher.

Der **Burgers Park,** Ecke Lillian Ngoyi und Jacob Maré Street (sommers 6–22 Uhr, winters 7–18 Uhr), wurde bereits 1882 angelegt und ist eine beschauliche Oase inmitten der Stadt mit einem Florarium. Man kann sich bedenkenlos tagsüber auf die Wiesen oder in den kleinen Pavillon am See setzen.

Besonders im Frühling, wenn die Magnolien blühen, ist die Gartenlandschaft des **Magnolia Dell,** Queen Wilhelmina Avenue (südl. der University of Pretoria/Tshwane) einen Besuch wert. Kinder lieben die Statuen von Peter Pan und Wendy, die dem Park mit seinem kleinen Damm einen märchenhaften Anstrich geben. Es gibt einen Kiosk. Am ersten Samstag im Monat Flohmarkt.

Der **Tshwane National Botanical Gardens** (tgl. 8–17 Uhr; Tel. 012-8043200),

liegt an der Cussonia Avenue, 10 km östl. außerhalb (Anfahrt über Church Street). Auf 77 Hektar findet man Pflanzen aus ganz Südafrika die gemäß ihrer Klima- und Vegetationszonen in besondere Areale aufgeteilt wurden. **Tipp:** Es gibt einen 2 km langen Rundwanderweg, den *Bankenveld Trail,* den man in einer Stunde gehen kann. Er führt vorbei an mehr als 500 verschiedenen Baumarten Südafrikas. Im Frühling ist ein Besuch wegen der Blütenpracht aus dem Namaqualand besonders empfehlenswert! Im Winter blühen viele Aloen. Übrigens kann man hier wunderbar frühstücken und mehrmals im Monat gibt es Picknick-Konzerte.

Die **Medical University of Southern Africa** liegt nördlich von Pretoria an der Straße nach Rosslyn und Brits. Im *Poison Garden* kann man Giftpflanzen und ihre Wirkungen studieren. Schön gestaltet und angelegt ist der *Biblical Garden,* der sich an biblische Texte anlehnt und Pflanzen aus dem Heiligen Land enthält (zu sehen sind u.a. Papyrus und Oleander vom Nil, Jericho-Balsam und ein Olivenbaum, der aus einem Steckling aus dem Garten von Gethsemane in Jerusalem gezogen wurde).

National Zoological Gardens

Einer der schönsten und größten Zoos (80 ha) der Welt! (Boom Street, nördl. des Church Square, tgl. 8–17.30 Uhr; Tel. 012-32832265). Zu sehen sind 117 Säugetiergattungen mit insgesamt 585 Unterarten und 185 Vogelarten. Daneben gibt es ein **Aquarium** und **Reptilienhaus,** in dem 278 Arten von Salz- und Süßwasserfischen und 73 Reptilienarten leben. Die Seehunde werden um 11 und 15 Uhr gefüttert, Raubtiere um 15 Uhr.

Der Zoo kann respektable Erfolge aufweisen, was den Erhalt vom Aussterben bedrohter Arten betrifft (z.B. Przewalski-Pferd, Europäischer Bison, Arabische

Oryxantilope oder Père David Hirsch). Auch bei südafrikanischen Tieren, wie Hyänenhund, Gepard, Spitzmaulnashorn oder Säbelantilope war man erfolgreich.

Besonders schön ist eine Fahrt mit der Seilbahn, die den Besucher zu Aussichtspunkten am „Rocky Hill" bringt, von dem man einen herrlichen Ausblick über das Gelände und die Stadt hat (mit Caféteria).

Die schönsten Ausflüge in die Umgebung von Pretoria/Tshwane

Cullinan und Umgebung

Die Minenstadt (35 km, über R 513 in östlicher Richtung) wurde nach Sir Thomas Cullinan benannt, der dort 1902 reiche Diamantenvorkommen entdeckte. In seiner legendären Premier Diamond Mine wurde 1905 der **Cullinan-Diamant** gefunden (3106 Karat, eingearbeitet in die britischen Kronjuwelen). Der Greater Star of Africa hatte 530 Karat. Im kleinen Ort rund um die Mine stehen noch etliche Häuser aus der Gründerzeit – empfehlenswert ist eine Führung (Mo–Fr 10, 12.30 und 14.30 Uhr, Sa und So 10 und 12 Uhr, Tel. 012-7340260, africa-adventure.org/c/cullinantours). Kleine Caféteria, Souvenirladen.

16 km nördlich von Pretoria (als Abstecher auf dem Weg nach Cullinan) kann man im **Roodeplaat Dam Nature Reserve** wandern, Vögel und kleineres Wild beobachten (auch Camping- und Picknickplatz). Schwimmen ist wegen Bilharziosegefahr verboten.

Auf dem Weg von Cullinan weiter nach Osten Richtung Bronkhorstspruit liegt ein **Höhlenkomplex,** in dem man spazierengehen kann. In dem kleinen Ferienresort drumherum gibt es Übernachtungsmöglichkeiten. Von dieser Strecke aus erreicht man auch das Weingut **Loopspruit Wine**

Cellars (Verkauf von Rot- und Weißweinen).

Das **Willem Prinsloo Agricultural Museum** in Rayton (10 km nördlich Cullinan, Tel. 012-7344171/2/3), ist in einem alten Farmhaus von 1880 untergebracht. Interessant ist die alte Schmiede, die Molkerei, eine Schnapsbrennerei und eine noch intakte Wassermühle. Sonntags Vorführung traditioneller Tätigkeiten. Größere Veranstaltungen sind das Prickly Pear Festival im Februar, das Mampoer Festival im April und die Agricultural Museum Show im August.

Fountain Valley Nature Reserve

An der Quelle des Apies River wachsen heimische und exotische Pflanzen und Bäume, leben jede Menge Vögel und bestehen Wander- und diverse Freizeitmöglichkeiten. Auf dem Gelände stehen auch die Ruinen des ersten Hauses von Pretoria. Lohnenswert, vor allem für Familien. Fountain Valley Nature Reserve, Tel. 012-447131, www.fountainvalley.co.za (m. Anfahrtskizze). Restaurant, Miniatur-Eisenbahn, Open-Air-Theater, Pool, Picknick- und Kinderspielplätze. 6–24 Uhr. Günstige Campingmöglichkeit und Chalets.

Anfahrt: N12 u. R555 Richtung Norden.

Tipp:
Mapoch Ndebele Cultural Village

Trotz des unübersehbaren Einfluss der modernen Zivilisation leben die Menschen im Ndebele-Dorf *Mapoch noch nach ihren Traditionen und pflegen alte Rituale. Zum Glück wurde das Leben hier noch nicht konsumorientiert verkitscht und die Besucher können sich ein gutes Bild vom Brauchtum und der Kunst der drei ansässigen Familien machen, von denen die Msiza's direkt mit dem Chief verbunden sind. Bester Kontakt: Chris Buda, Guided Ndebele Tours, Tel. 076-1409855.

Über Pater Peter Mabasa kann eine Fahrradtour gebucht werden, Tel. 072-5108564. Das Dorf liegt 40 km westlich von Pretoria. Anfahrtskizze unter www.ndebelevillage.co.za.

Pioneer Museum

Am Ufer des Moreleta Bachs steht ein Pionierhaus von 1848 mit schönem, originalen Garten. Vorführungen wie man früher Butter machte oder Kerzen zog. Schöner Ausflugsort für ein Picknick. Adresse: Pretoria Street, Silverton (Mo–Fr 8.30–16 Uhr; Tel. 012-8036086), Souvenirgeschäft, Picknickplätze.

Anfahrt: Von Pretoria über die N 4 nach Osten bis Exit 4; weiter Richtung Silverton.

Sammy Marks Museum

Sammy Marks machte eine Bilderbuchkarriere: Aus einfachen Verhältnissen in Litauen stammend wanderte er nach Südafrika aus und machte sein Glück als Großindustrieller. Das **Sammy Marks Museum**, Tel. 012-8036158 (Di–Fr Führungen 10, 11.30, 13, 14.30 und 16 Uhr, Sa/So Touren stdl. 10–16 Uhr, www.ditsong.org.za), zeigt den Lebensstil des Industrie-Magnaten. Das Haus wurde 1885 erbaut und hat 48 Zimmer. Die kostbaren Einrichtungsgegenstände – viktorianische

Zur Geschichte und Kunst der Süd-Ndebele

Man vermutet, dass die Süd-Ndebele zwischen dem 15. und 17. Jahrhundert von Natal nach Transvaal gezogen sind. Erbstreitigkeiten und Machtkämpfe führten zu Abspaltungen in verschiedene Stämme. Shakas Zulu-Krieger verfolgten sie im 19. Jh. Danach wurden sie in Kämpfe mit den Kriegern der Pedi (Nord-Sotho) unter Sekhukhuni verwickelt, die sie in die Gegend des heutigen Botshabelo abdrängten. Die Zuid-Afrikaansche Republiek machte sich die Stammesfehden zunutze und besiegte die Ndebele 1882: Das Stammesland wurde enteignet, weiße Farmer angesiedelt und die Ndebele wurden billige Farmarbeiter.

Diejenigen, die Richtung Norden zogen, orientierten sich an der Sprache und Kultur der Sotho, die Gruppen im Süden bewahrten ihre Nguni-Sprache und ihre kulturelle Identität (z.B. die alte Zeremonie der „ersten Früchte" oder verschiedene Initiationsriten). Die Familienstruktur ist bis heute rein patriarchalisch. Der Zugang zur spirituellen Welt erfolgt ausschließlich über männliche Vorfahren. Frauen, die heiraten, gehören der Sippe des Ehemannes an. Ihre Aufgaben sind reichlich, ihre Befugnisse gering. Dennoch sind die Ndebele-Frauen Hauptträger von Kunst und Kultur, und ein Ausdruck dafür ist die Herstellung kunstvollen Perlenschmucks und die farbenprächtige Bemalung der Häuser.

Möbel, Silberbesteck und Gemälde – zeugen von seinem Reichtum. Restaurant, Teegarten, am ersten Sonntag im Monat Flohmarkt.

Anfahrt: 23 km über die N 4 Richtung Witbank (Osten), dann Ausfahrt 11; oder über die R 104. Old Bronkhorstspruit Rd, Donkerhoek.

Smuts House Museum

Das einfache Leben von General Jan Smuts kann man in dem hübschen Ort **Irene** auf der *Doornkloof Farm* begutachten, wo sein bescheidenes Haus, eine Holz-Eisen-Konstruktion mit noch originalen Einrichtungsgegenständen steht. Jeden zweiten und letzten Samstag im Monat 9–14 Uhr kleiner Kunstmarkt.

Adresse: Nelmapius Road, Irene (Mo–Fr 9.30–13 und 13.30–16.30 Uhr, Sa/So 9.30–13 und 13.30–17 Uhr; Tel. 012-6671176; gemütliche Cafeteria, Teegarten, nahe bei Campingmöglichkeit).

Anfahrt: Südöstlich von Pretoria; Anfahrt über die Main Irene Road, dann links in die Nelmapius Road.

Tswaing Crater

40 km nördlich von Pretoria (M 45 North nach Soutpan) findet man eine 100 m hohe, kreisrunde Hügelkette mit 1 km Durchmesser. Überreste eines Kraters, in den vor 200.000 Jahren ein Asteroid eingeschlagen hat. Die Explosion des Aufschlages ließ den 300.000 Tonnen schweren Himmelskörper praktisch verdampfen. Der Krater wurde von den ansässigen Tswana „Tswaing" (Salzpfanne) genannt, da sich im Kraterzentrum salziges Wasser sammelte. In Kraternähe steht das *Tswaing Crater Museum,* das erste Öko-Museum in Südafrika (Besucher müssen sich telefonisch anmelden, Tel. 012-7902302, tgl. 7.30–14 Uhr, www.dit song.org.za). Von dort führt ein kleiner Weg zum Kraterrand und hinunter zum zentralen See. Die am Kraterrand wachsenden Bäume und Sträucher beherbergen eine respektable Vogelwelt.

Karte S. 629 | Pretoria / Tshwane **637**

Wonderboom Nature Reserve

Nördlich von Pretoria in Wonderboom South steht auf einem 450 ha großen Schutzgebiet ein echter „Wunderbaum": ein 1000 Jahre alter Feigenbaum *(Ficus salicifolia)*, 23 m hoch, die Krone mit 50 m Durchmesser. Im Reservat leben Affen, Klippschliefer und vor allem Vögel. Ein kleiner Wanderweg führt auf einen Hügel, der bereits zur Magaliesbergkette gehört. Hier liegen die Ruinen des *Wonderboompoort Fort,* eine von drei Befestigungen zur Sicherung der Zuid-Afrikaanschen Republiek. 7–18 Uhr, Picknickplätze, Toiletten.

Anfahrt: Über die Voortrekkers Road und die R 101 Richtung Bela-Bela, oder die M 5 North.

Pretoria/Tshwane von A–Z

Information

Buchung von Bed&Breakfasts bei **B&B Association Tshwane,** 327 Festival St, Hatfield, Tel. 012-437193, Fax 437635, www.bbapt.co.za. – Hauptquartier der **South African National Parks:** 643 Leyds Street, Muckleneuk, Tel. 012-4265000, www.sanparks.org (Buchungen für die Nationalparks auch im Visitors' Bureau möglich). – **Satour,** 442 Rigel Avenue South, Erasmusrand 0181, Tel. 012-4826200, Fax 454889; satour@icon.co.za. – Karten für Veranstaltungen bucht man telefonisch bei **Computicket,** Tel. 083-9158000, www.computicket.com.

AA Automobilclub

AA House, 370 Voortrekker Rd, Gezina, Tel. 012-3291433, oder Sanlam Plaza East, 285 Schoeman St, Tel. 012-3229033.

Ausgehen

Verglichen mit Johannesburg ist Pretoria eher ruhig. Bars, Nachtcafés und Clubs sind in Universitätsnähe im Stadtteil **Hatfield. Ed's Easy Diner,** Parkview Shopping Centre, Moreleta Park, Garsfontein Rd (Mo–Do 9–16 Uhr, Fr/Sa 9–19 Uhr, So 9–16 Uhr) ist derzeit „in", ebenso das **Firkin Centurion,** Ecke Hendrik Verwoerd/Embankment Drive. Von einer Tageszeitung zum „besten Pub" der Stadt gekürt wurde **Upstairs at Morgans,** Ecke Burnett/

Grosvenor Street; Fr/Sa Live Musik (dann Eintritt, Parkhaus). Gute Atmosphäre, oft voll: **Crossroads Blues Bar,** Ecke Lillan Ngoyi/Schoeman Street, oft Live-Musik. Es gibt vier **Ster Kinekor Cinemas:** Tramshed, Ecke Lillan Ngoyi/Schoeman Street, Tel. 012-3204300; Carousel Casino, Old Warmbath Road, Tel. 012-3417568; Sunnypark Centre, Esselen St, Arcadia, Tel. 012-344 4069; Brooklyn Mall, Bronkhurst St, New Muckleneuk, Tel. 012-3463435. Drei Kinokomplexe der **NU Metro Cinemas:** Sammy Marks Square, Ecke Lillan Ngoyi/Vermeulen Street, Tel. 012-3266614; Hatfield Plaza, Ecke Burnett/Grosvenor Road, Tel. 012-3422932; Menlyn Centre, Attenbury Rd, Tel. 012-3488611. Ballett, Oper, Operette und Theater im **State Theatre,** Tel. 012-3221665.

Bahnhof und Busterminal

Den Hauptbahnhof, Abfahrtsort u.a. der Luxuszüge **Blue Train** und **Rovos,** erreicht man von der Stadtmitte aus über die Paul Kruger Street (Tel. 012-012-3152401). Fahrt nach Johannesburg 60–90 Minuten, 1. Klasse R15 (Metro) bis R30 (Zug); von der 3. Klasse ist abzuraten. Das Bahnhofsgebäude stammt von 1910; alte, ausrangierte Dampflokomotive zu besichtigen. Vor dem Bahnhof starten die Buslinien *Translux, Greyhound, Intercape* und *Elwierda,* Tel. 012-6645880/9. – Ausführliche Zug- und Businformationen siehe Teil II, „Unterwegs in Südafrika".

Botschaften

Deutsche Botschaft, 1267 Pretorius St, Hatfield, Tel. 012-4278900, Fax 3439401, www.pretoria.diplo.de. **Österreichische**: 454 Fehrsen/Willem St, Pretoria, Tel. 012-4529155, www.bmeia.gv.at. **Schweiz**: 225 Veale St, New Muckleneuk, Pretoria, Tel. 012-4520660, www.eda.admin.ch/pretoria.

Einkaufen

Große Einkaufszentren im Zentrum: **De Bruyn Park,** Ecke Andries/Madiba Street; **Sanlam Centre,** Ecke Andries/Pretorius/Schoeman Street; **Standard Bank Centre,** Ecke Church/Lillan Ngoyi Street. Die besten Einkaufsmöglichkeiten der Vororte: **Menlyn Park,** Ecke Atterbury/Menlyn Drive in Menlo Park (gutes Rest. in der Menlyn Mall: *Baobab*). **Brooklyn Mall,** 388 Bronkhorst St, New Muckleneuk. Zelt- und Wanderausrüstung bei **Hikers Paradise** im Heuwel Avenue, Centurion, oder **Trappers Trading,** Sanlam Centre. Pretorias großer Flohmarkt, der **International Flea Market,** ist im

Gauteng

638　Pretoria / Tshwane

Karte S. 629

Pink Building, Ecke Beatrix/Schoeman St in Sunnyside (Mo–Sa, jeden Samstag 11 Uhr Auktion, am Wochenende Live-Musik).

Festivals

Januar: UNISA International Music Festival. *Ende August/Anfang September:* Tshwane International Show. *September:* German Beer Festival. *Oktober:* Lanseria Air Show (Flugschau).

Geld

Rennies Foreign Exchange: Sanlam Centre, Andries St, Shop 50 und Menlyn Centre, Menlo Park, Shop 57.

Internet

Net Cafe Hatfield Square, an der Prospect St, Mo–Fr 10–3 Uhr, So 10–2 Uhr.

Klima

Pretoria liegt auf 1370 Meter Höhe und ist etwas wärmer als Jo'burg. Durchschnittstemperaturen: tagsüber im Sommer 28 Grad, im Winter 18. November bis März über 10 Regentage pro Monat, am wenigsten regnet es Juni/Juli.

Notrufnummern

Polizei, Tel. 012-10111. *Ambulanz,* Tel. 012-10177. *Feuerwehr,* Tel. 012-3232781. *Krankenhaus,* Tel. 012-3291111. *Zahnarzt,* Tel. 012-3463920.

Post

Hauptpostamt, Church Square, Mo–Fr 8–13 und 14–17 Uhr, Sa 8–12 Uhr.

Restaurants

Beste Restaurants mit internationaler Küche: **Ambassadeur,** im Burgerspark Hotel, Lillan Ngoyi St, Burgerspark. – **La Madeleine,** 122 Priory Rd, Lynnwood Ridge, Tel. 012-3613667, www.lamadeleine.co.za.
Führende französische Restaurants: **Chagall's,** 924 Park St, Tel. 012-3421200. – **Lombardy,** Tweefontein Farm, Lynwood Rd, Tel. 087 7255591. Auch gutes Hotel. – **Toulouse,** Fountains Valley, Groenkloof, Tel. 012-3417511.
Bestes italienisches Restaurant: **Caraffa,** 46 Selati St, Alphen Park, Tel. 012-3463181 (Mo–Fr 12–14 Uhr, Mo–Do 17.30–22 Uhr, Fr–Sa 17–23 Uhr).
Gehobene südafrikanische Küche: **Moerdijks,** 752 Park St, Arcadia, Tel. 012-3444856, Lunch und Dinner Mo–Sa.
Afrikanische Küche: **Safika Restaurant,** 27 Ma-

roelana Centre, Maroelana St, Waterkloof, Tel. 012-3469269.
Steakhäuser: ***Hillside Tavern,** Rynlal Building, 320 The Hillside, Lynwood, Tel. 012-3485505, www.hillsidetavern.co.za. – ***The Meet & Eat Restaurant,** 413 Hilda St, Hatfield, Tel. 012-3433822.
Gutes für wenig Geld: ***Dros Restaurant,** Pretorius St (gute, preiswerte Küche, serviert im Palmengarten). – **Terrasse von Eric's Upstairs,** 306 Esselen St.

Taxi und Minibus

Taxis sind teuer: *Rixi Taxi,* Tel. 086-1007494; *Citybug,* Tel. 012-3244718. Minibusse haben einen Fixpreis bei Stadtfahrten.

Unterkunft

Luxus

Kloof House, 366 Aries St, Waterkloof 0181, Tel. 012-4604600, www.kloofhouse.co.za (m. Anfahrtsskizze). Sehr luxuriöses, gediegenes Gästehaus im Diplomatenviertel, Panoramablick nach Osten.

The Courtyard, Ecke Park/Hill Street, Arcadia, Tel. 012-3424940, www.citylodge.co.za. Studios und Suiten, restauriertes Herrenhaus, sehr nobel.

Illyria House, 327 Bourke St, Muckleneuk, Tel. 012-3445193, Fax 3443978, www.illyria.co.za. Anfahrt von Johannesburg auf der N 1 oder Johannesburg Internationaler Flughafen auf der R 21 bis zum Fountains Circle; dort in den Elandspoort fahren und rechts abbiegen in den Willem Punt; dieser mündet links in die Bourke Street. Vornehmes Herrenhaus in Kolonialstil, häufig von Staatsoberhäuptern und bekannten Persönlichkeiten frequentiert, Butler-Service, 6 Zimmer. DZ/F ab R5390.

Comfort

Bryntirion House, 195 Pine St, Bryntirion, Tel. 012-3437092. Die beste Wahl, unbedingt speisen!

*Casa Toscana, Darlington Rd, Tel. 012-348 8820, www.casatoscana.co.za. Italienisches Ambiente, herrlicher Garten. Unbedingt im Restaurant Lé-Si essen! DZ/F ab R900.

Southern Sun Pretoria, Ecke Church/Beatrix Street, Arcadia, Tel. 012-3411571, www.tsogo sunhotels.com. Sehr zentral, gediegener Hotelketten-Stil, Restaurant, Bar, Pool.

*La Maison, 235 Hilda St, Hatfield, Tel. 012-

Karte S. 629   **Pretoria / Tshwane** 639

4304341, www.lamaison.co.za. Gautengs einziges 4-Sterne-Gästehaus, ruhige Gartenlage, etwas Besonderes. Preise a.A.

Meintjieskop Guest House, 145 Eastwood St, Arcadia, Tel. 012-3420738, www.meiguest. co.za. Gepflegt, gehobene Klasse, nahe Union Buildings, Pool.

The Farm Inn, The Willows, an der Lynwood Road neben Silverlakes Golfplatz, Tel. 012-8090266, www.farminn.co.za. Afrikanisches Traumhaus aus Naturstein, Riedgrasdach, kleine private Wildfarm, Fischen, Reiten, Schwimmen, super. Sehr gutes Restaurant ab 18.30 Uhr. DZ/F ab R560 p.P.

The Rose Guest House, 36 Murray St, Brooklyn, Hatfield, Tel. 012-3620031, www.therose.co.za. Sehr schön, ruhig, Vollpension. Preise a.A.

Zebra Country Lodge & Zebra Stables, N 1 Richtung Norden, Ausfahrt 152, Abzweig nach 30 km, an der R573, Tel. 012-7359000, www.legendlodges.co.za. Schönes Landhotel.

Touristic

Bed&Breakfast in Hatfield, 1265 Arcadia St, Hatfield, Tel. 012-3625392, www.bandbhat field.co.za. 5 DZ und 4 SC-Units.

StayEasy Pretoria, 632 Lillian Ngoyi St, Tel. 012-4070600, www.tsogosunhotels.com. DZ R700.

Ingrid's Guest House, 541 Witogie St, The Willows, Tel./Fax 012-871226. Zimmer, Gartenhäuser, deutsche Hausmannskost, gemütlich, kinderfreundlich.

*Maribelle's B&B, 84 Cedar St, Lynnwood Ridge, Tel./Fax 012-3616970, www.maribelles. co.za. Drei Zimmer, großer Pool, ruhige Gartenlage, Besitzerin spricht deutsch und ist sehr hilfsbereit. DZ/F R610.

Papa Joe Slovak Guest House, 470 Frederik St, Pretoria West, Tel. 012-3270344. Gute Mischung aus gehoben und bezahlbar. Bar, Restaurant, Selbstverpflegung möglich.

Victoria Hotel, Ecke Kruger/Scheiding St, Tel. 012-3236052, R450 DZ/F. Historisches Hotel (1896), Bahnhofsnähe.

Budget

*Kia-Ora Backpackers, 257 Jacob Mare St, Central Pretoria, Tel. 012-3224803, www. kiaoralodge.co.za. Schlafsaal und DZ, sehr sauber und sicher. Baz Bus-Stopp, Greyhound- und Intercape-Buchungsstelle, Internet. Angeschlossen ist der älteste Pub Pretorias. Tgl.

Transfer zum hauseigenen Resort am Bronkhorstspruit Dam.

Pretoria Backpackers, 425 Farenden St, Clydesdale, Tel. 012-3439754, www.pretoriabackpakkers.net. Schlafsäle, DZ, Pool, gute Tourangebote. Shuttle-Service zum Flughafen Johannesburg.

*North South Backpackers, 355 Glyn St, Hatfield 0083, Tel. 012-3620989, www.hos telz.com. Schlafsaal, DZ, Camping, alles sehr sauber und einladend. Baz Bus-Stopp, Pool, Internet, günstige Touren.

That's it Guest House, 5 Brecher St, Clydesdale 0062, Tel. 012-3443404, www.thatsit. co.za. 4 schöne Zimmer, gute Busverbindung.

YWCA, 557 Vermeulen St, Tel. 012-3262916. Sehr günstig, für Frauen, Nähe Union Buildings, Mahlzeiten inbegriffen.

Camping

Polkadraai Caravan Park, 12 km vom Zentrum am Ufer des Hennops River, Tel. 012-6688710. Grasplätze, ausreichend Schatten, zelten erlaubt. – Nkwe Caravan Park, 25 km außerhalb (Anfahrtsskizze unter nkwepark. co.za), Tel. 012-8115231. Schöne, erfrischende Natur am Pienaars River mit Campingplätzen und Chalets im Tiegerpoort Valley.

Gauteng

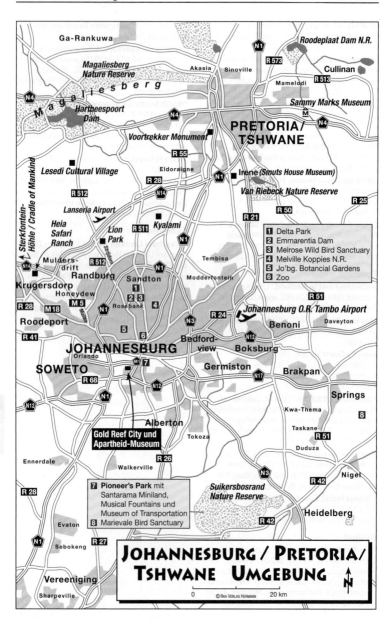

Johannesburg

Johannesburg ist mit ca. 4,5 Millionen Einwohnern Südafrikas größte Stadt mit vielen interessanten Sehenswürdigkeiten. Es gibt starke Anstrengungen von Seiten der Stadtverwaltung und privaten und geschäftlichen Initiativen, die Innenstadt wieder sicherer zu machen. Sie wird inzwischen komplett videoüberwacht. Bei einem Überfall ist die Polizei in Minutenschnelle am Tatort. Als Konsequenz ist die Innenstadt, der *Central Businenss District* **(CBD),** zumindest tagsüber, wieder etwas belebter. Als touristischer Anziehungspunkt wurde der Nordturm der **ABSA-Bank** mit Kunstwerken südafrikanischer Künstler ausgestattet, darunter die spektakuläre „Mobile-City-Skulptur", das weltweit größte Mobile, das sich über fünf Stockwerke erstreckt.

Der erste Weg in *Jo'burg,* wie die Weißen sagen, oder *„Jo'anna",* wie sie von den Schwarzen genannt wird – mittlerweile scheinen sich alle auf *„Jozi"* geeinigt zu haben – führt viele Touristen mit dem eigenen Auto oder mit einem Taxi nach Newtown, um die Sehenswürdigkeiten des **Newtown Cultural Precinct** zu besuchen. Diese Gegend gilt als relativ sicher. Das kann man auch von dem Campus der **Wits University** behaupten, auf dem einiges zu entdecken ist. Bei ausländischen Besuchern nach wie vor hoch im Kurs ist ein Besuch in Gold Reef City und dem dort nahegelegenen **Apartheid Museum.**

Die meisten Einheimischen besuchen übrigens im Stadtteil Fourways die herrlichen Anlagen von **Montecasino** mit seinem Bird Garden (200 Arten) und seiner ungewöhnlichen Anzahl an anderen Tieren (1500 Arten), die vorwiegend nicht in Südafrika vorkommen. Warum dem so ist? Es ist weitgehend verboten, einheimische Tiere in Gefangenschaft zu halten,

um so das ökologische Gleichgewicht nicht zu stören (230 Witkoppen Road, Tel. 011-5111826).

Wichtiger Hinweis!

☐ **Entscheiden Sie je nach aktueller Sicherheitslage, was und wieviel Sie von Johannesburg und Umgebung sehen möchten.** Informieren Sie sich über den Stand der Dinge vor Ort.

Geschichte

Im Jahr 1886 „stolperte" hier der australische Prospektor *George Harrison* im wahrsten Sinne des Wortes über Gold. Diese Entdeckung war der Startschuss für Südafrikas größter Metropole: Johannesburg. Anfänglich nur eine anarchische Zeltstadt mit 2000 Goldsuchern stieg sie in nur 100 Jahren zur reichsten und modernsten Stadt Afrikas mit mehr als 2 Millionen Einwohnern auf. Ihren Namen verdankt sie den Vornamen zweier Männer: *Johann Rissik,* der sich für die öffentliche Ausbeute des Goldschatzes einsetzte, und *Johannes Joubert,* Vorsitzender des burischen „Volksraad". Nach George Harrison wurde westl. außerhalb ein kleiner Park an der Main Reef Road benannt, dem Fundort des ersten Goldes. Eine tragische Figur: Seine Schürfstelle verkaufte er sofort für 10 Pfund, man hat nie wieder von ihm gehört. In dem Park steht ein Quetschwerk, mit dem man bis um 1900 das goldhaltige Gestein zertrümmert hat.

Viele kleine Schürfstellen gingen bald in den Besitz von Minenkooperationen über, u.a. an die Gold-Imperien von *Cecil Rhodes* und *J.B. Robinson.* 1917 entstand die Anglo American Cooperation of South Africa von *Ernest Oppenheimer,* das größte Goldminenkonsortium des Landes. Die Minenbosse lebten auf großem Fuß und es entstanden prachtvolle Herrenhäuser im viktorianischen Stil in großzügigen Parkanlagen (wer noch etwas „Flair" aus dieser Zeit sehen möchte, sollte durch die Nobelviertel Parktown und Houghton fahren).

Johannesburg ist Südafrikas Finanzzentrum und eine Stadt absoluter Gegensätze. Auf der einen Seite regiert das Geld, andererseits hallt der Ruf der Straßenhändler durch die engen Straßenschluchten, durch die tagsüber der Einbahnverkehr brandet. Erste und Dritte Welt treffen aufeinander. **Egoli, die „Stadt des Goldes",** glänzt nur für wenige.

Sehenswürdigkeiten

☐ Zu Ihrer Sicherheit raten wir nochmals ab, Besichtigungstouren zu Fuß zu unternehmen! **Besonders gefährlich sind auch die Parks!**

Plätze, Museen, Bauwerke und Kunst

Adler Museum of History of Medicine

Auf dem Gelände des **South African Institute for Medical Research,** Hospital Hill, Ecke Hospital/De Korte Street, Hillbrow, Tel. 011-4899480 (Mo–Fr 9.30–16 Uhr; www.wits.ac.za), in einem historischen Haus von Sir Herbert Baker, findet man eine der umfangreichsten geschichtlichen Darstellungen der medizinischen, zahnmedizinischen und pharmakologischen Entwicklung des Landes: Gezeigt wird u.a. ein authentisches „Afrikanisches Kräutergärtlein", die Art und Weise, wie ein Medizinmann seine Vorhersagen ableitet und ein Nachbau einer Apotheke um 1900.

African Tribal Art

Die **Gertrude Posel Gallery** im Wits Art Museum (Senate House der University of Witwatersrand, Jorissen St, Mi–So 10–16 Uhr), dokumentiert Kunsthandwerksformen, die in Afrika allmählich verschwinden: Herstellung von rituellen Masken, Fetischen, perlenbestückten Kopfschmucks, Puppen, die die Ndebele Frauen zur Steigerung der Fruchtbarkeit anfertigen.

Barbican u. Post Office Buildings

Sowohl das ehemals prunkvolle **Barbican Building** als auch das imposante Gebäude der **Post Office** (beide Rissik St) wurden von der Stadtverwaltung unter Denkmalschutz gestellt.

Bernard Price Institute's Museum of Palaeontology

Im **BPI,** Van Riet Lowe Haus, östlicher Campus der Witwatersrand („Wits")-Universität, werden Fossilien ausgestellt. Die

Karte S. 642/643 **Johannesburg** 643

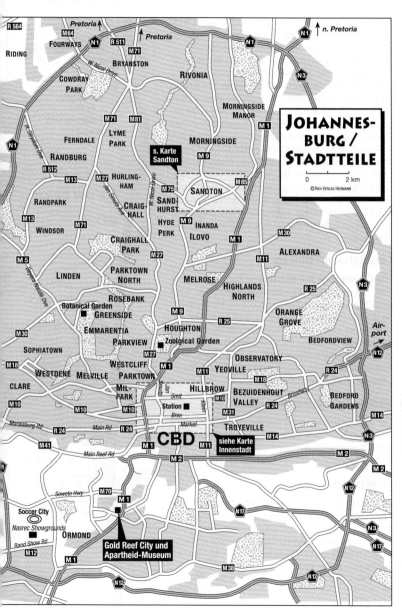

Besucher können nach Voranmeldung unter Tel. 011-7176682, einen Blick in ein Präparations-Labor werfen und Wissenschaftlern bei der Arbeit zusehen..

„Stars" der Sammlung lebensgroßer Nachbildungen sind die 1997 geschaffenen Roboter „Fang" und „Fred". Fang ist die Rekonstruktion eines 7 m langen nordafrikanischen Sauriers Afrovenator abakensis, in der Sahara gefunden und auf 130 Millionen Jahre geschätzt, „Fred" ein Abbild eines säugetierähnlichen Reptils, Tapinoce-phalid dinocephalian, das vor 260 Millionen Jahren in der Karoo gelebt hatte. Weitere Ausstellungsstücke: Der Schädel eines Megazostrodon (200 Millionen Jahre alt), eines der ersten Säugetierarten, die die Erde je bevölkerten, im östlichen Free State gefunden; eine Australochelys, älteste Schildkrötenart Afrikas, Lystrosaurus und Protero-suchus (beide 220 Millionen Jahre alt), Vorgänger der Dinosaurier.

Constitution Hill Museum

Das **Constitution Hill Museum** im Komplex des Old Fort Gefängnisses (Ecke Kotze/Hospital, Tel. 011-2745300, www.constitutionhill.org.za, Mo–Fr 9–16, Sa–So 10–15 Uhr), hat sich zu einem neuen Touristenmagnet entwickelt. Zu sehen ist das alte Fort, das berüchtigte Gefängnis für schwarze Männer und das ehemalige Constitutional Court (Verfassungsgericht). Alte Gefängniszellen wurden zu interaktiven Museumssegmenten umfunktioniert.

Madiba Freedom Museum

Die politische Geschichte von Nelson Mandela steht im Mittelpunkt des **Madiba Freedom Museum** (Eriksons Diamond Ctr, Monument Road, Kempton Park, www.eriksons.co.za, Tel. 011-9701355; tgl. 9.30–17 Uhr).

Planetarium

Im Planetarium, Braamfontein, Wits Universität, Yale Road (Tel. 011-7171392, www.planetarium.co.za), finden sehr empfehlenswerte Veranstaltungen statt: Multivisionsshows, Fachvorträge, Sternbeobachtung. Eintrittskarten per Computicket oder bis 30 Minuten vor Beginn an der Kasse.

Anfahrt: Über die M 1 North, Ausfahrt Empire Road; an der nächsten Ampel rechts und gleich links in die Yale Road, R15 Eintritt.

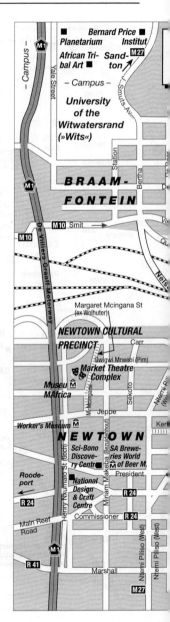

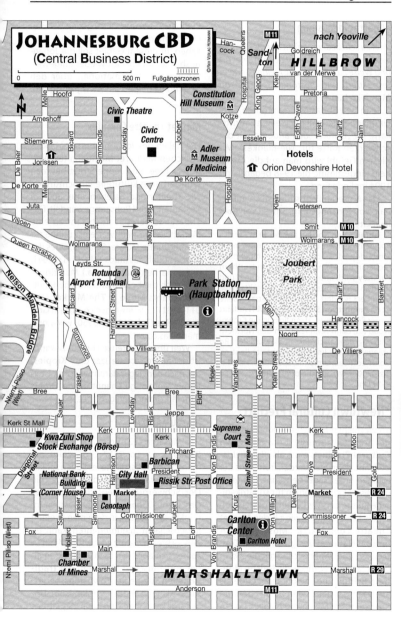

646   Johannesburg

Karte S. 643 u. 645

*Apartheid Museum

„Frei zu sein bedeutet nicht nur die eigenen Ketten abzulegen, es heißt auch in einer Art und Weise zu leben, die die Freiheit anderer respektiert und bestärkt ..." (Nelson Mandela, Juni 1999).

Man betritt das Museum durch zwei Eingänge: einen mit der weißen Eintrittskarte für „Blankes",den anderen mit der schwarzen Karte für „Nie-Blankes". Mit diesem Gefühl wird man auf die Apartheid eingestimmt, die 1948 begann und 1994 ihr Ende fand.

Das Museum liegt südwestlich außerhalb von Johannesburg, unweit von **Gold Reef City** (s.u.).

Anfahrt von Norden auf der M 1: Abfahrt *Booysens* nehmen; über die erste Ampel in die Kimberley Rd; an der nächsten Ampel nach rechts in die Alamein Rd, die zum Northern Parkway wird; unter einer Brücke durch und dann an der nächsten Ampel nach rechts in die Gold Reef Rd, dort an der linken Straßenseite ist es. **Anfahrt von Süden auf der M 1:** Abfahrt *Xavier Road* nehmen, dann links in die Crownwood Rd; dann nach rechts in den Northern Parkway; dann nach links in die Gold Reef Rd abiegen, an der linken Straßenseite liegt es. Gold Reef Road, Ormonde, Southdale, Tel. 011-3094700, www.apartheidmuseum.org, Di–So 9–17 Uhr.

*Newtown Cultural Precinct

Im westlichen Bereich der Johannesburger Stadtzentrums liegt das **Newtown Cultural Precinct,** einst als „Brickfields" bekannt, denn hier wurden früher aus der tonigen Erde Ziegel gebrannt. Heute ist der Distrikt ein Synonym für südafrikanische Kultur, denn es beherbergt viele kulturelle Einrichtungen, wie z.B. den **Market Theatre Complex,** das **MuseuMAfricA** und das **National Design and Craft Centre.** Als neues Wahrzeichen gilt die 295 m lange Schrägseilbrücke, die **Nelson Mandela Bridge,** die sowohl Fahrzeuge als auch Fußgänger in den aufstrebenden Stadtteil führt. Die unterschiedlich hohen

Pylonen (43 m und 27 m) geben der Brücke ihr markantes, assymetrisches Aussehen. In diesem Gebiet soll die Johannesburger Innenstadt wieder aufgewertet werden. Informationen über den gesamten Komplex auf **www.joburg.org. za.**

Market Theatre Complex

Die Hallen des Johannesburger Marktes zwischen Margaret Mcingana (ex Wolhuter), Bree- und Jeppe Street hat man wunderbar in kulturelle Einrichtungen wie Theater und Galerien, aber auch in Restaurants und Pubs umgewandelt. Das Theater selber, das noch sehr an eine Markthalle erinnert, war einst Bühne für das berühmte Musical Sarafina, eines der ersten Südafrikas (Infos Tel. 011-8321641, www.markettheatre.co.za.) Man findet hier auch die beiden afrikanischen Kult-Restaurants **Moyo @ The Market** (Tel. 011-8381715, www.moyo.co.za) und **Gramadoelas** (Tel. 011-8386960, www.gramadoelas.co.za).

Weit über die Grenzen hinaus bekannt ist der internationale Jazz Club **Kippies,** der nach dem legendären Saxophonisten Kippie Morolong benannt wurde. Oft bis zum Morgengrauen geöffnet.

MuseuMAfricA

Das Museum (121 Bree Street, Tel. 011-8335624, Di–So 9–17 Uhr), zeigt die menschliche Geschichte im Süden Afrikas von den Anfängen bis in die heutige Zeit. Der Schwerpunkt liegt dabei auf der Geschichte Johannesburgs. Es ist ein interaktives Museum, in dem man in einen Minenschacht „hinunterfahren" kann, einen „echten" Einsturz erlebt, fünf Minuten später sich aber von dem „Schock" in einer authentischen **Shebeen, der traditionellen Kneipe der Townships,** bei jazzigen Klängen wieder erholen kann. Unbesorgt kann man durch ein „Squatter's

Camp", ein rekonstruiertes Armenviertel, laufen.

Die Johannesburg-Abteilung informiert über geologische Zusammenhänge, Frühgeschichte und ihre Bewohner. Sehr interessant ist die Sektion „What about the Workers", die die Anstrengungen der Arbeiter zeigt, die den Reichtum des Landes zutage fördern. In der „Road of Democracy" kann man ein bisschen Wahlkampf miterleben. Angegliedert sind das ehemalige **Benusan Museum of Photography** und das **South African Museum of Rock Art** mit Felsmalereien in einer „Steingalerie".

Sci-Bono Discovery Centre

Auf 6000 qm interaktiver Ausstellungsfläche – das größte seiner Art in Afrika – geht es um Wissenschaft und moderne Technologie. Geöffnet Mo–Fr 9–17 Uhr, Sa/So/feiertags 9–16.30 Uhr, www.sci-bono.co.za.

*National Design and Craft Centre

Die historische Busfabrik ist die Heimat einer der besten Plätze für südafrikanisches Kunsthandwerk. Ein Eldorado für Leute, die sich etwas besonderes mit nach Hause nehmen wollen! Hier findet man auch das **Drum Café,** in dem man die alte afrikanische Kunst des Trommelbaus lernen kann. Geöffnet Di–Fr 9–17 Uhr, Sa/So 10–14 Uhr.

SAB World of Beer

Wie alt ist wohl die Kunst des Bierbrauens? 200 Jahre? 500 Jahre? Nein, 6000 Jahre! In der **South African Breweries (SAB) World of Beer** kann man die ganze Entwicklung bis zum heutigen Tag verfolgen. Mit einem versierten Führer reist man in einen Pub aus dem letzten Jahrhundert und in ein typisches, traditionelles Shebeen, so wie man es in Sowe-

to findet. Natürlich gibt es Bier und auch Lunch, wenn man möchte. Geöffnet Di–Sa 10–18 Uhr.

Worker's Museum

Wer sich für die Geschichte Johannesburgs und besonders die Rolle der Wanderarbeiter interessiert, sollte das interessante **Worker's Museum** besuchen. Geöffnet Do–Sa 9–16 Uhr, 52 Jeppe St.

Johannesburg Art Gallery

Ausgestellt werden englische, holländische (van Gogh), französische und südafrikanische Kunstwerke des 19. Jahrhunderts und internationale Gemälde und Skulpturen (u.a. von Rodin und H. Moore). Insgesamt sind über 9000 Exponate zu sehen. Allein die Kunstdruckabteilung besitzt über 200 Exponate. Joubert Park Gardens, King George St. Geöffnet Di–So 10–17 Uhr.

Weiteres in der Innenstadt

Stock Exchange

Die Johannesburger Börse, 17 Diagonal St, ist Südafrikas einzige (gegründet 1887). Besucher folgen dem Geschehen von einer verglasten Galerie aus. (Mo–Fr 9–16.30 Uhr, Führungen 11 u. 14.30 Uhr; Eintritt).

Bleloch Museum

Das bedeutendste mineralogische Museum (über 50.000 Exemplare von Mineralien und Gesteinsarten) findet man im Gebäude für Geowissenschaften, Wits East Campus (Mo–Fr 8–16.30 Uhr, Führungen vereinbaren, Tel. 011-7176665). Die Ausstellung umfasst die Themenbereiche Kristallographie, Mineralogie, ökonomische und physikalische Geologie.

Pioneer's Park

Das **Santarama Miniland** befindet sich auf dem Gelände des Pioneer's Park südl. des Zentrums (über die Rosettenville Road; Tel. 011-4350543; tgl. 10–16.30 Uhr; s. Karte „Johannesburg/Pretoria Umgebung"). Es zeigt bedeutende südafrikanische Bauwerke und Monumente im Größenmaßstab 1:25 (van Riebeecks Schoner *Dromedaris* sogar in Originalgröße). Eine kleine Miniatureisenbahn fährt kostenlos vom „Cape Town Castle" direkt zum „Big Hole" in Kimberley. Daneben liegen die **Musical Fountains,** farbig angestrahlte Wasserfontänen, die sich zu fröhlicher Musik in den kleinen See *Wemmer Pan* ergießen (September–März 19.30–21 Uhr, April–Juni 18.30–20 Uhr).

Gleichfalls im Pioneer's Park: **James Hall Museum of Transportation** (Di–So 9–17 Uhr, Mo und an Feiertagen geschlossen, Tel. 011-4359485, www.jhmt.org.za). Zu sehen sind allerlei Transportmittel wie Straßenbahnen, Busse, Autos, Fuhrwerke, Fahrräder, Rikschas, Dampfmaschinen und Feuerwehrgerätschaften. Der 4 PS starke „Clement" von 1894 ist das älteste Auto Südafrikas.

Stadtviertel Sandton

Sandton ist ein moderner Stadtteil im Norden von Johannesburg mit Hotels, Restaurants und vielen Einkaufsmöglichkeiten. Es gilt als sicherer Ort, da überall Sicherheitskräfte präsent sind. Es gibt ein Theater, Galerien rund um den *Mandela Square* und zur Erholung den *Zoo Lake* (Jan Smuts Avenue), auf dem man im Ruderboot den Sonnenuntergang beobachten sollte.

Ungewöhnlich ist die **Walk Talk Tour** durch das Viertel, ein Spaziergang, der die Touristen per Broschüre und Handy zu den bedeutenden Plätzen führt, die mit bestimmten Nummern gekennzeichnet sind. Durch einfache Anwahl erhält der Besucher Informationen über die Geschichte. Infos unter Tel. 011-4441639, www.walktours.co.za.

Stadtviertel Melville

Sehr im Trend ist derzeit das Stadtviertel **Melville** im Westen des Zentrums. „Laufsteg" und Lebensnerv ist die Seventh Street mit ihren gemütlichen Kneipen, Coffe-Shops, Buchläden, Galerien (Tipp: Thomson Gallery, 78 Third St) und Antiquitätenläden.

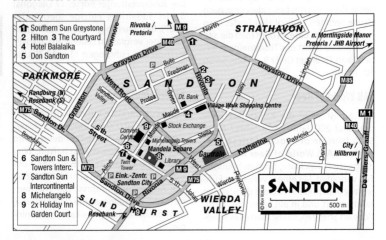

Die Restaurants sind total populär, Bars wie das **Buzz 9** mit seinem interessanten „Industrial-style interior" und den perfekten Cocktails oder das **Catz Pyjamas** (12 Main Rd) mit den legendären „late night meals" und ausgefallenem Frückstück werden stark von lebenslustigen Einheimischen und vermehrt von Touristen frequentiert. Kleine Gästehäuser, wie das **Sleepy Gecko** (84 Third Ave, www.sleepygecko.co.za, Tel. 011-4825224) bieten gemütlichen Aufenthalt in einer Umgebung, in der man auch einmal Spazieren gehen kann.

Parks, Botanische Gärten, Zoo

Botanical Gardens

Der Botanische Garten liegt am westlichen Ufergebiet des Emmarentia-Staudamms (Thomas Bowler St, Emmarentia, Tel. 011-7820517). Attraktion des 125 ha großen Geländes ist der **Rosengarten** mit mehr als 4500 Züchtungen. Außerdem 30.000 Bäume, zahlreiche Teiche und eine bunte Vogelwelt. Interessant ist die Gewürz- und Heilkräutersektion. Geöffnet Sonnenauf- bis -untergang, Führungen am 1. Dienstag im Monat, 9 Uhr.

Melrose Wild Bird Sanctuary

10 Minuten nördl. der Innenstadt leben in einem Vogelparadies mehr als 120 Vogelarten in den Riedgrasbetten und Bäumen rund um einen See. Am besten kommt man am frühen Morgen und in der Zeit vor Sonnenuntergang. Auskunft unter Tel. 011-7827064.

Anfahrt: Über M 1 North, Ausfahrt Glenhove; weiter Richtung Rosebank; erste Straße rechts und wieder rechts in die Melrose Avenue.

Melville Koppies Nature Reserve

Das Naturschutzgebiet (67 ha), Judith Road, Emmarentia, erreicht man über die Jan Smuts Avenue, die Empire Road und dann die Barry Hertzog Road. Schwerpunkt ist die Flora des Witwatersrand und 175 Vogelarten, daneben archäologische Entdeckungen aus der Stein- und Eisenzeit. Wanderwege führen zu jedem wichtigen Punkt. Offen Sep-Apr, Führungen eines lokalen Vogelschutzbundes jeden 3. Sonntag im Monat um 15 und 18 Uhr (Tel. 011-7827134).

Zoological Garden

Der Zoo, Jan Smuts Avenue (Ausfahrt 13 der M 1 North, Stadtteil Parkview, tgl. 8.30–17.30 Uhr, Tel. 011-6462000, www.jhbzoo.org.za), besitzt über 300 Säugetier-, Vogel- und Reptilienarten. Auf dem Zoo Lake außerhalb des Zoos Bootsvermietung; Restaurant, Teegarten. Am 1. Wochenende im Monat bei der Ausstellung „Artists under the Sun" präsentieren südafrikanische Nachwuchsmaler und -bildhauer ihre Werke.

Freizeitspaß für Jung und Alt

*Heia Safari Ranch

Die Heia Safari Ranch ist ein beliebter Ausflugsort (Tel. 011-9195000, Fax 659 0709, www.heia-safari.co.za). Sie liegt nordwestlich bei Honeydew im typischen Bushveld und bietet auf dem Gelände freilaufende Zebras, Springböcke, Blessböcke und Impalas. Beliebt sind: „Barbecue Lunch" sonntags um 12 Uhr und „Mzumba"-Tanzvorführungen um 14 Uhr (wirklich sehenswert). Pirschfahrten sind auf der benachbarten *Aloe Ridge Farm* mit Giraffen, Nashörnern und Büffel möglich. Im *Phumangena Zulu Village* wird man traditionell bekocht, auch interessante Handarbeiten. Übernachtung in 50 Rondavels *(Comfort)*. Alternative: Wildparkgelände des Aloe Ridge Hotel (72 luxuriöse Zimmer, *Comfort-Kategorie*, inmitten schöner Aloenlandschaft, Tel. 011-9572070). Karte s.S. 640.

650 Johannesburg

Anfahrt vom Jo'burg-Zentrum über den D.F. Malan Drive (M 5), der außerhalb zur Swartkopsroad wird. Dann links abbiegen u. nach 400 m nach rechts.

*Gold Reef City

Der Ort spiegelt die Geschichte der Goldentdeckung am Witwatersrand wider. Ausgangspunkt ist der 1887 eröffnete Schacht Nummer 14, der erst 1971 aufgelassen wurde. Untertage-Touren (220 m tief) vermitteln gute Eindrücke, wie um 1900 Gold geschürft wurde und wie sich die Technik fortentwickelte.

Auf dem Gelände hat man viele Häuser aus der damaligen Zeit rekonstruiert. So z.B. ein altes Brauhaus, eine chinesische Wäscherei, eine Zeitungsredaktion, die Replica des „Theatre Royale", eine Schneiderei, Apotheke, ein viktorianischer Jahrmarkt und die Börse. Viele Räume sind mit originalen Möbeln versehen. Ein Plus von Gold Reef City ist das kulturelle Tanzprogramm, die Musikbands in den Straßen, die Fahrt mit dem „Fun-Train" und für Familien die vielen spannenden Attraktionen für die Kleinen. Im Eintrittspreis sind 26 Vergnügungen inbegriffen.

Gold Reef City, 14. Shaft, Northern Parkway, Ormonde, Tel. 011-2486800, www.goldreefcity.co.za. Di–So 9.30–17 Uhr, Mi–Sa gibt es Aufführungen im Theater. Abendessen vor den Shows kann mitgebucht werden. Geführte Touren. Gleich in der Nähe ist auch das **Apartheid Museum** (s.o.)

Anfahrt: M 1 Richtung Bloemfontein, etwa 8 km vom Stadtzentrum, siehe Anfahrtsbeschreibung zum Apartheid Museum.

Lion Park

Im Lion Park in Four Ways sieht man garantiert vom Auto aus Löwen. Es gibt auch Antilopen und für Kinder einen Streichelzoo, ideal für einen Tagesausflug mit der Familie. Restaurants, Pool, Souvenirladen mit Kunsthandwerk. Tgl. 8.30–21 Uhr, Tel. 012-4601814, www.lion-park.com. Tipp für Familien: Es gibt ein preisgünstiges,

schönes Zeltcamp, von aus man das Lachen der Hyänen und Brüllen der Löwen hören kann.

Anfahrt: Von Johannesburg auf der R 27 (Jan Smuts Avenue) Richtung Norden bis Abfahrt R 511; rechts auf den William Nicol Drive; in Four Ways an der Ampel links bis zur Cedar Avenue, dort rechts; nach 8,5 km an einer Kreuzung links und der Beschilderung folgen.

Ausflüge in die Umgebung

Carletonville

Carletonville, 90 km westl. von Johannesburg (über die N 12), entwickelte sich rund um die Blyvooruitzicht Goldmine, die 1937 gegründet wurde. Weitere Minen folgten: *Doornfontein,* die berühmte *Western Deep Levels,* deren Schacht 3600 m in die Erde dringt und die reichste Goldmine der Welt, *Driefontein Gold Mine.*

Das naheliegende **Abe Bailey Nature Reserve** ist ein 7000 ha großes Schutzgebiet mit interessanter Vogelwelt (230 Arten) und Zebras, Spring- und Blessböcken, Kuhantilopen, Gnus, Schakalen und Luchsen. Wanderwege und bescheidene Übernachtungsmöglichkeiten, Auskunft unter Tel. 014-9193431.

Old Kromdraai Goldmine

Diese alte Goldmine war von 1881–1914 in Betrieb. Eine der ersten Minen am Witwatersrand. Öffnungszeiten (nur am Wochenende!): 9–16 Uhr, Führungen zu jeder vollen Stunde (Eintritt R80, unter der Woche Anmeldung erforderlich). Die Mine liegt ca. 5 km nordöstlich der Sterkfontein Caves auf der Ibis Ridge Farm, Beschilderung nach Kromdraai folgen. Tel.082-2592162.

Rhino & Lion Nature Reserve

Gleich in der Nähe der Sterkfontein Caves lohnt das *Rhino & Lion Nature Reserve* unbedingt einen Besuch. Wie der Name schon andeutet, gibt es Nashörner, und

Löwen (auch weiße), aber ebenso Hyänen, Puma und Tiger. Viele interessante Aktivitäten. Infos unter Tel. 011-9570044, www.rhinolion.co.za (mit Anfahrtskizze und Live-Webcam).

Suikerbosrand Nature Reserve

Das Suikerbosrand Nature Reserve erreicht man über die N 3 South und weiter ab Heidelberg über die R 551 in westlicher Richtung. Der *Cheetah Trail* (4,5 km, 2 h) ist leicht begehbar und startet und endet am Visitor Centre. Der *Bokmakierie Trail* (4 km, 3 h) verläuft durch eine Naturschutzzone inmitten aktiver Landwirtschaft.

Der *Suikerbosrand Hiking Trail* (66 km) führt über hohe Hügel, Plateaus und durch Schluchten. Vorausbuchung notwendig, limitierter Platz in den Übernachtungshütten; Info-Broschüre beim Visitor Centre; Caravan-Park.

Bird Sanctuary

Das **Marievale Bird Sanctuary,** 8 km nordöstlich der kleinen Goldgräberstadt Nigel, liegt auf der Nord-Südroute der europäischen Zugvögel, die sich im südafrikanischen Frühling bis Sommer einfinden. Mit den einheimischen Vögeln gibt es 280 Vogelarten, darunter Flamingos und Sporengänse. Aus drei Verstecken kann man die Tiere ungestört beobachten (tgl. von Sonnenauf- bis -untergang). Picknickplatz. In Nigel kann man einen Abstecher in den **Piet Wagener Game Park** machen (Strauße, einigen Antilopenarten und ebenfalls viele Vögel, Mo–Fr 8–16 Uhr).

Lesedi African Lodge und Cultural Village

Über die R 512 Richtung Norden erreicht man bequem die **Lesedi African Lodge,** die täglich zwei Vorführungen bietet (um 11.30 Uhr *Monati Experience,* 16.30 Uhr *Boma Experience;* Eintritt 400 Rand). Lesedi wurde als multikulturelles Dorf gegründet, das die farbenfrohen Traditionen der Basotho, Ndebele, Pedi, Xhosa und Zulu interessierten Gästen präsentiert. Das Nyama Restaurant überrascht mit leckeren Speisen. Übernachtung: **Lesedi African Lodge,** Tel. 012-2051394, www.lesedi.com. Luxushütten und Zimmer im folkloristem Stil.

Sterkfontein, Cradle of Humankind – „Wiege der Menschheit"

Sterkfontein Caves (World Heritage Site)

Am 18. April 1947 entdeckte der Paläontologe Robert Broom in den **Sterkfontein Caves,** 50 km westlich Johannesburgs, die Überreste von „Mr. Ples" (oder „Mrs."?). Eine paläontologische Einmaligkeit, denn der Fund erwies das fehlende Puzzlestück der Theorie von Darwin, nach der Menschen und Affen einen gemeinsamen Vorfahren haben. Die Anatomie der Füße des *Australopithecus africanus* deutet darauf hin, dass dieser sowohl auf dem Boden als auch auf Bäumen leben konnte. Der jedoch sensationellste Fund erfolgte 1998: Da fand man ein nahezu vollständig erhaltenes menschliches Skelett, dessen Alter auf etwa 3,3 Mio. Jahre geschätzt wird! Weitere Funde, die auf ca. 3,5 Millionen Jahre datiert werden, waren Raubkatzen mit säbelartigen Zähnen und Riesenaffen.

Im Sterkfontein-Valley gibt es etwa 40 verschiedene fossile Stätten, von denen ein Dutzend erschlossen und zugänglich sind (s.u.). Die Sterkfontein ist die größte und bekannteste Höhle, dort wurden über 500 hominide Fossilien und 9000 Steinwerkzeuge gefunden. Zu besichtigen ist ein Höhlensystem mit 6 Kammern, Tropfsteinen und der einzige Höhlensee Südafrikas. Tgl. 9–16 Uhr, Eintritt R95, Führungen beginnen alle halbe Stunde. Ende 2005 wurde das neue, eindrucksvolle und preisgekrönte **Maropeng Visitor Center** eingeweiht (Setswana für „zurück zum Platz wo alles begann"). Man benötigt viel Zeit, superinteressant, „Zeitreise der Evolution", Geöffnet 9–17 Uhr.

Infos / Cave Tours

Sterkfontein Cave: Tel. 011-9566342. Websites mit vielen weiteren Informationen und Anfahrtsbeschreibungen:
www.valleyofancestors.com
www.discoveryourself.co.za
   Anfahrt aus Joburgs Innenstadt: über die M 10, M 18 und M 47 zur N 14. Dann östlich, noch ca. 10 km, in die R 563 Richtung Hekpoort.

Übernachtung

Kloofzicht Lodge, Driefontein Rd, Tel. 011-3170600, www.kloofzicht.co.za. Sehr stilvoll. Ü/F ab R1170 p.P.

Ingwenya Country Escape, Pine Valley Rd, Tel. 011-6590466, www.ingwenya.com. Apartes Landhotel mit Spa. Preise a. Anfrage.

Weitere Unterkünfte unter
www.sterkfontein.co.za.

Wonder Cave

Die große Kammer der Höhle wird auf 2,2 Mio Jahre geschätzt und besitzt wunderbare Stalagmiten und Stalaktiten. Führungen gibt es stündlich (Mo–Fr 8–16, Sa–So bis 17 Uhr) auf einem gut beleuchteten Weg. Infos unter Tel. 011-9570106.

Motsetse

Zu den neueren Ausgrabungsstätten gehört **Motsetse**, das im 3000 ha großen **Cradle Nature Reserve** zu finden ist. Besucher des Naturreservats können vor Ort eine Besichtigung arrangieren. Ferienhütten und ein Restaurant.

Kromdraai

1,5 km östlich der Sterkfontein Caves fand 1938 ein Schuljunge Schädelreste und Zähne. Seitdem werden immer wieder neue Funde gemacht und Steinwerkzeuge entdeckt.

Swartkrans

Mehr als 200 fossile Objekte menschlicher und tierischer Herkunft wurden ausgegraben.

Cooper's B

Durch einen menschlichen Backenzahnfund schon 1938 bekannt geworden, der unseren Vorfahren zugeordnet wurde. Seit 2001 wurden hier mehr als 5000 Fundstücke ausgegraben.

Drimolen

Im **Rhino and Lion Nature Reserve** gelegener Ausgrabungsort. 79 hominide Fossilien konnten gefunden werden, die bis 2 Millionen Jahre alt sind. Informationen unter Tel.011-9570109, www.rhinolion.co.za.

Gladysvale

Die Funde datieren zwischen 3 Millionen und 250 000 Jahren. Hominide Fossile, Tiere und Pflanzen wurden gefunden, die einen interessanten Aufschluss über diese Zeitperioden geben.

Bolt's Farm

2,5 km südwestlich von den Sterkfontein Caves wurden Reste von Elefanten, Antilopen, Säbelzahnkatzen und von Wildschweinen gefunden. Einige Nagetiere-Funde sind bis zu 4,5 Mio. Jahre alt und somit die ältesten der ganzen Region.

Haasgat

Beim Kalksteinabbau wurde ein großer Basaltstein gelockert, der zum Einsturz der Mine führte. In den Gesteinstrümmern wurde Überreste von Waldaffen gefunden, die 1,3 Mio zurückdatiert wurden.

Plover's Lake

Dr. Francis Thackeray vom Transvaal Museum war der Ausgrabungsleiter von Plover's Lake, 4 km südöstlich von Sterkfontein. Zusammen mit Wissenschaftlern der Washington University fand er in der Höhle fossile Überreste von Tieren, u.a. von Antilopen, einer ausgestorbenen Zebragattung und ein altes Leopardenlager.

Karte S. 640, 643, 645, 648   **Johannesburg**   **X**

Johannesburg und Umgebung von A–Z

Information

Johannesburg Tourism Bureau, 195 Jan Smuts Ave., Parktown North, Tel. 011-2140700, www.joburgtourism.com oder www.joburg.org.za.

    Eastern Gauteng Tourism, Ecke Louis Trichardt/Commissioner Street, Boksburg, Tel. 011-9171931 www.gauteng.net.

    Buchungen kultureller Veranstaltungen bei **Computicket,** Tel. 083-9158000 (Bezahlung per Kreditkarte; Bezahlung mit Bargeld direkt am Filial-Schalter).

Automobilclub AA

Das **AA-Hauptquartier** liegt in Kyalami, Denis Paxton House, www.aa.co.za (mit Anfahrtskizze) und ist unter 086-1000234 (Notruf, Reiseinfo und technischer Service) zu erreichen. Dort erfährt man die Adresse der nächstgelegenen Filiale.

Ausgehen

Aktuell informiert man sich über die besten Nachtlokale und abendlichen Veranstaltungen in der Zeitschrift **Weekly Mail & Guardian** oder im **Star.**

    Wer **Jazz** mag, kann sich in Johannesburg über Spitzenlokale freuen. Zu den meistbesuchten zählt die **BassLine Jazz Club,** 10 Henry Nxumalo St, Newtown Music Centre, Tel. 011-8389145, www.bassline.co.za (Programmvorschau). Ganz besonders zu empfehlen ist das **Kippies,** gleich neben dem Market Theatre (Di–So ab 19.30 Uhr, Tel. 011-8321641). Ein Relikt aus alten Zeiten ist die ***The Radium Beer Hall,** die 1929 als Tea-Room begann und sich im Laufe der Zeit zum Jazz-Restaurant entwickelte. Es liegt Ecke Louis Botha/9th Street in Orange Grove, Tel. 011-7283866, geöffnet tgl. 10–24 Uhr.

    Wer sich unter die Studenten mischen möchte und nichts gegen laute Musik hat, sollte in der **Wings Beat Bar,** 8 Ameshof St, Tel. 011-339 4492, vorbeischauen. Im **The Blues Room,** Village Walk Centre, Rivonia, Tel. 011-7845527, www.bluesroom.co.za, geht besonders an den Wochenenden die Post ab. Wer in eine Disco möchte, kann einen Besuch im Tanzschuppen des Chelsea Hotels, Catherine St, Hillbrow, wagen oder im **Bella Napoli,** 31 Pretoria St, einem Club mit Live-Musik. Bei einem kleinen Ausflug zum **Fisherman's Village** am Bruma Lake wird man sicherlich ein akzeptables Lokal finden. Auch der Pub in **Gold Reef City,** in dem man selbstgebrautes Bier bekommt, ist durchaus empfehlenswert. Nach 17 Uhr Eintritt frei.

    15 Theater gibt es in der Stadt. Drei davon sind im Komplex des **Market Theatre,** Bree Street, Tel. 011-8321641, untergebracht. Achten sollte man auf die Ankündigungen des **Windybrow Theatre,** Nugget St, Tel. 011-7207009, oder auf Aufführungen im **The New Black Sun,** Ecke Raymond/Rockey Street, Tel. 011-6489709, in dem man eher Ausgefallenes zu sehen bekommt.

    Tipp: Wer sich für einen Blick hinter die Kulissen interessiert, etwa für eine Demonstration von Licht- und Toneffekten, sollte eine Führung im **Civic Theatre,** Loveday St, Tel. 011-3311010, buchen.

Autovermietung

Avis, Airport, Tel. 011-3945433 oder Tel. 011-2801998, www.avis.com. *Budget,* Airport, Tel. 011-3942905 oder Tel. 0800-016622. *Hertz,* Tel. 011-5374800, www.hertz.com. *Europcar,* Airport, Tel. 011-9756736 oder Tel. 0800-131000. *Thrifty,* Tel. 011-3976630, www.thrifty.com. *Buffalo Campers,* North Riding, Tel. 011-704 1300, Fax 4625266, buffalo.co.za, Camper-/Caravanvermietung.

Bahnhof

Der Hauptbahnhof Park Station liegt an der Wolmarans Street (detaillierte Informationen übers Zugfahren s. Teil II, „Unterwegs in Südafrika").

Einkaufen

Antiquitäten

Maples Galleries Antiques, Rosebank Mall, 50 Bath Avenue, Shop. No 344. Am letzten Sonntag im Monat 10–18 Uhr, Stadtteil Parktown, Antiquitätenmarkt. Infos zur *Antique & Collectible Fair* unter Tel. 011-7889950.

Bücher

Sheldons und CNA, Eastgate Shopping Centre, 43 Bradford Rd, Bedfordview. *Exclusive Books,* Hyde Park Shopping Centre, Jan Smuts Avenue, Sandton. *Jeffrey Sharpe Rare Books,* Rosebank Mall, 50 Bath Avenue, Rosebank. *The Bookworm und CNA,* Sandton City Shopping Centre, Rivonia Rd, Sandton. **Tipp:** Die Rockey Street, Yeoville, hat jede Menge Second-Hand-Buchläden.

Gauteng

654 Johannesburg

Camping-Ausstatter

Trappers Trading, Shop 44, Fourways Crossing, Ecke William Nicol/Sunrise Blv, www.trappers.co.za. *Outdoor Warehouse,* Unit 2, 370 Kruger Rd, Strijdom Park, Tel. 011-7928331 und 20 Bisset Rd, Jet Park, Tel. 011-8266406, www.outdoorwarehouse.co.za; große Auswahl an Outdoor-Ausrüstung.

Einkaufszentren

Hinweis: Sicherheitskräfte durchsuchen die Handtaschen der Kunden und führen Leibesvisitationen durch, in Jo'burg eine zu begrüßende Maßnahme.

Eastgate Shopping Centre, 43 Bradford Rd, Bedfordview. Das **Sandton City Shopping Centre,** Rivonia Rd hat eine entspannte Atmosphäre. Sehr schön ist das **Randburg Waterfront,** Republic Rd, Ferndale. Der Komplex des **Oriental Plaza** in Fordsburg, Main Rd, zählt zu den Einkaufsparadiesen, 270 Geschäfte westlicher und östlicher Orientierung, schauen Sie den Minarett-Uhrenturm und die Pfauenfontäne an. Mo–Fr 9.30–17 Uhr, Sa 9.30–13 Uhr.

Flohmarkt

Bester Flohmarkt der Stadt mit mehr als 500 Ständen und einer riesigen Auswahl an Kunst, Kitsch, Township-Art, Antiquitäten, Trödel etc. ist der **Rooftop Market,** Rosebank Mall, 50 Bath Ave, Rosebank, sonntags und feiertags 9.30–17 Uhr. Ein weiterer Tipp ist der **Bruma Flee Market,** Bruma Lake, Bedfordview, Ecke Ernest Oppenheimer/Marcia Ave, Di–So 9.30–17 Uhr. Weitere unter www.joburg.org.za.

Juweliere

Infos über kostenlose Führung bei einem der großen Diamanten- und Goldhändler über **Erikson's Diamond Centre,** Tel. 011-9701355/ 3942477 (kostenlose Abholung) oder im Geschäft, 20 Monument Rd, Kempton Park. In der **Juwel City,** Ecke Mooi/Bree St, Tel. 3348881, kann man Juwelieren beim Schleifen und Trennen der Diamanten zuschauen und kaufen (Buchung notwendig).

Kunstgalerien

Art & Frame, East Gate Shopping Centre. **Natalie Knight and Goodman Gallery,** Hyde Park Shopping Centre, Jan Smuts Avenue, Sandton. **Pars Gallery,** Village Walk, Ecke Maude/Rivonia Road, Sandton.

Souvenirläden

Tiger's Eye, Eastgate Shopping Centre, 43 Bradford Rd, Bedfordview. **Itekeng,** Hyde Park Shopping Centre, Jan Smuts Ave, Sandton. **Bushwillow,** Rosebank Mall, 50 Bath St, Rosebank und Fourways Mall, Maude/Rivonia Rd. **Indaba Curios,** Sandton City Shopping Centre, Rivonia Rd, ein besonders guter Laden. **Gold Reef City Arts & Crafts Shop,** afrikanisches Kunsthandwerk und Antiquitäten.

Traditionelle Heilmittel und Gewürze

Entlang der **Diagonal Street** gibt es traditionelle **Muti-Shops,** in denen man Heilkräuter bekommt. Am **Oriental Plaza,** Nähe Bree/Main Street, im Stadtteil Fordsburg, indische Stoffe, Gewürze und Heilmittel. Der **KwaZulu Shop,** 14 Diagonal St, Tel. 011-8387352, ist eine Pilgerstätte für naturheilkundlich Interessierte; Beratung, welches Kräutlein man wie und gegen was einsetzt (Führungen durch den Laden).

Flughäfen von Johannesburg

Adressen und Telefonnummern der Fluglinien s. im **Teil II, „Unterwegs in Südafrika"** unter „Flugzeug".

OR Tambo International Airport

Tel. 011-9216911 und 9216262 (Helpdesk, Ankunft und Abflug, verlorenes Gepäck), www.acsa.co.za. *Medizin. Versorgung:* Airport Medical Clinic, Tel. 011-9216609. **Geldautomat** bereits in der Kofferhalle, viele weitere nach dem Zoll in der Ankunftshalle (auch Einlösung von Reiseschecks und Wechsel von Bar-Euros). Domestic Airport im gleichen Gebäudekomplex. Inlands-Weiterflug 2 Etagen höher!

Der Flughafen liegt 24 km östlich des Zentrums – zu erreichen über die R 24 oder über die N 12 und R 21. **Airport Bus** 5–23 Uhr, jede halbe Stunde von der Rotunda (das ist der Airport-Terminal im Zentrum Johannesburgs, s. Stadtplan) zum Airport. Daneben gibt es noch weitere Unternehmen, die die großen Hotels anfahren: **Magic Bus,** Tel. 011-6081662 nach Sandton); **Airport Link,** Tel. 011-8039474; **Airport Limousine,** Tel. 011-8039474. Taxis sind sehr teuer.

Der **GAUTRAIN** (www.gautrain.co.za) pendelt zwischen dem Airport und Sandton. Beachten Sie die Hinweistafeln.

Zweigstelle der **Johannesburg Publicity Association** am Flughafen, Tel. 011-9701220. **Autovermietung:** *Avis,* Tel. 011-3923730; *Budget,* Tel. 011-3901924; *Europe/Dolphin Car Hire;* Tel. 011-3948831; *Europcar,* Tel. 011-3972930.

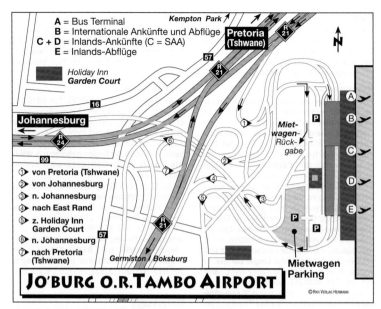

Jbg. Grand Central Airport JGC (Midrand)

Tel. 011-8053166/8, www.grandcentral.co.za. 28 km von Johannesburg, 29 km von Pretoria/Tshwane. **Rendezvous Transport,** Tel. 011-4523160, Flughafenzubringerservice. **Autovermietung:** *Avis,* Tel. 011-3151641; *Budget,* Tel. 011-3155947; *Imperial,* Tel. 011-3152132.

Jbg. Rand Airport – GRA (Germiston)

Tel. 011-8278884/5/6, www.randairport.co.za. 15 km vom Zentrum. **Rendezvous Transport,** Tel. 011-4523160, Flughafenzubringerservice. **Autovermietung:** *Avis,* Tel. 011-8274604.

Jbg. Lanseria Airport – HLA (Randburg)

Tel. 011-6592750, www.lanseria.co.za. **Rendezvous Transport,** Tel. 011-4523160, Flughafenzubringerservice. **Autovermietung:** *Avis,* Tel. 011-6591021; *Budget,* Tel. 011-7013282; *Imperial,* Tel. 011-6591021.

Internet

Milky Way Internet Café, The Zone, on Oxford Street, www.milkyway.co.za; 8.30-23 Uhr. **Internet Virtual Café,** Bruma Board Walk Shopping Centre, Bruma Lake, Tel. 082-5540384, cafe@virtualcafe.co.za; Mo–Do 9.30–22 Uhr, Fr/Sa 9.30–24 Uhr, So 10–20 Uhr. **Internet Cafe Westdene,** 21 Thornton Rd, Westdene, Tel./Fax 011-477 4511, steve@westcafe.co.za; Mo 19–24 Uhr, Di–Sa 12–24 Uhr, So 19–24 Uhr.

Konsulate

Österreichisches Generalkonsulat: 73 Juta St, Braamfontein, Tel. 011-4031850, Fax 3397802.

Notrufnummern

Polizei, Tel. 011-10111; *Ambulanz,* Tel. 011-999; *Feuerwehr,* Tel. 011-3312222; *Johannesburg General Krankenhaus,* Tel. 011-4884911; *Medizinischer Notdienst,* Tel. 011-3312222; *Zahnarzt,* Tel. 011-290029.

Parken

Die meisten großen Einkaufszentren haben eigene Parkplätze. Im Zentrum die öffentlichen Plätze benutzen, z.B. Ecke Market/Simmonds Street, Ecke Harrison/De Villiers Street oder Ecke Klein/Plein Street. Daneben zahlreiche private Plätze mit z.T. hohe Gebühren.

656 Johannesburg

Karte S. Karte S. 640, 643, 645, 648

Post

Hauptpostamt, Jeppe St, Mo–Fr 8.30–16.30 Uhr, Sa 8–12 Uhr. Im *Rissik Street Post Office*, Ecke Rissik/Market Street, eines der ältesten Häuser der Stadt aus dem Jahr 1897, kann man Grußpostkarten kaufen und absenden.

Restaurants

Zu den **Top-Restaurants** zählen das **Vilamoura,** Ecke Alice/5th Street, Tel. 011-7805157. Internationale und portugiesische Küche. – Französisch: **Ile de France,** Cramerview Shopping Centre, 277 Main Rd, Sandton, Tel. 011-7062837. Ein französisches Restaurant der Spitzenklasse: **Ma Cuisine,** 7th Avenue, Parktown North, Tel. 011-8801946.

Internationale Küche der gehobenen Klasse bekommt man im ***Le Canard,** 163 Rivonia Rd, Morningside, Sandton, Tel. 011-8844597, www.lecanard.co.za (Mo–Fr Lunch, Mo–Sa Dinner) und im **Moyo (Zoo Lake) Restaurant,** Zoo Lake Gardens, Parkview, Tel. 011-6460058, www.moyo.co.za. – Das beste Restaurant mit südafrikanischer Küche ist das **Linger Longer,** 58 Wierda Road West, Wierda Valley West, Sandton, Tel. 011-8840465, www.lingerlongerrestaurant.co.za. Gleich gefolgt von ***Gramadoelas at the Market,** am Market Theatre, Ecke Bree/Miriam Makeba St, Tel. 011-8386960, www.gramadoelas.co.za. – Für gute „afrikanische" Atmosphäre bekannt ist das **Iyavaya,** Yeoville, 42 Hunter St, Tel. 011-6483500 (Mo–Sa 12.30–14 Uhr, tgl. 18–23.30 Uhr). – Wildspezialitäten bekommt man in **The Train,** Old Pretoria Road (R 101), Midrand, Tel. 011-805 1949. – Das **Daruma,** Park Gallery, 84 Corlett Drive, Melrose North, Tel. 011-4472260, ist das bekannteste japanische Restaurant der Stadt. – Spezialist für Fischgerichte ist **Horatio's,** Ecke 3rd/7th Street, Melville, Tel. 011-7262247.

Besonders empfehlenswert ist das ***Jaspers International,** 108 Rosebank Mall, Cradock Avenue, Rosebank, Tel. 011-4424130. Täglich geöffnet, Sonntagabend geschlossen. – Paolo Adamo ist Italiener und ein passionierter Koch. Sein Restaurant heißt ***Cucina Italiana.** Weitere Informationen sollte man sich auf dem Teller servieren lassen. Sandton Place/Ecke 11th St, Tel. 011-7834843. Lunch: Mo–Sa, Dinner Do–Sa.

Nach seiner Entlassung aus dem Gefängnis pflegte Mandela sich im **Saxon** kulinarisch verwöhnen zu lassen (36 Saxon Rd, Sandhurst, Tel. 011-2926000). Mediterrane Küche mit leicht asiatischem Einschlag. Am Wochenende Brunch und auch Büfett.

Taxi

Vor vielen Restaurants, Bars und Discos warten Taxis mit Taxametern („Metered Taxi"). Falls nicht, kann man sich an **Rose Radio Taxi** wenden, Tel. 011-4039625 oder 4030000. Wartezeit 5–10 Minuten.

Touranbieter

Felix Unite, Tel. 011-8039775, Fax 8039603, www.felixunite.co.za. Zuverlässiger Reiseveranstalter für Abenteuertouren wie **Kanu- und Wildwasserfahrten** auf dem Orange, Vaal, Tugela und Breede River (1–6 Tage). Zu den Safari-Anbietern der Region gehören u. a. **Wildlife Safaris,** Tel. 011-7914238, www.wildlife safaris.com.

Ausflüge nach **Soweto, Stadtrundfahrten** veranstaltet **Vhupo Tours,** Tel. 011-9360411, www.vhupo-tours.com. **Jimmy's Face to Face Tours,** Touristic House, 130 Main St, Tel. 011-3316109, Fax 011-3315388, bietet halb- und ganztägige Touren, auf Wunsch in deutscher Sprache (ca. R360 p.P.). **Ballon-Safaris** in die Magaliesbergwelt bucht man bei **Bill Harrop's,** Tel. 011-7053201/2, Fax 7053203, www.balloon.co.za.

Unterkunft

Luxus

In SANDTON:

Crowne Plaza Sandton, Rivonia Rd, Tel. 011-8835730, www.crowne plaza.com. Luxushotel mit 350 Zimmern. Gute Lage.

Hotel Balalaika, 20 Maud St, Tel. 011-322 5000, www.balalaika.co.za. First-Class-Hotel, 330 Betten, ruhige Lage. Kurze Wege zu Restaurants und Shopping Malls.

Garden Court, Ecke Katherine/Rivonia St, Tel. 011-8838508, www.tsogosunhotels.com. Gediegenes Hotel, guter Service.

Weitere First-Class-Hotels in Sandton s. Sandton-Karte.

The Courtyard at Bruma Lake, Zulberg Close, Kengray, Tel. 011-6228436, Luxus-Studios und Zimmer, direkt am Seeufer. DZ ab R850 p.P.

Michelangelo, 135 West St (Ntemi Piliso St), Sandton Square, Tel. 011-2827000, www.michelangelo.co.za.

Park Hyatt Johannesburg, 191 Oxford Rd, Rosebank, Saxonwold 2132, Tel. 011-2801234, johannesburg.regency.hyatt.com. 244 Zimmer, 15 Suiten, 60 Regency Club-Zimmer.

Karte S. Karte S. 640, 643, 645, 648   **Johannesburg**   **657**

Comfort

*A Room with a View, 1 Tolip St, 4th Avenue, Melville, Tel. 011-4825435, www.aroomwitha-view.co.za (mit Anfahrtskizze). Jedes der 14 Zimmer hat einen eigenen Charme, einige mit Balkon und mit offenen Kamin. Ü/F ab R495 p.P.

Chateau Brisan, 35A Kloof Rd, Bedfordview, Tel. 011-4551247, Elegantes Gästehaus, Flughafennähe.

*Elizabeth Manor Guest House, 141 First St (Ecke Elizabeth Avenue), Sandhurst, Tel. 011-8840880, www.elizabethmanor.co.za (m. Anfahrtskizze). Gepflegtes Gästehaus mit Atmosphäre. Pool.

Fountain Head Guest House, 52 Urbania St, Observatory 2198, Tel. 011-4873564. Italienisch gestylte Villa von 1920, schöner Garten mit Fontänen und Wasserlandschaft, sehenswert.

Orion Hotel Devonshire, Ecke Melle/Jorissen Street, Braamfontein (Nähe Universität), Tel. 011-3395611, über www.oriongroup.co.za, DZ/F ca. R1400. **Gutes Hotel, eines der ganz wenigen im Zentrum,** Airport-Abholservice.

Out of Africa, 32 The Willows, Field Close, Bedfordview, Tel. 011-4555085, Fax 4553144. Klassisches Gästehaus, 2 schöne DZ.

Thandidille Mountain Lodge, 5 Linda Place, Northcliff, Tel. 011-4761887. 10 individuell und schön eingerichtete Suiten.

Protea Hotel Parktonian, 120 De Korte St, Braamfontein, Tel. 011-4035740, www.protea-hotels.com. Elegant, alle Annehmlichkeiten.

Zulu Nyala Country Manor, 270E Third Rd, Chartwell, Tel. 011-7029300, www.zulunyala group.com. Gepflegt, großzügige Zimmer, Parklandschaft, gute Straßenanbindung, Flughafennähe, Abendessen, Reitschule. DZ R1310.

Außerhalb:

Rivonia B&B, Rivonia (Nord-Sandton, Anfahrt über M9), 3 River Rd, Tel. 011-8032790, www.rivoniabb.co.za (m. Anfahrtskizze). Günstig gelegen zwischen Joburg und Pretoria, schöne Unterkunft in Villengegend, Security-Bereich, nahe zu Restaurants, 41 Zimmer, dt.-spr., großes Frühstücksbüfett.

Gold Reef City Hotel, Tel. 011-2486800, www.goldreefcity.co.za. Gelungen nachempfundenes viktorianisches Herrschaftshaus, an der „Kunststadt" Gold Reef City, ideal, wenn man Jo'burg meiden möchte.

Touristic

*Ah Ha Guest House, 17A Talisman Ave, Bedfordview, Tel. 011-6163702, www.ahha lux.co.za. Elegant, großes Haus, Flughafen 12 Minuten, nahe Stadt und Einkaufszentren.

Brabyn Manor, 15 Vulcan St, Kensington, Tel. 011-6144154. Ruhig, entspannende Atmosphäre.

Heather Hill, 10 Terrace Rd, Mountain View, Tel. 011-7875220, www.heatherhill.co.za. 2 DZ. Herrliche Umgebung, Kinder ab 12.

Melville Manor, 80 2. Ave, Melville, Tel. 011-7268765, Fax 4823322, www.melvillemanor. co.za. Traditionsreiches Gästehaus, gute Lage zu Restaurants, Einkaufszentren und kulturellen Einrichtungen.

Rockridge Manor, 134 Smit Street/Ecke 8. Ave, Fairland, Tel./Fax 011-6781125, www.rockridgemanor.co.za. Bester Tipp dieser Preisklasse, exzellente Küche.

The Bedford View, 26 Douglas Rd, Bedfordview, Tel. 011-4551055, www.thebedford view.co.za. Gepflegt, schön, Park, mit Flughafentransfer, Abendessen.

The Melville House, 59 Fourth Ave, Melville 2109, Tel. 011-7263503. Im Künstlerviertel, Privathaus der Schriftstellerin Heidi Holland.

Villa Ilanga, 38 Monkor Rd, Rand Park Ridge, Tel. 011-4763939. Deutsche Gastfreundlichkeit, ansprechende Umgebung.

Waterfall Cottages, 45 Waterfall Ave, Craighall Park 2196, Tel. 011-7872536, www.where tostay.co.za/waterfallcottages. 3 Cottages, englischer Garten, sichere Gegend.

Budget

Meredale B&B, 14 Cecil St, Meredale 2091, Tel. 011-9422349. Nur ein einziges gemütliches Zimmer, m. Frühstück, falls gewünscht.

Rumah Bakul, 19 Mulder St, Ontdekkerspark, Ansfrere 1711, Tel. 011-7362498. Kinder willkommen, Raucher nicht, ruhig.

The Fig Tree Cottage, 19 Clieveden Ave, Auckland Park 2092, Tel. 011-7261241. Gemütliches Cottage, nahe Uni, Restaurants u. Einkaufszentren.

☐ Für Reisende Richtung Osten, die erst abends in Jo'burg ankommen, ein Tipp: **Clover House B&B,** 23 km v. Airport; Plot 54, Seventh Rd, Cloverdene, Benoni, Tel. 011-969 4846, DZ R200-250 p.P.

Gauteng

658 Soweto

Karte S. 640

Youth Hostels u. Backpacker Lodges

Bei den meisten kein Alterslimit.

*Africa Centre, 65 Sunny Rd, Lakefield 1501, Tel./Fax 011-8944857, africacentrelodge.co.za (m. Anfahrtskizze), 5 Min. vom Flugplatz (kostenloser Abholservice). Pool, Garten, Internet. Dormitory R300 DZ ab R600.

*Brown Sugar, 75 Observatory Ave, Observatory Extention 2198, Tel. 010-2370708, www.brownsugarbackpackers.com. Dieses ungewöhnliche Haus wurde einst vom Mafia-Boss Mannie da Rocha als Partyhaus für Freunde gebaut, heute tummeln sich hier Traveller aus aller Welt. Bar, Pool, Jacuzzi. Baz Bus. Dormitory R160, DZ R360, Camping R100. Abendessen R70 (Frühstück ist inkl.).

Fleet Street Guest House, 101 Fleet St, Ferndale 2160, Tel. 011-8860780, www.fleetstreet guesthouse.co.za. Sehr beliebt, Gartenlage, Kinder willkommen.

Mbizi Backpackers Lodge, 288 Trichardt Rd, Parkdene, Boksburg, Tel. 011-8920421, www.mbizi.com. Neueres Hostel, saubere Zimmer. Kostenloser Abholdienst vom Flughafen. Kleiner Pool. Dormitory R160, DZ ab R340.

The Backpakkers Ritz, 1A North Rd, Dunkeld West, Craighall, Tel. 011-3257125, Fax 325 2521, www.backpackers-ritz.co.za. Sehr schön mit großem Garten u. Pool. Dormitory u. DZ.

Camping

Honeydew Caravan Park, DF Malan St, Honeydew, Tel. 011-7952031. 16 km vom Zentrum, Pool.

Pomona Caravan Park, Hawthorn St, Kempton Park, Tel. 011-9791011.

Protea Caravan Park, Pomona Road, Kempton Park, Tel. 011-9792071.

Barden Park, 10 km auf der Straße nach Vereeniging, Tel. 011-9422600.

Nachbarstädte von Johannesburg

Soweto

Soweto (**S**outh **W**estern **To**wnships), zweitgrößtes Wohngebiet Südafrikas, liegt südwestlich von Johannesburg. Einst eigenständige Stadt, seit 2002 Stadtteil von Jo'burg. Soweto erstreckt sich über 130 qkm, hier leben etwa **3,5 Millionen Menschen** aus 9 ethnischen Gruppen. Entstanden nach dem 2. Weltkrieg als Siedlung für schwarze Goldminenarbeiter und für die schwarzen Bewohner des Johannesburger Stadtteils Sophiatown (das bei einer Säuberungsaktion dem Erdboden gleichgemacht wurde und als „Triomf" für die weiße Arbeiterklasse wieder auferstand).

Soweto ist längst nicht mehr das „Wellblechprovisorium" von einst, die schlimmsten Slumgebiete sind einigermaßen saniert. In Hunderten von Straßenzügen stehen Häuser auf engstem Raum aufgereiht und mit Schotterstraßen verbunden. Aber man findet auch „Beverley Hills", das Villenviertel der schwarzen „Aristokratie", darunter die ehemalige Villa von Nelson Mandela (heute das meistbesuchte Museum Sowetos) und das Haus von Erzbischof Desmond Tutu, Vilakazie Street. Ähnlich wie in den weißen Vierteln sind die Grundstücke mit Stacheldrahtzäunen gesichert und mit Videokameras bestückt. Wenn man schon in der Vilakazie Street ist, sollte man einen Besuch im **Restaurant Sakhumzi's** nicht versäumen. Interessante Küche. Soweto boomt mit immer neuen Supermärkten und Einkaufszentren, wie z.B. dem modernen *Dobsonville Shopping Complex*, mit Banken, Take Aways und kleinen Kneipen.

Soweto ist kein schönes Ausflugsziel, aber lehrreich. Die Standard-Touren für die zahllosen Besucher im Jahr führen meist zum *Walter Sisulu Square*, streifen die Elendsviertel, zeigen Kindergärten, die typischen Vierzimmerunterkünfte, aber auch die Nobelviertel. Man besucht eine lokale Kneipe und wirft einen Blick auf das *Chris Hani Baragwanath Hospital*, das größte Krankenhaus der südlichen Hemisphäre, sieht vielleicht die Häuser Nelson Mandelas und von Erzbischof Tutu. Das

Restaurant *Wandie's Place* erhielt einst beste Kritiken, weshalb man hier meist viele Touristen antrifft (618 Makhalamele Street, Dube, Tel. 011-9822796, tgl. geöffnet). Authentischer sind aber die kleinen **Shebeens,** die zu Privatkneipen umfunktionierten Wohnzimmer, in denen man bei laufendem Fernseher Bier und *pap* (traditioneller Maisbrei) serviert bekommt. Wer schon vor Ort ist und das „neue" Soweto kennenlernen will, der sollte *Ruby's Lounge* besuchen, ein trendiger Restaurant/Event Spot mit super Essen und guter Musik. .

Sehr besuchenswert ist das Hector-Pieterson-Museum und Mahnmal im Stadtteil **Orlando.** Es erinnert an die Geschehnisse, die 1976 zum sogenannten Soweto-Aufstand führten, in dessen Verlauf 565 Menschen den Tod fanden, darunter der damals erst zwölfjährige Hector Pieterson. Sehenswert ist auch das **Kliptown Open Air Museum.** Am **Walter Sisulu Square** (früher Freedom Square) wurde 1955 die Freedom Charter, die Menschenrechts-Charta der UN, vom historischen *Congress of the People* angenommen, unter ihnen Nelson Mandela, der danach zusammen mit 156 Aktivisten verhaftet wurde. Tgl. geöffnet, www.jda.org.za.

Zwischen Orlando East und dem Apartheid-Museum an der M1 liegt das WM-Stadtion 2010, **Soccer City.**

Information Soweto / Touren

Allgemeine Infos unter Tel. 011-336 4961 und www.soweto.co.za. **Vorsichtshalber sollte man nicht allein nach Soweto fahren – vor allem nicht mit einem Minibustaxi oder gar dem Zug!** Es ist besser, sich einer geführten Tour anzuschließen. Empfehlenswert ist **Soweto-Tours,** Tel. 011-4633306, www.sowetotour.co.za. Unterschiedliche Touren – empfehlenswert ist die Fahrradtour.

Unterkunft

Soweto Backpackers, Orlando West, Ecke Pooe/Ramushu Sts, Haus 10823A, Tel. 011-9363444, www.sowetobackpackers.com (m. Anfahrtsbeschreibung). Frühstück möglich, auch Selbstversorgung. Zu Fuß sind Shops, Shebeens, Restaurants und das Hector Pieterson Museum erreichbar. Soweto-Rad u.a. Touren. Flughafen-Shuttle. Dormitory R145, DZ R360, Camping R95, je p.P.

Krugersdorp

Krugersdorp ist eine angenehme, moderne Stadt mit großzügigen Parkanlagen und Freizeiteinrichtungen – sieht man von dem immer größer werdenden weißen Slum am Stadtrand ab. Der *African Fauna and Bird Park,* Tel. 011-6602623 (tgl. 9–16 Uhr) bietet neben kleineren Säugetierarten viele Vogelarten, die zum Teil für Shows, z.B. fürs Fernsehen, abgerichtet sind (Vorführungen So 12 und 14 Uhr). Die Vogelwelt steht auch im Mittelpunkt des städtischen Pretorius Park.

Etwas außerhalb in der Rustenburg Road, Randfontein Estates Gold Mine, findet man das **South African National Railway and Steam Museum,** (Tel. 011-8881154) mit 50 restaurierten Eisenbahnwaggons und Dampflokomotiven (monatlich Sonderfahrten, telefonisch erkundigen!).

An der Straße nach Rustenburg, 5 km außerhalb (R 2, Tarlton), liegt das **Krugersdorp Game Reserve,** Tel. 071-556 3813. In der typisch hügeligen Bushveld- und Graslandschaft des Transvaal leben auf 1400 ha Breitmaulnashörner, Büffel, Giraffen, Löwen, Zebras, Eland und andere Antilopenarten. Geführte Wanderung (4 km, 2 h). Pirschfahrten auch abends.Übernachtung in der **Kruger Kloof Lodge,** Tel. 071-5563813.

Information

Mogale Tourism, 57 Commissioner St, Tel. 011-9533727, Fax 011-6604865, thewestrand.co.za/wordpress.

Unterkunft

Comfort Sterkfontein Heritage Lodge,
1 Wolf St, Tel. 011-9566111, sterfontein
lodge.co.za. Riedgedecktes Gästehaus mit
fantastischem Panorama. Mit Restaurant.
Touristic Die Herberg, 39 Commissioner St,
Tel. 011-9534220, Fax 9534678. Familienfreundlich.

Roodepoort

Der Ort verdankt seinen Reichtum und
seine moderne Architektur den reichlichen Goldfunden der Region. Das **Roodepoort Museum,** Tel. 011-7610225,
Civic Centre, Christiaan de Wet Road (Di–
Fr 9.30–16.30 Uhr, So 14–17 Uhr), beschäftigt sich mit der Entdeckung des
Edelmetalls: Darstellungen über das Leben der Pioniere und verschiedener gold-
haltiger Gesteinsformationen; viktorianisches Gebäude und eine alte Schmiede.
Gelegentlich werden Besuche der *Wilges-
pruit-Mine* arrangiert.

Im *Kloofendal Nature Reserve* (150 ha),
Galena Avenue, Kloofendal (Sept–Apr 8–
18 Uhr), hat man auf den Hügeln einen
Ausblick auf die Umgebung und die älteste Goldmine der Region (1884), die
Confidence Mine Shaft, heute denkmalgeschützt (Führungen). In der Nähe des
Reservats beginnt der *Helderkruin Nature
Trail* (3 km) durch eine malerische
Schlucht mit einem kleinem Wasserfall.
Im *Witwatersrand National Botanical Gardens,* Malcolm Road, kann man in Gartenlandschaften die typische Flora des Highveld bewundern. Ein Wasserfall stürzt
70 m in eine Schlucht. Tgl., Führungen So
14–17 Uhr, Tel. 011-9581750.

Information

Westrand Tourism, Tel. 011-4115272,
www.westrandtourism.

Unterkunft

Touristic Chez Esme, Malachite St,
Tel. 011-6791816, www.chezesme.co.za.
Schöne Zimmer mit Bergblick.

Magaliesburg

Magaliesburg liegt ca. 40 km westl. von
Johannesburg idyllisch in einem subtropischen Tal am Fuß der Magaliesbergkette.
Guter Ausgangspunkt für Exkursionen. An
Kunsthandwerk Interessierte erhalten bei
der Western Cane Trading Company, Tel.
014-5771361, eine Karte, in der alle zu be-
sichtigenden Kunstwerkstätten einge-
zeichnet sind. Lohnenswert ist ein Besuch
des Bildhauers Charles Gotthard. Zu den
empfehlenswerten Restaurants zählen das
Brauhaus am Damm und das Goblins Cove
Restaurant and Coffee Shoppe.

Information

Tel. 011-4757835, www.magaliesburg.co.za u.
www.magaliesmeander.co.za

Corriloch Koi Farm /Wedding Village

Mike Milani ist Aufzuchtexperte für wertvolle
japanische Koi-, Gold- und andere Süßwasserfische (Mo–Fr Führungen). Das Herzstück der
Farm ist ein historisches, elegantes Farmhaus
von 1860. Vor dieser Kulisse und inmitten eines
wunderschönen Gartens veranstaltet Corrie
Milanie Hochzeiten unter freiem Himmel, auch
für Heiratswillige aus Übersee.

Infos: Corriloch Koi Farm/Wedding Village,
Magaliesburg, Tel. 082-8067872, www.corri
loch.co.za.

Unterkunft

Luxus Mount Grace Country House, Tel.
014-5775600, www.mountgrace.co.za. Eine
der besten Adressen des Landes. Mit Spa.
Ü/F R765–1750 p.P.

Out of Africa, Tel. 014-5771126, www.goblins.
co.za. Romantisch, Garten, Rieddachhäuser für
2–4 Personen, gute Küche, Ausritte, Forellenangeln, Wanderungen, keine Kinder. Wochenende ab R2600.

*Valley Lodge, Tel. 014-5771301, www.val
leylodge.co.za. Luxus-Cottages, am Fluss, Golf,
sehr gutes Restaurant. Ü/F ab R1350 p.P

Touristic Dama Dama, Syferbult, Tel. 071-
3342666, www.wheretostay.co.za/damadama.
SC-Cottages in herrlicher Landschaft.

**Camping Magalies Sleepy River Caravan
Park,** Tel. 014-5771524. Stellplätze am
Flussufer.

Mpumalanga
Krügerpark und Abstecher nach Swaziland

Einführung

Mpumalanga – **„Land der aufgehenden Sonne"** –, früher bekannt als **Eastern Transvaal**, wird beherrscht von der landschaftlichen Schönheit des Lowveld und der Szenerie des **Escarpment** (geolog. Bruch- bzw. Randstufe). Auf dem Weg von Johannesburg Richtung Osten durchquert man endloses Grasland, an dessen Saum sich allmählich Hügel zeigen, die sich langsam zu den gewaltigen Gipfeln der **Transvaal Drakensberge** erheben. Diese Bergkette birgt, bedingt durch spezielle klimatische Verhältnisse, eine einzigartige *Flora* und *Fauna* und einige der spektakulärsten *Naturwunder* des afrikanischen Kontinents. Im Osten fällt das Escarpment in die wildreichen Ebenen des Lowveld und zum **Krügerpark** ab. Das **Middleveld** ist die Heimat der **Ndebele,** deren kunstvoll bemalte Häuser man besonders gut im „Cultural Village" von **Mapoch** besichtigen kann. Das Highveld erstreckt sich im südöstlichen Teil Mpumalangas bis hinüber nach Swaziland.

Internet

www.mpumalanga.com

Sehenswert

Wer die landschaftlichen „Perlen" herausfischen möchte, sollte von **Lydenburg** über den **Long Tom Pass** fahren, später die Aussicht auf die **Lone Creek Falls** genießen und ab **Sabie** unbedingt die **Panorama Route** wählen, eine Fahrt, die zu den Natur-Attraktionen **Mac-Mac Falls, God's Window** (Aussichtspunkt), **Bourke's Luck Potholes** (ausgewaschene Felsformationen im Fluss), zum **Blyde River Canyon** und zu den Goldgräberstädtchen **Graskop** und **Pilgrim's Rest** führt.

Mpumalanga ist zu jeder Jahreszeit schön und bietet etwas für jeden Geschmack. In vielen staatlichen und privaten Parks kann man auf über 50 angelegten Wanderwegen das Land durchstreifen, allein oder mit erfahrenen Rangern, und für Autotouristen wurden an schönen Stellen Aussichtspunkte angelegt. Das Freizeitangebot ist abwechslungsreich und obwohl die Lodges und Resorts am Saum des Krügerparks mit die exklusivsten und teuersten Ferienunterkünfte Südafrikas sind, bietet die Provinz für jeden Geldbeutel etwas, sowohl für Alleinreisende als auch für Familien. Wer eine Verknüpfung der Naturschönheiten Mpumalangas mit denen in **KwaZulu-Natal** sucht, sollte eine Durchfahrt durch das **Königreich Swaziland** erwägen (oder auch nur einen Abstecher). Hier findet man Afrika in einer besonderen Konstellation aus authentischer Kultur, Naturschutz, Unberührtheit und Gastfreundschaft.

Lowveld Gourmet Route

Diese führt zu den „Big-5-Restaurants" der Provinz Mpumalanga:

Das Restaurant von **Summerfields** in der Nähe von Hazyview (R536, Sabie Road, Tel. 013-

7376500, www.summerfields.co.za, auch traumhafte Übernachtungen) bietet regionale Küche. – Das **Salt Restaurant** in White River, Tel. 013-7151555, empfiehlt sich mit „Comfort-Fusion-Food". – Nahe White River wird im romantischen **Oliver's Restaurant** (Tel. 013-7500479, www.olivers.co.za, auch liebevoll eingerichtete Zimmer) ein besonderes Fondue serviert. – In Mbombela/Nelspruit ist für klassische französische Küche das **Zest** bekannt (Langa Lifestyle Centre, Tel. 013-7422217, www.zestestaurant.co.za) und das **10 on Russel** Restaurant verwöhnt mit Nouvelle Cuisine (Tel. 013-7552376).

Klima

Der meiste **Regen** fällt **Oktober–März**. Die Sommertage sind heiß – sehr heiß im Lowveld mit Gewitterwahrscheinlichkeit in den Nachmittagsstunden. Die Sommernächte sind mild. In den Wintermonaten kann es, besonders in den Gebirgsregionen, zu sehr kalten Tagen kommen. Die Nächte können frostig werden und in hohen Lagen ist mit Schneefall zu rechnen. Teile des Krügerparks und der Transvaal Drakensberge sind malariagefährdet, Prophylaxe empfehlenswert.

Sicherheit

Die Sicherheit nimmt mit der Entfernung von Johannesburg zu. Dennoch ist bereits in kleineren Städten Vorsicht angesagt. Dies betrifft die Sicherheit der geparkten Fahrzeuge und die persönliche nach Sonnenuntergang. In den meisten **privaten** oder **staatlichen Naturschutzgebieten** herrschen **große Sicherheitsvorkehrungen.** Nur der Krügerpark ist zu groß, um z.B. Diebstähle aus Autos und Zelten völlig auszuschließen.

Auf der N 4 nach Osten über Mbombela/Nelspruit bis Komatipoort (Grenze Moçambique)

Die **N 4** ist die Hauptverkehrsader Mpumalangas. Sie ist die schnellste Verbindung von Johannesburg und Pretoria/Tshwane zum (südlichen) Krügerpark und wichtigste Handelsstraße nach Moçambique (Maputo).

Middelburg

Middelburg ist ein Ort mit angenehmer Atmosphäre, genau richtig, um auf dem Weg zum Krügerpark einen Zwischenstopp einzulegen und in einem der Supermärkte Vorräte einzukaufen (einige auch So geöffnet) oder in einer Bank Geld „nachzutanken". Bei der Gelegenheit könnte man sich den *alten Bahnhof* oder *Meyers Bridge* anschauen, zwei historisch bedeutsame Bauwerke aus der Zeit der *Zuid-Afrikaansche Republiek* (ab 1852).

*Something out of Nothing

Die bekannte Ndebele Künstlerin Sarah Mahlangu hat im Township Mhluzi ein Kunst-Programm entwickelt, in dem sogar aus Abfällen Erstaunliches kreiiert wird. Unbedingt besuchenswert! 6344 Extension B, Reabotha, Tel. 013-2422113.

Information Middelburg
Middelburg Information Centre, Tel. 013-2432253, Fax 2431923, www.infomiddelburg.co.za.

Unterkunft

Touristic
Middelburg Country Club, Tel. 013-2826176, www.midgolf.co.za. Schön gelegen, inmitten des örtlichen Golfplatzgeländes, geräumige Zimmer.

Karte S. 663　　　　　　　　　　　　　　　　　　　　　　　　　　　**Middelburg**　　**663**

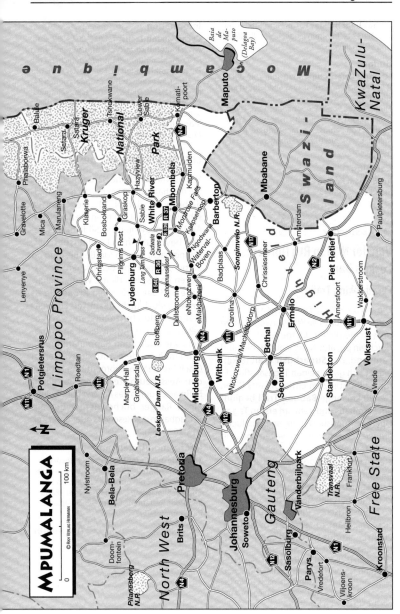

Ribbokkloof Holiday Farm, Farm Uitkyk, Tel. 082-3883247. Inmitten ländlicher Idylle. B&B und SC-Chalets.

Budget
*Olifants River Lodge, Middelburg, an der R 555 zwischen Witbank und Middelburg am Ufer des Olifants River gelegen, interessant für Flugreisende von/nach Johannesburg, Tel. 013-2439401, www.olifants-river-lodge.co.za. Chalets, Log Cabins, sehr familiengerecht, Reiten, Kanufahrten, Wanderungen, Restaurant.

Camping
Krugerdam Resort, Coetzee St am Krüger-Staudamm, Tel. 013-2442105.

→ **Abstecher**

Von der N 11 in Rtg Norden: Loskop Dam

Cycad Hiking Trails

Die Cycad Hiking Trails liegen nördlich von Middelburg. Die Wanderwege haben unterschiedlicher Länge und führen durch ein privates Naturschutzgebiet und Farmland. Der **Sugarbush Trail** (8 km) eignet sich gut für einen Tagesausflug. Er führt hinunter zum Little Olifants River. Der 20 km lange **Baboon Trail** beginnt am Farmhaus und geht am ersten Tag zu Übernachtungshütten in einer Schlucht, am zweiten Tag in einem weiten Bogen in einer faszinierenden Bergwelt vorbei an steilen Felsformationen zurück zum Ausgangspunkt. Den 9 km langen **Cycad Trail** kann man in 4 Stunden bewältigen. Er beginnt an den Berghütten und führt zu prähistorischen Palmfarnen. Es lohnt sich, wachsam zu sein, es gibt Hyänen, Luchse, Kudus, Ducker und sogar Leoparden.

  Anfahrt: Von Middelburg auf der N 11 Richtung Norden; nach 15 km links in Schotterstraße (Schild „Schlaghoek"); nach 10 km bei dem Schild „Cycad Trail" rechts abbiegen, dann noch 2 km bis zum Farmhaus.

Information
Cycad Hiking Trails, Tel.012-8039109. Info: www.footprint.co.za/cycad.htm. In den Ferien ist Anmeldung unbedingt erforderlich, da die Personenzahl limitiert ist. Farmgatter 8–18 Uhr geöffnet. Insektenschutz, besonders gegen Zecken, ist ratsam. Trinkwasser oder Entkeimungstabletten mitnehmen (Bilharziosegefahr!). Im Scheeperzdal Farmhaus Übernachtungsmöglichkeit für 35 Personen, dort auch Auskunft über Wege und andere Unterkünfte.

Loskop Dam Nature Reserve

Dieses wunderschöne Naturschutzgebiet (26.000 ha) liegt 50 km nördlich von Middelburg an der N 11. Der Stausee schmiegt sich auf 23 km an die hügeligen Ausläufer des *Waterberg*, Südafrikaner gehen bevorzugt ihrer Lieblingsbeschäftigung nach: Angeln (großer Bestand an Barben, Karpen und Gelbfischen). Bootsfahren im See ist erlaubt. Wegen Bilharziose und der zahlreichen **Krokodile** ist **Baden** jedoch **nicht gestattet!** Ein weitläufiges Wildschutzgebiet mit 250 Vogelarten, großer Artenvielfalt an Antilopen, wie Kudus und Rappenantilopen, kann man mit dem Auto durchstreifen (nach Breitmaulnashörnern und Leoparden Ausschau halten). *Tipp:* Für einen Fußmarsch durch das Reservat unbedingt einen Ranger buchen (entweder am Schlagbaum des Reservats oder unter Tel. 013-2624184).

Information/Unterkunft
Touristic und Camping *Forever Resorts Loskop Dam, Tel. 013-2623075, www.loskopcountry.co.za. Sehr gut/teuer. Direkt am See, Chalets, Klimaanlage, auch für größere Familien, Pool, Restaurant, Ladies Bar, Stellplätze für Wohnmobile/Zelte..

✔ **Abstecher**

eMakhazeni (früher: Belfast)

Das 45 km östlich von Middelburg gelegene **eMakhazeni** wurde 1890 von einem Iren mit dem Namen Belfast gegründet (2009 umbenannt).
Touristeninformation übers Town Council, Tel./Fax 013-2531121. Weiterfahrt von Belfast auf der N 4 nach Emgwenya/Waterval-Boven.

Unterkunft

Touristic *Inn Stone, von der N12 Ausfahrt 190 Richtung eMakhazeni, 1 km auf R33, dann links, beschildert, www.innstone.co.za. DZ ab R250 p.P. Freundliche Besitzer, absolut ruhige Gegend, sehr ausgefallene Häuschen zur Übernachtung. Frühstück wird in der Old Garrison serviert. Fast zu schade für nur eine Nacht.

Von der N 4 die landschaftlich schönere Alternative nach Mbombela/Nelspruit: über die R 36 und R 539

Die R 36 zweigt zwischen eNtokozweni/ Machadodorp und Emgwenya/Waterval-Boven von der N 4 nach Norden ab. Man biegt rechts ab auf die R 539 nach Schoemanskloof und durch die gleichnamige Schlucht. Danach geht es durchs Tal des *Crocodile River* zu den **Montrose Falls** (Zugang durch ehemaligen Caravanpark). Von dort kann man zu den berühmten **Sudwala Caves** und in das kaum bekannte, aber sehenswerte **Makobulaan Nature Reserve** fahren. Bevor man jedoch auf die R 36 abbiegt, kann man noch den 6 km östlich gelegenen Orten *Emgwenya/Waterval-Boven* und *Waterval-Onder* einen Besuch abstatten. Wer auf der N 4 nach Nelspruit (über *Montrose Falls,* s.u.) weiterfährt, kommt sowieso durch.

Emgwenya/Waterval-Boven und Waterval-Onder

Über den Elandsberg Pass erreicht man die beiden Städtchen **Emgwenya/Waterval-Boven** (oberhalb des Wasserfalls) und Waterval-Onder (unterhalb des Wasserfalls), deren Namen auf den Wasserfall des Elands River zurückgehen, der sich vom Escarpment ins Lowveld ergießt.

Emgwenya/Waterval-Boven wurde von Ingenieuren der *Nederlandsche Zuid-Afrikaansche Spoorweg-Maatsskappij* gegründet, die den Bahnhof oberhalb des Wasserfalls 1894 bauten (Bahnstrecke Pretoria/Tshwane – Lourenço Marques). Die Züge mussten eine Steigung von 1:20 zwischen Waterval-Onder und Waterval-Boven bewältigen. Es wurde eine neue Trasse gelegt, die über die 5bogige **„Vyfboogbrug"** (Five Arch Bridge) über den *Dwaalheuwelspruit* führte.

Nicht weit von **Waterval-Onder** liegt der **Krugerhof,** die letzte offizielle Residenz Präsident Krugers, bevor er in die Schweiz übersiedelte. Ein kleines Museum beschäftigt sich neben Paul Kruger auch mit dem Bau der Eisenbahnlinie (9–16 Uhr). Erkundigen Sie sich hier nach Fahrten mit der historischen Dampfeisenbahn.

Unterkunft

Comfort

Malaga Hotel, zwischen Emgwenya/Waterval-Boven und Mbombela/ Nelspruit, Tel. 013-2575300, www.malaga. co.za. Luxuriös, spanischer Stil, kinderfreundlich.

Touristic

Crane Creek Farm, Tel. 013-2569392, www.cranecreek.co.za. Besonders für größere Familien.

*The Shamrock Arms, Pub und Restaurant, Ecke Third- und Fifth Avenue, www.shamrock-arms.co.za, Tel. 013-2570888. Netter Wirt, gutes Essen, irisches Bier. Zwei DZ.–**Trout Lodge,**

Mpumalanga

24 Station St, www.boventroutlodge.co.za (m. Anfahrtskizze), Tel. 013-2570252. Ideal für einen günstigen Zwischenstopp.

Camping
Elandskrans Resort, Tel. 013-2570175. Chalets, Camping.

Der besondere Tipp: Elandskrans Hiking Trail

Die Wanderung (22,5 km) beinhaltet eine 12 km lange **Zugfahrt** und führt durch die Lowveld-Buschlandschaft eines kleinen privaten Naturschutzgebietes, vorbei an romantischen Wasserfällen. Man streift die Vyfboogbrug und den Krugerhof. Am zweiten Tag muss man rechtzeitig von der Hütte losgehen, da der Zug in Waterval-Onder relativ früh abfährt (Besichtigung des Krugerhofs am Vortag). Infos: *Elandskrans Hiking Trail*, Emgwenya/Waterval-Boven 1195, Tel. 013-2570175. Reservierung unbedingt erforderlich. In 6 Hütten jeweils 8 Betten. Startpunkt ist im Elandskrans Holiday Resort.

Montrose Falls

An der Abzweigung N 4/R 539 am Ende der Schoemanskloof stürzt der Crocodile River 12 m als **Montrose Falls** in die Tiefe. In den schönen Steinbecken kann man baden. Hier beginnt alljährlich im Februar der Crocodile Canoe Marathon.

→ **Absteicher**

Sudwala Caves und Dinosaur Park

Die **Sudwala-Höhlen** im Dolomit-Gestein der *Mankelekele Mountains* sind die erdgeschichtlich **ältesten Höhlen der Welt!** Zu dem weitläufigen Tropfstein-Höhlensystem mit einer Gesamtlänge von etwa 30 km gehören ganze Serien von Kammern, die, wie z.B. die *P.R.-Owen-Hall*,

Konzerthalle-Größe erreichen: Die Owen Hall ist 90 m lang und 45 m breit, die Kuppel 37 m hoch, und wegen der perfekten Akustik finden hier Musikveranstaltungen statt. Stalagmiten und Stalaktiten verzaubern die von Eisen und Mangan gefärbten Höhlen, skurrile Felsformationen und Sinterterrassen lassen der Fantasie freien Lauf. Man wird von Namen wie *The Weeping Madonna, Samson, Screaming Monster* oder dem *Space-Rocket* inspiriert, einem Fels mit 11 m Höhe und 7 m Durchmesser. Die Dekken der Höhlen sind teilweise mit der fossilen *Alge Collenia* bedeckt. Es herrscht eine konstante Temperatur von 20 Grad.

Neben den Höhlen liegt der **P.R. Owen Dinosaur Park** mit lebensgroßen Nachbildungen der Urtiere, vom südafrikanischen Bildhauer Jan Theron van Zyl aus einer Eisen-Asbest-Zement-Mischung in Szene gesetzt: Etwa einen *Massospondylus*, der die Erde im Mesozoikum bevölkerte (vor 140 bis 65 Millionen Jahren). Im Regenwald des **Sudwala's Wildlife Sanctuary** wachsen schöne Stinkholzbäume und seltene Aloen, leben gefährdete Tierarten.

Im Pavillon des **Sudwala's Kraal Complex** findet man das größte Kunsthandwerksangebot der Region. Mit etwas Glück wird eine Tanzveranstaltung mit Trommelmusik dargeboten. In den handgefertigten „Nguni-Beehive Huts" kann auch übernachtet werden.

Anfahrt: Von Montrose Falls ca. 14 km auf der R 539 nach Norden (Richtung Sabie); dann linker Hand (wer anschließend nach Sabie/Panorama Route weiterfährt blättert vor, s.S. 677).

✔ **Absteicher**

Der besondere Tipp: Crystal-Höhlentour

Die Crystal Tour ist eine 5stündige Höhlentour für Abenteurer, die Platzangst nicht kennen. Zum Höhepunkt, der **Kristall-Kammer,** sind es 1,3 km: ein unterirdisches Königreich mit glitzernden Aragonit-Kristallen. An einigen Stellen muss man durch Tunnelgänge kriechen, die zum Teil mit Wasser gefüllt sind.

Auskunft/Anmeldung: The Crystal Tour, Tel. 013-7334152, Fax 7334134. Jeden 1. Samstag im Monat, maximal 30 Personen, Anmeldung 2–3 Monate im Voraus unumgänglich. *Kleidung:* Männer T-Shirt und Shorts, Frauen Badeanzug und Shorts, auch Overall, feste Schuhe mit rutschfester Sohle, Taschenlampe und Kleidung zum Wechseln nach der Tour nicht vergessen. *Zur Beachtung:* Kinder unter 13 Jahren und Personen über 115 kg werden nicht mitgenommen.

Information

Sudwala Caves, Tel. 013-7334152, www.sudwalacaves.com. Tgl. 8.30–15.30 Uhr Führungen. Die Tour führt 600 m in die Höhlen und dauert 1 Stunde. R80 Erwachsene, R40 Kinder. Empfehlenswertes Restaurant, kleiner Curio Shop unterhalb der Höhlen.

Unterkunft

Comfort

Old Joe's Kaia, Tel./Fax 013-7333045, www.oldjoes.co.za. Gästehaus, Halbpension, gehoben, exzellente Küche, Kinder ab 12.

Pierre's Mountain Inn, Tel. 013-7334134, www.pierresmountaininn.co.za. Gemütliche Zimmer mit Blick auf das Tal, R340 p.P. Mit Restaurant.

Touristic

Nanni's Paradise, 2 km von Rosehaugh, Tel./Fax 013-7334269, www.nannis.paradise.ch. Schweizer Gastlichkeit, schöne Bergwelt. – Sudwala Lodge, nahe Sudwala Caves am Houtbosloop River, Tel. 013-7333073, www.sudwalalodge.com. Moderne Lodge, Zimmer, Chalets.

Budget und Camping

Come Together Guest Farm, Tel. 013-7333052. Ideal für Familien; Campingplätze.

Makobulaan Nature Reserve

Fährt man von den Sudwala Caves in Richtung Mashishing/Lydenburg, erreicht man die unberührte Wildnis des **Makobulaan Nature Reserve,** Heimat zahlreicher Vogelarten und kleinerer Säugetiere wie Mangusten, Paviane, Luchse, Ginsterkatzen und Antilopen. Die *Houtbosloop Route* ist eine Zweitageswanderung über 29,5 km, die von einer Schlucht auf das Plateau führt (Übernachtung in Berghütte). Die Landschaft ist sehr abwechslungsreich (gute Kondition erforderlich). Die *Beestekraalspruit Route* (11 km, 4–5 h) führt leicht ansteigend durch eine Kiefernplantage und Grasland auf eine Felsklippe und hinab in eine bewaldete Schlucht, in der man den Fluss auf kleinen Holzstegen überquert. Die *Bakkrans Route* (11 km) führt durch Forstlandschaft und später durch eine dichtbewaldete Schlucht zum *Bakkrans-Wasserfall.*

Infos: Uitsoek Hiking Trails, www.footprint.co.za/uitsoek. Buchung unter www.komatiecotourism.co.za.

→ **Abstecher**

Abstecher von der N 4: Kaapsehoop

Eine alternative Strecke nach Nelspruit ist die Bergstraße über **Kaapsehoop,** die etwa 50 km hinter Emgwenya/Waterval-Boven von der N 4 nach Süden abzweigt. Sie führt auf das *De Kaap Plateau.* Der Ort liegt malerisch und bietet Sicht über das Lowveld. In der Region leben Wildpferde. September bis April sieht man unzählige Stahlschwalben. Auskunft über zwei- bis dreitägige Wanderungen über *Kaapsehoop Trails,* Buchung unter www.komati ecotourism.co.za.

Adam's Calendar

Etwa 75.000 Jahre alt – und vermutlich das älteste von Menschenhand geschaffene Bauwerk – sollen die Steinformationen sein, die als **Adam's Calendar** bekannt geworden sind. Obwohl einige der Monolithen umgefallen oder erodiert sind, kann man gut erkennen, dass es sich – ähnlich wie Stonehenge – um einen großen Steinkreis handelt, der nicht „zufällig" hier zu finden ist, sondern mit dem Sonnenstand genau korreliert und somit als Kalender angesehen werden kann. Adam's Calendar liegt auf dem gleichen Längengrad wie die Gizeh-Pyramide und die Ruinen von „Great Zimbabwe", die allesamt der Wissenschaft Rätsel aufgeben. Zu dem Fundort führt der Autor des Buches „Adam's Calendar", Michael Tellinger.

Der besondere Tipp: Originelle Übernachtungen

Übernachten Sie doch einmal in einem Eisenbahnwaggon, in dem die englische Queen während ihrer Visite im Jahr 1947 ihr königliches Haupt gebettet hat. **Jim's Gold Guest House** (Touristic), Kaapschehoop (32 km südwestlich von Nelspruit), Tel./Fax 013-7344419.).

Wer ein restauriertes Postgebäude aus dem Jahr 1898 von innen sehen möchte, sollte sich eine Nacht in das **Silver Mist Guest House**, Ecke Kantoor/Brink Street, Ngodwana, Tel. 013-7344429, www.kaapschehoop.co.za, einquartieren. Gemütliche Atmosphäre mit Kaminfeuer. Wildpferde vor der Tür.

✔ **Abstecher**

Mbombela (früher: Nelspruit)

Mbombela, bis 2010 Nelspruit, 330 km von Johannesburg entfernt, entstand 1890 am Zusammenfluss von *Nelspruit* und *Crocodile River*. Mit dem Bau der Bahnlinie zwischen Pretoria und der Delagoa-Bucht (Maputo, Moçambique) prosperierte der Ort. Nach dem Ende des Burenkrieges 1902 wurde Nelspruit kurze Zeit Regierungssitz von Transvaal. Heute ist sie **Hauptstadt der Provinz Mpumalanga,** Tor zum Krügerpark und Ausgangspunkt zu den Naturwundern des Lowveld Escarpment. In Mbombela leben etwa 24.000 Einwohner, doch zusammen mit den ehemaligen großen Townships *Msogwaba, Mpakeni, KaNyamazane* und *Matsulu* bewohnen etwa 220.000 Menschen diesen Teil der **Mbombela Municipality,** die sich seit dem Jahr 2000 aus den Umgebungen von Nelspruit, White River und Hazyview zusammensetzt (www.mbombela.gov.za). Seit 2010 kann das neue Mbombela WM-Stadion 40.000 Fußballfans aufnehmen.

Es ist ein wohldurchdachter Ort mit einer wunderschönen Town Hall im spanischen Stil und breiten, boulevardähnlichen Straßen, die von Jacarandas, üppigen Bougainvilleas und von blühenden Aloen gesäumt werden. Im Umland werden vorwiegend Zitrusfrüchte, aber auch Bananen, Mangos, Avocados und Macademia-Nüsse angebaut.

Für Einkäufe kann man eines der Einkaufszentren besuchen und sich bei den vielen kleinen Verkaufsständen umsehen. **Flohmärkte** finden freitags am *Prorom Square* (8–17 Uhr), samstags im *Promenade Centre* (Louis Trichardt Street, 8–13 Uhr) und am Wochenende am *Hall's Gateway* (9–17 Uhr) statt.

Gute **Restaurants** gibt's im Zentrum, besonders in der Brown Street und im Promenade Centre. Empfehlenswert ist das *Orange* (4 Du Preez St, Tel. 013-744

Mbombela 669

9507, www.eatatorange.co.za). Einheimische empfehlen außerdem das Costa do Sol.

Mbombela ist Station für den **Blue Train** (Lowveld Experience), der zwischen Mai bis September verkehrt und für **Rovos Rail** (nähere Informationen über Züge siehe Teil II, „Unterwegs in Südafrika").

Sehenswert

Der 150 ha große **Lowveld National Botanical Garden** zählt weltweit zu den schönsten Anlagen. Ein Netz von Wegen durchzieht das Gelände am Ufer des Crocodile River und führt zu 500 Baumarten, vorbei an Palmfarnen und blühenden Wiesen zu einem kleinen Wasserfall. Am schönsten ist ein Besuch in der üppigen Blütezeit des Frühlings und Sommers, im Herbst und Winter präsentiert sich der

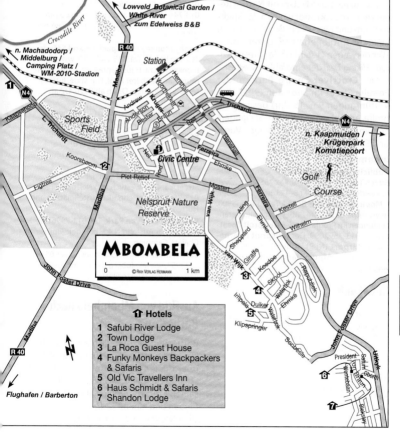

⚐ Hotels

1. Safubi River Lodge
2. Town Lodge
3. La Roca Guest House
4. Funky Monkeys Backpackers & Safaris
5. Old Vic Travellers Inn
6. Haus Schmidt & Safaris
7. Shandon Lodge

670 Mbombela / Barberton

Garten mit blühenden Aloen. Am Eingang nützliches Kartenmaterial.

Anfahrt: 3 km nördlich vom Zentrum über die R 40 Richtung White River.

Der 18-Loch-Golfplatz des **Nelspruit Golf Club** liegt in hügeliger Landschaft und begeistert auch anspruchsvolle Spieler. Parkähnliche Anlage, die Greens und Fairways sind umsäumt mit subtropischen Bäumen und Büschen. Gäste können sich telefonisch anmelden unter Tel. 013-7522187. Zugang über Ferreira/Wilhelm Street.

Das 50 ha große **Nelspruit Nature Reserve** grenzt von Süden bis an das Stadtzentrum und bietet viele Vogel- und auch kleinere Antilopenarten. Unter den 6 Wanderwegen (1–6 h) ist der *Green Heritage Hiking Trail* der empfehlenswerteste.

Der **Crocriver Enviro Park** an der Ferreira Street im Südosten (9–17 Uhr, Vorführungen 9 u. 15 Uhr) besitzt eine große Anzahl an Krokodilen, Schlangen, Echsen und Amphibien und auch Vögel und Schmetterlinge.

Information

Publicity Association, Civic Centre, 1 Nel Street, Tel. 013-7551988/9, Fax 7551350, www. lowveldinfo.com. Mo–Fr 8–17 Uhr, Sa 9–13 Uhr. – **Mpumalanga Parks Board,** Tel. 013-7535900, www.mtpa.co.za. Infos über kulturelle Veranstaltungen im Programm des **Nelspruit Theatre:** Tel. 013-7592099. Der **Nelspruit International Airport** (NLP) ist geschlossen. Flüge siehe **Kruger Mpumalanga International Airport,** White River, www.mceglobal.net.

Unterkunft

Comfort

La Roca, 56 van Wijk St, Tel. 013-7526628, www.laroca.co.za. Eher Hotel für Business-Leute. Aussicht und toller Pool, super Service. DZ ab R1090.

Touristic

*Haus Schmidt & Safaris, 21 von Braun St, Tel./Fax 013-7449984, www.haus-schmidt-in-afrika.de (m. Anfahrtskizze). Schönes, gepflegtes Gästehaus in reizvoller Berglandschaft,

vier komfortable, picobello saubere Zimmer, kleiner subtropischer Garten, Pool. Touren und Safaris mit dem Besitzer. DZ R400 p.P. inkl. üppigem Frühstück.

Shandon Lodge, 1 Saturn Street/Ecke von Braun (3 km außerhalb), Tel. 013-7449934, www.shandon.co.za (m. Anfahrtskizze). Haus in schöner Lage mit geschmackvollen Zimmern, Kinder ab 12 Jahren. DZ/F R850.

Town Lodge Nelspruit, Madiba Drive, Tel. 013-7411444, www.citylodge.co.za. Gartenlage, Pool. DZ ab R380 p.P.

Budget

Edelweiß B&B, 3 km außerhalb des Zentrums (R40/White River folgen), 7 Snoopy St, Tel./Fax 013-7449301, www.travelselection.co.za/edel-weiss.htm. Heimeliges Gästehaus, 3 Zimmer. DZ/F R500.

Funky Monkeys Backpackers and Safaris, 102 van Wik St, Tel. 013-7441310. www.funky monkeys.co.za. Hausmannskost, prima Stimmung und sauberer Pool. Günstige, interessante Safaritouren. Dorm ab R120, DZ ab R300.

Old Vic, 12 Impala St, Tel. 013-7440993, www.krugerandmore.co.za. Günstig, sauber. Baz Bus-Stopp. Tgl. Touren z. Krügerpark. DZ/F R350, 4-Bett-Chalet R175 p.P.

Camping

Holiday Park, Abfahrt von der N 4 Agaat Street, ca. 4 km westlich von Nelspruit, Tel. 013-7592113. Ferienpark mit Stellplätzen und Hütten.

Polka Dot Caravan Park, Tel. 013-7556173; 8 km an der Ausfahrt N 4 Mbombela/Burnside, Chalets, Camping.

Safubi River Lodge, 45 Graniet St, Tel. 013-7413253, www.safubi.co.za, Ferienhäuser, 45 Stellplätze (Elektrizität).

Ausflug von Mbombela nach Barberton

Barberton, 41 km südlich von Mbombela im *De Kaap Valley,* erreicht man in 30 Min. über die R 40. Benannt wurde der Ort (24.500 Einw.) nach *Graham Barber* und seinen Cousins, die im Jahre 1884 Gold fanden und einen Goldrausch auslösten. Über Nacht entstand in Hanglage am Fuß

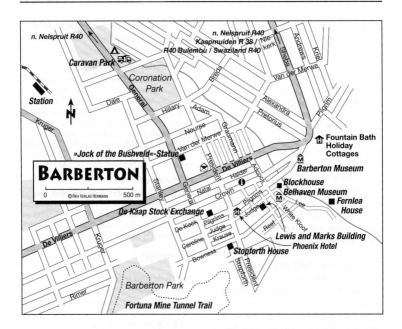

der Berge eine Stadt aus Zelten und Holzverschlägen. Fieberhaft suchten die Männer nach Gold, manche im wahrsten Sinn des Wortes, da viele an Malaria starben. Andere verspielten ihr Vermögen oft in einer Nacht in einer der vielen Kneipen. Wer noch etwas von dem ruchlosen Leben schnuppern möchte, geht in die Bar des *Phoenix Hotel*. Dort versteigerte sich die legendäre *Cockney Liz* allabendlich höchstpersönlich an den meistbietenden Goldschürfer. Fröhlichstes Ereignis des Jahres in Barberton ist das **Diggers Festival** im September.

Nach Swaziland

Die Straße von Barberton über den Grenzübergang Josefsdal//Bulembu ist bis Pigg's Peak in einem sehr schlechten Zustand!

Sehenswert

Obwohl die Gold-Euphorie nur bis 1888 dauerte blieb erstaunlich viel erhalten: So die Fassade einer der **ältesten Börsen** Südafrikas (De Kaap Stock Exchange, Crown Street), die beiden historischen Häuser **Stopforth** (10–12 Uhr, 14–15 Uhr) und das **Fernlea House** (9–13 Uhr, 14–16 Uhr) mit interessanter Holz-Eisenarchitektur, heute kleine Museen. Das **Lewis and Marks Building** (Judge Street) war das erste zweigeschossige Bauwerk des Ortes. Das Belhaven Museum, Lee Street, 10–12 u. 14–15 Uhr), ist in einem eleganten Wohnhaus aus der frühen edwardianischen Periode untergebracht, das originalgetreu restauriert wurde und den Lebensstil einer Familie der gehobenen Mittelschicht um 1904 widerspiegelt.

Das **Barberton Museum,** 36 Pilgrim Street (9–16 Uhr, Tel. 013-7124208), zeigt

672 Barberton

die Geschichte des Ortes, die Kulturgeschichte der Region und präsentiert Ausstellungen zu den Themen Geologie, Bergbau und „Jock of the Bushveld". Vor der Town Hall steht die Statue des Staffordshire Bullterriers *Jock of the Bushveld,* Hund des berühmten Autors *Sir Percy Fitzpatrick,* der oft zu Besuch kam (er benannte einen Roman nach seinem Liebling). Im Impala Hotel findet man das Leben von „Jock" vom südafrikanischen Maler Frederick Genal auf den Wänden in Szene gesetzt.

Nördlich außerhalb der Stadt (R 38) liegt die älteste noch in Betrieb befindliche Goldmine der Welt, die **Sheba Mine.** Hier beginnt auch der Weg zur Geisterstadt Eureka City (Straße jedoch so schlecht, dass ein Abstecher nicht lohnt). Die 20 km lange **Seilbahn** von Barberton zu der Havelock Asbestos Mine in Swaziland wurde von deutschen Ingenieuren entwickelt. Jede der 224 Gondeln beförderte 170 kg Asbest zur Bahnstation. Auf dem Rückweg wurde Kohle nach Swaziland transportiert (von 1938–2002).

Mineraliensammler nehmen sich einen grünen *Verdit* mit, der in der Umgebung gefunden wird (seit altersher wird diese Serpentin-Varietät als Heilstein von einheimischen Medizinmännern eingesetzt). Er eignet sich auch hervorragend für Schnitzereien und als Schmuckstein.

Wandern

Barberton ist der Startpunkt zweier besonders schöner Wanderwege: Der **Fortuna Mine Tunnel Trail** (2 km) führt durch den Barberton Park mit vielen einheimischen Bäumen und den 600 m langen *Fortuna Mine Tunnel* (Taschenlampe nicht vergessen!). Startpunkt: Kellar Park, Crown Street, unter der alten Seilbahn.

Der **Queen Rose Hiking Trail** folgt in zwei Tagen den Flüssen Montrose und Queens. Gute Kondition ist Voraussetzung. Buchung über Tel. 083-5450900. Gepäcktransport möglich. Übernachtung in der rustikalen Queensview Hut.

Information Barberton

Barberton Tourist Information, Market Sq, Crown St, Tel./Fax 013-7122121, www.barberton.co.za. Mo–Sa 8-16.30 Uhr. Hier ist auch der Plan zum Heritage Trail erhältlich, der zu den Sehenswürdigkeiten des Ortes führt. Internet-Zugang (ebenso in der Public Library).

Ein Spaß für die ganze Familie ist das **Goldwaschen** in Begleitung eines echten Goldsuchers (Tel. 072-1861506 oder 083-4821803).

Restaurants

Victorian Tea Garden & Restaurant, Market Square, Crown St, Tel. 013-7124985; hier kann man gut frühstücken und kleinere Snacks zu sich nehmen. – Recht gemütlich isst man auch im **Brewsters Steak House,** Phoenix Hotel.

Unterkunft

Touristic und Budget

Diggers Retreat, 14 km außerhalb an der R 38 nach Kaapmuiden (s. Karte Swaziland, s.S. 722), Tel. 013-7199681. Komfortabel, einfache 4-Bett-Rondavels, gemütlicher Familienbetrieb.

Fountain Baths Guest Cottages, 48 Pilgrim St, Tel./Fax 013-7122707. 2- und 4-Bett-Cottages, Gartenlage. Ab R300 p.P.

Phoenix Hotel, 20 Pilgrim St, Tel. 013-7124211, www.thephoenixhotel.co.za. Hotel aus der Goldgräberzeit, Restaurant und Pub.

Camping

Barberton Chalets and Caravan Park, General St (nördlich des Stadtzentrums), Tel./Fax 013-7123323, www.barbertonchalets.co.za. Chalets, Caravan-/Zeltplätze, Waschautomaten, Pool.

→ **Abstecher**

Mbombela – White River – Hazyview

White River

Nur 20 km nördlich Mbombela erreicht man über die R 40 den gepflegten Ort White River. Blühende Bäume säumen die breiten Straßen. White River (oder Witrivier) ist Zentrum der südafrikanischen Nussproduktion. Im **Nutcracker Valley,** 4 km südlich (R 40), findet man neben endlos langen Nussplantagen auch *Rottcher Wineries,* Hersteller von Orangenweinen (Avelencia) und -likören (mit und ohne Ingwer), die in schönen, handbemalten Flaschen verkauft werden (tgl. 9–16 Uhr; Kellereiführung Mo–Fr 10 und 14 Uhr, R10 pro Person, Tel. 013-7513472). Einstündige Ausritte in die ländliche Umgebung gleich nebenan im *Rottcher Wineries Equestrian Centre,* Tel. 013-751 3884, Fax 7513472 (nach einem Termin erkundigen).

White River ist eine Künstlerkolonie. Die Galerie *Artist Trading Post,* Kruger Park Street (Tel. 031-7501053), vertritt über 60 südafrikanische Künstler (Preise fast um die Hälfte günstiger als in größeren Städten).

Kraal Kraft and Village, 5 km außerhalb Richtung Nelspruit, bietet gut sortiertes Kunstgewerbe. Besuchen Sie auch den Garten mit den traditionellen Grashütten und den Teich mit Flusspferd und Krokodil.

Unterhaltung

Die **Casterbridge Farm,** 2,5 km außerhalb Richtung Hazyview, wurde im viktorianischen und toskanischen Stil mit Gärten und sonnigen Innenhöfen zu einem Einkaufs- und Unterhaltungskomplex umgebaut. Hier findet man Restaurants und Cafés. In der ehemaligen Farmscheune bietet das **Barnyard Theatre & Cinema** unterhaltsame Abende mit Kabarett, Kino, Musik und Theatervorstellungen.

Auch das **White River Museum** befindet sich auf dem Gelände und informiert anhand von Fotografien und Gegenständen über die Gründerjahre. Auch Oldtimer-Liebhaber kommen auf ihre Kosten.

Kruger

Mpumalanga International Airport

Der **Kruger Mpumalanga International** Airport (KMIA, MQP), Tel. 013-7537770, www.kmiairport, liegt 18 km südöstlich von White River (Numbi Gate 40 km, Malelane Gate 63 km, Kruger Gate 82 km; Nelspruit 22 km, Sabie 65 km). Flüge von Johannesburg und Durban. Neu ist eine direkte Verbindung nach Livingston/Victoria Falls (Mo, Mi und Fr).

Service: Zentrale Reservierung: 011-327 3000, South African Airlines, Tel. 013-7502531; **Mietautos:** *Avis,* Tel. 013-7501015; *Budget,* Tel. 013-7501468; *Europcar,* Tel. 013-7500965; *Hertz,* Tel. 013-7509150; *National,* Tel. 013-7502538. Es gibt im Airport eine Wechselstube.

Information White River

White River Municipality, Theo Kleinhans Street, Tel. 013-7515312

Unterkunft

Luxus

Cybele Forest Lodge, Spitskop Rd, zwischen Hazyview und White River, Tel. 013-7641823, www.cybele.co.za. DZ ab R3700. Ultra-exklusiv (u.a. Helikopter-Safaris).

Comfort

Frangipani Lodge, 20 km außerhalb über R 40/Abfahrt Heidelberg, Tel. 013-7513224. Sehr elegantes Gästehaus, traumhafte Lage, ausgezeichnetes Abendessen, Kinder ab 14.

*Glory Hill Guest Lodge, an der R 538, Tel. 013-7513217, www.gloryhill.co.za. 5 großzügige Zimmer, historisches Haus, gute Küche.

Pine Lake Inn, Main Hazyview Road, White River, Anfahrt auf der R 40 Richtung Hazyview, kurz außerhalb von White River vor dem Longmore Dam links abbiegen (Beschil-

derung folgen), Tel. 013-7515036, www.afri
canskyhotels.com. 68 Zimmer, Restaurant,
Bar, Pool, Tennis, Wassersport, Reiten,
Bowling, Wandern, 9-Loch-Golfplatz.
Ü/F R550 p.P.

Touristic

Balcony Manor, 51 Frank Townsend St, Tel.
013-7512024, www.balcony.co.za. Gästehaus
wie aus dem Bilderbuch, Abendessen möglich, keine Kinder unter 12.

*Karula Hotel, Old Plaston Road (1,5 km
außerhalb), Tel. 013-7512277, www.karula
hotel.co.za. Kleines Landhotel, passabel, Restaurant hervorragend, Pool, kinderfreundlich.

*Thokozani Lodge, 6 km außerhalb, der
R 539 Richtung Karino/Plaston 4,5 km folgen,
nach 2. Bahnübergang rechts dem Schild
Jatinga folgen, nach 1,5 km das erste Haus
rechts, Tel./Fax 013-7515551, www.thokozani
lodge.com. Subtropischer Garten mit Pool,
kostenlose Abholung von Nelspruit/White
River/Kruger Internt. Airport. Von dt. Globe-
trottern geführt, viele günstige Touren. Frühstück und Abendessen auf Wunsch. Bestes
Preis-/Leistungsverhältnis. Zimmer ab R500.

Camping

White River Municipal Caravan Park,
Hennie van Til St. Mit Zeltplätzen, einigermaßen schattig, kein Rasen.

Hazyview

Hazyview bietet Einkaufs- und alternative Übernachtungsmöglichkeiten zum
Krügerpark, Zugang zu vielen privaten
Wildreservaten und eine gute Ausgangs-
position zur Panorama Route. Das *Phabeni Gate* in den Krügerpark (über die R 536)
ist ca. 11 km entfernt, das *Numbi Gate* 16
km (R 569) und das *Paul Kruger Gate* 43
km (R 536).

Ein kleines Touri-Zentrum ist der außerhalb an der Ecke Main Rd/R40 (Sabie Rd)
gelegene **Perry's Bridge Trading Post**
beim Sabie River mit netten Restaurants,
Läden, Information und Boutique-Hotels.

Zu sehen/erleben gibt es im Umkreis
sehr vieles, Info-Material/Buchungen bei

Perry's Bridge. Afrikanische Abende mit
Büfett und Tanzprogramm bietet ab und
zu der **Shangaan River Club** in der nahegelegenen Hotelanlage *Hippo Hollow*
(s.u.), Tel. 013-7377752.

Shangana Cultural Village

Das Schaudorf liegt 5 km außerhalb von
Perry's Bride an der R 535 Richtung
Graskop, tägl. 9–17 Uhr, Tel. 013-7375804.
Individuelle Day-/Lunch-Touren zu einem
Shangaan-Dorf, abends dreistündiges
Evening-Festival (18 Uhr, winters 17.15
Uhr). Angeschlossen ist der *Marula Mar-
ket*, ein Souvenir- und Kunsthandwerks-
markt mit Teegarten. Alle Details auf
www.shangana.co.za.

Elephant Sanctuary / Elephant Whispers

bieten hautnahe Begegnungen mit Dickhäutern. Anmeldung nötig, Tel. 013-737
6609, Mo–So 18–17 Uhr, www.elephant
sanctuary.co.za. Preise je nach Interaktion
(Streicheln, Füttern, Reiten, Safari-Walk
etc.) ab R545 p.P., Kinder ermäßigt.

Sanctuary-Anfahrt: auf der R536 5 km fahren, Einfahrt links beim Hotel Casa do Sol, von
da ausgeschildert. – Ein ähnliches Programm
bietet auch **Elephant Whispers,** Tel. 013-
7377876, www.elephantwhispers.co.za.

Information Hazyview

Beim Perry's Bridge Trading Post und Panorama
Info, www.panoramainfo.co.za.

Restaurant/Unterkunft

Essen, trinken, schlafen: **Perry's Bridge Trading
Post.** – ***Hippo Hollow Country Estate,** Perry's
Bridge, noch vor dem Sabie River links, Tel. 013-
7377752, www.hippohollow.co.za. Schön am
Fluss gelegen, Restaurant, Bar und Café. DZ/F ab
R600 p.P.

Folgende liegen außerhalb:

Restaurant Ant and Elephant, Tel. 013-737
8172, gut und günstig, 7 km in Richtung Sabie
(R536); auch preisgünstige Chalets).

Comfort

Böhm's Zeederberg Country House, an der R 536 zwischen Hazyview und Sabie, Tel. 013-7378101, www.bohms.co.za. Landhotel unter dt. Leitung, gehoben, 10 gut ausgestattete Chalets, Garten, Pool, Sauna, Jacuzzi. Gute Küche und Weine. Ü/F ab R730 p.P. Vier-Gänge-Menü vorbestellen.

*Casa do Sol, an der R 536 nach Sabie, Tel. 013-7378111, casadosol.ahagroup.co.za. Portugiesische Architektur in 500 ha großem Naturreservat. Familiengeführt, Pool, eigene Pferde für Ausritte. 54 Zimmer unterschiedlicher Kategorie, Preise saisonal verschieden.

Hamilton Parks Country Lodge, Kiepersol 1241, an der R40 nach White River, Tel. 013-7378780, www.hamiltonparks.com. Schönes Landhotel mit 14 DZ, Kinder ab 12. DZ ab R595 p.P.

Touristic

Silver Creek Guest House, 4 km außerhalb an der R 536 zum Krügerpark, Tel./Fax 013-7378282, silvercreek@iafrica.com. Sehr aufmerksame Gastgeber. DZ ab R450.

Budget/Camping

Krugerpark Backpackers, an der Numbi Gate Road zum Krügerpark, Tel./Fax 013-737 7224. Traditionelle Zuluhütten, Kochen über offenem Feuer, leckere Mahlzeiten.

Sunbird Farm and Lodge, Hazyview, Tel./Fax 013-7377127. Private Farm mit Chalets, Selbstversorgung oder mit Frühstück. Ab R160 p.P.

Thika Tika Backpackers, Sabie Rd (R 536, 3,2 km außerhalb), Tel. 013-7378108, thika@low veld.com. Farmhaus im Kolonialstil, sehr gemütlich. Dormitory R120, DZ R250, Chalets R200 p.P.

Camping

Sabie River Mineral Bath; 3,5 km Richtung Phabeni Gate, Caravan-/Zeltplätze, Chalets, Selbstversorgung, Shop, Waschautomat.

Hotel Numbi, Stellplätze für Wohnmobile, R175.

✔ Abstecher

Malelane und Marloth Park

Im Ort Malelane am Crocodile River, inmitten von Zuckerrohr-Plantagen, gibt es gute Einkaufsmöglichkeiten, Tankstellen, Ärzte, Apotheken, Drogerien und Polizei. In der großen Zuckerfabrik, der *TSB Sugar Mill,* kann man eine Führung mitmachen und im *Malelane Nature Reserve* wandern. Die drei besten Restaurants – *Palm Court, Crocafellas* und der *Country Club* – befinden sich an der Zufahrtsstraße zum Malelane-Gate in den Krügerpark. Im letzteren können Gäste auch Golf spielen.

Information

Malelane Tourist Information, 9 Park St, Tel. 013-7900245, 7900886, www.malelane.info. Kleiner Flughafen (Tel. 013-7900311), private Flüge nach Johannesburg und Mbombela.

Marloth Park

1972 legten fünf Farmer ihre Ländereien südlich des Krügerpark-Grenzflusses Crocodile River zum 5000 ha großen Marloth Park zusammen (Projekt „Holiday Township"). Hier leben Giraffen, Gnus, Zebras, Impalas, Paviane, Warzenschweine und Kleinwild in freier Wildbahn. Gegen Raubtiere wurde zum Krügerpark hin ein Zaun errichtet.

Unterkunft

Comfort

Khandizwe River Lodge, Fish Eagle St, Tel. 011-4782614, www.wheretostay.co.za. Direkt am Crocodile River, 5 Minuten zum Malelane Gate.

Mhlati Guest Cottages, Tel. 013-7903436, www.mhlati.co.za, s.S. 697.

Malelane Gate Resort, 0,5 km vom Malelane Gate, Tel. 013-7900291. Ferienresort, gehobene Klasse, viele Freizeitangebote.

Maqueda Lodge, 45 km hinter Malelane von der N 4, links in die Marloth Park-Abzweigung, nach 11 km links in die Renoster Street, nach 1 km rechts in die Geelslang St 1791. Tel. 082-4723228, www.maquedalodge.com. Sehr schöne Lodge im afrikanischen Stil.

*Thanda Nani Game Lodge, s.u.

Touristic

*Du Bois Lodge, Tel. 073-2073797, www.du boislodge.co.za. Schöne Lodge, liegt im an den Krügerpark angrenzenden, tierreichen Marloth Park (s. Krügerpark-Karte Süd, Anfahrtsbeschreibung auf der Website, 12 km östlich von Hectorspruit nach Norden abbiegen). Das KP-Crocodile Bridge Gate ist 15 km, Malelane Gate 35 km entfernt. 5 DZ, SC oder Essen in den Restaurants des Reserves. Laden, Pool, Safaris und Touren, preiswert (Studenten-Discount u. Specials), Gastgeber Nick & Bernadette Du Bois.

Nyawuti Safaris, Marloth Park, Soeni St, Tel. 083-7463926, www.nyawuti-safaris.de. Game Drives, Bush Walks und Pirschfahrten in den Krügerpark mit persönlichem deutschen Guide und Gastgebern Andy & Margot. Unterkunft in reetgedeckten Ferienhäusern, in schönen Lodges mit guter Küche oder Camping. Großes Aktivitäten- und Ausflugsangebot.

*My Lodge Guest Houses, 23 Rhino St und 22 Rooibok St, Malelane, Tel. 013-7900762, Mylodge23@hotmail.com. Schöne Zimmer in zwei Häusern, Gäste aus aller Welt, abends Braai.

*River Cottage, 1 km nördlich von Malelane, Tel. 013-7900825. Am Südufer des Crocodile River gelegen, man kann von hier aus Elefanten und andere Tiere aus dem gegenüberliegenden Krügerpark beobachten. Sehr schöne, gut eingerichtete Cottages für Selbstversorger. Pool, DZ R250-300 p.P.

Selati 103 Guest House, 103 Selati Crescent (2 km vom Malelane Gate), Tel. 013-7900978, www.selati103.co.za. Ruhig und abgelegen, Führungen durch den Krügerpark. Units ab R350 p.P.

Thanda Nani Game Lodge

Das 6500 ha große Reservat ist bekannt für die sog. **"Rare Five":** Spitzmaulnashorn, Pferdeantilope, Rappenantilope, Kuhantilope und Halbmondantilope. Auf den Pirschfahrten und Wanderungen unter Leitung eines kompetenten Rangers sieht man u.a. auch Eland, Hippos und Krokodile. Interessant ist ein Besuch des „Buffalo Breeding Projects". Sehr imposant ist die Parade von bis zu 50 Breitmaulnashörnern, die sich auf einem Plateau aufhalten. 4x4-Route. Tagesausflüge in den Krügerpark möglich.

Anfahrt: Von Malelane auf der N 4 11 km Richtung Komatipoort. Abfahrt rechts unmittelbar an der Beschilderung.

Information/Unterkunft

Thanda Nani Game Lodge, Malelane, Tel. 013-7900609, www.thandanani.com. 8 Standard-Rondavels und zwei Luxus-Chalets. Im Haupthaus zwei Aufenthaltsräume unter großem Rieddach. Gemeinsames Abendessen. Kleiner Pool. Tagesbesucher willkommen. Hervorragende Küche!

Komatipoort

Komatipoort ist die Grenzstation ins Nachbarland Moçambique und Ausgangspunkt zum **Crocodile Bridge Gate** in den Krügerpark (Einkaufs- und Tankmöglichkeit, Reifenservice, Restaurants). Visum für Moçambique vor Anreise im Herkunftsland besorgen! (Ausreisegenehmigung für das Fahrzeug des Autovermieters notwendig). **Vor individueller Einreise nach Moçambique nach derzeitiger Sicherheitslage erkundigen! Das Visum ist teuer, derzeit ca. 60 €!**

Unterkunft

Comfort

Border Country Inn, nahe BP-Tankstelle (1 km vor der Grenze), Tel. 013-7937328/78/79, www.bordercountryinn.co.za. Landhotel, gemütlich, ruhig, komfortabel, Restaurant. DZ R1400.

Touristic

*Acasia Guest Lodge, 29 Hartebees St, Tel. 013-7937847, www.acasia.co.za. Gemütliche kleine Ferienanlage nahe Crocodile River. 2 Pools, Lapa, Braai-Area, Aktivitäten-Programm, Transfer-Service. DZ R 380 p.P., Frühstück R 60.

Die Panorama Route

Mashishing/Lydenburg – Sabie – Graskop – Blyde River Canyon – Echo Caves – Robber's Pass – Pilgrim's Rest

Um die **Panorama Route** ab **Mashishing/Lydenburg** zu erreichen, sollte man sich von Johannesburg über die N 4 kommend entweder für die R 540 über **Dullstroom** (von der N 4 in eMakhazeni abfahren) oder für die R 36 kurz vor Emgwenya/Waterval-Boven entscheiden. Von Mbombela die R 37 nehmen (s. Karte „Panorama Route"). Viele Attraktionen an der Panorama Route kosten Eintritt und haben Öffnungszeiten zwischen 8 und 17 Uhr.

Dullstroom

Dullstroom steht ganz im Zeichen des Forellenangelns. Das Hauptereignis des Jahres ist im Oktober das „Trout Festival". Vor allem „Luxusangler" kommen hierher, deshalb sind die Unterkünfte ausgesprochen teuer. Es gibt einige schöne Spazierwege in der Umgebung. Außerhalb liegt das *Steenkampsberg Nature Reserve,* das besonders für seine seltenen Klunkerkraniche bekannt ist. Dullstroom besitzt den höchstgelegenen Bahnhof (2077 m) im südlichen Afrika. Informationen in der Stone House Gallery, Huguenot Street, www.dullstroom.co.za. Die Hauptstraße ist gleichzeitig die Haupt-Shopping-Straße. Sehr gut isst man im *Dullstroom Inn* und im *Duck & Trout.*

Unterkunft

Luxus
Walkersons, 12 km außerhalb Richtung Mashishing/Lydenburg, Tel./Fax 013-2537000, www.walkersons.co.za. Cottages, Luxusklasse, gute Küche. Dinner+Ü/F ab R1425.

Comfort
*Valley of the Rainbow Country Estate and Nature Reserve, Laersdorf, Tel./Fax 013-272 7231, www.rainbowvalley.co.za. 5 Suiten, architektonisch außergewöhnliche Anlage, Kinder ab 12. Dinner+Ü/F ab R795, Tented Chalet/SC R665.

Touristic
The Dullstroom Inn, Tel. 013-2540071; www.dullstroom.co.za. Heimelig, schöne Gartenlage.

Mashishing (früher: Lydenburg)

Mashishing, früher Lydenburg (sprich: Leidenburg) wurde von Voortrekkern aus Ohrigstad gegründet und 2006 in **Mashishing** („Wind bläst durch das Gras") umbenannt. Etwa 9.000 Einw. Die *Voortrekker Church,* Ecke Church/Kantoor Street, ist von 1853 und die älteste der Dutch Reformed Church nördlich des Kaplandes. Sie wurde restauriert und in ein kleines Museum umgewandelt. Gegenüber steht die (evtl. derzeit geschlossene) *Voortrekker School,* gleichfalls eines der ältesten Schulgebäude des Landes.

Das moderne kleine **Lydenburg Museum** (Long Tom Pass Rd, tgl. 7.30–13 u. 14–16.30 Uhr, Tel. 013-2352121, www.lydenburgmuseum.org.za) beschäftigt sich mit der Geschichte der Region (dort Mampoer-Schnaps probieren). Zu den wichtigsten Ausstellungsstücken gehört ein Replikat der „Sieben Köpfe von Lydenburg", gefunden die in der Nähe der Stadt. Die sechs Gesichter und der Kopf eines wilden Tieres wurden aus gebranntem Ton gefertigt. Wahrscheinlich ein alter Kult- und Ritualgegenstand aus der Zeit um 500 n.Chr. Am östlichen Stadtrand leben im **Gustav Klingbiel Reserve** viele Vögel und einige Antilopen (Picknickplätze, schöne Spaziergänge).

Information
Mashishing Tourist Information, Ecke Sentraal/Viljoen St, Tel. 013-2352121, www.mashishing.co.za (mit Stadtplan).

678 Die Panorama Route

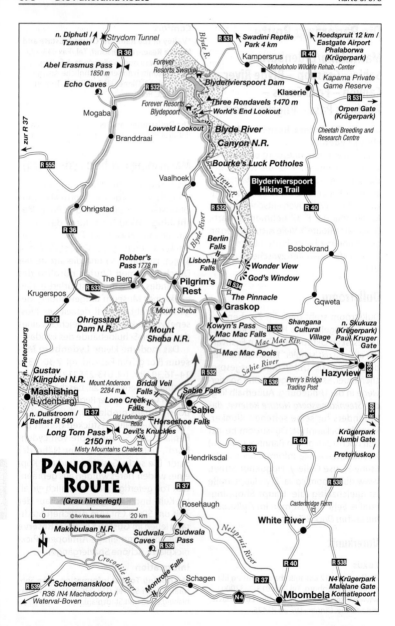

Besonderer Tipp:
Mpumalanga Trail-Safari

Diese außergewöhnliche Safari dauert 5 Tage und beginnt mit Pferdetrekking in der Bergwelt des Lydenburg Escarpments, gefolgt von einer geführten Wanderung durchs Timbavati Reserve, vorbei an den „Big Five". Infos bei *Ipiti Safaris,* Tel./Fax 011-7021454, www.ipiti.co.za.

Unterkunft

Es gibt etliche B&B.

Touristic

An-Mari Guest House, 7 Sterkspruit Street, Tel./Fax 013-2351454, www.anmari.co.za. Geschmackvoll, Vollpension möglich, Kinder ab 12.

Forget me not, 101 Voortrekker St, Tel./Fax 013-2354016. 3 DZ, uriges Gästehaus.

***Longtom Farm Guest House,** liegt 3 km vom Zentrum, Tel./Fax 013-2352749, www.longtomguesthouse.co.za. Kleine Ferienhäuser, familiengeeignet. DZ/F ab R600.

Trout Hideaway, Tel. 013-7681347, www.trouthideaway.co.za. 5 Holzhäuser, idyllische Lage am Wasser, einsame Natur, etwas Besonderes. Verpflegung auf Wunsch.

Camping

Uitspan Caravan Park and Holiday Resort, Tel./Fax 013-2352914. Chalets, Stellplätze, Ferienanlage.

Long Tom Pass

Die Strecke über den zweithöchsten Pass des Landes, den **Long Tom Pass,** gehört zu den schönsten Panoramastraßen Südafrikas. Die R 37 überwindet auf 20 km Länge einen Höhenunterschied von 670 m und erreicht auf der Passhöhe 2150 m. Anschließend fällt sie auf 18 km bis nach Sabie 1000 m ab. Beeindruckend ist auch der Anblick des *Mount Anderson* (2284 m), höchster Gipfel der Mpumlanga Drakensberge.

Seinen Namen bekam der Pass im Burenkrieg (1899–1902). An *Devil's Knuckles,* den „Knöcheln des Teufels", wurden von den Buren zwei schwere Geschütze aufgestellt, die sie „Long Tom" nannten. Sie verschossen 42,6 kg schwere Granaten 9 km weit und sicherten kurzfristig den Pass. Die Originale wurden von den Buren zerstört, heute sieht man hier gelungene Nachbauten. Nach einem Spaziergang kann man im Restaurant oder Pub des *Misty Mountain* essen.

Unterkunft

Comfort Misty Mountain, Sabie 1260, Tel. 013-7643377, www.mistymountain.co.za. 27 Chalets mit offenem Kamin, Forellenangeln, Wandern, Vogelbeobachtung, Restaurant, Pub. DZ/F ab R570 p.P.

Sabie

Schon vor den ersten Siedlern kampierten Großwildjäger und Abenteurer am *Sabie River* und nannten dem Platz „Sabielala". 1873 wurde auf der Hendriksdal-Farm und auf dem Spitskop Gold gefunden und die *Glynn Lydenburg Mine* gegründet (in Betrieb 1897–1950). 1876 setzte man auf „grünes" Gold und pflanzte die erste *Eukalyptus-Plantage.* Heute ist die Holzwirtschaft entscheidend für die Region. Im **Sabie Forestry Museum,** Ford Street, erfährt man alles über südafrikanische Holzarten und ihre Verwendung (Mo–Fr 9–16 Uhr, Sa 9.30–13 Uhr). Die von Herbert Baker entworfene St Peter's Anglican Church entstand 1913.

Sabie liegt eingebettet in riesige Waldflächen, hat 12 Wasserfälle allein im näheren Umkreis und Ausblicke auf den Mount Anderson und auf den *Mauchsberg.* Die zahlreichen Hotels und sonstigen Unterkünfte sind in der Hochsaison meist ausgebucht, trotz erhöhter Preise. Gute Küche: Restaurant *Country Kitchen* (mitten im Ort) und *Smokeys* – urige Atmosphäre in alter Bahnhofshalle und Waggons bei Pizzas, Potjes und Steaks.

Sabie ist ein guter Ausgangspunkt für Exkursionen. Die **Sabie Falls** liegen nördlich des Stadtrands direkt an der R 532

680 **Sabie**   Karte S. 678

Richtung Graskop (Aussichtspunkt unterhalb der Brücke). Südwestlich der Stadt erreicht man über die *Old Lydenburg Road,* am Ende einer 5-km-Stichzufahrt (an der die die Ceylon Forest Station liegt), und nach einem kurzen Waldspaziergang (15 Min. einfach), die 70 m hohen **Bridal Veil Falls** („Brautschleier"-Fälle). Mit dem Auto kostet die Zufahrt R25.

Auf der Old Lydenburg Road weiterfahrend gabelt sich nach ca. 4 km die Straße: Nach rechts (2 km) gelangt man zu den 68 m hohen **Lone Creek Falls.** Fährt man der Gabelung geradeaus (nicht beschildert, schlechte Straße), wird nach ca. 4 km der **Horseshoe Waterfall** erreicht. Nicht besonders hoch, er liegt jedoch reizvoll inmitten eines Waldstücks.

Fanie Botha Hiking Trail

Der 79 km lange **Fanie Botha Hiking Trail,** als erster nationaler Wanderweg 1973 eröffnet, beginnt an der *Ceylon Forest Station* und führt nördlich zum 75 km entfernten Aussichtspunkt *God's Window* (s.u.). In 5 Tagen (kürze Varianten möglich) wandert man vorwiegend durch schattige Forstlandschaft, vorbei an Wasserfällen und über offenes Grasland. Obwohl die Tagesetappen nicht lang sind, ist die Tour sehr anstrengend, da sie bergauf und bergab führt (nur für Trainierte, Anmeldung unbedingt erforderlich, die Anzahl der Wanderer ist beschränkt). Übernachtung in rustikalen Hütten. Infos, Anmeldung: Komatiland, Tel. 012-481 3615, www.komatiecotourism.co.za.

Wandern, Mountainbike-Trails

Bei Komatiland können Sie sich auch nach den verschiedenen **Hlalanathi-Tageswanderungen** und **Mountainbike-Trails** erkundigen. Ausgangspunkt sind Wald-Chalets für 4–6 Personen (Selbstversorgung, ab R300/Chalet). Schön ist der 14 km lange *Christmas Pools Day Walk* mit

Unterkunft. Am **Rock Castle Caravan Park** beginnt der 21 km lange *Ceylon Mountain Bike Trail* (relativ einfach).

Information Sabie

Sabie Publicity Centre, Main St, Sabie 1260, Tel. 013-7641177, Fax 7643399, www.sabie.co.za.

Unterkunft

Luxus

Romantisch Veranlagte besuchen auf dem Weg nach Hazyview (R536) die traumhafte **Timamoon Lodge,** Tel. 013-7671740, www.timamoon.co.za. Exklusiver Luxus für höchste sinnliche Erlebnisse. Dinner+Ü/F ab R2000 p.P.

Comfort/Touristic

*Artists Café & Guest House, Hendriksdal Siding, Sabie-Distrikt, Tel./Fax 013-7642309, www.wheretostay.co.za/restaurants/artists cafe. Originell, alte Bahnstation, man schläft in der ehemaligen Wartehalle oder im Büro des Stationsvorstehers. Gute Küche. DZ ab R305 p.P.

*Hillwatering Country House, 50 Marula St, Mount Anderson, Tel. 013-7641421, hillwatering.co.za. Fünf DZ, Blick auf den Bridal Wasserfall und die Berge. Sehr gutes Frühstück, serviert auf einer Aussichtsterrasse. DZ/F R600 p.P.

*Hlalanathi Forest Lodge, Frankfort Plantation, Main St, Magistrate Building, Tel. 013-7641058. In Forstplantage, kinderfreundlich. Preise a.A.

*Jock-Sabie Lodge, Main St (an der Engen-Tankstelle abbiegen), Tel. 013-7642178, www.jock.co.za. Moderne Ferienanlage für jeden Geldbeutel, Chalets, Blockhütten, Pool, Waschautomaten. DZ/F ab R550 p.P. Auch Dorms.

*Lone Creek River Lodge, Old Lydenburg Road, 2 km südlich von Sabie, Tel./Fax 013-7642611, www.lonecreek.co.za (m. Anfahrtskizze). Luxuriöse Suiten (teurer) und gemütliche Self-catering-Hütten. Herzliche Atmosphäre. Viele Freizeitaktivitäten, wie River Rafting, Reiten, Heißluftballonfahrten.

*Villa Ticino, Ecke Louis Trichardt/2. Street, Tel./Fax 013-7642598, www.villaticino.co.za. Deutsch-schweizerische Gastlichkeit, gemütlich, Veranda mit Panoramablick, Mitte Mai bis

Juli geschl., Kinder ab 15. Gute Info-Börse. Kein Abendessen, aber gute Restaurants nebenan. DZ/F ab R450 p.P.

*Wild Fig Tree Guest House, 103 Malieveld St, Sabie, Tel. 013-7643098, thewildfighouse@ madbookings.com. 4 schöne Zimmer, ruhiges Gästehaus mit gutem Restaurant (ausgefallene Vorspeisen). Preise a. Anfr.

Budget/Camping

Castle Rock Caravan Park, 2 km westlich außerhalb Richtung Lydenburg (Old Lydenburg Road) am Sabie River, Tel. 013-7641241. Schattig, grün, Caravan-/Zeltplätze, Pool, Waschautomaten, Startpunkt des Loerie Hiking Trail.

Gleich südlich daneben (und deutlich besser und bewacht) ist **Merry Pebbles Caravan Park,** Tel. 013-7642266, www.merrypebbles. com. Familienresort, Chalets, Selbstversorgung, Stellplätze, Restaurant, Pub, Tante Emma Laden, Pool. Keine Motorräder.

Mac Mac Pools und Mac Mac Falls

Über die R 532 erreicht man 10 km nördlich von Sabie die **Mac Mac Pools,** eine Reihe ausgewaschener Felsenbecken eines Nebenflusses des *Mac Mac River* (Fußweg 1 km). 1873 kaufte der Goldsucher Tom McLachlan die Geelhoutboom-Farm und fand im Fluss Gold. Andere Goldsucher wurden in der Umgebung gleichfalls fündig und 1884 hatte sich die Zahl der Glücksritter auf mehr als 1000 erhöht. Der Name *Mac Mac* geht auf den Präsidenten Thomas Burger zurück, der es lustig fand, dass fast alle schottischen Digger ein „Mac" vor ihrem Namen hatten. Heute gibt es kein Gold mehr, dafür aber Badespaß im kristallklaren Wasser der Mac Mac Pools. Sehr empfehlenswert ist der *Secretary Bird Nature Walk,* der hier beginnt und sich auf 3 km durch das Grasveld windet (Rundwanderweg, ca. 1,5 h, wenig Schatten, R5 am Eingang bezahlen). 2 km nördlich liegen die **Mac Mac Falls,** die 65m in ein Becken stürzen. Ihre

Zweiteilung verdanken sie Sprengungen der Goldsucher (R10 Eintritt). Netter Grillplatz.

Prospector's Hiking Trail

An der Mac Mac Forest Station beginnt der 70 km lange Prospector's Hiking Trail (2–4 Tage, über Pilgrim's Rest nach Bourke's Luck Potholes, mittelschwer). Man folgt den Spuren der frühen Goldgräber und kommt an verlassenen Goldminen und alten Eisenbahnlinien vorbei. Man hat herrliche Ausblicke auf die Transvaal Drakensberge, geht durch kühlen Forstwald und ist beeindruckt durch den ständigen Wechsel der Landschaft.

Infos und Reservierung bei Komatiland Forests, www.komatiecotourism.co.za.

Graskop

Als Standort für Exkursionen und als Anfahrt zum Krügerpark ist das ruhige Graskop gut geeignet. Graskop hat 3000 Einwohner, liegt 1430 m hoch und bietet viele Unterkünfte aller Kategorien (ca. 1300 Betten) sowie alles weitere, was Touristen brauchen. Der Ort entstand aus einer Farm, die um 1880 von *Abel Erasmus,* Kommissar für Eingeborenenangelegenheiten, gegründet wurde (bei den Schwarzen hieß Erasmus *Dubula Duze,* „der aus nächster Nähe schießt"). Erasmus' Farm lag nahe dem Umuzi von *Chief Kowyn,* Häuptling der Bakwena. Der *Kowyn's Pass* östlich von Graskop trägt seinen Namen (eine sehr reizvolle Strecke mit schönen Aussichten).

Goldfunde förderten die Entwicklung des Ortes, der heute von Forstwirtschaft und vom Tourismus lebt. Hochsaison ist Oktober bis Februar, dann sind an Wochenenden fast alle Unterkünfte ausgebucht (unter der Woche weniger Probleme). Von 21–6 Uhr sind keine Lkw im Ort erlaubt.

682 Graskop

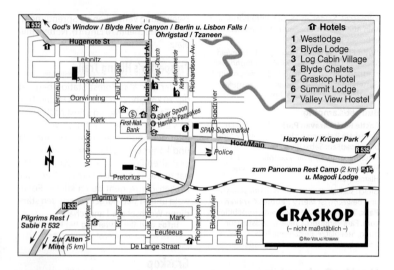

Adrenalin pur

Unerschrockene können einen **Big Swing und Foefie Slide** an der Graskop-Schlucht wagen (Infos in der Mogodi Lodge, s.u.).

Restaurants und Einkaufen

Harrie's Pancake Bar, Louis Trichardt Street (s. Karte), ist eine Legende für Pfannkuchen in allen Variationen. – Gegenüber gibt es im **Silver Spoon** „Black Forest Cake" und Filterkaffee (beide Lokale bieten kein Abendessen). – **Canimambo,** Ecke Louis Trichardt/Hoof Street. Mozambikanische und portugiesisches Essen.

Der Spar Supermarket in der Main Street hat sieben Tage die Woche geöffnet. Im Gebäude befindet sich auch *Wild Adventures,* die **Infostelle** der Umgebung, mit besten Tipps für Ausflüge und Wanderungen.

Es gibt viele kunstgewerbliche Geschäfte: Die Nr. 1, *Delagoa,* bietet eine sehr große Auswahl geschmackvoller Souvenirs und Kunstgegenstände (Louis Trichardt Ave, s. Stadtplan). Gleich daneben das *Artists Village,* kleine Geschäfte lokaler Künstler mit Gemälden, Webarbeiten und Keramiken. Was Besonderes ist der Muti-Shop *Curio D'Afrique* in der Main Street, in dem man neben Masken und Steinen auch allerlei afrikanische Kräuter und Amulette und manchmal auch eine Beratung bekommt.

Tagestouren-Vorschläge mit dem Auto

Tour 1 (160 km): Blyde River Canyon – Echo Caves – Ohrigstad – Robber's Pass – Pilgrim's Rest.
Tour 2 (250 km): Kowyn's Pass – Klaserie – Abel Erasmus Pass – Blyde River Canyon.
Tour 3 (225 km): Sabie – White River – Mbombela/Nelspruit – Sudwala Caves – Sabie.
Tour 4 (120 km): Kowyn's Pass – Hazyview – Sabie – Mac Mac Falls.
Tour 5 (200 km): Pilgrim's Rest – Mount Sheba Nature Reserve – Mashishing/Lydenburg – Long Tom Pass – Sabie.
Tour 6 (250 km): Orpen Gate (Krügerpark) – Satara – Tshokwane – Skukuza – Paul Kruger Gate – Kowyn's Pass.

Die schönsten Wanderungen

Vier beliebte Wanderungen beginnen am Büro des Graskop Municipal Resorts (östl. Ende der L. Trichardt Ave): *Fairyland Trail* und *Swartbooi Trail* sind je etwa 1 km lang, gemütliche Spaziergänge. Der *Tree Fern Trail* führt vorbei an Baumfarnen und durch überwältigende Landschaft auch zu einem Wasserfall (je nach Gusto

1–5 Stunden; über Routenverlauf im Green Castle erkundigen).

Am schönsten ist der *Jock of the Bushveld Trail*, 8 km lang, gemütlich in 3–4 Stunden zu bewältigen; es geht entlang des *Paradise Berg* über alte Pfade aus den Jahren 1885–87 mit ausgeprägten Felsformationen und schöner Vegetation (darunter ein über 1000 Jahre alter Gelbholzbaum). Badesachen mitnehmen, in Felsenbecken kann man sich herrlich erfrischen (detaillierte Wegbeschreibung in der Touristeninformation).

Information Graskop

Tourist Information, Richardson St, Tel. 013-7671886, www.graskop.co.za. **Panorama Information,** Louis Trichardt Ave, Tel. 013-7671377, www.panoramainfo.co.za; gute Informationsstelle, auch über Unterkünfte; Helikopterrundflüge. Im SPAR-Supermarkt: *Wild Adventures,* www.wildadventures.co.za, Tel. 013-767 1380; Rundflüge und Krügerparkbuchung

Notfallnummern

Polizei, Tel. 013-7671122 (101111 Notfall); 013-7671713 (Rescue); *Arzt,* Tel. 013-7671124; *Apotheke,* Tel. 013-7671055.

Post

Main Street, Ecke L. Trichardt Street (öffentliche Telefone).

Waschsalon

Don's Wishy Washy, L. Trichardt Ave.

Unterkunft

Comfort

*Westlodge, 12 Hugenote St, Tel. 013-767 1390, www.westlodge.co.za. Geschmackvolles viktorianisches Haus, schöner Garten, christlich orientiert. DZ ab R580 p.P.

Touristic

Blyde Chalets, Louis Trichardt St (Rezeption in der Panorama Information), Tel./Fax 013-7671316, www.blydechalets.co.za. Sehr schöne Chalets für Selbstversorger, Pool. Chalet für 2 Pers. ab R495.

*Blyde Lodge, 42 Oorwinning St, Tel./Fax 013-7671535, www.blydelodge.co.za. Gehobener Standard – „where you unpack and relax …". DZ ab R660.

Graskop Hotel, Ecke Louis Trichardt/Main Rd, Tel. 013-7671244, www.graskophotel.co.za. Gehört zu den besten unter den kleineren Hotels, HP möglich.

*Log Cabin Village, Ecke Louis Trichardt/Oorwinning, Tel. 013-7671974, www.logcabin.co.za. Schöne, gut ausgestattete Holzhäuser, 1–2 Schlafräume, max. 6 Personen. Cabin ab R720.

Mogodi Lodge, Tel./Fax 013-7671110, www.mogodilodge.co.za. Kowyns Pass Road, 2 km außerhalb Richtung Hazyview. Luxuriöse Chalets, Restaurant, Pool, Souvenirladen. Spannende Aktivitäten, wie z.B. Big Swing etc. DZ ab R750.

*Summit Lodge, 8 Market/Ecke Voortrekker St, Tel./Fax 013-7671058, www.wheretostay.co.za/summitlodge. Schöne Rondavels, originelle „Transport Rider's Railway Coach", Pool, Restaurant.

*Zur Alten Mine, Tel. 013-7671925, Cell 073-2369289, www.zuraltenmine.co.za; 5 km Richtung Sabie an der R 532, kurz vor der Kreuzung R 533/R 3; dt. Gastgeber R. & W. Mauthe. Schöne Chalets mit Veranda und Feuerstelle. Für 2 Pers. ab R500, Frühstück R50.

Budget

Blue Swallow Chalets, 58 Oorwinning St, Tel. 083-6071547, www.blueswallowchalets.co.za/index.html (mit Anfahrtskizze). Mit Selbstversorgung. Ab R550/Chalet.

Valley View Backpackers, De Langestraat, Tel./Fax 013- 7671112, www.yebo-afrika.nl. Günstige Rondavels und Selbstversorgermöglichkeiten. Netter Treffpunkt für Reisende, die ausspannen und Tipps austauschen wollen. Dormitory R120, DZ R250, Camping R80.

Camping

*Panorama View Chalet, Tel./Fax 013-767 1091, www.panoramaviewchalets.co.za. 2 km außerhalb Richtung Hazyview. Einer der besten Plätze der Provinz. Wohnmobile/Zelte, Ferienhäuser.

Blyde River Canyon Nature Reserve

Das 29.000 ha große Blyde River Canyon Nature Reserve beginnt nördlich von Graskop bei der Felsformation The Pinnacle und endet im Norden bei Swadini am Blyderivierspoort Dam. Herzstück ist die **gewaltige Schlucht des Blyde Rivers,** die an manchen Stellen 700 m in die Tiefe reicht. Auf eine Distanz von 26 km Länge hat sich der Blyde River einen Weg mit insgesamt 1000 m Höhenunterschied in die felsige Landschaft der Transvaal Drakensberge geschnitten. Er gilt als dritt tiefster Canyon der Welt.

Das Nature Reserve ist für seine üppige und vielfältige Flora und Fauna und für seine besonders **spektakulären Aussichtspunkte** bekannt. Die wichtigsten Stellen und interessantesten Aktivitäten entlang des Canyons werden nachfolgend beschrieben. Die Aussichtspunkte entlang des Canyons werden um 17 Uhr geschlossen. Es wird eine geringe Eintrittsgebühr erhoben.

→ **Abstecher**

Straßenschleife mit Aussichten: R 534

Gleich nördlich von Graskop zweigt von der R 532 nach rechts die R 534 ab, eine 20 km lange Straßenschleife mit Aussichtspunkten. Nach 3 km erreicht man die schöne Felsformation The Pinnacle, ein ca. 30 m hoher, alleinstehender Granitfels, der die bewaldete Gegend überragt.

God's Window

Nördlich weiterfahrend gelangt man nach ca. 7 km zum bekannten Aussichtspunkt **God's Window,** einer der schönsten im Land (1730 m). Bei klarem Wetter blickt man weit ins Lowveld bis zum Krüger-park. Empfehlenswert ist die Wanderung von God's Window zum nächst nördlichen Aussichtspunkt **Wonder View** durch ein kleines Stück ursprünglichen Regenwaldes (4 km, 90 Minuten; oder Sie fahren und parken dort). Man nimmt denselben Rückweg oder kürzt über die Straße ab.

Nach Erreichen der Hauptstraße R 532 für die Besichtigung der **Lisbon Falls** nun ca. 2 km in Richtung Gaskop fahren oder weiter nach Norden, wo gleichfalls nach 2 km die Zufahrt zu den **Berlin Falls** kommt.

✔ **Abstecher**

Lisbon Falls / Berlin Falls

Etwa 8 km nördlich von Graskop liegen die Lisbon- und die Berlin Falls (ausgeschildert). Auch wenn das Wasser der **Lisbon Falls** aus 90 Meter Höhe nicht gerade spektakulär in die Tiefe rauscht, so ist dies doch ein sehr schöner Ort zum Verweilen und Picknicken. Abstieg lohnt sich, unten kann man baden. Manche finden die Lisbon Falls sogar schöner als die sich nördlich anschließenden **Berlin Falls** (Anfahrt von Lisbon Falls zurück auf die R 532 und nächste Abzweigung nehmen). Eindrucksvoll stürzt das Wasser in einen Felsenpool (Fallhöhe ca. 45 m), gleichfalls ein guter Picknick- und auch Badeplatz. Schöne Souvenirs, Eintritt.

Unterkunft /Essen Berlin Falls

Touristic – *Thaba Tsweni, 9 km nördlich vom Ort, Nähe Berlin Falls, Tel. 013-7671380, www.graskop.co.za. Sehr schönes Haus mit 2 Schlafzimmern, offener Kamin, Frühstück möglich im Restaurant gegenüber. Zwei kleinere Chalets. DZ ab R595.

Budget Berlyn Peacock Tavern and Guest House, Tel. 013-7671085, www.graskop.co.za. Farmhaus an der Zufahrt zu den Berlin Falls, Chalets, schaurig-bunter viktorianischer Stilmix ... Kinder ab 12, Mittagessen, viktorianischer Teegarten, Abendessen a.A.

Unbedingt ansehen: Bourke's Luck Potholes

27 km nördlich der Berlin-Falls-Abzweigung erreichen Sie einen der Höhepunkte der Panorama-Route, *Bourke's Luck Potholes*. So getauft von *Tom Bourke,* der hier seine Schürfstelle absteckte und sicher war, auf Gold zu stoßen, sind zwar heute eine touristische „Goldgrube", doch der einstige Besitzer wurde nie fündig.

Die „Potholes" sind tiefe Auswaschungen im Gestein am Zusammenfluss des *Blyde* mit dem *Treur River* (heute in *Sefogane River* umbenannt). Sie entstanden in Jahrmillionen durch Wassererosion respektive Sand und Steine, die durch das Wasser gewirbelt wurden. Vom Eingang führt ein Rundweg zu den schönsten Stellen (bestes Licht zum Fotografieren der tiefliegenden Auswaschungen um die Mittagszeit). Sehenswert ist die kleine Ausstellung in dem dem Visitor Center angeschlossenen Museum. Das Gelände gehört zum Blyde River Canyon Naturschutzgebiet. Eintritt.

Geschichtliches: Andries Potgieter verließ 1884 die Hauptgruppe seines Trecks, um eine geeignete Route an die Küste zur Delagoa-Bucht (heute Baia de Maputo, Moçambique) zu suchen. Die Zurückgebliebenen waren sich sicher, dass die Expedition scheitern würde und gaben sie dem Fluss voller Schmerz den Namen *Treur* – „Trauer". Doch die Freude war groß, als sie an einem anderen Fluss wieder auf die Verlorengeglaubten stießen – sie nannten ihn deshalb „Freude", auf afrikaans *Blyde.*

Für ausdauernde Wanderer: Blyderivierspoort Hiking Trail

Der Wanderweg durchquert das Blyde River Canyon Nature Reserve.
Dauer: 2,5 Tage. Startpunkt: God's Window.
Der Weg windet sich am **1. Tag** auf 6 km vorbei an verwitterten Quarzitfelsen durch montanes Berggrasland zum kleinen *Watervalspruit Valley* (Übernachtung in der Watervalspruit Hut). Der **2. Tag** führt auf 13,5 km durch gebirgige Landschaften mit interessanten Felsformationen (oft von leuchtenden Flechten überzogen) zum *Treur River Valley* (jetzt *Sefogane River Valley*), in dem der singfreudige Schwarze Kanarienvogel und der schöne Goldrückenspecht zuhause sind. Übernachtung in der Clear Stream Hut (den ersten und zweiten Tag kann man auch zu einem zusammenfassen).

Der **3. Tag** (13,6 km) folgt dem *Treur River* (Sefogane River) bis hinter die *Fann Falls* und weiter durch Kiefer- und Kautschukplantagen. Bei *Bourke's Potholes* fließen *Treur River* und *Blyde River* zusammen, der *Blyde River Canyon* beginnt. Hier endet der Trail.

Information und Reservierung

Mpumalanga Parks Board, Tel. 013-7595432, Fax 7553928, www.sahikes.co.za, kann direkt gebucht und bezahlt werden. Voranmeldung unbedingt erforderlich, maximal 30 Personen pro Tag. In den Übernachtungshütten gibt es Betten mit Matratzen, Toiletten (ohne Papier), Grillstellen mit Feuerholz und Töpfe. Alle Lebensmittel, Getränke, Schlafsack, Koch- und Essutensilien mitbringen, im Sommer auch Insekten- und Sonnenschutzmittel. Feste Wanderschuhe und Wetterschutz unerlässlich, im Winter warme Kleidung. Bei Einbruch starken Nebels sind Leuchtfarben auf Rucksack oder Kleidung empfehlenswert. Wege-Infos auch über die Graskop Tourist Information.

686   **Blyderivierspoort Dam**   Karte S. 678

Wandern: Ein Erlebnis ist der *Belvedere Day Walk,* der vom Bourke's Luck Pothole Information Centre zur Hängebrücke über den *Belvedere Creek* führt (8 km, 5–6 h, ausreichend Wasser, Sonnenschutz und Fernglas mitnehmen). In dem kleinen Naturschutzgebiet leben Leoparden.

Passierschein (im Information Centre bis 11 Uhr) ist notwendig. Für Leute mit Knieproblemen nicht geeignet (an manchen Stellen sehr steil und anstrengend).

Besonderer Übernachtungstipp

Touristic Belvedere Guest House, Mpumalanga Parks Board, Tel. 013-769106019. Schlüssel im Info-Zentrum bei den Bourke's Luck Potholes. Eingerichtetes historisches Gästehaus von 1915, für Gruppen von 4 (Minimum) bis 9 Personen (vier DZ und 1 EZ). Selbstversorgung, toll gelegen direkt an der Kante zum Blyde River Canyon. Direkter Zugang zum **Dientje Falls Trail.**

Weitere Aussichtspunkte an der R 532

Folgt man nach Bourke's Luck Potholes der R 532 weiter nach Norden, kommt man zunächst zum **Lowveld Lookout** bzw. View Point. Hier stehen meist Händler, die Kunsthandwerk anbieten (Preise natürlich verhandelbar).

Nächster Halt ist **World's End** mit dem besten Blick auf die **Three Rondavels,** drei riesige Felskuppeln am gegenüberliegenden Ufer des Canyons, afrikanischen Rundhütten gleich (Tor schließt um 17 Uhr, am späten Nachmittag ist die Lichtstimmung sehr schön).

Überwältigend ist dann der Blick vom zerklüfteten Rand des Escarpments auf den **Blyde River Canyon** mit dem tief unten liegenden **Blyderivierspoort Dam** – der Mensch, ein Winzling … die wohl meistfotografierte Stelle des Blyde River Canyons.

Vom **Forever Resorts Blyde Canyon,** das inmitten des Naturschutzgebiets

liegt, sind ebenfalls großartige Ausblicke möglich. Hier beginnen vier der schönsten Wanderungen: Der 2 km lange *Tuffa Trail* (1 h), der 3 km lange *Loerie Trail* (2 h), der 4 km lange *Guineafowl Trail* (3 h) und der 5 km lange *Leopard Trail* (4 h). Die längeren Wege sind anstrengend und gehen steil bergab und bergauf.

Das **Swadini Visitor Centre** liegt am Ufer des Blyderivierspoort Dam, der eine 50 m hohe Staumauer besitzt. In dem kleinen Zentrum findet man naturkundliche Ausstellungen und Informationen. Ein Nature Conservation Officer steht zu den Öffnungszeiten (6–16 Uhr) für Fragen und Anregungen zur Verfügung.

Der *Nature Trail* beginnt am Informationszentrum. Im Stausee und im Fluss gibt es **Nilpferde** und **Krokodile,** deshalb sollte man keinesfalls baden oder Kanufahren. Bootfahren ist im *Swadini Resort* (s.u.) auf täglich organisierten Ausfahrten möglich (sehr lohnenswert).

Unterkunft

Touristic

*Forever Resorts Blyde Canyon, www.for everblydecanyon.co.za, Tel. 861-226966. Eine sehr große, schöne Anlage, 93 rustikale Chalets für 2–5 Pers. Über 40 Stellplätze für Wohnmobile und Zelte. Wandern, Reiten, Pool. Chalet ab R800 für 2 Pers.

*Forever Resorts Swadini, Anfahrt über die R 36, Tel. 015-7955141, www.foreverswadini. co.za. Schöne Anlage am Blyde-River-Staudamm, 69 Chalets u. 220 Caravanplätze. Restaurant, Supermarkt, Kinderspielplatz, Freizeitaktivitäten. Beachte: Letzte Bootsfahrt beginnt um 15 Uhr.

T-Junction

Bei der Weiterfahrt stößt die Panoramaroute (R 532) auf die R 36. Nach Norden führt diese landschaftlich schöne Straße über den steilen **Abel Erasmus Pass** (1850 m) und durch den **J.G. Strijdom Tunnel;** in Richtung Süden erreicht man kurz danach den Abzweig nach Westen zu den Echo Caves.

Echo Caves

Dieses Höhlensystem war vom mittleren Steinzeitalter bis in die Neuzeit von Menschen bewohnt. 1924 wurden sie der Öffentlichkeit zugänglich, nachdem A.J. Claasen das umliegende Farmland erworben hatte. Er schuf auch das **Museum of Man**, ein Freilichtmuseum mit archäologischen und paläontologischen Ausstellungsstücken und Schautafeln.

In den Höhlen sind sechs Kammern zu besichtigen die 100 m in den Berg hineingehen und bis zu 50 m hoch sind. Die Höhlenführer klopfen auf bestimmte Stalagmiten und erzeugen ein Echo (daher der Höhlenname). Nur ein Zugang kann benutzt werden, der andere führt in die „Höhle der Kannibalen" zu Tausenden von Fledermäusen. Mit den Führern vorher Preis inkl. Trinkgeld vereinbaren!

Unterkunft Budget Echo Caves Motel, Tel. 013-2380015, www.echocaves.co.za. Frühstück, DZ und Jugendherberge, Selbstversorgung.

Ohrigstad

Auf der R 36 weiter nach Süden erreicht man die ländliche Kleinstadt **Ohrigstad,** 1843 gegründet (lohnenswert nur für die Versorgung mit frischem Obst und Gemüse). 19 km hinter dem Ort zweigt nach Osten die **R 533** über den Robber's Pass nach Pilgrim's Rest ab.

Robber's Pass

Auf kurviger Strecke geht es hoch zum 1778 m hohen *Robber's Pass* – „Räuber-Pass". Trotz der reichen Goldfunde in den ersten 30 Jahren der Geschichte von Pilgrim's Rest kam es aber nur zu zwei größeren Überfällen: Beim ersten stoppten Banditen die Postkutsche nach Lydenburg und raubten Goldbarren im Wert von 10.000 britischen Pfund. Den zweiten beging Tommy Dennison 1912: Er be-

drohte den Kutscher mit holzgeschnitzten Pistolen und nahm den Insassen 129 Pfund ab, die er in Pilgrim's Rest auf den Kopf haute. Er wurde geschnappt und erhielt 5 Jahre Gefängnis. Hinterher eröffnete er die „Highwayman's (Straßenräuber) Garage" Pilgrim's Rest, über deren Tür er seine zwei Holzpistolen drapierte.

Restaurants und Unterkunft

Touristic *Iketla Lodge, 10 km von Ohrigstad (Abzweig von R 555 Burgersfort), Tel. 13-2388900, www.iketla.com. Eine stilvolle Lodge auf typisch afrikanischer Farm. Für ruhigen und entspannenden Aufenthalt. Pool, Sundowner am Lagerfeuer. Ü/F, auch Light Lunch und Dinner.

The Inn on Robber's Pass, Tel. 013-7641755. Gemütliches Landgasthaus, sehr gute Küche, an Wochenenden/Hauptsaison Tisch reservieren. Alle Cottages mit offenem Kamin. Dinner+Ü/F ab R400 p.P.

→ **Abstecher**

Mount Sheba Nature Reserve

Das private, landschaftlich grandiose Mount Sheba Nature Reserve (1500 ha) ist ökologisch bedeutsam wegen seines Regenwaldes im ursprünglichen Zustand. Die Vegetation reguliert sich selbst, abgestorbene Pflanzen dienen als Lebensgrundlage für den Mikrokosmos des Waldes. An und auf über 100 Baumarten, darunter Yellowwood- und Ironwood-Bäume, die mehr als 1500 Jahre alt sind, stehen und ranken Farne, Moose, Flechten und Lianen. Zum Ökosystem gehören auch kleinere Antilopen und eine große Vogelpopulation.

12 Wanderwege durchziehen das Naturschutzgebiet (1–6 km, Wegbeschreibungen im Hotel). Empfehlenswert sind der *Golagola Walk* (5 km), auf dem man Wasserläufe überquert, und der 5 km lange Rundwanderweg *Marco's Mantle Trail* zu einem Wasserfall und zu natürlichen Felsbecken, in denen sich Forellen tummeln (Ausblicke auf eine Felsen-

688 Pilgrim's Rest

schlucht). Ein Weg führt hinauf zu **Sheba's Lookout** mit schönen Panoramablicken zum Escarpment und zum Lowveld.

Information, Unterkunft

Tagesbesucher im Naturreservat willkommen. Luxus und Comfort **Mount Sheba Lodge,** Grootfonteinberg, 561 KT Lydenburg Road, Tel. 013-7681241, www.mountsheba.co.za. Hinreißende Landschaft, exzellenter Service, Abendessen bei Kerzenschein. Suiten und DZ ab R830 p.P.

✔ **Abstecher**

Pilgrim's Rest

Goldgräbergeschichten

„Wheelbarrow-Alec" (Alec Patterson) war ein Einzelgänger, dem die Hektik im Mac-Mac-Goldgräbercamp zu viel wurde. Er suchte einen beschaulicheren Platz zum Goldschürfen. Er packte seine Sachen zusammen und zog mit einem Schubkarren ein Tal weiter westlich. 1873 wurde er an dem kleinen Nebenfluss des Blyde River fündig. Der Abenteurer William Trafford suchte im selben Fluss nach Gold, war erfolgreich und rief der Legende nach aus: „The pilgrim is at rest!" – „Der Pilger ist endlich angekommen!". Während Patterson Stillschweigen über die Funde bewahrte, plauderte Trafford. Innerhalb kurzer Zeit fiel ein Schwarm Goldgräber ein und verwandelte die Idylle in eine Zeltstadt. Daraus entwickelte sich ein befestigtes Camp mit Bars, Geschäften, einer Schule und einer Zeitung, der „Gold News". Das Royal Hotel öffnete seine Pforten. Neben goldhaltigem Gestein fand man auch Nuggets, der größte war der 6038 Gramm schwere Reward Nugget.

Das Schürfgebiet lag auf durch den Transvaal Volksraad verwaltetem Land. Dieser übertrug 1881 dem englischen Finanzier David Benjamin die vollständigen Schürfrechte gegen die jährliche Zahlung von 1000 Pfund und 2,5 Prozent der Einnahmen. Benjamin gründete die Transvaal Gold Exploration Company, eine der wenigen profitablen Gesellschaften außerhalb des Witwatersrand. Die Theta-, Clewer-, Jubilee-, Beta- und Ponieskrantz Minen wurden eröffnet und nach und nach Gold im Wert von 20 Millionen Pfund herausgeholt. Die letzte, die Beta-Mine, schloss 1971 ihre Schächte. 1974 wurde der ganze Ort von der Regierung aufgekauft und in ein gelungenes **Freilicht-Museum** verwandelt. Tipp: Fahren Sie zur Besichtigung von Pilgrim's Rest zunächst die Hauptstraße hinauf und laufen dann die Dorfstraße hinab.

Sehenswert

In vielen Häusern sind Kunsthandwerksstätten und Souvenirgeschäfte untergebracht. Sehenswert sind das **Miner's House Museum** und das **Dredzen Shop Museum.** Das **Pilgrim's Rest & Sabie News Museum** beherbergt die ehemalige Druckerei. Mittelpunkt des Ortes war und ist das **Royal Hotel,** das wegen seiner kuriosen Bar Geschichte machte. Sie ist Teil eines alten Kirchengestühls aus Lourenço Marques. Auf dem **Friedhof** liegt das „Robber's Grave": Ein Mann hatte versucht, sich einer Schürfstelle zu bemächtigen und wurde deshalb von den humorlosen Besitzern ohne langen Prozess exekutiert. Das Grab trägt keinen Namen. Am Stadtrand lädt das kleine **Pilgrim's Rest Nature Reserve** zu kurzen Spaziergängen ein. Man kann es auch mit einem Pferd durchstreifen (Infos unter Tel. 013-7681261). Etwas außerhalb Richtung Graskop liegt das **Alanglade House Museum.** Bei einem geführten Rundgang durch das mit wertvollen Möbeln aus der viktorianischen-, edwardianischen- und Art-déco-Epoche ausgestatteten Haus bekommt man einen Einblick in das luxuriöse Leben eines Minen-Managers.

Information Pilgrim's Rest

Pilgrim's Rest Tourist Information, Main St (Uptown), Tel. 013-7681060, Fax 013-7681113, www.pilgrimsrest.org.za. Hier gibt es Eintrittskarten für die Museen (tgl. 9–13 u. 13.30–16.30 Uhr). Auch Goldwaschen ist möglich (die Touren starten vom Diggings Museum am Ortsausgang Richtung Graskop). Achtung: Die Anzahl der „Autowäscher" nimmt überhand. Nur bezahlen, wenn man wirklich das Auto gewaschen haben will!

Unterkunft

Comfort

The Royal Hotel, Main Rd, Tel. 013-7681100, www.royal-hotel.co.za. 50 DZ, 4 Suiten, 4 Mehrbettzimmer (4–6 Personen), ab R500 p.P./F; historisches Hotel, gemütliches Ambiente.

Touristic

*Crystal Springs Mountain Lodge, 9 km außerhalb an der R 533 Richtung Mashishing, Tel. 013-7685000. Luxus-Chalets, schöne Lage, privates Wildreservat, Restaurant, Pub, Bush-Bomas, geführte Wanderungen, Forellenangeln.

Camping

Pilgrim's Rest Caravan Park, Main St, Tel. 013-7681427. Caravan- und Zeltplatz am Blyde River, Pool, Waschautomaten, auch schöne Safarizelte, Selbstversorgung, Tagesbesucher willkommen.

The Great Limpopo Transfrontier Park (GLTP)

Größtes Wildgebiet Afrikas

Nelson Mandela eröffnete im Oktober 2001 das größte Naturschutzgebiet Afrikas, den **Great Limpopo Transfrontier Park.** Der neue internationale Park vereinigt über die Landesgrenzen hinweg den **südafrikanischen Kruger National Park,** den **Parque Nacional do Limpopo in Moçambique** und den **Gonarezhou National Park in Zimbabwe** (Fläche heute ca. 35.000 qkm, ca. die Größe Baden-Württembergs; geplante Fläche: 99.800 qkm).

Zur Eröffnung wurden alte Wildpfade für einen freien Wildwechsel wieder freigemacht, die jahrzehntelang mit dicken Kabeln, Maschendraht und Betonpfeilern versperrt waren. Zunächst wurden etwa 1000 Elefanten vom Krügerpark in den noch sehr unberührten Parque Nacional do Limpopo „ausquartiert". Auf moçambiquanischer Seite gibt es ein Safarizelt-Camp, eine touristische Infrastruktur fehlt derzeit jedoch weitgehend.

„Peace Parks"

Bereits im Mai 2000 entstand mit dem Zusammenschluss der Kalahari-Nationalparks in Südafrika und Botswana der *Kgalagadi Transfrontier Park,* weitere grenzüberschreitende „Peace Parks" sind projektiert. Sie sollen dem Frieden über Landesgrenzen hinweg dienen, die Natur schützen und vor allem die ungehinderte Migration der Tierpopulationen ermöglichen. Sie sind Teil des Versuchs, die Natur als eine der wichtigsten Ressourcen Afrikas zu erschließen. Zu den Schirmherren der von *Anton Rupert* († 2006, s.S. 351), einem der reichsten und angesehensten Südafrikaner gegründeten Friedensparkstiftung, gehören Nelson Mandela sowie sieben Könige und Präsidenten aus dem südlichen Afrika.

Ausweitung

Die Ausweitung des Parks wird mit Hochdruck vorangetrieben. Bedenkt man, dass der Great Limpopo Transfrontier Park dann etwa die **Größe Portugals** haben wird, kann man den Umfang der Arbeiten erahnen. Das Hauptaugenmerk wirft man derzeit auf den Grenzbereich mit Moçambique. Hunderte von Kilometern an Elektrozäunen müssen installiert werden. Die neue **Grenzstation Giriyondo** wurde im Mai 2004 fertig. Die 24 km lange Zufahrtstraße, die von der HI-6 abzweigt, ist ebenfalls fertiggestellt. An dieser Straße liegt auch das neue Informationszentrum Makhadzi, das die Besucher über den Transfrontierpark informiert.

Touren/Übernachtung im Parque Nacional do Limpopo

Der *Parque Nacional do Limpopo* grenzt unmittelbar an den Krügerpark und ist Bestandteil des Great Limpopo Transfrontier Parks. Es werden drei geführte Touren angeboten, für die Malariaprophylaxe dringend angeraten wird. Alle Informationen und Buchungen unter www.dolimpopo.com.

Shingwedzi 4x4 Eco-Trail: Er beginnt im Punda Maria Camp und führt Selbstfahrer mit eigenen Geländefahrzeugen über den Parfuri-Grenzübergang in den Limpopo-Nationalpark. Weiter geht es durch unberührte Landschaft zur Duranami-Pfanne. Übernachtet wird an den Ufern der Flüsse Shingwedzi und Buala im Zelt. Endpunkt Komatipoort, Südafrika. Tourstart jeweils Sonntag 7 Uhr, ab R5500 p.P. (6 Tage/ 5 Nächte). Proviant und Campingausrüstung muss selbst mitgeführt werden. **Es gibt drei weitere 4x4 Trails.**

*Machampane Wilderness Camp und Trails: Die Buschwanderung startet morgens vom Luxus-Camp Machampane. Ideal für alle, die sich intensiv mit Flora und Fauna beschäftigen möchten und dauert 3–4 Stunden. Auch eine Abendwanderung ist möglich. Safari-Zelt ab R4000/Vollverpflegung inkl. Wanderungen.

Palarangala Trail: Drei Nächte und vier Tage dauert die Wanderung durch nahezu unberührte Buschlandschaft. Übernachtung in Zelten.

Rio Elefantes Canoe Trail: Eine außergewöhnliche 50 km lange Kanutour (3 Nächte/4 Tage) im Bereich des Zusammenflusses des Shingwezi und Limpopo.

Kruger National Park

Der **Kruger National Park**, zu deutsch **Krügerpark**, ist nach wie vor der **Touristenmagnet** und das **Vorzeige-Reservat** Südafrikas. Zählte man im Jahr 1927 drei Fahrzeuge im Park, so sind es heute bis zu 5000 Besucher täglich. Der Park ist Heimat der weltgrößten Ansammlung von Tierarten, 20.000 qkm groß und landschaftlich außergewöhnlich vielfältig. Das Park ist 320 km lang, 40 bis 80 km breit und entspricht mit seinen 20.000 qkm Fläche etwa der Größe von Rheinland-Pfalz. Die Länge der Asphalt- und Schotterstraßen beträgt 1880 km. Ungestörte Wildbeobachtung ist garantiert (mit einer Ausnahme: kurz vor Sonnenuntergang konzentrieren sich die Fahrzeuge aller Besucher um die Restcamps, damit jeder rechtzeitig die Tore passieren kann).

Überblick

Die nachfolgenden Kapitel geben umfangreich Auskunft über die Geschichte des Parks, die beste Reisezeit und die interessantesten Informationen zu Flora, Fauna und Geologie. Um einen guten Überblick zu gewährleisten, ist der Park in drei Sektionen unterteilt: **Süden, Zentral** und **Norden.** Hier finden Sie die besten Fahrstrecken.

Im anschließenden Kapitel **Krügerpark von A–Z** sind die wichtigsten touristischen Stichworte alphabetisch aufgelistet und es werden alle Restcamps sorgfältig beschrieben. Daneben gibt es jede Menge Freizeittipps zu geführten Wanderungen, Buschfahrten oder 4x4-Trails. **Wer nur 1–2 Tage** zur Verfügung hat, sollte sich im Süden oder im südlichen Zentralbereich aufhalten, da hier die meisten Tiere zu finden sind.

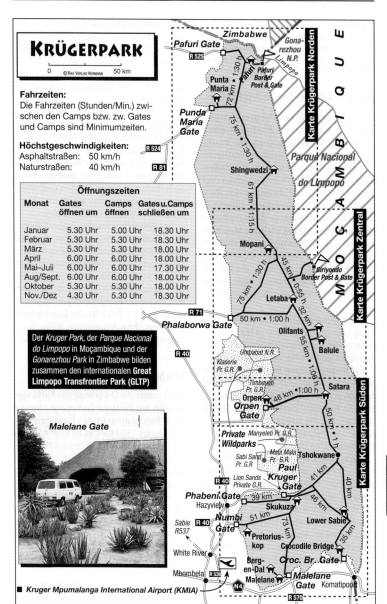

692 **Kruger National Park**

Eintrittspreis

Beim Passieren eines der Parktore muss man sich anmelden und den Eintrittspreis bezahlen: Erwachsene zahlen derzeit **R204 pro Tag des Aufenthaltes** (Einheimische weniger).

Informationen für Selbstfahrer

Die **Geschwindigkeitsbegrenzungen** sind strikt einzuhalten: **Asphaltstraßen 50 km/h, Schotterpisten 40 km/h, Restcamps 20 km/h.** Andere Limitierungen sind vor Ort angezeigt. Häufig **Radarkontrollen,** empfindliche Bußgelder und Parkverweis! (Die Fahrzeuge des Park Board dürfen schneller fahren). Gleich bei der Ankunft am Parktor die detaillierte **Kruger National Park Visitor's Map** kaufen (bei den kleinen gelben Straßen der Karte sollte man, besonders in der Regenzeit und im Süden des Parks, die Ranger nach der Passierbarkeit fragen; nach schwerem Regen manchmal Sperrungen).

Es ist günstig, kurz nach Sonnenaufgang und am frühen Abend bis Sonnenuntergang auf Pirschfahrten zu gehen. Tagsüber sind wenig Tiere unterwegs.

Bei **Begegnungen mit Elefanten** besonders auf Bullen und Elefantenkühe mit Jungen achten. Erhöhtes Aggressionspotential! Nie sich zwischen eine Herde drängen, die die Straße überqueren will. Auf andere Fahrzeuge achten, damit alle manövrierfähig bleiben!

Parkregeln: Besuchern ist es, von wenigen, speziell gekennzeichneten Orten abgesehen, **nicht gestattet, ihr Fahrzeug zu verlassen!** Muss man z.B. bei einer Reifenpanne aussteigen, geschieht dies auf eigene Gefahr (vorher gut umsehen). Besser im Wagen warten, bis ein anderes Fahrzeug kommt, das im nächsten Camp Hilfe holen kann. Es dürfen nur ausgewiesene Straßen benutzt werden, auch mit einem Geländewagen darf man nicht die Straßen verlassen. **Tiere füttern ist**

Karte S. 691

strengstens verboten (weil sie sonst ihre natürlichen Fressgewohnheiten aufgeben und aggressiv ihr Futter bei den Menschen einfordern; Strafe: R400).

Es ist nicht gestattet, **Samen und Pflanzen** in den Restcamps **zu sammeln** (einige Arten sind zu kaufen). Abfall jeglicher Art muss in die dafür vorgesehenen Behälter gesteckt werden. **Zwischen 21.30 Uhr und 6.30 Uhr herrscht Ruhe** in den Restcamps (einige Besucher wollen früh schlafen, andere die Nachtgeräusche der Tiere genießen). Es ist strikt untersagt, außerhalb der vorgesehenen und reservierten Möglichkeiten zu übernachten. Weder im Zelt, noch im Fahrzeug.

Bei Verstößen werden hohe Geldbußen erhoben. Stören und Scheuchen von Tieren: R500, Aussteigen aus dem Fahrzeug oder Hinauslehnen an nicht genehmigten Stellen: R500. Überschreiten der Geschwindigkeit: R100–R1500. Ankunft im Camp oder Parkausgang nach Schließung der Tore: R500–R1500. Übernachten im Camp ohne Anmeldung: R700. Auch Gefängnisstrafen können verhängt werden.

Geschichte

1844 wurde die Ostgrenze des Parks vertraglich mit Portugal festgelegt (damals noch Kolonialmacht des heutigen Moçambique). 1869 kam es zu einem „Goldrausch" in der Region, in dessen Folge nahezu alles Großwild zur Versorgung der Goldschürfer abgeschossen wurde. Dazu kam der Handel mit Fellen und Horn. Die Situation für den Wildbestand wurde derart bedrohlich, dass der Volksraad von Transvaal 1898 ein Gesetz zum Schutz des Gebiets zwischen dem Crocodile und dem Sabie River verabschiedete. Es entstand das **Sabie Game Reserve,** ältester Teil des Nationalparks.

Erster Ranger wurde *Paul Bester*. Er lebte in einer Blockhütte an der Stelle des

Karte S. 691 **Kruger National Park** **693**

heutigen Hauptquartiers der Parkverwaltung in **Skukuza.** Nach dem Burenkrieg wurde *James Stevenson-Hamilton* Parkverwalter. Er widmete sich vor allem dem Artenschutz und sorgte für Landzukauf. Mit einer kleinen Truppe versuchte er die Grenzen zu sichern und Wilderern das Handwerk zu legen. 1903 kam das Gebiet bis zum Olifants River hinzu, das nördliche **Shingwedzi Game Reserve** wurde ins Leben gerufen.

Stevenson-Hamilton wusste, dass das Gebiet nur mit einer ökonomischen Grundlage gesichert werden konnte. Als Vorbild dienten ihm die Nationalparks der USA, die Wildschutz betrieben und die Parks der Öffentlichkeit zugänglich machten. Er gewann einflussreiche Politiker und erwirkte 1926 das erste Nationalparkgesetz des Landes. Alle Teilgebiete wurden zusammengefasst und nach **Paul Kruge**r benannt, dem ersten Präsidenten des Burenstaates.

1976 wurde das gesamte Areal umfriedet, ab 1993 alle Zäune des Parks als Abgrenzung zu den benachbarten privaten Wildparks niedergerissen, damit die Tiere ungehindert ziehen können, und 2001 fiel auch Stück für Stück der große Zaun an der Grenze zu Moçambique. Heute gehört der altehrwürdige Krügerpark zu den Paradebeispielen eines Schutzgebiets mit guter touristischer Infrastruktur, Forschung, Artenschutz und Ökologie. Über 200 Ranger arbeiten im Park.

Beste Reisezeit

Der Krügerpark ist **ganzjährig bereisbar.** Es herrscht **subtropisches Klima** mit **Sommerregenfällen** von Oktober bis März. Die jährliche Niederschlagsmenge nimmt vom Süden des Parks (etwa 760 mm, Pretoriuskop) in den Norden (etwa 210 mm, Parfuri) drastisch ab. Die meisten Regenfälle finden als plötzliche Güsse

statt, die so schnell anfangen, wie sie wieder aufhören. **April bis September** ist ideal für Tierbeobachtung, die Tiere finden Oberflächenwasser nur in den künstlichen Bohrlöchern und wasserführenden Flüssen. Auch die Sicht durch die spärliche Vegetation ist günstiger, das Gras meist flacher und trocken, viele Bäume tragen keine Blätter. Die Tagestemperaturen im Juli liegen bei durch-schnittlich 23 °C, können jedoch Spitzenwerte von 35 °C und Tiefstwerte von –4 °C erreichen. Von **Oktober bis März** verwandelt sich der Park in ein grünes Paradies. Die jungen Tiere stehen vor einer Kulisse blühender Bäume. Im Januar werden durchschnittlich 30 °C gemessen, aber auch Werte um 47 °C. Wer den ganzen Tag im Auto zubringt, weiß die nächtliche Abkühlung auf 18 °C zu schätzen.

Wasser

Der Wildreichtum des Parks wird begünstigt durch große Flüsse mit verzweigten Nebenflüssen, die meist von West nach Ost fließen. Ganz im Süden ist der **Crocodile River,** dessen Lauf die Parkgrenze markiert. Weiter nördlich der **Sabie River** mit zahlreichen Zuflüssen.

Der **Timbavati River** fließt in Süd-Nord Richtung, bevor er in den großen Olifants River mündet. Der nördliche Zufluss des **Olifants River** ist der **Letaba River.** Weiter im Norden fließen **Shingwedzi, Bububu** und **Mphongolo River.** Wichtig für den trockenen Norden ist auch der **Luvuvhu River,** und schließlich bildet der **Limpopo River** die Nordgrenze des Parks (gleichzeitig auch Grenzfluss zu Zimbabwe und Moçambique).

Obwohl die Wasserversorgung des Parks ausreichend ist, gibt es große Probleme: Allmählich droht er auszutrocknen. Betroffen davon ist besonders der Nordosten, in dem ohnehin wenig Regen fällt. Hier sind die Flüsse zusätzlich stark

694 **Kruger National Park**

mit Abwässern belastet, die außerhalb des Parks zugeführt werden. Es kam schon häufiger zu Massensterben von Fischen, verursacht durch riesige Algenbänke.

Der *Crocodile River* im Süden nimmt durch die intensive Zuckerrohr-Plantagenwirtschaft viele **Pestizide** auf, der Olifants River aus den Bergbauregionen Schwermetalle. Die Wasserqualität hat so abgenommen, dass bereits zwei Restcamps mit Wasser versorgt werden. Außerhalb des Parkzauns sind die Leute auf das Wasser der Zuflüsse angewiesen.

Immer mehr Wasser wird entnommen, Millionen Liter verdunsten in der heißen Sonne in den Stauseen. Der *Letaba River,* früher permanent wasserführend, ist heute während der Trokkenperiode versiegt. Menschen, die kilometerweit zu Brunnen gehen müssen, haben wenig Verständnis dafür, dass man sich um sie weniger sorgt als um die Tiere im Park. Man versucht nun, mit vierhundert künstlichen Wasserstellen die Situation zu entspannen. Doch das Anzapfen von Grundwasser, ein gewaltiger Eingriff in das Ökosystem, ist auf Dauer keine Lösung.

Culling – Regulierung der Tierpopulation

Unter dem engl. Begriff **Culling** sind drei verschiedene Arten der zahlenmäßigen Regulierung von Tierpopulationen zu verstehen: Erstens die natürliche Dezimierung durch Raubtiere. Zweitens die Verminderung durch Krankheiten (z.B. durch die Rindertuberkulose bei Löwen und Großkatzen, die sich anstecken, wenn sie infizierte Beute fressen), Feuer oder andere natürliche Todesursachen. Drittens die Dezimierung durch Jagd und Abschießen überzähliger Tiere (oder Umsiedlung). In den frühen Jahren des Parks wurden besonders Raubtiere gejagt, da diese zu viel Wild rissen und das Zahlenverhältnis zwischen Räuber und Beute sich immer mehr verzerrte. Allein 1903–1958 wurden 2486 Löwen getötet. Später kamen auch Zebras, Gnus, Impalas, Büffel und Elefanten auf die Abschussliste. Selbst Nilpferde mussten zeitweise abgeschossen werden

Der Nationalpark ist zwar ein Naturschutzgebiet, doch ist er ein abgezäuntes Refugium ohne Tierzuzug von außerhalb. Der Mensch muss regulierend eingreifen, um bedrohte Spezies zu schützen. Besonders Elefanten werden problematisch, wenn sie auf ihrem täglichen Futterweg zu viel zerstören und anderen Tierarten das Futter langsam ausgeht (ein einziger Dickhäuter frisst pro Tag zwischen 400 und 600 kg frisches Gras, junge Zweige und Blattsprossen). Junge Elefanten und auch Zebras werden häufig nicht getötet, sondern an andere Wildreservate abgegeben.

Nur dem Nature Conservation Department ist es erlaubt, Tiere abzuschießen, nicht Trophäenjägern (im staatlichen Teil des Parks). Die Jagd auf Elefanten, Büffel und andere gefährliche Tiere erfolgt vom Hubschrauber aus. Geschossen wird mit Betäubungspatronen, die eine hohe Dosis Nervengift enthalten. Die Ranger auf dem Boden töten dann das Tier mit Gewehrschüssen. Erlegtes Jagdwild wie Kudus, Springböcke u.a. wird nach Skukuza transportiert, Abnehmer für das Fleisch sind die Parkrestaurants. Der Überschuss wird zu Biltong verarbeitet. Zurzeit ist das Culling-Programm ausgesetzt, die Parköffnung nach Moçambique ermöglichte die Aussiedlung von ca. 1000 Elefanten.

Feuer

Brände und Buschfeuer sind natürliche Elemente der afrikanischen Savannen- und Waldlandschaft. Meist werden sie durch Blitzschlag entfacht. In der Savanne sind die Pflanzen feuerresistent. Ihre oberirdischen Teile brennen zwar ab, aber die unterirdischen Teile überleben. Einjährige Pflanzen erhalten ihre Art durch Samen, die sich durch Wind oder Vögel verbreiten. Seit 1954 werden im Krügerpark Bushveldbrände kontrolliert.

Die Parkfläche wurde in 300 Abschnitte eingeteilt, jeweils etwa 64 qkm groß. Sie werden nach einem Rotationsprinzip abgebrannt. Unterstützt wird die Auswahl der jeweiligen Flächen durch ein Computer-Programm, das hilft, den größten ökologischen Nutzen für die Pflanzen- und Tierwelt festzulegen.

Topographie

Der größte Teil des Parks besteht aus flacher Busch- und Savannenlandschaft, hin und wieder von kleineren Granithügeln überragt. Der zentrale Teil liegt durchschnittlich auf 260 m Höhe, Punda Maria im Norden auf 442 m. Höchste Erhebung ist mit 839 m der *Khandzalive* südwestlich von Malelane. Die tiefsten Punkte sind die Schluchten der großen Flüsse. Die *Sabie River Gorge* liegt auf 122 m, die Schluchten des Olifant und des Nwanetsi River jeweils auf 152 m. Die Parklandschaft wird in Nord-Süd-Richtung geologisch von einem Band aus Sandstein und Schiefer geteilt, im westlichen Teil finden sich vorwiegend Erhebungen aus Granit, der Boden ist hell und sandig. Im östlichen Bereich herrschen Basaltformationen vor, die Erde ist überwiegend dunkel. Die beiden Sandfelder im Norden unterscheiden sich in Flora und Fauna fast vollkommen vom restlichen Parkgebiet.

Flora und Fauna

Die **Vegetation** umfasst viele tropische und subtropische Pflanzen, ein Drittel des Parks liegt im Tropengürtel nördlich des Wendekreises des Steinbocks. Man findet im Park **35 Landschaftsformen,** die man der Einfachheit halber in **16** große **Vegetationszonen** unterteilt. **1926 Pflanzenarten** wurden erfasst, darunter 457 Busch- und Baumarten, darunter der Baobab, der gewaltige Affenbrotbaum im Norden des Parks. Viele Baumarten der Savanne haben dicke Rinden, die sie vor Bränden schützen. Auch in den Restcamps wächst vieles, wie z.B. der Farbkätzchenstrauch oder der seltene Wilde Jasmin, der herrlich duftet. 235 Grasarten konnten bestimmt werden. Daneben findet man jede Menge Sukkulenten und Epiphyten, darunter wunderschöne Orchdeenarten. Selbst Seerosen wachsen in den Gewässern.

Es wurden **147 Säugetierarten** registriert. Geschätzt werden zur Zeit folgende Populationen größerer Säugetiere:

Breitmaulnashörner: 5000
Büffel: 27.000
Elefanten: 12.000
Elenantilopen: 300
Giraffen: 5000
Halbmondantilopen: 363
Hyänen: 2000
Hyänenhunde: 150
Impalas: 150.000
Kudus: 6000
Leoparden: 2000
Löwen: 2000
Nilpferde: 3000
Säbelantilopen: 880
Spitzmaulnashörner: 350
Steppenzebras: 18.000
Streifengnus: 10.000
Wasserböcke: 5000

Die **Vogelwelt** ist mit 517 Spezies vertreten. Alle **8 afrikanischen Storcharten** kommen vor: Mit einer Standhöhe von 0,75 m ist der kurzbeinige *Abdimstorch* der kleinste Vertreter seiner Gattung, während der *Sattelstorch*, gut am rot-schwarz-gelben Schnabel zu erkennen, 1,45 m erreicht. *Marabus*, die immer etwas zerfleddert wirken, werden etwa 1,50 m groß. Zu den originellen Wasservögeln gehören die *Höckerenten*, deren Männchen man am höckerartigen Schnabel erkennen kann. Häufig trifft man auf *Hornvögel* (oder Tokos) mit sichelartig gebogenen Schnäbeln, auf denen oft noch ein Höcker sitzt. In dieser Gattung ist der geierartig anmutende Hornrabe mit stolzen 90 cm der größte Vertreter. Er lebt vorwiegend auf dem Boden und bewegt sich mit wiegendem Schritt. **14 Adlerarten** können bestimmt werden.

Reptilien

Es gibt 114 Reptilien-Spezies, bei den **Fischen** 50 und bei den **Amphibien** 33. Zu den ungewöhnlichen Fischarten gehören der *Nothobranchius rachovii* und der verwandte *Nothobranchius orthonotus* im östlichen Park. Sie sind nur 5 cm groß, leben nur eine Saison und legen ihre Eier in den Schlamm der feuchten Wasserbecken, die im Laufe des Jahres austrocknen. Selbst ein Feuer überleben die Eier schadlos. Die Fische schlüpfen nur, wenn ausreichend Wasser die Pfannen wieder auffüllt. 1950 wurde am Zusammenfluss des Limpopo und Luvuvhu sogar ein Zambesi-Hai gefangen.

Im Krügerpark auf Exkursion

Auf der offiziellen **Visitors' Map** des Krügerparks werden die Fahrwege farblich unterschieden: Rot = Hauptverkehrsstraße (Main Road). Gelb = Nebenstrecke (Secondary Road). Daneben gibt es noch Privatstraßen, gesperrt durch das bekannte rote Straßenschild mit Querbaken. „Loops" sind Fahrschleifen. Alle Fahrwege sind durch ein Nummernsystem (H1, S113 etc.) gekennzeichnet oder haben Namen („Crocodile River Road").

Es ist angebracht, morgens bei den Rangern den Straßenzustand zu erfragen. Einige Wege können wegen Überflutung oder Feuer gesperrt („closed") sein. Bei der Routenplanung auch einen Rast- oder Picknickplatz mit Toilette festlegen! Den Park von Süden nach Norden zu durchqueren, dauert mindestens fünf Tage – bei relativ großer täglicher Fahrlei-stung und wenig Zeit, an den schönsten Stellen zu verweilen. Man kann nicht sagen, dass auf kleineren Pisten mehr Tiere zu sehen sind als entlang asphaltierter Straßen. Trotzdem erlebt man auf den Pisten meist ein besseres „Safari-Feeling". Die Fahrstrecken im Krügerpark sind so konzipiert, dass sich eine gute Mischung aus den verschiedenen Möglichkeiten zusammenstellen lässt. Die farblich unterschiedlichen Parkfarben der Visitors' Map geben Aufschluss über die **Ökozonen:** Wer z.B. einen Tag durch „Mixed Bushwillow Woodlands" gefahren ist kann sich als nächstes die „Marula Savannah" oder das „Mopane Shrubveld" vornehmen. Eine Methode, die **Gesamtfahrzeit** grob zu ermitteln: zählen Sie auf der Karte die Kilometer zusammen und teilen das Ergebnis durch 25 km/h. Dann fügen Sie noch 1–2 Stunden Aufenthaltzeit an Wasserlöchern und Rastplätzen hinzu. So haben Sie ein passables Ergebnis zur Tageseinteilung.

Die schönsten Stellen im Süden

Wer von Süden in den Park einfährt (Parktore: Malelane Gate, Crocodile Bridge Gate, Numbi Gate, Phabeni Gate und Paul Kruger Gate) sollte sich zunächst für ein **Main Restcamp** entscheiden: *Malelane, Crocodile Bridge, Berg-en-Dal, Lower Sabie, Pretoriuskop* oder *Skukuza*. Sehr empfehlenswert sind **Berg-en-Dal** und **Pretoriuskop.** Lower Sabie und Skukuza sind eher für den Massentourismus angelegt.

Übernachtungs-Alternative außerhalb / Restaurant-Tipp

2 km vor dem Malelane Gate: **Mhlati Guest Cottages,** 4-Sterne-Anlage, fünf wunderschön designte Cottages, Lapa und Pool. Tel. 013-7903436, www.mhlati.co.za, Ü/F ab R595 p.P. (ab dem Abzweig zum Malelane Gate nach 2 km rechts ab zur Sugar Mill, gleich wieder rechts, Schild), herzhaftes Frühstück. **Hamilton Restaurant,** an der Malelane Gate Straße. Günstige, super Fleischgerichte, nettes Ambiente, Tel. 013-7903421. – Unterkünfte in/um **Malelane-Ort** s.S. 675.

Berg-en-Dal/Malelane

Von Malelane oder Berg-en-Dal aus sollte man den **Matjulu Loop** wählen und den Aussichtspunkt, der 3 km hinter Berg-en-Dal nach links bzw. Norden abgeht, nicht versäumen. Die Landschaft ist hügelig, die Straße windet sich durch das saftige Grün des *Malelane Mountain Bushveld* mit vielen Pflanzen, die im restlichen Park nicht vorkommen. Gute Chancen, *Breitmaulnashörner* zu entdecken, die gerne parallel oder auf der Straße laufen. Häufig sieht man Kudus, Impalas und Säbelantilopen. An der Straße **H3** eignet sich der **Picknickplatz Afsaal** für ein spätes Frühstück, auch für diejenigen, die die historische und landschaftlich sehr interessante **Voortrekker Road** vom Restcamp Preto-

riuscamp gewählt haben. Ganz im Süden verläuft die Crocodile River Road (S25) durch das relativ flache Gebiet der *Crocodile Thorn Thikkets* (dichtes Gestrüpp). Hier leben die scheuen *Spitzmaulnashörner,* Elefanten, Giraffen, Büffel und Breitmaulnashörner. Die Strecke ist meist einsam, aber in weiten Teilen nicht sehr abwechslungsreich. Vom Restcamp Crocodile Bridge ist ein Ausflug zum **Hippo Pool** ratsam. Dort kann man das Fahrzeug verlassen und an den natürlichen Wasserstellen Nilpferde, Elefanten und Nashörner sehen.

Pretoriuskop

Von diesem Main Rest Camp gibt es viele Möglichkeiten, den Park zu erkunden (es lohnt, zwei Nächte zu buchen). Die Landschaft wird als *Pretoriuskop Sourveld* bezeichnet, ist hügelig und dicht bewachsen mit Buschwerk und hohem Gras. Hin und wieder ragen Granitfelsen aus dem Boden. Südlich und nördlich des Camps liegen einige Fahrschleifen, alle empfehlenswert. Die Region beherbergt Giraffen, Kudus, Riedböcke, Breitmaulnashörner und Säbelantilopen.

Von Pretoriuskop aus weiter nach Skukuza in Richtung Norden kann man die **Albasini Road** (S1) wählen und zu den gleichnamigen Ruinen fahren, an denen man das Auto verlassen darf. Doch sollte man dann von der S1 auf die **S3** entlang des Sabie River wechseln. Hier vermeidet man die zahlreichen Reisebusse und durchfährt zwei Landschaftstypen, die *Sabie Thorn Thikkets* und die Fluss-Vegetation. Entlang der Ufer wachsen einige der schönsten Bäume des Parks, wie *Sycamoren* und der *Natal Mahagonibaum* und oft das immergrüne Riedgras. Es tummeln sich Nilpferde und Ottern im Wasser. Wasserböcke, Giraffen, Ducker, Kudus, Buscböcke, Paviane und Leoparden kommen zum Trinken.

698 Kruger National Park

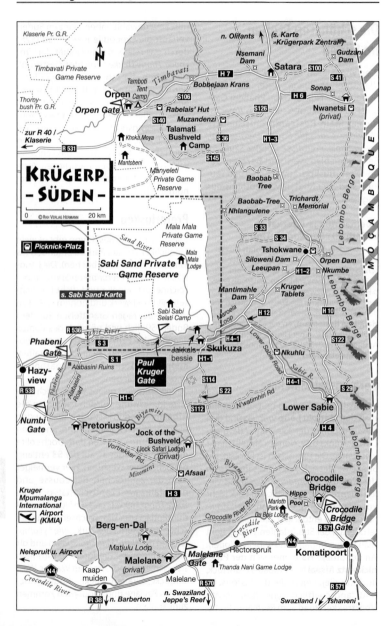

Rundfahrt ab Skukuza oder Lower Sabie

(160 km, 8–9 Stunden)

Von **Skukuza** (oder von **Lower Sabie**) bietet sich folgende Rundfahrt an, wenn man für zwei oder mehr Nächte gebucht hat:

Zunächst geht es auf der H1-1 auf 10 km Richtung Süden, bis links eine Sandstraße zu einem Loop abzweigt. Ihn abfahren und wieder zurück zur Hauptstraße. Nach weiteren 7 km biegt ebenfalls nach links die S112 ab, von der nach 4 km ein Weg zum **Aussichtspunkt Stevenson-Hamilton** abzweigt, an dem man das Fahrzeug verlassen darf.

Nach diesem kleinen Abstecher folgt man der S22 in nördlicher Richtung, die nach 3 km auf die S114 trifft. An dieser T-Junction nach rechts (Süden) abbiegen und nach 3 km nach links (Osten) auf die **N'watimhiri Road.** Ihr nun für 27 km (etwa 1 Stunde) folgen.

Allmählich verschwindet die hügelige Buschlandschaft mit Zebras, Büffeln, Säbelantilopen, Breitmaulnashörnern und kleineren Gruppen von Giraffen. Die Landschaft wird eher flach und ist mit Dickicht überzogen. Hier leben Hyänenhunde, Leoparden, Löwen und Hyänen.

Die N'watimhiri Road mündet in die **Lower Sabie Road.** Nun rechts nach Süden abbiegen, nach 13 km wird das **Restcamp Lower Sabie** erreicht (Mittagspause).

Anschließend geht es weiter über die **Mlondozi Road** (S29) zum **Munthshe Loop** (S122). So gelangt man in die Ökozone des *Lubombo Mountain Bushvelds,* einer zerklüfteten, felsigen Bergregion, die im Süden relativ grün ist. Hier leben Giraffen, Kudus, Zebras und Büffel. Mit einem Fernglas sieht man auf den Felsen Klippspringer.

Nach 21 km trifft man auf die asphal-

tierte H10. Am **Rastplatz Nkumbe** kurz vor Tshokwane kann man sein Fahrzeug wieder verlassen. Ein Höhepunkt ist der Abstecher über die S32 zum **Orpen Dam,** an dem man ebenfalls aussteigen darf. Man kann sich auf überdachte Bänke setzen und den Blick hinunter zum N'waswitsontso River genießen. Vom gegenüberliegenden Hochufer bahnen sich immer wieder Wasserböcke den Weg hinunter zum Wasser. Im gestauten Fluss lauern **Krokodile.** Der Platz wird gerne von Störchen und anderen Wasservögeln aufgesucht.

Über die S35 erreicht man die große **H1-3,** in die man links einbiegt. Zwischenstopp nach 3 km am **Rastplatz Tshokwane.** Er liegt in dem schmalen Streifen der *Delagoa Thorn Thikkets,* die sich bandartig von Süden nach Norden bis in den zentralen Bereich des Parks ziehen. Die Grasflächen zwischen dem dornigen Dickicht sind süßer Natur und ziehen Zebras, Gnus, Breitmaulnashörner, Büffel, Wasserböcke, Giraffen und auch Elefanten an. Weiter nach Süden auf der H1-2. Nach etwa 3,5 km kommt rechter Hand eine kleine Stichstraße, die zum **Siloweni Dam** führt (ca. 500 m). Hier findet man, leider in großer Entfernung, meist besonders viele *Nilpferde.*

Nächster kurzer Abstecher ist die **Leeupan** (Lion Pan). Ein kleiner Teich, in der Regenzeit mit Seerosen bewachsen. Hier zwitschert eine bunte Vogelwelt. Im Uferbereich sieht man im Gras Kronenkiebitze, gut zu erkennen an ihren roten Beinen und Schnäbeln und an den schwarzen Hauben mit einem weißen Kranz. Im Wasser gibt es Höckerenten und große Sporengänse. Kurz hinter dem Rastplatz Kruger Tablets, an dem man sich wieder die Füße vertreten kann, kann man über die S36/S84 einen kleinen Abstecher zum **Mantimahle Dam** machen. Dort hat man die größten Chancen, **Löwen** zu beobachten.

Zurück auf der H1-2 kann man sich nun für den **Maroela Loop** oder für die **H12** und weiter die **H4-1** entscheiden. Beide Strecken sind schön, aber kurz vor Sonnenuntergang sehr befahren. Auf dem Maroela Loop sind, besonders in den späteren Nachmittagsstunden, Löwen unterwegs.

Der zentrale Krügerpark

Grob umrissen beginnt der zentrale Teil nördlich von Tshokwane. Im diesem Parkteil liegen die Main Rest Camps *Letaba, Mopani, Orpen, Olifants, Balule* und *Satara*, die Bushcamps *Talamati* und *Shimuwini* und das *Tent Camp Tamboti*. Aufgrund seiner einmaligen Lage ist das Restcamp **Olifants** und wegen der Originalität und Abgeschiedenheit das Zeltcamp **Tamboti** besonders empfehlenswert. Von **Satara** aus kann man Exkursionen in Gebiete mit großen Herden und vielen Löwen unternehmen.

Die beiden Haupttore der Region sind das **Orpen Gate** und **Phalaborwa Gate.** Landschaftlich reizvoll sind Abstecher in westlicher Richtung, z.B. von der H1-3 auf die **S34** (gleich nördlich von Tshokwane). Über die Vutomi Road (S33) kann man zurück zur H1-3 fahren. Es sind kurvige Sandstraßen durch die *Delagoa Thikkets* und die *Mixed Bushwillow Woodlands* entlang der Flussbetten des Munywini und des Ripape River (37 km, 1,5 Std.). Auf der Weiterfahrt nach Norden nach Satara kommt man am Aussichtspunkt **Baobab Tree** vorbei.

Den Löwen auf der Spur:
Satara – Nwanetsi – Orpen
(160 km, 8–9 Stunden)

Diese Rundfahrt kann von den Camps Satara und Orpen aus unternommen werden. Abkürzungen sind jederzeit möglich, vor allem, wenn man nicht zum schönen Nwanetsi fährt. (Satara – Nwanetsi 33 km, 1,5 h).

Ranger Wolhuters Kampf mit dem Löwen

Am 26. August 1904 kehrte Ranger Harry Wolhuter von seiner täglichen Patrouille zu Pferd durch das damals noch als „Sabie Game Reserve" bezeichnete Naturschutzgebiet zu seinem Lagerplatz Metsimetsi zurück. Plötzlich bellte sein Hund Bull. Als er ihn zurückpfeifen wollte, bemerkte Wohlhuter eine große Löwin, die zum Sprung auf ihn ansetzte. Er gab dem Pferd die Sporen. Die Löwin verfehlte zwar den Ranger, schlitzte dem Pferd aber die hintere Flanke auf. Wohlhuter fiel zu Boden, und ehe er sich versah, hatte ihn das wilde Tier in seinen Pranken und die scharfen Zähne bohrten sich in seine rechte Schulter. Er zog mit letzter Kraft sein Jagdmesser, durchtrennte der Löwin eine Hauptarterie und stieß einen lauten Schrei der Verzweiflung aus. Die völlig verschreckte Löwin zog sich tödlich verwundet in den Busch zurück.

Wolhuter wusste, dass selten eine Löwin allein auf der Jagd ist. Er schaffte es gerade noch auf einen nahestehenden Baum, als ein Löwe erschien. Dieser machte gewaltige Anstrengungen, den Ranger zu erreichen, wurde aber immer wieder vom Hund attackiert. Schließlich verlor der Löwe das Interesse und trottete davon. Kurz darauf erschienen Wohluters Männer und brachten ihn nach Metsimetsi. Das Messer und das Fell der Löwin findet man in der Stevenson-Hamilton Memorial Bibliothek in Skukuza.

Von Satara aus startet man möglichst früh nach Osten auf der **S100**. Die Strecke gilt als besonders „löwensicher". Man folgt der Straße 19 km durch die flache Landschaft der Marula-Savanne entlang dem Nwanetsi River. An der Einmündung zur S41 ist der 1 km weite Abstecher zum **Gudzani Dam** empfehlenswert – auch hier nach dem „König der Wildnis" Ausschau halten. Im Wasser leben Nilpferde, auch Schrei-Seeadler sind zu finden, meist in Paaren.

Nach dem Abstecher fährt man südlich und folgt der **Gudzani Road** (S41) zum **Rastplatz Nwanetsi.** Man kann das Fahrzeug verlassen und z.B. frühstücken. Über die asphaltierte H6 geht es 19 km zurück Richtung Westen. Rechter Hand liegen die Wasserlöcher *Sonap* und *Shishangani*, zu denen Giraffen, Kudus, Zebras, Büffel und Halbmondantilopen, Geparden, Hyänen, Löwen und Schakale kommen.

An der Einmündung zur H1-3 fährt man links und folgt ihr 5 km bis zur Abzweigung der **S126,** auch als **Sweni Drive** bekannt, da sie dem gleichnamigen Flusslauf folgt. Nun geht es auf 22 schönen Kilometern durch Savannenlandschaft und die Süßgraszone der *Delagoa Thikkets* mit grasenden Zebras, Büffeln, Gnus, Wasserböcken und Breitmaulnashörnern. Die Straße verläuft zeitweise nahe dem Sweni River. Nun folgen wieder die typischen *Mixed Bushwillow Woodlands,* die sich durch breitblättrige Bäume und durch *Knob Thorns* auszeichnen. Nahe der T-Junction mit der **S36** liegt der **Rastplatz Muzandzeni** (mit letzten Toiletten vor dem Orpen Gate).

Der **S36** nach Süden folgen und nach 11 km nach Westen auf die **S145** einbiegen. Es folgen 12 km Kurven entlang des N'waswitsontso Rivers. Die Wasserlöcher *Fairfield* und *Mahlabyanini* sind lohnenswert: Impalas, Giraffen, Kudus, Ducker, Breitmaulnashörner, kleinere Büffel- und Zebra-

herden; ihre natürlichen Feinde – Löwen, Hyänen, Schakale – sind oft nicht weit.

Auf der **S140** geht es nördlich zum Rastplatz **Rabelais' Hut** (keine sanitären Einrichtungen, aber einige interessante Schautafeln). Zum Rastplatz Orpen sind es nur noch 10 km. Die Weiterfahrt erfolgt über die S106, sparen Sie die 1 km lange Schleife zum Wasserloch *Rabelais* nicht aus. Achten Sie auf die bunte Gabelrakke, die sich gerne an den Wegen postiert, und auf den dunkelblau-irisierenden Glanzstar mit orangefarbenen Knopfaugen, der vorwiegend am Boden hüpft. Nach 12 km (halbe Stunde) trifft man auf die asphaltierte H7, von der nach einem Kilometer eine kleine Stichstraße zum Aussichtspunkt Bobbejaan Krans abgeht. Hier haben Sie gute Sicht auf den wasserführenden **Timbavati River.**

Nun sind es noch 22 km zum Restcamp Satara. Wenn man noch Zeit hat, schaut sich den Sonnenuntergang am **Nsemani Dam** an, (7 km westl. von Satara). Beste Chancen, neben Nilpferden, Wasserböcken und reicher Vogelwelt auch Löwen beim Trinken zu beobachten.

Satara- (Orpen) – Timbavati-Rundfahrt
(76 km/130 km, 3 bzw. 5 Stunden)

Die Rundfahrt von **Satara** aus entlang des wasserführenden **Timbavati River** ist landschaftlich und wegen der Tiere äußerst reizvoll. Auch vom **Rastplatz Orpen** aus ist die Strecke gut zu fahren (54 km, 2 h addieren). Die Tour dauert einen halben Tag. Von Satara oder Orpen aus folgen Sie der **H7** bis zur **S39,** die Sie in nördlicher Richtung befahren. Auf relativ kurzer Strecke durchstreift man **sechs Ökozonen,** in denen man neben unterschiedlicher Flora auch einen guten Überblick über die Tierwelt erhält. Der **Rastplatz Timbavati** lädt zu einer Pause ein. Die Rückfahrt erfolgt über S127 und H1-4.

702   Kruger National Park

Karte S. 702

n. Shingwedzi (s. Karte »Krügerpark Norden«)

The Great Limpopo Transfrontier Park

KRÜGERPARK
– ZENTRAL –

0   © RKH VERLAG HERMANN   20 km

🅿 Picknick-Platz

N

Tsendze

H1–6

S143

S 50

Mopani

Pionier Dam

Nshawu Dam

Tsendze
Moiplaas

Boulders
(privat)

Shimuwini

Tsendze

Lebombo Berge

H1–6

Makhadzi

Giriyondo Border Post & Gate

Malopenyane Waterhole

Letaba

Parque Nacional
do Limpopo

S 47

Letaba

S131

S 46

Letaba

S 93

zur R 71

Phalaborwa Gate

H 9

Masorini

S 44

Olifants River

Olifants

Phalaborwa

R 530

zur R 40

Olifants

Olifants

Balule

Timbavati

Klaserie

Umbabat Nature Res.

Gwalagwala

Roodewal
(privat)

H1–4

Klaserie Private
Game Res.

Mhlanburu

Motswari

Pezulu

Timbavati
Private
Game Res.

Timbavati

Tanda Tula

Umlani

Nsemani
Dam

Gudzani
Dam

Satara

R 40

Argylle Road

Kambaku

Ngala

Timbavati

S100

S 41

Tamboti
Tent Camp

H 7

Sonap

H 6

Thornybush
P.G.R.

Maroela

Bobbejaan Krans

S106

N'wanetsi
(privat)

Kapama
P.G.R.

Orpen Gate

Rabelais' Hut

Muzandenzi

S126

Andover G. R.

S140

zur R 40
Klaserie

Talamati
Bushveld Camp

S 36

H1–3

R 531

Manyeleti
priv. G.R.

S145

nach
Tshokwane

(s. Karte
»Krügerpark Süden«)

M O Ç A M B I Q U E

Lebombo-Berge

Landschaftlicher Hochgenuss zwischen Olifants und Letaba

(40 km, 2 Stunden)

Mit vier Sternen auszuzeichnen wäre die Strecke zwischen den **Restcamps Olifants** und **Letaba.** Zunächst nehmen Sie von Olifants die **S44** in östliche Richtung, und im Gegensatz zur S93 streift man hier gleich 3 landschaftliche Ökozonen: Am Beginn führt die Straße durch das *Olifants Rugged Veld,* einer Landschaft, die sich durch ihre schwarzen Erhebungen aus Rhyolit-Basaltgestein auszeichnet. Sie führt zu einem Aussichtpunkt, an dem man das Fahrzeug verlassen darf und einen schönen Blick auf den Olifants River vor der Kulisse der Lubombo Mountains hat. Danach führt die Straße weiter in nördlicher Richtung und bald parallel zum Letaba River durch das *Mopane Shrubveld,* einer Gegend mit undurchdringlichem Dickicht oder spärlicher Graslandschaft mit weit ausladenden Schirmakazien, in deren Schatten sich manchmal Tiere aufhalten.

Elefanten rund um Letaba und Mopani

Auf der Rundfahrt von Letaba über den **Letaba River Loop** (13 km, dreiviertel Stunde) sieht man meist Elefanten. Noch empfehlenswerter ist die Rundfahrt nach Westen über die **S131/S47,** die vier Ökozonen streift: *Mopane Bushveld,* ein kleines Stück *Sandveld, Mopane Woodlands* und die Flusslandschaft des Letaba River. Heimisch sind hier Giraffen, Elefanten, Elen-, Säbelantilopen, Nyalas und Hyänenhunde. Auch vom **Restcamp Mopani** aus kann man Elefanten beobachten. Man geht dazu in die Bar des Camps und schaut auf den **Pionier Dam,** eine von Elefanten und anderen Tieren frequentierte Tränke. Wer eine schöne Runde (49 km, 2 h) fahren möchte, sollte die Strecke über das Wasserloch **Mooiplaas** wählen, die zum **Nshawu Dam** führt, ein ebenso bevorzugter Trinkplatz für Elefanten. Weiter geht es dann über die **Tropic of Capricorn Loop** (S143), auf dem man den Wendekreis des Steinbocks passiert. Zurück nach Mopani geht es auf der H1-6. Die zuletzt beschriebene Strecke kann auch als Anfahrtsweg nach Shingwedzi genutzt werden.

Der einsame Norden

Im nördlichen Park ab dem Wendekreis des Steinbocks wird es zunehmend einsamer, das Gebiet trockener und die Streckenalternativen sind deutlich rarer. Die größten Restcamps sind **Shingwedzi** und **Punda Maria.** Buschcamps: Bateleur, Sirheni. Parktore: **Punda Maria** und **Parfuri.** Wer von Letaba in den Norden nach Shingwedzi fährt, sollte kurz vor Mopani entweder über den S143/Tropic of Capricorn Loop oder nur über die S50 anreisen.

Von Shingwedzi aus lassen sich **3 schöne Rundfahrten** unternehmen:

Rundfahrt 1: Shingwedzi – S52-Loop

(66 km, Dauer 3–4 Stunden)

Von außerordentlicher Schönheit ist die Fahrt von Shingwedzi aus über die **S52** nach Westen. Zunächst folgt man für wenige Kilometer der H1-6 Richtung Süden, dann rechts auf die S52 parallel zum *Shingwedzi River,* der von lichter Vegetation flankiert wird. Auf Kudus, Impalas, Busch- und Wasserböcke, Büffel und Nyalas achten, und auf Löwen und Leoparden. Freche Affen trauen sich in unmittelbare Nähe der Autos.

Nach der Flussüberquerung hat man am **Aussichtspunkt Tshanga** die Möglichkeit, das Fahrzeug zu verlassen; sein

704 Kruger National Park

Karte S. 704

ZIMBABWE
Gonafezhou N.P.

Limpopo

zur N 1 über
Masisi / Tsihipise
← Messina

Übergang über
den Limpopo

Crook's Corner

Pafuri Gate

Pafuri H1-9

R 525

Luvuvhu

Limpopo

Makuya
Park

S 63

Pafuri Bor-
der Post & Gate

Baobab Hill

Picknick-Platz

H1-8

Klopperfontein

KRÜGERPARK

S 61

- NORDEN -

S 60

Punda
Maria

0   © RKH VERLAG HERMANN   20 km

Punda Maria Gate

The Great Limpopo Transfrontier Park

Dzundwini

Parque Nacional
do Limpopo

R 524

H1-7

Mphongolo

Babalala

n. Thohoyandou /
Venda

Sirheni

Nkulumbeni

Phugwane

Nkulumbeni

S 56

Mphongolo

S 55

S 153

S 52

Shingwedzi

Tsange – Redrocks Loop

Shingwedzi

Shingwedzi

Bird Hide

S 50

Bateleur
Bushveld Camp

Tshanga

S 144

S 103

Olifants Pan

H1-6

Tsendze

M O Ç A M B I Q U E

S 143

S 50

Mopani

(s. Karte »Krügerpark Zentral«) ↓

Moiplaas

n. Letaba

Picknick sollte man dabei haben. Man blickt auf eine lichte Buschlandschaft, über die Giraffen, Elenantilopen, Kudus, Säbelantilopen, Zebras, Elefanten und kleine Büffelherden ziehen. Am Ende der Rundstrecke stößt man wieder auf die H1-6. Hier sollte man, besonders in den späten Abendstunden, nach Hyänenfamilien Ausschau halten, die ihre Behausungen entlang der Straße haben und in der kühleren Tageszeit aktiv werden.

Rundfahrt 2: Shingwedzi – S50 – Mopani – H1-6
(140 km, 7–8 Stunden)

Zunächst geht es zum **Bird Hide.** Anfahrt über die S50 nach Süden. Man kann Störche, Reiher, Wasserböcke, Elefanten, Löwen und Leoparden sehen. Weiter geht's entlang des Shingwedzi River, der hier als Kaniiedood Dam aufgestaut ist. Durch den Flusslauf ist die Umgebung grüner als im umliegenden *Mopane Shrubveld* mit eher spärlichem Grasbewuchs. Es gibt Elefanten, Büffel, Zebras, Pferde- und Säbelantilopen und Leierantilopen. 6 km hinter der Abzweigung der S143 (nicht nehmen) biegt rechts eine kleine Straße zum Wasserloch **Mooiplaas** ab. In Mopani kann man eine Pause einlegen. Die Asphaltstraße H1-6 nördlich fahren. Am Wasserloch **Olifants Pan,** an der S103 nach 1,5 km, finden sich häufig Elefantenherden zum Trinken ein.

Rundfahrt 3: Shingwedzi – Babalala
(66 km, Dauer 4 Stunden)

Verlassen Sie Shingwedzi in nördlicher Richtung und biegen Sie von der H1-7 hinter der Brücke über den **Shingwedzi River** links in die **S55** ein. Hier findet man Büffel, Elefanten, viel Wild und Affen, die zum Fluss hinuntergehen. Auch nach Leoparden und Hyänenhunden Ausschau halten.

Die S55 führt wieder zurück auf die Hauptstraße, der man 4 km folgt. Dann links in die S56 einzubiegen, die dem Flussbett des *Mphongolo River* folgt. Hier kann es passieren, dass man einen Zwischenstopp einlegen muss, um eine Elefantenherde passieren zu lassen. *Zur Beachtung:* Die Elefanten hier sind als besonders **angriffslustig** bekannt! Man sollte vermeiden, zwischen eine Herde zu gelangen. Die Strecke bietet schöne und abwechslungsreiche Vegetation. In den Bäumen und auf den Wipfeln sichtet man zahlreiche Vögel.

Nach insgesamt 40 km (2 Stunden) erreicht man den **Rastplatz Babalala.** Der Rückweg nach Süden führt über die H1-7, vorbei an interessanten Wasserlöchern (der kleine Loop S53 zum **Nkulumbeni Wasserloch** ist empfehlenswert). Zum Abschluss der Fahrt sollte man links auf die S153 einbiegen, die direkt zum Shingwedzi River führt. Wer noch Zeit hat, kann auch noch weiter bis zum **Bird Hide** fahren.

Punda Maria

Auf der Fahrt von Süden nach Punda Maria lohnt ein Abstecher zum **Aussichtspunkt Dzundzwini** (S58). Vom Restcamp selbst bietet sich der **Mahonie Loop** an (31 km, 2 Std.). Es geht durch die für den Norden typische *Sandveld-Landschaft* mit Sandsteinfelsen und Bäumen wie Berg-Mahagoni und Weißen Serginas. Vertreter der Tierwelt sind Nyalas, Kudus, Moschusböckchen, Büffel, Hyänenhunde, Elefanten und Giraffen.

Pafuri

Die Fahrt von Punda Maria nach Pafuri über **S60** und **S61** führt zu besonders schönen **Affenbrotbäumen** (Baobabs) beim Wasserloch **Klopperfontein.** Die H1-8 geht direkt zum **Luvuvhu River.** Von der Brücke über den bedeutendsten Fluss des Nordparks sieht man Krokodile und Nilpferde. Die S63 (30 km, 1,5 h) ist ein Rundweg, auf dem man Büffeln und Nyalas begegnen kann. Achten Sie auf die Baobabs, in denen die bumerangförmigen Baobabsegler nisten und rasten Sie auf dem **Pafuri Picknickplatz.** Von hier aus startet eine von Rangern geführte Wanderung zu den Ruinen von **Thulamela,** die die Geschichte prähistorischer Besiedlung im Krügerpark widerspiegeln (Touren morgens und nachmittags, Buchung in Sirheni, Shingwedzi, Punda Maria Camp oder Pafuri Gate).

Outdoor-Aktivitäten im Krügerpark

Lebombo Eco-Trail

Dieser ungewöhnliche Overland-Trail (500 km, 5 Tage/4 Nächte) führt entlang der Ostgrenzen des Krügerparks durch verschiedene Öko-Systeme und gilt als der zur Zeit beste Trail seiner Art in Südafrika. Kosten für 4 Personen (eigenes Fahrzeug): R6870 (4 Personen/Fahrzeug). Anmeldung unter hesther.vandenberg@ sanparks.org, Tel. 012-4265117. Infos: www.sanparks.org.

Adventure Trails für 4 x 4

Besucher mit Geländewagen können zwischen zwei verschiedenen Abenteuer-Routen wählen: Um *Satara* (Mananga Trail, Buchung Tel. 013-7356306) und bei *Pretoriuskop* (Madlabantu Trail, Buchung unter Tel. 013-7355128). Die Strecken sind zwischen 4–5 Stunden lang und können jeweils erst am Morgen direkt an den Ausgangspunkten gebucht werden. Sie kosten R460 pro Fahrzeug, ein Deposit von R100 muss hinterlegt werden.

Geführte Wanderungen und Pirschfahrten

Sehr empfehlenswert sind die **Wanderungen,** die mit max. 8 Personen in Begleitung eines Rangers stattfinden (Kinder ab 12 J., Dauer 2–4 Std., R340 morgens, R265 nachmittags). Reizvoll sind die *Pirschfahrten,* die morgens, am späten Vormittag und abends durchgeführt werden (ab R180, je nach Tageszeit und Größe des Fahrzeuges. Kinder zahlen die Hälfte). Besonders schön ist es, wenn man sie mit einem **Bush Braai** oder einem Buschfrühstück (Preise auf Anfrage) verbindet.

Mountainbike-Safaris

Ein ungewöhnliches Abenteuer für Biker sind die **Mountainbike-Safaris,** die vom Olifants Restcamp aus angeboten werden und auf speziell ausgelegten Routen direkt in die Buschlandschaft führen.

Der Krügerpark von A–Z

Autohilfe

Die Automobile Association (AA) ist in den Camps Skukuza, Satara und Letaba mit Abschlepp- und Werkstatthilfe vertreten.

Alkohol

Tagesbesuchern ist das Mitbringen von Alkohol grundsätzlich verboten. Ebenso das Konsumieren in der Öffentlichkeit. Übernachtungsgäste dürfen Alkohol in ihren gebuchten Unterkünften oder in Restaurants trinken.

Ankunft / Eintrittspreis

Beim Passieren eines der Parktore muss man sich anmelden und **Eintritt bezahlen:** Erwachsene zahlen derzeit **R204 pro Tag des Aufenthaltes** (Einheimische weniger).

Anreise

(in Klammern die Entfernungen von Johannesburg und Fahrtzeit).

Die *südlichen Parktore* **Malelane** (ca. 410 km, 5 h) und **Crocodile Bridge** (ca. 460 km, 5,5 h) erreicht man von Johannesburg über die N 4 Richtung Komatipoort.

Wilderness Trails

Die schönste und spannendste Art, den Krügerpark zu erforschen, ist eine geführte Wanderung mit erfahrenen (und bewaffneten) Rangern.

Bushman Trail

Der Bushman Trail führt durch die südwestliche Region und startet nahe Berg-en-Dal. Von hügeligen Granitfelsen kann man gut Elefanten, Büffel und Breitmaulnashörner beobachten. Seinen Namen bekam der Trail wegen der vielen Buschmann-Zeichnungen entlang des Weges. Übernachtet wird in einem Camp in einem abgeschiedenen Tal.

Metsimetsi Trail

Der Metsimetsi Trail am Fuß des Nwarmuriwa Mountain liegt westlich von Tshokwane. Die Landschaft wechselt von offener Savanne zu felsigen Schluchten und führt ein Stück entlang des wasserführenden Betts des Nwaswitsonto River. Zu sehen sind Elefanten, Raubkatzen, Spitzmaulnashörner. Das Camp liegt oberhalb eines Wasserlochs und hat einen Unterstand.

Napi Trail

Der Napi Trail führt durch die bewaldete Buschlandschaft zwischen Skukuza und Pretoriuskop, in der viele Breitmaulnashörner, Elefanten, Büffel und Löwen leben. Das Übernachtungscamp liegt am Zusammenfluss von Napi River und Byamiti River.

Nyalaland Trail

Dieser Trail besticht durch viele Nyalas, Elefanten und Büffel, aber auch durch Nilpferde und Krokodile im Flusslauf des Madzaringwe River, an dem das Camp liegt. Interessant sind die seltenen Fischeulen, die in der Abenddämmerung auf Beutefang gehen. Höhepunkte: die wunderschöne Lanner Gorge, eine unberührte Schlucht, und Aussichtpunkte mit weitem Blick über das Bushveld.

Olifants Trail

Das Lager des Olifant Trails liegt am südlichen Ufer des Olifant River, etwas oberhalb des Zusammenflusses mit dem Letaba River. Es geht durch afrikanischen Busch, vorbei an Schluchten bis hin zu den Ausläufern der Lubombo Mountains, durch die Heimat von Elefanten, Büffeln, Löwen, Nilpferden, Krokodilen und jagenden Fischadlern.

Sweni Trail

Herden von Zebras und Streifengnus, Giraffen, Büffel und Elefanten sieht man auf der herrlichen Buschwanderung auf dem Sweni Trail, der zu einem Camp führt mit schönem Blick über den Sweni River und die umliegende Marula- und Dornbuschsavanne – Afrika in seiner ursprünglichsten Form!

Wolhuter Trail

Dieser Trail führt entlang einer historischen Route von Harry und Henry Wolhuter, zwei legendären Rangern. Das Camp liegt zwischen Berg-en-Dal und Pretoriuskop, im Herzen des „Breitmaulnashorn-Landes". Geologisch interessant ist der Mangakwe-Hügel, der wie ein Wachturm aufragt. Entlang des Miambane River und anderen Flussläufen leben Büffel, Elefanten, Löwen, Leoparden, Zebras. Der Sonnenuntergang bei Vogelgezwitscher am Stolsnek und Newu Dam bildet den Abschluss.

Information und Reservierung

South African National Parks, Wilderness Trails, Tel. 012-4289111, Fax 3430905, www.san parks.org. Maximal 8 Personen pro Gruppe. R3900 p.P. für 2 Tage und 3 Nächte, Essen und Übernachtung eingeschlossen. Gepäck wird auf Fahrzeugen zu den Übernachtungscamps transportiert. Altersbegrenzung 12–65 Jahre. Dauer: So–Mi oder Mi–Sa (Abmarsch 15.30 Uhr im jeweiligen Ausgangscamp).

Das **Numbi Gate** (430 km, ca. 5,5 h), das **Phabeni Gate** (ca. 445 km, 5,75 h; 10 km von Hazyview) und das **Kruger Gate** (Haupteingang, 460 km, 6 h) erreicht man zunächst über die N 4, biegt jedoch in Mbombela/Nelspruit auf die R 40 bzw. R 538 ab.

Das **Orpen Gate** (ca. 580 km, 7,5 h) gehört zum zentralen Parkbereich und ist wie das Kruger Gate zu erreichen. Man fährt die R 40 bis Klaserie weiter und biegt in östlicher Richtung auf die R 531 ein. Zum **Phalaborwa Gate** (ca. 740 km, 9 h) fährt man die R 40 weiter nördlich, dann über die R 530.

Für die beiden *nördlichen Parktore* wählt man ab Johannesburg die N 1. Zum **Punda Maria** Gate (ca. 620 km, 8,5 h) biegt man kurz hinter Polokwane (Pietersburg) rechts in die R 81 ab, dann in die R 524 (alternativ kann man die N 1 bis Louis Trichard weiterfahren und direkt auf die R 524 abbiegen. Das **Parfuri Gate** (ca. 670, 10 h) erreicht man von der N 1 aus über die Abfahrt Tshipise und weiter über Masisi.

Ärztliche Versorgung

Einzige ambulante ärztliche Station in **Skukuza.** In den meisten Restcamps Erste-Hilfe-Stationen.

Bank

Bank zum Geldwechseln nur in **Skukuza.** Geöffnet Mo–Samstagvormittag. Hier und in Letaba ATM.

Nationalpark-Problematik

Südafrika beherbergt etwa 10% aller Tier- und Pflanzenarten der Welt und nimmt nach Brasilien und Indonesien Platz 3 der Weltrangliste ein. 6% der Fläche Südafrikas stehen unter Naturschutz oder haben ähnlichen Status (internationaler Durchschnitt: 10%). Neben Schutz von Flora und Fauna spielen wirtschaftliche Aspekte eine wichtige Rolle. Die Deviseneinnahmen durch internationalen Tourismus sind nicht unerheblich. So stellt man heute eine einfache Rechnung auf: Wann ist ein Gebiet langfristig profitabler, als Naturschutzpark oder als Acker- und Weideland?

Die allermeisten Parks und Naturschutzgebiete Südafrikas wurden in der Zeit der Apartheid-Ära eingerichtet. Das hinterlässt bei vielen Schwarzen einen bitteren Nachgeschmack. Sie sahen und sehen in diesen Gebieten oft nur „vereinnahmtes" Land und lernten nur die negativen Seiten kennen: Wichtige Brennholzgebiete sind gesperrt, Land enteignet, der Zugang zu Bäumen mit Früchten oder Nüssen oder zu Heilpflanzen ist verwehrt. Man hat aber vielerorts bereits gegengesteuert: Bei der Einrichtung des Pilanesberg National Parks kam es zu einer Verständigung mit den betroffenen Stämmen der Region. Ihnen wurde anteilig Geld aus den Jagdlizenzen und überdies verbilligtes Fleisch zugesagt. Im Krügerpark kommen heute 2600 der 3100 Angestellten aus der unmittelbaren Nachbarschaft. Die Schaffung von Arbeitsplätzen ist entscheidend für die Förderung der Akzeptanz bei der nichtweißen Bevölkerung. Auch gibt es Förderprogramme für das Kunsthandwerk und die Überlegung, außerhalb der Parks Unterkünfte auf kleinen Gästefarmen einzurichten. Zudem sollen die Parks zukünftig verstärkt mit Produkten aus der unmittelbaren Umgebung versorgt werden.

Obwohl keine Ansiedlungen neben den offiziellen Camps und Besucherzentren in Schutzgebieten erlaubt sind, sind die Parks kedeswegs „menschenleer". Zigtausende Besucher kommen alljährlich, und es ist nicht einfach, die ökologische Balance aufrechtzuerhalten. Straßen sind Eingriffe in das Naturgefüge, kanalisieren aber den Besucherstrom. Künstliche Wasserstellen sind ökologisch vertretbar, auch das Auslegen von Kadavern, um Raubtiere anzulocken. Das mag zwar unnatürlich erscheinen, hat aber Vorteile: Es steigert die Attraktivität des Parks und der größte Teil bleibt vom Menschen unberührt.

Bücherei

Stevenson-Hamilton Memorial Library in Skukuza, tgl. außer feiertags und Sonntagabend von 8.30–12.45 Uhr, 13.45–16 und 19–21 Uhr.

Buchtipp

Empfehlenswert ist das außergewöhnliche Tierbuch von P. Fax Fourie, *Kruger National Park, Questions & Answers*, Struik Publishers, ISBN 1-86825-191-8, R50. Fast überall im Park und in vielen größeren Buchhandlungen des Landes erhältlich. Geschrieben vom ehemaligen Leiter für Information des Parks.

Einkaufen

Kleine Supermärkte in den Restcamps, gut sortiert (Grundnahrungsmittel, wie Butter, Brot, Eier, Milch und Fleisch), auch Feuerholz und Grillkohle, Zigaretten, Alkohol, Filme, Zeitschriften und Andenken. Läden und Curio Shops sind 8–19 Uhr geöffnet, oder bis eine halbe Stunde nach Parktorschluss.

Ein- und Ausreise Mozambique

Wer vom Krügerpark über Parfuri oder Giriyondo nach Mozambique einreisen, oder umgekehrt von Mozambique in den Krügerpark fahren möchte, muss einen Nachweis über eine gebuchte Unterkunft mit sich führen.

Info-Zentren

In Letaba, Skukuza und Berg-en-Dal gibt es Informationszentren mit kleinen Ausstellungen.

Fundstelle

Fundsachen werden einmal die Woche zentral im Skukuza-Camp gesammelt. Verluste dem diensthabenden Ranger melden. Schriftliche Anfragen an The Administration Official, Visitor Services, Private Bag X402, Skukuza 1350, Tel. 013-7355611. Büro Mo–Fr 7–12.45 und 14–16 Uhr.

Flughafen

Der kleine Flughafen von Skukuza wird nur noch von der Parkverwaltung genutzt. Der neuer Flugplatz ist der **Kruger Mpumalanga International Airport (KMIA)** bei White River (s. dort).

Malariainformation

Malariaprophylaxe erwägen. Malaria-Präparate gibt es auch in den Restcamps. Insektenschutzmittel nicht vergessen!

Nachtpirsch

Bei der Buchung einer Unterkunft sollte man sich auch eventuell gleich zu einer Nachtpirschfahrt anmelden (R230 p.P.), denn die Plätze sind knapp.

Notrufzentrale

Unter Tel. 013-7354325 erreicht man das Emergency Call Centre in Skukuza. Es ist zuständig für kleinere und größere Probleme, auch nach Verlassen des Parks.

Öffnungszeiten

stehen auf der Krüger-P.-Karte, s.S. 691. Die **Rezeptionen** in den Camps sind tgl. von 8 Uhr bis eine halbe Stunde nach Parktorschluss geöffnet.

Picknickplätze

Die Plätze sind vorbildlich. An vielen kann man sich Gasgrills für eine Stunde ausleihen und sie ungeputzt zurückgeben.

Picknick-Platz

siehe Tabelle nächste Seite

Polizei

Polizeistation ist in Skukuza. Ansonsten sie über Ranger anfordern.

Post

Postamt in **Skukuza;** Mo–Fr 8–13 und 14–16.30 Uhr, Sa 8–12 Uhr.

Radio Safari

Auf 94.4 FM sendet Radio Safari aktuelle Informationen zum Thema Krügerpark und Naturschutz.

Reservierung und Bezahlung

South African National Parks Reservation Office, www.sanparks.org, reservations@sanparks.org, Tel. 012-4289111, Fax 3430905.

Touristen, die in der Hauptreisezeit reisen, sollten Unterkünfte mindestens ein halbes Jahr im Voraus buchen – in der Nebensaison meist keine Probleme. Wer sich zu einem spontanen Besuch entschließt, sollte sich telefonisch nach Unterkünften erkundigen. Am einfachsten ist eine Buchung von Europa aus per Fax oder Internet. Übernachtungen und Wanderungen müssen vorab bezahlt werden, am besten durch Abbuchung über die Kreditkarte. Nach Bezahlung erhält man dann einen **„Voucher"**, der als Anmeldebestätigung gilt und **unbedingt mitgebracht** werden muss. Wer nicht rechtzeitig seine reservierte Unterkunft erreicht, setzt sich unter Tel. 013-7355159 mit der Parkverwaltung in Verbindung.

Picknick-platz	Toi-letten	Schat-ten	Kiosk	Ge-tränke	Grill-platz	Schau-tafeln	Tele-fon
Afsaal	✔	✔	✔	✔	✔		✔
Abasini Ruins						✔	✔
Babalala	✔	✔		✔	✔		
Hippo Pool							
Masorini	✔	✔		✔	✔	✔	
Mlondozi Dam	✔	✔		✔	✔		
Mooi Plaas	✔	✔		✔	✔		
Mudzandenzi	✔	✔		✔	✔		
Nhlanguleni	✔	✔		✔	✔		
Nkhulu	✔	✔	✔		✔		
Nkumbe	✔	✔					
Nwanetsi	✔	✔		✔	✔	✔	
Orpen Dam	✔	✔					
Pafuri Picnic	✔	✔			✔		
Rabelais' Hut						✔	
Timbavati	✔	✔		✔	✔		
Tshonga	✔	✔					
Tshokwane	✔	✔	✔		✔		✔

Restaurants

Gibt es in den Restcamps Berg-en-Dal, Letaba, Lower Sabie, Mopani, Pretoriuskop, Punda Maria, Satara, Shingwedzi, Skukuza. Frühstück 7–9 Uhr, Mittagessen 12–14 Uhr, Abendessen 18–21 Uhr. In Cafeterias werden den ganzen Tag über kleine Mahlzeiten wie Hamburger und Sandwiches angeboten. Abendessen rechtzeitig reservieren.

Rollstuhlfahrer

Übernachtungsmöglichkeiten für Rollstuhlfahrer in: Crocodile Bridge, Berg-en-Dal, Lower Sabie, Satara, Olifants, Letaba, Mopani, Shinwedzi, Punda Maria, Pretoriuskop, Tamboti.

Pools

Gibt es in Berg-en-Dal, Mopani, Pretoriuskop, Skukuza und Shingwedzi.

Tagesbesucher

Man kann ohne vorherige Anmeldung den Nationalpark besuchen, wenn man ihn abends wieder verlässt. In der Hochsaison frühzeitig an einem der Parktore sein, da die Tagesbesucher auf 1500 pro Tag limitiert sind. Eintrittsgeld siehe „Ankunft".

Tankstellen

Verbleites und bleifreies Benzin an jedem Parktor und in allen Restcamps mit folgenden Ausnahmen: Bushveld Camps, private Camps, Balule, Malelane (Camp und Tor), Tamboti, Maroela und den Toren Paul Kruger, Numbi, Phalaborwa (Tanken außerhalb im Ort möglich), Parfuri, Punda Maria. **Diesel** nur in Crocodile Bridge, Skukuza, Satara, Letaba, Shingwedzi, Punda Maria, Olifants, Lower Sabie, Pretoriuskop, Berg-en-Dal, Orpen, Mopani. An Tankstellen muss bar bezahlt werden, Kreditkarten und Reiseschecks werden nicht akzeptiert.

Telefon

An allen Parktoren und in allen Restcamps gibt es öffentliche Telefone. Achtung: Die meisten Mobiltelefone haben nur im südlichen Parkteil Empfang!

Unterkunft

Der Park bietet zahlreiche und unterschiedliche Übernachtungsmöglichkeiten, von einfachen Zeltplätzen bis hin zu privaten Luxuscamps. Die über die Parkverwaltung gebuchten Unterkünfte kann man um 12 Uhr beziehen und muss sie morgens vor 9 Uhr räumen.

Karte S. 691 Kruger National Park **711**

Restcamps im Krügerpark

Die großen Restcamps im Parks sind nachfolgend alphabetisch aufgeführt. Außerdem mit einer Übersicht über die Unterkünfte. Die Entfernungsangaben zu den nächstgelegenen Parktoren basieren auf 25 km/h, bei Ausnutzung der zulässigen Höchstgeschwindigkeit kann sich die Fahrzeit stark verringern). Es ist günstiger, sich außerhalb des Parks mit Grundnahrungsmitteln einzudecken. Frisches gibt es in den Supermärkten der größeren Restcamps.

Balule

Balule ist ein kleines Lager am südlichen Ufer des Olifants River. Nächstes Restcamp: Olifants (11 km). Parktor: Phalaborwa, 87 km (Fahrzeit 3–3,5 h).
Unterkunft: 6 sehr einfache 3-Bett Hütten mit Gemeinschaftswaschräumen (ab R345/2 Pers.). – 12 Stellplätze für Zelte/Caravan (R225/2 Pers.). Gemeinschaftsküche mit Gaskocher.

Berg-en-Dal

Berg-en-Dal liegt sehr schön in hügeliger Landschaft am Ufer des Matjulu-Baches. Im Norden und Süden wird das gepflegte Camp von zwei ausgetrockneten Flussläufen und von einem Wasserreservoir begrenzt.

Informationszentrum, Erste-Hilfe-Station, Tankstelle, Restaurant, Cafeteria, Pool, Münzwaschautomaten, Laden. Gelegentlich abends Filme über Tierschutz. Bequem von vier Toren aus zu erreichen: Zum/von Malelane 12 km (halbe Stunde), Crocodile Bridge 102 km (4 h), Numbi 80 km (3 h), Paul Kruger 85 km (3,25 h).
Unterkunft: 6-Bett Guest House (ab R3000/4 Pers.), voll eingerichtet und luxuriös. – 6-Bett-Cottage: 2 Schlafräume, Dusche, separate Toilette, eingerichtete Küche. Einige auch behindertengerecht (ab R1715/4 Pers.). – 3-Bett Bungalows: Dusche, Toilette, Klimaanlage, voll eingerichtete Küche (ab R970/2 Pers.). – Camping R215/2 Pers.).

Crocodile Bridge Camp

An der südöstlichen Ecke, in unmittelbarer Nähe zum gleichnamigen Parktor (2 km). Über die S25 und S27 6 km zum „Hippo Pool", wo man das Fahrzeug verlassen darf (Nilpferde im Fluss). Erste-Hilfe-Station, Tankstelle (Benzin/Diesel), kleiner Supermarkt, Münzwaschautomaten.

Zum/von Lower Sabie 34 km (1,5 h), Berg-en-Dal 149 km (6 h), Paul Kruger Gate 93 km (3,5 h).
Unterkunft: 2- und 3-Bett-Bungalows: Dusche, Toilette, Klimaanlage, eingerichtete Küche (ab R1055/2 Pers.). Behindertengerecht. – Camping (ab R225/2 Pers.). – Safarizelt (R490/2 Personen).

Letaba

Letaba hat schöne Rasen und ausladende Bäume. Kleines Informationszentrum mit Ausstellung zum Thema Elefanten, abendliches Filmprogramm. Werkstatt des Automobilclubs (AA), Tankstelle, Erste-Hilfe-Station, Restaurant, Selbstbedienungs-Cafeteria, Münzwaschautomaten, kleiner Supermarkt, Pool.

Zum/vom Phalaborwa Gate 50 km (2 h), Orpen Gate 116 km (4,5 h), Mopani 47 km (2 h), Olifants 32 km (1,5 h bei kürzester Verbindung, oder 40 km über S46 / S93 / S44).
Unterkunft: Guest House, voll eingerichtet, luxuriös (ab R4000/4 Pers.). – 6-Bett Cottage mit zwei Schlafräumen: Dusche, separate Toilette, eingerichtete Küche (ab R1745/4 Personen). – 2- und 3-Bett-Bungalows: Dusche, Toilette, mit und ohne einfache Küche und Kühlschrank (ab R950/2 Personen). – 3- und 4-Bett Safari-Zelte: Ventilator, Tisch und Stühle, Kühlschrank, elektrisches Licht, Gemeinschaftsküche und -bad (ab R485/2 Pers.). – 3-Bett Hütte: einfache Ausstattung (ab R550/2 Pers.). – Camping (R200/2 Personen).

Lower Sabie

Liegt am Ufer des gestauten Sabie River. Weite und flache Landschaft mit großen

Mpumalanga

Bäumen und Büschen. Die Erde ist rötlich, vielfach tonhaltig, die sich in Wasserbecken fängt, die sich in der Regenzeit füllen. Giraffen, Zebras, Gnus, Büffel, Warzenschweine, Wasserböcke, Löwen, Hyänen, Geparden, Schakale.

In nördlicher Richtung schließen sich die *Delagoa Thorn Thickets* an mit Säbelantilopen und Breitmaulnashörnern. Ein Sonnenuntergang am Sunset-Point ist unvergesslich. In einem kleinen Stausee, 1 km vom Lager, gibt es Nilpferde und Krokodile. Abends Filme zum Thema Naturschutz und Tierwelt.

Vorhanden sind: Erste-Hilfe-Station, Tankstelle, Supermarkt, Restaurant, Selbstbedienungs-Cafeteria, Münzwaschautomat, Trockner und ein Pool.

Zum/von Crocodile Bridge 35 km (1,5 h), Numbi Gate 100 km (4 h), Skukuza 43 km (1,75 h).

Unterkunft: 7-Bett Guest House: 2 Schlafzimmer, Klimaanlage, 2 Badezimmer, eingerichtete Küche (ab R3300/4 Personen). – 5-Bett Family Bungalow: gehobene Ausstattung (ab R1545/4 Personen). – 3-Bett Bungalow (einer behindertengerecht): Klimaanlage, Kühlschrank, Kochplatte, Bad und Waschbecken (ab R1020/2 Pers.). – 2-Bett Bungalows: Gemeinschaftsküche (ab R930/2 Pers.). – 2-, 3- und 5-Bett- Hütten: Dusche, Toilette, Kühlschrank, Veranda, keine Kochgelegenheit (ab R405/2 Pers.). – 1-Bett Hütten: Gemeinschaftsbad und -küche, Kühlschrank, Waschbecken (R280). – Safarizelt mit/ohne Aussicht (voll eingerichtet; ab R755 2 Pers.). – Camping (ab R200/2 Pers.); schön gestaltet, abgeteilte Plätze, viele mit Schatten.

Malelane

Das frühere private Camp wurde dem Park eingegliedert. Angenehm klein. Kein Laden, der Lärm einer nahegelegenen Zuckerrohrfabrik ist zu hören. Gemeinschaftsküche mit Tiefkühltruhe. Nach/zum Malelane Gate (3 km); nächstes Camp mit Einkaufsmöglichkeit ist Bergen-Dal (9 km).

Unterkunft: 3- und 4-Bett Bungalow: Bad, Klimaanlage, Kühlschrank, Gemeinschaftsküche (ab R1055/2 Pers.). – Camping (ab R215).

Mopani

Im zentralen Park am Ostufer des Pioneer Dam. In der Übergangszone zwischen flachem *Mopane Shrubveld* und *Mopane Woodlands*. Elefanten, Giraffen, Kudus, Säbelantilopen, Büffel, Zebras, Löwen, Hyänen.

Große, ansprechende Anlage. Alle Unterkünfte aus Naturmaterialien (behauene Steine, Holz, Grasdächer). Restaurant, Selbstbedienungs-Cafeteria, Tankstelle, Münzwaschautomaten, Pool, Supermarkt, kleines Informationszentrum. Zum/vom Phalaborwa Gate 74 km (3 h), Punda Maria Gate 127 km (5 h), Shingwedzi (63 km, 2,5 h).

Unterkunft: 8-Bett Guest House: 3 Schlafräume, Dusche, separate Toilette, eingerichtete Küche (ab R3300/4 Personen). – 6-Bett Cottage: 3 Schlafräume, Dusche, separate Toilette, eingerichtete Küche (R1700/4 Pers.). – 3- und 4-Bett-Cottage/Bungalow: Dusche, Toilette, Klimaanlage, eingerichtete Küche (ab R1000/2 Pers.).

Olifants

Hoch über dem Olifants River, eines der am schönstgelegenen, atemberaubende Aussicht, viele Tiere, Fieberbäume, Wilde Feigenbäume, Euphorbien. Im Hintergrund die Ryolith-Formationen der Lubombo Berge. Von hier aus unbedingt die Strecke S44 / S93 / S46 nach Letaba fahren oder Rundfahrt über die S44 und S93 machen.

Erste-Hilfe-Station, Tankstelle, Restaurant (abends kann es zu längeren Wartezeiten kommen), Selbstbedienungs-Cafeteria, Laden, Münzwaschautomaten. Zum/vom Phalaborwa Gate 82 km (3,25 h), Orpen Gate 102 km (4 h), Letaba (32 km, 1,25 h).

Karte S. 691 **Kruger National Park** **713**

Unterkunft: 8-Bett-Guest House: voll einge-richtet, luxuriös (ab R3250/4 Personen). – 4-Bett Bungalow (mit und ohne Aussicht): 2 Schlafzimmer, Bad, eingerichtete Küche (ab R1700/2 Pers.). – 2- und 3-Bett Bungalow: Dusche, Toilette, Klimaanlage, Grill (ab R900/ 2 Pers.).

Orpen

Klein und ruhig, im *Thorn Veld* gelegen und in unmittelbarer Nähe zum Orpen Gate. Erste-Hilfe-Station, Tankstelle, klei-ner Laden. Nach/von Satara 48 km (2 h). Zebras, Büffel, Gnus, Giraffen, Kudus, Lö-wen, Hyänen, Geparden, Schakale. Belieb-ter Beobachtungsplatz: ein Wasserloch di-rekt neben dem Lager.
Unterkunft: 6-Bett Cottage: Badezimmer, ein-gerichtete Küche (ab R1595/4 Pers.). – 2-Bett Bungalows: Kühlschrank, Kochutensilien, Gemeinschaftsküche und sanitäre Anlagen (ab R985/2 Personen).

Parfuri

Im äußersten Norden zwischen Limpopo und Luvuvhu River gelegen. Einziges Camp der Region des neuen Transfrontier Parks, das für Selbstfahrer erreichbar ist.
Unterkunft: 20 Safarizelte (drei davon für Familien geeignet) mit Bad/WC. Vor Ort werden zahlreiche Aktivitäten angeboten (www.wilderness-safaris.com).

Pretoriuskop

Zwischen sanften Hügeln und Tälern des *Pretoriuskop Sourveld*. Immer einige Grad kühler als im Umkreis. Giraffen, Kudus, Klipspringer, Riedböcke, Spitzmaulnas-hörner, Säbelantilopen, Hyänenhunde. Zahlreiche Aussichtspunkte. Die *Albasini Ruins* (Auto verlassen ist möglich) sind 16 km entfernt. Die Voortrekker Road führt zum 40 km entfernten Aussichtspunkt Afsaal. Im Camp ist die Wolhuter Hut, äl-teste Touristenhütte des Parks. Zwei kleine Spazierwege, *Hlangwini Morning* und *Sable Trail*. Etwa 100 Vogelarten, Baum- und Buschbestand mit 90 Arten.

Tankstelle, Restaurant, Selbstbedie-nungs-Cafeteria, schönster Pool des Krü-ger Parks (zur Hälfte Naturfelsen), Super-markt, Münzwaschautomaten, Informa-tionszentrum (gelegentlich abends Filmvorführungen), Gemeinschaftsküche ohne Geschirr, Töpfe und Besteck.
Zum/vom Numbi Gate 9 km (20 Min.), Paul Kruger Gate 60 km (2,25 h), Skukuza Restcamp 49 km (2 h), Lower Sabie und Berg-en-Dal beide ca. 90 km (3,5 h).
Unterkunft: 9-Bett Guest House (ab R3000/ 4 Pers.). – 6-Bett Family Cottage: voll einge-richtet (R1785/4 Pers.). – 4-Bett Bungalow: 2 Schlafräume, Klimaanlage, Badezimmer, ein-gerichtete Küche, Veranda (ab R1785/Bunga-low). – 2-Bett Bungalow: mit Klimaanlage, Dusche, Toilette, Kühlschrank, Kochplatten, Waschbecken (ab R864/Bungalow). – 2-, 4- und 6-Bett Hütten: mit und ohne Klimaanlage, Dusche, Toilette, Kühlschrank, Kochgelegen-heit (ab R465/2 Pers.). – Campingmöglichkeit (ab R225 Stellplatz für Caravan und Zelt 1–2 Pers.).

Punda Maria

Liegt im nördlichen Teil des Parks in der *Sandveld Section*. Kudus, Nyalas, Büffel, Hyänenhunde. Spaziergang auf dem *Paradise Flycatcher Nature Trail* durch das Lager. Erste-Hilfe-Station, Tankstelle, Res-taurant, kleiner Supermarkt, Pool. Zum/ vom Punda Maria Gate 9 km (20 Min.), Pafuri Gate 76 km (3 h), Shingwedzi 71 km (3 h).
Unterkunft: 6-Bett Family Cottage: Bade-zimmer, eingerichtete Küche, große Veranda (ab R1815/4 Personen). – 2- und 3-Bett-Bun-galows: Dusche, Toilette, Klimaanlage, mit und ohne eingerichtete Küche (ab R800/ 2 Pers.). – Unser Tipp sind die luxuriösen Safarizelte (nur sieben), komplett eingerichtet (ab R855/2 Pers.). – Camping mit/ohne Strom-anschluss (ab R215/2 Pers. für Caravan und Zelt.).
Unterkunft außerhalb: Wisani Lodge (Touris-tic- und Comfort-Kategorie), Punda Maria Road, Mhinga Zone 2, Tel. 015-8531867/ 8531888, www.africastay.comwisani-lodge.html. Ein kommunales Projekt des

Mpumalanga

Mhinga-Stammes; eine Alternative außerhalb des Parks mit Rondavels und manchmal auch folkloristischem Programm.

Satara

In zentraler Lage in der *Marula Savanne:* Zebras, Büffel, Gnus, Warzenschweine, Giraffen, Kudus, Wasserböcke, Spitz- und Breitmaulnashörner, Hyänenhunde, Säbelantilopen, Geparden, Löwen, Schakale, Hyänen, farbenfrohe Vogelwelt (gut zu fotografieren). Spektakuläre Sonnenuntergänge in unmittelbarer Nähe zum Camp an 3 Staudämmen und 6 Wasserlöchern.

Autowerkstatt (AA), Erste-Hilfe-Station, Tankstelle, Restaurant, Selbstbedienungs-Cafeteria, Laden, Münzwaschautomaten, Pool; gelegentlich abends Filme zum Thema Natur und Tierwelt. Zum/vom Orpen Gate 48 km (2 h), Phalaborwa Gate 119 km (4,75 h), Paul Kruger Gate 104 km (4,25 h), Olifants Restcamp 54 km (2,25 h), Letaba 69 km (2,75 h), Lower Sabie 93 km (3,75 h).

Unterkunft: 6-, 9- und 10-Bett Guest House, voll eingerichtet (ab R3400/4 Pers.). – 6-Bett Cottage: Badezimmer, eingerichtete Küche (ab R1850/4 Pers.). – Luxus-Bungalow: für zwei Personen voll eingerichtet (R1060). – 2- und 3-Bett Bungalow: z.T. einfache Küche oder Gemeinschaftsküche und -bad (ab R950/2 Pers.). – Camping (ab R200/2 Pers. mit Caravan und Zelt).

Shingwedzi

Liegt nahe des gleichnamigen Flusses im Nordteil des Parks. In alle Himmelsrichtungen sind tolle Ausflüge möglich. Bei der Anfahrt von Letaba aus früh starten und unbedingt von der H1-6 östlich auf die S50 abbiegen, die am Nshawu River und später am Shingwedzi River entlangführt. Kurz vor dem Shingwedzi Camp liegt der *Kanniedood Dam* mit einem Lookout Point: Elefanten, Kudus, Nyalas, Wasserböcke, bunte Vogelwelt.

Erste-Hilfe-Station, Tankstelle, Restaurant, Selbstbedienungs-Cafeteria, sehr schöner Pool, Supermarkt, Münzwaschautomaten, an einigen Tagen abendliche Filmvorführungen. Zum/von Punda Maria 71 km (3 h), Parfuri Gate 109 km (4,5 h), Phalaborwa Gate 137 km (5,5 h), Mopani 63 km (2,5 h).

Unterkunft: 8-Bett Guest House, voll eingerichtet (ab R3165/4 Pers.). – 4-Bett Cottage: Badezimmer, eingerichtete Küche (ab R1600/4 Personen). – 2- und 3-Bett (plus 2 möglich) Bungalow: mit und ohne Dusche, Toilette, Klimaanlage, einfache Küche, z.T. mit Gemeinschaftsküche und -bad (ab R845/2 Pers.). – Camping (ab R190/2 Pers. mit Caravan und Zelt).

Skukuza

Größtes Camp im Park, Verwaltungssitz der Parkbehörde Tel. 013-7354000, Tel. Reservierung 013-7354184.

Im südlichen Teil am Ufer des Sabie River in den *Sabie Thorn Thickets* gelegen. Giraffen, Kudus, Elefanten, Spitz- und Breitmaulnashörner, Nilpferde, Krokodile. Einige historische Plätze und Gebäude innerhalb des Campzauns: Glockenturm, Hängebrücke, Zugbrücke über den Sabie River, Hundefriedhof, Campbell Hut Museum und die beachtenswerte Stevenson-Hamilton Memorial Bibliothek (öffentlich zugänglich). Zu Ferienzeiten Filme im Amphitheater. Der Golfplatz (9-Loch) ist für Besucher zugänglich. Kleiner Flughafen wenige Kilometer entfernt.

Informationszentrum, Pannendienst (AA), Arztambulanz, Erste-Hilfe-Station, Bücherei, Tankstelle, Bank, Pool, Post, Polizeistation, Restaurant (**Tipp:** Ziehen Sie das **Selati Train Restaurant** vor, sehr gute Küche, man diniert am ehemaligen Bahnsteig neben einer alten Dampflok, in einem Waggon ist die Bar), Selbstbedienungs-Cafeteria, großer Supermarkt, Münzwaschautomaten. Buschpirschfahr-

Karte S. 691   **Kruger National Park**   **715**

ten und Nachtfahrten, Morgenwanderung. Gärtnerei (Verkauf von einheimischen Pflanzen und Samen). Tipp: Die Bibliothek mit wunderbaren Fotografien.

Zum/vom Paul Kruger Gate 12 km (halbe Stunde), Numbi Gate 54 km (2,25 h), Malelane Gate 64 km (2,5 h), Lower Sabie 43 km (1,75 h), Pretoriuskop 49 km (2 h).
Unterkunft: 8–12-Bett Guest House: volleingerichtet (ab R3400/4 Pers.). – 4- und 6-Bett Cottages (z.T. behindertengerecht): 2 Schlafzimmer, Bad, Veranda, eingerichtete Küche (ab R1820/4 Pers.). – Luxus-Bungalow: voll eingerichtet für 2 Personen (R1265). – 2-Bett Riverside-Bungalow: Dusche, Toilette, Klimaanlage, eingerichtete Küche (R1570). – 2- und 3-Bett-Bungalow, Klimaanlage, Bad/Dusche, Toilette, einfache Küche oder Gemeinschaftsküche und -bad (ab R850/2 Pers.). – 2- und 4-Bett-Zelte auf Zementboden: Ventilator, Tisch, Stühle, Kühlschrank, elektrisches Licht, Grillplatz, Gemeinschaftsküche und -bad (ab R480/2 Pers.). – Camping (Caravan u. Zelt mit jeweils 2 Pers. ab R225).

Tamboti Tent Camp

Das Camp liegt 4 km vom Orpen Gate, bei dem man sich auch anmelden muss, da es keine eigene Rezeption gibt. Tagesbesucher nicht gestattet. Die Zelte haben Aussichten auf den Timbavati River. Sehr einsam. Weder Laden noch Restaurant.
Unterkunft: 2-Bett-Zelte: für zwei Personen voll eingerichtet (ab R1080). – 2- u. 4-Bett-Zelte mit Ventilator, Kühlschrank, elektrisches Licht, Grillstelle, Gemeinschaftsküche ohne Kochutensilien und gemeinschaftliche sanitäre Einrichtungen (ab R490/2 Pers.).

Tsendze

„Genieße die Einsamkeit im Busch" könnte das Motto dieses Zeltcamps lauten. Es liegt 7 km südlich von Mopani. Es lohnt, nach Alexander, einem sehr imposanten Elefantenbullen, der sich in der Gegend rumtreibt, Ausschau zu halten.
Unterkunft: Platz für 30 Zelte, schattig. R225/2 Personen. In Mopani einchecken.

Bushveld Camps

Die kleinen Bushveld Camps sind für diejenigen, die kleinere Lager und Abgeschiedenheit vorziehen. Weder Einkaufsmöglichkeiten noch Restaurants (in der Regel kann man in kurzer Zeit aber die größeren Restcamps erreichen). Zugang nur für diejenigen, die eine Reservierung vorweisen können. Bei allen Camps gibt es eine Rezeption und Ranger vom Dienst (bis auf Jakkalsbessie). Die Tore werden abends geschlossen. Elektrizität durch Solarzellen (Geräte ab der Stärke eines Föns funktionieren nicht mehr).

Von Süden nach Norden gibt es folgende Camps: **Biyamiti** – Cottages bis 5 Personen (ab R1015/2 Pers.). – **Talamati** – Cottages bis 6 Personen (ab R1895/4 Pers.). 4-Bett Cottage (ab R1615). – **Shimuwini** – Cottages bis 6 Personen (ab R1530/4 Pers.). – **Bateleur** – Cottages bis 6 Personen (ab R1675/4 Pers.). – **Sirheni** – Cottages bis 6 Personen (ab R1420/4 Pers.).

Private Camps

Die private **Jock Safari Lodge** besitzt eine der ersten Privatkonzessionen innerhalb des Parks. Die Tagespreise mit VP bewegen sich ab R4500 inkl. Safaris (Infos Tel. 013-7355200, www.jocksafarilodge.com).

Weitere private Camps im Park sind: Nwanetsi, Roodewal und Boulders.

Caravan und Camping

Zelt- und Caravanplätze in **Balule** (ohne Elektrizität, mit Gemeinschaftskühltruhe), **Berg-en-Dal, Crocodile Bridge, Letaba, Lower Sabie, Malelane** (ohne Elektrizität, mit Gemeinschaftskühltruhe), **Maroela** (ohne Elektrizität, mit Gemeinschaftskühltruhe; Check-in Orpen), **Pretoriuskop, Punda Maria, Satara, Shingwedzi,**

Mpumalanga

Skukuza und **Tsendze**. Jeder Platz ist für sechs Personen, entweder für einen Caravan mit Vorzelt, ein Zelt (oder zwei kleine Zelte) oder für einen Campingbus. Sanitäre Anlagen und Gemeinschaftsküchen. Übernachtungspreis ab R200 für ein Zelt (2 Personen). Preise für Wohnwagen/Campingbus R250. Weitere Informationen s.o. bei „Restcamps".

Private Wildparks am Krügerpark

An der Westgrenze des Krügerparks gibt es viele private Wildparks. Sie sind sehr teuer, bei Unterkunft und Verpflegung (VP) luxuriös und bieten einzigartige Erlebnisse im Busch bei Pirschfahrten und Wanderungen mit einem Ranger. Die verlangten Preise selektieren das Publikum. Aktuelle Angaben auf den Websites, die auch auch Anfahrtsbeschreibungen mit Kartenskizzen bieten. Die nördlichen privaten Wildparks des Krügerparks sind bei der Limpopo Province aufgeführt, s.S. 759.

Sabi Sand Game Reserve

Dieses Game Reserve nördlich vom Paul Kruger Gate ist über 60.000 ha groß und grenzt unbezäunt direkt an den Nationalpark. Ausführliche Informationen über alle Camps und Buchungsmöglichkeiten unter http://sabi.krugerpark.co.za.

Private Lodge und Game Reserves

Chitwa Chitwa Game Lodge, Tel. 013-7440876, www.chitwa.co.za. Liegt im nördlichen Teil des privaten Wildreservats Sabi Sand. Anfahrt von Nelspruit oder Marulaneng aus auf der R 40 bis zur Abzweigung Acornhoek (11,5 km); am Ende der asphaltierten Straße weitere 15,2 km auf Sandpiste bis zum ersten Tor;

weitere 12,8 km bis zu einer T-Junction, links abbiegen (Chitwa-Chitwa-Beschilderung) und 11,6 km Fahrt bis zum Haupttor (Gowrie) des Sabi Sand Wildreservats. Ab hier der Beschilderung folgen.
6 Chalets, 2 Deluxe-Chalets und eine Suite in der Hauptlodge, 5 Chalets in der Chitwa Chitwa Safari Lodge. Beide an einem Stausee gelegen. Alle Zimmer klimatisiert mit Moskitonetzen. Pirschfahrten, Fußsafaris, Boma-Abendessen.

Djuma Game Reserve, Tel. 013-7355118, www.djuma.com; 9000 ha privates Land mit 300 Vogelarten, Großwild, Pirschfahrten, Fußsafaris, Boma, Pool.
5 Chalets mit DZ.

Exeter Game Lodge, Tel. 031-5832840, www.exeterlodges.com. Mehrfach mit nationalen und internationalen Tourismuspreisen ausgezeichnet.
Kirkman's Kamp: im Süden am Ufer des Sand River mit 10 riedgedeckten Chalets;
Leadwood Game Lodge: 5 großzügig angelegte Chalets mit Veranda und offenen Feuerstellen.
Östlich davon: **River Game Lodge.** Alle 3 Camps bieten Führungen mit erfahrenen Rangern zu Fuß und in offenen Landrovern.

Idube, Tel. 011-4311120, www.idube.co.za
10 sehr schöne Chalets, Parkanlage, Pool, Fußsafaris, Pirschfahrten.

Inyati Game Lodge, Booysens 2016, Tel. 011-4862027, www.inyati.co.za.
VP ab R8000, inkl. Aktivitäten.

Leopard Hills Game Reserve, Tel. 013-7376626, www.leopardhills.com.
8 Luxus-Suiten, große Aussichtsfenster. Gehört zu den teuersten Lodges des Landes.

*Londolozi, Tel. 011-7355653, www.londolozi.com.
Luxus pur in fünf verschiedenen Camps: **Pionier-, Founders-, Bateleur-** und **Tree Camp** sowie **Safari Lodge.** Das allerbeste ist das Tree Camp: 6 Luxus-Chalets, geschmackvoll eingerichtet, höchste Privatsphäre, Speiselounge mit Terrasse auf einem alten Ebenholzbaum in 20 m Höhe. In Londolozi wird dem Naturschutz höchste Priorität eingeräumt. Sehr gut ausgebildete Ranger.

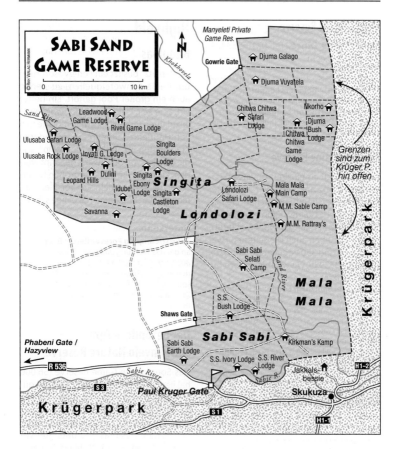

Mala Mala Game Reserve

Mala Mala ist Teil von Sabi Sand und teilt eine 33 km lange offene Grenze mit dem Krügerpark. In den tiefer gelegenen Teilen findet man flaches Buschland, offene Savanne und Dickicht. Riesige Artenvielfalt an Tieren, vielfältige Vogelwelt. Pirschwanderungen und Fahrten. Die **„Big Five"** (Elefant, Nashorn, Büffel, Löwe und Leopard) werden nahezu garantiert. Ranger mit hervorragender Ausbildung und untrüglichem Spürsinn für das Auffinden von Tieren. Naturschutz wird ganz groß geschrieben. Der Managing Director, Michael Rattray, hat als bislang einziger den „State President's Award for Eco-tourism" verliehen bekommen.
Mala Mala Game Reserve, Tel. 011-4422267, www.malamala.com.
Camps: **Mala Mala Main Camp,** direkt am Sand River, 18 riedgedeckte Luxuschalets. First-Class-Safaris! **Sable Camp:** 5 Luxussuiten in einmaliger Lage! **Rattray's:** 8 Luxussuiten mit herrlichem Blick auf den Sand River. „Out of Africa"-Feeling!

718   **Badplaas / Songimvelo N.R.**   Karte S. 663

Singita Game Reserve

Singita Head Office, Tel. 021-6833424, www.singita.com.
Ebony Lodge: wunderbare Lage zwischen Ebenholzbäumen, 8 Luxus-Chalets, Pirschfahrten, Fußsafaris. – **Boulders Lodge:** Die Lodge mit seinen Luxussuiten thront oberhalb des Sand River. – **Castleton Lodge:** 6 Chalets im Kolonialstil. Auch ideal für Familien und kleine Gruppen.

Sabi Sabi Game Reserve

Sabi Sabi liegt als einziges privates Wildreservat direkt am Sabi River mit seiner besonders reichen biologischen Vielfalt. Im Reservat, das keinen Zaun zum Krügerpark hat, kann man die „Big Five" beobachten, daneben auch die seltenen Hyänenhunde und 350 Vogelarten. Sabi Sabi, Tel. 011-4833939, www.sabisabi.com (m. Anfahrtskizze).
Camps: **Sabi Sabi Bush Lodge:** 22 DZ, direkt an einem Wasserloch. – **S.S. Selati Camp:** 8 Luxus-Suiten, am Ufer des Msuthlu River; Preise: ab R6900/Tag inkl. Vollpension, Pirschfahrten und Fußsafaris. – **S.S. Earth Lodge:** relativ neu und ökologisch orientiert (ab R9300, alles inkl.). – **S.S. Little Bush Camp:** Suiten und Gruppenübernachtung (ab R6000, alles inkl.).

Ulusaba Game Reserve

Ulusaba Game Reserve, Tel. 011-3254405, www.ulusaba.virgin.com.
Unterkunft inkl. VP pro Person/Nacht ab R9000 in der **Rock Lodge** auf einem 800 m hohen Hügel mit wunderbarem Blick über die weite Landschaft. Oder **Safari Lodge,** etwas versteckter an einem Flusslauf, Pirschfahrten, Wanderungen, Pool.

Highveld

Badplaas

„Badeplatz" besitzt ein Ferienresort rund um heiße Schwefelquellen, zu denen auch ein großer Pool gehört. Ein netter Ort, aber kein Platz, den es sich lohnt extra anzufahren (es sei denn, man möchte sich von Hautleiden, Rheuma oder anderen Krankheiten im „Talking Mountain", wie die Quellen von den Swazis genannt wurden, kurieren). Im 1000 ha großen Naturschutzgebiet tummeln sich vor allem Antilopen. Die Umgebung hat einige schöne Spazierwege.

Unterkunft

Tourist/Camping Forever Resort Badplaas, an der R38 Richtung Badplaas, Tel. 017-844 8000, www.foreverbadplaas.co.za. Große Ferienanlage, Schwimmen, Ausreiten, Tennisspielen, Angeln, Restaurant, Curio Shop. 250 Caravanplätze mit/ohne Elektrizität (R180/Site). DZ ab R925.

Der besondere Tipp: Songimvelo Nature Reserve

Das Songimvelo Game Reserve (56.000 ha) liegt in einer Hügellandschaft mit gutem Blick über das Highveld am Ufer des *Nkomati River* an der Grenze zu Swaziland. Elefanten, Breitmaulnashörner, Leoparden, Giraffen, Zebras und über 300 Vogelarten leben im Park. Nicht erschrecken: Die große Affenspinne (Baboon-Spider) ist nicht giftig, nur schrecklich groß. Es wurden Überreste von Steinzeit- und Eisenzeitbehausungen gefunden, die bis auf 400 v.Chr. zurückdatiert werden. Das Reservat lag früher im Homeland *KaNgwane,* in dem vorwiegend Swazis lebten. Zu den beliebtesten Aktivitäten zählen geführte Wanderungen und 4x4-Exkursionen vom Kromdraai Camp aus.
Anfahrt: Von der N 4 aus über die R 541.

Information/Unterkunft

Songimvelo Nature Reserve and Komati River Lodge, Mpumalanga Parks Board, Tel. 013-7533115. Gatter offen 6–18 Uhr. Rustikale SC-Hütten und Camping im Kromdraai Camp, 14 km östl. des Haupteingangs.

Chrissiesmeer

Im nördlichen Highveld liegt das kleine, verschlafene Chrissiesmeer, inmitten der größten Seenplatte Südafrikas. Interessante Vegetation und Fauna von Feuchtgebieten. Guter Zwischenstopp an der N 17 von Johannesburg (2 h Fahrzeit) in Richtung Swaziland. Information unter Tel. 017-840051/2034.

Unterkunft

Budget Lake Chrissie Lodge, Tel. 017-847 0025. Klein, ländlich. – Weitere Unterkünfte unter www.chrissiesmeer.co.za.

Ermelo

Ermelo ist Schnittpunkt der großen Überlandstraßen N 2, N 11 und N 17. Interessant sind die *Buschmann-Malereien* auf der Farm Welgelegen und die *Leghoya/ Tlokoa Steinhäuser* auf dem Tafelkop. Restaurant-Tipp: Meadows, sehr gute Küche, zivile Preise.

Unterkunft

Entlang der Hauptstraße (N 17) gibt es viele B&B-Unterkünfte.

Touristic

Drinkwater Guest House, 17 km südlich von Ermelo an der N 11, Tel. 017-8113816, www. drinkwater.co.za, drinkwater@skyafrica.co.za. Ruhige Farmatmosphäre, Abendessen möglich, kinderfreundlich.

Budget

Ermelo Inn, Ecke Fourie/Kerk Street, Tel. 017-8112315. Einfach, zentral.

Camping

Vom **Republik Park Resort,** 7 km außerhalb an der N 11 Richtung Hendrina, ist dringend abzuraten, da es in der Nähe eines Squattercamps liegt. Besser ca. 10 km weiterfahren auf der N 11, auf der linken Seite liegt das private Camp Hein Aucamp.

Piet Retief

Piet Retief, 1883 gegründet und nach dem Voortrekker-Führer benannt, liegt inmitten von Kiefern- und Kautschukbaumplantagen. Übernachtungs- und Einkaufsmöglichkeit auf dem Weg nach Swaziland und ins östliche KwaZulu-Natal (Tourist Information Tel. 017-8265706, www.pietretief.com).

Unterkunft

Touristic

Dusk to Dawn, Wagendrift Farm, Tel./Fax 017-8210601, www.dusktodawnbedand breakfast.com. Schönes Gästehaus, Garten, Mahlzeiten möglich, kinderfreundlich. DZ/F ab R520.

Lalla's Lodge, Plot Welgekozen, Tel./Fax 017-8251838. DZ und Backpacker, Mahlzeiten möglich.

*Welgekozen Country Lodge, 48 Ermelo Rd, Tel. 017-8262910, www.wheretostay.co.za. Idylle in kapholländischem Haus. Pool.

Camping

Piet Retief Municipal Caravan Park, Tel. 017-8262211; 1,5 km vom Golfplatz, schattige Rasenplätze, Elektrizität, gute sanitäre Einrichtungen.

Wakkerstroom

Den ländlichen Ort, 1858 gegründet und eine der ältesten Siedlungen Mpumalangas, erreicht man von Volksrust aus über die R 534. Guter Übernachtungsstopp zwischen KwaZulu-Natal und Krügerpark. Ein kleines *Museum* ist Mo–Fr 10.30–16.15 Uhr geöffnet. Vogelbeobachter wenden sich an die *Wakkerstroom Natural Heritage Association* (Tel. 017-7300201), die ein 720 ha großes Feuchtgebiet verwaltet, in dem seltene und vom Aussterben bedrohte

Vögel in freier Wildbahn leben, darunter Kronenkraniche.

Unterkunft

Touristic
Wakkerstroom Farm Lodge, www.wakker strom.net, Tel. 083-3250593. Gemütlich, ein 2-Bett Cottage mit offenem Kamin kostet R240 p.P. Auch Abendessen möglich.
Weaver's Nest Guest House, Tel. 017-730 0115. Schöne DZ, viktorianisches Haus, ideal für Vogelbeobachter, beim Wirt Karten für die besten Beobachtungsstellen, Picknickverpflegung.

Budget
Groenvlei Chalets und Groenvlei Guest Rooms, 10 km außerhalb an der Utrecht Road/Abzweigung Kaalpoort Farm, Tel. 017-7300415. Schöne Ferien-Chalets, Gästezimmer.

Camping
Martinsdam Caravan Park, Stadtverwaltung. 50 schattige Stellplätze, Gras, gute sanitäre Einrichtungen.

Swaziland

Das kleine Königreich Swaziland (17.364 qkm, 1,4 Mio. Einwohner) birgt viele kulturelle und natürliche Schönheiten. Eine Durchfahrt z.B. von **Durban** Richtung **Krügerpark** oder von den nordöstlichen Naturreservaten des Zululandes, wie Hluhluwe, Mkhuze oder Kosi Bay, ist ein Muss für Naturliebhaber. Hauptattraktionen sind die drei Schutzgebiete **Mlilwane Wildlife Sanctuary, Hlane Royal National Park** und **Mkhaya Game Reserve** (offizielles Domizil für bedrohte Tierarten). Daneben gibt es weitere: *Mlawula Nature Reserve* im Nordosten oder *Malolotja Nature Reserve* an der Grenze zu Mpumalanga. Die **Hauptstadt Mbabane** und das sich anschließende königliche **Ezulwini Valley** sind ideal für einen kurzen Aufenthalt und eine Übernachtung.

Das Land lässt sich von Nordwesten nach Südosten in vier unterschiedliche Landschaftstypen aufteilen: Dicht bewaldetes **Highveld** mit Bergketten, pittoresken Wasserfällen und gesunder Luft; **Middleveld** (500–1000 m), langsam abfallend mit fruchtbaren Tälern (Getreide, Gemüse, Früchte); das heiße **Lowveld** mit Zuckerrohr-/Baumwollplantagen und afrikanischer Buschlandschaft, in der die Nationalparks des Landes liegen, und schließlich die **Bergregion** der Lubombo Mountains an der Grenze zu Moçambique.

Swaziland ist stolz auf seine Unabhängigkeit und sein reiches kulturelles Erbe. Bei vielen Gelegenheiten sieht man die Swazi in bunten traditionellen Kleidern, die sie mit Selbstbewusstsein tragen. Das gibt dem Land einen besonderen Reiz und unterscheidet es von den großen Nachbarn Südafrika und Moçambique, in denen Traditionen zu oft Touristenattraktionen geworden sind. Die Familienbande sind noch intakt und die Moral ist strenger als bei den Nachbarn, auch die Einhaltung ethischer Werte. Das macht Swaziland zu einem relativ sicheren Reiseland.

Geschichte

Die Vorfahren der Swazi lebten an der Küste um die Delagoa-Bucht (Moçambique), so auch der **Clan der Dlamini,** der bis heute die Swazi-Könige stellt. **Dlamini III.** ließ sich mit seinem Volk um 1750 am fruchtbaren Ufer des Pongola River nieder, sein Nachfolger **Ngwani II.** zog in das klimatisch angenehmere Hochland um. Als er starb, hatte sich sein Volk bereits weiter nach Nordwesten ausgebreitet. Das war zu Zeiten der „Mfecane", als die aggressiven Kriegszüge und Eroberungen der Zulu unter Shaka viele Völker flüchten ließ. So musste sich auch **Sobhuza I.** zurückziehen. Er kolonisierte weite Teile des Nordens und Westens und integrierte oder vertrieb dort ansässige Stämme wie die Tsonga, Sotho und Nguni. Hauptsiedlungsgebiet war das heutige *Ezulwini Valley.*

Sobhuza I. heiratete zwei Schwestern Shakas und überlebte ihn, musste aber 1836 eine Niederlage gegen dessen Nachfolger *Dingane* einstecken. Sein Nachfolger wurde der noch minderjährige **Mswati I.**, die Regierung führte die **Königsmutter Thandile.** Sie schuf ein Netz militärischer Stützpunkte und kontrollierte von dort aus das Land.

Mswati knüpfte später enge Beziehungen zu Buren und Engländern, um Unterstützung gegen die Zulu zu erhalten. Die Portugiesen hatte er aus seinem Einflussbereich verdrängt. Als er 1865 starb, gab es im Land eine machtvolle Oberschicht. 1894 übernahm die Burenrepublik Transvaal die Verwaltung von Swaziland, nach dem Burenkrieg 1902 geriet es unter britische Hoheit. Unter **King Sobhuza II.** (Reg.-Zt. 1921–82) erlangte Swaziland **1968 die Unabhängigkeit,** blieb jedoch unter starkem Einfluss Südafrikas (geheimes Sicherheitsabkommen). 1978 entstand das Parlament mit 2 Kammern. Der König dominierte die Exekutive und Legislative, beriet sich aber mit dem Staatsrat. 1982 starb König Sobhuza, 1986 wurde **Mswati III.** zum König gekrönt. In einer der letzten absoluten Monarchien der Welt hat der Polygamist mit 12 Frauen und zwei Verlobten nun das absolute Sagen. Politische Aktivitäten seiner Untertanen hat er mit Androhung einer 20-jährigen Freiheitsstrafe verboten. Kritisiert wird sein teurer Lebensstil. Jeder seiner Gattinnen hat er einen Palast gebaut. Derweil ist sein Land bitterarm: Die Arbeitslosigkeit liegt bei 40%, die der Aids-Infizierten bei 35% (die höchste der Welt!), und siebzig Prozent der Menschen müssen mit einem Dollar oder weniger am Tag auskommen.

Kulturelles

Drei Swazi-Traditionen werden heute noch gepflegt: die **Ncwala-Zeremonie,** der **Umhlanga-Tanz** und die **traditionelle Medizin,** der 80% des Volkes vertrauen. *Ncwala* (Dezember/Januar) ist die ehrwürdigste Zeremonie, in der Früchte gesegnet und geopfert werden. Der König erscheint in voller Tracht in Begleitung seiner Krieger und verzehrt rituell die ersten Früchte des Jahres. Danach essen seine Untertanen und beten zu ihren Vorfahren. Beim *Umhlanga Dance* (oder Riedgras-Tanz, August/September) zeigen junge Frauen der Königsmutter und der Natur ihre Zuneigung. Die traditionelle Medizin bestimmt das tägliche Leben der Swazi. Die Heiler, die sich als Kräuterkundler, Astrologen, Psychiater oder Priester hervortun, sind sowohl Frauen als auch Männer: die **Inyangas** bekamen ihr Können vor ihren Vorvätern überliefert, **Sangomas** sind Heilkundige (meist Frauen), die sich durch Visionen dazu berufen fühlten und in Kräuterheilkunde und in Geistheilung sehr bewandert sind.

Beste Reisezeit

Swaziland gehört zum Sommerregengebiet. In den Monaten November bis April regnet es am meisten (schwere Unwetter, die auf Nebenstraßen und in den Naturparks ein Weiterkommen unmöglich machen können). Juni–August können die Temperaturen, besonders im Highveld, nachts frostig werden. Die Tagestemperaturen (Mbabane) liegen April/Mai und September/Oktober durchschnittlich bei 20 °C, November–März bei 24 °C und Juni–August bei 15 °C. Beste Reisezeit für die Naturschutzgebiete ist Juni–September: Die Vegetation ist spärlich, die Sicht gut.

722 Swaziland

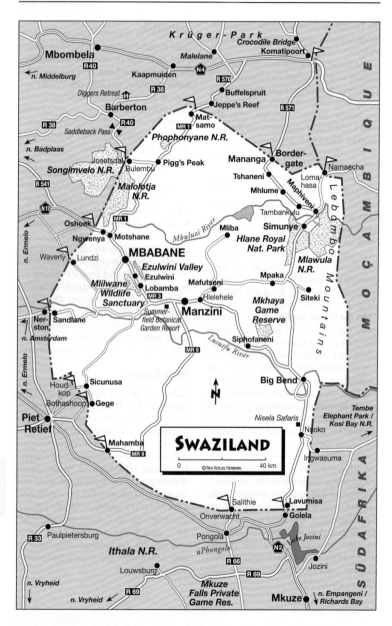

Outdoor

Wildwasserfahren, Fotosafaris, geführte Wanderungen, Reitferien, Paragliding und Quad-Biking steht auf dem Programm von *Swazi Trails,* Tel. +268-24162180, www.swazitrails.co.sz. Auch gutes kulturelles Angebot.

Allgemeine Informationen Swaziland

Ärztliche Versorgung

Mbabane: Clinic Service, Tel. 4042423; Mbabane Government Hospital, Tel. 4042111; Raleigh Fitkin Hospital. *Manzini:* Tel. 52211. *Pigg's Peak:* Government Hospital, Tel. 71111. *Baphalali:* Red Cross, Tel. 42532. *Sitki:* Good Shepherd Hospital, Tel. 34133.

Autovermietung

Mietalter mindestens 21 Jahre. *Avis,* Matsapha Airport, Tel. +268-25186226. *Europcar,* Matsapha Airport, Tel. +268-25184393.

Geld

Währung: *Lilangeni,* Mehrzahl *Emalangeni* (E), entspricht 1:1 dem südafrikanischen Rand, der auch akzeptiert wird (allerdings keine Münzen). Banken: geöffnet Mo–Fr 8.30–14 Uhr, Sa 8.30–11 Uhr. In der Regel werden Reisechecks und Kreditkarten angenommen. Geldwechsel für einen kurzen Aufenthalt ist normalerweise nicht notwendig.

Diplomatische Vertretungen

Deutsche Repräsentation, 3. Floor Lilunga House, Gilfillan St, Mbabane, Tel. 0268-24043174. – *Konsulat von Österreich,* Manzini, Tel. 5184368, Fax 5185276. – Honorarkonsulate in D: *Kingdom of Swaziland,* Große Präsidentenstr. 5, 10178 Berlin, Tel. 030-28096250. Honorarkonsulat *Kingdom of Swaziland,* Worringer Straße 59, 40211 Düsseldorf. – Generalkonsulat in CH: *Kingdom of Swaziland,* Lintheschergasse 17, Zürich, Tel: +41-(01)2115203 (Auskunft und kostenpflichtige Visumsausgabe).

Ein- und Ausreise

Bei der Einreise benötigt man einen gültigen **Reisepass** und ein **Visum,** das am Grenzübergang und am Flughafen gleich vor Ort ausgestellt und in den Pass gestempelt wird. Mietwagen aus Südafrika benötigen **Transitpapiere,** die der Autovermieter ausstellt. Straßenbenutzungsgebühr R50. Einfuhr zollfrei: 400 Zigaretten, 50 Zigarren oder 250 g Tabak, 2 Liter Wein, 500 ml Parfüm, 250 ml Eau de Toilette, 1 Liter Schnaps. Bei der Ausreise müssen alle Papiere gezeigt werden, alle Fahrzeuginsassen persönlich zu den Grenzbeamten.

Distanzen

Durban: 635 km; Johannesburg: 371 km; Kapstadt: 1662 km

Feiertage

1. Januar: Neujahrstag. April: Karfreitag, Ostern, 19. Geburtstag des Königs, 25. Nationaler Fahnentag. Mai: Christi Himmelfahrt. 22. Juli öffentlicher Feiertag. 6. September: Unabhängigkeitstag. Dezember: 1./2. Weihnachtsfeiertag.

Flugverbindung

Matsapha Airport, 8 km von Manzini. Die Royal Swazi Airways (Tel. 4043486/404 3157) hat Flüge von und nach Südafrika, Kenia, Moçambique, Tansania, Uganda, Zambia und Zimbabwe. Johannesburg wird 10 mal, Kapstadt 4 mal die Woche angeflogen. Comair fliegt von/nach Johannesburg, Swazi Airlink nach Durban.

Grenzübergänge und Öffnungszeiten

Die 12 Grenzübergänge sind täglich geöffnet: Bulembu//Josefsdal 8–16 Uhr *(Achtung: sehr schlechte Straße zwischen Pigg's Peak und Barberton!);* Gege//Bothashoop 8–16 Uhr; Lavumisa//Golela 7–22 Uhr; Lomahasha//Namaacha 7–17 Uhr; Lundzi//Waverley 8–16 Uhr; Mahamba 7–22 Uhr; Mananga//Bordergate 8–18 Uhr; Matsamo//Jeppe's Reef 7–20 Uhr; Ngwenya//Oshoek 7–22 Uhr; Salithie//Onverwacht 8–16 Uhr; Sandlane//Nerston 8–18 Uhr; Sicunusa//Houdkop 8–16 Uhr.

Information

Swazi Plaza Tourism Information Office, Swazi Plaza, Mbabane, 268-4042531, www.thekingdomofswaziland.com.

Pannendienst

Maxiprest, No. 1, Karlyn Centre, Mbabane, Tel. +268-5184429 und *Matsapha Shopping Complex,* repariert und wechselt Autoreifen.

Sprache

Amtssprachen: Siswati und Englisch.

Polizei

Polizeinotruf: 999.

Straßeninformation

Größere Verbindungsstraßen sind asphaltiert, nahe der Hauptstadt in einem meist guten

724 **Swaziland**

Zustand. Schotterstraßen in wechselndem Zustand. Geschwindigkeitsbegrenzung **80 km/h** außerhalb, **60 km/h** innerhalb geschlossener Wohngebiete. Häufige Radarkontrollen!

Telefon

Internationale Vorwahl 00268, von Südafrika aus 09268. Innerhalb des Landes keine Vorwahlen. In ländlichen Regionen kaum Telefone.

Touristeninformation

Staatliche Touristeninformationen am Swazi Plaza, Mbabane, www.thekingdomofswaziland, und an der Grenzstation Oshoek/Ngwenya. Der *Swaziland Jumbo Tourist Guide* (E12) bietet umfangreiche Informationen.

Visumpflicht

Visumpflicht für Länder der EU und Schweiz. Man erhält das Visum kostenlos an den Grenzstationen und am Flughafen. Besucher, die für Südafrika ein Visum benötigen, müssen sicherstellen, dass sie ein „Multiple Entry Visa" für die erneute Einreise nach Südafrika haben. Für Moçambique (teures!) Visum in der Botschaft von Moçambique in Mbabane oder am Grenzübergang Namaacha.

Die schönsten Transitwege durch Swaziland

Route 1:

Vom Krügerpark-Tor Crocodile Bridge nach KwaZulu-Natal via Bordergate//Mananga – Mlawula Nature Reserve – Hlane Royal National Park – Big Bend – Lavumisa/Golela (Grenze SA)

Von Komatipoort führt die R 571 auf 51 km zum Grenzübergang Border Gate//Managa (8–18 Uhr).

Mlawula Nature Reserve

Das ausgedehnte Gebiet erstreckt sich entlang der vulkanischen Lubombo Mountains. Die Höhenlage: zwischen 573 m und 76 m. Typische, einzigartige Vegetation sind die schattenspendenden *Lubombo Ironwoods* und große Ansammlungen von Baumfarnen. Kudus, Wasserböcke, Zebras, Gnus, Moschusböckchen, Nyalas, Breitmaulnashörner und 300 Vogelarten sind hier heimisch. Das Reserve ist idealer Ausgangspunkt für Wanderfreunde (Wanderkarte an der Rezeption). Beliebt, weil sehr schön, ist der *Waterfall Cave Trail* (ca. 2 h) zu einer Höhle, über der sich im Sommer ein kleiner Wasserfall ergießt. Anstrengend ist der *Khabane Cave Trail* (4 h), der allerdings mit fantastischer Aussicht belohnt (Vorsicht: in der Höhle leben Bienen und Wespen).

Anfahrt: 30 km ab Bordergate//Mananga über Tshaneni und Maphiveni, dort rechts und nach ca. 2 km links bis zum Parkeingang (6 km).

Information

Mlawula Nature Reserve, Tel. +268-24161013, matenga@sntc.org.sz. Sommer 6.30–18.30, Winter 7–18 Uhr. Am Eingang auch Getränkeverkauf. Die 33 km lange Fahrstrecke durch den Park ist Schotterpiste (an manchen Stellen in schlechtem Zustand).

Unterkunft

Magadzavene Lodge, Tel. +268-24150178, schöne Lodge mit Restaurant und Pool.

Siphiso Campground, am Ufer des Siphiso River, Tel. +268-24150178, Zelt/Caravan, sanitäre Anlagen mit Duschen, Grillplätze (Feuerholz wird verkauft), Selbstversorgung, kein Laden.

Der besondere Tipp:
Hlane Royal National Park

Mit 30.000 ha ist dies der größte Naturschutzpark des Landes. 1994 wurden, nach 30 Jahren Abwesenheit, Löwen angesiedelt, später auch Leoparden und Geparden. Daneben findet man Zebras, Kudus, Gnus, Nyalas, Impalas, eine kleine Herde Elefanten, Breitmaulnashörner, Giraffen und eine bunte Vogelwelt mit Straußen, Marabus, Kampfadlern und Gauklern.

Freizeitaktivitäten: Pirschfahrten, außer nach Regenfällen (auch im eigenen Fahrzeug, aber dann unbedingt Kompass mitnehmen); Wanderungen in Begleitung von Rangern. **Tipp:** Die Geschichte des Nationalparks (Wiederansiedelung der Tiere, Kampf der Ranger gegen Wilddiebe) steht im Vierfarb-Magazin *The Lion Roars Again,* im Park und in Mlilwane erhältlich.

Anfahrt: *Vom Krügerpark* aus über den Mananga-Grenzübergang. Auf der MR 24 bis zur T-Junction, dort rechts Richtung Manzini. Hinter Simunye rechts, beschilderte Einfahrt. Von Mbabane/Manzini immer MR 3. Kurz vor Simunye links.

Information

Hlane Royal National Park, Big Game Parks, Malkerns, Tel. +268-25283944/3, www.biggameparks.org. Tagesbesuch möglich (Eintritt). Keine Einkaufsmöglichkeit, Restaurant. Nächster Supermarkt in Simunye. Tgl. zwischen Sonnenauf- und -untergang geöffnet.

Unterkunft

Ndlovu Camp, 5 eingerichtete Chalets mit Terrasse direkt an einer Wasserstelle, zu der abends Kudus, Strauße etc. kommen. Dusche, Toilette (ab R330 p.P.). Großer Campingplatz (R80 p.P.), gute sanitäre Einrichtungen,

Gemeinschaftsküche, keine Elektrizität – aber Gasversorgung, Paraffinlampen.

Bhubesi Camp. Drei 4-Bett Cottages, 2 Schlafräume, Dusche, Toilette, Selbstversorgung, eingerichtete Küche, Elektrizität. Ab R340 p.P.

Big Bend

Beschreibung siehe „Route 3".

Route 2:

Vom Krügerpark-Tor Malelane via Jeppe's Reef/Matsamo Border – Pigg's Peak – Malolotja Nature Reserve – Grenzübergang Ngwenya//Oshoek

Die Strecke zählt zu den schönsten des Landes. Die Luft ist klar, der Duft der Kiefern und Eukalyptusbäume liegt über der Landschaft.

Von **Malelane** auf der R 570 über **Jeppe's Reef** zum **Grenzort Matsamo** fahren (ca. 50 km). Riesige Zuckerrohrfelder und Bananenplantagen bestimmen bis zur Grenze das Landschaftsbild. Der Grenzübertritt ist problemlos (7–18 Uhr). Falls eine Tee- oder Kaffeepause erforderlich sein sollte, können Sie dies im gutsortierten *Matsamo Souvenir Shops* tun (schönes Sitzen). Besuchenswert ist das **Matsamo Cultural Village,** das das (frühere) kulturelle Leben der Swazi widerspiegelt. Geöffnet tgl. 7–17 Uhr, Abendshow um 18 Uhr, Tel. 013-7810578, www.matsamo.com.

Phophonyane Nature Reserve

Das Phophonyane Nature Reserve liegt nördl. von Pigg's Peak, 28 km von Matsamo. Es besitzt keine spektakulären Tiere, aber eine interessante Vogelwelt, kleinere Antilopenarten und eine üppige Vegetation, die in den *Tropical Gardens* ihren Höhepunkt findet. Es gibt einen natür-

726   **Swaziland**   Karte S. 722

lichen Pool, der sein Wasser von den schönen *Phophonyane Falls* bezieht. Verschiedene Wanderwege führen zu Aussichtspunkten und zu Bademöglichkeiten in Felsenbecken.

Anfahrt: 3 km nördlich von Pigg's Peak biegt eine Schotterstraße ab.

Information

Phophonyane Nature Reserve, Tel. +268-24313429, www.phophonyane.co.sz. Driftwood Restaurant, Bar mit Terrasse. Malariafreie Zone (dennoch im Sommer Insektenschutzmittel mitnehmen).

Unterkunft

Phophonyane Lodge, www.phophonyane. co.sz. Cottages, luxuriöse Safarizelte, gut in die Landschaft eingepasst. Alles voll ausgestattet, sanitäre Anlagen, Küche, Selbstversorgung möglich Preise auf Anfr. An Wochenenden 2 Übernachtungen Minimum.

Pigg's Peak

William Pigg stieß 1884 in der Nähe der Wasserfälle auf eine Goldader, die 1889–1954 ausgebeutet wurde. Heute findet man in der Region große Forstwälder und holzverarbeitende Industrie. Kunsthandwerkliches verkauft *Tintsaba Crafts* (an der Hauptstraße neben Highlands Inn, Tel. +268-4371260), eine Kooperative, die Landfrauen unterstützt. Besonders schön liegt nördlich an der R 529 das *Peak Craft Centre* mit geschmackvollem Kunsthandwerk und Aussichtsrestaurant.

Unterkunft

Comfort Pigg's Peak Hotel and Casino, King Mswati 11 Highway, Pigg's Peak, Tel. +268-24313104, www.piggspeakhoteland casino.co.sz. Etliche km außerhalb in Richtung Matsamo. 5-Sterne-Hotel, 2 gute Restaurants, Reiten, Tennis, Golf.

Budget Highlands Inn, Pigg's Peak, Tel./Fax +268-4371144. 18 mittelmäßige DZ, Restaurant, Teegarten.

Malolotja Nature Reserve

Das Reserve erreicht man von der Grenzstation Matsamo nach etwa 75 km. Hier treffen auf einem 18.000 ha großen Gebiet *Highveld* und *Middleveld* zusammen und bilden eine spektakuläre Landschaft (Höhenlage 650–1900 m) mit den höchsten Bergen Swazilands: Ngwenya und *Silotwana*. Höchster Wasserfall (95 m) ist der *Malolotja*. Das Reserve durchziehen 25 km Autostraßen. Empfehlenswert sind die Wanderungen zwischen 1 und 7 Tagen auf einem Wegnetz von 200 km (leichte Spaziergänge und strapaziöse Kletterpartien). Unterkünfte in 17 Bushcamps.

Die Vogelwelt ist vielfältig: Paradieskraniche, Glattnackenibisse, Heilige Ibisse, Sekretärsvögel, Gurney's Honigfresser – Sugarbirds in der Proteenlandschaft – Helmturakos (Knysna Louries), Kronenadler und Narina-Trogons, die einzigen Waldvögel mit hellrotem Untergefieder und grüner Oberseite. Bei den 26 Reptilienarten sollte man besonders auf giftige Schlangen, wie Puffotter, Baumschlange und Speikobra achten. Außerdem Zebras, Kuhantilopen, Gnus und Blessböcke. Die zahlreichen Wildblumen, Palmfarne und viele Proteenarten bieten gute Fotoobjekte.

Im südwestlichen Park liegt die ***Ngwenya Iron Ore Mine,** eine prähistorische Eisenerzmine, auf 43.000 Jahre vor Chr. datiert. Die Ureinwohner suchten nach Hämatit und Spekularit, die sie zerrieben und als Farben für rituelle Zwecke verwendeten (Auskunft über Besuche bei den Rangern, die einen auch begleiten; sehenswert).

Canopy-Tour

Spannend und lehrreich zugleich ist die **Canopy-Tour,** die inmitten der bergigen Wildnis angeboten wird. Informationen unter www.ma lolotjacanopytour.com, Tel. +268-76133990.

Information

Malolotja Nature Reserve, Reservierung unter Tel./Fax +268-24424241, malolotjares@sntc.org.sz, www. sntc.org.sz.

Unterkunft außerhalb

*Hawane Resort, 9 km nördlich von Motshane Richtung Pigg's Peak, Tel./Fax +268-24424744, www.hawane.co.sz (m. Anfahrtskizze). 16 luxuriöse Chalets und eine Backpackerlodge. Auch Hausboot auf dem Maguga Damm. Gemütliches Restaurant. Gepflegter Reitstall bietet Ausritte unterschiedlicher Länge. Auch Unterricht. Pool und Sauna. Babysitter-Service.

Weiterfahrt nach Mbabane

Über **Motshane** gelangt man dann nach **Mbabane** und ins **Ezulwini Valley** (beschrieben bei „Route 3").

Ngwenya Glass

Machen Sie noch vor Motshane einen Abstecher (ca. 2 km, ausgeschildert) zu der Glasbläserfabrik **Ngwenya Glass,** die einzige im südlichen Afrika, die sich auf Handverarbeitung spezialisiert hat: Von einer Galerie im Obergeschoss schaut man auf die Glasbläser, die in der Hitze der Halle kunstvoll gläserne Tiere, Vasen und andere Glasprodukte in allen Variationen schaffen. Das Grundmaterial wird von Schulkindern in Form von Flaschen und Abfallglas gesammelt und nach Gewicht bezahlt. Ein Teil der Einnahmen geht an den „Save the Rhino Fund". Chef-Glasbläser Sibusiso Mhlanga erlernte sein Handwerk von schwedischen Künstlern, die bis 1987 die Fabrik leiteten. Die Waren werden auf Wunsch verpackt, versichert und nach Übersee geschickt. Im Coffee Shop bekommt man sehr gute kleine Mahlzeiten. Tgl. 9–16 Uhr.

Route 3:

Von KwaZulu-Natal nach Mpumalanga via Golela// Lavumisa – Nisela – Big Bend – Mkhaya Game Reserve – Mlilwane Wildlife Sanctuary – Ezulwini Valley – Mbabane

Die Strecke von Lavumisa über Big Bend, Manzini, Mbabane bis zur Grenzstation Ngwenya//Oshoek ist durchgehend asphaltiert und weitgehend in gutem Zustand.

Nisela Safaris

32 km hinter der Grenze liegt nördlich von Nsoko in einem kleinen Naturreservat das Camp von Nisela Safaris, angliedert an ein Swazi Cultural Village. So bekommt der Besucher neben den üblichen Pirschfahrten auch ein Kulturprogramm geboten. Quad-Bike Touren mit Führer für R75/ Stunde. Sehr interessant ist der Reptilienpark mit ca. 150 verschiedenen Arten.

Übernachtung/Info

Die Übernachtungsmöglichkeiten reichen von einem schönen kolonialen Guest House über traditionelle Beehive-Huts, Safari Lodge mit rustikalen Chalets bis zu günstigen Backpacker-Unterkünften (ab R100 p.P.). **Nisela Safaris,** Nsoko, Tel. +268-23030318, www.niselasafaris.com.

Big Bend

Der „Große Bogen" liegt am Knie des *Lusutfu River,* 64 km nördlich der Grenzstation Lavumisa. Südlich des insgesamt unscheinbaren Ortes kann man in der *Lismore Lodge* (Tel./Fax 3636019) übernachten und im *Lubombo Lobster* einkehren. Es folgt das Riverside Motel mit einem Restaurant und das *Emoya Crafts Centre,* in dem man handgefertigte Kleidungsstücke, Lederwaren und Schnitzereien erwerben kann (Mo–Fr 8.30–16.30, Sa 8.30–14 Uhr). Etwas weiter zweigt eine Straße zum großen Komplex der *Matata Stores* ab, der besten Einkaufsmöglichkeit mit 24-Stunden-Tankstelle und Reifen-/Reparaturservice.

Unterkunft

Touristic Lituba Lodge, 20 km außerhalb an der MR16, Tel. +268-25509016, www.lituba lodge.com. DZ und Rondavels. Restaurant, Bar.

Riverside Lodge, Big Bend, Tel. +268-236 36919. 4 km außerhalb an der Straße Richtung Grenzübergang Lavumisa//Golela. Getränkehandlung (Mo–Sa 9–19 Uhr).

Etwas für Abenteuerlustige: Mkhaya Game Reserve

Obwohl das Reserve auch für Tagesbesucher (nach Anmeldung) geöffnet ist, sei vorneweg gesagt, dass ein Aufenthalt nur für ein paar Stunden viel zu schade für dieses bemerkenswerte Tierrefugium ist.

Mkhaya wurde 1979 von dem bekannten Tierschützer *Ted Reilly* auf einem 6250 ha großen Gebiet eingerichtet, mit der Intention, die vom Aussterben bedrohten Nguni-Rinder zu schützen. Im Laufe der Zeit wurde es Zufluchtsort für andere gefährdete Arten, wie Breit- und Spitzmaulnashörner. Aber auch Büffel, Pferde-, Halbmond- und Säbelantilopen und zwei kleine Elefantenherden wurden in das erweiterte Gelände integriert. Daneben gibt es Zebras und Giraffen und in einem kleinen Stausee gar Nilpferde. Derzeit denkt man über die Reintegration von Löwen nach.

Das Projekt wird u.a. von der World Wildlife Foundation unterstützt. Südafrika stiftete sechs Spitzmaulnashörner. In Mkhaya arbeiten gut ausgebildete Swazis aus der Region, was sich vor allem im Kampf gegen Wilddiebstahl bewährt hat.

Durch Übernachtungen und Aktivitäten fließt das Geld der Besucher unmittelbar sowohl in heimische Arbeitsplätze als auch in den Natur- und Tierschutz.

Anfahrt: Von Big Bend aus in Richtung Manzini 30 km; nach der Flussüberquerung rechts beschilderter Treffpunkt an einem Straßenstand (links führt die Straße zur Phuzumoya Station), dort wird man von einem Ranger abgeholt und das Fahrzeug an einem Camp abgestellt; Fahrt ins Schutzgebiet in offenem Range Rover.

Information, Unterkunft und Verpflegung

Mkhaya Game Reserve, Big Game Parks, Malkerns, Tel. +268-25283944/3, www.biggame-parks.org/mkhaya. Es ist zwingend notwendig, sich anzumelden. Zufahrt ohne Ranger nicht möglich! Alle Aktivitäten (3 Exkursionen in offenem Geländewagen oder zu Fuß), Verpflegung (gute afrikanische Küche, am offenen Feuer zubereitet) sind im Preis inbegriffen (ohne Getränke). Verschiedene Arrangements möglich. Auch Tagesbesuch möglich (dreistündige geführte Wanderung). Geführte Landrover-Tour: Beginn 10 Uhr, Ende 16 Uhr.

Unterkunft:

Stone Camp, offene, sehr idyllische Ried-Cottages. Ab R1775 p.P. (ab 2 Personen). Ankunft 16 Uhr, Abfahrt 10 Uhr.

Hinweis: Eine günstige Übernachtungsmöglichkeit außerhalb des Reservats bietet sich auf der größten Farm Swazilands an, der Tambuti Estate Farm, ca. 5 km in östlicher Fahrtrichtung, zwischen Siphofaneni und Big Bend.

Manzini

Manzini ist ein wichtiger Verkehrsknotenpunkt und größte Stadt des Landes (110.00 Einw.), sonst aber nicht interessant, obwohl das frühere „Bremersdorp" die erste „weiße" Hauptstadt des Landes war. Die *Bhunu Mall* ist ein gut sortiertes Einkaufszentrum in der Stadtmitte. Zentral übernachten und gut essen kann man im *Moçambique Hotel and Restaurant,* Tel. +268-25052489.

Wer schon in **Malkerns** ist, sollte unbedingt in den Produktions-Laden von

Karte S. 722   **Swaziland**   **729**

Auf Safari in Mkhaya

Sandile, der junge Ranger begrüßt uns und wir steigen in einen Geländewagen um.
Die Safari beginnt an einem riesigen Doppelzaun, dessen gesichertes Tor wir passieren. „Jurassic-Park", fällt uns ein. Gleich begegnen wir unseren ersten drei Breitmaulnashörnern und sehen ein Flusspferd im Stausee. Giraffen kreuzen den Weg, und
in einer riesigen Wasserpfütze direkt auf der Fahrbahn hat sich ein Nashorn niedergelassen. Sandile lacht, legt den Rückwärtsgang ein und fährt einen großen Umweg.
Der „Umleitung" verdanken wir es, einer der beiden Elefantenherden zu begegnen. Der
Bulle baut sich vor dem offenen (!) Wagen auf. Mit dem Rüssel langt er über den Kühler
ins Fahrzeug und flößt uns den nötigen Respekt ein. Seine „Damen" passieren den
Weg. Irgendwie erinnert alles zunächst ein bisschen an einen gewaltigen Zoo. Strauße
zur rechten, Impalas zur linken. Nur als eine grüne Mamba vor uns über die Straße
schlängelt, wissen wir schlagartig wieder, dass dies (fast) freie Wildbahn ist.

Im Stone Camp werden wir zum Mittagessen erwartet. Impala-Steak und Wilde-
beest-Wurst wird auf offenem Feuer gegrillt. Unser Safarizelt liegt einige Minuten vom
Camp inmitten der Urwaldlandschaft. Man sieht nur Grün.

Nachmittags gehen wir mit Sandile zu Fuß auf Pirsch. Alles ist wunderbar friedlich.
Abendessen gibt es am Lagerfeuer. Herrlich müde laufen wir, mit einer Paraffinlampe
bewaffnet, den schmalen Pfad zu unserem Zelt. Das Licht tanzt auf der Leinwand.
Merkwürdige Schatten huschen blitzschnell darauf herum. Bei genauerer Betrachtung
sind es riesige, gelbgestreifte Spinnen auf Beutejagd. Als beim Herablassen des
Moskitonetzes ein besonders großes Exemplar direkt auf die weiße Bettwäsche fällt,
bin ich mir nicht sicher, ob ich auch nur ein Auge zutun werde.

Am nächsten Morgen sieht alles wieder besser aus. Wir werden mit Tee geweckt. Der
„Early Morning Drive" beginnt um 6 Uhr. Eine Nashorn-Mama ist anscheinend mit
dem linken Bein aufgestanden und rammt unser Fahrzeug, weil wir ihrem Kleinen zu
nahe getreten sind. Wenig später sehen wir die Elefantenherde wieder. Wir verlassen
das Auto und pirschen uns bis auf 20 m heran. Welch ein Gefühl! Und das vor dem
Frühstück! Die Tiere kommen näher, wir verziehen uns.

Um 11 Uhr machen wir uns das zweite Mal auf die Pirsch. Wir sehen ein Krokodil, ein
Nashornpaar mit einem Jungen, einen Waran und viele Antilopen. Am „Geier-
Restaurant" geht es vorbei, und an einem Beobachtungsturm, der auch wegen
der Wilddiebe besetzt ist. Das Horn eines Nashorns ist rund 30.000 US$ wert. Daran
kann man sehen, wie brisant die Lage ist.

Während unserer Nachmittagstour um 16 Uhr beginnt es aus allen Kübeln zu schüt-
ten. Da nützen auch Regencapes nichts mehr, die Sitze weichen uns von unten her auf.
Doch nun sehen wir die Dickhäuter des Parks also auch einmal frisch geduscht, außerdem ist es warm.

Abends gibt es schlechte (?) Nachrichten: Starkregen hat den Fluss anschwellen
lassen, Passieren ist unmöglich. Die Aussicht, „Gefangene im Paradies" zu sein, be-
kümmert uns angesichts des hervorragenden Abendessens mit exzellentem Rotwein
nicht besonders. Auch die haarigen Spinnen im Zelt sind nicht mehr ganz so groß.

Am nächsten Morgen, nach der Ausfahrt und anschließender Dusche mit einem
schwarzen Skorpion im Becken, gesellt sich Ted Reilley, einer der bedeutendsten
Naturschützer des Landes, zu unserer Frühstücksrunde. Er hat eine gute (?) Nachricht:
Die Furt ist wieder passierbar, wir können unbesorgt hindurch. Doch eigentlich wollen wir gar nicht mehr …

Mpumalanga

*Swazi Candles gehen. Die Kerzen sind einmalig schön! Für abends bietet sich ein Besuch im **House on Fire** an. Musik und gute Unterhaltung.

Summerfield Botanical Garden Resort

Ungewöhnlich schön liegt das **Summerfield Botanical Garden Resort**. Es bietet seinen Gästen im *Grand Palm Cascades Restaurant* lukullische Köstlichkeiten in einem Ambiente aus afrikanischer Architektur mit kleinen Pavillons am See. Die riesigen Zimmer der *Heritage Garden Villa* befinden in einem ehemaligen Herrenhaus oder im *Doves Nest Guesthouse*. Durch den 96 ha großen botanischen Garten schlendern Besucher an exotischen Pflanzen und erfrischenden Wasserfällen vorbei.

Informationen
Matspha Valley Rd, Tel. +268-25184693.

Mlilwane Wildlife Sanctuary

Das Mlilwane Wildlife Sanctuary wurde als erstes Naturschutzgebiet in Swaziland noch vor 1960 von der Familie Reilly auf 4500 ha Farmland gegründet und mit den ursprünglich hier lebenden Tierarten bestückt. Es liegt in einem Talkessel der hügeligen Ausläufer der *Nyonyane Mountains*. Mittelpunkt des Restcamp ist der *Hippo-Pool*, an dessen einer Flanke man das Restaurant *Hippo-Haunt* ein Stück in den kleinen Stausee gebaut hat (großartige Nilpferd-Beobachtung). Krokodile und Schildkröten sind ebenfalls Gast in dem Gewässer. Fast täglich werden die Hippos gefüttert, nur wenige Meter und eine kleine Mauer trennen einen von den Kolossen.

In den frühen Morgen und späten Abendstunden nur mit äußerster Vorsicht im Camp bewegen. Selbst unsportliche Gäste klettern auf Bäume, wenn *„Somersault"*, der Nilpferdboss, und seine „Damen" zur Futterstelle marschieren. **Flusspferde gehören zu den gefährlichsten Tieren Afrikas!** Gerne erzählen die Ranger die Geschichte, wie eines der ersten Breitmaulnashörner sich an den Hippo-Pool zum Trinken wagte. Kurzer Kampf mit dem Flusspferdmann und es gab ein Nashorn weniger im Park (heute gibt es keine mehr).

Zu den Attraktionen gehören auch Paradieskraniche, die sich gerne um die zentrale Grillstelle aufhalten. In der großen, offenen Graslandschaft von Mlilwane sieht man kleine Herden von Zebras, Giraffen, Nyalas, Gnus und andere Antilopen, auch Leoparden.

Anfahrt: Von Mbabane MR 3 Richtung Manzini die dritte Abfahrt Mlilwane/Lobamba nehmen. Unter dem Highway rechts, am Kreisverkehr die erste links. Dann links auf die MR 103, 500 m hinter Caltex-Tankstelle rechts (ausgeschildert).

Aktivitäten

Die Autosafari kann man auf den meisten Strecken mit einem normalen Pkw bewältigen. Aber es gibt auch Herausforderungen für 4x4-Fahrer. Ein unvergessliches Erlebnis ist der Ausritt mit einem erfahrener Ranger. Ganz nah kommt man Antilopen- und Zebraherden. Auch ohne Reiterfahrung sollte man es wagen (auf Wunsch wird im Schritt gegangen)! Vermietung von Mountainbikes (Rangerbegleitung). Der Rundwanderweg ist empfehlenswert.

Information

Mlilwane Wildlife Sanctuary, Big Game Parks, Malkerns, Swaziland, Tel. +268-25283943, www.biggameparks.org/mlilwane. Vorausbuchung für Übernachtung ist ratsam. Tagesbesuch möglich. Frühstück, Mittag- und Abendessen im Hippo-Haunt Restaurant anmelden und vorher im Parkbüro bezahlen (Mo–Fr 8–17 Uhr, Sa 8–12.30 Uhr). Kleiner Laden, nur wenig Lebensmittel. Selbstverpflegung möglich, Grillstellen. Eintritt.

nterkunft

Mlilwane Main Rest Camp, im Süden des Reservats an einem kleinen Stausee. *Beehive Village Huts:* Gemeinschaftsküche und -bad, mit/ohne Bettzeug ab R315 p.P. *Main Camp Huts:* Dusche, Toilette, kleiner Kühlschrank, ab R315 p.P. *Shonalanga Cottage:* bis 6 Personen, Badezimmer, 2 Schlafräume, Wohnzimmer, Veranda R340p.P. *Camping,* einfacher Platz, nicht besonders schön, keine Elektrizität, R90 p.P. Schlafräume im ***Sondzela International Travellers Hostel,** Tel. 5283117, Stockbetten. DZ R120 p.P., Rondavels R135 p.P.

Traumhaft gelegen ist ***Reillys Rock Lodge.** Die Zimmer sind unterschiedlich ausgestattet, der Preis für Halbpension liegt ab R700 p.P.

Ezulwini Valley

Ezulwini Valley, das „himmlische Tal", erstreckt sich von Lobamba 18 km bis an die Tore Mbabanes. Es führt durch das Middleveld und satte Vegetation. Es hat sich zu einer kurios anmutenden Touristenstrecke gewandelt, flankiert von Verkaufsständen, Hotels, Casino, Restaurants, Schönheitsfarmen und Nachtclubs. **Lobamba** ist Wohnsitz der königlichen Familie und Regierungszentrum. Das **Parlamentsgebäude** darf in Begleitung eines Führers betreten werden (von einer

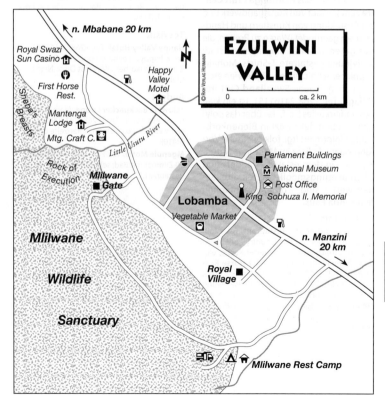

Galerie aus kann man Debatten folgen). Das Swaziland National Museum, Tel. 4161178, ermöglicht einen Streifzug durch Kultur und Geschichte der Swazi: traditionelle Kleidung, Fotografien und außerhalb die typischen Rundhütten.

Der **Embo State Palace** aus der britischen Kolonialzeit ist nicht zugänglich und darf nicht fotografiert werden. **König Mswati III.** lebt etwas außerhalb im *Lozitha State House,* für das die selben Regeln gelten. Wer die königliche Familie im **Royal Village** beobachten möchte, besucht die traditionellen Zeremonien des Umhlanga Dance oder Ncwala.

1974 wurde das **Mantenga Craft Centre** zum Verkauf von Kunsthandwerk und zur Ausbildung von Künstlern und Handwerkern gegründet (Waren zu Preisen, die der guten Qualität angemessen sind: Individuell gestaltete T-Shirts, Mohair-Teppiche, Schnitzereien, Töpfereien etc.). Das nahegelegene **Swaziland Cultural Village,** Tel. +268-24161151, ist ein kleines traditionelles Dorf, das über das polygame Leben der Swazi in Bienenkorb-Hütten informiert (tgl. folkloristische Vorführungen). Es liegt im Mantenga Nature Reserve, in dem es auch Wander- und Übernachtungsmöglichkeiten gibt. Sehenswert sind die prachtvollen **Mantenga Falls.**

Restaurants

Calabash Continental Restaurant, Tel. +268-24161187, neben Timbali Country Park; deutsche, österreichische u. Schweizer Küche, elegant. Anmeldung ratsam. – **First Horse Restaurant,** Tel. +268-24161137; würzige Currys, kontinentale Küche, Fischgerichte, Resevierung ratsam. – Happiness heißt die Köchin in der ***Mantenga Lodge,** Tel.+268-24161049, und das ist in der Tat auch das Gefühl, das nach dem Genuss ihrer Gerichte aufkommt.

Unterkunft

Luxus

Royal Swazi Sun and Casino Hotel, Ezulwini, Tel. +268-24165000, www.suninternational. com. Das luxuriöseste Hotel des Landes, Casino, 18-Loch-Golfplatz, hervorragende Restaurants, Bars. DZ ab R2355 p.P.

*The Royal Villas, 10 Minuten von Mbabane, 25 Minuten von Oshoek Border, Tel. 4167035, www.royalvillasswaziland.com. Wunderschöne Villas. Eine der schönsten Unterkünfte des Landes. Ausgezeichnetes Restaurant. Ab R1540.

Comfort

*Mantenga Lodge, Tel. 4161049, www.mantengalodge.com. 18 DZ, wunderbare Lage, Restaurant, Bar. Sehr schöner Pool. DZ/F ab R735.

Touristic

Happy Valley Hotel, Tel. +268-24161061, www.happyvalleyhotel.com. Viel „Ramba Zamba", Diskothek „Why Not Disco Night Club".

Budget

*Lidwala Backpacker Lodge, Main St (Nähe Royal Swazi Sun), Tel. (+268) 24150901, www.lidwala.co.sz. Dorm, Safarizelte und DZ (R410).

Mgenule Motel, Tel./Fax +268-24161041/2. 30 Zimmer mit Bad, sehr gutes indisches Restaurant.

Mbabane

Mbabane, gegründet 1902 von der Kolonialregierung als Verwaltungssitz, ist eine moderne Hauptstadt (ca. 95.0000 Einwohner) inmitten hügeliger Landschaft mit breiten Straßen, Supermärkten, amerikanisch anmutenden Straßenzügen, vielen Straßenhändlern und guten Einkaufsmöglichkeiten. Websters Bookstore, Johnson Street und New Mall, führt Sachbücher, Belletristik, einige Reiseführer, Bildbände und Zeitschriften. *Indingilizi African Art Gallery and Open Air Restaurant*, 112 Dzeliwe Street, ist eine der ersten Adressen für hochwertige lokale Kunstgegenstände (Gemälde, Plastiken, Antiquitäten, Keramikarbeiten), das Gartenrestaurant ist empfehlenswert. Am südlichen Ende der Allister Miller Street, nach Überqueren der Msunduza Street, findet man den bunten **Mbabane Market** mit Korbwaren, Schnitzereien, Hüten, T-Shirts und Kunsthandwerk (handeln!). Daneben kann man Obst und Gemüse kaufen.

Das *Omnicentre*, ebenfalls am südlichen Ende der Allister Miller Street, bietet neben einem chinesischen Importladen Juweliere, Friseure, Computerfachgeschäft und im Untergeschoss einen großen **Flohmarkt.** Das Einkaufszentrum des **Swazi Plaza** ist eine große Fußgängerzone am OK Link im Süden. Es gibt fast alles: Buchladen, Boutiquen, Souvenir-

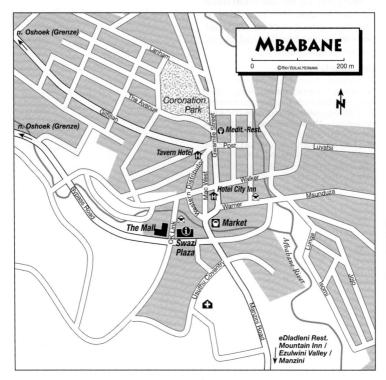

Swaziland

läden, Drogerie, Photogeschäft, gemütliche Cafés und Restaurants und die **Touristeninformation.**

Auf der anderen Straßenseite steht **The Mall,** ein Einkaufzentrum unter Glaskuppeln, mit Schuhen, Sportbekleidung oder modischen Klamotten (und Restaurants). Wer die kleine Brücke über den Mbabane River benutzt, findet sich in **The New Mall** wieder: Neben Truworth und Woolworth auch ***African Fantasy** (Shop 11), ein bunter Laden mit T-Shirts, Holztieren, fantasievollen Geschenken, und **Living in Africa,** Sunny Bananas, mit geschmackvoller Auswahl an ungewöhnlichen ethnischen Stoffwaren, Kerzen, Glas und vieles mehr.

Verpassen Sie bei der **Weiterfahrt** nach Norden bzw. zum Grenzübergang Ngwenya//Oshoek nicht die Glasbläserfabrik **Ngwenya Glass** (Beschreibung s.o., vor dem Beginn „Route 3").

Restaurants

Als bestes traditionelles Restaurant gilt das ***eDladleni Swazi Restaurant,** 6 km außerhalb Abzweig MR3, edladleni.100webspace.net (mit Anfahrtsskizze), Allein die Vorspeisen sind schon ein Gedicht! – **The Mediterranean Restaurant,** Gwamile St; beste indische Küche, 10.30–24 Uhr, Take-away auch möglich. – **La Casserole,** Gwamile St, Omnicentre, Tel. 4046426, deutsche und internationale Küche, gemütlich. – **Hwa Li,** Dhlan'ubeka House; Mhlonhlo, Tel. +268-24045986; chinesisch.

Unterkunft

Comfort

*Mountain Inn, Princess Drive, 1 km vom Zentrum, Tel. 4042781, www.mountaininn.sz. Wunderschön, 60 DZ mit Blick auf das Ezulwini Valley und die Lubombo Mountains. Mittagessen am Pool, Friar Restaurant ist sehr gut (tgl. 12–14 u. 19–22 Uhr). DZ/F ab R1160.

Touristic

City Inn, Gwamile St, Tel. +268-76020672, www.cityinnswaziland.com. Einfaches Stadthotel, Restaurant, Bar, manche Zimmer recht laut. DZ/F ab R500. 22 DZ.

Tavern Hotel, Ecke Gilfillan/Gwamile St, Tel. 4042361/4042568. Vorwiegend Geschäftsreisende, passabel, Restaurant.

9 Limpopo
(ehem. Northern Province)

Einführung

Die Limpopo Province entspricht in ihrer Ausdehnung etwa dem früheren Northern Transvaal. Hauptstadt ist **Polokwane**, das frühere **Pietersburg**. Die Bevölkerung spricht *VhaVenda, seSotho, Setswana, isiNdebele, Xitonga, SoSwati, Englisch* und *Afrikaans*.

Die Hauptverkehrsader durch die Provinz ist die N 1 zwischen Musina und Pretoria/Tshwane (Provinz Gauteng). Reist man von dort aus an, durchläuft die N 1 bis Bela-Bela eine recht unspektakuläre Landschaft. Dafür geht es flott voran.

Touristische Ziele sind die **Waterberge** westlich der N 1, der nördlichen Teil der **Transvaal Drakensberge**, die Gegend um **Tzaneen**, das **Land der VhaVenda** im Nordosten und der Nordteil des Krügerparks.

Hat man erst einmal die West-Ost-Kette der *Water-, Hangklip-* und *Strydpoortberge* erreicht, so ändert sich fortan das Landschaftsbild: es wird nun abwechselnd von Highveld und Lowveld, ja sogar in einigen Landstrichen von tropischem Einschlag bestimmt. 80 km hinter Polokwane überquert man den Wendekreis des Steinbocks. Nun hat man nicht mehr lange Zeit, um zu überlegen, ob man in **Louis Trichardt** die R 524 nach Osten zum **Punda Maria Gate** des Krügerparks nehmen soll oder ob man zunächst in die touristisch noch nicht so erschlossenen **Soutpansberge** fahren will.

Klima

Regenzeit ist **Oktober–März,** begleitet von schweren Gewittern. Es wird tagsüber sehr heiß, die Nächte sind mild. In den übrigen Monaten herrscht vorwiegend trockenes und kühles Klima.

Sicherheit

Je nördlicher von Johannesburg und Pretoria/Tshwane, desto sicherer ist es, sowohl auf den Straßen als auch in den Camps der Natures Reserves. Mögliche Sicherheitsrisiken gibt es in den früheren Homelands *Venda, Gazankulu* und *Lebwa* und in den ehemaligen Townships. Bis auf der N 1 und N 11 ist es auf den Provinzstraßen eher einsam, was durchaus positive Aspekte hat.

Allgemeine Information

Limpopo Tourism and Parks, 13 Grobler Street, Polokwane, Tel. 015-2907300, www.golimpopo.com. In Deutschland: ProLimpopo Ltd., Sudetenland-Str. 18, 37085 Göttingen, Tel. 0551-7076774.

Der besondere Tipp: Die Ivory Route

Die Ivory Route folgt historischen Spuren der Großwildjäger durch einsame Regionen und ist eine abenteuerliche Herausforderung für Outdoor-Fans. Sie startet im privaten *Manyeleti Game Reserve* (Westgrenze Krügerpark), streift den Makuya Park, den *Madindo Corridor* und führt an den Limpopo ins *Blouberg Reserve* und

736 Limpopo

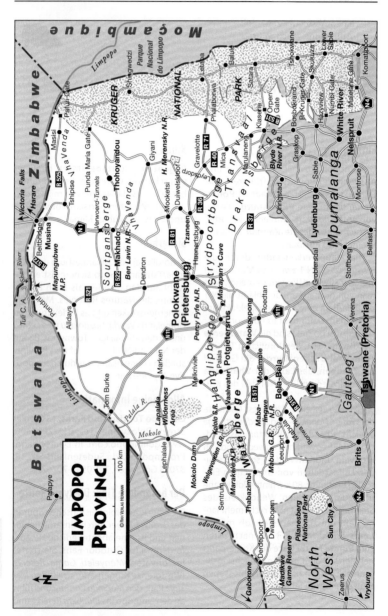

über einen Abstecher zum Mokolo Dam nach Atherstone (auch in umgekehrter Richtung möglich). Allradfahrzeug wird empfohlen. Auf der gesamten Strecke stehen Zeltcamps zur Verfügung.
Information und Buchung unter www.africanivoryroute.co.za.

Auf der N 1 Richtung Norden

Die weißen Südafrikaner nennen die Straße die **„Great North Road"** – in der Tat hatte man Großes mit ihr vor. Leute wie *Cecil Rhodes* wollten einst die britischen Kolonialbesitzungen von Kapstadt bis nach Kairo ausdehnen und diese Straße sollte sie verbinden.

Bela-Bela (früher: Warmbath)

Die Tswana nannten die Thermalquelle der Gegend *Biela Bela*, „Wasser, das von selbst kocht". Es gibt viele Hinweise, dass bereits die schwarzen Stämme die heilende Kraft der Quellen kannten. 1971 öffneten sich die Pforten eines 5-Millionen-Rand-Projektes, des **David Brink Centre.** Mittelpunkt ist ein überglastes 21 x 21 m großes Becken mit imposantem Springbrunnen als Blickfang, aus dem 36 °C warmes Mineralwasser sprudelt. Es fließt ins Freie in einen Pool, umrahmt von einem schönen Garten. Rheumakranke suchen das 41 °C warme Becken auf. Hallenbad, Hydro und heiße Quellen sind bis 22 Uhr, der Außenpool bis 17 Uhr geöffnet. Es gibt eine große Auswahl an Restaurants und Fastfood-Läden nahe des Badezentrums. Gute Gerichte bietet das *Elephant Springs Hotel.* Die meisten Besucher von Bela-Bela sind Weiße (ca. 400.000 im Jahr, vorwiegend in den Wintermonaten), der Großteil der Einwohner Schwarze, meist vom Township Bela. 8 km nördl. an der

R 101 Richtung Pietersburg kann man den Mokopa Reptile Park u. die Thaba Kwena Crocodile Farm besuchen.

Information Bela-Bela

Bela-Bela Community Tourism Association, an der R 101 (Old Warmbath Road, in Richtung Pienaarsrivier), Tel. 014-7363694, Fax 086-604 7430, www.belabelatourism.co.za

Unterkunft

Comfort

Chateau Annique, Swanepoel Street Extension, Tel./Fax 014-7362847. Elegant, Kolonialstil, 6 gepflegte Suiten.

Elephant Springs Hotel, 31 Sutter Rd, Tel. 014-7362101, www.elephantsprings.co.za. Nobelstes Hotel am Ort, zentral.

Waterberg Lodge, an der alten Straße Richtung Modimolle, Tel. 014-7347700, 16 Zimmer mit Terasse. Auf Golf Estate.

Touristic/Budget

*Forever Resort, 867 Schoeman Street, Tel. 014-7368500, www.foreverwarmbaths.co.za. Campsite ab R140 p.P. Auch Chalets und Hotelzimmer(DZ ab R1400). Sehr sauber, Preis inkl. des Besuchs des Pools.

→ **Abstecher**

Bonwa Phala

30 km westlich von Bela-Bela liegt Bonwa Phala inmitten einer Buschlandschaft. Giraffen, Zebras, Nashörner, Springböcke, Kudus und reiche Vogelwelt, reizvoll die Wanderungen und Ausritte.

Unterkunft, Information

Comfort Bonwa Phala, 27 km an der Straße Richtung Thabazimbi, R516 Rooiberg Rd, Tel. 014-7365236, www.bonwaphala.co.za. Klein und fein, 10 Zimmer in Chalets. VP ab R895 p.P. inkl. Game Drive. Auch B&B.

✔ **Abstecher**

→ Abstecher

Mabalingwe Game Reserve

Mabalingwe – „Platz des gefleckten Leoparden" liegt 25 km westlich von Bela-Bela und ist „Big 5 Country"! Doch auch Hippos, Giraffen, Hyänen und Säbelantilopen können auf Pirschfahrten gesehen werden.

Unterkunft / Information

Comfort Mabalingwe, 27 km an der Straße Richtung Thabazimbi, R516, Rooiberg Rd, Tel. 014-7364101, www.mabalingwe.co.za. Verschiedene Übernachtungsmöglichkeiten.

Unsere Empfehlung: **Itaga Private Game Lodge,** www.itaga.co.za. VP ab R1595 p.P. inkl. 2 Game Drives.

✔ Abstecher

→ Abstecher

Mabula Game Reserve

Das private **Mabula Game Reserve** bietet auf 12.000 ha malariafrei die „Big Five" – Elefanten, Löwen, Leoparden, Nashörner und Büffel – und viele andere Tier- und Vogelarten.

Unterkunft

Luxus Mabula Game Lodge, 34 km westlich von Bela-Bela Richtung Thabazimbi (R 516, Abzweig Rooiberg, nach 4 km Abzweig Rhenosterhoekspruit), Tel. 014-7347000, www.mabula.com. Vollpension, Pirschfahrten, geführte Wanderungen, folkloristische Darbietungen. Voranmeldung unbedingt notwendig. Das Reservat zählt zu den beliebtesten des Landes.

Budget Enyane Guest Farm, Tel./Fax 014-7341786. Nahe dem Reservat, Farmhaus, Selbstverpflegung, maximal 8 Personen.

✔ Abstecher

Modimolle (früher: Nylstroom)

Der Ort wurde 1866 von Voortrekkern unter Führung von Johann Adam Enslins gegründet. Es war eine fanatisch religiöse Gruppe mit absonderlichen Visionen: Im Mogalakwena-Fluss wollten sie z.B. den Nil (Nyl) erkennen … Der neue Name bedeutet „Die Geister haben gegessen" – das leitet sich von dem immer üblichen Ritual ab, den Vorfahren Essen zu opfern.

Modimolle ist das Tor zur **Waterberg Region** und zählt zu den wichtigsten Agrarzentren des Landes – Getreide, Erdnüsse und Weintrauben werden angebaut. Die große Erdnussfabrik kann man besuchen und zuschauen, wie Erdnussbutter hergestellt wird.

Thaba Kgatla

Das Thaba Kgatla Projekt ist eine Mischung aus Gästehaus und archäologischer Stätte. Zwischen den Ruinen einer Tswana-Siedlung aus der Eisenzeit baute man sehr geschmackvoll dekorierte Hütten. Das umliegende Farmland und Nutztiere geben dem Ganzen eine heitere Lebendigkeit. Ein ansässiger Heiler wirft Knochen, aus denen er die Zukunft liest. Information über Thaba Kgatla: Tel./Fax 014-7173959.

Information Modimolle

Die städtische Bücherei dient als **Touristeninformation.** Field Street, Tel. 014-7172211, www.moditourism.co.za. Waterberg Tourism, Harry Gwala St.

Notrufnummern: Ambulanz Tel. 10177; Polizei Tel. 10111; Hospital Tel. 014-7172324.

Unterkunft

Comfort

Shangri-La Country Hotel, Eersbewoon Road, Tel. 014-7181600, www.shangri-la.co.za. Traumhafte Lage, doch teuer: Ab R940 DZ.

Touristic/Budget

*Tempel Holiday Resort, Rietspruit 57, 7 km außerhalb an der Mookophong Rd (R101),

Tel. 087-8207185, www.tempel.co.za. Schöne Ferienanlage mit Chalets und Camping, gut als Basis. Mit Pool.

Camping
Eurosun Caravan Park, Tel. 014-7171328. Restaurant, Pool.

→ **Abstecher**

Nylsvlei Nature Reserve

Tausende Vogelliebhaber kommen im Frühling und Sommer in das 3000 ha großen *Nylsvlei Nature Reserve,* 40 km nördlich von Modimolle. Es gibt mehr als 400 Vogelarten. Der Nyl River schafft mit seinem Überflutungsgebiet ideale Voraussetzungen für Nistplätze. An den Ufern trifft man auf Impalas, Kudus, Rappen- und Halbmondantilopen. Tgl. 6–18 Uhr.

Unterkunft
Einfacher **Zeltplatz** (Anmeldung erforderlich, Tel.014-2933611, kein Strom; www.nylsvley. co.za). Eine gute Alternative ist die einen Kilometer entfernte ***Dinonyane Lodge,** Tel. 014-7430957, www.dinonyane.co.za. Diverse Zimmer inkl. Frühstück und Dinner, Preise a. Anfrage

✔ **Abstecher**

Die Waterberg-Region

Geologie, Fauna und Flora

Die Waterberge liegen ca. 150 km nordwestlich von Pretoria/Tshwane und erstrecken sich von **Thabazimbi** über ca. 130 km nach Nordosten über den Klein-Sand River bis zum **Palala River.** Ihren Namen bekamen sie wegen der vielen Flüsse und Sümpfe, höchste Erhebung ist der Kransberg bei Thabazimbi. Das Land hat trotz asphaltierter Straßen und kleinen Städtchen seine Ursprünglichkeit bewahrt unxd erlaubt Abenteuer zu Fuß und Pferd. Es gibt unzählige kleine Re-

servate (manche Orte sind allerdings nur mit Vierradantrieb zu erreichen).

Es wachsen viele Aloenarten und Sukkulenten, und manche Pflanzen tragen so bildhafte Namen wie „Huilbos" (weinender Baum), „Lekkerbreek" (bricht leicht ab), „Stamvruk" (Früchte am Stamm). Als der Schriftsteller und Naturforscher Eugene Marais um 1920 das Leben von Affen und Termiten studierte, herrschte katastrophale Trockenheit, kein Grashalm war zu sehen. Würde Marais heute reisen, sähe er viele kleine Flüsse, die nach Regen zu gewaltigen Sturzbächen anschwellen. Früher war das Gebiet ein großer Inlandsee. Er trocknete aus, es entstand Schiefer und Sandstein. Auf dem ehemaligen Seegrund hatten sich kleine, kugelrunde Quarzgebilde abgelagert, die sich mit dem Gestein verbanden. Vulkanische Kräfte verformten die Landschaft. Wo die Originalkruste noch intakt ist, wie auf den Kransberg-Gipfeln und dem Palala Plateau, sieht man deutlich das Konglomerat mit den bunten Quarzeinschlüssen (Pferde meiden den Untergrund, er ist scharf und schmerzhaft). Vor 250 Millionen Jahre falteten sich die Sedimentschichten und Felsklippen entstanden zwischen dem Hochland, die zum Teil zu Tälern erodierten.

Anfahrt: 2 Stunden von Johannesburg. Auf der N 1 North bis zum Abzweig Modimolle, hinter der Stadt auf die R 517 nach Vaalwater, dem Zentrum der Region.

Beste Reisezeit

In der Region herrscht ein subtropisches Klima, Regenzeit November–März. Mit Straßensperrungen und Überflutungen ist zu rechnen! Das Gras ist dann sehr hoch, die Wildbeobachtung eingeschränkt. In den trockenen Monaten Mai–Oktober kann die Hitze gnadenlos sein.

Information
Waterberg Tourism Association, Tel. 014-718 3300, www.waterberg.gov.za.

740 Vaalwater

Karte S. 736

Besondere Empfehlungen

The Ultimative Adventure

Afrikanisches „Feeling" stellt sich auf der 10tägigen Abenteuertour von *Ipiti Safaris* ein: Pferdetrekking in den Waterbergen, Walksafaris, Übernachtung unter Sternenhimmel, wärmstens zu empfehlen. Auskunft/Buchung bei Ipiti Safaris, Tel./Fax 011-7021454, www.ipiti.co.za.

Triple B Ranch

Die **Triple B Ranch** liegt im Herzen der Waterberge in malariafreier, wilder Buschlandschaft. Auf der Ranch wird Mais und Tabak angebaut und Viehzucht betrieben. *Horizon Horseback Adventures* bieten eine ganze Liste an Unternehmungen: Wildniswanderungen in das Palala-Schutzgebiet, Viehtreiben, Chuck Wagon Trail (Fahren mit einem alten Planwagen), Unterricht zum Thema Pferdegesundheit und Ausritte jeder Länge und Schwierigkeit.

Anfahrt: Auf der N 1 Richtung Norden bis zur Mautstelle Kranskop/Modimolle; von Modimolle auf der R 517 Richtung Lephalale bis Vaalwater, weiter auf Schotterstraße nach Melkrivier; nach 24 km rechts nach Sterkstroom; durch das Gatter der Triple B Ranch; dann beschildert.

Information/Unterkunft

Horizon Horseback Adventurers Lodge, Information/Buchung bei Horizon Horseback Adventures, Vaalwater, Tel. 014-7554003, www.ridinginafrica.com.

Weitere Wildfarmen und Farmhäuser

Luxus

*Finfoot Game Reserve, am Vaalkop Dam, Tel. 012-2779900, www.finfoot.co.za. Ideal für Pirschsafaris zu Fuß. Kanutrips möglich. Ab R1600 p.P. inkl. VP und vielen Aktivitäten.

Waterberg Wilderness Reserve, Naauwkloof 247, Tel. 083-3885772, www.waterbergwilderness.co.za. Safarizelte R700, Campsite R100 p.P.

Touristic

Ka'Ingo Game Reserve, Witfontein, Tel. 014-7548000, www.kaingo.co.za (laut den Besitzern suchen hier sogar Leoparden Frieden). Big Five Country! VP (teuer) oder Selbstverpflegung in Chalets.

Kudu Canyon, Tel. 014-7634771. Großer Wildbestand, auch Nashörner und Büffel, malariafreie Zone.

Rietbokspruit, Tel. 014-7432525, www.rietbokspruit.com. Historisches Farmhaus, alte Möbel, sehr originell, Wanderungen.

Vaalwater

In **Vaalwater** gibt es alles, was man braucht: Gut sortierte Supermärkte, Tankstelle, Post und Apotheke. Gut essen kann man im Waterhole Steakhouse. Für Freunde guter Souvenirs lohnt sich wirklich ein Besuch bei The Black Mamba. Dort gibt es außergewöhnlich schöne afrikanische Kunst.

Unterkunft

Touristic/Budget

Vaalwater Hotel, Voortrekker St, Tel. 014-755 3600. Schönes Landhotel, Pool, Bar.

*Waterberg Cottages, Tel. 014-7554425, www.waterbergcottages.co.za. Traumhafte Cottages (2–11 Pers.), Ausritte, Kanufahrten, Wanderungen. Übernachtung ab R380 p.P.

Zeederberg's Cottage and Backpacker, Main Rd (gegenüber der Kreuzung R33 nach Lephalale), Tel. 082-3327088, www.zeederbergs.co.za. Idealer Zwischenstopp, Mehrbett- und DZ, Camping.

Der besondere Tipp: Kololo Game Reserve

Das **Kololo Game Reserve** bietet seinen Gästen ein einzigartiges afrikanisches Naturerlebnis in nahezu unberührter Wildnis. Man kann das Reservat auf Wanderwegen oder Mountainbike-Strecken (2–30 km) erkunden, in aller Ruhe Vögel beobachten oder im Fluss, der aus der Sterkfontein-Quelle entspringt, fischen oder schwimmen. Rangertraining möglich.

Auf die „Big Five" muss man auch nicht verzichten, da es Pirschfahrten in das nahe gelegene **Welgevonden Reserve** gibt. Ferner sind Ausflüge in das Rhino Museum möglich oder Ausritte zu Pferde oder auf Elefanten. Da das Resort die Waterberg Welfare Society und das Vaalwater Aids-Waisen-Projekt unerstützt, werden Kleider- und Geldspenden der Gäste gerne gesehen.

Information/Unterkunft

Kololo Game Reserve, Bakkers Pass Road, Vaalwater (Anfahrt: 8 km nördl. Vaalwater Bakkers Pass Abzweigung 29 km Richtung Westen folgen), www.kololo.co.za (m. Anfahrts-Karte), Tel. 014-7210920 oder 7219910. Übernachtung in wunderschönen Garten-Chalets, Busch-Chalets, Berg-Chalets, Chalets mit Flussblick und in einem alten, restaurierten Farmhaus. Hervorragendes Restaurant. Nachhaltiger Tourismus z. B. durch Baumpflanz-Aktionen.

Welgevonden Game Reserve

Östlich an Marakele angrenzend liegt das 33.000 ha große private **Welgevonden Game Reserve,** das besonders durch Nelson Mandelas Besuche Popularität bekam. Hier findet man auf **malariafreiem Gebiet** neben den Big Five (derzeit 22 Löwen und 74 Elefanten!) auch Leoparden, Giraffen, die seltenen Braunen Hyänen, Säbel- und Oryxantilopen.
Anfahrt: Von Modimolle (Nylstroom) Richtung Vaalwater. Von dort Richtung Norden 25 km (der Beschilderung folgen).

Unterkunft

Luxus

Es gibt verschiedene Lodges, die den Park betreiben.
Die Sediba-Letlapala Game Lodge (www.sediba.com) liegt auf einem der höchsten Punkte des Parks.
Die Mhondoro Lodge, Tel. 011-6780410 (www.mhondoro.com), hat acht private Chalets an einem Wasserloch, hervorragende Küche.
Die ***Shibula Lodge and Bush Spa** (www.shibulalodge.co.za), ist eine sehr romantische Lodge für alle, die die Seele baumeln lassen wollen („relativ" preiswert – ab R 3100 p.P.).
Die **Ekuthuleni Lodge** und die **Tshwene Lodge** (www.ekuthulenilodge.com) sind zwei wunderschöne Anlagen mit höchstem Komfort inmitten der Wildnis.
Eine weitere Lodge ist die **Nungubane Game Lodge,** 5 Zi., familiär, exzellentes Essen, Tel. 014-7554928, www.nungubane.co.za. Alle Lodges mit VP und Game-Drives.

Lephalale (früher: Ellisras)

Lephalale liegt am *Mokolo River* und bietet die letzte größere Gelegenheit, für einen Besuch in Botswana noch in Südafrika einzukaufen. In der Region liegen einige Wildfarmen, die sich aber eher dem heimischen Tourismus öffnen. Im Juli strömen viele hierher, um am *Bushveld Festival* teilzunehmen.

Information

Tourist Information Lephalale, Tel. 014-763 2193, www.lephalaletourism.co.za.

Unterkunft

Comfort/Touristic

D'Nyala Wild Life Resort, Richtung Thabazimbi (5 km), links R33 und nach 10 km linker Hand, Tel. 015-5933611, www.golimpopo. com. 6 Holz- und 4 Steinhäuschen inmitten des Naturreservates mit Küche und Pool. Ü ab R350/Unit.
Klippan River Lodge, Farm Klippan (400 m von Groblersbridge Border am Limpopo, 100 km von Lephalale), ideal auf dem Weg nach Botswana, Tel. 082-4994120, www.klippanlodge.co.za. 4 nette Zimmer (SC oder Ü/F) ab R350 p.P.

→ **Abstecher**

Thabazimbi (R 516/511)

126 km westlich von Bela-Bela liegt der kleine, aufstrebende Ort Thabazimbi (86.000 Einw.), Zentrum der Eisenerz- und Platingewinnung der Region, vor dem malerischen Hintergrund des Kransberg, höchster Gipfel der Waterberge.

Unterkunft

Touristic

Geelhaak Gastehuis, 4 km Richtung Spitskop, Tel. 014- 7721706. Kleines, feines Gästehaus mit Pool in Gartenlage.
Kransberg B&B, Deena St, Tel. 014-7771586; komfortabel, teilrenoviert. Ü/F ab R300 p.P.
Maroela Guest Lodge, 9 Maroela St, Tel. 083-6508081, www.maroela.co.za. Toller Blick auf Stadt und Berge, ruhige Lage. Ü/F ab R445 p.P.

Sehenswertes in der Umgebung

In einem Flusstal, 8 km südlich (R 510 Richtung Northam), liegt am Fuß steiler Hänge und reizvoll das 2150 ha große Ben Alberts Nature Reserve. Sehenswert und gut besucht. Von guten Fahrstraßen aus sieht man an den Wasserlöchern Nashörner, Giraffen, Wasserböcke, Kudus, Elenantilopen. Das Schutzgebiet gehört Ferroland, eine der größten Eisenerzminen der Region. Es gibt einen umzäunten Picknickplatz und Campingmöglichkeit. Tgl. 8–18 Uhr, Tel. 014-7771670.Eintritt.

Marakele National Park

Der **Marakele National Park** bietet neben Autosafaris (4x4-Fahrzeug auf den meisten Strecken notwendig, oder hohe Bodenfreiheit) auch Wanderwege durch die majestätische Berglandschaft der Waterberg Mountains mit ihren tiefen Tälern. Hier ist die Heimat der „Big Five" und von Wasserböcken, Kudus und etwa 800 brütenden Kap-Geiern (größte Kolonie der Welt). Beachtenswert ist der Bestand an bis zu 50 m hohen Yellowwood-Bäumen, riesigen Erikas und Farnbäumen.

Der Park ist momentan in zwei Sektionen gegliedert. Bei der Rezeption beginnt der Teil, den man mit dem eigenen Fahrzeug zur Pirsch relativ gut befahren kann. Hier sieht man die meisten „wilden" Tiere. Im größeren Teil, dem Greater Marakele Park, ist ein Muss die Auffahrt zum **View Point**, von dem man einen großartigen Blick über die Waterberge hat.

Unterkunft
Am Matlabas River liegt das **Bontle Zeltcamp**, 38 Plätze, Gemeinschaftsbad und -küche, Elektrizität (2 Personen R2215).

Tlopi Tented Camp am Apiesrivierpoort Dam, 10 Safarizelte (ab R1125/2 Pers.) mit Bad und gut bestückter Küche. Das Camp ist nicht umzäunt – wegen der Raubkatzen ist Vorsicht geboten! Auch 4-Bett-Cottages ab R1755.

Information
Parköffnungszeiten: Mai–Aug von 7.30–17 Uhr, Sept–Apr von 7.30–18 Uhr. Infos unter South African National Parks, Tel. 012-4289111, Parktelefon 014-7771745, www.sanparks.org, reservations@sanparks.org.
Anfahrt: Der Park liegt nordöstlich von Thabazimbi, Abzweigung von der R 510, asphaltierte Zufahrt. Im Park z.T. schlechte Schotterpisten.
Es gibt geführte Wanderungen und einen 3-tägigen 4x4-Track.

✓ **Abstecher**

Auf der N 1 weiter Richtung Norden

Mookgophong (früher: Naboomspruit)

Jacarandas säumen die Straßen mit hübschen Backsteinhäusern, die sich in die rote Landschaft am Fuße der Waterberge einpassen. Bekannt ist Mookgophong für seine umliegenden Heilbäder und Ferienresorts. Abgebaut werden Zinn und Fluorspat, die Landwirtschaft liefert Mais, Erdnüsse und Tabak. Das am Stadtrand gelegene **Trans-Oranje Bird Sanctuary** und das 10 km entfernte private **Mosdene Nature Reserve** beherbergen 420 Vogelarten. Gutes Essen und vernünftige Preise gibt's im *King's & Queen's Restaurant*, Ecke Louis Trichardt/Fourth Street.

Wandern
Auf der 2000 ha großen, privaten **Tierkloof Farm** führt der *Serendipity Hiking Trail* in 2 Tagen (25 km) durch schöne Täler und Schluchten, über offene Savanne und vorbei an glasklaren Flüssen mit natürlichen Becken und malerischen Wasserfällen. Zu sehen ist eine vielfältige Vogelwelt und kleineres Wild. Maximal 10 Wanderer tgl., Übernachtungshütten. Der

Sable Valley Hiking Trail (24 km) ist anspruchsvoller: wunderschöne Ausblicke auf die Gebirgskette der Waterberge, max. 30 Personen tgl., 2 Restcamps. Infos und Buchung: Tierkloof Farm, Tel. 082-5533266, Fax 012-3270446, www.serendipitytrails.co.za..

Unterkunft

Ferienparks und Camping
Die Oog, 13 km außerhalb an der R 520, Tel. 014-7430267, www.dieoogvakansie.co.za. Rondavels, Chalets, Stellplätze, Pools, Tennisplatz, Restaurant.
Rhemardo Holiday Resort, 20 km südwestlich von Mookgophong, Tel. 014-7430612, www.rhemardo.co.za (m. Anfahrtskizze). Rondavels und Chalets, Camping und Caravan. Schön im Bushveld gelegen mit vielen Freizeitmöglichkeiten.

Hinweistafeln „Mineral Baths"
Im Umkreis von 20 km trifft man immer wieder auf Hinweisschilder der Mineralbäder, die als Erholungs- und Sportstätten für Familien sehr beliebt sind. Die Unterkünfte reichen von einfachen Selbstversorgerhütten und Camping bis zu Luxus-Chalets.

Mokopane (früher: Potgietersrus)

Mokopane, 1852 als Vredenburg gegründet und zum Gedenken an den Voortrekker-Führer Pieter Potgieter in Potgietersrus umbenannt, der hier begraben liegt. Die Stadt liegt auf 1067 m Höhe in einem der landwirtschaftlich reichsten Gebiete Südafrikas. Ein Zentrum des Viehhandels und der Verarbeitung von Tabak, Baumwolle, Weizen und Zitrusfrüchten. Außerdem Abbau von Zinn, Platin, Chrom und Asbest. Die Straßen sind begrünt, vor den modernen Häusern findet man farbenprächtige Gärten. Im Oktober findet das *Biltong Festival* statt.

Geschichte

Nachdem 28 Weiße in Kämpfen mit Schwarzen ums Leben gekommen waren, trieb 1854 ein Burenkommando unter Pieter Potgieter 2000 schwarze Krieger in eine riesige Kalksteinhöhle, 20 km außerhalb der heutigen Stadt. Über einen Monat dauerte das Gewehrfeuer zwischen den Eingeschlossenen und den Angreifern, wobei Potgieter sein Leben verlor (sein Leichnam wurde von *Paul Kruger* geborgen). Als die Schüsse aus der Höhle verstummt waren, schlichen sich die Buren in der Dunkelheit an. Sie stießen auf 1500 Leichname schwarzer Krieger, die an Schussverletzungen oder vor Durst gestorben waren. 500 Krieger hatten sich im Schutz der Nacht retten können.

Sehenswert

Das **Arend Dieperink Museum,** Voortrekker Road (Mo–Fr 8–16.30 Uhr, Sa 9–13 Uhr, So 14–17 Uhr), zeigt die Zeit der weißen Besiedlung anhand historischer Fotografien und Dokumente. Außerdem Haushaltsgegenstände, eine Gewehrsammlung und originale Ochsenwagen aus der Voortrekker-Zeit. Nach Führungen durch eine der Zitrus-, Tabak- oder Baumwollplantagen erkundigen. Das **Oaks Pub and Grill** ist berühmt für tolle Bushveld-Atmosphäre und prima südafrikanische Küche (Tel. 015-4914355; ruhig mal das Eisbein probieren).

Ana Trees

16 km westl. außerhalb an der R 518 trifft man auf eine imposante Baumgruppe von *Ana Trees* (Acacia albida), unter denen *David Livingstone* auf einer seiner Expeditionen kampierte. Die 8 Hauptbäume ragen 24 m hoch, der größte Umfang ist 6 m.

Entabeni Game Reserve

Das private und luxuriöse Wildreservat (11 000 ha), 40 km südwestlich von Mokopane, liegt eingebettet in die spektakuläre Szenerie der Waterberg Mountains.

744   **Percy Fyfe N.R.**   Karte S. 736

Die Big Five besichtigt man auf Pirschfahrten, im Helikopter, auf Wanderungen
oder hoch zu Ross. Information und
Reservierung unter Tel. 012-3462229, Fax
34622, www.legendlodges.co.za. Angeschlossen ist das **Pedi Cultural Village,**
das versucht, so authentisch wie heute
noch möglich das Leben der Pedi darzu-
stellen.

Makapan's Cave

23 km nordöstlich liegt eine archäologische Ausgrabungsstätte mit Weltbedeu-
tung: In der Höhle fand man Knochen des
Australopithecus africanus, 3 Mio. Jahre alt.
Der Australopithecus gilt als fehlendes
Bindeglied in der Entwicklungsgeschichte
zwischen Affen und Menschen. Zugang
zu den Höhlen müssen bei Mogalakwena
Bushveld Community Tourism, Tel. 014-
7632193 gebucht werden.

Unterkunft

Touristic
Oasis Lodge, 1 Thabo Mbeki Rd (an der N 1
nördlich der Stadt), Tel. 015-4914124,
www.oasishotel.co.za. Schön gelegen mit
Restaurant. DZ R360, auch Dinner+Ü/F möglich. Preise a. Anfr.

Protea Park Hotel, Ecke Thabo Mbeki/Beitel
Sts, Tel. 015-4913101, www.proteahotels.com.
Gegenüber dem Naturschutzgebiet, großzü-
gig angelegt, Pool.

Camping
Caravan Park, Tel. 015-4917201.

Kiepersol Resort, Tel. 015-4915609. Rondavels, Zeltplätze.

Percy Fyfe Nature Reserve, Eersteling Mine

Diese 3000 ha große Reserve liegt 26 km
nordöstlich von Mokopane. Seltene Antilopenarten, wie Halbmond- Pferde- und
Rappenantilopen, wurden so erfolgreich
gezüchtet, dass sie bald von der Liste der

bedrohten Tierarten gestrichen werden
sollen. Daneben sieht man Kudus, Büffel,
Wasserböcke und ein vielfältiges Vogel-
reich. Unterkünfte nur für Gruppen. Tgl.
8–17 Uhr.

Auf dem Weg liegt auch die **Eersteling
Mine,** die erste Goldmine im Transvaal, in
der die Briten 1871 die Arbeit aufnahmen.
Der Schlot der Mine ist aus importiertem
schottischen Granit gefertigt und widerstand dem Versuch der Buren, ihn mit 16
Ochsen und vielen Männern niederzureißen. Er steht noch heute als Symbol britischer Macht. Die Mine ging 1987 erneut in
Betrieb.

Polokwane (früher: Pietersburg)

Polokwane ist die Haupt- und größte
Stadt der Limpopo Province (87.000
Einw.) und Bastion konservativer Afrikaaner. Sie ist modern, gradlinig angelegt,
besitzt wundervolle Jacaranda- und Korallenbäume, Parkanlagen und viele historische Bauten im Stadtkern. Ein wichtiger Verkehrsknotenpunkt auf dem Weg
Richtung Zimbabwe oder zum nördlichen
Teil des Krügerparks. Die Viehfarmen des
Umlandes zählen zu den größten und
reichsten des Landes.

Die Restaurants **La Cuisine,** Trichardt/Krogh
St (Restaurant & Café, eigene Bäckerei) und das
gegenüberliegende **Vino's** sind akzeptabel.
Nett ist auch das **Café Pavilion,** 171 Church St.
Gut isst man im **The Deck,** Ecke Pierre/
Neethling St. Hauptereignis sind die *Passions-
spiele* im März.

Sehenswert

Mittelpunkte kulturellen Lebens sind **Civic
Plaza** und **Civic Square,** die als kleine
Oasen mit Gärten, Wegen und einem See
angelegt wurden. Zu der Anlage gehört
das **Conservatory,** eine Wintergarten-
landschaft mit exotischen Pflanzen und
das **Art Museum** in den Library Gardens.

Karte S. 736　　　　　　　　　　**Polokwane (Pietersburg)**　　745

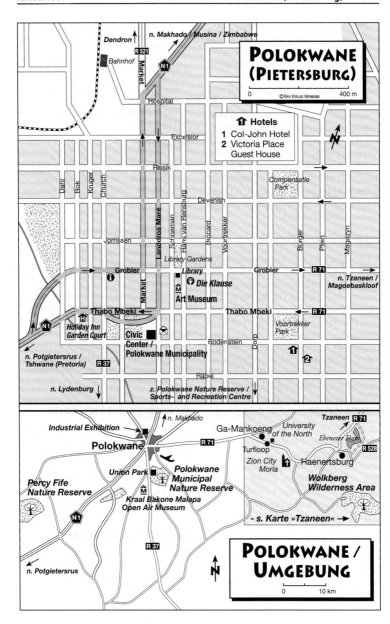

Die **Hugh Exton Collection** ist eine Fotosammlung mit über 22.000 historischen Aufnahmen in der renovierten **Dutch Reformed Church**. Im **Freilichtmuseum,** Landdros Maré Street, steht eine Sammlung historischer Landmaschinen, Geräte aus Minen und eine alte Lokomotive. Ungewöhnlich ist die **Industrial Art Exhibition** an der N 1 im Norden der Stadt: Gezeigt werden Industrieskulpturen aus Schrott, alten Bahnwaggons und Stahlkonstruktionen. Wer von Süden auf der N1 anreist, sollte das **Gemco Arts & Craft Centre** besuchen (Mo–Fr 8.3 0–17 Uhr, Sa 8.30–13 Uhr). Riesige Auswahl an gutem Kunsthandwerk.

Polokwane Game Reserve

5 km südlich an der Verlängerung der Dorp Street liegt der Union Park, das größte städtische Naturschutzgebiet des Landes. Auf 2500 ha Fläche leben Nashörner, Zebras, Oryxantilopen und Giraffen. Die kleine Wanderung auf dem Rhinoceros Walking Trail führt mit etwas Glück in die unmittelbare Nähe der Tiere. Tgl. 7–18 Uhr. Unterkunft in Chalets, im Farmhaus oder im benachbarten Caravanpark. Infos unter Tel. 015-2902331.

Bakone Malapa

Im nachgebauten Umuzi des **Freilicht-Museums Bakone Malapa,** Tel. 015-295 2867, 9 km südlich an der R 37, kann man altes Handwerk, wie Korbflechten, Töpfern oder Bierbrauen sehen und bekommt Einblicke in das traditionelle Leben der Nord-Sotho. Hier wurden alte Wandmalereien und Relikte der Eisenzeit gefunden. Mo–Fr 8.15–11 u. 12.30–15.15 Uhr.

Information Polokwane

Limpopo Tourism & Parks Board, Ecke Church/Grobler Street, Tel. 015-2907300, www.golimpopo.com, www.polokwane.org.za

Polokwane Airport, Tel. 015-2952011, 5 km außerhalb, ohne Busverbindung. Tgl. Flug nach Johannesburg (SA Airlink).

Autovermietung: *Avis,* Tel. 015-2880171/27; *Budget,* Tel. 015-2915703; *Imperial,* Tel. 015-2911198.

Busverbindung tgl. nach Johannesburg *(Greyhound, Transtate).*

Zugverbindungen: Johannesburg – Harare und Johannesburg – Beitbridge.

Unterkunft

Comfort

Col-John Hotel, Ecke Burger/Bodenstein Street, Tel. 015-2959430, www.col-john.co.za. Gehoben, Restaurant. Ü/F a. Anfr.

Touristic

Victoria Place Guest House, 32 Burger St, Tel. 015-2957599, www.victoriaplace.co.za. Sehr schöne, großzügige Zimmer. DZ/F ab R750, Self catering R800.

Polokwane Town Lodge, Meropa Entertainment World, Roodepoort Rd, Tel. 015-292 4400, www.citylodge.co.za. Themenhotel im marokkanischen Stil inmitten eines Unterhaltungskomplexes, DZ ab R770.

Budget und Camping

*Boma in the Bush, 8 km außerhalb Richtung Louis Trichardt, Tel. 015-2899904, www.bomainthebush.co.za. Stellplätze und Chalets mitten im Bushveld.

Wendekreis des Steinbocks

Auf dem Weg von Polokwane nach Makhado zeigt auf einer Granitkuppe ein Schild den *Tropic of Capricorn* an (Wendekreis des Steinbocks). Zwischen den südlichen und nördlichen Wendekreisen (jeweils 23,5 Grad) liegen die (mathematischen) Tropen.

Ben Lavin Nature Reserve

Dieses Reserve liegt kurz vor Makhado (12 km vor der Stadt östl. auf R 578 abbiegen; wenige Kilometer zum Eingang). Durch das 2500 ha große Areal streifen Giraffen, Zebras, Elands, Wasserböcke, Nyalas und

Halbmondantilopen. Von den 238 Vogelarten sind der Vierfarbenwürger und der Braune Bartheckensänger hervorzuheben. Man kann auch Felsenpythons sehen. Es gibt 40 km Wegstrecken für die Autopirsch, jedoch liegt der Schwerpunkt der Wildbeobachtung auf *Walk-Safaris.* Empfehlenswert sind der *Tabajwane Trail* und der *Fountain Trail,* der dem *Doring River* folgt. Wegen der Zeckengefahr lange Hosen tragen!

Information, Unterkunft:
Ben Lavin Nature Reserve, Tel. 015-5164534. Tgl. 6–18 Uhr, Eintrittsgebühr. Preisgünstige Unterkunft in einfachen Safarizelten oder in Lodge; Zelten gestattet, Selbstversorgung.

Louis Trichardt

Eine schöne kleine Stadt mit Alleen und kleinen Parks in den südlichen Ausläufern der Soutpansberge. Sie liegt 400 km von Pretoria/Tshwane und 120 km von Punda Maria, dem nördlichsten Gate des Krügerparks; eine gute Ausgangsbasis für Wanderungen im Land der VhaVenda.

Geschichte

1820 ließ sich der Abenteurer *Coenraad de Buys* in dieser Gegend des Vendalandes nieder. 1836 kam der erste Voortrekker-Trupp unter *Johannes van Rendsburg,* der von den Kriegern der VhaVenda völlig aufgerieben wurde. Der zweite Trupp traf im selben Jahr unter *Louis Trichardt* ein und kampierte über ein Jahr, da er auf Verstärkung hoffte. Louis Trichardt wollte einen Weg durch die zerklüfteten Drakensberge zum portugiesischen Handelshafen in der Delagoa-Bucht finden (heute Baia de Maputo, Moçambique), ein verzweifeltes Unterfangen, das sieben Monate dauern sollte. Mehr als die Hälfte der Kolonne erkrankte an Malaria und verstarb, darunter auch Trichardt und seine Frau. 1848 kam Hendrik Potgieter an und gründete den kleinen Ort *Zout-*

pansbergdorp, der als nördlichster Stützpunkt Transvaals Handelszentrum für Elfenbeinjäger und Händler wurde. Als Potgieter 1852 starb, übernahm *Stephanus Schoeman* die Führung und nannte die Station *Schoemansdal.* 1899 wurde dann weiter östlich Louis Trichardt gegründet.

Besuchenswertes

Der Ort bietet kulturell wenig. Die **Covenant Church,** Ecke Krogh/Erasmus Street, wurde auf ein Gelübde hin nach einer Schlacht gegen die VhaVenda 1898 errichtet. Im schattigen Indigenous Tree Park, Grobler Street, hat man über 100 Baumarten gepflanzt.

Beliebtes Ausflugsziel ist **Schoemansdal Voortrekker Town and Museum,** 15 km westlich von Louis Trichardt. Schoemansdal hatte 1855 1800 Einwohner, vornehmlich Abenteurer, Elfenbein- und Felljäger. Mord und Totschlag standen auf der Tagesordnung (um die Schießwut zu befriedigen, wurden jährlich 30 Tonnen Blei zur Munitionsherstellung geliefert). Die Tierwelt wurde ausgerottet und es kam zu Auseinandersetzungen mit den VhaVenda, die sich ihrer Nahrung beraubt sahen. Sie rächten sich mit der Verwüstung Schoemansdals 1867. Fast ein ganzes Jahrhundert war der Platz eine Geisterstadt, bis man ihn als touristische Attraktion aufleben ließ. Infos über Tel. 015-5164937.

Das **Hangklip Forest Reserve,** 3,5 km nördlich auf der N 1, bietet sich für Picknick und Spaziergänge an, die am Fuße des 1719 m hohen *Hangklip* entlang führen (beim Ranger in der Baumschule Erlaubnis einholen). Im Naturschutzgebiet befindet sich auch heiliger Begräbnisboden einiger bedeutender Häuptlinge der VhaVenda.

Der **Soutpansberg Hiking Trail** kann mit einer 2-Tages-Tour (20,5 km), einer 18

Die Soutpansberge

Die Kette der Soutpansberge erstreckt sich nördlich von Louis Trichardt auf 130 km in West-Ost-Richtung. Sie wirkt wie eine Mauer zwischen dem Bushveld des Nordens und dem Grasland des Hochplateaus im Süden. Regelmäßige Niederschläge bringen eine üppige Vegetation aus Palmfarnen, tropischen und subtropischen Bäumen (wie dem gigantischen Baobab) sowie Stinkholzbäumen hervor. Damit verbunden ist eine reiche Vogelwelt und ein großer Wildbestand.

km langen Tagesrundwanderung und einem 2 km langen Spaziergang aufwarten. Im **Klein-Australi Reserve** und im **Entabeni Forest,** beide im Osten der Stadt, gibt es ebenfalls Wanderwege. Die beliebteste Strecke ist die Entabeni Circular Route (52 km). Auskünfte und Genehmigungen für alle Wanderungen der Region über die Informationsstellen in Louis Trichardt.

Information Louis Trichardt

Soutpansberg Marketing and Tourism Association, Joao Albasni Road, Tel./Fax 015-5160040 (Soutpansberg & Limpopo-Broschüren mitnehmen).

Unterkunft

Touristic

Bergwater Hotel, 5 Rissik St, Tel./Fax 015-516 0262. Komfortabel, zentral.

*Buzzard Mountain Retreat, Tel./Fax 015-5164896, www.wheretostay.co.za/buzzard mountainretreat. Eine der schönsten Unterkünfte in den Soutpansbergen.

Clouds End Hotel, Great North Road, Tel. 015-5177021. Am Fuß der Soutpansberge, ruhig, urig, Halbpension möglich.

Ingwe Ranch Motel, Great North Road, Louis Trichardt, Tel. 015-5177104. Bungalows vor schöner Bergszenerie.

Budget

*Adams Apple Hotel, 15 km südlich an der N 1 Richtung Polokwane, Tel. 015-5163304, adamspalsmotel.co.za. Für alle Nostalgiker, die keinen Luxus erwarten.

Punch Bowl Hotel, 11 km nördlich von Louis Trichardt, Tel./Fax 015-5177088. Rondavels, Zimmer, Gartenlage.

Camping

Zvakanaka, an den Südhängen der Soutpansberge gelegene Farm mit Cottages und Camping. Sehr idyllisch. Tel. 084-4004595, www.zka.co.za (mit Anfahrtskizze).

→ Abstecher

Abstecher von Louis Trichardt

Leshiba Wilderness

In einzigartiger Szenerie aus Bergwelt, Wäldern, weiten Ebenen und der steilen Schlucht des Sand River leben Breitmaulnashörner, Giraffen, Warzenschweine, Zebras, Kudus und Leoparden. Auf einer Pirschtour im Jeep sieht man Buschmann-Malereien. Anfahrt über die R 522 nach Westen, hinter der Brücke über den Sand River (32 km) rechts; noch 10 km Schotterstraße zum Gate.

Leshiba Wilderness, Tel. 015-5930076, www.leshiba.co.za. Günstige Übernachtung im Busch-Camp Hamasha. Cottages (mind. 2 Nächte).

Langjan Nature Reserve

Das Naturschutzgebiet Langjan liegt etwa 110 km von Louis Trichardt westlich an der R 521. Hier sieht man einen der letzten großen originalen Wildbestände Südafrikas an Oryxantilopen, die eigentlich mehr in der Kalahari beheimatet sind. 1964 gab es gerade noch 4 Exemplare. Das ließ die Alarmglocken läuten und man begann ein erfolgreiches Arterhaltungsprogramm. Heute tummeln sich, zusammen mit Wasserböcken, Giraffen, Elands und Zebras auf dem 5000 ha großen Gebiet etwa 200 Exemplare.

Alldays

Der kleine Ort besticht durch geometrisch angelegte beetumsäumte Sträßchen. Im Umland liegen Jagd- und Wildfarmen. Nichtjäger können wunderbar wandern, fischen, Wild und Vögel beobachten. Höchst interessant ist ein Besuch auf der Krokodilfarm **Ratho & Parma** (60 km entfernt). Über 4000 Tiere sind zu sehen. Shop.

Information
Alldays Tourism, Tel. 015-5160040, www.go limpopo.com.

Unterkunft
Comfort Greater Kuduland Game Lodges, Tel. 015-5390720. Viele Aktivitäten, Vollpension
Budget Alldays Hotel, Tel. 015-5751205. Passabel.

✔ **Abstecher**

Hendrik-Verwoerd-Tunnels

Hinter Louis Trichardt beginnt nach Norden eine wunderschöne Panoramastrecke. Die Straße windet sich durch die Südhänge der Soutpansberge und erklimmt den **Wyllies Poort Pass** und den ersten der beiden **Hendrik-Verwoerd-Tunnels,** der 290 m durch das Gestein getrieben wurde. Der zweite Tunnel ist mit 381 m noch ein Stück länger.

Musina (früher: Messina)

Musina, die nördlichste Stadt Südafrikas, liegt 16 km südlich des Limpopo (Grenzfluss nach Zimbabwe). Der Name leitet sich ab von Musina – Kupfer, Messina Development Co. Ltd. ist die größte Kupfermine des Landes. Die vielen Jagdfarmen bilden u.a. die Grundlage für eine Biltong-Fabrik und Lederfabrikationen. Das Klima ist tropisch. Berühmt sind die großen Baobabs, am besten zu besichtigen im **Musina Nature (Baobab Tree) Reserve,** 10 km südlich der Stadt an der N 1. Hier findet man auch Giraffen, Streifengnus, Nyalas, Kudus, den raren Sharpe's Griesbock und über 50 Reptilienarten. Tgl. 8–16 Uhr.

Information Musina
Tourist Information Musina, Tel. 015-5340211. Grenzübergang geöffnet 5.30–22.30 Uhr. Geldwechsel in der First Rand, (übliche Geschäftszeiten).

Unterkunft

Luxus
Kates Hope Game Lodge, exklusive Wildfarm 40 km östlich am Njelele River, Tel. 015-534 0086. Bootstouren, Tag- u. Nachtpirschfahrten. Vollpension R700 p.P. inklusive Aktivitäten.

Budget
Ilala Lodge, Tel./Fax 015-5343220. Kleines privates Baobab-Reservat.
Impala Lily Motel, an der N 1, Tel./Fax 015-5340127. Rondavels, Garten.
Limpopo River Lodge, www.limpoporiver lodge.co.za, Tel. 82-8517779. 2 Chalets, 4 Rondavels.

→ **Abstecher**

Der besondere Tipp: Mapungubwe National Park

65 Kilometer westlich von Musina, am Zusammenfluss des Shasi River (Grenzfluss Botswana/Zimbabwe) von Norden in den Limpopo River, liegt der **Mapungupwe National Park.** 1933 entdeckten hier Farmer eine Begräbnis- und Ritualstätte der Mapungupwe-Kultur,

deren Bedeutung man mit den Funden ägyptischer Grabkammern gleichsetzte. Auf dem Mapungupwe-Hügel („Ort des Schakals") fand man ein Skelett, völlig mit feinstem Goldschmuck bedeckt, sowie Töpferwaren, die bewiesen, dass hier ein hochentwickeltes Volk gelebt hatte. Berühmt ist das „Goldene Nashorn". 2003 wurde der Park zum Weltkulturerbe der UNESCO erklärt, der in seiner endgültigen Größe einmal 28.000 qkm umfassen wird. Der Park ist ein Teil des projektierten *Peace Parks Limpopo/Sashi TFCA.*

Doch nicht nur die archäologischen Fundstätten locken immer mehr Besucher in den Norden. Es ist die spektakuläre Landschaft, die Mapungubwe auszeichnet: Bizarre Felsformationen, uralte Baobab-Giganten und die endlos scheinende Flussebene im Grenzgebiet zu Botswana und Zimbabwe. Der Park ist gut erschlossen, die Pisten weitgehend befestigt. Es gibt eine Treetop-Plattform, die den Besucher trockenen Fußes zum Limpopo führt.

*Wild Dog Tracking

Unmittelbar an den Nationalpark grenzt das **Venetia Limpopo Nature Reserve,** das der Minengesellschaft de Beers gehört. Hier kann man Wissenschaftler bei ihrer täglichen Routine begleiten und Hyänenhunde beobachten und genau studieren. Dauer: 4–5 Stunden (Start Sonnenaufgang und 15 Uhr, ca. R500). Reservierung unter Tel. 015-5342986 und 011-4861102. Innerhalb des Reservats liegt auch die luxuriöse *Little Muck Lodge* mit schönen Chalets.

Anfahrt: 2 km nördlich von Musina links auf die R 572 Richtung Pontdrif, gute Asphaltstraße.

Information Pretoria

South African National Parks, Tshwane (Pretoria), Tel. 012-4289111, www.sanparks.org, reservations@sanparks.org. Eintritt: R120/Tag. Die nächste Tankstelle ist entweder in Dongola (30 km entfernt), Alldays (65 km) oder Musina (70

km). Bei Pirschfahrten durch den Park berücksichtigen!

Zu den Tourangeboten gehören: *World Heritage Archaeological Site Tour* (R160, 2–3 Std., 7 und 10 Uhr) zu den Ausgrabungsstätten. *Sunset Game Drive* (16 Uhr R190, 3-4 Std.). *Night Drive* (R190, 2 Std., 19.30 Uhr) in sonst unzugängliche Teile des Parks.

Unterkunft

Im Stil eines traditionellen Venda-Dorfes wurde das ***Leokwe Restcamp** erbaut, Tel. 027-3412366. Restaurant, Selbstverpflegung. Cottage (R1100/2 Pers.), Family Cottage (R1640/4 Pers.); traumhafter Pool.

In einem kleinen Waldgürtel liegt das **Limpopo Forest Tented Camp** mit 2-Bett-Unterkünften (R950, Selbstversorgung).

Die **Vhembe Wilderness Camp** (ab R1280/ 4 Pers.) liegt in einem Tal in Laufweite zu den Ausgrabungsstätten.

Die **Tshugulu Lodge** bietet Platz für 12 Personen (R3000/4 Pers.).

Camping Mazhou Camping Site, 10 Plätze, nahe des Forest Camps (R205/Site).

Unterkunft außerhalb:

Die ***Mopane Bush Lodge,** Tel./Fax 015-534 7906, www.mopanebushlodge.co.za, liegt in unmittelbarer Nähe des Nationalparks in einem kleinen Naturreservat und bietet sehr schöne Chalets mit Vollpension. VP R1500 p.P. Viele Freizeitaktivitäten, Pool.

✔ **Abstecher**

Tzaneen-Region und nördliche Transvaal-Drakensberge

Verlässt man die N 1 bei Polokwane und fährt nach Osten, werden die Berge zerklüftet, die Wälder dunkel und die Flüsse und Bäche ergießen sich in Wasserfällen über steile Felsen. Die landschaftlich schönste Straße für eine Rundreise von Polokwane aus ist die R 71 über Haenertsburg nach **Tzaneen,** dann die R 36 über

Karte S. 736   **Tzaneen-Region und nördliche Transvaal Drakensberge   751**

Duiwelskloof und zurück nach Polokwane auf der R 81. Tzaneen ist das Zentrum des Distrikts Mopani. Sehenswert ist auch das weiter östlich gelegene **Hans Merensky Nature Reserve.**

Viele fahren von Tzaneen auf der R 71 zum Krügerpark (Phalaborwa Gate). Kennt man den südlichen Teil des Parks, kann man den einsameren Norden erkunden, über das Punda Maria Gate wieder ausfahren durch das Land der **VhaVenda** Louis Trichardt an der N 1 ansteuern.

Polokwane (Pietersburg) – Tzaneen – Phalaborwa (Krügerpark)

Zion City Moria

Von Polokwane fährt man auf der R 71 nach Osten Richtung Haenertsburg. Nach ca. 35 km kann man hinter Ga-Mankoeng Zion City Moria besuchen. In der Osterzeit sind hier 2–3 Millionen Menschen unterwegs, um in der Hügellandschaft in der **Zion City Moria,** dem Hauptquartier der Zion Christian Church, die Messe zu zelebrieren. Weltweit eine der größten christliche Festivitäten.

→ **Abstecher**

Wolkberg Wilderness Area

Wolkberg Wilderness Area (17.400 ha) liegt am Rande der *Strydpoortberge* südlich von Haenertsburg (der nächst größere Ort mit Tankstelle und Supermarkt). In den dichten Wäldern leben zahlreiche Wildarten wie Leoparden, Braune Hyänen und Schakale. Sehenswert sind die *Mohlapitse River Potholes,* Auswaschungen und Höhlen, und die *Thabina Wasserfälle.* Der höchste Punkt liegt 2050 m hoch. Das Reservat kann nicht befahren werden. Es gibt Wanderwege (Info unter www.footprint.co.za/wolkberg.htm.

Infos unter Tel. 015-2761303. Unterkunft in der **Sarala State Forest Station,** Tel. 015-2761303 (hier weitere Infos). Offenes Feuer ist nicht gestattet. Anfahrt: s. Karten Polokwane und Tzaneen.

✔ **Abstecher**

Lebowa und Gazankulu

Das ehemalige **Homeland Lebowa,** Heimat der **Nord-Sotho,** bestand ursprünglich aus zwei großen und sechs kleineren Arealen (Verwaltungssitz: Lebowa Kgomo). Das Land ist reich an Erz (Platin, Chrom, Vanadium u.a.). Die Heimat der **Tsonga** (oder **Shangaan**) wurde **Gazankulu** getauft und war vor 1994 in vier Teile gesplittet (Verwaltungshauptstadt Giyani, gleichfalls reiche Erzvorkommen).

Es gibt Bestrebungen den beiden ehemaligen Homelands eine gewisse Unabhängigkeit zu bewahren. An der Univesity of the North, Zweigstelle der University of South Africa in Turfloop östl. von Haenertsburg an der R 71, studieren Nord- und Südsotho, Tsonga, Tswana und VhaVenda, aber auch Studenten aus den benachbarten Ländern.

Beide Regionen haben nicht viel zu bieten. Sowohl Lebowa Kgomo als auch Giyani liegen auf keiner nennenswerten Route. Es sind armselige Industrieorte, in denen Reisende eher fehl am Platz sind.

Haenertsburg

Der Friedhof von **Haenertsburg** wird vom Touristenbüro als der „landschaftlich schönste in ganz Afrika" betitelt … Der Ort – heute ein empfehlenswerter Zwischenstopp – war Zentrum der sogenannten *Woodbush Goldfields* und 1887 Schauplatz eines Goldrausches, von einem gewissen *C. Fax Haenert* ausgelöst. Woodbush, nun Houtbosdrop genannt, liegt 12 km nördlich der Stadt und ist eine der Pionierplantagen in Sachen Kaffee. Die Tageswanderung auf dem *Louis Changuion Hiking Trail* ist empfehlenswert, Auskünfte unter Tel. 015-2764972.

Information/Unterkunft
Letaba Tourism, Tel./Fax 015-2764472 oder 3074699.
Comfort/Touristic Glenshiel Country Lodge, 2,5 km außerhalb an der R 71 Richtung Magoebaskloof, Tel. 015-2764335, www.glenshiel.co.za. Pittoresk, Landhotel. Dinner/B&B.

Magoebaskloof

Landschaftlichen Hochgenuss bietet der **Magoebaskloof Pass,** der auf 5,6 km durch dichten Urwald, Teeplantagen und vorbei an Obstplantagen 610 m Höhe bewältigt. Die **Magoebas-Schlucht** liegt in den *Wolkberg Mountains.* Schön ist ein Besuch am frühen Morgen, wenn der Nebel sich hebt und den Blick auf das sonnige Umland freigibt. Bei Wanderungen trifft man auf Samango-Affen, Rote Ducker und sieht evtl. Spuren von Leoparden. Die Flora besteht aus zahlreichen Baumarten, Orchideen, rosablühendem Springkraut *(Impatients duthieae)* und Waldclivien *(Clivia caulescens).*

Geschichte

1894 war die Gegend Schauplatz blutiger Auseinandersetzungen zwischen der Regierung Transvaals mit verbündeten Swazi gegen den Sotho-Stamm der *Tlou* unter Häuptling *Makgoba* (die Schlucht trägt seinen Namen). Er flüchtete vor 800 Buren und 6000 Swazi in den Urwald. Zwei Tlou-Frauen wurden gefangengenommen, die eine ermordet, die andere gefoltert, bis sie den Eindringlingen das Versteck verriet. Makgoba wurde besiegt und geköpft, sein Volk verlor sich.

Pekoe View Tea Garden/Middelkop

Besonders große Stücke Kuchen bei herrlicher Aussicht über die Teeplantage Middelkop Tea Estate gibt es im Pekoe View Tea Garden (auch kleinere, warme Speisen). Man erreicht ihn von Tzaneen in nordwestlicher Richtung, der R 71 folgen. Von 10–17 Uhr geöffnet.

Wandern

An der De Hoek Forest Station beginnen der **Dokolewa** und der **Grootbosch Hiking Trail.** Der dreitägige Dokolewa Trail ist 36 km lang und führt durch duftende Kieferplantagen und Bergwälder (Übernachtungshütten). Der Grootbosch dauert ebenfalls 3 Tage (50 km, anstrengend). Die Unterkünfte sind „very basic". Beide Wanderungen nur mit Voranmeldung.

Die **Debegeni Falls** des *Ramadipa River* ergießen sich zwischen Urwaldlandschaft in ein tiefes Becken. Baden ist erlaubt, aber sehr gefährlich. Der **Forest Drive** führt 15 km durch den Wald und in einer Schleife wieder auf die R 71 (ab der Forest Station ausgeschildert).

Information
Magoesbaskloof Tourism, www.magoesbasklooftourism.co.za, Tel. 015-2764880. Auf der Homepage interessanter Veranstaltungskalender.

Unterkunft

Comfort
Magoebaskloof Hotel, an der R 71 nordöstlich von Haenertsburg. Tel. 015-2765400,

www.magoesbaskloof.co.za. Freundlich, schöne Aussicht, gutes Restaurant. Ü/F ab R799 p.P

Touristic

*Bifrost Mountain Retreat, Tel./Fax 011-7840314, www.bifrost.co.za. Ideale Unterkunft auf Holzplantage, auch für größere Gruppen (bis 9 Personen), Aussicht auf den Ebenezer-Damm und Berglandschaft. Self catering ab R400 p.P.

Troutwaters Inn, 8 km nördlich Haenertsburg an der R 71, Tel./Fax 015-2764745. Landhotel am Helpmekaar River, gutes Restaurant.

Camping

Lakeside Holiday Resort, dem Troutwaters Inn angeschlossen. Wohnmobile/Zelte, kleiner Shop.

Tzaneen

Tzaneen ist das wirtschaftliche Zentrum des Letaba-Bezirkes. Das subtropische Klima und der fruchtbare Boden lässt Avocados, Mangos, Kiwis und Orangen gedeihen, die Berghänge sind überzogen mit Tee-Plantagen. Gut für eine Verschnaufpause. Eine 35 km lange Rundstrecke, die **Agatha Road,** führt im Süden der Stadt durch beeindruckende Landschaft. Im ***Coach House** auf dem halben Weg (ausgeschildert), einer Poststation von 1888, kann man sich kulinarisch verwöhnen lassen und luxuriös absteigen. Im Juli macht hier ein originaler Ochsenwagen Station, der eine alte Route befährt. Picknick im **Tzaneen Dam Nature Reserve** nördlich der Stadt (Grillplätze/Caravan Park).

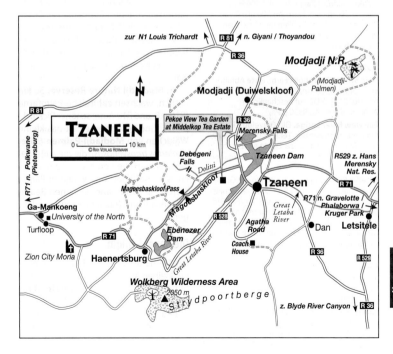

Information Tzaneen

Tourist Information, Tel. 015-3076513, www.tzaneeninfo.com. – Zwei Banken, Post. – *Green Rhino,* Tel. 015-3075979, ist eine gute Adresse für Tourenvorschläge/Buchungen in privaten Wildreservaten.

Unterkunft

Comfort

*The Coach House, an der Agatha Road 15 km südlich von Tzaneen, Tel. 015-3068000, www.orionhotels.co.za. 39 Zimmer, traditionsreich, luxuriöse Zimmer mit Aussicht auf Bergwelt, die Küche ist exzellent. Ab R1200 p.P.

Kings Walden Lodge, 12 km südlich von Tzaneen (von J'burg auf der R71, dann R36 und Agatha Road), www.kingswalden.co.za, Tel. 015-3073262. Sehr schöne Zimmer, tolle Aussicht auf das Escarpment, hervorragende Küche. Ü/F ab R725 p.P.

*Makutsi Safari Farm, Tel. 087-8065621, www.makutsi.com. Farm am Makutsi River, Rondavels, Thermalquellen mit römischen Bad („wo die Safari zur Kur wird ..."), Pirschfahrten.

Touristic

*Die Stoep, Doornhoek Farm, erste Abfahrt von der Deerpark Rd, 2,4 km rechts, Tel./Fax 015-3075101. 5 DZ auf beschaulicher Avocado-Farm. Ab R350 p.P.

Fairview River Lodge, Old Gravelotte Rd, 1,5 km vom Stadtzentrum, Tel./Fax 015-3072679, www.fairviewlodge.co.za. Direkt am Letaba River, Kanuvermietung. Schöne Spaziergänge, Restaurant. Ü/F ab R495 p.P.

*Steffis Sun Lodge, Lushof 48 (an der Gravelotte/Phalarborwa Road R 71, 5 km außerhalb Tzaneens Richtung Phalaborwa), Tel./Fax 015-3071475, steffis@steffis.co.za. Empfehlenswerter Zwischenstopp auf dem Weg in den mittleren und nördlichen Krügerpark. Nach Ausflügen in die Umgebung fragen.

Budget und Camping

St George's Guest House, 4 km auf der George's Valley Road, Tel. 015-3071802. 5 gemütliche Zimmer.

Satvik Backpackers, George's Valley (R 528, 3 km außerhalb), Tel./Fax 015-3073920, www.satvik.co.za. Abseits gelegene Farm in einem kleinen Naturreservat. Mahlzeiten, Touren. Affen und Hippos. Dormitory R120, DZ R320, Cottage R640, Camping R65.

→ **Abstecher**

Modjadjikloof/Duiwelskloof

Die kurvige Straße nach Duiwelskloof („Teufelsschlucht") wird gesäumt von dichten Eukalyptuswäldern und es gedeihen tropische Früchte. Im Frühling und Sommer fährt man durch eine Szenerie von weißen, roten und lila Bougainvilleas, weißblühenden Frangipanibäume und lila Jacarandas. Das Land wurde von den Lobedu bewohnt, deren Nachkommen in der Umgebung siedeln.

Sehr sehenswert ist der **größte Baobab** in der *Sunland Nursery:* Höhe 22 Meter, Stammumfang 47 Meter. Leider „eingebettet" in einen Rundkurs für Quadbike-Fahrer. R25 Eintritt. Infos Tel. 082-4132228, www.bigbaobab.co.za. Überhaupt ein netter Ausflugsort mit natürlichem Felsenpool. Übernachtung möglich.

Im **Modjadji Nature Reserve,** 30 km östlich, wachsen zahlreiche Palmfarne (R10 p.P. und R10 Auto; schöner Picknickplatz). Eine Besonderheit ist das kleine Wäldchen von **Modjadji-Palmen** *(Encephalartos transvenosus),* die die außergewöhnliche Höhe von bis zu 12 m erreichen. Schößlinge der Modjadji-Palme werden in einer nahegelegenen Baumschule verkauft (Ausfuhr-Papiere verlangen).

Die Regenkönigin

Der Name der Region leitet sich von einer kleinen Ansiedlung aus dem 16. Jahrhundert ab, die unter **Prinzessin Modjadji** gegründet wurde. Sie galt als Regen-Königin. Noch heute werden die geheimen Riten zelebriert und die Beschwörungsformeln von Generation zu Generation weitergegeben. In **Ga-Modjadji** nahe Duiwelskloof residiert die Regenkönigin, die niemals heiratet, aber Kinder haben darf. Die letzte Königin, Makgoba Modjadji, kam 2005 unter mysteriösen Umständen ums Leben. Sie hinterlässt eine kleine Tochter, auf der nun alle Hoffnungen ruhen. Im November wird ein großes Fest veranstaltet, das die Regenzeit einläutet, aber auch der Initiation von Jungen und Mädchen dient. Mit Tänzen und rituellen Handlungen wird um Regen gebeten, der gewöhnlich nach der Zeremonie einsetzt.

Information

Sehr informativ ist die städtische Bücherei.

Unterkunft

Budget Imp Inn Hotel, Botha St, Tel. 015-309 9253. Klein, Garten.

Camping Duiwelskloof Municipal Caravan Park, Tel. 015-3099253. Stellplätze/Chalets.

✔ Abstecher

→ **Abstecher**

Hans Merensky Nature Reserve

Am südlichen Ufer des *Great Letaba River* liegt eines der schönsten Naturschutzgebiete, das 5200 ha große Hans Merensky Nature Reserve mit Halbmondantilopen, Zebras, Giraffen, Kudus, Elenantilopen, Sharpe's Griesböcke und Leoparden. **Vom Baden im Fluss ist dringend abzuraten:** Bilharziose, angriffslustige Krokodile und Nilpferde!

Durchzogen wird das Reservat von Autostraßen und Wanderwegen. Begehen Sie den 11 km langen *Waterbuck Nature Trail* oder den 7 km langen *Letaba Trail.* Für ausdauernde Wanderer empfiehlt sich der 32 km lange (3 Tage) *Giraffe Hiking Trail* (im Hochsommer sehr heiß!).

Auf einer Insel inmitten des Flusses entspringt eine heilkräftige **Thermalquelle.** Das Ferienresort **Eco Eiland** besitzt große

Becken, die direkt von der heißen Quelle versorgt werden. Gutes Restaurant, Tennisplatz.

Durch das Resort erreicht man das **Tsonga Open-Air Museum,** ein Nachbau eines Tsonga-Dorfes mit Hütten, Feuerstellen, Ritualplätzen und einem Pferch für die Nutztierhaltung. Am schönsten anzusehen sind die Menschen, die in alten Trachten arbeiten (Vorführungen und Führungen, Auskunft im Resort, So geschl.).

Anfahrt: Über die R 71 von Tzaneen Richtung Phalaborwa; nach 29 km links auf die R 529 abbiegen, dann noch 40 km zum Gate.

Information/Unterkunft

Hans Merensky Nature Reserve, Tel. 015-307 3582.

ATKV Eiland Spa, Letsitele, Tel. 015-3868000, www.atkvresorts.co.za/eiland-spa. Chalets, Caravanplätze; Restaurant, Shop, Pool.

✔ Abstecher

Gravelotte

Hier gibt es die größte Antimon-Mine der Welt und kleinere Smaragd- und Glimmerminen. Ein Abstecher nach **Leydsdorp** (ca. 15 km nach Südwesten) führt zu einer echten, seit 1924 verlassenen Geisterstadt aus den Tagen der großen Goldfunde. Auf dem Weg passiert man 7 Kilometer hinter Gravelotte einen Affenbrotbaum, der früher eine **Baobab-Bar** war. In seinem Schatten befeuchteten sich abends bis zu 30 Goldsucher die trockenen Kehlen.

Phalaborwa

Phalaborwa wurde wegen reicher Kupfer- und Phosphatvorkommen Ende 1950 gegründet und liegt an der Westseite des Krügerparks. Eine wichtige Übernachtungsalternative, wenn der Nationalpark voll ist. Außerdem erreicht man von hier aus den **Blyde River Canyon** (s.S. 684).

Limpopo

756   Phalaborwa

Unter den Golfspielern längst als kurios bekannt ist der 18-Loch-Golfplatz des Phalaborwa Estate, in dem das Wild Vortritt hat.

Der Ort ist auch abends sicher (man darf sich nur nicht wundern, einem Löwen, einer Hyäne oder einem Elefanten über den Weg zu laufen). So kann man ruhig zu den Restaurants gehen. Das gemütlichste ist das **Buffalo's**. In einem tropischen Garten sitzt man im Restaurant des **Lantana Hotels** bei bester Küche.

Den schönsten Aussichtspunkt erreicht man über die Straße zwischen den großen Minen, vorbei an dem hohen Förderturm. Der Ausblick ist sensationell!

Information Phalaborwa

Die **Touristeninformation** liegt an der Ausfallstraße zum Krügerpark, Tel. 15-7695090, www.phalaborwa.org.za.

Phalaborwa Airport, Tel. 015-7815965, 2 km vom Zentrum.

Autovermietung: *Avis,* Tel. 015-7813169; *Budget,* Tel. 015-7815404; *Imperial,* Tel. 015-7810376.

Unterkunft

Comfort

*Kaia Tani, 29 Boekenhout St, www.kaiatani. com, Tel. 015-7811358. Exklusives Gästehaus, nur 1 km vom Krügerpark entfernt. Die Südtiroler Gastgeber betreiben auch das Restaurant. Pool und schöner Garten. Ab R800 p.P.

Sefapane Lodge & Safaris, Copper Rd, 1 km vom Phalaborwa Gate entfernt, Tel. 015-780 6700, www.sefapane.co.za. 30 luxuriöse Rondavels mit eigener Veranda. Tropische Anlage, großer Pool, Restaurant. Ab R740 p.P.

Touristic

African Lily Lodge, 35 Palm Ave, www.afri canlily.co.za, Tel. 7813805. Zentral gelegen, gutes Preis-/Leistungsverhältnis. DZ ab R490 p.P.

*Mfubu Lodge & Gallery, 30 km von Phalaborwa am Olifants River, Tel. 015-7696252, www.mfubu.com. Urig, ein kleines Paradies, Hippo-Lodge über dem Olifants Rivier. Dinner+Ü/F R850 p.P.

Mufasa Lodge, 10 Knoppiesdoring Rd (4 km v. Krüger-Park), Tel. 015-7815514, Cell 082-3432174. Chalets in Gartenlage mit großen, schönen Zimmern. Ü/F oder SC, DZ ab R300, Chalet ab R350 p.P., reichhaltiges Frühstück a.A. R80.

Tulani Safari Lodge, Balule Nature Reserve, Tel. 015-7815414. Blick auf den Olifant River und Krügerpark, Pirschfahrten. Dinner+Ü/F Preis auf Anfr.

Budget

*Daan and Zena's Guest House, 15 Birkenhead St, Tel. 015-7816049, www.daanzena. co.za. Große Varietät der 21 Räume, u.a. auch 4-Bett Cottage. Alles sehr geschmackvoll und äußerst bunt, Töpferstudio, kinderfreundlich. Daan ist ein guter Kenner der Gegend. DZ/F R450, Self catering ab R700/3 Pers.

Elephant Walk, 30 Anna Scheepers Ave, Tel. 015-7815860. Klein und fein.

*Lantana Hotel, Ecke Kiaat/Hall Street, Tel. 015-7815855. Zentral gelegen, geräumige Zimmer, kleine Holzhütten und Campingmöglichkeit, Restaurant.

The Bushveld Tavern, Tel./Fax 015-7810381. Ferienresort, Chalets, kinderfreundliche Arrangements.

→ **Abstecher**

Marulaneng – Klaserie – Blyde River Canyon Nature Reserve (Lowveld Sektion)

Marulaneng (früher: Hoedspruit)

Über die R 530 und weiter auf der R 40 nach Süden erreicht man den kleinen, idyllischen Ort **Marulaneng** vor der gewaltigen Kulisse der Transvaal Drakensberge. In einem der vielen „Farm Stalls" kann man sich mit Obst und Gemüse eindecken. Besuchen Sie die *Nonsoon Gallery* mit ausgesprochen schönen afrikanischen Kunstgegenständen. Am sehenswertesten ist das **Moholoholo Wildlife Rehabilitation Centre** (s.u. „Der besondere Tipp"). Im alten Bahnhofsgebäude liegt das *Sleepers Restaurant & Pub* mit guter Küche. Auch das Essen in *The Trading Post* ist empfehlenswert.

Information Marulaneng

Kamogelo Tourism Centre, mit Infobüro und vielen Shops, an der R 40, Tel. 015-7930407, www. kamogelotourism.co.za. Ideal für einen Stopp. Informationen auch im Kalimambo Pub and Restaurant.

Central Lowveld Tourism, Marulaneng, Tel./Fax 015-7931678. Der ehemalige Militärflughafen von Marulaneng wurde für die zivile Luftfahrt geöffnet. Derzeit wird er nur von Comair von Johannesburg aus angeflogen.

Hoedspruit Endangered Species Centre

Das **Hoedspruit Endangered Species Centre,** Tel. 015-7931633, kann man Mo–Sa 8–16 Uhr besuchen (Führung stündlich). Es liegt südlich des Ortes an der R 40 Richtung Klaserie auf dem Gelände des *Kapama Game Reserve* (s.S. 760). Es werden Spitzmaulnashörner, die gefährdeten Wildhunde und auch Geparden gezüchtet. Jedoch eine eher touristisch/kommerzielle Angelegenheit.

Geführte Touren

Garry Freeman Safaris, Tel. 011-8142855, www.garyfreemansafaris.co.za; sehr abenteuerliche, fünftägige Wanderung auf dem *Klaserie Lowveld Trail* durch das Klaserie Game Reserve (Übernachtung in Busch-Camps). *Patrick's Trail Camp,* Tel./Fax 011-4541953; 5 Tage im Busch (Klaserie, Kruger, Timbavati), mit Landrovern und zu Fuß (eine Übernachtung unter freiem Himmel am Lagerfeuer).

Unterkunft

Luxus

Garonga Safari Camp, an der R 40 nahe Mica, Tel. 087-8062080, www.garonga.com. Ein afrikanisches Märchen aus 1001 Nacht …, inspirierende Umgebung, einfühlsame Besitzer. VP ab R3385 p.P. inkl. Aktivitäten.

Tipp, gutes Preis-/Leistungsverhältnis: ***Mohlabetsi Safari Lodge,** 10 km nördlich von Marulaneng (Hoedspruit) an der R 40 im Balule Nature Reserve, Tel. 087-8062095, Fax 086-5781365, www.mohlabetsi.co.za (m. Anfahrt), Gastgeber Tony & Alma. Klein, aber fein. Löwe, Hyäne, Giraffe und Schakal (kein Zaun zum Krügerpark) fast vor der Tür der sechs Rondavels und der zwei Family-Lodges Gourmet-Mahlzeiten, Boma, Pool. VP 2150 p.P. inkl. Game Drives.

*Sandringham Private Nature Reserve, Tel./Fax 015-7932449. 5000 ha großes Wildreservat am Krügerpark, Pirschfahrten, Fußsafaris.

Umhlametsi Private Nature Reserve, auf der R 527 durch Marulaneng (die R 40 überqueren), 7 km den Schildern folgen, gelegen an der Westgrenze zum Krügerpark (Klaserie), Tel. 015-7932971, www.umhlametsi.co.za. VP R1650 inkl. Aktivitäten. Geführte Pirschfahrten und Wanderungen: *Umhlametsi Camp,* fünf 2-Bett Chalets am Mohlabetsi River. *Inthaba Camp,* vier 2-Bett Bungalows, klein und rustikal, mit eigenem Wasserloch zur Tierbeobachtung. *Kwenga Camp,* acht 2-Bett Chalets, Blick auf die Berglandschaft. *Jejane Camp,* sechs 2-Bett Chalets. Pool, schön, auch für Familien geeignet.

Comfort

Matumi Game Lodge, 35 km Richtung Orpen Gate, Tel. 015-7932452, www.matumigamelodge.co.za. Halbpension inklusive zwei Pirschfahrten. Private Wildfarm, schöne Chalets.

Touristic

*Blue Cottages, Olifants River Estates, Tel./Fax 015-7955114 und 039-3130608, www. farmstay.co.za. Häuschen in tropischem Garten, Pool, Mittag- und Abendessen möglich.

Marc's Camp, 40 km vom Orpen Gate, Tel. 071-8425547, www.marcscamp.com. Private Wildfarm, Übernachtung in originellen Baumhäusern. Büffel, Nashörner, Flusspferde.

*Marepe Country Lodge, 17 km von Marulaneng an der R 531, Tel 082-8035898, www.marepelodge.co.za. Gästehaus in tropischer Gartenlandschaft.

*Moholoholo Forest Camp (s.u., Moholoholo Wildlife Rehabilitation Centre), Tel. 015-795 5236, www.moholoholo.co.za. 10 Holzhäuser, teils mit Rieddächern auf dem Marieskop-Hügel, Lowveld-Akazienlandschaft, Wasser-

758   **Moholoholo Wildlife Rehabilitation Centre**   Karte S. 678

loch, Pirschfahrten, Wanderungen. VP R1460, inkl. Aktivitäten.

Nyati Pools, Guernsey Rd, Tel./Fax 015-793 1676. Private Wildfarm, Pirschfahrten, Wanderungen, Walk-in-Zelte, HP.

The Cheetah Inn, 64 Guernsey St, Klaserie, Tel. 015-7931200, www.cheetahinn.com. Kolonialstil-Hotel, Rondavels.

*Zuleika Country House, an der R531 Rtg. Nelspruit, Tel. 015-7955064, www.zuleika. co.za. Tolle Aussichtsterrasse, schöner Pool. Gute Wahl. DZ/F ab R545 p.P., Self catering R300 p.P.

Budget

*Blyde Canyon Backpackers, an der R531 (25 km von Hoedspruit Rtg. Blyde Canyon/ Forever Resorts, 500 m von dieser Abzweigung), Tel. 015-7955130, bcb@africamail.co. Blumenbeete, Streichelzoo, Pool. DZ R290, Bush Cabins R140, Camping ab R75.

Camping

Umbabat Caravilla, 30 km v. Orpen Gate, im Naturschutzgebiet. Tipp: Bushmans's Adventure Lodge an der R531, auch Unterkunft.

Der besondere Tipp: Moholoholo Wildlife Rehabilitation Centre

Sicherlich unvergesslich ist ein Besuch im **Moholoholo Wildlife Rehabilitation Centre.** Es sind nicht nur die Tiere, wie die imposanten Adler und Geier oder die Löwen, Geparden, Servals, die Braune Hyäne und die Bush Babies, die hier nach Verletzung wieder aufgepäppelt werden, oder, wenn zu schwer verletzt, ihnen hier bis zu ihrem Lebensende ein wundervolles Zuhause gegeben wird, nein, es sind auch die Menschen, die in diesem Zentrum arbeiten und mit einer Hingabe, einer guten Portion Humor und fachlicher Kompetenz die Besucher durch das Tiergenesungslager führen, die einen außerordentlich beeindrucken. Wer Brian Jones und seinen Mitarbeitern zuhört, lernt viel über Tierliebe und die Verantwortung des Menschen, der immer wie-

der in die Natur eingreift und Lebensräume für Tiere zerstört.

Zweimal täglich (Mo–Sa) gibt es geführte Touren (9.30 und 15 Uhr, ca. 2 h), So 15 Uhr. Eintritt R110, Kinder die Hälfte. **Infos** unter Tel. 015-7955236, www.mo holoholo.co.za (8 km Richtung Ohrigstadt).

Moholoholo Tracking Course

Das Ausbildungszentrum bietet einen siebentägigen Tracking-Kurs an. Das sehr anspruchsvolle Programm lehrt u.a. Spurensuche nach den „Big Five", Vogel- und Baumbestimmung.

An den Krügerpark grenzende private Wildparks (N – S)

An der Westgrenze des Krügerparks gibt es viele private Wildparks. Sie sind sehr teuer, bei Unterkunft und Verpflegung luxuriös und bieten einzigartige Erlebnisse im Busch bei Pirschfahrten und Wanderungen mit einem Ranger. Die verlangten Preise selektieren das Publikum. Aktuelle Angaben auf den Websites, die auch auch Anfahrtsbeschreibungen mit Kartenskizzen bieten. Die südlicher gelegenen privaten Wildparks des Krügerparks sind bei Mpumalanga/Krügerpark aufgeführt, s.S. 716.

* Karongwe Game Reserve

Unsere besondere Empfehlung gilt diesem ausgezeichnet geführten Wildpark, der sich besonders durch die gut geschulten Ranger auszeichnet. Mit den Big Five auf „Tuchfühlung" könnte das Motto lauten, wenn man sich zu Fuß oder in bequemen Safarifahrzeugen auf die Pirsch begibt.

Unterkunft und Information

River Lodge (ab R2700) am Makuthsi River mit eigenem Wasserloch (Hippos, Krokodile).

Karongwe, Tel. 015-3839909, www.karong weportfolio.com.

Anfahrt: R36 Ohrigstadt, nach dem Strijdom Tunnel, den Schildern „Tzaneen" folgen. Nach 10 km beschildert (27 km).

Balule Game Reserve

Hier ist die **Mohlabetsi Safari Lodge** ein Tipp, s.S. 757.

Klaserie Private Game Reserve

Das Reservat mit exklusiven Buschcamps erstreckt sich über 60.000 ha Buschland. Es gibt eine offene Grenze zum Krügerpark und die gleiche Tierwelt. Sehr qualifizierte Begleitung bei Pirschfahrten und bei Wanderungen.

Klaserie Camps, Tel./Fax 015-7932208, www.klaseriecamps.com. Preise a.A.

Anfahrt: s.S. 702, Krügerpark-Karte „Zentral". Von Klaserie über die R 40 bis zum beschilderten Abzweig (Details s. Website bei „Directions").

Unterkunft

Nzmba Camp (5 Luxus-Doppel-Suites)

Kitara (6 Luxus-Doppel-Suites am Klaserie-River), *Nyeleti*.

Manyeleti Private Game Reserve

Das 23.000 ha große Reservat südlich vom Orpen Gate hat eine offene Grenze zum Krügerpark. Büffel, Löwen, Hyänenhunde, Nashörner und Geparden. Zu den günstigen Unterkünften gehören Rondavels mit und ohne Selbstverpflegung. Restaurant, Bar, Post und Pool. Interessant vor allem die Walk-Safaris zu einsamen Buschcamps.

Manyeleti Private Game Reserve, Tel. 021-4241037, http://manyeleti.krugerpark.co.za und www.honeyguidecamp.com.

Anfahrt: s.S. 698, Krügerpark-Karte „Süden".

Über die R 531 Richtung Orpen Gate. Preise auf Anfrage.

Unterkunft

Family Safari Lodge: **Khoka Moya Camp** (12 komfortable Chalets.

Luxury Safari Lodge: **Mantobeni Tented Safari Camp** (12 Luxus-Safarizelte).

Premier Safari Lodge: **Tintswalo Safari Lodge,** Tel. 011-3008888, www.tintswalo.com.

Thornybush Game Reserve

Traditionsreiches, privates Reservat mit vielen Lodges und Camps in diversen Preisklassen. Zum einem vollen Safariprogramm zählen Tages- und Nachtfahrten mit Landrovern, geführte Wanderungen, kulturelle afrikanische Veranstaltungen und Boma-Dinner bei Kerzenschein.

Thornybush Game Reserve, Tel. 011-253 6500, www.thornybush.co.za. Anfahrt: s.S. 702, Krügerpark-Karte „Zentral". Von der R 40 zwischen Hoedspruit und Klaserie nach Osten in die Argyle Road einbiegen, später nach links zum Thornybush Main Gate.

Lodges und Camps

Family Safari Lodges: Thornybush Game Lodge. – Jackalberry Lodge; luxuriöse Zimmer im Chalet-Stil, ab R5600 p.P. – Kwa-Mbili Game Lodge, Tel. 015-7932773, www.kwambili.com; kleine, sehr farbenprächtige und relativ preiswerte Lodge mit 3 Chalets und 3 Luxus-Zelten, nimmt max. 10 Gäste gleichzeitig auf. Pirschfahrten, Pool, Bar, Boma-Abendessen. – Tangala Safari Camp, Tel. 015-7930321, www.tangala.co.za; exklusives Camp, R1850 p.P.

Exclusive Safari Lodges

Chapungu Luxury Tented Camp; luxuriöses Zeltcamp, feinste Speisen und die Big Five, ab R2900 p.P.

Die **n'Kaya Lodge** und die **Serondella Lodge** sind benachbart.

Shumbalala Game Lodge, www.shumbalala.co.za; großzügige Chalets mit allem erdenklichen Luxus am Monwana River mit privaten Aussichtsterrassen, ab R5990 p.P.

Luxury Safari Lodge

Royal Malewane Lodge, www.royalmalewane.com; ab R12380 p.P.

Kapama Game Reserve

Auf 11 ha weitgehend unberührtem Busch die ganze Palette von Wildniserfahrung in der Luxusversion: Tag- und Nacht-Pirschfahrten, geführte Wanderungen.

Übernachten

im **Buffalo Camp** in ostafrikanisch gestalteten Zelten,

im **Kapama Guest House,** eher für Familien, vom Feinsten, Vollpension, alles inklusive.

Reservieren Sie sich das **Lion Den Camp,** das einsam inmitten des Parks gelegen ist. Anfahrt durch Ranger. Löwen kommen nachts bis ans Haus.

Im **Jabulani Camp** leben 13 ausgewachsene Elefanten, die als Reittiere zur Safari angeboten werden.

Kapama Game Reserve, Tel. 012-3680600, www.kapama.co.za. Lage und Anfahrt: s.S. 702, Krügerpark-Karte „Zentral". Liegt nördlich der R 531.

Timbavati Private Game Reserve

Das 4000 ha große Gebiet ist besonders bekannt geworden, als man 1976 drei weiße Löwen entdeckte. Im Gebiet liegen unabhängig voneinander verwaltete Camps. Timbavati hat eine offene Grenze zum Krügerpark. Man legt viel Wert auf Naturschutz und einen naturverbundenen Tourismus. Das Personal in Timbavati gilt als besonders trainiert und sachkundig.

Anfahrt: Krügerpark-Karte „Zentral", s.S. 702. Über die R 531 Richtung Orpen Gate; kurz vor Einfahrt zum Krügerpark ist links die Zufahrt zu Timbavati. Information: http://timbavati.krugerpark.co.za

Camps/Unterkunft

Family Safari Lodges

*Kambaku Lodge, in Marulaneng rechts auf die R 40 fahren, nach 8 km rechts Timbavati/East Gate, Tel./Fax 013-7511374, www.kambakulodge.com. 8 Chalets im afrikanischen Stil, VP oder Selbstversorgung (Koch gratis).

Geführte Pirschtouren zu Fuß und im Landrover.

Luxury Safari Lodges:

*Motswari Private Game Reserve, Tel. 011-4631990, www.newmarkhotels.com. Im Camp gibt es 15 Rieddachhütten.

Ngala Tented Safari Camp, Tel. 011-809 4300, www.ngala.co.za. 20 Luxus-Chalets und Safari-Zelte, Walk-Safaris mit Spurensuchern.

Tanda Tula Safari Camp, Tel./Fax 015-793 3191, www.tandatula.co.za. Großzügig ausgestattete Safarizelte, gute Küche, Kinder ab 12 Jahren.

Umlani Bushcamp, Tel. 021-7855547, www.umlani.com. Rustikaler Luxus, alle Camps haben Vollpension, alle Fahrten, Wanderungen etc. im Preis inbegriffen.

Blyde River Canyon Nature Reserve

Lowveld Section

Wenn man den Krügerpark durch das Orpen Gate oder das Phalaborwa Gate verlässt, kann man über das Blyde River Nature Reserve (s.S. 684) und Teile der schönen Panoramaroute Richtung Johannesburg, Swaziland oder in den Süden nach KwaZulu-Natal weiterfahren.

✔ **Abstecher**

Im Land der VhaVenda

Information

Limpopo Tourism and Parks, Tel. 015-2907300, Fax 086-5877033. Auf www.go limpopo.com umfangreiche Infos, Übernachtungsmöglichkeiten, Freizeittipps etc.

Hinweis: In der ganzen Region besteht **Malaria-Gefahr!** Und auch wenn an Gewässern Baden und Kanufahren erlaubt ist: Es gibt immer wieder Angriffe von **Krokodilen.** Zudem herrscht in vielen seichten Gewässern **Bilharziose-Gefahr.** Die Sicherheit auf den Straßen ist allgemein groß. Nach Einbruch der Dunkelheit sollte man sein Ziel erreicht haben und nicht mehr auf der Straße spazieren gehen.

Klima

Die Zahl der Regentage (hauptsächlich Dezember–Februar) beträgt im **Norden** 25–30 Tage pro Jahr, die durchschnittliche Temperatur im Januar 28 °C, im Juli 15 °C, Luftfeuchtigkeit etwa 40%. In den **zentralen Distrikten** regnet es hauptsächlich Dezember–März (insgesamt 55–65 Regentage). Die Luftfeuchtigkeit liegt bei 60%. Durchschnittliche Tagestemperaturen: Januar 25 °C, im Juli 13 °C.

Mphephu

Südöstlich des Orts Mphephu liegt das kleine Ferienresort Mphephu, berühmt für seine Thermalquellen (Tagesbesucher willkommen). Westlich davon *Kokwane* mit prähistorischen Fußabdrücken. Nördlich der R 523 die **Dzata Ruins,** die erste größere Ansiedlung der VhaVenda nach Überschreitung des Limpopo River.

Information u. Reservierung über das *Ditike Craft Centre Tourist Office* (s.u.), Tel. 076-270 2174. Übernachtung in preisgünstigen Chalets.

Thohoyandou

Thohoyandou liegt 125 km östl. von Louis Trichardt. Straßen durchgehend asphaltiert. Die moderne Universitätsstadt erstreckt sich zwischen Teeplantagen, Wäldern und Hügeln. Im Venda Sun Hotel gibt es ein Casino. Im *Ditike – The Craft House of Venda,* Punda Maria Rd (von Louis Trichardt aus gleich am Ortseingang, kann man handgefertigte Souvenirs kaufen, Schnitzereien, Korb- und Töpferwaren. Ein Selbsthilfeprojekt, das die heimischen Handwerker unterstützt. Sehenswert auch die angeschlossene Galerie mit Werken vhavendischer Künstler.

Mphaphuli Cycad Reserve

Etwa 20 km nordöstlich von Thohoyandou findet man den Abzweig zum Mphaphuli Cycad Reserve mit wunderschönem Baumbestand. Besonders beliebt sind die *Mphaphuli Cycad Reserve Trails,* Wanderwege durch das Schutzgebiet.

Information
Infos über Ausflüge zum Lake Fundudzi, Sacred Forest und Vorführungen der VhaVenda unter www.mashovhela.co.za. Informativ auch www.openafrica.org/route/Land-of-Legend-Route.

Unterkunft
Comfort Khoroni, Mphephu St, Thohoyandou, Sibasa, Tel. 015-9624600, www.khoroni.co.za. Groß, elegant, ausgeprägtes Nachtleben. Restaurant mit Landesspezialitäten.
Touristic Vevisa Lodge, 758 Mpephu St, Tel. 015-9625252. Schöne Unterkunft mit 11 Zimmern. Essen im Takalani Restaurant.
Budget Acacia Park, Tel. 015-9623095. Chalets und Camping, bewacht.

Thathe Vondo Forest

Obwohl dieser Wald teilweise aus Forstkulturen besteht, wirkt er mit seinem großen Bestand an Harthölzern sehr natürlich – und mysteriös. Die Hügellandschaft, kleine Flüsschen und Bäche, imposante Wasserfälle, Palmfarne, Lianen und gigantische Baobabs bieten eine wundervolle Kulisse für alte Sagen und Legenden. Hoch in den Bäumen tummeln sich bunte Louries und Samango-Affen.

Mitten im Thathe Vondo Forest liegt der **Sacred Forest,** der heilige Wald der VhaVenda, in dem die Ahnen zu Hause sind. Die Durchfahrt ist gestattet, doch Wanderungen oder Spaziergänge strengstens untersagt. Hier befinden sich auch einige Begräbnisstätten, u.a. die von Häupt-

VhaVenda – die Geschichte eines Volkes

Der Ursprung des Volkes ist unklar, man geht davon aus, dass es von den großen Seen in Zentralafrika stammt und sich in Jahrtausenden langsam südwärts bewegte bis ins heutige Zimbabwe.

Ende des 12. Jahrhunderts überquerte eine Gruppe aus verschiedenen Clans, die sich zusammen *Vhangona* nannten, den Limpopo. Ihr neues Zuhause nannten sie *Venda* – „das gefällige Land". Im 18. Jh. folgten ihnen zwei weitere Gruppen, *Vhasenzi* und *Vhalemba*. Nach dem Tod des damaligen Herrschers *Dimbanyika* gründeten einige im Nzhelele-Tal unter **Häuptling Thohoyandou,** dem „Elefantenkopf", den Umuzi *Dzata*. Sie beherrschten das Gebiet mit Hilfe von „Ngomalungungu", ihrer magischen Götter-Trommel, die andere Stämme bannen konnte und das eigene Volk beschützte. Aus flachen Steinen baute man Häuser mit geschwungenen Mauern, noch heute an manchen Orten zu sehen.

Unter den VhaVenda lebten auch die Nachfahren der Lemba, Abkömmlinge arabischer Händler von der ostafrikanischen Küste mit semitischen Traditionen: Beschneidung bei Jungen, Ablehnung von Schweinefleisch, nur koscheres Fleisch durfte verzehrt werden. Sie brachten handwerkliche Fähigkeiten ein, wie die Bearbeitung von Eisen, Kupfer und Gold und die Herstellung feiner Töpferwaren und Webarbeiten. Thohoyandous Söhne gründeten weitere Ansiedlungen in den Soutpansbergen, die sie *Letshoyang*, „Platz des Salzes", nach der großen Salzpfanne, benannten.

Lange gab es ein friedliches Nebeneinander der VhaVenda und der ebenfalls ansässigen San. Als immer mehr weiße Siedler in die Region vordrangen, kam es jedoch zu Konflikten. Feinde waren vor allem Großwildjäger auf ihrer Jagd nach Elfenbein und Fellen. Überdies waren die Zulu in ihrem Expansionsstreben bis über den Limpopo vorgedrungen. Mitte des 19. Jahrhunderts wurden die VhaVenda in die Soutpansberge zurückgedrängt, wo sie Unterschlupf in Höhlen und Verstecken fanden. Ihr Königreich war aufgesplittert, die Verbindung unter den einzelnen Gruppen war abgebrochen.

Um die VhaVenda endgültig unter Kontrolle zu bringen, überschritt am 17. Oktober 1898 eine militärische Einheit der Republik Transvaal unter *Piet Joubert* den Doorn River und errichtete ein Lager unterhalb des Hangklip Berges (nördlich der heutigen Stadt Louis Trichardt). Die Krieger der VhaVenda wurden von drei Seiten angegriffen und vernichtend geschlagen. Die Überlebenden flohen nach Norden über den Limpopo River.

Erst nach dem Burenkrieg (1899–1902) erlaubte man den VhaVenda, sich wieder im Nzhelele-Tal niederzulassen. 1979 wurde die *„Republik Venda"* (Fläche 6500 qkm) in die „Unabhängigkeit" entlassen und in zwei Teile aufgeteilt. Der eine lag zwischen dem nördlichen Krügerpark und der N 1, der zweite, kleinere, südwestlich von Louis Trichardt. Beide Gebiete waren durch einen schmalen Korridor miteinander verbunden. Heute ist das gesamte Gebiet wieder in die Südafrikanische Republik eingegliedert.

ling Nethathe, der sich – so die Legende – zu Lebzeiten in verschiedene Tierwesen verwandeln konnte. Heute bewacht er den Wald in Gestalt eines weißen Löwen. Am **Vondo Dam** kann man aussteigen, Baden ist erlaubt. Auf einer Straße am Damm entlang kommt man zum *Mahovhohovho-Wasserfall*. Ebenso sehenswert ist der *Mutale-Wasserfall* im Nordosten des Naturschutzgebietes. Ein Abstecher lohnt auch zum Wasserfall **Phiphidi**. Doch Vorsicht – unter dem Fall leben die Wassergeister, die *Zwidutwane* ... Große Felsbrocken mit Mulden, in denen Hirsebier und Früchte geopfert werden, kann man oberhalb des Wasserfalls entdecken.

Anfahrt: Einfahrt in den Thathe Vondo Forest 20 km nordwestlich von Thohoyandou auf der Strecke nach Wyllies Poort; etwa 3,5 km hinter der Einfahrt liegt der schönste beschilderte Aussichtspunkt.

Information
Touristeninformationen in Thohoyandou.

Venda – ein Land voller Geheimnisse

Mystik hängt in der Landschaft der Soutpansberge, Zauber über dem heiligen See Fundudzi. Die Geister der Vorfahren sind so lebendig wie die Realität des harten Lebens der VhaVenda. Sagen und Legenden ranken sich um dieses Volk, das bis heute Traditionen und Riten bewahrt hat. Wie bei den meisten afrikanischen Völkern ist ihre Religion eng mit dem Ahnenkult verbunden. Nach ihrer Auffassung kommen die Neugeborenen aus der Welt der Geister und die Verstorbenen gehen dorthin wieder zurück. Geistige und reale Welt sind nicht getrennt, sondern existieren nebeneinander. Bei der Ahnenverehrung wird von den Vorfahren aus der geistigen Welt Rat eingeholt, um in unserer, vom Materialismus geprägten Welt besser überleben zu können. Trommeln spielen in den rituellen Handlungen eine zentrale Rolle. Sie sind die Verbindung zwischen dem Diesseits und dem Jenseits. Mit ihnen kann man hilfreiche Geister herbeibitten und Unglück und Krankheiten abwehren (sie werden in Mutale, nördlich von Thohoyandou, hergestellt).

Zu den berühmtesten Traditionen der VhaVenda zählt der **Domba,** der sogenannte **„Schlangentanz"** zu Ehren der Göttin der Fruchtbarkeit, die als Pythonwesen im heiligen See Fundudzi lebt. Unverheiratete, heranwachsende Mädchen fassen sich hintereinander stehend an den Unterarmen und gehen im Gleichschritt in Schlangenlinien voran. Sie symbolisieren so die große Python.

Zu den mythischen Tieren gehört der *Ndazi*, der „Gewittervogel" im Sacred Forest. Aus seinen Augen entspringen Blitz und Donner, der Regen kommt aus seinem Schnabel. Naturgeistern und Ahnen wird noch heute geopfert. Meist bringt man ihnen Hirsebier, Früchte und Schmuck dar. Besänftigen will man auf diese Weise die *Zwidutwane*, Kobolde, die halb Mensch, halb Geist mit nur einem Auge, einem Arm und einem Bein in Wasserlöchern wohnen.

Die meisten Venda sind tiefgläubig. Es ist wichtig, ihre Heiligtümer zu respektieren und unbedingt ihren Regeln zu folgen. *Zur Beachtung:* Beim Besuch heiliger Ritualstätten sollte man unbedingt einen Führer mitnehmen, um Missverständnissen vorzubeugen.

Lake Fundudzi

Der heiligste See der VhaVenda, **Lake Fundudzi,** ist ein 2 km langer und durchschnittlich 15 m tiefer Süßwassersee, eingebettet in waldige Hügellandschaft. Er ist der Sitz der Geister und Ahnen. Unter seiner Oberfläche liegt das Tor zum Jenseits. Die VhaVenda glauben, dass der Mutale, der von Süden her den See durch-

764   Nwanedi Provincial Park   Karte S. 736

fließt, sich nicht mit dem heiligen Wasser des Sees vereint. Auch das Regenwasser fließt unvermischt wieder ab. Es wäre eines der schlimmsten Sakrilege, Wasser aus dem See zu entnehmen oder darin zu baden. Dem Mythos nach lebt hier auch die Göttin der Fruchtbarkeit, die sich in Form einer großen weißen Python offenbart. Ihr zu Ehren wird der **Domba-Tanz** aufgeführt (s.o.).

Die Zufahrt zum See ist nur mit ausdrücklicher Genehmigung des örtlichen Chiefs oder der Priesterin des Sees möglich. Auf der *Land of Legends Tour* darf man mit Jeeps und Führer die Region besuchen. Man besichtigt unter anderem auch den **Thathe Vondo Forest,** Teeplantagen und heimische Töpfereien. Buchung über die Informationsstellen in Thohoyandou.

Nwanedi Provincial Park

Der 12.600 ha große Park liegt 75 km nördlich von Thohoyandou in der bewaldeten Hügellandschaft am Rande der Soutpansberge. Man sieht Breitmaulnashörner, Nyalas, Zebras, Giraffen, kleinere Antilopen und Warzenschweine. Größere Raubtiere wie Löwen und Geparden werden in Gehegen gehalten. Die meisten Touristen kommen, um in den Stauseen – Nwanedi und Luphephe Dam – zu angeln. Man kann Kanus und Boote mieten. Wunderschön ist der Spaziergang zu den *Tsihovhohovho Wasserfällen.* Im natürlichen Pool unterhalb der Wasserfälle kann man baden. Im angeschlossenen Resort werden Touren zu den historischen und mystischen Plätzen der Vha-Venda angeboten. Besonders sehenswert sind Ausflüge in Originaldörfer und zu den *Mutale River Potholes.* Off-Road-Fahrer sollten sich nach Strecken und Ausflügen erkundigen.

Die Handwerkskunst in Venda

Das traditionelle Handwerk des **Töpferns** liegt fest in Händen der Frauen, die bis heute ihre wichtigsten Haushaltsgefäße noch selber herstellen. Zentrum der Töpferkunst sind die beiden Orte **Tshimbupfe** und **Mashamba** (s. Karte). Grobkörnige Tonerde wird mit den Händen geformt, mit einem Lederlappen geglättet und einige Tage zum Trocknen in die Sonne gestellt, bevor es glasiert und gebrannt wird. Die Form der Gefäße und ihr Dekor differieren je nach ihrer späteren Verwendung. Kochtöpfe sind eher halbkugelförmig, Ziergefäße erkennt man an besonders reichlichen Verzierungen. Für farbige Glasierungen wird Graphit und roter Ocker genommen.

Auch das **Korbflechten** beherrschen die Frauen meisterhaft. Als Material wird Sisal, Schilf und Gräser verwendet. Die Körbe, oftmals mit schönen Mustern durchwirkt, dienen zum Aufbewahren von Lebensmitteln und haben oftmals einen erstaunlich passgenauen und dichtschließenden Deckel. Bei der Herstellung von Matten, den sogenannten *Thovos*, werden ebenfalls Gräser oder auch Baumwolle verwendet. Das **Schnitzen** hingegen ist eine Domäne des Mannes (von wenigen Schnitzerinnen, wie etwa *Noria Mabasa* abgesehen, die dann aber eher Kunstwerke denn Massenartikel herstellen). Gefertigt werden z.B. Schalen, Salatbestecke, Spazierstöcke und kleinere Figuren. Das Zentrum der Holzschnitzkunst ist *Mutale*, ein kleiner Ort nördlich von Thohoyandou. Die größte Auswahl an schönem Kunsthandwerk findet man in Thohobayou im Ditike Craft Centre.

Karte S. 736 | **Sagole / Tshipse / Honnet N.R.** **765**

Anfahrt: Die Strecke von Thohoyandou nach Norden ist landschaftlich reizvoll, die Straße ist aber sehr schlecht. Von der N 1 ist es bequemer über Tshipise.

Information/Unterkunft

Nwanedi Provincial Park, *Nwanedi Resort and Game Reserve,* Tel. 015-5163415, www.golimpopo.com. Tgl. 6–18 Uhr, Restaurant, kleiner Laden, nächste Tankstelle in Tshipise. Chalets, Rondavels, Zimmer, Camping. Schöner schattiger Zeltplatz. Kanuvermietung.

Sagole

Folgt man der Straße vom Nwanedi Provincial Park ostwärts in Richtung Masisi erreicht man auf einem Abstecher **Sagole Spa.** Die Thermalquellen zählen zu den schönsten der Region (kleine Ferienanlage). Im Ort kann man einen Medizinmann aufsuchen oder sich von einem Wahrsager die Zukunft voraussagen lassen. Östlich davon steht der angeblich **größte Baobab** und liegen die **Tshiungane-Ruinen** und -Höhlen mit bedeutenden prähistorischen Felsmalereien.

Tshipise

Tshipise, die „heiße Quelle", liegt 525 m hoch. Der 65 Grad heißen Thermalquelle werden große Heilerfolge zugeschrieben. Besonders beliebt ist der Besuch des kleinen Kurortes im südafrikanischen Winter, die Außentemperatur ist angenehm, das Wasser kuschelig warm. Für Freizeitaktivitäten wie Tennis, Schwimmen, Reiten und Bowling ist gesorgt. Sehens-wert sind neben Jacarandas und üppigen Bougainvilleas auch die Baobabs. Hier gibt es ein Exemplar von 30 m Höhe, einem Durchmesser von 20 m und einem Wasserspeichervolumen von 180.000 Litern.

Die Strecke R 525 nach Musina ist landschaftlich sehr schön.

Information

Tshipise Tourist Information, Tel. 015-539 0624. Auskunft über Kurbetrieb und Unterkünfte. **Greater Kuduland Safaris,** www.safarinow.com/go/greaterkudulandsafaristshipise. Spezialisten für „echt afrikanisches Feeling", breites Angebot an geführten Wanderungen, Pirschfahrten und kultureller Einführung in die Region.

Unterkunft

Touristic/Camping *Forever Resorts Tshipise, Tel. 015-5390634, www.forever tshipise.co.za. Sehr gute Wahl mit vielen Freizeitmöglichkeiten. Caravanplätze, Restaurant.

Honnet Nature Reserve

Das Reserve (2200 ha) liegt unmittelbar neben dem Kurort. Man kann dort zwar nicht mit dem eigenen Pkw herumfahren, doch gibt es geführte Bustouren vom Mineralbad aus. Attraktiv ist der vierstündige Ritt durch das Reservat. Auch zu Fuß kann man dort einen schönen Tag verbringen. Hautnah erlebt man Giraffen, Rappen- und Halbmondantilopen, Gnus und kleinere Wildarten. Wer in einer Wanderhütte übernachten möchte, muss sich im Forever Resorts Tshipise erkundigen.

Limpopo

ANHANG

Autorin

Christine Philipp lebt als freie Journalistin und Buchautorin in Bernried am Starnberger See. Ausgedehnte Reisen führten rund um den Globus und zu zahlreichen Publikationen. Mit Südafrika verbindet sie u.a. eine jahrelange ehrenamtliche Tätigkeit für eine Alphabetisierungs-Organisation mit Sitz in Durban. Heute unterstützt sie in ihren Büchern besonders kommunale Projekte, die sie auf ihren häufigen Reisen nach Südafrika besucht. Die sozialen Aspekte, die Verbesserung der Lebensqualität der Bevölkerung, die mit touristischem Engagement verbessert werden können, zählen zu ihren Hauptinteressen, die sie den Leserinnen und Lesern dieser Reise Know-How Publikation näher bringen will.

Fotos

alle von Christine Philipp, außer:

Hermann, Helmut: Cover, vordere Klappe (1. Bild von oben) und S. 207, 208, 210, 225, 2x 288, 303, 317, 358, 691

Losskarn, Elke: Umschlagrückseite, vordere Klappe (Bild 2 und 3 von oben) und hintere Klappe (Bild oben)

White Elephant Lodge: Hintere Umschlagklappe (Bild unten)

Danke, Thanks, Dankie

Berger, Bettina • Beyer, Ivanka • Brits, Johan • Daffner, Helen • Deppisch, Thomas • du Toit, Willem • Gemeinhardt, Jürgen • Griffith, Jeniffer • Hoffmann, Julietta • Hatty, Paul • Knorr, Dr., Heidi • Linde, Elke von • Marsh, Marianne • Mcoquotah, Tonderai • Nel, Mandy • Philipp, Susanne • Pietzsch, Rainer • Salinha, Lodovico • Smit, Daan and Zena • van Zyl, Willem • Wilderness Safaris u.a.

Abkürzungen

SA – South Africa
G.P. – Game Park
N.P. – National Park
N.R. – Nature Reserve
St – Street
St – Saint (Heilige/r)
Rd – Road
Ave – Avenue

Bei Unterkünften

Minm. – Minimum- bzw. Mindestpreis
Preise a.A. – Preise auf Anfrage
LS – Low Season
HS – High Season
PS – Peak Season
SC – Self catering, Selbstversorgung bzw. für Selbstversorger

Verkehrsbegriffe in Afrikaans

Brug – Brücke
Gaan regs verby – rechts überholen
Gesluit – geschlossen
Gevaar – Gefahr
Hou links – links halten
Lughawe – Flughafen
Ompad – Umleitung
Pad – Weg, Landstraße
Parkeerterrein – Parkplatz
Regs – rechts
Rylaan – Avenue
slegs – nur
Stad – Stadt
Straat – Straße

GLOSSAR (afk. = afrikaans)

Ablution block
Gebäude mit sanitären Einrichtungen

Act
Gesetz

Afrikaaner
(Afrikaners, Africanders), weiße Südafrikaner, Nachfahren erster holländischer,
französischer und deutscher Siedler.
Sprache: Afrikaans

Akkommodasie
(afk.) Unterkunft

Assegai
Zulu-Speer

Avarium
vergittertes Flug-Gehege für Vögel

Bakkie
hinten offener kleiner Lieferwagen
(Pickup)

Biltong
Trockenfleisch

Boerewors
(afk.) Grillwurst

Boma
eingezäuntes Areal (Tierparks)

Braai
(afk.) Grill

Coloureds
Mischlinge, Nachfahren erster Verbin-
dungen von Europäern, Hottentotten,
Malaien und Schwarzen

Drankwinkel
(afk.) Laden mit alkohol. Getränken

Drostdy
Landgerichtssitz

endemisch
(biolog.) nur hier vorkommend

Fynbos
„feiner Busch/Pflanzen", feinblättrige
Gewächse und Pflanzenarten

Hawe
(afk.) Hafen

Impi
Zulukrieger

Indaba
afrikanische Gesprächsrunde

Inligting
(afk.) Informationsstelle, Auskunft

Kampeerterrein
(afk.) Campingplatz

Kantoor
(afk.) Büro

Kerk
(afk.) Kirche

Klip
afk. Stein

Kral
(afk. kraal), der von einer Dornenhecke
umgebene und kreisförmige innere
Viehpferch einer Zulu-Rundplatz-
siedlung (umuzi). Im Portugiesischen
mutierte das Wort zu curral, im Englischen zu corral.

Kwa
Bantu-Vorsilbe für „Wohnsitz/Heimat"
(KwaNdebele, KwaZulu u.a.)

Lapa
meist riedgedecktes, rundes Kochhaus

Lekker
(afk.) gut, schmackhaft, schön

Liquorstore
Laden mit alkohol. Getränken

Loop
Fahrschleife, Ringstraße

Municipality
Stadtverwaltung

Padstal
(afk.) kleiner Straßenladen

Permit
Erlaubnisschein

Poort
afk. „Pforte", „Tor"; meist im Zusam-
menhang als (Fluss-)Schlucht oder Pass
durch die Berge; Teil von Städtenamen
wie Komatiepoort u.a.

Robot
Verkehrsampel

Rondavel
Rundhütte

Ruskamp
(afk.) Rastlager

Sangoma
traditioneller afrikan. Heiler, Schamane

Shebeen
typische, einfache Trinkhalle, Kneipe der Schwarzen

Spruit
(afk.) Bach

Stasie
(afk.) Bahnhof

T-Junction
Straßeneinmündung, sich treffende Straßen in Form eines „T"

Umuzi
Ein umuzi (Plural imizi) ist die traditionelle, von einer Palisadenbewehrung umgebene Rundplatzsiedlung eines afrikanischen Familien-Clans, besonders in KwaZulu-Natal.

Tidal pool
Gezeiten-Schwimmbecken

Township
Wohnort (Vorstadt) für Schwarze und Farbige

Wandelpad
(afk.) Wanderweg

Winkel
(afk.) Laden

Wildtuin
Tierpark (Game Reserve)

Geographische Begriffe
Afrikaans / Englisch / Deutsch

Berg – Mountain – Berg
Bergveld – Gebirgslandschaft
Bushveld – Buschland
Baai – Bay – Bucht
Boom – Tree – Baum
Brug – Bridge – Brücke
Dam – Stausee, -mauer
Escarpment – geolog. Bruch- /Randstufe
Ford – Furt
Fontein – Fountain – Quelle, Brunnen
Groot – great – groß
Hoëveld – Highveld – Hochebene
Kloof – Gorge – Schlucht, Steilfelsen
Koppie – Hill – Hügel
Laëveld – Lowveld – Tiefebene
Mond – Mouth – Flussmündung
Pan – Pfanne, saisonal überflutete Senke
Punt – Point – Punkt (Landspitze)
Rivier – River – Fluss (auch Trockenfluss)
Sandveld – sandige Landschaft
Spa – Thermal- und Heilquelle
Spruit – brook (stream) – Bach
Tuin – Garden – Garten (Park)
Veld – Feld, Gebiet
Vlei – saisonales Flut-/Feuchtgebiet, Teich
Vlakte – Plain/Plateau – Ebene
Wildtuin – Game Park – Wildschutzgebiet
Woud – Forest – Wald

Entfernungstabelle in Straßenkilometern

	Beitbridge	Bloemfontein	Cape Town	Durban	East London/Buffalo City	George	Graaff-Reinet	Grahamstown	Johannesburg	Kimberley	Krügerpark/Skukza	Makhado/Luis Trichardt	Mossel Bay	Nelspruit	Oudtshoorn	Pietermaritzbg/Musunduzi	Polokwane/Pietersburg	Port Edward	Port Elizabeth	Tshwane/Pretoria	Stellenbosch	Umtata	Upington
Beitbridge	–	955	1957	1081	1530	1719	1377	1525	552	1026	493	111	1763	513	1669	1004	221	1253	1620	494	1908	1367	1296
Bloemfontein		–	998	667	575	764	422	570	417	175	880	465	808	771	714	578	748	809	635	475	975	527	576
Cape Town			–	1660	1042	436	672	873	1405	960	1888	1838	392	1779	422	1544	1736	1557	756	1463	49	1181	821
Durban				–	667	1240	945	796	598	842	809		1306	689	1244	77	929	172	927	656	1594	436	1234
East London/Buffalo City					–	630	388	185	992	750	1334	1433	696	1214	689	594	1323	513	300	1050	1070	231	958
George						–	342	461	1168	734	1616	1609	66	1509	63	1173	1499	1133	330	1226	392	851	857
Graaff-Reinet							–	274	826	501	1274	1267	408	1167	312	872	1595	791	251	895	649	509	667
Grahamstown								–	987	654	1349	1428	497	1242	479	722	1318	642	131	1045	878	360	844
Johannesburg									–	467	478	441	1234	358	1130	503	331	725	1062	58	1391	866	875
Kimberley										–	952	915	832			748	805	970	752	532	937	779	401
Krügerpark/Skukza											–	382	1695	120	1561	727	378	949	1459	436	1842	1099	1252
Makhado (Luis Trichardt)												–	1652	402	1558	893	110	1142	1509	383	1797	1256	1185
Mossel Bay													–	1575	94	1226	1565	1139	396	1292	363	857	792
Nelspruit														–	1492	675	320	897	1373	342	1733	983	1144
Oudtshoorn															–	1299	1461	1121	358	1188	399	839	698
Pietermaritzbg (Msunduzi)																–	811	222	854	561	1521	363	1149
Polokwane (Pietersbg.)																	–	1033	1393	273	1722	1177	1075
Port Edward																		–	773	783	1440	282	1270
Port Elizabeth																			–	1119	739	490	902
Tshwane/Pretoria																				–	1449	903	813
Stellenbosch																					–	1141	833
Umtata																						–	995
Upington																							–

Die Südafrika-Webseite:
www.suedafrikaknowhow.de

Informieren Sie sich über:

- ☺ Land & Leute Südafrika
- 🛈 Reisevorbereitungen
- ✪ Sehenswürdigkeiten
- ✎ Reise-Neuigkeiten

und anderes mehr ...

- ▶ Für Smartphones und Tablets
- ▶ Modernes Full-Screen-Design
- ▶ Diashow, filterbar nach Interessen
- ▶ Interaktive Touren

Bettina Romanjuk

Übernachtungsführer
Südafrika

Der einzige Übernachtungsführer für Südafrika in deutscher Sprache

NEU: Mit Weingut-Vorstellungen und Restaurant-Empfehlungen

- Dieser Übernachtungsführer ist die ideale Ergänzung zu herkömmlichen Südafrika-Reiseführern. Alle Unterkünfte sind mit Beschreibung, einem oder mehreren Fotos und Kontaktdaten aufgeführt.

- Vorgestellt werden Bed & Breakfasts, Gästehäuser, Lodges, Hotels und Ferienhäuser oder -wohnungen. Auf deutsche oder kinderfreundliche Häuser wird ebenso hingewiesen wie auf das Vorhandensein von Pool, Gästerestaurant oder W-Lan bzw. Internetanschluss.

- Neu ist ein ergänzendes Kapitel, das **Weingüter am Kap** vorstellt – mit Kontaktdaten, Weinanbau-Schwerpunkten, Öffnungszeiten und Informationen zur Kellerbesichtigung, Tastings oder Restaurant, falls vorhanden.

- Des weiteren **Restaurant-Empfehlungen** für viele der im Buch aufgeführten Orte.

- Alle Unterkünfte und Weingüter mit **QR-Code** für die Website.

Übernachtungsführer Südafrika
3. Auflage 2014
336 Seiten • € 14,90 [D]
ISBN 978-3-89662-503-8

- Über 400 Unterkünfte mit Farbfotos und Beschreibungen
- Übersichtskarten der Weingebiete am Kap
- Zahlreiche Übersichts- und Detailkarten

Die Südafrika-Homepage von REISE KNOW-HOW mit Informationen zu Unterkünften und mehr …

Die schönsten Unterkünfte in Südafrika
www.suedafrikaperfekt.de

Willkommen in Südafrika!

- 🛏 Große Auswahl an Unterkünften und Hotels
- 📄 Filtermöglichkeiten nach Vorlieben
- € Unterkünfte in allen Preisklassen
- 🌐 Interaktive Karte aller Unterkünfte
- ★ Gästebewertungen
- 🏨 Reisen in Südafrika
- ☺ Informationen zu Land & Leuten
- 🍽 Wining & Dining
- 📚 Reiseführer und Literatur
- 🚩 Jetzt auch mit Unterkünften in Namibia

Helmut Hermann, Bettina Romanjuk

Tourguide Südafrika

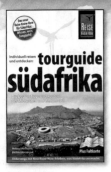

Sanibona – Willkommen in Südafrika

Mit dem „Tourguide Südafrika" das Land am Kap selbstorganisiert und authentisch kennenlernen. Unverzichtbar für alle, die das faszinierende Südafrika individuell bereisen wollen.

780 Seiten
ISBN 978-3-89662-505-2
€ 22,50 [D]

> **Routenbasiertes Konzept:** Von Johannesburg nach Kapstadt oder vice versa vom Kap der Guten Hoffnung bis zur Nordprovinz Limpopo – entdecken Sie Südafrika auf 9 Haupt- und vielen Nebenrouten. Nach persönlichem Zeitrahmen und Ihren Vorlieben ausbau- oder verkürzbar

> Alle praktischen Reisefragen von A bis Z, interessante Hintergrundinformationen über Land und Leute und zum neuen Südafrika

> Auf den Punkt gebrachte Beschreibungen von Städten und Orten mit ihren Sehenswürdigkeiten, kulturelle, künstlerische, architektonische und landschaftliche Highlights

> Übernachten in den südafrikatypischen und sehr gastfreundlichen Bed & Breakfasts oder in anderen Unterkünften für jeden Geldbeutel

> Kulinarische Empfehlungen von Kennern und Einheimischen, Wine & fine Dining-Restaurants

> Nicht zu versäumende Nationalparks mit ihren Tierpopulationen, spannende und unbekannte Winkel, Wandervorschläge für Fitte und Faule sowie Tipps für sportliche Aktivitäten

- Mehr als 80 Stadt- und Ortspläne, Nationalpark- und Routenkarten, alle korrespondierend mit dem Inhalt
- Über 370 stimmungsvolle Fotos und historische Abbildungen
- Glossar und ausführliches Register, Griffmarken, Seiten- und Kartenverweise zur einfachen Handhabung
- Zahllose geprüfte Internet-Adressen, GPS-Daten zum problemlosen Finden von Unterkünften und Sehenswürdigkeiten
- Konkrete Empfehlungen für Bed & Breakfasts, Hotels, Hostels und Campingplätze
- Strapazierfähige PUR-Bindung
- Aktuell recherchiert für 2013/2014

Kapstadt, Garden Route & Kap-Provinz

Verbinden Sie Erholung und Aktivität, Natur und Kultur zu einem einmaligen Erlebnis-Urlaub am Kap. Dieser Führer bringt das einzigartige Lebensgefühl auf den Punkt.

- Top-aktuelles Reise-Know-How und 7 Reiserouten durch die interessantesten Gebiete der Kap-Provinz. Präzise Streckenbeschreibungen mit den besten Tipps, Adressen und Attraktionen.
- Wissenswertes über Land & Leute, visualisiert mit Fotos
- Kulinarische Entdeckungstouren, Wine & Dine in feinen Wine Estates. Restaurants und Hotels mit stilvollem Ambiente, charmante ländliche Bed & Breakfasts.
- Die hübschesten Orte der Garden Route, die Big Five erleben und zahlreiche Aktivitäten-Vorschläge …

Elke & Dieter Losskarn
ISBN 978-3-89662-571-7
€ 14,90 [D]
312 S., strapazierfähige PUR-Bindung, 25 Karten und Stadtpläne, mehr als 140 Farbfotos, Griffmarken, Seiten- und Kartenverweise, Register

Namibia kompakt

… ist ein Reiseführer mit hoher Informationsdichte für eines der beliebtesten Reiseziele des südlichen Afrika. Beschrieben werden alle Highlights des Landes und wichtige Sehenswürdigkeiten im angrenzenden Zimbabwe und Botswana. Für organisiert Reisende und für die, die individuell unterwegs sind, der optimale Reisebegleiter.

Namibia kompakt …

- kombiniert detailgenaue, verlässliche Reiseinformationen mit unterhaltsamen Themen über Land und Leute, visualisiert durch zahlreiche Fotos und Illustrationen.
- enthält viele Karten und Stadtpläne, die alle eng mit dem Inhalt verzahnt sind. Nennt die besten Adressen für Ihre Reise.
- wurde von kompetenten Autoren mit langer Namibia-Erfahrung verfasst.
- ist zusätzlich ein Kulturführer und verschafft Zugang zur ethnischen Vielfalt des Landes. beleuchtet geschichtliche Hintergründe und historische Zusammenhänge.
- gibt Tipps und macht Vorschläge für Aktivitäten und zur Gestaltung freier Zeit.

Daniela Schetar, Friedrich Köthe
ISBN 978-3-89662-601-1
€ 17,50 [D]
300 S., strapazierfähige PUR-Bindung, 45 Karten und Stadtpläne, mehr als 190 Farbfotos, Griffmarken, Seiten- und Kartenverweise, Register

Daniela Schetar und Friedrich Köthe

Namibia

Ganz Namibia mit diesem Reisehandbuch entdecken. Die 7. aktualisierte Auflage dieses Buches …

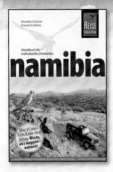

- kombiniert detailgenaue, vor Ort recherchierte praktische Informationen mit unterhaltsamen und informativen Exkursen zu Geschichte, Hintergründen und den Menschen des Landes
- nennt und gewichtet nahezu alle Unterkünfte in Namibia mit Internet-Kontakt, enthält genaue Stadtpläne mit Lageangaben der Hotels
- erlaubt mit integriertem Routenplaner die einfache Planung der Reise und macht mit GPS-Daten und exakten Kilometertabellen jedes Ziel auffindbar
- führt in die Nachbarländer, nach Victoria Falls, Botswana und in den südafrikanischen Kgalagadi Transfrontier National Park
- listet eine Vielzahl an Aktivitäten, wie Ballonfahren, Fallschirmspringen, Quadbike-Fahren, Reiten, Wandern, Fly-in-Safaris, Angelausflüge, Kajaktouren
- ermöglicht Ihnen die Reise in Gebiete und Landschaften, in die „andere" nicht kommen

So urteilten Benutzer der vorherigen Auflagen:

- »Das Reisehandbuch ist wirklich Klasse und hat wesentlich dazu beigetragen, dass uns dieser Urlaub unvergessen bleibt …«
- »Ihr wirklich ausgezeichneter Reiseführer hat sich als sehr ausführlich und hilfreich erwiesen …«
- »… ich konnte kein anderes Buch vergleichbarer Qualität finden!«

660 Seiten
ISBN 978-3-89662-326-3
€ 25,00 [D]

- Strapazierfähige PUR-Bindung
- Mehr als 55 Stadtpläne und Karten, praktische farbige Übersichtskarten in den Umschlagklappen
- Über 100 Fotos und Abbildungen
- Griffmarken, Seiten- und Kartenverweise zur einfachen Handhabung
- Informative Hintergrundberichte, ausführlicher Tierteil und umfangreiches Register
- Mehr als 650 Unterkunftsadressen
- Namibias Reiseziele auf 32 Routen entdecken
- Eine Unzahl an GPS-Daten

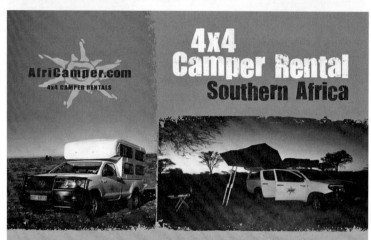

Safari-Afrika
für Entdecker

Wir bieten Entdecker-Reisen durch Süd- und Ostafrika, sorgfältig geplante Selbstfahrer-Touren, Fly-In-Safaris, Individual- und Gruppenreisen.

Die Karawane-Experten planen für Sie die herrlichsten Safaris in den Tierparadiesen Botswanas, in Namibia und im Caprivi, in Zimbabwe oder Zambia – und natürlich in Kapstadt, entlang der Gardenroute und im Krüger Nationalpark.

Fragen Sie Karawane, wenn es um individuell ausgearbeitete Angebote für Safaris nach Südafrika geht!

Karawane Reisen · Schorndorfer Str. 149
71638 Ludwigsburg · Tel. (0 71 41) 28 48 - 30

www.karawane.de

AFRIKA HAUTNAH

Lassen Sie sich von unserem umfangreichen Reiseangebot auf unserer Website inspirieren!

Jacana Tours GmbH
Willibaldstr. 27, D-80689 München
Tel.: 089 5808041, Fax 089 5808504
e-mail: info@jacana.de

AFRICAN JACANA TOURS

www.jacana.de

Entdecken Sie Afrika mit uns!

Südafrika · Namibia · Botswana · Sambia · Ruanda · Malawi
Mosambik · Kenia · Tansania · Uganda · Äthiopien · Simbabwe

Wir planen Ihre Afrika-Reise individuell für Sie

www.klipspringer-tours.de

Klipspringer-Tours GmbH
Königsallee 57 · 71638 Ludwigsburg
Telefon: 07141 1477-550
E-Mail: info@klipspringer-tours.de

www.klipspringer-tours.de

SÜDLICHES AFRIKA

... INDIVIDUELL FÜR SIE ERARBEITETE REISEN – GEPLANT MIT EINEM PARTNER, DER VIELE JAHRE IM SÜDLICHEN AFRIKA GELEBT HAT.

IMPALA TOURS

Impala Tours GmbH
Postfach 1120
65741 Eschborn/Ts.
Telefon 06196 - 4 15 86
Fax 06196 - 48 24 60
www.impala-tours.de

reisen@impala-tours.de

Afrika & mehr ...

Mit uns die Länder des südlichen Afrikas
bereisen und erleben!

Das **mehr ...** bedeutet für uns:
Ein mehr an Zeit für Sie, persönliche Beratung,
Individualität, Kompetenz und Zuverlässigkeit.
Testen Sie uns – wir freuen uns auf Ihre Anfrage!

Afrika & mehr ... e.K.

Am Taubenfelde 24, 30159 Hannover · Tel. (05 11) 1 69 30 40 · Fax (05 11) 1 69 30 41
info@afrikaundmehr.de · www.afrikaundmehr.de

mount everest
game farm

TAKE THE ROAD LESS TRAVELLED... IT MAKES ALL THE DIFFERENCE.

Accommodation:

* Swiss style log cabins
* Chalets
* Camping

Mount Everest Game farm offers it all...
Mountains and Grasslands, Game and
Adventure, Scenery and ear splitting quite!

Activities:

* Game Drives
* Abseiling
* Rap Jumping
* Paintball
* Horse Riding
* Fishing
* Hiking
* Rock Climbing

Other:

* Restaurant
* Gym
* Table Tennis
* Pool Table
* Shop
* Beard Games

Visit us to experience world renowned South-African hospitality and cooking, the chance to see a working Free State Farm, with the feeling of an African Safari!

We are a BAZ BUS Agent

www.goeverest.co.za
info@goeverest.co.za
079 886 3101

Constantia Villa
ein Ferienhaus im Constantia Valley

Gäste können wählen, ob sie das Cottage für 1–2 Personen oder das Haupthaus für 6 Personen mieten möchten und das gesamte Gelände ist dann ausschließlich für sie reserviert.

33 Bergendal Road · Kapstadt - Constantia
Tel. 021-713 1020 · **www.villasa.co.za**

The Tarragon

Luxuriöse und elegante self-catering Cottages mit schönem Ausblick.
21 Hunters Way, Hout Bay, Cape Town
Tel. 021-791 4155, Cell 076-191 7755
www.thetarragon.com

Im historischen Drostdy Viertel von Swellendam liegt die schoene victorianische 5-Sterne Pension, The Hideaway, die eine ruhige und reizvolle Ambiente ausstrahlt. Ihre Gastgeber, Stephen und Jackie, bieten Ihnen die beste suedafrikanische Gastfreundschaft an mit unvergleichbaren selbstgemachten Speisen. Die vier grossraeumigen, komfortabel ausgestatteten und klimatisierten en-suite Gaestezimmer oeffnen direkt in den ruhigen und privaten Garten mit ueber 200 Rosenbuesschen, die viele Vogelarten anziehen, und bieten einen praechtigen Blick auf die Langeberg Bergkette. The Hideaway ist ein idealer Standpunkt um die Vielfalt des Overberg Gebietes zu erkunden, mit seinen hohen Bergen und Paessen, ruhigen und laendlichen Flusstaelern, Weinfarmen, prachtvollen Kuesten und vielen Wildtier- und Naturreservaten.

The Hideaway, ein Ort zum Entspannen, Erholen und Geniessen.

info@hideawaybb.co.za • www.hideawaybb.co.za • +27 28 514 3316 • +27 76 325 8656

Register A–Z

N.P. = National Park; G.P. = Game Park;
N.R. = Nature Reserve

A

Aardvark Nature Reserve 268
Aberdeen 355
Abkürzungen 766
Abu Madi Game Reserve 553
Addo Elephant National Park 339
Adelaide 376
African National Congress (ANC) 112
Ai-Ais 424
Akkerendam Nature Reserve 436
Albert Falls Nature Reserve 586
Albertinia 294
Alexander Bay 430
Alice 376
Aliwal North 378
Allanridge 464
Alldays 749
Allradfahrzeuge 25
Amanzimtoti/eManzamtoti 511
Andries Potgieter 101
Angeln 63
Apartheid 108
Arniston 286
Atlantikküste 204
Augrabies Falls National Park 418
Ausgehen 52
Ausrüstung 34
Auto mieten 24
Autovermietung 189

B

Babanango Nature Reserve 542
Backpacker 32
Bakoven 210
Ballito 528
Balule 711
Balule Game Reserve 759
Banken 68
Barberspan Nature Reserve 623
Barberton 670

Barkly East 379
Barkly West 404
Barney Barnato 397
Barrydale 267
Bartolomeu Dias Museum Complex 294
Bathurst 365
Battlefields 556
Baviaanskloof Nature Reserve 355
Baz Bus 42
Beaufort West 262
Bed & Breakfast 48
Bedford 376
Bela-Bela 737
Belfast 665
Ben Lavin Nature Reserve 746
Berg-en-Dal 711
Berg-en-Dal/Malelane 697
Bergsteigen 58
Bergville 602
Berlin 362
Berlin Falls 684
Bethlehem 469
Bethulie 455
Betty's Bay 277
Big Bend 725, 727
Big Hole 103, 399
Bilharziose 36
Birds of Eden 315
Bisho 362
Blinkwater Nature Reserve 587
Bloemfontein 445, 447, 456, 461
Bloemhof 626
Blood River 561
Bloubergstrand 204
Bloukrans Pass 316
Bloukrans River Bridge 325
Blyde River Canyon Nature Reserve 684,
   760
Bo-Kaap-Viertel 180
Bontebok National Park 290
Bonwa Phala 737
Bophuthatswana 621
Borakalalo National Park 610
Border Cave 571
Bosberg Nature Reserve 347
Boshof 457
Bothaville 444

Register 783

Botsalano Game Reserve 622
Bourke's Luck Potholes 685
Brandfort 447
Brandvlei 435
Bredasdorp 285
Bridle Drift Dam and Nature Reserve 371
Brits 609
Buffalo City (East London) 366
Burenkrieg 104, 105, 397
Burgersdorp 377
Bushman's Kloof Wilderness Reserve 249
Bushmans River 363
Bushveld 131
Bushveld Camps 715
Buslinien 33
Butha-Buthe 476
Butterworth 387

C

Calitzdorp 269
Calvinia 435
Camdeboo National Park 353
Campbell 406
Camping 48
Campmobil 25
Camps Bay 210
Cango Caves 274
Canna Circle 463
Cape Agulhas National Park 285
Cape Flora 169
Cape Recife Nature Reserve 333
Cape Vidal 545, 546
Carletonville 650
Carnavon 439
Castle of Good Hope 178
Cathcart 373
Cathedral Peak 601
Cecil Rhodes 103, 398
Cedarberge 246
Cell Phone 71
Ceres 255, 257
Cetshwayo 103
Chapman's Peak Drive 207
Charters Creek 547
Chrissiesmeer 719
Christiana 626

Ciskei 373
Citrusdal 245, 257
Clanwilliam 248
Clarens 466, 468
Clifton 209
Clocolan 484
Cobham 594
Coffee Bay 390
Coleford Nature Reserve 592
Colenso 589
Colesberg 439
Constantia Wine Route 207
Cradock 348
Crocodile Bridge Camp 711
Cullinan 634
Cwebe Nature Reserve 389

D

Dampflokomotive 65
Danger Point 284
Daniell Cheetah Breeding Farm 338
Danielskuil 404
Darling 237
De Aar 439
de Beers 397
De Hoop Nature Reserve 286
De Kelders 283
De Rust 274
Dealesville 456
Deneysville 458
Diamantenfieber 102, 396, 397
Die Waterberg-Region 739
Dingane 101
Dokumente/Einreise 33
Dolphin Coast 527
Drakensberg Boys Choir 599
Drakensberge 590
Dullstroom 677
DumaZulu 550
Dundee 559
Durban 491
Dutywa 388
Dwesa Nature Reserve 388

E

Eastern Cape 73, 317
Ecabazini Zulu Cultural Homestead 586

Echo Caves 687
Edenville 464
Einkaufen 54
Eisenbahn 40
Eland's Bay 243
Elephant Coast 565
Elephant Sanctuary 315, 674
Elephant Whipsers 674
Elim 284
Elliot 382
eMakhazeni 665
Empangeni 537
Empisini Nature Reserve 513
Enseleni Nature Reserve 538
Entfernungstabelle 769
Erfenis Dam Nature Reserve 446
Ermelo 719
Eshowe 534
Estcourt 585
Europäische Einwanderer 82
Ezulwini Valley 731

F

Fahrzeug 24
False Bay 216
False Bay Park 547
Fauresmith 457
Festivalkalender 171
Ficksburg 483
Fish Hoek 217
Fish River Canyon 422
Flower Routes 429
Flüge 22
Flughafen Kapstadt 200
Fluglinien 39
Fort Beaufort 376
Fouriesburg 471
Frankfort 463
Franschhoek 224
Franschhoek Pass 223
Free State 73, 442

G

Gamkaberg Nature Reserve 269
Gamkapoort Dam 268
Gansbaai 283
Garden Castle 593

Garden Route 291
Garden Route National Park 304
Gariep Dam 455
Garies 434
Gauteng 72, 627
Geländewagen 46
Geld 31
Genadendal 279
Geographische Begriffe 768
George 299
Gesundheitsvorsorge 35
Giant's Castle 597
Giant's Cup Hiking Trail 595
Glenmore Beach 522
Glossar 767
God's Window 684
Golden Gate Highlands N.P. 466
Gonubie Mouth 371
Gordon's Bay 275
Goudini Spa 258
Gouritsmond 294
Graaff-Reinet 351
Grabouw 222
Grahamstown 356
Graskop 681
Gravelotte 755
Great Brak River 298
Great Fish River Reserve 360
Greenmarket Square 181
Greyton 279
Greytown 587
Griquatown 406
Groblershoop 407
Groenwaters Resort 404
Groot-Marico 618

H

Haenertsburg 752
Haga-Haga 372
Hanover 440
Hans Merensky Nature Reserve 755
Harold Johnson Nature Reserve 529
Harold Porter National Botanical
  Garden 277
Harrismith 458
Hartbeespoort-Staudamm 609
Hartenbos 298

Register

Hawaan Forest Nature Reserve 527
Hazelmere Nature Reserve 530
Hazyview 674
Heidelberg 291
Heilbron 464
Heißluftballonfahrten 66
Helderberg Nature Reserve 221
Helshoogte Pass 227
Hendrik-Verwoerd-Tunnels 749
Hermanus 279
Hibberdene 515
Highlands Route 466
Highveld 718
Himeville 594
Hlane Royal National Park 725
Hluhluwe 548
Hluhluwe-Imfolozi Park 550
Hluleka Nature Reserve 392
Hoedspruit 756
Hogsback 375
Hole-in-the-Wall 390, 392
Homo sapiens 93
Honnet Nature Reserve 765
Hoopstad 444
Hopetown 438
Hotelketten 48
Hotels 47
Hottentots Holland Nature Reserve 223
Hout Bay 211
Howick 583
Humansdorp 326

I

Individualreise 21
Informationsstellen 37
Injisuthi 599
Internet 38
Internet-Flugbuchungen 23
Isandlwana 103, 560
iSimangaliso Wetland Park 542
Ithala Game Reserve 563
Ixopo 580

J

Jagersfontein 457
Jeffrey's Bay 327
Johannesburg 641

K

Kaapsehoop 667
Kagga Kamma 255, 257
Kakamas 417
Kalahari 410
Kalk Bay 218
Kamberg 597
Kamieskroon 433
Kanoneiland 417
Kanutrips 58
Kap der Guten Hoffnung 213
Kap River Nature Reserve 365
Kap-Halbinsel 206
Kapama Game Reserve 760
Kapstadt 96, 171, 172
Karongwe Game Reserve 758
Karoo National Park 262
Karoo National Botanical Garden 259
Kartenmaterial 69
Karukareb Wilderness Reserve 250
Katberg 377
Kei Mouth 372
Keimoes 417
Kenhardt 435
Kentani 387
Kenton-on-Sea 363
Kestell 466
Kgalagadi Transfrontier Park 410
Kgaswane Mountain Reserve 614
Khayalabantu Culture Village 371
Khoikhoi 77
Kimberley 395
Kindern 21
King William's Town 361
Kirstenbosch 208
Klaserie Private Game Reserve 759
Kleinmond 277
Klerksdorp 625
Klettern 58
Klima 74
Knysna 306
Knysna Lakes Section 308
Koffiefontein 457
Kogelberg Biosphere Reserve 278
Kokstad 581
Kololo Game Reserve 740
Kolonisation 95

Komatipoort 676
Kommetjie 213
Kosi Bay Nature Reserve 567
Kragga Kamma Game Park 329
Krankheiten 35
Kroonstad 445
Kruger National Park 690
Krugersdorp 659
Kuboes 430
Kunst und Kultur 118
Kuruman 405
Kwabhekithunga/Stewarts Farm 535
KwaBulawayo 536
KwaDukuza 530
KwaNgwanase 573
KwaZulu-Natal 73, 487

L

Ladismith 268
Lady Grey 379
Ladybrand 485
Ladysmith 590
Laingsburg 261
Lake Eland Reserve 518
Lake Fundudzi 763
Lake Sibaya 566
Lambert's Bay 250
Langebaan 240
Langjan Nature Reserve 748
Lebowa 751
Lephalale 741
Leribe 476
Lesotho 441, 472
Letaba 711
Lichtenburg 622
Limpopo 73, 735
Linienbusse 40
Lisbon Falls 684
Little Brak River 298
Llandudno 211
Long Tom Pass 679
Loskop Dam Nature Reserve 664
Lost City 615
Lotheni 596
Louis Trichardt 747, 748
Lower Sabie 699, 711
Lydenburg 677

M

Mabalingwe Game Reserve 738
Mabibi 566
Mac Mac 681
Maclear 381
Madikwe Game Reserve 619
Mafeteng 483
Mafikeng 619
Magaliesberg 610
Magaliesburg 660
Magoebaskloof 752
Mahatma Gandhi 496
Makobulaan Nature Reserve 667
Mala Mala Game Reserve 717
Malaria 35
Malealea Lodge 480
Malelane 675, 712
Maletsunyane Falls 480
Malmesbury 243
Malolotja Nature Reserve 726
Mampoer Route 618
Mandela 111
Mandela 113
Manyeleti Private Game Reserve 759
Maphelane Nature Reserve 542
Mapoch Ndebele Cultural Village 634
Mapungubwe National Park 749
Maputaland 565
Maputaland Marine Reserve 565
Marakele National Park 742
Margate 520
Maria Moroka National Park 453
Marico-District 618
Marina Beach 522
Marloth Park 675
Marquard 470
Marulaneng 756
Maseru 477
Mashishing 677
Masiphumelele 212
Matjiesfontein 260
Mazeppa Bay 387
Mbabane 733
Mbombela 668
Mbumbazi Nature Reserve 519
McGregor 265

Meiringspoort 274
Melville 648
Memel 462
Mhlopeni Nature Reserve 588
Middelburg 350, 662
Midmar Public Resort Nature Reserve 583
Milnerton 204
Mkambati Nature Reserve 394
Mkhaya 729
Mkhaya Game Reserve 728
Mkhomazi 596
Mkhuze Game Reserve 554
Mkuze 554
Mkuze Falls Private Game Reserve 569
Mlawula Nature Reserve 724
Mlilwane Wildlife Sanctuary 730
Mmabatho 621
Modimolle 738
Modjadjikloof/Duiwelskloof 754
Moholoholo 758
Mokala National Park 403
Mokopane 743
Monk's Cowl 599
Monkeyland 315
Montagu 266
Montagu Pass 275
Montrose Falls 665, 666
Mooi River 585
Moorreesburg 245
Mopani 705, 712
Morija 480
Mossel Bay 294
Motorrad 26
Mount Currie Nature Reserve 581
Mount Everest Game Reserve 459
Mount Sheba Nature Reserve 687
Mountain Biking 62
Mountain Zebra National Park 349
Mphephu 761
Mpumalanga 73, 661
Mthatha 389
Mtunzini 536
Muizenberg 219
Munster 522
Musik 119
Musina 749

N

Nachbarländer 69
Namaqua National Park 434
Namaqualand 425
Natal Midlands 574
Natal Sharks Board 525
Nationalhymne 75
Nature's Valley 315, 316
Nature's Valley Rest Camp 323
Navi-Geräte 69
Ndebele 80, 636
Ndumo Game Reserve 571
Nelspruit 668
Newcastle 557
Newtown 646
Ngwenya Glass 727
Nieu-Bethesda 350
Niewoudtville 437
Nisela Safaris 727
Noordhoek 212
Noordoewer 422
North Coast 524
North West 73, 607
Northern Cape 73, 395
Notruf 69
Nottingham Road 584
Ntendeka Wilderness Area 562
Ntshinwayo (Chelmsford) Dam 556
Nwanedi Provincial Park 764
Nylsvlei Nature Reserve 739

O

Observatory 209
Odendaalsrus 464
Öffentliche Verkehrsmittel 27
Ohrigstad 687
Olifants 712
Ophathe Game Reserve 541
Optimale Reisezeit 27
Orange River 422
Oranjeville 458
Oribi Gorge Nature Reserve 517
Orpen 713
Oudekraal 211
Oudrif Farm 250
Oudtshoorn 270
Oyster Bay 327

P

Paarl 252
Pacaltsdorp 298
Pafuri 705
Parfuri 713
Parkwächter 44
Parque Nacional do Limpopo 690
Parys 443
Paternoster 242
Paulpietersburg 563
Pauschalreisen 20
Peace-Park 430
Pearly Beach 284
Pella 421
Pennington 515
Pensionen 47
Percy Fyfe Nature Reserve 744
Pflanzenwelt 128
Phalaborwa 755
Philippolis 454
Phinda Prviate Game Reserve 553
Phophonyane Nature Reserve 725
Phuthaditjhaba 460
Piet Retief 101, 719
Pietermaritzburg 574, 583
Pigg's Peak 726
Piketberg 245
Pilanesberg National Park 615
Pilgrim's Rest 688
Plettenberg Bay 313
Pofadder 420
Politik 114
Polokwane 744, 751
Pongola 568
Pongolapoort Biosphere Reserve 569
Port Alfred 364
Port Edward 523
Port Elizabeth 330
Port Nolloth 429
Port Shepstone 516
Port St Johns 390, 393
Post 70
Potchefstroom 624
Pretoria/Tshwane 637, 628
Pretoriuskop 697, 713
Prieska 438

Prince Albert 261
Protea 128
Provinzen 72
Punda Maria 705, 713

Q

Qacha's Nek 582
Qolora Mouth 387
Qora Mouth 388
Queenstown 374
Qwaqwa National Park 468
Qwaqwa District 460

R

Radfahren 62
Ramsgate 521
Ranger-Training 67
Rauchen 70
Rawsonville 258
Reiseapotheke 35
Reisebudget 30
Reiseplanung 22
Reiten 63
Religionsgemeinschaften 86
Restaurants 50
Rhodes 381
Richards Bay 538
Richmond 580
Richtersveld Park 430
River-Rafting 58
Riversdale 292
Robben Island 185
Robertson 263
Robertson Wine Valley 264
Rocktail Bay 566
Rocktail Beach Camp 567
Rondevlei Nature Reserve 219
Roodepoort 660
Rooibos 249
Rorke's Drift 560
Route 62 266
Routenplanung 28
Rouxville 462
Royal Natal National Park 603
Rückbestätigung 40
Rustenburg 613
Rustler's Valley 483

S

Sabi Sand Game Reserve 716
Sabie 679
Safaris 56
Sagole 765
Saldanha 241
Salt Rock 528
San 77, 421, 600
Sandton 648
Sandveld Nature Reserve 444
Sandy Bay 211
Sani Pass 594
Sani Top 595
Sasolburg 442
Satara 714
Schlacht von Talana 559
Schlachtfelder 558
Schnorcheln 59
Scottburgh 514
Sea Point 209
Sedgefield 305
Seekoeivlei Nature Reserve 463
Segeln 61, 62
Sehlabathebe National Park 582
Selbstfahrer 43
Self catering 49
Senekal 470
Senioren 21
Seven Passes Road 302
Seweweekspoort 268
Shaka Zulu 530
Shaka's Rock 528
Shakaland 535
Shangaan/Tsonga 81
Shangana Cultural Village 674
Shelly Beach 519
Shingwedzi 703, 714
Sicherheit 45, 70, 175
Silaka Nature Reserve 393
Silvermine Nature Reserve 209
Simon's Town 216
Simunye 536
Sir Lowry's Pass 222
Skilpad Wild Flower Reserve 434
Skukuza 699, 714
Smithfield 461

Sodwana Bay 547
Soetdoring Nature Reserve 456
Somerset East 347
Somerset West 220
Songimvelo Nature Reserve 718
Sotho 80
South Coast 511
Southbroom 521
Soutpansberge 748
Soweto 658
Spioenkop Dam Nature Reserve 602
Sport 127
Sprachen 76
Sprachreisen 67
Springbok 425, 429
Springfontein 454
St Francis Bay 326
St James 219
St Lucia 544
St Michael's on Sea 519
Stanger 530
Steinkopf 429
Stellenbosch 228
Stellenbosch Weinstraße 233
Sterkfontein Caves 651
Sterkfontein Dam 459
Sterkstroom 375
Stewarts Farm 535
Still Bay 293
Storms River Village 324
Strand 275
Strom 70
Studenten 32
Stutterheim 372
Südafrikanische Union 106
Sudwala Caves 665, 666
Summerfield Botanical Garden Resort
   730
Sun City 614
Sunshine Coast 363
Surfen 61
Swartberg Pass 261
Swartland-Weinstraße 243
Swazi 80
Swaziland 723
Swellendam 287

T

Table Mountain 186
Table Mountain National Park 206
Table View 204
Tamboti Tent Camp 715
Tankstellen 43
Tankwa Karoo National Park 437
Tarkastad 377
Tauchen 59, 548
Taung 623
Taxis 174
Telefonieren 70
Tembe Elephant Park 572
Teya-Teyaneng 477
Thaba Bosiu 479
Thabazimbi 741
Thathe Vondo Forest 761
The Great Limpopo Transfrontier Park 689
Theewaterskloof Dam 222
Theunissen 446
Thohoyandou 761
Thornybush Game Reserve 759
Thukela Biosphere Reserve 588
Tierwelt 133
Timbavati Private Game Reserve 760
Tongaat Beach 527
Tongaat/oThongathi 530
Topographie 73
Tour-Anbieter 20
Trafalgar Marine Reserve 522
Transkei 383
Trek 99
Trekking 57
Trinkgeld 52
Trompsburg 453
Tsehlanyane Nationalpark 476
Tshipise 765
Tsitsikamma Section 319
Tswana 617
Tulbagh 244
Tulbagh-Weinstraße 244
Tussen-die-Riviere Nature Reserve 455
Tzaneen 750, 753

U

Übernachtung 47
Ubizane Wildlife Reserve 552
Uitenhage 338
uKhahlamba Drakensberg Park 592
Ulundi 540
Umdloti Beach 527
Umgeni Valley Nature Reserve 584
Umhlanga Lagoon Nature Reserve 525
Umhlanga Rocks 524
uMkhuze Game Reserve 555
Umkomaas 513
Umlalazi Nature Reserve 537
Umngazi River Mouth 393
Umtamvuna Nature Reserve 523
Umtata 389
Umtentweni 516
Umwelt 117
Umzumbe 516
Underberg 592
Upington 407, 417, 435
Utrecht 558
Uvongo 519
Uvongo River Nature Reserve 520

V

Vaal Dam 458
Vaalwater 740
Van Reenen 461
Vanrhynsdorp 251
VAT (Mehrwertsteuer) 56
Velddrif-Laaiplek 242
Venda 81
Vereeniging 106
Vergelegen 596
Verkehrsmittel 27
Verkehrsregeln 44
Verneuk Pan 435
Vernon Crookes Nature Reserve 514
Versicherungen 23
VhaVenda 760, 762
Vier-Pässe-Tour 220
Viljoen's Pass 222
Viljoenskroon 444
Villiers 458
Villiersdorp 222
Vioolsdrif 422
Virginia 446
Vogelwelt 162
Vrede 463

Register   **791**

Vredefort 443
Vredenburg 241
Vredendal 251
Vryburg 623
Vryheid 561

W

Waenhuiskrans 286
Wagendrift Public Resort Nature
  Reserve 585
Wakkerstroom 719
Wandern 57
Wartburg 587
Waterval-Boven 665
Waterval-Onder 665
Weenen 589
Weenen Nature Reserve 589
Welgevonden Game Reserve 741
Welkom 465
Wellington 255
Wellington Weinstraße 256
Weltkulturerbe 169
Wendekreis des Steinbocks 746
Wepener 486
West Coast National Park 239
West Coast Peninsula 241
Western Cape 73, 169
White River 673
Wild Coast 383
Wild Coast Hiking Trail 392
Wilderness 302
Wilderness Section 305

Willard Beach 528
Willem Pretorius Game Reserve 445
Winburg 446
Windsurfen 61
Winterton 601
Wirtschaft 116
Witsand 291
Witsieshoek 460
Wolkberg Wilderness Area 751
Wolmaransstad 626
Wonderwerk Cave 404
Worcester 258
Worcester Museum 259
Worcester Weinstraße 260
Wynberg 209

X

Xhosa 79, 385
Yzerfontein 237

Z

Zastron 486
Zecken 36
Zeerust 618
Zeitplanung 30
Zeitunterschied 71
Zion City Moria 751
Zugfahrten 64
Zulu 78
Zulu Nyala Game Reserve 549
Zululand 532, 553
Zuwanderung 94